冷水江市志

LENGSHUIJIANG SHIZHI

1988—2010

冷水江市地方志编纂委员会 编

方志出版社
Publishing House of Local Records

图书在版编目（CIP）数据

冷水江市志：1988－2010／冷水江市地方志编纂委员会编.
--北京：方志出版社，2021.11
ISBN 978-7-5144-4947-1

Ⅰ.①冷… Ⅱ.①冷… Ⅲ.①冷水江—地方志—1988-2010
Ⅳ.①K296.44

中国版本图书馆CIP数据核字（2022）第091230号

冷水江市志（1988—2010）

编　　者：冷水江市地方志编纂委员会
责任编辑：张　颢
出 版 者：方志出版社
地址　北京市朝阳区潘家园东里9号（国家方志馆4层）
邮编　100021
网址　http://www.zgfzcb.cn
发　　行：方志出版社图书营销中心
电话（010）67110500
经　　销：各地新华书店
印　　刷：冷水江市光华彩色印刷厂
开　　本：889mm×1194mm　1/16
印　　张：38.6
字　　数：1045千字
版　　次：2021年11月第1版　2021年11月第1次印刷
印　　数：0001～2000册
ISBN 978-7-5144-4947-1　定价：580.00元

冷水江市地方志编纂委员会

（2010 年 8 月行文）

冷水江市地方志编纂委员会

（2018 年 3 月行文）

冷水江市地方志编纂委员会

（2019 年 9 月行文）

顾　　问　向乾勇　易振　罗中秋

主　　任　曾伯怡

常务副主任　肖元意

副 主 任　邓娟　金波　伍剑波　肖新樵　肖海文　王建农　康永军　曾志高

委　　员　彭炼红　苏智新　朱正初　刘晨光　谢正升　刘德桂　李公秋　陈冬
蔡俊峰　杨文　黄隆华　周石平　李定　吴爱民　谢枝林　张人天
刘论文　喻本桂　苏建桥　阳跃常　颜松柏　杨笃鸿　欧志红　黎江东
张共长　扶竹清　刘健　罗楚政　刘业辉　张小龙　匡建军　苏东平
颜克海　徐欣平　陈新强　朱华峰　曾辉　潘汉波　胡元倜　邓卫东
张弼　叶新德　潘慧民　朱建庆　陈罡　贺玉驰　陈东方　邱立兴
肖小斌

冷水江市地方志编纂委员会

（2021 年 12 月行文）

顾　　问　曾伯怡　孙纬辉　阳卫龙

主　　任　陈创业

常务副主任　吴喜波

副 主 任　伍剑波　金波　邹丹　周石平　肖海文　王继红　李文胜　曾志高

委　　员　奉安辉　杨笃鸿　朱正初　刘晨光　谢正升　谢枝林　李公秋　陈冬
杨文　黄隆华　陈新强　张弼　刘立中　扶竹清　张人天　喻本桂
罗忠伟　李崇腾　黎江东　张万年　欧志红　彭炼红　苏建桥　苏灼辉
张建斌　张立志　徐欣平　刘业辉　潘锦华　袁丽　苏东平　颜克海
谢四清　邓民忠　扶新明　辜雄大　陈立　胡元倜　陈青松　叶新德
潘慧民　朱建庆　陈罡　朱朝晖　聂哲　邱立兴　曾淑华

《冷水江市志（1988—2010）》编辑部

主　　编　夏绵光（2010.8—2012.12）曾庆华（2013.1—2019.5）
　　　　　胡元倜（2019.7—2021.12）

副 主 编　曾　锋　匡　蛟　陈明贵

总　　纂　曾润之

副 总 纂　段正明　邹辛蓝　曾裕厚　钟楚南　邹定阳　李进腾　张桂长　周玉福

编纂人员　王振庭　李蝴蝶　谢松青　李传昭　颜　笑　李　芳　黄海平　潘婷婷
　　　　　邓　平

特邀编审　刘　华　吴树叶　王抗扬　罗平原　陈远渡　金彪南

娄底市地方志编纂室复审人员

陈劲松　江六阳　梁雪梅

湖南省地方志编纂院终审人员

江　涌　邓建平　杨　帆　李章进　阳雍悦

序

《冷水江市志（1988—2010）》几经寒暑，终于付梓。这是全市人民政治和文化生活中的一件大事、喜事。展卷捧读，感慨良多，欣然命笔，为之作序。

盛世修志是中华民族的优良文化传统。以人为鉴，可明得失；以史为鉴，可知兴替。此次续志年限为1988—2010年，这是改革开放的23年，也是攻坚克难的23年，更是跨越发展、成果丰硕的23年。23年的发展成就，体现了全市上下励精图治、开拓创新的进取精神，彰显了老区人民和工业新城团结奋进、担当奉献的可贵品格，展示了世界锑都锐意改革、开放包容的良好形象。为将这段光辉历程载入史册，2010年10月，市委、市政府正式启动第二轮修志，集全市之智，聚有识之士，积十年之功，数易其稿，终成此志。

此志史料丰富，博采兼收，图文并茂，特色突出，既有记录历史、传承文明的作用，也有总结经验、指导工作的功能，更有服务社会、教化后人的效用。一志在手，供人借鉴，给人启迪，发人深思，催人奋进，对我们承前启后、继往开来、资政励新都具有深远的历史意义和重要的现实意义。

昨天，冷水江的发展已载入史册；今天，38万锑都儿女只争朝夕、续写辉煌；明天，我们百尺竿头、再创佳绩。我们深信，冷水江必将迎来创新发展、高质量转型发展的崭新时代，必将书写更加壮美绚丽、璀璨夺目的崭新篇章！

中共冷水江市委书记　曾伯怡

冷水江市人民政府市长　陈创业

2021年12月

凡　例

一、本志以马克思列宁主义、毛泽东思想、邓小平理论、“三个代表”重要思想、科学发展观、习近平新时代中国特色社会主义思想为指导，坚持辩证唯物主义和历史唯物主义的立场、观点和方法，全面记述冷水江市自然变化和经济社会发展情况，力求突出时代特征和地方特色，注重思想性、科学性、资料性有机统一。

二、本志为《冷水江市志》（1994年版）的续志，上限1988年，下限2010年，前志未录入的事物溯其发端。采用述、记、志、传、图、表、录等体裁编纂，志为主体。前置概述、大事记，中置专志23篇，人物、附录、索引殿后。

三、人物篇坚持生不立传原则，分前志补遗、人物传略、人物名录三个部分。人物传略，收录对社会有重要贡献或重大影响的冷水江市籍已故人士，按卒年先后排序，人物籍贯采用2010年行政区划地域名称。

四、本志以文字记述为主，辅以地图、照片和表格。采取规范语体文、记述体，行文力求严谨、朴实、简明、流畅。

五、本志采用公元纪年，述及中华人民共和国成立前史实，用历史纪年并括注公元纪年。

六、本志所用简称和特定称谓，使用多次者在书末“组织、企业和特定称谓注释表”中加以注释，使用一次者在书中进行括号注释。区划地名、机构名、职务名称均用史事发生时名称，部分简化称谓见书末“组织、企业和特定称谓注释表”。

七、本志资料、图片主要由冷水江市各乡（镇、街道）、有关单位提供，部分资料来自档案、旧志、书报等，文中不注明资料来源，选用照片未注明拍摄者。各项数据均以市统计局的统计年鉴为准，凡有年份而未标明月份的数据，均为年末数据。计量单位，除个别地方为了表达明晰或保持文件原貌使用市制外，其余均使用1993年国务院公布的法定计量单位。表格中没有产生内容用“—”表示。

锑矿

闪星锑业锑白生产车间

闪星锑业生产的精锑

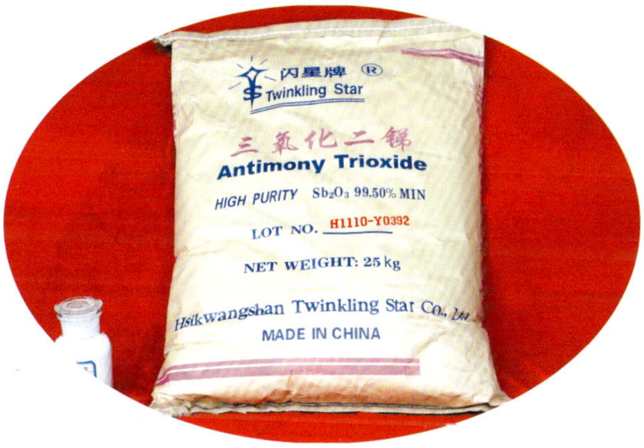

“闪星牌”三氧化二锑

锑矿开采

冷钢生产的国家免检产品“博长牌”螺纹钢

建设中的华新水泥厂

天宝紧固件公司生产车间

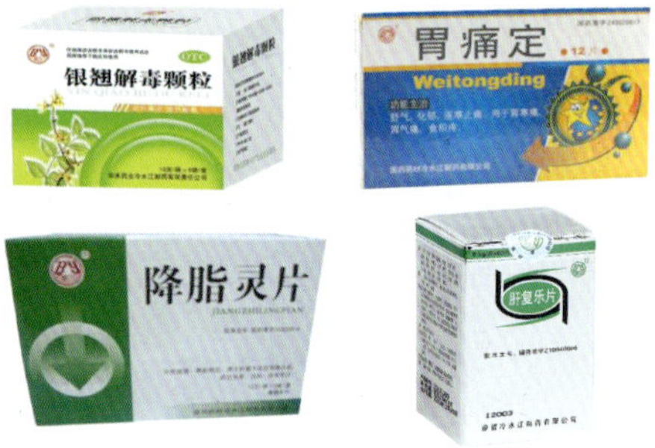

市制药厂生产的肝复乐等产品

冷钢生产车间

湖南宜化厂区

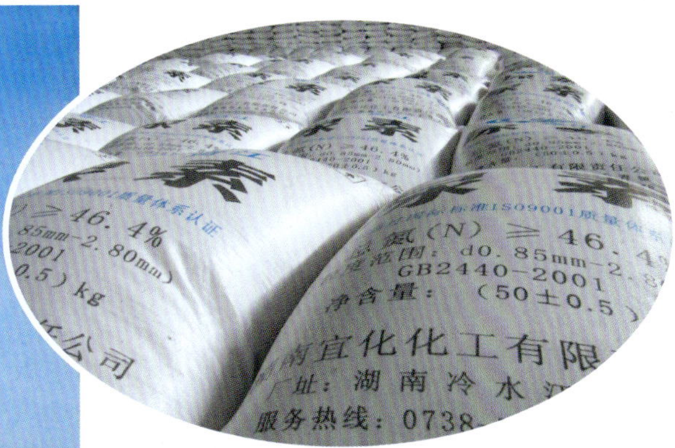

尿素

纯碱

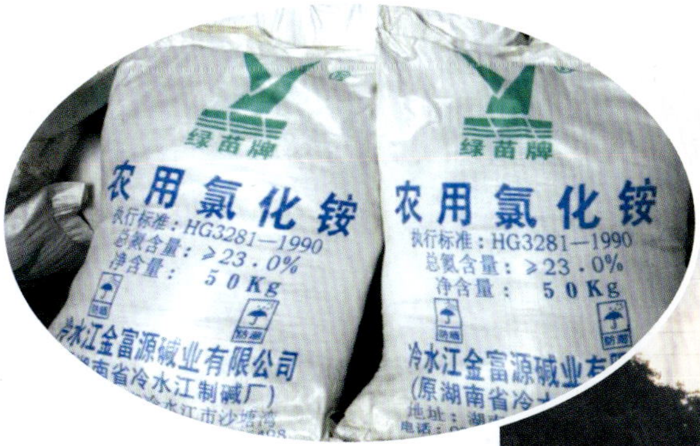

农用氯化铵

金富源碱业有限公司生产区

浪石滩水电站

220千伏锑都变电站

盛达纺织公司生产车间

大唐华银金竹山火力发电分公司

渣渡镇铁山村油茶基地

铎山镇大坪村杨梅基地

禾青镇炉竹村无公害蔬菜基地

金竹山镇资江村苗圃基地

铎山镇眉山村生态富硒葡萄园

瑞生源公司生产的杨梅果酒

岩口镇金连村肉牛养殖场

岩口镇三友农庄

梓龙乡吴家村水产养殖场

响莲公司葛根生态产业园

博尼尔国际大酒店（2008年摄）

布溪沿江风光带（2010年摄）

新天地大厦（2010年摄）

资江北岸城区（2009年摄）

环城北路（2010年摄）

修缮后的冷江大桥（2010年摄）

娄怀高速建设工地施工现场（2009年摄）

滨江公园中心广场（2010年摄）

岩口镇泉坪村安全饮水工程（2010年摄）

市污水处理厂（2009年摄）

市自来水引水工程建设（2007年摄）

农村居民住房（2010年摄）

岩口镇农科村（2010年摄）

岩口镇金连村（2010年摄）

金竹山镇麻溪村级组织活动中心（2010年摄）

铎山镇眉山村（2010年摄）

禾青镇锦绣东升大酒店（2009年摄）

潘桥乡银凯假日休闲山庄（2008年摄）

资江风光

大乘山瀑布

大乘山观音殿

大乘山

《西游记》拍摄地——波月洞

波月洞“巨型石坝”

波月洞“鹅管群”

波月洞“网状石槽”

波月洞外景

红日岭公园

紫云峰森林公园

冷江大桥夜景

金竹山镇资江村风貌

三尖镇田园风光

毛易镇柳溪村风雨桥

锡矿山羊牯岭碉楼

三尖镇新屋村六房院

锡矿山革命烈士纪念碑

锌山镇龙潭村谢冰莹故居

2010年11月，首届全国科学发展与资源枯竭城市转型高峰论坛在冷水江举行

2010年5月，金竹山镇杨源傩戏队在美国威斯康星大学表演《搬土地》

太极拳习练活动现场

2010年6月，冷水江市职工乒乓球大赛在市体育馆举行

国画《欣欣向荣》（陈会秋 作）

近朱者赤（乔西林 摄）

霞之韵（段俊宇 摄）

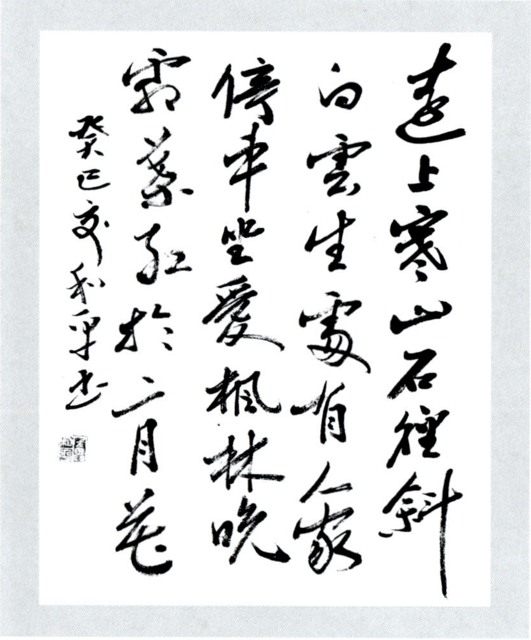

潘和平 书

曾人骥 书

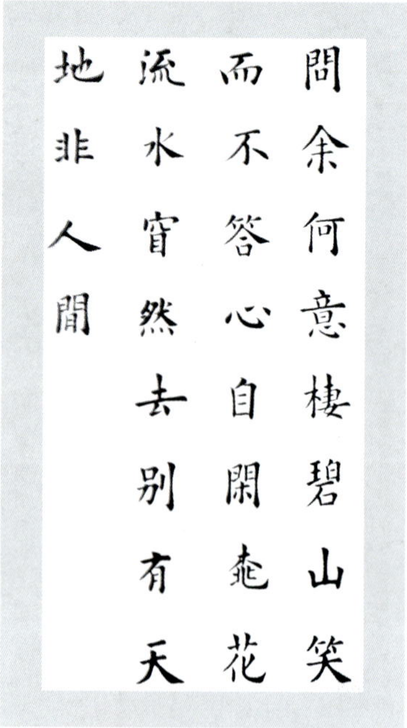

张桂长 书

工笔重彩画《马王堆报告》（刘楚华 作）

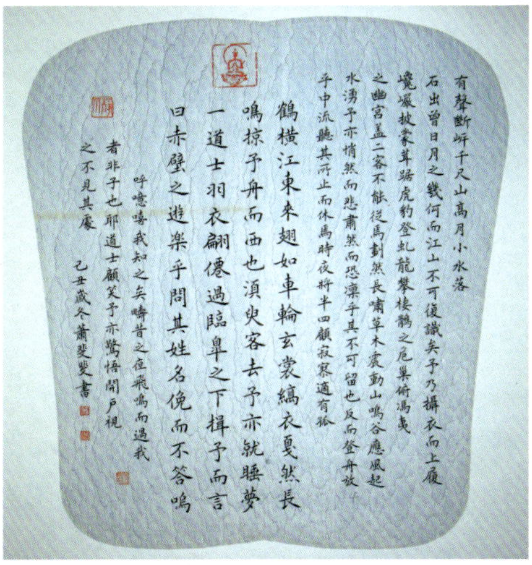

肖斐斐 书

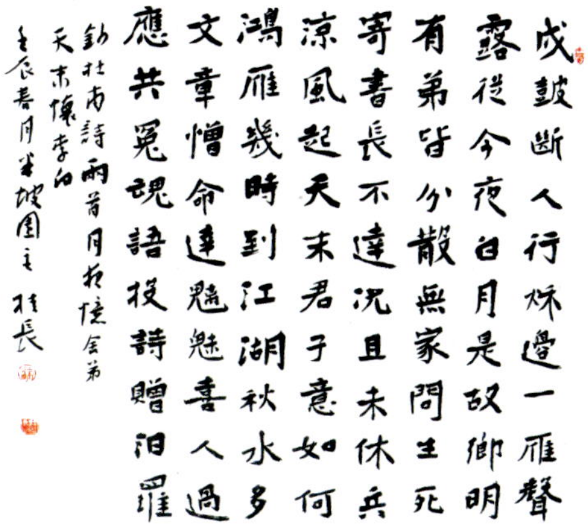

苏桂长 书

国画《迷津》（段炳录 作）

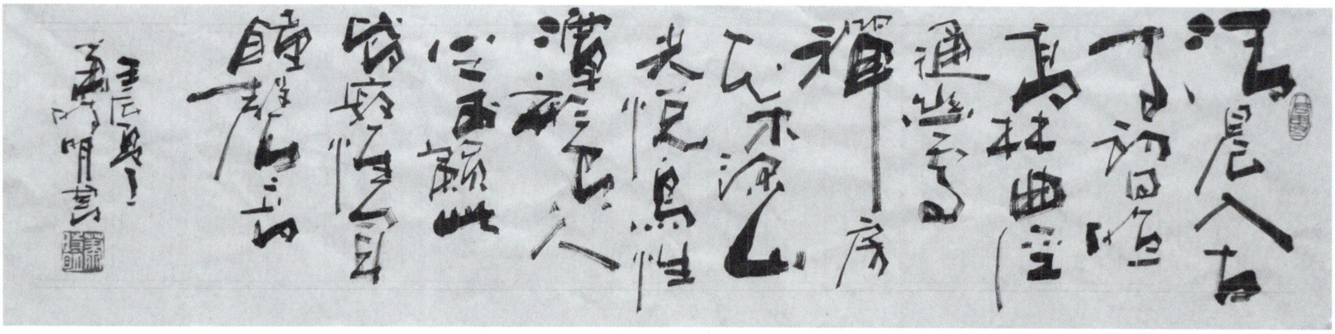

肖时明 书

天路（李海 摄）

工笔画《年年有余》（熊忠林 作）

牧羊曲（赵庆 摄）

弦（龚高翔 摄）

梦驼铃（王勤 摄）

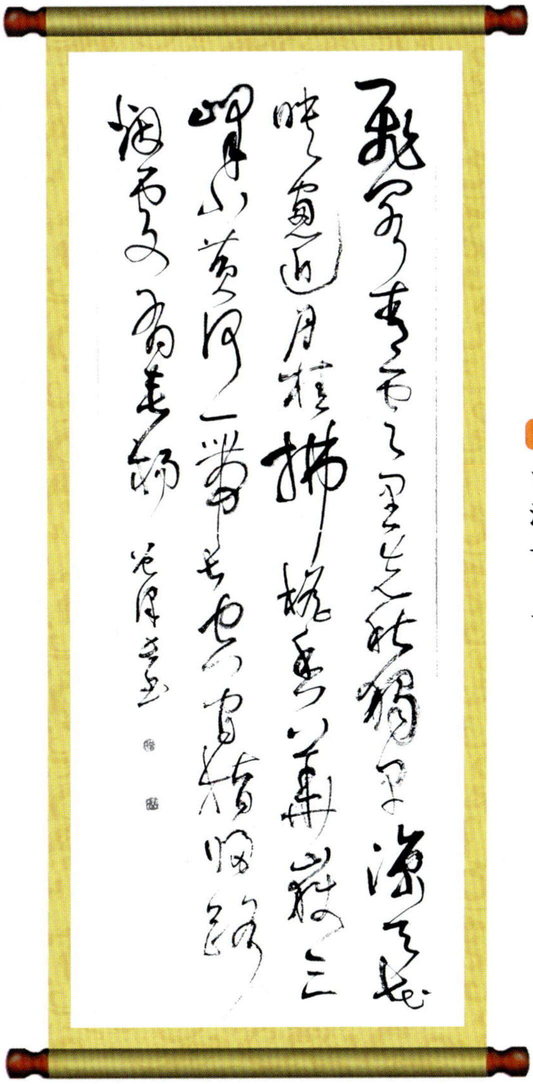

曾泽长 书

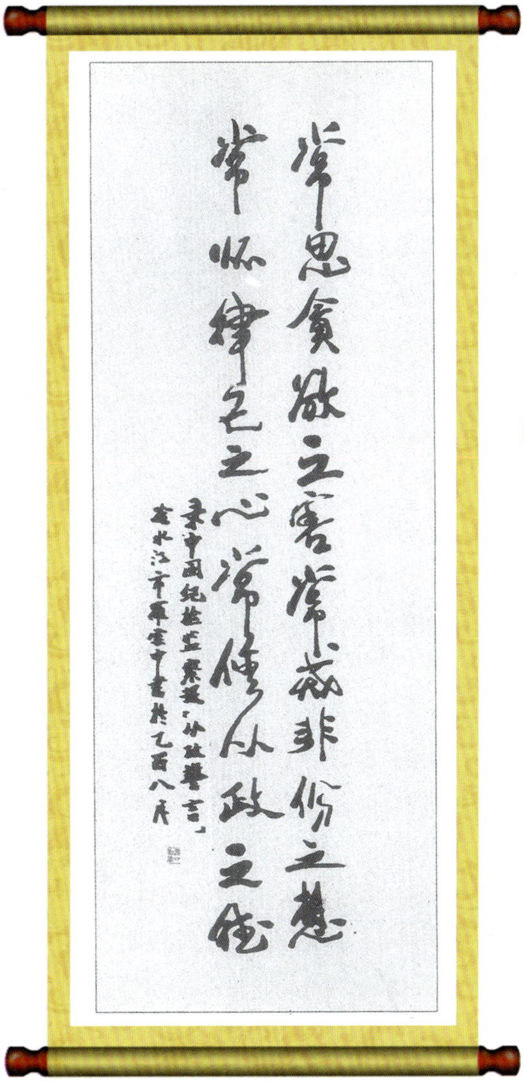

罗云中 书

2020年5月21日，娄底市《冷水江市志（1988—2010）》稿评议会议在冷水江市召开。图为与会人员合影。

目 录

第一篇 地 理

第二篇 人 口

第三篇 中国共产党

第四篇 人民代表大会

第五篇 人民政府

第六篇　人民政协

第七篇　民主党派　群众团体

第八篇　法　治

第九篇　军　事

第十篇　民　政

第十一篇　编制　人事　劳动和社会保障

第十二篇　经济综合管理

第十三篇　工　业

第十四篇　锑　业

第十五篇　农业与农村经济

第十六篇　商贸　旅游

第十七篇　财政　税务　金融

第十八篇　城乡建设　环境保护

第十九篇　交通　邮政　通信

第二十篇　教育　科技

第二十一篇　文化　体育

第二十二篇　卫　生

第二十三篇　社会生活

人　物

附　录

索　引

概　　述

（一）

冷水江市是由娄底市代管的省辖县级市，位于湖南省中部，与涟源市、新化县、新邵县三县市相邻，地处北纬 27°30′49″～27°50′38″，东经 111°18′57″～111°36′40″之间。总面积 438 平方千米（2008 年土地调查测量数据，此前总面积 439 平方千米）。境内地势南北高，中部低，属亚热带季风湿润型气候。资江由南入境向西流出，横穿市区。1988—2010 年，年平均气温 16.9℃，年平均降水 1487 毫米。2010 年，全市辖 7 个镇、5 个乡、4 个街道，总人口 36.51 万人，其中汉族占 99.7%。

人杰地灵，英才辈出。苏鹏是辛亥革命时期的革命活动家，谢冰莹是闻名中外的女兵作家，朱江、姜云清是身经百战、屡立战功的红军老战士。拥有以苏镜、苏平凡等为代表的省部级领导干部，以张人付、杨尊德、杨玉声为代表的全国劳动模范，以中国科学院院士段文晖、中国工程院院士刘永坚、湖南大学校长段献忠为代表的著名专家、学者，以陈代富为代表的知名企业家。此外，还有一大批活跃在各行各业取得成就、享有盛誉的专门人才。1990 年，彭炜、曾新潮分别摘取湖南省高考文、理科状元；1997 年，刘晓辉夺得湖南省高考文科第一名；2002—2010 年，刘煜原、石立超等 34 人被北京大学、清华大学录取。

区位独特，旅游胜地。冷水江位于湖南几何中心，交通条件便利，沪昆铁路、娄怀高速、沪昆高铁、省道 312 线穿境而过，设有多个站点和出口。资江水路交通逆水而上可达邵阳、武冈，顺流而下可抵益阳、洞庭湖。市域山清水秀，旅游资源丰富。有大乘山省级风景名胜区、“世界锑都”锡矿山、紫云峰省级森林公园、资江旅游度假区、波月洞等 10 余处景区。其中位于市区北郊的波月洞，洞进深 1700 多米，面积 4 万平方米，洞内发育着各种形态的钟乳石，造型独特，景色奇诡，电视剧《西游记》（1986 年版）中“猴王初问世”“三打白骨精”等部分镜头拍摄于此。

红色热土，革命老区。大革命时期（1921—1927 年），中共湘区执行委员会在锡矿山开展工人运动。1925 年秋，锡矿山矿工会成立，发展会员 2.51 万人，并组建中共锡矿山特别支部，发展党员 32 人。在工人运动影响下，境内乡村都建立农民协会，发展会员 5100 多人，开展清算地主豪绅、铲除封建旧习的斗争。“马日事变”后，湖南政局陡然逆转，轰轰烈烈的工农运动被镇压，中共中央监察委员会候补委员、中共湖南省委委员萧石月等 60 多名共产党员和革命群众被国民党反动派杀害或在战斗中牺牲。红军长征时，中国工农红军第六军团第十六师进驻锡矿山，宣传抗日救国思想，开展打富济贫、扩军筹款等活动。离矿时，共筹军款 5 万余银圆，1000 余名冷水江青壮年参军北上，大多数血洒疆场。抗日战争时期，中共湖南省委在锡矿山建立区委，发展党员 20 多人，开展抗日救亡运动。1949 年 5 月，中共湖南省委在锡矿山成立总支委员会，发展党员 81 人，护矿迎解放，使“世界锑都”锡矿山免遭破坏。在新民主主义革命中，冷水江人民与帝国主义、官僚资本主义、封建主义进行不屈不挠的斗争，为中国人民解放事业做出重要贡献。

资源丰富，工业发达。据地质部门勘探，至 2010 年，境内已发现矿种 36 种，探明储量矿种 3 种（煤、锑、铁），普查评价矿种 7 种（铅、锌、黄铁矿、石墨、钨、钼、铋），探明的矿产资源潜在经济价值 361.7 亿元。

锡矿山锑矿明代末年开始开采，以资源之富、品质之优、产量之大著称于世，有“世界锑都”的美誉。2010 年，世界年锑产量约 15 万吨，中国年锑产量约 13 万吨，而冷水江年锑产量约 5 万吨，占世界锑产量 30%，中国锑产量 40%。冷水江是全国百个重点产煤县市之一，含煤地层面积 195 平方千米，占全市总面积 44.5%。16 个乡（镇、街道）11 个蕴藏有煤，2010 年规模以上企业原煤总产量 453.19 万吨。金竹山电厂是湖南省大型火力发电厂，2010 年发电量 69 亿千瓦时。冷水江钢铁有限责任公司 2010 年形成年产 300 万吨铁、300 万吨钢、455 万吨材的综合生产能力，从 2006 年起连续 5 年保持在中国大型工业企业 500 强之列。此外，尿素、纯碱、耐火材料、水泥等产品在全省占有重要地位。

（二）

1988—2010 年，冷水江市委、市政府紧紧围绕中央、湖南省和娄底市的决策部署，牢牢把握“抓住机遇，深化改革、扩大开放，促进发展，保持稳定”工作大局，以实现“两个率先”、推进富民强市为目标，实施“一转三化”战略，全市政治建设、经济建设、文化建设、社会建设、生态文明建设和党的建设取得长足发展，2004—2010 年，冷水江连续 7 年稳居湖南经济十强县市，2006 年排名全省第 4 位。市第六届至第十届人大及常委会集中民意、聚集民智，通过决定重大事项、人大代表视察、选举任免国家工作人员、评议干部、联系代表等方式，依法履行职权。市人民政府精简机构，转变职能，依法行政，抓好计划、国土、民政、公安、监察、卫生、计划生育、环境保护、人事劳动、工商行政、民族宗教、物价、统计、农村经济管理、质量技术监督、安全生产监督、食品药品监督等各项工作，加强财源建设，强化金融监管，提高行政效能，优化经济发展环境，先后实施发展乡镇企业、发展个体私营经济、发展第三产业、建整扶贫、科教兴市、深化企业改革、加快产权制度改革、城市东扩、创建省级卫生城市等重大举措。市政协依照政协章程，围绕经济建设中心，积极开展政治协商、民主监督、参政议政活动。市人武部和驻市军事单位全体官兵，继承和发扬人民军队拥政爱民传统，坚持全心全意为人民服务宗旨，以卫国、安民、救灾为己任，积极支持地方经济建设。

23 年间，改革贯穿于各项工作始终。农村经济体制改革：1990 年 8 月，完善和稳定土地承包责任制。2002 年，实行农村税费改革，取消乡统筹费、农村教育集资费、屠宰税。2006 年，废止农业税，对农民的补贴项目增多，补贴标准提高。2010 年，农村专业合作社运行机制日益完善，全市共有农业、林业、种植、养殖、农机等专业合作组织 50 个。工业体制改革：自 20 世纪 80 年代中期起，首先通过建立经济责任制和各种形式的承包责任制（包括上缴利税承包、风险抵押承包、领导集体承包等）进行经营体制改革，逐步过渡到股份制改造、产权转让、破产重组、拍卖等产权制度改革，置换企业职工身份。流通体制改革：商业、供销、粮食、物资、外贸等系统实行政企分开，企业实行产权制度改革，职工置换身份。石油、盐业、烟草等专营领域改革全面完成。财税体制改革：1994 年，国税和地税分设。市财政先后实行“定额上缴，递增包干”、国库集中支付、统发工资、煤炭税费统征等改革，财政体制得以理顺。人事劳动制度改革：党政机关、企事业单位国家工作人员由原来集中管理改为分级分类管理。引入竞争、激励、约束、优化机制，建立健全新的用人机制。1994 年起，实施国家公务员制度，完善以干部选拔任用和规范管理监督为重点的配套改革。教育、文化、体育制度改革：教育管理体制、投入体制、办学体制全面改革，全面推行素质教育。文化、体育事业运行机制由单纯依靠财政投入，转变为引入市场运作，主动走进市场。社会保障制度改革：全面建立企业职工、机关事业单位人员养老保险制度，并相继实施城镇职工失业保险、工伤保险、医疗保险、生育保险制度，2008年居民医疗保险制度启动。招商引资制度改革：1988年起，市委、市政府着力改善投资环境，出台各项优惠政策，鼓励外商到冷水江投资办厂，通过组团参加商品交易会、投资洽谈会、产品博览会等多种形式，发布招商信息，洽商签约，广泛开展招商引资活动。2001—2010年，全市招商引资成果显著，共引进项目148个，内联引资87.37亿元，实际到位境外资金1.85亿美元。

（三）

1988—2010年，冷水江全面实行改革开放，经济和社会各项事业快速发展。

综合实力大幅提升。1988—2010年，全市生产总值由5.55亿元增加到148.94亿元，人均生产总值由1819元增加到43373元，年均增长11.1%；地方财政收入由5045万元增加到7.14亿元，年均增长16.91%；居民人均个人存款由396元增加到17372元，年均增长12.5%；农村居民人均纯收入由496元增加到7278元，年均增长7.5%；城镇居民人均可支配收入由1183.6元增加到18036元，年均增长5.7%。

农业保持较快增长。2010年，全市实现农林牧渔业总产值8.65亿元，比1988年5868万元增加8.06亿元，年均递增12.8%。农业产业结构得到调整，猪、牛、羊等商品养殖和杨梅、葡萄、中药材等基地规模不断扩大。林业部门积极组织开展植树造林，23年累计造林1.76万公顷，活立木积蓄量由1988年18万立方米增加到2010年46.84万立方米，森林覆盖率比1988年提高25.63个百分点。水利部门不断修复和完善各项水利设施，总长8.27千米防洪堤工程基本完工，浪石滩水电站2007年竣工发电。2005—2010年，建成农村安全饮水工程87处，7万余人受益。农业综合开发以中低产田改造、农业产业化经营为主要投入对象，1999—2010年，投入3192万元用于改造中低产田项目，投入1136万元用于农业产业化经营项目，改善农业生产条件，增强农业发展后劲。农机部门扶持农机专业合作社发展，至2010年，全市有农机大户620个，各类农机服务组织210个，全市农业机械化综合作业水平达到24.26%，比1988年提高16.75个百分点。

工业改革成效显著。煤炭、电力、冶金、化工、建材是冷水江市五大支柱产业，工业在全市经济中占主导地位。1988年，市内有工业企业210家，实现工业总产值8.16亿元，利税8318万元。23年间，工业企业通过实行承包经营、股份制改造、资产重组、产权制度改革，重新焕发出生机和活力。一是坚持项目驱动，增加工业投资。随着冷钢200万吨炼钢和60万吨高速线材工程、金电3台60万千瓦发电机组、闪星锑业锌厂及化工厂转产、天宝公司紧固件项目、浪石滩水电站等大型项目建成投产，全市工业固定资产从1988年的10.79亿元增加到2010年的168.07亿元，为1988年的15.58倍。二是坚持产业优化升级，淘汰落后产能。至2010年，全市关闭小企业113户，淘汰落后产能小火电47.5万千瓦、小钢铁35万吨、铁合金1.5万吨、小水泥75.4万吨、小玻璃80万重量箱、小锑品冶炼17.4万吨。同时，运用高新技术改造提升传统产业，开展对工业产品深加工技术研发，拉长产业链条，发展下游产业，增加产品技术含量，实现钢铁产品从铁向钢、线材、紧固件转变，锑产品从低端初级向高端产品转变。三是实施城区工业企业退城进郊战略。波月水泥有限公司、湖南耀华冷水江耐火材料有限公司、娄底亿达电化有限公司、冷水江硅质耐火材料有限公司等工业企业2010年年底全部停产关闭，整体搬迁至城郊发展，改善城区生态环境。四是在沙塘湾街道境内省道312线旁规划面积9.66平方千米，建立冷水江经济开发区。至2010年，有金鹰服饰、天宝紧固件、益盛包装等22家企业落户，其中规模以上企业12家，产值162亿元，成为全市工业发展新平台。2010年末，全市各类工业企业发展到258家，其中规模以上工业企业124家，实现工业总产值273.76亿元，利税30.23亿元，总产值和利税分别为1988年的30.9倍、30.28倍。

商业贸易空前繁荣。1988年，全市有个体商业网点2397个。1993年，个体私营经济进入商贸发展快车道，个体商业网点增加到4748个，比1988年增加2351个。国有、集体商业通过实施租赁承包、重组、股份制、产权置换等改革，个体私营经济逐渐成为商贸流通领域主力军，个体商业贸易空前繁荣，商品品种丰富多样，购销两旺，全市社会消费品零售总额由1988年2.27亿元增至2010年41.99亿元。进出口总额由2004年4600万美元增至2010年4.18亿美元。

基础设施提速提质。1988—2003年，全市固定资产投资额一直在1亿元至8亿元间波动。2004年后，城市基础设施建设力度加大，投资项目增多，融资渠道拓宽，投资总额显著增长。2005—2009年，每年投资额都在30亿元以上，2010年达61.05亿元。市委、市政府坚持"政府引导、市场运作"原则，2000年完成旧房改造32万平方米，至2010年先后开发20多个住宅小区。实施城区改造和城市东扩，城区面积由1988年12.7平方千米增加到2010年46.78平方千米，城区主要道路由1988年18条增加到2010年32条。同时，注重交通建设，至2010年，全市拥有公路里程829.03千米，比1988年增加535.7千米，实现村村通水泥公路。公路建设带动运输业发展，2010年全市营运客货车辆增至4218台。另外，邮电事业快速发展，邮政部门在激烈的市场竞争中广辟门路，增设业务种类，扩大业务范围。电信部门先后建成程控数字交换网、光缆传输网、宽带互联网、DDN数据网等现代化网络，1999年实现村村通电话，宽带上网用户由2007年1.7万户增至2010年2.8万户。中国移动、中国联通业务发展迅速，手机已成为人们日常生活和工作普遍使用的通讯联络工具。特别是电力建设异军突起。2010年，全市发电量达74.67亿千瓦时，共有35千伏变电站10座、110千伏变电站10座、220千伏变电站3座（包含金电220千伏变电站）。10千伏线路54条，总长576.43千米。35千伏线路12条，总长89.6千米。110千伏线路17条，总长154.6千米。220千伏线路6条，总长135千米。

社会事业蓬勃发展。深化教育体制改革，重点巩固"两基"（基本普及九年义务教育，基本扫除青壮年文盲）成果，发展高中教育，强化素质教育，推进职业教育。至2010年年底，全市共有各级各类学校94所，在校学生5.05万人，在职教职员工4247人；以科技星火计划、火炬计划、科技支撑计划、"863"计划等科技项目的申报与实施为重点，加速科技成果推广和科技示范工程建设。1998—2010年，全市实施科技项目422项，转化科技成果42项，取得授权专利530项，高新技术产值从2003年1.7亿元增至2010年141.7亿元；新闻事业日新月异。广播农村有线网建设率先实现省级达标，电视异军突起超常规发展，电视节目丰富多彩，电视、广播转播覆盖面广，新闻创优、事业创先、经营创收位居全省广电系统县市同行前列；文艺创作成果丰硕，2003—2010年，全市共出版长篇小说8部、小说和散文集共168部；文体活动精彩纷呈，2010年4月，金竹山杨源张氏傩戏队首次走出国门，在美国威斯康星大学访问演出4天。1988—2010年，组队参加全国、全省各类体育竞技比赛，共获得金牌63枚、银牌28枚、铜牌38枚；各医疗机构以"一切为了人民健康"为宗旨，医疗水平逐年提高。内科从诊治常见病发展到能开展心血管病的介入治疗和茶色素的临床应用，外科手术从一般的腹部开刀发展到颅脑手术和高位级肝胆管切开取石，骨伤科医疗技术水平名列省内前茅。2010年，全市已无白喉、脊髓灰质炎病例，参加农村合作医疗15.19万人，参合率91.6%。

（四）

回首往昔，冷水江的骄人业绩令人瞩目，但在前进和发展中还存在诸多不足，如产业转型任重道远，民生领域还存在不少短板问题。针对这些问题，市委、市政府高度重视，已多策并举，有望逐步解决。

二十三载栉风沐雨，二十三载上下求索。进入21世纪，冷水江始终坚持以习近平新时代中国特色社会主义思想为指导，扎实推进创新引领开放崛起战略，真抓实干，开拓创新，推动经济社会高质量转型发展，努力建设现代化冷水江。

大 事 记

1988 年

1 月 19 日　锡矿山矿务局第一台动态电子轨道衡落成。

3 月　湖南省金竹山电厂工人张国民被省民政厅追认为革命烈士，1986 年 12 月 10 日他为抢救工友而牺牲。

4 月 1 日　境内蔬菜、猪肉、食糖 3 种主要食品由暗补改为明补，职工每月补贴 9 元，大中专学生每月补贴 6 元。

5 月　锡矿山矿务局青年劳模姜锡汉出席共青团第十二次全国代表大会。

5 月 15—16 日　中共冷水江市第四次代表大会召开，选举产生中共冷水江市第四届委员会，袁明毓任市委书记。

5 月 24 日　冷水江市发展战略研讨会在北京召开，并举行新闻发布会，新华社、人民日报社、中央电视台等 20 多家新闻单位与会。

5 月　冷水江市城市道路重新命名。

8 月 2 日　市运输公司职工李典金获省"见义勇为"奖。

8 月 15 日　冷水江市最大的综合性集贸市场冷江市场破土动工，1990 年 8 月竣工投入使用。

8 月 20 日　由三尖开往市区的公共汽车，在禾青社学里地段因乘客携带鞭炮硝药，发生爆炸事故，死亡 12 人，伤 83 人。

11 月 25 日　涟溆公路冷水江段竣工。该工程历时 3 年，总投资 1100 万元。

12 月 7 日　冷江大桥开工建设，1991 年 12 月 25 日建成通车，总投资 1484.9 万元。

12 月 16 日　资江煤矿河下采煤通过煤炭部鉴定。

12 月　市平板玻璃厂引进的比利时柯尔法优质玻璃生产线投产。

1989 年

1 月 18—19 日　全市普降暴雪，最大积雪深度达 28 厘米。

5 月 20 日　金竹中路（集中加油站至省建四公司）改扩建，次年 8 月 27 日竣工。该路全长 1.92 千米，车行道宽 12 米。

5 月　冷水江教育电视台成立。

5 月　冷水江举办首届市花（月季花）展览。

6 月 21—23 日　副省长俞海潮考察资江氮肥厂、金竹山电厂、冷水江铁焦总厂。

6 月　禾青乡撤乡设镇。

8 月 1 日　锡矿山矿务局晋升为国家二级企业。

8 月 14 日　岩口乡撤乡设镇，球溪街道并入禾青镇。

8 月 25 日　鲁平益任市人民政府代理市长。

9 月 20 日　省长陈邦柱考察资江氮肥厂、金竹山电厂、铁焦总厂、市委机关及波月洞。

10 月 1 日　冷水江市举行中华人民共和国成立 40 周年暨建市 20 周年庆典。

10 月 15 日　省纪委书记杨敏之到冷水江考察纪检和经济工作。

10 月 28 日　九三学社冷水江支社成立。

11 月 2 日　全国农业气象应用推广技术研讨会在冷水江召开。

11 月 11 日　冷水江铁焦总厂和浙商共同投资组建年产 10 万吨生铁的双江钢铁股份公司投产。

12 月 6 日　全省组织工作会议在冷水江召开。

是年　城区主街道两旁的落叶樟和法国梧桐全部更换为香樟树。

1990 年

1月　210余名机关干部下乡开展社会主义教育活动。

3月5—10日　市人大六届一次会议召开，廖基信当选为市人大常委会主任，鲁平益当选为市人民政府市长。

3月23—27日　市政协四届一次会议召开，刘茂成当选为市政协主席。

5月4日　冷新路（菊花井至电石厂）改扩建工程开工，1992年6月12日竣工。该路全长562米，红线宽40米，车行道宽16米，混凝土路面，造价123.1万元。

5月10—11日　副省长俞海潮考察金竹山煤矿、冷水江铁焦总厂、冷水江制碱厂、资江氮肥厂。

6月　资江氮肥厂晋升为国家二级企业。

6月　经湖南省人民政府批准，冷水江市被认定为革命老根据地。

7月1日　全市开始第四次全国人口普查，普查结果显示，全市人口32.73万人，其中常住且户口在冷水江的30.13万人。

7月　冷水江市第一中学应届高中毕业生彭炜、曾新潮高考分获湖南省文、理科第一名。

8月　市床单厂产品获全国纺织品银质奖。

9月20日　中共湖南省委副书记杨正午考察波月洞。

9月　冷水江市被省教委确定为九年义务教育课程教材改革试点市。

10月24日　锡矿山矿务局北炼厂研制成功超高纯锑白新产品。

是年　市场路改造工程动工，主路长387米，红线宽12米，车行道宽8米，铺设沥青路面。次年竣工。

1991 年

1月　国家"七五"重点科研攻关项目——锡矿山矿务局粗粒水砂充填采矿办法实验研究通过部级鉴定。

1月　全国人大常委会视察团视察锡矿山护矿工作。

2月　张昌平任中共冷水江市委书记。

2月10日　市制药厂研制的抗癌新药"肝复乐"经省药政局批准出口销售。

6月5日　冷水江市与上海宝山区建立两地经济协作友好关系。

7月5日　中共湖南省委副书记孙文盛考察冷水江。

8月8日　中共湖南省委书记熊清泉考察冷水江。

8月10日　沙青路（沙塘湾至禾青）大修工程竣工。全长2千米，投资70多万元。

8月20日　冷水江市确定工业发展"四十条"，大中型骨干企业和所在乡镇互派干部联系，首批30名互派干部到任。

8月　冷水江市参加全国青少年举重比赛，获7枚金牌。

9月14日　岩口金星食品饮料厂生产的"资星"牌星球露太空型悬浮饮料通过省级鉴定。

10月1日　110千伏岩口变电站1号主变及6千伏系统升压改造工程竣工投运。

10月　市自来水公司采用球墨铸铁管完成资江大桥过桥管道安装，市区自来水形成环形管网。

11月2日　能源部部长黄毅诚考察金竹山电厂。

12月21日　市邮电大楼竣工并交付使用。

12月27—31日　全市普降暴雪并伴有冰冻，最大积雪深度26厘米，最低温度达-8.2℃。

是年　市煤炭工业总公司在同兴乡崇北地段兴建全市首个液化石油气储配站，城区居民开始使用瓶装液化石油气。

1992 年

1月30日　市长鲁平益发布嘉奖令，表彰市平板玻璃厂月产玻璃首次突破5万重量箱，并颁发奖金10万元。

2月　锑都中路（桥北广场至军区水泥厂）三板道改造动工，全长1563米，道路红线宽40米，次年竣工。

2月21日　中共冷水江市委、市人民政府决定，1992年为城市建设年。

2月28日　全省国土工作表彰大会在冷水江召开。

3月4日　资江氮肥厂、冷水江制碱厂上收省石化厅管理。

3月26日　中国煤炭总公司副总经理杨永仁考察涟溪煤矿和冷江煤矿。

4月8日　副省长俞海潮考察金竹山电厂和市平板玻璃厂。

4月15—16日　湘、鄂、豫、赣四省处理工农关系理论研讨会在冷水江市举行，50多位代表参加会议。

4月17日　公安部消防局朱林法少将考察冷水江消防安全工作。

4月30日　市有线电视台开播。

4月　冷水江工业职业中等专业学校被国家教委认定为全国重点职业高中。

5月3—4日　交通部公路规划设计院高美真一行到冷水江实地考察，确定沪昆高速冷水江段线路走向。

5月8日　水利部移民办副主任张时中、高级工程师郭彦青到冷水江考察，实地察看浪石滩山体滑坡情况。

5月20—21日　省人大常委会主任刘夫生考察金竹山电厂、资江氮肥厂、同兴乡和布溪特区。

5月　布溪特区管委会成立，并举行布溪特区建设开工典礼。

5月　经省人民政府批准，冷江大桥和金竹山大桥同时设立公路收费站，单向收取通行费。

6月9日　全国人大代表姚绮云，省人大代表闵盛积、陶毅龙、王晓力、李玉良一行考察冷水江。

7月24日　鲁平益任中共冷水江市委书记。

7月25日　冷水江市人大常委会任命黄祝阳为市人民政府代理市长。

8月15—22日　市广电局、冷水江电视台承办冷水江市首届青年歌手电视大奖赛，并评选“冷水江市十佳歌手”。

9月7日　市电动工具厂试制成功FY20液压翻斗车。

9月27日零时　全市万门程控电话首期工程4000门割接开通。

10月9—12日　中共冷水江市第五次代表大会召开，选举产生中共冷水江市第五届委员会，鲁平益当选为市委书记。

10月17日　潘桥乡等地发现炭疽病，市委、市政府采取紧急措施，炭疽病得以及时扑灭。

11月1日　取消城镇居民粮油平价供应和农村粮食统销、定销平价供应，军供粮油按现行价格供应。

11月8日　冷水江铁焦总厂20万吨炼钢工程开工。

11月23日　市制服厂生产的“波月”牌西服在上海中国服装精品博览会上获得名牌产品奖、精品设计奖、最受消费者欢迎奖等5项大奖。

11月29—30日　国家天然气总公司总地质师阎敦实一行10人考察冷水江天然气资源。

12月11日　省政协主席刘正考察冷江大桥、布溪开发区、波月洞，并为布溪开发区题词：“开发布溪，再造一个冷江”。

12月18日　江北路建成通车，全长1.85千米，总投资345万元。

是年　兴建锑都南路，全长460米，道路红线宽45米，混凝土路面。次年9月竣工。

是年　冷江市场被评为全国文明市场。

1993年

1月2—6日　市政协五届一次会议召开，选举刘茂成为市政协主席。

1月3—7日　市七届人大一次会议召开，廖基信当选为市人大常委会主任。

1月15日　市耐火材料厂隶属关系改为国家建材局中北玻璃公司，10月18日正式移交。

1月　市委、市政府决定，1993年为乡镇企业发展年。

2月3日　冷水江市第一家台资企业毛易锦星竹业有限公司成立。

2月20日　全市34条街、巷、道路命名。

2月　铎山乡农校被评为湖南省示范学校。

3月4日　冷水江制碱厂武装部部长韩桂林赴北京参加纪念学雷锋活动30周年暨全军先进事迹报告会，受到党和国家领导人接见并合影留念。

3月29日　市七届人大常委会召开第二次会议，任命冯长根为冷水江市人民政府代市长。

3月　11万伏禾青变电站开工兴建，1994年1月13日竣工送电。

4月25日　副省长潘贵玉考察冷水江市爱国卫生和计划生育工作。

5月3日　冷水江市举行首次警察授衔仪式，202名公安干警授衔，其中朱正湘、刘灿云被授予一级警督警衔。

5月5日　中共湖南省委常委、省纪委书记、省小城镇建设领导小组组长杨敏之考察禾青小城镇建设。

5月7日　省广播电视厅授予冷水江市“全省农村广播电视网建设先进市”称号，并奖励6万元。

5月23日　经省卫生部门验收，冷水江市食品卫生达到全国食品卫生示范市标准。

6月24日　全市举行端午龙舟赛暨参加湖南省第五届农民体育节龙舟选拔赛，布溪特区施茶居委会龙舟队获第一名。

7月13—15日　全省第三次整顿铁路治安工作会议在冷水江召开。

8月17日　市首届农民运动会举办。

8月18日　市耐火材料厂兼并市塑料厂。

8月28日　位于新城路菊花井的5宗地段进行公开拍卖，敲响市土地使用权出让公开拍卖第一槌。

9月1日　市教育电视台并入冷水江电视台。

9月8日　特级教师杨玉声获首届“徐特立教育奖”。

10月11日　中共上海市委常委、静安区委书记陈伟一行6人考察金竹山电厂和市平板玻璃厂。

10月13日　省长陈邦柱到冷水江现场办公。

11月15日　煤炭部安全司副司长柴兆喜、全国总工会地质工会处处长何自新、省煤炭厅厅长刘绪周一行16人到冷水江检查矿山安全工作。

11月20日　全市乡镇（区、街道）企业产值达10亿元，并通过省、地验收。

11月20日　市境开通移动电话。

11月　市第二自来水厂建成供水。

1994年

1月　中共冷水江市委、市人民政府决定，1994年为第三产业发展年。

1月10—11日　中共湖南省委常委、省纪委书记杨敏之率调查组到冷水江调研减轻企业负担情况。

1月11日　江北路混凝土路面工程竣工，长1750米。

1月23日　冷水江市荣获全省城市绿化工作“十佳城市”称号，锑都中路被评为“全省最美一条街”。

2月1日　公安部授予市公安局“全国优秀公安局”荣誉称号。

3月17日　省人大常委会副主任俞海潮考察金竹山电厂。

3月　中共湖南省委和国家教委先后授予冷水江市普及九年义务教育和扫除青壮年文盲先进市奖牌。

4月14日　冯长根任中共冷水江市委书记。

4月24—26日　全国人大常委会委员、中共湖南省委原书记熊清泉考察岩口农业示范场、波月洞风景区。

5月3日　湘中煤层钻采试验区冷试1号开钻，9月15日自然出气点火成功。

5月3—6日　市七届人大二次会议选举申庆华为市人民政府市长。

5月8日　金竹中路、金竹西路三板道改造工程动工，总投资2742万元，1995年12月18日竣工通车。

7月9日　中央广播电视大学在冷水江市召开全国45所省级电大工作会议。

7月24日　副省长郑培民考察冷水江水灾情况。

8月13日　中共湖南省委常委、省委秘书长胡彪考察冷水江。

8月　冷水江市普降暴雨，资江出现4次洪峰，最高水位超过警戒线2.41米，沿江乡镇受灾严重，累计经济损失过亿元。

9月28日　市税务局分设市国税局、市地税局。

10月6—8日　冷水江市举行建市25周年庆典暨第二届商品交易会，省委副书记储波、省人大常委会副主任赵培义参加庆典，来自全国20多个省、市、自治区的2000多名客商参加商品交易会，成交额1.58亿元。

10月7日　《冷水江市志》举行首发式。

10月　台湾同胞同乡会21人到冷水江观光考察，市人民政府授予台胞胡四鹿、洪志昆、谢家清“冷水江市荣誉市民”称号。

11月8日　中共湖南省委书记王茂林考察冷水江。

11月10日　副省长周伯华考察冷水江。

11月15日　市总商会成立。

12月1日　市平板玻璃厂300吨浮法玻璃生产线和市耐火材料总厂高级硅砖生产线技改项目通过专家评审，其中300吨浮法玻璃生产线投资1.46亿元，是建市以来最大的市属工业技改项目。

12月1日　省军区参谋长罗学平在冷水江市检查征兵工作。

12月　大乘山波月洞风景名胜区被评为省级风景名胜区。

是年　民政路改造工程开工，长481米，车行道7米，次年完成。

是年　涟溪路水泥混凝土路面改造工程开工，全长1500米，车行道7～12米，次年完工。

1995年

2月8日　冷水江市被授予“湖南省卫生城市”称号。

3月20日　渣渡镇银溪村茅山煤矿发生重大瓦斯突出事故，8人死亡，2人重伤，3人轻伤。

4月11—13日　全省地、市（州）社会治安综合治理办公室主任会议在冷江宾馆举行，省委常委、省政法委书记吴向东出席会议。

4月13日　中共湖南省委常委、组织部部长罗海藩一行4人考察冷水江。

4月13日　湖南省爱卫工作暨迎“国检”动员大会在冷水江召开，省人大常委会副主任刘玉娥、副省长潘贵玉等出席会议。

4月20日　省长助理张明泰率省政府经济处、省经委有关领导调研肝复乐等6个重点项目。

4月22日　易佑德任中共冷水江市委书记。

4月24日　中央电视台在冷水江拍摄专题片。

5月4日　冷水江市体育馆竣工。

5月10—12日　湖南省第三届中师运动会在冷水江师范学校举行，全省32所师范学校905名运动员、教练员、裁判员参加运动会。

5月12日　冷水江技工学校设立国家职业技能鉴定所。这是全省首批设立的21家国家职业技能鉴定所之一。

5月17日　冷水江市首届“十大杰出青年”评选揭晓，谢丽娟、李正华、谢佑长、王修林、王提枝、张一毛、张晓春、王勤、刘伟、李谟放当选。

6月5日　涟邵矿务局利民煤矿发生瓦斯突出事故，死亡19人。

6月19日　冷水江市青年联合会成立。

6月26—30日　境内普降暴雨，山洪暴发，15个乡（镇、街道）不同程度受灾，3人死亡，直接经济损失7000万元。

7月18日　市塑料一厂宣告破产，是全市首家破产企业。

7月26日　冷水江市禾青镇被国家体改委批准为全国小城镇综合改革试点镇。

8月3日　省长杨正午考察资江氮肥厂、市平板玻璃厂、市制药厂，就企业发展的资金、财税隶属关系、公路养路费征收等问题作重要讲话。

8月8日　市工商局组织“希望工程”光彩资金募捐活动，现场募捐2.4万余元。

8月21日　市直各部、办、委、局及各乡、镇、街道主要负责人一行76人赴江苏张家港、湖北沙市考察学习。

8月29日　禾青供销社加油站在卸油时发生爆炸起火事故，5人烧伤，1人死亡。

8月31日　在邵阳市举行的湖南省第四届残疾人运动会上，冷水江市选手孙晓华、肖梅林分别夺得女子3000米跑、女子立式40发射击比赛金牌。

9月9日　冷水江市冶金技校保卫科发生特大盗枪案，被盗五四式、六四式手枪各1支，子弹77发。

9月16日　省人大常委会副主任董志文考察冷水江。

9月18日　市委常委扩大会议确定“团结拼搏、铁心建设、负重加压、誓为人先”为冷水江精神，并首次提出“交通强市”战略。

9月　特级教师杨玉声出席全国劳模表彰大会，并受到党和国家领导人接见。

10月　冷水江有线电视台开通中央电视台第三、第五、第六、第八套加密电视节目频道。

11月24日　省人大常委会副主任吴运昌一行15人考察冷水江市交通、科技等工作。

12月27日　中国首届“中华武林百杰”表彰会在山东举行，市武术职业中等专业学校校长杨笃斌当选“中华武林百杰”。

12月　九三学社冷水江市委员会成立。

1996年

1月1日起　城区禁止燃放烟花爆竹。

1月8日　中共湖南省委常委、省委农村工委书记胡彪一行考察冷水江。

1月18日　市耐火材料总厂从瑞典引进年生产能力1万吨的不定形耐火材料生产线在禾青湍江村奠基。

1月18日　冷江大厦竣工开业。

1月28日　波月大厦竣工开业。

1月　冷水江市被评为全国特殊教育先进市。

2月3日　中国女篮首次在冷水江献技。

2月9日　冷水江市海外联谊会成立。

3月13—14日　市政协第五届四次会议召开，选举谢长生为市政协主席。

3月26日　市人民武装部建制收归军队。

3月　冷水江市被确定为湖南省教育实验示范市。

4月11日　省政协副主席方毓棠在冷水江市调研私营企业及“光彩事业”。

5月3日　市制药厂治癌新药“肝复乐”通过国家验收。

5月21日　岩口镇石坑村金鸭冲煤矿发生瓦斯突出事故，死亡5人。

6月17日　冷水江制碱厂蒸汽煅烧炉改造及新型耐磨材料、铜合金在螺旋输送机上的使用两项成果获中国纯碱工业协会科技进步三等奖。

6月19—20日　中共湖南省委书记王茂林考察冷水江市工业企业。

7月6日　环城东路、环城北路开工，全长3341米，路基红线40米，按4板道设计，总投资4250万元。

7月17—19日　境内普降暴雨，资江水位猛涨，最高水位达184.53米，超警戒水位7.53米，比历史最高水位高出1.5米。

7月21日　中共湖南省委常委、副省长周伯华考察冷水江市灾情，慰问灾民。

9月10日　冷水江市第一中学举行建校40周年庆典，来自全省各地的1000多名校友出席。

9月　铎山乡撤乡设镇。

10月3日　全省县市报新闻年会在冷水江市召开，35家县（市）报总编与会。

10月13日　全国第四届县（市）级广播电视研究会暨广播电视管理与发展战略研讨会在冷水江市召开，广播电视部、中国广播电视学会、全国县（市、区）广播电视局共140多名领导和专家参加会议。

11月1日　第二届菊花展在体育广场开幕，上万盆秋菊竞相开放，蔚为壮观。

11月上旬　冷水江市开通城市防盗报警联网系统。

12月6日　冷水江工业中等专业学校更名为冷水江工业学校，并被确定为国家重点职业技术学校。

1997 年

1 月　市运输公司东站运输站被团中央、交通部授予“全国青年文明号”荣誉称号。

4 月 18 日　锡矿山矿务局始产精锌。

6 月 20 日　市公安局金竹山派出所副所长吴银尧被公安部追授为二级英模。

6 月 25 日　黄熙雍任中共冷水江市委副书记、代市长。

6 月　冷水江市第一中学学生刘晓辉获湖南省高考文科第一名。

9 月 20 日　总投资 3250 万元的国家重点扶持技改项目市制药厂肝复乐异地扩建工程竣工投产。

10 月 3—5 日　中共冷水江市第六次代表大会召开，易佑德当选为市委书记。

10 月 6 日　锡矿山矿务局举行锑业开发 100 周年庆祝大会。

10 月 31 日　广州军区政委史玉孝上将考察市人武部工作。

12 月 27 日　市政协第六届一次会议召开，谢长生当选为市政协主席。

12 月 30 日　省长助理张明泰根据周伯华省长指示，就金竹山三角煤坪火车装卸业务与新邵县发生争议问题召开专题会议，明确金竹山三角煤坪火车装卸业务继续由冷水江市承担。

12 月 31 日　市八届人大一次会议召开，廖基信当选为市人大常委会主任，黄熙雍当选为市人民政府市长。

1998 年

1 月 1 日　全市开始征收城市排水设施使用费。

1 月　锡矿山矿务局局长刘学明当选为第九届全国人大代表。

4 月 20 日　中共湖南省委副书记储波考察冷水江市工业企业，调研下岗人员再就业情况。

4 月 24 日　金竹山乡正新村九五煤矿发生瓦斯爆炸事故，死亡 18 人。

4 月　长铺收费站经省政府批准由单向收费改为双向收费。

6 月 18 日　市制药厂与著名专家、陕西省中药研究院教授成冬生联合研制的治疗肠道疾病的纯中药制剂胃力威胶囊试制成功。

6 月 22 日　沪昆铁路株六复线工程三标段在毛易镇举行开工典礼，2000 年 12 月全线通车。

6 月　城市信用社发生挤兑风波，市人民银行及时采取措施化解，确保全市金融稳定。

7 月 16 日　副省长郑茂清考察锡矿山矿务局、资氮集团公司、市制服厂、陶瓷工具厂、锑都纺织厂。

8 月 23 日　冷水江市捐赠岳阳市救灾物资（其中现金 68 万元，物资折款 55 万元）运抵灾区。

8 月　冷水江市首次评定农民技术职称。

9 月 23 日　黄熙雍任中共冷水江市委书记，李向群任市委副书记、代市长。

10 月 3—5 日　娄底地区首届中专学校田径运动会在冷水江师范举行。

10 月　冷水江火车东站新站房竣工交付使用。

12 月 14 日　中共湖南省委书记杨正午考察金竹山电厂、锡矿山矿务局。

12 月　总投资 200 万元的铎山水厂竣工供水。该水厂采用股份制形式，铎山镇投资 80 万元，水利局投资 60 万元，建设局投资 30 万元，自来水公司投资 30 万元。

是年　东站广场开工建设，铺设混凝土路面 6500 平方米，铺设彩色人行道板 980 平方米，麻石踏步 32 米×16 级，次年完工。

1999 年

2 月 8 日　市八届人大会议选举李向群为市人民政府市长。

2 月 26 日　市公路局职工周惠一驾驶洒水车在岩口镇槐花村公路施工时，遇到一辆满载爆炸品的货车着火燃烧，周不顾个人安危奋力扑救，避免了一起重大安全事故发生。年底，周惠一被市人民政府授予“见义勇为标兵”荣誉称号，并荣立二等功。

2 月　冷水江市三尖乡籍某部教导员李建新在广东曲江扑灭特大山火中勇救战友负伤。

5 月 8 日　冷水江钢铁总厂投资 1.5 亿元、年产 30 万吨钢的炼钢工程竣工投产。

7 月 1 日　涟邵矿务局利民煤矿发生瓦斯突出事故，死亡 24 人。

9 月 8 日　中国稀有稀土金属集团公司总经理潘祖顺，副总经理周菊秋考察锡矿山矿务局。

9 月　全市所有民办教师转为公办教师。

10 月 1 日　中共冷水江市委、市人民政府在冷水江师范学校体育广场举行建市 30 周年庆祝大会，省、市领导及各界人士数千人与会，冷水江电视台首次现场直播。

11 月 5 日　中共湖南省委副书记胡彪考察铎山镇小山塘防汛渠整修示范点。

11 月　株六铁路复线重点工程资江大桥竣工。

11 月　毛易乡撤乡设镇。

是年　全市 159 个行政村通电话，市话普及率 20.2%，入户率 58.9%，农话普及率 4.49%，成为全省第三个电话达标县市。

是年　全市城镇居民最低生活保障制度实行。

2000 年

3 月　三尖乡中低产田改造项目启动，项目总投资 255 万元（其中财政投资 183 万元）。

4 月　冷水江火车西站全面改造动工，9 月 22 日竣工。

5 月 29 日　市工商局与市公安局联合行动，端掉 6 个传销窝点，解散 69 名传销人员。

5 月 30 日　中组部原常务副部长赵宗鼐、省委组织部原副部长杨章林来锡矿山矿务局调研。

6 月　冷水江市第七中学教师李卫文发明的“虚像实物化模型”参加香港国际发明展览会夺得铜奖。

7 月 13 日　省体改委批准市工商局 175 名干部职工编制上收，工商部门实行省以下垂直管理。

7 月 22 日　原冷水江电厂高 45 米烟囱定向爆破成功，这是城区首次定向爆破。

7 月 28 日　市委召开“民情热线”工作会议，全市“民情热线”开通。

9 月 25 日　中共湖南省委副书记吴向东考察锡矿山矿务局、冷水江制碱厂、金竹山电厂。

9 月　冷水江市第一中学被授予“娄底市示范性高级中学”牌匾。

9 月 30 日　1808 线金毛段（金竹山至毛易）改造工程完工。该工程历时 3 年，投资 7000 余万元。

11 月 16 日　全市启动农电“两改一同价”工作。

11 月　市工商局依法吊销“天宇商务中心”等 22 家邮购企业营业执照，依法取缔亚太高科技实业公司等 36 家无照经营企业。

11 月　副市长潘二寿、市人防办主任李叙唐出席在北京人民大会堂召开的第四次全国人防会议，受到江泽民等党和国家领导人的亲切接见并合影留念。

11 月　市自来水水质检测站通过省城市供水网络专家评审。

11 月　锡矿山矿务局冶化所自行设计安装的铟生产线投产。

2001 年

2 月　市航运公司客运码头综合楼竣工，建筑面积 2468 平方米，总投资 215 万元。

3 月　由锡矿山矿务局负责起草、广西冶金研究所等 8 个科研和生产单位参与验证试验的“锑化学分析方法”经国家有关部门审批实施。

5 月 15 日　锡矿山矿务局整体改制完成，锡矿山闪星锑业有限责任公司成立。

5 月　冷水江被纳入国家公益林试点县（市）。

6 月　布溪邮政大楼竣工。

7 月　李江南任中共冷水江市委书记。

9 月 3 日　新城路改建工程动工，全长 1300 米，次年竣工。

9 月 15 日　娄底市首届消防运动会在冷水江举行。

10 月　冷水江市被省林业厅列为国家“退耕还林”项目试点县市。

11月11日　潘桥乡一村民驾驶无证船舶行至渣洋滩时，触碰渣洋滩铁路桥4号桥墩，船舶沉没，死亡3人。

12月20日　锡矿山闪星锑业公司“闪星”牌三氧化二锑、二号精锑被评为2001年湖南省名牌产品。

12月　市有线电视台与湖南电广传媒股份有限公司合资经营，组建冷水江电广宽带信息网络有限公司。

2002年

1月14日晚　资江煤矿发生煤与瓦斯突出事故，18人遇难，省人民政府代省长张云川在现场处理善后工作。

1月25日　在市八届人大六次会议上，谢志雄当选为市人民政府市长。

2月27日　市人大作出决定，城区禁止三轮摩托车（慢慢游）营运。3月底，全市取缔出租三轮摩托车1000余辆。

2月　三尖乡撤乡设镇。

2月　冷水江师范学校更名为娄底外国语学校。

4月　取消屠宰税。

5月6日　锡矿山闪星锑业公司南炼厂成功炼出碱渣锑。

5月　由冷水江钢铁总厂职工集资入股组建的冷水江博长钢铁有限责任公司挂牌。

6月8日　国务院安全生产检查组一行20余人至锡矿山闪星锑业公司检查。

6月9日　冷水江电力局被国家电网公司命名为全国一流供电企业。

7月9日　市广电大厦竣工。

8月1日　冷水江市被列为全省村镇建设管理工作试点市。

8月17日　冷水江博长钢铁有限责任公司年产50万吨轧材项目竣工投产，结束冷水江有钢无材历史。

8月28日　来自重庆市忠县石宝镇的三峡移民40户、157人迁移至铎山、毛易、岩口、禾青4镇。

9月15日—10月14日　冷水江市举办中国湖南“西游之旅”艺术节。

10月20—23日　中共冷水江市第七次代表大会召开，选举产生中共冷水江市第七届委员会，李江南当选市委书记。

11月26日　日本精矿株式会社社长田村敏洋、日本国际石油株式会社总经理古田进在锡矿山闪星锑业公司考察。

12月24日　中共湖南省委副书记、省长周伯华考察冷水江钢铁总厂。

12月26日　市政务服务中心成立。2006年1月16日改称市政府办事服务中心。

是年　城区架空电缆进入地下管道。

2003年

1月2—5日　市政协七届一次会议召开，选举康承贵为市政协主席。

1月3—6日　市九届人大一次会议召开，钟芝明当选为市人大常委会主任，谢志雄当选为市人民政府市长。

1月4日　冷水江市城市东扩方案实施。

2月　市人民医院被评为全国第二批百姓放心医院。

6月7—8日　以国土资源部党组成员、中纪委驻国土资源部纪检组组长董道华为组长的国务院安全生产检查组在锡矿山闪星锑业公司检查安全生产。

6月　《冷水江市土地收购暂行办法》开始实施。

8月28日　英国《金属导报》亚洲与澳大利亚主编罗彬·排克士教访问锡矿山闪星锑业公司。

11月16日　广州军区副司令员龚谷成中将、湖南省军区副政委谢光豪少将一行考察市人武部。

11月18日　省军区政委李今伟少将考察市人武部。

11月25日　中共湖南省委副书记、常务副省长于幼军考察锡矿山闪星锑业公司。

12月24日　湖南大唐金竹山电厂扩建工程

动工，2006年7月5日竣工投产。

2004年

2月4日 中共湖南省委书记杨正午率省直有关部门负责人至冷水江调研金竹山电厂等9家国有企业改制情况。

3月6日 国务院派驻大唐集团公司监事会负责人刘松浩在金竹山电厂调研。

3月22日 锡矿山闪星锑业公司精锌产品获首批“中国有色金属产品实物质量金杯奖”。

5月13日 国家工商总局确定冷水江市工商局为党风廉政建设工作联系点。

5月 谢志雄任中共冷水江市委书记。

5月30日13时40分 布溪至潘桥九井公路陡山崖地段发生山崖崩塌，击中一台小四轮货车，酿成1死3伤事故。

7月21日 锡矿山闪星锑业公司入选全国大型企业。

9月17日 市九届人大常委会十三次会议通过决议，建设浪石滩水电站。

2005年

1月7日 省长周伯华、省政法委书记李江考察冷水江。

1月9日 省长周伯华率省政府和省交通厅领导一行在冷水江调研交通建设情况，同意9765工厂至诚意坪路段列入省道312线局部改线计划。

1月12日 “金陆牌”混凝土外加剂、“波月”牌水泥、“波月”牌中成药、“闪星”牌锑品等4件商标确认为“湖南省著名商标”。

1月18日 省经委副主任鲁平益率省政府调煤保电督查组调研金竹山电厂电煤落实及发电情况。

3月1日 市工商局东站工商所被全国妇联授予“全国巾帼文明岗”称号。

3月6日 渣渡镇银溪村共产党员、退伍军人谢本辉勇扑山火壮烈牺牲。

3月22日 市九届人大四次会议召开，刘小龙当选为市人民政府市长。

3月24日 中共湖南省委常委、统战部部长石玉珍考察金竹山电厂扩建工程。

4月 禾青镇被批准为全国首批发展改革试点镇、全省小康示范镇。

4月 梅山蚩尤文化研究中心牵头组建湖南省民间文艺家协会梅山文化研究会，聘任市文联主席李新吾为主任。

6月8日 资江矿业公司发生瓦斯突出事故，死亡22人。

6月24日 央行1.36亿元专项票据在冷水江市农村信用联社始发。

6月 资江大道一期工程开工，次年10月竣工。

7月4日 四川金富源集团公司以7400万元成功收购冷水江制碱厂。

8月17日 市佛教协会在红日岭弥陀寺举行纪念抗日战争胜利60周年祈祷世界和平法会。

8月17日 副省长郑茂清调研冷水江钢铁总厂和金信化工有限公司改制工作。

8月26日 浪石滩水电站开工。电站于2008年9月1日竣工发电。

8月30日 广电大厦转让给杭州市栖霞山庄大酒店股份有限公司，兴建博尼尔国际大酒店。

9月6日 锡矿山闪星锑业公司离休老干部宋德将、刘瑛获中共中央、国务院、中央军委颁发的“纪念抗日战争胜利六十周年”勋章。

11月21日 国家煤矿安全监察局研究中心副局级专家吴先瑞受国务院委托，到冷水江调研小煤矿安全生产情况。

11月27日 市人民医院获“全国百姓放心示范医院”称号。

12月5日 冷水江钢铁总厂进入2005年中国制造业500强，列437位，2007年9月1日再次入选中国制造业500强。

12月11日 市委、市政府开展千人社会评议工作，对40个职能部门全年的工作情况进行公开测评，市工商局、国税局、财政局位列前三名。

12月25日 冷水江市被省委、省政府确认为全省十大经济强县（市），位列第六位。

12月30日 市委举行中共锡矿山特别支部

成立80周年暨红军长征胜利进驻锡矿山70周年纪念大会。

是年　城区电力“一户一表”改造和特困企业“两电分离”改造项目完成，总投资1665.36万元。

是年　全市高考各项指标再次位居娄底市榜首，6人被北大、清华录取。

2006年

1月1日　境内取消农业税。

1月20日　湖南省公推直选乡镇党委班子首个试点乡镇冷水江市三尖镇通过公推直选产生新一任党委书记、党委委员和纪委委员。

2月7日　市工商局东站工商所被全国妇联授予“全国三八红旗集体”称号。

2月28日　全市工伤保险工作启动。

4月6日　毛易镇东塘煤矿发生煤与瓦斯突出事故，死亡9人，其中女工4人。

4月20日　冷水江市实现水泥公路村村通。

4月25日　湖南省委书记张春贤、副省长许云昭、省委秘书长于来山考察金竹山实业公司安全生产工作。

5月14日　锡矿山闪星锑业公司技术中心与昆明理工大学合作成功开发大型真空炉处理铅铁渣项目，填补国内空白。

5月19日　副省长徐宪平调研冷水江市中小企业融资及担保机构发展情况，并考察金竹山电厂二期建设和浪石滩水电站建设。

5月29日　中共冷水江市委召开耐火材料工业园建设现场办公会议，决定在铎山镇建设耐火材料工业园区。

5月　中央电视台《走遍中国》栏目组至锡矿山拍摄专题片《一座矿山和一座城市》。

6月19—21日　中共冷水江市第八次代表大会召开，选举产生中共冷水江市第八届委员会，谢志雄当选为市委书记。

6月26日　冷水江市下派第二批村第一支书57人，全市157个村全部有了下派第一支书。

7月4日　金竹山电厂扩建工地一台60吨门吊倒塌，7人死亡，9人受伤。

7月13日　30万吨紧固件项目在冷水江经济技术开发区长铺村开工。2008年1月20日竣工投产。

9月24日　省卫生厅批准冷水江市列入2007年新型农村合作医疗新增试点市。2007年1月18日正式启动。

10月12日　中国民间艺术家协会在冷江宾馆举行仪式，命名冷水江市为“中国蚩尤文化保护基地”。

10月　市文联在岩口镇农科村举办冷水江市首届蚩尤文化傩戏艺术展演，全市8个傩坛表演《舞春牛》《搬锯匠》《扎六娘》《搬开山》等民间传统剧目。

10月　省军区参谋长吴晓伟少将考察市人武部。

12月3日　冷水江市被评为全省“四五”普法依法治理工作先进市。

是年　环城北路改扩建开工，截弯取直，全长1.4千米，红线宽15米，车行道宽9米，混凝土路面，2009年竣工通车。

是年　冷水江市获得娄底市三个文明建设目标考核第一名，2004年起连续三年获此荣誉。

2007年

1月8日　中共冷水江市委、市人民政府举行2006年度优化经济发展环境社会测评大会，41个职能部门参加测评，市工商局、国税局、财政局位列前三名。

1月12日　中央电视台中文国际频道播出《走遍中国·娄底》专辑之《锑都风云》。

3月　省道312线军区水泥厂至诚意路段（简称军诚路）新建工程开工，全长1.65千米，工程总投资1201万元，2010年1月20日通车。

3月　省军区副司令员黄明开少将考察市人武部。

3月22日　中共湖南省委副书记梅克保考察冷水江市工业园区建设。

5月6日　由中国傩戏学研究会、冷水江市政府主办的“中国·冷水江首届梅山文化艺术节”在波月洞举行。

6月2日　中共湖南省委常委、副省长徐宪平考察冷水江市县乡公路建设。

6月12日　市经贸代表团参加泛珠三角区域合作与发展讨论暨经贸洽谈会，签约合作项目8个，合同引资8.2亿元。

6月20日　湖北宜化集团以5.3亿元并购湖南金信化工公司，并购后公司改名湖南宜化集团。

6月　岩口镇农科村苏立文傩戏《开坛傩礼》《搬锯匠》应中国艺术研究院特邀晋京，在“2007年北京中日文化交流会”开幕式上演出。

6月　“梅山傩戏”申报国家第三批非物质文化遗产保护项目。

9月21日　锡矿山闪星锑业公司“闪星牌”商标获中国“驰名商标”称号，“闪星牌”三氧化二锑获中国“名牌产品”称号。

9月29日　市自来水引水工程第一期工程竣工通水。

9月　全市关闭9家污染企业。

10月8日　闪星锑业公司举行锡矿山锑业开发110周年庆祝大会。

10月17日　全市科学技术大会召开，会议确定以推进建设创新型冷水江为目标，大力实施“科技兴市、人才强市”战略。

10月30日　市林业局在锡矿山试种高产苎麻。

12月14—17日　市政协八届一次会议召开，童桂娥当选为市政协主席。

12月15—18日　市十届人大一次会议召开，李曙华当选为市人大常委会主任，刘小龙当选为市人民政府市长。

是年，市中医医院经全国医院管理学会评定为“全国百姓满意示范医院”。

2008年

1月4日　全国锑行业第一座4.5平方米冶炼鼓风炉在闪星锑业公司北炼厂点火开炉。

1月9日　岩口镇金连村党支部书记苏泉获湖南省“十大新闻人物”称号。

1月15日　冷水江市遭受百年罕见特大冰冻灾害。

1月16日　中国国际贸易促进委员会冷水江市委员会暨中国国际商会冷水江商会成立。

1月28日　冷水江钢铁有限责任公司董事长陈代富当选为第十一届全国人大代表。

1月　全市开展第一次污染源普查。

4月8日　全市“村账乡代管”工作启动。

4月11日　村民委员会无候选人直接选举工作在岩口镇农科村试点，该村党支部书记苏岐山当选为村委会主任。

5月12日14时28分　四川汶川发生8.0级地震，冷水江有震感。

6月3日　冷水江市高级技工学校免费接收20名四川地震灾区学生。

6月10日　金竹山镇坪塘社区刘新红不顾自身安危，从火车下救出两名6岁女童。是月，市委、市政府作出向刘新红学习的决定。6月23—27日，央视专题报道刘新红舍己救人的英勇事迹。2009年1月9日，刘新红当选为“2008年度湖南十大新闻人物”。

7月16日　省政协主席胡彪、副主席石玉珍考察岩口镇农科村新农村建设。

7月21日　国土资源部副部长汪民率国务院检查组检查冷水江矿产资源整顿和规范工作。

7月　残疾人李红卫创办的宏达农业综合开发有限公司被省残联确定为“全省残疾人就业培训基地”。

7月　冷水江广播电视大学被评为湖南省首批示范性基层电大。

10月8日　冷水江市城市污水处理厂开工，2009年12月7日一期工程通水运行。该工程用地85.74亩，日处理污水能力3万吨。

10月16日　冷水江市有线电视数字化建设全面启动，2009年1月通过娄底市广播电视局检查验收。

10月30日　娄怀高速冷水江段开工修建。

10月　冷水江市毛易国有林场经省政府批准为省级森林公园。

12月30日　布溪至禾青（布禾公路）砼路面改造工程竣工，总投资1488万元。

2009 年

1月　冷水江市被列入国家农村沼气建设实施县市。

2月28日　冷水江钢铁有限责任公司年产60万吨高速线材工程竣工投产。

3月18日　刘小龙任中共冷水江市委书记。

3月　冷水江市被国务院列入全国第二批资源枯竭型城市。

5月19日　锡矿山宝大兴沉陷区移民安置区选址矿山乡谭家村和同兴乡俩塘村，至2010年12月，建成住宅120户。

6月1日　冷水江市召开见义勇为表彰大会，刘新红等7位见义勇为先进个人受到表彰。

6月1日　加拿大比夫布鲁克矿业公司考察锡矿山。

6月5日　“中国著名作家看娄底”采风团到锡矿山采风。

6月　沙塘湾街道、毛易镇、金竹山乡行政区划调整。毛易镇柳溪、长铺、新民3个村和王坪湾社区及金竹山乡太坪村划归沙塘湾街道管辖，沙塘湾街道太中、太主山、金山、金竹山、木杉坳5个社区划归金竹山乡管辖。

8月13日　省督办专员彭对喜率省联席会议督查组至冷水江督查信访维稳工作。

9月2日　中共冷水江市委、市人民政府召开千人大会，安排部署为期3个月的整治“三强”（强行阻工、强行装卸、强揽工程）行动。

9月10日　金竹西路“白改黑”工程开工。该工程东起火车东站，西至博尼尔大酒店，全长3.9千米，主路面为沥青混凝土路面，总投资5869.6万元。

9月17日　5名十一届全国人大代表调研冷水江资源型城市可持续发展工作。

10月8日　锡矿山闪星锑业公司南矿二直井运输矿工的罐笼刹车失灵造成飞车事故，26人死亡，5人受伤。

10月30日　冷水江市首届优秀中国特色社会主义事业建设者表彰大会召开，陈代富、董兵等10人获“冷水江市优秀中国特色社会主义事业建设者”荣誉称号。

11月16日　冷水江市十届人大常委会十四次会议召开，接受刘小龙辞去市人民政府市长职务，决定何志光为市人民政府代市长。

11月19日　冷水江火车东站由三等站直接升格为一等站。

12月13日　由省住房和城乡建设厅、省城市规划设计院、南京大学多名规划专家组成的省“3+5”城市群城镇体系规划专家组考察冷水江。

12月28日　省政务公开办授予冷水江市“湖南省政务公开先进单位”“湖南省政务公开示范点”奖牌。

2010 年

1月1日　湖南省“省直管县”财政体制改革实施，冷水江市列为此项改革的79个县（市）之一。

1月13—15日　冷水江市十届人大四次会议召开，何志光当选为市人民政府市长。

1月22日　湘运冷水江金竹汽车站启用。

2月　冷水江市舞蹈家协会创作的《小蚂蚁》和《虎娃闹春》登上中央电视台。年底《虎娃闹春》参加央视少儿春节联欢晚会演出。

3月19日　中共冷水江市委、市人民政府决定2010年3月至2011年9月集中开展涉锑企业关闭整顿工作。

3月20—31日　市内近百家非法冶炼企业被强制断电，非法手工选矿小作坊全部取缔。4月5日，新华社发布《世界锑都关闭百家非法冶炼企业》通稿，《人民日报》全文刊载。

4月9—12日　中央电视台经济频道记者实地采访报道冷水江关闭整顿涉锑企业情况。

4月15日　中央党校国际战略研究所副研究员、课题组副组长陈毅君率课题组调研冷水江资源枯竭型城市转型发展工作。

4月27日　冷水江钢铁有限责任公司董事长兼总经理陈代富被评为全国劳动模范，并应邀列席4月26—29日在北京召开的十一届全国人大常委会第十四次会议。

4 月　省军区政委杨忠民到市人武部考察。

5 月 13 日　全市召开优化经济环境社会评议大会，43 家单位参加测评，市工商局、财政局、国税局、地税局、经济工作局位列前 5 名，市城管大队、公路局、环保局排名靠后。

5 月　金竹山乡撤乡设镇。

5 月　金竹山镇杨源村张放初表演的傩戏《搬土地》应邀赴美国威斯康星大学访问演出。

6 月 15 日　响莲集团在周头湖度假村举行上海世博会礼品启运仪式，首批礼品启运上海世博会。

7 月 9 日　湖南农业大学与冷水江市战略合作协议签约暨干部教育培训基地揭牌仪式在湖南农业大学举行。

7 月 12 日　平安大道开工建设，全长 3350 米，宽 80 米。

7 月 12 日　中共冷水江市委、市人民政府召开城市东扩大会。

7 月 22 日　湖南省“沪洽周”娄底投资说明会暨项目签约仪式在上海举行，冷水江市共 9 个项目参加签约。

7 月　在全省社会治安综合治理民意调查中，冷水江市名列全省第 45 名，蝉联娄底市第一，并获全省社会治安综合治理先进县市区称号。

7 月　省人民政府批准冷水江市矿山地质环境治理项目立项。该项目为期 3 年，每年拨付资金 1 亿元。

8 月 18 日　冷江大桥封闭加固维修工程开工，9 月 28 日竣工。

8 月 26 日　沪昆高铁征地拆迁工作会议召开。沪昆高铁在市境内约 7.1 千米，穿越金竹山、禾青和潘桥 3 个乡镇。

8 月 27 日　群丰路一期工程开工。该路长 1693 米，宽 60 米，总投资 1.3 亿元。

8 月　锡矿山老采矿场遗址及展览馆被列为湖南省爱国主义教育基地。

8 月　曾家冲垃圾填埋场投入运营。该场位于中连乡民主村曾家冲，占地 16.11 万平方米，总库容量 498.3 万立方米。

9 月 28 日　城东生态城移民安置小区开工建设。

11 月 5—7 日　首届全国科学发展与资源枯竭城市转型高峰论坛在冷水江举行，并通过《首届全国科学发展与资源枯竭城市转型高峰论坛冷水江宣言》。

11 月 6 日　铁道部鉴定中心在长沙召开沪昆铁路冷水江东站改扩建工程可研报告评审会，确定冷水江东站按客货分离进行改扩建，该项目估算投资 3 亿元。

11 月 26 日　政府机构改革启动，市政府机构实行大部门制，共设 25 个工作部门。

11 月 26—30 日　全市 60 名白内障患者赴娄底眼科医院新化分院进行手术，享受“立珊光明行动”关怀。

12 月 2 日　省政协办公厅巡视员刘正莲率省政协职业病防治工作组至冷水江调研职业病防治工作。

12 月 16 日　总投资 1.5 亿元的冷江西 220 千伏输变电工程建成运行。

12 月　市运输公司东站运输站被团中央、交通部授予“全国青年文明号”荣誉称号，该站已连续 13 年获此荣誉。

第一篇　地　理

第一章　建置区划

第一节　区位面积

冷水江市位于湖南中部，资江中游，雪峰山东麓，东抵涟源市，南邻新邵县，西部和北部与新化县接壤。地处北纬27°30′49″～27°50′38″，东经111°18′57″～111°36′40″之间。市中心区东距娄底市87千米，南距邵阳市83千米，西距怀化市244千米，东北距长沙市236千米。南北最大纵长39千米，东西最大横跨22千米，总面积438平方千米（2008年土地调查测量数据，此前总面积439平方千米）。

第二节　历史沿革

市地归属，唐代以前无考。《宋史·梅山峒传》记载："梅山峒蛮，旧不与中国通。"宋神宗熙宁五年（1072），章惇开梅山，置新化县，辖隆回、大阳、石马、永宁、龙潭五地，市地属大阳。元代，仍属大阳。明代，属大阳乡上八都、下八都、九都和十都。

清代初期，沿明旧制。同治元年（1862）后，改乡为团，市地属安集、大同、遵路等三团。宣统二年（1910），改团为乡、镇，市地属安集、遵路两乡和大同镇。

民国成立后，沿袭清制。民国14年（1925），改乡、镇为区、镇，市地属安集（又名二区）、大同（三区）、遵路（四区）等区和锡矿山特区。民国27年（1938）废区并乡，市地属安集、大有、大成、临资、南平等乡和矿山镇。民国36年（1947），扩乡并保，市地属大仁、大智、遵路等乡和安集镇。

1949年，中华人民共和国成立之初，行政区域沿用旧制。次年6月，成立锡矿山特区（县级），属邵阳专署管辖，其他地域属新化县第二区、第三区。1952年8月，撤销锡矿山特区，建新化县第二十一区，其他地域属新化县第二区、第三区、第九区。1954年，新化县行政区域再次变更，市地属禾青、毛易、矿山区。1956年6月，撤区并乡。同年12月，成立办事处，市地属矿山、禾青2个办事处。次年12月，撤销办事处，改设禾青、毛易、矿山3个基点乡。1958年8月，改乡为人民公社，市地属禾青、矿山、渣渡、毛易、中连人民公社及冷水、飞水、矿山镇。

1960年2月，建冷水江市，隶属邵阳专署。1961年7月，改名冷江市。次年10月，撤销市建制，建新化县冷江特区。

1969年10月，重建冷水江市，仍隶属邵阳专署，辖中连、渣渡、梓龙、毛易、金竹山、潘桥、禾青7个人民公社和冷水江镇、锡矿山镇，总面积276平方千米，总人口12.62万人，其中城镇人口4.8万人。1975年6月，矿山、铎山、岩口、三尖4个人民公社从新化县划入冷水江市。

1977年9月，市地划归涟源地区革命委员会（1982年12月，改名娄底行署）管辖。1981年，冷水江镇和锡矿山镇改为街道，增设沙塘湾、球溪街道，撤销市农业科技示范场，建立同兴人民公社。至此，全市有4个街道、12个人民公社。1983年2月，撤销市建制，改为邵阳市冷水江区（县级），7月恢复市建制，仍归娄底行署管辖。1984年初，金竹山、禾青、中连等10个人民公社均改建为乡。1986年，经湖南省人民政府批准冷水江市为经济计划单列市。

1999年，娄底地区撤地设市，冷水江市归娄底市管辖。

第三节 行政区划

1988年，全市有冷水江、锡矿山、球溪、沙塘湾4个街道和金竹山、毛易、渣渡、梓龙、禾青、潘桥、中连、三尖、矿山、岩口、铎山、同兴12个乡。1989年7月，撤销禾青乡改设禾青镇，同时撤销球溪街道，并入禾青镇。9月，撤销岩口乡改设岩口镇。10月，撤销渣渡乡改设渣渡镇。1992年3月，成立布溪经济技术开发区。1993年3月，成立布溪街道办事处。1996年9月，撤销铎山乡改设铎山镇。1999年12月，撤销毛易乡改设毛易镇。2002年2月，撤销三尖乡改设三尖镇。2009年7月，调整沙塘湾街道、毛易镇、金竹山乡行政区划：毛易镇柳溪、长铺、新民3个建制村和王坪湾社区划归沙塘湾街道，金竹山乡太坪村划归沙塘湾街道，沙塘湾街道太中、太主山、金山、金竹山、木杉坳5个社区划归金竹山乡。2010年5月，撤销金竹山乡改设金竹山镇。

2005年11月起，居委会统称为社区居委会。至2010年年底，全市辖冷水江、锡矿山、沙塘湾、布溪4个街道，禾青、三尖、金竹山、毛易、岩口、铎山、渣渡7个镇，中连、同兴、潘桥、矿山、梓龙5个乡，共有153个村，57个社区，2382个村（居）民小组。

2010年冷水江市乡（镇、街道）、村（社区）建置情况表

表1-1

乡（镇、街道）名称	村、社区
冷水江街道	东站社区（8） 枫树坳社区（7） 颜家冲社区（48） 集中社区（36） 锑都社区（31） 涟溪桥社区（30） 冷金社区（16） 冷钢社区（53） 施塘社区（21） 冷锡社区（47） 建新社区（35） 冷新社区（67） 冷园社区（30） 红日社区（40）
布溪街道	布溪社区（26） 施茶社区（8） 青园社区（27）
锡矿山街道	光荣社区（6） 七星社区（4） 艳山红社区（5） 陶塘社区（8） 长龙界社区（7） 联盟社区（5） 双木社区（8） 七里江社区（4）
沙塘湾街道	沙塘湾社区（10） 炉埠社区（7） 柳溪社区（1） 王坪湾社区（7） 长铺村（10） 柳溪村（16） 新民村（11） 太坪村（9）
禾青镇	里福社区（4） 宝兴社区（50） 球溪社区（6） 湍江村（9） 双星社区（5） 社学里村（20） 禾兴村（6） 禾青村（12） 里福村（12） 球溪村（6） 双星村（6） 杨坪村（12） 黄场村（6） 炉竹村（13） 刘李村（4） 黄泥村（12）
岩口镇	岩口社区（8） 塘石社区（5） 红岩社区（33） 大冲村（5） 石坑村（10） 槐花村（11） 塘冲村（8） 塘湾村（9） 金连村（6） 农科村（4） 岩口村（8） 光华村（6） 泉平村（10） 元岭村（6） 红安村（6） 官溪村（10） 金星村（5）

续表 1-1

乡（镇、街道）名称	村、社区			
三尖镇	三尖社区（9）	南阳社区（10）	石槽社区（11）	利渡村（6）
	新屋村（14）	木山村（11）	石船村（10）	光明村（11）
	金塘村（10）	连岩村（9）	裕源村（13）	粘禾村（12）
	西湾村（4）	九江村（13）	上青村（10）	六二村（7）
	神龙村（14）			
铎山镇	铎山社区（23）	青龙村（10）	新台村（8）	王家村（13）
	龙潭村（21）	龙光村（13）	花桥村（9）	石柱村（9）
	石溪村（7）	大坪村（16）	塘溪村（11）	新枫村（16）
	眉山村（5）	咸宜村（14）	石湾村（13）	北元村（7）
	城山村（11）	合林村（4）		
毛易镇	长铺社区（4）	大建社区（10）	花坪村（5）	清一村（10）
	筻溪村（13）	小横村（8）	毛易村（11）	清塘村（13）
	大洲村（7）	群丰村（16）		
渣渡镇	木丰社区（9）	渣渡社区（61）	复兴村（4）	柴山村（6）
	银溪村（16）	利民村（6）	滴水村（6）	侯家村（6）
	渣渡村（10）	双丰村（7）	和平村（10）	上铁村（9）
	梓芳村（6）	木瓜村（9）	铁山村（14）	
金竹山镇	坪塘社区（20）	太中社区（1）	木杉坳社区（6）	杨源村（15）
	金山社区（3）	太主山社区（4）	金竹山社区（32）	太中村（4）
	资江村（9）	新田村（10）	杨桥村（13）	振兴村（7）
	麻溪村（9）	恒星村（4）	当正村（14）	金竹村（7）
	东风村（7）	合坪村（3）		
同兴乡	俩塘社区（5）	新桥社区（2）	崇北社区（6）	谭家村（10）
	岩里村（9）	白石村（3）	永兴村（6）	白杨村（7）
	同兴村（6）			
中连乡	杨家社区（6）	中连社区（4）	南宫村（11）	余元村（8）
	坝塘村（10）	麦元村（3）	诚意村（10）	金湾村（14）
	青云村（9）	耸山村（6）	金瓶村（12）	杨家村（6）
	民主村（17）	中连村（11）	福元村（13）	胜利村（8）
	远大村（9）	全球村（6）		
潘桥乡	郭家社区（7）	硐上村（11）	税塘村（16）	茂山村（9）
	长冲村（9）	苗田村（17）	铜钟村（7）	建新村（9）
	石山村（12）	桥头村（12）	洪云村（9）	老屋村（11）
	义方村（11）	九井村（7）	渣洋村（12）	
梓龙乡	杨桥村（10）	杨新村（4）	周头村（9）	梓坪村（9）
	前进村（6）	滴水村（7）	吴家村（7）	林场村（11）
矿山乡	谭家社区（6）	樊家村（12）	船山村（13）	官家村（6）
	龙虎山村（2）	洞下村（12）	水托村（10）	新生村（6）
	合心村（10）	马颈村（6）	白云村（6）	竹山村（11）
	樟木村（11）	恒源村（6）	来风村（9）	高峰村（9）

说明：括号内为村（居）民小组个数

第四节 勘 界

冷水江市边界线全长 190.25 千米，分为三段，其中与新化县边界线长 105.05 千米，与涟源市边界线长 26 千米，与新邵县边界线长 59.2 千米。

冷水江市与新化县段：从新化县温塘镇晏家村、冷水江市渣渡镇柴山村、涟源市六亩塘镇白石溪村三交点 250203240 号界桩起，沿东向北转西向南经冷水江市锡矿山街道来峰村、恒源村、马井村、洞下村，中连乡远大村、青云村、余元村，布溪街道郭家社区，禾青镇铜钟村，三尖镇新屋村、木山村，新化县温塘镇晏家村、祥星村，桑梓镇集云村、塘冲村、石窖村、满竹村，石冲口镇高湘村、金山冲村、大团村、尧岭寨村，新邵县龙溪铺镇龙溪铺村、古田村三交点 25224050 号界桩止。

冷水江市与涟源市段：从冷水江市渣渡镇柴山村、涟源市六亩塘镇白石溪村、新化县温塘镇晏家村三交点 132281820 号界桩起，沿北向南经冷水江市铎山镇合林村、花桥村、金连村，涟源市六亩塘镇扶珂村、胜利村，三甲乡硐下村，新邵县坪上镇袁家村三交点 138182050 界桩止。

冷水江市与新邵县段：从冷水江市三尖镇石槽村、新邵县龙溪铺镇新桥村 430513003 号界桩起，沿南向东北经冷水江市三尖镇新屋村，新邵县龙溪铺镇古田村，新化县石冲口镇尧岭寨村三交点 25224050 号界桩止。

第五节 乡（镇、街道）简介

一、冷水江街道

冷水江街道位于市区中心，街道办事处驻金竹西路。辖区内机关单位众多，商贸繁荣，居民密集，交通便利。

1988 年始，街道利用信息、交通、电力、金融等得天独厚的优势，大力发展工业、商业、服务业。1993 年，工业总产值突破 1 亿元。1997 年，个体工商户和区街企业快速发展，工业企业增至 19 家，总产值 1.45 亿元。2006 年后，街道经济每年以 7%的速度递增。2009 年，国税、地税由 2006 年 770 万元增加到 990 万元。2010 年，工业总产值 2.12 亿元，国税、地税入库 1100 万元。

2000 年后，随着新世纪大楼、天宇大厦、金泰花园等一大批高层住宅楼和住宅小区的兴建，辖区内居民住房条件得到很大改善，90%的居民由面积窄小的红砖房搬进宽敞明亮的高层商品房。

图 1-1 冷水江街道社区居民开展健身活动

（2010 年摄）

社区全面推行居民小区网格化管理模式，实行物业化管理，市场化运作，并建立“六定”（定点、定量、定员、定责、定奖、定罚）管理机制。社区背街小巷道路全部硬化和亮化，并安排专人清扫保洁，社区环境美观卫生。2006 年，街道中心城区 11 个社区居委会兴建或装修办公场所，配备电脑等现代办公设备。

街道计划生育落实属地管理制度，加强辖区内流动人口管理。至 2010 年，居民最低生活保障做到公开、公平、公正，应保尽保，居民医疗保险全面覆盖。

二、布溪街道

布溪街道位于城区资江南岸，街道办事处机关驻锑都南路。辖内交通便利，北有冷江大桥连通市区，东经浪石滩水电站坝桥连接省道 312 线，沪昆铁路、冷禾公路穿境而过。

1992 年 3 月，组建布溪经济技术开发区，并成立布溪特区管委会。1993 年 3 月，成立布溪街道办事处。2004 年 12 月，布溪特区管委会撤销。

2005 年后，街道各项事业快速发展。2010 年，工农业总产值由 2005 年的 6142 万元增至 1.14 亿元，居民人均可支配收入由 2005 年的 6150 元增至 11638 元，人口自然增长率控制在 6.5‰以内，城镇登记失业率控制在 4.5%以内，居民基本医疗保险参保率 98.54%。

为推行政务公开，2010 年，街道投入 30 万元建立便民服务中心，创办政务网站，在网站上开设政务公开、办事指南、便民服务、社区建设、在线受理等栏目，居民足不出户即可查询街道办事处政务、便民服务等信息。同时，在线受理居民网上投诉，能处理的立即办结反馈，不能当即处理的移交相关部门限期办理。

街道成立腰鼓队、舞龙队、舞蹈队，丰富居民文化生活。2007 年 6 月，舞蹈队代表娄底市参加全省第三届广场舞锦标赛，荣获 2 个团体舞冠军和 1 个单项第一名。

图 1-2　位于冷水江市布溪街道境内的青山公园（2009 年摄）

辖区内有青山公园，占地 166.67 公顷，主峰海拔 550 米，树木种类繁多，四季常青，空气质量优良。2006 年，成立公园管理处，先后投资 400 万元，修建盘山公路 2 条，铺设步行道 6 千米，安装新型太阳能路灯 15 盏。每天到公园休闲健身的人络绎不绝，已成为城区居民的“后花园”。

三、沙塘湾街道

沙塘湾街道位于市东南郊，街道办事处机关驻沙塘湾。辖区地势平坦，交通便利，沪昆铁路、省道 312 线穿境而过，资江纵贯全境。

街道管辖范围多次变更。1988 年，辖 7 个社区、21 个居民小组，居民分散在金竹山、毛易、岩口、铎山、渣渡、梓龙 6 个乡辖境内（1996 年，金竹山煤矿土朱工区居民点划归岩口镇，铎山工区居民点划归铎山镇，利民煤矿居民点划归渣渡镇。1999 年，大建煤矿居民点划归毛易镇）。2009 年，管辖范围重新调整，该街道金竹山、金山、太中、太主山、木杉坳 5 个社区划归金竹山镇，金竹山镇太坪村和毛易镇柳溪村、长铺村、新民村、王坪湾居委会划归该街道。

图 1-3　位于冷水江市沙塘湾街道境内的金竹山大桥（2002 年摄）

2005 年，市经济开发区移址该街道，工业企业逐年增多。至 2010 年，辖内有金鹰服饰、天宝紧固件、益盛包装、金筑建材等规模企业 12 家，是全市电力、化工、制造、加工工业基地。随着工业的兴起，带动商贸、装卸、运输、服务等行业发展，沙塘湾岔路口农贸市场、柳溪社区市场交易红火。

街道因地制宜调整农业产业结构，至 2010 年，共发展养猪专业户 65 户，柳溪村草莓和花卉基地、长铺村葡萄基地、宏翔乳业等特色农业基地初具规模。基础设施日臻完善，至 2010 年年底，共完成 5 个村的自来水改造工程，硬化通组公路 28 千米，改造新民村、长铺村灌溉水渠 600 米，新增村（社区）生活垃圾斗 15 个，改造 10 栋农村危房和 4 栋滑坡体移民住房，兴建 7 个村（社区）活动场所。

1996 年 7 月，全市遭遇特大洪灾，沙塘湾老街全部淹没，炉埠社区、柳溪村部分住房二楼被淹，毁坏房屋 16 栋。为安置灾民，沙塘湾街道在金竹山大桥东端新建 1 栋高 7 层、建筑面积 2240 平方米楼房，安置灾民 24 户。

四、锡矿山街道

锡矿山街道位于市境北部，街道办事处机关

驻株木山，是“世界锑都”锡矿山所在地。境内锑矿开采和锑品冶炼加工业发达。

经过100多年锑矿开采，街道境内3平方千米范围内分布着大面积采空区，地下采空区最高30多米，矿巷顶板距地表最薄处仅0.6米，整个采空区靠部分年岁久远的矿柱支撑，地表塌陷、房屋受损，严重威胁矿区居民生命财产安全。2009年，实施矿山采空区搬迁避险工程，第一期125户390人搬离危险区，安置到新建的同兴乡俩塘安置小区。第二期625户搬迁工程随即启动。

图1-4　位于冷水江市同兴乡俩塘社区的矿山采空区搬迁避险工程安置小区　（2010年摄）

长期开采和冶炼矿产资源，排出的废水、废气、废渣使矿区生态环境遭到破坏，地下水污染，草木难生。街道致力于涉锑企业规范管理和生态环境保护。2010年3月起，境内67家涉锑民营企业关闭整合，仅保留7家规模锑品企业，年产精锑5000吨以上，当年获全市涉锑企业关闭整顿工作一等奖。至年底，生态环境保护工程完成退耕还林200公顷，荒山造林66.67公顷，建立抗污染树种苗圃场2个，种植大叶女贞、构树、四季青等抗污染树木80公顷。

为改善基础设施和民生，至2010年，街道硬化通村公路19.6千米，修建人畜饮水工程解决6个社区4000余人饮水困难。发放困难和受灾群众救助救灾资金120余万元、低保资金300余万元。搭建就业平台，安置下岗失业人员和残疾人500余人就业。

辖内有羊牯岭碉楼、忆苦窿、烈士塔、千米垂直多层矿井、锑文化博物馆等多处文物古迹。

五、禾青镇

禾青镇位于市境西南部，镇机关驻里福桥，1989年撤乡建镇。沪昆铁路、沪昆高铁、娄新高速穿境而过。铅、锌、钒、钨、钼、铜、汞、氧化钙、硅石等矿产资源丰富，是全市的工业重镇。至2010年，辖区内有大小企业54家，其中产值超亿元的3家，形成三大工业园区（以湖南宜化公司为龙头的化工产业园、以华新水泥公司为龙头的建材产业园、以天天鑫物流城为中心的物流产业园）。

1989年建镇后，城镇建设快速发展。2009年，重新规划绘制“总体发展规划图”“生态移民小区规划图”“新农村建设规划图”“商业远景规划图”等。至2010年，镇区面积扩展至3.75平方千米，电力、供水、通信、学校、医院、食宿等基础设施齐全，先后获得“湖南省首批明星镇”“湖南省小康示范镇”“全国创建文明村镇先进单位”等荣誉称号。

图1-5　位于冷水江市禾青镇境内的禾青商业步行街　（2010年摄）

2003—2010年，投资200多万元完成66.67公顷低产田改造，维修灌溉水渠2000米。发展特色高效农业，成立种植、养殖、林业等专业合作社5个，社学里66.67公顷高产粮油田全部由农机合作社机械种植，大丰生态养殖场年出栏生猪3万头以上，刘李特种养殖场年出栏黑山羊5000只，炉竹村建成20公顷大棚无公害蔬菜基地，杨坪村种植油茶林233.33公顷。同时，积极改善民生，共发放低保扶贫救助资金325.6万元，完成60户危房改造和安居工程建设，基本解决低保困难户和社会优抚人员生活问题。

2009年，推行镇村干部为民服务全程代理制，全镇设立16个受理室，为村民提供社会救助、医疗补助、涉农补贴发放等服务。

境内有省级风景名胜区大乘山，主峰海拔746米，面积333公顷，竹林成荫，古树参天，瀑布飞泻，山泉流响，空气负氧离子异常丰富。大乘山有着深厚的佛教文化，山上寺庙香火旺盛。

六、岩口镇

岩口镇位于市境东南部，镇机关驻土朱。1989年撤乡建镇。省道312线横贯全镇，交通便利。

辖区内煤炭资源丰富，是全市重点产煤乡镇之一。1988年，境内有省属煤炭企业1家、市属水泥企业1家。此后，乡镇企业快速发展，至1990年，集体煤矿增至32家，纸箱厂、工业过滤布厂、陶瓷厂、饮料厂等镇属企业相继建成投产。1993年，全镇工业总产值过亿元。2001年，煤矿清理整顿后，保留合法煤矿29家。2006—2009年，再次对煤矿进行安全生产大整顿，关闭煤矿16家，整合保留13家。2010年，全镇有企业40余家，工业总产值5.6亿元，年产原煤50万吨。

图1-6　冷水江市新农村建设示范村——岩口镇石坑村（2010年摄）

2000年后，由于受煤矿采空区影响，全镇工农业生产和生活用水严重短缺，水稻种植面积大幅减少。2003年起，因地制宜调整农业产业结构，按照“公司+基地+农户”模式，建成响莲实业公司、三友农庄、三和苗圃等现代农业产业园。大冲、塘湾、金连等村建成药材和油茶基地。同时，大力发展养殖专业户，至2010年，全镇有54家养殖专业户，年出栏生猪3.8万头。黑山羊、马头山羊、肉牛养殖初具规模。

全镇各项社会事业发展迅速。1994年，程控电话普及到家庭户。1995年，改造农电线路，实现城乡同网同价。1998年，建成有线电视转播网，可转播33套高清电视节目。2006年，投资100多万元建成高标准敬老院，全镇孤寡老人实行集中供养。2007—2010年，投资400多万元，疏通红安、塘湾、泉平等8个村共4000米灌溉渠道，完成槐花、塘冲等村安全饮水工程，家家户户用上自来水。2009年，为采矿区房屋受损村民新建莲塘安置区一期工程，共建房屋40栋，安置村民70户。至2010年，全镇17.8千米通村公路全部水泥硬化，通组公路水泥硬化率达80%。

农科村第4组为三峡移民安置区，2001年6月开始规划建设，2002年8月17日，由重庆市忠县石宝镇迁来9户、36人入住移民安置区。2003年，除两户移民返回原籍，其余7户在此安居乐业，移民付起荣当选为市第九届人大代表。

七、毛易镇

毛易镇位于市境城区东郊，镇机关驻长坪里，1999年12月撤乡建镇。1998年，长铺村划分为长铺村和长铺社区。1999年，炉埠村更名王坪湾社区，沙塘湾街道筻溪社区划归毛易镇。2009年7月，柳溪村、长铺村、新民村、王坪湾社区划归沙塘湾街道。

境内交通便利，沪昆铁路、省道312线穿境而过。2000年后，掀起通村公路建设高潮，大部分村修筑3.5米宽混凝土公路。该镇水利条件较好，柳溪河流经8个村注入资江，全长8千米。全镇大部分农田由周头水库西干渠灌溉。

1988年，全镇有耕地558.8公顷，由于退耕还林、工业和公益事业建设需要，到2008年，耕地减少至443.73公顷。农业以粮食生产为主、蔬菜生产为辅，兼种油料作物和经济作物。大洲村充分发挥城郊优势，种植大棚蔬菜，村民人均每年收益3000余元。2005年起，调整农业产业结构，发展筻溪油茶林基地40公顷，清塘核桃基地4公顷，葡萄基地3.33公顷。

辖区内具有较好的工业基础，有原冷水江制

碱厂、大建煤矿等省、市属企业。煤炭开采历史悠久，2003 年煤矿资源整合，保留小横、洞竹山、棋盘石 3 家煤矿。

1988—2010 年，全镇基础设施明显改善。完成周头水库西干渠整修和 30 千米主灌溉渠道配套工程建设。兴建花坪等 4 个村级活动场所和司法楼、国土楼、文化楼、卫生院，改造镇机关办公楼。大力推广农村合作医疗，农民参保率 98%。投资 50 万元兴建镇文化中心，在清塘等 4 个村建农家书屋，每个农家书屋藏书 2000 多册。移动网络和电信宽带覆盖每个村组，农村电网改造全面完成，电力供应稳定，城乡同网同价。

图 1–7　位于冷水江市毛易镇境内的西禅寺

（2009 年摄）

境内西禅寺，位于长铺村，2002 年 8 月 9 日奠基，2007 年 4 月 28 日举行大雄宝殿落成暨佛像开光法会庆典。至 2010 年，已建成钟楼、鼓楼、方丈楼、居士住宅楼等。

该镇人文荟萃，苏鹏、苏镜、苏平凡等都是境内杰出人物。苏鹏（1880—1953）是辛亥革命先驱。苏镜（1912—1989）曾任纺织工业部机关党委书记、办公厅主任，享受副部级待遇。苏平凡（1940—2005）曾任安徽省人大常委会副主任。

八、渣渡镇

渣渡镇位于市境东北部，1989 年 10 月撤乡建镇。1994 年 12 月，镇政府从双丰村迁至木瓜村。辖区内煤炭资源丰富，年产原煤 45 万吨，是全市重点产煤乡镇之一。烟花爆竹是该镇传统产业，2009 年骨干花炮企业九门洞花炮厂与浏阳花炮企业合作，引进资金 2000 万元，扩大规模，改进工艺，产品销往全国各地。

镇域属边远山区，形成山区特色农业产业。全镇有林地 1333.33 公顷，主要种植杉木、马尾松、柏木、楠竹等，森林覆盖率 70%。2002—2010 年，退耕还林 133.33 公顷，荒山育林 180 公顷，楠竹低产改造 20 公顷。上铁、滴水等村开发杨梅基地 200 公顷，年产杨梅 300 吨，产值 400 多万元。以铁山为中心的油茶林基地，种植油茶 546.67 公顷。以复兴、和平村为主的中药材基地，种植杜仲、金银花等药材 120 公顷。以侯家生态养殖场、富民生猪养殖合作社为龙头，发展养猪专业户 58 户，年出栏生猪 1.8 万头。

木瓜村 1 组有回民 28 户 107 人，是 1922 年从长沙迁来的回民王翰生后裔，生活习俗既保持回民特色，又融入当地汉族民俗。全镇有基督教信众 86 人，主要分布在铁山、渣渡、银溪等村。2007 年，教徒捐资在铁山村兴建基督教信徒聚会堂，定期进行宗教活动。2010 年，木瓜村被湖南省政府确定为民族团结进步示范点。

利民村村民刘小玲自费建立农民图书馆，该馆藏书 2.8 万册，免费为全镇和邻近县市群众服务，接待读者上万人次。2000 年，刘小玲被评为“湖南省十大新闻人物”。

位于渣渡村的九门洞，因洞内有开山、流沙、莲蓬、飞鹞、卧牛、雉鸡、七星、玲珑、月日九门而得名。洞内门门有景，景景皆奇。

图 1–8　位于冷水江市渣渡镇境内的利民煤矿棚户区改造工程

（2010 年摄）

九、三尖镇

三尖镇位于市境西南部，境内地形地貌奇特，山峰挺拔险峻，水资源丰沛，有利于农作物生长。

全镇森林覆盖率60%，风景秀丽，气候宜人。2002年撤乡建镇，镇政府办公地点迁往石槽。是年，南阳、三尖、石槽3个村改为社区。

境内交通便利，省道217线穿境而过，县道44线与省道217线在石槽交汇，与乡村公路形成网络。境内石墨、煤炭、硅石、硫铁矿、大理石、石灰石等矿产资源丰富。2010年，有石巷里煤矿、江厦碳素厂、锑都水泥外加剂厂、大众塑胶管业公司、湘土情酒业公司等企业，年产原煤9万吨、碳素4000吨、水泥速凝剂1万余吨。

2000年始，大力发展特色、生态、效益型农业，至2010年，共完成涉及11个村的土地平整项目。成立惠农种植专业合作社，实现土地流转266.67公顷。以三尖中药材生产合作社为龙头，建成药材种植基地4个，主要种植杜仲、厚朴、金银花等10余种中药材，面积400余公顷，年产值200余万元。锑都水产养殖社南阳分社发展立体生态养殖，拥有养鱼山塘8口，年产放养土鸡1万余羽，养殖黑山羊300多头。全镇31个养猪专业户年出栏生猪3000多头。

图1-9　2002年，冷水江市三尖镇政府迁往石槽新办公大楼

全镇基础设施日臻完善，至2010年，完成房屋建筑面积5万平方米，修筑通村水泥公路75千米，改造维修镇敬老院，新建3.5万伏变电站1座、垃圾处理场1个、村级活动中心10个。

境内有省级风景名胜区祖师岭、茶花溪和省级文物保护单位六房院。六房院位于新屋村，建于清光绪六年至十一年（1880—1885），占地3000平方米，庭院廊檐飞角，雕梁画栋，气势宏大，是市内保存较好的一处清代砖木结构乡土民居。

十、铎山镇

铎山镇地处市境东部，1996年9月撤乡建镇，镇机关驻龙潭村。省级公路312线横贯境内，交通便利。辖区内矿产资源有煤炭、石膏、石灰岩、磷、硅、锰等，煤炭地质储量1000万吨，可采储量600万吨，是全市重点产煤乡镇之一。

该镇乡镇企业起步较早，1987年建成的铎山拉铸厂，是当时全国500强乡镇企业。1994年，铎山化工厂实行租赁承包，当年扭亏为盈。1995年，煤矿实行“五定一奖”责任承包制，企业实行自负盈亏、超利分成、分类管理。2006年，整合煤炭资源，原有23家煤矿整合为11家。2010年，全镇工业企业发展到36家，其中煤炭、建材、化工、机电、烟花爆竹等规模企业13家，年工业总产值4.13亿元。

1992年，该镇邀请湖南大学教授实地考察，根据专家建议和全镇各村土壤情况，制订特色农业发展规划，大力发展葡萄、杨梅种植。1995年，镇经管站组织社会闲散资金54万元，成立农村合作基金会，支持种植业发展。2005年6月，成立眉山葡萄种植专业合作社，有股东68户、社员106户，实行统一规范管理，提供产、供、销、技术“一条龙”服务，当年葡萄种植面积20公顷。2006年，大坪杨梅种植专业合作社成立，开发东魁和丁香系列杨梅。2010年，眉山葡萄种植专业合作社葡萄种植面积增至80公顷，产量50万千克，年产值1000万元。大坪杨梅种植专业合作社杨梅种植286.67公顷，其中幼林166.67公顷，盛产林120公顷，年产值1800万元。

图1-10　冷水江市铎山镇花桥牛全席菜品

（2010年摄）

花桥牛全席是该镇特色美食，款款菜品麻辣鲜香，脆嫩可口，风味各异，吸引着大批南来北往的客人和慕名而来的食客。

著名女作家谢冰莹出生于该镇龙潭村，其故居主体建筑基本保持完好，古朴的院落、高大的廊柱、精美的雕窗、彩绘的飞檐等，尽显昔日气派和典雅。2010年，谢冰莹故居被省政府批准为省级文物保护单位。

十一、金竹山镇

金竹山镇位于市境东南部，1993年，乡政府从当正村搬迁至沙塘湾岔路口珠溪。2009年，调整行政区划，太坪村划归沙塘湾街道，沙塘湾街道金竹山、金山、太中、太主山、木杉坳5个社区划归金竹山乡。2010年5月，撤乡建镇。

图1-11 冷水江市金竹山镇资江村风景

（2009年摄）

该镇交通便利，沪昆铁路、沪昆高铁、省道312线、娄怀高速穿境而过，是全市南北贯通、东西连接的重要交通枢纽。水泥路通至全镇各村组。2005年，投资400万元接通坪塘、资江村自来水主干线，解决大多数村民及沿途企业生产生活用水。2009年，镇文化大楼、计划生育服务大楼主体工程竣工。学校、医院、通信、集贸市场等公共设施齐全。

该镇有较好的工业基础。2010年，辖区内有湘煤集团金竹山实业公司、金陆水泥外加剂公司、福光岭花炮厂、208煤矿、金星实业等50多家大小企业。

1988—2010年，农民生活有较大改善。农民住房由偏僻山区向公路沿线、由砖木结构向砖混结构发展，庭院式和别墅式民宅逐渐增多。农业产业结构调整步伐加快，已建成麻溪村无公害大棚蔬菜基地，振兴、麻溪村油茶林基地，恒星特种养殖基地，当正景宜果业基地，金竹经济林基地。全镇农民人均纯收入由1988年的708元增至2010年4300元。

镇域人文底蕴深厚。资江、麻溪两村地处资江岸边，古时是商贾云集之地，素有“江南梦里水乡”之称。梅山傩戏在域内历史悠久，2010年4月，杨源村张氏傩艺队受美国威斯康星大学邀请，赴该校进行为期4天的访问演出。

十二、梓龙乡

梓龙乡位于市境中部偏东，乡机关驻周头。境内煤炭资源丰富，储量2200万吨，是全市重点产煤乡镇之一。2010年有煤矿8家，年产原煤30万吨。

该乡各项基础设施日臻完善。2007年，投资75万元新建乡敬老院，占地2公顷，有房屋52间，管理规范，服务周到，已入住“五保”老人25人。2008年，兴建乡政府办公大楼和乡文化大楼。2009年，杨桥村被确定为全市新农村建设试点村，该村兴建1个3000平方米村级组织活动中心，硬化村组公路9.4千米，安装路灯30盏，改厕420户，建垃圾池17个，建有篮球场、羽毛球场、乒乓球室、KTV歌舞厅等文体设施。

全乡农业稳步发展，遏制耕地抛荒，增加粮食播种面积，不断调整农业产业结构，全面启动林改工作和绿化工程。至2010年，已建成66.67公顷金银花基地和23.33公顷蔬菜基地，封山蓄禁1333.33公顷，新造林20公顷，补植补造53.33公顷。

图1-12 位于冷水江市梓龙乡境内的周头水库

（2007年摄）

境内周头水库青山环抱，水质优良，是全市唯一的中型水库。大坝高32米，库容1037万立方米，灌溉岩口、铎山、毛易、中连、金竹山、梓龙6个乡镇1833.33公顷农田。2000年，建成集文艺演出、棋牌娱乐、休闲垂钓、餐饮住宿为一体的休闲度假村。2010年，修通环湖公路5.5千米，建成150米游湖浮桥。

位于滴水村美女山下的伴云庵，建于清朝末年，建筑风格古朴典雅，善男信女甚众，香火旺盛。

十三、中连乡

中连乡位于市区北郊，乡机关驻金湾村，距市城区4千米。

辖区内煤炭、天然气、白云石、氧化镁等资源丰富，是全市重点产煤乡镇之一。2006年始，全乡进行煤炭资源整合，关闭兰家田煤矿、民主煤矿二工区，齐心煤矿与民兴煤矿整合，上陡岩等煤矿与全球煤矿整合，煤矿由原来14家减少至10家。同时，大力实施技改，煤炭生产能力增强，原煤年产量由整合前25万吨提高到40余万吨。境内石灰石资源丰富，全乡建有6家采石场，是全市冶金辅材业重要基地。至2010年，全乡民营企业发展到30余家。

乡域交通便利，乡村公路全部为水泥路面，2009年被评为娄底市农村公路建设先进单位。该乡基础设施日臻完善，至2010年，曾家冲垃圾填埋场、城西22万伏变电站投入使用。新建饮水工程8处，解决1.2万人饮水安全问题。完成乡办公大楼、敬老院、便民服务中心、水库加固防渗等工程建设。通信、学校、医院等公共设施齐全。

图1-13　冷水江市中连乡金瓶村无公害蔬菜基地（2009年摄）

在稳定粮食生产基础上，重点发展城郊型特色农业，至2010年，重点扶持和发展无公害蔬菜基地200公顷，油菜133.33公顷，油茶林53.33公顷，经果林46.67公顷，中药材33.33公顷，苗圃花卉33.33公顷。有养殖专业户38户，年出栏生猪2.39万头，出笼家禽7.9万羽，产鱼5.85万千克。2005年4月，福元村种植大户李利明获得市劳动模范荣誉称号。

该乡福元村李氏宗祠，系清代古建筑，设计精美，飞檐翘角，雕梁画栋，高墙雄立，气势不凡，2004年9月被列为市级文物保护单位。

十四、同兴乡

同兴乡地处城区东北郊城乡接合部，乡机关驻新桥边。1991年，白杨村第3组与永兴村第6组组建新桥社区。2000年，撤销俩塘村建立俩塘社区，撤销崇北村建立崇北社区。2009年，在俩塘社区建立锡矿山采空区搬迁避险居民安置点。

境内有同兴汽车站、金竹汽车站，省道312线和环城北路穿境而过，交通十分便利。至2010年，全乡共硬化乡村公路60千米，建成以温泉、朱家水库为重点的人畜饮水工程12处，建沼气池140余口，修筑抗旱排灌渠道15千米，9个村（社区）建立村级活动中心。

1988年，全乡有耕地181.8公顷，后因建设征地、退耕还林和公益事业占用，至2010年，耕地减少至134.87公顷。农业以种植水稻、玉米、红薯为主，蔬菜、水果为辅。养猪业快速发展，从小规模家庭养猪发展到专业化大规模养殖，2010年，全乡出栏生猪1.66万头，其中外销7056头。同兴、白石、永兴村积极开发香樟和杉树基地，2010年发展到53.33公顷、10万多株。岩里村建有20多公顷油茶林基地。

2006年始，先后有博环渣业公司、博长超细粉厂、同兴汽车站等8家民营企业落户该乡，初步形成钢铁辅业、仓储物流、汽贸汽修和高温材料等产业，带动全乡建筑、运输、餐饮和零售业发展。人民生活水平不断提高，饮食观念由吃饱转为吃好，穿衣讲究款式和花色，消费支出向教育、文化、保健等方面倾斜，高档消费品拥有量不断攀升。至2010年，90%的家庭新（翻）建房屋，房屋由砖木结构向砖混结构转变，室内装修越来越讲究，庭院式和别墅式民宅日渐增多。

图1-14 位于冷水江市同兴乡境内的波月洞洞内景点——将军厅（2006年摄）

域内有波月洞风景名胜区，位于同兴村大义岭下，从市区乘车10分钟便可到达。波月洞气势磅礴，钟乳挺拔，石瀑飞流，一步一景，让游人流连忘返。景区绿树成荫，空气清新，辟有儿童游乐场、奥运园、烧烤场、餐饮住宿等设施，是人们休闲娱乐的理想去处。

十五、潘桥乡

潘桥乡地处市区西南部，乡机关驻桥头村，距城区7千米。1992年，乡辖布溪村、施茶村划归布溪经济技术开发区。沪昆高铁、沪昆铁路穿境而过，娄新高速、冷禾公路横贯东西，乡村公路四通八达。

乡域矿产资源贫乏，工业基础薄弱，经济落后，是省级贫困乡。1988—1996年，该乡大力发展乡镇企业，先后建成资江锑品厂、江南瓷质砖厂、铸造厂、江南建筑公司等乡办企业。此后，民营企业迅速发展。2002年，恒兴化工厂投产。2003年，建成晨峰水泥厂、东山耐火材料厂。2004年后，引进博泰锰业有限公司、天一新型墙体材料厂、华茂电线电缆厂等民营企业。至2010年，全乡共有民营企业20余家。

该乡积极调整农业产业结构，发展城郊型、休闲观光型、高效科技型农业。1992年，进行丘岗山地和庭院经济开发，种植柰李、水蜜桃、杨梅、葡萄、柑橘、枇杷等果树166.67公顷。1996年，建成九井、义方无公害蔬菜基地6.67公顷，税塘草莓基地6.67公顷，老屋、渣洋、石山杂果基地20公顷。2003年起，全乡进行农业综合开发，建成集水产养殖、名优农产品、休闲娱乐于一体的建新生态科技园和省五星级乡村旅游点银凯假日休闲山庄。完成洪云、硐上村楠竹低产改造86.67余公顷。成立兴旺养殖、洪云楠竹两个专业合作社，其中兴旺养殖合作社被评为湖南省示范合作社。

2003年始，该乡加大基础设施建设力度，至2010年，共完成通村公路49.3千米、通组公路51.2千米，实现村村通水泥公路。修建山塘5处、灌溉渠道20千米，新装电排6处。铺设建新、桥头、石山、老屋、郭家等村自来水主管，解决8000余人饮水问题。改建乡政府办公大楼和政务服务平台。修建娄新高速移民安置点，77户拆迁户得到妥善安置。电力、通信、学校、医院等基础设施齐全。

图1-15 冷水江市潘桥乡税塘草莓基地（2005年摄）

境内山清水秀，四季之美，各有千秋。鸿云洞、仙憩洞、白云洞千姿百态，巧夺天工。

十六、矿山乡

矿山乡地处市境北部，是世界锑都锡矿山所在地，乡机关驻庙门前。乡域属边远山区，山高路陡，气候较寒冷。毛矿公路、万晏公路、矿温公路贯穿乡境。

境内煤炭、锑矿、赤铁矿资源丰富，乡域经济主要靠矿产资源。2000年后，进行矿产资源整合。至2010年，全乡有煤矿8家、锑矿3家、铁矿2家、冶炼企业2家、化工企业1家，年产原煤49万吨、精锑2000多吨。

农业生产因土质差、气候冷、产量低而相对薄弱。为调动农民种粮积极性，乡政府贯彻落实中央农业扶持政策，至2010年，共发放各种政策性补助资金570万元。同时，调整农业产业结构，引导农民种植适合高寒山区的经济作物，高峰村金银花基地种植面积发展到133.33余公顷、30多万株，樟木村油茶林基地、来风村盛源恒丰种养基地初具规模。

该乡基础设施和民生不断改善，至2010年，兴建安全饮水工程21处，水泥公路通到每个村组。拨付救灾资金25.2万元，帮助受灾群众重建住房21栋。全乡279户、554人享受农村低保待遇。新型农村合作医疗参保率96%。全乡873人因病住院，享受医保补贴共110余万元。

白果岭位于该乡樟木村，海拔1010.8米，山顶建有白果岭电视转播台，夏季气候凉爽，是理想的避暑胜地。

图1-16　冷水江市矿山乡樟木村白果岭冬季冰挂景观　（2010年摄）

2010年冷水江市乡（镇、街道）基本情况表

表1-2

单　位	总人口（人）	辖区面积（平方千米）	耕地面积（公顷）	粮食总产量（吨）	农业总产值（万元）	工业总产值（万元）	财政收入（万元）	人均纯收入（元）
冷水江街道	79974	13.9	57.6	235	430	21200	876	12815
布溪街道	24111	3.5	56.67	222	450	6900	440	11638
锡矿山街道	15341	11.8	93	594	475	12404	522	18036
沙塘湾街道	14210	13.43	177.47	1160	6623	52200	637	6797
禾青镇	26923	26.4	257	2327	12900	206050	762	5292
三尖镇	20367	36.8	846.67	4500	12000	41000	845	4200
毛易镇	34608	32.6	443.73	2835	9100	13232	996	4680
岩口镇	21331	24.62	519.07	3317	22000	56000	989	4980
渣渡镇	21382	43.14	443.53	2831	8425	22350	820	4788
铎山镇	25108	26.3	519.13	3566	18900	41300	1223	5388
金竹山镇	13911	27.8	364.27	3787	14720	58000	426	4300
同兴乡	12427	16.3	134.87	2011	9800	16400	617	4680
中连乡	24763	45	636.6	5618	8026	34049	899	4489
潘桥乡	15466	26	420.8	3189	4854	21350	510	4138
梓龙乡	9774	31.68	378.93	3321	7300	19450	1060	4920
矿山乡	16213	59	605.27	5074	9738	51622	958	4375

1988—2010 年冷水江市乡（镇、街道）主要领导任职一览表

表 1-3

单位	党委书记	乡（镇）长、街道办事处主任
冷水江街道	刘运先 苏先炼 段湘国 段民主 王向东 康一 李珊初 吴三三	刘运先 苏先炼 段民主 王向东 康一 杨朝晖 刘钢华 彭炼红 刘伟辉 刘文革
布溪街道	康一 阳建平 钟萍 邹杰 袁丽	唐伯祥 康一 阳建平 邹杰 袁丽
锡矿山街道	李谟琢 李富华 罗正臻 潘家成 朱卫平 罗中秋 贺蕚良 黎江东 吴三三 罗忠伟	谢绍元 潘顺和 罗正臻 潘家成 张晓春 罗中秋 贺蕚良 刘晨光 张翔 陈光初
沙塘湾街道	李汉荣 曾令球 张克禄 王修林 王勇 易建新 蔡胜华 袁信忠 谢雪文 刘晨光 颜松柏	曾令球 郭绪康 王修林 余晚芳 陆华春 易建新 蔡胜华 黄琥 袁信忠 谢雪文 叶勇飞 颜松柏 刘文革 李海凌
禾青镇	张人秩 曾安华 卢联盟 李治庭 段大长 阳晓波 李铁雄 曹新江 彭本晨 黎江东 叶勇飞	王向东 卢联盟 刘旺良 段腊香 喻福华 阳晓波 曹新江 苏仲新 叶勇飞 刘业辉
三尖镇	肖云樵 朱述文 李玉祥 辜载生 彭仲元 晏华跃 谢学龙 杨朝晖 刘志升 刘伟辉	刘光庭 李玉祥 彭仲元 晏华跃 谢庆华 刘志升 赵郁夫
渣渡镇	谢康星 马志坚 谢国东 邹爱民 李治庭 康一 邓庆华 石幸福 阳卫龙 陈善忠	谢康星 曹慧怡 谢国东 李传艾 李太珍 刘建初 李德华 阳卫龙 余禄初 陈善忠 段劲洪 刘晃华 陈光初
岩口镇	谢本琪 曹长青 苏先炼 刘松林 谢凤翔 陈光坤 黄隆华 刘健 段一飞 刘论文	曹长青 谭荣利 姜大新 谢凤祥 邹伟平 欧志红 黄隆华 钟萍 潘汉波 刘论文 郭咏翔
铎山镇	苏先炼 张克禄 罗集中 李洪和 易振 张晓春 邹伟平 刘吉康 潘家春 彭本晨 余禄初 苏国友	郭赋华 李叙旺 李洪和 余晚芳 易振 张晓春 朱晓北 郭洪乐 潘家春 彭炼红 谢基石 张翔 李璐
毛易镇	郭亦兴 苏先柞 易履益 王修贵 李荣华 匡又华 袁信忠 张共长 谭志强	杨来辉 易履益 段自卓 李荣华 匡又华 肖祥新 刘论文 谢枝林
金竹山镇	李建中 谢文生 潘益民 王修林 刘吉康 刘杰 刘健 罗亚莉	王本堂 潘益民 段福祥 刘松林 刘杰 刘健 罗亚莉 李海凌 杨斌
同兴乡	黄世平 刘旺良 孙海龙 易建新 程正龙 段平屏 邹华	曾富发 王建军 颜家思 刘映云 曾玉喜 程正龙 钟萍 徐欣平 罗忠伟 谢先华
中连乡	朱述文 肖平定 肖国平 李志峰 刘映云 曾玉喜 胡年玉 周建设 潘汉波	张攸彭 杨亲周 王修贵 李建中 曾玉喜 胡年玉 王锡康 刘伟辉 段劲洪 陈青松
潘桥乡	谢本章 蔡其仕 苏忠平 李铁雄 李珊初 康睦邻 徐欣平	谢文生 杨来辉 邹爱民 李荣华 阳跃常 李珊初 彭石清 康睦邻 谢长青 扶竹清
梓龙乡	蔡作荣 李祥鸠 王长青 肖新樵 李跃初 潘家成 李卫平 杨亲华 苏松华 康睦邻	胡汉卿 罗集中 肖新樵 王永和 潘家成 李卫平 杨亲华 李伊 徐欣平 颜松柏 潘汉波 张学锋
矿山乡	段湘国 彭旭南 胡平 邓庆华 张雄旭 凌力 李太珍 程正龙 谢雪文 彭炼红	彭旭南 谢龙华 邓庆华 张雄旭 凌力 潘家春 段平屏 罗楚政 周韶峰

第二章 自然环境

第一节 地 质

一、地质构造

市内地质构造的主要表现形态是褶皱构造和断裂构造。

（一）褶皱构造

1. 大乘山背斜

位于市区南部，属白马山—龙山东西向构造带一部分。背斜核部由下震旦统组成，两翼由老到新顺序为上震旦统、寒武系、奥陶系，中泥盆统不整合于其上。背斜轴向总体呈北东30°左右延伸，北端在禾青、冷水江东站附近倾伏，南端于新邵县渡头桥一带倾伏，境内分布长约6千米，两翼内有断裂发育，构成大乘山脉，含有色金属矿藏。

2. 金瓶凼向斜

位于市区西部诚意—金瓶凼一带。轴向有偏转，金瓶以南呈北东向，以北呈南北向，总貌呈向东突出的弧形形态，长约12千米，宽3千米，核部由下二迭统和上石炭统组成，两翼为石炭系中下统，两翼及核部岩层层状平缓开阔，是较好的含水构造。

3. 锡矿山背斜

位于市区北部。核部为泥盆系锡矿山组，两翼为石炭系，轴长12千米，轴向呈西南—东北向，呈弧形偏转，倾角35°～60°，含有色金属矿藏。

4. 庙山—光乱冲背斜

位于市境中部。核部为石炭系，岩关段、邵东段，两翼为孟公坳、刘家塘段，轴长8千米，轴向呈北35°东，两翼倾角35°～45°。

5. 毛易向斜

位于市境中部。核部为石炭系梓门桥组，翼部为测水组和石磴子组，轴长6千米，轴向呈北东—南西向，倾角35°～50°，系含煤构造。

6. 峨眉向斜

位于市区东部，铎山、岩口镇境内，北端向涟源伏岭倾伏。核部为二迭系栖霞组，翼部为石炭系，轴长15千米，轴向呈北35°东，倾角30°～40°，系含煤构造。

7. 车田江向斜

位于市区东北部，仅南段出露于市境内。于渣渡镇附近扬起，循北东15°～20°方向延伸，至车田江以北，轴向朝东偏转，境内长约10千米，宽12千米。核部由下二迭统组成。两翼为二迭系及中、上石炭统，核部及两翼岩层较平缓，倾角15°～20°，为市境典型宽缓向斜构造。

8. 颜家冲向斜

位于市区西南部颜家冲一带。轴向近于南北，核部为下二迭系栖霞组，两翼为石炭系及上泥盆统地层，西翼超出市区范围，东翼有颜家冲—大跃冲断层通过，西南部受天龙山岩体影响，使向斜有向东倒转的趋势。

（二）断裂构造

1. 禾青—伍湖庙压扭性断裂

位于大乘山背斜北西翼，属城步—桃江大断裂的一段。自远古生代形成以来，对不同地史时期的沉积及其厚度变化有明显的控制作用。西侧属浅海相碳酸盐沉积，东侧为半深海静水环境炭泥质沉积。

2. 洞里山—铁炉冲压扭性断裂

位于大乘山背斜北西翼内侧。轴向南西—北东，境内轴长20千米。该断裂在三尖附近挤压强烈，岩石透镜化，碎裂岩、片理及硅化蚀变等可经常见及。

3. 马颈坳—锡矿山压扭性断裂带

位于锡矿山矿田，该断裂带北经马颈坳、白鹰岩（又名白云岩）、绿毛凼至闵家桥消失，向南西经岩底下、桎木山、波月洞至大湾里资江河谷，全长约30千米。

4. 大建—利民断裂

位于大建煤矿至利民煤矿一线，实为木瓜田—安平冲断层之南段。南端于大建煤矿附近消失，往北循北东 40°～45°方向，经利民煤矿至涟源市安平冲。断层穿切于石炭系地层中，沿断层线可见数米至百余米挤压直立岩层带及破碎带，两侧同向，次级褶皱和小断裂较发育。

5. 大跃冲—颜家冲压扭性断裂

位于市境西南颜家冲一带，断裂走向近南北，切割上古生界地层。该断裂往南与禾青—伍湖庙断裂相通，往北经市境西部麦元、青云一线延伸至北部邻区，属北东向构造体系。

二、工程地质

境内地层十分发育，以震旦系、寒武系、泥盆系、石炭系的沉积岩为主体。其中碳酸盐岩分布面积占市境面积的 75%；次为砂质和变质岩，岩体厚度数百米，力学强度高，干抗压强度在 50～339 兆帕之间，在自然状态下，坚实稳定，基础地质优良。市境西南端的三尖镇石船村为震旦系侵入花岗岩体建造，干抗压强度在 80～200 兆帕之间，工程地质良好。资江及其支流河谷地带为第四系冲积物、坡积物、残积物、洪积物构成的河谷平地，土层密实，承载力在 250 千帕以上，可兴建工业和民用建筑物。

（一）采矿区

1. 锡矿山锑矿区

由于锑矿开采已有上百年历史，地表浅部硐老山空，地面变形开裂、塌坑、塌洞时有发生，工程地质条件比较复杂，对地面工程建设造成不利影响。

2. 煤矿区

包括大建、金竹山和利民 3 个采煤区。各采煤区的分布：大建在城市规划区以东，金竹山在城市规划区东南，利民在城市规划区东北。它们的共同点是煤层出露线高出城市规划区地面，采煤区地层均为测水段，由灰岩、泥质灰岩、钙质页岩、页岩、砂岩、砂质页岩等软硬相间的岩层组成，煤矿开采仅对当地地表与地下水位有一定影响，但不影响城市规划区市政设施建设，3 个采煤区均属于一般性工程地质问题。

（二）城市规划区

冷水江市城市布局，以冷水江街道为中心，分三区发展。即市中心区、布溪区、禾青区。地域上多沿资江两岸及其支流交汇处分布，地形上是比较低缓的丘陵、岗地和小平原。山体海拔标高 250～300 米，资江河面标高 170～190 米，相对高差几十米至百余米，山坡较平缓，是城市建设的理想地形。

1. 市中心区

【冷水江—诚意坪片】地质岩性为石炭系中、上统黄龙组和船山组灰岩（T_1），表层有 3～20 米厚的第四系砾砂黏土层（T_0），深部为石炭系下统测水煤系，含煤五层，可采煤三层，总厚度 4 米左右，煤层露头浅。东部在大湾里一带向北东延伸，西部在诚意坪以西，走向近南北，中间为一向斜。区内煤层等高线 0～700 米以上，地面标高 190～250 米，煤层埋藏深度 200～1000 米。片内地下煤层未开采，作保安矿柱保留。片内溶蚀洼地、漏斗、溶洞发育，有波月洞等大型溶洞分布，电石厂至诚意坪之间有洼地和漏斗地形。但片内灰岩、白云岩呈巨厚层状、干抗压强度大（92～113.8 兆帕），稳定性能好。片内岩溶地质条件属一般性工程地质问题，不会影响高层建筑和城市的发展。

【集中—东站—毛易片】片内地层岩性为石炭系下统测水段（T_4）和石磴子段、刘家圹段、孟公坳段（T_3）的厚层灰岩、泥质灰岩、泥灰岩、炭质页岩、炭质泥岩、钙质泥岩、砂质页岩、薄厚层状石英砂岩、砂岩等软硬相间岩组组成。岩溶不发育，无矿山开采，工程地质条件较好。

2. 布溪区

位于市中心区资江以南至冷水江西站一带。区内地层岩石组合与集中—东站—毛易片相同（T_4、T_3），工程地质情况基本相同。主要工程地质问题是资江煤矿地下采煤的影响。资江煤矿位于布溪街道西北，临近资江，从 20 世纪 50 年代中期建矿开采已 60 余年，浅部煤层基本采完，向西北深部发展，开采矿区过资江，并没有引起资江河床垮塌，河水贯进坑道。布溪区下煤层因瓦斯（煤层气）严重，20 世纪 70 年代开采了长 1000 米、宽约 200 米地带。作为城区发展重点，区内煤层作为保安矿柱保留。该区可采煤层三层，总厚度 4 米左右。布溪区的工程地质条件，不因地下部分地段采煤而复杂化，全区属一般性工程地质问题。

3. 禾青区

以禾青镇为重点，东到沙塘湾街道和金竹山镇，呈东西向分布，东部为丘陵，西部为冲积小平原。区内地层岩性，西部主要是泥盆系中统棋梓桥组灰岩（T_1）、上统佘田桥组灰岩（T_2），向东为锡矿山组灰岩、砂岩、砂质页岩、钙质页岩、石英砂岩等（T_4）。沙塘湾向东为石炭系下统岩关阶，大圹阶的砂岩、砂质页岩、灰岩、泥质灰岩、钙质页岩岩组（T_3）。禾青至杨坪一带为第四系砾砂黏土层（T_6），厚4～20米不等，全区工程地质条件较好。

第二节　地　貌

冷水江市地势南北高、中部低，呈不对称马鞍形，为中低山、丘陵地形地貌。市境北部有龙虎山山脉、玄山山脉，东部有龙盘山山脉、谢铎山山脉，南部有大乘山山脉、天龙山山脉，最高点在祖师岭，海拔1072米。全市海拔400米以上山峰有123座，其中800米以上山峰20座。中部是资江谷地，以平地、岗地、丘陵地貌为主，一般海拔200～500米。最低点在东部铎山镇花桥村，海拔162米。地貌类型有山地、丘陵、岗地、平地、水面，以山地为主。

一、山地

全市有山地228.03平方千米，占总面积（439平方千米）的51.95%，是地壳上升并经长期侵蚀、剥蚀形成的地貌形态，其脊线呈脉络状延伸且清晰，地形起伏大，沟谷切割深，最大相对高差500米。

（一）按海拔高度分类

1. 低山地

分布在东部的谢铎山山脉、龙盘山山脉，西南的天龙山山脉，以及中部的耸山、香炉山、刘李山，海拔400～600米，比高240～400米，坡度25°～30°，面积110.82平方千米，占山地面积48.59%。低山地表切割较强烈，冲沟切割密度1.7千米/平方千米，沟谷狭窄呈"V"字形，谷间有小盆地或溶蚀平地，缓坡处开垦为冲田、滂田或旱土，单、双季稻混栽。

2. 中低山地

分布在北部的谭家冲、七里江、龙虎山和西南部的大乘山一带，海拔600～800米，比高400～600米，地形坡度大于30°，面积71.53平方千米，占山地面积31.36%。地貌特征是：流水切割深，山坡陡，溪谷比降大，跌水发育，常形成陡坎、窄谷。如大乘山的铁炉冲、裕元沟，天龙山的木山沟、石船沟，北部的九曲岩、竹山沟、陡岩沟。三尖芭蕉塘跌水高达600余米。中低山地冲沟密度为2.22千米/平方千米，农业利用以旱地为主。

3. 中山地

分布在癞子岭、大乘山等地，海拔800米以上，比高大于600米，地形坡度大于30°，面积45.68平方千米，占山地面积20.03%。北部中山地山体连绵，在海拔600～800米处有二级剥离面发育，故山顶和缓，岗状起伏，山缘坡陡谷深，冲沟切割密度1.49千米/平方千米。西南部中山地，山体高耸，重峦叠嶂，山顶呈脊状，脉络清楚，线状延伸，坡陡谷深，沟谷呈"V"字形，切割密度2.84千米/平方千米。

（二）按组成山体岩性分类

1. 变质岩山地

分布在市境西南部，因其岩层经过多次构造运动，褶皱和断裂行迹频繁，经长期风化剥蚀作用，节理、片理、裂隙十分发育，特别是山顶部震旦、寒武系的板页岩经风化后的土壤质地好，黏砂适中，通透性好，pH值4.5～7，有机质含量高，有利于常绿阔叶林生长。因此，该地植被常绿不衰，特别适宜杉木、楠竹等经济林速生快长。

2. 花岗岩山地

分布在市境西南端，因其由正长石、石英云母等酸性基岩构成，粗、中粒结构，节理、裂隙发育，物理风化和流水侵蚀强烈，水土流失严重，土壤瘠薄，含砂粒多，酸性，只宜耐酸、耐瘠植物生长。

3. 砂页岩山地

常与其他岩石呈层状分布于市境各地，尤以产煤地段与大乘山为多，其风化物较厚，土质好，植被生长旺盛。

4. 白云质灰岩山地

分布于北部的癞子岭周围（包括樟木、银溪、滴水、和平、光荣、七星等地）、西南部的税塘溪两岸、中部的耸山、梓龙的杨半天及龙盘山北部。因其岩溶发育较盛，土地瘠薄干旱，自然植被破坏后，难以恢复。

5. 泥质——硅质灰岩山地

分布于北部的樊家岭、马颈坳、白鹰岩、梓龙乡等地。因成土母岩中含有二氧化矽和燧石团块，溶蚀作用较弱，土质相对较好，植被旺盛。

二、丘陵

全市有丘陵面积 92.41 平方千米，占总面积 21.05%。其地表呈波浪起伏，丘顶浑圆呈馒头状。地表流水切割深度 30～100 米，丘谷交错，溪沟凹地比较发育，河网冲沟密度 2～2.3 千米/平方千米，海拔小于 400 米，比高 60～200 米，地形坡度 15°～20°。

（一）砂页岩丘陵地

分布在毛易、潘桥、铎山、岩口等地，以砂页岩为成土母质，土层深厚，黏沙适度，疏松肥沃，微酸性，是市内较好的农、林用地。

（二）灰岩丘陵地

分布在中连、同兴、岩口等地。丘顶和上、中部土层浅薄，有岩石裸露，多发育成石灰性土或淋溶石灰土，只宜耐旱、耐瘠、耐碱植物生长，但丘脚、丘谷、溶沟、缓坡等地土层深厚，经长期淋溶作用，土壤开始酸化，有利于落叶阔叶林和常绿阔叶林生长，如潘桥乡的洪云，中连乡的余元、诚意、耸山等石灰岩丘陵地。

三、岗地

全市有岗地面积 73.77 平方千米，占总面积的 16.84%。其地表以流水侵蚀为主，切割深度 1～1.5 米，河网冲沟密度 1.75 千米/平方千米，地形起伏和缓，地面坡度 5°～15°，比高 10～60 米，为残积、冲积物组成，表层 0.5～10 米，部分有基岩裸露。

（一）红土岗地和砂页岩岗地

分布在资江及其支流、涟水支流两岸，如禾青、毛易、同兴、中连、潘桥、金竹山、岩口、铎山等地。表土为红壤、沙壤、黏壤，下部为砂砾石或基岩层。土质疏松肥沃，蓄水保水性能好，植被旺盛，宜于发展农、林业。

（二）灰岩岗地

以金竹山、铎山、岩口、三尖、毛易等地分布最广，表层风化土层随石灰岩性质和地形而变化。泥灰岩风化土层较薄，沟谷地带土层较厚，多发育成淋溶石灰土，其上、中层土壤呈中性或微酸性，下层土壤中性偏碱，质地黏重，植物生长不良。灰岩裸露岗地土壤瘠薄，有机质少、肥力差、碱性重，为石灰土，杂草荆棘丛生，经改造后可利用。

四、平地

全市有平地面积 35.94 平方千米，占总面积的 8.19%。

（一）江河平地

分布在资江两岸，由河流冲积物堆积而成，海拔 185 米左右，呈平缓阶地状，其底层和中部是卵石层、沙砾、砂，表层为黏壤土、壤土、沙壤土，耕作层 0.3～0.5 米，是市内主要农业耕作地段，如大洲、布溪等地。

（二）溪谷平地

分布在湘江、资江支流的中、下游两岸，面积 14.66 平方千米，由溪河冲积物沉积于两岸而成。市内最大的平地——禾青—三尖平地，属此类型。此外，在良溪、中连溪、税塘溪、柳溪、麻溪等溪河两岸均有溪谷平地形成，是市内主要农业经营地段。

（三）溶蚀平地

分布在中部和北部石灰岩地区，面积 15.53 平方千米。北部溶蚀平地面积小，四周环山，中间低平，形成封闭或半封闭状小盆地，如滴水、千丘田、合兴、银溪、严宅凼等地。中部溶蚀平地一面或两面临山，中间低平，形似马蹄形或围椅形，一般阳光充足，水热条件好，如同兴、青云、金瓶等地。海拔 400 米以上的溶蚀平地，因落水洞、天坑、漏斗多，地表水渗漏严重，地下水埋藏深，多为缺水干旱区。海拔 350 米以下的溶蚀平地，多为地下水排泄带，泉水出露多，是水热条件较好的农业经营地段。

五、水面

全市有水面面积 9.84 平方千米，占总面积 2.24%，主要分布在资江、溪河、山塘、水库等地。

第三节　气　候

一、气候特征

冷水江市属亚热带季风湿润型气候区，太阳辐射强，年温较高，热量丰富，雨水较多，无霜期较长，季风气候显著。一年之中四季分明，寒暖程度迥然不同。春季气温回暖偏早，但不稳定，强冷空气活动较频繁。春末夏初雨水集中，易发山洪，夏热多伏旱。秋季多晴朗天气，秋旱突出。冬季少严寒，但气候偏寒降水少。

二、气象要素

（一）气温

1988—2010年，年平均气温16.9℃。1月平均气温最低，5.0℃。7月平均气温最高，28.0℃。日最高气温一般出现在14—15时，日最低气温一般出现在早上5—7时。1989年，年平均气温最低，16.2℃。1998年、2007年，年平均气温最高，17.7℃。极端最低气温-8.2℃，出现在1991年12月29日。极端最高气温40.0℃，出现在2010年8月5日。2005年1—2月平均气温仅3.3℃，是1988—2010年中最冷的一年，至3月中旬还下春雪，导致3月极端最低气温降至-1.6℃。

1988—2010年冷水江市各月平均气温表

表1-4　　单位：℃

月份	1月	2月	3月	4月	5月	6月	7月	8月	9月	10月	11月	12月
气温	5.0	7.3	11.1	17.0	21.6	25.0	28.0	26.5	23.2	18.0	12.8	7.6

1988—2010年冷水江市各月极端最高气温表

表1-5　　单位：℃

月份	1月	2月	3月	4月	5月	6月	7月	8月	9月	10月	11月	12月
最高气温	25.9	30.2	35.0	35.7	36.5	36.4	39.5	40.0	38.4	35.4	31.5	24.1
出现时间	2002.1.15	2010.2.24	1988.3.14	2004.4.22	1991.5.25	2009.6.19	2003.7.31	2010.8.5	1995.9.6	1992.10.2	2003.11.2	1989.12.6

1988—2010年冷水江市各月极端最低气温表

表1-6　　单位：℃

月份	1月	2月	3月	4月	5月	6月	7月	8月	9月	10月	11月	12月
最低气温	-6.3	-4.7	-1.6	2.1	8.7	13.7	17.1	16.5	12.0	2.9	-1.4	-8.2
出现时间	1993.1.16	2008.2.3	2005.3.12 2006.3.1	1996.4.4	1991.5.2	1988.6.2	1989.7.29	2009.8.30	1997.9.22	1991.10.29	2009.11.17	1991.12.29

（二）地温

1988—2010年，年平均地面温度19.4℃，比年平均气温高2.5℃。1月份最低，5.8℃。7月份最高，33.0℃。极端最低地面温度-14.1℃，出现在1991年12月29日。极端最高地面温度71.7℃，出现在1990年7月26日。

1988—2010年冷水江市各月平均地面温度表

表1-7　　单位：℃

月份	1月	2月	3月	4月	5月	6月	7月	8月	9月	10月	11月	12月
地温	5.8	8.2	12.4	19.0	24.6	28.5	33.0	31.3	26.8	20.6	14.3	8.5

（三）降水

境内雨水充沛，年际变化较大。1988—2010年，年平均降水量1487毫米。1994年，降水量最多，为2126.9毫米。2003年，降水量最少，为1075.7毫米。1994年降水量是2003年的近2倍。

各月降水量分布不均，其中3—8月降水量为1058.6毫米，占全年降水量的71.2%。日最大降水量140.4毫米，出现在2006年7月8日。最长连续无降水日数30天，出现在1988年10月26日至11月24日。最长连续降水日数15天，出现在1991年1月17日至31日和2003年5月3日至17日。

1988—2010年冷水江市各月平均降水量表

表1-8　　单位：毫米

月份	1月	2月	3月	4月	5月	6月	7月	8月	9月	10月	11月	12月
降水量	75.2	83.1	127.1	177.2	194.0	255.6	163.4	141.3	79.6	76.0	64.4	50.0

（四）日照

1988—2010年，年平均日照时数1410.9小时，日照百分率32%。日照时数最多的年份是2003年，为1606.6小时，最少的年份是1997年，为1223.8小时，是有记载以来的最少值。日照时数最多的月份是7月，最少的月份是2月。

1988—2010年冷水江市各月平均日照时数表

表1-9　　单位：小时

月份	1月	2月	3月	4月	5月	6月	7月	8月	9月	10月	11月	12月
日照时数	60.8	54.2	78.0	103.4	129.8	128.5	206.5	178.0	139.0	119.0	119.2	94.6

（五）蒸发量

1988—2010年，年平均蒸发量1151.8毫米。7月蒸发量最大，185.3毫米，1月蒸发量最小，36.6毫米。

1988—2010年冷水江市各月平均蒸发量表

表1-10　　单位：毫米

月份	1月	2月	3月	4月	5月	6月	7月	8月	9月	10月	11月	12月
蒸发量	36.6	42.3	65.1	92.0	117.3	120.6	185.3	159.6	122.3	91.7	69.9	50.1

（六）风

1988—2010年，境内静风最多，其次为偏北风，年平均风速1.5米/秒。十分钟最大风速为16.3米/秒，出现在1997年5月12日。

1988—2010年，共出现大风日77天。1989年，无大风。2006年，出现大风9天，为23年间出现大风日数最多的年份。

1988—2010年冷水江市各月平均风速表

表1-11　　单位：米/秒

月份	1月	2月	3月	4月	5月	6月	7月	8月	9月	10月	11月	12月
风速	1.5	1.5	1.6	1.5	1.5	1.4	1.6	1.5	1.6	1.5	1.4	1.4

（七）霜

1988—2010年，总计霜日345天，年平均15天。初霜最早年份是2009年11月3日，终霜最晚年份是1995年4月4日。

1988—2010年冷水江市有霜月霜日情况表

表1-12 单位：天

月份	11月	12月	1月	2月	3月	4月
霜日	20	123	135	49	17	1

（八）雪

1988—2010年，境内总计降雪332天，年平均14天，1月份最多，147天。初雪最早年份是2009年11月16日。终雪最迟年份是1989年3月25日。最大积雪深度28厘米，出现在1989年1月19日。

1988—2010年冷水江市有雪月降雪日情况表

表1-13 单位：天

月份	11月	12月	1月	2月	3月
雪日	7	58	147	94	26

（九）雷暴

1988—2010年，境内雷暴日共1079天，年平均雷暴日47天。8月雷暴日最多，12月雷暴日最少。

1988—2010年冷水江市各月雷暴日情况表

表1-14 单位：天

月份	1月	2月	3月	4月	5月	6月	7月	8月	9月	10月	11月	12月
雷暴日	11	56	114	174	120	140	171	212	59	10	8	4

第四节 水 文

一、水系

市境分属资江和湘江两大水系。资江水系分布在市境的西、南部，流域面积326.5平方千米。东、北隅为湘江水系，流域面积112.7平方千米。市内有5千米以上溪河16条，境内总长度181.9千米。其中资江水系11条，境内总长度130.8千米；湘江水系5条，总长度51.1千米。

（一）资江

从金竹山镇新田村入境，流经金竹山镇、禾青镇、沙塘湾街道、毛易镇、潘桥乡、冷水江街道，至潘桥乡郭家桥出境。流经境内19.66千米。

（二）球溪河

发源于新邵县龙溪铺镇荷树冲，流经三尖镇、禾青镇，于杨坪与球溪之间汇入资江。全长28千米，流经境内16.15千米。

（三）麻溪河

发源于新邵县坪上镇，流经金竹山镇恒星、杨源、麻溪、资江村，在麻溪口汇入资江。全长31千米，流经境内3.79千米。

（四）柳溪河

发源于梓龙乡滴水村，流经梓龙乡、毛易镇、沙塘湾街道等地，在柳溪口汇入资江。全长21.5千米。

二、水量

市内多年平均降水总量为6.16亿立方米，年平均径流深767毫米，径流总量3.38亿立方米，由新邵、新化、涟源等地流入境内的客水1.27亿立方米，资江过境水量126.28亿立方米。市内可利用地表水资源总量为124.66亿立方米，地下水动储总量年均约0.33亿立方米。

第五节　土　壤

市内土壤属中亚热带气候区红黄壤地带。成土母质多样，主要有灰岩类母质，占土壤面积59.03%。其次是砂页岩和第四纪松散积物，分别占19.07%和16.13%，变质岩和火成岩占3.4%。由于成土母质不同，形成不同的土壤。各类土壤分布，具有垂直分布差异和水平分布差异的特征。

一、垂直分布差异

海拔500米以下为自然红壤地带，500～800米为黄红壤地带，800～1000米为黄壤地带。在三尖镇祖师岭与许云峰1000米以上地带，发育着小面积的砂岩和花岗岩黄棕壤。石灰岩地区土壤垂直分布不明显，稻田和旱土大多分布在海拔600米以下地区，并集中在海拔200～400米地带。

二、水平分布差异

资江及支流球溪、麻溪、柳溪、税塘溪、中连溪、余源溪、青峰河两岸，以及湘江支流的良溪、新涟河两岸的低洼地带，水田为河流冲积母质发育而成的河沙泥和沙泥田，旱土有河沙土和河沙泥菜园土。地势较低的丘陵地带为红黄泥、黄沙泥等稻田土壤。旱土为红泥土、黄泥土。地势较高的丘陵和山地，多为红壤、黄壤、红色石灰土和黑色石灰土。

第三章　自然资源

第一节　土地资源

1982—1985年，全国开展第一次土地调查，冷水江市土地总面积为43859公顷，土地构成大体是五分山地、四分丘岗、一分平地和水面。

1993年，开展土地详查补调，全市土地总面积为43627.6公顷，其中耕地7138.34公顷，园地900.9公顷，林地20361.8公顷，牧草地3176.9公顷，城镇村及工矿用地4008.3公顷，交通用地453.04公顷，水域（含水利设施）2045.7公顷，未利用地5542.6公顷。

境内山多地少，随着经济快速发展，建设用地和耕地保护矛盾十分突出。1997年后，建设用地年均增加134.31公顷，且呈逐年增加趋势。通过土地开发整理和复垦，缓解了经济发展和建设用地的矛盾。2005年，全市实有耕地面积7751.97公顷。2008年7月，启动第二次土地调查工作。按全国技术规程的地类划分标准，全市共有一级地类8个、二级地类26个。

2010年年底，全市土地总面积43789.75公顷，土地利用现状为：

耕地7040.7公顷，其中水田5312.97公顷，水浇地141.14公顷，旱地1586.32公顷。

园地1456.55公顷，其中果园1366公顷，茶园23.62公顷，其他园地66.93公顷。

林地22211.62公顷，其中有用材林地17487.34公顷，灌木林地362.41公顷，其他林地4361.87公顷。

草地3848.99公顷。

城镇村及工矿用地5480.93公顷，其中城市1846.75公顷，建制镇416.76公顷，村庄2587.99公顷，采矿用地445.7公顷，风景名胜及特殊用地183.73公顷。

交通运输用地774.43公顷，其中铁路用地70.15公顷，公路用地332.37公顷，农村道路用地371.91公顷。

水域及水利设施用地1591.94公顷，其中河流水面752.15公顷，水库水面173.31公顷，坑塘水面593.92公顷，内陆滩涂28.81公顷，沟渠32.29

公顷，水利工程建设用地 11.46 公顷。

其他土地 1384.03 公顷，其中设施农用地 14.52 公顷，田坎 939.91 公顷，裸地 429.6 公顷。

按土地用途各类用地构成如下：

农用地 32661.41 公顷，占全市土地总面积的 74.59%；建设用地 6068.79 公顷，占全市土地总面积的 13.86%；未利用地 5059.55 公顷，占全市土地总面积的 11.55%。

第二节 矿产资源

全市矿产资源以煤、锑为主，其次为铅、锌、黄铁矿、石墨、石膏、水泥用灰岩、耐火黏土、硅石、铁。非金属矿中的石膏、耐火黏土、石灰石、大理石、花岗岩等矿产资源潜力大，但勘查程度低，大多无审批储量，保有储量满足不了需要。煤、锑地质勘查达详查以上程度，由于长期开采，资源面临枯竭。

经地质部门先后勘查，至 2010 年，市境已发现煤、煤层气、铁、锑、铜、铅、锌、钨、汞、银、钴、黄铁矿、石墨、石膏、石灰岩、白云岩、砂岩等矿种 36 种，探明储量矿种 3 种（煤、锑、铁），普查评价矿种 7 种（铅、锌、黄铁矿、石墨、钨、钼、铋）。有大型矿床 4 个（锑矿 2 个、镉矿 1 个、铊矿 1 个），中型矿床 9 个（锑矿、铅锌矿、钴矿、黄铁矿、石墨矿、耐火黏土矿、水泥用灰岩矿各 1 个，石膏矿 2 个），小型矿床 41 个。已知矿产资源划为 7 个类型：能源矿产（煤、煤层气）、黑色金属矿产（铁）、有色金属矿产（锑、铅、锌、钨、铜、汞）、伴生稀有元素矿产（钴、镉、铊、镓）、化工原料矿产（黄铁矿、化工灰岩、白云岩）、冶金辅助原料矿产（耐火黏土、熔剂灰岩、铸型砂、铸型黏土）、建筑材料矿产（水泥用灰岩、水泥用黏土、大理石、花岗岩、石墨、石膏）。探明的矿产资源潜在经济价值 361.7 亿元。

第三节 水能资源

资江冷水江段天然落差 7.25 米，年均流量 385 立方米/秒，年均产水量 121.4 亿立方米，是全市工农业生产、市民生活用水主要水源和水能资源主要蕴藏地。2005 年 8 月，在资江冷水江段兴建浪石滩水电站，总装机容量 3.6 万千瓦，2007 年 3 月电站第一台机组发电，12 月全部竣工投产。2010 年发电 1.19 亿千瓦时。

球溪河天然落差 80.4 米，年均流量 2.76 立方米/秒，年均产水量 8704 万立方米，沿河修筑梯级河坝，引水灌溉良田 2000 余公顷。

麻溪河平均坡降 1.7‰，出口处年均流量 3.84 立方米/秒。

柳溪河平均坡降 16.6‰，出口处年均流量 1.55 立方米/秒。

第四节 野生动、植物资源

一、野生动物

20 世纪 50 年代初，境内各类飞禽走兽出入频繁。至 80 年代末，猛兽猛禽趋于绝迹，常见兽禽数量锐减，仅少数与现代生态环境相适应的种类幸存。

据 1983 年调查，境内的哺乳动物有 8 目 33 种，常见的有蝙蝠、老鼠、松鼠、黄鼠狼、野兔等，偶见的有狗獾、野猫、穿山甲、田驹子、野猪、青狸、九江狸、麂子等。鸟类有 14 目 52 种，常见的有麻雀、乌鸦、八哥、喜鹊、家燕、翠鸟、山麻雀、鹌鹑、斑鸠、宛水雀等，偶见的有白鹭、老鹰、鹞子、岩鸡、杜鹃、猫头鹰、猴面鹰、啄木鸟、秧鸡、董鸡、竹鸡、环颈雉、画眉等。爬行动物有 3 目 17 种，常见的有壁虎、四脚蛇、草蜥、玉斑锦蛇、黑眉锦蛇、乌梢蛇，偶见的有乌龟、甲鱼、金环蛇、银环蛇、原矛头蝮、竹叶青、眼镜蛇等。两栖动物仅存 1 目 4 科 9 种，主要有癞蛤蟆、青蛙、岩蝣、泥蝣、土克蟆等。鱼纲动物有 4 目 89 种，主要有鲤、鲫、鲢、鳙、青、草、鳊、鳅、鳝、鲂等。昆虫是境内种类最多的动物，有 17 目 317 种，主要有白蚁、蚂蚁、地虱、螳螂、蚱蜢、蝼蛄、虱子、蜉蝣、蜻蜓、蓟马、椿象、蝉、蠓子、潜叶蛾、卷叶蛾、布袋虫、量布虫、钻心虫、毛虫、夜蛾、黏虫、凤蝶、甲壳虫、锯木虫、瓢虫、萤火虫、屎壳郎、蚊子、苍蝇、牛虻、根蛆等。

二、野生植物

市内有植物资源150科871种。其中乔木63科243种；灌木46科202种；草本41科426种；常绿树种23科79种；落叶树种45科138种。主要乡土用材林187种，引进用材林43种，经济林28种。属国家一级保护的引进树种有水杉。二级保护乡土树种有银杏、篦子三尖杉、金钱松，引进树种有胡桃、福建柏、鹅掌楸、杜仲。三级保护乡土树种有沉水樟，引进树种有湖南石楮、山拐枣、擦木。还有药用植物332种，庭园树和花卉128种，古老孑遗植物12种。

（一）阔叶林

常绿阔叶林分布在以砂页岩和第四纪松散堆积物为成土母质，以及海拔500米以下的土壤深厚肥沃地段。建群优势树种有：壳斗科——甜楮、苦楮、丝栗栲、石栎、青岗栎、乌岗栎、铁椆柯、湖南石楮。山茶科——银木荷、疏齿木荷、山茶、厚皮香、柃木。樟科——樟木、沉水樟、豺皮樟、大叶楠、黑壳楠、刨花楠。杜英科——冬桃、山杜英。木兰科——白花湖北木兰、厚朴、木莲、华中木兰、玉兰。

（二）阔叶混交林

针阔叶混交林与常绿、落叶阔叶混交林分布在海拔800米以下的石灰岩成土母质地段。建群优势树种有：壳斗科——锥栗、甜楮栲、绵柯、麻栎、槲栎、柞栎、抱树、青皮栎、栓皮栎。松科——马尾松、金钱松。杉科——杉木、铁尖杉、三尖杉。柏科——侧柏、圆柏、柏木。银杏科——银杏。杨柳科——垂杨柳、旱柳、响叶杨、白杨。胡桃科——化香、枫杨、核桃。桦木科——雷公鹅耳枥。榆科——紫弹、朴树、榆树、青檀、榔榆。桑科——拓树、榕树。木兰科——鹅掌楸、白花湖北木兰、华中兰。樟科——樟木、香叶子树、湘楠、檫木、大叶桢楠。金缕梅科——枫香。杜仲科——杜仲。豆科——合欢、紫穗槐、云实、翅荚香槐、黄檀、国槐。苦木科——臭椿。楝科——香椿、苦楝。大戟科——油桐、千年桐、重阳木、乌桕。漆树科——南酸枣、黄连木、木蜡树、漆树。械树科——青柞槭。鼠李科——拐枣。梧桐科——梧桐。山茶科——翅柃、银木荷、油茶。珙桐科——喜树、兰果树。五加科——葱木、刺揪。四照花科——四照花、光皮树。柿树科——柿子、油柿、黑枣。木樨科——女贞、小蜡树、桂花树。玄参科——川泡桐、泡桐。茜草科——水冬瓜。紫葳科——梓树。忍冬科——球核荚蒾、忍冬。

（三）草灌矮林植被

1. 土山草灌矮林植被

土山草灌矮林植被分布在土质较好的山地林间。建群优势树种有：榯速木、白栎、茅栗、短柄抱栎、映山红、黄荆、牡荆、白马骨、黄栀子、荚蒾、山胡椒、山苍子、苦竹、刚竹、箭竹。草本植物有：刺芒、野古草、黄背叶、丝茅草、鸭舌草、苔草。

2. 岩山草灌矮林植被

岩山草灌矮林植被分布在岩石裸露的荒山与空旷地带。主要树种有小果蔷薇、金樱子、悬钩子、火棘、云实、老虎刺、六道木、鼠李、雀梅藤、勾儿茶、十大功劳、小檗、野花椒、桑、构柘、榕、醉鱼草、天门冬、菝葜、土茯苓、三加刺、刺五加、白勒、葱术、胡枝子、香花崖豆藤、鸡血藤、苦参、葛藤。主要草本植物有：刺芒、夏枯草、结篓草、狼尾草、狗尾草、羊尾草、羊须草、黄背草、野菊花、苔草、莨草、茜草、蒿等。

（四）水生植被

境内挺水生植物有莲、慈姑、香蒲、茭白。浮水生植物有空心莲子草、水浮莲、水绣花、槐叶萍、四叶萍、红萍、绿萍。沉水生植物有眼子菜、黑藻、金鱼藻、菹草、苦菜等。

第四章　自然灾害

第一节　气象灾害

冷水江是全省气象灾害频发县市之一。在各类自然灾害中，气象灾害占 70%以上。主要气象灾害有水灾、干旱、高温、大风、冰雹、低温连阴雨、寒潮冷害、冰冻、雷暴等。

一、水灾

1988—2010 年，暴雨主要集中在 3—8 月，因暴雨洪涝产生的灾情达 38 次，其中 1988 年 8 月 25 日至 9 月 3 日，10 天降水总量为 368.5 毫米，致使山洪暴发，河水陡涨，资江渣洋滩最高水位 178.5 米，灾情严重，达重度洪涝标准。

图 1-17　1996 年 7 月，冷水江市境内特大洪水淹没沿江路

1988—2010 年冷水江市水灾情况表

表 1-15

灾害日期	气象要素	灾害等级
1988.8.25—1988.9.3	10 天降水总量 368.5 毫米	重度洪涝
1989.6.27—1989.7.4	8 天降水总量 224.2 毫米	轻度洪涝
1990.6.12—1990.6.15	4 天降水总量 235.5 毫米	轻度洪涝
1992.6.15—1992.6.24	10 天降水总量 238.3 毫米	轻度洪涝
1993.6.30—1993.7.9	10 天降水总量 256.7 毫米（其中 7 月 4 日降水量 130.9 毫米）	中度洪涝
1994.6.5—1994.6.16	12 天降水总量 239.7 毫米	轻度洪涝
1994.7.11—1994.7.19	9 天降水总量 221.2 毫米	轻度洪涝
1995.6.26—1995.7.2	7 天降水总量 283.8 毫米	中度洪涝
1996.7.10—1996.7.19	10 天降水总量 261 毫米，资江水位 184.53 米，比 1949 年最高水位高 1.55 米	中度洪涝
1997.4.3—1997.4.12	10 天降水总量 206.8 毫米（其中 4 月 3 日降水量 138.2 毫米）	轻度洪涝
1998.6.16—1998.6.25	10 天降水总量 219.2 毫米	轻度洪涝
2002.8.11—2002.8.20	10 天降水总量 221.5 毫米	轻度洪涝
2005.5.23—2005.6.1	10 天降水总量 243.8 毫米	轻度洪涝
2006.7.7—2006.7.10	4 天降水总量 223.2 毫米（其中 7 月 8 日降水量 140.4 毫米）	轻度洪涝
2007.8.20—2007.8.28	9 天降水总量 242.4 毫米	轻度洪涝
2008.10.31—2008.11.7	8 天降水总量 296.9 毫米	中度洪涝
2009.7.24—2009.7.29	6 天降水总量 155.4 毫米	轻度洪涝

二、旱灾

1988—2010年，冷水江市基本上每年都会发生旱灾。1992年7月7日至12月24日，夏季受太平洋副高压控制，晚秋和初冬受强大陆高压控制，连旱171天，造成夏秋冬连旱，降水量仅107.7毫米，其间最大日降雨量18.4毫米，而同期蒸发量937.3毫米，达特大旱年标准。2007年9月15日至11月30日的秋旱也达特大旱年标准。

1988—2010年冷水江市旱灾情况表

表1-16

灾害日期	气象要素	灾害类别	灾害等级
1988.4.1—1988.5.20	50天降水量74.9毫米	春旱	一般干旱
1988.10.26—1989.1.4	72天降水量10.3毫米，同期蒸发量233毫米	秋冬连旱	大旱
1990.8.3—1990.9.20	49天降水量18.4毫米，同期蒸发量380.5毫米	秋旱	一般干旱
1991.6.22—1991.7.30	39天降水量40.3毫米，同期蒸发量283毫米	夏旱	一般干旱
1992.7.7—1992.12.24	171天降水量107.7毫米，同期蒸发量937.3毫米	夏秋冬连旱	特大旱
1995.7.7—1995.9.26	82天降水量50.8毫米，同期蒸发量589.7毫米	夏秋连旱	大旱
1996.8.30—1996.10.30	62天降水量43.3毫米	秋旱	一般干旱
2001.8.25—2001.10.24	61天降水量31.7毫米，同期蒸发量282.2毫米	秋旱	大旱
2003.7.12—2003.9.6	57天降水量38.2毫米，同期蒸发量353.9毫米	夏秋连旱	大旱
2004.9.1—2004.10.29	59天降水量25.1毫米，同期蒸发量232.4毫米	秋旱	一般干旱
2004.11.15—2004.12.21	36天降水量12.5毫米，同期蒸发量93.1毫米	秋冬连旱	一般干旱
2005.8.18—2005.10.26	70天降水量35.7毫米，同期蒸发量269.1毫米	秋旱	大旱
2007.9.15—2007.11.30	77天降水量14.8毫米	秋旱	特大旱
2008.9.28—2008.10.21	24天降水量0.2毫米	秋旱	一般干旱
2009.8.2—2009.9.18	48天降水量26.6毫米，同期蒸发量246.8毫米	秋旱	一般干旱
2009.9.20—2009.10.17	28天降水量6毫米，同期蒸发量111.7毫米	秋旱	一般干旱
2010.10.15—2010.11.20	37天降水量8.7毫米，同期蒸发量103.6毫米	秋旱	一般干旱

三、雷电　大风　冰雹

1988—2010年，市内共出现大风77次，冰雹10日次。年平均雷暴日47天，8月最多，12月最少。其中1994年雷暴日69天，为雷暴日最多年份。

1988—2010年冷水江市雷电、大风、冰雹灾害情况表

表1-17

灾害日期	气象要素	灾害损失
1988.8.6	最大风速15.0米/秒，持续约10分钟，瞬时风速20米/秒	金竹山乡杨桥、杨源、恒星等7个村共750户受灾，损坏房屋2250间，电杆倒塌9根，折断树木5000余根。耐火厂1680平方米铝合金瓦棚被风刮垮
1990.3.24	大风持续时间约8分钟，风力9级左右；冰雹持续时间2至3分钟，大的冰雹有大拇指粗	梓龙乡林场村6、7、8、9、10组受灾，损坏房屋51间，倒塌房屋3间，农作物受灾8.94公顷

续表 1-17

灾害日期	气 象 要 素	灾 害 损 失
1992.4.21	最大风力 9 至 10 级，冰雹最大直径 40 毫米，过程雨量 25 毫米	岩口、中连等乡镇受伤 161 人，死亡 1 人、牲畜 49 头。农作物受灾 2267.8 公顷，损坏房屋 3850 间，倒塌电杆 80 根，损坏木材 300 立方米，冲毁河堤渠道 3.2 千米。直接经济损失共 390 万元
1994.4.20	夜间出现雷电和大风，最大风力 8 级	吹倒电杆 10 根、钢制广告牌 3 块、蔬菜塑料大棚 37 个，击坏电排 20 台
1994.8.28	夜间出现雷暴	损坏电视机 5 台
1996.6.4	出现雷暴	损坏市气象局观测场至值班室线路和电接风仪，市内居民 20 多台电视机、资江氮肥厂部分设备被击坏
1998.4.23	下午 4 点 50 分，偏南大风最大瞬时风速 21 米/秒，伴随飑线，持续时间 1 分钟	损坏房屋 40 间，直接经济损失 20 万元
2000.6.21	夜间出现大风，风速 18 米/秒，持续时间 15 分钟，过程雨量 56.3 毫米	农作物受灾 13.34 公顷，损坏房屋 30 间，倒塌房屋 1 间
2000.7.4	12 时 57 分至 15 时 32 分，出现强雷暴	铎山镇新枫村一村民在高压线下菜地里排水遭雷击死亡
2000.8.12	12 时 14 分至 17 时 32 分，出现雷暴	铎山镇石湾村一村民在高压线下菜地里种萝卜遭雷击死亡
2001.4.8	夜间出现雷暴和暴雨	击坏电子仪器设备数台，冷钢一台变压器被击坏
2002.7.17	出现雷暴，并伴随大风、飑线	邮电局电脑、分电箱共 6 台被击坏，电力系统跳闸，电视信号中断
2004.3.21	夜间出现雷暴	损坏电视机 44 台、放大器 16 台、可寻址分配器 28 只
2004.4.30	出现雷暴	农电总站变压器 1 台被击坏
2004.5.30	出现雷暴	金信化工公司办公大楼遭雷击，电话交换机被击坏
2004.6.26	出现雷暴，并伴随暴雨	锡矿山矿务局被击坏电脑 9 台
2005.2.14	下午 3 点至晚上 8 点，城区出现雷暴	损坏电视信号放大器 17 个、电子避雷器 2 个
2005.5.5	夜间 11 点 12 分至凌晨 1 点 31 分出现雷暴，并伴有暴雨	损坏电脑、有线电视等设备
2005.5.17	早上 6 点左右出现大风，风力达 8 级	冷水江钢铁总厂一棵大树吹倒压断电线，停产 1 天
2006.6.19	风速 19.0 米/秒，伴有短时暴雨，下午 1 点 52 分出现飑线	损坏房屋 12 间，冲垮公路 0.1 千米
2006.9.4	下午 4 点 28 分至晚上 8 点，出现大雷暴，强度大，范围广，时间长，并伴有大风、暴雨	冷水江钢铁总厂、有线电视网络公司、电力局、闪星锑业等单位设施设备受损，共造成直接经济损失 185 万元
2007.5.28	上午 10 点 41 分至 12 点零 8 分，出现雷暴	同兴乡一居民房屋和家用电器遭雷击受损
2007.8.23—2007.8.25	出现雷暴，并伴随暴雨	中连乡、沙塘湾街道等地遭雷击，广播电视局、闪星锑业、金富源碱业、新富丽宾馆等单位机电设备受损，共造成直接经济损失 240 万元
2009.6.21	下午 4 点 28 分至 6 点 35 分出现雷暴	矿山乡谭家社区志光福利锑品冶炼厂遭雷击，4 名职工四肢和头部多处烧伤
2010.7.6	晚上出现雷暴	闪星锑业电话系统、变压器等设备受损
2010.7.25	下午 3 点至 6 点出现雷暴	中连乡余元村雷击死亡 1 人，闪星锑业和晨峰水泥等单位部分设备损坏，直接经济损失 19.8 万元

四、大雪 冰冻

1988—2010 年，全市发生大雪、冰冻灾害 14 次。2008 年 1 月 13 日至 2 月 5 日，全市发生历史罕见低温雨雪冰冻天气，先后出现冻雨和积雪，大部分地段出现道路结冰，1 月 28 日出现暴雪，最大积雪深度 8 厘米，大部分地段出现道路长时间结冰，严重影响交通运输和工农业生产，造成全市重大经济损失。

图 1-18　2008 年 1 月 28 日，禾青资氮集贸市场因暴雪倒塌

1988—2010 年冷水江市大雪、冰冻灾害情况表

表 1-18

灾害日期	气　象　要　素	灾害类别
1989.1.18—1989.1.19	普降暴雪，最大积雪深度 28 厘米	雪灾，伴随低温冷害
1990.1.30—1990.1.31	轻度冰冻（矿山乡等山区）	冰冻
1991.12.27—1991.12.31	27 日暴雪并伴有冰冻，最大积雪深度 26 厘米，最低温度-8.2℃	雪灾，伴随冰冻
1995.1.2—1995.1.3	1 月 2 日 15 点 30 分开始降冰粒，并伴随小雨和冰冻，积雪深度平均 12 厘米	雪灾，伴随冰冻
1996.2.17—1996.2.22	平均气温-1.1℃，2 月 18 日出现极端最低气温-3.6℃，中度冰冻（矿山乡等山区），最大积雪深度 8 厘米	雪灾，伴随冰冻
1998.1.22—1998.1.23	最大积雪深度 15 厘米	雪灾，伴随低温冷害
2002.12.26—2002.12.30	26—30 日连续 5 天积雪，26—28 日连续 3 天日平均气温低于 0℃，26、27 两日极端最低气温-4.9℃	雪灾
2003.1.6—2003.1.7	最低气温-3.3℃，最大积雪深度 9 厘米	雪灾，伴随低温冷害
2004.12.23—2004.12.31	低温雨雪冰冻天气，极端最低气温-4.5℃，最大积雪深度 12 厘米	雪灾，伴随冰冻
2005.1.9—2005.1.13	低温雪灾天气，最大积雪深度 10 厘米，11—12 日连续两天暴雪	雪灾，伴随低温冷害
2006.1.20	轻度冰冻（矿山乡等山区）	冰冻
2006.2.28	轻度冰冻（矿山乡等山区）	冰冻
2006.3.13	最大积雪深度 6 厘米	雪灾
2008.1.13—2008.2.5	先后出现冻雨和积雪，大部分地段出现道路结冰，1 月 28 日出现暴雪，最大积雪深度 8 厘米	冰冻，伴随雪灾

第二节　地质灾害

一、宝大兴塌陷

塌陷点位于锡矿山街道光荣、长龙界、陶塘社区，属溶洞型塌陷，始发于 1998 年 7 月，盛发于 2002 年 5 至 12 月。塌陷坑损毁房屋 600 间、农田 33.33 公顷、公路 2000 米，直接经济损失 3000 万元，灾情等级为特大型。地面塌陷威胁附近居民 95 户 400 人，威胁财产 550 万元，险情等级为中型。

二、滟凼里塌陷

塌陷点位于锡矿山街道马颈村 1、8 组，属冒顶型塌陷，始发于1986年1月，盛发于1996年1月至2002年1月。塌陷坑损毁房屋140间，毁田16.67公顷，直接经济损失200万元，灾情等级为中型。地面塌陷威胁附近居民130户1137人，房屋400间，农田16.67公顷，威胁财产800万元，险情等级为特大型。

三、大岭上塌陷

塌陷点位于渣渡镇杨新村4组，属岩溶型塌陷，始发于2000年4月，盛发于2001年1月。塌陷坑损毁房屋21间，毁田18公顷，直接经济损失50万元，灾情等级为小型。地面塌陷威胁附近居民207户820人，农田18公顷，房屋921间，威胁财产800万元，险情等级为大型。

四、银溪学校塌陷

塌陷点位于渣渡镇银溪村3～9组，属岩溶型塌陷，始发于1991年5月，盛发于1994年5月至1995年6月。塌陷坑损毁房屋40间，毁田1.33公顷，直接经济损失150万元，灾情等级为中型。地面塌陷威胁附近居民30户266人，房屋250间，农田4公顷，威胁财产800万元，险情等级为中型。

五、杉山湾滑坡

滑坡点位于渣渡镇杨新村1组，斜坡变形始发于1998年5月，滑坡未造成人员伤亡，损毁房屋4间，灾情等级为小型。滑坡威胁附近居民45户180人，威胁财产320万元，险情等级为中型。

六、烂岩山崩塌

崩塌点位于锡矿山街道洞下村12组，始发于1995年1月，未造成人员伤亡，损毁沟渠455米，灾情等级为小型。崩塌威胁附近居民30户150人，房屋150间，威胁财产1000万元，险情等级为中型。

七、岩宝岭地裂缝

地裂缝点位于冷水江街道冷园社区1组，始发于1999年，造成多处房屋和公路开裂，灾情等级为大型。地裂缝威胁附近居民10户，房屋10间，威胁财产20万元，险情等级为小型。

第三节　生物灾害

1990年，境内林地突发松毛虫害，危害面积26.7公顷。

1992年，全市发生建市以来最严重的松毛虫害，成灾面积2000余公顷，一棵棵马尾松树叶一夜之间被吃光，一片片松树林几天就成为死树残林。

1998年，境内竹林发生竹蝗虫害，危害面积293.3公顷，成灾面积24.7公顷。

2003年，中连乡胜利村发生水稻象甲病害，成灾面积100公顷。

2009年，三尖镇发生小面积南方水稻黑条矮缩病，2010年波及全市各乡镇，成灾面积200公顷。

第二篇　人　口

1988年，冷水江全市人口30.99万人，至2010年，增加到36.51万人，平均每年增加2407人，人口出生率和自然增长率都控制在国家政策规定范围。计划生育工作具体由乡（镇、街道）组织开展，成立工作队，计划生育工作进入常态化。2001年，市委、市政府认真贯彻落实《湖南省计划生育条例》。2005年，计划生育工作下移到村（社区），人口发展速度减缓。同时，加强常住人口和流动人口管理，积极为育龄妇女开展优质服务，计划外生育得以控制。

第一章　人口概况

1988—2010年，冷水江市人口数量逐年增加，人口素质不断提升，人口构成逐渐复杂，人口分布极不均衡，冷水江街道密度最大，每平方千米5754人，矿山乡密度最小，每平方千米283人。23年间，人口自然变动前3年较大，每年人口自然增长率均超过13‰。后20年基本稳定为低生育、低死亡水平，除2007年外，其他年份人口自然增长率均在10‰以内。

第一节　人口数量

1988年末，全市人口30.99万人。其中男性16.08万人，女性14.91万人；农业人口17.74万人，占57.25%，非农业人口13.25万人，占42.75%。是时，计划生育措施尚未完全落实到位，人口增加较快，当年净增4203人。1991年，全市人口增加到32.68万人，其中男性16.87万人，女性15.82万人；农业人口18.65万人，占57.06%，非农业人口14.03万人，占42.94%。此后10年，人口数量稳步增长，前3年稍快，后7年平稳。至2000年，全市人口突破35万，比1990年增长7.38%，平均每年增加2258人，年均增长率为0.78%。2010年第六次人口普查，全市人口36.51万人，比1988年增加5.52万人。

1988—2010年冷水江市人口数量情况表

表2-1　　单位：人

年度	总人口	其中		非农业人口	农业人口	年度	总人口	其中		非农业人口	农业人口
		男	女					男	女		
1988	309944	160832	149112	132500	177444	1994	335977	173915	162062	160708	175269
1989	317884	164976	152908	134481	183403	1995	340560	176160	164400	167010	173550
1990	327284	168885	158399	137994	189290	1996	342065	176209	165856	169461	172604
1991	326824	168651	158173	140323	186501	1997	343882	178080	165802	172759	171123
1992	327814	169399	158415	143622	184192	1998	347131	179241	167890	176182	170949
1993	334421	173143	161278	154946	179475	1999	349778	180762	169016	178774	171004

续表 2-1　　单位：人

年度	总人口	其中		非农业人口	农业人口	年度	总人口	其中		非农业人口	农业人口
		男	女					男	女		
2000	352318	181130	171188	178987	173331	2006	362382	194150	168232	184159	178223
2001	353256	182241	171015	183865	169391	2007	369807	199305	170502	182634	187173
2002	353712	182450	170806	186177	167535	2008	374207	202997	171210	187764	186443
2003	351500	181446	170054	184186	167314	2009	376907	207997	168910	186980	189927
2004	352425	182046	170379	184361	168064	2010	365129	190904	174225	189012	176117
2005	354381	186263	168118	249478	104903						

说明：2005 年数据按城镇化人口统计口径进行统计，农业人口和非农业人口数据变化较大

第二节　人口分布与密度

一、人口分布

从冷水江 1960 年建市到 20 世纪 90 年代，农村人口多于城市人口。1990 年，全市城镇人口 13.8 万人，占总人口 42.16%，农村人口 18.93 万人，占 57.84%。随着小城镇建设步伐加快，工业、商业、文化、教育、卫生事业快速发展，人口分布变化较大，城镇人口增加，农村人口减少。1997 年，全市城镇人口 17.28 万人，占人口总数 50.24%，农村人口 17.11 万人，占人口总数 49.76%，城镇人口首次超过农村人口。2007 年后，城乡一体化建设加速，城镇人口进一步增加，至 2010 年，城镇人口 18.9 万人，占人口总数 51.77%，农村人口 17.61 万人，占人口总数 48.23%。

二、人口密度

总体状况是城镇人口密度大，农村人口密度小，平坦地区人口密度大，山区人口密度小。1988 年，全市人口密度为每平方千米 706 人。此后，逐年上升，1990 年每平方千米 746 人，2005 年 807 人，2009 年 856 人。2010 年下降，平均每平方千米 832 人。

第三节　人口变动

一、自然变动

20 世纪 80 年代，冷水江市计划生育措施未完全落实，部分市民受多子多福观念影响，全市生育指标居高不下，人口增长较快。1988—1990 年，3 年增加人口 1.72 万人，年平均出生率 18.03‰，死亡人口 3978 人，年平均死亡率 4.18‰，每年人口自然增长率均超 13‰。1991 年后，市委、市政府加大计生工作力度，采取切实可行节育措施，人口自然增长速度减缓，1992 年出生 3249 人，出生率降至 9.91‰。此后，人口出生率一直稳定在 10‰左右。2000—2009 年，10 年内全市出生 3.87 万人，年平均出生率 9.13‰，死亡 1.79 万人，年平均死亡率 4.2‰。2010 年，全市出生 4427 人，死亡 1493 人，人口自然增长率为 7.53‰。

1988—2010 年冷水江市人口自然变动情况表

表 2-2　　单位：人

年度	出生		死亡		自然增长	
	人数	出生率（‰）	人数	死亡率（‰）	人数	自然增长率（‰）
1988	5465	17.63	1262	4.07	4203	13.56
1989	5423	17.06	1259	3.96	4164	13.10

续表 2-2　　单位：人

年度	出生		死亡		自然增长	
	人数	出生率（‰）	人数	死亡率（‰）	人数	自然增长率（‰）
1990	6269	19.40	1457	4.51	4812	14.89
1991	4316	13.21	1517	4.64	2799	8.57
1992	3249	9.91	1489	4.54	1760	5.37
1993	4649	13.90	2316	6.93	2333	6.97
1994	3448	10.26	1263	3.76	2185	6.50
1995	3893	11.43	1155	3.39	2738	8.04
1996	3771	11.02	1539	4.50	2232	6.52
1997	3533	10.27	953	2.77	2580	7.50
1998	3518	10.14	1189	3.43	2329	6.71
1999	3639	10.40	1035	2.96	2604	7.44
2000	3556	10.10	2035	5.78	1521	4.32
2001	3873	10.96	1161	3.29	2712	7.67
2002	3452	9.76	1962	5.55	1490	4.21
2003	3560	10.13	1932	5.50	1628	4.63
2004	3279	9.41	2990	8.58	1455	4.14
2005	3261	9.34	1153	3.30	2108	6.04
2006	3828	10.56	1439	3.97	2389	6.59
2007	5049	13.65	1229	3.32	3820	10.33
2008	3833	10.24	1167	3.12	2666	7.12
2009	4971	13.19	2817	7.47	2154	5.72
2010	4427	11.35	1493	3.83	2934	7.53

二、人口迁移

1988—2010 年，全市人口迁移主要是婚入婚出、学生升学和毕业分配、青年应征入伍和退役、职工调动等。1992 年，全市迁入 230 人，迁出 314 人。2001 年，迁入 4379 人，迁出 4780 人。2005 年，迁入 1672 人，迁出 3294 人。2007 年，迁入 3634 人，迁出 3592 人。2010 年，迁入 1250 人，迁出 3316 人。23 年间，大部分年份迁出人数多于迁入人数。

三、人口流动

1988 年后，随着改革开放日益深化，外出打工、经商人员增多，全市人口流动日趋活跃。2010 年，全市跨省流入人口 949 人，流出人口 1.78 万人。省内流入人口 2.3 万人，流出人口 1.02 万人。

第四节　人口普查

1990 年，冷水江同步全国开展第四次人口普查，普查标准时间是 1990 年 7 月 1 日零时。年初，市政府成立人口普查领导小组，下设办公室，具体负责实施人口普查工作。4 月份开始培训骨干、宣传发动、调查摸底、普查登记、复查补漏，历时 10 个月，对全市人口数量、人口分布、人口结构、人口素质、人口计划执行情况进行全面普查统计。普查结果显示，全市人口 32.73 万人，常住且户口在冷水江的 30.13 万人，占总人口 95.26%；

住冷水江一年以上、户口在外县市的 1.04 万人，占总人口 3.28%；住冷水江不满一年、离开户口所在地一年以上的 236 人，占总人口 0.07%；住冷水江、户口待定的 4407 人，占总人口 1.39%；户口在冷水江，但已离开冷水江一年以上的 1.09 万人。人口与第三次人口普查时 25.58 万人相比，8 年增加 6.06 万人，增长 23.7%，平均每年增加 7575 人，年均增长率 2.69%。

2000 年，同步全国进行第五次人口普查，普查的组织、方法、步骤同第四次人口普查基本相同，主要差别是：①普查标准时间由 7 月 1 日零时改为 11 月 1 日零时。②常住人口时间标准由一年缩短为半年，空间标准由县市缩小为乡（镇、街道）。③普查项目由 28 项增加到 49 项，人口迁移、经济活动、住房等内容均在普查之列。④采用长短表技术。⑤增加《暂住人口调查表》，全面了解人口迁移流动情况。⑥首次采用光电录入技术，用计算机处理各项数据。普查结果显示，全市人口 35.23 万人（常住人口 33.97 万人），户数 10.46 万户，平均每户 3.4 人。与 1990 年第四次人口普查相比，10 年零 4 个月增加 2.33 万人，增长 7.38%，平均每年增加 2258 人，年均增长率 0.78%。

2010 年，同步全国开展第六次人口普查，普查同样采用短、长两种普查表。短表反映人口基本状况，长表包括所有短表项目及人口经济活动、婚育家庭、生育和住房等情况。根据抽样工作细则，长表抽取调查户 10%填报，短表由其余户填报。由于全市外出打工经商人数较多，本次人口普查结果人数少于实际人数。普查结果显示：全市人口 36.51 万人（常住人口 32.71 万人），其中男性 19.09 万人，女性 17.42 万人。全市户数 14.56 万户，平均每户 2.5 人。与第五次人口普查相比，10 年增加 1.28 万人，增长 3.64%。平均每年增加 1280 人，年均增长率 0.36%。

第二章　人口结构

第一节　性别结构

1988 年末，全市男性 16.08 万人，占 51.89%，女性 14.91 万人，占 48.11%，男女性别比为 107.86∶100。由于部分市民受重男轻女、“无后为大”等传统生育观念影响，存在非法进行胎儿性别鉴别、遗弃女婴、躲生超生等不法行为，造成男女性别比不断增大。1994 年，全市出生 3448 人，其中男性 1819 人，女性 1629 人，男女性别比为 111.66∶100。2000 年第五次人口普查统计，全市 14 岁以下人口中男性 3.9 万人，女性 3.44 万人，男女性别比为 115.97∶100；15～44 岁人口中男性 9.2 万人，女性 8.95 万人，男女性别比为 102.71∶100；65 岁以上人口中男性 1.31 万人，女性 1.39 万人，男女性别比为 94.28∶100；100 岁以上老人，全是女性。2010 年，全市人口 36.51 万人，男性 19.09 万人，女性 17.42 万人，男女性别比 109.59∶100。全年出生 4427 人，其中男性 2357 人，女性 2070 人，出生人口男女性别比 113.87∶100。

第二节　民族结构

据 1990 年第四次人口普查，定居冷水江境内有侗族、苗族、土家族、白族、壮族、回族、满族、瑶族、布依族、彝族、维吾尔族、仡佬族、锡伯族、毛南族 14 个少数民族，共 802 人，占总人口的 0.25%。14 个少数民族中，土家族 287 人，苗族 207 人，回族 124 人，侗族 85 人，瑶族 32 人，满族 24 人，壮族 9 人，仡佬族 7 人，布依族 6 人，彝族 6 人，维吾尔族 4 人，白族 4 人，锡伯族 4 人，毛南族 3 人。

2000 年第五次人口普查，定居冷水江的少数民族增至 23 个，共 956 人，占总人口的 0.28%。23 个少数民族中，苗族 255 人，分布在冷水江街道、沙塘湾街道、禾青镇、铎山镇；土家族 235 人，分布在冷水江街道、沙塘湾街道、禾青镇；

回族 122 人，分布在冷水江街道、渣渡镇、布溪街道、禾青镇、锡矿山街道；侗族 107 人，分布在冷水江街道、禾青镇；瑶族 52 人，分布在冷水江街道、沙塘湾街道、禾青镇；壮族 36 人，分布在冷水江街道、布溪街道、沙塘湾街道、禾青镇；满族 31 人，分布在冷水江街道、布溪街道、沙塘湾街道、禾青镇；蒙古族 29 人，分布在冷水江街道、沙塘湾街道；仡佬族 20 人，分布在冷水江街道、禾青镇、毛易镇；布依族 16 人，分布在冷水江街道、禾青镇、沙塘湾街道；彝族 11 人，分布在冷水江街道、锡矿山街道、沙塘湾街道、毛易镇；白族 10 人，分布在禾青镇、毛易镇、渣渡镇、铎山镇；朝鲜族 6 人，住冷水江街道、中连乡；土族 6 人，分布在冷水江街道、禾青镇、同兴乡；维吾尔族 6 人，分布在冷水江街道、禾青镇；藏族 4 人，分布在冷水江街道、布溪街道；锡伯族 3 人，住冷水江街道；傣族 2 人，住冷水江街道；黎族 1 人，住冷水江街道；佤族 1 人，住中连乡；畲族 1 人，住禾青镇；水族 1 人，住冷水江街道；羌族 1 人，住冷水江街道。

2010 年第六次人口普查，定居冷水江的少数民族 20 个，1092 人，占总人口 0.3%。其中，苗族 420 人，土家族 268 人，侗族 123 人，回族 87 人，壮族 44 人，瑶族 33 人，哈萨克族 24 人，维吾尔族 18 人，满族 15 人，仡佬族 10 人，土族 10 人，布依族 9 人，藏族 9 人，毛南族 6 人，蒙古族 4 人，白族 4 人，黎族 4 人，彝族 2 人，怒族和布朗族分别各 1 人。

第三节　年龄结构

20 世纪 90 年代，随着人民生活水平不断提高和推行计划生育，市内人口年龄结构逐渐由成年人口型向老年人口型转变，年轻人比例减少，老年人比例增加。2000 年第五次人口普查，常住人口中 0～14 岁 7.34 万人，占总人口的 21.6%；15～64 岁 24.51 万人，占总人口的 72.16%；65 岁及以上 2.12 万人，占总人口的 6.23%。与 1990 年第四次人口普查相比，0～14 岁人口比重上升 7.44 个百分点，65 岁及以上人口比重上升 1.69 个百分点。

2010 年第六次人口普查，全市 0～14 岁 6.04 万人，占总人口的 18.48%；15～59 岁 22.38 万人，占总人口的 68.41%；60 岁以上 4.29 万人，占总人口的 13.11%，境内人口明显趋向老龄化。

第四节　文化结构

2000 年第五次人口普查显示，全市 6 周岁以上常住人口中，接受大专以上教育 1.51 万人，占 4.73%；接受高中（含中专）教育 6.4 万人，占 20.0%；接受初中教育 11.96 万人，占 37.38%；接受小学教育 10.19 万人，占 31.88%。与 1990 年第四次人口普查相比，每 10 万人中受教育程度人数变化较大：大学文化程度由 1722 人增至 4468 人；高中文化程度由 1.36 万人增至 1.88 万人；初中文化程度由 2.62 万人增至 3.52 万人；小学文化程度由 3.35 万人减至 3 万人；文盲 1.57 万人，文盲率（文盲人口占 15 周岁及以上人口比重）由 10.21%降至 5.9%，下降 4.31 个百分点。

2010 年第六次人口普查显示，全市 6 周岁以上人口中，研究生文化程度 338 人，占 0.11%；大学本科文化程度 7979 人，占 2.66%；大学专科文化程度 1.93 万人，占 6.43%；高中文化程度 7.94 万人，占 26.48%；初中文化程度 11.73 万人，占 39.09%；小学文化程度 6.7 万人，占 22.32%；未上学的 8732 人，占 2.91%。与 2000 年相比，人口文化素质明显提高。

第三章　计划生育

第一节　机构队伍

一、行政机构

1988年，市计生行政机构为冷水江市计划生育委员会（简称市计生委），内设办公室、财务股、宣传教育股、政策法规股、人事股、统计信息股、科学技术股，编制干部职工20人。1994年，更名冷水江市计划生育局。1995年，恢复冷水江市计划生育委员会。2006年8月，更名冷水江市人口和计划生育局，下辖计划生育服务站、流动人口管理站、计划生育执法大队（加挂“市社会抚养费征收管理局”牌子）、计划生育药具物资管理站4个二级机构。同时，市直机关、企事业单位都配备计划生育专（兼）职干部。

2010年，局内设机构调整为办公室、政策法规股、统计信息股、宣传教育股（加挂“综合调研室”牌子）、科学技术股、财务资产管理股、利益导向办公室、人事股、信访股，下辖二级机构未变。全市16个乡（镇、街道）均设计划生育办公室和社会抚养费稽查队，定编104人。每个村均配计划生育专干，享受村定补干部同等待遇。

1988—2010年，先后由郭谷初、刘新平、朱卫平、肖芸樵、程正龙、黎江东任市计划生育委员会（计生局）主任（局长）。2007—2009年，冷水江市连续3年被评为全省计生工作一类单位，2010年被评为全省计生工作优质服务先进单位。

二、业务机构

1985年，市计生委根据上级精神组建市计划生育服务中心，1988年更名市计划生育服务站。2010年，市计生服务站成功通过“四优一满意”（环境优美、技术优良、管理优秀、服务优质、群众满意）服务站验收，成为集计划生育宣传教育、技术服务、优生监测、培训指导、避孕药具管理五位一体的综合性服务机构。该站基础设施符合标准，医疗设备先进，科室布局合理，服务环境整洁，有一支临床经验丰富、技术优良的专业技术队伍。

全市16个乡（镇、街道）设计生服务所。2004年，公开招考16名计生技术人员充实到乡（镇、街道）计生服务所。至2010年，全市有计划生育技术人员50人，其中市计生服务站24人，乡（镇、街道）计生服务所26人。具有高级职称1人，中级职称11人，初级职称18人。获执业医师资格16人，获助理执业医师资格8人，获护士、检验师、药剂师资格8人。

第二节　计划生育服务

一、政策宣传

1988年9月，全市组织700多人参加娄底地区计生知识答辩竞赛。10—12月，市计生局配合市文工团排演大型计划生育喜剧《石榴湾的风情》，在全市演出54场，观众6万多人次。2000年6月，市文工团在全市巡回演出《婚育新风进万家》花鼓戏，演出33场，观众4万余人次。

图2-1　冷水江市体育场计划生育婚育文化宣传漫画长廊（2007年9月摄）

2002年，市计生局投资10万元，在市乡公路两旁制作高标准计生宣传标语牌400多块。冷水江街道在城区设置计生宣传牌50多块。铎山镇在S312线两旁设置计生宣传牌100多块。2004年，市计生局会同乡（镇、街道）和村（社区），在全市农村制作书写永久性计生宣传标语 8500 多条。2007 年，市财政投入 20 万元，在市体育场打造婚育文化宣传漫画长廊。

1988—2010 年，市计生局采取群众喜闻乐见的形式，全方位、多角度宣传计生工作。组织“夕阳红”腰鼓队、民间鼓乐队、秧歌队、文艺宣传队，开展计生文艺演出 400 多场次，观众达 100 万人次。印发《湖南省人口与计划生育条例》《婚育新风进万家》和优生优育等宣传资料共 80 多万份发至城乡居民。全市每年订阅《人口与计划生育》《中国人口报》《人口文摘》等报纸杂志 500 余份，各乡（镇、街道）及村（社区）计生工作人员每人 1 份。同时，每年在市级报纸、电视台开办专栏，宣传科学婚育观念、计划生育方针政策等。

二、技术服务

计生技术服务由市计生服务站和乡（镇、街道）计生服务所承担。1990 年，市计生服务站实行“五定四统一”（定员、定岗、定责、定任务、定奖罚，人员统一调配、财务统一核算、器械统一管理、药具统一划拨）管理制度。1992 年 9 月，成立市计划生育技术指导组，加强对计生节育并发症管理。

2004 年，市计生服务站集中开展“三查一治”（查孕情、查环情、查病情，对检查发现的妇科病提供治疗或建议）工作，为全市 1253 对领取生育证的夫妇开展优生遗传检测，查出 4 种病毒感染者 40 人次。同时，积极开展出生缺陷干预工作，新生儿出生缺陷发生率明显下降。

图 2-2　2009 年 10 月，冷水江市计生服务站免费开展流动人口计划生育技术服务

2009 年，全市各乡（镇、街道）计生服务所开展“四优一满意”创建活动。至年底，全市第一个“四优一满意”服务所——禾青镇计划生育服务所创建成功。2010 年，市计划生育服务站、同兴乡、冷水江街道、金竹山镇、潘桥乡成功创建“四优一满意”计划生育服务站（所）。

第三节　计划生育管理

一、计生政策

1990 年 3 月，市委、市政府出台《关于加强乡、镇、办事处计划生育基础性工作的规定》，规范计划生育基础工作。5 月，出台“五清查两落实”工作方案。至 1993 年，“五清查两落实”工作基本结束，全市清查不合格二胎指标 926 个，查处计外生育“半边户”（夫妻双方一方是农业人口，另一方是城镇居民的住户）4516 人。

1993 年 5 月，市委计生领导小组出台《关于加强计划生育基层基础工作建设的意见》，明确规定各乡（镇、街道）增加一名副职领导专抓计生工作，并建立计生办公室、宣传技术指导所、计生协会、人口学校“四位一体”综合性服务机构，四块牌子一套班子。7 月，市委、市政府出台《关于加强城市计划生育工作的意见》。7 月底，出台《关于“蓝印”城市户口居民计划生育管理的有关规定》，明确“农转非”蓝印城市户口居民计划生育归属当地乡（镇、街道）管理，“蓝印户口”居民原领取的农村“准生证”从转办蓝印户口之日起作废。至年底，全市建立和完善乡级宣传技术指导所 13 个、村级服务室 174 个。

2000 年，市委、市政府出台《关于计划生育“四查四到位”工作若干问题的规定》和《关于加强人口与计划生育工作若干问题的规定》，坚持宣传教育为主、避孕节育为主、经常性工作为主、村为主的工作方针。2001 年，市委计生领导小组下发《计划生育目标管理考核细则》，对全市各部门确定计划生育工作指标，每年进行检查考核、评估排队，工作成绩突出者给予表彰奖励。

2005 年起，按照《中华人民共和国人口与计划生育法》《计划生育技术服务管理条例》《社会抚养费征收管理办法》《湖南省人口与计划生育条例》要求，推行计划生育村（居）民自治。2007年，市委、市政府出台《关于加强新时期人口和计划生育工作的若干规定》，建立干部激励机制。乡（镇、街道）凡工作突出、年终被评为一类单位的，分管计生工作的领导解决正科级待遇；凡工作突出、连续两年被评为计生优质服务先进单位的，分管领导和计生办主任予以重用或破格提拔；工作突出的计生局干部予以提拔重用。2009年，11名乡（镇、街道）分管计划生育工作的领导解决正科级待遇。2010年，8名分管计划生育工作的领导提拔为正科级实职。同时，为调动村（社区）党支部书记积极性，对被评为当年度计生工作模范村（社区）且党支部书记年龄在45周岁以下的录聘为乡镇机关工作人员，年龄在45周岁以上的奖励1万元。2007—2010年，先后有渣渡镇侯家村支书张学瑜、禾青镇双星村支书段灿明、禾青镇刘李村支书蒋炽明、渣渡镇梓芳村支书朱连顺、梓龙乡吴家村支书李习文5人被录用为乡镇机关工作人员。禾青镇球溪居委会支书段太虎、中连乡金瓶村支书罗俊臻、禾青镇黄场村支书段位芝3人各得奖励1万元。

二、生育指标管理

1988—1989年，生育第一胎者，由本人申请，村（居）委会同意，持夫妻双方户口簿、身份证、结婚证，报乡镇人民政府或街道办事处审批，领取“准生证”。对城市居民生育第二胎者，执行省政府“关于二胎生育的暂行规定”政策。农村村民要求生育第二胎者，由本人申请，提交夫妻双方身份证、结婚证、户口簿以及夫妻双方所在单位或村（居）委会出具的生育证明和收养状况证明，报乡镇人民政府或街道办事处审核，再报市计生局批准，领取第二胎“准生证”。

1990年1月1日起，《湖南省计划生育条例》实施，生育指标管理按此条例规定执行。第一胎“准生证”由乡镇人民政府或街道办事处审批发放，第二胎“准生证”由市计生局审批发放。公民提出一胎是病残儿需生育第二胎的，须经市计生局初审，符合病残儿标准的，报娄底市计生局组织医学专家鉴定，发给“病残儿医学鉴定证明”，市计生局根据“病残儿医学鉴定证明”出榜公布，15日后发放第二胎“准生证”。凡申请生育第一胎的，必须先领“准生证”后怀孕，要求生育第二胎的，生育妇女年龄必须在28周岁以上，生育间隔必须在4年以上。

1999年9月1日至2007年9月30日，根据新修改的《湖南省人口与计划生育条例》，“准生证”制度改为“生育证”制度。生育第一胎的夫妻，应在孕期内到夫妻一方户籍所在地村（社区）办理妊娠登记，报乡镇人民政府或者街道办事处审批，发放“生育证”。申请生育第二胎的夫妇，生育妇女年龄必须在25周岁以上，生育间隔必须在4年以上，但晚育（已婚妇女24周岁以上生育第一孩或者晚婚后怀孕生育第一胎）者，生育间隔可缩短为两年。生育妇女年龄超过28周岁者，不受生育间隔限制。2007年9月以后，要求生育第二胎者，只要符合条件，取消生育间隔限制。

三、育龄妇女管理

为及时准确掌握已婚育龄妇女情况，1988年后，各乡（镇、街道）和村（居）均建立育龄妇女台账，市计生局建立网络台账，内容包括育龄妇女姓名、年龄、结婚时间、生育子女数和时间、已采取何种避孕节育措施、是否有违法生育及接受处罚等情况。外出已婚育龄妇女同时注明外出时间、地点、寄回的孕检证明或回家参加孕情环情检查情况。使用避孕套和口服药避孕的妇女，另外建立药具查访卡，村计生专干每月上门查访一次。

1990年开始，对已婚育龄妇女普遍进行查环查孕，持“生育证”的妇女，只作孕情检查。1990—1993年，查孕方法以指检为主。1994年，每个乡（镇、街道）配备2至3台B超机，以B超查孕取代指检。为防止和减少非意愿妊娠，有选择地对育龄妇女进行技术指导。2000年开始，落实长效避孕节育措施，开展优质服务，稳定低生育水平。

2010年，计生部门与育龄群众签订诚信计生承诺书，使育龄妇女主动接受计生管理。开展“免费入保险暖人心”活动，由市财政安排专项经费为全市农村独生子女户和两女结扎户、城镇纯居民独生子女户家庭购买意外伤害保险。开展“生殖健康服务万家”活动，聘请专家开展生殖保健讲座。以村（社区）为单位安排专车接送育龄妇女到市计生服务站查病治病。

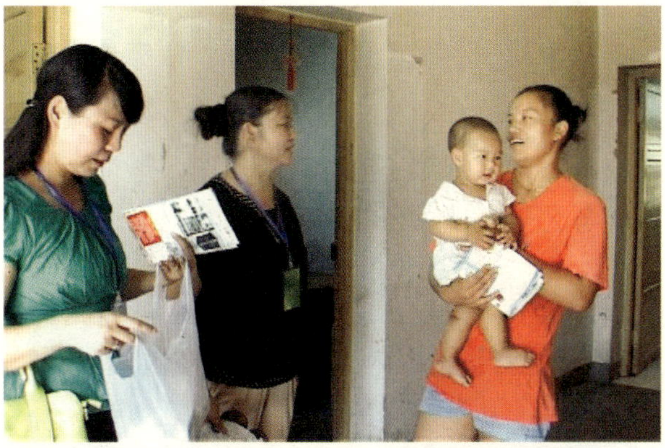

图 2-3　2010 年 6 月，冷水江市计生干部上门走访育龄妇女

四、流动人口生育管理

1992 年 8 月，市委、市政府出台《冷水江市流动人口计划生育管理实施细则》，明确流动人口计生管理操作细则，对流入本市的已婚育龄妇女，一年查验“流动人口计划生育证明”两次。

1999 年，根据国家计生委颁发的《流动人口计划生育管理办法》，全市统一规定凡流出境外的已婚育龄妇女，外出前须与村（居）委会签订《流动人口计划生育合同》，到所在地乡镇人民政府或街道办事处办理“流动人口计划生育证明”。已施行绝育手术的妇女，外出前到当地计生技术服务所检查 1 次。流入市境内的已婚育龄妇女，由居住地乡（镇、街道）摸清情况，建立流动人口计划生育台账，同常住人口一样，参加当地组织的孕情环情检查。流动人口中出现计划外怀孕的，通过全省流动人口信息交换平台互通情报，由居住地和户籍地计生部门共同落实节育措施。

2006 年 10 月，市计生局增设“流动人口计划生育管理站”，专门负责流动人口计生管理。2007 年 12 月，市计生局与新化县计生局签订《冷水江市——新化县流动人口计划生育“点对点”管理协议》。2010 年 7 月，市流动人口计生管理站列为参照公务员管理单位。

第三篇　中国共产党

1988—2010年，中共冷水江市委贯彻中共十三大、十四大、十五大、十六大、十七大会议精神，坚持以马克思列宁主义、毛泽东思想、邓小平理论、“三个代表”重要思想、科学发展观为指导，牢牢把握“抓住机遇，深化改革、扩大开放，促进发展，保持稳定”工作大局，紧紧围绕党中央、湖南省委和娄底市委决策部署，以实现“两个率先”、推进富民强市为目标，实施“一转三化”战略，全市政治、经济、文化、社会、生态文明建设和党的建设长足发展。2004—2010年，连续7年位居湖南省经济十强县市，其中2006年跻身前四强，打破长沙、望城、浏阳、资兴等县市垄断全省经济前四强的格局。其间，先后获得“全国科技进步先进县市”“湖南省知识产权工作创建示范县市”“全省‘四五’普法依法治理工作先进县市”“全省人口和计划生育优质服务单位”“湖南省政务公开先进单位”等荣誉称号。

图3-1　2010年2月，中共冷水江市委召开经济工作会议

第一章　中共冷水江市委员会

第一节　中共冷水江市代表大会

一、中共冷水江市第四次代表大会

1988年5月10—15日，第四次党代会在市委招待所举行。出席大会代表321名，代表全市797个党支部、1.2万名党员。市委书记袁明毓向大会作题为《沿着党的十三大确定的路线奋勇前进》的工作报告。大会的指导思想和主要任务是：坚持党的基本路线，以社会主义初级阶段理论为指针，加快改革，全面开放，发扬优势，弥补不足，加速发展经济，在20世纪内把冷水江建设成为一个具有较大吸引力和辐射力的中心城市。大会通过工作报告，并作出相应决议。选举产生中共冷水江市第四届委员会和中共冷水江市纪律检查委员会。

二、中共冷水江市第五次代表大会

1992年10月9—12日，第五次党代会在市委接待处举行。出席大会代表345名，代表全市851个党支部、1.31万名党员。市委书记鲁平益向大会作题为《解放思想，抓住机遇，为加快冷水江市两个文明建设而努力》的工作报告。大会的指导思想和主要任务是：以中共十四大精神为指导，坚持党的基本路线，进一步解放思想，理顺思路，抓住机遇，打破常规，加快改革开放步伐。按照合理规划，调整结构，依靠科技，提高效益的原则，继续巩固发展五大支柱产业。大力发展电子、轻纺、加工工业和

旅游事业。加大第三产业力度，加重技术改造分量，加强城市基础设施建设。努力把冷水江建设成为经济发达、交通便利、文明整洁，具有较强辐射力和吸引力的湘中现代化城市。大会讨论通过工作报告，并作出相应决议。选举产生中共冷水江市第五届委员会和中共冷水江市纪律检查委员会。

三、中共冷水江市第六次代表大会

1997 年 10 月 3—5 日，第六次党代会在市委接待处举行。出席大会代表 299 名，代表全市 907 个党支部、1.68 万名党员。市委书记易佑德作题为《高举邓小平理论伟大旗帜，大力弘扬冷水江精神，昂首阔步迈向 21 世纪》的工作报告。大会的指导思想和主要任务是：高举邓小平理论伟大旗帜，认真贯彻中共十五大精神，大胆探索公有制实现形式，全面深化国有企业改革。加快农业产业化进程，放手发展乡镇企业和民营经济。加大道路建设和招商引资力度，为改革发展创造良好的社会环境。大力加强精神文明建设，促进社会全面进步。大会通过上述报告，并作出相应决议。选举产生中共冷水江市第六届委员会和中共冷水江市纪律检查委员会。

四、中共冷水江市第七次代表大会

2002 年 10 月 20—23 日，第七次党代会在市委接待处举行。出席大会代表 300 名，代表全市 783 个党支部、1.84 万名党员。市委书记李江南作题为《实践“三个代表”重要思想，弘扬与时俱进时代精神，为实现冷水江第二次腾飞而努力奋斗》的工作报告。大会的指导思想和主要任务是：高举邓小平理论伟大旗帜，实践“三个代表”重要思想。以定好思路、绘好蓝图、选好班子为主线，加速推进工业化、农业产业化、城镇化，深化改革，扩大开放，加快发展，维护稳定。领导和团结全市人民与时俱进，艰苦奋斗，实现冷水江第二次腾飞。大会通过上述报告，并作出相应决议。选举产生中共冷水江市第七届委员会和中共冷水江市纪律检查委员会。

五、中共冷水江市第八次代表大会

2006 年 6 月 19—21 日，第八次党代会在市委接待处举行。出席大会代表 300 名，代表全市 877 个党支部、1.99 万名党员。市委书记谢志雄作题为《坚持科学发展，励志率先跨越，努力建设实力冷水江、生态冷水江、幸福冷水江》的工作报告。大会指导思想和主要任务是：以邓小平理论和“三个代表”重要思想为指导，以科学发展为统领，以加强党的建设为保证，深入实施工业强市、民营富市、科技兴市和可持续发展战略。深入开展“洗脑”工程、改革工程、转型工程。调整经济结构，转变增长方式，努力推进开放和自主创新，提高人民生活水平。大会通过上述报告，并作出相应决议。选举产生中共冷水江市第八届委员会和中共冷水江市纪律检查委员会。

1988—2010 年中共冷水江市委历次代表大会选举及届中任命领导成员一览表

表 3-1

党代会名称	选举产生的市委班子人员					届中任命的市委班子人员			
	委员	候补委员	常委	书记	副书记	书记	副书记	市委常委	顾问、调研员
1988 年 5 月中共冷水江市第四次代表大会及第一次全体会议	30 名	4 名	袁明毓　谭铁勋 钟芝明　刘启炼 谭　谈　黄剑平 申庆华　谢长生 何克武　李亭玉 谢展德　李雪兰（女）	袁明毓	刘启炼 钟芝明 谭铁勋 谭　谈	张昌平	刘茂成 范会昌 鲁平益 周凡辉 刘　波 黄懿斌 冯长根 汤燮理	刘　波 廖基信 汤燮理 李向东 谢龙飞 奉友良 刘　勇	顾　问：刘观清 阳凤卿 王修松 调研员：王子鸿 金　鹏 周金炳

续表 3-1

党代会名称	选举产生的市委班子人员					届中任命的市委班子人员			
	委员	候补委员	常委	书记	副书记	书记	副书记	市委常委	顾问、调研员
1992年10月中共冷水江市第五次代表大会及第一次全体会议	31 名	4 名	冯长根 刘明生 汤燮理 奉友良 黄剑平 鲁平益 黄祝阳 童桂娥（女） 谢长生 谢龙飞 谢文生	鲁平益	冯长根 汤燮理 黄祝阳	冯长根 易佑德	黄剑平 申庆华 颜桂兰（女） 王永兴 黄熙雍	李曙华 潘久怡 余明庭 康承贵	顾　问：吴功烈 调研员：王子鸿 刘观豪 金　鹏
1997年10月中共冷水江市第六次代表大会及第一次全体会议	27 名	5 名	易佑德 黄熙雍 汤燮理 王永兴 谢龙飞 余明庭 童桂娥（女）康承贵 奉友良 李曙华 曾海凡 邹同星	易佑德	黄熙雍 汤燮理 王永兴	黄熙雍 李江南	李向群 谢志雄 谢龙飞 潘二寿 李曙华 谢万春 曾海凡	康杜文 吴建平 谢万春 黎社光 梁子正	调研员：王子鸿 黄剑平 潘久怡
2002年10月中共冷水江市第七次代表大会及第一次全体会议	31 名	6 名	李江南 谢志雄 曾海凡 潘二寿 谢万春 李曙华 童桂娥（女）吴建平 梁子正 邓卫平 阳世霄 易　振 陈代宋	李江南	谢志雄 曾海凡 潘二寿 谢万春 李曙华	谢志雄	吴奇修 吴建平 刘小龙 吴德华	谢建平 朱前明 陆增富 罗德龙 陈伟志	调研员：汤燮理 谢长生 谢龙飞
2006年6月中共冷水江市第八次代表大会及第一次全体会议	39 名	8 名	谢志雄 刘小龙 吴德华 童桂娥（女） 邓卫平 阳世霄 易　振 陈代宋 朱前明 陆增富 陈伟志 彭石清 刘　杰	谢志雄	刘小龙 吴德华	刘小龙	易　振 何志光	罗中秋（女） 李彦文 阳卫龙 唐胜利 罗集中 刘邦文 郭朋芳 杨建湘 邓代泽 覃万成	调研员：康承贵 唐升菊 潘二寿 钟芝明

第二节　选举上级党代会代表

1999 年 7 月，中共冷水江市委举行党员代表会议，到会代表 189 名，选举出席娄底撤地建市后中共娄底市第一次代表大会代表。经充分酝酿，采取差额选举无记名投票方式，选出代表 39 名。

2003 年 11 月，中共冷水江市委举行党员代表会议，到会代表 186 名，选举出席中共娄底市第二次代表大会代表，采取差额选举无记名投票方式，选出代表 43 名。

2006 年 6 月，中共冷水江市委举行党员代表会议，到会代表 282 名，采取差额选举无记名投票方式选举出席中共娄底市第三次代表大会代表 43 名。

1988—2010 年冷水江市出席中共湖南省、娄底市代表大会代表一览表

表 3-2

级　别	党代会	时　间	代　　表
湖南省	第八次党代会	2001.11	李江南　童桂娥（女）　罗中秋（女）　吴谷初　杨仕承
	第九次党代会	2006.11	谢志雄　吴谷初　钟　萍（女）　郭向丽（女）
娄底市	第一次党代会（39 名）	1999.7	王平淮　王向东　王昌凡　王修林　吕恒如　向凌云（女）　刘建宽 刘钢华（女）　刘筱莲（女）　阳晓波　杨最新　杨福才　李向群　李铁雄 吴谷初　何世武　邹同星　陆建华（女）　张晓春（女）　张焕伦　罗中秋（女） 罗集中　赵协卿　段一华（女）　段振卿　夏　凡　黄冬梅（女）　黄熙雍 龚松山　盛建国　康　一　辜载生　童桂娥（女）　曾玉喜　曾令荣 曾海凡　谢志雄　潘立新　戴新民
	第二次党代会（43 名）	2003.11	王向东　邓卫平　卢红英（女）　冯长根　朱利平（女）　朱前明　刘　杰 刘吉康　刘辉吉　刘曙晖　李　华（女）　李太珍　李江南　李珊初 肖新樵　吴谷初　肖时明　何世武　何翰屏　罗忠友　罗素君（女） 胡汉卿　胡年玉　钟　萍（女）　钟芝明　唐升菊　姜少文　姜海燕（女） 袁荣英（女）　袁通智　黄冬梅（女）　龚松山　盛建国　康　一　康承贵 曾海凡　曾清海　谢万春　谢凤龄　谢志雄　谢学龙（女）　潘凤姣（女） 戴桂东
	第三次党代会（43 名）	2006.6	冯长根　李江南　张正阳　胡旭曦　王向东　王洪江　邓卫平 龙秀华（女）　卢红英（女）　卢韶华　朱前明　刘　健　刘小龙　刘钢华（女） 刘曙晖　苏松华　李树华　李珊初　李洪和　李曙华　杨仕承 杨朝晖　肖时明　肖新樵　吴谷初　吴德华　何润华（女）　余晚芳 邹伟平　罗亚莉（女）　周建设　胡汉卿　钟　萍（女）　钟芝明　姜海燕（女） 袁荣英（女）　郭向丽（女）　曹长清　康　一　康承贵　曾清海　谢志雄 谢俭云（女）

第三节　市委领导班子与工作机构

一、领导班子

按照《中国共产党章程》规定，党的县级委员会由党的县级代表大会选举产生，每届任期 5 年。1988 年 5 月、1992 年 10 月、1997 年 10 月、2002 年 10 月、2006 年 6 月，相继举行中共冷水江市第四次、第五次、第六次、第七次、第八次代表大会，选举产生中共冷水江市第四届、第五届、第六届、第七届、第八届委员会和市纪律检查委员会。市委第一次全体会议选举产生市委常务委员会、书记、副书记。市纪委第一次全体会议选举产生市纪委常务委员会、书记、副书记。

二、工作机构

1996 年，市委工作机构有 6 个，分别为：市委办公室、组织部、宣传部、统战部、政法委、编办。2002 年，机构改革，市委办加挂市农村工作领导小组办公室牌子。市委工作机构一直持续至 2010 年未变。

根据党章规定，在市人大、市政府及其组成部门、市政协、群团组织设立党组。1988 年，全市设党组 29 个，基层党委 38 个，党总支 67 个，党支部 797 个，共有党员 1.2 万人。2010 年，全市有党组 69 个，基层党委 51 个，党总支 27 个，党支部 895 个，共有党员 2.15 万人，党员总数比 1988 年增加 9493 人。

1988—2010 年中共冷水江市委书记、副书记任职一览表

表 3-3

职务	姓　名	性别	籍　　贯	任　职　时　间	职务	姓　名	性别	籍　　贯	任　职　时　间
书记	袁明毓	男	湖南新化	1985.10—1990.9	副书记	汤夔理	男	江西于都	1992.5—2001.9
	张昌平	男	湖北孝感	1991.2—1992.7		黄祝阳	男	湖南双峰	1992.7—1993.1
	鲁平益	男	湖南益阳	1992.7—1994.4		黄剑平	男	湖南武岗	1993.5—1997.10
	冯长根	男	湖南湘潭	1994.4—1995.4		申庆华	男	湖南邵东	1994.3—1997.6
	易佑德	男	湖南邵阳	1995.4—1998.9		颜桂兰	女	湖南冷水江	1995.12—1997.10
	黄熙雍	男	湖南娄星区	1998.9—2001.7		王永兴	男	湖南冷水江	1995.12—2002.2
	李江南	男	湖南湘潭	2001.7—2004.2		黄熙雍	男	湖南娄星区	1997.6—1998.9
	谢志雄	男	湖南涟源	2004.2—2008.12		李向群	男	湖南邵东	1998.9—2001.7
	刘小龙	男	湖南双峰	2009.3—		谢志雄	男	湖南涟源	1998.9—2004.2
副书记	谭铁勋	男	湖南新化	1983.12—1989.9		谢龙飞	男	湖南冷水江	1998.9—2002.10
	刘启炼	男	湖南新邵	1985.1—1989.6		谢万春	男	湖南双峰	2001.10—2005.12
	张国兴	男	湖南冷水江	1985.5—1988.5		潘二寿	男	湖南冷水江	2001.10—2006.6
	谭　谈	男	湖南涟源	1985.11—1988.12		曾海凡	男	湖南新化	2001.10—2004.4
	钟芝明	男	湖南新邵	1988.3—1989.6		李曙华	男	湖南冷水江	2002.10—2006.6
	刘茂成	男	湖南常德	1989.6—1992.10		吴奇修	男	湖南涟源	2004.4—2004.11
	范会昌	男	湖南双峰	1989.8—1991.9		吴建平	男	湖南涟源	2004.6—2004.11
	鲁平益	男	湖南益阳	1989.9—1992.6		刘小龙	男	湖南双峰	2004.10—2009.3
	周凡辉	男	湖南湘乡	1990.7—1990.9		吴德华	男	湖南新化	2004.12—2009.3
	刘　波	男	湖南新化	1991.9—1992.5		易　振	男	湖南冷水江	2009.4—
	黄懿斌	男	湖南邵阳	1991.2—1991.9		何志光	男	湖南汨罗	2009.6—
	冯长根	男	湖南湘潭	1992.5—1994.9					

1988—2010 年中共冷水江市委办公室主任任职一览表

表 3-4

姓　名	任　职　时　间	姓　名	任　职　时　间
谢展德	1988.1—1991.1	易　振	2002.10—2005.5
汤夔理	1991.2—1992.6	朱前明	2005.5—2006.6
谢文生	1992.7—1995.12	陈伟志	2006.6—2009.5
余明庭	1995.12—1998.12	罗中秋	2009.5—
康承贵	1998.12—2002.10		

第二章　市委重要决策及重大活动

第一节　重要决策

一、发展林业，改善生态

1989 年 6 月 20 日，市委作出《关于“四年消灭宜林荒山，九年全面绿化冷水江”的决定》。决定指出，发展林业经济、改善生态环境是一项重要战略任务。1989 年，全市有宜林荒山 4333.33 公顷，开发潜力大，市委鼓励开发荒山荒地，加快绿化步伐，提倡以村为单位兴办林场，可将到

户的山林入股联营，入股土地按林木砍伐时收入的10%分成。鼓励群众或单位投资投劳办林业，凡投资100元或投工30个者，15年后林木砍伐时无偿还给其杉木1立方米或松木1.2立方米。凡国营、集体、联户或个体新办林场，林木主伐前的抚间收入及多种经营收入实行免税5年，免征金额用于造林。任何集体、联营或个体开发荒山荒地应订立合同，在承包期内可以转让或继承，受法律保护，任何单位和个人不得侵犯。同时规定，实行义务工、积累工造林制度，城乡每个公民每年完成义务造林劳动日2～3个，山区每个劳动力每年应投林业积累工15个，平原丘陵区每个劳动力每年投林业积累工10个，由集体统一组织，也可以实行以资代工，用于造林绿化。开发宜林荒山所需资金，一部分由市、乡财政在农业发展基金中解决，其余部分由市农业银行安排开发性贷款。到2000年，全市森林覆盖率由1989年34%增至40%，森林蓄积量由1989年18万立方米增至40万立方米，城市人平公共绿地面积达10平方米以上，实现农村、城镇全面绿化。

二、深化改革，发展工业

1991年5月，市委作出《关于进一步深化改革，加速发展冷水江工业的决定》。决定指出，冷水江是全省重要的能源、原材料基地，在坚持公有制为主的前提下，实行国营、集体、私营个体工业一齐发展，充分利用本地资源优势和国家产业政策优势，重点发展能源、原材料工业，积极发展轻纺、食品、机械电子工业。为加强对乡镇、区街企业的领导，决定将乡镇企业局升格为乡镇企业经济委员会，并成立区街工业管理局。对乡镇、区街企业继续执行减免税收优惠政策，对新办的村级企业实行灵活收税办法，允许乡镇、区街企业使用市属企业厂名，允许通过挂户经营对外使用国营称号。兴办乡镇、区街企业有功人员分别给予表彰、发给一次性奖金、立功、晋级、授予优秀企业家称号等奖励。达到市定一级企业标准并连续3年保持稳定的厂长、经理可录用为国家干部。外地人员来冷水江办厂有功的，奖励条件与本市企业人员一视同仁，并视贡献大小在落户、“农转非”、招工、录干方面予以优先。同时，开放禾青、岩口、渣渡3镇，建立乡镇工业重点开发区。

三、发展畜牧水产业

1994年2月，市委作出《关于加速发展畜牧水产业的决定》。决定指出，大力发展畜牧水产业是发展高效农业的重要突破口，是调整农村产业结构的重要组成部分，是提高农产品商品率、加快“菜篮子”工程建设、服务城市、致富农村的战略措施。市委将1994年定为农村畜牧水产发展年，全年计划发展生猪22万头，出栏肉猪11万头，养殖家禽80万羽，鲜蛋产量800吨，鲜鱼1200吨，网箱养鱼1000口，建好4个畜牧场地和4个水产基地。同时，大力推广科学养殖，努力提高效益，使全市养殖业总产值达到5000万元。要求市国土、规划部门对养殖业用地免收集体土地费、安置费、规划费、城建配套费。电力部门对养殖业生产、加工用电优先供应。人事、劳动部门对乡镇畜牧水产人员新招补员或调剂给予支持。工商部门加强畜禽水产品检疫。市农行、信用社安排专项贷款，重点解决养殖大户购买种畜种苗所需资金。

四、发展个体私营经济

1996年，市委作出《关于加快发展个体私营经济的决定》。决定要求，“九五”期间全市个体私营工商户、从业人数、产值、税收等主要指标每年以30%的速度增长。为加快发展个体私营经济，制定38项优惠政策。允许个体、私营业主经营除国家明令禁止经营的行业和品种外，其他均可经营，可以开办私立幼儿园、学校、医院（诊所）和文化娱乐厅馆。鼓励个体工商户租赁、兼并、承包、购买国有、集体企业。鼓励下岗职工从事个体经营，并在税收等方面给予减免。鼓励外地、农村人员进城经商、办厂、开店。鼓励国家干部、职工停薪留职或辞职办企业。凡年纳税在30万元以上或带领群众共同致富的经济能人，可授予优秀企业家称号。下派副科级以上干部到私营企业指导工作。同时，由市政府牵头，市人大、市政协、监察、物价、工商、个私协等单位组成联合调查组，对全市个体工商户、私营企业的税费负担情况进行专题调查。1997年，个体工商户、私营企业发展到1.89万户，从业人员4.85万人，税收2000余万元，创历史新高。

五、发展高新技术产业

1999年12月，市委作出《关于加速发展高新技术产业，提升传统产业，加快二次创业进程的决定》。决定认为，全市传统产业技术水平低，经济结构不合理，发展高新技术产业应作为全市第二次创业的主旋律。要求工业主要发展新材料、工程陶瓷、精细化工、新特药物、环保技术、电子信息等高新技术产业，提升五大传统工业技术水平，依靠生物工程、信息技术等高新技术推进农业现代化。规划到2003年，全市工业高新技术产业年产值达到8亿元，农业高新技术产业年产值达2000万元。

为确保高新技术产业长足发展，市委制定8项政策措施，凡企业研制和开发新产品、新技术、新工艺所需各项费用，除按规定据实列支外，可再按其发生额的50%，直接抵扣当年应纳税所得额。对高新技术项目或产品所需基建和设备投资免征投资方向调节税。市外科技人员，准予本人配偶及未成年人子女迁入城市，并免交城市增容费。私营高新技术企业承包、租赁亏损的国有和集体企业5年以上，并负责安置原有企业职工的，上缴的所得税由财政部门给予适当返回。新办私营高新技术企业安置国有企业下岗人员达60%以上者，可享受定期减免所得税优惠政策。高新技术产业产值占企业总产值70%以上的企业，免收各项行政事业性收费，3年内按企业税后利润40%奖励给企业有功人员，其中10%奖励给厂长（经理）。

六、尊重知识，尊重人才

2000年8月，市委作出《关于人才工程的实施意见》。为贯彻党的“科教兴国”战略，努力营造“尊重知识，尊重人才”的良好社会氛围，市委鼓励科技人员在完成本职工作和保守本单位技术及商业秘密、不侵害工作单位或所从事相关研究课题的知识产权和经济权益的前提下，可跨单位兼职，实行多职多薪。引进人才在本市连续工作5年以上的，由用人单位无偿提供85平方米以上住房1套，产权归其个人所有，并给予3万元以上安家费，其配偶及未成年子女可随调随迁，免收各种费用，子女入托、入学可以任意选择幼儿园、学校，不得收取国家规定以外的其他费用。可实行协议工资和年薪制等分配形式，由用人单位与本人协商，从优确定其报酬。鼓励各类人才以专利、发明、技术、资金等方案参与分配或入股，对技术入股所占比例允许突破35%，最高可达50%。对取得重大科研成果和做出突出贡献的人才可以破格晋升专业技术职称。凡以科研项目、专利产品和资金进行开发的，免收各种审批手续费和规费，享受招商引资的各项税收优惠政策。

七、增强自主创新能力

2007年9月，市委作出《关于增强自主创新能力，建设创新型冷水江的决定》。决定认为，冷水江作为一个典型的资源型工业城市，长期以来，经济增长主要依靠投资拉动和资源消耗，自主创新能力不强，大部分产业处于产业链低端，产品科技含量附加值低，有自主知识产权的品牌较少。决定指出，建设创新型冷水江，要按照“创新引领，科技支持，跨越发展，惠及民众”的总体要求，提高自主创新能力，创新体制机制，整合科技资源，加大科技投入，完善区域创新体系，提升科技实力水平。到2010年，全市要建立4家省内外有影响的技术研究中心，年专利申请量200件以上，其中发明专利占总申请量30%以上，职务发明专利不低于20%，创省级以上名牌产品10个。全市高新技术产值达8亿元以上，高新技术产业增加值占工业增加值比重达5%，年产值过亿元的高新技术企业达到5家，科技进步对经济增长贡献率达55%以上。人才资源总量力争达到2万人，具有研究开发和创新能力的高层次、高新技术产业拔尖人才达到1000名。到2020年，全社会研究开发投入占生产总值比重提高到2%以上，科技进步贡献率达到65%以上。

为实现上述各项目标，市委制定激励科技创新系列政策措施。对骨干科技人员和技术带头人每月给予生活补贴，对科技人员实行期权、股权奖励办法。鼓励科技人员以专利技术作为生产要素参与分配和入股。凡为单位开发新产品、新技术、新工艺并获得显著经济效益的，可以连续3年按项目当年新增税后利润不低于20%的比例提成奖励。推进以政府投入为引导、企业投入为主体、社会投入为补充的社会化、市场化、多元化投入体系建设，一般企业每年技术开发费应不低于当年收入的3%，高新技术企业不低于5%。

八、融入长株潭建设，实施“一转三化”

2010年1月，市委作出《关于对接融入长株潭“两型”社会建设，加快推进“一转三化”战略的决定》。决定认为，全市实施“一转三化”战略，是市委、市政府对接省委“一化三基”战略、长株潭“两型”社会和“3+5”城市群建设的总体部署、立足资源型城市的客观实际、谋求科学跨越发展所作出的一项重大决策。决定规划2010年至2020年全市发展总体目标是：市内生产总值年均增长14%，地方财政一般预算收入年均增长18%，万元增加值能耗每年下降5%，主要污染物排放总量每年减少5%。至2020年，全市产业结构明显优化，发展方式有效转变，经济社会顺利转型，生态环境显著改善，城乡居民幸福指数大幅提升，着力打造“一城两中心三基地”（山水园林生态工业新城，地区商贸物流中心和区域性金融中心，重要能源原材料基地、现代冶金化工建材生产和技术研发基地、特色农产品生产加工基地）。同时，《决定》确定城市东扩发展战略，形成以省道312线沿线和资江沿岸两侧城镇分布密集区为核心带，以周边区域为辐射区的城市空间格局，实行“东扩南跨西延”（东部建设新行政中心和经济开发区，南部沿资江风光带向禾青组团跨越，西部向中连诚意延伸）。2012年，完成行政中心搬迁和新区主干路网、公用基础设施建设。2015年，初步建成城东生态新城，中心城区面积达到25平方千米。2020年，中心城区面积达到35平方千米，城市人口达35万。2030年，中心城区面积达50平方千米，城市人口达50万人，将冷水江建设成为湘中重要的区域性中心城市。

为全面加快推进“一转三化”战略，对接融入长株潭“两型”社会建设，市委决定采取一系列保障措施：吸引长株潭地区产业梯度转移和资金、技术、人才流入，以招商引资落实项目和资金，加速融入长株潭经济圈，主动与长株潭大企业集团攀亲联姻。搞好经济开发区发展规划调整和产业定位，筹措开发区建设发展引导资金，开发区财政收入每年安排30%以上用于园区基础设施建设，市财政每年筹集1000万元专项用于开发区基础设施建设。大力推进政府机构改革，加快政府职能转变，加强政府效能建设和信用建设，严厉打击各种侵企行为和干扰经济社会秩序行为，推行“一站式”服务，降低商务成本。对急需专业技术人才和特殊科技人才，放宽编制，优先录聘，并有计划地组织党政干部、企业经营管理者和后备人才到长株潭地区考察学习或挂职锻炼。拓宽投融资渠道，整合投融资平台，培育多层次金融市场，积极支持企业上市融资。

第二节　重大活动

一、庆祝建市25周年暨商品交易会

1994年10月，冷水江市隆重举行建市25周年庆典活动。其活动旨在进一步促进全市经济发展，时称“活动搭台、经济唱戏”。为壮大声势、扩大影响，增强效果，先后开展一系列造势活动。前期把月季花定为市花，并在全市开展月季花小姐选秀活动，选出10名月季花小姐。邀请21名台湾同胞到冷水江观光考察，并由市人民政府授予胡四鹿等3名台胞“冷水江市荣誉市民”称号。10月6至8日，在锑都中路桥北广场，高悬“冷水江市隆重庆祝建市25周年暨第二届商品交易会”巨幅会标，会场气氛隆重热烈，与会人员成千上万，街头围观群众数万人。中共湖南省委副书记储波、省人大常委会副主任赵培义参加庆典。来自全国20多个省、自治区、直辖市的2000多名客商云集商品交易会场，交易额达1.58亿元。

二、学习张家港

1995年8月21日，市委书记易佑德、市长申庆华、市人大常委会主任廖基信、市政协主席刘茂成带队，市直各部、委、办、局及乡（镇、街道）主要负责人等一行76人赴江苏张家港参观学习。9月18日，市委常委扩大会议总结参观学习张家港活动，会议决定重申“冷水江精神”，且在1991年市委确定的“冷水江精神”（团结奉献、求真务实、尊科重教、开拓创新）基础上，参照“张家港精神”，改为“团结拼搏、铁心建设、负重加压、誓为人先”，并在全市掀起学习张家港高潮，大力弘扬“冷水江精神”，促进全市经济快速发展。与此同时，市委提出“交通强市”战略，拓展整修金毛公路，以实际行动学习张家港。

三、党建“先锋工程”

1996年4月开始，市委在全市开展党建“先锋工程”活动，并下发《冷水江市党建“先锋工程”实施方案》，该党建活动以加强党的先进性为目的，以“领导班子创先进、领导干部作表率、共产党员当模范”为主要内容，在各级领导班子、领导干部和共产党员中开展发挥党的先进性、发扬党的优良传统等主题活动。整个活动分启动、管理、示范、深入4个环节，与党员“双学”“争做”“冬训”“公仆杯”等竞赛活动紧密结合。活动历时两年多，其间全市农村基层党组织建设与党员冬训工作成为全省典型，涌现大批先进基层党组织和优秀共产党员，评出“争五好、奔小康十佳村（居委会）党支部”和16名优秀村（居委会）党支部书记，评出全市“十佳公仆”和“十佳党员”。锡矿山矿务局党委获“全国先进基层党组织”称号。

四、科学发展与资源枯竭城市转型高峰论坛

2010年11月5—7日，全国科学发展与资源枯竭城市转型高峰论坛在冷水江举行首届会议。中共中央组织部、中央党校、中央政策研究室、中央财经领导小组、国务院研究室、国务院宏观经济研究院、国家发改委、国土资源部、交通部、住建部、环境保护部、国家统计局、水利部、中国科学院、中国社会科学院、《求是》杂志社、中央电视台等单位的有关人员，湖南省、娄底市领导及全国资源枯竭城市代表共计160余人参加会议。会议围绕国家政策与资源枯竭城市转型发展这一主题深入交流、探讨与研究，发表《全国科学发展与资源枯竭城市转型高峰论坛冷水江宣言》。

第三章　纪检监察

1988—1993年，中共冷水江市纪律检查委员会（简称市纪委）、市监察局，分别履行党的纪律检查、行政监察职能，接受同级党委、政府和上级纪检监察机关双重领导。1993年5月，市纪委、监察局合署办公，实行一套工作机构、两个单位名称并存的体制。内设办公室、案件检查室、调研室、信访室、审理室、执法监察室、党风廉政室（含纠风办）。后随形势发展和工作需要，增设宣教室、行政效能室、纠风室、干部室、监察综合室、案件检查二室和市优化办。2010年，市经济开发区和全市16个乡（镇、街道）、两个系统党委设纪委，市直57个基层单位配专职或兼职纪检监察干部。纪检监察机关履行“教育、监督、保护、惩处”职责，紧紧围绕市委中心工作，以促进党员领导干部廉洁自律、查办违纪违法案件、纠正部门和行业不正之风为主要任务，坚持标本兼治、综合治理方针，形成党委统一领导、纪委组织协调、部门紧密配合、群众支持参与的廉政建设和反腐败格局。1988—2010年，先后由康纪珊、刘少求、杨建湘、颜续章、胡启明任市监察局局长。

1988—2010年中共冷水江市纪律检查委员会书记任职一览表

表3-5

姓　名	性别	籍　贯	任　职　时　间	姓　名	性别	籍　贯	任　职　时　间
黄剑平	男	武冈市	1983.12—1997.10	刘小龙	男	双峰县	2004.10—2006.3
邹同星	男	新化县	1997.10—2001.4	吴德华	男	新化县	2006.3—2006.11
曾海凡	男	新化县	2001.4—2004.1	朱前明	男	双峰县	2006.11—2010.4
吴建平	男	涟源市	2004.4—2004.10	阳卫龙	男	新化县	2010.4—

第一节　党风廉政教育

1988—2010 年的 23 年中，全市党风廉政教育，以中央关于党风廉政建设和反腐败斗争理论、中纪委党纪条规及党风廉政警示教育录像片为教材。市纪委每年在市委党校举办一至两期纪检监察业务培训班和党风廉政教育学习班，每次干部大调整时及时举办新任“一把手”廉政教育培训班，并多次开展党风廉政法规知识学习教育活动，提高全市党员和领导干部对新时期党风廉政建设和反腐败斗争重要意义的认识。

1988 年 6 月，市纪委下发《关于党性党风党纪教育的规定》。8 月，市委出台《关于保持党政机关廉洁的若干规定》，对全市党员领导干部进行廉洁自律“五不准”（不准用公款送礼，不准公款

图 3-2　2008 年，中共冷水江市纪委举办全市纪检监察干部培训班

吃喝，不准公款钓鱼，不准公费旅游，不准用公车迎亲送葬）教育。组织党员领导干部学习贯彻落实中央《关于党政机关县（处）级领导干部收入申报的规定》《关于国有企业实行业务招待费使用情况向职代会报告制度的规定》。1996 年，中纪委、监察部在全国开展党纪政纪条规教育和学习竞赛活动，全市层层举办学习班，开展党纪条规知识竞赛，组织观看电教片等，形成学条规、用条规热潮。至 10 月底，全市共 2 万余名党员参加学习党纪条规竞赛活动。

1997 年，《中国共产党纪律处分条例（试行）》《中华人民共和国行政监察法》《中国共产党党员领导干部廉洁从政若干准则（试行）》等法规颁发后，市纪委举办乡（镇、街道）、市直机关“一把手”学习班，开展宣讲教育，并编印《领导干部廉洁从政必读》6000 余册，发至全市副科级以上单位。同时，开展“廉政文化宣讲进企业、进社区”活动。2005 年、2010 年在金竹山电厂和冷水江街道集中社区等地举办多场大型廉政文艺晚会。

图 3-3　2005 年，冷水江市廉政文化进乡村文艺演出现场

第二节　机关作风建设

1988 年，市委高度重视机关作风建设。1989 年，重点查处机关干部利用职权倒卖计划物资，清理违纪建私房等。1990 年 10 月起，重点整顿行业作风，有针对性地查处机关干部乱着装、单位私设小钱柜、公款送子女读书、违反政策农转非、弄虚作假评职称、党员干部到私采煤窑入股分红、利用职权低价购买高档商品、违反计划生育政策超生子女等 8 个方面问题。市委常委会制定加强自身建设 14 条规定。全市有 7427 名干部参加自清自查，其中副处级以上干部 46 人，科局级干部 399 人，查处违纪金额 6.7 万元。全市干部推礼拒贿的有 407 人，金额 6.8 万元。查出两名市委常委违规获得二胎生育指标，其中没生二胎者收回指标，已生二胎者征收 2000 元社会抚养费。全市清理违规着装人员 1435 人，涉及金额 63.2 万元，全部按政策作出处理。清理干部在小煤窑入股 228 人，股金 47.2 万元。

1995 年，冷水江市出台领导干部电话消费货币化制度，规范电话费补助标准。是年起，全市推行公开办事制度，凡办理与群众利益直接相关的事

项，只要不涉及国家秘密，都要向社会公开。至1997年，68个市属机关单位、16个乡（镇、街道），普遍实行制度上墙，公开办事事项和流程。全市78个收费单位607名工作人员实行挂牌办公。

2006年，查处市交通局运管所违规罚款并接受当事人吃请、市爱卫办擅自售发文明卫生警示牌和擅自收取省级文明卫生单位表彰会议赞助款等违纪行为。2008年，抓正反两方面典型，对作风建设表现突出的14家单位进行通报表彰。是年，针对机关干部工作纪律松弛、公车私用、会风不正、打牌赌博等现象，定期和不定期抽查、暗访，39名违反工作纪律的机关工作人员通报批评，对上班时间在公共场所打牌赌博的2名机关干部给予党纪政纪处分。

2009年，市委、市政府出台领导干部问责办法，对不履行或不正确履行职责，不作为、缓作为、乱作为的干部进行问责，并通报5起、14名领导干部被问责典型案件。岩口镇金月二矿非法生产造成瓦斯爆炸，死亡9人，市纪委对负有领导责任的8名相关人员实行问责追究处理。

2010年，市作风办出台作风建设“十个不准”“五办”“五不让”等规定，对100余家市直机关单位进行多轮检查，对酒店、茶楼、歌厅等消费娱乐场所明察暗访，查处机关干部迟到早退、炒股玩游戏、打牌赌博、公车私驾、酒后驾车等违规违纪行为，对22名违纪人员进行通报批评和党纪政纪处分。

第三节 纠正不正之风

1988—2010年，纠风工作主要是查处党政机关干部经商办企业、滥发钱物、办假二胎指标、公款请客送礼、乱收费、乱罚款、乱摊派、收受红包礼金等不正之风，清理评比达标项目，清理强农惠农项目资金等。1996年，纪检监察机关会同财政、审计部门对全市57个单位进行财务审计，共清理出预算外资金5400万元，违纪资金1100多万元，上缴财政149万余元，并责成收费单位完善财务管理制度，严格实行收支两条线。1997年，清理党政干部违规建私房，查处30名党政干部在城镇自筹自建私房10栋、建筑面积1000余平方米。

2004年，市纪检监察机关组织教育、物价等部门重点抽查6所中小学，查出摊派杂费、收取试卷费、超标准收费等违规收费42万元。4月，市纠风办和减负办联合对减轻农民负担问题进行重点整治，取消收费项目6个，废止收费项目文件5个，降低收费标准项目2个，发放减轻农民负担卡4.6万张，减轻农民负担108.55万元。是年，开展医药行业整治行动，一是加强药品集中招标采购监管，药品集中招标采购总金额547.7万元，占购药总额的71.12%。二是强化医德医风建设，医务人员退回“红包”5800元，上交“红包”2000元。三是整治医药市场，查处伪劣药品、医疗器械121种次，涉案金额29万元。查处无证经营药品户14家，取缔非法游医药贩1起，罚款20.5万元。

2007年4月，市委出台《关于清理评比达标表彰活动实施意见》，全市共清理评比达标表彰活动项目83个。2008年4月，通过审查，保留省、娄底市实施的评比达标表彰考核项目9个、市本级评比达标表彰考核项目12个，其他评比达标活动项目一律取消。2010年，市纪委、财政局、审计局对24家涉及强农惠农项目资金的单位进行专项清理检查，经深入乡镇、村组、农户家中调查核实，3.54亿元强农惠农项目资金均落实到涉农项目或农民手中。

1988—2010年，全市各级领导干部拒收或退还红包礼金800余万元，上缴市财政或市廉政办红包礼金及礼品折款500余万元。

第四节 行政监察

1990—1997年，清理领导干部违规配置电话机、BP机、大哥大（移动电话）等通信工具，共清理出移动电话514台（其中公费配置391台），按有关规定保留173台，收缴折价处理款15.4万元和使用权费5.4万元。2002—2005年，对136名国家工作人员和乡镇七所八站拖欠信用社贷款进行清理，共清理偿还贷款2000余万元。

2004年11月，开展国有土地使用权拍卖执法监察，首宗国有土地使用权正式挂牌拍卖，总面积 326.98 平方米，底价 157 万元，拍卖成交价 305 万元。同年，对全市建筑市场实行公开招投标并进行监督，当年应招标项目 9 个，实行公开招投标项目 6 个，实行邀请招标项目 3 个。2006 年，实行招投标项目14个，其中公开招投标项目12个，邀请招标项目 2 个。

2008 年，查处潘桥乡弄虚作假骗取库区移民后期扶持资金事件，取消渣洋村 7 组杨沛仁等 90 人柘溪库区移民身份。2009 年 3 月 17 日，中连乡村民段伟文在乡计生办 4 楼坠楼死亡，造成群体性上访。市纪检监察机关对在此次事件中应承担责任的副乡长杨某、计生办主任谢某分别予以党内严重警告、行政记大过处分，工作人员潘某、李某被依法处理。

第五节　惩治腐败

20 世纪 80 年代末，经济犯罪呈上升趋势，职务性腐败现象增多。市纪检监察部门把查办案件重点放在党政机关和经济管理部门，对大要案件实行“书记总揽、常委包案、全员办案、分级负责、快查快结”责任制，并由市纪委牵头，检察、监察机关配合，形成合力，严惩贪污腐败。1989 年，共查处党政领导干部违法违纪案件 80 余起，处分党员干部 147 人，为历年人数最多的一年。

1993 年，市纪委、监察局设立“反腐败举报箱”和举报电话。1996 年，毛易乡在换届选举中违反组织人事纪律搞非组织活动，乡党政班子成员 13 人受到党纪政纪处分。1998 年，市纪委与公安、检察、审计等单位建立联席会议制度，实行联合办案。

2008—2009 年，查处锌山镇主要领导潘某受贿 40 万元和彭某在煤矿入干股 20 万元两起重大违纪违法案件，两人移送检察机关处理。查处原冷水江制碱厂管理人员合伙贪污私分公款60余万元案件，追缴违纪金额 44 万元，其中 2 人移送检察机关处理。

2010 年，市纪检监察机关受理群众举报 263 件次，立案查处各类违纪案件 72 件，处分违纪人员 47 人，查处乡科级干部 18 人，移送司法机关 2 人，收缴违纪金额 317.1 万元，为国家和群众挽回经济损失 1000 余万元。23 年间，全市共有 1355 名党员、干部受到党纪政纪处分，其中党纪处分 880 人，政纪处分 475 人。

1988—2010 年冷水江市受党纪、政纪处分人数一览表

表 3-6　　　　单位：人

年度	党内警告	严重警告	党内撤职	留党察看	开除党籍	政纪处分	年度	党内警告	严重警告	党内撤职	留党察看	开除党籍	政纪处分
1988	5	6	2	1	5	30	2000	21	26	3	6	4	35
1989	25	63	2	19	10	28	2001	17	9	1	2	4	34
1990	8	4	0	16	15	25	2002	18	5	0	1	7	27
1991	0	2	0	0	3	20	2003	5	10	1	3	3	18
1992	0	0	0	0	8	13	2004	14	10	4	7	8	13
1993	3	1	15	6	10	6	2005	8	7	2	4	7	15
1994	7	7	1	1	5	13	2006	4	6	0	8	6	21
1995	2	8	3	3	3	10	2007	6	5	1	15	12	28
1996	18	10	5	5	6	8	2008	5	9	0	7	5	27
1997	16	12	4	6	6	12	2009	13	15	0	11	3	32
1998	11	10	4	5	7	7	2010	10	8	1	7	15	47
1999	24	35	5	5	18	6	合计	240	268	54	148	170	475

第四章　组织建设

中共冷水江市委组织部是市委的工作部门，具体负责全市基层党务管理、组织建设、干部管理、干部人事档案管理等工作。1988 年 3 月，成立市委知识分子工作办公室（与市委落实知识分子政策办公室合署办公），党员管理组更名组织组，组织指导组更名企业党建干部组。1992 年 3 月，恢复市委审干办公室，原干审组撤销。1996 年 10 月，成立市推行公务员制度参照管理办公室（2007 年 5 月更名公务员管理办公室）。1998 年 5 月，原干部教育组、干审组、知识分子工作办公室合并，成立干部二组。2002 年 8 月，组织部内设办公室、组织组、市直机关党工委、干部组、干部教育组（加挂知识分子工作办公室牌子）、干部监督组（加挂市领导干部任期审查审计领导小组办公室牌子）、研究室、参照办、党员电教站、干部档案馆。2004 年，党员电教站更名农村党员干部现代远程教育中心。2009 年 12 月，设立冷水江市党代表大会代表联络办公室。2010 年 4 月，设立中共冷水江市委基层党建工作领导小组办公室。是年，组织部共有干部职工 32 人。

1988—2010 年中共冷水江市委组织部部长任职一览表

表 3-7

姓　名	任　职　时　间	姓　名	任　职　时　间
李亭玉	1986.3—1988.12	吴建平	2001.10—2002.9
刘　波	1988.12—1992.4	邓卫平	2002.9—2009.4
奉友良	1992.4—1997.10	李彦文	2009.4—
曾海凡	1997.10—2001.10		

第一节　党员队伍建设

一、党员发展

1988—2010 年，按照新时期党建总目标和要求，市委把党员队伍建设作为经常性的基础工作，认真执行“坚持标准、保证质量、改善结构、慎重发展”方针，结合经济社会发展和党员队伍实际，积极慎重地发展新党员，把工作重点放在生产第一线、党的力量比较薄弱和女党员人数较少的单位，切实把好发展对象关、培养考察关、发展审批关和预备党员转正关，坚持没有经过党校入党积极分子学习班培训的不批、不懂党的基本知识的不批、没有通过上级党组织派人谈话的不批，每年有计划、有步骤地发展新党员，成熟一个发展一个。

1988—1993 年，全市共发展新党员 1899 名，发展对象重点是知识分子和生产一线工人、农民，知识分子比例达 80%，35 岁以下优秀青年骨干比例达 75%。1992 年，党员发展工作被列为全省党员发展经验交流典型。2001 年，党员发展工作继续向生产一线和党员力量比较薄弱的单位倾斜，当年新发展党员 471 名，其中生产一线和 35 岁以下的占 70%，高中以上文化程度的占 80%，妇女占 30%，基本实现党员综合结构的改善。同时，确保企业重要生产岗位 80% 以上有党员。

2002 年，党员发展严格实行预审制、公示制和责任追究制，凡新发展的党员，在基层党委审批之前都要在一定范围内公示，接受群众监督，公示时间为7天。是年，全市共发展党员485名，6人因审查不合格没有发展入党，8人在公示中有反映，经调查核实、澄清事实后，5人发展入党，3人推迟入党。2003年，为防止发展“临时党员”“关系党员”“论资党员”“印象党员”，市委组织部推行“计划申报制”。是年，新发展党员477名，年龄结构、文化结构和男女比例更趋合理。

2010年，新发展党员480名，其中女性128人，少数民族2人，35岁以下283人，大专以上文化249人。是年，全市共有党员2.15万人，其中女性3830名，占18%；少数民族69名，占0.3%；35岁以下3642名，占17%；大专以上文化程度7744名，占36%。

1988—2010年冷水江市中共党组织及党员情况表

表3-8　　　　单位：个、人

年度	党组	基层党委	党总支	党支部	发展党员	党员总数	其中		年龄结构			文化程度		
							女性	少数民族	35岁以下	36～60岁	61岁以上	大专以上	中专、高中	初中以下
1988	29	38	67	797	132	12043	1466	34	2363	8690	990	1169	3149	7725
1989	28	39	68	798	96	12065	1489	38	2045	8802	1218	1277	3224	7564
1990	23	37	69	840	169	12207	1527	42	1970	8793	1444	1363	3364	7480
1991	24	39	67	849	320	12505	1591	38	2067	8775	1663	1542	3419	7544
1992	24	40	67	851	506	13141	1609	39	2366	9005	1770	1784	3919	7438
1993	29	44	69	860	676	14236	1896	39	2742	9322	2172	2116	4817	7303
1994	31	47	64	871	739	14956	2014	41	2993	9832	2131	2403	5187	7366
1995	37	51	62	880	701	15274	2143	42	2959	9900	2415	2515	5004	7755
1996	37	50	65	896	715	15984	2336	45	3435	10088	2461	2778	5376	7830
1997	40	50	65	907	735	16765	2506	48	4130	10107	2528	3320	5676	7769
1998	42	50	69	909	641	17292	2673	61	3928	10181	3183	3635	5856	7801
1999	38	50	62	917	497	17507	2723	65	3794	10384	3329	3863	5924	7720
2000	38	50	64	902	481	17912	2792	64	3991	10454	3467	4127	6198	7587
2001	39	44	65	928	471	18089	2879	65	3731	10268	4090	4409	6371	7309
2002	70	41	32	783	485	18412	2965	69	3688	10460	4264	4725	6622	7065
2003	65	41	58	902	477	18655	2901	68	3923	10965	3767	4921	6853	6881
2004	66	41	64	914	508	18789	2893	67	3463	10693	4633	5161	6799	6829
2005	64	51	36	930	500	19434	3008	69	3592	10989	4853	5463	7083	6888
2006	61	46	28	877	394	19946	3249	69	3628	11322	4996	6370	7034	6542
2007	61	47	28	862	406	20189	3516	74	3789	11317	5083	6692	7110	6387
2008	62	52	27	841	450	21442	3838	76	3616	12152	5674	7360	7429	6653
2009	68	51	27	846	457	22042	3928	72	3758	12506	5778	7786	7850	6406
2010	69	51	27	895	480	21526	3830	69	3642	12063	5821	7744	7535	6247

二、党员管理教育

（一）党员管理

1988年秋，市委组织部在同兴乡开展民主评议党员、处置不合格党员试点，次年全市铺开。1989年，全市所有党员参加评议，评出合格和基本合格党员1.18万名，占党员总数的98%，基本不合格党员88名，不合格党员151名，受处置党员239名。对评选出的290名优秀党员和60个先进党组织予以表彰，对不合格党员分别给予限期改正或劝退等处置。此后，民主评议党员工作形成制度，每年进行一次，使广大党员受到经常性的党性、党风和党纪教育。

1990—1993年，全市各级党组织开展“争贡献、作表率”活动，市直机关以“两面向、两服务”为主要内容，企业以“一帮教、二建议、三做好事”为主要内容，农村以“一传双带”为主要内容。4年间，全市党员提合理化建议4578条，转化后进青年614名，培养入党积极分子3273名，联系帮助对象701名，共为群众办实事做好事6175件次。新办企业184家，新增产值超1.2亿元。47个先进基层党组织、144名优秀党员、49名优秀党务工作者受到市委表彰。

2003年，党员流动性增大，越来越多的党员由“单位人”变成“社会人”，流动党员管理教育逐步由静态转向动态、由封闭转向开放、由管住转向管好，市委组织部制定流动党员管理具体措施和办法，推行流动党员活动证制度。是年，全市404名流动党员全部登记发证，并参加当地党组织生活。

2010年4月，全市开展创先争优活动，围绕推动科学发展、促进社会和谐、服务人民群众、加强基层组织建设目标，通过公开承诺、领导点评、群众评议、评选表彰等方式开展工作。全市机关、企业党支部与村、社区党支部结对，城乡共建，对口帮扶。是年，全市132个机关党支部、43个事业单位党支部、35个企业党支部与210个村、社区党支部结对共建，全面推行以“互签一份承诺，结对一名党员，联系一名群众，共过一次组织生活，开展一次主题活动，解决一批实际问题，建立一套长效机制”为内容的“七一”工作法，共互签承诺书420份，具体承诺事项2011件，承诺资金470万元，技术扶持项目263项，提供服务226项，出资帮助农村改水、筑路、建房等基础设施建设583项。推行共建共创“七一”工作法，有力推动创先争优活动，促进城乡统筹发展，有效整合党建资源，得到中央创先争优领导小组肯定，其经验在全国推介。

（二）党员教育

1988—2010年，市委及各级党组织把党员教育列为党建工作重点，积极分子入党前必须经党校学习，进行党的基本理论、基本纲领、基本路线和党章教育，坚持先培训后发展。入党后，利用“三会一课”、党员活动日、每年冬训和其他活动，组织党员学政治、学业务、学科学，严格要求党员按党章规定认真履行党员义务，做合格的共产党员。

1998年，市、乡、村三级电教网络初具规模，市直机关电教网点14个，共发放党员电教片365盘次。同年，娄底地区电教工作现场会在市工商局召开，该局的典型经验材料由中央组织部向全国推介。2009年5月，全市乡村建立225个远教终端站点，配备电脑、电视机和卫星接收设备，98%的站点接入宽带网。

2005年1月至2006年6月，全市分三批开展党员先进性教育活动。第一批79个单位、180个党支部、3438名党员，第二批79个单位、477个党支部、1.02万名党员，第三批198个党支部（其中农村党支部169个）、5541名党员。每批教育活动分为学习动员、分析评议、整改提高、开展“回头看”4个阶段。整个活动重视利用先进典型进行教育，渣渡镇银溪村共产党员谢本辉扑救山火壮烈牺牲，市委作出向谢本辉学习的决定，并编排大型花鼓戏《党员谢本辉》巡回公演。在此次活动中，涌现一批优秀共产党员，湖南博长控股集团有限公司党委书记、董事长陈代富，大胆推进企业改制改革，把一个濒临破产的企业带出困境发展成为全国制造业500强企业，先后被评为“湖南省优秀共产党员”和“全国劳动模范”。

2009年至2010年4月，全市分两批开展科学发展观学习实践活动，第一批98个党支部、7740

名党员，其中市级领导干部 21 名、离退休党员 2055 名。第二批共 488 个党组织，其中党委（党工委）15 个，党总支 17 个，党支部 456 个，党员 8066 名。各基层党组织认真抓好学习，广泛开展调研，搞好分析检查，着力抓好整改。

第二节　基层组织建设

1988 年，全市各级党组织认真组织广大党员深入开展“四比四看”、争做“四有模范”竞赛活动。1989 年，开展党组织改选和后进党支部整顿工作，整顿调整 3 个能力较弱的镇党委班子，改选 6 个党委（总支），新建 4 个党支部，整顿 7 个农村党支部。是年 12 月 5 日至 8 日，全省基层组织建设座谈会在冷水江市召开。

1990 年，全市开展农村社会主义思想教育，从市直机关抽调 100 多名干部组成工作队，以抓支部整顿建设为重点，帮助农村完善承包责任制，加强党组织建设，整顿社会治安，用社会主义思想占领农村阵地，促进农村生产力发展。1992 年，对 165 个农村党支部书记和 74 个乡镇企业党支部书记进行为期 4 天的统一培训，整顿 18 个后进党支部，其中 3 个跨入先进行列，15 个摘掉后进帽子。

1993 年，农村社教结束，开始党建引导工程，其主要任务是基层党组织建设和扶贫开发。1994 年，金竹山乡东风村党支部被评为全国 10 个农村红旗党组织之一，是娄底地区唯一获此殊荣的党支部，其典型事迹先后在《湖南日报》、省电视台、省广播电台、《湖南共产党人》等媒体和刊物进行专题报道。岩口镇农科村，交通落后，信息闭塞，集体经济薄弱，1994 年以前，村民年人均收入不足 3000 元，村集体收入不足 4 万元。1995 年，苏岐山任党支部书记，带领村民发展集体经济，带动村民共同致富。2009 年，招商引资建 400 多亩花卉苗圃场，年产值达 1000 万元。至 2010 年，村民人均年收入达 8800 元，实现工农业总产值 4500 万元。

2002 年，矿山乡率先实行乡镇党代会常任制，规范发挥党代表作用的组织形式，特色突出，效果明显，得到上级组织部门重视，省委组织部将矿山乡列为乡镇党代会常任制联系试点，并经《党建研究参考》《湘组研究》等刊物向全省推广。2005 年，乡镇党代会常任制在全市推广。

2004 年始，把“企业骨干发展为党员，党员培养为企业骨干”作为企业党建工作重点，在中孚耐火材料有限公司、心连心超市等 17 家非公有制经济组织中建立党组织，在城区建立 1 个社区党总支和 5 个社区党支部，全市 59 家改制企业 988 名党员就近纳入社区党组织管理。

2008 年，全市选聘大学生村干部 14 人。他们具有较高文化素质，为发展农村经济出谋划策，宣传党的农村政策，配合村支“两委”调解和处理各种矛盾和问题。大学生村干部待遇为每人每年 2.62 万元。至 2010 年年底，共选聘大学生村干部 44 人。

2010 年，在流动党员集中的深圳成立中共冷水江市派驻深圳总支部委员会，下设 10 个支部，管理党员 105 人，并经常性地组织党员开展活动，使这些流动党员有了“党员之家”。

图 3-4　2010 年，中共冷水江市委派驻深圳总支部委员会成立大会现场

1995—2010 年，从市直机关和驻市大中型企业中派出工作队 16 批次、455 个、1247 名工作人员，先后进驻 12 个乡镇的 98 个村，并派出 151 名国家干部担任村党支部第一书记，调整村党支部书记 131 人、村委会主任 135 人、村支委 356 人。通过思想、组织、制度等方面的建设，全市村级班子结构进一步优化，整体素质明显提高，凝聚力和战斗力普遍增强，为农村各项事业全面发展提供坚强的组织保证。

第三节 领导班子建设

1988年后，在县级、乡级、村级领导班子换届选举和阶段性班子调整中，市委加大改革力度，按照“革命化、年轻化、知识化、专业化”和“德才兼备”原则，扩大科技、妇女、军队转业干部和非党干部的选拔比例，采取交流招聘、挂职锻炼、考试录用、竞争上岗、建立干部后备队伍等措施，进一步拓宽领导干部来源渠道，改善领导班子结构。建立和完善“廉政建设”“诫免”“干审”“个人收入申报”“个人重大事项请示报告”“离任审计”“评议”“考察预告”“任前公示”“试用期”等制度，规范领导班子和领导干部行为，形成能者上、平者让、庸者下的用人机制。

1989年，根据党管干部原则，市委制订《干部管理具体规定》，对干部管理权限进行适当调整，正科级企业行政副职、副科级企业行政正职由过去的战线管理调整为市委管理，部、委、办内设机构正副职由过去的战线管理调整为市委组织部管理，各局内设机构正副职由过去的单位管理调整为战线管理。是年，市委对市直44个科级领导班子262名干部进行考察考核，共调整43个班子，任免干部369人。1992年，对市直15个科级班子进行为期40天的考察考核，调整配备乡（镇、街道）领导班子换届人选235人，调整班子90个，调整配备领导班子成员620人，提拔科级领导干部188人，下派19名干部到乡镇和市属企业任职。

1993年，实行“一推双考”公开选拔科级领导干部，公开选拔国土局、工商局、外经委、旅游局、农机局、广播局、调纠办、中医院、驻京办事处等单位“一把手”9人。1994年，实行“一推双考”公开选拔青年后备干部，推荐1838人，选拔科级后备干部117人、市级后备干部14人、企业厂长（经理）3人、事业单位“一把手”2人、部委办局正职6人。

1994年，市委组织部出台《关于实行领导干部“能上能下”的意见》，采取民主测评和组织考察方式对干部作出全面、客观、公正评价，以此确定领导干部的升、降、出、留。乡（镇、街道）有8名领导班子成员评定为不称职，给予下岗处理，部委办局有12名班子成员给予免职处理，统战部、总工会等5个单位领导班子实行黄牌警告并限期整改。至1997年年底，全市科级班子成员共616人，其中女干部59人，非党干部28人，35岁以下45人，大专以上文化343人，平均年龄41.5岁。领导班子成员以35岁左右干部为主体，“老、中、青”相结合，文化结构和专业结构日趋合理。

1997年，成立市离任审计办公室，出台《市直机关、事业单位、企业单位领导干部离任审计实施办法》。1998年，市委组织部与离任审计办联合对当年离任的25名党政领导进行离任审计，对两个存在突出问题的班子予以黄牌警告并限期整改，对4个存在问题的领导干部实行诫勉谈话，表彰6个“好班子”。此后，领导干部任期经济责任审计成为制度，并坚持3个必审（离任必审、任中必审、有问题必审）。2009年，市委制定《冷水江市党政领导干部离任人、财、物主要责任事项交接办法（试行）》，至2010年年底，共有76名领导干部进行交接。

1998年，探索国有企业干部制度改革新路子，民主选举厂长1名、经理2名、董事长1名。1999年，市委下发《关于领导干部选拔任用试行公示制实施意见》。2000年，对拟提拔的71名干部进行公示，对8名有举报的公示对象进行调查处理。同时，选拔7名优秀年轻干部担任科级正职，乡（镇、街道）党政“一把手”年龄在35岁以下的有14人，平均年龄36.7岁。

2004年，推出9项干部制度改革举措：一是建立科级领导干部年度工作实绩登记制。二是建立领导干部政治理论任职资格考试制度。三是改革干部考察考核办法，全面推行考察预告制、差额考察制。四是建立干部选拔任用责任制度。五是建立党政领导干部交流制度。六是建立竞争上岗末位淘汰制度。七是建立领导干部任前公示制和任职试用期制度。八是建立领导干部引咎辞职制度。九是制定领导干部绩效考核办法。市直部委办局71个单位、333名班子成员参加公开选拔、竞争上岗，参加正职竞争的82人（其中女干部7

人，非党干部 2 人），参加副职竞争的 251 人（其中女干部 32 人，非党干部 6 人）。通过竞争上岗，4 名副科级干部担任“一把手”，6 名副科级干部被重用为党组副书记，2 名“一把手”淘汰，12 名“一把手”主动放弃或改任副职，5 名副职被免职，17 名副职改任非领导职务，46 名干部轮岗交流。在干部竞岗中，市委落实群众选择权，对每名干部从笔试、考核、民主测评、培训表现 4 个方面，按 4∶3∶2∶1 比例进行百分制计分，群众反映和评议占 50%，使民意真正成为领导干部升降去留的重要依据。竞争上岗实现了优胜劣汰，一批优秀干部因此走上主要领导岗位。司法局副局长夏绵光在这次竞争中以 97.28 分的成绩在副科级干部中名列前茅，被提拔为市档案局局长。

2005 年，加大干部交流力度，全年共交流干部 368 名，其中 16 个乡（镇、街道）有 12 个单位、21 名党政正职进行调整，部委办局正职调整 16 名，配备科级女干部 98 名，占全市干部总数的 21%。2009 年，公开选拔 20 个科级领导岗位，其中团市委书记 1 名，经济开发区副主任 1 名，监察局副局长 1 名，妇联副主席 1 名，乡（镇、街道）党政副职 16 名。

2010 年，全市公开选拔 50 名科级后备干部和 16 名乡（镇、街道）副科级组织员。是年，市委常委会讨论任免干部实行票决制，对乡（镇、街道）党政正职和本级党委、政府工作部门党政正职（含市委常委任职的部委办常务副职）拟任人选和提名人选，市委常委会讨论并票决通过后，提请市委全会以无记名方式票决。至年底，全市共有实职处级干部 49 人，其中女性 6 人，占 12%；大专以上文化 49 人，占 100%；50 岁以下 35 人，占 71%。科级干部 1821 人，其中女性 335 人，占 18%；中专以上文化 1446 人，占 79%；35 岁以下 142 人，占 7.8%。

图 3-5　冷水江市直属单位领导班子和领导干部述职测评大会现场　　（2010 年摄）

第五章　思想建设

中共冷水江市委宣传部是市委的工作部门，具体负责全市的宣传工作和思想建设。1988 年 7 月，成立市文明单位建设指导委员会，由市委副书记任主任，下设办公室（简称市文明办），归口市委宣传部管理，负责指导协调全市城乡精神文明建设工作。2001 年 4 月，设立市委外宣办。2006 年，成立市新闻管理站。2010 年，成立市互联网宣传管理办公室和市文化产业办公室。宣传部内设机构有办公室、干部组、新闻外宣组（加挂市委对外宣传办公室、市政府新闻办公室牌子）、理教党教组文艺宣传组、文明单位建设指导组（加挂市委精神文明建设指导委员会办公室牌子），定编 29 人，共有工作人员 12 人。2006 年、2009 年，市委宣传部分别获得全省未成年人思想道德建设创新案例奖和创新活动组织奖。

1988—2010 年中共冷水江市委宣传部部长任职一览表

表 3-9

姓　名	任　职　时　间	姓　名	任　职　时　间
何克武	1988.1—1992.2	童桂娥	1997.12—2008.8
谢龙飞	1992.2—1997.12	陈代宋	2008.8—

第一节　理论学习

一、中心组学习

市委把理论学习作为加强党的思想理论建设的有效途径。1988年，成立市委中心学习小组（简称中心组），由市委书记担任组长，市委副书记、宣传部长任副组长。中心组成员由市委常委、市人大常委会正副主任、市政府正副市长、市政协正副主席、市人武部部长和政委五大家副处级以上主要在职领导及公安局局长、检察院检察长、法院院长组成。中心组学习具体事务由市委宣传部承办。是年，中心组共组织集体学习3次、12天。各乡（镇、街道）、副科级以上单位也成立相应的学习组。1990年，中心组学习逐渐系统化、经常化，学习时间定为每月21日、22日两天，除参加上级重要会议或重大外事活动允许请假外，任何人不得缺席，每人必备学习笔记本和心得体会本，每年要求写1～2篇在理论和实践上有见地的文章。

中心组主要学习党的路线、方针、政策，学习马克思列宁主义、毛泽东思想、邓小平理论、“三个代表”重要思想和科学发展观等。同时，紧密联系各个时期工作实际展开讨论，形成共识，做出决策，解决在执政实践中遇到的问题，做到每集中学习一次，讨论一个重要观点，解决一个认识问题，确立一个新的观念。1993年，市委中心组学习进入省级先进行列。2005年，省委宣传部充分肯定中心组学习的做法并在全省推广。11月14日《湖南日报》A1版头条发表《发挥思想理论的先导作用——冷水江市委中心组抓理论学习的启示》。2008年，全省召开县以上单位党委（党组）中心组学习经验交流会，推介冷水江市委中心组学习经验。

二、干部学习

1991年起，冷水江市规定每周星期二下午为机关政治学习时间，1994年改为每周星期五下午，各单位必须组织干部集中学习，同时引导和鼓励党员干部业余时间自学。

市委举办各种培训班、学习班，有计划分期分批安排党员干部脱产学习。1988年3月和9月，市委先后两次举办深入学习中共十三大文件学习班，400多名副科级以上干部集中脱产学习两个星期，重点学习党的基本路线，开展生产力标准讨论。1990年，举办副科级以上党员干部马克思主义哲学等理论培训研讨班11期，791人参加培训，撰写论文和体会文章近800篇。1991年，举办副科级以上干部理论学习班5期，参训900多人。为检验干部理论学习效果，6月23日，组织政治理论考试，收回试卷5936份，参考率89.7%，及格率99.98%，平均分数87分。1992年，编发《中共中央关于进一步加强农业和农村工作决定的内容提要》学习资料5.2万份，发行《马克思主义党的建设理论学习纲要》3100多本，举办学习党的十四大文件骨干培训班5期，培训理论学习辅导员340多人次。1999年，市委举办“一把手”党性党风教育学习班，市直74个单位主要领导参加培训。2000—2001年，分3批对全市75个部门、16个乡（镇、街道）、198个行政村的主要领导进行学习实践“三个代表”重要思想培训。2002年，举办学习党的十六大精神培训班2期，培训市直单位党政领导200余人、理论辅导员130多人。2006年，在市委党校设立干部理论学习大课堂，各乡（镇、街道）和60人以上的市直机关设立干部理论学习分课堂，由市委政研室、宣传部、组织部、市直机关工委、市委党校组成宣讲团，分别在全市各单位开展科学发展观学习宣讲活动。

随着时代变化，理论学习内容不断更新。1988—1991年，主要学习中共十三大和十三届四中全会精神，学习社会主义初级阶段理论，坚持“一个中心、两个基本点”（以经济建设为中心，坚持四项基本原则、坚持改革开放），反对资产阶级自由化。1992—2001年，主要学习中共十四大和十五大精神，重点学习邓小平理论。2002年，中共十六大明确江泽民总书记提出的“三个代表”重要思想为全党的指导思想，要求党必须始终代表中国先进生产力的发展要求，始终代表中国先进文化的前进方向，始终代表中国最广大人民的根本利益，“三个代表”重要思想成为这一时期理论学习的重点。2007年，中共十七大召开，胡锦涛总书记提出科学发展观重大战略思想，指出发展是第一要务，发展要全面协调和可持续，要坚持以人为本，方法上要坚持统筹兼顾，科学发展观成为这一时期理论学习的重点。

三、理论研讨

开展理论研讨是党员干部深入学习理论、交流学习心得体会、共享学习成果的重要途径，分为经常性理论研讨和专题性理论研讨。

（一）经常性理论研讨

《冷水江工作》和《今日冷水江》是理论研讨的两个重要园地。《冷水江工作》辟有“理论探讨”“领导论坛”“调查研究”专栏，每期择优刊发领导干部理论研讨文章3～5篇，从90年代初创刊至2010年年底共出刊116期。1988—2003年，全国公开发行的《冷水江报》开辟“学与思”专栏，刊发领导干部理论研讨文章。2003年《冷水江报》停刊后，《今日冷水江》成为市委主办、市委宣传部承办、免费赠阅的报纸，继续开办“学与思”专栏，定期刊登领导干部理论学习心得体会和调研文章，交流学习成果。1996年，市级领导干部撰写心得、论文281篇，其中65篇在市以上报刊发表。2003年，全市党员领导干部撰写论文786篇，市级领导在各级报刊发表文章175篇，《在解放思想中不断提升科学发展能力》在《湖南日报》发表，《实施人才强市战略，实现又好又快发展》一文获省优秀论文三等奖，《构建五种能力，实现“两个率先”》被人民日报社编入《领导干部谈科学发展观与和谐社会建设》一书。

（二）专题性理论研讨

1990年，市委举办副科级以上干部马克思主义哲学理论研讨，收到论文800篇。1996年，市委举办冷水江市区域经济发展理论研讨，收集论文44篇，共计29万字，汇编成《冷水江市区域经济发展研究》，由湖南科学技术出版社出版发行。2003年11月，市委召开学习贯彻“三个代表”重要思想理论研讨会，收到论文50多篇。这些论文从经济转型、企业文化、工业信息化、安全生产、城市东扩、林业发展、行政审批制度改革、中介机构、干部队伍建设、思想政治工作、依法治市、教育体制改革等方面提出新思路、新观点和新举措。2008年，市委举办“坚持科学发展，加快富民强市”理论研讨活动，引导党员干部用科学发展观武装头脑，指导工作实践，共收到学习心得和调研文章200多篇。

第二节 新闻报道与对外宣传

一、报刊平面媒体宣传

1986年创刊的《冷水江报》是市委、市政府的机关报，全国公开发行，是全市传播新闻信息、宣传党的政策、推介先进典型、交流经验体会的重要媒体。创刊时为周一刊，后增加到周三刊。是年，编发稿件5788篇。2000年，《冷水江报》突破传统办报模式，全新改版，推出周末彩报和杂文月刊。2003年，《冷水江报》停刊。2007年，市委宣传部创办《今日冷水江》报。至2010年年底，已出刊218期。

1988年，市委宣传部设有新闻宣传组，配备两名专职新闻干部，有一支400多人的业余通讯报道员队伍。同时，成立对外宣传领导小组，加强新闻管理工作，建立新闻稿件送审等规章制度。为鼓励全市新闻工作者多上稿、上好稿，首次建立市长基金新闻奖励制度，凡在《人民日报》《湖南日报》《娄底日报》等16家新闻媒体发表稿件者，分别给予不同档次的奖励。是年，全市在市以上新闻媒体上稿800多篇。1993年达921篇，居全省县市上稿数第3位。

2008年，推行首席记者制，评选表彰3名首席记者和12名优秀新闻工作者，对一批好新闻

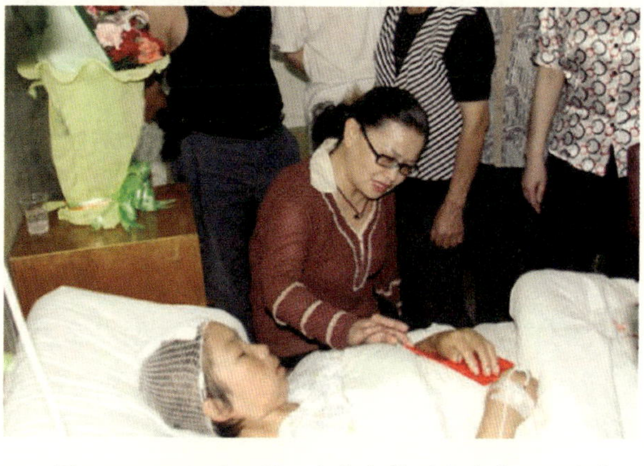

图3-6 2008年6月，湖南省株洲市残疾人联合会理事长戴碧蓉看望因见义勇为受伤的刘新红

进行表彰奖励。6月10日，金竹山镇女村民刘新红奋不顾身从铁路上救出两个小孩，身负重伤，市委宣传部及时组织报道，引起省市领导的高度重视和社会各界的关注，《中国妇女报》《湖南日报》《今日女报》等10多家媒体进行了报道。7月，刘新红荣登“全国见义勇为好人榜”，先后被授予“湖南省三八红旗手”“湖南省见义勇为先进个人”等荣誉称号，并被评为湖南省2008年度十大新闻人物。

2010年，市委宣传部建立新闻联动机制，整合新闻资源，推介新闻精品。同年，《参考消息》《人民日报》等高端媒体报道全市关闭整顿涉锑企业、加大环境综合治理的重大新闻，《湖南日报》以7个头版头条推介全市经济工作，引起中央、省、市领导关注，国务院第一次将冷水江涉锑企业列入国家落后产能淘汰项目予以补偿，省委书记、省人大常委会主任周强就锡矿山地区整体搬迁作出重要批示。

二、广播、电视媒体宣传

1988—1999年，市广播电台每年编播稿件6000篇左右，2000年市广播电台停播。市委宣传部经常组织通讯员写稿，宣传推介冷水江。1991年，在中央人民广播电台上稿1篇，在湖南人民广播电台上稿102篇。1994年，在湖南人民广播电台上稿220篇。1996年，在地区以上广播电台上稿106篇。2005年，市外宣办采写的《三零制度助冷水江民营经济长跑》一稿被新华社采用。

1993年，市电视台和市教育电视台合并为冷水江电视台，每天播报市内新闻，年播报稿件2000篇左右。市电视台对“冷水江新闻”几次改版，采用“时政要闻”“社会万象”“今日焦点”版块形式，时效性增强，内容日益丰富。尤其突出重大主题活动宣传，先后推出《民情热线》《警视传真》《时事直通车》《民生日记》《网眼看天下》《快乐生活吧》等系列优秀栏目。并采编《山长水远话资江》《我们的2009》《创先争优促发展》《创卫路上我们同行》《作风建设》《我来说创卫》《聚焦》等10多组系列报道。

在做好本地宣传报道工作的同时，加大对外宣传报道力度。2002年，渣渡镇农民刘小玲创办农民图书馆的事迹在中央电视台《东方时空》栏目播出。2007年，中央电视台新闻频道报道金竹山电厂关停小火电机组新闻。2010年，在中央电视台上稿6条，其中冷水江残疾女孩段婷的事迹在《人与社会》栏目播出。2006—2010年，市电视台在省、娄底市电视台及其他媒体发片（稿）共1200多条，其中3件作品在省内获奖，25件作品在娄底市获奖。

三、网络媒体宣传

2002年，市委宣传部按照《互联网站从事登载新闻业务管理暂行办法》，与公安、文化部门一道加强对“网吧”网上新闻管理，杜绝网吧违规连接境外网站、直接编译、转载境外消息等行为。2006年，开通红网·冷水江新闻网，由市新闻管理站负责新闻采写编辑和网络技术管理。2010年，成立湖南红网冷水江分站，加强网络维护管理，及时更新网站内容，点击率不断上升。

四、对外宣传

1988年，市委宣传部制作一部20分钟的录像片《年轻的城，光明的城》，在北京召开的冷水江市战略发展规划论证会上播放。编印《世界锑都——冷水江》画册，赠送外宾和回大陆探亲的港澳台胞和华侨。11月，在《羊城晚报》海外版推出冷水江专版。2002年9—10月，借全省举办2002年中国湖南旅游节契机，耗资200多万元，成功举办“西游之旅”波月洞旅游艺术节，为期一个月，共有4万多人到波月洞景区游览。同时，发出宣传冷水江会刊3万多份，邀请新加坡、马来西亚、泰国、日本、韩国等10多个国家的30多家旅行社及企业的宾客、商家参加。2006年，香港《商报》两会特刊用4个专版，大篇幅报道冷水江国有企业成功改制的经验。2010年11月，在“首届全国科学发展与资源枯竭城市转型高峰论坛”会议期间，推出新闻通稿《蝶变之路》和电视专题片《百年锑都转型路》，宣传冷水江经济转型工作。

第三节　精神文明建设

一、确立“冷水江精神”

1991年7月，市委书记张昌平在市委工作会议上提出全市人民要“团结奉献、求真务实、尊科重教、开拓创新”，后经市委全会正式确定为“冷水江精神”。1996年，市委开展声势浩大的学习张家港活动。并将“冷水江精神”改为“团结拼搏、铁心建设、负重加压、誓为人先”，将“我是冷水江人，我爱冷水江城，我为冷水江争贡献，冷水江发展我光荣”确定为“市民意识”。市文明委在广泛征求群众意见基础上，制定市民文明公约《十要十不要》。随后，在全市掀起宣传、践行“冷水江精神”“市民意识”和市民文明公约的热潮。

二、开展“文明建设进市场”活动

在经济体制转轨之初，市场上假冒伪劣商品泛滥，以次充好、短斤少两、强买强卖、欺行霸市等不良行为屡禁不止。为尽快改变这种状况，1994年，市委决定以引导和约束市场经营者文明经营作为突破口，开展“文明建设进市场”活动。1995年5月，出台“文明建设进市场”活动实施方案，以冷江市场为试点，创建“文明建设合格户”和“文明建设先进户”。随着活动的深入开展，市场经营者行为日趋规范。11月13日，市委召开“文明建设进市场”经验交流会，推介冷江市场的成功经验。此后，“文明建设进市场”活动在全市铺开。1996年，冷江市场被评为全国文明市场。1997年5月4日，《人民日报》第四版以《文明建设进市场》为题报道推介这一做法。

三、开展文明创建活动

20世纪90年代初，倡导开展“四好”活动（在社会做好公民，在单位做好职工，在家庭做好成员，在学校做好学生）。1990年，组织开展学雷锋、学焦裕禄、学王进喜“三学”活动，并组织3次大规模的“为您服务”活动，全市城乡20多万人次参加“学雷锋，树新风，送温暖”活动。1991年，全市涌现出22个“三学”先进集体，评选出79名“三学”积极分子，15名“三学”标兵。1993年3月，冷水江制碱厂武装部部长韩桂林被评为全国人武系统学雷锋先进个人，受到党和国家领导人接见。1990—1992年，市文明办与市妇联在全市开展评选“三户”活动，评出遵纪守法户4.01万户，五好家庭1.76万户，双文明户1800余户。2003—2008年，开展星级文明户创建评比活动，全市城乡2万余户参评。2009年，在全市未成年人中实施“阳光少年”德育工程，开展首届阳光少年培育和评选，4万名中小学生参与，评出阳光少年3000余名，并出版《阳光少年》画册。2000年，评出“阳光少年”1600余名。该活动得到学生、教师、家长及社会各界支持，并被省文明办评为德育创新奖。

文明单位评选采取单位申报、市文明办考察、文明委审批的程序进行。1990年，全市共有文明建设先进单位41个，其中省级文明单位4个（锡矿山矿务局北矿、资江煤矿、市自来水公司、市工贸总公司），地级文明单位11个，市级文明单位26个。1992年，全市共有文明建设先进单位53个。2007年，全市共有文明建设先进单位57个。2008年，创建全国文明单位1个、全国精神文明建设先进单位2个、省级文明单位3个、娄底市级文明单位5个，财政、国税、公安等6个服务窗口被评为省级文明窗口。2010年，岩口镇农科村获“全国文明村镇”称号。

第四节　思想教育

一、“四项基本原则”教育

1988年，市委在全市党员干部中开展社会主义初级阶段理论、“四项基本原则”和改革开放教育，市委宣传部组织发行中共十三大文件及教育宣传材料1.43万册。

二、社会主义思想教育

1990年11月18日，从市直机关和厂矿企业抽调217人组成社教工作队，深入全市163个村开展社会主义思想教育，主要是三大任务：一是用社会主义思想占领农村阵地。二是发展壮大农村集体经济，帮助贫困村尽快脱贫致富。三是加强基层党组织建设，努力把农村党组织建设成为坚强领导核心，更好地发挥村党支部战斗堡垒作用和党员先锋模范作用。1991年11月，市委在市直机关、企事业单位开展社会主义思想教育，主要任务是“一统三促”（用建设有中国特色社会主义理论统一干部职工思想，促进机关作风转变，促进党组织和领导班子建设，促进经济建设、改革开放和各项事业的发展）。城市社教对加强党政机关勤政廉政、转变机关职能、消除“五难四乱”（门难进、脸难看、话难听、人难找、事难办；乱摊派、乱收费、乱罚款、乱开支）现象起到了推动作用。

三、“三讲”教育

1998年11月21日，中共中央下发《关于在县级以上党政领导班子、领导干部中深入开展以“讲学习、讲政治、讲正气”为主要内容的党性党风教育的意见》。从2000年2月24日起，市委、市人大、市政府、市政协领导干部及其他在职市级干部（包括军转团职干部）共52人开展以“三讲”为主要内容的党性党风教育。为搞好这次教育活动，市委成立“三讲”教育领导小组，省委安排公安厅厅长李贻衡到冷水江挂点指导。这次教育分“思想发动、学习提高”“自我剖析、听取意见”“交流思想、开展批评”“认真整改、巩固成果”四个阶段，到4月底结束，历时65天。为保证教育质量，市委严格按照四个阶段要求组织实施。市委常委班子对1992年以来党性党风方面存在的问题，从5个方面19个小点进行深刻反思，制定整改方案，明确努力方向，把边整边改贯穿于“三讲”教育全过程。市级班子集体和领导干部个人严格按照省委“三讲”办要求制定整改方案，班子集体的整改方案广泛征求群众意见，反复修改后印发给局以上单位党委（党组）。2000年5月，市委组织部、宣传部、政法委、纪委、公安局、检察院、法院等单位开展“三讲”教育，其过程和程序与市级班子相同，突出个人学习和整改。2000年6月开展“三讲”教育回头看，迎接省里检查验收。

四、“三个代表”重要思想教育

根据上级统一部署，2001年1月至2002年5月，市委在全市75个部门、16个乡（镇、街道）开展“三个代表”重要思想学习教育活动。学教活动分乡（镇、街道）、市直部门、村级三个批次进行，每个批次的学教活动分培训学习、对照检查、整改提高三个阶段。学教活动完成后，进行回访复查。

开展第一批乡（镇、街道）学教活动时，正值乡镇经济困难时期，干部工资有时不能及时发放。通过学教活动，绝大多数乡镇干部都能克服困难，坚守岗位，履行职责，共为群众办实事、做好事2111件，解决各类纠纷3894起，捐助慰问金22.56万元。

在第二批市直部门学教活动中，60家职能部门精心编印《城乡居民百事通》4万册，免费发送到农民和居民手中。该书涉及公民生活、生产经营、维护权益和社会服务4大类100个方面内容，成为群众的生活指南。同时，参与单位和党员干部积极开展“五送下乡”和“察民情、送温暖”活动，为农民上致富脱贫辅导课24堂，发送法律和科技书籍3000多册。针对部分机关干部作风漂浮、工作散漫、打牌赌博等问题和少数职能部门“门难进、脸难看、事难办”的衙门作风，参学单位进行认真整改，采取有效措施扭转干部作风。市法院大力开展“一教育三整顿”活动，加强对法官八小时以外监督。市公安局规范干警行为，设立干警行为“高压线”。市电力局强化优质服务，成立“电力110”。市经委建立首问责任制，全力为企业服好务。

在第三批村级学教活动中，广大基层干部积极为农民群众生产生活排忧解难，帮助他们修路、打井、架桥、整修水渠等。并开展党员干部与农户“结对”活动，100名干部进村驻点，1000名干部入户结对帮扶。农委系统组织300名农技干部深入农村，帮助农民调整农业产业结构。卫生系统组织100名医务人员下乡免费义诊。政法系统组织100名法律工作者，深入基层开展法律咨询和法律援助活动。

在学教活动中，涌现出一批践行“三个代表”重要思想典型，市委表彰李旭娇、陈石东、李传清、田海安、李校中、辜大为、魏明7名实践“三个代表”重要思想标兵。锡矿山街道双木居委会党支部书记陈石东，身患癌症仍然坚持带领支部一班人利用本地资源，兴办集体企业，带领群众致富奔小康，市委作出《关于在全市党员和干部中开展向陈石东同志学习的决定》。

五、保持共产党员先进性教育

2004年11月7日，中共中央发出《关于在全党开展以实践“三个代表”重要思想为主要内容的保持共产党员先进性教育活动的意见》，市委严格按照上级统一部署和目标要求，在全市分三批开展保持共产党员先进性教育活动。第一批市直机关79家单位、180个党支部、3438名党员，时间为2005年1—6月。第二批驻市国有大中型企业、部分民营企业、乡镇办机关、学校、医院和城市社区29家单位，共477个党支部、1.02万名党员，时间2005年7月至年底。第三批主要是农村和市委组织部、宣传部、纪委、市委办等4家单位，共182个党支部、5070名党员（包括193名流动党员）。各批次都严格按照学习动员、分析评议、整改提高、开展"回头看"等四个阶段进行。全市党员围绕"建设满意工程"和"争当娄底后发赶超排头兵，争创全省经济强市"发展目标，坚持"两不误，两促进"，求真务实，积极整改，努力工作，党员先进性教育取得明显成效。

六、贯彻科学发展观教育

2008年，根据上级安排部署，市委开展贯彻落实科学发展观教育活动。全市开展"坚持科学发展，加快富民强市"解放思想大讨论，特邀省委党校常务副校长徐晨光教授作专题讲座。各单位积极行动，组织开展多项活动。一是开展有奖知识电视抢答赛，比赛集知识性、趣味性于一体，现场气氛活跃。二是开展向市民问计、向网民问计活动。三是召开市长与网民代表座谈会，网民提交30多页书面建议。四是开展"献计发展金点子评比"活动，评出十佳金点子。五是开展"机关干部再贴近"活动，市级领导和各单位主要领导深入群众，深入基层，围绕学习讨论中提出的重点问题展开专题调研，写出一些高质量调研报告。省委督办专员李后祥评价冷水江市解放思想大讨论活动准备足、启动快、安排好，思路清晰，措施实在，成效显著。

图3-7　2008年，中共湖南省委党校徐晨光教授在冷水江市作贯彻落实科学发展观专题讲座

第六章　统一战线

1979年5月，中共冷水江市委统一战线工作部（简称市委统战部）成立。1988—2001年，市委统战部部长由市政协主席或副主席兼任。2002年后，统战部长进市委常委班子并兼任市政协党组副书记。2010年，市委统战部内设办公室、党派干部工作组、经济联络组，归口管理对台办、民宗局、工商联、侨联、"两新"组织（新经济组织、新社会组织）党工委，联系九三学社、民主建国会和黄埔军校同学会。

1988—2010年中共冷水江市委统战部部长任职一览表

表3-10

姓　名	任　职　时　间	姓　名	任　职　时　间
陈载重	1988.1—1992.3	段吉梧	1997.12—2002.10
吴继仁	1992.12—1993.5	陈代宋	2002.10—2008.9
杨昌孝	1993.5—1996.9	杨建湘	2009.6—
袁如梅	1996.9—1997.12		

第一节 统战理论宣传

1988—2010年，市委统战部坚持开展多渠道、多层次、多形式统战理论宣传教育，每年召开统战工作会议、党外人士和知识分子代表座谈会、少数民族、宗教人士、非公有制经济人士和“三胞”及其亲属座谈会。在市委党校举办统战干部、党外干部、党外知识分子、非公有制经济代表人士等各种统战理论培训班15期，授课800课时，培训人员1000余人次，印发各种学习资料4500份。选派推荐党外干部、非公有制经济人士100多人赴省委党校、娄底市委党校学习培训。

第二节 对台工作

1984年，中共冷水江市委对台工作办公室成立，1991年更名中共冷水江市委台湾工作办公室（简称市台办），加挂冷水江市人民政府台湾事务办公室牌子，定编3人。1988—2010年，先后由段祖光、刘光荣、黄小平任主任。

1994年10月，市台办接待“湖南省台胞同乡会”台胞21人。同年，全市举办建市25周年庆典活动，20位台胞主动为市庆捐赠4.58万元，台胞胡四鹿、洪志昆、谢家清3人被市政府授予“荣誉市民”称号。是年，协助台胞回大陆寻宗问祖，寻找遗产继承人，办理台胞遗产继承21户，继承遗产共计200多万元。2007年，开展台情普查，全市共有去台人员401人，台胞亲属3985人。

1988—2010年，市台办共接待台湾同胞回乡探亲、旅游、考察2725人次，帮助台胞台属解决各种问题187次，办理台胞定居42人，走访台胞台属3752人次。其间，市民与台胞联姻89人，赴台奔丧、继承遗产、打工共230人次，台胞办学助学、修路架桥和扶助灾民捐赠累计达100多万元。

第三节 党外人士工作

1993年，市委明确每位市级领导交2名党外朋友，每年谈心2次以上。市委、市政府在重大决策前，坚持与党外人士协商，征求意见。2004年，全市党外人士任副处以上领导职务6人，任副科以上领导职务27人。2005—2010年，举办党外干部和党外后备干部培训班3期。2009年，推荐民建会员、市监察局副局长赵郁夫任三尖镇镇长，实现乡镇党外正职“零”突破。2010年，推荐民建会员、市侨联副主席翟梅华任市外事侨务办主任，实现政府工作部门党外正职“零”突破。是年末，全市党外人士担任副处以上领导职务4人、副科以上领导职务42人。

1988—2010年冷水江市人大代表中党外人士情况表

表3-11 单位：人

届别	党外代表数	代表总数	党外代表占代表总数比例	届别	党外代表数	代表总数	党外代表占代表总数比例
市七届人大	84	234	38%	市九届人大	38	189	20.1%
市八届人大	35	182	19.2%	市十届人大	37	185	20%

1988—2010年冷水江市政协委员中党外人士情况表

表3-12 单位：人

届别	党外委员数	委员总数	党外委员占委员总数比例	届别	党外委员数	委员总数	党外委员占委员总数比例
市五届政协	108	166	65%	市七届政协	139	198	70.2%
市六届政协	123	183	67.2%	市八届政协	121	195	62%

第四节　服务经济建设

1989 年，首次引进台资开办市台谊公司。此后，由台胞独资或合资兴办伟成电子有限公司、锦星竹业有限公司、天都汽车检测维修有限公司、年兴化工厂、波月洞台湾之家 5 家企业。其后除年兴化工厂外，其余企业先后停办。市侨联引进外资，办起华侨公司等 5 家侨资侨属企业。1991 年末，“三胞”亲属共创办企业 13 家，年产值 200 万元，实现利税 15 万元。

1992 年，市委统战部在布溪锑都南路与体育东路交会处征地 11 亩，由“三胞”亲属集资兴建台谊大厦建筑群，1993 年动工，1999 年竣工，总投资 3500 万元。

2009 年 9 月，市委统战部、工商联、工商局组织银企对接签约仪式，市信用联社与兴华有色公司、大乘医药化工公司等 48 家企业签约 2.48 亿元贷款，资金到位率达 95%。2010 年，市委统战部、工商联、经济工作局联合组织银企对接签约仪式，66 家企业与信用联社签约贷款 3.7 亿元，有效解决民营企业融资困难，促进民营经济发展，省委统战部对冷水江市银企对接作法给予充分肯定并在全省推介。同时，市委统战部开展“百名干部联百企，共同发展促赶超”活动，确定 20 名统战干部与 15 家私营企业签订活动承诺书，帮助企业建立党组织，引资引智，为企业排忧解难。在联企干部帮助下，金信复合肥有限公司投资 4000 万元改扩建，生产规模由每年 10 万吨扩大到 30 万吨。是年，统战部门共为企业调解各种矛盾和问题 28 个，解决资金 1000 万元。

第五节　海外联谊

1988 年，湖南省黄埔军校同学会冷水江市联络组成立。9 月，召开冷水江市首届黄埔军校同学会，并通过同学会章程。1991 年 8 月，成立冷水江市黄埔军校同学会。1996 年，成立冷水江市海外联谊会，邀请美国、日本、加拿大等国家和中国香港、台湾等地区 12 名“三胞”知名人士参加娄底市第一届海外联谊会。2005 年 4 月，调整海外联谊会理事会成员。2006 年，全市进行“三胞”情况普查，共有“三胞”2958 人。1988—2010 年，回乡探亲访友、观光旅游、投资经商的港、澳、台同胞和海外侨胞达 1580 人次。

第六节　“两新”组织党建

2010 年 5 月 18 日，中共冷水江市“两新”组织工作委员会（简称市“两新”组织党工委）成立，负责全市“两新”组织党建工作。原由市直机关党工委管理的“两新”组织中的党组织移交“两新”组织党工委管理。“两新”组织党工委书记由市委统战部副部长兼任。是年，举办首次“两新”组织党组织负责人培训班，在全市“两新”组织中新成立党委 3 个、党支部 5 个，发展新党员 23 名。至年末，全市共有“两新”组织党组织 49 个，其中党委 6 个，党支部 43 个，共有党员 1843 名。

第七章　其他党务

第一节　政策研究

1984 年 1 月，成立市委调研室，1986 年 1 月改名市委政策研究室（简称市政研室），1996 年 4 月并入市委办，对外保留牌子和印章。至 2010 年，先后由杨最新、李传昭、李振兴、戴智洪、苏建桥任主任。

1988 年始，政研室根据市委领导意图或自定课题，围绕改革、发展、稳定等带普遍性、倾向性、苗头性的问题开展调查研究，写成调研报告或论文，反映社情民意，为市委决策当参谋、出主意。1995—1997 年，编辑出版《冷水江当代人物》一书。2005 年，政研室工作人员随同市领导赴浙江萧山学习考察，撰写《冷水江市党政干部、民营企业主萧山培训考察报告》，成为当时“思想大解放”优秀成果。是年，组织开展全市集中调研活动，编纂30余万字的《冷水江市调研报告选编》，撰写理论文章和重要报告70余篇，约60万字。

2006—2010年，政研室增强参谋服务预见性、前瞻性和主动性，以文辅政。参与撰写市委八届全会报告、历年市委经济工作会议讲话、首届全国科学发展与资源枯竭城市转型高峰论坛主题报告及宣言、统筹城乡发展动员大会讲话、“十二五”规划建议草案、第九次党代会工作报告等。抓住影响冷水江经济社会发展的关键问题开展系列重大专题调研，形成调研成果，85%的调研成果转化为市委决策。特别是2009年，通过广泛调研，集思广益，不断完善市委城市转型发展思路。5年间，起草各类领导讲话稿、汇报材料、署名文章1200余篇，累计达5000余万字，完成调研课题20余个。

由市政研室主编的市委、市政府机关刊物《冷水江工作》，每年出刊约10期。至2010年，共出刊117期。

第二节　督查工作

1991年，成立市委督查室，定编3人。至2010年，先后由刘曙晖、陈郁琼、王小勇、罗坚、周石平、胡年玉、刘命贤、李定任主任。

1991—2004年，建立健全《市委督查室工作制度》《决策督查工作流程图》《专项查办工作流程图》和《督查调研工作流程图》等规章制度。在全市各单位设立督查工作联络员，聘请离退休老领导为督办员。围绕市委中心工作，牵头组织各项大型督查活动，形成难点问题联合督办、群众参与社会督办、媒体曝光舆论督办的“大督查”格局。

2005年，成立市绩效考核领导小组办公室，与市委督查室两块牌子、一套人马，合署办公，编制增至5人。市委督查室每年对全市各单位开展工作督查，督查结果作为绩效考核依据。对市委督查通报中点名批评的单位在绩效考核总分中予以扣分，提升督查权威。

2006—2010年，着重督查市委确定的各项大事和领导批办件，围绕社会主义新农村建设、粮食直补资金发放、煤矿整合关闭、优化经济发展环境、企业改制、推进“一转三化”进程等方面开展督查，消除决策落实过程中的梗阻，确保政令畅通。5年内，共开展决策督查156次（其中由市领导带队的防汛、山洪灾害防御等大型决策督查32次），完成专项查办81次，办结率100%，做到件件有着落，事事有回音。编发《督查通报》205期、《督查专报》216期、《督查与调研》86期、《市委常委会议督办专函》161期、《督查公函》78期。调研报告《民营企业呼唤良好的发展环境》被省委《内参》采用，省委常委许云昭专门作出批示。2009年、2010年，市委督查室两次被评为全省基层督查工作先进单位。

第三节　党校工作

一、基础设施

1987年10月，市委党校从禾青杨坪村旧址迁入冷水江街道集中社区新校址。校园面积（含山）56亩。1997年，全校总建筑面积8659平方米，拥有图书近2万册、电脑40多台。2010年，校内建筑面积1.2万平方米，床位300张，各类配套设施基本完善。

二、组织机构

1988年，市委党校教职员工28人（定编29人），其中党员13人，教师中大学本科学历5人，专科6人，高级讲师2人，讲师5人。1997年，教职员工30人，其中党员22人，教师中本科学历12人，专科6人，高级讲师4人，讲师10人。2010年，教职员工27人，其中党员18人，教师中研究生学历2人，本科14人，专科2人，高级讲师9人，高级政工师3人，讲师2人，助理讲师1人。

1988年1月至1994年9月，市委党校实行党委领导下的校长负责制，1994年9月，不再设党委，实行校务委员会集体领导制度。1996年，加挂冷水江市行政干部学校牌子，实行两校一体，两块牌子、一套人马。党校内设机构为办公室、理教组、行政组、科研办、函授站（2007 年以后改为培训部）。2008 年，通过省中专体制达标专项评估，升格为副处级机构，内设机构升格为副科级。

党校第一校长由市委分管党群工作的副书记兼任，行政干部学校第一校长由市政府常务副市长兼任。

1988—2010 年，市委党校、市行政干部学校先后由胡正山、谢武宁、张桂长、匡建军、李珊初任校长。

三、培训轮训

1989 年下半年起，党校开始举办短期培训班，当年举办各类短训班（包括专题研讨班、理论进修班等）8 期，培训学员 676 人。1990 年，举办短训班 11 期，培训学员 1775 人。1991 年，市委干部教育工作领导小组制定"八五"干部教育规划，明确规定市委党校科级或股级干部培训班和中青年干部（45 岁以下）班为党校的主体班级；学制为科股级干部培训班 1 个月，中青班 3 个月；规定全市科、股级干部 5 年内必须接受党校主体班轮训一次，否则考核不合格，不能提拔重用。1996 年"九五"干部教育培训规划进一步规定，科股级干部培训班学制延长为 2 个月。当年培训人数（含各种短期培训）达 3559 人。

图 3-8　2008 年 5 月，市委党校股干班开展教学答疑活动

1988—2010 年，市委党校举办各类主体班 50 余期，培训各级干部 5387 人次，举办其他短训班 300 多期，培训各类学员 5.09 万人次。教学内容主要是马克思列宁主义、毛泽东思想、邓小平理论、"三个代表"重要思想、科学发展观、中国共产党全国代表大会精神以及市委各时期重大战略及中心任务等。

四、学历教育

1988—1989 年 9 月，市委党校主要是脱产培训"两下"（年龄 45 岁以下、文化程度初中以下）干部，有 4 个"两下"干部学历班 197 名学员毕业，获得中专毕业证书。1990 年始，开办中央党校、省委党校和娄底市委党校的各种层次函授教育学历培训班，教学由娄底市委党校负责，主要课程由娄底市委党校教师面授，少量课程由娄底市委党校聘请冷水江市委党校教师面授，考试由娄底市委党校主持，成绩合格由中央党校、省委党校或娄底市委党校发给本科、专科或中专毕业证书。至 2006 年，共举办各级各类党校函授班 9 届，毕业 536 人。专业主要有经济管理、行政管理、法律等。2007 年，党校函授教育停止。

五、科研工作

1995—2010 年，共撰写各类论文 333 篇，科研课题结项 18 个，获省级预选奖项以上论文 129 篇，省级以上刊物发表论文 89 篇，娄底市获奖论文 91 篇，冷水江市级刊物发表论文 36 篇。

第四节　老干部工作

中共冷水江市委老干部工作局（简称市老干局）成立于 1984 年，前身为市委组织部老干办，隶属市委组织部管理。1991 年 5 月，增设老干部活动中心，定编 2 人。1995 年成立老科技工作者协会，发展会员 368 人。1996 年 4 月，老干部工作局更名中共冷水江市委老干部管理工作局，增设活动指导股、保健安置股，撤销医务室。1997 年，成立冷水江市关心下一代工作委员会，下设办公室，定编 1 人，与活动指导股合署办公。2002 年，又更名中共冷水江市委老干部局，并成立党组。1988—2010 年，先后由张人和、康爱媛、李笃耘、肖时进、段正华任局长。1996 年、2002 年，市老干局被评为湖南省老干部工作先进单位，2005 年被评为湖南省文明卫生先进单位。

一、老干部队伍

1988年，全市共有离休干部67人，其中享受副处级以上待遇28人，一般待遇39人，抗战时期参加工作9人。2000年，共有离休干部85人（其中享受副处级以上待遇39人，享受科级待遇46人），32名副处级以上退休干部由人事局移交市老干局管理。2007年，金信化工公司、冷水江钢铁总厂42名离休干部移交市老干局管理。2010年，全市有离休干部54人（其中享受副处级以上待遇25人，享受科级待遇29人）、副处级以上退休干部74人。

二、老干部待遇

（一）政治待遇

1988年，建立健全老干部政治学习制度和老干部阅文制度，每月20日为老干部学习日，市老干局组织老干部集中学习。1992年起，建立重大节日走访老干部制度，向老干部通报全市政治、经济和社会发展情况，举办老干部代表春节座谈会，组织老干部参观农村、工矿企业，了解全市工农业生产发展情况。设立老干部阅文室，订阅《人民日报》《湖南日报》《娄底日报》《文萃报》《老年人》《中老年自我保健》等多种报纸杂志，以丰富老干部文化生活。每年选派老干部代表出席市委扩大会、人大会、政协会、经济工作会等。全市重大项目决策前，市委、市政府召开老干部代表专题会议听取意见。

（二）生活待遇

1992年，根据中央组织部《关于进一步加强老干部工作，关心照顾好老干部生活的通知》精神，市委决定，全市51名一般职级的老干部全部享受正科级待遇，所有离休干部享受在职干部同等工资待遇，医药费实报实销。

1993年1月起，为使企业老干部离休费与行政事业单位老干部持平，每年由市财政拨款4万元作为13名企业老干部生活补贴。1996年，这13名企业老干部离休费全部由市财政解决，医药费参照行政事业单位离休干部标准执行。

1994年1月，为全市21名无固定收入老干部配偶、遗孀落实生活补助，每人每月20元。2008年，无固定收入抗战时期老干部配偶生活补助由1997年的120元增加到370元，遗孀生活补助由1997年的200元增加到600元；无固定收入解放战争时期参加革命老干部配偶生活补助由1997年的100元增加到350元，遗孀生活补助由1997年的180元增加到580元。是年，解决6名生活不能自理病残老干部特殊护理费每人每月90元，2009年提高至每人每月600元。

2006年，全市56名老干部办理了医保，老干部门诊看病免收挂号费，取药不需个人支付现金，由市医保局统一结算报销。2007年3月，21名无固定收入老干部配偶、遗孀由市财政拨款办理医疗保险。2009年1月起，全市所有离休干部每月发放护理费200元。

三、老干部活动

1990年，市财政拨款80余万元，修建老干部活动中心，内设会议室、图书室、乒乓球室、台球室、健身房、棋牌室、阅文室，并修建门球场，为老干部开展文娱体育活动提供场地。是年，市老干局组织门球队参加全国门球比赛，获得第三名。

1992年，创办市老年大学，开设诗歌、书画艺术、盆景艺术、时事政治、科学普及、保健讲座、文学艺术等课程。1993年，成立红太阳歌唱队，80余名老干部参与活动。同年，成立老年健身操队，连续5年参加全省比赛并摘取桂冠，2次代表湖南省参加全国比赛，获一等奖。

1998年，市关心下一代工作委员会组织8名离退休老干部深入机关、厂矿筹集关心下一代基金共150万元，至2010年，共扶助贫困学生、失学儿童123人。

老科技工作者协会积极开展科普宣传、送科技下乡、服务“三农”等活动，至2010年共举办科技培训班68期，参训农民1370人次，帮扶种、养殖专业户24户。

附：机关事务管理

1986年，设立机关事务管理办公室，统一管理市委、市政府、市人大、市政协机关及政府大院内各单位后勤服务工作。2002年，机关事务管理办公室更名机关事务管理局。2010年，内设办公室、行政股、财务股、基建房产股、机关保卫科（副科级），下辖政府采购中心、公共机构节能办、机关服务中心3个副科级二级机构，有工作人员43名。1995年、1996年，市机关事务管理办公室分别被评为全省机关后勤改革先进单位、全省文明卫生先进单位。1988—2010年，先后由李叙吉、兰泽树、陈序德、陈代玉任主任（局长）。

市机关事务局负责政府机关院内各办公楼及300多间办公室的水电、房屋维修、卫生清扫。1997年，成立机关服务中心，为独立核算的副科级事业单位，主要负责管理机关大院对外门面租赁。2005年，机关院内增设警务室，公安局派遣2名民警到警务室工作。机关保卫科聘用安保人员14名，开展24小时值班巡逻，实行外来人员出入登记和机关院内车辆办证管理制度，确保机关院内正常的工作和生活秩序。2008年下半年，投资10多万元安装智能安防监控和报警装置。

2010年6月，政府采购实行采管分离，市政府采购中心从市财政局整体移交机关事务局管理。至12月底，共完成政府采购预算资金5480万元，节约资金1383万元，节约率达25.24%。是年，公共机构节约能源管理办公室升格为副科级单位，定编3人，并出台《2010年冷水江市公共机构节能目标管理考核细则》，向市民发放《公共机构节能条例》等宣传资料4000余份，开展公共机构节能"万人大签名""能源紧缺体验日"等系列活动。同时，完成2005—2010年公共机构节能消耗统计工作，并建立公共节能联络员制度。

第四篇　人民代表大会

第一章　人大代表与代表大会

第一节　人大代表

一、代表产生

1988—2010年，冷水江市人民代表大会换届5次。市人民代表大会换届选举工作在市委统一领导下进行，每次换届前成立市换届选举工作领导小组，由市委书记任组长，市人大常委会主持换届选举工作。换届选举委员会由时任市人大常委会主任担任主任，下设选举工作办公室，负责换届选举具体工作。人大代表选举，由选举机构统一组织，经过宣传发动、选民登记、张榜公布等程序，充分保障公民的选举权。

选举工作分选区进行，全市划分若干选区，由选民直接投票选举产生新一届人民代表大会代表。市人大代表实行差额选举，候选人多于应选名额。选民10人以上联名提出的候选人与政党、团体提出的候选人一并列入候选名单，经各选区选民充分协商，根据多数选民意见，确定正式候选人。

二、代表构成

冷水江市第六届人民代表大会人大代表分配名额242名，实选233名。其中，妇女代表50人，占21%；非党代表64人，占27%；工人代表37人，占15.8%；农民代表42人，占18%；军人代表21人，占9%；干部代表22人，占9.4%；知识分子代表30人，占12.8%。

冷水江市第七届人民代表大会人大代表分配名额242名，实选234名。其中，非党代表84人，占36%；妇女代表48人，占20.5%；工人代表34人，占14.5%；农民代表23人，占9.9%；干部代表176人，占75.2%；军人代表1人，占0.4%。

冷水江市第八届人民代表大会人大代表分配名额189名，实选183名，其中1名代表选举不符合《选举法》规定，其资格不予确认，实有代表182名。其中，工人代表46人，占25%；干部代表87人，占47.8%；农民代表19人，占10.4%；知识分子代表29人，占15.9%；军人代表1人，占0.5%。

冷水江市第九届人民代表大会人大代表分配名额189名，实选189名。其中，工人代表42人，占22.2%；干部代表120人，占63.5%；农民代表21人，占11.2%；教师代表5人，占2.6%；军人代表1人，占0.5%；女代表31人，占16.4%。

冷水江市第十届人民代表大会人大代表分配名额189名，实选185名。在当选的185名代表中，少数民族代表1人，占0.5%；非中共党员代表37人（其中民主党派6人），占20%；妇女代表31人，占16.8%。市九届人大继续当选代表93人，占50.27%；35岁以下代表18人，占9.7%。

第二节　代表大会

1988—2010年，冷水江市选举产生第六、七、八、九、十届共5届人民代表大会。第六届人民代表大会任期为3年，1995年2月修订的《中华人民共和国人民代表大会及地方各级人民代表大会组织法》及《中华人民共和国全国人民代表大会和地方各级人民代表大会选举法》规定，县级人民代表大会的任期由3年改为5年。此后，市第七至十届人民代表大会每届任期为5年。

1988—2010年，市人民代表大会共经历6届，换届5次，举行大会26次。每次大会均举行预备会议，讨论通过大会议程、表决通过大会主席团成员和秘书长名单，由主席团主持当次大会。大会筹备工作情况由市人大常委会领导在预备会议上作筹备工作报告或由主持人在预备会议上作说明。大会设立秘书处，负责大会各项会务工作。

人大会议选举事项充分体现民意，组织意图基本得到实现，仅七届人大一次会议市长候选人、八届人大四次会议市人大常委会主任候选人因得票未过半数未能当选。大会期间，代表可以提出议案、建议、批评和意见，还可以提出质询案和询问事项。市内行政、司法及其他重要改革事宜，均须市人民代表大会审议并对其中重要事项作出决议、决定。

一、第六届人民代表大会

1990年3月5日至10日，冷水江市第六届人民代表大会第一次会议在市委招待所举行，应到人大代表233人。会议听取和审议市人民政府、市人大常委会、市人民法院、市人民检察院工作报告以及《1989年国民经济与社会发展计划执行情况和1990年国民经济与社会发展计划草案》《1989年财政预算执行情况和1990年财政预算草案》，并予以批准。作出《关于在全市认真贯彻实施〈湖南省计划生育条例〉的决议》。选举廖基信为第六届市人大常委会主任，王在学、项骏、李雪兰（女）、杨佑良、张人和为市人大常委会副主任。选举市人大常务委员会委员13人。选举鲁平益为市人民政府市长，丛善本、马心良、申庆华、朱爱光（女）、张建荣为市人民政府副市长。选举潘久怡为市人民法院院长，刘观豪为市人民检察院检察长。

1991年3月19日至23日，冷水江市第六届人民代表大会第二次会议在市委招待所举行，应到会人大代表227人。会议听取和审议市人民政府、市人大常委会、市人民法院、市人民检察院工作报告以及《1990年国民经济与社会发展计划执行情况和1991年国民经济与社会发展计划草案》《1990年财政预算执行情况和1991年财政预算草案》，并予以批准。作出《关于进一步加强预算外资金管理的决议》。补选市六届人大常委会委员2人。

1992年3月15日至19日，冷水江市第六届人民代表大会第三次会议在市委接待处举行，应到人大代表226人。会议听取和审议市人民政府、市人大常委会、市人民法院、市人民检察院工作报告以及《1991年国民经济与社会发展计划执行情况和1992年国民经济与社会发展计划草案》《1991年财政预算执行情况和1992年财政预算草案》《冷水江市国民经济与社会发展十年规划和第八个五年计划纲要草案》，并予以批准。

二、第七届人民代表大会

1993年1月2日至7日，冷水江市第七届人民代表大会第一次会议在市委接待处举行，应到人大代表223人。会议听取和审议市人民政府、市人大常委会、市人民法院、市人民检察院工作报告以及《1992年国民经济与社会发展计划执行情况和1993年国民经济与社会发展计划草案》《1992年财政预算执行情况和1993年财政预算草案》《关于调整冷水江市国民经济与社会发展十年规划和第八个五年计划纲要的报告》，并予以批准。选举省八届人民代表大会代表。作出《关于加快发展乡镇区街企业的决定》。选举廖基信为第七届市人大常委会主任，杨佑良、李雪兰（女）、张人和、张建荣、项骏为市人大常委会副主任。选举市人大常务委员会委员13人。选举王永兴、丛善本、张建荣（辞去市人大常委会副主任职务）、卿中奇为市人民政府副市长。选举罗义平为市人民法院院长，程在华为市人民检察院检察长。

1994年5月3日至6日，冷水江市第七届人民代表大会第二次会议在市委接待处举行，应到人大代表230人。会议听取和审议市人民政府、市人大常委会、市人民法院、市人民检察院工作报告以及《1993年国民经济与社会发展计划执行情况和1994年国民经济与社会发展计划草案》《1993年财政预算执行情况和1994年财政预算草案》，并予以批准。作出《关于加快发展第三产业的决定》。补选申庆华为市人民政府市长，补选谢原法为市人大常委会副主任。

1995年3月6日至10日，冷水江市第七届人民代表大会第三次会议在市委接待处举行，应到人大代表232人。会议听取和审议市人民政府、市人大常委会、市人民法院、市人民检察院工作报告以及《1994 年国民经济与社会发展计划执行情况和 1995 年国民经济与社会发展计划草案》《1994 年财政预算执行情况和 1995 年财政预算草案》，并予以批准。作出《关于开展“工业企业技术改造年”活动的决定》。补选刘松青为市人民法院院长，补选市人大常务委员会委员 1 人。

1996 年 3 月 12 日至 15 日，冷水江市第七届人民代表大会第四次会议在市委接待处举行，应到人大代表 229 人。会议听取和审议市人民政府、市人大常委会、市人民法院、市人民检察院工作报告以及《1995 年国民经济与社会发展计划执行情况和 1996 年国民经济与社会发展计划草案》《1995 年财政预算执行情况和 1996 年财政预算草案》《冷水江市国民经济与社会发展第九个五年计划和 2010 年规划纲要草案》，并予以批准。补选卿中奇为市人大常委会副主任，补选市人大常务委员会委员 1 人。增选李措光为市人民政府副市长。

1997 年 3 月 11 日至 13 日，冷水江市第七届人民代表大会第五次会议在市委接待处举行，应到人大代表 225 人。会议听取和审议市人民政府、市人大常委会、市人民法院、市人民检察院工作报告以及《1996 年国民经济与社会发展计划执行情况和 1997 年国民经济与社会发展计划草案》《1996 年财政预算执行情况和 1997 年财政预算草案》，并予以批准。听取和审议《关于公路建设集资捐款收支情况的报告》。

三、第八届人民代表大会

1997 年 12 月 28 日至 1998 年 1 月 2 日，冷水江市第八届人民代表大会第一次会议在市委接待处举行，应到人大代表 182 人。会议听取和审议市人民政府、市人大常委会、市人民法院、市人民检察院工作报告以及《1997 年国民经济与社会发展计划执行情况和 1998 年国民经济与社会发展计划草案》《1997 年财政预算执行情况和 1998 年财政预算草案》，并予以批准。选举省九届人民代表大会代表。选举廖基信为第八届市人大常委会主任，邓集华、李雪兰（女）、邹光华、钟芝明、卿中奇、谢原法为市人大常委会副主任。选举市人大常务委员会委员 12 人。选举黄熙雍为第八届市人民政府市长，奉友良、潘二寿、李措光、张戎、阳世霄为市人民政府副市长。选举刘松青为市人民法院院长，吴长松为市人民检察院检察长。

1999 年 2 月 6 日至 8 日，冷水江市第八届人民代表大会第二次会议在市委接待处举行，应到人大代表 187 人。会议听取和审议市人民政府、市人大常委会、市人民法院、市人民检察院工作报告以及《1998 年国民经济与社会发展计划执行情况和 1999 年国民经济与社会发展计划草案》《1998 年财政预算执行情况和 1999 年财政预算草案》，并予以批准。补选李向群为市人民政府市长。

1999 年 7 月 18 日至 19 日，冷水江市第八届人民代表大会第三次会议在市委接待处举行，应到人大代表 187 人。会议选举娄底市第一届人民代表大会代表。

2000 年 3 月 15 日至 17 日，冷水江市第八届人民代表大会第四次会议在市委接待处举行，应到人大代表 182 人。会议听取和审议市人民政府、市人大常委会、市人民法院、市人民检察院工作报告以及《1999 年国民经济与社会发展计划执行情况和 2000 年国民经济与社会发展计划草案》《1999 年财政预算执行情况和 2000 年财政预算草案》，并予以批准。补选市人大常委会主任、委员、娄底市第一届人民代表大会代表。

2001 年 3 月 20 日至 22 日，冷水江市第八届人民代表大会第五次会议在市委接待处举行，应到人大代表 184 人。会议听取和审议市人大常委会、市人民法院、市人民检察院工作报告以及《2000 年国民经济与社会发展计划执行情况和 2001 年国民经济与社会发展计划草案》《2000 年财政预算执行情况和 2001 年财政预算草案》《国民经济和社会发展“十五”计划纲要草案》，并予以批准。补选钟芝明为市人大常委会主任。

2002 年 1 月 22 日至 25 日，冷水江市第八届人民代表大会第六次会议在市委接待处举行，应到人大代表 184 人。会议听取和审议市人民政府、市人大常委会、市人民法院、市人民检察院工作报告以及《2001 年国民经济与社会发展计划执行情况和 2002 年国民经济与社会发展计划草案》《2001 年财政预算执行情况和 2002 年财政预算草案》，并予以批准。补选谢志雄为市人民政府市长。

四、第九届人民代表大会

2003年1月3日至6日，冷水江市第九届人民代表大会第一次会议在冷江宾馆举行，应到人大代表189人。会议听取和审议市人民政府、市人大常委会、市人民法院、市人民检察院工作报告以及《2002年国民经济与社会发展计划执行情况和2003年国民经济与社会发展计划草案》《2002年财政预算执行情况和2003年财政预算草案》，并予以批准。选举钟芝明为第九届市人大常委会主任，邓集华、伍芬奉、李叙柳、李雪兰（女）、肖晴和、罗中秋（女）为市人大常委会副主任，选举市人大常务委员会委员14人。选举谢志雄为市人民政府市长，王修林、朱前明、刘新平（女）、杨建湘、吴建平、邹光华为市人民政府副市长。选举羊志宏为市人民法院院长，张干军为市人民检察院检察长。

2003年12月22日至24日，冷水江市第九届人民代表大会第二次会议在冷江宾馆举行，应到人大代表186人。选举娄底市第二届人民代表大会代表。

2004年3月9日至12日，冷水江市第九届人民代表大会第三次会议在冷江宾馆举行，应到人大代表184人。会议听取和审议市人民政府、市人大常委会、市人民法院、市人民检察院工作报告以及《2003年国民经济与社会发展计划执行情况和2004年国民经济与社会发展计划草案》《2003年财政预算执行情况和2004年财政预算草案》，并予以批准。作出《关于深入开展全民义务植树运动的决定》。补选市人大常务委员会委员。

2005年3月20日至23日，冷水江市第九届人民代表大会第四次会议在冷江宾馆举行，应到人大代表186人。会议听取和审议市人民政府、市人大常委会、市人民法院、市人民检察院工作报告以及《2004年国民经济与社会发展计划执行情况和2005年国民经济与社会发展计划草案》《2004年财政预算执行情况和2005年财政预算草案》，并予以批准。补选刘小龙为市人民政府市长，补选市人大常务委员会委员4人。增选娄底市第二届人民代表大会代表。

2006年3月17日至18日，冷水江市第九届人民代表大会第五次会议在冷江宾馆举行，应到人大代表184人。会议听取和审议市人大常委会、市人民法院、市人民检察院、市环保局工作报告以及《2005年国民经济与社会发展计划执行情况和2006年国民经济与社会发展计划草案》《2005年财政预算执行情况和2006年财政预算草案》《国民经济和社会发展第十一个五年规划纲要草案》，并予以批准。

2007年3月12日至14日，冷水江市第九届人民代表大会第六次会议在冷江宾馆举行，应到人大代表184人。会议听取和审议市人民政府、市人大常委会、市人民法院、市人民检察院、市环保局工作报告以及《2006年国民经济与社会发展计划执行情况和2007年国民经济与社会发展计划草案》《2006年财政预算执行情况和2007年财政预算草案》，并予以批准。作出《关于批准〈冷水江市锡矿山宝大兴地区安全监管特别规定〉的决定》。

五、第十届人民代表大会

2007年12月15日至18日，冷水江市第十届人民代表大会第一次会议在冷江宾馆举行，应到人大代表185人。会议听取和审议市人民政府、市人大常委会、市人民法院、市人民检察院工作报告以及《2007年国民经济与社会发展计划执行情况和2008年国民经济与社会发展计划草案》《2007年财政预算执行情况和2008年财政预算草案》，并予以批准。选举李曙华为第十届市人大常委会主任，伍芬奉、杨清（女）、胡汉卿、肖时明、颜续章为市人大常委会副主任。选举市人大常务委员会委员18人。选举刘小龙为市人民政府市长，易振、杨建湘、罗德龙、刘邦文、邹光华、姜海燕（女）为市人民政府副市长。选举羊志宏为市人民法院院长，朱纪文为市人民检察院检察长。

2008年12月17日至19日，冷水江市第十届人民代表大会第二次会议在冷江宾馆举行，应到人大代表182人。会议选举娄底市第三届人民代表大会代表。

2009 年 3 月 25 日至 27 日，冷水江市第十届人民代表大会第三次会议在冷江宾馆举行，应到人大代表 182 人。会议听取和审议市人民政府、市人大常委会、市人民法院、市人民检察院、市环保局工作报告以及《2008 年国民经济与社会发展计划执行情况和2009年国民经济与社会发展计划草案》《2008 年财政预算执行情况和 2009 年财政预算草案》，并予以批准。

2010 年 1 月 12 日至 15 日，冷水江市第十届人民代表大会第四次会议在冷江宾馆举行，应到人大代表 188 人。会议听取和审议市人民政府、市人大常委会、市人民法院、市人民检察院、市环保局工作报告以及《2009 年国民经济与社会发展计划执行情况和2010年国民经济与社会发展计划草案》《2009 年财政预算执行情况和 2010 年财政预算草案》，并予以批准。补选佘英俊为市人大常委会副主任，补选市人大常务委员会委员 5 人。补选何志光为市人民政府市长，杨清（女）为市人民政府副市长。增选娄底市第三届人民代表大会代表。

1988—2010 年冷水江市出席全国、省、娄底市人民代表大会代表一览表

表 4-1

级别	届别	任　期	代　表　姓　名	备注
全国人民代表大会	七	1988—1993	姚绮云（女）	
	八	1993—1998	姚绮云（女）	
	九	1998—2003	刘学明	
	十	2003—2008	梁又姿（女）	
	十一	2008—	陈代富	
省人民代表大会	七	1988—1993	韩江正　张国兴　李玉良　王晓力　晏湘庆　陶毅龙　闵盛积	
	八	1993—1998	肖志良　胡安健　唐之亨　陶毅龙　谢德旺　廖基信　姜雪琴（女）	
	九	1998—2003	唐之亨　彭少林　王在树　廖基信　谢永清　谢德旺　姜雪琴（女）	
	十	2003—2008	钟芝明　杨玲益　杨仕承　罗日平　陈代富	
	十一	2008—	刘小龙　陈晓荣　陈代富　苏　泉	
娄底市人民代表大会	一	1999—2003	马心良　王小菲（女）　王宝桂（女）　邓建和　龙海成　兰泽树 刘建宽　刘富华　杨仕承　杨江萍（女）　杨宗海　杨玲益 杨最新　李玉祥　李廷云　李旭姣（女）　李向群　李荣华 李洪和　肖志雄　肖体望　何汉贵　张　亮　张明松 张雄旭　陈　立　戴新民　罗集中　金放明　钟　萍（女） 钟芝明　钟纪银　段中荣　黄罗汝　黄熙雍　梁又姿（女） 彭仲元　彭增光　辜载生　程正龙　曾海凡　曾宿怡（女） 谢万春　谢凤翔　谢文生　谢凤龄　谢礼光　谢志雄 廖基信　潘久欣　潘安民　潘求谛　潘家成　欧阳明慧（女） 王永兴　冯长根　饶一兵　李江南	王永兴冯长根饶一兵李江南等为届内补选
	二	2003—2008	王建成　冯长根　刘建中　李文莲（女）　李江南　李向群 李建军　何汉贵　何向阳　沈裕辉　饶一兵　黄熙雍 梁经虎　廖志理　王付华　文　雯（女）　文晓明　朱军辉 伍永跃　刘　强　刘赛红（女）　阳卫龙　阳姣莲（女）　阳焕华 李卫平　李旭娇（女）　李叙柳　李洪和　李雪兰（女）　李维红（女） 肖芸樵　肖志雄　肖初金　吴建平　邹伟平　邹宏立 张攸武　陈一苇　陈代忠　陈代富　易建新　胡汉卿 钟芝明　禹凤英（女）　姜少文　袁家雄　郭建民　黄隆华 曹新江　程正龙　童甘霖　谢龙华　谢志雄　蔡景新 潘求谛　刘小龙	刘小龙为九届人大四次会议增选

续表 4-1

级别	届别	任　期	代　表　姓　名	备注
娄底市人民代表大会	三	2008—	王正桃　王建成　邓庆华　石命香（女）石耀军　叶勇飞　冯　阳（女）朱前明　仲　沂　刘小龙　刘卫芬（女）刘业辉　刘志升　刘钢华（女）刘新红（女）杨江萍（女）杨设民　杨玲益　杨淑莲（女）杨　维　苏惠娟（女）李友元　李双燕（女）李旭娇（女）　李江南　李红辉　李珊初　李曙华　吴德华　何建国　何润华（女）邹伟平　邹伍林　沈裕辉（女）张华伟　张定良　陈一苇　陈永忠　陈　皓　欧阳俐桃（女）易　振　罗新晖（女）　周石平　周恒桂　胡汉卿　胡年玉　段平屏　姜少文　姚正先　袁险峰　程正龙　黄均元（女）黄熙雍　康　一　梁乐宁　梁建利　彭石民　彭瑞华　董　兵　谢志雄　颜桂兰（女）陈伟志	陈伟志为十届人大四次会议增选

第二章　市人大常务委员会

第一节　人员组成

市人大常务委员会由主任、副主任、委员组成。市第六届人民代表大会常务委员会届初由19人组成，其中主任1人，副主任5人，委员13人。第七届届初由20人组成，其中主任1人，副主任6人，委员13人。第八届届初由19人组成，其中，主任1人，副主任6人，委员12人。第九届届初由21人组成，其中主任1人，副主任6人，委员14人。第十届届初由24人组成，其中主任1人，副主任5人，委员18人。

1988—2010年冷水江市人大常务委员会历届正、副主任任职一览表

表 4-2

届别	职　务	姓　名	性别	任职起止年月	备　注
六	主　任	廖基信	男	1990.3—1993.1	
	副主任	王在学	男	1990.3—1993.1	
		项　骏	男	1990.3—1993.1	非党
		李雪兰	女	1990.3—1993.1	
		杨佑良	男	1990.3—1993.1	
		张人和	男	1990.3—1993.1	
七	主　任	廖基信	男	1993.1—1997.12	
	副主任	杨佑良	男	1993.1—1997.12	
		李雪兰	女	1993.1—1997.12	
		张人和	男	1993.1—1997.12	
		项　骏	男	1993.1—1997.12	非党
		谢原法	男	1994.5—1997.12	七届人大二次会议补选
		卿中奇	男	1996.3—1997.12	七届人大四次会议补选

续表 4-2

届别	职　务	姓　名	性别	任职起止年月	备　　注
八	主　任	廖基信	男	1998.1—2000.3	调娄底市人大
		钟芝明	男	2001.3—2003.1	八届人大五次会议补选
	副主任	邓集华	男	1998.1—2003.1	非党
		李雪兰	女	1998.1—2003.1	
		邹光华	男	1998.1—2003.1	非党
		钟芝明	男	1998.1—2001.3	2000.3—2001.3 任代理主任
		卿中奇	男	1998.1—2003.1	
		谢原法	男	1998.1—2003.1	
九	主　任	钟芝明	男	2003.1—2007.12	
	副主任	李雪兰	女	2003.1—2007.12	
		邓集华	男	2003.1—2007.12	非党
		肖晴和	男	2003.1—2007.12	
		李叙柳	男	2003.1—2007.12	
		罗中秋	女	2003.1—2007.12	
		伍芬奉	男	2003.1—2007.12	
十	主　任	李曙华	男	2007.12—	
	副主任	伍芬奉	男	2007.12—	
		杨　清	女	2007.12—2010.1	非党
		胡汉卿	男	2007.12—	
		肖时明	男	2007.12—	
		颜续章	男	2007.12—	
		余英俊	男	2010.1—	非党，十届人大四次会议补选

1988—2010 年冷水江市人大常务委员会历届委员一览表

表 4-3

届别	职务	姓　　名	补选情况
六	委员	谢龙飞　王彦桐　李文莲（女）　王楚根　冯仲风 谢久尧　郭友秀（女）　李冬初　谢惠生　陈绿波（非党） 刘冬梅（女，非党）　赖兆旋（非党）　李立新　王化球　谭德元	王化球、谭德元为六届二次会议补选
七	委员	王化球（非党）　邹光华（非党）　邹同兴　张　亮（民建）　张玉辉（非党） 张学健　黄罗汝　黄洪东　龚高云　辜载生 童桂娥（女）　谢久尧　谭德元　扶利民（女）　李传艾	扶利民为七届三次会议补选，李传艾为七届四次会议补选
八	委员	王小勇　龙海成　刘筱莲（女）　苏先炼　李玉祥　李传艾 扶利民　肖晴和　邹同兴　黄罗汝　童桂娥（女）　潘求才 李公秋　周增奇（女）	李公秋、周增奇为八届四次会议补选

续表 4-3

届别	职务	姓　　名	补选情况
九	委员	李公秋　李振兴　肖志雄　邹同兴　邹建平　陈光坤　陈晓荣（非党）　罗忠伟　周增奇（女）　赵纯士　袁家雄　梁国根　谢喜迎　潘楚瑞　刘　强　苏桂良　王建农　石耀军　陆增富　程正龙	刘强、苏桂良为九届三次会议补选，王建农、石耀军、陆增富、程正龙为九届四次会议补选
十	委员	邓定海（九三）　石耀军　叶冠西　李公秋　李双燕（女，非党）　李果新（九三）　肖志雄　肖育平　吴苏杭（非党）　邹宏立　张友贤（非党）　陈　皓（非党）　周建球　赵纯士　袁家雄　郭朋芳　庾一清　潘楚瑞　李卫华　吴三三　段平屏　曹国武　谢龙华	李卫华、吴三三、段平屏、曹国武、谢龙华为十届四次会议补选

第二节　工作机构

市人大常务委员会工作机构根据实际需要经上级部门批准设置。1988 年，设立城环工委。1995 年，法制工作委员会改名内务司法工作委员会。2002 年，设立农工委。2010 年，设有办公室、研究室、选举任免联络工作委员会、内务司法工作委员会、财政经济工作委员会、教育科学文化卫生工作委员会、城乡建设环境与资源保护工作委员会、农业与农村工作委员会等机构。各工作机构均为正科级，各配正、副主任及科员 2～3 名。

1988—2010 年，市人民代表大会各届常务委员会共召开常委会 178 次。常委会坚持民主集中制原则，集体行使职权，讨论、决定市域重大事项，依法进行人事任免，办理人民代表大会交办的事务，组织开展代表活动，促进法律法规贯彻实施，监督“一府两院”依法行政、公正司法，处理重要的群众来信来访，做好规范性文件备案审查等。为更好地做好人大工作以及加强人大常委会自身建设，市人大常委会先后制定和出台《人大常委会议事规则》《关于加强自身建设的决议》等一系列制度和规则。

第三章　行权履职

第一节　决定重大事项

1988 年，五届人大常务委员会第十次会议作出《关于布溪分区规划的决定》，为布溪特区发展建设确定蓝图。1991 年，六届人大常委会第八次会议作出《关于冷水江市普及九年义务教育实施规划的决议》，市政府根据决议制定《冷水江市普及九年义务教育实施规划》并组织实施，拓宽议教兴教渠道，在教育经费预算基础上增拨 20%以上资金用于教育，促进全市义务教育发展。

1993 年，七届人大常委会第一次会议作出《关于开展 1993 年财政收入上亿元台阶活动的决定》，两次听取市政府关于贯彻决定情况汇报，要求调动一切积极因素，努力增加财政收入。11 月，市财政收入突破亿元大关，实现 3 年跨越三个台阶战略目标。1994 年，市人大常委会作出《关于确定蔬菜基地保护区的决定》，全市设立蔬菜基地重点保护区和一般保护区，遏制乱征乱占蔬菜基地的势头，稳住“菜园子”，保证“菜篮子”。

1996 年，根据全国八届人大四次会议关于依法治国、建设社会主义法治国家和中央“三五”普法要求，市人大常委会作出《关于在全市公民中开展第三个五年法制宣传教育的决议》，推动全市普法工作。1999 年，周边县市改革煤炭税费征管政策，造成冷水江市大量税收外流。根据这一新情况，市人大常委会作出《对全市煤炭税费实行统一征管的决议》，遏制税收外流和征收腐败，增加财政收入。

2000 年，为优化大中型企业周边环境，市人大常委会作出《集中整治工业企业环境的决定》，打击一批扰乱大中型企业周边环境的不法分子，维护企业合法利益。2003 年，市人大常委会作出《关于集中整治城市规划区内“两违”建筑的决定》及《关于加强城市规划、建设和管理的决定》，并开展专项检查，全市拆除“两违”建筑 1 万余平方米。

2004 年，市人大代表和市民对城区污染问题反映比较强烈，市人大常委会作出《关于加强环境污染治理、改善人民生活环境的决定》，同时组织代表考察环保工作，市区环保状况得到改观。2005 年，针对吸、贩毒日益严重的局面，市人大常委会作出《关于进一步加强禁毒工作的决定》，在公安机关严厉打击下，遏制了吸毒、贩毒现象高发态势。2006 年 3 月，市九届人大五次会议专门听取和审查市内 7 家重点排污企业环保整治方案，有 3 家企业的环保整治方案被否决，作出波月水泥有限公司、湖南耀华冷水江耐火材料有限公司、娄底亿达电化有限公司、冷水江硅质耐火材料有限公司 4 家企业“退城进郊”决定。在全市刮起“环保风暴”，得到《法制日报》《中国环境报》《湖南日报》等媒体的关注。

2008 年，为解决兴建污水处理工程资金短缺问题，市人大常委会作出《关于同意将偿还污水处理工程项目建设资金列入财政预算的决议》。2009 年，日处理污水能力 3 万吨的城市生活污水处理厂一期工程竣工并试运行。

1988—2010 年，市人大常委会依法履行重大事项决定权，围绕全市经济社会发展大局作出 149 项决议、决定。决定、决议作出后，授权和监督行政、司法机关执行。

第二节　选举和人事任免

1988 年，在人事任免时召开颁发任命书大会，向被任免人员颁发任命书；改革表决方式，将举手表决改为无记名投票；出台《人事任免规则》，对任命人员进行法律考试，当年 2 人因没参加任前法律考试未予审议，1 人未获过半票数没有通过。1998 年，八届人大常委会第三次会议作出《关于进一步强化“一府两院”组成人员任前法律考试的决定》，后又出台《人事任命审议原则》，当年有 1 人因任职资格不符而延缓任命。2000 年，出台《对市人民政府副市长届期进行公开述职评议测评的实施办法》，规定人大任命的干部要进行述职评议和就职宣誓，加强对任命干部任后监督。2001 年，出台《人事任免办法》和《任前公示制度》，人事任免程序更趋规范。

1988—2010 年，市人民代表大会选举产生人大常委会主任 7 人次、副主任 35 人次、委员 87 人次；选举产生市人民政府市长 9 人次、副市长 27 人次；选举产生市人民法院院长 6 人次，市人民检察院检察长 5 人次；选举产生省人大代表 21 人次，娄底市人大代表 176 人次；报请市人大常委会任免“一府两院”及其组成机构领导人员 1081 人次。

第三节　议案办理

1988—2010 年，办理代表议案、建议、批评和意见的程序是：人大代表在大会期间提出议案、建议、批评和意见，经大会议案审查组审查，提出处理意见报请大会主席团决定。对符合法定条件的议案，由大会主席团提交大会审议并作出相应决议；对未达法定人数提出的或属于一般性的建议、批评和意见，大会主席团交市人大常委会处理。代表大会闭幕后，市人大常委会召集“一府两院”对议案、建议等进行集中交办，采取督办方式督促“一府两院”办理。在收到“一府两院”办理情况报告后及时将办理结果向相关代表反馈，并请代表对办理结果是否满意签署意见，必要时邀请代表面对面沟通。代表对办理结果不满意且有正当理由的，市人大常委会将该议案或建议退回“一府两院”重新办理，务求做到件件有着落，事事有回音。

1991 年，17 名代表联名提出《要求政府修好广场路的建议》，时任市长及时批示，当年解决这个老大难问题。1993 年，20 名代表联名提出《要求依法惩办“8·18”凶案凶手的建议》，市公安局在收到代表建议 1 个月后即将案件处理情况回复代表。代表们认为公安局答复比较含糊，没有说明处理结果，公安局又派人到法院了解审判结果，并以《补充答复》形式反馈给代表，得到代表们理解。2009 年，代表提出《请求公路局彻底整修 X042 线冷水江段的建议》，市公路局积极争取上级公路部门支持，把 X042 线列为全省当年唯一的整修改造县道，并于当年竣工。市民称赞 ：“一条代表建议修好一条路。”

1988—2010 年，在历次市人民代表大会上，市人大代表提出议案 442 件（立案 18 件，其余 424 件转作建议处理），提出建议、批评和意见 3016 条。

第四节　考察调研和执法检查

市人大常务委员会把考察调研作为知民情、聚民智的重要途径，组织委员和代表对群众普遍关注的热点、难点、焦点问题开展考察调研活动。

1988 年，组织人大代表考察乡村企业，了解到企业设立的煤炭检查站限制煤炭外销，市人大常委会将此情况向市政府反映，市政府责令撤销所有煤检站。1990 年，组织人大代表考察锡矿山地区锑资源开采情况，发现该区乱采滥挖锑矿屡禁不止，特别是宝大兴矿窿留下的保安支柱被人偷采，严重威胁地面居民及学校、医院安全，市政府迅速采取果断措施，抽调 100 多名干部开展专项整治行动，封闭 100 多个非法开采小锑洞，并成立一支 30 多人的护矿队伍，保证矿区安全。

1992 年，组织委员专题考察计生工作，写出《关于阻碍计划生育工作几起案件的调查报告》，并督促有关部门严肃处理行凶闹事者。市公安局等单位在 2 个月内，依法处理 15 起殴打计生工作人员案件，11 名直接责任人被行政拘留，1 人被依法追究刑事责任。1993 年，组织代表围绕减轻农民负担、工业污染项目治理、布溪特区开发、乡镇区街企业发展等方面进行考察，提出《进一步为乡镇区街企业的发展创建宽松外部环境的建议》。1995 年，市人大常委会采取代表个人持证考察和集中考察相结合的办法，充分调动代表主观能动性，增强考察深度，取得较好效果。1998 年，组织代表考察全市职业学校，向市政府提交“理顺管理体制、明确管理职能”意见，促进全市职业教育发展。

2003 年，组织代表考察民营企业，向市政府提出发展民营经济的建议意见 14 条。为加快市属国有企业“两个置换”改革，组织代表到相关企业考察调研，就加快国有企业改革向市政府提出建设性意见。2005 年，组织全国、省、娄底市人大代表考察冷水江矿区采矿沉陷区综合治理、冷水江火车东站扩能提级、金竹汽车站建设等情况，向省人大递交 7 份建议，向全国人大递交《关于加快冷水江火车东站扩能提级的建议》。

2006 年，组织省、娄底市代表和部分本级代表考察城市东扩、浪石滩水电站建设、新农村建设等工作。2008 年，邀请部分省十一届人大代表赴锡矿山宝大兴地区开展专题考察，形成高质量的省代表建议，对促成宝大兴地区整体搬迁避让工程立项发挥了积极作用。2009 年，多次组织代表考察娄新高速冷水江段、污水处理厂一期工程、曾家冲垃圾填埋场、金竹东路“白改黑”工程、滨江公园等重点工程，督促工程质量和进度，促进全市重点工程项目顺利进行。

1988—2010 年，市人大常委会共开展执法检查 100 余次。通过执法检查，对“一府两院”进行法律监督和工作监督，确保国家法律、法规贯彻落实。

第五节　述职评议

1999 年，市人大常务委员会召开“一府两院”组成成员述职大会，主要领导公开述职，并递交书面述职报告。2001 年，组织全国、省、娄底市、冷水江市四级人大代表 60 余人，对 50 个执法单位公开评议。评议历时 7 个月，整理评议意见 84 条，对 5 个评议测评意见较集中的单位责令进行整改，3 个月后再次复评。是年，为规范副市长评议工作，市人大常委会制定《评议市人民政府副市长实施办法》和《关于对市人民政府副市长工作的测评标准》，邀请乡镇以上五级人大代表参与，评议时面对面评，背靠背测，对2名满意率75%以上的副市长授予“冷水江市人民政府优秀副市长”荣誉称号。2003年，对市水利局局长、民政局局长、法院1名副院长、检察院1名副检察长进行述职评议。2004年，对市农业局、电力局进行工作评议。代表们不讲情面，对个别干部提出尖锐批评。有位副局长因群众意见较大，责令其在评议会上作深刻反思发言。

2005年，出台《关于进一步规范由市人大及其常委会选举任命的“一府两院”国家工作人员书面述职工作的决定》，规定对书面述职报告进行严格审查，并作为党委考察了解使用干部的依据。制定《冷水江市人大常委会述职评议测评办法》和《冷水江市人大常委会工作评议测评办法》。是年，对7名国家机关工作人员进行述职评议。

2008年，按照新颁布的《中华人民共和国各级人民代表大会常务委员会监督法》规定，作出《关于开展专项工作评议的决定》。2009年，对全市卫生工作进行专项评议，参加评议的委员和人大代表肯定卫生工作取得的成绩，指出存在的突出问题，就加快医疗卫生专业技术人才引进、整合全市医疗资源、加强医德医风建设、规范药品价格和医疗服务收费等问题提出意见。经市人大常委会组成人员无记名投票表决，全市卫生工作评定为基本满意。

2010年，对城区交通秩序管理工作进行专项评议。市人大常委会成立评议工作办公室，制定评议方案。经常委会组成人员无记名投票测评，城区交通秩序管理工作被评为基本满意。是年，首次听取本市选举产生的6名娄底市第三届人大代表述职，促使他们由“荣誉代表”向“责任代表”转变。

第六节 联系代表

1988年，全市建立46个市人大代表小组，定期开展联系代表活动。1993年，对代表进行编组，共编成36个代表小组，推选小组长、联络员，并编纂《代表通讯录》。1994年，组织代表开展“四个一（考察一次、提一条合理化建议、搞一次民情调查、剖析一个热点问题）”“争先创优”“人民选我当代表，我当代表为人民”等活动。

1996年，全市连续发生两起侵害人大代表权益事件，在市人大常委会督促下，事件很快得到妥善处理。是年，工交系统代表联组发起为公路建设“捐一份资金、献一个工日、提一条建议”活动。活动中代表提出的S1808线施工方案，优于原定方案，被市政府采纳，该项工程节省资金500万元。

2000年，在全市范围内开展“创先进代表联（小）组和优秀代表个人”争先创优活动，绝大多数代表小组建立代表活动室。2001年，市人大常委会召开争先创优活动总结表彰大会，对4个代表联（小）组和15位代表予以表彰。2004年，建立《冷水江市人大代表选区活动日制度》，有数十名代表到选区述职，接受选民咨询，同时为选民排忧解难。

2006年，部分省人大代表在考察时就企业学校移交地方后离退休教师安置问题要求约见市长。市人大常委会高度重视，认真组织约见活动，代表与市长面对面交换意见。2009年，对全市189名代表进行集中走访，指导娄底市第三届人大代表冷水江代表团的5个代表小组建立标准规范的代表小组活动室，并为各级人大代表建立电子档案。2010年，学习贯彻新修订的《中华人民共和国全国人民代表大会和地方各级人民代表大会代表法》和中共湖南省委有关文件，建立健全代表联系机制、代表履职登记和履职情况报告制度、代表小组活动制度、代表建议重点办理制度等，进一步规范代表工作。

第七节 信访工作

1988年，市民来信反映岩口乡乡长当选不符合法律规定。经调查核实，该乡长得票未过半数，市人大常委会作出撤销该乡乡长当选的决定。同年，依法纠正4起有影响、量刑不当的案件。1990年，主任会议将24件久诉不息的信访案件交公安部门限期办理，公安部门抽出专人负责，办理完毕后向市人大常委会作出书面汇报。1991年，市民反映劳改释放人员姜某有违法犯罪行为。市人大常委会经过调查，发现姜某劳改释放后，在冷水江街道治安联防队工作期间，纠集一些刑满释放人员和社会闲杂人员，实施抢劫、流氓、强奸等违法犯罪活动，要求公安机关严肃查处。市公安局抽调6名得力干警，经过5个多月艰苦工作，基本查清姜某及其同伙犯罪事实，依法逮捕姜某等4人。

1999年，市人大常委会多次接到市民反映经济发展环境方面的问题，专门开展治理经济发展环境综合执法检查，督促有关部门查处一批乱收费、乱罚款、乱摊派和强装强卸等违法典型案件，共批捕犯罪嫌疑人20余人，劳教27人，治安处罚163人，经济发展环境明显好转。

2006年，冷水江街道涟溪社区居民多次反映博环渣业公司粉渣、噪声污染严重。市人大常委会召集相关职能部门多次到企业调研，与企业达成异地扩建共识。2009年，为了处理历时5年多的刘新吉涉诉上访一案，市人大常委会领导分析案情，提出“先民后刑”解决思路，后通过一年多反复协调，顺利结案。

1988—2010年，市人大常委会把信访工作作为联系群众、倾听民意、化解矛盾、促进和谐的重要渠道，建立和完善《主任信访接待日制度》《信访包案制度》《主任批办信访制度》《主任会议集体审议信访案件制度》《信访办理回访制度》等一系列制度。23年间，共接待群众来信来访2.41万件次。

第八节　乡镇人大工作监督指导

1988年，各乡镇建立乡镇人大主席团，选举专职常务主席，制定乡镇人大主席团、乡镇人大常务主席职责。1989年，各乡镇人大主席团配备专职或兼职秘书。1991年，乡镇人大工作做到“六统一”（统一购置国徽、统一各项制度、统一建议办理格式、统一办宣传橱窗和简报、统一印制代表工作活动记录本、统一建立代表活动室），完善乡镇人大工作目标管理，乡镇人大工作不断规范。

1995年，各乡镇人大主席团增设一名副主席。1999年，市委下发《关于进一步加强全市乡镇人大工作的意见》，为乡镇人大开展工作提供组织保障。是年，制定并实行《乡镇人大工作目标管理考核办法》。2001年，冷水江街道、沙塘湾街道、锡矿山街道分别设立人大工作委员会。2003年，首次召开全市乡（镇、街道）党委书记人大工作座谈会。2004年，增加街道人大工委人员编制，新设布溪街道人大工作委员会。2010年，举办乡（镇、街道）人大干部业务培训班，指导乡镇人大依法开展调研、代表述职、工作评议等活动。

1988—2010年，全市乡镇人大共进行7次换届选举。2007年前，乡镇人大任期每届3年，2007年后每届5年。乡镇人大一般每年举行一次代表大会，代表大会原则上由每届第一次会议选出的主席团组织召开。根据工作需要，乡镇人大主席团可以决定召开临时代表大会。乡镇人民代表大会主要议题是：听取和审议乡镇政府、乡镇人大主席团工作报告，审查和批准乡镇年度财政预决算，讨论、决定本行政区域内重大事项，代表提出议案、建议、批评和意见，罢免、选举、增选、补选乡镇人大主席团和政府组成人员。

第五篇　人民政府

第一章　政府机构

第一节　领导班子

市人民政府领导班子由市长、副市长组成。市长、副市长由市人民代表大会选举产生。1988—2010年，冷水江市人民政府经历第五届至第十届。第五届政府领导班子先后有市长或代市长2人、副市长5人；第六届政府领导班子先后有市长或代市长2人、副市长11人；第七届政府领导班子先后有市长或代市长3人、副市长14人；第八届政府领导班子先后有市长或代市长3人、副市长7人；第九届政府领导班子先后有市长或代市长3人、副市长15人；第十届政府领导班子先后有市长或代市长2人、副市长13人。

1988—2010年冷水江市人民政府领导班子成员任职一览表

表5-1

届次	职　务	姓　名	性别	任职起止年月	挂职情况
第五届（1988.1—1990.3）	市　长	谭铁勋	男	1988.1—1989.9	
	代市长	鲁平益	男	1989.9—1990.3	
	副市长	朱爱光	女	1988.1—1990.3	
		马心良	男	1988.1—1990.3	
		申庆华	男	1988.1—1990.3	
		王中平	男	1988.1—1989.2	
		从善本	男	1989.11—1990.3	
第六届（1990.3—1993.3）	市　长	鲁平益	男	1990.3—1992.7	
	代市长	黄祝阳	男	1992.7—1993.1	
	副市长	申庆华	男	1990.3—1993.3	
		张建荣	男	1990.3—1993.3	
		杨佑良	男	1990.3—1992.4	
		朱爱光	女	1990.3—1993.3	
		马心良	男	1990.3—1992.4	
		从善本	男	1990.3—1993.3	
		李向东	男	1991.3—1993.3	
		卿中奇	男	1991.4—1993.3	
		王永兴	男	1992.4—1993.3	
		刘　勇	男	1992.8—1993.3	
		吴星生	男	1992.11—1993.3	

续表 5-1

届次	职务	姓名	性别	任职起止年月	挂职情况
第七届（1993.3—1997.12）	市长	申庆华	男	1994.3—1997.6	
	代市长	冯长根	男	1993.3—1994.3	
		黄熙雍	男	1997.6—1997.12	
	副市长	刘明生	男	1993.3—1995.9	
		王永兴	男	1993.1—1996.10	
		卿中奇	男	1993.3—1997.6	
		颜桂兰	女	1993.3—1997.10	
		曾海凡	男	1993.6—1997.10	
		张建荣	男	1993.3—1997.6	
		丛善本	男	1993.3—1996.10	
		罗景田	男	1993.6—1995.8	
		钟芝明	男	1995.3—1997.12	
		谢文生	男	1996.1—1997.9	
		李措光	男	1996.3—1997.12	
		潘二寿	男	1996.3—1997.12	
		奉友良	男	1997.8—1997.12	
		张　戎	男	1997.8—1997.12	
第八届（1997.12—2002.1）	市长	黄熙雍	男	1997.12—1998.9	
		李向群	男	1998.9—2001.7	
	代市长	谢志雄	男	2001.7—2002.1	
	副市长	奉友良	男	1997.12—1999.1	
		潘二寿	男	1997.12—2002.1	
		李措光	男	1997.12—2002.1	
		张　戎	男	1997.12—2002.1	
		阳世霄	男	1998.1—2002.1	
		刘新平	女	1999.5—2002.1	
		谢万春	男	1999.10—2002.1	

续表 5-1

届次	职　务	姓　名	性别	任职起止年月	挂职情况
第九届（2002.1—2007.12）	市　长	谢志雄	男	2002.1—2004.5	
		刘小龙	男	2005.3—2007.12	
	代市长	吴奇修	男	2004.5—2004.11	
	副市长	潘二寿	男	2002.1—2002.10	
		阳世霄	男	2002.1—2002.10	
		谢万春	男	2002.1—2002.5	
		吴建平	男	2002.10—2004.10	
		刘新平	女	2002.1—2006.6	
		彭石清	男	2002.5—2006.12	
		邹光华	男	2002.11—2007.12	
		朱前明	男	2002.11—2004.11	
		杨建湘	男	2003.1—2007.12	
		王修林	男	2003.1—2007.1	
		康艳华	女	2003.8—2005.3	
		易　振	男	2004.12—2007.12	
		罗德龙	男	2006.3—2007.12	挂职
		刘邦文	男	2006.3—2007.12	
		姜海燕	女	2007.1—2007.12	
第十届（2007.12—　）	市长	刘小龙	男	2007.12—2009.3	
		何志光	男	2010.1 —	
	代市长	何志光	男	2009.11—2010.1	
	副市长	易　振	男	2007.12—2009.5	
		杨建湘	男	2007.12—2009.4	
		罗德龙	男	2007.12—2008.2	挂职
		刘邦文	男	2007.12—2009.9	
		邹光华	男	2007.12—2009.4	
		姜海燕	女	2007.12—	
		覃万成	男	2009.4—2010.12	挂职
		陈伟志	男	2009.5—	
		陈郁琼	男	2009.6—	
		李振兴	男	2009.6—	
		刘海云	男	2009.8—	
		杨　清	女	2010.1—	
		邓代泽	男	2010.6—	挂职

第二节　工作机构

1988—2010年，冷水江市人民政府工作机构随经济社会发展而发展变化，其间较大的变动有4次。

一、1988年政府工作机构

1988年，设政府工作机构41个：市政府办公室、经济委员会、计划委员会、财贸委员会、农业委员会、教育委员会、建设委员会、体育运动委员会、科学技术委员会、计划生育委员会、公安局、司法局、民政局、财政局、人事局、劳动局、国土管理局、交通局、环境保护局、农牧渔业局、林业局、水利水电局、农业机械管理局、文化局、卫生局、物资局、物价局、商业局、供销合作社联合社、粮食局、城市建设局、工商行政管理局、化学工业局、轻纺工业局、煤炭工业局、建筑材料工业局、乡镇企业局、对外贸易局（对外经济贸易公司）、广播电视局、统计局、审计局。

二、1994年政府工作机构

1994年10月，机构改革全面实施，上级核定全市行政编制1123名。按照《冷水江市党政群机关机构改革方案》，市政府工作机构设置29个：市政府办公室、经济委员会、建设局、计划物价局、科学技术局、教育局、公安局、司法局、民政局、财政局、人事局、劳动局、交通局、农业局、林业局、水利水电局、文化局、卫生局、计划生育局、监察局、审计局、农村工作办公室、财贸工作办公室、乡镇企业局、统计局、工商行政管理局、国土管理局、地方税务局、粮食局。其中前面1～21个为政府组成单位。

三、2002年政府工作机构

2002年5月机构改革，上级核定全市行政编制1073名（其中党政群机关行政编制503名），市政府设置工作机构22个（其中监察局与纪委机关合署办公不计政府机构个数）：市政府办公室、发展计划局、经济工作局、教育局、科学技术局、公安局、监察局（与纪委机关合署办公）、民政局、司法局、财政局、人事局、劳动和社会保障局、国土资源局、建设局、交通局、水利局、农业局、林业局、文化局〔新闻出版（版权）局〕、卫生局、计划生育局、审计局、环境保护局。另有承担行政管理职能的事业机构27个。

机构调整后，市政府工作部门不再分组成单位和工作部门，统称为政府工作部门。政府工作部门之间彼此不再实行系统管理，政府各部门直接向市政府负责。

四、2005年政府工作机构

2005年机构改革，上级核定全市行政编制1111名（其中党政群机关行政编制503名）。经过职能整合和机构调整，设市政府工作机构25个（其中监察局与纪委机关合署办公不计政府机构个数）：市政府办公室、发展和改革局、经济工作局、教育局、科学技术局、公安局、监察局（与纪委机关合署办公）、民政局、司法局、财政局、人事局、劳动和社会保障局、国土资源局、建设局、交通局、水利局、农业局、林业局、文化局、卫生局、人口和计划生育局、审计局、环境保护局、安全生产监督管理局、城市管理行政执法局。另有市政府派出机构1个，归口管理机构1个，议事协调机构4个，承担行政管理职能的事业机构20个。

五、2010年政府工作机构

2010年机构改革，上级核定全市行政编制1286名。改革的主要任务，一是转变政府职能，推进政企分开、政资分开、政事分开、政府与市场中介组织分开，将辅助性、技术性、服务性事务交给事业单位和市场中介组织。减少行政许可，公开办事程序，简化办事流程，推进电子政务。二是理顺职责关系，合理划分政府各部门之间的事权范围，解决部门职责交叉和关系不顺的问题。三是调整优化组织结构，实行职能有机统一的大部门体制。

具体调整及设置为：组建市人民政府农村工作办公室，并入市委农村工作部，一个机构，两块牌子，列入市委机构序列；组建市经济和信息化局，将市经济工作局的职责、市信息产业管理办公室有关信息产业管理的职责整合划入市经济和信息化局，不再保留市经济工作局；市信息产业管理办公室更名市电子政务管理办公室，由市政府办公室管理；组建市交通运输局，将市交通局职责、市城市管理行政执法局城市客运管理职责、市国防动员委员会交通战备职责整合划入市交通运输局，不再保留市交通局；组建市人力资源和社会保障局，将市人事局、市劳动和社会保障局职责整合划入市人力资源和社会保障局，不再保留市人事局、市劳动和社会保障局；组建市住房和城乡建设局，将市建设局职责、市房地产局有关行政管理职责整合划入市住房和城乡建设局，不再保留市建设局；市商务局、市统计局列入市政府工作部门；垂直管理的市食品药品监督管理局调整为市政府工作部门，所承担的食品安全综合协调、组织查处食品安全重大事故的职责划入市卫生局，市卫生局承担的食品卫生许可、餐饮和食堂食品安全监管、保健食品和化妆品卫生监督管理职责划入市食品药品监督管理局；市文化局加挂市新闻出版局、市版权局牌子；市监察局与市纪律检查委员会合署办公，列入市政府工作部门序列，不计入政府机构个数；市城市管理执法局作为市政府独立的行政执法部门，不计入政府机构个数；市信访局、市调纠办列入市委序列。

调整优化组织结构后，设市政府工作部门26个：市政府办公室、发展和改革局、教育局、科学技术局、经济和信息化局、公安局、监察局、民政局、司法局、财政局、人力资源和社会保障局、国土资源局、环境保护局、住房和城乡建设局、交通运输局、水利局、农业局、林业局、商务局、文化局、卫生局、人口和计划生育局、审计局、安全生产监督管理局、统计局、食品药品监督管理局。

第二章　施政方式

第一节　政务会议

市人民政府按照市委和上级政府的部署，在调查研究的基础上，定期或不定期召开市政府全体会议、政府常务会议、市长办公会议等，讨论、决定、实施市内重大事项及重要工作。

一、市政府全体会议

1988—2010年，市政府全体会议由市长或常务副市长召集和主持，市长、副市长、调研员、助理调研员、政府办主任、政府办副主任、各政府组成局（办）、各直属机构负责人参加，分析通报市内外经济形势，讨论、决定市人民政府工作和自身建设中的重大事项等。如1988年政府全体会议，讨论通过《冷水江市经济、社会、科技综合发展规划（1988—2000年）》。该规划由国防科技大学与冷水江市组成50多人的课题组经过半年时间共同完成，课题采用系统工程方法，先后经过调查研究、系统诊断、战略研究、方案开发、分析论证、编制规划等步骤，编制总体和24个部门规划。

二、市政府常务会议

1988年1月至1990年3月，第五届市人民政府任期内召开政府常务会议17次，主要研究冷水江铁焦总厂关于利用富余高炉煤气发电项目、冷江大桥建设工程有关问题、煤矸石发电及综合利用等工作。

1990年3月至1993年3月，第六届市人民政府任期内召开政府常务会议19次，主要研究制服厂技改工程、周头水库相关问题、处理非法小煤窑、处理病险水库、禾青镇农用变压器供电、一中校门改造和运动场改扩建、客运市场管理、建设副食批发市场等工作。

1993年3月至1997年12月，第七届市人民政府任期内召开政府常务会议26次。主要研究财政预算编制、安全生产、防汛抗旱、政府工作报告、东站改扩建项目、城市建设、中医院门诊大楼建设、金竹山电厂扩建、石墨厂拍卖、娄新公路冷水江段相关问题等工作。

1997年12月至2002年1月，第八届市人民政府任期内召开政府常务会议 22 次。主要研究财税工作、安全生产、防汛抗旱、政府工作报告、复员退伍军人安置、城建工作、房地产工作、大湾里道路改扩建、城市垃圾处理、招商引资等工作。

2002 年 1 月至 2007 年 12 月，第九届市人民政府任期内召开政府常务会议 70 次，主要研究财税体制改革、农业产业结构调整、非典型肺炎防治、老工业基地调整和改造规划、重点建设项目优惠政策、耐火材料厂和农村信用社等单位改制、县乡公路改造、城市整体规划修编、大湾里移民拆迁、创建金融安全区、防洪堤二期工程、“十一五”规划、教师养老保险遗留问题、煤炭税费统征、林业救灾减损、城建资金归集、不良资产处置、生猪养殖发展、自来水取水口移址改造、冷钢兼并同兴鱼苗鱼种场、城市客运出租车经营权、城市卫生填埋场项目、加快新农村建设、行政中心搬迁等工作。

2007 年 12 月至 2010 年 12 月，第十届市人民政府任期内召开政府常务会议 35 次，主要研究全市经济社会发展、全市行政事业性刚性收费、煤矿安全生产、资源枯竭型城市转型、城东生态城控制性详细规划、住房保障、涉锑企业关闭补偿、国有土地使用权管理、招商引资和商贸流通、城镇居民医保、电影院改造、国民经济和社会发展“十二五”规划、行政事业单位工伤保险实施方案、污水处理厂建设营运、社会货运车辆停放场建设、政府机构改革方案、调整城市出租车计价方式及运价、东苑数码广场项目建设、波月水泥有限公司相关问题、人口普查统计、城市管道天然气建设等工作。

三、市长办公会议

1988 年 1 月至 1990 年 3 月，第五届市人民政府任期内召开市长办公会议 3 次，主要研究冷水江大桥修建、冷水江铁焦总厂等企业有关工作。

1990 年 3 月至 1993 年 3 月，第六届市人民政府任期内召开市长办公会议 4 次，主要研究渣渡镇小城镇开发、中小学和幼儿教师奖励基金会筹备、制服厂和玻璃厂等企业相关工作。

1993 年 3 月至 1997 年 12 月，第七届市人民政府任期内召开市长办公会议 8 次，主要研究整顿城区交通秩序和市容市貌、东站改扩建、复员退伍军人安置、石墨厂项目、资江氮肥厂相关问题、大建煤矿相关问题、冷东煤坪建设、集体企业养老金统筹移交、协调冷水江计算机学校问题等相关工作。

1997 年 12 月至 2002 年 1 月，第八届市人民政府任期内召开市长办公会议 9 次，主要研究环城北路工程建设、金竹山电厂扩建、安全生产工作、菊花井 110 千伏变电工程建设、中医院门诊楼建设、规范房地产市场和城市建设、利民煤矿转供电问题等相关工作。

2002 年 1 月至 2007 年 12 月，第九届市人民政府任期内召开市长办公会议 40 次，主要研究工农业经济运行情况、广电大厦招商引资、企业改制、工业园区建设、交通运输、项目建设、维稳、城市建设管理、运煤通道建设、同兴客运车站用地、通村公路建设、冷水江钢铁总厂标准件项目筹建、金鹰服饰城项目建设、锑品行业管理、金竹山实业公司和大建煤矿以及资江煤矿煤炭税费统征及福利企业税收、污水处理厂建设及冷江大厦开发、天宝紧固件项目建设、沙塘湾 110 千伏变电站工程建设、城区煤车污染治理、城区交通秩序整治、冷钢 60 万吨高速线材项目、中泰矿业有限公司尾砂库建设等工作。

2007 年 12 月至 2010 年 12 月，第十届市人民政府任期内召开市长办公会议 13 次，主要研究锡矿山宝大兴地区地质灾害治理和塌陷区居民搬迁避让、城市管理、冷江市场消防安全隐患整治、劳动保障有关问题、锡矿山地区综合监管、广播电视发展、湘运汽车站搬迁和金竹汽车站建设、计划生育服务站建设等工作。

第二节　文件制定

1988 年 1 月至 1990 年 3 月，第五届市人民政府任期内，以市人民政府名义下发通知 180 份，通告 9 份，公告 1 份，布告 1 份，批复 14 份，决定、规定共 36 份，请示报告 108 份；以市人民政府办公室名义下发通知 317 份，请示报告 32 份，批复 12 份，决定、规定各 1 份，函 14 份，纪要 17 份。

1990 年 3 月至 1993 年 3 月，第六届市人民政府任期内，以市人民政府名义下发通知 145 份，通告 21 份，布告 3 份，请示报告 126 份，函 4 份，批复 35 份，决定、规定共 50 份；以市人民政府办公室名义下发通知 374 份，请示报告 9 份，函 3 份，批复 26 份，决定、规定共 4 份，纪要 42 份。

1993 年 3 月至 1997 年 12 月，第七届市人民政府任期内，以市人民政府名义下发通知 166 份，通告 45 份，公告 1 份，布告 5 份，请示报告 229 份，函 7 份，批复 25 份，决定、规定共 15 份；以市人民政府办公室名义下发通知 616 份，函 8 份，批复 6 份，决定、规定共 5 份，纪要 222 份。

1997 年 12 月至 2002 年 1 月，第八届市人民政府任期内，以市人民政府名义下发通知 245 份，通告 62 份，请示报告 433 份，函 23 份，批复 42 份，决定、规定共 15 份；以市人民政府办公室名义下发通知 442 份，请示报告 23 份，函 7 份，批复 6 份，决定、规定各 1 份，纪要 372 份。

2002 年 1 月至 2007 年 12 月，第九届市人民政府任期内，以市人民政府名义下发通知 207 份，通告 115 份，公告 30 份，请示报告 598 份，函 132 份，批复 165 份，决定、规定共 13 份；以市人民政府办公室名义下发通知 579 份，请示报告 14 份，函 41 份，批复 5 份，决定、规定各 1 份，纪要 313 份。

2007 年 12 月至 2010 年 12 月，第十届市人民政府任期内，以市人民政府名义下发通知 93 份，通告 93 份，请示报告 361 份，决定、规定 15 份，函 80 份，批复 164 份；以市人民政府办公室名义下发通知 524 份，请示报告 14 份，函 20 份，纪要 236 份。

第三节　政务服务

2002 年 12 月，成立冷水江市人民政府政务服务中心。2005 年 12 月，更名冷水江市人民政府办事服务中心，确定为参照公务员管理、行使行政职能的正科级事业单位，核定编制 12 名，内设办公室、督查室、业务室 3 个股室，下设冷水江市政务公开全程代理中心，冷水江市优化经济发展环境投诉中心、冷水江市集中收费中心 3 个副科级全额拨款事业单位。2003 年，市政务中心为博长钢铁有限公司等 18 家民营企业提供全程代理服务，办结行政审批手续 60 多项，办理协调事项 180 余项。

2006 年 1 月，进驻政府办事服务中心的 30 个办事窗口 204 项行政审批和服务事项，按照“一门受理、窗口运作、统一收费、限时办结”的运作方式，启用行政审批窗口专用章，做到“部门围绕窗口转，窗口围绕群众转”，为办事群众和广大投资商提供优质服务。2006—2010 年，办结各类事项 17.52 万件，其中：即办件 15.02 万件，占 85.8%；承诺件 1.3 万件，承诺时限比法定时限提速 30%～50%，限时办结率 100%；上报件 1.18 万件，办事群众满意率 99.8%。

各职能部门共编制《办事服务指南》2.04 万余份，方便群众查阅。设置电子显示屏并及时更新触摸屏查询系统，从办理事项、办事依据、办事条件、提供材料、办事程序、收费标准和依据等方面录入审批与服务事项 186 项，方便群众查询。建立市政府办事服务中心网站，组织 87 家单位编制公开目录和公开指南 1200 余份上网，将电子政务应用逐步扩大到网上受理、办理、审批、查询、咨询、投诉等服务。至 2010 年年底，网站访问次数 113.94 万次。是年，市政府办事服务中心指导全市乡（镇、街道）建立便民服务中心，185 个村（社区）建立代办站，构成市、乡、村三级便民服务网。

2006 年、2008 年、2010 年，冷水江市人民政府办事服务中心 3 次被评为全省政务公开工作先进单位，市政府为办事服务中心记集体三等功。2008 年，冷水江市被评为全省政务公开工作示范点。

第三章　施政举要

第一节　深化国有工业企业改革

20世纪90年代中后期，全市工业经济发展遇到前所未有的困难，大多数中央、省属、市属工业企业陷入困境，亏损严重。1996年，11家大型企业4家亏损上千万元，3家停产半停产。市属35家企业，17家停产半停产。是年，市政府决定对新型建材厂、塑料一厂、床单厂等8家长期亏损、资不抵债的企业依法实施破产。1998年，市委提出国有企业3年脱困目标。此后，对国有中小企业采取风险抵押承包、租赁、合股合作、整体拍卖等形式进行改革。2000年11月，市纺织厂以818万元整体拍卖，改制后成立盛达纺织公司，生产规模由原来的1万锭扩大到2.5万锭，安排下岗职工450人，取得良好的经济效益和社会效益。通过租赁经营，市平板玻璃厂、二水泥厂、制服厂、电化总厂等相继启动。是年，全市实现工业总产值22.4亿元。

2002年，市委、市政府出台《关于加强市属工业企业改革和发展的意见》和《关于加快市属国有工业企业改革的若干规定》，按照"围绕发展，立足搞活，因企制宜，讲求实效"的原则，对市属国有企业、集体企业实施"两个置换"为主要内容的产权制度改革，建立现代企业制度。2003年末，市属工业企业改制面89.1%，有9家企业实施破产重组，6家企业实施"两个置换"，7家企业实行股份合作改造，17家企业实行租赁经营，2家企业实行"退二进三"，共减轻债务4.76亿元，激活存量资产4.77亿元，补偿安置职工4836人，新增税收2473万元。至2010年年底，市属53家工业企业采取资产公开拍卖和协议转让等形式实施产权置换，资产变现资金作为安置费发给职工，解除职工与企业劳动关系，取消职工全民、集体身份，累计资产变现2.1亿元，安置职工11731人。境内11家中央、省、地属国有工业企业也同步进行改革改制工作。体制变革带动企业发展，全市规模以上工业总产值由2003年的46.54亿元增加到2010年的252.26亿元。

第二节　发展乡镇企业

1988年以后，全市乡镇企业继续深化改革，完善经营管理机制。在一些企业实施承包经营制，同时加强目标管理，市对乡、乡对村和企业单位层层明确目标和奖罚措施，实行目标管理，将乡镇企业总收入、乡办工业总产值、乡镇企业利润和上缴管理费四项列为主要考核指标，设立六个奖励等级，并单项核定安全生产、产品质量和出口创汇等奖罚项目，层层落实责任制，定期检查兑现，全面调动各方工作积极性，促进乡镇企业发展。1991年，市委、市政府下发《关于加快发展乡镇企业的若干意见》，规划乡镇企业的发展目标："八五"末，全市乡镇企业总产值过5亿元，占全市工业总产值1/3，实现"三分天下"；"九五"末过10亿元，占全市工业总产值1/2，实现"平分秋色"。市委、市政府确定1993年为"乡镇企业发展年"，并作出《关于进一步加快发展乡镇、区街企业的决定》，把乡镇、区街企业提高到主攻发展战略地位。下派100名机关干部进驻乡镇企业工作，开展创亿元乡、千万元村活动，当年企业总产值过亿元的有岩口、铎山、矿山、冷水江街道、毛易5个乡（镇、街道），总产值过千万元的有17个村。全市乡镇企业总产值首次突破10亿元。1994年，新增禾青、金竹山、锡矿山街道3个乡（镇、街道）企业总产值过亿元。是年，乡镇企业开始进行股份制改革试点工作。次年初，铎山拉铸厂、锡矿山街道建筑工程公司、第八水泥厂3家乡镇企业股改试点成功，为此后全市乡镇企业体制改革提供经验和借鉴。1995年，通过机构改革，乡经委和区街企业局合并，组建乡镇企业局，并创建禾青、岩口、铎山3个乡镇工业小区，至1997年，这3个工业小区内共拥有各类企业45家，全市乡镇企业发展进入鼎盛时期。1998年后，乡镇企业开始新一轮改革改制，主要实行三种形式，即风险抵押承包经营、租赁、拍卖或出售，至2005年，乡镇企业全部完成改制。

第三节　改造锑都中路

1992年被市委确定为“城市建设年”，这一年城市建设最大举措就是改造锑都中路。此前，锑都中路虽然是冷水江城区最主要的街道，但行车道宽仅12米，且机动车、非机动车混行，道路绿化极其落后，两旁店铺参差不齐，街景破旧不堪，市容严重受损。市委、市政府冲破一切陈腐观念和旧俗陋习，大刀阔斧，决定对锑都中路进行拓宽、提质、改造。从规划、拆迁、重建、绿化到竣工，历经一年余。改造后的锑都中路全长1563米（南起桥北广场、北至军区水泥厂）、宽40米，机动车道、非机动车道、人行道分流，在当初是比较先进的城市“三板二带式”道路，也是冷水江城市道路建设史上第一条“三板二带式”道路。与此同时，两旁的商铺得到改造和美化，大幅提升了商业价值，美化市容市貌，提升城市品位。1994年1月，锑都中路被评为“全省最美一条街”。

第四节　发展民营经济

2003年，市委、市政府在全市经济工作会议上作出“工业强市、民营富市”的战略部署。会议决定，2003年为民营经济发展年。全力推进理念、体制、政策全面创新，全面实施招商引资、体制改革、放宽政策、降低门槛、安商扶商等一系列举措，促进民营经济发展。4月初，市委、市政府组织相关部门负责人到益阳、宁乡等地学习考察，市委中心组成员围绕民营经济发展专题进行为期两天的封闭式讨论，一致认为建设小康社会，出路在招商引资，希望在民营经济。此后，市委连续3年召开促进民营经济发展相关会议，隆重表彰在招商引资和发展民营经济中做出突出贡献的先进单位和个人，冷水江连续3年在娄底市民营经济年度考核中名列第一。至2006年年底，全市民营企业达510家，比2002年新增441家，个体工商户5880户，民营经济从业人员4.26万人，民营经济占全市经济总量比重达62%。

第五节　建设滨江公园

滨江公园前身是资江大湾里河段一处沙洲，1974年稍加绿化，略作修整，称为绿洲公园，其实际利用率很低，人们很少有人去园中。2003年，市委、市政府决定，在原基础上对绿洲公园进行彻底改造，扩大规模，建设一个现代化新型城市公园，以满足广大市民对现代城市生活休闲娱乐的需求。当年决定当年开工，至2010年11月，公园正式向市民开放。由于其设计理念重民亲民，深受市民喜爱，成为广大市民休闲娱乐的首选去处，每天都有成千上万市民在园中开展各种休闲娱乐和健身活动。滨江公园建设成为市民最满意的实事之一。

第六节　实施城市东扩

随着市域经济发展，主城区人口不断增长，老城区城市建设速度严重滞后于工业化发展和经济增长速度，不能满足人口转移、产业发展和人民物质文化生活需求。2003年，市规划部门提出城市扩容方案并广泛征求各方意见，次年，进行新一轮城市总体规划修编，正式提出“扩容提质、城市东扩”战略。2005年，市规划设计院编制完成群丰新区、柳溪片（市经济开发区一期）和集中片控规。2008年5月，又委托广州规划设计院再次编制新区控规，年底形成《城东生态城控制性详细规划》方案。城东生态城规划面积1074.19公顷，人口规模10万人，按照“因地制宜、生态优先、资源节约、适度超前”的原则和“建设生态型、园林山水景观式、可持续发展的现代新城区”的总要求进行建设。2009年3月，市委、市政府深入贯彻落实科学发展观，提出“一转三化”战略，要求做到城市东扩战略和城市生态化建设有机统一。12 月，市委八届四次全会作出以建设城东生态城为龙头，加快推进“一转三化”战略的决定，并提出“一年一变样、三年大变样、五年再造一座新城”的口号。2010 年 7—8 月，新城区平安大道、群丰路开工建设，至年底，累计筹资 7.35 亿元，先后拉通平安大道一期、资江大道、群丰路、荷叶路 4 条主干道，启动 3 个安置小区建设，新行政中心主体工程基本完工。机关团购房、综合档案馆、人民医院门诊楼、财政局家属楼、城防 1515 等工程项目破土动工。

第七节　优化经济发展环境

1999 年，市委、市政府出台《优化经济发展环境，切实加强为大中型企业服务的决定》，推出服务大中型企业 11 项措施。同时，组建治理经济发展环境执法工作队，解决一批困扰企业的矛盾和纠纷。2000 年，开展为期两个月的工业企业经济发展环境集中整治行动，对强揽工程、私搭乱接、阻工阻路、敲诈勒索和偷盗窃取等行为进行严厉打击，共出动干警 620 人次，抓获各类犯罪嫌疑人 210 名，其中报捕 20 人、劳教 27 人、治安拘留 163 人。

2002 年，成立优化经济发展环境领导小组，市委书记任组长。市公安局等 39 个单位推出“承诺服务”，聘请行风监督员，公布投诉监督电话。市建设局等 23 家单位主动取消收费项目 47 项，降低收费标准 17 项，规范收费 18 项。全年查处“三乱”案件 67 起。2004 年，冷水江市被评为全省发展民营经济先进单位，列全省县市区第 6 位。

2005 年，市委、市政府出台《冷水江市优化经济发展环境“三零”制度》，强力推行“零成本”服务制度、“零过错”管理制度和“零投诉”服务制度。12 月 11 日，全市社会各界 1000 名代表投票评议全市 40 家行政执法单位，对评议结果倒数第一的单位“一把手”给予组织调整，倒数第二的单位给予黄牌警告，倒数第三的单位给予通报批评。

2009 年，依法查处 11 家涉嫌影响娄怀高速公路建设的经贸公司和服务公司。同时，成立娄怀高速公路冷水江警务执行室，快速处置阻工闹事事件。2010 年 9 月，开展集中整治“三强”（强行装卸、强揽工程、强行阻工）专项行动，摸排工程项目 30 个、企业 94 家，处理各类矛盾纠纷 102 起，刑事拘留 3 人，治安拘留 50 人。

第四章　综合政务

1988 年 11 月，市政府办设立监察室。1989 年 6 月，设立人事教育组。1990 年 8 月，设立市政府驻长沙办事处。1992 年 12 月，设立市政府驻深圳联络组。1993 年 9 月，设立行政组，12 月设立冷水江市驻北京办事处。1994 年 12 月，设立民族宗教事务组，加挂市政府民族宗教事务办公室牌子。1996 年 11 月，设立市政府驻上海工作处。2010 年 10 月，市政府办设秘书组、值班室、人事教育组、行政组、经济工作组（加挂“城乡建设组”牌子）、督查室、经济研究室、外事侨务办公室等 8 个内设机构。核定行政编 25 名，事业编 13 名。1988—2010 年，先后由喻元启、钟芝明、杨宗海、刘曙晖、胡年玉任市政府办主任。

第一节　政务督查

1996 年，市政府办设立市政府督查室，为副科级机构，主任高配正科，定编 4 人。1998 年，升格为正科级机构，定编 6 人。至 2010 年，先后由梁乐宁、张国俊、苏松华、李太珍、潘家峰任主任。

1988—2010 年，开展决策督查 400 余次、专项督查 1200 余次、督查调研 30 余次，下发政务督查通报 78 期、督查专报 185 期。同市委督查室联合下发督查通报 34 期、督查专报 63 期。

2004—2005 年，重点督查煤矿安全生产、交通秩序整治、优化经济发展环境、煤炭税费统征、清理建设领域拖欠工程款和农民工工资等工作。

2006年，主要围绕全市重点工程、为民办实事、环境保护、新农村建设、煤矿和锑矿整顿关闭等方面开展政务督查。2007年，督查室安排2名干部对自来水引水工程进行全程跟踪督查，化解村民与施工单位矛盾，确保引水工程建设顺利进行。在开展政务督查的同时，进一步规范领导批件办理工作，采取逐件登记、限期办理、定期催办等措施，力争做到件件有着落，事事有回音。2010年，督办并及时回复湖南红网和娄底市长信箱函件100余件。

第二节　法制工作

1988年，市政府办公室内设法规组，定编2人。1989年，撤销法规组，成立市政府法制办公室，为副科级机构，定编3人。2002年，市政府法制办升格为正科级单位。同时，成立市仲裁工作办公室，与法制办合署办公。至2010年，先后由余兴家、何润华、谭志强、谢劭任主任。

1991年，对政府制定的政策性文件进行审核。1999年起，全市实行依法行政考核制度，邀请市人大代表、政协委员及各行业代表参与行政执法评议工作，评议结果作为行政执法部门年度考核的重要依据。2002年，对市政府1970至2001年出台的与WTO相关的381个文件进行清理和审查，废止文件194个，修改文件5个。2005年，开展评选“十佳行政执法人员”和“十佳行政执法案卷”活动。2008年，清理行政执法依据，全市共有行政执法依据1127个，行政许可243项，行政处罚1704项，行政强制98项，行政确认47项，其他行政行为209项。2010年，共起草规范性文件35件，审核规范性文件718件，同意发文709件，取消发文9件，废止规范性文件16件，重新公布规范性文件27件，宣布失效的规范性文件14件，确认继续有效的规范性文件71件。全市共有49个行政执法单位制定行政处罚裁量权基准。至年底，全市受理行政复议案件共98件（其中撤销违法或不当行政行为为29件，维持合法行政行为41件，申请人撤回28件），提起行政诉讼并胜诉7件。

第三节　经济调研

1989年，市政府办公室内设经济研究组。1996年，设立市政府研究室，加挂“城市工作组”牌子。2000年，市政府研究室撤销，改设综合调研组。2002年，设立市政府经济研究室（以下简称市经研室），主任高配副科，定编4人。

1989—1996年，针对全市经济发展中出现的问题和困难，市经研室撰写《全市工业经济现状及其发展的分析与思考》和《冷水江市煤炭产业发展的调查与思考》等调研文章，为促进全市经济发展献计献策。1997—2005年，共完成调研课题20余个，形成一批调研成果，促进工业企业改革、农业产业结构调整、社会保障制度改革、招商引资、中小企业发展等工作。2006年，编纂冷水江建市后第一部年鉴，全书共40万字，主要记载2005年全市国民经济和社会发展的基本情况和重大事件。2009年起，参与城市转型发展、新农村建设、城市建设等调研活动，撰写调研文章近百篇，其中《努力探索资源型城市转型发展新路径》等文章在国家级刊物上发表，《深入推进“一转三化”，加快转变发展方式》《切实加强治污减排，努力实现绿色发展》和《冷水江市城乡一体化研究》等文章在省、娄底市刊物上发表。至2010年，累计启动和开展重大课题研究74个，牵头或配合开展重大调研170余次，编纂《冷水江年鉴》2部。

1988—2010年，共完成《政府工作报告》13篇，起草领导讲话、会议和汇报材料等重要文稿2700余篇。2005—2010年，共上报信息3253条（其中娄底市3220条、省办26条、国办7条），网上发布信息2600多条。

第四节　来信来访

1988年，市信访办有专职干部5人，各乡（镇、街道）均配备信访专干，教委、纪委、劳动局、公安局、商业局等单位成立信访组。1994年，全市有专、兼职信访干部126人。2002年6月，信访办、调纠办、民情办、工农办合并，组建冷水江市信访局并加挂市调处纠纷领导小组办公室牌子，由政府办副主任兼任局长，定编13名。2006年5月，市信访局设立党组。2008年5月，成立市信访事项复查复核委员会，由常务副市长任主任。11月，信访局增设督查室。2009年12月，调纠办分设独立并加挂工农办牌子，为市政府专门负责协调处理工农关系的正科级机构。2010年，信访局列入市委序列，共有工作人员15名，增设二级机构信访调处中心。8月，建成"一大厅三中心"（信访大厅，矛盾纠纷调处中心、涉法涉诉联合接访中心、维稳指挥中心），采用"一站受理，直接调处，联合协调，督办查究"工作方式联合接访，提高矛盾化解力度和工作效率。1988—2010年，市信访办（局）先后由宁授奕、曾安华、廖建民、潘久筠、张国俊、杨亲华、余禄初任党组书记、主任（局长），苏铁初、曾辉任专职党组书记。

20世纪80年代后期来信来访重点为就业、住房、户口、工资、劳保待遇等实际问题。90年代主要是拖欠职工工资和危房改造中的集资、动迁、分房等问题。1998年，受理群众来信来访1094件，接待来访群众3458人次，为1978年改革开放以后群众信访第一个高峰期。2000年后，企业改制、城建拆迁、涉法涉诉、环境保护等问题有所增加，特别是企业改制引发的矛盾尤为突出。2003年，市信访局受理群众来信来访1236件，接待来访群众5590人次，为群众信访的第二个高峰期。

1992年起，恢复市级领导信访接待日制度，规定每月15日和25日为市领导接待市民日，市领导直接与群众对话，为群众排忧解难。2005年，市人大常委会制定下发《关于进一步加强信访工作的决定》，巩固和完善市级领导接待日制度，规定每周一为市级领导信访接待日。2008年7月7日至11月28日，市级领导每天在市信访局现场办公，共接待来访群众258批、632人次，其中市委书记、市长接待群众82批、166人次。2009年，针对禾青镇宝兴社区居民龚某某反映的问题，7月23日，市委常委罗集中包案后，6次找上访者及家人谈心交心，调查上访原因和目的，了解家庭情况，5次陪龚某某到市企业社保局，帮助其办好养老保险手续。

1988—2010年，推行民情热线制度、首问责任制度、责任追究制度、集访处置制度、"一岗双责"制度、信访稳定风险评估制度和信访听证制度，制定《规模较大群众集体上访事件应急预案》，提高处理突发事件的能力。市信访局将上级交办、集体上访、老上访户和维护农民工权益作为信访工作重点，处理一批积案要案和矛盾纠纷事件。1983年起，三尖镇老上访户李某上访问题24年一直没有结果。李某通过人民来信"绿色通道"致信反映情况，市信访局立即组织人员与江西矿冶局反复沟通30余次。2008年5月28日，信访局、三尖镇领导带领李某及其儿子赴江西矿冶局，经反复协商后问题得到解决。2010年4月，四川省蓬安县民工刘志平等17人来访，反映市污水处理项目部拖欠86人、8个月工资共110万元。市信访局接访后迅速成立维权服务专案组，走访调查核实情况，研究解决方案。5月10日，牵头组织总工会、财政局、建设局等单位和民工代表召开协调会，拖欠的民工工资全部兑现。

1988—2010年，信访部门开展阳光接访，公开办信，畅通渠道，化解积案，维护民权，保障民生，使大量疑难问题得以较好解决。信访局共接待群众来访10080批、61490人次，办理群众来信7507件次，解决疑难信访问题2620余件，及时处置重大群体事件，确保社会和谐稳定。

2001—2010年，市信访部门3次被评为全省信访工作先进集体。2002—2010年，市信访局成立后，连续6年被评为娄底市先进单位。

1988—2010年冷水江市信访局来信来访情况表

表5-2

年度	来信（件）	来　访（件次）					来访（人次）
		合计	批评建议	选举问题	控告申诉	求决	
1988	352	161	11	43	52	55	213
1989	421	127	13	34	38	42	257
1990	468	177	15	50	37	75	282
1991	325	182	12	36	56	78	303
1992	297	153	8	45	32	68	183
1993	272	288	3	67	47	171	336
1994	323	255	6	27	29	193	1316
1995	234	386	13	89	39	245	2540
1996	272	491	18	120	53	300	3445
1997	287	523	20	144	58	301	2943
1998	494	600	18	146	184	252	3458
1999	302	596	48	182	77	289	2483
2000	357	461	34	135	62	230	3696
2001	423	493	41	128	86	238	3958
2002	552	687	37	165	193	292	5315
2003	508	728	56	214	142	316	5590
2004	279	542	45	127	133	237	4317
2005	148	467	16	53	76	322	2682
2006	169	489	7	15	80	387	2987
2007	156	507	11	21	83	392	3299
2008	146	516	33	25	162	296	3641
2009	181	522	27	18	178	299	3871
2010	173	556	29	24	195	308	4188

第五节　外事侨务

1993年，市政府外事侨务办公室（简称市外事侨务办）成立，属政府办正科级内设机构。至2010年，先后由赵泽实、李待旦、翟梅华任主任。

1994年，市外事侨务办组织开展《中华人民共和国归侨侨眷权益保护法》宣传活动，并将其列入全市普法内容。1996年，市华侨旅游侨汇公司破产，经外事侨务办督办，该公司于2009年改制，职工得到妥善安置。2009年，根据上级文件精神，给全市符合政策的6名老年归侨每人每月发放生活补助200元。

2010年，香港雁心基金会签订15万元捐赠协议，用于中连乡中心小学危房改造。同年11月，编印《谢冰莹生平成就与故居保护宣传册》，并联络全国人大代表陈代富和全国政协委员龙国键，把“建议将谢冰莹故居列入第七批全国重点文物保护单位”议案提交全国“两会”，得到国家有关部门重视。

1993—2010年，市外事侨务办办理因公出国14批、68人次，接待日本、西班牙、法国等10余个国家的外国专家、学者200多人次，接待华侨、华人、归侨侨眷来信来访88件次，与有关部门配合成功处置涉外事件3起。

第六节　移民工作

一、移民安置

冷水江市是柘溪水库尾水淹没区和三峡水库移民安置县市，域内还有周头水库和浪石滩水电站库区，移民较多。

柘溪水库尾水淹没市域3个乡（镇、街道）的8个行政村（社区），总面积553.33公顷。1999年开始实施移民搬迁安置，共搬迁房屋8.7万平方米，安置农村移民3394人，总投资4150万元（其中争取上级资金1900万元，本市配套及移民自筹2250万元）。

2002年8月，冷水江市接收重庆市忠县石宝镇农村移民40户157人，分别安置在毛易镇群丰村（10户）、岩口镇农科村（9户）、铎山镇龙潭村（8户）和禾青镇里福村（13户）。三峡移民入住前，市移民局为移民户新建住房，住房面积有三种规格，分别为57.6平方米、94.48平方米、146.9平方米，并为他们购置日常生活必需品和生产工具。移民入住后，按人均6分田、3分山、3分土的标准为其调整土地。三峡移民虽有个别返乡，但大多数人思想稳定、生活安定，已适应冷水江生活环境，有的与本地居民通婚。

周头水库淹没梓龙乡的吴家、前进、周头3个村，总面积153.33公顷，其中耕地80公顷。1964—1966年，采取本市域内出乡外迁安置和本乡后靠两种方式进行安置，搬迁房屋3000平方米，安置移民1681人，移民人均补偿24元，总投资4.6万元。

浪石滩水电站库区淹没市域7个乡（镇、街道）的22个村，总面积5.27平方千米。2005年，开始移民搬迁安置，共搬迁安置92人（其中农村户口42人），生产安置7154人，移民人均补偿近7000元，总投资5747.27万元。2008年，浪石滩水电站蓄水发电，水位升高，沿江两岸滑坡现象不断发生。浪石滩水电站对沙塘湾街道炉埠社区滑坡体上4栋危房予以搬迁安置，并投入200万元对库区沿岸一些重大滑坡体进行治理。

图5-1　浪石滩水电站库区　（2007年摄）

二、移民扶持

2003—2006年，全市落实《湖南省大中型水库移民条例》，市移民局依法维护移民的合法权益，逐步改善移民生产生活条件，实施农田水利、饮水安全、乡村道路、生产开发等建设项目。库区基础设施建设共投入1000多万元，开发潘桥乡科技示范园产业项目，砌护各类渠道37条、65千米，治理排水沟渠5千米，改善灌溉面积53公顷，解决3200名移民饮水安全问题，开展移民致富技术培训800余人次。

2006—2010年，经过申报审查、核定登记、张榜公示等程序，核定全市农村移民1.5万人（其中柘溪水库移民3919人，浪石滩水电站库区移民7246人，周头水库移民3265人，三峡水库移民178人，外县市自主外迁和婚嫁到本市非库区农村移民364人）。移民分布在全市16个乡（镇、街道）的145个村、社区，重点移民村59个，禾青镇杨坪村移民人数最多，共1420人。移民扶持方式采取直补到人、项目扶持和二者结合三种方式。其中直补到人扶持移民2361人，按每人每年600元标准扶持20年，项目扶持移民1.21万人，二者结合扶持移民555人。

2009年，市移民局制定《大中型水库移民避险和改善生存环境实施方案》，分3年实施，人均补贴4000～6000元，每户最高补贴不超过2万元。是年，全市搬迁安置移民9户32人，补偿15.2万元。2010年，搬迁安置移民12户36人，补偿17.3万元。

2006—2010年，共发放移民后期扶持基金627.76万元，拨付移民项目基金2504.59万元。从四个方面对移民给予项目扶持。一是基础设施方面，维修排灌站7处、渠道31.49千米、涵闸37处，堤坝加固3处，打井33口，建蓄水池13个、251立方米，铺设管网24.3千米，架通自来水16处，新修机耕道10千米，硬化公路95.3千米，修建人行便桥1座、码头11座，搬迁房屋2598.7平方米。二是经济发展方面，发展大棚蔬菜1.67公顷、中药材13.33公顷、果树13.33公顷、油茶126.67公顷，养猪5000头、羊55头，网箱养鱼0.67公顷、精养鱼池1.2公顷，扶助加工企业1家。三是农村社会事业方面，改造、维修学校1所，建村文化室1688平方米，建医疗卫生室1个。四是技能培训方面，培训移民901人，其中实用技术培训600人，职业技能培训301人。

三、移民管理

（一）管理机构

1992年，市水利水电局设立移民管理办公室，负责全市移民管理工作。2002年6月，成立市移民开发局，为具有行政管理职能的正科级事业单位，定编13名，内设办公室、财务股、计划安置股、综合开发股。2007年，增设移民培训服务中心。2009年，内设浪石滩库区管理办公室。2010年，增设审计股、纪检组、监察室，全局有在职工作人员26名，退休人员4名。2002—2010年，市移民局先后由曾求知、潘家春、喻本桂、刘健任党组书记、局长，2002—2004年，石幸福任专职党组书记。

（二）移民资金管理

移民资金管理和使用严格按规定执行，资金跟着项目走，项目跟着计划走，杜绝贪污、挤占、挪用、截留等现象发生。移民资金实行三级监管，一是移民群众监督，各村成立村级移民资金理财小组和项目实施小组，实行村财民理乡监管。二是主管部门监督，市移民局和财政部门紧密配合，每年对移民资金管理和使用情况进行稽核。三是监管机关监督，市人大、纪委、监察、审计等部门组成联合检查组，采取常规检查、定期检查、重点抽查等形式，对移民资金使用情况开展经常性检查、监管。

直补资金的发放，严格按照核定的移民人数，由市财政局通过农税网以“一卡通”形式按季度发给移民，确保移民及时足额领取。

（三）移民项目管理

2007年，市政府出台《冷水江市大中型水库移民后期扶持规划项目与资金管理暂行办法》和《冷水江市大中型水库农村移民后期扶持规划项目管理实施细则》等文件，规范移民项目申报、项目实施、竣工验收、后期评价的工作程序和范围。年度计划项目申报，首先由村里召开移民代表大会确定，然后再召开党员、组长和村级民主理财小组成员会议进行核定，报乡（镇、街道）审核，再报市移民局审核汇总后报上级移民局，最后按省移民局批复实施项目。实施的工程项目力争设计科学合理，严格监督工程质量，认真做好竣工验收。

第七节　采空区综合治理

一、冷水江矿区采矿沉陷区治理工程

冷水江长期开采煤、锑、铁等矿产资源，至2002年，全市采空区面积1.75万公顷，占土地总面积的40%。地质沉陷涉及全市12个乡（镇、街道），61个村、社区，受损群众10万余人。2003年，国家发改委批准实施冷水江矿区采矿沉陷区治理工程，对采矿沉陷区内受损居民住宅、学校、医院、道路、桥梁、供电线路、通信线路等进行治理，计划总投资4.5亿元，资金来源包括中央预算内专项资金1.6亿元、湖南省政府投资9006万元，娄底市政府投资4503万元，冷水江市政府投资6047万元，金竹山实业公司投资3994万元，锡矿山闪星锑业公司投资1000万元，搬迁居民出资4503万元。分三批下达计划，至2010年年底，该项目完成投资3.4亿元。

2004年，成立冷水江矿区采矿沉陷区治理工作办公室。2005年，按照《冷水江矿区采矿沉陷区居民受损住宅补偿安置办法及其实施细则》，对采矿沉陷区范围内受损住宅采取易地搬迁、择址建设、加固修复等办法进行补偿。建成桃园小区集中安置4057户，受损住宅货币补偿3000户，城乡A级受损住宅维修加固4523户，B级受损住宅维修加固2516户。同时新建桃园学校和幼儿园各1所。采矿沉陷区内受损的学校、医院、水利、道路、电力、通信、行政用房等基础设施基本得到修复。

二、锡矿山宝大兴采空区搬迁避让工程

据国土部门监测，锡矿山宝大兴采锑沉陷区安全隐患大，该区域有较大塌陷点19处，仅靠几根保安柱支撑，顶板距地表最薄仅0.6～0.8米。地面常住居民8878人，流动人口近2万人，区域内有学校、医院、乡政府办公楼、农贸市场、居民住宅等。省工程勘察院对锡矿山宝大兴采空区的勘查报告认为，该区域内19处塌陷点随时可能发生群死群伤的重特大安全事故。

锡矿山地区存在的环境与地质灾害问题引起各级领导的重视，湖南省委书记张春贤、省长周强等先后作出批示。2008年，市政府成立锡矿山宝大兴塌陷区搬迁避让办公室，出台重点危险塌陷区第一批、第二批避灾居民搬迁安置方案及实施细则，委托省有关单位编制宝大兴地区避险安置工程可行性研究报告与环境评估报告书。2009年4月，搬迁避让工程获得省委、省政府批准。6月3日，省政府召开锡矿山地区环境综合治理专题会议，要求有关部门抓紧将锡矿山宝大兴采空区搬迁避让工程项目向国家申报，争取国家投资。2010年，省发改委将该项目纳入湘江流域重金属污染治理实施方案，项目建设年限为2010—2013年，总投资6.68亿元，总建筑面积44.44万平方米（其中新建住宅面积37.02万平方米，公建面积7.42万平方米），主要建设俩塘、谭家、崇北3个安置小区。至年底，该项目完成可行性研究报告及环境影响评价报告并获准批复。俩塘安置小区开工建设，建成住宅120户，其他安置小区完成建设用地准备工作。

第八节　扶贫开发

1990年，成立市社教达标办，在农村开展社会主义思想教育和村级组织建设达标活动。1993年，市社教达标办改为市引导办，在农村实施脱贫致富奔小康引导工程。1999年，市引导办改为市建设扶贫办，负责农村基层组织建设和扶贫开发工作。2002年，成立市扶贫开发办公室，归口市农村工作领导小组办公室管理，负责管理省、市财政扶贫专项资金，拟定扶贫规划和资金分配方案，组织财政扶贫项目实施。农村建设扶贫主要以“领导办点、部门帮扶、干部驻村、整村推进”方式开展工作，形成“政府主导、部门联动、社会参与”的扶贫工作格局。1995—2010年，市直机关和驻市大中型企业共106个单位，累计派出16批次455个工作队1247名工作队员，先后进驻12个乡镇的98个村，实施“四项工程”（加强村党支部班子建设的党建工程，加强农村基础设施建设的基础工程，加快农业产业化进程的富民工程，为困难群众排忧解难的德政工程），开展脱贫攻坚。

一、农村贫困人口

1988年，全市共有贫困村98个，贫困人口10.7万人，农民年人均纯收入496元。大部分贫困村都在偏远高寒山区，自然条件恶劣，水源缺乏，耕地贫瘠，基础设施落后，通信交通不便。经省政府审批确认的贫困人口3.2万人，占全市农业人口19%。此后，随着国家各项惠农政策出台和农村扶贫开发工作的进行，农村贫困人口逐年减少。至2005年，全市农民年人均纯收入3427元，比1988年增加2931元；贫困人口减至2.85万人，比1988年减少27%。2010年，全市农民年人均纯收入增至7278元，比2005年增加3851元；贫困人口减至1.76万人，比2005年减少38%。

二、扶贫方式

（一）村级组织建设与扶贫相结合

1995—2010年，先后调整村党支部书记131名、村委会主任135名、村党支部委员356名、其他村干部368名，培养村级后备干部922名，

发展新党员 647 名。

（二）市级领导办点与单位帮村相结合

市级领导每年每人联系一个重点贫困村办点示范。1995—2010 年，市级领导下村调查研究、指导工作 1980 人次，召开现场办公会 1250 人次，解决各种"老大难"问题 930 余个。全市各单位主要领导下村 2996 人次，副职下村 6559 人次。

（三）乡镇负主责与工作队驻村相结合

扶贫工作由乡镇党政领导分片包干，各单位派驻乡镇的建设扶贫工作队队长负责整体筹划协调，工作队员驻村具体实施。

（四）社会各界帮助与职能部门支持相结合

扶贫工作得到社会各界人士资金和物资方面的帮助。各职能部门给予各种政策优惠和技术、资金、物资支持。市委组织部和建设扶贫办做好参谋、指导、协调和服务。1995—2010 年，各联村单位干部职工捐钱捐物共计 315 万元，慰问特困农户、"五保户"、孤儿、残疾人、受灾户共 1.36 万户，资助失学儿童 955 人。赠送科技书刊 11 万册。医疗、卫生下乡 1280 人次，为群众看病治病 6350 人次。

图 5-2　2009 年，冷水江市体育局在锑山镇眉山村慰问困难群众

三、扶贫资金

扶贫资金包括省市财政专项扶贫资金、单位帮扶资金、涉农部门协调资金、扶贫物资 4 个部分。1995—2010 年，全市投入扶贫资金 5189 万元，主要用于扶贫村公路、水利、电力、通信、村级组织活动场所等基础设施建设，帮助贫困村因地制宜发展特色产业。

1995—2010 年冷水江市农村扶贫开发资金统计表

表 5-3　　单位：万元

年度	省市财政扶贫资金	帮扶单位资金	协调资金	扶贫物资折款	合计	年度	省市财政扶贫资金	帮扶单位资金	协调资金	扶贫物资折款	合计
1995	—	22	145	9	176	2003	75	98	108	36	317
1996	—	81	129	11	221	2004	75	94	124	28	321
1997	—	127	97	28	252	2005	55	163	166	21	405
1998	—	56	43	33	132	2006	48	166	132	17	363
1999	—	40	31	16	87	2007	56	182	200	14	452
2000	—	58	23	9	90	2008	78	180	297	23	578
2001	—	63	48	17	128	2009	94	208	319	13	634
2002	33	112	132	12	289	2010	91	254	371	28	744

四、扶贫项目

（一）基础设施建设

1995—2010 年，各级政府和联村单位多渠道筹集资金和物资，重点进行公路、水利、电力、通信、村级组织活动场所等基础设施建设。帮助 98 个扶贫村新修和整修公路 1091 千米，硬化水泥公路 173 千米，实现村村通水泥公路。渣渡镇和平村、复兴村，潘桥乡长冲村等高寒边远山区村，硬化公路投入资金 100 万元以上；新修人畜饮水工程 1250 处，解决 3.7 万人饮水困难。金竹山镇

图 5-3　冷水江市矿山乡恒源村安全饮水工程

（2009 年摄）

新田村、矿山乡樟木村筹资 100 多万元，新修高标准安全饮水工程，解决高寒山区农民群众饮水难问题；兴建和整修水渠 669 千米、塘坝 1445 处、电排 385 处，增加浇灌面积 908 公顷。渣渡镇复兴村筹资 20 多万元，村民投入义务工 400 多个，新修高标准灌溉水渠 3000 多米；完成农用电网改造，架设高、低压电线 336 千米；新建和整修村级活动场所 81 个，矿山乡樟木村筹资 50 多万元，兴建 500 多平方米村级组织活动中心；改造农村小学 86 所，新建沼气池 449 个。

（二）农业产业开发

鼓励贫困地区群众根据各地的自然条件、资源优势，因地制宜发展特色产业。2002—2007 年，市扶贫办为贫困村申报产业开发项目 76 个，争取财政扶贫资金 250 万元。通过扶持，部分贫困村初步形成自己的拳头产业。中连乡青云村开发模式化稻田养鱼 8 公顷，同兴乡谭家村开发稻田养鱼 3 公顷，矿山乡高峰村开发油茶林基地 17 公顷、金银花种植基地 130 公顷，渣渡镇复兴村、三尖镇上青村和新屋村种植中药材共 200 公顷，毛易镇清塘村种植新品香瓜 30 公顷。宏达农业综合开发公司采取“公司+基地+农户”经营模式，发展鲜牛奶、鲜羊奶加工和种植草莓、西瓜等经济作物。

图 5-4　冷水江市渣渡镇侯家生态养殖有限责任公司生猪养殖基地　（2009 年摄）

1995—2010 年，各建扶村共实施农业产业开发项目 488 个，开发反季节蔬菜、经果林、中药材等基地 3100 公顷，发展种养专业大户 2822 户，养殖生猪 39.4 万头、肉牛 2.09 万头、山羊 18 万头、鸡鸭 856 万羽，稻田养鱼 3800 公顷、网箱养鱼 264 口，种植良种玉米 1400 公顷。

（三）专业技能培训

1995—2010 年，市扶贫办投入资金 60 万元用于扶贫培训，共培训 1.96 万人次。其中：举办种养业实用技术培训 35 期，培训 2360 人次；组织专业技术人员和种养专业户给农民传授种养技术 12 次；举办各种劳动技能培训 16 期 640 人次，先后有 400 余人通过培训推荐就业或自己创业，平均月收入在 3000 元以上。

第九节　招商引资

20 世纪 90 年代始，市委、市政府实施“请进来，走出去”战略，将招商引资作为发展经济主要突破口，在全市广泛开展“个个都是投资环境，人人代表冷江形象”教育，着力改善投资环境，出台优惠政策，建立招商项目库，实行“一个招商项目，一位市级领导负责，一抓到底”的工作机制，市领导带队外出找客商、跑项目，通过同乡联谊、“三胞”回乡探亲观光联谊、外出招商、组团参加经贸交易会等多种途径招商引资。1995 年 11 月，市招商引资局成立。2005 年，成立冷水江市招商引资服务中心。2007 年，成立中国国际贸易促进会湖南冷水江市委员会，加挂中国国际商会冷水江商会牌子，由市招商局局长兼任会长。2010 年，市招商引资局内设办公室、内资股、外资股、信息中心、贸促会秘书处，在职工作人员 22 人。

1995—2010 年，市招商引资局先后由黄世平、彭本晨、石幸福、吴爱民任局长。

1995 年起，招商部门牵线搭桥，促成企业与客商联姻。编印《冷水江市投资指南》，收集并筛选全市有价值的 168 个项目，参加“厦交会”“港交会”“深交会”等大型招商活动，建立客户库、项目库和信息库。至 1998 年年底，全市共签订招商引资合同 19 个，意向合同 33 个，合同利用外资 2753 万元。批准成立“三资”企业 6 家，引进外来企业 24 家，接洽客商 510 人，引进市外、境内资金 6319 万元。2000 年，在“西洽会”（中国东西部合作与投资贸易洽谈会）上，市金大乘集团与西安科立有限公司签订总标的为2600万元的合作开发净水器项目合同。2001 年 10 月，在深圳高新技术交易会上，签订合同 1 个、意向合同 2 个，合同利用外资 1000 万元。是年，建立冷水江市招商网站。2002 年，市委、市政府优化经济发展环境，全市引进外资项目 5 个，建立外资企业 3 家，合同利用外资 532.93 万美元，实际到位 408 万美元。引进“心连心”超市等内资项目，到位市外、境内资金 1.09 亿元。

图 5-5　2006 年 4 月，冷水江市召开对外开放暨招商引资工作会议

2005 年 5 月 26 日至 6 月 11 日，组团参加中国湖南（香港）投资洽谈周、娄底（东莞）投资洽谈会、中国（昆明）进出口商品交易会，引进中泰矿业、新天地大厦开发、冷水江殡仪馆建设等项目。2006 年，在第九届中国北京国际科技产业博览会上，成功举办冷水江专题推介会，湖南金鹰服饰公司与市经济开发区顺利签约，投资 1.2 亿元建造“中国金鹰服装城”。同年，在“中博会”上，冷水江市与三亚兆亨实业投资有限公司和浙江栖霞山庄大酒店股份有限公司分别就商业步行街开发项目和博尼尔大酒店开发建设项目达成协议。

2007 年，市委、市政府为创造宽松的投资环境，营造良好的招商引资氛围，整合以往招商引资相关优惠政策，先后出台《关于鼓励投资的若干规定》和《关于优化经济发展环境的若干规定》，从财政、税收、土地、规费、服务等多个方面对投资商实行优惠和奖励。各乡（镇、街道）、各职能部门强化服务招商，实行重点项目重点服务。大力推进行政审批制度改革，简化办事程序，提高办事效率，为企业提供“一站式”服务，营造亲商、安商、富商环境。是年，为支持企业发展，市领导组织相关职能部门到中泰矿业公司现场办公，确定将龙凤桥峡谷作为该公司二期尾砂库，解决该企业矿砂无处存放难题。2008 年，市长刘小龙在参加“沪洽周”期间，会见香港华润集团董事局主席宋林、上海振昌金属制品有限公司总经理崔四荣等客商，拜访上海、宁波、杭州等地湖南商会，衔接和洽谈招商项目。至 2009 年，共引进“东方明珠”商居整体开发建设、利民煤矿产权转让、30 万吨金属制品项目、布溪青山片区整体开发、华新水泥 4500t/d 新型干法水泥熟料生产线等重点项目。

2010 年清明节，市委、市政府举办“欢迎老乡回家”招待晚宴，号召在外创业的冷水江籍人士带项目引资金，发展家乡经济。7 月，在“上海世博会湖南活动周”期间，引进禾青商业步行街开发、鑫达耐火材料异地扩建、科技创业孵化器、春晖农贸市场建设等 9 个项目，总投资 25.78 亿元，合同引进资金 22.68 亿元。金鹰服饰有限公司是全省参加世博会的 6 家企业之一，其产品作为湖南馆指定服饰。响莲公司的葛根系列产品在世博会上得到较好的宣传。

2001—2010 年，全市组织参加“科博会”“中博会”“珠洽会”“湘商大会”“世博会”等重大招商活动，接待来自美国、日本客商和中国香港、北京、上海、广东、浙江、江苏、江西、福建、黑龙江等地客商2000余人次。上海东方希望集团、中国南车集团、天津宝泰实业公司、碧桂园集团、贵州湾田集团、深圳众一公司、重庆华竹房地产开发公司、湖北宜化集团、江苏钱江实业有限公司、北京中燃翔科油气技术有限公司、深圳市国信瑞达担保投资有限公司等近20家知名企业、公司到冷水江实地考察，洽谈有关项目。10年间，共引进天宝紧固件、益盛包装、湖南宜化60万吨尿素生产线扩建、冷钢扩产改造、大唐华银金竹山发电厂扩建工程二期、30万吨金属制品等项目148个，内联引资87.37亿元，实际到位境外资金1.85亿美元。

第六篇　人民政协

第一章　政协委员

第一节　委员产生

中国人民政治协商会议冷水江市委员会（简称市政协）成立于 1980 年 12 月，至 2010 年 12 月历时 30 年共八届。第三届、第四届每届任期 3 年，第五届至第八届每届任期 5 年。

市政协 1988—2010 年共换届 5 次（四、五、六、七、八届）。第四届确定委员 166 人，比第三届减少 8 人，分 18 个界别。第五届确定委员 172 人。此后，每届委员均在 190 人以上 200 人以下。第八届，确定委员 195 人，分 21 个界别。

政协委员经民主协商产生，凡赞成全国政协章程的党派、团体及个人，按照政治性、先进性和广泛性原则，由各界别（单位）推荐和组织考察后，经政协常务委员会协商产生。市政协每届委员总名额原则控制在全市人口总数万分之五左右。委员名额按团体、界别分配。委员中非中共人士必须占 60%以上，少数民族、妇女委员必须保持一定比例。

市政协委员换届时，留任的市政协委员由市政协党组提名。推荐新进委员，中共党员由市委组织部提名，党外人士由市委统战部协调民主党派、工商联提名，然后由市政协、市委组织部、市委统战部组成考察组与各乡（镇、街道）党（工）委、市直各单位党委（党组）对所推荐人选进行考察，经市政协党组审定，提请上届市政协常务委员会议协商确定。市政协常委候选人由市委常委会议审定，提请市政协全体会议选举产生。对年龄偏大不能任满一届、已经离退休、与市人大代表交叉、身体健康状况不佳的人员一般不作委员提名。各乡（镇、街道）和市直各单位政协委员人数，按界别并适当参考人口多少分配名额。各届委员会委员，由于工作变动和政协工作需要，届中可辞免、增补、撤销。

第二节　委员构成

市政协第三届委员会委员 191 名，平均年龄 47 岁，来自中共、共青团、妇联、文艺、侨务、教育、科技、医卫、社科、农林、新闻出版、工商、宗教、特邀共 14 个界别。其中，中共界别 29 人，占委员总数的 15.18%；共青团、妇联、文艺、侨务界别 15 人，占委员总数的 7.85%；教育、科技、医卫、社科、农林、新闻出版界别 89 人，占委员总数的 46.6%；工商界别 12 人，占委员总数的 6.28%；宗教、特邀界别 46 人，占委员总数的 24.09%。女性委员 31 人，占委员总数的 16.23%；大专以上学历委员 87 人，占委员总数的 45.55%。按党派分，中共党员 72 人，占委员总数的 37.7%；党外人士 119 人，占委员总数的 62.3%。

以后各届委员人数总体保持平稳，界别稍有变动，第四届增加九三学社、民建、无党派、工会、体育、少数民族 6 个界别，共 20 个界别；第五届至第六届减少工商、宗教、无党派 3 个界别，增加经济、科协、工商联 3 个界别，共 20 个界别；第七届减少体育界别增加宗教界别，共20个界别；第八届减少科协界别，共 19 个界别。2007 年 12 月，市政协第八届政协委员会委员 195 名，其中，经济、工商联界别 75 人，占委员总数的 38.46%，大专学历以上委员 129 人，占委员总数的 66.15%。第四届至第八届政协委员中，文化程度逐届提高，平均年龄下降，民营企业家和科技人员增多，代表性更广，参政议政能力增强。委员中既有德高望重的老同志，又有年轻有为的科技工作者、工商企业界知名人士和模范人物，体现政协“人才库”和“智囊团”的优势和作用。

1988—2010年，先后推荐92人担任省、地（市）政协委员。

第二章　政协会议

第一节　政协全体会议

1987年3月6日至12日，政协冷水江市委员会第三届一次会议在市委招待所召开。第三届委员会（1987年3月至1990年2月）届初委员184名，常务委员35名，届末委员增补至191名。第三届委员会共召开全体会议3次。

1990年2月23日至27日，政协冷水江市委员会第四届一次会议在市委招待所召开。第四届委员会（1990年2月至1993年1月）届初委员166名，常务委员33名，届末委员增补至169名。第四届委员会共召开全体会议3次。

1993年1月1日至7日，政协冷水江市委员会第五届一次会议在冷江宾馆召开。第五届委员会（1993年1月至1997年12月）届初委员172名，常务委员32名；届末委员增补至189名，常务委员增补至40名。第五届委员会共召开全体会议5次。

1997年12月27日至1998年元月1日，政协冷水江市委员会第六届一次会议在东苑宾馆召开。第六届委员会（1997年12月至2003年1月）届初委员183名，常务委员30名；届末委员增补至202名，常务委员增补至32名。第六届委员会共召开全体会议5次。

2003年1月2日至5日，政协冷水江市委员会第七届一次会议在东苑宾馆召开。第七届委员会（2003年1月至2007年12月）届初委员198名，常务委员30名；届末委员增补至200名，常务委员辞免至26名。第七届委员会共召开全体会议5次。

2007年12月14日至17日，政协冷水江市委员会第八届一次会议在博尼尔国际大酒店召开。第八届委员会（2007年12月至2012年11月）届初委员195名，常务委员28名；届末委员增补至211名，常务委员辞免至27名。第八届委员会共召开全体会议5次。

图6-1　2007年3月12日，政协冷水江市第七届委员会第五次会议召开

市政协全体委员会议由政协常委会研究决定。1988—2010年，市政协共召开23次全委会。历次全委会议程虽各有不同，但主要议题基本一致。一是每届第一次全委会，按照政协章程选举产生新一届政协领导班子——主席、副主席、秘书长、常务委员。根据实际情况，届中亦可增选和补选政协常委及领导成员；二是政治协商。审议政协年度工作报告、政府工作报告、财政预决算报告、法院和检察院工作报告。市内重要政策、措施出台及重要人事安排，市委都要事先向政协通报并征求意见。政协委员针对上述事项，从有利于人民事业出发，提出自己的意见和建议。也可在大会或小组会上，对市内重大问题以及群众普遍关心的问题、党政机关的工作及其工作人员提出批评、意见、建议。三是组织委员学习政策、

时事，提高委员参政议政能力。历次全委会上，政协委员对全市政治、经济、文化、社会、生态建设和全市中心工作进行商讨及专题发言，提出富有建设性的意见和建议。

1988—2010 年冷水江市政协历次全委会议情况表

表 6-1

届	次	会议时间	主　要　议　题	选　　举（辞免）
三	二	1988.1.8—1988.1.12	1. 听取审议常务委员会工作报告和提案办理情况报告； 2. 列席人大会听取相关报告； 3. 通过政治决议和其他决议	选举刘益华为秘书长
	三	1989.3.16—1989.3.19		
四	一	1990.2.23—1990.2.27	1. 听取审议常务委员会工作报告和提案办理情况报告； 2. 分组讨论“一府两院”和计划、财政报告； 3. 换届选举； 4. 通过政治决议和其他决议	选举刘茂成为政协主席，刘益华、陈广彦、林家生、姚绮云、晏端阳、钱节格、钱岳鸣、梁满英为副主席，彭源汝为秘书长，朱世骐、宋知新、况祖华、李友芳、杨昌孝、扶利民、杜劲生、肖忠禫、吴继仁、何柱中、余洁仪、邹多文、张玉辉、张亮、张晓春、林俊权、罗葭柏、姜平山、唐孝琢、黄家驹、龚志成、曾昭全、谢志平为常务委员
	二	1991.3.11—1991.3.14	1. 听取审议常务委员会工作报告和提案办理情况报告； 2. 分组讨论“一府两院”和计划、财政报告； 3. 传达中共中央〔1990〕10 号文件精神和全省政协工作会议精神； 4. 通过政治决议和其他决议	
	三	1992.3.15—1992.3.19	1. 听取审议常务委员会工作报告和提案办理情况报告； 2. 分组讨论“一府两院”和计划、财政报告； 3. 通过政治决议和其他决议	
五	一	1993.1.2—1993.1.7	1. 听取审议常务委员会工作报告和提案办理情况报告； 2. 分组讨论“一府两院”和计划、财政报告； 3. 政协换届； 4. 通过政治决议和其他决议	选举刘茂成为政协主席，马心良、刘益华、陈广彦、姚绮云、晏端阳、梁满英为副主席，彭源汝为秘书长，田奇特、朱宝源、伍泰山、孙练典、杜劲生、李措光、肖奇才、吴继仁、何柱中、邹亲和、宋知新、张少康、陈康云、罗葭柏、段著英、袁荣英、莫海明、唐复初、黄钟岳、龚志成、谢凤翔、释成圆、谭速成、滕建国为常务委员
	二	1994.5.3—1994.5.6	1. 听取审议常务委员会工作报告和提案办理情况报告； 2. 分组讨论“一府两院”和计划、财政报告； 3. 通过政治决议和其他决议； 4. 分组协商市长、人大常委会副主任候选人，酝酿增选市政协副主席、常务委员	增选杨昌孝为副主席，增选刘长发、李铁雄、曾广俭为常务委员
	三	1995.3.6—1995.3.9	1. 听取审议常务委员会工作报告和提案办理情况报告； 2. 分组讨论“一府两院”和计划、财政报告； 3. 通过政治决议和其他决议	增选张戎、姜维敏、贺峥、郭友秀、颜克定为常务委员

续表 6-1

届	次	会议时间	主　要　议　题	选　　举（辞免）
五	四	1996.3.12—1996.3.14	1. 听取审议常务委员会工作报告和提案办理情况报告； 2. 分组讨论“一府两院”和计划、财政报告； 3. 通过政治决议和其他决议； 4. 同意刘茂成主席、陈广彦副主席辞职报告； 5. 补选主席、副主席	补选谢长生为政协主席，肖文波为政协副主席
六	一	1997.12.27—1998.1.1	1. 听取审议常务委员会工作报告和提案办理情况报告； 2. 分组讨论“一府两院”和计划、财政报告； 3. 政协换届； 4. 通过政治决议和其他决议	选举谢长生为政协主席，马心良、肖文波、佘英俊、袁如梅、梁又姿为副主席，吴国庭为秘书长，邓仲光、朱佑峰、伍泰山、刘自策、刘和平、阳卫怀、杨清、苏国干、李若伯、李果新、李叙柳、肖奇才、邹心荣、邹建芳、邹亲和、段著英、贺峥、黄祖荫、龚志成、喻国英、曾广俭、谢小初、蔡胜华、谭永祥、颜克定为常务委员
	二	1999.2.5—1999.2.7	1. 听取审议常务委员会工作报告和提案办理情况报告； 2. 分组讨论“一府两院”和计划、财政报告； 3. 通过政治决议和其他决议	
	三	2000.3.15—2000.3.17	1. 听取审议常务委员会工作报告和提案办理情况报告； 2. 分组讨论“一府两院”和计划、财政报告； 3. 通过政治决议和其他决议； 4. 补选政协副主席、政协常委	同意梁又姿辞去市政协副主席，蔡胜华辞去市政协常委、委员职务；补选张亮、凌建国为副主席，吕湘敏、杨建湘、谢学龙为常务委员
	四	2001.3.19—2001.3.21	1. 听取审议常务委员会工作报告和提案办理情况报告； 2. 分组讨论“一府两院”和计划、财政报告； 3. 通过政治决议和其他决议； 4. 同意袁如梅辞去市政协副主席、阳卫怀辞去市政协常委职务； 5. 补选市政协副主席	补选段吉梧为副主席
	五	2002.1.22—2002.1.24	1. 听取审议常务委员会工作报告和提案办理情况报告； 2. 分组讨论“一府两院”和计划、财政报告； 3. 通过政治决议和其他决议； 4. 协商市长候选人	同意马心良辞去市政协副主席职务
七	一	2003.1.2—2003.1.5	1. 听取审议常务委员会工作报告和提案办理情况报告； 2. 分组讨论“一府两院”和计划、财政报告； 3. 政协换届； 4. 通过政治决议和其他决议	选举康承贵为政协主席，杨清、李玉祥、佘英俊、张亮、段吉梧、凌建国为副主席，宁外宗为秘书长，邓仲光、伍永跃、刘班期、李若伯、李果新、肖文书、肖四海、邹志龙、邹晴滨、张跃龙、陈代忠、陈庆元、易汉清、周和贵、胡祖汉、段正华、段福祥、姜维敏、秦友洪、黄小平、龚志成、童甘霖、曾峥、曾广俭、谢晓初、谢智能、颜克定为常务委员

续表 6-1

届	次	会议时间	主　要　议　题	选　举（辞免）
七	二	2004.3.8—2004.3.11	1. 听取审议常务委员会工作报告和提案办理情况报告； 2. 分组讨论“一府两院”和计划、财政报告； 3. 通过政治决议和其他决议； 4. 辞免、补选政协常委	同意颜克定、邹志龙辞去常委、委员职务，补选康利新、蔡胜华为政协常委
	三	2005.3.19—2005.3.22	1. 听取审议常务委员会工作报告和提案办理情况报告； 2. 分组讨论“一府两院”和计划、财政报告； 3. 通过政治决议和其他决议； 4. 辞免、补选政协常委	同意易汉清辞去常委、委员职务，补选谢龙华为政协常委
	四	2006.3.16—2006.3.17	1. 听取审议常务委员会工作报告和提案办理情况报告； 2. 分组讨论“一府两院”和计划、财政报告； 3. 通过政治决议和其他决议； 4. 辞免政协常委	同意肖文波、肖四海、张跃龙、谢晓初辞去常委、委员职务
	五	2007.3.12—2007.3.14	1. 听取审议常务委员会工作报告和提案办理情况报告； 2. 分组讨论“一府两院”和计划、财政报告； 3. 通过政治决议和其他决议	
八	一	2007.12.14—2007.12.17	1. 听取审议常务委员会工作报告和提案办理情况报告； 2. 分组讨论“一府两院”和计划、财政报告； 3. 政协换届； 4. 通过政治决议和其他决议	选举童桂娥为政协主席，李玉祥、佘英俊、陈庆元、陈锡平、黄世平为副主席，宁外宗为秘书长，龙智、申晨曦、伍永跃、危逾峰、刘吉康、杨志荣、扶健云、吴雄华、邹振、邹世红、张国仪、张国华、陈一苇、陈代忠、陈伯适、林平、赵郁夫、段福祥、袁险峰、黄小平、康克非、童甘霖、曾广俭、谢小芳、谢龙华、廖节华、谭艺为常务委员
	二	2009.3.25—2009.3.26	1. 听取审议常务委员会工作报告和提案办理情况报告； 2. 分组讨论“一府两院”和计划、财政报告； 3. 通过政治决议和其他决议	
	三	2010.1.12—2010.1.14	1. 听取审议常务委员会工作报告和提案办理情况报告； 2. 分组讨论“一府两院”和计划、财政报告； 3. 通过政治决议和其他决议； 4. 辞免、补选政协常委	同意佘英俊辞去政协副主席、委员职务，同意谢龙华、谢小芳、张国华辞去常委、委员职务，补选朱卫平、陈菁为常务委员

第二节　政协常务委员会会议

市政协常务委员会会议由主席、副主席、秘书长和常务委员组成，由主席会议决定召开，主席或副主席主持，一般每季度召开一次。1988—2010年，市政协共召开常委会议138次。常委会议议题广泛，有政协本身内部事务，比如机构设置、人事任免、全会安排、日常工作安排，以及就市内政治经济、社会发展等重大问题与市委、市政府进行政治协商等内容。

第三节　政协主席会议

市政协主席会议由主席、副主席、秘书长组成，一般每两个月举行一次，必要时临时召集会议，主要确定常委会会议议程、安排协商内容、组织调查研究、讨论机关日常工作中的重要事项等。1988—2010 年，市政协召开主席会议 148 次。

第三章　组织机构

第一节　政协常务委员会

1980 年 12 月，设立冷水江市政协常务委员会，为市政协常设机构，由主席、副主席、秘书长和常务委员组成。第三届届初，主席 1 名，副主席 8 名，秘书长 2 名（兼职），常务委员 35 名。第四届届初，主席 1 名，副主席 8 名，秘书长 1 名，常务委员 33 名。第五届届初，主席 1 名，副主席 6 名，秘书长 1 名，常务委员 32 名。第六届届初，主席 1 名，副主席 5 名，秘书长 1 名，常务委员 30 名。第七届届初，主席 1 名，副主席 6 名，秘书长 1 名，常务委员 30 名。第八届届初，主席 1 名，副主席 5 名，秘书长 1 名，常务委员 28 名。

第二节　政协工作机构

1980 年 9 月，中国人民政治协商会议冷水江市筹备委员会成立，下设办公室。12 月 16 日至 22 日，政协冷水江市第一届委员会第一次会议召开，正式成立中国人民政治协商会议湖南省冷水江市委员会，设常务委员会，下设办公室。1984 年 2 月，增设学习委员会办公室和文史资料委员会办公室。1986 年 6 月，文史资料委员会办公室更名为文史资料研究委员会。1987 年 2 月，增设提案工作委员会。1989 年 2 月，学习委员会更名为学习宣传委员会。3 月，增设经济科技委员会、法制群团委员会和祖国统一联谊委员会。1991 年 5 月，增设文教卫体委员会。1997 年 11 月，学习宣传委员会与文史资料研究委员会合并为文史学习委员会，法制群团委员会与祖国统一联谊委员会合并为社会工作委员会。2010 年 3 月，增设人口环境资源委员会。是年，市政协机关工作机构为“六委一室”（办公室、提案工作委员会、文史学习委员会、经济科技委员会、文教卫体委员会、社会工作委员会、人口环境资源委员会），定编 23 人。

1988—2010 年冷水江市政协历届正、副主席任职一览表

表 6-2

届　次	职　务	姓　名	籍　贯	任职起止年月	工作单位
三（1987.3—1990.2）	主　席	陈载重	长沙县	1987.3—1990.2	市政协
	副主席	谢乐平	洞口县	1987.3—1990.2	市政协
		陈广彦	河南虞城	1987.3—1990.2	市政协
		周乐华	隆回县	1987.3—1990.2	市政协
		刘益华	新化县	1987.3—1990.2	市一中
		曾绍棣	冷水江市	1987.3—1990.2	市建筑设计院
		钱节格	浙江杭州	1987.3—1990.2	金竹山电厂
		林家生	衡东县	1987.3—1990.2	铁焦总厂
		姚绮云（女）	浙江杭州	1987.3—1990.2	资江氮肥厂

续表 6-2

届　次	职　务	姓　名	籍　贯	任职起止年月	工作单位
四（1990.2—1993.1）	主　席	刘茂成	临澧县	1990.2—1993.1	市政协
	副主席	陈广彦	河南虞城	1990.2—1993.1	市政协
		梁满英（女）	涟源市	1990.2—1993.1	市政协
		刘益华	新化县	1990.2—1993.1	市政协
		钱岳鸣	隆回县	1990.2—1993.1	市政协
		钱节格	浙江杭州	1990.2—1993.1	金竹山电厂
		林家生	衡东县	1990.2—1993.1	铁焦总厂
		姚绮云（女）	浙江杭州	1990.2—1993.1	资江氮肥厂
		晏端阳	新化县	1990.2—1993.1	市一中
五（1993.1—1997.12）	主　席	刘茂成	临澧县	1993.1—1996.3	市政协
		谢长生	新化县	1996.3—1997.12	市政协
	副主席	陈广彦	河南虞城	1993.1—1996.3	市政协
		梁满英（女）	涟源市	1993.1—1997.12	市政协
		马心良	隆回县	1993.1—1997.12	市政协
		刘益华	新化县	1993.1—1997.12	市政协
		姚绮云（女）	浙江杭州	1993.1—1997.12	资江氮肥厂
		晏端阳	新化县	1993.1—1997.12	市一中
		杨昌孝	通道县	1993.1—1997.12	市委统战部
		肖文波	涟源市	1996.3—1997.12	市政协
		袁如梅	新化县	1997.3—1997.12	市委统战部
六（1997.12—2003.1）	主　席	谢长生	新化县	1997.12—2003.1	市政协
	副主席	肖文波	涟源市	1997.12—2003.1	市政协
		马心良	隆回县	1997.12—2003.1	市政协
		袁如梅	新化县	1997.12—2003.1	市委统战部
		梁又姿（女）	涟源市	1997.12—2003.1	金竹山电厂
		佘英俊	邵东县	2000.3—2003.1	市科技局
		张　亮	冷水江市	2000.3—2003.1	冷水江报社
		凌建国	望城县	2000.3—2003.1	金竹山电厂
		段吉梧	冷水江市	2001.3—2003.1	市委统战部
七（2003.1—2007.12）	主　席	康承贵	新化县	2003.1—2007.12	市政协
	副主席	段吉梧	冷水江市	2003.1—2007.12	市政协
		李玉祥	冷水江市	2003.1—2007.12	市政协
		佘英俊	邵东县	2003.1—2007.12	市科技局
		张　亮	冷水江市	2003.1—2007.12	市民建支部
		凌建国	望城县	2003.1—2007.12	金竹山电厂
		杨清（女）	冷水江市	2003.1—2007.12	市纪委
八（2007.12—	主　席	童桂娥（女）	冷水江市	2007.12—	市政协
	副主席	李玉祥	冷水江市	2007.12—	市政协
		佘英俊	邵东县	2007.12—	市政协
		黄世平	娄底市	2007.12—	市政协
		陈锡平	新化县	2007.12—	市中医院
		陈庆元	宁乡县	2007.12—	市检察院

第三节　基层政协组织

1996年12月，市政协在各乡（镇、街道）设立政协联络员。1997年1月，市委印发《关于进一步加强政协工作的决定》，明确乡（镇、街道）政协联络员为正科级级别，与乡镇党委书记、乡（镇）长、办事处主任、人大主席享受同等待遇。其主要职责是：在市政协和乡（镇、街道）党委领导下，加强与本乡（镇、街道）市政协委员、群众团体和各界人士的联系，参与同级党委各项重要决策，完成市政协和同级党委交办的事项。2000年9月，各乡（镇、街道）成立政协工作联络委员会，作为市政协的派出机构，设主任、副主任、专（兼）职秘书各1名。2005年6月，市委下发《关于进一步加强和改进政协工作的决定》，明确乡（镇、街道）政协工委为市政协派出机构，正科级规格。政协工委主任可以设专职，也可以由副书记兼任。乡（镇、街道）政协工委主任不是同级党委成员的，应列席同级党委会议、书记会议和其他重要会议。政协工委正、副主任应参与同级领导的工作分工，做到有职、有责、有权。各乡（镇、街道）党委每年要专题研究政协工作，为政协工委开展工作创造良好条件。各乡（镇、街道）政协工委活动经费由同级财政予以保障。2007年11月起，冷水江、布溪、锡矿山和沙塘湾4个街道政协工委分别配副主任2名。

第四章　职能履行

第一节　政治协商

1988—2010年，政治协商的主要形式是各种协商会议，包括政协委员全体会议、常务委员会议、主席会议、各专门委员会委员会议、各界别会议以及根据工作需要召开的各民主党派、工商联、无党派人士、人民团体、少数民族人士和各界爱国人士代表参加的协商座谈会议等。1988年，为促进市政协切实履行政治协商职能，市政协三届二次全会向市委提出《进一步发挥政协职能作用的意见和建议》，明确市委、市政府10个方面的重大问题必须经过市政协政治协商后做出决策。1989年，制定《常务委员会工作规则》。1990年，市政协四届二次常委会议制定《关于政治协商、民主监督的暂行规定》和《专门委员会组织通则》，并进一步完善《常务委员会工作规则》。1996年，市委印发《中共冷水江市委关于批转市政协党组〈关于政治协商、民主监督、参政议政的规定〉的通知》。1997年，市委出台《关于进一步加强政协工作的决定》，推进政协工作规范化、制度化。2005年，市委印发《关于进一步加强和改进政协工作的决定》。2010年，市委印发《中共冷水江市委关于加强政治协商工作的暂行规定》。《规定》明确政治协商的指导思想、原则、内容、层次、程序、督办落实和协商成果转化等内容，确立市委在政治协商中的主导作用，政治协商由市委统一部署、协调并组织实施，把政治协商纳入决策程序。凡事关全市政治、经济、文化、社会和生态文明建设重大事项决策，都必须广泛听取各民主党派和无党派人士、各人民团体和各族各界人士意见，做到协商在党委决策之前、人大通过之前、政府实施之前，并在重大事项决策执行中加强协商。

一、全会协商

1988—2010年，市政协共召开全会23次。历次全会期间，重点围绕人大、政府、政协重要人事问题以及“一府两院”工作报告、政协常委会年度工作报告、提案工作报告、财政预决算报告、国民经济和社会发展规划纲要等重大事项开展协商。

二、常委会会议协商

1988—2010年，市政协共召开常委会会议122次。常委会会议议题广泛，内容涉及市内政治、经济、社会发展等重大问题。市委、市政府每半年向政协常委会议通报一次经济运行和社会发展情况。政协常委会议还就政协内部事务、机构设置、人事任免、全会安排、日常工作安排、建议案等事项开展协商。

三、主席会议协商

1988—2010 年，市政协共召开主席会议 158 次。主席会议主要就某些重点事项、常委会议议程、协商内容安排、组织调查研究、重点提案办理和机关日常工作等开展协商。

四、专题协商

市政协专题协商主要就各领域重点、难点问题由专委会组织相关单位开展对口协商。每届各专委会与各相关单位开展专题协商活动，议题涉及经济、教育、医疗、文化、环保、民生等各个领域。

第二节　民主监督

一、委员考察

市政协组织委员考察，监督全市主要工作任务完成落实情况，对全市民生和经济社会发展重要问题进行研究，然后整理成书面考察报告，为政府及有关部门决策提供参考。1988—2010 年，市政协组织委员集体考察 242 次，形成书面考察报告 307 篇。

二、行风监督

1998 年起，全市各职能部门自行聘请政协委员担任行风监督员，至 2002 年年底，共有 14 名政协委员担任纪检监察、公安、检察、地税、工商等单位的特邀行风监督员。第八届政协创新政协委员行风监督工作。2008 年，市政协在娄底 5 个县市区中率先把“行风监督员”改为“民主监督员”，并改各单位自行“聘”为市政协统一“派”，使民主监督工作由“被动”变“主动”，把委员个人监督行为上升为政协组织监督行为，把分散监督活动上升为集中监督活动。此后，市政协每年委派民主监督员近 100 名。2010 年，全市有委派监督的行政执法单位 26 家。1988—2010 年，市政协先后派出政协委员 1680 人次参与 20 多个行政执法部门的行风监督。市政协委派民主监督员这一做法，得到娄底市政协的充分肯定并在全市县（市、区）推广。

图 6-2　2008 年，冷水江市政协委员参与检察院案件评查活动

三、民主评议

从第六届政协（1999 年）始，市政协不断探索民主监督新方法、新途径，选择与全市中心工作息息相关、老百姓普遍关心和关注的问题，对有关职能部门依法行政、工作作风、廉洁自律、服务经济等情况开展民主评议，推动职能部门改进工作方式、提高工作效率，收到良好社会效果。2005 年，市政协建立民主评议提案承办单位制度，每年选择 3～4 家提案承办较多的单位，年底组织召开常务委员会对其进行民主评议。1997—2010 年共对 22 家提案承办单位进行民主评议。同时，市政协改进民主监督方式，组织政协委员参与全市优化经济发展环境民主测评，至 2010 年，共参与 50 个行政执法单位优化经济发展环境民主测评。

图 6-3　2009 年 10 月，冷水江市政协民主评议市环保局、规划局、城管局大会现场

第三节　参政议政

一、建言献策

2003年，市政协七届四次常委会议向市委、市政府提出《关于以经济转型、城市规划修编为契机，精心打造山水园林生态城市的建议案》，得到市委、市政府采纳。是年，市委、市政府提出城市东扩发展战略。2005年6月，城东生态城资江大道一期工程破土动工，标志着市城东生态城建设正式拉开序幕。2009年7月，召开城市东扩动员大会，随后开展大规模的城东生态城建设。

2003年，市政协组织市民建政协委员对资江冷邵段进行全程考察，走访有关单位和人员，查阅大量资料，向市委、市政府提出尽快改善自来水水质的建议。市委、市政府高度重视，2006年投资6000万元建设引水工程，将自来水原取水点上移至禾青球溪，改善了自来水水质，水质稳定在Ⅱ类水质标准以上，全市人民从此喝上健康安全的放心水。

2003年始，市政协委员围绕冷水江经济发展方向、重点、目标及有关产业转型等问题开展调研，提出许多切实可行的意见和建议，并得到市委、市政府采纳实施。2005年初，市委、市政府决定把布溪经济技术开发区移至沙塘湾街道境内，并更名冷水江经济开发区。至2010年，区内有企业22家，其中规模以上企业12家，新入园企业产值53亿元，金属制品、精细化工、服饰3个主导产业初具雏形。

2004年，市政协组织委员深入冷水江钢铁总厂等城区周边企业开展调研，提出发展循环经济、加快技术改造、加大企业环保投入、改善市区空气质量、城区企业退城进郊等建议。2007年6月，市委、市政府启动实施城区工业企业退城进郊、易地搬迁工作，至2010年年底，耀华冷耐、波月水泥、亿达电化、冷水江硅质耐火材料4家企业先后整体搬迁至市郊，城区空气质量明显改善。

2004年后，市委相继出台《关于加强政协民主监督工作的意见》《关于进一步加强和改进政协工作的决定》《关于加强政治协商工作的暂行规定》等文件。市委、市政府每年向市政协通报2至3次工作情况，将政府工作报告、经济社会发展计划、财政预决算、重要人事任免等事项提交政协全委会或政协常委会协商。在决定实施过程中，广泛听取政协意见，充分发挥政协参政议政作用。市政协主要通过全体会议、常委会议、组织调查和考察、制定提案等向市委、市政府建言献策。

冷水江建市后，市区严重缺乏公共娱乐休闲场所。进入21世纪，许多政协委员多次在政协全会上提出，建议在中心城区建设大型城市休闲广场。市委、市政府积极采纳政协委员意见，把建设滨江公园列为全市重点工程和“创卫”十大基础设施建设工程。2010年11月，该园一期工程竣工并正式对外开放。滨江公园这项“民心”工程，改善了城市形象，提升城市品位和市民生活幸福指数，被评为“人民群众最满意的十件实事”之首。

2006年，市政协历时3个多月，分14个子课题对全市城市管理工作进行专题调研，形成15篇专题调研报告。随后，组织召开由市委、市政府主要领导和市委办、市政府办、城管、公安、工商、规划、环保、交通等相关部门负责人及部分市民代表共70余人参加的城市管理专题议政会。在会上，政协委员和市民代表从不同方面反映城市管理存在的问题，深入分析存在问题的原因，并提出对策和建议。会后，市政协向市委、市政府提交《关于进一步加强城市管理，提升城管水平的建议案》，市委书记谢志雄在建议案上作重要批示，市政府常务会议进行专题研究，采纳市政协的意见和建议。城管部门对存在的问题进行认真整改，市环卫处、园林处全面推行ISO9001质量管理体系，实现城区主、次街道19小时常态化保洁，群众对城市管理工作满意度明显提高。

谢冰莹是中国近代史上第一个女作家，其故居坐落在铎山镇龙潭村，因年久失修亟待保护和修复。市政协多次组织委员进行调研，向市委、市政府提交提案，并向上级有关部门强烈呼吁。2009年5月，省政府将谢冰莹故居列为省级文物保护单位。

2010年，市政协围绕统筹城乡发展，整体推进新农村建设开展专题调研，分别就新农村建设中项目建设、基础设施、人居环境、资金筹措等方面形成专题调研报告，为市委、市政府决策提供重要参考依据。

二、调研成果

2001年，市政协副主席马心良撰写的《从根源上遏制腐败的思路和对策》得到省政协、省委统战部及九三学社中央委员会的重视。2004年调研报告《农民外出务工存在的问题及对策》被省政协评为优秀调研报告。2005年《关于冷水江市发展循环经济的专题调研报告》、2006年《对提升冷水江市城市管理水平的调查与建议》均获得当年度全省政协系统优秀调研报告一等奖。

2009年，市政协确定为调查研究年，印发《关于进一步加强调查研究工作的意见》，大兴调查研究之风。第八届政协围绕统筹城乡发展整体推进新农村建设、创建省级卫生城市、优化经济发展环境、农村医疗卫生事业发展等课题开展专题调研，形成40多篇高质量的调研报告，供市委、市政府决策参考。2010年，《关于冷水江市耕地抛荒情况的调研》获省政协调研报告评选活动三等奖，《全国第六次人口普查政府普查经费应向县（市）一级政府倾斜》被湖南省政协和全国政协采用。

三、提案办理

1990年，市政协四届二次常委会议制定《提案工作试行条例》，为充分发挥提案作用，不断创新提案交办、督办方式。2003年，创立提案承办单位与提案人面对面答复现场办理制度。

2004年，建立提案办理五项制度，即重点提案领导督办制度、提案答复见面协商制度、提案现场办理制度、民主评议提案承办单位制度和B类提案回头查访落实制度。重点提案领导督办制度实行后，凡经提案委反复筛选和主席会议研究确定的重点提案需送市委、市政府主要领导和分管领导阅示，并提出明确的办理意见和要求，再由市政协正、副主席和市政府分管领导分工联合督办；提案答复见面协商制度要求，凡有5份以上提案承办的单位，需采取多种方式与委员见面协商办理提案，当面征求委员办理意见；提案现场办理制度主要以市委、市政府中心工作和群众反映比较集中的问题为突破口，以“议政日”的方式对这些提案进行现场办理，现场办理中邀请部分市民代表参与，广泛听取各方面的意见建议。通过现场办理，一些好的意见建议得到及时采纳，一些急于解决的问题迅速得到解决；民主评议提案承办单位制度即对提案承办数量较多和承办重点提案的单位，组织政协常委、提案委员和部分提出提案的委员组成评议组进行公开评议，评议后进行督办整改。2003—2010年，市政协共对38家提案承办单位进行公开评议；B类提案回头查访落实制度，即对B类提案建立跟踪档案，分门别类进行回头查访，采取实地考察、跟踪督办等方式要求承办单位兑现落实。B类提案当年未答复落实且委员第二年提出后仍未落实到位的，承办单位主要负责人需向政协常委会议解释说明原因。提案办理五项制度的实施，加强了提办双方联系与沟通，调动了政协委员撰写提案积极性，委员提案数量和质量大幅提升，同时增强承办单位办理提案责任感，提高提案办理的时效性和实效性。该项工作得到娄底市政协充分肯定，并作为经验在全市推介。《人民政协报》《湘声报》《娄底日报》等新闻媒体相继专题报道。

2007年，市政府下发《人大代表建议和政协委员提案办理工作规定》，进一步规范和促进提案办理工作。2008年，实行重点提案网上办理制，将重点提案内容、领导批示、办理过程及办理结果在冷水江政府网站上公布。同时每年评选优秀提案，并在政协全会中予以表彰奖励，有效提高委员提案质量。

1988—2010年，市政协共收到政协委员提案2826件，立案2509件。提案所提问题被有关部门采纳并基本解决的827件，占立案总数33%；解决或列入计划逐步解决的1505件，占60%；因当时客观条件或政策限制有待后续研究解决的177件，占7%。

1988—2010年冷水江市政协向市委、市政府提交建议案情况表

表6-3

提交时间	建议案标题	会议
1988.7.16	《关于发展我市轻纺工业的建议案》	三届六次常委会议
1989.3.16	《关于加快潘桥乡脱贫致富工作的建议案》《关于重视外事旅游工作的建议案》《关于加强经济建设促进会的建议案》	三届三次全会
1990.6.5	《关于加强我市公路建设的建议案》	四届四次主席会议
1980.7.6	《关于加强乡村煤矿安全生产的建议案》	四届三次常委会议
1990.11.8	《关于大力发展农田水利建设的建议案》	四届四次常委会议
1991.8.13	《关于加强畜牧水产生产的建议案》	四届十一次主席会议
1992.3.19	《关于加速市体育中心建设的建议案》	四届三次全会
1992.5.5	《关于加强清理整顿个体开业行医的建议案》	四届十一次常委会议
1993.12.14	《关于加快我市第三产业发展的建议案》	五届四次常委会议
1994.12.27	《关于加快我市丘岗山地开发和畜牧水产发展的建议案》《关于发展我市私营经济的建议案》	五届九次常委会议
1995.5.30	《关于加快全市工业技术改造和新产品新技术开发的建议案》《关于加快我市公路建设的建议案》	五届十三次常委会议
1995.8.16	《关于举办“锑都文化节”的建议案》	五届十四次主席会议
1996.5.13	《关于改善我市大中型企业外部环境的建议案》	五届十八次常委会议
1996.8.13	《关于加快我市乡镇企业发展的建议案》	五届十九次常委会议
1997.6.5	《关于对我市农村合作基金会进行整顿的建议案》	五届三十一次主席会议
1998.7.2	《关于搞好我市工业企业改革的建议案》	六届二次常委会议
1998.10.29	《关于进一步优化我市个体私营经济外部环境的建议案》	六届三次常委会议
1998.12.30	《关于我市财政开源节流的建议案》	六届四次常委会议
1999.7.23	《关于促进我市农业产业化发展的建议案》	六届九次常委会议
2000.7.8	《关于加强我市城市管理的建议案》	六届十五次常委会议
2000.10.18	《关于加强我市地质灾害防治的建议案》	六届二十三次主席会议
2001	《关于加快我市非公有制经济发展的建议案》	六届二十一次常委会议
2003	《关于以经济转型、城市规划修编为契机，精心打造山水园林生态城市的建议案》	七届五次常委会议
2003.12.18	《关于抢抓发展机遇，推进经济转型的建议案》	七届六次主席会议
2004.4.8	《关于整合资源，把我市职业技术教育做活做强的建议案》	七届十次主席会议
2004.10	《关于促进我市农民增加收入的建议案》	农民增收议政会
2005.9.26	《关于发展我市循环经济的建议案》	七届十六次常委会议
2006.8.11	《关于进一步加强城市管理，提升城管水平的建议案》《关于着力实施我市文化提升战略的建议案》	七届二十二次常委会议
2007.9.17	《关于完善社会救助体系，促进社会和谐稳定的建议案》	七届二十九次常委会议
2008	《关于进一步推进我市殡葬改革的建议案》	主席会议
2009	《关于加快新一中建设步伐的建议案》	常委会议
2010.12.30	《关于大力发展我市学前教育的建议案》	八届十五次常委会议

四、委员专题议政

“委员专题议政日”活动是市第七届政协创新履职方式而开展的一项重要活动，融政治协商、民主监督、参政议政为一体，主要围绕市委、市政府的中心工作及群众关心的热点问题，每个季度选择一个主题，先组织有关委员深入调研并撰写调研报告和发言材料，然后由委员面对面向市委、市政府领导和有关部门负责人提出意见和建议。2003—2007年，围绕推进经济转型发展、打造山水园林工业城市、促进农民增收、加强环境保护、发展循环经济、提高城市管理水平、加强社会救助体系建设等事关全市经济社会发展大局的7个专题进行深入调研，形成调研材料86份、综合性调研报告7个。期间，共召开7次专题议政会，组织委员与市委、市政府主要领导、分管领导及相关职能部门负责人面对面协商，“零距离”建言，共提出意见建议500余条，被采纳落实400余条。

第四节　其他工作

一、规范基层政协工作

1996年12月，市政协在各乡（镇、街道）设立政协联络员，政协工作延伸至乡镇一级。2000年9月，各乡（镇、街道）成立政协工作联络委员会，配专职工委主任、副主任、秘书，工作机构逐步完善。2008年，为促进乡（镇、街道）政协工作规范化、程序化、制度化，市政协印发《乡（镇、街道）政协工委工作职责及活动制度的通知》和《乡（镇、街道）政协工委工作目标管理考核办法》。同时，建立乡（镇、街道）工委正、副主任任前培训考试制度。凡市委提名拟任的乡（镇、街道）政协工委正、副主任，均需先参加政协组织的培训考试，考试合格者政协才予以正式任命。为加强对乡（镇、街道）政协工委业务指导，市政协编印《乡（镇、街道）政协工作指南》。至2010年，乡（镇、街道）政协工作从无到有，并逐步规范，阵地建设做到有牌子、有办公室和委员活动室，制度规范上墙，资料归档整理完整，工作开展年初有计划、半年有小结、年底有总结，活动开展常态化。政协委员发挥联系面广、接地气的优势，紧紧围绕当地经济社会发展大局和人民普遍关心的热点、难点问题开展工作，促进当地经济社会发展和社会和谐稳定。

二、文史资料征集整理

1984年2月，市政协成立文史资料研究委员会，定编2人，开始文史资料征集工作。主要征集民主革命先驱曾杰、熊仁和早期从事革命活动的张学琅、刘逊夫、苏镜等人的史实及其他史料。1987年，出版《冷水江市文史资料第二辑》，收集侨居美国的海内外知名女作家谢冰莹女士撰写的3篇史稿，该辑文史资料在全省优秀文史资料评选中获三等奖。其中记述谢冰莹青年时代军旅生涯的《报考军校的回忆》一文，被全国政协文史委编印的《文史资料选辑——港、澳、台及海外来稿专辑》选登。1989年，全省文史工作会议在冷水江召开，充分肯定市政协文史工作取得的成绩。2004—2009年，编辑出版《梅山蚩尤文化研究》4辑。1984—2010年，市政协文史委共出版文史书籍15辑，画册一本，共计270余万字。

三、扶贫帮困

20世纪90年代中期，市政协先后在三尖镇六二村、光明村、九江村开展建设扶贫工作，为建扶村脱贫致富献计献策，协调有关问题，筹措发展资金，兴建基础设施，取得良好成效：结束六二村作为全市唯一不通电话村的历史；解决光明村700多名村民安全饮水问题；帮助九江村拓宽通村公路、完成500人饮水工程，并新建村级组织活动中心。2006年起，市政协文教卫体委连续两年组织“扶贫助学爱心大行动”，共有33位委员和6名政协机关干部与39名家庭贫困、品学兼优的高中学生“一对一”结对帮扶，为帮扶对象每学期无偿资助500～1500元不等的学费，助学金额总计近20万元。一位企业界委员捐资10万元将三尖镇九江小学翻修一新。在市政协倡导组织下，全市政协委员和政协机关干部职工开展扶贫、助残、救灾等社会慈善活动，仅2008年抗击特大冰冻灾害和汶川大地震，市政协就发动政协机关干部和全市政协委员捐款、捐物共计700余万元。

第七篇　民主党派　群众团体

第一章　民主党派

第一节　民　建

1988年3月，资江氮肥厂总经济师姚绮云加入中国民主建国会（简称民建），随后，黄挺芬、胡昭发、钟丁信、李礼、陈显兴、姜维敏等先后加入。1994年9月1日，中国民主建国会冷水江市支部委员会成立，选举姚绮云为支部主任。1997年12月，民建冷水江市支部以党派身份成为市政协组成单位。2000年11月8日，召开第二次会员大会，张亮当选为支部主任。2008年7月30日，召开第三次会员大会，陈一苇当选为支部主任。至2010年，民建有会员82人。其中经济界人士54人，占会员人数的66%；高级职称15人，中级职称42人；省人大代表1人，娄底市人大代表2人，冷水江市人大代表2人；娄底市政协委员3人，冷水江市政协委员10人。成立参政议政、基层组织建设、经济与法律、妇女工作、老年工作等5个专门委员会。2003年、2005年，民建冷水江市支部获民建湖南省委先进支部称号。

一、参政议政

1994—2010年，民建冷水江市支部着力于全市经济和社会发展，参政议政，建言献策。全国第七、第八届人大代表姚绮云共提交议案、建议161件。她提出的《关于帮助部分煤炭企业走出困境的议案》和《关于减免煤炭企业增值税的建议》得到国务院和煤炭部的高度重视，国家划拨40亿元贷款清理冶金、电力、化工行业拖欠国有重点煤矿的煤款，煤炭企业的增值税率由17%降至13%，中央财政增加17.1亿元亏损补贴以解决煤炭企业税负增加的问题。她提出的《关于尽快理顺价格制度的建议》和《关于资江氮肥厂扩建18万吨合成氨、30万吨尿素工程应纳入“九五”计划，并尽快批准立项的建议》等引起国务院领导的高度重视。

2003年，民建冷水江支部提出的《冷水江市居民饮用水水质亟待改善》的建议，得到市委采纳，市委常委召开会议专题研究冷水江水质问题，将一水厂取水点上移至禾青镇球溪段，一项惠及市民、投资近亿元的引水工程于2007年9月28日正式通水。2007年，支部主任张亮提出的《加大工业三废综合利用的对策和建议》，得到中共娄底市委主要领导的重视。支部提出的《关于做好谢冰莹故居开发和利用工作的建议》，被市政协列为重点提案。

2009年，民建支部撰写的调研报告《农村村级公路管理养护的现状及存在的主要问题及对策》，被民建中央采用。2010年，翟梅华撰写《关于在全国范围内建立侨情动态管理机制的建议》、苏妍撰写的《现阶段职业教育招生现状及对策》，被民建中央采用。

1988—2010年，会员撰写提案、议案702件，调研报告28份。

二、社会服务

2006年11月，民建冷水江市支部组织会员为身患早期胃癌的抗洪英模蔡伍二捐款，并护送去长沙手术治疗。2007年，由支部牵线搭桥，筹资资助贫困学生龙农到中南大学附属中学宏远班学习。2009年9月3日，会员姜利华为渣渡镇中心小学、矿山乡樟木学校捐赠桌椅200套。2010年，会员姜东兵牵头，注资1亿元组建湖南金广源信用担保有限公司，为全市中小企业融资提供担保。

在汶川、玉树地震后，支部陈一苇、陈伯适、张亮、姜维敏、刘时辉、陈晓荣、姜东兵、刘道海、张建军、张翼等会员捐款捐物，总价值达数百万元。至2010年，支部5次组织会员参加民建中央举办的非公有制经济发展论坛。

第二节　九三学社

1988年1月，马心良申请加入九三学社。2月，莫海明申请入社，后来相继发展张双慰、胡小华、曾绍棣等9人。1989年10月，九三学社冷水江支社委员会成立，马心良任支社主委，莫海明任组织委员，胡小华任宣传委员，曾绍棣任科技委员。1991年5月，支社改选，马心良任支社主委，莫海明任组织委员，杜劲松任宣传委员。1995年12月15日，九三学社冷水江市第一次代表大会召开，成立九三学社冷水江市委员会，选举马心良任主委，社员33人。2002年4月18日，召开第二次代表大会，周和贵当选主委，有社员65人。2007年11月20日，召开第三次代表大会，陈锡平当选主委，有社员92人。2010年，九三学社冷水江市委辖4个支社（冷水江钢铁总厂支社、锡矿山矿务局支社、金竹山电厂支社、冷水江市直支社），有社员96人。其中有单位正职2人，副职11人；市级以上学术带头人12人；娄底市人大代表2人，政协委员3人；冷水江市政协副主席1人，政协常委2人，政协委员13人；冷水江市人大常委会委员2人，人大代表2人。先后有11人担任市环保局等单位监督员。社市委先后被评为“湖南省社务工作先进组织”和“全国基层先进组织”。

一、参政议政

1988—2010年，社市委围绕经济社会发展和体制机制建设两个主题，组织召开75次议政会议，撰写建议、提案635件。社员陈锡平、姜桂兰、蒋永平撰写的《营造良好环境，积极发挥参政党作用》《推动产业规模化，实现经济跨越式发展》《实现农村经济快速发展需把握的几个问题》等67件专题调研得到中共湖南省委、省政府、省政协及新闻媒体的重视与关注。马心良撰写的《对开好中共十六大的几点建议》，经全国政协办公厅报送中央领导参阅，《树立和落实科学发展观，九三学社责无旁贷》《贯彻“三个代表”重要思想，展望人民政协工作》等文章登录在九三学社中央网站上。

二、社会服务

1989—2010年，社市委发挥自身优势，组织会员参加“科技义务咨询”“送科技、送温暖下乡”“一帮一”等活动，参加人员达600人次，发放宣传资料1.5万份，为群众提供科技信息900余条，捐资8.2万多元，服务群众9万人次，解决实际问题200余件。社市委副主委李果新主导的“语文强化教学法”课题被列为省级教研课题。他捐资2万余元帮助12名困难学生上大学。社市委主委陈锡平，将市中医医院建设成湖南省示范性中医医院。冷钢支社副主委邓定海，促成上海天宝紧固件制造有限公司、冷水江博长钢铁有限公司等企业联合，成立冷水江天宝紧固件有限公司。社员段绍译著述《普通百姓致富之路》和《富爸爸，穷爸爸》，发行6万册。被邀请到中央电视台、中央人民广播电台、湖南人民广播电台、香港凤凰卫视中文台、美国亚洲电台做专题节目。

第二章　群众团体

第一节　工　会

20世纪90年代，全市工会工作处于计划经济向市场经济体制转变时期，大批公有制企业改制成民营企业，全民所有制职工身份被置换，职工合法权益有时难以得到保障，维护职工合法权益、关心困难职工生活和维护社会稳定成为这一时期工会工作的首要任务。1997年，市总工会增设民社法律部，专门负责民主管理和法律保障工作。1998年，市委成立“双联”（市直机关联系困难企业，机关干部联系困难职工）工作领导小组，由市委副书记任组长，在市总工会设办公室，负责日常事务工作。2004年，市总工会主席兼任市委副调研员。此后，市总工会主席高配副处级。2005年，市总工会成立困难职工帮扶中心，市法律援助中心建立困难职工法律援助工作站，为困难职工排忧解难。2010年，市总工会下设办公室、组织宣传部、民社法律部、经济工作部、女工部、财务部，有工作人员20人。是年，市总工会被评为全省十佳县（市）级工会。1988—2010年，市总工会先后由谢龙飞、潘彬彬、何春顺、李玉祥、袁家雄、谢龙华任党组书记，谢龙飞、潘彬彬、李玉祥、袁家雄、胡汉卿、谢龙华任主席。

1988年初，全市有基层工会组织180家，会员5.2万人，全部是产业工人。1997年起，在乡（镇、街道）和行政事业单位建立工会。企业改制以后，民营企业迅速发展，基层工会逐年增多。2005年，基层工会组织1200余家。2006年，市总工会在各乡（镇、街道）召开联合工会换届选举大会，年底，对梓龙乡、潘桥乡、布溪街道、沙塘湾街道、锡矿山街道5家规范化建设较突出的工会联合会各奖励1万元。2009年，响应省总工会“双措并举、二次覆盖”号召，成立行业（商场）工会，相继建立建筑行业、医药行业、鑫盛建材城等联合工会，并委派工人文化宫职工到这些工会参加选举，担任主席或者副主席。2010年12月，全市基层工会组织1500余家，但正常运转的仅395家，其中企业工会286家，占72.4%，行政事业单位工会109家，占27.6%。

一、代表大会

1988—2010年，市总工会共召开4次工会代表大会。

1988—2010年冷水江市工会历次代表大会情况表

表7-1

次第	召开时间	代表人数（人）	会议主题	选举结果		
				委员（人）	常委（人）	主席
第五次	1992.10.21—1992.10.22	337	贯彻党的十四大精神，乘势全面地推进工会工作	43	19	潘彬彬
第六次	1998.5.28—1998.5.29	245	以党的十五大精神为指导，团结拼搏，努力开创全市工会工作新局面	37	19	李玉祥
第七次	2003.6.12—2003.6.13	245	与时俱进，创新工会工作，为实现冷水江第二次腾飞而努力奋斗	39	21	袁家雄
第八次	2010.6.20—2010.6.22	245	坚持科学发展，凝聚职工力量，为推进“一转三化”新战略而努力奋斗	39	9	谢龙华

二、主要活动

（一）职工维权

1988年后，工会为职工维权主要是通过职工代表大会、签订集体合同、三方协商机制、厂务（司务、校务、院务等）公开等形式。在企业改制过程中，各级工会组织发挥重要作用，各企业的改制方案，必须先经企业职工代表大会通过，所有重大问题必须通过职代会，市总工会监督参与全市各企业的改制。凡工会工作运转正常的单位，职工代表大会制度坚持较好。从1995年开始，由工会主席代表职工与企业主签订集体合同，以实现对职工的权益维护。厂务公开制度要求重大事项向职工公开，在非民营企事业单位，能起到增强职工知情权强化民主管理的作用。2006年，成立困难职工法律援助工作站，免费为困难职工提供法律援助。2010年，市总工会会同市信访局，为86名四川籍农民工讨回工资110多万元。

（二）帮扶工作

1988年，市总工会发放困难职工慰问金1万余元，以后逐年增加，1995年增加到5万元，2004年增加到9万元。2005年，成立困难职工帮扶中心，帮扶范围拓展到生活帮助、大病救助、就业扶助、助学补助、法律援助等方面。2005—2010年，每年帮扶经费在10万元至50万元之间。

2005年起，市总工会在每年秋季开学前开展“金秋助学”活动，帮助考上大学但学费有困难的职工子弟，每人资助1000元至3000元，每年资助10名至30名学生。

2008年，市总工会建立困难职工电子档案，5000余名困难职工的基本信息进入电脑网络，与全国总工会困难职工帮扶中心联网，实行动态管理。2010年，市总工会困难职工帮扶中心和市“双联”办合并，更名为市“双联”和困难职工帮扶中心，在市总工会办公楼一楼临街面建立帮扶大厅，明确以职工困难救助、就业扶助、法律援助、来信来访等4项工作为主要职责，配合职工维权。

（三）劳动竞赛

1988年后，劳动竞赛开展较多，每年各企业工会都组织开展合理化建议、技术革新和多种形式的劳动竞赛。1991年，100多家基层工会开展劳动竞赛，市劳动竞赛委员会于年底召开劳动竞赛表彰大会。企业改制后，劳动竞赛相对减少。针对这一情况，市总工会牵头组织开展全市性的劳动技能竞赛活动。1998年，在市技校举行全市职工电焊、烹饪技能竞赛，评选出电焊、烹饪能手9名。2008年，市总工会与市劳动局在市技校

图7-1　2010年11月，冷水江市工会系统“冷钢杯”青工技能大赛开幕式现场

举行全市职工车、钳、电、焊工技能竞赛，评选出车工、钳工、电工、焊工能手各10名。2010年，市劳动局、冷钢在市技校联合举办全市职工车、钳、电技术比武，评选出车工、钳工、电工能手各10名。

（四）劳模管理

1989年，评选出省、部级劳模5人，娄底市、厅级劳模7人，冷水江市级劳模6人。1995年，评选出全国劳模1人，省部级劳模8人，娄底市级劳模6人，冷水江市级劳模30人。2000年，评选出省、部级劳模5人，娄底市级劳模6人，冷水江市级劳模13人。2005年，评选出全国劳模1人，省、部级劳模6人，娄底市级劳模7人，冷水江市级劳模18人。2010年，评选出全国劳模1人，省、部级劳模3人，娄底市级劳模7人，冷水江市级劳模24人（历年全国、省部级劳模情况详见《人物篇》）。

1995年当选的全国劳模杨玉声，时任市教育局教研室主任，在教学研究方面取得重大科研成果。2005年当选的全国劳模戴永俊，时任闪星锑业公司科研所所长，在锑品冶炼方面取得具有国际先进水平的重要科研成果。2010年当选的全国劳模陈代富，时任冷水江钢铁有限责任公司董事长，带领公司职工将濒临倒闭的企业振兴为全国制造业500强。

市委每年召开一次劳模代表座谈会。对全国、省、部级劳模每年发放劳模“三金”（慰问金、工资补助金、困难补助金），且逐年增加。对有困难或工资低于当地平均工资水平的劳模，每月补足到平均工资水平。娄底市总工会和冷水江市总工会每年分别对娄底市劳模、冷水江市劳模给予困难补助，市总工会定期组织劳模体检和疗养。

（五）女工工作

1990年4月，召开第一次女职工代表大会，成立冷水江市总工会女职工委员会，选举第一届女职工委员会委员24名。2003年6月，召开第二次女职工代表大会，选举第二届女职工委员会委员21名。2010年6月，召开第三次女职工代表大会，选举第三届女职工委员会委员21名。市总工会要求全市各单位在建立工会组织时同步建立女职工委员会，女工人数不多的工会设女工委员。

1995年开始，按省总工会要求开展芙蓉杯竞赛活动，每3年一次。至2010年年底，全市共开

展6轮芙蓉杯竞赛活动。闪星锑业公司手选班（均为女工）以及冷钢、金电等企业的10余个班组（车间）获得省级芙蓉标兵岗称号，卢红英等20余名女职工获得省级芙蓉百岗明星荣誉，市总工会女职工委员会6次被评为全省百优集体。

2003年，成立女职工培训学校，对女工干部免费进行培训，后改为送教上门方式，聘请外地教授到各基层工会举办各种专题讲座。2004年，全市女职工购买女性防癌保险达10万余元，以后逐年递增。2007年起，市总工会与各企事业单位签订《女职工特殊权益保护专项集体合同》，为女职工维权。2010年，冷水江钢铁有限责任公司喷罐班被授予"全国巾帼建功立业标兵岗"称号，市总工会女职委被列为全省女职工工作示范点。

（六）会费收缴

1988年，市总工会收缴会费40余万元，2004年，增加到100余万元。2005年起，工会经费从原来由市总工会直接与各会员单位衔接收取改为由地税部门代收，工会经费每年递增，2010年达到700万元，经费收缴总额在全省排名前三。工会经费按比例上缴上级工会，剩余部分用于拓展工会工作、开展各项活动、救助困难职工等。

（七）文体活动

1988年，市总工会与市体育局联合组织全市大中型企业职工男子篮球赛，采取主客场制，部分赛事在各参赛单位举行。同年，各大中型企业

图7-2　2007年4月，冷水江市举办庆祝"五一"国际劳动节大型歌咏晚会

分别在本单位举行各种文艺晚会，丰富职工文化生活。1997年香港回归之际，在工人文化宫举行规模盛大的文艺晚会，20多个基层工会参加演出。2003年，在金竹山电厂俱乐部举行大型文艺调演，庆祝冷水江市总工会成立30周年。2007年4月底，在市工人文化宫主办"咱们工人有力量"主题歌咏晚会，有18支队伍2000余人参加。2010年7月，市总工会主办、金竹山电厂承办职工乒乓球大赛，全市有80多支队伍参赛。

三、工人文化宫

工人文化宫始建于1985年，是市总工会下属二级机构，属自收自支事业单位。

工人文化宫为影剧院性质的大型建筑，设1196个座位。1987年竣工后，成立专门管理机构，有工作人员4人，主任由市总工会党组成员兼任。是年，与市妇联联合开办儿童游乐园。1997年，儿童游乐园停办，在原地搭建临时棚子，租赁给民营老板开办安居乐建材市场，并拆除马路边围墙建造商铺，租赁给私人经商。2001年，工人文化宫租赁给泰阳证券冷水江公司作为证券交易大厅。建材市场、商铺和工人文化宫租金均用于发放职工工资和其他办公开支。2004年，工人文化宫员工增至16人，实行竞争上岗，6名员工上班，其余下岗，发放生活费。2006年，拆除安居乐建材市场临时棚子及靠马路边的商铺，共计面积0.53公顷，卖给重庆华竹房地产开发公司开发房地产。2010年以前，市委经济工作会议每年都在市工人文化宫召开。2010年证券公司退租迁走，工人文化宫出租给私营企业老板，改造装修成酒楼。工人文化宫在岗员工安排到行业工会当职业化工会主席，下岗人员生活费由原来每人每月300元提高到400元，养老保险、医疗保险等都得到妥善解决。

第二节　共青团

1988年，中国共产主义青年团冷水江市委员会（简称团市委）内设办公室、团工委、组织部、宣传部、学校部。1993年2月，增设团务部和事业发展部。8月，增设基层部和社会活动部。1996

年，增设希工办。2002 年，内设办公室（加挂市希望工程领导小组办公室牌子）、组织部（加挂市直机关团工委牌子）、宣传部、学校部，定编 7 人。2010 年，团市委下设青少年活动中心，为股级自收自支事业单位，定编 5 人，其他机构和编制未变。

一、代表大会

1990 年 11 月 29 日—12 月 1 日，第六次共青团冷水江市代表大会召开。会议的主题是：总结过去，认清形势，抓住机遇，努力把全市共青团工作提高到一个新水平。与会代表 270 名，选举产生共青团冷水江市第六届委员会委员 30 名，李文莲当选为书记。

1993 年 12 月 16—18 日，第七次共青团冷水江市代表大会召开。会议的主题是：当好党的助手，迎接新的挑战，为加快“两个文明”建设而努力奋斗。与会代表 270 名，选举产生共青团冷水江市第七届委员会委员 27 名，张学健当选为书记。

1998 年 3 月 26—28 日，第八次共青团冷水江市代表大会召开。会议的主题是：不负使命，继往开来，勇挑跨世纪历史重任，再谱共青团事业新篇。与会代表 198 名，选举产生共青团冷水江市第八届委员会委员 27 名，王小勇当选为书记。

2002 年 2 月 25—26 日，第九次共青团冷水江市代表大会召开。会议的主题是：与时俱进，开拓创新，为实现冷水江第二次腾飞贡献力量。与会代表 189 名，选举产生共青团冷水江市第九届委员会委员 29 名，袁晓辉当选为书记。

二、主要活动

（一）组织建设

1987 年年底，全市共有青年 5.95 万人，基层团支部 678 个，团员 1.51 万人，专职团干 80 人。1990 年，市委常委扩大会议两次研究共青团工作。1991 年，市委下发《关于进一步加强青年工作的几点意见》，就团干培养、配备、使用等方面做出具体规定。同年，团市委公开招考机关干部，35 人参考，选拔 2 人。1992 年 3 月，举办第 10 期团干培训班，调整和新建团支部 183 个。1995 年，团市委被评为全省先进基层团委。2001 年，市委组织部对推荐优秀青年团员入党的原则、条件、程序等进行规范。2009 年，团市委组织开展乡（镇、街道）和市直机关团（工）委换届工作。至 2010 年年底，全市有基层团（工）委 44 个，团总支 52 个，基层团支部 523 个，团员 5 万余人。

（二）思想教育

1991 年，团市委组织全市青年开展“光荣的七十年”党的知识竞赛、“我说社会主义好”演讲赛、“党在我心中”有奖征文等活动。并成立冷水江市维护青少年权益基金会，收到社会各界捐款 3 万余元。同时，开通青少年热线电话，设立青少年法律顾问室，为青少年提供心理咨询和法律服务。

1993 年，全市 57 个基层团委、60 个团总支、758 个团支部举办党的十四大、团中央十三大精神学习班，参学人数 1.5 万人次。1997 年，全市成立青少年马克思列宁主义、邓小平理论学习小组 23 个，建立青少年教育基地 12 个，举办先进人物事迹报告会 10 余场次。1998—2002 年，在中华人民共和国成立 50 周年、中国共产党成立 80 周年、“五四运动”80 周年等重大纪念日，团市委相继组织“五四精神伴我成长”团干座谈会、“高举团旗跟党走”巡回演出以及文艺晚会等活动，并组织青少年参与“雷锋家乡学雷锋”“青年文明社区”等群众性精神文明创建活动。

2007 年 5 月，举办“迈入青春门，走好成长路”18 岁成人宣誓仪式。2008 年 6 月，团市委授予在火车下勇救 2 名儿童的刘新红“舍己救人优秀青年”荣誉称号，并发出“向刘新红学习”的号召。2009 年，与市委宣传部、市城管局联合开展“文明执法、优质服务”主题学习教育活动。2010 年，在市委党校举办全市团干培训班，70 余人参训，并依托农村党员干部现代远程教育网络，开展市乡村三级团干共青团工作专题培训。

（三）青年志愿者活动

1990 年，团市委组织青年志愿者开展青少年植树造林工作，营造青少年绿化工程 27 处。1991 年，开展“岗位学雷锋，行业树新风，社会送温暖”主题实践活动，城乡 60 个团支部组织团员青年关心和照顾 210 位五保老人的日常生活。1993 年，在全市商业、交通、邮电、医疗、银行等窗口行业开展“微笑在锑都”优质服务竞赛活动。1997年，市个协冷水江分会青年志愿者定点服务的同兴乡敬老院被团省委命名为全省100家“青年志愿者学雷锋基地”，红日岭公园、特教学校、火车东站、锑都中路被团地委命名为“娄底地区青年志愿者学雷锋基地”。

1999年，成立青年志愿者服务队，为建市30周年庆典活动提供服务。2002年，团市委组织铎山、岩口、毛易、禾青等乡镇的200多名青年志愿者为三峡移民搬迁新居。2009年，团市委出台《冷水江市注册青年志愿者管理办法》，10月成立冷水江市无偿献血志愿者服务分队，200余人成为无偿献血志愿者。2010年6月，团市委承办创建省级卫生城市万人签名活动暨青年志愿者授旗仪式，动员全市青年志愿者积极参加创建省级卫生城市活动。

（四）青年人才培养

1990年，团市委与市经委联合开展“骏马杯”劳动竞赛，并选派获奖代表参加娄底地区首届电工、钳工技术大比武。同时，开展“做合格的未来建设者”活动。1991年，三尖乡李校中被团中央授予“全国星火带头人”荣誉称号。1997年，在全市青工中开展拜师学艺活动和实用技术培训，培训青年近万名，涌现2名全国青年岗位能手、15名省级青年岗位能手、24名地级青年岗位能手。1998—2002年，加大青年人才培养力度，全市涌现出400多名各级各类青年岗位能手。2005年，岩口镇农科村支书苏岐山被评为“湖南省十大杰出青年”，潘飞燕被评为“娄底市十大杰出青年”。2010年，团市委组织全市大学生村干部参加共青团湖南省委举办的远程教育培训。

（五）希望工程

1992年，团市委、市青联和市少工委共同发起冷水江市希望工程。同年，救助76名失学儿童重返校园。1993年，发行“希望工程”爱心券20万元，救助失学少儿221名。在三尖、中连、梓龙举行“希望工程”结对颁证工作。1994年，成立市“希望工程”领导小组办公室（简称希工办），配备1名管理人员，当年救助失学儿童62名。1999年，希工办与三维公司、市农行联合开展“希望工程”系列活动，募集资金3万余元。2005年，与湖南电信冷水江公司联合开展“携手中国电信，共建希望工程”活动，募集资金1.1万元，救助贫困大学生16人。2009年，争取省、市希望工程资金1.5万元，帮助5名贫困大学生。2010年，争取上级资金2.1万元，举行“希望工程”爱心助学募捐筹款3.35万元，资助全市37名困难学生。

（六）少先队工作

1987年，全市首次少先队代表大会召开，选举产生冷水江市少年工作委员会（简称少工委）。1992年10月，第二次代表大会召开，出席会议代表148名，谢凤翔当选第二届少工委主任。1993年，组织全市1.1万余名少先队员参加全省“知我中华，爱我中华”国情知识竞赛，11人获一等奖，并选派7名少先队辅导员参加团中央在青岛举办的辅导员培训班。同年，谢丽娟、邹伟华、肖华、王雅卿被评为娄底市首届“十佳少先队员”。1997年，少工委与市教育局联合举办冷水江市“迎香港回归祖国”少先队检阅式，全市26所学校3000名少先队员参加。1998年10月，表彰全市“十佳少先队辅导员”和“十佳少先队员”，市中心小学辅导员赵艳红被评为全省“十佳少先队辅导员”。2004年，市中心小学、英才实验学校被评为省级红领巾示范学校。

第三节　妇　联

1988年，市妇联内设办公室、组织宣传部、儿童少年工作部、法律顾问室。1994年，内设事业发展部、组织宣传部、维权部、少儿部、办公室，定编7人。1996年，事业发展部、组织宣传部撤销。2002年8月，内设办公室、事业发展部、维权少儿部（加挂市妇女儿童工作委员会办公室牌子），定编5人。2006年，市妇联被评为全国妇联系统先进集体和全国“三八红旗集体”。2007年8月，冷水江市青少年学生校外活动中心（简称市青少年活动中心）建成，隶属市妇联管理，定事业编3人。2010年，全市32个市直副科以上单位、16个乡（镇、街道）、210个村（社区）都建有妇联组织。

一、妇女代表大会

1992年7月10—12日，冷水江市第五次妇女代表大会召开，与会代表210人，选举产生市妇联第五届执委29名、常委11名，童桂娥当选为主任。

1998年3月8—9日，冷水江市第六次妇女代表大会召开，与会代表200人。大会主题是：高举邓小平理论伟大旗帜，团结带领全市妇女昂首阔步迈向21世纪。选举产生市妇联第六届执委27名、常委11名，童桂娥当选为主席。

2003年3月5—6日，冷水江市第七次妇女代表大会召开，与会代表200人，大会主题是：全面贯彻党的十六大精神，努力开拓妇女工作新局面。选举产生市妇联第七届执委27名、常委11名，姜海燕当选为主席。

2009年8月7—8日，冷水江市第八次妇女代表大会召开，与会代表207人。大会主题是：开拓创新，扬帆奋进，为建设文明和谐冷水江而努力奋斗。选举产生市妇联第八届执委33名、常委13名，陈菁当选为主席。

二、主要活动

（一）“五好文明家庭”创建活动

1990年起，各级妇联以创建“五好文明家庭”（爱国守法，热心公益好；学习进取，爱岗敬业好；男女平等，尊老爱幼好；移风易俗，少生优育好；勤俭持家，保护环境好）为主题，组织妇女开展丰富多彩的活动。1997—2001年，市妇联成立妇女禁赌活动领导小组，乡（镇、街道）、村（社会）成立基层妇女禁赌会，举办禁赌学习班，狠刹妇女参赌风气。同时，为丰富妇女文化生活，培养健康情操，组织全市妇女开展各种文体活动。2001年3月8日，市妇联与市总工会、市体委联合举办首届女子乒乓球赛，全市38个代表队、230余人参赛。2003年3月，联合总工会、体育局等单位举办“美丽传说”杯庆“三八”女子健美操比赛。2006年“三八”节，邀请省妇女干部学校唐娅辉教授举办“女性形象塑造”专题讲座。

1988—2010年，全市评选、表彰“五好文明家庭”159户。梓龙乡村民李习文家庭被评为第四届湖南省“五好文明家庭”。市国税局曹玉兰，爱岗敬业，20年如一日悉心照料因车祸瘫痪在床的丈夫，先后被评为“五好文明家庭”和娄底市首届道德模范。

（二）“双学双比”“巾帼建功”活动

1989年，市妇联以乡镇农校为阵地，开设妇女扫盲班、提高班、实用技术培训班，组织有志女青年参加中国农业函授大学学习。1991年，市妇联组织城镇妇女开展创优质、创效益、创最佳服务、创一流工作水平的“四创”活动，市自来水公司经理卢红英获“全国五一劳动奖章”“全国三八红旗手”“全国巾帼建功标兵”等荣誉称号。1993年，锡矿山街道双木居委会副主任段柳香，刻苦学习养殖技术，开办养殖场，年产值90余万元，被授予“湖南省养殖女状元”称号。1999年4月，成立农村致富技术函授大学冷水江分校，各乡（镇、街道）设立农函大辅助站。2001年10月，成立冷水江市妇女养殖协会，发展会员85人，并在岩口镇召开养殖现场经验交流会。2003年，建立梓龙乡“五七”林场等20家“双学双比”巾帼科技致富示范基地。至2010年，全市有以女性为主的农村专业合作组织14个，家政服务中心12个，“巾帼社区服务点”58个。

1988—2010年，全市共评选表彰市级“双学双比”女能手、农村致富女能手64名，66个班组被授予市“巾帼文明岗”，68名妇女被授予市“巾帼建功标兵”。涌现出全国“三八红旗集体”2个、全国“巾帼文明岗”6个、全国“三八红旗手”2人、全国“双学双比女能手”3人。

三、维护妇女儿童合法权益

1988年起，在全市妇女中普及《中华人民共和国宪法》《中华人民共和国婚姻法》《中华人民共和国母婴保健法》《湖南省保护妇女儿童合法权益的若干规定》等法律法规，引导全市妇女充分运用法律武器来维护自己的合法权益。2000年，市妇联与市人民法院联合建立妇女儿童维权合议庭，18名妇女干部被聘为维权法庭陪审员。2002年，市乡两级妇联建立反家庭暴力投诉中心，司法局建立反家庭暴力法律援助中心，法医鉴定所开设家庭暴力伤情鉴定室，为受到家庭暴力的妇女儿童提供全方位的法律援助服务。2006—2010年，市妇联共接待群众来信来电来访763起，调解各类纠纷 126 起，提供法律援助 369 起。

四、培养妇女干部

1995 年，市委提拔副科级女干部 21 人，正科级女干部 5 人。1996 年，市四大家领导班子成员均有女干部，乡（镇、街道）党政班子均配备 1 名以上女干部，村（社区）基本没有女党员空白村。2001 年，全市有副科以上女干部 175 人，村级女支书 12 人、女主任 6 人。2003 年，市四大家领导班子中有女干部 6 人，其中新任女副市长 26 岁、女政协副主席 31 岁。2010 年，全市共有妇女干部 3518 人，占全市干部总数的 31%；副科以上女干部 244 人，占同级干部总数 17.3%；大专以上文化女干部 2532 人，占女干部总数的 71.9%；40 岁以下女领导干部 126 人，占女领导干部总数的 54.8%。市四大家领导班子配备女干部 4 人，乡（镇、街道）领导班子配备女干部 31 人，村（社区）配备女一把手 32 人（包括村党支部第一书记 5 人）。

第四节 工商联

1985 年，冷水江市工商业联合会（简称市工商联）成立，内设办公室，有专职干部 3 人。1994 年 11 月，加挂冷水江市总商会牌子，行使商会职能。1998 年，成立党组。2003 年 6 月，增设经济部，核定编制 3 人。2008 年，市工商联被评为全国工商联系统先进单位和抗震救灾先进集体。2010 年，市工商联有企业会员 267 家，个人会员 604 人，行业商会 2 家，基层商会组织 16 家。1998—2010 年，市工商联先后由伍芬奉、段晚云、曹新江任党组书记。

一、代表大会

1988 年 12 月，市工商联召开第二次会员代表大会，与会代表 57 人，会议选举产生市工商联第二届执行委员 17 名，常务委员 7 名，吴继仁当选为主任委员。

1993 年 5 月，市工商联召开第三次会员代表大会，与会代表 68 人，会议选举产生市工商联第三届执行委员 24 名，常务委员 12 名，段祖光当选为主任委员。

1998 年 4 月，市工商联召开第四次会员代表大会，与会代表 93 人，会议选举产生市工商联第四届执行委员 32 名，常务委员 13 名，吕湘敏当选为主任委员。

2002 年 4 月，市工商联召开第五次会员代表大会，与会代表 137 人，会议选举产生市工商联第五届执行委员 43 名，常务委员 14 名，蔡胜华当选为会长。

2006 年 12 月，市工商联召开第六次会员代表大会，与会代表 143 人，会议选举产生市工商联第六届执行委员 41 名，常务委员 23 人，杨清（女）当选为会长。

2008 年 6 月，市工商联召开六届二次执委会，选举曾广俭为市工商联主席（总商会会长）。

二、主要活动

（一）服务企业

1988 年，市工商联为禾青铁合金厂解决周转资金 6 万元。1989 年，组织 6 家会员企业到广东参加商贸会。1998 年，市工商联组织民营企业参加省工商联举办的企业家创新管理培训班。2000 年，引进冷水江第一家超市家家乐购物中心。2002 年，引进心连心超市，并为 3 家中小企业在信用联社融资 16 万元。2004 年，引进湖南金陆混凝土外加剂有限公司。2006 年，组织民营企业到广东考察。2007 年，组织民营企业参加"第三届泛珠江三角洲经贸洽谈会"。2008 年，组织民营企业参加"湖南投资合作洽谈会暨第二届湘商大会"。2009 年，湖南金广源信用担保有限公司成立，工商联

图 7-3 2009 年 6 月，冷水江市工商业联合会组织信企对接活动。图为活动现场

副主席姜东兵出任董事长。是年，市工商联组织信企对接，为中小企业融资 2.47 亿元。2010 年，市工商联组队参加娄商大会，签约资金 5.23 亿元，并组织信企对接活动，为 66 家中小企业融资 3.71 亿元。同年，组织民营企业负责人到湘潭、浏阳等地学习考察。

（二）光彩事业

1996 年，冷水江遭遇特大洪灾，市工商联组织民营企业为受灾群众捐款捐物计 170 余万元。2006 年，组织开展“民企联村，共同发展”活动，民营企业向结对村组投入帮扶资金 137 万元，启动帮扶项目 12 个。2007 年，会员企业为冷水江黄埔军校同学会会员筹募慰问金 4.2 万元。2008 年，为汶川地震捐款 103 万元，捐物价值 69 万元。2009 年，为潘桥乡贫困女孩李甜甜捐款 4.3 万元，为矿山乡白血病患儿曹格捐款 6.5 万元。2010 年，民营企业家为矿山乡樊家村捐款 4.6 万元，解决该村人畜饮水困难。1996 年至 2010 年，非公有制经济人士通过各种方式，为社会公益事业累计捐款捐物总值达 2.1 亿元。

（三）建言献策

1988 年起，市工商联邀请非公经济人士中的人大代表、政协委员及相关单位负责人多次召开座谈会，听取意见和建议，并在此基础上，深入基层调查走访，先后撰写《冷水江市民营经济发展现状及环境调查》《非公有制工商企业税费负担情况调查》《关于在规模以上民营企业实施市级领导挂点的建议》等调研报告。至 2010 年，提交提案、议案 463 件，建议 232 条，其中 35 件议案、提案被评为优秀议案、提案。同时，有 32 名非公有制经济人士担任政协民主监督员，有 11 名非公有制经济人士担任行风监督员，针对社会热点、焦点、难点问题，积极主动行使监督权力。其间，非公有制经济人士有 97 人当选市人大代表，其中省级以上人大代表 3 人。211 人当选市政协委员，其中省级以上政协委员 1 人。

第五节　侨　联

1984 年 4 月，冷水江市归国华侨侨眷联合会（简称市侨联）成立，内设办公室，定编 2 人。2008 年增设涉侨法律援助站，聘兼职站长 1 人。2009 年，市侨联被评为省侨联系统先进集体。

一、代表大会

1984 年 4 月 5—6 日，市侨联召开第一次侨代会，与会代表 48 人，选举产生委员 9 人，曾清平当选为主席。

1990 年 5 月 9—10 日，市侨联召开第二次侨代会，与会代表 91 人，选举产生委员 11 人，潘普煌当选为主席。

1993 年 7 月 27 日，市侨联召开第三次侨代会，与会代表 92 人，选举产生委员 11 人，龚志成当选为主席。

1998 年 8 月 18 日，市侨联召开第四次侨代会，选举产生委员 13 人，龚志成当选为主席。

2006 年 4 月 7 日，市侨联召开第五次侨代会，与会代表 92 人，选举产生委员 13 人，张国仪当选为主席。

二、主要活动

（一）华人华侨及港澳同胞普查

1998 年、2006 年和 2008 年，全市先后 3 次开展华人华侨及港澳同胞普查，并建立纸质和电子档案。至 2010 年年底，全市有海外华人华侨及港澳同胞 2106 人，分布在美国、日本、法国、德国、加拿大、新加坡、印度尼西亚、泰国、中国香港、中国澳门等 18 个国家和地区，有归侨侨眷和港澳眷属 4930 人，有侨资侨属企业 9 家。

（二）联谊活动

20 世纪 80 年代，市侨联采取“请进来”“走出去”的方法积极开展联谊活动，每年中秋节召开归侨侨眷茶话会，动员和鼓励海外亲属回乡投资投智参与家乡经济建设。1996 年，邀请 20 名港澳同胞和海外侨胞参加娄底市联谊会暨商品交易会。是年，举办世界著名作家、冷水江籍旅美侨胞谢冰莹女士 90 寿辰座谈会和图片展览。2006 年，向海内外征集作品，举办“月是故乡明”专题征文和书画作品展。2007 年，邀请刘光华（德国 AAA 公司董事长）、段跃中（日本侨报社总编辑）、段振豪（美国加州大学地球化学专业教授、中科院博士生导师）、龚志久 4 名海外有影响的华人华侨参加娄底市商务恳谈会。2009年9月26日至28日，娄底市举办第三届“青春娄底·湘中之光”大型经贸博览会，特邀刘光华等海外知名人士参加。刘光华、段振豪、段跃中3人被选为娄底市海外联谊会第三届理事会副会长。11月，娄底市委统战部部长肖新桃和市侨联主席张国仪等一行应日本华人之邀出访日本，并在日本市场推介金鹰服饰木纤维产品。2010年，内部刊物《冷江侨讯》创刊。1988—2010年，利用中秋节、春节等传统节日向海外华人、华侨寄发信件、贺卡及宣传资料3600余份，发送电子邮件近1000封，接待海外华人、华侨和港澳同胞430人次。

（三）为侨服务

1994年7月22日，缅籍华人黄天柱在回乡探亲途中突发急病，市侨联及时组织抢救和精心治疗。2004年，市侨联出面协调，帮助解决侨眷吴红武和开发商购房款退还纠纷。2008年，成立市涉侨法律援助工作站，特聘专职律师1人。同时在4家中央、省属厂矿企业设立涉侨法律援助工作站，在16个乡（镇、街道）建立涉侨法律援助工作点，为全市归侨侨眷提供法律咨询服务。2009年，全省提高老年归国华侨生活补助标准，冷水江市符合政策补助标准的有6人，月生活补助标准由原来100元提高至200元。1988—2010年，市侨联共接待归侨侨眷来信来访1790人次，维护归侨侨眷合法权益30起，走访慰问重点和困难归侨侨眷600多户、3600多人次。

（四）侨心工程

1994年，祖籍毛易镇的美籍华人余敦质、旅台同胞陈代缙等人发起成立余苏蓉贞奖学基金会。基金会由毛易镇毛易村和毛易小学推举9人组成奖学基金管委会，实行专款专用，阳光操作。每年用捐资产生的利息奖励成绩优异学生和优秀教师，惠及师生400余人，发放奖学金1.6万余元。2007年8月，市侨联组织各界人士捐款，资助一对贫困孪生姐妹大学学费2.3万元。2008年，市侨联干部、侨联委员为汶川地震灾区捐款3.2万元，为同兴乡中心小学贫困生捐款4万元，为“生育关怀幸福工程”捐款5万元，为农村修建公路筹资150万元。2010年，联合市工商联组织侨联委员和民营企业主为白血病患者曹格捐款6.5万元。

（五）参政议政

1988—2010年，全市侨界有1人当选为省党代表，2人当选为娄底市党代表，3人当选为冷水江市党代表；1人当选为省政协委员，7人当选为娄底市政协委员，25人当选为冷水江市政协委员；6人当选为娄底市人大代表，6人当选为冷水江市人大代表。市侨联平均每年撰写提案、议案10余件，其中2009年张国仪撰写的《加大冷水江宣传力度，打造冷水江文化品牌》和《加强冷水江市乡镇农村师资力量势在必行》两个提案，得到市政协会议提案组的重视。2010年，市侨联撰写的《谢冰莹故居亟待列入省级、国家级重点文物保护单位》的调研报告得到省“两会”的高度重视，同年谢冰莹故居被列为省级文物保护单位。

第六节　残　联

1990年10月，冷水江市残疾人联合会（简称市残联）成立，由市民政局代管。2000年12月，设立市政府残疾人工作委员会（简称残工委），下设秘书处，承担残工委日常工作。2001年3月，市残联机构分设，为正科级事业单位，核定编制6人，归口市政府管理。2004年，16个乡（镇、街道）均设立残疾人联合会。2005年5月，市残联党组成立。是年，投资290万元在金竹东路建成总面积2850平方米的残疾人综合服务大楼。2010年末，市残联有工作人员28人。内设办公室、人事财务部、康复部、宣教部。下辖4个事业机构（市残疾人劳动就业服务所、市残疾人培训中心、市残疾人用品用具供应站、市残疾人康复治疗中心）、5个专门协会（盲人协会、聋哑人协会、肢残人协会、智力残疾人亲友协会和精神残疾人亲友协会）。2001—2010年，市残联先后获得“湖南省贫困残疾儿童抢救性康复项目先进单位”“全国残疾人扶贫先进单位”“全国残疾人工作先进市”“全国残疾人社区康复候选示范市”等荣誉称号。

一、代表大会

1990年12月25日，市残联第一次代表大会召开，与会代表98人，选举产生理事会成员3人，刘观清当选为主席，选举蒋武优为执行理事会理事长。1994年12月，增补黄汉忠为理事长。

2000年11月21日，市残联第二次代表大会召开，与会代表86人，选举产生理事会成员5人，潘二寿当选为主席，选举吴玉长为执行理事会理事长。

2005年12月14日，市残联第三次代表大会召开，与会代表74人（其中各类残疾人代表37人，妇女代表6人），选举产生理事会成员7人，刘新平当选为主席，选举吴玉长为执行理事会理事长。2009年8月，补选段福祥为理事长。

二、主要活动

（一）残疾人普查

2006年4月，开展残疾人抽样调查。2008年12月，更换第二代残疾人证。至2010年年末，全市共有各类残疾人23184人（城镇5796人，农村17388人），占全市总人数的6.44%，涉及近20%的家庭。其中听力、语言残疾2958人，视力残疾2915人，智力残疾3314人，精神残疾1899人，肢体残疾9337人，重度残疾2761人。

（二）残疾人康复

2006年，成立市残疾人康复工作领导小组。2009年起，相继建立市精神病康复技术指导中心、脑瘫康复技术指导中心、残疾人康复治疗中心和聋儿语训部。冷水江社区卫生服务中心、潘桥和金竹山卫生院建立残疾人社区康复服务中心，部分社区和村建立残疾人社区康复室。2001—2010年，全市实施完成各类残疾人康复任务累计惠及1527人，占残疾人总数的6.6%。其中白内障复明手术514例（260名贫困患者享受免费手术）；免费装配大小腿假肢59例，捐赠轮椅262台；社区康复训练肢残人130人，实施肢体矫形手术89例；低视力患者配镜131例，免费发放盲杖118根，盲人定向行走训练20人；省、娄底市残联特定康复训练机构免费训练25人，听力语言康复训练54人（1名贫困聋儿享受人工耳蜗国家项目、10名贫困聋儿免费配戴助听器）。

（三）残疾人培训就业

1999年，残疾人就业保障金（简称残保金）征收由财政代扣。2005年，残保金征收纳入市煤炭税费统征范围。2006年，由市地税局代征残保金。

2005年，举办第一期职业技能与农村实用技术培训班，培训残疾人100人。2005—2010年，共开办残疾人职业技能培训班13期，培训残疾人630人。市残联先后扶持宏达农业综合开发有限公司、金鹏残疾人种养业基地、三尖中药材基地、矿山黑山羊基地、富强综合养殖场等多家残疾人种、养殖场，带动更多的残疾人就业。2008年6月，残疾人李红卫创办的宏达农业综合开发有限公司被省残联确定为“全省残疾人就业培训基地”。至2010年末，全市共安置残疾人就业3055人（其中兴办福利企业12家，安置残疾员工938人，兴办盲人按摩诊所9家，安置残疾员工61人），扶持1581名残疾人自谋职业。

（四）残疾人扶助

1991年，市残联为特教学校残疾学生承担学杂费，全市残疾少年儿童义务教育入学率达80%。1991—2010年，共募集助残捐款67万余元，捐物600余件，慰问残疾人自强模范、运动员获奖者及重点扶持对象共306人次。投入资金70万元，资助412名贫困残疾少年儿童接受义务教育。投入30万元，资助67名贫困残疾学生、30名贫困残疾人家庭子女接受中、高等教育。

2007—2010年，争取上级资金100万余元，为130户农村贫困残疾人改造危房，有78名残疾人享受居家托养服务。2008—2010年，为农村残疾人代缴医疗保险个人缴纳部分10.6万元。1991—2010年，累计落实残疾人康复扶贫贷款130万元，惠及残疾人157人次。

（五）宣传文体

1990年12月，《中华人民共和国残疾人保障法》颁布后，市领导发表电视讲话，召开市直各单位负责人会议，翻印该法2.2万份发至残疾人或监护人。2000—2005年，市政府先后颁布《冷水江市按比例安置残疾人就业实施办法》和《冷水江市扶助残疾人实施细则》。2010年，市残联出台《冷水江市贫困残疾人救助暂行办法》。每年结合“助残日”“爱眼日”“爱耳日”，宣传政策法规，普及康复与残疾预防知识。1990—2010年，共发放宣传资料4.5万份，制作宣传标语1800幅，播放公益广告11次，发表通讯、专访等350篇，图片新闻120幅，拍电视专题片2部。

2005年，主办首届冷水江市残疾人书法比赛。2009年，主办残疾人乒乓球和象棋比赛。2007年，肢体二级残疾人周志刚获湖南省第七届残疾人运动会乒乓球团体冠军，舞蹈《感恩的心》获娄底市残疾人广场文艺会演二等奖，市残联获组织奖。2009年，舞蹈《鼓娃》获全省残疾人艺术会演铜奖，并选送18名残疾人参与全省运动员选拔。

（六）信访维权

2005年，市残联与市司法局联合成立冷水江市残疾人法律援助中心，共为残疾人提供法律援助12例。市人大、市政协每年对《中华人民共和国残疾人保障法》《残疾人就业条例》执行情况进行督促检查，均无重大侵害残疾人合法权益的违法犯罪行为。市残联确定专人负责信访工作，1991—2010年，共接待残疾人来信来访1248人次，办理交办案件185件，排查不稳定因素88起，劝访2058人次，办结率达100%。按照《城市道路和建筑物无障碍设计规范》，全市修建和改建盲人通道5万米，城区人行道每150米设置一个轮椅通道，共计334个，方便残疾人生活和工作。

三、自强模范选介

李红卫 重度肢体残疾。2002年，创办毛易镇清一村种养场。2007年5月，成立宏达农业综合开发有限公司。该公司位于经济开发区，占地133.33余公顷，拥有固定资产1800万元，采取“公司+基地+农户”的经营模式，安排34名残疾人就业，带动贫困农民和残疾人致富。2009年，该公司被评为娄底市“农业产业化龙头企业”和“湖南省残疾人扶贫示范基地”。李红卫先后被中央电视台、湖南卫视、《娄底日报》等新闻媒体采访报道，被湖南省政府评为“残疾人自强模范”，中国科协和财政部授予他“全国科普惠农兴村带头人”称号，并当选为冷水江市第八届政协委员。2010年，该公司饲养奶山羊3000只、土鸡万余羽，养鱼2.67公顷，出栏商品猪2000余头，种植杂果林及速生丰产林86.67余公顷、大棚蔬菜及草莓3.33公顷，年产值达580万元，利润110万元。

段 婷 患先天性重症脑瘫和中枢性运动障碍，她凭着顽强的毅力，靠脚趾熟练操作电脑，开始艰辛的网上创业。2010年，中央电视台《人与社会》栏目组专程到冷水江对她作专题采访。

袁宁常 下肢残疾。1992年，首办棋社。1994年，创办冷水江市围棋协会，同时成功举办有20支队、70多人参加的冷水江市首届围棋锦标赛。2004年，创办KTV娱乐城。2007年，被评为娄底市“自强模范”。2009年，当选为冷水江市第八届政协委员。

第七节 计划生育协会

1988年10月6日，冷水江市计划生育协会（简称市计生协会）成立，同时召开第一届会员代表大会，选举产生协会会长、副会长，常务理事和理事。1988—2010年，先后由马心良、王子鸿、郭谷初、王永兴任市计生协会会长。1990年，全市16个乡（镇、街道）成立乡级计划生育协会，由一名退线或退休正科级干部或在职副科级干部担任常务副会长，主持日常工作。1992年，全市

图7-4 2008年5月，冷水江市幸福工程（关爱贫困母亲贫困女孩）公益晚会现场

各村（社区）成立村级计划生育协会，动员群众实行计划生育。1993 年 12 月，市计生协会下设办公室，为副科级机构。是年，全市计生协会会员发展到 2.72 万人。1997 年 10 月，市计生协会工作进一步加强，全市建立基层计生协会 366 个，会员发展到 3.67 万人。2007 年 11 月，市计生协会列为参照公务员管理单位。每年 5 月 29 日是市计生协会会员活动日，市计生协会以“关爱女孩”“关爱留守儿童”“生育关怀”“结对帮扶”等为主题开展丰富多彩的活动，帮助计生家庭解决实际困难。

第八篇　法　治

1988—2010 年，冷水江市先后实行《社会治安综合治理一票否决制度》《市领导社会治安综合治理定点联系、包干负责制度》《治安联防制度》等，并将社会治安综合治理工作纳入全市目标管理考核，强化各单位党政领导的维稳责任。政法系统加强队伍建设，坚持打防并举、标本兼治方针，公、检、法、司依法行使职能，有计划、分阶段开展“预防、打击、整治、建设”等各项活动，把社会治安综合治理工作落到实处，为改革开放、经济建设保驾护航，实现社会安定、大局稳定。2003 年起，刑侦大队多策并举开展命案侦破工作，至 2010 年，市内发生的 77 起现行命案全部侦破，命案破案率连续 8 年保持 100%。扒窃、盗窃、抢劫、斗殴等违法犯罪现象明显减少，人民群众安全感增强。

其间，市公安局加强全市治安防控体系建设，构建“空中有监控、街面有巡防”的立体治安防控系统。同时，针对不同时期出现的社会治安问题，开展打击黑恶势力、扫黄、禁赌、禁毒等专项斗争；市人民检察院不断完善办案监督制约机制，强化执法监督，突出查办贪污、贿赂、渎职、侵权等职务犯罪，并积极开展职务犯罪预防工作；市人民法院坚持司法改革，实行“立审分离、审执分离、审监分离”，确保司法公正。开展“集中清理执行积案”“百案执行兑现”等专项行动，并采取公开曝光、限制被执行人高消费、举报被执行人财产有奖等方式，解决案件执行难问题；市司法局组织开展全民普法教育活动，提高市民法治意识。市、乡（镇、街道）、村建立人民调解委员会，并在矛盾高发领域建立医患纠纷调解委员会、消费者协会调解委员会、道路交通事故调解委员会、劳动争议调解委员会等专业调解组织，及时调解民间纠纷，化解社会矛盾，维护社会稳定。同时，成立法律援助中心，为未成年人、残疾人、经济特别困难的当事人无偿提供法律援助服务。

第一章　机构　队伍

第一节　机构设置

中共冷水江市委政法委员会（简称市政法委）是市委领导全市政法工作的职能部门。1991 年，成立市社会治安综合治理委员会，下设办公室（简称市综治办），与市政法委合署办公。1993 年起，由一名市委常委担任政法委书记。2003 年，增设维稳办。2010 年，市政法委编制 24 人，在职工作人员 19 人。

2010 年，市政法系统下设二级机构 75 个，其中正科级 3 个（布溪公安分局、公安局交警大队和冷水江派出所），副科级机构 9 个，股级机构 63 个。

第二节　队伍建设

1988—2010 年，冷水江市政法系统开展“创先争优”“坚定信念，执法为民”“三条禁令”“八个不准”等主题教育，提高干警政治思想素质和执法水平。实施警务公开、检务公开、公开审判，接受社会监督，确保司法公正。1993 年，市公安局被评为全国优秀公安局，彭炳其被评为 1993 年和 1994 年全国优秀警察，申桂林被评为 1997 年全国优秀警察。市司法局 1994 年被评为全国优秀司法局，孙书智被评为全国优秀司法局局长。2005—2006 年，市法院连续两年被省高院评为全省优秀法院。李旭娇 1993 年被评为全国模范法官，黄睦娥 1994 年被评为全国法院系统劳动模范。2009 年，市检察院获全国先进基层检察院荣誉称号。2009—2010 年，全市社会治安综合治理年度考核排名连续两年蝉联娄底市第一，并获得全省社会治安综合治理先进县（市、区）荣誉称号。

1988—1997 年，清理出不适合从事政法工作 8 人。2001 年，处理违法违纪民警 4 人，其中 3 人受到行政处分，1 人追究刑事责任。

1988—2010 年中共冷水江市委政法委书记任职一览表

表 8-1

姓　名	任职时间	姓　名	任职时间
金　鹏	1988.1—1991.6	李曙华	1997.10—2002.10
（缺）	1991.6—1992.7	阳世霄	2002.10—2009.5
刘明生	1992.7—1993.3	刘　杰	2009.5—
潘久怡	1993.3—1997.10		

说明：1991.6—1992.7，副书记李曙华主持工作

第二章　社会治安综合治理

第一节　综治制度建设

一、一票否决制度

1991 年，全市开始实行社会治安综合治理一票否决制度。市委书记、市长与各乡（镇、街道）、地属以上企事业单位和市直机关各单位党政一把手每年签订社会治安综合治理目标管理责任书。年底进行考核评比，先进单位授予治安模范单位荣誉称号。禾青镇、冷水江街道、锡矿山矿务局、金竹山电厂等单位先后获此荣誉。对考评在 70 分以下的单位实行一票否决，党政一把手和分管领导当年不能评先评优、晋级晋职。1996 年，毛易乡党政主要领导被“一票否决”，分管领导就地免职。1997 年，岩口镇、建设局等单位被黄牌警告。

二、市领导定点联系、包干负责制度

1993 年，市领导分片联系乡（镇、街道），负责处理联系单位影响稳定的重大问题。岩口镇地处涟源、新邵边界，历年边界纠纷、工农矛盾和坟山纠纷较多。1996 年 4—6 月，涟源市“三甲事件”影响到毗邻的岩口镇，三甲个别人到岩口串联请求声援，市人大常委会主任廖基信带领镇、村干部挨家挨户宣传政策法律，稳定民心。1997 年 1 月，该镇官溪村发生坟山纠纷，宗族矛盾激发，双方械斗在即，市人大常委会领导带领镇、村干部走村串户做工作，经三天三夜努力，平息风波。

三、治安联防制度

1991 年，冷水江与涟源、新化、新邵毗邻乡镇建立 3 个边界治安联防组织，实行有事联系制和一年一次例会制。全市建立 9 个厂、乡（镇）

治安联防组织，制定联防公约，发布联防公告，改善工农关系，减少工农矛盾，为各厂矿企业正常运转创造良好外部环境。是年，专门成立护路（铁路）和护矿两个专业治安联防队，重点保护铁路运输和国家矿产资源。2004年，开展“平安冷水江”创建活动，推进治安防控体系建设。全市建成以“110”报警服务台为龙头、派出所负责面、治安巡逻队负责线、社区负责片、保安（门卫）负责点的点面结合、动静结合的城区防控体系。

四、表彰见义勇为

2005年，募集8万余元见义勇为基金，表彰见义勇为先进个人8人，颁发奖金1.2万元。2006年，表彰奖励见义勇为先进个人8人，每人颁发奖金2000元，并为见义勇为受伤人员解决医疗费20万元。1988—2010年，刘志明、谢徐初、刘俊明、刘新红4人先后获得省级以上见义勇为先进个人荣誉称号。

1996年1月30日，铎山镇龙潭村村民谢某因经济纠纷身捆电雷管闹事，青龙村治保员刘志明、谢徐初前去劝阻，谢某失去理智误接电线引起爆炸，谢某当即炸死，谢徐初、刘志明重伤，刘志明医治无效不幸牺牲。谢徐初、刘志明被授予湖南省见义勇为先进个人荣誉称号。2000年8月5日晚，在新城路菊花井地段，冷钢工人刘俊明为阻止一起抢劫案件，被歹徒杀害，壮烈牺牲，被授予湖南省、娄底市见义勇为先进个人荣誉称号。2008年6月10日，金竹山乡坪塘社区居民刘新红奋不顾身救下两名在铁路专用线上玩耍的女孩，身负重伤，被誉为“新时期的戴碧蓉”，被授予湖南省见义勇为先进个人荣誉称号。2009年4月8日清晨，冷水江街道办事处干部潘仇非路过冷锡社区一家烟酒店时，发现店内有人行窃，他挺身而出上前制止，只身与盗窃分子搏斗，连挨数刀，身负重伤。2010年，潘仇非被授予冷水江市见义勇为先进个人、娄底市首届十佳道德模范等荣誉称号。

第二节　维护社会稳定

一、打击黑恶势力

1996年夏，市区接连出现系列保险柜被盗案，专案组奋战30天，捣毁一个组织严密、成员众多盗窃团伙，破获“9·16”劫车杀人案、“2·14”丐帮帮主被杀案、锑都大厦金库被盗案等重大案件。是年秋，市区、禾青等地抢劫摩托车、出租车案件频发，综治部门及时组织专项侦破战役，很快破获大部分抢劫机动车辆案件，遏制此类恶性案件高发势头。2001年，团伙犯罪活动猖獗，市政法系统开展打击犯罪团伙专项斗争，摧毁颜某、陈某、谢某等人为首的24个恶势力团伙。2002年，对黑恶势力再次排查打击，发现新的涉恶团伙12个，侦破李某、谢某、梁某3个涉恶团伙案，先后破获“7·29”绑架杀人案、“8·15”故意杀人案、“9·22”持枪杀人案等恶性案件。2006—2010年，破获涉黑涉恶案件87起。

二、整治企业周边治安环境

1988年始，企业周边强装强卸、强抢强要、强揽工程的“三强”行为和矿产资源矛盾等问题时有发生，市政法部门每年都对企业周边环境开展专项整治。1992—1998年，6次开展专门打击盗窃工业器材专项斗争，破获案件131起，为厂矿挽回经济损失120多万元。1994—1998年，4次开展打击盗窃铁路运输物资专项斗争，抓获违法人员92人，召开宣判大会2场，组织轻微违法人员125人次办法制学习班。2007年，开展整治企业周边治安环境行动，侦破刑事案件30起，调处矛盾纠纷150余起。

三、处置群体性事件

1998年，市政法部门果断处理金竹山车站“5·14”事件，二水泥厂、冷水江玻璃厂少数人堵截S1808线事件，冷钢职工医院医疗事故，冶金技校学生游行请愿事件，金竹山乡九五煤矿特大安全事故等突发性事件。2001年1月20日，市耐火材料厂职工因对领导不满堵塞S1808线事件，8月13日金竹山煤矿职工“冲尸”事件，都及时得到平息。2004年，成功处置利民煤矿700余人群体性闹事事件、资江煤矿改制纠纷和“6·8”矿难、毛易镇东塘煤矿“4·6”安全责任事故及大建煤矿等改制企业职工闹事和堵路事件。2006年，妥善处理冷水江制碱厂职工堵路及东升煤矿、马颈煤矿群体性闹事等事件。

2009年，金竹山矿业公司发生部分职工堵井阻工重大群体性事件，市委、市政府及时成立指挥部，准确定性，把握节奏，耐心引导，连续作战，使这一起涉及5000多名职工、3万多名职工家属的群体性事件得以稳妥处理。同时，成功处置“3·12”特大交通事故、中连乡“3·17”事件、“6·10”犯罪嫌疑人谢某死亡事件。并做好“10·8”闪星锑业公司重大安全事故、“10·22”粮贸市场火灾事故的善后处理工作。

四、打击“黄赌毒”

1988—2010年，境内一些商贩以牟取暴利为目的，兜售淫秽光盘、录像制品；一些服务行业以“三陪”（陪酒、陪唱、陪舞）、按摩、洗浴为幌子，容留妇女卖淫、嫖宿，搞色情服务；少数犯罪分子以拐骗、强迫妇女卖淫为业；麻将馆屡禁不止，小额赌博风盛行；贩毒、吸毒现象比较严重。市委、市政府为铲除“黄赌毒”毒瘤，净化社会风气，专门成立查禁“黄赌毒”领导班子，发布禁令，加强日常巡查，开展专项整顿治理。

（一）禁黄

1989年12月10日晚，全市开展集中整治行动，抓获卖淫嫖娼、赌博、吸毒贩毒等违法对象137人，封存黄色录像带138本、淫书淫画3779本、淫秽扑克13副。1990年1月7日，组织党政干部和公安民警3000余人，开展集中整治行动，抓获违法人员408人，逮捕7人，治安拘留16人，罚款59人。通过整治和打击，卖淫嫖娼活动有所收敛。2000年7月至8月，清查娱乐休闲场所336家，责令停业整顿42家，查封包房、房中房94家，收缴淫秽光碟1530张、淫药436盒、淫具78件、淫秽宣传品162份，传唤审查215人，治安处罚272人。查封群众反映强烈的“解解美发屋”“艾丽斯美容美发厅”“蓝宝石歌厅”“惠康酒家”等涉黄场所。2006—2010年，每年开展扫黄专项行动，并对全市歌厅、夜总会、洗浴场所、慢摇吧、宾馆、酒店、电子游戏室和网吧等娱乐休闲场所集中清查，有效铲除涉黄违法犯罪活动滋生土壤。5年间，查处卖淫嫖娼案件89起，抓获违法嫌疑人235人。

（二）禁赌

2007年，公安部门查处赌博案件106起，其中刑事案件2起，逮捕5人，劳教2人，治安拘留278人，罚款233人，没收赌博机624台。2008年，在全省组织的社会治安综合治理民调工作中，冷水江排名靠后，并被省禁赌办列为挂牌整治县市。

2009年初，市政府成立由市长任组长的禁赌专项整治行动领导小组，制定《冷水江市禁赌专项整治行动方案》，集中警力和时间，开展3次禁赌禁毒专项行动，对全市宾馆、电子游戏室、棋牌馆、茶楼、网吧等娱乐休闲场所开展大规模集中清查，对地下六合彩、设槽聚众赌博和涉赌犯罪实行“露头就打”方针，在全市城区和省道312线沿线制作禁赌永久性标语64块，印制《致全市人民的禁赌公开信》和《取缔麻将馆的通告》等禁赌资料广泛张贴。2009—2010年，全市破获赌博刑事案件46起，刑事拘留90人，查处赌博治安案件359起，治安拘留606人，收缴销毁电游赌博机791台。2010年，冷水江摘掉“赌博重点整治县（市）”牌子。

（三）禁毒

1992年，苏某在海南经商期间吸毒，是全市发现的第一起涉毒案件。1995年5月，潘桥派出所在税塘村查获一起非法种植毒品植物案，铲除罂粟2638株，收缴鸦片半成品150克。2001年，市公安局成立禁毒大队。2002年4月，成立以市委书记为主任的禁毒委员会，各乡（镇、街道）和有关单位均成立禁毒工作领导小组。公安机关按照“严打先打毒，发展先禁毒，治安先治毒”指导思想，坚持“四禁”（禁种、禁制、禁贩、禁吸）和“打、防、建、管”整体推进工作思路，开展声势浩大的禁毒斗争。是年，查处涉毒案件150起，打掉涉毒团伙16个，抓获各类涉毒犯罪人员540人，逮捕起诉62人，强制戒毒360人，劳教戒毒89人，缴获毒品海洛因403.2克，毒资1.7万元。2003年，打掉涉毒团伙6个，抓获涉毒人员247人，逮捕起诉56人，缴获海洛因101.2克。全市通过加强对毒品犯罪严厉打击，有效遏制毒品扩散和危害。2005年，冷水江在全省禁毒考核中位列第三，并被评为全省禁毒工作先进县（市）。

第三章　公　安

市公安局成立于1973年10月。1987年5月，冷水江市交通监理站与市公安局交通大队合并，成立市公安局交通警察大队（简称交警大队）。1995年，治安科改为治安警察大队。2001年，成立禁毒大队。2002年，撤销锡矿山矿务局、利民煤矿等企业公安机构，其人员共61人收编为市公安局编制。同时，成立经济犯罪侦察大队，改政保科为国内安全保卫警察大队。2008年，交警大队接收农机监理所。是年，公安局内部机构调整：合并纪委监察室、警务督察队、信访办等机构，设立纪委（监察室），加挂警务督察队和信访工作办公室牌子。办公室更名指挥中心。装备财务股更名警务保障室。法制工作办公室更名法制室。刑事警察大队更名刑事侦查大队。治安警察大队更名治安管理大队（加挂爆炸危险物品监管大队牌子）。国内安全保卫警察大队更名国内安全保卫大队。经济犯罪侦察大队更名经济犯罪侦查大队。合并户政管理股、出入境管理股，设立人口与出入境管理大队。撤销经济文化保卫大队、经济环境治理大队、公共信息网络安全监察股、巡逻警察大队。撤销箕溪派出所、球溪派出所、颜家冲派出所。至2010年，市公安局内设政工室、纪委（监察室）、警务保障室、法制室、指挥中心（加挂办公室牌子）、治安管理大队（加挂爆炸危险物品监管大队牌子）、国内安全保卫大队、经济犯罪侦查大队、人口与出入境管理大队、刑事侦查大队、交通警察大队、拘留所、看守所、强制隔离戒毒所、禁毒大队。下辖布溪公安分局和15个派出所。1993年，市公安局获“全国优秀公安局”荣誉称号。2001年，警务督察队被评为“全国公安警务督察示范先进集体”。2008年，看守所被评为“全国优秀公安基层单位”。

图8-1　2010年，冷水江市公安局“开门评警”活动现场

1988—2010年，市公安局先后由刘明生、朱正湘、段湘国、方锡峰、阳树军、黎社光、肖海文任政治委员（教导员），李典珊、刘明生、彭炳其、段湘国、梁伦国、刘建宽、朱前明、卢韶华、陈跃辉任局长。

第一节　治安管理

一、枪械管理

1988年，加强枪支管理，购买使用猎枪、气枪、小口径步枪、手枪须经审批，并发给持枪证。对民间私自保存的鸟枪、气枪、猎枪和小口径步枪等开展收缴行动。1999年，公务用枪统一收缴集中保管，并对枪支使用作出严格规定。2001年4月至9月，市公安机关开展“治爆缉枪”专项行动，收缴销毁各类枪支675支（其中鸟铳515支，气枪100支，火药枪、电击枪60支），收缴子弹530发，摧毁制枪窝点1个，打击涉枪犯罪嫌疑人13人。2010年4月，清理收缴非法枪支26支、子弹128发。年底，集中销毁收缴的各类枪支515支、管制刀具2168把、弩13支、报废“五四”手枪28支。

二、危爆物品管理

1988年，市公交公司大客车因有人携带黑火药在禾青地段发生爆炸，造成12人死亡，83人受伤的严重事故。1996年，全市有287家危爆物品使用单位，年消耗炸药3200余吨、雷管400多万发、导火索600多万米，持有爆破证从业人员3200

余人。2001年，针对危爆物品管理存在的问题，市政府组织公安、煤炭、矿管等部门对危爆物品使用单位进行清理整顿，消除隐患51起，取缔使用单位1家、储存库1家，封闭烟花爆竹小作坊22家，处理违法人员19人。此后，全市建立严格的危爆物品管理制度。危爆物品使用单位必须持有省矿管部门核发的矿产开采许可证、法人代表资格证、爆炸物品储存证、使用证、爆破员作业证、保管员身份证及工商营业执照。购买危爆物品须由使用单位写出书面申请，报经有关部门审核后，由治安部门开出证明到专营中心购买。

2008年，全市开通民用爆破物品信息系统，87家危爆物品使用单位纳入系统管理，各使用单位的储存仓库按标准进行新建或改建，并安装监控系统。是年，开展危爆物品整治行动，收缴雷管7039发、炸药1976千克、军用子弹3941发，查处涉爆案件10起，逮捕4人，治安拘留13人。

三、治安防控

1988年，全市有基层治安保卫委员会（简称治保会）265个。治保会协助公安部门保护发案现场，提供破案线索，调处治安纠纷。1991年，市政府从政法系统抽调干警到各乡镇任政法副书记（或副乡镇长、副主任），专门负责社会治安综合治理和调处矛盾纠纷，将治安隐患消除在基层。

20世纪90年代中期，频发犯罪分子骑摩托车专抢单身妇女耳环、项链等贵重物品案件，各有关单位成立治安联防队予以集中打击。1997年，全市有17支联防队136人，协助公安机关破案355起，抓获各类嫌疑人1394人，预防案件94起，处理各类纠纷319起。是年12月，成立“110”防暴巡警大队，与“110”报警服务台联动，并负责市区街面巡逻工作。

2006年起，公安机关实施为期5年的以“抓基层、打基础、苦练基本功和信息化建设”为重点的“三基一化”工程建设。市公安局在城区部分社区设立警务室14个，配备社区民警16人，负责社区治安防控工作。2007年后，各有关单位相继建立与“110”报警系统联动的网络防控系统。2008—2010年，全市投入1200万元构筑“空中有监控、街面有巡防”的立体型治安动态防控体系，在全市城区主干道、要害部位及相关乡镇沿线安装视频监控探头156个，覆盖冷水江街道、布溪街道及锑都路、江南路、金竹西路等城区主要路段，形成全天候、多方位视频报警监控网络，成为立体防控“千里眼”，震慑违法犯罪分子。3年间，通过电子视频实时监控抓获23名涉嫌盗窃犯罪嫌疑人，并制止9起寻衅滋事案件。

第二节　案件侦查

一、刑事案件侦查

1988年前，刑事案件每年立案近300起。1989年，发生刑事犯罪案件1314起。1990年，增至1435起，团伙犯罪、暴力犯罪、青少年犯罪日趋严重。1990—1992年，公安机关开展11次打击刑事犯罪专项斗争，查获犯罪团伙111个、493人，破案340起。通过连续3年严打斗争，刑事案件降至每年500起左右。

2002年始，刑事案件进入高发期，当年发生刑事案件1289起。刑事案件的特点发生变化，盗窃、诈骗、经济犯罪增多，性侵犯罪明显减少；刑事案件呈上升趋势，特别是暴力恶性案件居高不下。公安机关根据这一时期的社会治安状况，坚持“露头就打、除恶务尽”，开展系列专项打击行动。2004年夏，城区连续发生飞车抢劫案件。公安部门采取“抓现行、查人口、挖团伙”等有力措施，遏制犯罪分子嚣张气焰。2007年，在全市城乡进行治安整治，开展“百日会战”专项斗争，狠抓命案和重大恶性案件侦破。2007—2010年，全市发生刑事案件6787起，破获4232起。街头抢劫、寻衅滋事、聚众斗殴等恶性案件明显减少，城乡偷盗现象得到遏制，群众安全感增强。

1988—2010年，全市发生命案153起，破获136起。2003—2010年，市内发生的77起现行命案全部破获，命案破案率连续8年保持100%。2004年，市公安局被省公安厅评为命案侦破专项行动先进单位。2005年，薛宁被评为全省命案侦破能手。

1988—2010年冷水江市刑事案件发案和侦破情况表

表8-2　　单位：起

年度	刑事案件		其中重特大案件		年度	刑事案件		其中重特大案件	
	发案	破案	发案	破案		发案	破案	发案	破案
1988	435	358	92	85	2000	450	352	153	119
1989	1314	561	230	148	2001	247	152	117	71
1990	1435	606	199	135	2002	1289	743	224	165
1991	1119	824	193	159	2003	1157	860	212	130
1992	529	436	117	98	2004	1319	881	202	118
1993	454	406	180	168	2005	2051	1460	294	242
1994	350	325	141	130	2006	2114	1635	322	210
1995	540	489	224	208	2007	1877	1133	323	236
1996	319	271	139	118	2008	1844	847	307	161
1997	436	236	156	113	2009	1559	1213	269	245
1998	356	315	112	99	2010	1507	1039	208	182
1999	529	404	112	87	合计	23230	15546	4526	3427

二、经济案件侦查

2002年，市公安局组建经济犯罪侦查大队。2002—2010年，受理经济案件157起，破141起，抓获犯罪嫌疑人102人。

2002—2003年，集中打击行贿受贿案件，两年受理22起，其中破获企业行贿受贿案件11起，挽回经济损失50余万元。2004—2005年，偷税漏税、虚开增值税发票等经济领域违法犯罪案件有增无减，公安部门组织开展涉税违法犯罪专项整治行动，两年立案37起，破获31起，其中涉税案16起，占43.2%。2008年，民间投资公司兴起，以高出银行利息数倍的利息非法集资。市一中教师李某夫妇借承包高速公路工程名义，以高利息为引诱，向56人借款563万余元，案发时无法归还，许多中小投资者血本无归。公安部门通过印发公告和张贴标语，宣传和揭露非法集资高回报中有高风险，并对违法犯罪人员予以严厉打击。2008—2010年，全市受理经济案件60起，立案60起，破案53起，刑事拘留29人，逮捕20人，挽回经济损失1100余万元。

第三节　户政和出入境管理

一、户政管理

20世纪80年代始，农村实行土地承包到户，大量农民涌入城镇成为流动人口。人口大规模流动，给社会治安管理带来冲击。流动人口管理以社区为依托，公安机关不定期在城区和城乡接合部进行清查，对流动人口以“暂住人口”进行登记，并发给暂住证。1993年，为加快城镇化进程，经上级有关部门批准，对进城经商、办企业急需解决城镇户口的居民征收3000元至8000元不等的城市增容费，办理小城镇户口和蓝印户口。是年，办理蓝印户口2330人、小城镇户口1852人。90年代末，各社区设立警务室，并聘请专人对流动人口进行清查、登记和管理。2000年后，随着新农村建设投入加大，出现“农转非”降温、“非转农”难的情况。2008年，全市登记在册流动人口7398人，出租房屋2689间。2009年4月起，实施《湖南省流动人口服务和管理规定》，乡（镇、街道）成立流动人口服务中心（站），采集流动人口信息资料，更新流动人口与出租房屋信息，并核发居住证。2010年3月至8月，全市开展户口清理工作，主要清理一人多户，依法注销死亡、失踪、在国外定居的公民常驻户口，并解决无户口人员落户问题。至年底，全市居民36.52万人，其中城镇居民18.91万人，农村居民17.61万人。有流动人口1.13万人，出租房屋4862间，办理居住证714人。

1987年起，根据《中华人民共和国居民身份证条例》，对年满 16 周岁公民颁发居民身份证。2005 年起，核发第二代居民身份证，身份证号码从 15 位数升至 18 位数，终身不变。不满 16 岁的儿童可自愿申领居民身份证。2005—2010 年，全市办理二代居民身份证 32.53 万人次。

二、出入境管理

20 世纪 80 年代初，陆续有市民出境探亲访友，但管理较严，须有对方来函邀请，方可办理因私护照。去台人员回大陆探亲，须绕道香港等地。1994 年，市民出入境 61 人次，其中出国 13 人次，赴港澳台 28 人次，台胞入境 20 人次。2002 年，出入境 277 人次。2006 年，达 1143 人次，首次突破千人大关。2010 年，达 4420 人次，大多为出境旅游。1994—2010 年，全市出入境共计 1.4 万人次。

1994—2010 年冷水江市人员出入境情况表

表 8-3　　单位：人次

年 度	出入境	年 度	出入境	年 度	出入境
1994	61	2000	119	2006	1143
1995	37	2001	12	2007	1531
1996	65	2002	277	2008	2362
1997	132	2003	492	2009	1544
1998	114	2004	672	2010	4420
1999	89	2005	899	合计	13969

第四节　交通管理

一、交通秩序管理

20 世纪 90 年代，城区三轮摩托车出租载客业务发展迅速，时常造成交通堵塞和事故，并影响市容。2002 年 3 月，全市取缔出租三轮摩托车 1000 余辆，同时适当增加出租小轿车数量。2005 年，拆除锑都大厦和冷江大厦两处环形岛。投入 390 万元，在城区 3 个主要交叉路口建成路口交通灯控指挥系统，在城区 2 个主要路口安装交通电子监控系统，在 7 个重点路口安装监控点，用高科技手段加强交通秩序管理。以后，完善路口指路标志、路段禁令标志、人行道斑马线、机动车让行标志牌、社会车辆和公交车辆停车泊位标志。2008 年 11 月，投入 30 万元在省道 312 线诚意车检站和金鹰服饰路段安装 2 个固定测速点。至 2010 年，全市基本建成比较完整的交通导向体系，市区交通秩序进入有序状态。城乡道路通过改造升级，车辆通行情况根本性好转。

二、车辆与驾驶员管理

20 世纪 90 年代初，乡（镇、街道）和厂矿、运输企业设立交通安全联组，对车辆和驾驶员进行管理。2000 年，全市拥有机动车 4843 辆，摩托车 1131 辆。为确保交通安全，交警部门每年查车 4 万台次左右，查处各类交通违章 1 万至 2 万起。2009 年 11 月，冷新机动车安全性能检测站投入运营。2010 年 12 月 28 日，交警大队车管所获得小车注册登记授权。同时，交管部门对车辆和驾驶人年检年审作出调整，除特种车辆、校车、大客车及运送危险品的车辆进行年检年审外，小车改为 6 年一检，大货车改为 2 年一检。对校车和危险品运输车实行户籍化管理，每月与车和驾驶人见面，车辆过期强制报废。是年，交警部门检查车辆 4 万余台次，查处各类交通违章 1.5 万余起，电子警察抓拍 8190 起。驾驶员违章扣满 12 分按规定必须参加满分考试，重新考试部分科目。

2000—2010 年冷水江市机动车数量表

表 8-4　　　　　　　　　　　　　　　　　　　　　　单位：辆

年　度	机　动　车					摩托车
	合　计	大　货	大　客	小　车	特种车	
2000	4843	1600	320	2800	123	1131
2001	5368	1800	328	3100	140	1658
2002	6127	2000	335	3650	142	1900
2003	6943	2300	340	4160	143	2015
2004	7594	2560	355	4520	159	6132
2005	8220	2780	372	4900	168	10139
2006	9007	2991	386	5450	180	14100
2007	13180	3470	420	9100	190	18650
2008	18778	4535	450	13600	193	20150
2009	24170	5492	473	18000	205	24150
2010	29933	6230	488	23000	215	26253

三、交通事故处理

1992 年，交通事故处理重在调解，两次调解无果，出具交通事故责任书，由受害方向法院申诉。2005 年，全市发生交通事故 266 起，是 1988 年至 2010 年间发生事故最多的一年。2007 年 5 月，按照《道路交通事故处理程序》规定，对道路交通违法行为处以警告或者 200 元以下罚款的，用简易程序当场处理。此后，交警部门加大执法检查力度，严厉查处交通违法行为，有效遏制交通事故高发态势。2010 年，发生交通事故 87 起，比 2005 年减少 179 起。

1988—2010 年，全市发生交通事故共计 2486 起，死亡 444 人，受伤 3154 人，直接经济损失 591.76 万元。

1988—2010 年冷水江市交通事故发生情况表

表 8-5

年度	事故（起）	死亡（人）	受伤（人）	直接经济损失（万元）	年度	事故（起）	死亡（人）	受伤（人）	直接经济损失（万元）
1988	70	18	50	2.42	2000	163	14	256	58.15
1989	86	22	54	3.99	2001	140	17	158	46.31
1990	74	23	47	2.64	2002	129	24	237	36.67
1991	94	25	81	4.42	2003	147	19	150	41.18
1992	72	19	132	9.71	2004	250	32	298	6.08
1993	72	20	90	17.31	2005	266	18	369	43.37
1994	89	25	76	21.19	2006	88	15	119	19.48
1995	114	29	166	52.05	2007	52	17	71	17.74
1996	127	26	129	55.32	2008	42	11	62	8.14
1997	80	21	107	29.23	2009	109	10	157	21.04
1998	56	14	131	27.88	2010	87	9	108	38.1
1999	79	16	106	29.35	合计	2486	444	3154	591.76

第五节　监所管理

一、看守所

冷水江市看守所始建于1978年，有监室15间，面积500平方米。1994年，增加监室15间。2003年，市政府将看守所改造列入全市重点工程项目。2005年9月，新建看守所投入使用。

市看守所实行人性化管理。监房公厕内安装电热水器供在押人员洗澡。为在押人员提供文化学习便利，管教民警用餐车将报纸、杂志、书籍移送至监房门口供在押人员自由借阅。保证在押人员生活补助标准，饭食菜品多样化。与市人民医院、中医院、娄底市第三人民医院建立绿色通道，在押人员可以优先受诊，特殊情况先住院后交费。

二、拘留所

1993年，市公安局在冷园社区征地2500平方米兴建拘留所，建筑面积1170平方米（其中监室面积600平方米、活动场地320平方米、办公用房250平方米），押量160人，人均铺位面积4平方米。2008年，拘留所重新改造，建有办公室、值班室、监控室、管教室、教室、询问室、图书室、文体活动室、会见室、医务室、会议室、休息室和600平方米户外活动场地等。所内安装监控系统、受虐报警对话装置和闭路电视系统，设施设备齐全，被湖南省公安厅评为二级拘留所。2008—2010年，收押拘留人员共计5033人。

三、强制隔离戒毒所

2008年，市强制隔离戒毒所在冷园社区建成，与拘留所同院，占地面积2500平方米，有28间戒室、868平方米，锻炼恢复区面积900平方米，有电脑室、医务室、乒乓球室、篮球场、羽毛球场等。2006—2010年，收押戒、涉毒人员6479人，其中男性5632人，女性847人，冷水江籍3256人，涉毒人员大多为30岁以下年轻人。涉毒人员向干警反映信息450余条，协助办案单位破获刑事案件132起。

第六节　消防管理

1988年，消防中队配备消防车2台，厂矿企业单位有消防车11台。1996年，市消防大队成立。2009年5月1日，《中华人民共和国消防法》施行，确立“政府统一领导、部门依法监管、单位全面负责、公民积极参与”原则，明确消防监督管理由公安机关消防机构和公安派出所共同承担，分级负责。消防大队除承担灭火外，还参与部分抢险救援任务，同时，与各公安派出所加强消防监督执法，对辖区内单位进行日常消防安全检查，消除火灾隐患。至2010年，消防大队有干部、战士29人，执勤消防车7台（其中斯太尔王水罐消防车2台，斯太尔王泡沫消防车1台，解放牌重型水罐消防车1台，五十铃多功能抢险救援车1台，16米高喷消防车1台，32米登高平台车1台）。

第四章　检　察

1990年，冷水江市人民检察院（简称市检察院）人事秘书科分设为办公室和政工科。1991年，设立民事行政检察股。1992年12月，撤销经济检察股，设立反贪污贿赂局。1996年，撤销11个基层检察室。1998年8月，撤销法纪检察股，设立渎职犯罪侦查局。2002年，所设股室均改为科室，原刑事检察一股改为侦查监督科、刑事检察二股改为公诉科，并增设法警大队。2005年，渎职犯罪侦查局更名为反渎职侵权局。2006年，设立检务督察科和职务犯罪预防科。2010年，市检察院内设办公室、政工科、纪检组（监察室）、公诉科、侦查监督科、反贪污贿赂局、反渎职侵权局、监所检察科、民事行政检察科、控告申诉检察科、职务犯罪预防科、检察技术科、法警大队、检务督察科，定编71人，在职干警64人，退休23人。1988—2010年，市检察院获得“全国先进基层检察院”“全国文明接待室”“全省基层检察院先进单位”“湖南省文明单位”等荣誉。1988—2010年，先后由刘观豪、程在华、吴长松、张干军、朱纪文任检察长。

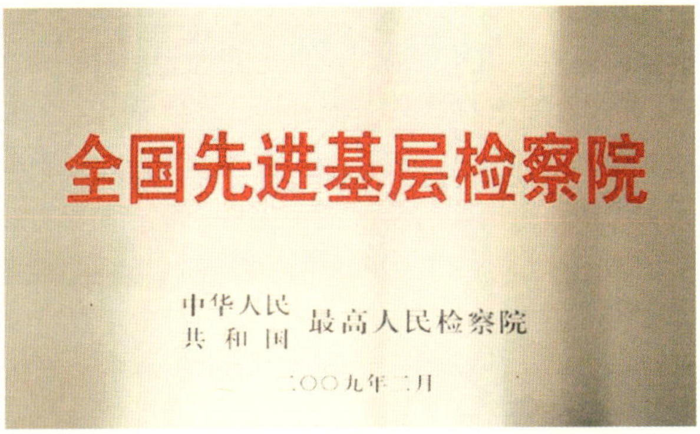

图 8-2　2009年，市检察院获“全国先进基层检察院”称号

第一节　刑事检察

一、审查逮捕

1988年，按照《中华人民共和国刑事诉讼法》第四十条规定，对主要犯罪事实已经查清，可能判处徒刑以上刑罚的人犯即可批准（决定）逮捕。1997年1月1日，按照修订后的《中华人民共和国刑事诉讼法》第六十条规定，对有证据证明有犯罪事实、可能判处徒刑以上刑罚的犯罪嫌疑人可决定逮捕。2009年9月起，职务犯罪案件批捕由娄底市检察院审查决定。

市检察院对应当立案而未予立案的刑事案件通知侦查机关立案侦查，对影响社会治安、危害人民群众生命财产安全的严重刑事犯罪提前介入，快捕快结。对未成年人犯罪，综合考虑具体案情、犯罪动机、社会危害性、悔罪态度及社会家庭帮教条件，除主观恶性和社会危害性大的未成年犯罪嫌疑人予以批捕外，一般坚持以教育挽救为主的原则，酌情从轻处理，尽量减少不必要的羁押。

1988—2010年，市检察院受理提请批准逮捕案件4431件8158人，依法开展立案监督57件67人。

二、审查起诉

市检察院对所受理的案件按照“犯罪事实清楚、证据充分、定性准确、不枉不纵”的要求依法全面审查。1990年12月23日，市看守所发生一起在押犯人打死同监犯人的恶性案件，市检察院与公安机关一起勘查现场，了解案情，收集证据，经娄底地区中级人民法院审理，报省高级人民法院核准，被告李某等3人被判处死刑。2003年起，陈某等21人犯罪团伙称霸一方，为非作歹，构成聚众斗殴、寻衅滋事、敲诈勒索、聚众赌博等多项犯罪，社会影响恶劣。市检察院经过两次退补，查明陈某等人全部犯罪事实，陈某、伍某等主犯均被判处10年以上有期徒刑。2007年，在加大对严重暴力犯罪、侵财犯罪打击力度的同时，对初犯、偶犯、未成年犯及因邻里纠纷引发的轻微刑事案件，如符合刑事和解适用条件，双方当事人达成合法和解协议的，检察机关依法不予逮捕。在一起伤害案中，犯罪嫌疑人潘某与受害人系堂兄弟关系，因建房纠纷动手致人轻伤构成犯罪。案发后潘某诚心悔罪，向堂弟赔礼道歉并一次性支付经济补偿，得到被害人谅解，检察机关根据实际情况作出构罪不捕决定。

市检察院强化审判监督，把有罪判无罪、无罪判有罪、量型畸轻畸重的案件作为监督重点。2010年，推行量刑建议制度，促进司法公正。为确保办案质量，坚持个人审查、集体研究、检察长决定，重大和复杂案件经检察委员会讨论决定，使案件做到定性准确、罪刑相当、罚当其罪。1988—2010年，市检察院对确有错误的刑事判决裁定提出抗诉3件，对刑事审判活动中的违法情况提出纠正意见42件次。

1988—2010年，市检察院受理移送审查起诉的刑事案件5271件8688人。

第二节　控告申诉检察

1988年，受理群众来信420件，接待群众来访175人次，处理166件，其中复查不服逮捕、不服判决等申诉案42件。1994年，实行检察长接待日制度，院领导直接听取群众控告申诉，受理群众举报，处理重大、疑难信访。是年，接待来访7批93人，批阅重要来信130件，控告申诉部门办理申诉案件5件，复查改变原处理决定3件。

2001年，受理信访115件次，受理举报75件，初查举报线索20件，办理各类申诉和交办件6件。2009年，35岁以下青年干警开展轮流接访。市检察院建立涉检信访风险评估控制机制，规定对在检察办案各环节中当事人信访的可能性进行评估，确定信访风险等级，制定相应工作方案，从源头上消除信访隐患。

第三节　监所检察

1988年，驻市看守所检察室成立。查处看守所干警收受罪犯贿赂案，收缴赃款170余元和手表、鸿运扇、电饭煲等赃物。1990年，清理监房危害物品8件，预防犯人逃跑1起，预防犯人自杀2起，调查牢头狱霸案件2起。2000年，对监管场所专项检察8次，发出纠正违法通知书4份、纠正超期羁押通知书18份、检察建议6份，纠正85名犯罪嫌疑人违法关押、久押不决、超期羁押等问题。2003—2010年，采取预先告知、到期报告、设立预期催办牌等措施预防超期羁押，清理超期羁押231人。2006—2010年，建立监外执行检察监督电子平台，开展减刑、假释、保外就医等专项检查活动，加强对刑罚执行的监督，纠正违法减刑、假释、保外就医28人，纠正漏管、脱管316人。

第四节　民事行政检察

1993年，受理群众对法院判决裁定申诉16件，立案2件，抗诉1件。1999年，受理民事、行政申诉案件13件，经调卷审查、复核有关证据后，提请娄底市检察院抗诉5件，建议提请抗诉3件，改判1件，息诉4件。2006年，受理民事、行政申诉案件14件，其中提请抗诉4件，执行和解1件。2010年，依法开展民事和行政诉讼监督，立案审查民事行政案件4件，提请抗诉4件，改判4件。农民工吴某、康某20余年向矿主索要工资和伤残赔偿款未果，市检察院通过提请抗诉，帮助其讨回工资和伤残赔偿款11.6万元。

1991—2010年，受理各类民事申诉案件118件，提请或建议提请抗诉86件，执行和解32件。

第五节　职务犯罪预防与惩治

一、职务犯罪预防

2006年，市检察院设立职务犯罪预防科。2007年，职务犯罪预防工作全面开展，院领导到各企事业单位开展职务犯罪预防讲课8次，组织机关干部到看守所进行警示教育3次，完成个案预防8件，发放检察建议16份。2008年，职务犯罪预防部门对潘桥乡财政所会计黄某贪污、挪用公款发案原因进行分析，向市财政局发出检察建议，并组织财政局干部到法院旁听庭审过程。2010年，坚持打防结合，治理源头，构筑多层次、立体化的职务犯罪预防网络。是年，开展预防调查7次，完成犯罪案例分析6件，提出专项预防报告7件，发出检察建议17份，促使发案单位整章建制，堵塞管理漏洞。同时，对新一中建设、垃圾填埋场、污水处理厂等全市重点建设项目同步开展职务犯罪预防工作。

二、反贪污贿赂

1988年，市检察院成立经济法纪罪案举报中心，设置举报箱和举报电话，当年举报的35件经济案件中，有万元以上的经济大案27件。1988—1990年，市检察、纪检、审计机关联合办案，查处煤炭行业中经济犯罪案件36件，挽回经济损失56万余元。2003—2007年，集中查办商业、城镇建设、国有企业、行政执法等领域中贪污贿赂案45件81人，其中大要案件占总数的49.4%，为国家挽回经济损失1100余万元。2007年，推行“有举报必查，有查必答复，答复公开化”办案机制，查办贪污贿赂案5件6人。2009年，为确保国家专项补贴资金和国家惠农政策落到实处，开展监督国家专项补贴资金使用专项行动。查处贪污国家农村文化事业以奖代补专项资金的市文工团团长邓某，并将追缴赃款全额返回该团。全年立案查办贪污贿赂案8件10人。2010年，着力查办行政执法领域职务犯罪案件，公安局经侦大队罗某因受贿、安监局监管股股长梁某因挪用公款受到查处，全年查办贪污贿赂案3件，查处5人。

1988—1992年，查办经济案件228件。1993—2010年，查办国家工作人员职务犯罪案件255件。

三、反渎职侵权

1992年，资江氮肥厂采购员袁某玩忽职守，使该厂遭受重大经济损失，市检察院及时查处，为单位挽回经济损失112万元。1996年11月，恒旺公司两名新化籍打工妹因涉嫌偷盗被非法拘禁，市检察院接到报案后及时派员前往查明案情，仅3个小时就将两人解救。2003年，查处玩忽职守案2件2人，非法拘禁案1件1人。重点打击重大责任事故背后的渎职犯罪，查处渣渡煤矿"4·23"重大安全事故玩忽职守案。2007年，查办国土局执法大队中队长伍某玩忽职守等渎职案件3件5人。2010年，查办渎职侵权案4件7人。在查办姜某玩忽职守案过程中，伤者反映医疗费多次催付无果，市检察院核实情况后，向有关单位提出建议，使矿难事故伤者医疗费、赔偿费迅速落实到位。

1988—1998年，查办各类法纪案154件。1999—2010年，查办各类渎职侵权案38件。

第五章　法　院

1988年，冷水江市人民法院（简称市法院）内设办公室、刑事审判第一庭、刑事审判第二庭、民事审判庭、经济审判庭、行政审判庭、执行庭、政工室、法医室。派出机构有冷水江、矿山、金竹山、毛易、禾青、铎山、渣渡、同兴、三尖9个人民法庭。全院在职人员61人。1989年，增设告诉申诉庭。1990年，增设纪检组、监察室。1991年3月，基层法庭经撤并后设冷水江、毛易、岩口、禾青、同兴、渣渡6个法庭。1992年，撤销同兴法庭，合并于冷水江法庭。3月，成立房地产法庭。1993年3月，成立经济纠纷调处中心。4月，成立城市建设法庭。1995年2月，经济纠纷调处中心并入经济审判庭。3月，设立司法警察中队。1997年1月，撤销告诉申诉庭和刑事审判第二庭，增设立案庭和审判监督庭。1999年，撤销渣渡法庭，合并于岩口法庭。2001年11月，民事审判庭变更为民事审判第一庭，经济审判庭变更为民事审判第二庭。12月，设立司法技术室。2002年4月，司法警察中队升格为司法警察大队（副科级）。2003年3月，执行庭升格为执行工作局（副科级）。2004年6月，设立案件质量考评办公室。2005年10月，司法技术室不直接受理鉴定业务，只负责委托鉴定。2006年10月，设立审判管理办公室。2010年4月，设立研究室。6月，设立诉前调解服务中心。

2010年，市法院内设办公室、研究室、纪检监察室、政工室、工会、司法技术室、刑事审判庭、民事审判第一庭、民事审判第二庭、行政审判庭、执行局、立案庭、审判监督庭、审判管理办公室、诉前调解服务中心15个工作机构，派出机构有冷水江、岩口、毛易、禾青4个人民法庭。全院在职人员79人。2005—2006年，市法院连续两年被湖南省高院评为全省优秀法院。2007年4月，从政法路搬迁至布溪体育西路新院址办公。1988—2010年，市法院先后由潘久怡、罗义平、刘松青、羊志宏任院长。

第一节　审判改革

1988年，市法院审理案件，沿用原有审判方式。各业务庭自行决定立案和审理，谓之"自立自审"，但案件审理判决书、裁定书须由主管院长审定签发。1994年起，庭审改变过去由法官包揽调查收集证据、宣读证据、自行质证的做法，实行"谁主张，谁举证"，举证、质证、辩证、认证均在法庭上公开进行，杜绝证据采用"暗箱操作"。刑事审判改"纠问式"为"控辩式"审判，民事、行政审判改"纠问式"为"辩论式"审判。发挥合议庭和主审法官的职能作用，合议庭对案件作出的判决书、裁定书由审判长签发。2000年起，严格实行"立审分离、审执分离、审监分离"。同时，实行审判长和独任审判员选任制，赋予审判长和独任审判员组织庭审、主持合议、签发法律文书等职权。对适用缓刑案实行严格报批制度，缓刑案须提交审判委员会讨论后由院长批准。2009—2010年，推行巡回法庭进企业、学校、农村开展审判活动，两年内巡回法庭组织刑事、民商事审判161场次。

图8-3　2009年，冷水江市法院巡回法庭进企业审理案件

第二节　立案　信访

一、立案

1988年，市法院管辖的第一审刑事、民事、经济、行政、执行、申诉等各类案件立案，均由各业务庭自行负责办理。

1989年9月，设立告诉申诉庭，除复查申诉案件外，负责法院机关刑事自诉案件、民事经济案件及当事人申请法院执行案件的立案工作。1997年1月，撤销告诉申诉庭，增设立案庭，实行诉讼引导、诉讼风险提示、咨询、立案、收（退）费"一站式"服务。是年，立案庭立案2213件（其中刑事案件152件，民商事案件1958件，行政案件85件，申诉再审案件18件），受理行政机关申请执行案件94件，办理上诉案件及调卷手续187件。2001年，推行案件流程管理，各人民法庭受理的案件由立案庭统一编号。是年，立案庭受理案件2466件。2008年，市法院被省高院评为"全省文明立案窗口"。

2010年6月，设立诉前调解服务中心，开展诉讼前调解工作，化解社会矛盾，对诉前调解案件和劳动争议案件一律免收诉讼费用。是年6至12月，受理各类纠纷126件，成功调解62件，撤诉24件。

1988—2010年，市法院立案审查各类案件6.22万件。

二、信访

1988年，市法院各庭（室）自行处理本庭（室）来信来访。1989年，由告诉申诉庭负责处理人民群众来信来访，处理来信1213件，接待群众来访1422人次。1997年，由立案庭负责来信来访工作，处理来信447件，接待来访1135人次。2004年2至10月，开展集中处理涉诉上访案件和排查调处不稳定因素专项活动，办结涉诉上访案件48件。2005年4月，市法院成立涉诉信访工作领导小组和信访接待室，与立案庭合署办公。实行院领导轮流接访制度，每天安排1名院领导和1名干警负责日常信访接待。对行动不便或地域偏僻的群众信访案件，变群众来访为干警下访。对重信重访和上级交办的案件实行重点约访、集体回访。2007年，实行领导包案、承办人和合议庭成员负责的信访责任制。建立立案走访制度，狠抓办案质量，提高调解结案率和服判息诉率，从源头上控制和减少新的涉诉信访发生。

1988—2010年，市法院处理群众来信1.84万件，接待群众来访3.13万人次，调处各类纠纷5893起，办结市人大和上级法院交办案件236件。

第三节　刑事审判

1988—2010年，市法院审判刑事犯罪案件5562件，判处5年徒刑以上罪犯1735人，审结刑事自诉案件906件。召开公审公判大会34场次，发布审判布告116期。

市法院依法从重从快审判杀人、抢劫、强奸、贩毒、黑恶势力团伙等严重危害社会治安的犯罪分子。1991—1992年，审结各类刑事案442件665人，其中故意杀人案42件49人，抢劫案44件106人，强奸案18件22人。2004—2006年，全市开展打击"两抢一盗"和毒品犯罪专项斗争，审结抢劫、抢夺、盗窃和毒品犯罪案369件436人，审结涉恶团伙案37件162人。审结横行冷水江城区的陈某等20人涉恶案件，主犯陈某被判处有期徒刑12年，团伙人员均被从重判处。在对严重刑事犯罪进行严惩的同时，因家庭、邻里纠纷等引发的轻微刑事案件，依法从轻判处。为扩大办案效果和社会影响，在重要节日或会议之前召开宣判大会。

1991年1月，刑事审判庭设立少年法庭。1998年，设立少年刑事案件审判合议庭，并在妇联、团委、学校等单位邀请特邀陪审员。23年间，审理未成年人犯罪案1043件3186人，其中1738人被判处非监禁刑或被免予刑事处罚。对少年犯罪案做到不公开审理，重在教育和挽救，寓教于审，帮助少年犯认识自己行为的社会危害，教育他们悔过自新，并从宽从轻判处。

1988—2010年冷水江市人民法院刑事案件结案情况表

表8-6

年度	结案（件）	涉案人数（人）	判处5年（含）以上有期徒刑（人）	年度	结案（件）	涉案人数（人）	判处5年（含）以上有期徒刑（人）
1988	147	189	34	2000	234	331	56
1989	158	289	76	2001	223	271	80
1990	197	375	108	2002	302	396	67
1991	227	387	89	2003	253	345	25
1992	215	368	142	2004	248	293	32
1993	157	212	48	2005	268	496	74
1994	125	246	41	2006	424	514	36
1995	179	288	63	2007	367	493	31
1996	168	232	36	2008	334	726	176
1997	136	198	40	2009	345	569	154
1998	162	200	26	2010	388	583	202
1999	178	298	60				

第四节　行政审判

1987年3月，市法院成立行政审判庭，开展行政审判工作。4月25日，行政审判庭依法公开审理全市第一起治安行政案件，包括市领导在内600多人参加旁听。1990年，审结行政案件16件，其中维持行政机关处罚3件，撤销处罚2件，原告撤诉11件。

1993—1997年，市法院开展《行政处罚法》和《国家赔偿法》宣传活动，及时审理各类行政案件，5年审结行政案件107件。1998年后，市法院着力改变“民怕告官、官怕出庭”局面，充分发挥行政审判职能作用，监督和支持行政机关依法行政，依法保护行政相对人合法权益，坚持“慎重、妥善、依法审判”原则审理行政案件。对于复杂行政案件，采用诉讼前沟通、诉讼中调解、诉讼外交流等多种方式，受理的行政案件与非诉行政执行案件绝大部分通过协调撤诉或执行和解。

1987—2010年，市法院审结行政案件1131件，执行各类生效行政决定2315件。在审理案件同时，加强与行政执法机关沟通与协调，就行政执法中存在的问题提出改进建议，提高行政主体依法行政水平。

第五节　民商事审判

1988年后，民商事案件大幅度上升，1990年达1743件，比1988年的1054件增加65%。1992

年3月，成立房地产法庭，当年审理房地产纠纷案45件。1993年3月，成立经济纠纷调处中心，开展清欠专项法律服务活动，至年底，为厂矿企业、机关单位清收欠款5940万元。

1994年，审理全市第一起企业破产案，新型建材厂依法破产。此后，企业破产案增多，市法院坚持"有利于促进社会稳定，有利于企业破产再生发展，有利于促进现代企业制度建立"的原则，依法进行企业破产案件审理。2003年，在审理市耐火材料总厂破产案过程中，做到破产不停产，招商引资与企业改制同时进行，追回欠款、财物折款合计800余万元，促成该厂顺利出让给秦皇岛耀华玻璃有限公司。同时，市法院运用法律手段为企业发展营造良好外部环境。锑山镇龙光村采煤致使金竹山煤矿锑山工区一栋职工宿舍楼开裂成为危房，锑山工区多次找龙光村交涉赔偿遭拒。市法院受理此案后，依法判决龙光村承担赔偿责任，首开冷水江"农民赔工人"之先例。1994—2005年，审结企业周边关系案件262件。

2008—2010年，市法院坚持"调解优先、调判结合"原则，审理涉及房屋拆迁安置、征地补偿、劳动争议、工伤赔偿等与人民群众生产生活息息相关的民商事案件2854件。通过加强辨法析理和教育引导，民商事案件调解撤诉率62%。在审理民工伍某要求企业继续支付工伤医疗费纠纷一案中，办案人员尽力调解，促使双方达成庭前调解协议，企业在已支付14万元基础上，再一次性支付伤者6.2万元。

1988—2010年，市法院审结各类民商事案2.87万件，其中调整人身关系案1.02万件，调整财产关系案6249件，经济纠纷案1.19万件，破产案34件，其他案件299件。

第六节　审判监督

1988年，市法院刑事审判二庭负责审理刑事申诉再审案件。1989年，设立告诉申诉庭，受理各类案件申诉，负责再审案件审理，刑二庭承担的审判监督任务移交给告诉申诉庭。1991年，《民事诉讼法》颁布实施后，市法院加大民事审判监督力度，形成"刑民并重，依法监督"格局。1997年，撤销告诉申诉庭，设立审判监督庭，告诉申诉庭职责归属审判监督庭。审判监督工作逐步程序化、规范化。2008年4月，修改后的《民事诉讼法》规定，民事诉讼当事人对基层法院一审生效判决不服的，可向中级人民法院申诉。市法院严格执行错案责任追究制，开展司法质量考评，完善审判流程管理，落实人民陪审员制度，从社会各界聘请公正司法监督员，主动邀请人大代表、政协委员评议审判工作，强化司法监督，确保司法公正。

1988—2010年，市法院审结刑事、民商事申诉再审案件373件，其中维持原判267件，撤销原判24件，改判82件。

第七节　案件执行

1988年，市法院执行各类案件856件，执行标的188万元，执行率98%。1990年，采取"三集中"（集中领导、集中力量、集中时间）执行办法，执行各类案件961件，其中当事人自觉履行600件，通过做工作后再履行300件，强制执行61件。

1993年后，市法院加大执行力度，对有执行能力拒不履行义务的强制执行，对妨碍执行的依法处理。1994年，被执行人伍某拒不执行判决，市法院将伍某移交市公安局立案侦查，伍某被刑事拘留。暴力抗拒执行的三尖乡神农村村民周某慑于法律威严，主动到市法院投案，接受处罚，配合执行。

1999年，市法院开展"百日集中清理执行积案"和"治理暴力抗法"等专项活动，执行各类案件1367件，执行标的1500余万元。2000年，执行庭与司法警察大队合署办公。2001年，实行审判与执行分离。2003年，执行庭升格为执行工作局。通过开展"集中清理执行积案"和"百案执行兑现"等专项行动，采取公开曝光、限制被执行人高消费、举报被执行人财产有奖等方式，执行了一批"老大难"案件。

2008年后，推行解决执行难联席会议制度。

运用财产调查、悬赏执行、公告执行等举措，提高执结率和到位率。至 2010 年，3 年内共执行案件 654 件，执行率 92.4%，执行标的 4514 万元。在执行周某等人房屋拆除案过程中，充分发挥执行工作联席会议制度的作用，在市有关部门大力支持配合下，对被执行人房屋进行强制拆除。

1988—2010 年，市法院执结民商事案件 2.41 万件，执行标的 3.26 亿元。在执行过程中，坚持强制执行与和解执行相结合，做到情、理、法并用，促成双方当事人和解，执行和解率 52%。

第六章 司法行政

1988 年，市司法局内设人秘股、法制宣传教育股、人民调解工作管理股，下辖法律顾问处和公证处。1996 年，各乡（镇、街道）司法所收归司法局直接管理，收编司法助理员 14 人。1997 年 10 月，成立法律服务中心。1998 年，成立法律援助中心和普法依法治理领导小组。1999 年，成立法学会。2002 年，司法局内设办公室、政策法规股、法制宣传教育股（加挂普法依法治理办公室牌子）、基层工作股、法学教育培训股、政治工作室。2010 年，全局有干部职工 83 人，内设办公室、政治工作室、基层工作股、政策法规股、公证律师管理股、法制宣传股、社区矫正工作管理股。下辖 16 个基层司法所以及公证处、法律援助中心、刑释解教人员管理服务所、矛盾纠纷调处中心、法律服务中心，监管全市 4 个律师事务所

图 8-4 冷水江市获 2006—2010 年全国法制宣传教育先进县（市、区）荣誉称号

和 2 个司法鉴定所。1995—1997 年，市司法局连续 3 年被评为全省“五好”司法局，并上报司法部记集体一等功。2005 年，岩口司法所被评为全国先进司法所。2010 年，冷水江市被中宣部、司法部评为 2006—2010 年全国法制宣传教育先进县市。1988—2010 年，市司法局先后由谭德元、孙书智、曾秋生、邹同兴、陆华春任党组书记、局长。

第一节 法制宣传

1986—1990 年，开展“一五”普法教育，重点内容是“十法一条例”（《中华人民共和国宪法》《中华人民共和国刑法》《中华人民共和国刑事诉讼法》《中华人民共和国民事诉讼法》《中华人民共和国婚姻法》《中华人民共和国继承法》《中华人民共和国民法通则》《中华人民共和国经济合同法》《中华人民共和国兵役法》《中华人民共和国森林法》《中华人民共和国治安管理处罚条例》）等。全市各单位成立普法领导机构，明确专人抓普法教育，层层召开普法动员会，培训各类普法骨干和讲解员，深入厂矿、农村进行宣讲，发放工人读本、农民读本、干部读本等普法资料，组织全市公民系统学习法律常识。

1991—1995 年，开展“二五”普法教育，重点内容是《中华人民共和国宪法》和有关专业法。各单位结合本部门、本行业性质和特点，有针对性地选学与本身业务相关的法律法规，推动社会各项事业依法治理。

1996—2000 年，开展“三五”普法教育，重点内容是社会主义市场经济和维护社会稳定方面的法律知识。市委、市政府根据中央提出的“建设社会主义法治国家”治国方略，1997 年 12 月召开全市依法治市工作会议，下发《关于依法治市工作的决定》，将普法工作作为依法治市的一项

重要工作来抓。各单位中心组组织学习与本单位工作相关的法律知识，落实依法治理措施。全面推行政务公开、警务公开、审判公开，提高行政和司法工作透明度。5年间，全市有8万余人参加普法考试。

2001—2005年，开展“四五”普法教育，重点内容是国家基本法律、与公民生产生活密切相关的法律法规、国家新颁布的法律法规。普法对象在原有基础上，增加个体工商户和驾驶员。同时，建立干部年度学法用法考试、专业技术人员法律培训考试、科级干部任前法律知识考试等制度。

2006—2010年，开展“五五”普法教育，重点内容是经济社会发展、整顿和规范市场经济秩序、维护社会稳定和社会公平正义等相关法律法规。主要对象为公务员、企业经营管理人员、农民和居民。一是组织律师、法律服务工作者深入乡镇开展义务法律咨询活动，免费发放《湖南省“五五”普法读本》《农民普法简明读本》和《司法局便民手册》等共计1万余册。二是完善普法刚性机制，将领导干部学法用法情况作为年度考核重要内容和晋职、晋级重要依据。5年间，对拟提拔的320名副科级干部进行任前法律知识培训考试，对3288名副科以上干部进行法制培训，对3.7万余名干部职工进行年度学法用法考试。三是推进民主法治示范村和依法办事窗口建设，确定40个村（社区）为民主法治示范村创建单位和8个全省依法办事示范窗口单位。2010年，毛易镇花坪村、矿山乡樟木村、中连乡福元村被评为娄底市民主法治示范村，中连乡金瓶村被推荐为全省民主法治示范村。

第二节　基层法律服务

1993年11月，在全市16个乡（镇、街道）设立法律服务所，为股级全民所有制事业单位，定编59人。1994年，根据省司法厅关于“两所分离”的规定，法律服务所实行自收自支、独立核算、多劳多得、按比例分成。2006年起，每年对基层法律服务所进行年检，对基层法律工作者进行注册，规范法律服务市场。至2010年，全市有矿山、毛易、锑都、冷江4家基层法律服务所。1994—2010年，基层法律服务所担任常年法律顾问每年在100家左右，解答法律咨询每年近2000人次，参与调处社会矛盾纠纷每年近100次，代理诉讼与非诉讼案件8645件，协办公证、办理见证业务2000余件，累计为顾问单位和公民个人挽回经济损失6000余万元，避免经济损失7000余万元。

第三节　公证事务

1981年4月，成立冷水江市公证处，属司法局下属机构，主要开展子女收养、财产继承、遗嘱、赠予、委托、转让、房屋买卖等公证业务。1994年，公证业务不断拓宽，共办理各类公证事项326件，其中涉外公证45件，经济公证89件，民事公证192件。担任常年公证单位10家，涉及合同标的1.06亿元，避免和挽回经济损失760余万元。1998年，增加银行贷款公证、公路建设招投标公证、不动产和土地转让权公证等新业务。1994—2010年，累计办理各类公证业务2.51万件，其中涉外公证1830件，国内公证2.33万件。

第四节　人民调解

1988年，全市有村级调解委员会479个（包括居民委员会和厂矿车间）。农村村民小组、城镇居民小组和厂矿车间班组建立调解小组。

1998年，市司法局在全市组织开展创“四无”（无民转刑，无因纠纷处理不当引起群体性上访，无纠纷引起群体性械斗，无纠纷引起非正常死亡）单位活动。2006年，各乡（镇、街道）人民调解小组按照“五个一”（一件纠纷、一位领导、一套班子、一个方案、一抓到底）工作方法，把每一件纠纷调解落到实处。2007年，实行“三调联动”（人民调解、司法调解、行政调解）工作机制，落实矛盾纠纷“一月一排查、一月一交办、一月一通报”工作制度。同时，组建市矛盾纠纷调处中心，并在矛盾高发领域先后建立医患纠纷人民调解委员会、消费者协会人民调解委员会、道路交通事故人民调解委员会、劳动争议调解委员会等专业调解组织。2010年，每个行政村成立村级调解委员会，全市有各类调解委员会285个。

1994—2010年，全市发生纠纷2.16万起，调解率100%，调解成功2.1万起，调解成功率98%。防止民转刑案件923起，消除群体性械斗684起，防止群体性上访573起。

第五节　律师与律师事务所

1989年，市法律顾问处改为市法律事务所。1994年10月，分设第一律师事务所、第二律师事务所。1996年，分别更名湖南湘都律师事务所、湖南红日律师事务所。2001年，湘都、红日两家律师事务所与行政体制脱钩。同时，成立湖南荆剑律师事务所和湖南波月律师事务所。4家律师事务所共有执业律师50人，依法承办刑事辩护、民事诉讼代理、行政诉讼代理、代写法律文书、法律咨询解答、担任常年法律顾问等业务。

2000年，娄底市检察院对游某故意杀人案提起公诉，湖南红日律师事务所律师接受游某家属委托，担任游某故意杀人案辩护人，律师全面研究案卷材料后，为被告人游某做无罪辩护。案件经娄底市中级人民法院一审、湖南省高级人民法院二审后，游某被判决无罪，2004年9月获得国家赔偿3.05万元。张某系冷水江某超市员工，2006年2月，下班途中经过金竹山派出所门口被一辆摩托车撞击身亡，后委托湖南湘都律师事务所律师为其维权。律师先后6次出庭，最终被害人获得人身损害赔偿和工伤死亡赔偿，成为娄底市获得双份赔偿的典型案例。

1993—2010年，律师代理刑事辩护2505件、民事诉讼5298件、经济案件2271件、行政案件204件、非诉讼案件2760件，为顾问单位和当事人挽回经济损失3.6亿元。2005—2007年，湖南荆剑律师事务所连续3年被评为全省优秀律师事务所。

第六节　司法鉴定

2003年8月26日，娄底市锑都司法鉴定所在市人民医院挂牌成立，成为全市第一家由司法行政部门主管、面向社会服务的司法鉴定机构。2006年11月28日，娄底市旭日司法鉴定所在市中医医院挂牌成立。两个司法鉴定所自成立至2010年年底，共办理各类司法鉴定业务3538件，实现零投诉、零复鉴、零错鉴。

第七节　法律援助

1998年6月，成立市法律援助中心，配备5名专职工作人员。通过法律援助机构指派律师，为需要法律援助的未成年人、残疾人、经济特别困难的当事人提供无偿法律服务，维护其合法权益。市法律援助中心自成立起，先后开展"法律援助希望工程""法律援助暖民心工程"和"法律援助为民办实事工程"等专项活动，为弱势群体提供法律援助。

2002年，建立"反家庭暴力援助中心"，各乡（镇、街道）法律事务所先后成立相应机构，对弱势群体实施法律援助，保护妇女儿童合法权益。2008年，市残联、侨联、总工会等部门成立法律援助工作站，开通"12348"法律热线服务，40余名律师参与轮流值班，负责接待群众来访和来电咨询。2009年，法律援助工作扩大到各乡镇，形成市、乡镇、村三级法律援助工作网络，实现法律援助工作"四统一"（统一法律援助案件标准、统一受理法律援助案件、统一指派律师办理法律援助案件、统一监督检查援助案件质量）。

1998—2010年，市法律援助中心办理各类法律援助案件1592起，免收律师费用200余万元。2004年3月，市法律援助中心获得"全省三八红旗集体"和"全国巾帼文明示范岗"荣誉称号。2006年4月、2009年10月该中心两次被湖南省司法厅授予"优秀青少年维权岗"荣誉称号。

第八节　安置帮教

1996年5月，市司法局成立市刑释解教人员管理服务所，为副科级内设机构，专门负责刑释解教人员安置帮教工作。随后，各乡（镇、街道）建立刑释解教人员安置帮教工作站。2003年，市司法局将潘桥郭家园艺场和梓龙杨家后煤矿作为刑释解教人员过渡性安置帮教基地。2006年，对全市刑释解教人员进行排查摸底，核准安置帮教对象1122人（其中刑满释放人员841人，解教人员281人），分类登记造册，逐人建立管理档案，落实帮教责任人，基本实现无脱管、漏管现象，重新犯罪率稳定控制在3%以内，绝大多数刑释解教人员顺利回归社会，成为自食其力的新人。

第九篇 军 事

第一章 机构 驻军

第一节 机 构

一、人民武装部

1985年7月至1996年3月，冷水江市人民武装部（简称市人武部）划归地方建制，为副团级单位，机构单设。下设军事科、政工科和后勤科。1996年4月，市人武部收归军队建制，改称“中国人民解放军湖南省冷水江市人民武装部”，为正团级单位，隶属娄底军分区。

二、人民武装委员会

根据军事工作传统领导制度，辖区内成立人民武装委员会（简称武委会）。首任武委会主任由市委书记兼任。武委会每年召开一次例会，行使全市武装工作重大决策权。1996年，市委调整武委会，健全机构，武委会由29人组成，市长任主任，人武部部长、政委、常务副市长任副主任。成员单位为市人武部军事科、政工科、后勤科和市委办、政府办、组织部、宣传部、团市委、农办、发展和改革局、经济工作局、人防办、教育局、科技局、公安局、民政局、财政局、人事局、劳动和社会保障局、建设局、电信局、卫生局、粮食局、邮政局、移动通信公司25家。武委会下设办公室，市人武部军事科科长兼任办公室主任。

按照党管武装的原则，市委书记兼任市人武部党委第一书记，市长兼任市武委会主任。市人武部一名主官参加市委常委会议，另一名主官参加市政府常务会议。

三、基层武装部

基层武装部分为厂矿企业武装部、乡（镇、街道）武装部和工交、财贸等系统武装部三种类型。1998年10月10日起，专职武装干部统一着装，佩戴人武工作专业符号。至2010年年底，全市有基层武装部35个，其中厂矿企业武装部9个，乡（镇、街道）武装部16个，工交、财贸等系统武装部10个。基层武装部设部长、副部长和干事等专职武装干部。

第二节 驻 军

1988年，中国人民武装警察部队冷水江市中队驻市，隶属中国人民武装警察部队湖南省总队娄底市支队领导，主要执行逮捕、看守、押解罪犯和维护社会秩序等任务。1996年，中队荣立集体三等功一次。2004—2007年，连续4年被湖南省武警总队评为正规化执勤一级单位。2005年，被湖南省武警总队评为基层建设先进中队。

1988年，中国人民武装警察部队冷水江市消防中队驻市，担负保卫全市人民生命财产安全和维护经济建设秩序的重任。1996年2月，市消防中队与市公安局消防股合并，成立冷水江市消防大队，隶属中国人民武装警察部队娄底市消防支队，职责及任务不变。至2010年年底，全队有执勤消防车辆7台，其中抢险救援车1台、消防车6台。

2002年，中国人民武装警察部队娄底市支队二中队驻扎冷水江市。

第二章　兵　役

第一节　兵员征集

一、兵役登记

兵役登记工作由市人武部具体组织实施，结合年度兵员征集，一般每年登记一次。兵役登记工作分准备部署、登记统计、初检初审、总结验收 4 个阶段。从 2002 年起，市人武部开始实行网上登记，每年将全市兵役登记中应服兵役人员输入计算机，从中挑选出政治思想好、身体素质好、文化程度高的适龄青年为当年预征对象，为高质量完成年度征兵任务奠定基础。

二、兵员征集

1988 年，冷水江市没有征集兵员。此后，每年征兵一次。至 2010 年年底，共征兵 22 次，其中春季征兵 2 次（1989 年、1990 年），冬季征兵 20 次。每年度征兵一般历时两个半月。年度兵员征集分为宣传发动、体格检查、政治审查、审批定兵、新兵交接 5 个阶段。1995 年，冷水江市被湖南省政府、湖南省军区评为全省征兵工作先进单位。

第二节　预备役登记

一、预备役士兵登记

凡在部队服役期满一年或一年以上的退伍义务兵，在退伍回地方后须到市人武部办理退伍军人预备役登记手续。建立民兵组织的乡（镇、街道）和企事业单位，凡 18 岁至 35 岁符合服兵役条件的男性公民，编入民兵组织服预备役。编入基干民兵的纳入一类预备役登记，编入普通民兵的纳入二类预备役登记。未建立民兵组织的单位，按照规定对符合服兵役条件的男性公民和复退军人，分别进行一类和二类预备役登记。2000 年后，预备役士兵登记不分一类和二类，按普通及专业技术分类统计，各类预备役士兵相关信息资料存入计算机，实现预备役登记统计工作网络化。

二、预备役军官登记

1992 年 1 月 25 日，中共中央组织部、人事部、公安部、财政部和解放军总参谋部、总政治部根据《中华人民共和国兵役法》规定，联合下发《关于在全国开展转业干部预备役登记工作的通知》，冷水江市据此在全市开展转业干部预备役登记工作。登记范围是：1988 年 9 月 1 日至 1992 年 3 月 31 日期间转业的军队和武警部队干部，凡符合登记条件的转业干部，由市人武部根据其原在部队的职务，确定专业名称和专业编号进行登记。

1995 年 5 月，全国人大常委会第十三次会议通过《中华人民共和国预备役军官法》，市内预备役军官登记统计及登记后管理工作更加规范化、正规化。建立和实行分级管理制度，省军区管理登记师职、正团职干部；军分区管理登记副团职、正营职干部；市人武部管理登记副营职以下和专业技术干部。市人武部对所管理的预备役军官建立个人档案，健全与预备役干部的联络办法，做到“资料找得到，人员联系得上，有令拉得出”。2005 年后，市人武部对全市预备役军官进行重新登记建档，将资料存入计算机，实现网上登记统计。

第三章　民　兵

第一节　民兵组织

1988年，全市民兵按团、营、连、排进行编制。1990年后，民兵工作调整进一步深化，市人武部按照中央军委“政治合格、军事过硬、作风优良、纪律严明、保障有力”要求开展民兵工作。以《民兵工作条例》和《基干民兵连队建设纲要》为依据，以组织、政治、军事“三落实”和“召之即来，来之能战”为标准，按照“控制数量，提高质量，抓好重点，打好基础”十六字方针和“便于领导、便于活动、便于执行任务”原则进行民兵编组和整顿，调整部分民兵组织，机构日趋完善。

2000年后，民兵整组工作按照“统一规划、合理布局、突出重点、组装配套”原则，坚持以中央军委新时期军事战略方针为指导，重点突出应急分队、民兵专业技术分队和民兵对口专业分队的组织建设，结构更加合理，更富有战斗力。

2003年，按照娄底军分区下达的任务，组建一类通信连、二类通信连、工兵渡河连、邮电通信连、工程抢修连、汽车运输连、医疗救护连、伪装防护连、防化救援连、车辆维修连、电力抢修连、道桥抢修连等民兵技术分队。

此后，民兵组织逐步调整布局，落实编组，优化结构，不断提高民兵队伍装备科技含量，全面推进国防后备力量建设。

第二节　政治教育

冷水江每年利用民兵整组、军事训练、征兵和重大节日活动等时机，加强对民兵的政治教育。

教育内容主要是讲解国防精神、国防理论、国防历史、国防知识和国防体系等，使广大民兵树立爱国主义和革命英雄主义思想，懂得“国家虽安，忘战必危”和“保卫祖国，匹夫有责”道理，积极参加民兵建设活动。

20世纪90年代，针对改革开放新形势，对民兵进行爱国主义、革命人生观、艰苦奋斗、尊干爱兵教育，提高民兵素质，组织参加军训，搞好民兵工作组织、政治、军事“三落实”。

2000年后，以武装部干部、基干民兵为主要对象，分层次进行教育，重点抓“四课”（民兵工作的地位和作用、公民国防义务和民兵性质任务、新时期军事战略方针和形势战备、民兵组织建设的重大意义）教育。

2010年，主要根据民兵政治工作规定和国际、国内形势进行职责教育和国防知识教育，增强全民国防意识和国防观念。

第三节　军事训练

1988年，全市民兵训练分别在锡矿山矿务局、资江氮肥厂、冷水江制碱厂、市第一水泥厂、大建煤矿、资江煤矿和市人武部7个集训点进行，为期20天。经市人武部考核验收，全部合格。

1990年，按照《民兵军事训练大纲》要求，民兵训练分两批进行。所训科目经考核验收，合格率100%。

1996年，民兵训练开始基地化、正规化，全市民兵训练分3批在市人武部民兵训练基地集中训练，时间30天，均达到规定要求。

2002年后，每年的民兵军事训练都按照《民兵军事训练大纲》要求及“训用一致，突出重点，分类施训，注重实效”训练原则，分期分批组织实施。

2005年，民兵训练分项目实施，应急分队突出防洪、防火、防暴等科目应用训练和实兵训练，加强快速收拢集结、应对突发事件和维护社会稳定等方面针对性训练。专业技术分队突出专业技能训练。

2010年，根据上级关于民兵军事训练必须加设民兵轻舟分队训练规定，组建民兵轻舟三连，开展水上救援、抢险救灾等科目训练。

第四节　重大活动

1992 年 6 月 2 日，冷水江市第五次民兵代表大会召开，民兵代表参加会议，先进单位和先进个人受到表彰。

1993 年 2 月 9 日，省级风景区大乘山发生特大森林火灾，资江氮肥厂、冷水江制碱厂民兵步行 5 千米，半小时赶到火灾现场，经过一天一夜奋战，扑灭大火，保住森林。

1996 年 7 月中下旬，资江流域普降暴雨，冷水江遭受百年不遇特大洪灾，全市 10 个乡（镇、街道）遭洪灾袭击，受灾人口 15.75 万人。市人武部组织民兵奋勇投入抗洪抢险战斗，为国家挽回经济损失 1970 余万元。同年 12 月 30 日，金竹山乡杨桥村 9 岁小学生张连伍与其他 4 个小孩探险时，不慎掉进 60 多米深的岩洞，生死不明。经乡、村和金竹山煤矿救护队全力搜救无果，且有 1 名搜救人员失踪。晚上 9 时 40 分，市人武部命令冷水江制碱厂武装部组织民兵应急分队前往救援，经数小时紧张搜救，成功救出坠洞小孩（失踪的搜救人员不幸牺牲）。

图 9-1　1998 年 7 月，冷水江市人武部领导带领民兵抢险救灾

1999 年 10 月，冷水江举行建市 30 周年庆典，市人武部组织两个方队参与市庆游行活动。

2010 年，毛易林场发生火灾，市人武部出动车辆 5 台，及时扑灭大火。

第四章　国防动员与教育

第一节　国防动员

1996 年 6 月，冷水江市国防动员委员会成立，市委书记任第一主任，市长任主任。国防动员委员会下设 4 个办公室：人民武装动员办公室（设市人武部军事科），国民经济动员办公室（设市计划物价局），人民防空办公室（设市人防办），交通战备办公室（设市交通局）。2005 年，增设综合办公室和政治动员办公室。市国防动员委员会领导成员及各办公室主任随人事变动自然递补。

1996 年起，市国防动员委员会每年召开一至两次会议，贯彻落实党中央、国务院、中央军委和上级国防动员委员会有关国防动员工作方针、政策和指示。组织编制全市国防动员工作规划、计划。检查监督国防动员法规实施和国防动员计划执行。安排部署全市人民武装动员、国民经济动员、人民防空和交通战备等工作。2002 年 6 月，市国防动员委员会下发《关于加强防空警报建设的规定》，全市加强防空警报建设，建立防空警报系统。2010 年 9 月，在全市基层人武部开展《中华人民共和国国防动员法》宣传周活动，通过召开座谈会、普法宣传讲座、宣传展板等多种形式，宣传《中华人民共和国国防动员法》。

第二节　国防教育

1987 年，冷水江市全民国防教育委员会成立，市委书记任主任。国防教育委员会下设办公室，负责全市国防教育日常工作。1990 年后，全市 16 个乡（镇、街道）和 13 家省地属以上厂矿企业均成立国防教育领导小组，负责本单位国防教育工作。市国防教育委员会成员随地方人事变动自然递补。

市国防教育委员会负责全市国防教育工作，主要职责是宣传贯彻国家有关国防的法律、法规和政策，制定并组织实施国防教育计划，检查和协调有关部门国防教育工作，组织培训国防教育骨干和编写国防教育教材。1988年、1992年，市国防教育委员会先后编纂《国防军事法律法规选编》和《国防教育资料选编》2本国防教育资料。全民国防教育以《中华人民共和国国防教育法》和《湖南省国防教育条例》为依据，对公民进行以爱国主义为核心的国防理论、国防精神、国防历史、国防常识、国防法制、国防科技、国防经济、国防外交与形势、国防体系等国防知识教育，使公民增强国防观念，掌握基本国防知识，学习必要的军事技能，激发爱国热情，自觉履行国防义务。

市人武部结合年度征兵、民兵训练、学生军训、民兵整组等各项工作开展国防教育。教育局把国防教育纳入思想品德教育之中，作为学校加强学生品德建设的重要任务。市委组织部、人事局和市委党校将国防教育纳入党政干部培训和公务员教育考核范围。

1996年12月，为纪念红军长征胜利60周年暨红二军团到达锡矿山61周年，市人武部组织"传承红色血脉、共筑钢铁长城"歌咏比赛。1999年10月，在冷水江市电影院举办"三大战役"电影月活动，组织全市中小学生免费观看，电影播放16场次，观众2万人次。

2002年9月，市人武部联合市教育局，组织全市中小学生举行"爱我中华，筑国防长城"征文竞赛活动，收到征文1386篇。2005年8月，市人武部举办庆祝抗日战争胜利60周年主题演讲比赛，全市有36名选手参赛，8人进入决赛，1200多人观看比赛。

2007年8月，为庆祝建军80周年，市人武部举办"建军80周年图片展"活动，制作图片展板40块，展出图片200多幅，参观者1万余人次。

2010年10月，市人武部组织全市党政机关领导干部100余人开展军事日活动，观看冷水江市基干民兵发展建设成果展览，观摩民兵军事训练，学习轻武器装备知识，并进行实弹射击训练。

第五章　人民防空

第一节　人防机构

冷水江市属国务院、中央军委批准的国家人防重点城市。

1990年，市人防办指挥股、通信股合并为指挥通信股。1992年5月，冷水江市红日岭地下青少年游艺宫更名冷水江市红日岭地下乐园，定编5名，为市人防办下辖股级自收自支事业单位。1998年4月，成立冷水江市人防通信管理站，为市人防办下辖股级全民事业单位，2010年更名冷水江市人防（民防）指挥信息保障中心，定编7名。2002年，冷水江市人民防空委员会办公室更名冷水江市人民防空办公室，为冷水江市国防动员委员会常设办事机构和市人民政府人民防空工作行政主管部门，接受军政双重领导。内设综合股、工程（平战结合）股、指挥通信股、执法大队4个职能股室。2005年6月，成立市人防办工会。市人防办于2000年、2006年、2010年先后三次获得"湖南省人民防空工作先进单位"称号。

第二节　主要工作

一、组织指挥

1996年，市人防综合大楼竣工，设立人防工作临时指挥所，并制定《冷水江市防空袭预案》，每5年修订一次。2004年12月，冷水江市人防指挥网与省国防动员三级指挥网正式对接联通。2009年，组织市人防专业队开展综合演习，并成立由7支人防专业队、100名志愿者组成的冷水江市人防志愿者队伍。

二、人防工程建设

2001—2002年，按照省人防工程维护管理达标要求，对全市人防工程进行维护、改造。2003年1月，冷水江市获“全省人防干道工程维护管理达标城市”称号。2006年5月，成立冷水江市人防指挥所筹建工作领导小组，至2010年年底，该工程完成立项报批、规划选址、土地划拨、征地拆迁、初步设计等前期准备工作。

三、防空警报

2002年6月，市国防动员委员会下发《关于加强防空警报建设的规定》，全市加强防空警报建设，添置电声警报和移动警报设施，实现全市防空警报覆盖率和鸣响率两个百分之百，并建立防空警报遥控中心和试鸣指挥中心。2003年1月，冷水江市获“湖南省防空警报建设合格城市”称号。2004年11月，建立防空警报电视控制中心。此后，防空警报建设每年按城市扩容情况实现动态达标。2001—2010年，按照全省统一部署，每年11月1日与全省同步开展防空警报试鸣工作，同时组织市民参与防空疏散演习。

四、人防宣传教育

市人防办围绕《中华人民共和国人民防空法》和《湖南省人民防空通信管理办法》等法律法规，主要采取游行、街头展览、宣传橱窗、电视讲话、报刊宣传、文艺演出、诗文大赛等各种形式开展人防宣传工作。2008年，组建人防业余艺术团，并在办公楼临街面兴建8平方米电子显示屏作为人防固定宣传阵地。2009年后，人防教育进入学校、机关、企业、社区、网络和媒体，全市中学初二年级开设《人防知识与技能》教育课程，市委党校主体班开设人防政策与知识教育课程。

第十篇　民　政

1978年，冷水江市民政局成立。1988年，局机关内设救灾股、基层政权建设股（简称基政股）、优抚股、退伍办、办公室5个股室。下辖市军队离休退休干部休养所（简称军干所）、收容遣送站2个二级机构，管理按摩诊所、福利工厂、机电厂、纸箱厂4家福利企业单位。1989年12月，设立社会团体股和福利企业管理办公室。1991年3月，成立社会福利有奖募捐办公室。1992年8月，成立农村社会养老保险办公室。1993年，设立地名区划办、社会事务股、老区办。1994年，成立婚姻登记处，退伍办更名为退伍军人安置办公室（简称退伍办）。2002年8月，成立城市居民最低生活保障办公室。10月，老龄工作委员会办公室划归民政局管理。2003年8月，收容遣送站更名为社会救助管理站。2008年，城市居民最低生活保障办公室更名为社会救助管理局。2010年7月，市殡仪馆和殡葬管理服务中心撤销，成立市福寿公司（属招商引资民营企业），设殡葬管理办公室。撤销市农村社会养老保险办公室，其职能由市劳动保障部门承担。9月，设立市慈善办，承担市慈善总会日常工作。是年，市民政局内设办公室、人事教育股、计财股、婚姻登记处、救灾救济股、基政股、地名区划办、优抚股、退伍安置办、民间组织管理股、社会事务股、老龄办、募捐办、老区办、福利企业办、慈善办16个股室。二级机构有市社会救助管理局、军干所、殡葬管理办公室。下属企业单位有康复医院（原市按摩诊所）、福利公司（原福利工厂）、纸箱厂、机电厂。全局干部职工296人，其中退休84人。1988—2010年，市民政局先后由赵谦、肖福泰、颜复长、李立新、朱述文、肖新樵、程正龙任党组书记、局长。

1988—2010年，民政部门围绕全市中心工作，建设基层政权，化解社会矛盾，解决民生问题，促进社会稳定。基层政权建设着重贯彻实施《中华人民共和国村民委员会组织法》和《中华人民共和国城市居民委员会组织法》，依法选举村（居）民委员会，实行村务公开，推进社区建设；优抚安置工作全面贯彻落实《军人抚恤优待条例》和《退伍义务兵安置条例》，提高优抚对象待遇，依法保障优抚对象合法权益，妥善安置城乡退伍军人；加强军队离退休干部管理，促进军政军民团结；救灾救济工作改变单纯政府救济、“输血养身”方式，结合扶贫和老区开发，引导群众自力更生，全方位、多途径扶持灾民和贫困户发展生产。同时，以城乡低保为基础，建立和完善城乡社会救助体系，切实保障特困户基本生活；社会福利工作除政府拨专款外，利用社会募捐、福利彩票、社会统筹等渠道筹措资金，解决困难群众吃、穿、住、医、葬等问题；城市流浪乞讨人员管理从强制性收容遣送变成关爱性自主求助，救助工作更加人性化；婚姻、丧葬、社团管理等工作都有新进展。同时，兴办敬老院、福利院、光荣院等公益事业。2003年、2005年、2010年冷水江市分别获得全国村民自治模范市、全国村民自治先进市、全国村务公开民主管理先进市等荣誉称号。

第一章　基层自治组织建设

第一节　村民委员会建设

一、村民委员会选举

1988年6月,《中华人民共和国村民委员会组织法》颁布实施。1989年，依照《中华人民共和国村民委员会组织法》第一次民主选举村委会领导班子。市委、市政府制定选举方案，召开各级会议，举办各类培训班，选举流程做到民主决策、民主管理、民主选举和民主监督。

1990—2000年，着力加强村干部班子建设，建立和完善各项村规民约，采用“直接选举”“差额选举”和“无记名投票”等方法选举村委会领导班子，候选人由组织酝酿提名过渡到由村民一人一票投票提名，先后完成第一届至第四届村民委员会换届选举。

2001年1—6月,完成第五届村民委员会换届选举。选举方式为直接选举，全市11.8万人参加，参选率97.5%，其中11.1万人直接参加投票，选出村委会班子成员489人。

2005年，完成第六届村民委员会换届选举。这次村委会换届力求实现村民委员会主任、村党支部书记“一肩挑”。通过精心组织，一大批思想好、作风正、能力强、群众拥护的优秀村民选进村委会班子。全市选出村委会委员433人，村民委员会主任153人（其中女主任23人）。其中：村党支部书记、村民委员会主任“一肩挑”108人，占76%;村支两委换届交叉任职287人,占66.2%;具有大专以上学历48人，占8%。

2008年1—6月，完成第七届村民委员会换届选举。岩口镇农科村采取“无候选人直接选举”方式进行选举试点,由村民在不设选候选人基础上一人一票选举产生村委会领导班子。其余152个村采用直接选举方式进行选举。全市选出新一届村委会主任153人、委员358人（其中女主任28人，女委员76人），具有大专以上学历82人，占16%。

二、村务公开

1995年，在岩口镇农科村试点推行村务公开制度，对村级财务、计划生育、宅基地分配、村民负担、救灾款物发放、村干部误工补贴等9个方面向群众公示。此后，村务公开在全市推广。1999年，市委、市政府出台《冷水江市推行村务公开的实施意见》,村务公开工作纳入全市农村工作目标管理，与乡镇签订责任状，年终实行考核奖惩。2001年起，按照建设社会主义新农村要求，开展村务公开、民主管理示范单位创建活动，先后投入经费20余万元，在黄场村、王家村、槐花村、杨桥村、新民村、资江村、同兴村7个村试点，帮助做好村委会直选工作，建立健全村民议事、村委会干部任期审计等制度，增加村务透明度。2005年，审查和清理全市村级财务，清缴干部欠款23.8万元,修订完善集体承包合同712份，收回资金62万元。通过摸底、算账，向群众公布多年说不清的“糊涂账” 700余项，并将涉及农民负担的各项缴费标准向群众公开。2010年，全市153个行政村都设立高标准村务公开栏,并把规定公开公示的村务内容及时向村民公布。

第二节　社区居民委员会建设

一、居民委员会选举

1991年，按照湖南省《城市居民委员会组织法》实施办法规定，采取差额、无记名投票方式选举产生全市28个居委会领导班子。1992年，市政府成立《中华人民共和国居民委员会组织法》实施领导小组，培训居委会干部，广泛宣传发动，增强居民民主意识和法制观念，至2005年，成功进行第一届至第五届居委会换届选举。

2006年6—12月，进行第六届居委会换届选举，确定沙塘湾街道木杉坳社区为直接选举试点，通过秘密划票，公开唱票、计票，现场公开选举结果的方式选举产生木杉坳居委会干部3名。是年，全市选举产生居委会主任、委员159人。

图10-1　2006年6月，冷水江市第六届社区居委会换届选举工作动员大会会场

2009年6—12月，进行第七届居委会换届选举。除冷水江街道和布溪街道17个社区采取间接选举方式外，其他乡（镇、街道）40个社区采取直接选举方式。全市57个社区选出居委会主任、委员共162人。

二、社区居务公开和社区建设

1995年起，各社区实行公开办事制度，按规定公布社区居委会居务工作。2005年11月，市政府出台《冷水江市社区建设实施方案》，将位于中心城区的冷水江街道、布溪街道所属14个社区纳入建设范畴（2009年，增加冷水江街道东站、颜家冲、枫树坳3个社区）。2006年为全市社区建设年，确定财政、国土、民政等27个单位与各社区结对，到位资金158万元，帮助中心城区社区居委会改善办公用房和添置办公设施。2007年，市委办、市政府办出台《关于进一步做好城市社会管理和服务工作的通知》，将计生、社会保障、民政、劳动就业等部门部分社会功能下沉到社区，由社区居委会直接为居民服务，简化办事程序，方便人民群众。

第二章　优抚　安置

第一节　拥军　褒扬

一、拥军

1988—2010年，每逢"八一"建军节和春节，市四大班子领导走访、慰问当地驻军，发慰问信，送慰问品，召开座谈会，协助军队建设，协调军民关系。23年间，市级领导走访慰问市武警中队、消防大队和人武部等驻军50余次，送去慰问品和慰问金共计50余万元。2007—2010年，为部队解决建设资金150余万元。同时，市、乡（镇、街道）每年开展慰问烈属、军属、伤残军人等活动，慰问标准从1988年每人20元逐步提高至2010年每人400元，并帮助他们解决生产生活中的困难。

1999年4—6月，广州军区派部队到冷水江进行国防通信光缆工程施工建设。有关乡（镇、街道）分别成立拥军领导小组，帮助部队解决工作和生活上的各种困难，市领导组织有关部门到工地慰问。同年10月，冷水江市三尖镇籍现役军官李建新在广东曲江扑救山林大火中英勇负伤，受到中共中央政治局委员、广东省委书记李长春赞扬，市委副书记谢志雄率领慰问团前往广东慰问。

二、褒扬

1987年，全市4名烈士上报省"三湘英烈"和"娄底英烈"为其立传，编纂12名烈士简介和66名烈士英名录。1995—2010年，王钢强、刘志明、谢本辉、邹绍吾4人因保护国家和集体财产、维护社会治安而不幸牺牲，4人均由省政府追认为革命烈士。其中涟溪煤矿退休职工谢本辉因扑灭森林大火而英勇献身，市政府发给其遗属一次性抚恤金5.88万元，并号召全体党员和市民向谢本辉烈士学习。谢本辉作为娄底市和冷水江市党员先进性教育优秀典型受到推崇，市文工团排练大型花鼓戏《党员谢本辉》在全市公演，并拍成电视片报中组部。

2010年，市政府重新修建锡矿山烈士纪念碑，以纪念中国人民解放军47军160师478团在解放锡矿山战斗中牺牲的革命烈士。碑上塑"革命烈士永垂不朽"8个大字，其座镌刻碑文记载革命烈士英勇作战事迹。每年清明节，市民自发到烈士纪念碑前扫墓祭奠。是年末，全市有在册烈士 79 名。

第二节　优待　抚恤

一、优待

（一）复退军人优待

1989 年，对全市符合条件的在乡复员老军人发放生活补助，每人每月 15 元。对带病回乡的退伍军人发放“双定”（定期、定量）补助，每人每月 10 元。此后，按上级政策多次提高生活补助标准，至 2010 年 10 月，在乡复员老军人每人每月不低于 430 元，带病回乡退伍军人每人每月 220 元。1989—2010 年，安排 110 余万元帮助住房困难复员老军人建房。

2007 年 8 月 1 日起，凡 1954 年 11 月 1 日后入伍并参战的所有农村和城镇无工作退役人员均享受参战生活补助，当年全市发放参战生活补助 38.5 万元。

2009 年，全市 2900 余名复员老军人、伤残军人、“三属”（烈士家属、因公牺牲军人家属、病故军人家属）、带病回乡退伍军人和参战退役人员实行资助参保参合、门诊补助、住院补助、特殊医疗补助、慈善援助“五位一体”的医疗保障。1989—2010 年，市民政局为上述重点优抚对象安排临时救助资金 230 余万元。

（二）现役军人优待

1989 年，农村义务兵家庭优待费用改村组自筹为乡镇统筹，优待费用共 6 万余元。城镇义务兵家庭由所在单位优待，居民由街道办事处优待，优待费用共 5.32 万元。

1992 年起，实行优待加奖励制度，现役军人立一等功者奖 400 元，二等功者奖 300 元，三等功者奖 100 元。至 2010 年，全市现役军人立一等功者 1 人、二等功者 30 余人，全部得到奖励。

1994 年，农村义务兵家庭每户每年优待 300 元，城镇义务兵家庭每户每年优待 400 元。随着生活水平提高，优待标准不断提高。2005 年，城乡义务兵家庭优待金提高至每户每年 1500 元，农村义务兵家庭优待金由乡镇发放，城镇义务兵家庭优待金由市民政局统一发放。

二、抚恤

（一）伤残抚恤

1989 年，按照国家规定的抚恤标准，当年发放在乡伤残军人抚恤金 2.96 万元，发放在职伤残军人保健金 8500 元。1990 年，按照民政部规定统一换发“革命伤残军人证”，抚恤标准未变。2004 年，民政部将在乡和在职伤残军人抚恤标准相统一，不再分抚恤金和保健金，同时将原伤残等级改为一至十级。1994—2010 年，国家先后 10 余次提高革命伤残军人抚恤标准，每次增加 15% 至 20%。22 年间，累计发放伤残军人抚恤金 513 万元。

（二）“三属”抚恤

1989 年，全市有烈士家属、因公牺牲军人家属、病故军人家属 96 人，当年发放抚恤金 4.6 万元。1993 年 1 月起，“三属”对象抚恤标准每人每月提高 10 元。此后又多次提高抚恤标准。至 2010 年，烈属抚恤标准从 1989 年城镇 45 元/月、农村 35 元/月分别提高至 763 元/月、451 元/月；因公牺牲军人家属抚恤标准从 1989 年城镇 45 元/月、农村 35 元/月分别提高至 652 元/月、418 元/月；病故军人家属抚恤标准从 1989 年城镇 40 元/月、农村 30 元/月分别提高至 613 元/月、399 元/月。22 年间累计发放“三属”抚恤金 216 万元。

第三节　复退军人安置

一、城镇退伍军人安置

1988 年始，根据《中华人民共和国兵役法》和国务院《退伍义务兵安置条例》，城镇退伍军人安置坚持“按系统分配，包干安置”分配原则，对拒不接受安置任务单位采用强制性制约措施。1997 年起，企业改制，用工需求量剧减，除中央、省属厂矿企业退伍兵外，其他城镇退伍兵 90%安排在行政事业单位和乡镇二级机构。1999 年起，实施城镇退伍军人安置卡（证）制度，凡 1999 年 12 月 1 日以后入伍的城镇退伍义务兵和转业士官，严格凭卡（证）安排工作。2004 年，采取财政支持和政府出台优惠政策办法，鼓励城镇退伍军人自谋职业。2006—2010 年，除省直管单位、闪星锑业公司和金竹山矿业公司子弟按照“从哪里来，回哪里去”的原则分配外，其他城镇退伍军人全部安置到机关事业单位。

二、农村退伍军人安置

1988—1989 年，农村退伍军人按照“从哪里来，回哪里去”原则返乡，尽可能安排到乡镇和村办企业工作。全市 12 个乡镇、129 个村全部建立安置基地，农村退伍军人成为乡镇和村办企业工人。20 世纪 90 年代，市政府发文规定，农村退伍士兵招工招干优先，并采取“组织上领导、政策上引导、资金上扶持、技术上辅导、信息上指导”等措施，帮助他们发展种、养殖业，拓宽就业安置渠道。

第四节　军干所、光荣院建设

一、军干所

1985 年 8 月，成立市军干所，属民政局管辖事业单位，为副科级，定事业编制 5 名，负责全市军队离退休干部管理工作，保障和落实军队移交地方管理的离退休干部（其中包括退休士官和无军籍职工）的政治待遇与生活待遇，同时组织开展各种文体活动。1988—2010 年，军干所接收安置 21 人，其中副师职 1 人，正团职 6 人，副团职 3 人，副团职以下 5 人，退休无军籍职工 6 人。

1994 年，拆除军干所原有住房，投资 198 万元新建一座集办公、老年活动和生产经营为一体的综合大楼，内设阅览室、老年活动室、文娱室、棋牌室等。每年军干所走访慰问老干部，组织阅读文件、参观重点工程项目和参加有关会议，组织开展门球、棋类、书画、牌类等竞赛活动。1988—2010 年，组织门球、象棋、钓鱼、诗词创作、书法等文体活动 100 余次。

二、光荣院

1988 年前，境内没有光荣院，只在铎山镇敬老院设有光荣间，入住优抚对象 4 人。2010 年，市民政局在冷水江火车东站对面原俩塘学校旧址投资 200 多万元，兴建光荣院，建筑面积 5000 平方米，有宿舍、厨房、医务室、健身房、办公室等。建成后安置在乡孤老复员军人、伤残军人及其他重点优抚对象。

第三章　社会救助

第一节　救灾　救济

一、救灾

1996 年 7 月，资江流域普降暴雨，境内降雨量达 283.1 毫米，7 月 19 日，资江水位超警戒线 7.53 米，比 1949 年最高水位高出 1.55 米。资江沿岸 106 个村（社区）遭洪水袭击，金竹山乡资江村，禾青镇炉竹村、杨坪村，沙塘湾街道等地被洪水淹没。全市受灾人口 15.75 万人，其中 11 人丧生，水淹农田 2966.67 公顷，受损企业 1428 家，全市经济损失达 10 亿元。面对特大洪灾，市委、市政府举全市之力，组织全市 25 万干部群众抗灾自救，发放救灾资金 462 万元，救灾棉被 1200 条，粮食 80 吨。并在全市开展赈灾募捐，筹款 70 余万元，全部发放给灾民。灾后重建灾民新村 3 个。

2002 年，市民政局建立捐助工作网络，建立捐助接收站 1 个、接收点 16 个，并制定接收管理、发放制度，当年收到捐助资金 52 万元。

2008 年 1 月 12 日至 2 月 18 日，全市遭受重大雨雪冰冻灾害，受灾人口 17.06 万人。其中被困人员 5.13 万人，饮水困难 14.61 万人，受伤 3 人，死亡 1 人；农作物受灾面积 9856 公顷，耕地面积毁坏 3000 多公顷；民房倒塌 1635 间，损坏 7180 间；冻死生猪 8 万多头、耕牛 1165 头；损毁森林 4000 多公顷，冻断电杆 3980 根。全市大部分乡镇交通和通信中断、停水停电，直接经济损失 9.03 亿元。1 月 24 日，市政府召开抗冰救灾紧急会议，全力组织抗冰救灾，调集汽车 60 余辆，将 10 万元救灾款、2045 件棉衣、1244 条棉被、1610 双棉鞋、130吨大米和100桶植物油发放到灾民手中。1月31日，全市开展募捐救灾活动，3日内募集捐款31万元、衣物2000余件。灾后，下拨资金154万元对灾民进行过渡性生活救助，帮助77户灾民进行灾后重建。

1988—2010年，境内遭受较大自然灾害15次，其中洪涝灾害9次，旱灾2次，冰冻灾害2次，其他灾害2次。每逢灾害发生，市委、市政府领导均赶赴抗灾一线，带领群众抗灾自救，辅之以必要扶持。23年间，共发放救灾救济款2316.36万元，救灾粮食853吨，棉被4860条，棉衣3961件。

二、救济

1988年，全市有20世纪70年代后退职老弱病残职工、“五保”人员、孤儿和精减退职人员等传统救济对象332人，均实行特殊救济。1989年，全市符合精减退职人员定期定量救济116人，由原精减退职单位按每人每月29元发放“双定”救济。2008年，精减退职人员增加到685人。

1988—2010年，对农村因自然灾害、疾病、地域条件等原因造成的困难户每年发放春荒粮食和冬令救济，对居住在城镇无依靠、无生活来源的孤老残幼实行定期定量救济，对城乡因病、残和意外灾害造成的特困户给予临时生活救济。共发放农村社会救济费920.3万元，发放城镇社会救济费1226万元，下拨临时救济款526万元。

第二节　城乡低保

一、城镇低保

1999年10月，实施国务院《城市居民最低生活保障条例》，全市城镇居民最低生活保障工作（简称低保）正式启动。低保对象主要指月人均收入低于全市最低生活保障线的家庭，低保按每人每月80元标准实行。次年，全市落实低保对象998人，发放低保经费35万元。2001年，按照公开、公平、公正原则，基本做到符合政策规定的应保尽保，当年落实低保对象1999人。至2002年8月，低保对象增加到1.67万人，当年发放低保资金583.5万元。是年起，低保资金发放实行网络化服务，做到一户一编号、一家一存折。2003年，全市8个中央、省、娄底市属企业，98家市属企业，58个社区困难职工和居民享受低保待遇，最低生活保障线提高到每月104元，全市低保对象8848户、2.86万人。2005年，市政府出台《冷水江市城市居民最低生活保障制度实施办法》，市民政局根据实施办法制定低保申报、评审、动态管理制度。当年低保户数和人数略有减少，但低保金额稍有增加，最低生活保障线由每月104元提高至130元。是年，全市低保户7781户、1.9万人，发放低保金1320万元。

2008年，城镇低保工作逐步规范、完善，对低保对象个人收入、工作、家庭人员情况开展入户调查，成立民主评议小组，对低保对象进行评议，并出榜公布，接受群众监督，做到低保对象有进有出，应保尽保，规范运作。是年，最低生活保障线提高至每月180元，全市低保对象7614户、1.83万人，发放低保资金2618万元。2010年，最低生活保障线调整至每月210元，全市城镇低保对象7348户、1.8万人，发放低保资金3200万元。

2000—2010年冷水江市城镇低保金发放情况表

表10-1

年度	保障线（元/月/人）	保障户数（户）	保障人数（人）	发放资金（万元）
2000	80	663	998	35
2001	80	1332	1999	73
2002	80	8021	16667	583.5
2003	104	8848	28642	1056

续表 10-1

年度	保障线（元/月/人）	保障户数（户）	保障人数（人）	发放资金（万元）
2004	104	8364	25350	1216
2005	130	7781	19023	1320
2006	150	7233	17492	1663
2007	150	7216	17650	1645
2008	180	7614	18252	2618
2009	180	7568	18460	2867
2010	210	7348	18010	3200

二、农村低保

2002 年，全市开展农村特困户救助工作，落实农村特困对象 1989 户、2660 人，救助标准每人每月 8 元，发放特困救助金 26 万元。2006 年，市政府下发《农村最低生活保障制度实施暂行办法》。是年，全市落实低保对象 2225 户、3560 人，按照人均每月 9.7 元标准，发放低保金 43 万元。2007 年，农村低保标准提高，保障范围扩大，全市落实低保对象 2689 户、4250 人，发放低保金 59.86 万元。2009 年，省政府颁发《湖南省农村最低生活保障实施办法》，确定对农村特困家庭实现应保尽保，当年全市落实低保对象 5203 户、9326 人，发放低保金 489.66 万元。2010 年，农村低保标准提高，每月人均补助 65 元，低保对象与上年相同，发放低保金 511.66 万元。

2002—2010 年冷水江市农村低保金发放情况表

表 10-2

年　度	保障户数（户）	保障人数（人）	发放资金（万元）
2002	1989	2660	26
2003	1989	2660	26
2004	1989	2660	26
2005	1989	2660	26
2006	2225	3560	43
2007	2689	4250	59.86
2008	4198	6628	304.66
2009	5203	9326	489.66
2010	5203	9326	511.66

第三节　城乡医疗救助

2004 年，启动城市大病医疗救助，当年救助对象 100 余人，发放救助金 10 万余元。2005 年，启动农村医疗救助。10 月，市政府下发《冷水江市城乡大病救助实施暂行办法》，全面启动城乡大病医疗救助工作。

2008 年，市政府出台《关于调整医疗救助政策、提高医疗救助水平的通知》，启动资助低保对象参合参保、门诊医疗救助、住院医疗救助、临时医疗救助“四位一体”医疗救助模式。全额资助所有农村低保对象、农村“五保”对象参加新型农村合作医疗，对参加城镇居民基本医疗保险的城镇低保对象进行部分资助，对农村“五保”对象、城镇“三无”（无生活来源、无劳动能力、无法定抚养义务人）人员、城乡低保对象中的重度残疾人、75周岁以上老人、长期患慢性病及一些重大疾病者实施门诊救助，对因病住院低保对象实施住院救助，对家庭特别困难的低保对象实施临时救助。2009年，农村“五保”对象基本住院医疗费全免，并对全市“五保户”、特困户患大病救助对象调查摸底，建立台账，实行动态管理。

2010年，资助7461人参加新型农村合作医疗，资助1.83万人参加城镇居民基本医疗保险，门诊救助对象3809人，住院救助对象3615人，临时医疗救助对象968人，发放救助资金814万元。

第四章 社会福利

第一节 敬老院建设

2004年，金竹山乡和潘桥乡先后兴建敬老院。金竹山乡敬老院占地0.7公顷，建筑面积1100平方米，房屋47间，设床位34张，投资25万元，当年入住32人。潘桥乡敬老院占地0.67公顷，建筑面积1340平方米，设床位32张，投资20万元，当年入住30人。2005年后，禾青、渣渡、三尖、中连、梓龙、毛易、岩口等乡镇敬老院相继修建。2009年，兴建矿山乡敬老院，占地1公顷，建筑面积2200平方米，投资350万元，设床位54张。是年，同兴乡岩里、谭家村，矿山乡马颈、恒源村，铎山镇王家村5所村级“五保之家”扩改建，用于当地无房的农村“五保”对象集中居住。

2009年，农村每所敬老院日常运转经费按1.5万元标准纳入财政预算，2010年提高到2.5万元。敬老院工作人员工资按每人每月700元标准纳入财政预算。

2010年冷水江市乡镇敬老院基本情况表

表10-3

名　称	建设年度	占地面积（公顷）	建筑物（栋）	建筑面积（平方米）	投资（万元）	床位（张）
潘桥敬老院	2004	0.67	2	1340	20	32
金竹山敬老院	2004	0.7	2	1100	25	34
禾青敬老院	2005	0.67	1	858	18	36
渣渡敬老院	2005	0.45	1	1880	20	50
三尖敬老院	2005	0.07	1	1000	50	40
中连敬老院	2006	0.17	2	500	50	38
梓龙敬老院	2007	2.47	2	1200	75	38
毛易敬老院	2007	1.67	2	900	108	38
岩口敬老院	2008	0.8	2	1265.4	104	44
矿山敬老院	2009	1	1	2200	350	54
合　计		8.78	16	12243.4	820	404

第二节 “五保”供养

1988年,全市有符合“五保”条件对象2115人,各乡镇以村统筹方式对孤寡老人实行分散供养。1990年,实行“乡镇统筹,三级供养”方式,每个“五保”老人每年生活费120元以上及每年粮食300千克由村组负担。1994年,《农村五保供养工作条例》颁布实施,“五保”供养资金在村提留和乡统筹经费中列支,乡镇一般每月发生活费15元。2000年,农村税费改革,供养资金从农村税费改革转移支付中安排。2002年起,省、娄底市每年转移支付冷水江农村“五保”供养补助资金50万元。各乡镇“五保”供养标准为每人每年225元(粮食由村组负担)。2003年,“五保”对象年供养标准为425元,其中财政负担225元,乡镇及村负担实物200元。全市“五保”对象全部建立档案。2005年,“五保”对象年供养经费425元由财政负担,全市支付“五保”补助款90万元。2006年,“五保”供养标准提高到每人每年825元。是年,全市“五保”对象重新审核发证,落实“五保”资金175万元。2010年,全市“五保”供养对象2115人(其中集中供养对象425人),标准提高到每人每年1600元。

第三节 福利彩票

1988年,市内开始发行即开型福利彩票。同时,成立冷水江市福利彩票有奖募捐委员会办公室,负责全市福利彩票发行工作,归口市民政局管理。是年,除在城区发行即开型福利彩票外,全市各乡(镇、街道)都设立发行网点。1989—1995年,市募捐办发行大奖组彩票6次,发行即开型彩票800万元,为福利事业筹集资金56万元。

1995年,电脑福利彩票面世。2003年,除在市区开设电脑福利彩票销售点外,还在乡镇开设4个电脑福利彩票销售点,全年销售电脑福利彩票400万元,筹集社会福利基金28万元。是年,福彩双色球登陆冷水江。2004年,福彩3D上市。2007年,“七乐彩”上市。2005—2010年,全市销售福利彩票7500万元,筹集社会福利基金500万元。随着福利彩票事业发展,销售网点不断增多,至2010年末,全市有福利彩票投注站67个(城区50个、乡镇17个),中福在线视频彩票销售厅1个。

1988—2010年,全市募得福彩公益金2000余万元,用于资助改扩建乡镇敬老院,兴建村级“五保”之家,改善城市社区服务设施,加大城乡特困居民医疗救助、贫困家庭助学、贫困残疾人救助及危房改造投入力度,促进社会福利和救助事业发展。

第四节 老龄工作

1988年,市老龄工作委员会办公室(简称市老龄办)作为政府议事协调机构挂靠市劳动局,独立行使老年人工作组织协调职能。1996年10月起,国家颁布《中华人民共和国老年人权益保障法》和《中华人民共和国老年人权益保障法实施办法》,老龄工作步入法制化、规范化轨道。1999年,全市始发“老年人优待证”,凭证享受包括乘车、购物、购药、旅游、兴办经济实体等优惠政策,当年发放“老年人优待证”5300余本。

2002年全市机构改革,市老龄办挂靠民政局。市属各单位、各乡镇相继成立老龄委,协调老年人工作,组织老年人开展活动。是年,8位百岁老人每人每月发放200元长寿保健补助,2005年提高到每人每月300元,并对其进行免费体检。2003年,70岁以上老人免费乘坐市内公交车,看病挂号、司法维权优先,进公园、公厕、图书馆、体育馆、文化馆等免费或减免费用。农村老年人免除义务工,并对高龄老人和贫困老人免费体检和走访慰问。

2002年起,市老龄办经常组织老年人开展象棋、围棋、门球、太极拳、太极剑、乒乓球等活动,组织老年人腰鼓队、舞蹈队、合唱队,开展有益身心健康文体活动。每年老年节,协同老年体协,组织老年运动队开展多种形式的体育比赛。2005年、2006年,冷水江市先后被评为全国、全省老龄工作先进县(市)。

2010年冷水江市百岁老人一览表

表10-4

姓　名	性别	出生年月日	户籍地址
王秋云	女	1909年7月22日	闪星锑业公司北区
张攸盛	男	1908年11月28日	金竹山镇新田村
苏静贞	女	1908年9月8日	禾青镇禾青村
谢顺英	女	1909年11月24日	渣渡镇复兴村
刘权秀	女	1910年1月17日	潘桥乡茂山村
吴秀英	女	1910年5月25日	中连乡金湾村
刘慢英	女	1910年8月23日	梓龙乡滴水村
谭雪元	男	1910年8月16日	中连乡金瓶村

第五章　社会事务管理

第一节　地名区划管理

一、地名管理

1995年，全市组织民政、国土、城建、规划等部门，分赴全市各乡（镇、街道）进行实地调查和考察，整理各种数据和文字资料，重新绘制全市政区图、规划图、区划图和地形图。2004年9月，编制冷水江市撤乡设镇后《冷水江市行政区划图》。

2005年，成立冷水江市地名委员会。11月，完成冷水江市锑都中路、锑都北路、锑都南路、金竹西路、金竹东路、红日路、建新路、新城路、民政路、政法路、健康路、环城东路、环城北路、建设路、轧钢路、市场路、波月路、广场东路、广场西路、江北路、冷新路、施塘路、冷钢路、涟溪路、江南路、富民路、青园路27条路，大成街、大旺街、民兴街、民利街、民祥街、民安街6条街，文印巷、金星巷、冷水巷、育才巷、莲花巷、菜园里巷、佘家院巷、兴农巷、怡心巷、旺兴巷、如意巷11条巷命名、更名及标志设置工作，建立地名数据库和地名信息服务网站。是年，出台《冷水江市地名管理实施细则》，规范地名管理。

二、勘定行政区划界线

1997年，冷水江市行政区域界线勘定工作开始。按照娄底地区部署，冷水江市与新化县联合完成“冷（冷水江）新（新化县）线”边界勘定。边界涉及4个县市，其中跨地区1个（新邵县），接壤13个乡镇30个村，全长105.05千米，设界桩12个，其中三交点2个。勘界工作于10月份完成。

1998年，完成“冷（冷水江）涟（涟源市）线”边界勘定，边界线涉及3个县市，全长26千米，接壤6个乡镇14个村，设界桩4个，其中三交点2个。

1999年，完成“娄（娄底市）邵（邵阳市）线”边界勘定，边界线涉及2个地级市和2个县市，全长59.2千米，接壤3个县市3个乡镇3个村，设界桩2个，其中三交点1个。

2002年年底，与相邻新化县、涟源市、新邵县人民政府签订行政区域界线协议书。冷水江市行政区域边界线全长190.25千米，涉及界桩15个。

第二节　婚姻登记管理

1988年，凡申请结婚、离婚、复婚登记的男女双方均在当地乡（镇、街道）办理登记手续，婚姻登记员由民政所所长或秘书兼任，市民政局进行业务指导。1994年起，婚姻登记在市民政局婚姻登记处集中办理。2003年10月，《婚姻登记管理条例》实施，办理婚姻登记只需凭婚姻当事人户口簿和身份证。婚姻登记收费实行统一项目，统一票据，统一标准。2006年7月，全省婚姻登记系统联网，实行电子网络化办证。

1995年，全市办理结婚登记1923对，离婚手续122对。2010年，全市办理结婚登记3702对，离婚手续916对。市婚姻登记机关在办理离婚登记时把调解工作放在首位，对夫妻感情确已破裂、自愿离婚的依法办理登记。对持有法院《离婚判决》和《裁定书》者，不再重复办理离婚。1988—2010年，全市办理结婚登记6.02万对，办理离婚手续8251对。

第三节　殡葬管理

一、殡葬改革

2002年4月，市政府下发《冷水江市殡葬管理办法》，在城区范围内开始实行火葬。2005年，进行集中整治，明确规定全市城乡国家干部、工人死亡后一律火葬。2009年，市政府下发《冷水江市深化殡葬改革工作实施方案》和《关于进一步加强殡葬管理严格实行遗体火化的通知》等文件，并修订《冷水江市殡葬管理办法》，明确划分强制火葬区和推行火葬区。凡强制火葬区的市民死亡后一律强制火化，推行火葬区人员死亡后火化享受政府优惠政策。在农村推行公益性公墓。实行殡改惠民政策：革命烈士、烈属、革命伤残军人、城市低保户及农村人员死亡后实行火化的，免除基本费用；城市低保户及农村人员死亡后火化费从救助资金中列支；革命烈士、烈属、革命伤残军人死亡后火化费及公墓管理费由市财政列支。2009—2010年，这项惠民政策惠及138人，投入公共财政补贴36.5万元。

二、殡仪馆建设

1995年5月，市政府投入80万元，在中连乡诚意村建设殡仪馆，2002年4月竣工并投入使用。2005年10月，市殡仪馆对外招商引资。2006年起，外商先后投资近2000万元，兴建综合楼、冷藏室、停尸间、车库、殡礼室、丧户休息室等，总建筑面积3000平方米，添置遗体接运车2台，兴建火化车间2个。2009年1月，公墓山一期工程完成墓穴1000个，二期工程在建墓穴1500个。全馆绿化面积8000平方米，绿化率50%以上，基础设施基本完善。为丧户服务项目陆续增加，有化妆、整容、整形、骨灰寄存、出售骨灰盒和花圈等20余个。

三、殡葬执法

2002年实行殡葬改革时，没有专门的殡葬执法队伍，殡葬管理比较混乱。2009年3月，冷水江市殡葬改革联合执法大队成立，专门负责全市殡葬执法。至2010年末，全市纠正殡葬违规23起，城区杜绝抬棺游街和乱搭灵堂治丧现象。遗体火化率逐年提高，2009—2010年，火化577人。

图10-2　2009年，冷水江市开展深化殡葬改革宣传活动

第四节　收容遣送和救助

1970年3月，建立冷水江市收容遣送站（简称收遣站）。1979年，在冷新社区菊花井地段修建收容遣送工作楼，占地面积1400平方米。1996年，收遣站设公安执勤室，配合公安机关打击违法犯罪。2003年12月，市收容遣送站更名市救助管理站，救助工作转变为自愿受助、无偿救助。将城市生活无着落的流浪乞讨人员、流浪未成年人、行动不便残疾人、老年人及社会“三无”人员全部纳入救助范围。是年，救助流浪乞讨人员324人。2007年，为使流浪乞讨人员中危重病人、精神病人及时得到治疗，市救助站确立市人民医院

为危重病人定点医院，渣渡卫生院、娄底市第三人民医院为精神病人定点医院。2009年，在俩塘学校旧址兴建救助站，设有学习室、文娱室和救助床位30张，为救助对象提供食宿和医疗保障。2010年，市救助站建立全国联网系统，实现救助信息网络化。2003—2010年，全市救助流浪乞讨人员7909人次，其中危重病人46人次，精神病人90人次，未成年人286人次。

第五节　收养登记

2000年始，冷水江实行收养登记。2003年10月，成立修善福利院，为公费民办儿童福利院。2010年，撤销市修善福利院，在同兴乡俩塘村建立社会福利中心，集养育护理、医疗康复、休闲娱乐为一体。2000—2010年，全市收养弃婴156人。

第六节　社团登记

1989年，市民政局社会团体股成立，负责全市社会团体登记管理工作。12月，冷水江市红十字会作为全市第一家社会团体正式成立。此后，全市未经批准相继成立协会、学会等社团组织10余家。1991年，全市社团进行整顿和重新注册，市计生协会、个体劳动者协会、老区建设促进会、档案学会、道路运输协会准予注册登记。2001年，社会团体股更名民间组织管理股，负责全市社会团体和民办非企业单位登记管理和指导监督。年末，全市有注册登记社会团体12家（协会10家、学会2家）。2010年，对各类社会团体及其收费进行清理整顿，全市有年检合格社团53家、民办非企业单位15家。市型煤协会因非法垄断市场价格，影响正常经济秩序被撤销登记。

第七节　老区建设促进会

1990年6月25日，省民政厅确认冷水江市为革命老区。1997年4月12日，成立冷水江市老区建设促进会（简称市老促会），第一届会长王健刚，第二届会长潘立新。2010年，有会员106人。

2003年5月，市老促会对特困企业航运公司进行调研，写出调查报告向省委、省政府、交通厅汇报，为企业解决200多万元专项解困资金。11月，组织会员走访潘桥乡铜钟村，发现该村部分村民家庭特别困难，会员自发捐款2100多元，捐赠衣物160多件，慰问该村特困户、“五保”户和2名失学儿童。2007年，筹资5万元修建红色驻地旧址纪念碑、解放锡矿山主战场遗址纪念碑及中共锡矿山特别支部纪念亭。2008年5月，组织会员考察岩口镇塘冲村，写出《关于岩口镇塘冲及周边各村严重缺水的调研报告》，市委、市政府高度重视，从周头水库引水至岩口镇，塘冲村及周边各村的饮水问题得到解决。1997—2010年，市老促会围绕金电和冷钢扩建、抗癌新药肝复乐引进开发、火车东站增加列车停靠车次、高速公路走向、城建提质扩容、科教兴市、环境保护等问题积极向政府建言献策。

为宣传革命老区，市老促会自办《冷水江革命老区》刊物，至2010年已出版121期。

第十一篇　编制　人事　劳动和社会保障

第一章　编　制

第一节　编制管理机构

1979年10月，市编制委员会成立，下设办公室，由市委组织部部长兼任办公室主任，配专职副主任负责日常工作。1992年4月，市编制委员会办公室更名为中共冷水江市委机构编制委员会办公室，为正科级机构，归口市委组织部管理，内设综合组、机构编制组、事业单位登记组。1995年8月，成立市机构编制事务所，为副科级全民事业单位，定事业编3人，隶属市编办管理，1996年12月更名为事业单位登记管理办公室，2002年6月又变更为事业单位登记管理局。至2010年，市编办有工作人员10人，先后获得“湖南省事业单位登记管理先进单位”“湖南省人事、编制系统先进集体”“全国机构编制系统宣传工作先进单位”等荣誉。1988—2010年，先后由刘波（兼）、罗元美、邹亲廉、袁荣英、钟萍任主任。

第二节　人员编制管理

1988年，全市行政、事业单位使用全省统一制作的《人员编制和工资基金管理手册》，由市编办负责审批，各单位持手册按季分月进行工资基金报批，各专业银行凭工资基金审批表支付工资。1988年1月至1989年7月，核减46个单位不合理工资基金4.2万元，此项工作于1992年7月移交市人事局。

1992年6月，市委、市政府下发《关于机构编制管理若干规定的通知》，文件规定机构编制事项由市编办承办，机构编制批复由市编办行文，有关机构编制重大问题需经市机构编制委员会集体审定，报市委常委会议研究同意后，由市长一支笔审批。单位要求增设或升格为正、副科级机构，必须写出专题报告陈述理由并有上级机构编制部门文件依据，经市编委全会集体审查，报市委常委会议研究同意后，呈送上级机构编制部门审批。要求增设股级机构的，由市编办根据职能需要审批。单位要求设立财政全额拨款事业机构，严格按“撤一建一”原则办理。设置市委工作部门、市政府组成单位时，严格控制在上级规定限额以内。

1993年5月，市编委下发《关于冻结机关事业单位机构编制的通知》。为控制超编进人，实行编制与经费包干、节编有奖措施，凡在核定编制基础上，每节约编制1名，在包干期1年内奖励现金3000元。为鼓励机关干部去企业工作，在超编单位实有人数基础上每减少1人，奖励现金2000元。当年余编单位达24个。是年，为加强与组织、人事、财政、劳动部门协调联动，编办开具的编制使用通知单由原来的两联改为一式五联。

1995年，市编办建立《人员异动编制台账》，各行政、事业单位一律使用《人员编制管理手册》。各单位发生人员异动时，由单位政工人事干部带管理手册到市编办办理人员异动手续，使台账和用人单位管理手册上实有人数保持一致。1997年5月，全市事业单位登记工作正式启动，至10月底，全市事业单位全部登记发证，登记法人事业单位183个，非法人事业单位467个。

2003年，探索事业单位转体改制工作，全市转体改制自收自支事业单位17个，其中转为社会中介机构4个，改为企业13个。收回事业编制88

人，99 人改变全民所有制身份。从事业单位流向企业 67 人、流入社会中介组织 32 人。市编办、市登记管理局多次对事业单位开展执法检查，纠正乱挂牌子、不按时年检年审和办理变更登记等违规行为。职能萎缩、消失或长期未开展工作的事业单位予以注销。一些职能相近、规模较小的事业单位予以合并。1997—2010 年，全市转体、注销、合并事业单位 40 个。至 2010 年 12 月，全市事业单位 589 个，全部进行登记，其中 A 级法人事业单位 563 个，B 级法人事业单位 26 个，从业人员 1.16 万人。

第三节　机构改革

一、机关机构改革

（一）1994 年机构改革

上级核定全市行政编制 1123 名，其中党政群机关 692 名，公、检、法、司专项行政编制 431 名。党政群机关后勤服务事业编制 69 名。按照《冷水江市党政群机关机构改革方案》，设市委工作机构 6 个，市政府组成单位 21 个、工作机构 10 个，议事协调机构 3 个，保留事业机构 11 个，转为经济实体单位 7 个，机构合并后仍保留牌子的 9 个。市纪委与市监察局合署办公，“一个机构、两块牌子”。

经过改革，党政机构由 68 个精简至 37 个，减少 31 个，精简率 45.6%，分流人员 436 名。理顺职能 21 项，加强职能 25 项，弱化职能 52 项，转变职能 20 项，下放职权 46 项，解决 20 个部门长期存在的 18 项职能交叉问题。市直机关设置内设机构 260 个，比改革前 346 个减少 86 个，减幅 24.9%。

（二）2002 年机构改革

上级核定全市行政编制 1073 名，其中党政群机关行政编制 503 名，公、检、法、司专项行政编制 499 名，乡（镇、街道）财政所专项行政编制 71 名。离退休事业编制 23 名，自定事业编制 222 名，后勤服务事业编制 55 名。按照机构改革方案，对市直机构进行调整、撤并、更名。设市委工作部门 7 个，市政府工作机构 23 个，派出机构 1 个，议事协调机构 5 个，群团机构 8 个，承担行政管理职能事业机构 27 个，按法律程序产生的机构 4 个。市直机关内设机构 212 个，较改革前减少 48 个，减少 18.5%。共精减行政编制 50 名，较改革前精简 4.5%。公、检、法、司增加行政编制 68 名，较改革前增加 15.8%。

机构调整后，市政府工作部门不再分组成单位和工作部门，统称为政府工作部门。政府工作部门之间彼此不再实行系统管理，政府各部门直接向市政府负责。

（三）2005 年机构改革

上级核定全市行政编制 1111 名，其中党政群机关行政编制 503 名，公、检、法、司行政编制 537 名，乡（镇、街道）财政所专项行政编制 71 名。党政群机关后勤服务事业编制 75 名。经过职能整合和机构调整，设市政府工作机构 25 个，市政府派出机构 1 个，归口管理机构 1 个，议事协调机构 4 个，承担行政管理职能事业机构 20 个。

此次机构改革无精减和分流人员。人员编制核定按以下原则进行：“人随事走”“编随人走”、不超总额、整合职能。新设立机构人员编制实行“只减不增，不改变性质，不改变身份”原则。新组建的市商务局、市城市管理行政执法局领导职数各设一正三副，其他各单位领导职数仍按原“三定”方案核定数不变。非领导职数按《国家公务员暂行条例》规定比例配备。

（四）2010 年机构改革

上级核定全市行政编制 1286 名，其中党政群机关 600 名，公、检、法、司 615 名，乡（镇、街道）财政所 71 名。党政群机关后勤服务事业编制 75 名。改革的主要任务，转变政府职能，推进政企分开、政资分开、政事分开、政府与市场中介组织分开，将辅助性、技术性、服务性事务交事业单位和市场中介组织。减少行政许可，公开办事程序，简化办事流程，推进电子政务。理顺职责关系，合理划分政府各部门之间事权范围，解决部门职责交叉和关系不顺等问题。调整优化组织结构，实行职能有机统一的大部门体制。

此次政府机构改革，不精减人员编制。保留的部门人员编制保持稳定，合并新组建部门人员编制相应予以整合。部门之间机构或职能调整变动，其人员编制核定按“人随事走，编随人走”原则进行调整。根据上级有关规定，市政府工作部门正、副职设2至4名，纪检组长按有关规定设置，部门原已设置的“三总师”（总工程师、总会计师、总经济师）暂予以保留。合并新组建部门领导超职数配备的，暂维持现状，以后逐步过渡到核定职数内。

二、乡（镇、街道）机构改革

（一）1996年机构改革

上级核定全市乡（镇、街道）行政编制273名，事业编制97名，后勤服务事业编制30名，编制总计400名。采取人口总数、管辖面积、财政收入、农业和乡（镇、街道）企业总产值、行政村个数等5个因素折算和在编制总额内确定平均基数的办法核定各乡（镇、街道）编制。至2000年9月，全市清退乡（镇、街道）临雇人员863人（其中机关、事业站所180人，代课教师683人），乡（镇、街道）机关、站所分流人员191人。清退和分流共计1054人，每年减少财政负担632.4万元。

（二）2002年机构改革

上级核定全市乡（镇、街道）行政编制218名，事业编制66名，后勤服务事业编制32名，总计316名，较改革前400名减少84名，精减21%。全市乡（镇、街道）事业站（所）由改革前280个减少至112个，精简60%。

除中小学校和卫生院外，乡（镇、街道）由原20个事业站（所）统一调整合并为7个事业站（所）：撤销文化站、科普站、广播电视站、社保站，组建社会事业管理站；撤销国土所、建设办，组建建设国土环保站；撤销林业站、农业站、农技站、能源办、多经办、水利站、畜牧水产站，组建农业综合开发服务中心；撤销统计站、经营管理站，组建统计经营管理站；计划生育办公室更名为计划生育服务所；撤销企业办、劳动服务站，组建企业管理站（加挂安全监管站牌子）；保留法律服务所。重新组建的7个事业站（所），其人、财、物、事全部下放给乡（镇、街道）管理，市直业务主管部门对站（所）实行业务指导。

市直部门主管的司法所、派出所、财政所，其主要负责人任免和调配，主管部门必须征求所在乡（镇、街道）党委意见。农电站直接转体，不再保留事业性质，原核定的49名事业编制一并收回。

第二章　人　事

1988年，人事工作坚持党管干部原则，按照分级管理权限，副科级及以上干部由市委组织部管理，副科级以下干部和机关事业单位工作人员从录用到退休全部归人事部门管理。1990年起，推进人事、工资、福利制度改革，营造公平竞争择业用人环境，完善以干部选拔任用为重点的配套管理制度，建立健全适应市场经济发展的用人机制和管理监督体系，人事工作逐渐步入科学管理轨道。人才培训从单项培训发展为全方位规划培训；人才交流从调配安置转向人才市场；年度考核与选拔任用、工资晋升相结合，按德、能、勤、绩量化考评；专业技术人员管理在完善职称评聘、考试考核中得到加强；人员工资经调整改革，建立符合机关事业单位特点的工资制度与增资机制；公务员管理步入正轨。

1988年，市人事局内设办公室、干部调配股、工资股、保险福利股、奖惩考核任免股、职称改革领导小组办公室和军队转业干部安置办公室。1992年，增设综合计划股、人才开发办公室和人才交流中心。1994年，设立机关事业单位社会保险所。1996年，设立人事考试指导中心。1999年，增设人才市场。2002年机构改革，内设机构调整为办公室、综合规划与人事争议仲裁股（加挂人事争议仲裁委员会办公室牌子）、公务员管理股、专业技术人员及外国专家管理股、流动调配安置股、工资福利与离退休工作股、教育培训股。有隶属单位5个：市军队转业军官安置办公室、市职称工作办公室、市人才交流服务中心、市人事考试指导中心、市人事信息中心。有下属单位1个：市人才市场。局机关核定行政编制15人，机关后勤服务事业编制1人，全额拨款事业编制6人。1988—2010年，先后由李曙华、唐忠民、余明庭、阳世霄、易振、李洪和、曹长清任党组书记、局长。其中2009年7月至2010年9月，市委组织部副部长朱卫平兼任局党组书记。

2010年10月，市人事局与市劳动和社会保障局合并，成立市人力资源和社会保障局，局长梁乐宁，书记易邵敏。市人事局多次获省人事系统先进单位和全国人事宣传工作先进单位称号。

第一节 人事制度改革

一、企业人事制度改革

1992年，全面推行企业干部聘任制，政府对企业由微观管理转向宏观管理，由直接管理转向间接管理，打破干部与工人、全民与集体界限，由企业自主决定聘用干部。是年，市属企业157名以工代干人员被聘任为厂级领导。市委将科级企业党政一把手管理权下放到战线，并规定企业正副厂长、经理、三总师可选聘、招聘或直接聘任。同时，放宽企业破格评聘专业技术职称条件，只要有科研成果，评聘不受学历、资历限制。专业技术职称评聘指标，优先保证企业，后逐步放宽，不受指标限制。1992—1995年，全市企业单位破格评聘初、中级专业技术人员365人。

二、事业单位人事制度改革

2000年后，市政府相继下发《冷水江市事业单位人事制度改革方案》《冷水江市事业单位人员聘用制度实施办法》《冷水江市事业单位内部收入分配制度改革意见》等文件，在全市事业单位推行3项人事制度改革。

（一）人员聘用制度改革

破除事业单位干部、工人身份终身制，打破干部、工人身份界限，建立聘用制用人机制，所有事业单位工作人员都与单位签订聘用合同。2004年，全市123家事业单位、1万余人与单位签订聘用合同书，4891名专业技术人员与单位签订岗位聘用合同和专业技术职称聘任合同。

（二）岗位管理制度改革

依据不同类型单位的特点设置工作岗位，明确岗位职责、任职条件、工作报酬，实行竞争上岗，择优聘用。岗位分为管理岗位、专业技术岗位、工勤岗位。实行由身份管理向岗位管理、固定用人向合同用人转变。

（三）收入分配制度改革

扩大事业单位内部分配自主权，打破档案工资标准，实行按岗定酬、按任务定酬等分配办法，主要有以下几种形式：一是实行内部结构工资制。财政统发工资单位，将基本工资中固定部分发到个人，浮动部分和津补贴核发到单位，由单位按工作人员岗位、工作量、完成质量进行分配。2001年，市技工学校鼓励能者多劳，一人多岗，多岗多薪，拉开工资差距，职工收入高的每月达1800元，低的仅450元。二是实行工资与经济效益挂钩。1992年起，市建筑设计院等10个自收自支事业单位，将利润和收入指标分解到生产人员，确定各岗位生产系数，按实际完成任务进行分配。三是按岗定酬。2002年，冷江宾馆针对不同岗位技术含量与脏、苦、累程度，制订岗位工资标准，实行岗位等级工资制。

三、实行公务员制度

1993年，国务院颁发《国家公务员暂行条例》，规定各级国家行政机关中除工勤人员外的工作人员为公务员，党委、人大、政协机关和群团组织参照国家公务员管理。1994年，为贯彻《国家公务员暂行条例》，组织全市机关干部学习《公务员行为规范》并进行考试验收。1995年，组织公务员过渡考试，全市2602人取得过渡公务员资格。1996年，市政府出台《冷水江市国家公务员制度实施方案》，具备过渡资格人员，按照职位的任职条件和任职资格选配职位，确定职务和级别，首批57个单位1170名机关干部过渡为国家公务员，并按管理权限重新任命并发给《国家公务员任命书》。57个单位为：政府办、经委、建设局、计划物价局、科技局、教育局、公安局、司法局、民政局、财政局、人事局、劳动局、交通局、农业局、林业局、水利局、文化局、卫生局、计生委、监察局、审计局、农办、财办、乡镇企业局、统计局、工商局、国土局、地矿局、地税局、粮食局、技术监督局、环保局、档案局、旅游局、煤炭局、农机局、广播电视局、体委、调纠办、人防办、信访办、布溪特区管委会、冷水江街道、锡矿山街道、沙塘湾街道、铎山镇、岩口镇、渣渡镇、禾青镇、毛易乡、金竹山乡、矿山乡、中连乡、同兴乡、梓龙乡、潘桥乡、三尖乡。

1998年，第二批实施公务员制度单位有：党校、老干局、机关事务局、供销社、畜牧局、移民局、接待处、招商局、房改办、经管局、规划局、各乡（镇、街道）财政所。2008年，新增参照公务员管理单位23个：文物管理所、工伤保险局、劳动就业局、企业社保局、机关事业单位社保局、医疗保险局、国库支付局、国土执法大队、政府办事服务中心、农村综合开发办、卫生监督所、城管大队、多种经营办、新型农村合作医疗办、文化稽查大队、社会救济局、环境保护监察大队、安全监察执法大队、水政监察大队、防汛办、财政统发工资中心、流动人口管理站、农村能源环保办。2010年，全市公务员2859人，其中参照管理公务员995人。

四、建立人事争议仲裁制度

2001年3月，省政府以139号省长令发布《湖南省人事争议仲裁办法》。2002年，市人事局增设综合规划与人事争议仲裁股，并成立市人事争议仲裁委员会。人事争议仲裁受理范围包括录用、辞退、调动、聘用等引起的人事争议。仲裁委员会依法处理争议，不受行政机关或个人干预。人事争议仲裁采取先行调解、及时裁决工作方式，仲裁委员会作出裁决后，当事人不服裁决，可向原仲裁委员会申请复议，或向市人民法院提起诉讼。2003—2010年，市人事争议仲裁委员会受理人事争议仲裁申请17件，经过调解和裁决，妥善解决有关人事争议。

第二节　公务员管理

一、年度考核

1988年，行政单位实行目标管理责任制考核制度。1993年起，按照《国家公务员暂行条例》规定，由各单位对公务员德、能、勤、绩进行考评，结果作为公务员奖惩、任用、晋级、增资依据。考核等次分为优秀、称职、基本称职、不称职4个等次。公务员在年度考核中定为称职以上，可2年晋升一档职务工资，5年晋升一级级别工资，并发放与当年12月份工资数额相等的年终奖，连续3年定为优秀，提前晋升一级级别工资。定为不称职的，由公务员管理机关作出降职决定，降职后其职务工资就近就低套入新职务工资档次，无职务可降的，降低一档级别工资。连续2年被定为不称职的予以辞退。1994年，全市参加年度考核的公务员单位89个、1989人。2010年，增至91个单位、2859人。

二、奖惩制度

1991年5月，市政府出台《冷水江市行政奖励综合管理实施办法》，规范年终评比时间、内容、方法和行政奖励种类、比例、审批程序、奖金奖品发放等。1993年后，公务员奖励分为嘉奖、记三等功、记二等功、记一等功、授予荣誉称号。对违纪公务员实行警告、记过、记大过、降级、撤职、开除等行政处分。公务员受到行政处分，年度考核和工资晋升将受到影响。除年度考核评奖外，还实行一事一奖。1996年6月，市域遭遇特大洪灾，涌现一批抗洪抢险先进单位和个人，市委、市政府召开抗洪救灾表彰大会，冷水江街道、禾青镇等5个单位受到表彰，48人荣立三等功，74人受到嘉奖。1994　2010年，全市行政奖励公务员4281人次，处分违纪公务员157人。

三、教育培训

市人事局每年在市委党校举办一期新录用公务员入门培训班。1995—1998年，全市45周岁以下公务员分期分批进行计算机知识培训。2004年，进行“世界贸易组织知识”和《中华人民共和国行政许可法》学习培训。2005年，组织全市公务员分期分批学习《中华人民共和国公务员法》，并制定《2006—2010年冷水江市公务员教育培训规划》。2008—2009年，开展公务员“公共管理核心内容”“信息化与电子政务”等培训。培训由专人负责，有长期规划和年度计划，并有专、兼职相结合的师资队伍。

第三节　专业技术人员管理

一、职称评聘

1988年起，专业技术职称评审每年进行1次。初级职称由市职改办组织评审，先由职改办审查申请人任职资格和申报材料，然后由20人左右的专家评审委员会审查确定。中级职称由娄底市职改办组织评审，高级职称由省职改办组织评审。20世纪90年代，会计、审计、统计、经济、卫生、土建、出版等14个系列逐步实行以考试代替评审，专业技术人员参加全省统考，成绩合格才能取得任职资格。对不具备相关学历但有真才实学和突出贡献的专业技术人员，可破格晋升职称。1991年，全日制正规院校毕业生，初级专业技术职称由市人事职改部门直接确认。

1991年，全市工商企业政工人员开始进行职称评定。2001年，政工人员职称评定放宽到事业单位。至2010年，全市共评定高级政工师31名，政工师52名。

1992年，申报评定初级职称人员逐年减少，申报晋升中、高级职称者逐年增多。同年，为促进农村经济发展，市职改办将乡镇企业专业技术人员和农村专业合作社技术骨干纳入职称评聘范畴，全市54人获得技术员职称，6人获得工程师职称。

专业技术人员实行职称聘任与岗位聘用相统一，职称聘任与资格考评相分离，用人单位按照“双向选择、竞争上岗、择优聘任”原则聘任专业技术人员，双方签订《聘任合同书》。2010年，全市专业技术职称人员5443人，其中高级职称346人，中级职称2609人，初级职称2488人。

二、年度考核

专业技术人员年度考核分为优秀、合格、基本合格、不合格4个等次。年终考核定为优秀者，按规定发放一定数额奖金。定为合格以上者，发给相当于本人当年12月份工资数额年终奖。定为基本合格者，由单位领导诫勉谈话，一年内不得晋升职称，不发年终奖。定为不合格者，予以低聘或解聘。1988年，全市专业技术人员年度考核，优秀894人，合格2752人，基本合格306人，不合格72人。2010年考核，优秀817人，合格4865人，基本合格2人，不合格2人。

三、教育培训

新参加工作专业技术人员入门培训和“转正定级”培训每年进行一次。1995年起，市人事局先后组织各单位专业技术人员开展计算机知识、世界贸易组织知识、权益保护、职业道德、心理健康调适、科技创新和能力培养等公共科目教育培训，至2010年，培训人员共计3.17万人次。

四、家属“农转非”

1992年起，为解决专业技术人员后顾之忧，市政府每年安排一定指标将专业技术人员家属由农业户口转为非农业户口。凡聘任为高级职称，或聘任为中级职称、年满40周岁、工龄满20年、工作成绩突出的专业技术人员，其配偶及15周岁以下子女可申请“农转非”，每年办理1次。1992—2003年，为220户、456人办理“农转非”手续。2004年后，停止办理。

第四节　工勤人员管理

1995年起，机关和事业单位工勤人员实行技术岗位等级制，分为初级工、中级工、高级工、技师、高级技师5个等级。技术等级采用考试和考核相结合的方法确定。考试由市人事局组织，考试时间、考卷全省统一，实行闭卷考试。考核由单位进行，主要考核实际操作技能。是年，全市18个行业、99个工种3892人参加考试考核，确定高级工606人，中级工1546人，初级工1730人。定级考试每年进行1次，升等级考试每2年进行1次。2000年，全市工勤人员495人确定为初级工，320人晋升为中级工，727人晋升为高级工。

2003年，全省在农业、机械、交通、地勘、综合等5个行业统一进行技师升级考试，全市符合报考条件的145名高级工在娄底市参加理论考试，成绩合格61人，参加操作技能考试，31人晋升为技师。2006年，进行第二次技师升级考试，6人晋升为技师。2010年，全市工勤人员定级119人，升等级633人。

第五节　退休人员管理

1988年，按政策规定，正常退休年龄男60周岁，女干部55周岁，女工人50周岁。因病提前退休，男55周岁，女45周岁。是年，全市机关、事业单位办理退休手续65人，年末退休人员456人。

1993年起，公务员男55周岁、女50周岁，或工龄满30年，经自愿申请可提前退休。退休待遇按工龄计算，满15年按工资70%计发，每增加1年增加1个百分点，最高为95%（2006年改为90%）。全国劳模、战斗英雄、高级专家等退休可享受优惠待遇。是年，对全市971名退休人员进行新工资套改，人均增加退休费98元。

1995—2005年，退休人员每2年每月增加退休费20元。2000年，办理退休186人，年末退休人员1892人。

2006年，工资制度改革，增加退休费：处级450元，科级275元，科员、工人180元。2008年，行政机关退休人员增加生活补贴费，年人均1.06万元。2010年，办理退休288人，退休人员增至4068人，为1988年的8.9倍。

为丰富退休人员业余生活，市人事局每年组织有关退休人员开展游艺、钓鱼、座谈会等活动，并走访慰问特困、重病退休人员。各单位重阳节组织文体活动和春节慰问退休人员形成制度。同时，鼓励退休人员发挥余热，1991年9月、1995年6月、1998年12月分别召开全市退休人员"老有所为"表彰大会。

第六节　人事计划和考试管理

1992年，市人事局增设综合计划股，负责工资基金审批、人员调配、用工计划管理。机关、事业单位凡调入、安置、招收人员必须由人事局开具增人计划单才能办理工资、社保等手续。

1996年，市人事局设立人事考试指导中心，组织实施各类人事考试。1997年，组织机关事业单位人员录用、专业技术人员职称晋升、工勤人员晋升技术等级等考试。2007年，为补充教育、卫生、建设、农业等系统急需人才，面向全国公开招考事业单位工作人员146人，其中研究生27人，本科生105人，专科生14人。每次公开招考，招考政策、录用计划、资格条件、考试成绩、录用结果等面向社会公示，笔试、面试、体检、考核各个环节均接受纪检、人大、政协等机关及社会各界监督，面试从外县市聘请评委，考试试卷保管交接实行全封闭管理，确保考试公开、公平、公正。2008年，引进教师12人。2009年，公开招聘教师30人，全市其他事业单位公开招聘86人，引进硕士研究生27人。2010年，各乡（镇、街道）公开招聘48人，引进硕士研究生15人。

第七节　工资　福利

一、工资

1988年，机关和事业单位实行以职务工资为主的结构工资制，工资由基础工资、职务工资、工龄工资、奖励工资4部分组成。1990年，冷水江由五类工资区提高到六类工资区，并提高粮油补贴和肉食补贴标准。1991年，每人每月增发书报洗理费8元、误餐费15元。1992年，工龄津贴由每年0.5元增至1元，奖金由每人每月18元调至25元。是年，全市机关和事业单位6892人，月增资20.67万元，人均月增工资30元。

1993年，全市进行工资制度改革，262个行政和事业单位、9076人参加工资套改，人均月增工资105元。机关干部实行职级工资，由职务工资、级别工资、基础工资、工龄工资4部分组成。职务工资和级别工资按个人职务、任职时间、工作年限确定。基础工资为90元，工龄工资按虚龄计算为每年1元。机关工人实行岗位技术等级工资，由岗位工资、技术等级工资、奖金3部分组成；事业单位干部实行职员职务等级工资，由职员职务工资、津贴两部分组成。专业技术人员实行技术职务等级工资，由专业技术职务工资和津贴两部分组成。工人执行技术等级工资，由技术等级工资和岗位津贴两部分组成；建立正常晋级增资制度。机关工作人员每2年晋升一个工资档次，每5年晋升一级级别工资，连续3年年度考核评为优秀，提前晋升级别工资，提升职务可晋升级别工资和职务工资，工龄工资从每年1月起增加1元。事业单位工作人员每2年正常晋升一档工资，每年按单位人数3%比例提前晋升一档工资。专业技术人员晋升职称、工人晋升技术等级可增加工资。

1995年，机关、事业单位工作人员都晋升一档职务工资，部分人员晋升级别工资。1997年1月，公务员基础工资由90元调整为110元，级别工资标准提高5元至60元，职务工资标准提高20元。工人岗位工资标准提高35元至85元。事业单位人员职务工资标准提高14元。同年7月，按职务或职称增加补贴，正处级165元，副处级160元，正科级155元，副科级150元，科员、办事员、工人145元；教授级185元，副教授级165元，讲师级155元，助理级150元，技术员级145元。1999年7月，公务员基础工资由110元提高到180元，级别工资标准由55元至470元提高到85元至720元。事业单位人员职务工资标准提高30元至95元。2001年1月1日起，公务员职务工资由50元至480元提高到100元至850元，事业单位人员职务工资标准分别提高45元至95元。同年10月1日起，公务员基础工资由180元提高到230元，事业单位人员职务工资标准分别提高50元至105元。

2006年，全市进行工资制度改革，机关、事业单位1.38万人进行工资套改，人平月增工资226元。公务员实行职级工资制，工资结构为：职务工资+级别工资。提升职务可晋升级别工资和增加职务工资，职务工资实行一职一薪：办事员340元，科员380元，副科级430元，正科级510元，副处级640元，正处级830元。级别工资按照职务、任职年限、工龄，确定工资级别和档次，实行一级多档，每2年提高一个级别工资档次，5年晋升一个级别。机关工人实行技术等级工资和岗位工资制，岗位工资分为18个档次，技术等级工资初级工为125元，中级工为155元，高级工为195元，技师为270元，高级技师为410元。事业单位实行岗位绩效工资制，工资结构为：岗位工资+薪级工资+绩效工资+津贴补贴。按岗位性质分设专业技术岗位、管理岗位、工勤岗位，设置不同岗位工资和薪级工资标准。薪级工资按照聘用岗位、工龄和任职年限确定。专业技术人员岗位工资：技术员级岗位工资为十三级550元，助理级为十二级590元，工程师级为十级680元，副高为七级930元，正高为四级1420元。管理人员岗位工资：办事员为十级550元，科员为九级590元，副科为八级640元，正科为七级720元，副处为六级850元，正处为五级1045元。工勤人员岗位工资：普通工540元，初级技工为五级545元，中级技工为四级575元，高级技工为三级615元，技师为二级690元，高级技师为一级830元。年度考核合格以上等次的事业单位工作人员，每年增加一级薪级工资。晋升职务和技术职称、工人晋升技术等级可提高岗位工资标准和晋升薪级工资。

2008年，公务员单位工作人员增加补贴，人均年增工资1.35万元。

二、福利

（一）丧葬抚恤

抚恤费：1988年，因病死亡为10个月、因工死亡为20个月、革命烈士为40个月基本工资。2007年，因病死亡提高到20个月基本工资，因工死亡提高到40个月。丧葬补助费：1988年，因病死亡300元，因工死亡600元。1995年分别调整为500元、1000元。1997年分别调整为900元、1300元。2009年分别提高到5000元、6000元。遗属生活困难补助费：1994年，非农业人口，1人每月70元，2人以上每人55元；农业人口，1人每月50元，2人以上每人35元。2010年，非农业人口，1人每月285元，2人以上每人260元；农业人口，1人每月225元，2人以上每人190元。因工死亡的遗属每人另加85元，遗属系孤寡人员的另加90元。

2002年4月起，按照《冷水江市殡葬管理办法》，在城区范围内开始实行火葬，凡是国家机关工作人员，不实行火葬的不发丧葬补助费、抚恤费和遗属生活困难补助费。1988—2010年，市人事局审批死亡抚恤2581人，丧葬补助2025人，遗属生活困难补助1987人。

（二）工伤待遇

经人事局确认为工伤及工伤治愈后旧伤复发医药费全部报销。因工受伤较严重者可申请致残程度鉴定，确定工残等级，鉴定为特等、一等工残人员，可提前退休，发放护理费，并可退休补员。1988—2010年，全市认定工伤896人次，工残鉴定450人次，确定致残等级229人，其中特等1人，一等9人，二等甲级35人、二等乙级45人，三等甲级72人、三等乙级67人。

（三）职工休假

职工休假，工资照发。婚假3天，晚婚增加婚假12天。产假90天，难产加15天，多胞胎加15天/人，晚育增加产假30天，领取独生子女证增加产假30天。丧假3天。探望配偶一年一次30天，未婚职工探望父母一年一次20天，两年一次45天，已婚职工探望父母4年一次20天。职工累计工作满1年不满10年年休假5天，已满10年不满20年年休假10天，已满20年年休假15天。

第八节　人才队伍建设

一、干部来源

1988年，国家机关工作人员统称为干部。1994年，全国实施公务员制度，国家机关工作人员（除工勤人员外）称为公务员。企事业单位工作人员分为管理人员、专业技术人员、技术工人、普通工人。

（一）考试录用

1988—1995年，从机关和企事业单位以工代干人员中录用国家干部490人，从城镇待业“五大”（电大、职大、业大、函大、夜大）毕业生中公开招考录用国家干部169人，从优秀工人、农民中录用国家干部170人，从优秀乡镇企业家中录用国家干部51人。1988—2000年，全市1861名民办教师录用为国家教师。

1994年，录用公务员实行公开考试，按照报名、笔试、面试、体检、考核、录用6个环节进行，坚持“公开、平等、竞争、择优”原则，纪检监察部门全程参与监督。同时，笔试和面试成绩、体检和考核结果均予以公示，接受群众监督。每年公开招考一次。1994—2010年，全市录用国家公务员169人。

（二）转业军官安置

20世纪90年代，军队转业军官主要安排在企事业单位和司法、工商、税务、商业等部门。2000年后，军队转业军官基本上安排在市直机关。1988—2010年，按照“热情欢迎、妥善安置、认真培训、合理使用”原则，全市接收的军队转业军官和随军家属都得到妥善安置。

（三）大中专毕业生分配

1988年，全市对国家任务内大中专院校毕业生采取全包分配政策。成立大中专毕业生分配领导小组，下设分配办，由市计委综合计划组负责非师范类毕业生派遣，市教委负责在教育系统内安排师范类毕业生。非师范类大中专毕业生分配原则为：统筹兼顾，合理使用，面向基层，充实生产第一线。行政机关原则上不进毕业生，单位急需的专业人才，由编委、人事、计委、教委等部门共同商定，报市领导批准。是年，全市分配安排大中专（非师范类）毕业生171人，其中本科50人，专科42人，中专79人。1997年起，国家统招统分毕业生，通过供需见面和一定范围内“双向选择”落实就业，按指令性计划形式分配；并轨高校毕业生在国家就业方针、政策指导下，在一定范围内自主择业；委培和定向毕业生回委培单位就业；计划内自费生实行自主就业。2001年是全市实行指令性计划安置毕业生的最后一年，接收大中专毕业生308人，其中统分生107人，委培生55人，并轨生49人，湖北“三校”（鄂州大学、黄冈财校、政法学校）生45人，1999届遗留待安置52人。是年，市、乡两级政府机构改革，机关人员分流，行政事业单位和企业接纳能力有限，导致当年仍有部分大中专毕业生未得到妥善安置。

2002年，国家统招统分大中专毕业生就业模式终止，全市所有高等院校毕业生实行自主择业，政府提供就业信息、主办招聘会、做好档案管理等服务工作。

二、引进人才

1992年，市人事局增设人才交流服务中心，建立人才资源库。1993年，为有关单位招聘美术人才5人、实习指导老师6人、文秘人员8人。并为锡矿山街道石材机械设备厂从武汉引进一名专家，帮其解决家属就业、子女上学、住房等实际问题，当年该厂创产值120万元，利润22万元。1994年，组织市属企业参加全国和全省人才招聘会。2000年，编制全市《“十五”人才发展规划》，制订《冷水江市人才工程实施意见》，对引进急需紧缺人才在住房、子女就业、职称评聘等方面给予优惠待遇。2007年，先后3次到中南工业大学、湖南大学、长沙理工大学等13所高校采取发布人才引进信息、召开人才供需见面会等方式引进人才。2009年，全市引进应届大学毕业生259人（其中研究生36人，本科生223人）、专业技术人员41人（其中副高职称5人，中级职称36人）。农业局引进1名植物营养学硕士，统计局引进1名国民经济学硕士，人民医院引进3名医学硕士。

三、人才交流

冷水江市人才市场成立于1999年。人事档案严格按规定分门别类整理装订成册，按四角号码编号入库，实行计算机管理。1999—2010年，办理全权人事代理1243人，收入各类人员档案3960份，求职登记3.68万人次，为企事业单位招聘人才2100人，输出人才5150人。

第三章　劳动和社会保障

1988—2010年，劳动和社会保障工作经受过城镇劳动力就业安置难、改制企业下岗职工再就业压力大、养老失业保险基金收缴难、私营矿窑安全生产管理难、个体私营企业劳动用工监督难等多方面严峻考验，市劳动和社会保障部门认真贯彻《中华人民共和国劳动法》及其配套法规，大力推进劳动、工资、社会保障制度改革，不断加大执法力度，规范企业用工制度，转变职能，强化管理，突出服务，完成由计划经济时代劳动综合管理向市场经济条件下劳动力资源开发利用、社会保障全面覆盖的历史性转变，全市劳动就业局势稳定，社会劳动力多渠道多形式安置，就业压力得到缓解，逐步形成国家政策指导、企业择优录用、个人竞争就业、市场调节需求、劳动力有序流动与按需求合理配置新格局。养老、失业、医疗保险实现资金来源多渠道、管理方式社会化、管理制度规范化，确保下岗失业职工基本生活费、退休人员养老金和城镇职工、居民基本医疗费，形成覆盖面广、保障有力的社会保障体系。劳动和社会保障成为替国分忧、为民解愁与促进政治稳定、社会安定的安全保障网。市劳动局多次评为省市先进单位，1992年受到劳动部通报表彰。

1988年，市劳动局内设人秘、计划调配、安全劳保（加挂市安全办牌子，副科级）、工资福利、社会劳动管理、劳动关系与劳动争议仲裁等股室。1995年，增设劳动保障监察大队（副科级）。1996年，全市16个乡（镇、街道）建立劳动保障站。2002年，市劳动局更名市劳动和社会保障局，内设机构变更为办公室（加挂人事教育股牌子）、就业和失业保险股、工资福利保险股、培训调配股、劳动争议仲裁股（加挂市劳动争议仲裁委员会办公室牌子）、医疗保险股（加挂市劳动鉴定委员会办公室牌子）、社会保险基金审计监督股、市劳动保障监察大队（副科级）、市职业技能鉴定中心（副科级）。下辖市劳动就业服务局、企业职工社会保险管理局、医疗保险管理局，均为副科级单位。2005年，市工伤保险局成立，从人事局划入机关事业单位社会保险局。

2010年，市人事局、劳动和社会保障局合并为市人力资源和社会保障局，内设办公室、政策法规股、公务员管理股、规划财务股、就业促进与失业保险股、人才开发与人力资源市场管理股、职业能力建设股、事业单位人事管理股、劳动关系股、工资福利股、养老保险股、医疗生育保险股、工伤保险股、农村社会保险股、社会保险基金监督股、人事股、绩效考核办公室、市军队转业军官安置办公室、职称工作办公室。局属事业单位为劳动监察局、统计信息中心、人才交流服务中心、人事考试指导中心、职业技能鉴定中心、劳动人事争议仲裁院。下辖企业职工社会保险管理局、机关事业单位社会保险管理局、医疗保险管理局、工伤保险管理局、城乡居民社会保障管理局、劳动就业服务局、人才市场。业务上归口管理市高级技工学校（副处级）。1988—2010 年，市劳动局（劳动和社会保障局）先后由陈正培、曹长清、梁乐宁任党总支（党组）书记、局长。其中，刘少求、王修贵、刘健任专职党总支（党组）书记。

第一节　劳动制度改革

一、用工制度改革

1988 年，企业推行用工制度改革，全市 10 个试点单位分别实行不同的改革方法：资江氮肥厂实行择优上岗和厂内待业；石墨厂、制碱厂等 8 家企业实行优化劳动组合，形式有定员组合、招标组合、择优组合、自愿组合、分级组合等，没组合的职工在厂内待业，发给生活费；工贸总公司实行干部聘任制，采用百分制考核办法，分流 11 名管理干部到基层当营业员、采购员。

1989—1991 年，为规范各单位计划外用工，改变私招乱雇、用工无序状态，劳动部门先后 3 次对全市 121 家企业清理整顿计划外用工，清退不合格临时工 2582 人。1992 年，进一步推进劳动用工制度改革，市耐火材料厂等 8 个单位实行全员劳动合同制试点，打破干部与工人、全民所有制与集体所有制职工之间身份界限，实行平等竞争，双向选择。

1995 年，企业用工由指令性计划改为指导性计划，市内企业用工采用空缺岗位申报制，由企业根据生产需要向市劳动局申报用工计划，经批准后，在城镇待业青年中公开招考，择优录用。1996 年，取消企业招工指标限制，不再下达招工计划。招工人数、条件等均由企业自主决定，劳动行政部门办理录用登记备案手续。同时，全面推行劳动合同制改革，市属企业 5.61 万名职工全部签订劳动合同，由劳动争议与仲裁股办理合同鉴证。技校毕业生、志愿兵、城镇退伍兵安置均实行劳动合同制。

1997 年起，企业退休补员和因工死亡补员政策停止实行，劳动部门由侧重管理国有、集体企业劳动工作转向综合管理全社会劳动事业，建立城乡统一、开放有序的劳动力市场，企业用工纳入劳动力市场管理，实行劳动者自主择业、市场调节就业、政府促进就业的方针。

二、工资制度改革

1988—1993 年，实施工资总额与经济效益挂钩改革试点，单位经济效益提高按比例增加单位工资总额，效益降低相应减少工资总额。每年初，市劳动局、财政局对工效挂钩单位上年度经济效益、工资总额指标进行核算，确定单位当年的工资总额浮动比例。第一年，全市进行工效挂钩试点市属全民企业 49 家，集体企业 37 家。此后，逐步推广到全部市属企业。1993 年，推行岗位技能制工资试点，单位根据不同岗位技术含量制订岗位工资标准，职工根据自己的技术水平选择岗位。资江氮肥厂和自来水厂、塑料一厂分别成为省、市实施岗位技能工资试点单位。

1994 年，实行工资总额包干制。市劳动局对市属 36 个长期经营性亏损企业核定年度工资总额，在限额内发放工资，增人不增工资总额，减人不减工资总额。1995 年，进一步扩大工资总额包干范围，市内 110 家企业单位实行《工资总额使用手册》，由市计委、劳动局下达年度工资基金计划，劳动局按季度审批。1998 年后，工资分配方式更加多样化，主要有计件工资、计时工资、结构工资、定额工资、浮动工资、内部岗位工资、承包工资、联产计酬、联利计酬、销量计酬、效益目标年薪制等，企业可根据国家政策自主制订分配方案，报劳动局审查备案后实行。

1999 起，劳动部门解除对企业工资分配的控制，实行企业工资分配指导线制度。企业工资自主分配，可拉开差距，工资向生产一线、脏累和技术岗位倾斜。民营企业工资分配由劳动者与企业协商决定。劳动部门每年 7 月 1 日发布全省统一的最低工资标准，开展专项检查，督促用人单位执行最低工资保障制度和足额支付劳动者工资。

第二节 劳动就业

一、招工安置

1988年，全市新招全民工4323人、集体工2613人。1992年，街道办事处居委会正、副主任招收为大集体职工。1994年起，重点解决乡镇“五员”（企业办人员、计生专干、农机农技员、水利管理员、畜牧兽医站人员）招工问题。1996年，推行劳动合同制改革，全市新招劳动合同制工人1549人、集体合同制工人1235人。1997年，全市建立职业介绍网络，初步形成技能培训、职业介绍、自主择业“一条龙”服务的市场就业机制。2007年，劳动部门停办新招工人审批手续。2005—2010年，全市累计新开发社区就业岗位1.52万个，安置下岗失业人员1.11万人，新增私营企业安置就业1.41万人，城镇失业登记率控制在4.5%以内。

二、职工调动

1988—1996年，企业职工调动实行计划调配，按年度计划和单位编制数控制，秉着“平衡协调，合理调配”原则，以引进技术人才、解决夫妻两地分居、照顾年老父母为主。1992年，为扭转市煤机厂长期亏损局面，从省煤机厂调来2名专业技术人员，分别担任市煤机厂厂长和生产科长。是年，该厂产品更新，产销两旺，不仅补发了拖欠工资，而且盈利340万元。1997年，职工调动权下放到主管局，市内企业之间工人流动由主管局审批，劳动部门办理劳动合同鉴证和养老保险转移手续。职工调往外地和从市外调入市内企业，双方单位同意后，由劳动部门办理调动手续。1998年，由于各种原因造成调动工作出现混乱，调动权限重新收归劳动行政部门。1988—2010年，劳动部门办理各类职工调动手续1.18万人次。其中，照顾夫妻两地分居5178人，生产工作需要和引进专业技术人才4111人，其他2497人。

三、下岗职工再就业

1996年，市属国有企业破产6家，停产13家，半停产7家，兼并4家，改为股份制9家，租赁1家，下岗失业造成生活特别困难的职工5797人。是年，市政府成立“特困职工解困工作领导小组”，出台《冷水江市部分企业特困职工解困办法》和《冷水江市部分企业特困职工帮困资金筹集管理办法》，为下岗困难职工排忧解难。一是为23家特困企业890名下岗职工发放“特困证”。下岗职工凭“特困证”从事第三产业可免除摊位费、卫生费、占道费、餐具抽样检查费等11个项目费用，凭证向社会保险机构缴纳失业保险金和养老金，计算连续工龄。二是在金竹西路划定100个夜宵摊位安排特困职工从业。从市内200台“慢慢游”（三轮出租车）指标中，拿出136个指标解决下岗失业人员再就业问题。三是市政府帮助橡胶厂筹资70万元，启动杂件和翻胎两条生产线，安置下岗人员54名。帮助皮件厂筹资20万元，办停车场和餐饮店，安置下岗人员76人。四是春节前筹集解困资金，对75个市属企业8165名职工进行慰问并发放救济金。

1998年，市政府成立再就业工作领导小组，市属国有企业成立再就业服务中心，广开门路增加就业岗位，1292名下岗失业人员在再就业服务中心重新就业。同时，全市各部门、各企业层层建立目标管理责任制，按规定筹集下岗职工基本生活费保障资金，开辟再就业绿色通道，落实税费减免、提供经营场地等优惠政策。市麻纺厂引进外资，组建盛达纺织公司，安置下岗职工426人。原五交化公司从湘潭引进心连心超市，锑都大厦租赁给私人老板办旺家福超市，安置下岗职工164人。原一水泥厂从新化引进人才、资金，组建金马水泥厂，安置下岗职工578人。为帮助下岗职工再就业，市政府出台鼓励下岗失业人员自谋职业优惠政策，凡从事个体经营的下岗职工，3年内免征营业税、所得税，免收管理、登记和证照类费用，事业性收费一律按最低标准收取，劳动部门免费提供职业介绍、职业培训。1999年，全市下岗职工1.09万人，自谋职业8725人。有8名特困下岗职工因生活困难，市劳动就业服务局从失业保险基金中拿出8000元资助他们办养猪场。2000年，全市8770名下岗失业人员从事个体经营，凭“优惠证”减免各种税费373万元。市劳动就业服务局为自谋职业的220名下岗失业人员提供小额担保贷款320万元。2006年，下岗失业人员实现再就业5519人，大龄困难对象再就业1473人。

四、劳动力市场

1993年11月，市劳务市场正式挂牌办公。2000年5月，劳务市场更名劳动力市场，2008年6月，又更名人力资源市场，负责职业介绍、就业指导、政策咨询、劳动力资源需求信息发布和代办退休手续，为企业用工和劳动者求职提供全方位服务。至2010年，人力资源市场托管46个改制企业职工档案3.29万份，代办退休手续1200人，先后举办大型现场招聘会7场。办理职业介绍6573人，办理各类劳动合同鉴证6787份，职工交流1060人，安置城镇退伍军人324名，安置技校毕业生414名。

2005—2010年冷水江市人力资源市场招聘会情况表

表11-1

时　间	进场人数（人）	求职登记（人）	招聘单位（个）	招聘岗位（个）	签订合同（份）
2005	11256	4789	56	2789	1128
2006	4396	2508	51	2202	2100
2009.2.24	10000	5645	103	3956	226
2009.7.24	6500	1145	46	1870	237
2010.2.26	12000	4858	91	3865	361
2010.8.25	9000	4621	95	4120	606
2010.12.20	7800	3815	57	3016	546

五、劳动服务公司

1988年，全市行政机关、企事业单位成立基层劳动服务公司76家，劳动服务企业85家，设立服务网点107个，从业人员2560人，安置城镇待业青年1185人，完成经营总额7348万元，实现税利685万元。锡矿山矿务局劳动服务公司下属劳动服务企业7个，职工1623人，年产值4084万元。金竹山电厂下属劳动服务企业3个，职工426人。省地所属单位劳动服务企业9个，职工1416人。1995年，市劳动服务公司下属新星工商服务公司依法破产。2000年后，大多数劳动服务企业经营状况滑坡，基层劳动服务公司及劳动服务企业相继改制。2006年，市劳动服务公司下属第三建筑工程公司改制。至2010年，全市85家劳动服务公司及所属劳动服务企业全部完成改制工作，3465名职工置换身份。

六、农村劳动力转移

改革开放后，全市农村劳动力转移呈现三个特点：一是从单纯种植粮食作物向种植经济作物和养殖业转移。二是由体能型向技能型、待业型向择业型、打工型向创业型转移。三是向外省转移。为提高农村劳动力素质，2006—2010年，全市举办各类劳动技能培训班328期，培训1.64万人，农村劳动力转移就业3.15万人，其中省内转移1.34万人，省外转移1.81万人。

第三节　职业培训

一、岗前技能培训

冷水江市高级技工学校是全市职业技能培训主要基地，1990—1995年，该校先后增建教学楼、实习车间、教具室，增加教学仪器和实习设备566

台（件）、电工工位120个。1993年，该校招收农村学生100名，为乡镇企业培养技术人才，毕业后对口安置到乡镇企业。1988—2010年，该校共招收学生1.21万名。

1988—1995年，市劳动服务公司培训中心为市一水泥厂、二水泥厂、资江氮肥厂、耐火材料厂等企业培训新招工人1972人。1996年，市就业服务局成立就业培训中心，建成培训基地2300平方米。2000年后，待业人员技能培训逐步扩展到计算机应用、缝纫技术、生猪养殖、汽车驾驶等专业，学制3个月至3年，理论和操作时间各半，达到初级专业技术等级发给毕业证书。至2010年，全市累计开办就业前技能培训班1007期，分16个专业，培训5.49万人。

二、在职培训

1988—2000年，市劳动局举办档案管理业务培训班3期，培训企业档案管理人员364人；定员定额管理培训班4期，培训584人；厂长、经理及特种作业人员安全技术培训班69期，培训4226人；企业劳资业务培训班12期，培训1584人；电工作业、建筑登高作业人员、锅炉工安全技术培训班24期，培训1470人；安全监督专干培训班3期，培训198人。通过培训考试考核取得初、中级职业资格证4785人，取得安全监管资格证969人。

1994年，《中华人民共和国劳动法》颁布实行，市劳动局组织全市98个全民和集体企业1.24万名职工进行学习、考试。次年，举办"劳动法知识抢答赛"，23支初赛优胜队参加全市决赛，市劳动局组队参加娄底市"劳动法知识抢答赛"，获得第一名。2001—2010年，市劳动局组织各类职业技能培训8.36万人次，颁发职业等级资格证书5091个。

三、下岗职工培训

1997年，为促进下岗职工再就业，市就业培训中心开设生猪养殖、汽车驾驶、电脑文秘、广告设计、饮食服务、计算机应用、油茶林栽培、苗木花卉、家政服务、缝纫技术等培训班，对下岗失业职工进行培训，当年培训下岗失业人员3313人，其中有3225人通过培训实现再就业。1998—2010年，培训下岗失业人员3.15万人次。

第四节 劳动工资

一、浮动工资

1988年，全市开始进行企业工资制度改革试点。1989年，扩大工效挂钩试点面，建立正常的效益工资浮动升级制度，全市36家国有企业实行浮动工资制，24家企业、4768名职工浮动一级工资。1990年，工效挂钩在市属国有和集体企业全面铺开，全市47家国有企业、9774名职工，24家集体企业、6561名职工实行工效挂钩浮动工资制度。1991年，根据工效挂钩效益情况，经市劳动局审查批准，39家国有企业、24家集体企业1.74万名职工增加一级工资，人均月增资10.78元。1993年，实行工效挂钩的企业中有突出贡献的700人晋升一级工资，48人晋升两级工资。1998年，实行工资指导线制度，工效挂钩浮动工资制度停止。

二、工资调整

1990年，为解决企业专业技术人员职称与工资不符问题，企业专业技术人员普遍增加一级标准工资。1991年，按文件规定给部分老工人增加工资。1992年，调整粮油价格后，企业职工每人增加一级标准工资。1994年，将国家和湖南省统一规定的政策性补贴费83.5元全部纳入工资。1997年，企业等级工资和技能工资标准由45个等级增至55个。1999年，企业职工等级工资起点由过去180元提高至230元，技能工资起点由78元提高至120元。此后，劳动部门解除对企业工资分配的控制，企业工资自主分配。

乡镇企业工资普遍执行国有企业和大集体企业增资政策。民营企业职工工资由企业职工与企业主商定，但不得低于最低工资标准。

三、最低保障工资

1996年，全市实行最低工资保障制度。每月最低工资标准由省级劳动部门每年7月1日向社会公布，市劳动局秉着限低不限高原则，督促用工单位执行。

1996—2010 年冷水江市最低工资标准一览表

表 11-2　　单位：元

年度	标准	年度	标准	年度	标准	年度	标准
1996	160	2000	225	2004	360	2008	580
1997	175	2001	245	2005	420	2009	610
1998	185	2002	280	2006	420	2010	650
1999	190	2003	320	2007	470		

第五节　职工福利

一、福利基金

1988 年，市属企业的福利基金按企业职工工资总额扣除副食品价格补贴和各种奖金后的 11%提取，其中 8.5%用于支付福利设施费、文体宣传费等集体福利和洗理费、交通补贴等个人福利。1992 年，福利基金提取比例增加 3%，用于支付职工的社会保险费。1994 年，女职工卫生费由每人每月 1.5 元至 2 元提高到 3 元至 4 元。1996 年后，大多数企业不再提取职工福利基金。

二、公费医疗

1988—1999 年，行政事业单位职工生病治疗，由市公费医疗办管理，门诊费用定额包干，住院费用由财政、单位、个人按比例分担。企业单位在劳保医疗基础上进行适当改革，根据职工工龄长短，每月发给 5～10 元门诊药费；职工一般病痛在企业医务室治疗，危重病人经单位领导批准到医院治疗，医药费由单位报销。2000 年起，实施城镇职工医疗保险制度，全市行政、企事业单位逐步纳入城镇职工医疗保险范围。

三、因工伤残、患职业病待遇

1988—2002 年，企业职工因工负伤或患职业病，其诊疗费、药费、住院费、就医往返路费及就医期间的伙食补助费等由单位负担，治疗期间的工资按本人标准工资发放。职工因工受伤脱产休养期间工资一年之内按本人标准工资发放，超过一年按 90%发放。患硅肺病回乡长期休养的，属一期硅肺病患者按本人标准工资 60%发放，二、三期患者，按 90%发放。职工因工致残，部分丧失劳动能力尚能从事其他轻便工作的，由单位安排适当工作，工资照发；完全丧失劳动能力的享受工残退休待遇，其中饮食起居需人扶助的按月发给护理费。2003 年企业改制后，职工工伤致残及患职业病待遇终止。改制企业工伤致残、职业病患者按《冷水江市企业改革若干规定》进行一次性伤残补偿。

四、因工死亡待遇

1988 年，企业职工因工死亡或因工致残退休后死亡，发给 4 个月企业平均工资作为丧葬补助费，按死者生前供养直系亲属人数多少，按月支付死者本人标准工资 25%～50%作为抚恤费。根据家庭困难程度，按月给予适当困难补助费和发放副食品价格补贴、物价补贴等政策性补贴，并照顾招收一名符合招工条件的供养直系亲属参加工作。2004 年，调整职工因工死亡抚恤金和困难补助费标准，配偶及孤寡老人和孤儿抚恤金标准提高到每人每月 160 元，其他供养亲属提高到每人每月 120 元，供养多名亲属的抚恤金之和最高为每月 400 元。困难补助费相应提高，改制企业职工困难补助费按《冷水江市市属国有企业产权制度改革的若干规定》进行一次性补偿。

五、因病死亡待遇

1988 年，企业职工因病或非因工死亡，由企业发给本企业 3 个月平均工资作为丧葬补助费，并根据其供养直系亲属多少一次性付给死者生前 14～22 个月工资的救济费。2004 年 7 月，丧葬补助费标准调整为 4 个月当地上年度职工社会平均工资。参加社会统筹的退休人员因病死亡，丧葬补助费由社保机构在统筹基金中列支，供养直系亲属的救济费调整为24～32个月当地上年度社会平均工资，由企业一次性支付。

六、离休、退休、退职待遇

1988年，企业干部离休费按本人标准工资发放。1989年，企业离休人员增加副食补贴5元和其他补贴20元，每年享受1～2个月工资额生活补贴，70岁以上离休人员每月发放一定数额护理费。1990—2010年，企业离休人员基本养老金共调整14次。

1988年起，企业职工正常退休、特殊工种和因病退休人员，根据工龄长短按本人标准工资一定比例发放退休费。因病完全丧失劳动能力又不具备退休条件的按退职办理，退职费按个人工资标准40%发放。因工致残和职业病退休，饮食起居需人扶助的，按本人标准工资90%发放，饮食起居不需人扶助的按80%发放。凡退休、退职费低于最低生活保障数的按最低保障数发放。1990年最低保障数，正常退休80元，工残退休90元，退职70元。

1995年起，建立养老保险个人账户，改革养老保险费和退休待遇计发办法。职工达到规定退休年龄，按规定缴纳养老保险金累计满10年及其以上的，办理退休手续后由企业社保机构发给基本养老金。1997年，省政府规定企业退休人员的基本养老保险待遇按照“新人”“中人”“老人”和工作年限、缴费年限分别采用不同办法计发。2003年1月后退休人员，采用新的养老金计算方法，即基本养老金=基础养老金+个人账户养老金+过渡性养老金+过渡性调节金。2010年，退休人员养老金计算方法未变。

七、下岗职工生活保障

1998年，为确保下岗职工基本生活费按时足额发放，凡进入企业再就业服务中心并签订合同的下岗职工，可本人申请，企业再就业服务中心申报，经市再就业办公室审核，由企业再就业服务中心托管3年，领取下岗基本生活费，标准为每月154元。2001年后，下岗待业向失业保险并轨，企业再就业服务中心托管3年后还没有就业，进入失业保险，领取失业救济金，标准为每月196元。失业救济期满，还没有就业，可按规定领取“最低生活保障费”。

2006年，为解决改制企业军转干部生活困难，市政府成立“解决企业军转干部生活困难工作领导小组”，采取多项措施，为全市改制企业667名军转干部补发企业拖欠的工资、基本生活费、医药费，并补足应缴的基本养老金。

第六节　劳动安全

1988—2002年，全市实行“企业负责、行业管理、国家监察、群众监督”相结合的安全生产监督管理体制。市劳动局内设安全劳保股（加挂市安全生产办公室牌子），负责全市工矿企业安全生产和劳动保护管理。

1989年，按照“安全第一、预防为主”方针，强化安全监察职能，实行全方位、广覆盖、多层次安全管理。结合法制教育，层层举办学习班，组织各类人员进行安全法制教育和安全技术培训。

1993年，贯彻《中华人民共和国矿山安全法》，依法对全市乱采滥挖、伤亡事故频发的小锑矿、小煤矿进行整顿，逐步建立矿山安全生产新秩序，完善矿长安全技术业务资格审查、发证和特种作业人员培训、考核、发证制度。1994年，进一步整顿矿业秩序，取缔非法采矿点。针对全市煤矿、锑矿、化工、建材企业及乡村小矿窑多、事故多特点，对个体小煤窑、小锑矿进行重点监察，对重大隐患的安全整改进行跟踪监察。1995年6月，为保证全市锅炉压力容器安全运行，根据《锅炉房安全管理规则》，对全市50个使用锅炉压力容器企业进行为期15天的安全生产专项检查，查出安全隐患178处，发出整改通知书76份。

2002年，市安全生产监督管理局成立，市劳动局安全生产综合管理职能划归市安监局，锅炉压力容器监察职能划归市质量技术监督局。

第七节　劳动执法

一、劳动监察

1995年，市劳动局增设劳动监察大队，2003年更名为劳动保障监察大队。2007年，全市16

个乡（镇、街道）均设立劳动保障监察中队，配备兼职监察员78名。劳动监察工作以《中华人民共和国劳动法》《中华人民共和国劳动合同法》和《劳动监察条例》为依据，由专、兼职劳动监督员持"行政执法证"和"劳动保障监察证"上岗，采取日常监察、专项检查、投诉举报查处等方式，对用人单位和劳动者遵守劳动法规情况进行监察，发现违反劳动保障法律法规的行为责令改正，情节严重者给予行政处罚。监察重点是私营个体企业和乡镇企业。1995—2010年，全市进行执法大检查16次、社会保险基金追缴等专项执法检查1128次，检查各类用人单位3065家，下发劳动监察指令书和询问通知书1822份，行政处罚（处理）决定书45份，受理投诉举报案件2199起，其中非法使用女工下井作业5起，拖欠农民工工资650起，拖欠社会保险费225起。

二、劳动争议仲裁

1988年，市劳动局设劳动争议仲裁股，1995年加挂市劳动争议仲裁委员会办公室牌子，2010年与市人事局人事争议仲裁委员会办公室合并，成立冷水江市劳动人事争议仲裁院。劳动争议仲裁工作重点是做好劳动合同鉴证，审查劳动合同条款和订立程序是否合理合法，责、权、利是否明确规范。为便于监督管理，建立全市劳动合同档案库。

随着企业改制和个体私营企业的快速发展，劳动纠纷不断增多。尤其是《中华人民共和国劳动合同法》颁布实施后，劳动者依法维护自己合法权益的意识增强，劳动争议案件呈井喷式增长，案情也越来越复杂。劳动争议仲裁以事实为依据、法律为准绳，按照当事双方地位平等和以调解为主、先调解后裁决、讲求时效等原则进行。1988—2010年，共受理劳动争议仲裁申请1600多件，其中立案处理400件，部分经调解结案，调解不成的依法裁决，结案率100%。案外调解处理纠纷1200多件，经调解全部结案。2010年5月，晨峰水泥有限责任公司34名职工与用人单位就经济补偿金、加班工资发生争议，仲裁部门从立案、审理到调解结案仅用30天时间，及时调处这起群体性劳动争议纠纷。

第八节　社会保险

一、企业职工养老保险

1986年，市劳动局设立社会劳动保险事业管理站。1995年，更名为企业职工社会保险所。2003年，又变更为企业职工社会保险局，为副科级事业机构。

1988年，市内全民所有制企业和企业化管理事业单位劳动合同制工人建立养老保险关系，由企业按每人每月12.4元向社保站缴纳养老保险费，职工个人缴纳1.4元。1990年，全市92家全民企业参加社会保险统筹，为职工建立养老保险关系，参保单位按职工工资总额18%缴纳社会保险费，离退休人员的养老金由单位代发，参保单位与社保站实行差额结算。

1995年，全国统一企业养老保险制度，建立社会统筹与个人账户相结合的养老保险模式。市人民保险公司经办的集体企业职工养老保险业务移交给市社保所。1998年起，企业单位离退休人员与其他投保对象离退休费均由企业社保机构按时足额发放。2001年，进一步扩大养老保险覆盖面，市内合资企业、"三资"企业、民营企业、个体工商户和自由职业者都纳入养老保险范围。2002年前后，企业改制，全市所有企业单位职工补交或预交了养老保险费。

1988—2004年，企业离退休人员离退休费先后12次提高标准。2005—2010年，每年提高养老金基数，大幅增加企业离退休人员的离退休费。1953年12月前参加工作、有高级技术职称、因工致残、75岁以上的退休人员另有照顾增资政策。

1988—2010年，市企业职工社会保险局累计征缴养老保险基金8.97亿元，支出养老金7.33亿元，结余基金1.64亿元。2010年，全市企业职工参保3.17万人，实际缴费2.69万人，领取退休养老金1.07万人，人均979元/月。

二、机关事业单位养老保险

1994年4月，市人事局设立机关事业单位社会保险所，为副科级全民事业单位，负责全市机关事业单位工作人员养老保险费征收、管理及机关事业单位离退休人员离退休费审核、下拨和综合管理工作。1997年11月，更名机关事业单位社会保险局。

机关事业单位养老保险工作从征缴事业单位新进人员养老保险费开始，逐步将全市行政机关和事业单位（企业化管理的事业单位除外）工作人员全部纳入养老保险范围。基本养老金征缴标准为参保单位在职工作人员上年度月均工资总额24%，个人缴纳月工资3%，合计为27%。1998—2010年，机关事业单位离退休人员从1265人增加到4059人，基本养老金从人均每月446元增加到1234元。至2010年，全市参保单位367个，其中机关单位134个，全额拨款事业单位66个，差额拨款事业单位52个，自收自支事业单位115个，参保职工1.32万人，养老保险基金累计节余3362.87万元。

1998—2010年冷水江市机关、事业单位养老保险情况表

表11-3

年度	参保单位（个）	参保人数（人）	基金征缴数（万元）	离退休人数（人）	发放总额（万元）
1998	213	9637	802	1265	677
1999	216	10120	1126	1438	748
2000	216	10293	1406	1719	1409
2001	227	9454	1968	1915	1493
2002	229	9985	2129	2146	1920
2003	229	10185	2217	2311	2080
2004	229	10966	2226	2487	2232
2005	229	12151	3106	2726	3427
2006	235	12717	3087	2808	3271
2007	264	12900	3942	3298	4503
2008	283	12885	5472	3657	5279
2009	371	13177	6032	3870	5631
2010	367	13157	5866	4059	6008

三、失业保险

1986年10月，全市开始实行待业保险制度。1988年，全市参保企业单位218家，参保人数4.55万人，缴费基数按单位职工工资总额1%提取，全市共计征缴待业保险基金46.7万元。是年，1人享受待业保险待遇，每月领取基本生活费73元。1993年，缴费基数改为按企业单位职工工资总额的0.7%缴纳，个人每人每月缴纳1元。1998年，调整待业保险缴费标准，单位按职工工资总额的2%、职工个人按本人工资额的1%缴纳，市财政给予适当补助。2001年，“待业保险”更名“失业保险”。随着经济体制转变和企业改制，下岗失业人员逐年增多。是年，市委、市政府对下岗失业人员社会保障和再就业工作进行专题调研，出台一系列政策措施。一是成立“再就业办公室”。二是加大财政对再就业资金投入，每年安排160万元以上的资金用于下岗失业职工基本生活费和再就业。三是开展再就业培训，市政府每年安排25万元对下岗失业人员进行免费培训。四是制定再就业优惠政策，为下岗失业人员办理“再就业优惠证”，政府开发的公益性就业岗位向下岗失业人员倾斜。五是进行企业改革和发展民营经济，拓宽再就业渠道。

2002年，市属企业改制后，参保单位减少到

46家，职工减少至8000人。2003年，全市事业单位由合同制工人参加失业保险扩大为全员参加失业保险，参保人数增至9643人。为切实保障失业人员基本生活，失业保险金发放标准不断提高，1994年为83元，1998年提高至151元，2002年为268元，2008年为487元，2010年增加到546元。是年，全市参保单位130家，职工1.46万人，征缴基金285万元，享受失业保险待遇449人，支付失业保险金294.2万元。1988—2010年，全市累计享受失业保险待遇5950人，发放失业保险金2955万元，基金结余1296万元。

四、工伤保险

1988—2003年，全市企事业单位实行《劳动保险条例》，凡因工受伤，医药费全部报销；因工致残按致残程度，享受相应待遇；因工死亡按规定计发抚恤金、发放遗属生活补助费。2005年12月，市工伤保险局成立。该局首先以煤矿、锑矿等高危企业全员参保为突破口，逐步扩大到各类企事业单位和有雇工的个体工商户，建立全市统一的工伤保险制度。根据“以支定收、收支平衡”原则确定缴费率并实行行业差别费率。

2006年，参保单位45家，职工8875人，收缴工伤保险基金62万元，支出工伤保险费7万元。2010年，参保企事业单位增至289家、5.45万人，收缴工伤保险基金1336.35万元，支出工伤保险费1436.59万元。2006—2010年，累计征收工伤保险基金4093.9万元。参保单位发生大小事故1898起，伤1895人，死84人。按照《工伤保险条例》规定，市工伤保险局支付医疗费、伤残抚恤费、死亡赔偿费、遗属抚恤金等费用4196.59万元。

五、医疗保险

2000年8月，根据国务院《关于建立城镇职工基本医疗保险制度的决定》和省政府《关于建立城镇职工基本医疗保险实施办法》，市劳动和社会保障局设立冷水江市医疗保险管理局，为副科级全额拨款事业机构，核定事业编制12名。内设办公室、财务股、基金征缴股、医疗审核股。2005年9月，全市生育保险工作启动，市医保局增设生育保险股。2008年7月，城镇居民医疗保险开始实施，市医保局增设居民医保管理办公室，编制增至18名。

（一）城镇职工医疗保险

2000年起，按照《冷水江市城镇职工基本医疗保险实施方案》，全市所有行政机关和企事业单位均可参保。单位医疗保险基金按上年度职工工资总额的6%缴纳，职工个人按上年度月平均工资的2%缴纳，参保单位离退休人员不缴纳。医保局建立参保职工个人账户和统筹账户。同时，实行大病医疗互助制度，参保人员由单位或个人每人每年缴纳80元大病医疗互助金。是年，全市参保单位155家，职工1.23万人，征缴医保基金968万元，支付医疗费用7532人次296万元，基金节余672万元。2001年，参保单位增至213家，参保1.34万人。2009年，闪星锑业公司、冷钢纳入市医保范围，城镇职工医疗保险覆盖全市所有行政事业单位和各企业。2010年，全市参保单位529家，职工7.34万人，征缴医保基金1.19亿元，支付医疗费用2.78万人次9794万元。

城镇职工医疗保险待遇逐年提高。2000年，职工医保统筹基金支付限额为2.3万元，大病医疗互助支付限额为10万元。2006年，大病医疗互助支付限额提高至15万元。2009年，职工医保统筹基金支付限额提高至2.4万元，2.4万元以上转入大病医疗互助，不分医院级别，基金统一支付94%，个人自负6%。经批准转往省内医院治疗，自付比例由10%调整为5%。转往省外治疗，自付比例由30%调整为15%。病程较长、需连续治疗或长期服药不需住院的病人，可设立特殊病种门诊医疗。

2004年11月，医保网络系统全面运行，参保人员凭个人医保卡就医、购药。市人民医院、市中医院、锡矿山中心医院等19家医院审定为医保定点医疗机构，祥和堂大药房、老国药店等76个药店审定为医保定点零售药店。市医保局与全市定点医院和定点药店签订服务协议，条款包括服务范围、内容、质量、结算标准等，做到内容细化、指标量化，并定期检查，规范管理。

（二）居民医疗保险

2008年8月，冷水江市作为娄底市试点率先启动城镇居民医保工作。根据《冷水江市城镇居民基本医疗保险试行办法》，参保对象为境内不属于职工医保范围的城镇居民。参保人员以家庭为参保单位，筹资标准为居民子女每人每年120元，其他城镇居民每人每年240元。是年，参保6.67万人，征缴基金709万元，支付医疗费206人次、43万元，基金节余666万元。2010年，参保城镇居民增至12.56万人，征缴基金1804万元，支付医疗费3721人次、924万元，基金累计节余2019万元。参保居民因病住院医药费报销比例参照城镇职工医保标准执行。需要住院治疗而没有住院的，可申请办理家庭病床，每年可报销药费3000元。

（三）城镇职工生育保险

2005年9月，根据《娄底市城镇职工生育保险管理办法》，城镇职工生育保险正式实施，全市城镇所有用人单位都可参保。生育保险费率为参保单位职工工资总额的0.7%，个人不缴费。生育保险支付费用主要是生育医疗费、生育津贴、节育手术费和生育补助金。生育保险基金设立财政专户，专款专用。至2010年，全市参保单位546家、4.29万人，征缴基金720万元，支付生育保险费130万元，节余591万元。

第十二篇　经济综合管理

第一章　经济综述

第一节　经济发展

1988—2010 年，是全市经济社会发展从兴起到低落再到复兴的时期。冷水江由湖南中部的工业重镇，逐渐发展成为全省经济十强县市、全国中部百强县市，其发展历程可分为五个阶段。

第一阶段（1988—1990 年）。1988 年后，全市紧紧围绕经济建设中心，实行改革开放，国民经济发展成绩显著，但也遇到前所未有的挑战。1990 年是恢复建市以来最艰难的一年，农业遭受特大洪灾和持续秋旱等自然灾害，红薯、中稻、柑橘和水产品严重减产。工业生产面临市场疲软、资金紧张、三角债困扰，企业经济效益低下，亏损面增大，产品积压，少数企业处于停产、半停产状态。全市 19 家市属预算内工业企业仅 6 家盈利，13 家亏损，亏损额达 874.3 万元，产品销售收入、销售税金、每百元销售利税率及人均劳动生产率均比上年下降，导致上半年市属工业企业负增长。下半年，全市打响振兴工业总体战，深化改革，解决经济建设中的突出矛盾和关键问题，从 9 月起，经济效益逐步回升，并保持一定的发展速度。至年底，全市生产总值完成 5.94 亿元，年均递增 2.2%；地方财政收入完成 6393 万元，年均递增 12.4%；社会商品零售总额完成 2.45 亿元，年均递增 13.39%。

第二阶段（1991—1995 年）。全市进入“八五”计划实施时期，继续贯彻治理整顿和深化改革方针，确立以提高经济效益为中心的发展思路。1991 年，农业生产打破连续 6 年徘徊不前的局面，实现农业总产值 1.02 亿元，粮食总产量 5.26 万吨，与历史最高产量的 1984 年基本持平，单产创历史最高水平，平均亩产 667 千克；工业生产稳步发展，完成工业总产值 12.78 亿元，产值、产量稳步增长，经济效益大幅下滑局面得到遏制，实现扭亏为盈。1992 年，治理整顿经济秩序，物价得到有效控制，从 1995 年起逐年回落。国企在经历风险承包、目标管理、资产重组、股份制改造等一系列改革后，开始向建立规范的现代企业制度过渡。农村经济改革在巩固完善统分结合、双层承包经营责任制基础上实行股份合作等经营方式的尝试，调整所有制形式，促进各种经济成分、特别是个体私营经济的发展。至 1995 年，全市生产总值完成 21.82 亿元，年均增长 18.8%；地方财政收入完成 9652 万元，年均增长 21.3%；社会商品零售总额完成 8.6 亿元，年均增长 27%。

第三阶段（1996—2000 年）。1996 年，全市突发特大洪涝灾害，国民经济和人民财产遭受严重损失。1997 年 7 月，亚洲金融危机爆发，国家实施“低通胀”宏观调控，生产资料市场需求萎缩，全市地属以上工业企业除资氮集团公司一枝独秀外，其他企业经济效益大都呈下滑趋势。市属工业企业仍处于低迷状态，停产半停产状况严重。国有建筑企业市场竞争激烈，举步维艰，固定资产投资额急剧下降。1999 年，整体经济形势仍然艰难，大部分国有企业生产经营困境仍未改变，国企下岗职工多达 1.2 万人，城镇登记失业率 4.5%。同时，市级财源枯竭，财政资金周转困难。2000 年，调整经济社会发展战略，明确“第二次创业”的指导思想，突出“工业立市”“科教兴市”战略重点，加快国企改革和经济结构调整，刺激城乡居民消费，扩大就业和再就业，推进计划体制改革。是年，国企改革取得成效，结束连续5年整体性亏损局面，国企3年脱困目标基本实现。全年完成生产总值29.02亿元，其中第一产业增加值1.83亿元，第二产业增加值15.6亿元，第三产业增加值11.6亿元。社会商品零售总额11.91亿元，比上年增长10.7%。地方财政收入1.42亿元，比上年增长6.39%。

第四阶段（2001—2005年）。全市以争当娄底后发赶超排头兵、争创全省经济强市为目标，实施"工业强市""民营富市"发展战略，贯彻执行国家宏观调控政策，加速推进工业化、城镇化和农业产业化，国有企业改革深入推进，民营经济快速发展，整体经济形势步入1997年以后最好时期。2005年，冷水江市被省委、省政府确认为全省经济十强县市，在娄底市"三个文明"建设综合考核中排名第一。是年，全市经济总量和人均水平跨上新台阶。实现生产总值63.75亿元，比上年增长20.3%；人均GDP达1.83万元，创历史最高水平；一般财政预算收入2.35亿元，比上年增长22.8%，首次突破2亿元大关；社会商品零售总额18.17亿元，比上年增长13.7%。

第五阶段（2006—2010年）。在"十一五"规划实施时期，冷水江市先后获得"比照实施西部大开发""全国资源枯竭城市转型和可持续发展""湘江流域重金属污染治理"等重大政策支持。2008年，湖南省、娄底市属企业改制工作完成，改一家活一家，大一家强一家。是年，全市生产总值99亿元，人均生产总值首次突破3万元，达3.35万元。2009年3月，国务院批准冷水江市为全国第二批32个资源枯竭城市之一，为全市经济可持续发展提供广阔政策空间和资金支持。12月，市委八届四次全会通过《中共冷水江市委关于对接融入长株潭"两型"社会建设，加快推进"一转三化"战略的决定》，确定"一转三化"战略，实现主导产业从地下向地上转、从自给自足向依靠市场转、从粗放型传统经济向高科技集约型经济转、从过去输出原材料向产业链条延伸转，计划用10年左右时间，着力打造"一城两中心三基地"（山水园林生态工业新城，地区商贸物流中心和区域性金融中心，重要能源原材料基地、现代冶金化工建材生产和技术研发基地、特色农产品生产加工基地)，把冷水江建成湖南中西部重要的区域性中心城市。此后，全市以产业结构调整改造、城市扩容提质、生态环境保护与治理、新农村建设等为工作重点，大力推动经济、城市、生态、社会转型，经济形势呈现提质增效的好局面，各项社会事业取得新的发展。2010年，全市生产总值148.94亿元，比上年增长19.1%；地方财政收入7.14亿元，比上年增长28%；社会商品零售总额41.99亿元，比上年增长20.1%。第一产业增加值5.23亿元，第二产业增加值104.09亿元，第三产业增加值39.62亿元，其中规模以上工业增加值72.35亿元。从2004年起，冷水江市连续7年位居全省县域经济十强，是娄底市唯一的全省经济强县市。

2004—2010年冷水江市在湖南省县域经济十强县市排名一览表

表12-1

排名	2004年	2005年	2006年	2007年	2008年	2009年	2010年
1	长沙县	长沙县	长沙县	长沙县	长沙县	长沙县	长沙县
2	浏阳市	浏阳市	浏阳市	浏阳市	浏阳市	浏阳市	望城县
3	望城县	望城县	望城县	望城县	望城县	望城县	浏阳市
4	资兴市	资兴市	冷水江市	宁乡县	宁乡县	宁乡县	宁乡县
5	醴陵市	冷水江市	宁乡县	醴陵市	醴陵市	醴陵市	醴陵市
6	冷水江市	宁乡县	醴陵市	耒阳市	冷水江市	冷水江市	冷水江市

续表 12-1

排名	2004 年	2005 年	2006 年	2007 年	2008 年	2009 年	2010 年
7	宁乡县	醴陵市	耒阳市	冷水江市	耒阳市	耒阳市	资兴市
8	桂阳县	永兴县	攸县	资兴市	资兴市	湘潭县	耒阳市
9	永兴县	耒阳市	汨罗市	攸县	攸县	攸县	攸县
10	湘乡市	攸县	石门县	湘潭县	湘乡市	资兴市	汨罗市

1988—2010 年冷水江市经济发展主要指标一览表

表 12-2　　　　单位：万元

年　度	生产总值	人均生产总值	地方财政收入	固定资产投资	社会商品零售总额
1988	55539	0.18	5045	13070	22705
1989	59159	0.19	5928	11106	23753
1990	59346	0.19	6393	10833	24496
1991	66612	0.21	8017	15755	29422
1992	93445	0.29	8202	23787	36322
1993	130620	0.36	11346	34269	67006
1994	175429	0.46	7766	36296	72892
1995	218233	0.54	9652	51386	86009
1996	248264	0.65	10881	50427	92499
1997	263294	0.73	11591	45528	104408
1998	282147	0.77	12527	45541	96831
1999	269599	0.84	13326	38894	107641
2000	290157	0.92	14178	46088	119193
2001	313705	1.00	14605	35206	116362
2002	329432	1.05	13984	48195	127201
2003	387317	1.24	15141	71230	137505
2004	483731	1.55	19148	194667	159781
2005	637545	1.83	23521	313367	181680
2006	754615	2.24	29419	306110	207298
2007	871397	2.93	38351	331270	244431
2008	997729	3.35	46456	362282	302380
2009	1250323	3.5	55755	376189	348334
2010	1489442	4.34	71363	610464	419907

第二节 经济结构

一、所有制结构

（一）农业所有制结构

20 世纪 80 年代，冷水江农村全面推行家庭联产承包责任制，土地为集体所有，个人承包经营。90 年代中期，农村剩余劳动力前往广东、浙江等沿海一带打工者逐年增多，农田弃耕抛荒现象严重，农村土地经营方式发生一些变化，出现土地以户为单位经营转向劳动力多、有丰富农事经验的农业专业户经营的趋势。

1997 年，全市农村开展土地延包工作，土地延包期从 1999 年 1 月 1 日起至 2028 年 12 月 31 日，共有 3.62 万户农户签订承包合同书，农民拥有了长达 30 年的土地经营使用权。

2005 年，根据农业部颁发的《土地承包经营权流转管理办法》，市政府鼓励农民在依法、自愿、有偿的原则下，流转土地承包经营权。2009 年，市政府出台《农村土地经营权流转实施细则》，指导和规范农村土地流转工作，初步形成土地流转机制。至 2010 年，全市实现土地流转面积共计 2486 公顷，出现了渣渡镇富康油茶种植开发有限公司、矿山乡高峰金银花种植专业合作社、锑山镇眉山村葡萄专业合作社等土地流转大户，农业产业集约化、规模化经营不断发展壮大。

（二）工业所有制结构

20 世纪 90 年代，为适应经济发展，执行国家有关产业政策，针对全市工业企业生产经营体制陈旧、经济效益低下、资产负债率过高、银行贷款过多、政府负担过重等问题，市委、市政府根据国家有关政策，从 1993 年始，对全市工业企业分期分批实施股份制改造、租赁经营、破产重组、产权置换等改革，市属 53 家国有、集体工业企业，除政策性关停和严重亏损、技术落后自然淘汰的企业外，其余在 10 余年内全部完成改制工作。域内的 11 家中央、省、地属企业也完成经营机制转换和产权制度改革。全市工业企业实行政企分开、自主经营、自担风险、自负盈亏，成为市场经济的主体，工业所有制结构呈现多种经济成分并存、公有经济占比下降、民营经济占比上升的格局。至 2010 年，全市有规模以上工业企业 124 家，其中：国有工业企业 4 家，占 3.23%；集体、股份制及其他工业企业 92 家，占 74.2%；私营工业企业 26 家，占 21%；外商投资工业企业 2 家，占 1.61%。

（三）商业所有制结构

1988 年始，全市流通体制改革在计划经济与市场经济相结合理论的指导下稳步推进，国家除对关系国计民生的重要商品实行计划调控外，其他商品放开价格。商贸流通企业实行内部承包、租赁经营、国有民营等改革，把商业企业全面推向市场。1990 年，全市社会商品零售总额 2.45 亿元，其中：国营商业零售总额 9576 万元，占 39.1%；集体商业零售总额 4949 万元，占 20.2%；个体、私营及其他经济商业零售总额 9972 万元，占 40.7%。1993 年，国有商业实行“大包干”和“四放开”改革（经营放开、用工放开、价格放开、分配放开），国有和集体商业呈现良好发展势头。是年，全市社会商品零售总额 6.7 亿元，其中国营商业零售总额 3.18 亿元，占 47.5%；集体商业零售总额 1.52 亿元，占 22.7%；个体、私营及其他经济商业零售额 1.99 亿元，占 29.8%。

2000 年后，国有商业企业实行产权制度改革。2001 年，供销社系统开始对城区直属公司和农村基层供销社进行产权制度改革，至 2003 年，全系统捆绑实行“两个置换”改革，整体改制企业 10 个，公开拍卖处置资产 118 处，筹集资金 4163 万元，化解银行债务 4820 万元，有 1514 名职工与企业解除劳动关系，支付职工置换身份补偿金 1362 万元。同时，其他国有或集体商业企业，如市副食公司、五金公司、锑都大厦、百货公司、饮食公司等 18 家商贸流通企业陆续进行产权制度改革，商贸流通领域逐步形成“三多一少”（多种经济成分、多条流通渠道、多种经营方式，减少流通环节）经营体制，个体私营经济得到快速发展。

2010 年，商贸流通领域“国退民进”，个体私营商业成为市场主体。全市有限额以上批发企业 9 家（国有企业 1 家、有限责任公司 4 家、私营企业 4 家），限额以上零售企业 25 家（国有企业 1

家，有限责任公司 6 家，股份有限公司 3 家，私营企业 14 家，其他企业 1 家），限额以上住宿企业 4 家（国有企业 1 家，有限责任公司 2 家，私营企业 1 家），限额以上餐饮企业 3 家（内资企业 1 家，私营企业 2 家）。

二、产业结构

1988 年，全市生产总值 5.55 亿元，第一、二、三产业结构之比为 8.8∶72.5∶18.7。此后，全市通过经济体制改革，大力发展个体私营经济，第三产业得到较快发展。1995 年，生产总值 21.82 亿元，第一、二、三产业结构之比为 7.1∶59.5∶33.4。

2000 年，全市生产总值 29.02 亿元，第一、二、三产业结构之比为 6.9∶55.9∶37.3。经济结构呈现第一产业比重稳定，第二产业比重下降，第三产业比重明显提高的发展格局。

2003 年后，全市工业化、城镇化进程加快，第二产业所占比重上升。2005 年，生产总值 63.75 亿元，第一、二、三产业结构之比为 4.5∶65.1∶30.4。2010 年，生产总值 148.94 亿元，第一、二、三产业结构之比为 3.5∶69.9∶26.6。1988—2010 年，全市产业结构总体上呈现以第二产业为主导、第三产业发展较平稳、第一产业所占比重较小的发展格局。

三、工业行业结构

冷水江是工业城市，冶金、煤炭、电力、化工、建材 5 大重点支柱产业以及医药、服装、机械制造等行业构成市内工业的基础。1988 年，全市工业总产值 5.08 亿元，有煤炭开采企业 41 家，年产值 4978 万元，占 9.8%；有黑色、有色金属采选和冶炼企业 21 家，年产值 1.19 亿元，占 23.43%；有电力生产和供应企业 4 家，年产值 1.72 亿元，占 33.86%；有建材及其他非金属矿采选、制造企业 44 家，年产值 2855 万元，占 5.62%；有化学工业企业 16 家，年产值 8508 万元，占 16.75%。以上 5 大工业占全市工业总产值的 89.45%，其他工业企业仅占工业总产值的 10.55%。至 2010 年末，全市有规模以上黑色、有色金属采选、冶炼、压延加工企业 18 家，年产值 154.86 亿元，占 61.39%，比 1988 年上升 37.96 个百分点，占据全市工业经济的半壁江山，生产生铁、粗钢、钢材、铁合金、锌、锑品、金属坚固件等产品；有规模以上煤炭开采和洗选企业 70 家，年产值 24.52 亿元，占 9.72%；有规模以上化学原料及化学制品企业 9 家，年产值 18.57 亿元，占 7.36%，生产硫酸、盐酸、烧碱、尿素等产品；有规模以上电力生产企业 2 家，年产值 25.62 亿元，占 10.16%。除建材工业出现滑坡外，其他冶金、煤炭、化工、电力四大工业占全市工业总产值的 88.63%，仍然为全市工业经济的主体。

在工业经济中，轻、重工业比例严重失调。1988 年，全市重工业占工业总产值 94.73%，轻工业占工业总产值 5.27%。20 世纪 90 年代，随着产业结构调整，轻、重工业比例有所变化。1995 年，轻工业占工业总产值 17%，比 1988 年上升 11.73 个百分点。2000 年后，随着钢铁业和锑业的发展，轻、重工业比例失衡又加大，2010 年，重工业占工业总产值 96.6%，轻工业仅占工业总产值 3.4%。

四、农村经济结构

全市农村工作贯彻“决不放松粮食生产，积极发展多种经营”方针，在抓好种植业的同时，注重抓好养殖业、农村工副业和蔬菜生产，重点发展粮食、木材、油菜、花生、茶叶、柑橘、蔬菜生产和养猪、养鸡、养鱼业。1988 年，全市农业总产值 5868 万元，其中，种植业 2339 万元，占 39.86%；林业 306 万元，占 5.22%；牧业 2632 万元，占 44.85%；副业 294 万元，占 5.01%；渔业 297 万元，占 5.06%。实现粮食总产 4.73 万吨，肉猪产量 6560 吨，家禽出笼 23.9 万羽，水产品产量 660 吨。同时，大力发展城郊农业，城郊型农业产业结构逐渐形成，至 1990 年，先后开发岩口生态养殖场，大洲、新民、余元等 4 个蔬菜基地，岩口、中连、铎山等商品猪和同兴渔场等农副产品基地。2005 年，大力发展种养大户，农业产业结构不断优化，“公司+农户+基地”和“一村一品”产业结构和经营模式初步形成，畜牧、蔬菜、果品三大支柱产业产值占农林牧渔业总产值的比重达 73.69%。2010 年，全市农林牧渔业总产值共计 8.65 亿元，其中：农业增加值 2.25 亿元，占 26.01%；林业增加值 0.23 亿元，占 2.66%；牧业增加值 5.78 亿元，占 66.82%；渔业增加值 0.32 亿元，占 3.7%；农林牧渔服务业增加值 0.08 亿元，占 1%。

五、投资结构

1986—1990 年，受国家治理整顿宏观经济和压缩基建规模政策影响，全市固定资产投资总量有的年度增加不多，有的年度不增反降，5 年累计完成固定资产投资 3.57 亿元，主要投向城市基础设施建设、企业技改、学校建设等方面。主要重点工程有：冷江大桥建设，平板玻璃厂技术改造，冷水江师范、市中等中医职业技术学校、市工业职业中专、资江化工学校、冷水江铁焦总厂技工学校等学校基础设施建设。

1991—1995 年，全市累计完成固定资产投资 16.15 亿元，比“七五”期间增加 12.58 亿元。1991—1992 年，资江氮肥厂改扩建工程完成投资 8781 万元，占固定资产投资总额 7.24%。1993 年，全市工业新上技改项目 69 个，建成投产 18 个，完成投资额 9550 万元，占固定资产投资总额 7.59%。其他主要重点投资项目有：程控电话大楼、禾青 11 万伏变电工程、市制药厂肝复乐生产线、锑都中路改造等。

1996—2000 年，全市累计完成固定资产投资 22.65 亿元，比“八五”期间增加 9.37 亿元。其间，市政公用设施建设完成投资 1.04 亿元，占总投资 4.6%；锡矿山矿务局锌厂投资 2.5 亿元，占总投资 11%。其他重点投资项目有：兴建火车东站站房、市广电大厦建设，修建市乡公路 234.45 千米，湘黔铁路株六复线基本建成，改造金竹西路、金竹东路、1808 线金毛段。

2001—2005 年，全市累计完成固定资产投资 66.27 亿元，比“九五”期间增加 43.62 亿元。其间，市政公用事业设施建设投资 2.7 亿元，占总投资的 4.1%，旧城区临街面改造完成投资 1.5 亿元，占总投资的 2.26%。其他重点投资项目有：完成城乡电网改造，新建移动基站 59 座，完成通乡公路改造 65 千米、通村公路改造 280 千米，兴建、改造学校 20 所，人民医院传染病区、疾病预防控制中心、妇幼保健院医技综合楼主体工程竣工。

2006—2010 年，全面执行“十五”计划，企业改扩建和技改项目竣工，开发城东生态城，加强城市基础设施建设，投资空间拓宽，融资渠道增多，投资总额快速增长，全市累计完成固定资产投资 198.6 亿元，为“十五”期间固定资产投资额的 2.99 倍。其间，金电一、二期扩建工程完成投资共计 67.17 亿元，占 33.82%；冷钢完成中宽带改造工程、煤气发电工程、高速线材工程等项目共计投资 15.53 万元，占 7.82%；浪石滩水电站建设共完成投资 3.4 亿元，占 1.71%。城市路网建设共投资 4.59 亿元，占 2.31%。其他主要重点投资项目有：滨江公园一期工程竣工，污水处理厂投入运行，垃圾填埋场主体工程开工建设，金竹东路和沿江路“白改黑”工程完工，天宇大厦、滨江豪苑、金泰花园等房地产项目成功开发，新建廉租房 7510 平方米，改造工矿企业筒子楼、兴建住宅 784 套。

第三节　居民生活

1988—2010 年，全市国内生产总值（GDP）由 5.55 亿元增加到 148.94 亿元，人均 GDP 由 1819 元增加到 4.34 万元，增长 10.25 倍（本节涉及的增长速度均扣除价格因素），年均增长 11.1%。23 年间，随着市域经济和社会事业的快速发展，全市城乡居民收入持续增长，生活水平和生活质量不断提高。

一、城镇居民生活

1988 年，全市城镇居民人均可支配收入 1183.6 元，其中全民单位职工年平均人数 5.46 万人，年人均工资 1902 元。城镇集体职工年平均人数 1.17 万人，年人均工资 1354 元。进入 20 世纪 90 年代，随着各项改革的深化，城镇居民就业渠道不断拓宽，收入水平不断提高，全市城镇居民人均可支配收入从 1991 年的 1556.62 元增加到 1995 年的 4132.74 元，年均增长 8.2%。20 世纪 90 年代末，国有、集体企业改制、改组、破产，国有在岗职工逐年减少，私营业主、个体从业人员不断增加。有一技之长的职工买断工龄、解除劳动关系后，自谋职业，获得比原来更高的收入。一些无技术、年龄偏大的人则找不到工作，成为无业人员，生活靠其他家庭人员供养。有些家庭成员都在企业工作，下岗失业后整个家庭没有固定工资收入，成为生活水平最低的弱势群体，国家实行最低生活保障线来保证他们的基本生活。2000 年后，城镇居民恩格尔系数稳定在 50%以下，开始步入小康阶段。2010 年，全市城镇单位从业人员年平均工资 2.79 万元，其中国有单位人均工资 2.73 万元，集体单位人均 2.58 万元，其他单位人均 3.04 万元。城镇居民人均可支配收入 1.8 万元，比 1988 年的 1183.6 元增加 1.69 万元。人均消费支出 1.05 万元，比 1988 年的 1122.2 元增加 9383.8 元。人均居住消费支出和人均住房面积从 1988 年的 36 元、8.9 平方米增加到 2010 年的 502 元、29.86 平方米。每百户拥有洗衣机 57.1 台、电冰箱 59.6 台、照相机 16 台、空调 31.1 台、彩电 120 台、家用电脑 44 台、摩托车 31 辆、家用汽车 3.1 辆、固定电话 64 台、移动电话 148 台。

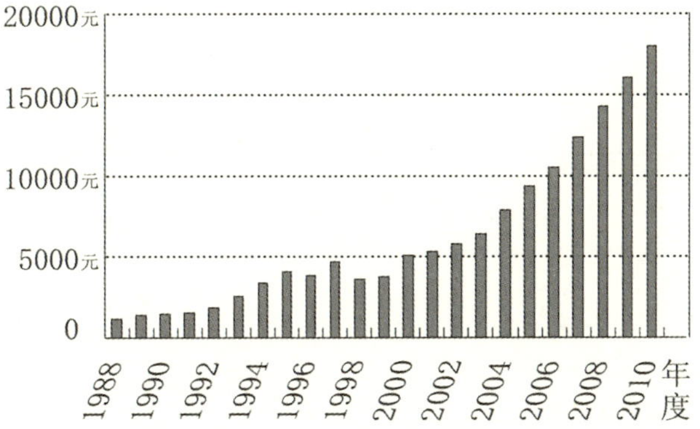

图 12-1　1988—2010 年冷水江市城镇居民人均可支配收入图

二、农村居民生活

1988 年，全市农村居民年人均纯收入 496 元，其中来自集体统一经营收入 46 元，家庭经营收入 355 元，其他非生产性收入 95 元。进入 20 世纪 90 年代，乡镇企业迅速发展，农村专业户、科技示范户迅速崛起，活跃了农村经济，农村居民收入持续稳步增长。1991—1996 年，农村居民人均纯收入从 624 元增加到 1943 元，年均增长 9.1%。1997—2003 年，由于受亚洲金融危机影响，农村居民人均纯收入年均增长仅 2.9%。2004 年后，亚洲金融危机逐渐平息，全球经济开始复苏，市委、市政府完善和稳定各项惠农政策，调整农业产业结构，外出打工劳动力迅速增加，全市农村经济呈现快速发展势头。2005 年，农村居民恩格尔系数首次低于 50%，农村居民生活实现由温饱到总体小康的历史性跨越，农村居民人均纯收入每年增幅均在 8%以上。2010 年，农村居民年人均纯收入 7278 元（其中工资性收入 4134 元、家庭经营收入 2367 元、财产性收入 257 元、转移性收入 520 元），比 1988 年的 496 元增加 6782 元。农村居民人均生活消费支出 3500 元，比 1988 年的 401 元增加 3099 元。

（一）吃

1988 年后，农村居民饮食逐步注意精细、营养。2010 年，人均食品消费支出 1970 元，比 1988 年的 218 元增加 1752 元，年均增长 4%。人均粮食消费 174 千克，比 1988 年的 182 千克减少 8 千克。人均水果消费 22.04 千克、肉禽消费 42.33 千克、食用油消费 8.23 千克，比 1988 年的 2.53 千克、23.94 千克、5.7 千克分别增加 19.51 千克、18.39 千克、2.53 千克。糖、烟、酒人均消费量比 1988 年均增加一倍以上。

（二）穿

进入 20 世纪 90 年代，农村居民买布做衣服的逐步减少，大多以购买成衣服装为主。1993 年，国家取消布票后，衣着消费迅速增长，形成“时尚、高雅、流行、漂亮”的穿着观念，西服、皮鞋成为农村居民的日常穿着。特别是青年男女，越来越讲究穿着的款式、花色、质量和舒适度。高档床上用品成为农村青年婚嫁的必备妆奁。2010 年，农村居民各种成衣人均消费量为 3.2 件，鞋类 2.05 双，人均衣着消费支出 281 元，比 1988 年的 37 元增加 244 元，平均每年增长 4.9%。

（三）住

1988 年，农村居民人均住房面积 12.57 平方米，土砖房及土木结构房占 80%，钢筋混凝土结构房占 4%，其他结构房占 16%，厨厕配套房很少。20 世纪 90 年代，农村居民居住条件有较大改善，住房面积增加。2000 年后，新建房屋地面和外墙大都铺贴瓷板，内部结构大多仿照城镇住房建造，讲究宽敞、舒适、美观、适用，客厅、卧室、厨房、卫生间齐全，有的还建有家庭自来水。2010 年，农村居民人均住房面积 28.22 平方米，比 1988

年增加 15.65 平方米。人均居住消费支出 781 元，比 1988 年的 96.7 元增加 684.3 元，平均每年递增 5.2%。所建住房中，砖木结构房占 85%，钢筋混凝土房占 15%，厨厕配套房占 76%。

（四）用

1988 年，全市农村无一台家庭电话机。1993 年，农户开始安装家庭电话。1994 年，普通农村居民家庭购置衣柜、沙发等各种家具，电风扇、电视机普及每家每户，摩托车、电冰箱、电话、手机、电脑、电磁炉、微波炉逐渐进入农民家庭。1996 年，每百户农村居民拥有洗衣机 20 台、电冰箱 22 台、空调 2 台、彩电 27 台、固定电话 20 台、小汽车 1.2 辆。人均家庭日用品消费、文娱教育消费、交通通信消费、医疗保健消费分别为 261 元、349 元、247 元、259 元，比 1988 年的 24.4 元、9.4 元、4.2 元、8.8 元分别增加 236.6 元、339.6 元、242.8 元、250.2 元。2010 年。农村居民开始享受大病医疗保险，农村基本扫除青壮年文盲和基本普及九年义务教育，自费外出旅游成为部分富裕农村居民的消费时尚。

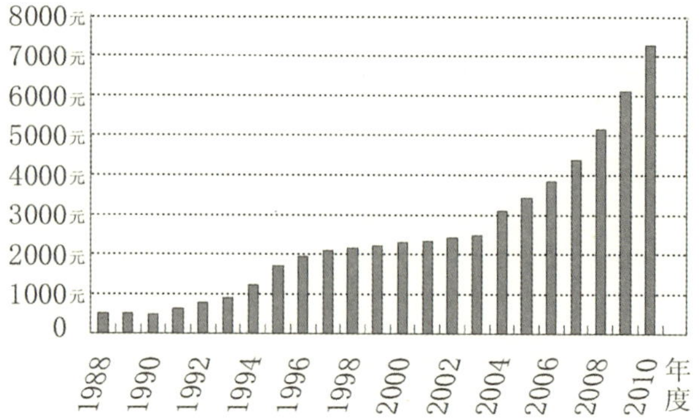

图 12-2　1988—2010 年冷水江市农村居民人均纯收入图

1988 年与 2010 年冷水江市居民生活情况对比表

表 12-3　　单位：元

项　　目	1988 年	2010 年	增加	年均增长（%）	项　　目	1988 年	2010 年	增加	年均增长（%）
居民人均个人存款	396	17372	16976	12.5	城镇居民人均可支配收入	1183.6	18036	16852.4	5.7
农村居民人均纯收入	496	7278	6782	7.5	城镇居民人均生活消费支出	1122.2	10506	9383.8	6.1
农村居民人均生活消费支出	401.3	3500	3098.7	4.4					

第二章　计划管理

计划管理由市计划委员会（简称市计委）负责。1988 年，市计委内设人事教育组、计划综合组、基建计划组、物资计划组、办公室，定编 14 人。1994 年 9 月，撤销市计委、物价局，设立市计划物价局，内设 3 个综合办公室，定编 66 人。1996 年 11 月，计委、物价分设，恢复市计划委员会。2002 年 6 月，市计委更名市发展计划局，内设办公室（加挂人事教育股牌子）、投资股、社会股、发展规划办公室（加挂综合股、招投标管理办公室和开发区管理办公室牌子）、工交农业股、第三产业办公室（加挂外经财贸股牌子），定编 17 人。下辖市经济研究信息中心、重大建设项目前期工作办公室、经济技术协作办公室 3 个直属正科级机构，定事业编 9 人。2005 年 1 月，市发展计划局更名市发展和改革局（简称市发改局），只作职能、名称调整，人员、编制、内设和下辖机构未变。2010 年，全局有工作人员 29 人。1988—2010 年，市计委（发改局）先后由谢原法、余振亚、陈俊荣、杨最新、李福鸿、肖平、姜少文任党委（党组）书记，谢原法、余振亚、陈俊荣、杨最新、姜少文任主任（局长）。

第一节　计划体制改革

1988年后，计划工作贯彻"以计划经济为主，市场调节为辅"方针，国家计划物资逐步放开，指令性计划范围逐步缩小，市场调节范围不断扩大。1990年，坚持治理整顿和深化改革方针，集中资金，保证重点，压缩投资规模，调整投资方向，计划工作重点由年度计划转向中长期计划的研究与制定。1991年，贯彻中央"调整、改革、提高、发展"方针，坚持计划经济与市场调节相结合的原则，全市计划安排主要工业品22种，预分配计划物资包括钢材、水泥、生铁、焦炭、钢、铝、铅、锌、铜材、铝材、烧碱、元钉、镀锌丝13种。同时，继续控制固定资产投资规模，调整投资结构，规范投资行为，控制一般建设，保证重点项目，优先安排农业、交通、能源、通信和重要原材料建设。1992年，指令性计划和平价物资供应量继续减少或取消。

1993年起，计划工作突出宏观性、战略性和政策性，计划管理由过去的直接管理为主转向间接管理为主，由过去的微观管理转向宏观调控管理，调控形式从以指标管理为主转向以政策指导为主，调控手段从行政手段为主转向经济手段为主，调控范围从管理全民所有制经济活动转向对全社会经济活动进行指导和调控。1994年，25种主要农产品指令性计划全部取消，工业指令性计划产品下降至4.5%，分配物资减少到11种，收购和调拨商品减少到10种。

1995年以后，随着市场经济体制的初步建立，取消计划物资供应，计划工作职能主要抓全市重大经济战略研究，对经济运行进行监测、预报和分析，加强对建设项目的筛选和可行性研究，争取项目建设资金，编制全市国民经济和社会发展中长期计划，培育、发展和完善市场体系。

第二节　计划编制与执行

一、"七五"计划（1986—1990年）

1987年3月，《冷水江市"七五"时期国民经济和社会发展计划》经市五届人大一次会议审议通过。

执行情况：至1990年，全市生产总值完成5.94亿元，年均递增2.2%；地方财政收入完成6393万元，年均递增12.4%；社会商品零售总额完成2.45亿元，年均递增13.39%。城乡居民年末人均储蓄余额由1985年的126元增至626元，农民人均纯收入由317元增至574元，城镇居民人均生活费收入由668元增至1231元，年末居民人均居住面积7.14平方米。

"七五"期间，累计完成固定资产投资3.57亿元，新增固定资产2.09亿元。新增生产能力有：原煤100万吨，生铁9万吨，合成氨3万吨，尿素2万吨，纯碱2万吨，水泥24万吨，平板玻璃50万重量箱，中波瓦20万张，电石1万吨，乙炔气8万瓶，毛巾50万条，棉纺锭5000锭。在重点保证冷江大桥建设的同时，完成了布溪新区详细规划、岩口镇规划、园林建设规划以及市区主要街道的改造。新建冷水江师范、市中等中医职业技术学校、市工业职业中专、资江化工学校、冷水江铁焦总厂技工学校等中等专业和职业学校。新建市人民广播电台、电视转播台、教育电视台。创办《冷水江报》。

二、"八五"计划（1991—1995年）

1992年3月19日，《冷水江市国民经济和社会发展第八个五年计划纲要》经市六届人大三次会议审议通过。

执行情况："八五"计划执行情况良好，主要指标基本完成或超额完成。至1995年，全市生产总值完成21.82亿元，年均增长18.8%；地方财政收入完成9652万元，年均增长21.3%；社会商品零售总额完成8.6亿元，年均增长27%。城镇居民人均生活费收入年均增长24.7%，农民人均纯收入年均增加243元。

"八五"期间，累计完成固定资产投资16.15亿元。1991年，资江氮肥厂扩建工程完成投资4181万元，程控电话大楼竣工，完成商品房投资154万元，冷江大桥建成通车，完成沙青路大修任务，广场路拉通，菊花井路建成沙石路面，集中水厂二期工程验收交付使用。1992年，资江氮肥厂扩建工程完成投资4600万元，市制药厂肝复乐生产线、禾青11万伏变电工程、禾青自来水厂、冷江大厦等项目建设全面铺开。锑都中路1080米路面改造全部完成，江北路全线拉通并铺上砂石路面，锑都北路和沙禾公路基本建成砂石路面，冷江大桥广场和建新路岔路口改造基本完成。冷新路菊花井段和中心小学路完成路面改造。1993年，全市工业新上扩改项目69个，建成投产18个，完成投资9550万元。郭禾公路开始建设，湘黔铁路境内沿线电气化工程和东站扩建工程全面展开，禾青11万伏变电站竣工。

三、"九五"计划（1996—2000年）

1996年3月15日，《冷水江市国民经济和社会发展第九个五年计划纲要》经市七届人大四次会议审议通过。

执行情况：2000年与1995年相比，全市生产总值由21.82亿元增加到29.02亿元，年均增长11.68%。人均生产总值由5387元增加到9176元。市级财政收入由9652万元增加到1.42亿元，年均增长7.9%。经济结构呈现第一产业比重稳定、第二产业比重下降、第三产业比重明显提高的发展格局。第三产业增加值由5.9亿元增加到11.44亿元，年均增长14.16%。城乡居民收入保持稳定增长，人民生活明显改善。农民纯收入由1695元增加到2293元，年均增长6.23%；城镇居民可支配收入由4132元增加到5068元，年均增长4.17%；城乡居民存款余额由8亿元增加到16亿元，年均增长14.87%。

"九五"期间，累计完成固定资产投资22.65亿元，比"八五"期间增加9.37亿元。市政公用设施建设完成投资1.04亿元，比"八五"期间增加2000万元，增长23.8%。新建火车东站站房、广电大厦、10千伏变电站2个、5千伏变电站1个、邮电和电信局（所）11个。改造金竹东路、金竹西路、1808线金毛段，修建市乡公路234.45千米。自来水厂扩建及防洪堤建设工程顺利进行。湘黔铁路株六复线基本建成。锡矿山矿务局锌厂扩建工程、冷水江钢铁总厂炼钢工程完工，大乘资氮集团科技新产品开发、市制药厂肝复乐等一批科技含量高、效益好的项目相继建成投产。

四、"十五"计划（2001—2005年）

2001年3月20日，《冷水江市国民经济和社会发展第十个五年计划纲要》经市八届人大五次会议审议通过。

执行情况：2005年，全市生产总值完成63.75亿元，年均增长13.8%。人均生产总值由2000年的9176元增加到1.83万元。地方财政收入由2000年的1.42亿元增加到2.35亿元，年均增长10.65%。实现社会商品零售总额18.2亿元，年均增长8.83%。城镇居民人均可支配收入由2000年的5068元增加到9372元，年均增长12.9%。农民人均纯收入由2000年的2293元增加到3429元，年均增长10.5%。

"十五"期间，累计完成固定资产投资66.27亿元，比"九五"期间增加43.62亿元。市政公用事业设施建设投资2.7亿元。旧城区临街面改造完成投资1.5亿元，建筑面积18万平方米。城乡电网改造完成，冷水江220千伏变电站开工建设。禾青、岩口、铎山等中心城镇建设步伐加快，三尖乡顺利实现撤乡建镇，期末城镇化水平达到67.78%。电信光缆覆盖全市所有行政村，移动和联通公司新建通信基站59座，形成较为完善的通信网络。完成通乡公路改造65千米，通村公路建设改造280千米。公安局看守所改造工程、检察院技侦大楼、法院审判综合大楼开工建设。兴建、改造中小学20所、建筑面积2.2万平方米。人民医院传染病区、疾病预防控制中心竣工，妇幼保健院医技综合楼完成主体工程，改造乡镇卫生院5所、建筑面积5000平方米。乡镇建有线电视网络10个、用户1.58万户。

五、"十一五"规划（2006—2010年）

2006年3月18日，《冷水江市国民经济和社会发展第十一个五年规划纲要》经市九届人大五次会议审议通过。"十一五"规划与以往五年计划相比，从内涵到形式都有相应变革，将"计划"更名为"规划"，灵活确定规划期限，不再要求所有规划都以5年为期编制。

执行情况：2010年，全市生产总值达到148.94亿元，较2005年增加85.2亿元，年均增长14.5%，高于全省、娄底市平均发展水平；人均生产总值由 2005 年 1.83 万元增加到 4.34 万元；地方财政收入由 2005 年 2.35 亿元增加到 7.14 亿元；实现社会商品零售总额 42 亿元，年均增长 18%；城镇居民人均可支配收入由 2005 年 9372 元增加到 1.8 万元，年均增长 14.5%；农民人均纯收入由 2005 年 3429 元增加到 7279 元，年均增长 16.3%。

“十一五”期间，累计完成固定资产投资 198.6 亿元。金电一、二期扩建工程竣工投产。冷钢先后完成 50 万吨铆螺钢、30 万吨小螺纹钢、3 万立方米转炉煤气柜、60 万吨高速线材、950 中宽带钢等项目。天宝 30 万吨紧固件一期、天利板业一期、金鹰服饰城、三 A 公司 1 万吨二氧化硅气凝胶、浪石滩水电站、湖南宜化 7 万吨甲醇扩建、晨峰公司 100 万吨水泥粉磨生产线一期等工业项目建成投产。博尼尔国际大酒店、武陵城、新天地购物广场、红双喜建材市场、汇美天下建材家具城、鑫盛建材家居城、东站农产品综合批发市场、商业步行街等第三产业项目建成运营。天宇大厦、滨江豪苑、金泰花园、佳泰家、山水名城等房地产项目成功开发。冷水江矿区采矿沉陷区综合治理工程顺利实施，桃园小区北组团建成入住、南组团完成一期工程建设。新行政中心开工建设，滨江公园一期工程建成，污水处理厂投入运行，垃圾填埋场主体工程开工建设。金竹东路“白改黑”、沿江路“白加黑”、冷江大桥维修及锑都中路硬化、美化、亮化工程竣工，城市背街小巷道路全部硬化，资江大道跨铁路桥完成主体工程，群丰路拉通基础路面，沪昆高铁、娄怀高速冷水江段开工建设。金竹汽车站建成投入使用。城乡电网和管线入地改造大部分完成，锑都 220 千伏变电站、沙塘湾 110 千伏变电站建成使用。城区自来水完成取水口异址改造，水质明显改善。妇幼保健院医技综合楼建成投入使用，人民医院异地扩建工程完成选址征地。其间兴建、改造中小学 20 所，完成中小学危房改造 2.2 万平方米，兴建廉租房 7510 平方米，改造工矿企业筒子楼、兴建住宅 784 套，完成住房保障户数 2644 户。

第三节　固定资产投资项目审批

1988 年，全市所有全民、集体、个体所有制单位及其他经济形式的投资纳入固定资产投资计划，分别实行指令性计划和指导性计划。1989 年，教育战线投资纳入计划投资规模。要求省地安排补助投资或生产所需原材料、燃料、电力需要省地平衡解决的以及国家和省限制的产品，不论项目大小均须报省地审批。城镇集体（含供销系统）100 万～500 万元项目报娄底地区计委审批，100 万元以内的由市计委审批。市计委审批乡镇企业自筹的投资权限由 500 万元改为 300 万元，300 万元以上项目报娄底地区计委审批，先认购债券后审批自筹基建计划。继续贯彻执行“建设资金坚持先存后批，先批后用，存足半年”原则。基建开工报告，从建委移交计委管理，集体工业企业的技术改造，由市经委移交计委管理。在审批项目上，增加购买重点企业建设债券规定。

1991 年，国家先后简化基本建设审批程序，原需审批的项目建议书、可行性研究报告、初步设计、设计任务书和开工报告，改为执行项目建议书、可行性研究报告两道审批程序。1992 年，国家废止建设项目业主责任制，建立项目法人责任制。1996 年起，对经营性投资项目实行资本金制度和招投标制度。

2006—2010 年，按投资渠道分为政府投资和非政府投资。政府投资实行单一审批制，非政府投资实行核准制、备案制，需要核准的是国家限制项目和重大项目，其他非政府性投资只实行备案。

第四节　“农转非”计划管理

20 世纪 80 年代，域内工业迅速发展，城市建设步伐加快，征用土地数量逐年增大，农村无地居民人数增加。1990 年，“农转非”计划正式纳入全市社会发展计划，由计划部门实行指令性管理。“农转非”范围包括职工居民家属、建设征用土地造成无地或少地的农民、乡镇企业管理干部、乡镇管理和技术人员、民办教师转公办教师等农业人口。1992 年起，“农转非”计划管理范围改变，从农村招生的大中专院校生和军队干部随军家属“农转非”指标纳入计划优先保证。1995 年起，分期分批解决乡镇畜牧兽医站、水产技术推广站、农业机械管理站、农业经营管理站在岗技术骨干"农转非"，并招收为全民合同工。2002年，"农转非"工作终止。

第三章　国土资源管理

1987年1月，由市征地拆迁办、土地管理办、农业区划办、农牧渔业局土地管理站等机构合并组建冷水江市国土管理局，内设办公室、用地股、规划股。6月，《中华人民共和国土地管理法》颁布实施，国土管理体制由多头分散管理转向集中统一管理。1988年1月，成立市土地事务管理所，属市国土局管理。各乡（镇、街道）相应成立国土管理所，其中冷水江街道、锡矿山街道、沙塘湾街道、布溪开发区国土管理所于1992年收编，隶属市国土管理局。2002年7月，国土管理局与地质矿产局合并组建市国土资源局。2006年，成立市经济技术开发区国土资源分局。2007年7月，各乡（镇、街道）国土管理所收编，定编45人，隶属市国土资源局垂直管理，并相应更名为国土资源所。至2010年年底，全局共有干部职工193人（不含退休人员），内设15个股、室、办、所。1987—1992年，易眉白任市矿产资源管理办公室主任。1992—2002年，黄桂利、阳建平先后任地质矿产局党组书记、局长。1987—2010年，先后由谢炎林、王胜利、段焕云、蔡景新、邓庆华任市国土资源局党组书记、局长，其中2002—2006年，廖建民任国土资源局专职党组书记。

第一节　地籍管理

一、土地资源调查

1982—1985年，全市开展第一次土地调查，全市土地总面积为438.59平方千米。1993年，根据《土地利用现状调查技术规格》开展土地调查补调，利用第一次调查成果图，实地圈绘二级分类界线，调绘权属界线492条，撰写权属文书904份，资源调绘记录手簿204本，调绘资源图斑3.27万个，调处县级边界中历史遗留权属纠纷49起，乡、村级边界纠纷1200起。

1994年4月至1995年5月，开展城区地籍调查，将城区9.6平方千米区域分成53个街坊，确立界址点3.18万个，用钢尺丈量界址边3.1万多条，调处土地权属纠纷136起，其成果于1996年11月获国家土地管理局一等奖。1997年，对岩口、渣渡、禾青3个建制镇进行地籍调查，调查地籍1600宗，调处土地纠纷210起，形成1∶500分幅地籍图142幅，测量宗地图1600多幅，发证2100本，共完成3.6平方千米、30个街坊的权属调查和地籍测量任务。

2001年，开展坡耕地和土地后备资源调查，市境坡度15度以上的坡耕地（含梯田）4086.96公顷。土地后备资源调查情况：可开垦土地932.04公顷，可复垦土地2297.11公顷，矿山采空区塌陷地1759.79公顷，工矿企业废弃压占地339.53公顷，自然灾害损毁土地197.8公顷，耕地中不宜耕种应还林还草的2259公顷。全市土地后备资源利用困难，潜力严重不足。

2008年7月，全市启动第二次土地调查工作，委托长沙风雅信息科技有限公司，按照全国统一土地调查分类标准，采用2008年1∶10000卫星正射影像作为工作底图实地圈绘，建立土地利用数据库、土地调查数据库、影像库等土地管理信息系统（土地调查详情见第一篇第三章第一节）。

二、土地登记发证

1988年12月15日，市政府制定《城乡土地使用权登记发证暂行办法》。1989年4月20日起，在冷水江街道集中片区开展土地使用登记发证试点工作，实发证280宗，不予登记6宗，至年底全市完成复查和登记1.55万户，宅基地登记1.61万宗。1990年，在乡村逐户逐宗开展土地权属审查，批复发证3.52万宗，准登2.85万宗。1991年，对中、小学校学农基地土地登记发证203本。12月，出台《冷水江市农村居民宅基地使用权变更登记试行办法》，正式开展农村居民宅基地变更登记。至2010年，完成农村宅基地变更登记7772宗，累计颁发土地使用证5.08万本。

三、地籍档案管理

1989年建立综合档案室。2004年起，将所有档案目录录入电脑，对查阅较频繁的地籍档案，专门制作"土地使用权登记速查表"，并逐年增加新内容。至2010年达6.44万多行，从库房调出案卷不超过5分钟。

2006年，国土资源局门户网站正式开通。2007年局域网建成，分内、外网独立运行。2008年，综合档案室被评审为省特级档案室。2009年，局域网与娄底市国土资源局、省国土资源厅联网，公文收发网内流转，纸质文档逐步取消。至2010年，共整理入库7300余卷（盒）档案。

第二节　土地规划与基本农田保护

1997—1998年，编制《冷水江市土地利用总体规划（1997—2010）》，完成全市《土地利用总体规划》修编文本及说明，制作图件116幅。2005年，组织专业技术人员进行《冷水江市土地利用总体规划（2006—2020）》第二轮修编，2008年完成编制工作，成为全省第一个通过的县级规划。2009—2010年，按照娄底市下达的新一轮土地利用总体规划控制指标，结合经批复的《冷水江市土地利用总体规划大纲（2006—2020年）》及调研资料，进一步完善各项数据汇总，形成规划文本、规划说明、规划图件等成果资料。第二轮修编突出耕地和基本农田保护，实行耕地总量动态平衡，建立领导目标考核制度，形成新的规划管理机制。

1994年，全市基本农田保护区划定，境内基本农田保护区252个，设立永久性保护标志牌295个，受保面积6666.67公顷。1995年，市政府《基本农田保护规划》颁布，设立永久性钢筋水泥标志保护牌145块，受保面积6933.33公顷。1996年，上级要求市境耕地必保面积6533.33公顷，各乡镇相继建立基本农田保护机制，划保面积7138.34公顷。2004年，落实基本农田保护责任制，制作高标准保护标志牌52块，更新全市土地利用总体规划图和基本农田保护图。2010年，全市有基本农田面积3994.26公顷（水田3277.54公顷，占82.06%；旱地710.80公顷，占17.80%；水浇地5.92公顷，占0.14%。），耕地面积7040.7公顷。基本农田面积大于600公顷的乡镇有三尖镇、铎山镇、中连乡、矿山乡。基本农田保护率60%以上的乡镇有岩口镇、铎山镇、渣渡镇、梓龙乡、矿山乡。

第三节　土地开发整理和复垦

1988年，全市有待开发的土地资源672.45公顷，占全市总面积1.5%。其中荒坡地481.17公顷，占71.56%；农村废弃地64.39公顷，占9.6%；工矿废弃地112.6公顷，占16.74%；河滩地11.67公顷，占1.7%；荒水面2.62公顷，占0.4%。2001年4月，成立土地开发整理中心，运用财政专项资金，对农村宜农未用地、工矿废弃地等实行综合整治，增加有效耕地面积，提高耕地质量。1988—2010年，共投入资金4657.89万元，开发整理土地1442公顷，其中新增耕地305.15公顷，园林地138.73公顷，异地补充开发耕地90.89公顷。

图12-3　冷水江市岩口镇金连村土地开发整理项目（2007年摄）

2000年10月，金竹山煤矿采空区土地整理复垦项目立项。该项目是全国第一批矿山采空区土地复垦示范项目，分金竹、东风、石坑、槐花4个复垦小区，2001年9月实施，2002年9月完工，建设规模为 135.07 公顷，增加耕地 42.05 公顷，国家投资 425.05 万元。2000—2010 年，实施土地整理复垦项目 14 个（含土地综合整治项目），累计投资 2967.7 万元，建设面积 941.93 公顷，新增耕地 79.78 公顷，涉及 6 个乡镇、38 个村（社区）。

图 12-4　2009 年，冷水江市矿山乡樟木村村民在复垦土地种植庄稼

第四节　建设用地管理和征地拆迁

一、建设用地管理

1988 年后，非农业用地纳入国家计划管理，逐级下达非农业用地控制指标。1999 年，国家建立农用地转用审批制度，控制农用地转为建设用地，全市建设项目涉及农用地转用的，必须符合土地利用总体规划、城镇规划和年度建设用地计划，并实施占用耕地补偿制度，由国务院和省政府两级审批。在已批准的农用地转用范围内，具体建设项目用地由市政府批准。对乡镇企业建设、乡（镇）村公共设施、公益事业建设用地和农民住宅用地等面广量小的农用地转用，由娄底市政府审批。

建设用地由市政府统一规划，统一征收，统一开发，统一出让。坚持不用或少用耕地，占用耕地多少，开发补充耕地多少，如本辖区内无法补充耕地，申请异地开发相等的耕地，以保持耕地动态总量平衡。对新征收的农村集体土地一律按土地等级给予经济补偿。对已征收达两年以上闲置未用土地予以收回，重新办理土地使用手续后方可开工建设。1988—2010 年，全市共供应建设用地 1309.89 公顷，其中划拨用地 287 宗。

住宅用地农用地转用指标纳入年度计划管理，年初分解到各乡（镇、街道），不得突破。按照城市建设规划、村镇建设规划和土地利用总体规划要求合理利用土地资源。农村居民建房使用集体土地，实行一户一宅制度，居民原有宅基地退还给村（社区），方可申请审批新的住宅用地。农村居民住宅用地占用耕地不得超过 130 平方米，占用荒山荒地不得超过 210 平方米，占用其他土地不得超过 180 平方米。1988—2010 年，全市共审批农民个人建房用地 1.47 万宗，占地 191.59 公顷。村级活动中心与村民宅基地报批相同。乡镇企业用地须向省政府报批，其土地占用、安置补偿和拆迁等费用与国家建设用地相同。1988—2010 年，共审批乡镇建设用地 27.26 公顷。

图 12-5　1991 年 6 月，冷水江市农村开展《中华人民共和国土地管理法》宣传活动

二、征地拆迁

1988—1998 年，征地拆迁由建设单位负责补偿和安置。1999 年起，市政府负责补偿安置费用。是年，国家对建设用地实行统一管理，征收基本农田和基本农田以外的耕地超过 35 公顷、其他土地超过 70 公顷的，由国务院批准；低于国务院批准权限的土地，由省政府批准。1994 年，布禾公路改造征地拆迁全长 9.7 千米，沿途涉及 2 个乡镇、6 个村、13 个组，征用土地 18 公顷，拆迁民房 148 户、主杂房 189 栋、坟墓 459 冢，半年完成任务。1998 年，株六复线在市境内 15.27 千米，征用土地 24.07 公顷，完成移民 162 户，协助铁路部门调

处纠纷86起。2003—2004年，大唐华银金竹山电厂扩建工程项目征地123公顷，拆迁民房298栋、学校2所、山塘20口、水井135口、附属设施52处、乡村道路11.8千米、坟墓950冢。2004年，浪石滩水电站征地28.05公顷。2005年，市经济开发区建设涉及毛易镇、金竹山镇、沙塘湾街道等12个村（社区），占地814.84公顷。市行政中心东迁，涉及毛易镇、同兴乡、冷水江街道等下辖的9个村（社区），占地320.72公顷。2007年后，重点工程项目征地拆迁频繁，娄新高速冷水江段10.3千米，征地拆迁78.63公顷；采空区沉陷治理二期工程，征地拆迁20.97公顷；沪昆高铁征地拆迁72.79公顷；华新水泥、平安大道、群丰路、资江大道等12个重点工程项目，共完成征地335公顷，拆迁房屋481栋，迁坟6444冢。

第五节　地产管理和土地收购储备

一、地产交易

1992年，全市开始土地使用权协议转让。1993年8月28日，新城路地段5宗地公开拍卖，总面积2533平方米，成交额68万元，最低单价265元/平方米，最高单价424元/平方米，敲响全市土地使用权公开拍卖第一槌。1994年，土地使用权出让29宗，面积为3370平方米，收取土地出让金97万元。2004年11月22日，家家乐超市斜对面一块320平方米国有土地公开拍卖，一槌敲出305万元，高出起拍价148万元，平均竞价达9531.25元/平方米，为当时全市公开拍卖土地使用权的最高价。2001—2010年，土地出让727宗，面积1449.04公顷，成交额7.76亿元；土地转让1282宗，面积266.7公顷，成交款价2.57亿元；土地抵押234宗，面积440.44公顷；受理企业改制土地资产处置178宗，面积194.83公顷，应收土地出让金2.54亿元，直接返还改制企业用于安置职工。

二、地价评估

1993年9月至1994年1月，完成城区和布溪开发区地价评估，其成果被省土地管理局评为一等奖，被国家土地管理局评为二等奖。随后又对禾青镇、岩口镇、渣渡镇、沙塘湾街道、锡矿山街道评估出基准地价。1998年，对冷水江街道、布溪街道、锡矿山街道的地价资料进行点、面结合择点调查收集，共调查地价样点1025个，然后分析测算，得出1998年3月1日这一基准期日的基准地价。2010年，城区更新基准地价6次，各乡（镇、街道）的基准地价分为3个等级，禾青镇为一等，岩口镇、金竹山镇、毛易镇、铎山镇、三尖镇、潘桥乡、锡矿山街道、沙塘湾街道为二等，渣渡镇、中连乡、梓龙乡、矿山乡为三等。

2010年冷水江市乡（镇、街道）基准地价一览表

表12-4　　单位：元/平方米

等级	项目	一级	二级	三级
一等乡（镇、街道）	商业用地	1150	828	325
	住宅用地	453	365	300
	工矿仓储用地	413	300	300
二等乡（镇、街道）	商业用地	713	314	—
	住宅用地	334	300	—
	工矿仓储用地	300	300	—
三等乡（镇、街道）	商业用地	451	300	—
	住宅用地	305	300	—
	工矿仓储用地	300	300	—

1988—2010 年冷水江市部分年度城区土地基准地价一览表

表 12-5　　单位：元/平方米

土地级别	商服业用地						住宅用地						工业用地					
	1994年	1998年	2000年	2003年	2006年	2010年	1994年	1998年	2000年	2003年	2006年	2010年	1994年	1998年	2000年	2003年	2006年	2010年
1	1300	1500	2000	2800	4200	2886	310	450	600	800	800	916	310	300	600	700	700	749
2	800	1150	1600	2000	3200	1949	230	400	500	600	600	735	200	300	500	600	550	564
3	620	800	1200	1500	2200	1937	150	360	450	500	500	567	160	240	500	500	450	459
4	500	600	900	1100	1500	760	100	300	400	450	450	408	130	240	450	450	300	357
5	300	460	600	800	1000	378	—	270	300	400	400	360	—	220	280	380	260	300
6	—	320	400	600	600	—	—	230	260	350	350	—	—	200	260	350	240	—
7	—	210	300	500	400	—	—	160	200	300	300	—	—	150	200	300	220	—
8	—	100	200	300	300	—	—	90	130	200	200	—	—	80	120	180	200	—

三、土地收购储备

2010年，成立土地收购储备中心，对境内1988年后征而未用的30个批次（包括项目用地和储备用地）15.05公顷土地进行入库登记。申报批回2010年度的三个批次用地35.72公顷。将4.26公顷原划拨的群丰路项目用地、5.07公顷群丰路兴建工程用地、平安大道15.8公顷兴建工程用地予以收回。对一宗面积2.4公顷闲置土地进行监管，督促开发商在规定时间内施工。

第六节　矿产资源管理

一、矿政管理

1990年起，市矿产资源管理办公室每年对矿山企业的“证、界、费、率”进行逐项检查，强化矿产资源监管，促使矿山企业依法、持证、守界开采，对不合格矿山企业限期整改，每年年检率98%以上。1994年，对矿产品运销监督管理实行“两证一查”制度。2004年起，推进矿业权市场建设和深化矿产资源有偿使用制度改革，所有采矿权实行有偿处置。2005年，全市推进矿产资源整合，依法调整矿区范围，完成煤矿整合关闭，重点整合锡矿山地区锑矿。通过整合，采矿权设置减少30%，锑矿权设置减少43%。是年，《冷水江市矿产资源总体规划（2002—2010）》获全国矿产资源规划优秀成果一等奖。2008年，启动第二轮《冷水江市矿产资源总体规划（2008—2020年）》编制工作。2010年，全市有持证采矿企业128家，其中煤矿76家，锑矿5家，铁矿3家，铅锌矿1家，石墨矿3家，黏土矿2家，采石场38家。

1990—2010年，全市收取采矿权价款3660万元、探矿权价款156万元。

二、地质环境管理

1998年，市政府出台地质灾害防治预案，建立市、乡、村、组四级群防监测网络，对重点地质灾害隐患点定期或不定期巡查和监测，成立应急分队，配备应急车辆，随时掌握变化动态，发生灾害及时处理。2003年，冷水江市被国土资源部列为湖南省6个地质灾害普查县市之一，通过省地环总站和市国土资源局地质灾害普查，全市有灾害隐患点78处，其中大型、特大型地质灾害隐患点8处。主要地质灾害隐患点有宝大兴塌陷区、浪石滩地裂缝、筱溪滑坡、樟木滑坡、铜钟滑坡、球溪泥石流、马颈滑坡、美女山滑坡、肖家岭塌陷和地裂缝、里华滑坡等。锡矿山经过100多年开采，采空范围大，地面大范围沉陷，当地居民饮水困难，废水、废渣、废气污染严重。2005年起，省国土资源厅先后投资近6000万元分4期对锡矿山地区进行地质环境治理，并对从事矿产资源开采的采矿权人收取地质环境治理备用金，用于矿山地质环境的恢复治理。2008年，完成资源枯竭型城市矿山地质环境治理重点工程项目申报工作，编制完成《冷水江市矿山地质环境保护与恢复治理规划（2010—2015）》和《冷水江市地质灾害防治规划（2010—2020）》。

图12-6　冷水江市锡矿山地质环境治理拦挡坝（2010年摄）

三、地质勘查与储量管理

2000年起，先后对全市130家乡镇煤矿、3家新建矿山企业进行储量登记，对5家非煤矿山企业进行采矿许可证延续审查和储量登记，对2家省级勘探队的探矿权进行初审。2004—2010年，监督管理矿产资源勘查项目7个，完成66家矿山企业资源储量统计上报工作，配合地勘单位检测资源储量18次，初审核实储量报告18个、检测报告46个，并完成境内矿产资源利用现状调查。

四、矿产资源补偿费征收

1990年起，矿产资源实行有偿使用，向采矿人收取探矿权价款、采矿使用费和矿产资源补偿费。矿产资源有偿使用费全额上缴财政，主要用于地质勘查、地质环境治理等。1995年，成立矿产资源补偿费征收管理办公室。1999年，煤炭资源补偿费委托市煤炭税费统征办公室征收。2002年，对基建项目开征砖、瓦、灰、砂石资源补偿费。1990—2010年，全市累计征收矿产资源补偿费近3000万元。

第七节　测绘管理

一、基础测绘

1994—1995年，市国土局委托涟邵矿务局勘测处测绘城区地籍图。1997年，市测绘管理办公室测绘渣渡镇地籍图。1997—1998年，完成禾青镇、岩口镇地籍测绘。2004年，委托省环境监测总站对1994年地籍测绘成果进行修测和数字化。2005年，国家测绘局在境内施测B级GPS点1个，冷涟、低冷Ⅱ等水准线路2条，省国土资源厅施测C级GPS点2个。2007年，完成《冷水江市基础测绘规划（2007—2020年）》的编制工作。2009年，完成全市范围内E级GPS控制网的布设、实测工作，并通过验收。2010年，完成布禾公路沿线1∶500地形图测绘工作，测绘面积达90万平方米。

1997年，市测绘管理办公室在全市测量标志点设立指示牌，并与各乡（镇、街道）国土所签订《测绘标志保管书》，将责任落实到人。2001年，普查登记全市测量标志点37个。2005年，建立和恢复测量标志点6个。2010年，对全市所有测量标志点逐个察看登记，建立50个测量标志点档案。

二、测绘市场监管

1997年，成立测绘管理办公室，开始受理《测绘资格证书》申请、测绘资格审查和变更业务范围的初审转报工作，并对持证测绘单位实行年检，符合规定的报上级主管部门批准公布。2010年，全市6家测绘资质单位实行市场化经营，其中丙级3家、丁级3家，共有50余名技术人员，具有地形、工程、地籍、房屋测绘能力，固定资产450余万元，年测绘产值700万元。

第八节　执法监察

一、矿产资源执法监察

20世纪80年代末至90年代初，市境内最多时密布着300多家乡镇、村、个体采煤企业。1986年《中华人民共和国矿产资源法》颁布实施后，全市开始实施依法治矿，整顿和规范矿产资源开发秩序，采矿权人持证守界开采，探矿权人持证守界勘探。随后开展安全生产百日督查、锡矿山矿区民采锑矿和金竹山矿区小煤矿超深越界开采等专项整治行动，矿业秩序逐步好转。1988—2010年，全市关闭各类非法矿点1200个次，调处矿业纠纷520

次，立案查处非法采矿、越界开采案件163起，行政处罚48人次，罚款805万元，申请人民法院强制执行20起，刑事、治安拘留71人次。

二、土地执法监察

1988年，市国土局全面清查城乡非农业用地，查出违法占地户3427户，拆除违法用地房屋13栋、建房基脚132处，违法占地共20.3公顷。1997年，开展为期3个月的“清非”工作，共查处2023宗，立案查处62宗，结案56宗。拆除违法占地建（构）筑物23处、面积0.12公顷，捣毁砖瓦窑2处、面积0.32公顷，收缴罚没款和费税23.79万元，自行拆除建（构）筑物15处、面积0.21公顷，自觉复耕8起、面积0.16公顷。

1997—1998年，开展清理整顿原行政划拨土地使用权非法转让、非法出租、非法抵押行动，查处非法转让8宗，非法出租、抵押67宗，面积2.03公顷，补办用地手续116宗。2005年，组建国土资源执法监察大队，健全市、乡、村三级土地监察网络，建立国土资源违法行为举报制度。2008年，强制拆除潘桥乡9户强占农田建设的房屋，查封非法占地建设房屋4栋。

2009年12月，金竹西路美美城妇婴商城少批多占面积404.6平方米，市国土局责令拆除非法建筑，并处罚款6000元。2010年，市移民培训中心将未办理农用地转用、征用和出让审批手续的1.52公顷土地转包给市银凯农业发展有限公司，该公司未办理任何用地报批手续就破土动工，导致0.14公顷土地被破坏，责令一年内拆除非法建筑和其他设施，恢复土地原状，并处罚款2.77万元。

1988—2010年，全市土地违法立案3184起，查处2908起，案件查处结案率91.14%。调处土地纠纷1913起，申请法院强制执行60起。清理乱占滥用土地3.37公顷，清理闲置土地21宗，面积53.95公顷。收回国家和集体土地209.96公顷。

第四章　工商行政管理

1988年，市工商行政管理局（简称市工商局）内设市场、经济合同、工商、个体、商标广告管理、人事教育、办公室7个股室和经济合同仲裁委员会。下辖冷水江等6个工商所、矿山等6个集市贸易服务部，共有干部职工128人，其中工商行政管理编制84人。1993年，局党组改为党委，成立布溪工商科，冷水江工商所、市场管理处升格为副科级单位。1995年9月，市经济合同仲裁委员会及派出的6个经济合同仲裁庭撤销。1996年，布溪工商科更名布溪工商分局，升格为副科级。市场管理与服务职能分离，市场管理处变更为市场路管理所和市场服务中心。1998年，局纪检组升格为纪律检查委员会。1999年，工商部门实行省以下垂直管理。2000年，工商人员实行上收与分流，省工商局上收153人，其余人员分流到市场服务中心，并将冷江、资氮、矿山等9个集贸市场移交地方政府管理。2002年，局党委、局纪委分别变更为局党组、局纪检组，布溪工商分局撤销。局机关内设办公室、政策法规股、财务基建股、商标广告监督管理股、企业和个体私营经济监督管理股、消费者权益保护股、人事教育股、监察室、信息中心。下辖注册登记、公平交易、市场规范管理分局和江北路等8个工商所。市消费者委员会和市个体劳动者私营企业协会仍挂靠市工商局。2010年，内设和下辖机构未变，全局有干部职工174人，其中在职133人。1988—2010年，先后由张人助、龚汉云、邹同星、刘长发、阳姣莲、贺耀国任党委（党组）书记、局长。

1994年起，市工商局先后获得全国工商系统先进集体、省工商系统先进集体、省文明单位、省依法办事示范窗口单位等荣誉称号。冷江市场3次被评为全国文明市场，金竹山工商所、江北路工商所被评为全国先进工商所，东站工商所被评为全国巾帼文明示范岗、全国“三八红旗集体”。

第一节　注册登记管理

一、个体私营经济登记

1988年，全市有个体经营户2384户，从业人员4067人。1993年，放宽个体私营经济登记注册条件，实行“先搭车，后补票”。1994年，市委、市政府出台加快发展个体私营经济38项优惠政策，个体私营经济迅速发展。至1996年，个体经营户增加到1.43万户，从业人员增加到3.37万人。1997年，市委、市政府放手发展民营经济，工商部门积极配合，筑巢引凤，继冷江市场、建新批发街、夜市一条街后，又相继兴建波月市场、粮贸市场、锑海商场，新增摊位、门面2000多个。是年，新增个体经营户1468户，个体经营户数创历史新高。2002年，新增个体经营户1190户。2003年，为全市“民营经济发展年”，市政府再次出台优惠政策，鼓励民营经济发展，当年新增个体工商户2061户。至2010年，全市登记注册个体私营经济8945户，从业人员3.26万人，分别比1988年增加6561户2.85万人。

二、企业登记

1989年，实行企业法人登记，全市登记注册工商企业1753户，核发《企业法人营业执照》426户、《营业执照》1327户。1994—1997年，按省工商局规定，清理整顿“假集体真个体”企业327户，重新按个体私营企业登记注册。1997年，全市工商企业增加到1856户。2000年，完成市塑料厂、麻纺厂、玻璃厂等7家改制重组企业的登记工作。2003年，煤炭开采企业由省工商局登记注册，全省共注册登记煤矿700家，其中冷水江市110家，是全省注册最多的县市。10月，全市17家锑品冶炼厂经工商部门认定经营资格合法，予以登记注册。2005年，完成冷水江钢铁总厂、资江煤矿、大建煤矿、9765工厂等改制企业登记工作。至2010年，全市登记注册各类工商企业1262户。

三、年检验照

1988年，市工商部门对全市135家公司调查摸底，撤并“三无”（无场地、无资金、无机构）公司20家，注销15家，变更10家。1994年，全面清理处置党政机关（含军队、武警）主办的公司和挂靠国营、集体的“皮包”公司，办理脱钩手续47户，公司户数比上年大幅下降。2000年，再次清理处置党政机关主办的经济实体41户。2002年，对金融保险、烟花爆竹、煤炭锑品、文化娱乐、食品医药等企业进行实地年检，发现违章案件17起，限期整改12起，经济处罚5起。2009年，年检261户，其中90户因前置许可证件有效期届满未年检责令整改，不符合条件的12户依法关闭。2010年，企业应年检1114户，实际年检765户，注销22户，吊销86户。个体工商户应年检6273户，实际年检4984户，注销138户。

第二节　市场经济监管

一、食品安全监管

2004年4月，工商部门对全市所有奶粉经销商进行地毯式清查，查出不合格奶粉530袋，全部下架销毁。2005年11月，在学校食堂查处病死猪肉、猪肝37千克，扣缴销毁。

2006年，市政府与工商局，各乡镇与工商所，工商所与经营户层层签订食品质量安全管理责任状，形成食品安全工作网络。2007年，开展“农村食品市场整治年”活动，捣毁潲水油加工窝点2个，地下黑食品加工点1个，查获“三无”食品、变质过期食品800千克。

2008年，开展为期3个月的“迎奥运百日食品安全专项整治”活动，检查奶制品经营户4882户次，下架不合格奶制品共6499.69千克。2009年，进一步完善食品安全责任体系，对食品经营户实行“一票通”制度，签订《食品安全监管目标责任书》55份、《共建诚信市场协议书》50份、《食品市场准入承诺书》和《产品质量与食品安全责任状》858份。是年，处置1起销售不合格山羊鲜奶突发事件，避免了群体性中毒事故。

2010年，开展食品安全“五下乡”便民活动，共培训农村食品经营户370人，为540名食品从业人员进行健康检查，为467户食品经营户办理食品流通许可证和营业执照。是年，排查违法添加非食用物质和滥用食品添加剂行为，检测食品285个单品，抽检食品3个批次32种，受理申诉、咨询、举报155起，立案查处35起。

二、打击假冒伪劣

1990年，渣渡镇谢某等4人采集、收购野生有毒马杉树叶，加工成假茶叶销往湖南长沙、内蒙古等地，工商部门及时查处，查封加工厂4个，没收揉茶机4台，假茶叶720千克，罚款1200元。1992年9月，检查医疗药品、副食批发、汽车配件等单位26家，查处假冒伪劣一次性输液管2121支、副食烟酒5688件（瓶）、汽车配件5544件。是年，共查处假冒伪劣商品7.79万件，当众展览识假后销毁。

1993年7月，市工商部门对消费者反映强烈的19家批发单位、12家个体户进行清理打假，查出“三无”产品1077件，过期变质食品、酒类217件，假冒伪劣商品1895件。是年，湖南省举办首届打假保真展览会，冷水江市有10个制假售假案例、108张图片、14个样品、3个打假烧假录像资料参展。1994年1月，查出疯人果1060千克、假酒415瓶、变质食品600袋、假劣化妆品852瓶、垃圾服装11件。

1995—1999年，市工商部门共检查生产经营单位1422家，没收假冒商品1.58万件，总值35万元。2000—2009年，先后开展“打假保节”“红盾护农”“利剑行动”等10多次专项行动，工商部门先后出动3210人次，清理检查6355户次，捣毁制假窝点42个，查出假冒伪劣食品、乳胶、摩托车、汽车配件、农药、复合肥、种子、香烟等物品，总价值6426万元，罚款29.08万元。2010年1月，开展“虎啸行动”，专项整治食品行业，工商部门出动执法人员335人，检查814户，查出假冒伪劣食品600千克、酒85瓶、烟10件、脑白金和黄金搭档80盒，查处假冒伪劣食品案件5起。

图12-7　2009年，冷水江市工商局烧毁假冒伪劣产品现场

三、维护公平交易

（一）规范市场经营秩序

1993年，市工商部门除监管消费品市场外，重点加强对生产资料、生产要素市场的监管，进一步规范和维护市场经营秩序。1995年后，市场监管进入房地产、信息中介、旅游、邮购、粮食等市场。1998年7月，建立粮食购进备案查验制度，对313家粮食经营企业、个体粮商经营资格重新审验，检验库存粮4.51万吨，查处违法经营粮食案25件，没收违法经营粮食85吨，罚款19.11万元。2000年，市内邮购市场发生波及全国的欺诈行为，中央、省、地有关部门发函督办，市工商局函复各地消费者投诉信件3113封、咨询信件508封、其他信件702封，吊销邮购营业执照22家，取缔无照经营36家，退回各地消费者现金11.82万元，退回汇款单2832张15.14万元。2001年，市内5家医院用工业氧代替医用氧用于临床医疗，违法使用工业氧7173瓶，被罚款12.5万元。5家医院不服向市法院起诉，后又主动撤诉。

（二）查处不正当竞争

1997年6月，市人民医院强行收取住院病人保险费，损害消费者合法权益，构成不正当竞争，被依法查处。2000年，市电信局违背消费者自愿原则，预收话费108万元，市工商局责令停收，并处罚款12万元。1996年，矿务局职工医院在医疗器械购销活动中，收受回扣2.02万元，全部予以没收。2009年，保险公司与煤炭局签订协议，由煤炭局收取煤矿井下工人意外伤害保险84.67万元，保险公司返回煤炭局8.47万元，构成单位商业贿赂案，罚款10万元。2006—2010年，全市查处商业贿赂案18起，罚没款18.5万元，移送纪检监察部门立案查处7起。

（三）查处投机违法和走私案

1988年，查处投机倒把案件16起，罚没款15.57万元，没收粮票1.86万千克、钢材1吨、汽车2辆、摩托车44辆、农药85吨、化肥60吨、生铁580吨、电冰箱35台、电视机19台。1990年，查处投机违法案24起，其中大案21起，涉案单位7家，个人15人，移送司法机关5人。

1991—1993年，查处投机违法案件1067起，罚没款39.76万元。1997年，查处投机违法案35起，罚没款51.3万元。市复兴生皮收购站强行收购猪皮构成违法，市工商局依法予以查处，并按法律程序举行首例行政处罚听证会。1993—1995年，查处走私贩私案29件，没收走私轿车11辆、摩托车5辆、彩电等家用电器11台，罚没款25.06万元。1997年，国家相继废止“投机倒把罪”“投机倒把行为”的提法。

四、打击传销活动

2000年后，市工商局、公安局联合执法打击传销活动，至2010年，共捣毁传销窝点15个，遣送外地传销人员524人，移交公安机关刑拘6人，驱散非法聚集点32处，驱散集聚人员2350人次，收缴传销产品160件。同时，取缔山东永春堂、北京真善美、玫琳凯等传销团队，查获《传销赢家》《传销谋略》《传销天才》《传销秘诀》《传销智慧》等一批非法出版物。

五、查处无照经营

1988—1992年，境内滥采乱挖现象严重，工商部门关闭无照锑洞83个、冶炼厂26个、煤窑108个，罚款及追缴规费106.85万元。1993年，城区出租车、货运车、三轮车（“慢慢游”）、板车、台球桌、夜宵摊等无照经营愈演愈烈，其中三轮车最多时达1000余台，市工商与公安部门联合行动，对出租车进行清理登记，现场办理55台出租车、428辆三轮车营业执照，对板车免收个体工商户管理费，共登记挂牌356辆。

1997年，根据国家工商总局、公安部、国家税务总局通知，市工商部门对无照经营行为进行综合治理，清理个体工商户2896户，全市夜宵摊、电话亭、书报亭、台球桌、冰柜等摊位都办理了临时营业执照。2007年，公安、工商、环保、国土等部门联合行动，取缔16家无照经营的锑品冶炼厂和22家污染严重的无照企业。

2008年，无照经营清理由工商部门行为拓展为各政府部门协作行为，并纳入全市社会治安综合治理目标管理考核。2008—2010年，全市清理无照经营1270户，取缔290户，其中高危行业56户、黑网吧51户，无照经营比例由2008年的29.15%下降到2010年的4.56%。

第三节　经济合同管理

1988—2010年，在企业中开展“重合同守信用”单位评选活动，有1079家次企业被评为“重合同守信用”单位。其中，锡矿山闪星锑业公司获国家级“重合同守信用”单位称号，资江氮肥厂等5家企业获省级“重合同守信用”单位称号。2010年，全市有“重合同守信用”单位45家（国家级1家、省级7家、娄底市级3家、市级34家）。

一、合同鉴证与仲裁

1988—1990年，鉴证合同142份，金额2199.57万元，挽回经济损失3087万元；调解、裁决合同纠纷1869起，金额2.2亿元。1992年，调解、裁决合同纠纷案840起，争议金额339.61万元，其中冷江所仲裁庭办案251起，金竹山所仲裁庭办案182起，全市合同纠纷案件逐年下降。1994年调解、裁决合同纠纷76起，争议金额121万元。1995年9月1日，《中华人民共和国仲裁法》实施，调解、仲裁工作由地方司法部门管理。1996—1999年，鉴证合同4999份，督促履行合同980份，金额1.29亿元，协助当事人挽回经济损失140起，金额1090万元。2000—2010年，鉴证合同1.45万份，金额26.65亿元，为企业挽回经济损失710万元。同时，在大型企业及合同较多的单位建立委托鉴证点3个，发放“企业法人代表证明书”“企业负责人证明书”“授权委托证明书”1050份。

二、合同检查

1988年，检查合同2635份，金额11.04亿元，其中履行合同1207份，立案查处违法合同104份，罚没款2.02万元。1994—2002年，检查合同4.65万份，金额46.98亿元。查处违法合同104件，金额7600万元，没收非法所得30.5万元，罚款83.5万元。2003—2005年，开展打击合同欺诈专项行动，帮助企业提高识别能力，避免经济损失680万元。市三尖矿石粉厂与安徽六安市对外贸易进出口公司签订硅石加工合同，对方要求交纳1万元违约金，市工商局查实对方属未参与年检企业，督促该厂终止合同，避免造成经济损失。2008—2010年，检查合同1.32万份，发现不合格合同60份，解除合同10份，查处违法合同13份。

三、动产抵押登记

1996年，首次办理动产抵押物登记，全年办理15件。1997年，动产抵押物登记12件，抵押金额4.42亿元。2000年，动产抵押物登记12件，主债权金额1.2亿元，变更登记1件，注销登记2件。2002—2010年，办理动产抵押物登记152件，抵押贷款主债权金额25.42亿元，抵押物价值69.89亿元。办理抵押物注销42件，主债权金额15.61亿元。

第四节　商标与广告管理

一、商标管理

1988年，商标核转申报35件，未注册登记45件，续展5件，变更注销4件。1994年，实行商标注册代理制。1996年，全市有90个企业、115个商标注册。

2002年，推出“花桥牛肉”“肝复乐”等名牌商标，培育、新报3家著名商标。2006年，注册商标8件，推荐博长钢铁股份公司、耀华耐火材料公司参加省著名商标评审。2007年，锡矿山“闪星”牌商标被国家工商总局认定为中国“驰名商标”，结束了全市无中国“驰名商标”历史。“波月水泥”等3件商标被评为湖南省著名商标。2009年，新注册省著名商标2件。

2010年，注册“kakaLe”“快抛”“金品”“金甸甸”“湘禹”“东方园”等13件商标，新增商标注册申请16件。先河化工、中泰矿业、天宝公司、金鹰集团、晨峰水泥、三A化工6家企业被列入著名商标企业培育对象，博长钢铁公司的“博长牌”被列为驰名商标培育对象。是年，全市注册商标发展到413件，其中“金陆”“鑫杰”“响莲”“博长”“波月水泥”“波月药材”“LENGJIANG”“红星”“厦华轩”“九兴”10件注册商标获湖南省著名商标。

1988—2010年，查处商标侵权、违法案件4367起，其中收缴和销毁假冒、侵权商标标识21.68万张（套）。

二、广告管理

1988年，广告刊播实行核准制度。1990年，规范各类广告牌，户外广告发布必须经工商部门登记核准。1994年，市内广告经营单位发展到19家，发布各类广告1.62万次。1995年，推行广告代理制，向省、地申报广告代理单位4家，有3家核准广告代理权。1996年，核发市电视台、广播电台、冷水江报社“广告经营许可证”。户外广告实行前置审查登记制度，当年审查登记行医、药品、食品等广告243件。2010年，全市有广告经营单位75家。

1988—2010年，查处广告违法违章案件7859起，清除虚假广告牌1267块，虚假广告传单8.47万张（幅）。1996年，清嵊山泉水厂印刷广告1万份，称该厂饮用水含有人体必需的微量元素，可降低心血管病，有效预防癌症等，进行虚假宣传，误导消费者，被立案查处，罚款1万元。1997年，市建设机械总公司王某未经工商行政管理机关批准，擅自设立“东方烟草行业信息中心”，私立账户，非法刻制印章，印制大型工具书《中国烟草行业内部通讯录》，邮寄全国1000家烟草单位，每户收取刊登费200元，造成严重负面影响。工商部门责令王某停止广告经营活动，没收非法所得15.6万元。

第五节　集贸市场和“两费”管理

一、集贸市场管理

1988年，全市有城乡集贸市场20家，直属市工商局管理。1990年，兴建冷江市场。该市场承担全市90%的蔬菜供应和70%的农副产品交易。1992年，该市场摊位、门面增加到2089个，商品种类扩大到2368种，年成交额增至8965万元，日人流量近2万人次。

1992年，集贸市场实行制度化、规范化、程序化管理。1994年，全市开展“文明建设”进市场活动，在经营者中开展“信得过摊位”“文明建设先进户”“文明建设合格户”“共产党员示范户”等评比活动。至1999年，工商部门在集贸市场查处短尺少秤、掺杂使假行为1126起，“砂子”鸡561起，注水猪肉、注水牛肉321起，销毁病死猪肉1.11万千克，处理欺行霸市、强买强卖324起，调处市场纠纷4221起，为消费者、个体经营者挽回经济损失14.8万元。全市集市贸易成交金额由1988年的4916万元上升到7.02亿元。此后，集贸市场移交地方政府管理。

二、“两费”管理

1988年，市工商部门对个体工商户进入集贸市场进行交易活动收取市场管理费和个体工商户管理费（简称“两费”），集贸市场外经营的只收取个体工商户管理费，实行“定营业额、定收费标准、定收费时间”的“三定”办法按日或按月收取。此后，为防止国家规费流失，工商部门将清理假集体实个体作为重点，采取部门、企业代收，效果显著。1996年，其代收金额在“两费”中的比重由1988年的21%上升到39%。1997年，市工商局委托锡矿山矿务局代收安徽、广西、贵州、湖南等13个省、自治区、直辖市150户个体企业的“两费”。2006年起，“两费”管理实施“阳光工程”，设立缴费透明卡、管理监督卡，采取个体工商户自愿申报、抽样调查、支出倒推、现场测评、经验估算、同行业同地段同规模类比等办法，由工商所长、专干、个私协理事、经营者、人大代表等多方公开定费，确定合理的收费标准。

2008年8月，根据省工商局《关于认真做好停止征收个体工商户管理费和集贸市场管理费有关工作，确保社会稳定的通知》精神，停止征收“两费”，工商部门主动上门清退“两费”预收款622户、21.96万元。

第六节　消费者权益保护

2003年，市工商部门开展“反欺诈”大检查，检查餐饮、美容美发店219家，其中27家违章违法被处罚款。检查食品、药品市场19个，其中124家经营户严重违法违章，被处罚款2.63万元。检查移动电话卖场14家，受理举报53件，立案查处39件，罚款10.4万元。调解消费者申诉102起，为消费者挽回经济损失10万元。

2004年，推行“12315”消费者申诉举报电话，全市行政村建立“12315”消费者申诉站102个，聘请消费维权人员130名，受理消费者咨询1.1万人次，发放维权资料3.5万份，受理消费申诉1000余件，为消费者挽回经济损失300万元。

2010年，食品安全监管与“12315”申诉举报工作分离，受理消费者申诉案15起，立案查处侵犯消费者权益案12起，罚款4.14万元，为消费者挽回经济损失3万多元。

图12-8　2010年，冷水江市工商干部在农村开展“维权护农”活动

第七节　个体劳动者私营企业协会

1988年，市个体劳动者协会（简称市个协）有员工5人，挂靠市工商局，接受工商部门的指导。下辖冷水江、东站、矿山、金竹山、禾青、市场6个分会，有会员2384人。1997年4月，市个协改名为市个体劳动者私营企业协会（简称市个私协）。至2010年，市个私协有个体工商户会员8165户，私营企业780家，从业人员3.2万人。下辖江北路、市场路、矿山、金竹山、铎山、禾青、东站、运输管理8个分会，141个会员联组，其中市级以上党代表8人，人大代表22人，政协委员63人。2010年，市个私协会被评为全国个私协先进单位。1988—2010年，市个私协历经5次换届选举，先后由谢本儒、邹同星、罗志明、梁

建辉、蒋微任会长。

1994年，市个协金竹山分会、冷江分会、东站分会先后建立党、团支部。次年，市个协建立党总支，2005年升格为党委。20世纪90年代，个私协会员先后有680人申请入党，425人加入党组织。1999年，按照《中华人民共和国工会法》《湖南省私营企业工会暂行条例》，建立市个私协联合工会。至2010年，市个私协有党支部38个，党员1680人。410家私营企业建立工会组织，占应建工会的95%，形成了市个私协会、基层分会、会员小组、会员四级组织管理网络。

一、培训评比

1988年后，市个私协和基层分会定期组织学习和培训，对会员进行诚信守法、文明经商从业教育。2004—2010年，协会和各分会共组织各种培训学习1936次，参训会员22650人次，会员诚信守法、文明经商意识不断增强。

市个私协每年开展“文明经营户”评比活动，并与市委宣传部、文明办联合开展“文明建设进市场”“文明守法诚信经营示范户”创建活动。至2010年，共有80家企业、100个会员被评为“文明守法诚信经营示范户”，涌现连续10年以上获“文明经营户”称号的经商户89户，5至10年获“文明经营户”称号的经商户280户。

二、维权服务

1988年，市个协设立维权服务部，确定专人负责，维护会员合法权益，替会员排忧解难。至2010年，市个私协为会员和企业维权服务2.57万人次，挽回经济损失3670万元。调解纠纷1.71万人次，帮困解难2865次，发放救济慰问金87.65万元，救助对象3465人次。

三、奉献爱心

1988—1992年，市个私协每年3月组织会员上街义务理发、医疗、修理等。1993年，同兴、中连、潘桥、禾青、铎山5家敬老院所在地分会定期上门慰问老人。1995年，个私协会组织会员为“湘西希望工程”捐款15万元。1997年，冷江分会发动会员结对帮扶三尖镇光明村8名贫困失学儿童，从小学一年级资助到六年级毕业。

1988—2010年，市个私协先后组织会员参加捐款、捐物、献血等社会公益活动1.86万人次，捐款876.57万元，捐物8700余件（套）。2008年5月，四川汶川地震，个私协第一时间发动会员献爱心，捐款13万元，献血12万毫升。2009年，金融风暴席卷全球，沿海大批企业倒闭，务工人员纷纷回乡，个私协成立“冷水江市返乡农民工就业服务中心”，组织全市40家规模企业公开招聘人才，帮助1200多名返乡农民工就业。

四、献计献策

市个私协敢于代言，积极为私营经济营造宽松发展环境。1994年，有关部门对个体工商户和私营企业“乱收费、乱罚款、乱摊派”，个私协及时向市委、市政府反映，要求狠刹“三乱”风。市政府高度重视，向个私协会员发放“个体工商户、私营企业税费负担卡”，明确规定除应缴纳的税费外，其他费用一律拒交。2002年，个私协推荐50名会员代表参加全市优化经济环境测评大会。

2003年，全市个私经济总体存在“散、小、差”现象，市个私协调查50家个私企业，历时20天，撰写《冷水江市个体私营经济发展中存在的问题及其对策》调查报告，得到市领导的重视。2005年，市个私协党委书记曹红生撰写的《进一步加强非公经济组织党建工作的建议》，获湖南省委“喜迎党代会，共谋新发展”献计献策活动征文比赛三等奖，并编入省委主编的《献策湖南》一书。此后，市政府出台一系列优惠政策与措施，扶植个私企业向生产型、科技型、规模型企业发展，并积极引导和扶持波月水泥、金鹰服饰等10家私营企业争创名牌，其中“波月”牌水泥、“金陆”牌混凝土外加剂商标评为省著名商标，结束冷水江私营企业无著名商标的历史。至2010年，全市个私企业发展至700余家，年产值超1000万元的有27家。

第八节　消费者委员会

1995年3月，市消费者委员会（简称市消委）成立，下设办公室、质量监督检验部、物价监督检查部、食品监督检验部。办公室挂靠市工商局，其他三部分别挂靠市技术监督局、市计划物价局、市卫生防疫站。先后在金竹山电厂、毛易乡、供销社、商业大厦等13家单位建立消费者投诉联络站，并在冷水江、东站、禾青等7家工商所设立消费者投诉站。2004年7月，设在各工商所的消费者投诉站改为分会，在心连心超市、荣华音响电器设备公司、移动公司等13家单位设立消费者投诉联络站。至2010年，市消委内设机构未变，下辖8个分会、154个消费者投诉联络站和“12315”申诉举报联络站，聘请消费维权员130名，并在超市、大型企业设立消费者投诉站19个。

1995—2010年，市消委历经两次换届选举，先后由李文彬、段又桃任主任。

一、宣传活动

1988—2010年，市消委每年3月15日前后组织主题活动，宣传消费者权利，摆设真假商品，讲解识假知识，现场受理投诉等。1997—2001年，主题活动分别为“讲诚信反欺诈”“一切为了农村消费者”“安全健康消费”“绿色消费”等。活动期间，市消委组织商业、服务、金融、医疗等单位上街，开展咨询服务、受理投诉、发布消费警示等活动。2003年，活动主题为“营造放心消费环境”，市消委组织临街单位制作15个宣传橱窗、20块墙报，并在市广播电台设专题讲座。2007—2010年，活动主题分别为“消费与和谐”“消费与责任”“消费与发展”。

二、评选活动

1996年，市消委首次开展“消费者信得过单位”评选活动。经998名消费者评选，市消委考核验收，市五交化公司、商业大厦、石油公司、冷江大厦、湘防公司、锑都卷闸门厂被评为首批“消费者信得过单位”。1997—2003年，评出“消费者信得过单位”99家，其中娄底市级4家。2004—2005年，东苑宾馆等19家单位被评为“诚信维权先进单位”，移动公司等25家单位被评为“消费者信得过单位”，心连心超市等4家单位被评为“先行赔付单位”。

三、受理投诉

1995年，市工商银行强迫消费者使用牡丹卡缴纳电费，城区325名消费者投诉电力局与工商银行。市消委受理后，多次与市人民银行、电力局、工商银行协调。10月，市人民银行作出决定，停止使用牡丹卡缴纳电费，开户款全部清退。是年，受理消费者投诉158件，做到件件有答复，为消费者挽回经济损失6.7万元，赔偿消费者3.6万元。

1997—2000年，受理消费者投诉5035件，调解处理4999件，为消费者挽回经济损失221.8万元。受理邮购投诉4800件，函复4323件，为邮购消费者挽回经济损失64万元。2006年，消费者李某打开液化气钢瓶阀门煮东西，液化气突然起火，烧伤面积达81%，构成六级伤残，因无法提供购销凭证，经销商与厂方不予理睬。消委接到投诉后，多次去厂家协调未果，最后，在当地消委支持下，达成仲裁调解协议，由厂方一次性赔偿李某伤残补助费7.28万元。

2001—2009年，受理消费者投诉6800件，支持消费者向市法院起诉68件，为消费者挽回经济损失730.31万元。2010年，受理消费者投诉553件，处理535件，支持消费者起诉12件，为消费者挽回经济损失137万元。其中，加倍赔偿案22件，赔偿3.8万元。

第五章　物价管理

1984年2月，成立冷水江市物价局。1994年，市物价局与市计委合并，更名市计划物价局。1996年11月，市物价局再度单设，内设办公室、财务股、价格管理股、收费管理股。2005年11月，增设价格监测股和法规股。2006年9月，增设成本调查股（加挂成本调查队牌子），下辖价格监督检查局、价格认证中心、价格调节基金征收管理办公室。2010年，全局有干部职工63人。1988—2010年，先后由陈善周、杨最新、龙维启、肖平任党组书记、局长。

第一节　价格体制改革

1988年，13种名烟名酒及猪肉、鲜蛋、蔬菜、食糖价格放开，价格补贴由暗补改为明补。1991年，全市百货、纺织等国有商业实行“四放开”试点，除国家管价商品外，其他商品均由经销公司自主定价。1992年3月，放开卷烟零售价格，批发实行指导价管理。7月，出台14项放权措施，属省管价的57个种类工业品改为企业定价，属县市管价的工业品和餐饮服务业由经营者定价。9月，化肥由企业定价。11月，放开国有粮油销售价格，取消粮油票证，仅保留军用粮油供应。1994年，对少数尚存“双轨制”价格的工农业生产资料，实行价格并轨，同时放开土地二级市场和商品房市场交易价格。

1988—1995年，先后调整尿素、复合肥、农药、钢材、生铁、电力、成品油、煤炭、纺织品、药品、电视机、食糖、食盐、食用油、棉花以及公路客货运输、住宅租金、自来水、农村电话资费、中小学学杂费等近200类1.3万余种商品价格和服务价格。

1998年5月，《中华人民共和国价格法》施行，湖南省相继颁发相关条例和规定，本市价格体制步入依法改革轨道。是年，市政府建立价格调节基金，市物价部门组建价格调节基金征管办公室。价格调节基金主要用于平抑市场物价、补贴低收入群体和扶持“菜篮子”工程。1999年，随着国产化肥统配计划取消，价格“双轨制”并轨，物资市场全面放开，企业根据市场需求自主定价。2000年后，市物价部门建立价格异动应急机制。2003年“非典”期间，对55种中药饮片剂、口罩、消毒液等药品和器材实行最高限价。2005年，全市遭遇洪灾，对蔬菜、水产品、粮油等生活必需品价格采取行政干预措施，防止物价暴涨。2008年8月1日起，公交票价由0.8元调整为1元。10月1日起，开征城市污水处理费，征收标准为每吨自来水0.4元。

2010年，城市出租车白天起步基价由过去的3元/2千米调整为4元/1.5千米（含燃油附加费0.5元），运行价由过去的1.2元/1千米调整为1元/660米。污水处理费由0.4元/吨调整至0.8元/吨。全市乡（镇、街道）基层卫生单位全部实施基本药物价格政策，药品做到“零差率”销售。与改革前相比，药品价格降幅达35%左右，年减轻病患者医药费用负担1000余万元。是年底，实行国家管价的商品有电力、自来水、食盐、重要农产品、大部分药品、液化气、医疗服务、房地产、教育、交通运输、邮政、电信等12种类，不足全部商品种类的1%，其余商品价格均随行就市。

第二节　收费管理

1988年，全市行政事业性收费项目783个，1990年，增加到1108个。1991年，对全市行政事业性收费进行清理整顿，取消收费项目158个，降低收费标准25项。1997年，取消行政事业性收费项目29项，涉及工商、建设、外贸、交通、外交、公安、税务、保密8个部门。1998年，取消27项不合理服务收费。2001年，放开幼教收费，推行涉农收费公示制度。2003年下学期，实行教育收费公示制度。

2005年，市政务中心设立物价服务窗口，许可证核发、短期培训收费审批、收费年审等列入窗口服务。是年，取消162项行政事业性收费项目和4项服务性收费。农村义务教育阶段贫困学生开始实行“两免一补”（免教科书费、杂费，补助贫困寄宿生生活费）政策。2007年，免除义务教育学生杂费，只收取课本费和作业本费。

2008年，市物价局清理整顿农村用水用电、主要农作物种子、农用化肥、柴油、农村客运票价、农村医药等价格和农村中小学教育、办理身份证、农民建房、婚姻登记、计划生育、殡葬服务、有线电视、畜禽防疫、农产品流通环节等收费项目。取消9项涉及义务教育阶段学生的收费，其中包括：向农村义务教育阶段学生收取的课本费、作业本费和搭餐费，向城市义务教育阶段学生收取的基本杂费、信息技术教育费、科技活动费、帮困保学费、预防体检费和学生守则及证徽费等。同时，取消和停止工商管理费、社团登记费、税务登记验证费、劳动争议仲裁费、卫生许可证费等74项收费，降低10项收费标准，每年为企业和群众减轻负担547万元。

2009年，规范商品和服务价格管理，对已明令取消和暂停的收费项目，注销收费单位的“收费许可证”。对调整收费标准的行政事业性收费和服务收费项目，按上级要求及时变更“收费许可证”和“服务价格登记证”。同时，加强对民用液化气监管，气站所有进货发票复印报物价局备案，及时掌握价格变动情况，将液化气价格调控在合理范围。是年，全市开征行政事业性收费72大项，其中行政性47项，事业性25项，收取行政事业性规费6911.2万元。

第三节　价格检查

1990年2月，市物价检查所对实行市场调节价、政府指导价和政府定价的商品及服务实行统一标价制度，后逐步推广和实行明码标价。每逢重大节庆，对群众基本生活必需品价格及重要服务收费进行检查，防止乱涨价。对教育和医疗服务收费、公路客运收费、垄断行业价格等开展常年价格检查。2003年初，受“非典”影响，食盐、醋以及板蓝根等药材价格飞涨，出现抢购风。市物价局及时加强市场巡查，严厉查处囤积居奇、牟取暴利等价格违法行为。2008年1月，全市遭遇百年一遇的冰灾，市物价部门及时落实价格临时干预措施，对心连心、旺家福、都得利、美格林4家大型超市实行商品提价申报备案制度。同时，市政府启动价格应急预案，动用价格调节基金稳定市场物价。1988—2010年，查处价格违法案件1396宗，查出非法所得金额6911万元，实施经济处罚1834.44万元，其中退还消费者894.79万元，上缴财政939.65万元。2001—2010年，全市受理各类举报电话2300余次，涉及价费投诉1637件，立案查处价格举报692起，清退返还消费者142万元，上缴财政36万元。

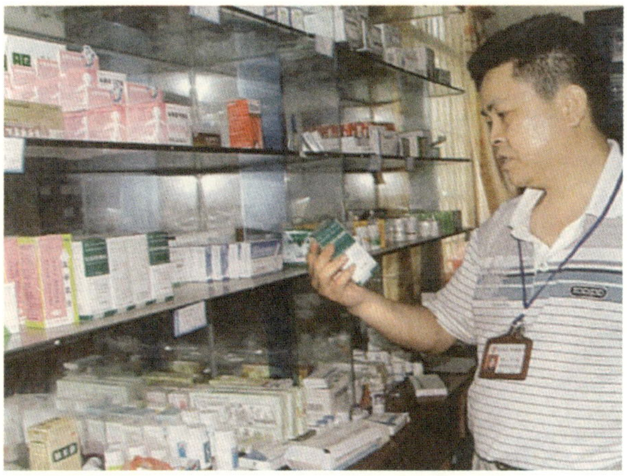

图12-9　2010年，冷水江市物价局开展医疗卫生机构基本药物明码标价工作检查

1988—2010年冷水江市物价局查处价格违法案件情况表

表12-6

年　度	查处案件（件）	违价金额（万元）	经济处罚（万元）	上缴财政（万元）	退还消费者（万元）
1988	45	274	53.2	38	15.2
1989	230	463	111.8	104	7.8
1990	37	138	26	24	2
1991	52	415	61.4	52	9.4
1992	28	246	80.5	48.5	32
1993	63	98.4	78.5	52	26.5
1994	39	627	121.9	78.9	43
1995	24	136.4	91.2	56.7	34.5
1996	87	428.2	86.4	62.1	24.3
1997	43	379.6	64.3	43.5	20.8
1998	36	274.4	65.9	51.6	14.3
1999	62	130.5	43.9	36.9	7
2000	27	215.4	42.3	28.7	13.6
2001	41	418.5	68.6	36.2	32.4

续表 12-6

年　度	查处案件（件）	违价金额（万元）	经济处罚（万元）	上缴财政（万元）	退还消费者（万元）
2002	48	340.8	96.6	32.1	64.5
2003	213	186.5	65.21	22.11	43.1
2004	118	390.6	119.94	13.85	106.09
2005	93	618.8	214.24	28.5	185.74
2006	43	298.9	107.95	16.31	91.64
2007	21	321.4	51	16	35
2008	11	115.3	52.32	16.02	36.3
2009	27	185.4	30.08	10.08	20
2010	8	208.9	101.2	71.58	29.62

第四节　价格认证

1992 年，市物价局成立价格事务所，1997 年升格为副科级单位，并更名市价格认证中心。该中心成立后，认真贯彻落实《湖南省涉案物价格鉴证管理条例》，在服务司法、服务社会、服务政府等方面坚持依法依程序开展价格认证工作。1995—2010 年，受理各类涉案鉴定业务 2705 件、案值 6049 万元，为司法部门及行政执法机关提供有效诉讼证据，为调处有关经济纠纷和社会矛盾提供价格依据。

1995—2010 年冷水江市物价局涉案物价格鉴证情况表

表 12-7

年　度	刑　事		车　损		行　政		总　计	
	件数（件）	金额（万元）	件数（件）	金额（万元）	件数（件）	金额（万元）	件数（件）	金额（万元）
1995	78	105	—	—	—	—	78	105
1996	82	120	—	—	—	—	82	120
1997	90	150	—	—	—	—	90	150
1998	83	135	—	—	—	—	83	135
1999	110	230	—	—	—	—	110	230
2000	123	201	32	25	—	—	155	226
2001	151	375	62	97	—	—	213	472
2002	148	405	59	101	—	—	207	506
2003	160	413	102	120	—	—	262	533
2004	137	268	113	109	—	—	250	377
2005	155	398	97	132	—	—	252	530
2006	123	225	115	129	—	—	238	354
2007	105	332	75	93	—	—	180	425
2008	135	260	50	67	—	—	185	327
2009	120	162	8	20	22	97	150	279
2010	107	940	32	50	31	290	170	1280
合计	1907	4719	745	943	53	385	2705	6049

第五节　价格监测

2005 年 11 月，市物价局增设价格监测股，主要承担物价监测数据采集任务（包括居民服务价格、医疗费用价格等 35 个品种，植物油、蛋禽肉、蔬菜、水果等 27 个居民消费品种，煤炭、氧化锑、精锑 3 个矿产资源品种，尿素、钾肥 2 个农资品种，仔猪料、玉米、麦麸 3 个饲料品种），并根据市场动向了解本市主要商品和服务价格，跟踪反馈国家重要经济政策在本市价格领域的反应。同时，做好商品采价报价工作，预测和监控市场行情，向有关方面提供调查、分析材料，提出相应对策和建议。2006 年，全市建立价格监测网点 10 个。2010 年增加到 16 个。监测网点主要设在钢材市场、煤坪、商场、超市等地。2008 年冰灾期间，对市场价格坚持现场采价，监测数据一日一报。2010 年，市物价局价格监测股被省物价局评为湖南省规范化监测机构。

图 12-10　2008 年，冷水江市物价局工作人员在超市监测采价

2003—2010 年冷水江市居民消费价格指数表

表 12-8

年度	2003 年	2004 年	2005 年	2006 年	2007 年	2008 年	2009 年	2010 年
指数	2.1	2.2	0.7	2.05	6.3	3.0	3.5	4.1

说明：居民消费价格指数是度量消费商品及服务项目价格水平随着时间变动的相对数，反映居民购买的商品及服务项目价格水平的变动趋势和变动程度

第六章　统　计

1988 年，市统计局内设办公室、农村经济统计股、综合统计股、商业股、工业股。1993 年，设立统计法制股。1996 年，成立统计事务所。1999 年，成立城乡经济调查队（2008 年改为参照公务员管理事业单位）。2008 年，设立普查中心。2010 年，内设机构调整为办公室、综合与核算统计股、法规股、企业调查队、能源统计股、服务业统计股，下辖城乡经济调查队、普查中心、统计事务所，全局有干部职工 32 人。各乡（镇、街道）设立统计管理站，负责管理当地统计事务，有统计人员 580 人（其中专职统计人员 121 人）。1988—2010 年，先后由曾富陶、程正章、李国华任党组书记、局长。

第一节　统计调查

1994 年，按照省统计局要求，市统计局开展统计登记，基本澄清全市统计单位数。同年，贯彻国务院批转国家统计局《关于建立国家普查制度改革统计调查体系请求的通知》，改革全市统计调查方法，建立以周期性普查为基础、经常性抽样调查为主体，重点调查、科学核算为补充的多种方法综合运用的统计调查体系。冷水江开始实行周期性普查制度，人口和农业普查每隔 10 年进行一次，人口普查逢末位为 0 的年度进行，农业普查逢末位为6的年度进行。2003年，国务院调整经济普查制度，把工业普查、第三产业普查、基本单位普查和建筑业普查四项合并，统称为经济普查，每5年一次。除第一次全国经济普查在2004年实施外，其他均在逢3、逢8年份进行。

一、统计报表

1992年，市统计局建立乡以下工业增加值月报表、工业销售产值月报表、乡及以上独立核算工业企业主要财务指标月报表制度，以此计算工业经济效益指标。工业发展进度改用“工业增加值”为主要指标。工业全员劳动生产率改按工业增加值和净产值计算。反映国民经济发展规模和速度的评价指标，由社会总产值改为国民生产总值指标。1993年，开始分季测算国内生产总值，统计报表范围不断扩大，表种不断增加，内容持续增多，统计越来越全面。至2010年，市统计局承担全市人口、劳动工资、工业、农业、农村经济、建筑业、房地产业、固定资产投资、批零贸易、服务业、交通、能源、科技、物价、城镇居民可支配收入等20余种专业统计报表和妇女儿童“两纲”（《中国妇女发展纲要》和《中国儿童发展纲要》）监测、扶贫监测等报表的数据搜集、整理、汇总、上报和分析工作。

二、普查

1988—2010年，全市组织大型普查11次，其中人口普查3次（普查情况见第二篇第一章第四节），其他普查8次。

（一）第一次第三产业普查

1993年10月至1994年12月，全市开展第一次第三产业普查。普查结果：1992年年底，全市从事第三产业单位6779个（国有、集体单位1832个，城乡个体户4947个），从业人员4.02万人，第三产业增加值2.42亿元。

（二）第三次工业普查

普查内容为1995年全市工业生产、销售、库存和成本、费用、价格、盈利、资产负债等情况。普查结果：1995年末，全市有工业企业和生产单位2293个，从业人员8.04万人。乡及乡以上工业企业资产总额32.24亿元。全市工业总产值42.25亿元，工业增加值9.4亿元。产原煤557万吨、水泥44.5万吨、生铁22.3万吨、发电量35.5亿千瓦时。

（三）第一次基本单位普查

1996年下半年开始普查，12月底结束。普查结果：1996年末，全市有法人单位1511个，法人单位附属产业活动单位520个。

（四）第一次农业普查

1997年1月开始，8月结束。普查内容包括：农业生产经营单位的数量、规模和结构，农业用地的分布和使用情况；农业生产性固定资产的数量、结构和性能；农村劳动力数量、素质、从事行业和流动情况；乡镇企业和建制镇的基本情况等。普查结果：1996年末，全市有耕地面积5.57千公顷（水田3.78千公顷，旱地1.79千公顷），渔业养殖面积0.39千公顷，粮食总产量5.74万吨，生猪出栏14.21万头。

（五）第二次基本单位普查

2000年12月1日开始，次年11月30日结束。普查对象为全市法人单位、产业活动单位及个体工业、贸易、餐饮业户。

（六）第一次经济普查

2005年，全市开展首次经济普查。普查范围除农业之外覆盖其他各行各业，主要了解全市第二、三产业发展规模、结构和效益情况，建立健全基本单位名录库及其数据库系统，为研究制定国民经济和社会发展规划，提高决策水平和管理水平奠定基础。普查结果：2004年度，全市社会生产总值（GDP）为53亿元，其中第一产业2.62亿元，第二产业33.28亿元，第三产业17.1亿元。

（七）第二次农业普查

2006年，全市进行第二次农业普查。普查结果：全市农村有行政村153个，总户数7.25万户，总人数18.42万人，其中从事生产经营活动的农户6.67万户，从业人员9.87万人。耕地面积5.7千公顷，农作物播种面积11.6千公顷。

（八）第二次经济普查

2008年，全市开展第二次经济普查，普查范围和内容与第一次经济普查相同。普查结果：2008年，全市社会生产总值为118亿元，其中第一产业5.1亿元，第二产业82.5亿元，第三产业30.4

亿元。

三、抽样调查

（一）人口抽样调查

每年10月开展1‰人口抽样调查（人口普查年度和1%人口抽样调查年度除外），一般抽4个乡（镇、街道）的4个村约300户进行调查。1%人口抽样调查定在末位逢5的年份进行，一般抽5个乡（镇、街道）进行调查，1995年、2005年分别调查一次。

（二）城乡社会经济抽样调查

1996年3月，全市开展社会消费品物价调查和物价指数编制，确立物价调查点23个，共调查8大类530多个商品，每月采集价格5次。2004年8月，抽取600户城镇居民户作为大样本，先按户人均收入排序，再进行等距抽样抽取50户作为全市城镇居民住户样本户。调查内容包括家庭人口、就业、收入、消费、储蓄、耐用消费品、住房情况等。每3年进行一次样本轮换。

（三）规模以下工业抽样调查

2005年3月，对全市规模以下工业企业进行抽样调查，抽查样本为规模以下工业企业26个和28个村（社区）的个体工业户。每4年进行一次样本轮换。

（四）其他抽样调查

1992年开始，每5年开展一次国民财产调查。1995年起，每年开展小型批发零售贸易企业、餐饮企业和个体贸易、餐饮业商业户抽样调查。2000年后，每年开展妇女儿童“两纲”监测调查和贫困监测调查。2001年，开展“两个确保”（确保企业下岗职工生活费按时足额发放，确保企业离退休人员养老金按时足额发放）问题调查。2005年后，每年12月份，开展工业企业成本费用调查。

第二节　统计服务

1986年起，市统计局每年编辑出版《冷水江统计年鉴》和《冷水江市国民经济和社会发展统计公报》。1995年6月起，每月将全市国民经济和社会发展主要统计指标整理编印成《冷水江市国民经济和社会主要统计指标月报卡》(2004年改为彩版并增加经济运行点评)，作为内部资料提供给市领导和相关部门。2008年，建立冷水江统计信息网，平均每年提供咨询服务300人次。

1988—2010年，市统计局编印《统计资料》240期，及时反映全市经济运行情况和相关动态。同时，开展专题调查研究，对统计信息数据进行分析，撰写分析文章，为市委、市政府决策提供依据。2009年，李国华撰写的《冷水江市加快发展方式转型》入选湖南省统计局编印出版的《2010年度统计分析范文选编》。

第三节　统计执法

1989年，市统计局成立统计法规检查所，1993年改为统计法规股，配有1名专职统计法规检查员，9名兼职检查员，依法查处屡次迟报、拒报、虚报、瞒报等统计违法行为。1996年，市内某旅游开发有限公司统计人员参加统计工作年报会议后，既未按时报表，又不说明情况，在统计局送达《查处违反统计法规行为罚款决定通知书》时，该公司董事长当场撕毁。15天后，该公司既未申请行政复议和提出行政诉讼，也没有缴纳罚款。市统计局提请市人民法院强制执行，依法扣押该公司中型客车1辆并进行公开拍卖，以抵缴罚款及执行费用。1988—2010年，市统计局开展执法检查15次，检查单位560个次，查处违法案件67起。

第七章　审　计

1988年，市审计局内设人秘股、财贸审计股、行政事业审计股、工交基建审计股。1992年，工交基建审计股分设为工交审计股和基建审计股。1996年，增设法规股。8月，成立离任审计办公室，为副科级全额拨款事业单位。1999 年，增设农林水审计股。2003 年 6 月，成立建设（技改）项目审计监督中心，为全额拨款事业单位，2007 年 4 月升格为副科级全额拨款事业单位。2009 年，增设计算机审计股。至 2010 年，审计局内设办公室、法规股、财金审计股、行政事业审计股、经贸审计股、农业与资源环保审计股、投资外资审计股、人事教育股、领导干部经济责任审计办公室、计算机审计股，下辖建设（技改）项目审计监督中心。全局有干部职工 51 人，其中 33 人取得审计师、会计师及相关专业中级以上职称。1988—2010 年，先后由黄国柱、胡功金、贺隆立、肖初金、颜续章、黄世平、周石平任党组书记、局长。2005 年起，市审计局连续 5 年荣获“湖南省文明单位”“湖南省卫生单位”荣誉称号。

1988—2010 年，市审计局完成审计项目 1318 个，查出违纪或管理不规范资金 11.4 亿元，追缴资金 4183 万元，查出违纪和违法案件 20 起，并移交纪检、司法机关处理。

第一节　国家审计

1989 年起，市审计局连续 6 年重点审计行政和事业单位财务收支、企业承包经营责任及国有资产保值增值。1992 年，市审计局、财政局、人民银行联合下发《关于执行审计机关作出的缴款、扣款、停止财政拨款和银行贷款处理决定的通知》，强化审计执法手段。2007 年，重点开展财政预算执行审计、建设工程投资审计、领导干部经济责任审计、企业改制审计及专项资金审计。2008 年，坚持“财政资金运用到哪里，审计跟进到哪里”，重点开展财政资金、专项资金审计。2009 年，编制《冷水江市审计局审计操作守则》。2010 年 5 月，制定《冷水江市审计局行政处罚自由裁量权基准》，实施项目计划、执审与法规审理“三分离”制度，形成立项、执审到复核处理等环节相对独立、制衡权力的审计执法新格局。

一、财政审计

1995 年前，本级财政审计由娄底市审计局实施。1996 年后，根据《湖南省预算执行情况审计监督执行办法》要求，市审计局依法对本级财政预算执行情况实行年审，对乡镇财政决算每两年审计一次。至 2010 年，市审计局抽调审计人员 80 余人次，对市本级预算执行情况和 80 余个预算执行单位进行审计，查出违纪金额 8000 余万元。

二、行政事业单位审计

1997—1998 年，重点审计有收费职能的行政事业单位，查出“小金库”7 个，金额 321 万元，收缴 138 万元，清退 89 万元。2001 年，积极参与治理“三乱”工作，查出行政、事业单位乱收费、乱摊派、乱罚款 23 起，违规金额 130 余万元。2004 年，对 23 个行政事业单位开展审计，查出挪用专项资金、偷税漏税、罚没收入不及时上缴等违规金额 1384 万元。2009 年，对市物价局、劳动局、公安局等 15 家单位开展审计，规范收费和资金管理。2010 年，重点对劳动就业资金、社会保障资金进行审计，审计市劳动和社会保障局、经济工作局等 10 余家单位，查出无依据收费、乱发奖金补助、收入未按规定上缴财政、违反规定列支应由个人负担的费用及漏交基金税收等问题。

图 12-11　2010 年，冷水江市审计局工作人员开展审计工作

1988—2010 年，市审计局完成行政、事业单位审计项目 357 个，查出违规金额 2.47 亿元，上缴财政 737 万元，清退 4381 万元，调整账务 2837 万元。

三、基建投资审计

市审计局加强对政府投资建设重点工程项目全程跟踪审计，审计范围包括可行性研究、立项、设计、招投标、施工、竣工决算等。1995 年后，先后对世界银行贷款“中国种子商业化项目”“传染病与地方病控制项目”、世界银行贷款和英国政府赠款“中国结核病控制项目”、亚洲开发银行贷款“城市防洪项目”、日本国际协力银行贷款“城市垃圾处理项目”、美国惠普贴息贷款“市中医医院 B 超项目”共 6 个国际援助、贷款项目进行审计，贷款金额共计 6497 万元，主要审计贷款资金的管理、使用、效益、配套资金到位及还本付息等情况。通过审计，发现这些项目在实施中存在管理费用较大、偿债能力弱、财政投入配套资金不足等问题。

2003 年后，开展基建项目预决算审计。2005 年，审计市社保局综合楼工程，施工单位送审造价 686.7 万元，核减工程造价 227.2 万元。审计市内甲栋公房建设工程，查出挪用公款 70 万元。2008 年，审计桃园小区南组团电力安装工程，电力局送审预算为 269.6 万元，核减工程造价 182 万元。至 2010 年，完成基建审计项目 151 个，送审工程造价 2.92 亿元，核减工程造价 4614 万元，平均核减率为 16%。

四、任期经济责任审计

1997 年，市审计局开始对行政、企事业单位领导干部进行任期经济责任审计，至 2010 年，审计 211 个单位、267 人，其中党政领导 254 人（处级 6 人、科级 248 人），国有企业及控股企业负责人 13 人（省地级管理企业 7 人、县级管理企业 6 人），查出违规金额 6.8 亿元，收缴财政 401 万元。组织部门根据审计情况，提拔 24 人，平调 196 人，降职 3 人，撤职 5 人，免职 17 人。查出经济案件 8 起，移送纪检监察部门 9 人，移送司法机关 5 人。

五、企业审计

1988—1997 年，企业审计主要是经常性资产负债损益审计，促使企业加强内部管理，提高经济效益，防止国有资产流失。1998 年，配合全国粮食流通体制改革，市审计局对市粮食系统粮食亏损挂账进行审计。1998—1999 年，受湖南省、娄底市审计机关委托，先后对市农业银行、工商银行、建设银行、人寿保险公司、财产保险公司的资金、负债、损益进行审计。2006 年、2009 年，根据湖南省审计厅安排，分别对市信用合作联社 2005 年、2008 年的资产、负债、损益情况进行审计，发现该社存在信贷资产质量差、违规发放贷款、盈亏不实等问题，并提出审计建议。

2005 年后，市审计局对 40 余户改制企业改制资金进行专项审计。2007—2008 年，受上级审计机关委托，分别对湖南金信化工有限公司和冷水江制碱厂开展审计，查出冷水江制碱厂私分国有资产、虚报利润、领导多领奖金等问题，2 人移送检察机关处理，追缴违规资金 44 万元。2008 年，成立由审计局牵头，纪委、财政局参加的联合审计组，对市耐火材料厂等 27 家工业企业、市五交化公司等 16 家商品流通企业、市禾青粮站等 8 家粮食购销企业的改制资金使用情况进行后续审计，监督和规范改制资金使用，防止国有资产流失。

1988—2010 年冷水江市国家审计情况表

表 12-9

年　度	审计项目（个）	违纪或管理不规范资金（万元）	追缴资金（万元）	违法和违纪案件	
				件数（起）	移送单位
1988	43	185	15	—	—
1989	59	153	44	—	—
1990	68	257	19	—	—
1991	69	1331	29	—	—
1992	58	628	32	—	—
1993	41	652	61	—	—
1994	54	2970	60	1	司法机关
1995	43	1153	53	—	—
1996	67	539	63	—	—

续表 12-9

年　度	审计项目（个）	违纪或管理不规范资金（万元）	追缴资金（万元）	违法和违纪案件	
				件数（起）	移送单位
1997	71	2100	180	—	—
1998	73	1895	105	9	司法机关
1999	56	2030	101	3	司法机关
2000	54	3124	75	1	纪检、司法机关
2001	49	3376	120	—	—
2002	52	2215	94	—	—
2003	44	8446	124	—	—
2004	54	5472	151.4	—	—
2005	46	6575	274	—	—
2006	58	5600	198	—	—
2007	60	5521	87	—	—
2008	65	13296	708	2	纪检、司法机关
2009	67	17819	1391	2	纪检、司法机关
2010	67	28866	199	2	纪检、司法机关
合计	1318	114203	4183	20	

第二节　社会审计

1988年8月，经湖南省审计局批准，成立冷水江市审计事务所，1994年3月更名为审计师事务所，1997年4月升格为副科级事业单位，1999年改制脱钩，2000年1月撤销。

1990年，市审计事务所查出贪污案件3起。1991年，接受业务200项，其中资金验证161项，经济案件鉴定9项，工程决算验证4项，承包兑现审计9项，清理债权债务17项。1988—1999年，开展查证、监证、验证、咨询等各类委托业务1625起，为建设单位节约资金1550万元，核减虚假注册资金2360万元。2000年后，社会审计工作由社会机构会计师事务所承担。

第三节　内部审计

1988年后，审计部门指导全市行政、企事业单位成立内部审计机构和开展内审业务。1990年4月，市政府表彰资江氮肥厂内审处等7个单位。1993年，市政府发文要求加强内部审计工作。2004年年底，全市有内审机构22个，内审人员37人。至2010年，市教育局、粮食局等8个单位保留内部审计机构，有内审人员21人。

1988—2010年，全市完成内部审计项目7258个（其中工程审计项目 5076 个），纠正违纪资金3256万元，挽回经济损失6219万元，增收节支5168万元，建议给予党纪政纪处分6人次。

第八章　质量技术监督

1988年，市标准计量局内设人秘股、业务股、计量测试所、衡器检定所、产品质量监督检验所。1989年，人秘股更名为政工股。1993年6月，计量测试所、产品质量监督检验所升格为副科级单位。1994年10月，市标准计量局更名为市技术监督局，归口市经济委员会管理。2000年，技术监督部门实行省以下垂直管理，并更名为市质量技术监督局（简称市质监局），内设政工股、办公室、监督股、标准质量股、计量股、锅炉压力容器安全监察股，下辖稽查队、计量测试所、产品质量监督检验所。2003年，产品质量监督检验所、计量测试所合并为产品质量监督检验及计量检定所。2005年，增设食品安全监督股。至2010年，全局有干部职工54人，其中退休人员6人。1988—2010年，先后由杨可全、段福星、吴科峰、谢平、唐跃荣任党组书记、局长。

第一节　计量管理

1988年，全市推行使用法定计量单位。市标准计量局授权锡矿山矿务局、冷水江铁焦总厂、资江氮肥厂、耐火材料厂、自来水公司对其内部使用的水表、电表、电能表、衡器、压力表等计量器具实行强检。同时，在自来水厂建立水表检定站，对全市水表进行强制检定。1989年1月，经省计量局验收，冷水江成为基本完成向法定计量单位过渡的县市。1992年，市环保局、卫生防疫站、建筑材料科研所先后通过计量认证。2000年，市机动车综合性能检测站通过计量认证。至2010年年底，全市通过计量认证并可向社会提供公共数据的产品质量检验机构有：市产品质量监督检验及计量检定所、环保局化验室、疾控中心、建筑材料科研所、冷新机动车安全性能检测有限公司5家单位。

市质量技术监督部门实行计量器具年审制度，对制造、销售、使用计量器具依法进行监督检查，严肃查处短斤少两、使用不合格器具、标注量与实际不符等违法行为。1988—2010年，办理计量违法案件114起，罚款20余万元。

第二节　标准化管理

一、消灭无标准生产

1988年，《中华人民共和国标准化法》颁布实施，冷水江被认定为全省两个消灭无标生产试点县市之一。为消灭无标准生产，市标准计量局对企业制定、修订产品标准加大工作力度。全市有8家企业建立标准化委员会（或标准化室、组），40家企业建立兼管机构，全市有专职标准化管理人员39人，兼职人员170余人。同时，全市制定、修订企业标准25项，申报省、地地方标准10项，申报国家或行业标准9项。此后，市标准计量局对全市生产企业进行普查，督促123家企业的156个产品采用国家、行业、地方标准或企业标准，全市生产企业标准覆盖率98%。1997年，全市消灭无标生产试点工作顺利通过国家技术监督局验收，成为全国51个消灭无标生产县市之一。

二、统一代码标识

1993年初，冷水江市成立代码工作领导小组，开展统一代码标识工作。至年底，市内机关、社会团体、企事业单位颁发代码证1200余家。1994—1995年，颁发代码证600余家，并开始在银行账户管理和工商营业执照年审中查验代码。2002年后，按照《湖南省组织机构代码管理办法》，对未进行年检年审、使用过期失效代码的单位进行行政处罚，限期改正。至2010年年底，全市有组织机构代码单位1800余户。

1998年起，执行《商品条码管理办法》，推广和应用商品条码，至2010年，全市有商品条码成员单位15家，查处经销企业商品条码违法案件15起。

第三节　质量管理与监督

一、名牌产品管理

1996年，国务院颁发《质量振兴纲要》。次年，市政府制定《冷水江市质量振兴规划》。2000年，全市开展“质量兴市”“质量兴业”活动。市质监局因势利导，加强质量管理与监督，引导企业走质量效益型发展道路，全市名优产品不断涌现。至2010年，“闪星”牌二号精锑获国家银质产品奖，“闪星牌”三氧化二锑获中国名牌产品称号，肝复乐、波月西服等24个产品获湖南省名牌产品称号（详情见第十三篇第二章第四节）。

二、生产许可证管理

2000年，工业企业生产许可证归属质监部门管理。市质监局按照生产许可证发证要求，建立健全质量管理和质量保证体系制度，认真做好工业产品生产许可证发放、审查、申报工作。2005年，食品生产加工企业安全监管职责划归质量技术监督部门，国家对小麦粉、大米、食用植物油、食醋、酱油、饮用纯净水、冷饮、副食品8类食品实行质量安全市场准入制度，市质监局对全市食品生产企业进行全面调查摸底，制定食品安全专项整治实施方案，指导23家企业26个产品获得食品生产许可证，对65家企业进行分级管理，其中B级管理23家，C级管理42家，并签订《食品安全承诺书》。2005—2010年，全市有19家工业企业的22种产品、23家食品和食品添加剂企业的26种产品获得生产许可证。

2005—2010年冷水江市获得生产许可证的工业企业及产品一览表

表12-10

获 证 单 位	获证产品	获证年度
锡矿山闪星锑业有限责任公司	烧碱	2005
冷水江市宏发工业气体厂	溶解乙炔	2005
冷水江市甘视眼镜行	眼镜	2006
锡矿山闪星锑业有限责任公司	工业硫酸	2006
湖南金大乘集团锌品冶炼有限公司	工业硫酸	2006
湖南金信化工有限责任公司	压缩液化气体	2006
冷水江市中连制氧厂	压缩液化气体	2006
冷水江金富源碱业有限公司	液体无水氨	2006
湖南大乘医药化工有限公司	农药	2006
冷水江市华茂电线电缆厂	电线电缆	2006
湖南耀华冷水江耐火材料有限责任公司	耐火材料	2007
湖南宜化化工有限责任公司	工业硫酸	2008
	工业甲醇	2008
	液体无水氨	2008
	复混肥料	2008
冷水江钢铁有限责任公司	热轧带肋钢筋	2008
冷水江市资信复合肥有限公司	复混肥料	2008
冷水江市华鑫耐火材料有限公司	耐火材料	2008
冷水江市中孚耐火材料有限公司	耐火材料	2008
冷水江市金信复合肥料有限公司	复混肥料	2009

2005—2010年冷水江市获得生产许可证的食品和食品添加剂企业及产品一览表

表12-11

获 证 单 位	获证产品	获证年度
冷水江市清嵊纯净水厂	饮用纯净水	2005
冷水江市圣泉纯净水厂	饮用纯净水	2005
冷水江市清泉纯净水厂	饮用纯净水	2005

续表 12-11

获　证　单　位	获证产品	获证年度
冷水江市国家粮食储备库大米厂	大米	2006
冷水江市大乘调料食品厂	山胡椒油	2006
	调味品	2006
湖南金竹山电厂纯净水厂	饮用纯净水	2006
锡矿山物业管理公司纯净水厂	饮用纯净水	2006
冷水江市茶花溪水业有限公司	饮用纯净水	2006
冷水江市眉山山泉水厂	饮用纯净水	2006
冷水江紫云峰腊味制品厂	腊制品	2007
冷水江市先河化工有限公司	碳酸氢钠（小苏打）	2007
冷水江市中天化工有限公司	次氯酸钙（漂白粉）	2007
冷水江市昌顺调料食品厂	山胡椒油	2008
娄底响莲实业发展有限公司	葛根面条	2008
	葛根	2008
冷水江市策神调料食品厂	山胡椒油	2008
九龙泉饮品厂	饮用纯净水	2008
湖南瑞生源生物科技有限公司	杨梅酒	2009
冷水江市湘土情酒业有限公司	黄酒	2009
冷水江市香可甜酒食品厂	甜酒	2009
冷水江市青山食品厂	月饼	2009
	糖果	2009
冷水江市万利隆西饼屋	糕点	2009
冷水江市花桥食品厂	牛肉干	2010
冷水江市兴达食品厂	糕点	2010

三、产品质量监督检验

1989 年，市标准计量局投入 8 万余元购置食品、建材、煤炭等检验设备，改建实验室，配备检验技术人员 6 人，依法承担市内食品、建材、煤炭 3 大类 40 余种产品的质量监督检测任务。1995 年，投入 10 余万元添置检验设备，开办锑品、鞋类、烟花爆竹、水泥、饲料、低压电器、黄金珠宝首饰 7 大类 40 余种产品检验项目。2005 年，专业技术检验人员增至 13 人，实验室面积扩至 500 平方米，检验检测手段更加完善，检验检测能力和检验数据准确率得到提高。1989—2010 年，全市检验产品 8860 批次，另为新化、双峰、涟源等县市及社会委托单位和个人检验产品质量 731 批次。

第四节　特种设备安全监督

2001 年 3 月，市质监局接管劳动部门的锅炉、压力容器、压力管道、电梯、起重机械、大型游乐设施、客运索道、场（厂）内专用机动车辆的安全监察职能，并成立锅炉压力容器安全监察股，专职安全监督工作。是年，对全市特种设备生产、使用单位进行全面普查，并办理注册登记手续。2003年，国家颁布《特种设备安全监察条例》，市质监局对全市生产、使用特种设备单位进行现场安全监察，发现安全隐患及时整改，并每年组织特种设备作业人员进行培训。是年，锅炉安全监察股更名特种设备安全监察股。2005年，市政府召开全市特种设备安全生产工作会议，与150多家生产、使用特种设备单位签订责任状，依法落实安全生产主体责任。2006年，率先在全省实现液化石油气瓶产权转移。2009年，成功实现工业用气瓶的产权转移，全市特种设备安全监察工作进入全省先进行列。至2010年年底，全市有特种设备生产单位7家，检验单位2家，气瓶充装单位5家，使用单位197家，持证的特种设备作业人员1775人。同时，对特种设备实施强制检验制度，每年定检率95%以上，全市特种设备连续10年未发生安全事故。

第五节　行政执法

1988年起，市质监局根据各个时期的不同特点，依法对生产流通领域的产品质量进行监督检查，对经销假冒伪劣商品的违法行为进行严厉打击。是年，重点对低压电器产品质量进行执法检查，检查商店17家、产品28种，查封无证产品4532件，没收伪劣商品3144件。此后，加大查处打击力度，对无证产品一律查封，对假冒伪劣商品一律没收并进行处罚，对霉变食品一律当众销毁，对掺杂使假、以次充好的行为一律立案查处。同时，及时处理消费者投诉案件。1992年，冷水江冶金技校16位用户投诉湘潭江南机器厂生产的自动洗衣机不合格，该局派人到厂家调查协商，厂方同意退货退款，维护了消费者的合法权益。1993—1995年，查处不合格商品价值2170多万元，销毁假冒伪劣商品42万多元，现场处罚147起，立案查处49起。2002—2010年，针对农资、食品、建材、低压电器、煤炭、手机6个方面开展专项打假，发现产品质量不合格、伪造许可证标志、掺杂使假等诸多问题，查处各类违法案件747起，其中立案查处165起，涉案金额1340余万元。

第九章　药品、食品监管

1988年，药品监督管理由市卫生局药政股负责，药品检验由市药品检验所负责。1991年12月，组建市医药管理局，与市药材公司合署办公，行使管理医药行业职能。2001年9月，根据省政府机构改革方案，市医药管理局行业管理职能与市卫生局药政职能合并，组建娄底市药品监督管理局冷水江分局，行使对全市药品和医疗器械研制、生产、经营、使用的监督管理职能。2002年，成立市药品检验所，负责药品快速检验和药品委托检验。2004年6月，冷水江市食品药品监督管理局挂牌成立（简称市药监局），并增加食品安全综合监管职能，归属娄底市食品药品监督管理局，人事、财务由省食品药品监督管理局垂直管理，内设办公室、食品安全综合监督股、药品监督股、稽查股。2005年，市政府成立农村药品“两网”（农村药品监督网络和农村药品供应网络）建设领导小组和食品药品安全委员会。2006年，乡镇成立食品药品安全委员会，配备1名专职副科级干部负责食品药品监管工作。2007年，增设医疗器械股。2010年7月，市药监局下放地方政府管理，为市政府工作部门。卫生部门承担的餐饮环保食品、保健品和化妆品监督职能划入药监局，药监局承担的食品安全综合监管职能划归卫生局。市药监局内设办公室、政策法规股、食品监督股、药品监督股、医疗器械监督股和财务股，下辖食品药品稽查大队、食品药品检验所。全局有干部职工22人。2001—2010年，先后由周健林、段太明任党组书记、局长，陈英任专职党组书记。

第一节　药品安全监管

一、生产企业监管

2001年10月，市药监局按照《药品生产质量管理规范》，对药品生产企业冷水江制药有限公司、人民医院和中医院制剂室实行动态监管。监管内容包括生产过程中的原辅料、生产工艺、成品检验、产品质量等。每季度检查一次，检查情况记入诚信档案，发现问题及时督促整改到位。2010年，对冷水江制药有限公司生产的肝复乐片进行抽查，生产工艺和流程均符合《药品生产质量管理规范》。

二、处方药和非处方药分类管理

根据《中华人民共和国药品管理法》规定，处方药不得在大众传播媒介发布广告或以其他方式进行以公众为对象的广告宣传。从2004年开始，市药监局结合“药品经营许可证”换证工作，对全市药品零售企业进行分类管理，明确规定处方药与非处方药应有醒目标志，处方药必须凭执业医师处方才能销售。2009年，大建药店、肖氏大药房未凭处方销售“阿莫西林”等处方药，资江煤矿家属区诊所、文君诊所、长春诊所等5家医疗机构未建立真实完整的药品购进记录，市药监局对其分别给予警告和罚款。

三、特殊药品管理

麻醉药品、精神药品、医疗用毒性药品、放射性药品等属特殊药品，实行特殊管理，非指定医院或医生不能使用。2001年后，市药监部门对全市医疗机构使用麻醉药品和第一类精神药品实行严格审查，并核发“购用印鉴卡”。2003年，检查医疗机构29家、药品经营单位11家，检查特殊药品300余种次，发现少数单位存在硬件设施不全、账目不清和管理混乱等问题，均限期整改到位。2005年，对使用麻醉药品、精神药品不规范的5家医疗机构限期整改。

第二节　药品市场监管

一、农村药品监督网络建设

2004年，始建农村药品监督网络，全市聘任14名药品监督协管员、165名信息员，形成覆盖全市城乡的市、乡、村三级药品监督网络。2006年，监管网络延伸到村民小组，聘请村民小组长为药品监管联络员。2007年，全市投入400多万元用于村卫生室和农村药店硬件改造，并成功创建全省农村药品“两网”建设示范市。是年，市药监局被评为全省食品药品监督管理先进单位。

二、实施药品经营质量规范管理

2002年，全市所有药品经营企业实施国家《药品经营质量管理规范》（GSP）。此后，市药监局加强对药品经营企业培训，药品经营质量管理水平普遍提高，至2010年，全市116家药品经营企业全部通过GSP认证。

三、日常监管

2001年后，市药监局每年对药品批发、零售企业进行定期或不定期检查。2003年“非典”期间，共检查医疗机构246家，抽检中药饮片、消毒剂、生物制品、防护服和口罩等药（物）品10090批次，查处不合格药品17批，对违法使用药品的47家医疗机构限期整改。2005年，对骨科内固定器械、安全套、无菌注射器和输液器等进行重点监管，对医疗器械说明书、标签和包装标识进行专项检查，检查医疗器械经营使用单位260家，检查医疗器械、设备1869种次，有15种医疗器械说明书、标签和包装标识不合规范。查处违规使用医疗器械单位60家，罚款5.8万元。2006—2007年，先后查处振康医药公司从非法销售网点购进4.95万元的假冒药品、市中医医院违法引进和使用广西南宁无批准文号的“农本方”中药配方颗粒两起案件，没收尚未销售或尚未使用的药品，并对振康医药公司、中医医院分别罚款10.2万元、10万元。2008年，查获不合格药品、医疗器械等案件44起，罚款14万元，分5批集中焚烧近10万元的假劣药品、医疗器械。2001—2010年，查处各类违法案件1000余起。

第三节　食品安全监管

1988年，省政府出台《关于整顿和加强食品卫生工作的意见》，冷水江加大食品卫生工作力度，在全省组织的食品卫生工作检查评比中，名列全省第四名。1991年，省卫生厅批准冷水江市为“全国食品卫生示范县市”创建单位，1993年经考核验收达标，在全省6个示范县市中名列第一，成为娄底市第二个达标县市。1997年，进一步加大食品卫生监管力度，全市食品卫生合格率88.9%，餐具消毒合格率84.8%。同时，查处一起较大违法案件，罚款1.38万元，销毁变质食品40吨。2005年，市药监局突出源头治理，严格市场准入关，对77家企业实行量化分级管理，58家企业建立自检制度，102家食品批发、零售企业建立索证和索票制度，并在大型超市和市场抽检蔬菜样品219个，其中有16个不合格蔬菜样品。同时，取缔私屠滥宰168起，查处病死猪肉360千克。检查食品生产、加工企业283家，罚款1.1万元。2008年，三鹿奶粉事件发生后，该局与有关部门联合进驻超市和销售网点，对问题奶粉清查下架116包。同时，加强对本地乳制品企业监管，掌握并汇总上报问题奶粉患者信息，全市被确诊患儿38人，住院治疗患儿3人。整治校园商店22家，责令下架食品110包，销毁过期食品2包。2010年，对食品添加剂、地沟油、一次性筷子、保健食品等进行专项整治，印发餐饮服务许可证167份。

第四节　药品不良反应监测与检验

2003年起，全市配备药品不良反应监测兼职监测员，开展专业知识培训，并制订相关监测工作制度。2005年5月，成立冷水江市药品不良反应监测中心，办公地址分设市人民医院、食品药品监督管理局和卫生局。2005—2010年，全市上报药品不良反应3247例，其中新药不良反应426例。

药品检验工作由市药品检验所负责。该所拥有GB204电子分析天平、751-GW紫外分光光度计、数显自动旋光仪、净化工作台、生化恒温多功能培养箱、酸度计、生物显微摄影仪、片剂崩解仪等设施及配套设备。2004年，接受委托检验431批可疑药品，送检4批，监督抽验20批，其中7批为不合格药品。2003—2010年，完成快速检测抽样2139批次，委托检验3126批次。

第十章　安全生产监管

2002年前，安全生产监督管理工作由市劳动局负责。2002年6月，成立市安全生产监督管理局（简称市安监局），加挂市安全生产委员会办公室（简称市安委办）、煤矿安全生产监察局两块牌子。2006年4月，原由卫生部门承担的作业场所职业卫生监督检查职能划入安监局。至2010年，安监局内设办公室、综合股、非煤矿山安全监督管理股、烟花爆竹安全监督管理股、危险化学品安全监督管理股、煤矿安全监督股、安全监察执法大队（为局直属副科级事业单位）、安全生产教育培训中心8个股室，有干部职工49人，其中工程师5人，助理工程师5人。2002—2010年，先后由王修南、苏松华、周建设任党组书记、局长。

第一节　监管机制改革

1988年后，对重大事故隐患严格执行挂牌督办制度，凡在安全生产工作中发现的重大事故隐患，第一时间上报市安委办，并在隐患点设立公示牌，明确整改方案、整改期限、验收时间和责任人。2004年，建立健全安全生产工作会议制度，每季度召开一次安委全会，研究部署工作，初步形成重大安全隐患挂牌督办、一般生产安全事故查处、安全生产例会、安全生产目标管理、宣传教育培训、工作情况交流通报、隐患整改等制度体系。

2005年，对煤矿、非煤矿山（含尾矿库）、烟花爆竹、危险化学品、冶金等高危行业企业实行安全生产风险抵押金制度。2006年6月，首创“议安日”制度，市安监局以市安委办名义牵头，汇总安全生产工作中存在的难点问题，提交市政府常务会议专题研究。11月，煤管站与安监站分设，安监站隶属乡、镇、街道管理，业务上接受市安监局指导。

2008年，推行安全生产重奖重罚制度，奖惩对象为安监、煤炭、国土资源、公安、交警等单位行政一把手及乡（镇、街道）党政主要负责人。对全年未发生较大及以上安全事故、上级下达的各项安全控制指标均未超控的相关部门，或者辖区内安全生产实现零死亡，获评娄底市级以上安全生产示范乡镇的实行重奖，最高奖金每人1万元；对全年安全事故死亡人数超出控制指标的相关部门，或者所辖区域内全年安全事故超市政府控制指标的乡（镇、街道）实行重罚，最高罚款每人5000元。

2010年，推行安全生产计划执法制度，安监部门根据企业安全生产基础状况，将执法对象划分为A、B、C三类，对安全基础较好的A类企业，每年检查不少于2次；对安全基础一般的B类企业，每年检查不少于4次；对少数安全基础较差的C类企业，每2个月检查不少于1次，其中烟花爆竹企业每月不少于1次。安全生产执法检查做到年有编制计划、月有分步安排，并建立健全隐患排查、复查验收、处罚执法等工作机制。

第二节 安全生产管理

全市矿山企业点多面广，是安全生产监管的重点。安监部门对非煤矿山、危险化学品、烟花爆竹安全生产实行直接监管，对煤矿安全生产履行综合监管职责。

一、非煤矿山企业安全监管

1989年，市政府对锡矿山地区乱采滥挖进行专项整治，关闭非法锑矿126家。2003年，域内共有24家矿点，其中有证矿点10家（8家锑矿、2家铁矿），无证矿点14家。6月，以国土资源部党组成员、纪检组组长董道华为组长的国务院安全生产检查组13人到锡矿山矿区实地暗访，提出整改意见，市政府再次专项整治，并下发《彻底关闭锡矿山地区非法矿行动方案》《关于彻底关闭锡矿山矿区非法锑矿及非法冶炼厂的通告》和《关于严肃矿业秩序整顿现场纪律的规定》等文件，对无证非法矿山、未经年检证件失效的矿山、有证但非法越界开采的矿山及擅自变更矿种采锑的铁矿，按“拆除电源、炸毁井洞、填平井口、拆走设施、遣散人员、恢复地貌”6条标准彻底关闭到位。

2007年，市政府出台《冷水江市锡矿山宝大兴地区安全监督管理特别规定》，组建锡矿山宝大兴地区安全监察大队，每年安排专项经费30万元用于安全监管，并投入84万元建立地下安全巡查通道。同时，成立宝大兴地区搬迁避让工作机构，以异地安置为主，货币补偿为辅，实施搬迁避让工程。2008年，按照矿山资源整合要求整合锡矿山区域范围内锑矿，其中，关闭矿山锑矿，将再兴、陀子冲两个锑矿整合为再兴锑矿，将物华、振兴两个锑矿整合为物华锑矿。2009年，该区域625户居民2452人签订搬迁安置合同。年底，完成第一批125户居民的搬迁安置。2010年，开展非煤矿山整顿关闭行动，关闭栽树山采石场、罗家冲采石场、麻雀山黏土矿、湘中石膏矿4家非煤矿山。年底，全市共有非煤矿山企业45家，其中金属矿山8家、石墨（黏土）矿山5家、采石场29家、尾矿库1个、探矿项目2个。

二、煤矿安全生产综合监管

2002年，安监部门采取日常监管和专项督查相结合的方式，加大安全生产执法检查力度。2003年，按照《小煤矿安全生产基本条件30条》和《煤矿安全规程》要求，开展安全生产大检查，排查出安全隐患1198条，下达行政执法文书861份、整改指令书160份、整改情况复查意见书131份，建立现场检查记录528份、询问笔录42份。2006—2007年，先后两次开展煤矿整合关闭专项行动，共关闭整合煤矿77家。

2009年下半年，每月末由分管安全生产的副市长主持召开全市煤矿安全生产例会，分析形势，部署工作。2010年4月，煤矿安全生产例会研究决定，采取“退、划、关”模式综合治理煤矿超深越界开采问题。“退”即督促矿山严格按要求退出越界范围。“划”即争取从金竹山实业公司让划残采资源。“关”即对资源枯竭无法扩界的煤矿一律予以关闭或限期关闭。当月，封闭将岭、金胜、铎山煤矿和金月二矿所有越界巷道，并责令这4家煤矿缴纳守界保证金50万元。

三、危爆行业安全监管

2002年，危险化学品安全监管职责划入市安监局。2004年，市安监局增加烟花爆竹生产经营单位安全监管职能。2006年始，市安监局成立烟花爆竹管理股，每年除对危爆行业实行日常监管外，在高温季节、产销旺季等重点时间段，针对生产、储存、运输、处置废弃品等重要环节，开展专项整治，确保各项安全防范措施落到实处。2007年，扩大危爆行业监管范围，对油漆、农药等小型危化品经营单位实施行政许可制度。

2008年，市公安、安监部门联合成立烟花爆竹执法大队，整顿烟花爆竹生产经营秩序，实现烟花爆竹安全监管规范化和常态化。2006—2010年，开展危险化学品、烟花爆竹安全专项整治行动，查出安全隐患1380起，建立隐患整治台账1352份，限期整改验收合格率100%。至2010年，全市有危险化学品企业4家、烟花爆竹生产企业5家、烟花爆竹批发企业2家、烟花爆竹经营网点170个、液化气站1个、加油站10个。其他具有高危险性的工业气体经营储存网点全部取缔。

四、安全生产宣传教育

2002年后，在每年6月全国“安全生产月”活动期间，市安监局采取标语、墙报、广播、电视、上街服务、流动宣传车、谜语竞猜、知识竞赛等宣传形式，向市民进行安全生产知识、政策和法规宣传教育，提高全民安全意识。2010年，组织开展“三个一”（听一堂安全生产专家课、看一场安全生产警示教育电影、发放一套安全生产知识手册）进高危企业活动。同时，采取“请进来”的办法，邀请专家和上级主管部门领导到冷水江统一办班授课；采取“走出去”的办法，开展送教下乡、下企业活动。是年，市安监部门举办全市烟花爆竹经营从业人员安全培训班8期，参训人员225人，并深入11家非煤矿山企业举办安全培训班，参训人员340人。

五、示范乡镇创建

2006年起，市安监局着手创建安全生产示范乡镇。同时，安全生产示范企业、班组、学校、社区等多个层面的创建工作在全市范围内同步开展。至2010年，共创建12个安全生产示范乡镇，其中省级4个（梓龙乡、矿山乡、布溪街道、冷水江街道），娄底市级8个（三尖镇、禾青镇、中连乡、同兴乡、潘桥乡、渣渡镇、沙塘湾街道、毛易镇）。铎山镇因2009年发生较大煤矿安全事故，被娄底市取消安全生产示范乡镇称号。

第三节　安全事故

一、安全事故情况

2002年，全市发生安全事故698起、死亡76人。至2010年的8年中，除2003年安全事故增加外，其他年度安全事故在每年200起左右。2010年，全市发生安全事故169起、死亡17人，比2002年分别下降57.8%和77.6%。2002—2010年，市属企业连续8年无重特大事故发生，省属或娄底市属企业发生重大安全事故2起。

二、重大安全事故

（一）资江矿业“6·8”煤与瓦斯突出事故

2005年6月8日，娄底市资江矿业发生重大煤与瓦斯突出事故，死亡22人、重伤6人、轻伤96人，直接经济损失1100.3万元。事故发生时，有232人在井下作业，其中事故采区83人，高浓度瓦斯流经回采工作面，造成现场部分人员窒息死亡。5人进入避灾硐室，幸免于难。副省长许云昭、省煤矿安全监察局局长谢光祥、娄底市委书记蔡力峰、市长刘云柱及省煤炭工业局、冷水江市委及市政府领导先后赶到事故现场，组织、指挥抢救，同时收集与事故有关的资料与证据。该事故追究责任人15人，其中移交司法机关依法追究刑事责任5人，给予党纪、行政处分10人。该矿主要负责人苏某某被追究刑事责任。

（二）锡矿山闪星锑业“10·8”重大坠罐事故

2009年10月8日，锡矿山闪星锑业公司南矿二直井发生重大坠罐事故，死亡26人，重伤5人，直接经济损失843.79万元。事故发生后，国家安监总局派出协助调查人员当晚抵达冷水江，湖南省安监局委托中国矿业大学3名教授、长沙矿山研究院2名高工组成事故调查专家组，对相关设备及设备维护情况进行调查。7名相关事故责任人分别以重大责任事故罪、重大劳动安全事故罪被判处有期徒刑1至2年，15名责任人受到党纪、政纪处分，其中撤职3人，锡矿山闪星锑业有限责任公司董事长、总经理杨某某引咎辞职。

2002—2010年冷水江市安全事故统计表

表12-12

年　度	事故（起）	死亡（人）	年　度	事故（起）	死亡（人）	年　度	事故（起）	死亡（人）
2002	698	76	2005	283	42	2008	146	22
2003	941	78	2006	107	48	2009	240	43
2004	294	80	2007	144	32	2010	169	17

第十三篇　工　业

冷水江市是湖南省重要的能源、原材料基地，工业在全市经济中占主导地位。

20世纪80年代末，全市工业企业进入改革开放新时期，经济承包责任制、厂长负责制等改革、改制措施相继在各企业推行，取得短期发展和一定经济效益，但未能让企业从根本上走出困境。进入90年代，随着社会主义市场经济体制的建立，计划经济时代建立的工业体制暴露出许多难以解决的深层次矛盾，改革创新，势在必行。1993年起，市属工业企业实施股份制改造、租赁经营、破产重组、产权转让等改革。2001年后，国有、集体工业企业先后进行以“两个置换”为主要内容的产权制度改革，至2010年年底，市属53家国有、集体工业企业，除政策性关停和严重亏损、技术落后自然淘汰的企业外，其余全部完成改制工作，共计资产变现2.1亿元，安置职工1.17万人。同时，域内中央、省、地属企业也进行经营机制转换和产权制度改革，建立现代企业制度。

冷水江工业是在锑、煤等自然矿产资源基础上发展起来的，至21世纪初，矿藏基本枯竭，继续按原有资源消耗型模式发展，很快将无锑可采、无煤可挖。长期依托地下资源开采的高能耗、高排放、高污染生产方式，在保持经济高速增长的同时，也积累了资源枯竭、环境破坏、结构单一等系列严重制约经济社会可持续发展的问题，成为全市工业发展的瓶颈。2009年3月，冷水江市被国务院列为第二批资源枯竭城市。

为加快工业可持续发展，市委、市政府相继提出“工业强市、民营富市”和“一转三化”战略。一是坚持项目驱动，增加工业投资。随着冷钢200万吨炼钢和60万吨高速线材工程、金竹山电厂3台60万千瓦发电机组、闪星锑业锌厂及化工厂转产、天宝公司紧固件项目、浪石滩水电站等大型项目建成投产，全市工业固定资产从1988年10.79亿元增加到2010年168.07亿元，为1988年的15.58倍。二是坚持产业优化升级，淘汰落后产能。至2010年，全市关闭小企业113户，淘汰落后产能小火电47.5万千瓦、小钢铁35万吨、铁合金1.5万吨、小水泥75.4万吨、小玻璃80万重量箱、小锑品冶炼17.4万吨。同时，运用高新技术改造提升传统产业，开展对工业产品深加工技术研发，拉长产业链条，发展下游产业，增加产品技术含量，实现钢铁产品从铁向钢、线材、紧固件转变，锑产品从低端初级向高端产品转变。三是实施城区工业企业退城进郊战略。波月水泥有限公司、湖南耀华冷水江耐火材料有限公司、娄底亿达电化有限公司、冷水江硅质耐火材料有限公司等工业企业2010年年底全部停产关闭，整体搬迁至城郊发展，改善城区生态环境。四是在沙塘湾街道境内省道312线旁规划9.66平方千米面积，建立冷水江经济开发区。至2010年，有金鹰服饰、天宝紧固件、益盛包装等22家企业落户，其中规模以上企业12家，产值162亿元，成为全市工业发展新平台。

1988年，市内有工业企业210家，实现工业总产值8.16亿元，利税8318万元。2010年末，各类工业企业发展到258家，工业总产值273.76亿元，利税30.23亿元，总产值和利税分别是1988年的30.9倍、30.28倍。年产值100亿元以上企业1家，即冷水江钢铁有限责任公司，已跻身全国工业企业500强；年产值10亿～100亿元企业4家，即金竹山电厂、闪星锑业、天宝公司和湖南宜化；产值1亿～10亿元企业18家；产值1000万～1亿元企业101家；产值1000万元以下企业134家。主要工业产品有钢铁、锑品、电力、原煤、复合肥、尿素、纯碱、农氨、碳酸氢钠、硅酸钠、中成药、服装、耐火材料、水泥等。拥有中国名牌产品 1 项，国家银质奖产品 1 项，省名牌产品 20 项。

第一章　工业体制改革

第一节　转换经营机制

1987 年，市政府根据国务院《关于进一步搞活国有企业有关问题的决定》，开始对企业实行“包死基数、确保上缴、超收全留、歉收自补”的经营承包责任制，全市 16 家全民所有制预算内工业企业同市政府签订任期目标经营承包责任书。至 1988 年年底，承包企业发展到 53 家，占市属工业企业 87%，其中全民企业 32 家，集体企业 21 家。按承包形式分，实行目标责任承包 28 家，资产抵押承包 23 家，租赁 2 家。经营承包责任制的实施，实现企业责、权、利统一，理顺国家、企业、职工三者关系，打破“大锅饭”，调动经营者和劳动者积极性，出现国家多缴、企业多留、职工多得的好局面。1990 年，第一轮承包结束，市政府直接发包的 16 家工业企业，产值由承包前 8453.5 万元增加到 1.09 亿元，年平均增长 7%。上缴税金 1302.2 万元，上缴财政 493.4 万元，两项合计 1795.6 万元，占当年市财政收入的 28.1%。职工年人均收入由 1986 年 1232 元增加到 2390 元，增长 97.3%。在第一轮承包中，由于监管不严，存在瞒报、虚报弊端。1991 年，开始第二轮承包，吸取第一轮承包经验，以集体承包为主。市属预算内工业、商业、物资、供销、建筑等 32 家企业由政府组织发包，市属集体企业由各主管局内部发包。

1992 年，在实行经营承包责任制的同时，市政府对企业实行“五自主”（自主经营、自负盈亏、自我发展、自我约束、自我完善）改革，在国家法律法规和政策允许范围内，除国有、集体资产所有权外，企业在生产经营、产品定价、内部分配、人事用工和投资技改等方面拥有自主权。1993 年后，落实国务院《全民所有制企业转换经营机制条例》，推动企业进入市场，放开经营。对一些停产、半停产企业采取租赁形式启动生产，安置职工，相继有市石墨厂、饮料厂、橡胶厂、金属化工总厂、针织厂、纺织厂、二水泥厂、玻璃厂、电石厂 9 家企业进行整体或部分资产租赁。1994 年，市电动工具厂更名市建设机械总公司，内部优化组合划分为 5 个独立核算分厂，各分厂向总公司租赁厂房和设备进行生产经营。1997 年，市纺织厂整体租赁给冷水滩纺织厂，3 年内共生产各种棉纱、麻纱 1800 吨，创产值 6293 万元，利税 130 万元，安排 200 余名职工就业。

第二节　产权制度改革

20 世纪 90 年代中后期，受亚洲金融危机影响，全市工业企业发展遇到前所未有的困难。1996 年，市属 35 家企业有 17 家停产半停产，整体性亏损 1.2 亿元。1998 年，市政府对长期亏损、资不抵债的新型建材厂、塑料一厂、纺织厂、一水泥厂、针织厂、金属化工总厂、玻璃厂、床单厂 8 家企业依法实施破产，累计破除债务 2.8 亿多元。

1998 年，市委提出国有企业 3 年脱困目标，出台《关于进一步放开放活市属工业企业的意见》《关于市属国有小型工业企业拍卖的暂行规定》《关于加快国有中小型企业改革发展的实施意见》，对企业改革中最核心的产权问题，寻求实质性突破。为激活沉淀资产，变闲置资产为有效资产，对破产企业相继进行资产和人员重组。是年，市一水泥厂破产后，以其实有资产、原职工股金 200 万元、新化燎原水泥厂出资 300 万元合股组建冷水江市金马水泥有限公司，安排 200 多名下岗职工就业。1999 年 10 月点火生产，按月缴纳原一水泥厂所有职工养老保险，发放下岗职工生活费。

2000年，实现销售收入1521万元，上缴税金和实现利润各120余万元。

2000年起，域内11家中央、省、地属国有工业企业同步改制，利民煤矿、冷水江制碱厂、冷水江钢铁总厂实施政策性破产改制；资江煤矿、大建煤矿资产公开拍卖，企业重组；9765工厂、金竹山煤矿、冷江煤矿资产重组改制为公司；资江氮肥厂2001年实行股份制改造，2007年整体由湖北宜化集团收购；闪星锑业公司、金竹山电厂实施主辅分离，主业分别并入中国五矿集团和大唐华银电力集团。

2003年，为加快企业产权制度改革步伐，市委、市政府相继出台《关于加快工业企业改革发展的意见》《关于加快市属国有企业改革的若干规定》，全市国有、集体企业全面铺开以“两个置换”为核心的产权制度改革。至2010年年底，市属53家工业企业采取资产公开拍卖和协议转让形式实施产权置换，资产变现，发给职工一次性安置费，解除职工与企业的劳动关系，取消职工全民、集体身份，累计资产变现2.1亿元，安置职工1.17万人。

通过产权制度改革，企业重组一批，壮大一批，淘汰一批，甩掉人员多、债务重的历史包袱。重组企业轻装上阵，产业结构更为合理，全市工业企业步入快速发展轨道。

第三节　建设经济开发区

冷水江经济开发区（简称开发区）前身是1992年成立的布溪经济技术开发区。为加快产业结构调整步伐，实现经济转型，2005年初，市委、市政府决定把布溪经济技术开发区更名为冷水江经济开发区，移址沙塘湾街道境内。6月，开发区筹建领导小组办公室成立。2006年10月，冷水江经济开发区经国家发改委审核验收正式组建，下设党政办公室、经济发展局、工程建设局。2009年，沙办划归开发区代管，开发区行政面积13.4平方千米，规划建设面积9.66平方千米。2010年，冷水江经济开发区国土、规划、建设、财政4个分局成立。2006—2010年，康一任开发区党委书记，蔡胜华、石幸福先后任开发区主任。

工业园区建设之初，开发区组织规划、国土、建设等相关职能部门对新址进行精心规划设计，出台开发区分区规划和控制性详细规划，并对规划多次进行调规和修编，提出“实现两个突破（以建设电子科技产业园和循环经济产业园为突破口），打造百亿园区”发展思路。开发区大力完善基础设施建设，2006—2010年，完成项目场地平整土石方145万立方米，硬化长铺路、天宝路水泥路面共800米；铺设自来水主管4.5千米、支管2.3千米，铺设排水工程主管3.5千米、支管5千米；新建11万伏沙塘湾变电站和1万伏供电线路；征地1000余亩，拆迁房屋45栋，面积2800平方米，建设移民房100多套。园区水、电、路、通信、公共服务设施齐全。

图13-1　冷水江经济开发区工业园区　（2010年摄）

2006年1月13日，开发区第一个项目“中国金鹰服装城”正式签约，总投资1.2亿元。6月，由上海天宝紧固件有限公司、冷水江博长钢铁有限公司、湖南华成投资管理有限公司共同投资4.5亿元，组建天宝紧固件公司，13日正式签约入园。2009年，引进利用大唐华银金竹山发电分公司粉煤灰生产新型建筑材料项目。随着金鹰服饰、天宝紧固件、三A化工、益盛包装、金筑材料等企业的相继建成投产。至2010年底，开发区内共有企业22家，其中规模以上企业12家，产值162亿元（其中新入园企业产值53亿元），金属制品、精细化工、服饰3个主导产业园初具雏形。5年累计利用市外境内资金12亿元，外资1200万美元。

第四节 工业管理改革

1988年后，随着社会主义市场经济体制的建立和企业产权制度改革，政府逐步从直接办企业、管企业中退出，重点为企业发展搞好宏观调控、做好协调服务、提供良好的发展环境，促使企业成为真正的法人实体和市场竞争主体，在遵守国家法律法规和符合国家产业政策的前提下拥有充分的经营自主权。市工业管理部门对全市工业企业实行政策指导和经济运行监管，为企业发展提供服务，不干预企业生产经营活动。企业的安全、环保、质量、消防有关专项工作由政府相关职能部门进行指导和监管。

1996年，根据国家新的企业分类标准，企业按资产规模、销售收入、经济效益分类定级，实行动态管理，取消企业行政级别。企业领导干部不再套用行政级别，任职期间享有履行岗位职责相应待遇，离开岗位其待遇随之取消。职工与企业签订劳动合同，实行双向选择，按劳动合同处理劳资关系。

1988年，市经济委员会归口管理化学工业局、建材工业局、煤炭工业局、轻纺工业局、交通局、食品工业办。1993年，交通局、煤炭工业局从市经委分出，为市政府直属工作部门。市建材工业局、轻纺工业局、化学工业局分别转体为建材工业总公司、轻纺工业总公司、化学工业总公司和行业办，3个局的行政职能划入市经委，3个总公司和行业办行使服务职能。2002年，市经济委员会更名市经济工作局。撤销化学工业行业管理办公室、建材行业管理办公室、轻纺轻工行业管理办公室。2010年10月，组建市经济和信息化局，履行全市信息化建设、工业经济运行、能源保障、企业技术创新、企业节能降耗和民营经济发展综合管理职能，内设办公室、人事教育股、经济运行调节股、法规股、产业政策股、技术进步办公室、节能与综合利用股、能源运行股、交通股、信息产业股、信息化推进股。下辖市信息产业管理办公室、市直工业企业改革改制办公室、市电力行政执法大队、市食品工业办、市中小型企业发展促进局、市新技术推广站、市直工业企业新项目开发办公室、市墙改办等11个事业单位。1988—2010年，市经济委员会、经济工作局、经济和信息化局先后由唐伯君、谢原法、盛建国、罗集中、罗忠友、石幸福、苏松华任党委（党组）书记、局长（主任），其中2002—2008年，由朱正初任专职党组书记。

1988—2010年冷水江市市属及以上工业企业改革情况表

表13-1

企业名称	改　革　情　况	资产变现（万元）
冷水江铁焦总厂	1992年，更名湖南省冷水江钢铁总厂。2002年后，通过招商引资相继组建博长、博大、博强、博虹等公司。2006年，博长公司和博强公司重组成立博长控股。2007年，冷钢破产改制，2008年资产公开拍卖给博大公司，博大、博强、博虹3家公司重组为新博大公司。2009年，该公司更名为冷水江钢铁有限责任公司	—
锡矿山矿务局	2001年，整体改制为锡矿山闪星锑业有限责任公司。2003年，公司下属北矿实行政策性破产。2005年，实行主辅分离，成为湖南有色金属股份公司的全资子公司	—
金竹山电厂	2009年，实行主辅分离，组建大唐华银电力股份有限公司金竹山火力发电分公司	—
冷水江制碱厂	2004年破产，2005年公开拍卖，组建冷水江金富源碱业有限公司	7400
资江氮肥厂	1995年，成立国有独资大乘资氮集团有限公司。2001年，由湖南金洋、中国信达等6家企业投资组建湖南金信化工有限责任公司。2007年被湖北宜化集团以5.3亿元收购，成为其控股子公司	53000
9765工厂	2003年，改制组建冷水江波月水泥有限公司。2009年，列入退城进郊企业，在禾青建新厂	—

续表 13-1

企业名称	改　革　情　况	资产变现（万元）
金竹山煤矿	2001 年，两公司分别改制为金竹山煤矿实业公司和冷江煤矿实业公司。2002 年，两公司合并为金竹山矿业实业有限公司。2006 年，并入湘煤集团，更名为湘煤集团金竹山矿业有限公司	—
冷江煤矿		
资江煤矿	2004 年，公开拍卖，企业重组为资江矿业集团有限公司	8880
大建煤矿	2005 年，挂牌拍卖，企业重组为装胜大建矿业有限责任公司	6088
利民煤矿	2000 年，利北井破产。2004 年，利民井破产。2006 年，挂牌拍卖给香港华润公司	40800
市制药厂	1995 年，与中国药材公司合资组建中国药材公司冷水江制药厂。2001 年，由华禾药业股份公司和冷水江市自然商贸有限公司投资组建华禾药业冷水江制药有限公司。2007 年，协议转让，组建国药药材冷水江制药有限公司	1800
市建筑电动工具厂	1994 年，内部改革，更名为冷水江市建设机械工业总公司。2006 年，公开拍卖，企业注销	849.8
市二水泥厂	1994 年，进行股份合作制改革。2004 年，破产后产权转让，组建冷水江金鑫水泥有限公司	680
市陶瓷工具厂	1996 年，进行股份制改革。2005 年，公开拍卖，组建冷水江明玉陶瓷工具有限责任公司	490
市耐火材料厂	2003 年破产，组建耀华冷水江耐火材料有限责任公司	4000
市电化总厂	2005 年破产，组建亿达电化公司、宏达化工有限公司、齐兴功能材料有限公司	2043
市石墨厂	2004 年，协议转让，组建冷水江市湘鲁石墨制造有限公司和冷水江市金星石墨制品制造有限公司	61.2
市一化工厂	1990 年，市一化工厂与电镀厂合并为冷水江市金属化工总厂。2007 年，市金属化工总厂公开拍卖，企业注销	557
市电镀厂		
市玻璃厂	1998 年破产，组建九九建材厂	—
市橡胶厂	2006 年，破产拍卖，企业注销	471.8
市塑料一厂	1995 年，破产组建冷水江市东大公司。2006 年，资产协议转让给冷钢，企业注销	594
市无线电器件厂	2006 年，协议转让，企业注销	127
市机砖厂	2009 年，场地由娄怀高速公路征用，企业注销	260
市饲料加工厂	1995 年，撤销并入粮油加工厂，企业注销	—
市粮油加工厂	2001 年，改制关闭，企业注销	—
市禾青粮油加工厂	2001 年，转体为冷水江国家粮食储备库及精制大米加工厂	—
市粮油食品加工厂	1998 年，撤销，企业注销	—
市冷冻加工厂	1995 年，被冷钢兼并，企业注销	—
市食品厂	2005 年，被冷钢兼并，企业注销	—
市一水泥厂	1998 年破产，组建嵊峰水泥有限公司。2005 年，改制为冷水江晨峰水泥有限责任公司	1500
市新型建材厂	1994 年破产，组建冷水江市鑫泰有限公司	—

续表 13-1

企业名称	改　革　情　况	资产变现（万元）
市纺织厂	1996 年破产。2000 年，资产协议转让给冷钢，企业注销	818
市陶瓷合金有限公司	2010 年，破产拍卖，企业注销	700
市自来水公司	体制未变	—
市涟溪煤矿	2001 年，协议转让，组建涟溪矿业有限公司	868
市塑料二厂	1992 年，并入市耐火材料厂，企业注销	—
市调料食品厂	1995 年停办，企业注销	—
市冰厂	1994 年停办，企业注销	—
市二化工厂	2007 年，挂牌转让，组建冷水江中天化工有限责任公司	120
市针织厂	1996 年破产，组建波月针织有限公司。2007 年，公开拍卖，企业注销	390
市服装（制服）厂	2004 年，协议转让，组建湖南金鹰服饰集团有限公司	770
市速凝剂厂	2005 年破产，组建冷水江红星水泥外加剂有限责任公司	185
市床单厂	1998 年破产。2007 年，资产公开拍卖，企业注销	576.2
市机械厂	2010 年，公开拍卖，企业注销	902
市煤机厂	2004 年，公开拍卖，企业注销	471.8
市皮件厂	2010 年，公开拍卖，企业注销	819
市皮鞋厂	2010 年，公开拍卖，企业注销	481
市印刷厂	2003 年，公开拍卖，企业注销	414
市金属制品厂	2006 年，协议转让给冷钢，企业注销	189
市永兴特种陶波器件厂	2006 年，停产关闭，企业注销	—
市塑料三厂	1990 年停产。1996 年，组建为市湘中食品工业中心	—
市湘中食品工业中心	2010 年，土地因城市东扩征收，企业注销	—
市湘中碳素厂	2010 年，公开拍卖，企业注销	316
市造船厂	1997 年，资产抵扣安置退休职工，职工由航运公司安置，企业注销	—
市预制厂	随航运公司资产变现，企业注销	—
市沙石厂	随航运公司资产变现，企业注销	—
市合成化工厂	1993 年，市合成化工厂停产关闭，资产与市机电厂合并为冷水江市机电厂	—
市机电厂		
市纸箱厂	2007 年停产，场地进行房地产开发，企业注销	—
市社会福利工厂	1993 年停产，场地进行房地产开发，企业注销	—
市木器厂	2006 年，土地作政府储备用地，企业注销	—
市汽修厂	1989 年停办，企业注销	—

第二章　工业结构

第一节　所有制结构

一、国有企业

1988年，全市有国有工业企业37家（其中，中央、省、地属14家，市属23家），工业总产值6.85亿元。国有工业企业家数占全市工业企业的17.6%，产值占全市工业的83.99%。

1990年后，市场竞争日趋激烈，市内国有工业企业效益每况愈下，一些企业被迫停办。1994年，市新型建材厂破产后，相继有市塑料一厂、金属化工总厂、一水泥厂、针织厂、纺织厂、床单厂、玻璃厂7家国有企业破产重组。20世纪90年代末至21世纪初，国有工业企业采取改组、联合、兼并、租赁、承包、拍卖等形式进行改制，企业不断减少。至2010年末，全市有自来水公司等4家国有工业企业，占规模以上工业企业总数的3.23%。实现总产值15.97亿元，占全部规模以上工业企业总产值的6.3%。

二、集体、股份制企业

1988年，市内有集体工业企业173家（其中，市属工业企业33家，城乡街道企业45家，乡办工业83家，其他工业12家），占全市工业企业的82%。集体工业企业总产值1.31万元，占全市工业总产值的16%。20世纪90年代，市政府遵照国家工业改革“抓大放小”精神，鼓励并支持乡镇企业发展。岩口、铎山、矿山、锡矿山街道、梓龙、渣渡等乡（镇、街道）依托本地资源开办煤矿和锑矿。禾青、潘桥、三尖、金竹山、中连、同兴、毛易等乡镇相继开办水泥厂、碳素厂、红砖厂、耐火材料厂、石材厂、木材和食品加工厂。2000年后，全市大多数乡（镇、街道）企业改制为私营或股份制企业。2002年，冷钢发动职工入股4180万元，组建冷水江博长钢铁有限责任公司，带动股份制经济发展。2010年，全市有规模以上集体、股份制企业91家，占全部规模以上工业企业总数的73.39%。实现产值193.97亿元，占全部规模以上工业企业总产值的76.89%。

三、个体私营企业

1992年，市委、市政府出台《关于进一步加快发展个体私营经济的若干规定》，鼓励、扶持私营企业发展，各地私营企业不断涌现。1994年，全市个体工商户发展到1.03万户（其中私营企业94户），首次突破万户大关，从业人员增加到1.96万人，总产值达1.78亿元。1997年，全市共有个体工商户和私营企业1.89万户，从业人员4.85万人，税收2000余万元。随着科技进步和工业企业改制，农村剩余劳动力、城镇下岗职工日益增多，不少农民和城镇待业人员广辟门路兴办私营企业。至2010年末，全市有规模以上私营企业26家，占全部规模以上工业企业总数的20.97%，实现产值38.35亿元，占全部规模以上工业总产值的15.2%。

四、外商投资企业

2010年，市内有外商投资企业2家（中外合资经营企业和外商投资股份有限公司各1家），占全部规模以上工业企业总数的1.61%。实现产值3.58亿元，占全部规模以上工业企业总产值的1.42%。

第二节　行业结构

冷水江是工业城市，冶金、煤炭、电力、化工、建材5个重点行业以及医药、服装、机械制造3个重要行业构成全市工业基础。至2010年末，全市有规模以上黑色、有色金属采选、冶炼、压延加工企业18家，年产值154.86亿元，占规模以上工业企业总产值的61.39%，年产生铁251.66万吨、粗钢260.88万吨、钢材298.86万吨、铁合金2.26万吨、锌3.47万吨、锑品5.62万吨、金属紧固件5.82万吨。有规模以上煤炭开采和洗选企业70家，年产原煤453.19万吨，年产值24.52亿元，占规模以上工业企业总产值的9.72%。有规模以上化学原料及化学制品制造企业 9 家，年产值 18.57 亿元，占规模以上工业企业总产值的 7.36%，年产硫酸 6.29 万吨、盐酸 2.05 万吨、烧碱 5.72 万吨、纯碱 11.08 万吨、合成氨 26.23 万吨、农用化肥 2.18 万吨。有规模以上电力生产企业 2 家，年产值 25.62 亿元，占规模以上工业企业总产值的 10.16%，年发电量 74.53 亿千瓦时。有规模以上非金属矿物制品企业 12 家，年产值 3.06 亿元，占规模以上工业企业总产值的 1.21%，年产水泥 38.27 万吨、耐火材料制品 7.45 万吨。有规模以上服装制造企业 1 家，年生产服装 353.31 万件，年产值 6.65 亿元，占规模以上工业企业总产值的 2.64%。有通用设备制造企业 2 家，年产值 13.27 亿元，占规模以上工业企业总产值的 5.26%。有规模以上医药制造企业 1 家，年生产中成药 174.38 吨，年产值 2130 万元，占规模以上工业总产值的 0.08%。

第三节　轻重工业结构

1988 年，全市重工业产值 7.73 亿元，占工业总产值的 94.73%，轻工业产值 4302 万元，占工业总产值的 5.27%，轻重工业比例严重失调。20 世纪 90 年代初，为改变全市轻重工业比例失衡状况，解决因此而产生的女青年就业难问题，市委、市政府采取“调整企业结构，增加资金投入，加大技术改造，提高科技含量，改造传统工业”等措施，全市轻重工业比例有所变化，1995 年，重工业占工业总产值的 83%，轻工业占工业总产值的 17%，轻工业总产值比 1988 年上升 12 个百分点。此后，随着钢铁业和锑业发展，轻重工业比例失衡又进一步加剧，至 2010 年，轻工业产值 8.22 亿元，仅占工业总产值的 3.4%，重工业产值 241.98 亿元，占 96.6%。

第四节　技术结构

1988—2010 年，全市工业共完成技改（兴建）项目 116 项，总投资 159.8 亿元，其中投资 5000 万元以上的 46 项，共投资 139 亿元，占总投资的 86.9%。这些项目的完成，改变市内工业产品技术结构，延长产品加工链条，初步实现从“原矿型、粗加工、效益低”向“技术型、精加工、效益好”转变，为工业经济进一步发展奠定基础。通过技术改造，企业装备技术水平和产品质量得到提升，涌现出一大批名优工业产品。

1988—2010 年冷水江市工业企业重点技改（兴建）项目一览表

表 13-2　　单位：亿元

单　　位	项　目　名　称	总投资	项目起止时间
市耐火材料总厂	1 万吨高级硅砖工程	0.78	1995—1997
大唐华银金竹山火力发电分公司	老厂设备改造	1.42	2001.1—2004.12
	2×60 万千瓦扩建一期工程	45.09	2004—2007
	1×60 万千瓦扩建二期工程	22.08	2007—2009
湖南宜化化工有限责任公司（湖南金信化工有限责任公司）	净化老系统综合改造	0.91	2003—2004
	3 号系统改造	0.67	2004—2006
	填平补齐工程	1.3	2005
	净化老系统综合改造等	0.55	2006—2007
	氨醇填平补齐改造工程	0.99	2008
	生产污水零排放综合治理工程	0.53	2009.1—2009.12

续表 13-2　　　　单位：亿元

单　　位	项　目　名　称	总投资	项目起止时间
锡矿山闪星锑业有限责任公司	年产 4 万吨精锌工程	2.5	1994—2004
	年产 10 万吨化工产品氯碱工程	1.5	1992—2003
	年产 3 万吨高品质三氧化二锑技术升级改造	1	2002—2003
冷水江钢铁有限责任公司	零星配套改造	0.69	2000.1—2004.12
	年产 50 万吨轧材工程	0.65	2002.1—2002.8
	新 1 号高炉建设	0.9	2002.6—2003.1
	1 万立方米/小时制氧机建设	0.59	2003.2—2003.11
	新 3 号高炉建设	0.9	2003.5—2003.12
	200 万吨炼钢一期工程	2.54	2003.6—2004.7
	110 立方米烧结机二期工程	1.47	2003.10—2004.9
	原料场综合改造一期工程	0.53	2003.7—2004.9
	新 2 号高炉建设	1.07	2004.4—2004.12
	12000 千瓦时煤气发电工程	1.2	2005—2006
	二炼钢二期工程	1.12	2006
	中宽带钢工程	6.18	2005—2007
	50 万吨铆螺技改工程	0.8	2005—2006
	高炉余热发电、铁路跨河工程	1.3	2006—2008
	70 吨转炉工程	0.77	2007
	球团矿工程	0.96	2007—2008
	年产 60 万吨高速线材工程	1.8	2007—2009.3
	220 千伏变电站工程	0.65	2007
	二轧改造工程	0.75	2010.6—2010.12
冷水江金富源碱业有限公司	年产 30 万吨纯碱改造工程	3.5	2008—2010
三 A 实业公司	1 万吨 SiO_2 及 3000 吨硅溶胶建设工程	0.5	2007—2008
金竹山矿业公司	煤矿扩改工程	0.96	2005—
振强锑业有限公司	锑冶炼综合回收贵金属处理砷碱渣	0.51	2009—2010
晨峰水泥有限公司	年产 100 万吨水泥粉磨站生产线	0.5	2007—2008
湖南金鹰服饰有限公司	金鹰服饰城建设	1.2	2007—2008
浪石滩发电有限公司	浪石滩发电工程	3.4	2005—2008
利民煤矿华润公司	60 万吨原煤复产开发	9	2009—
湖南金信复合肥有限公司	年产 20 万吨复合肥生产线	0.5	2009
盛强股份有限公司	年产 120 万吨矿渣微粉项目	1.6	2008—
益盛包装有限公司	包装制品生产线	0.83	2009—2010
冷水江天宝紧固件制造有限公司	年产 30 万吨高强度紧固件建设工程	4	2007—2008
	年产 30 万吨冷轧板项目	0.88	2007—2008
华新水泥冷水江公司	水泥熟料生产	7.5	2010.9—

1996—2010 年冷水江市名优工业产品获奖一览表

表 13-3

产 品 名 称	获 奖 名 称	生 产 单 位	获奖年度
铸造生铁	湖南省名牌产品	冷水江钢铁总厂	1996
纯碱	湖南省名牌产品	冷水江金富源碱业有限公司	1997
二号精锑	国家银质奖产品	锡矿山闪星锑业有限责任公司	1998
三硫化二锑、锑酸钠	湖南省名牌产品	锡矿山闪星锑业有限责任公司	1998
农用尿素、精甲醇	湖南省名牌产品	湖南金信化工有限责任公司	2001
普通硅酸盐水泥 42.5/32.5	湖南省名牌产品	冷水江波月水泥有限公司	2001
肝复乐	湖南省名牌产品	华禾药业冷水江制药有限公司	2001
氧化锌	湖南省名牌产品	湖南金大嵊化轻集团有限公司	2003
三氧化二锑、二号精锑	湖南省名牌产品	锡矿山闪星锑业有限责任公司	2004
热轧带肋钢筋（12～32 毫米）	湖南省名牌产品	冷水江钢铁总厂	2004
农用尿素、精甲醇	湖南省名牌产品	湖南金信化工有限责任公司	2004
普通硅酸盐水泥 42.5/32.5	湖南省名牌产品	冷水江波月水泥有限公司	2004
肝复乐	湖南省名牌产品	华禾药业冷水江制药有限公司	2004
锌锭	湖南省名牌产品	锡矿山闪星锑业有限责任公司	2005
工业甲醇	湖南省名牌产品	湖南金信化工有限责任公司	2005
AC 系列混凝土外加剂	湖南省名牌产品	湖南金陆混凝土外加剂有限公司	2005
普通硅酸盐水泥 42.5/32.5	湖南省名牌产品	冷水江波月水泥有限公司	2006
玻璃窑用硅砖 BC-96	湖南省名牌产品	冷水江中孚耐火材料有限公司	2006
三氧化二锑、锑锭	湖南省名牌产品	锡矿山闪星锑业有限责任公司	2007
热轧带肋钢筋（12～32 毫米）	湖南省名牌产品	冷水江钢铁总厂	2007
复混肥料、农用尿素	湖南省名牌产品	湖南宜化化工有限责任公司	2007
三氧化二锑	中国名牌产品	锡矿山闪星锑业有限责任公司	2007
工业甲醇	湖南省名牌产品	湖南宜化化工有限责任公司	2008
西服	湖南省名牌产品	冷水江金鹰服饰有限公司	2008
AC 系列混凝土外加剂	湖南省名牌产品	湖南金陆混凝土外加剂有限公司	2008
复合肥料、农用尿素	湖南省名牌产品	湖南宜化化工有限责任公司	2010

第三章　冶金工业

第一节　钢　铁

一、历史沿革

1958年，兴建冷水江铁厂，次年建成投产，生产生铁1.3万吨。1985年，冷水江铁厂兼并湖南省冷水江轻工机械厂。次年，与湖南省邵东焦化厂实体联合，更名湖南省冷水江铁焦总厂。至1989年，建成100立方米高炉和175立方米高炉各2座，具有年产30万吨铸造生铁生产能力。1992年，为改变有铁无钢的历史，增强企业竞争力，兴建年产20万吨炼钢工程。一期工程年产15万吨钢，建设2座6吨转炉、1台两机两流全弧连铸机、1台每小时1500立方米制氧机。是年，企业更名为湖南省冷水江钢铁总厂。

因产品单一、设备落后、能耗高，企业缺乏竞争力，1994—1999年，连续6年亏损。1999年，2座175立方米高炉停产，全厂5231名职工1811人下岗，年产生铁29.7万吨，钢坯2.52万吨，欠发职工6个多月工资，累积账面亏损2亿多元，潜亏约1亿元，资产负债率高达124%，被国家经贸委列入关闭“五小”104家破产企业名单。是年11月，新任厂长陈代富带领职工开展生产自救，从转变观念入手，大力推行劳动、人事、分配制度改革，充分调动职工积极性，实施“短、平、快”技术改造，挖掘生产潜能。2000年，比上年减亏8600万元。2001年9月，全面恢复生产，当年实现扭亏。

2002年，为规避债务风险，发动职工集资入股4180万元，成立冷水江博长钢铁有限责任公司（简称博长公司），利用博长公司平台对外融资，扩能改造。2003年，博长公司通过招商引资，组建冷水江博大钢铁有限公司（简称博大公司）。2005年，博长公司和上海天宝紧固件制造有限公司合资，组建冷水江博强铆螺钢有限责任公司和冷水江博虹环保能源开发公司（分别简称博强公司和博虹公司）。2006年，博长公司和博强公司重组，博长公司变更成投资管理型集团公司（即博长控股）。

2007年8月，国务院全国企业兼并破产和职工再就业工作领导小组批准冷钢破产改制。11月，娄底市中级人民法院宣告冷水江钢铁总厂依法破产，按照法律法规和上级有关文件，对所有职工进行补偿安置。2008年3月，娄底市娄星拍卖有限公司受冷钢破产清算组委托，将冷钢破产财产公开拍卖。4月，冷水江博大钢铁有限公司成功竞拍。9月，博大公司、博虹公司、博强公司进行资产重组，组建新博大公司。2009年1月，冷水江新博大钢铁有限公司更名为冷水江钢铁有限责任公司（以下简称公司）。企业先后获得“全国最具成长性企业”“全国钢铁工业先进集体”“全省加速推进新型工业化先进企业”等荣誉称号。

1987年，厂长雷动寿当选中共十三大代表。2008年，董事长陈代富当选第十一届全国人大代表。2010年4月，陈代富被评为全国劳动模范。

1988—2010年，公司先后由王昌凡、申元良、曾清海、陈代富（兼）任党委书记，雷动寿、温茂顺、王昌凡、段中荣、陈代富任厂长（董事长）。

二、规模扩建

1999年前，冷水江钢铁总厂仅有2座100立方米高炉、2座175立方米高炉、2座6吨转炉、1台两机两流连铸机。2001年，企业确立“小步快跑、滚动发展、低成本扩张生产规模”的发展思路，进行大规模技术改造和生产能力扩张。

2002年，钢铁市场回暖，冷钢抓住时机实施“765”（铁70万吨、钢60万吨、材50万吨）工程，发动职工入股4180万元，建设年产50万吨螺纹钢轧制生产线。以博长公司为融资平台，兴建450立方米高炉1座，生铁年生产能力达70万吨。同时，改造转炉系统，炼钢年生产能力达60万吨。2003年，博大公司建设450立方米高炉和70吨转炉。次年，又建成1号转炉和第二座450立方米高炉，形成年产100万吨钢的生产能力。2004年，冷水江博长钢铁有限责任公司通过合作建成第二条轧材生产线，形成年产100万吨螺纹钢的生产能力。

图 13-2　冷水江钢铁有限责任公司生产车间

（2009 年摄）

2005年，博大公司建成第二座70吨转炉、1座530立方米高炉和第三条轧材生产线，形成年产160万吨铁、200万吨钢的生产能力。2006年，博强公司三轧厂50万吨铆螺钢生产线竣工投产，形成年产200万吨轧材生产能力。是年，冷水江天宝紧固件制造有限公司年产30万吨紧固件项目动工兴建，一期工程年产紧固件15万吨。

2007年，年产100万吨中宽带钢生产线建成投产，5万立方米转炉煤气工程投入使用，新建的530立方米高炉点火，形成年炼铁300万吨生产能力。2008年，100万吨/年球团生产线建成投产，70吨3号转炉点火，形成年炼钢300万吨生产能力。2009年，年产60万吨高速线材生产线投产，5万吨冷轧板、10万吨镀锌板、10万吨镀锌焊管生产线投产。

2010年，一轧厂进行技术改造，增加年生产能力20万吨。二轧厂50万吨/年螺纹钢生产线进行提质技术改造，年生产能力达到100万吨。超细粉一期60万吨/年生产线工程竣工投产。是年底，冷钢主要生产设备设施有：110平方米烧结机2台、450立方米高炉2座、530立方米高炉2座、600立方米高炉1座、70吨转炉3座、方坯连铸机3台（套）、板坯连铸机1台（套）、热轧带肋钢筋生产线3条、年产60万吨高速线材生产线1条、年产100万吨中宽带钢生产线1条、发电机组11台（年发电能力6亿千瓦时）、100万吨球团生产线1条、1万立方米制氧机2台、1.6万立方米制氧机1台、年产12万吨冷轧镀锌生产线1条，年产15万吨紧固件生产线1条、年产60万吨超细粉生产线1条。生产厂区占地190多万平方米，员工6000余人，形成年产300万吨铁、300万吨钢、455万吨材的综合生产能力。资产总值由1999年7.03亿元增加到60亿元。2006年，公司首次入围中国工业企业500强，至2010年，连续5年保持在中国大型工业企业500强之列。

三、产品产量

1988—1998年，公司主要产品为生铁，年产量在20多万吨徘徊。1999年，开始产钢，当年生产钢坯2.5万吨。2003年，第一条轧材生产线建成投产，生产钢材30.1万吨。2008年，天宝紧固件公司紧固件一期工程建成投产，实现了产品由铁到钢、由钢到材、由材到深加工制品大跨越。

公司主要产品有直径8～30毫米热轧带肋钢筋、直径6～25毫米高速线材、950中宽带钢、镀锌板、紧固件等20多种。2004年，“博长”牌商标为湖南省著名商标，“博长”牌螺纹钢成为湖南省名牌产品和国家免检产品。企业通过ISO9001质量体系认证，产品广泛应用于高速铁路、高速公路等重点工程建设，并出口越南等东南亚国家。

图 13-3　冷水江钢铁有限责任公司生产的螺纹钢

（2010 年摄）

2010年，公司生铁产量252万吨，比1999年增长10倍。钢坯产量261万吨，比1999年增长104倍。钢材从无到有，达273万吨。销售收入99.9亿元，比1999年增长41.7倍。年创利税5.2亿元。员工年收入从1999年4600元提高到2010年3.86万元，增长8.4倍。

1999—2010 年公司主要产品产量、销售收入、利税情况表

表 13-4

年度	生铁（万吨）	钢坯（万吨）	钢材（万吨）	销售收入（亿元）	年创利税（亿元）
1999	26.6	2.5	—	2.41	-0.31
2000	19.3	14.7	—	2.47	0.058
2001	35.6	28.1	—	4.98	0.54
2002	33.5	48.6	—	7.57	0.7
2003	70.9	66.4	30.1	28.9	3
2004	82.1	78.5	46.4	42.9	2.8
2005	128.9	126.7	78	66	2
2006	183	188	127	113	3.9
2007	189	200	188	126	9.1
2008	208	214	205	92.9	4.4
2009	274	280	282	116	8.4
2010	252	261	273	99.9	5.2

四、节能环保

在加快技术改造的同时，公司加大节能环保设施投入力度。2000 年起，改造高炉冲渣水系统、冷却水系统及总厂污水处理系统，确保生产用水闭路循环利用。2004 年，投资 8000 万元，对钢渣、废渣进行综合处理。2005 年后，新增发电机组 10 台（套），利用高炉煤气和余热余压发电，每年减少二氧化硫排放 548 吨、二氧化碳排放 8.3 万吨。2006—2007 年，配套建设炼钢转炉煤气回收系统，兴建 5 万立方米转炉煤气柜，回收煤气全部用于发电和轧材加热炉生产。

1999—2010 年，公司投入 5 亿多元用于节能环保，新增环保设施 69 台（套），其中污水处理设施 7 台（套），噪声治理设施 27 台（套），除尘器（布袋除尘、电除尘、重力除尘、多管除尘等）35 台套，实现工业废水零排放，噪声和烟尘污染情况好转，综合能耗大幅下降，厂区及周边工作和生活环境得到改善。

第二节　锌　品

1976 年，兴建禾青铅锌矿。1996 年，因亏损而关闭。1976—1996 年，共开采原矿 30 万吨，铅锌金属量 9200 吨。2004 年，通过招商引资，在原铅锌矿基础上组建中泰矿业有限责任公司，投资 7000 万元对矿山进行改造，形成年产矿石 16.5 万吨、锌精矿 5000 吨生产能力。2010 年，公司拥有资产 1 亿元，从业人员 210 人，生产精锌含量 4100 吨。

1995 年 3 月，锡矿山矿务局为调整产业结构，兴建锌厂。1997 年 4 月，该厂开始锌冶炼，当年生产精锌 3448 吨。2001 年，锌厂扩能改造，产量增加到 2.29 万吨。2005 年，“闪星牌”锌锭获湖南省名牌产品称号。2010 年，该厂有从业人员 814 人，生产精锌 3.37 万吨，其中高纯锌 2763 吨。

第三节　铁合金

1985 年，岩口乡投资 200 万元兴建岩口铁合金厂。1988 年，市电化总厂转产铁合金。是年，两厂共生产铁合金 3135 吨。2002 年，新建佳福铁合金有限公司，铁合金产量有所增加。2006 年，已停产关闭的原岩口铁合金厂重新组建银宇铁合金有限公司。2010 年，佳福铁合金有限公司、银宇铁合金有限公司共有资产 3800 万元，从业人员 230 人，生产铁合金 2.4 万吨。

第四章　煤炭工业

第一节　煤炭资源

一、资源分布

冷水江市是全国100个重点产煤县市之一，含煤地层面积195平方千米，占全市总面积的44.5%，16个乡（镇、街道）11个蕴藏煤炭。按地质构造，可划分为5个矿区、21个井田。金竹山矿区分托山、土朱、一平硐、石湾、芙蓉5个井田。渣渡矿区分利民、利北2个井田。毛易矿区分更生、红新、北平、南平、杨桥5个井田。冷水江矿区分杨家山、王府佃、大跃、坝塘、中连、塘冲、晓云、资江块段8个井田。建新矿区有颜家冲石墨矿区段。

区域内主要煤田地质单元属涟邵煤田北段的涟源拗陷带，沉积厚度大，可采煤层多，工业价值高，是全省下石炭统测水组煤系地层发育最大的地段。下石炭统测水组煤系是境内无烟煤储存层位，层位含煤1～7层，其中3层、5层煤层普遍发育可采，2层、4层煤层仅局部可采。

金竹山矿区含煤7层，其中3层、5层煤层为主要可采煤层，2层、4层煤层为局部可采煤层，其余煤层均不可采。渣渡矿区含煤6层，仅3煤层可采，南段平均厚度3米，北段平均厚度5米，其余各煤层偶见可采点，属不可采煤层。毛易矿区含煤6层，5煤层普遍可采，2层、3层煤层局部可采，其余各煤层均不可采。冷水江矿区杨家山段含煤6层，3煤层为主要可采煤层，5煤层偶见可采点。该矿区南段含煤7层，其中3层、5层煤层为主要可采煤层，2层、4层煤层局部可采。建新矿区石墨矿区段含石墨、半石墨，矿层分为3层，1层、2层矿层普遍可采，3层矿层分布不稳定，偶见可采点。

二、资源勘探

境内煤田大规模勘探集中在20世纪60年代中期和80年代初期，各井田除毛易矿区更生和杨桥井田、建新矿区颜家冲石墨矿区段勘探程度为普查外，其余井田勘探程度均在详查以上。1994年、1997年和2003年，湖南省煤田地质局第二勘探队分别对金竹山矿区托山、土朱井田深部资源进行补充勘探，施工68个钻孔，进展3.77万米，并编制《金竹山矿区托山、土朱深部补充勘探地质报告》《湖南省涟邵矿业集团金竹山深部井田地质综合评估报告》。根据勘探计算，至2006年，全市煤炭资源储量总计5.53亿吨，其中近期可利用储量3.61亿吨，暂不能利用储量1.92亿吨。

2006年冷水江市主要煤炭矿区资源储量一览表

表13-5　　　　单位：万吨

矿区名称	探明储量	利用储量
金竹山矿区	26105.6	18818.6
渣渡矿区	16026.9	7821.9
冷水江矿区	12700.6	8924.6
毛易矿区	430.9	430.9
建新矿区	68.7	68.7
合　计	55332.7	36064.7

三、煤质

境内煤质大多属于低硫或特低硫、特低磷优质无烟煤，发热量在6000～9000大卡/千克之间，是生活和动力用煤的理想煤种。各矿区的硬质块煤（又叫白煤），其机械强度和化学性能完全符合造气和冶炼要求。特别是金竹山矿区一平硐井田的5煤层，其机械强度、热稳定性和化学性能指标均符合气化用煤和合成氨用煤的要求。

第二节　煤炭生产

一、采煤工艺

（一）采煤方法

1988年，境内乡镇煤矿采用巷道式采煤法，以掘代采，见煤挖煤，沿煤挖巷，乱采滥掘，没有完善的通风、运输系统，不进行顶板管理，矿井安全事故频发。同时，矿井生产能力低，坑木消耗大，吨煤成本高，劳动强度大，资源回采率低，经济效益差。1990年，金竹山煤矿试用采煤机采煤，后因地质条件影响而停止使用。1995年，全市在戴家湾煤矿试点，把巷道式采煤法改为壁式采煤法，此采煤法产量高，安全条件好，资源回收率高。2010年，煤矿普遍采用长壁式采煤法、短壁式采煤法、水平分层采煤法和巷道式采煤法。并根据地质条件采取不同的采煤方法，当煤层稳定时采用壁式采煤法，对煤层不稳定的块段采用巷道式采煤法。是年，资江煤矿大型螺旋式综合采煤机试采成功，成为全市首个机械化作业的煤矿。

（二）顶板管理

20世纪80年代，乡镇煤矿巷道采用木支架防护，防止发生冒顶、垮塌事故。国有煤矿逐步采用金属支护或单体液压支柱支护。1995年，乡镇煤矿开始采用HZWA型摩擦支护，配HDJA型铰接预梁或采用单体液压支护配HDJA型铰接顶梁，代替木支护，提高了煤矿安全系数。2006年起，全市煤矿普遍推广使用锚喷支护。

（三）通风排水

1990年前，乡镇煤矿利用局扇代替矿井主扇通风，未形成矿井通风系统或通风网络。1991—2004年，乡镇煤矿一般采用离心式主扇风机。2005年后，煤矿开始使用轴流式主扇风机，1台工作，另1台备用，通风方式由原来的压入式改成抽出式负压通风。

20世纪80年代，乡镇煤矿以机械排水代替人力竹筒抽水，但部分煤矿排水泵不防爆，使用明闸开关，无井下专用电缆。进入90年代，煤矿排水泵均为防爆型水泵，1套工作，1套备用。对老窑积水坚持有疑必探、先探后掘，防止老窑积水事故发生。

（四）运输提升

20世纪80年代，乡镇煤矿井下运输主要靠人力挑运或人力矿车，有些煤矿使用800～1000毫米绞车提升。2000年，煤矿普遍采用机械化或半机械化运输，规模较大的煤矿大巷运输采用防爆安全型蓄电池电机车运输到井底，再由提升绞车运到地面。

（五）瓦斯防治

20世纪80年代，煤矿瓦斯检测使用AQG-1型光学瓦斯检定器或SG光学瓦斯检定器。90年代，采用煤层松动爆破、多孔排放、瓦斯抽放等措施防止瓦斯突出事故。2000年起，煤矿逐步安装瓦斯监控系统和瓦斯自动报警断电控制仪。2007年，全市瓦斯突出矿井全部安装瓦斯抽放系统。2010年，大部分矿井安装井下人员定位系统和视频系统，地面值班人员通过视频可以掌握井下作业情况。

图13-4　冷水江市煤矿井下视频监控机房

（2010年摄）

（六）供电照明

1988年，大部分乡镇煤矿一般采用单回路供电，电器设备采用普通明闸开关等非防爆电器。2000年起，部分煤矿采用双回路供电，不能实现双回路供电矿井，自备柴油发电机组作为备用电源。井下安装自动断电设施，一旦停风或瓦斯超限自动报警并停电。各煤矿均采用专用电缆、专用防爆电器设备，使用防爆安全型矿灯和专用防爆有线电话机。

（七）粉尘防护

20 世纪 80 年代，省属及市属煤矿岩巷掘进采取水钻，井下作业人员佩戴防尘口罩。乡镇煤矿均采用打干风钻进行岩巷掘进，下井人员佩戴口罩的不多。至 90 年代末，全市煤矿均采用湿式钻，井下装运站安装喷雾防尘装置，井下人员佩戴防尘口罩。

二、技术改造

1988 年后，国有煤矿基建续建项目有利民煤矿利北井、资江煤矿晓云井，资金主要来源于国家拨款、地方财政补贴、银行贷款、各种专项基金、煤矿自筹资金等。1995 年起，国家对煤矿投资由拨款改为贷款，煤矿技术改造资金来源主要是银行贷款、国债、地方财政补贴、煤矿专项基金（开发基金、维简费）、股份投资、自筹集资等。

1990—2010 年，为促进煤炭产业安全、健康、稳步发展，提高煤矿防灾抗灾能力，龙王池、龙盘山、茶子山、大兴等 18 家煤矿先后进行技术改造，共投资 8611.7 万元，用于改善煤矿的通风、监控、排水、供电系统和瓦斯防治、采煤方法、巷道支护等方面。

1990—2010 年冷水江市市属及乡镇煤矿技术改造投资情况表

表 13-6　　　　单位：万元

煤矿名称	合　计	国补、省补资金	地方配套资金	企业自筹资金
涟溪矿业公司一工区	1505	248	95	1162
龙王池煤矿	1210.67	214.06	25.24	971.37
龙盘山煤矿	1387.91	353.8	213	821.11
茶子山煤矿	132.07	21.55	84.53	25.99
大兴煤矿	119.05	31	64	24.05
更生二矿	102.41	23.86	56.9	21.65
岩里煤矿	65	14	39.53	11.47
岩口煤矿	100.3	14	53.5	32.8
铎山煤矿	149.6	27	53	69.6
新红煤矿	71	11	30	30
五字湾煤矿	136	26	50	60
上陡岩煤矿	100	20	45	35
新辉煤矿	95.08	24	40	31.08
戴家湾煤矿	500	288	100	112
石巷里煤矿	51.61	16.28	23.33	12
龙拱煤矿	976	146	90	740
梓改煤矿	650	288	115	247
富民煤矿	1260	315	126	819

三、煤炭产量

1988 年，全市有国有煤矿 6 家，乡镇煤矿 164 家，私营煤窑 600 余家，原煤总产量 344.67 万吨。此后，原煤产量逐年增长，至 1994 年，总产量达

557.92 万吨。2000 年，利民煤矿停产关闭。2005 年，境内国有煤矿改制全部完成，当年规模以上企业煤炭总产量下降至 190.24 万吨。同时，全市对乡镇煤矿进行整合关闭。2007 年年底，全市规模以上企业原煤产量 219.53 万吨，比 2005 年增加 29 万吨。随着煤炭市场好转，全市煤炭产量逐年上升。至 2010 年，全市规模以上企业原煤总产量达 453.19 万吨。

第三节　煤炭管理

一、管理机构

1985 年，市煤炭工业局成立。1993 年 3 月，煤炭工业局与煤炭公司合并成立煤炭工业总公司。1999 年 7 月，煤炭工业局与煤炭公司分设。2002 年 6 月，煤炭工业局更名煤炭局。2006 年 8 月，煤炭局改变监管模式，下派驻矿安监员，在 9 个重点产煤乡镇建立煤管站。2010 年，煤炭局内设办公室、生产技术股、安全监管股、行业管理股、法制股、人事教育股、财务审计股、总工程师室，下辖煤炭行政执法大队、煤矿救护中队、矿山测量队、煤矿维简费管理办公室、煤矿技术服务中心、培训中心和 9 个煤管站。1988—2010 年，市煤炭局先后由陈树仁、姜锡华、吴长松、肖林樵、夏飞、阳建平、朱正初、杨亲华任党组书记，陈树仁、姜锡华、姜孝芳、廖建民、阳建平、袁信忠、朱正初、杨亲华任局长。

二、国有煤矿改制

1988 年，域内 6 家国有煤矿共有 12 对矿井，即金竹山煤矿一平硐工区、土朱工区、托山工区，冷水江煤矿塘冲工区、化溪工区，利民煤矿利民井、利北井，资江煤矿晓云井，大建煤矿南平工区、北平工区、红星工区，涟溪煤矿。

20 世纪 90 年代，随着国家取消煤矿政策性亏损补贴，部分煤矿扭亏无望，企业包袱日益加重，煤矿根据自身实际选择改制形式。2001 年，涟溪煤矿协议转让，组建涟溪矿业有限公司。2002 年，涟邵矿务局金竹山煤矿改制为涟邵矿业集团金竹山实业有限公司，同年该公司兼并冷江煤矿。2004 年，资江煤矿整体拍卖，企业重组为资江矿业集团有限公司。2005 年，大建煤矿整体拍卖，企业重组为装胜大建矿业有限责任公司。2006 年，利民煤矿由娄底市政府整体拍卖给香港华润集团。至此，全市国有煤矿改制全部完成。

三、煤炭税费征收

1999 年，成立市煤炭税费统一征收管理工作领导小组办公室（简称市统征办），负责全市煤炭税费征收工作，按各种车型载重量计征煤炭税费。是年，停征煤炭开发基金，取消乡镇企业管理费、矿山救护费。对维简费实行足额征收，从原来的 2.6 元/吨提高到 10.5 元/吨，柴煤税费统征标准由 19.8 元/吨提高到 22 元/吨。2004 年，煤炭税费据实征收，设置电子过磅验票站，打印、登记票账实行“实名制”和“一车一票”制。是年，取消农业特产税，增加森林植被恢复费、价格调节基金、人防工程维护费、防洪保安资金，统征范围为“3 税 10 费”，征收标准由原来 22 元/吨下调至 18 元/吨。

2005 年，调整统征范围和标准，增加耕地占用税、煤矿生产安全费、残疾人就业保障金，统征范围调整为“6 税 10 费”，标准由原来 18 元/吨调整为 30 元/吨。2007 年，对煤炭生产企业按 4 元/吨标准征收工伤保险费，纳入煤炭税费统征范围，统征标准由原来 30 元/吨调整为 34.8 元/吨。

2009 年，市煤炭局、安监局、国土局、公安局、统征办联合发布《关于规范煤炭税费统征秩序的通告》，全面开展煤炭税费专项整治行动，最大限度封堵逃税漏洞。同时，在全市建立 19 个验票站，形成功能齐全、电子监控、据实征收的网络体系。2010 年，再次调整煤炭地税、工伤保险费征收标准，煤炭地税由 9 元/吨调整为 14 元/吨，工伤保险费由 4 元/吨调整为 6 元/吨，煤炭税费调整为“6 税 12 费”。

四、清理整顿小煤矿

1983 年，国家允许个体开办煤矿，市内乡镇和个体煤矿发展迅速，至 1988 年，全市有私营煤窑 600 余座、乡镇煤矿 164 家。小煤矿没有规划布局，有的不具备办矿条件就急于投入生产，乱采滥挖，互争资源，造成严重安全隐患和国家矿产资源浪费。为改变这种现象，市政府出台依法办矿有关规定，对不符合办矿条件的小煤矿采取关闭、取缔、炸毁等强制措施；对有发展前途、生产条件较好、布局合理的3万吨以下矿井进行技术改造。2004年，全市经省政府批准保留民营矿井148对。2005年起，全市分3个阶段对乡镇煤矿进行关闭整合。第一阶段（2005年8月至2006年4月）关闭整合29家煤矿。第二阶段（2006年下半年至2007年3月）关闭整合17家煤矿。第三阶段（2007年3月至年底）关闭整合36家煤矿。至2010年，全市共保留66家乡镇煤矿，年设计生产能力376万吨。

2010年冷水江市乡镇民营煤矿情况表

表13-7

煤　矿所在地	煤 矿 名 称	瓦斯等级	矿　种	设计生产能力（万吨/年）	煤　矿所在地	煤矿名称	瓦斯等级	矿　种	设计生产能力（万吨/年）
岩口镇（13家）	金盆岭煤矿	突出	无烟煤	6	渣渡镇（7家）	木瓜煤矿	突出	无烟煤	9
	元章煤矿	突出	无烟煤	6		鳌子口煤矿	突出	无烟煤	6
	昌兴煤矿	突出	无烟煤	6		财神坑煤矿	突出	无烟煤	6
	金月二矿	突出	无烟煤	6		白煤井煤矿	突出	无烟煤	6
	树柏煤矿	突出	无烟煤	6		正山里煤矿	突出	无烟煤	6
	大兴煤矿	突出	无烟煤	6		龙拱煤矿	突出	无烟煤	6
	龙盘山煤矿	突出	无烟煤	6		九兴煤矿	突出	无烟煤	6
	岩口煤矿	突出	无烟煤	6	同兴乡（3家）	涟溪矿业公司一工区	突出	无烟煤	9
	伍家山煤矿	突出	无烟煤	6		涟溪矿业公司二工区	突出	无烟煤	6
	金鸭冲煤矿	突出	无烟煤	6		岩里煤矿	突出	无烟煤	6
	新红煤矿	突出	无烟煤	4					
	杨梅岭煤矿	高瓦斯	无烟煤	4	三尖镇（1家）	石巷里煤矿	低瓦斯	无烟煤	6
	将岭煤矿	突出	无烟煤	6					
铎山镇（11家）	新辉煤矿	突出	无烟煤	6	矿山乡（8家）	戴家湾煤矿	高瓦斯	无烟煤	15
	东升煤矿	高瓦斯	无烟煤	4		郭家冲煤矿	突出	无烟煤	6
	金胜煤矿	高瓦斯	无烟煤	4		永兴煤矿	突出	无烟煤	6
	富民煤矿	突出	无烟煤	6		兴旺煤矿	高瓦斯	无烟煤	6
	龙兴煤矿	高瓦斯	无烟煤	4		中心煤矿	突出	无烟煤	6
	富旺煤矿	突出	无烟煤	6		马颈煤矿	突出	无烟煤	6
	龙潭新井煤矿	高瓦斯	无烟煤	4		盐井塘煤矿	突出	无烟煤	6
	铎山煤矿	高瓦斯	无烟煤	4		白云煤矿	突出	无烟煤	6
	五字湾煤矿	突出	无烟煤	6	毛易镇（3家）	棋盘石煤矿	突出	无烟煤	6
	茶子山煤矿	突出	无烟煤	6		洞竹山煤矿	突出	无烟煤	6
	井湾煤矿	高瓦斯	无烟煤	4		小横煤矿	高瓦斯	无烟煤	4

续表 13-7

煤矿所在地	煤矿名称	瓦斯等级	矿种	设计生产能力（万吨/年）	煤矿所在地	煤矿名称	瓦斯等级	矿种	设计生产能力（万吨/年）
中连乡（10家）	南宫新井煤矿	突出	无烟煤	6	梓龙乡（8家）	石里冲煤矿	高瓦斯	无烟煤	4
	上陡岩煤矿一工区	高瓦斯	无烟煤	3		更生一矿	高瓦斯	无烟煤	6
	全球煤矿	突出	无烟煤	6		更生二矿	高瓦斯	无烟煤	4
	狮子山煤矿	高瓦斯	无烟煤	4		梓改煤矿	突出	无烟煤	6
	庙湾煤矿	突出	无烟煤	6		杨家后煤矿	高瓦斯	无烟煤	4
	联合煤矿	高瓦斯	无烟煤	4		自力煤矿	高瓦斯	无烟煤	4
	蔡家山煤矿	突出	无烟煤	6		第二富木山煤矿	高瓦斯	无烟煤	4
	民兴煤矿	突出	无烟煤	6		更生五矿	高瓦斯	无烟煤	4
	下陡岩煤矿	高瓦斯	无烟煤	6	金竹山镇（2家）	金沙煤矿	突出	无烟煤	6
	龙王池煤矿	突出	无烟煤	6		208 煤矿	突出	无烟煤	6

第五章　电力工业

第一节　火力发电

一、金竹山电厂

（一）异地扩建

1988 年，金竹山电厂拥有 2 台 5 万千瓦发电机组，4 台 12.5 万千瓦发电机组，总装机容量 60 万千瓦，年发电量 28.51 亿千瓦时，占全省火力发电量的 35%，为省内大型骨干电力企业。

随着社会用电需求增长，1994 年 1 月，金竹山电厂向省电力局递交《关于金竹山电厂异地扩建的请示》。2003 年 5 月 13 日，国务院第八次常务会议审议批准《国家发展和改革委员会关于审批湖南金竹山电厂扩建工程项目建议书的请示》。2004 年 9 月 16 日，异地扩建工程经国家发改委核准，11 月 5 日开工建设。

金竹山电厂异地扩建工程分两期进行，一期建设 2 台 60 万千瓦亚临界燃煤发电机组。厂址选在金竹山镇与沙塘湾街道交界处，紧临湘黔铁路与省道 312 线。一期工程征地 83.51 万平方米，拆迁房屋 800 余栋 2000 余户，移民 8000 多人，迁坟 2000 余冢。2004 年 6 月，一期工程全面开工建设。2006 年 4 月 12 日，一号机组完成 168 小时试运行，7 月 5 日，2 号机组完成 168 小时试运行，实际工期 25 个月，比计划提前 4 个月，工程实际投资 45 亿元。一期工程 2 台 60 万千瓦发电机组建成投产，标志着金竹山电厂跃上大容量、高参数、低消耗、少排放大型火电机组新台阶。

二期工程建设 1 台 60 万千瓦超临界燃煤发电机组，同步建设脱硫、脱硝装置。工程征地 32.7 万平方米，拆迁房屋 21 栋，移民 30 户、110 人。2007 年 7 月 1 日，3 号机组主厂房破土动工。2009 年 6 月 20 日，3 号机组并网成功，7 月 4 日，顺利移交生产。二期工程实际投资 22.8 亿元，其中建筑工程投资 4.21 亿元，安装工程投资 4.42 亿元，设备投资 9.84 亿元，其他投资 4.33 亿元。

金竹山电厂异地扩建二期工程完成后，形成 180 万千瓦装机容量。2010 年，发电量 69.12 亿千瓦时，继续保持省内骨干电力企业地位。

（二）关停老机组

1997 年，1 号机组服役年限达 25 年，总发电量为 5.68 亿千瓦时。2 号机组服役年限达 24 年，总发电量为 57.27 亿千瓦时。随着投运时间延长，机组设备日趋老化，煤耗高，机组安全性和经济性均达不到国家相关标准。10 月，金竹山电厂向省电力公司提交 1 号、2 号发电机组退役的请示。

图 13-5　2007 年 6 月，金竹山电厂 A 生产区 1 号烟囱爆破现场

1999 年，省电力公司向国家电力公司报告，建议关停金电 5 万千瓦小火电机组。国家电力公司批复，建议 1 号机组 2003 年关停，2 号机组 2004 年关停。

2003 年，按照省经委小火电机组关停计划，华银公司停止维护金电 1 号、2 号机组设备。为满足省内电力市场需要，1 号、2 号机组暂作调峰机组使用。

2007 年 6 月 2 日，1 号烟囱爆破，2 台 5 万千瓦机组关停。11 月 27 日，爆破 4 号、5 号机组水膜除尘器和烟道，拆除发电机出线母线，正式关停 4 号、5 号机组。至此，共关停小火电机组 35 万千瓦。

2008 年 4 月 9 日，关停 3 号机组。2010 年 9 月 30 日，拆除 6 号机组发电机出线母线和锅炉烟道。12 月 31 日，6 号机组正式退役。至此，A 生产区 6 台机组（共计 60 万千瓦）全部关停。

从 1972 年 9 月 23 日第一台机组投运，到 2008 年 7 月 18 日最后一台机组停运，36 年间，6 台机组共发电 824.56 亿千瓦时。

1988—2010 年金竹山电厂主要经济技术指标一览表

表 13-8

年度	发电量（万千瓦时）	上网电量（万千瓦时）	机组利用时长（小时）	供电煤耗（克/千瓦时）	耗原煤量（吨）	耗油量（吨）	燃料费用（万元）	总成本（万元）	发电单位成本（元/千千瓦时）	燃料单位成本（元/千千瓦时）	工　业总产值（万元）
1988	280280	—	4671	512	2020640	9082	12652	16975	61	46	—
1989	302158	—	5036	495	2097502	5982	15734	20178	73	57	—
1990	288274	—	4805	498	1956200	6977	16130	21193	82	63	23200
1991	306512	—	5109	491	1981561	5094	16999	22359	81	62	31138
1992	312109	—	5202	485	1957518	4212	17431	23212	83	62	33659
1993	322841	—	5381	479	1909689	3547	23166	32372	111	80	49383
1994	317871	—	5298	477	2025383	3778	26731	39852	139	94	62878
1995	342376	—	5706	457	2172628	5316	33463	50404	163	108	57081
1996	328051	—	5468	452	1961054	4922	32909	50436	170	111	57354
1997	270128	241241	4502	451	1559087	3537	29578	47074	194	122	53122
1998	256815	229703	4280	451	1462046	3901	28173	46246	200	122	63683
1999	228219	203558	3804	448	923463	1753	23219	42051	206	114	49446
2000	235396	210102	3923	449	1320855	3127	24122	47047	223	114	50997
2001	244717	219279	4079	444	1444435	2959	25219	48338	219	114	59237

续表 13-8

年度	发电量（万千瓦时）	上网电量（万千瓦时）	机组利用时长（小时）	供电煤耗（克/千瓦时）	耗原煤量（吨）	耗油量（吨）	燃料费用（万元）	总成本（万元）	发电单位成本（元/千千瓦时）	燃料单位成本（元/千千瓦时）	工业总产值（万元）
2002	247932	222550	4132	444	1460053	3382	28821	57114	257	130	61828
2003	313875	282451	5231	453	1964563	3097	38702	67941	241	137	72042
2004	353552	318089	5893	447	2372294	2823	46979	73036	230	148	84647
2005	343306	307450	5722	439	2299913	2884	70834	95976	312	230	95528
2006	461295	399604	3290	395	2472485	4986	68235	106375	292	189	116325
2007	637612	586262	3710	364	3503078	4482	109477	170419	291	187	191374
2008	529976	491139	3900	345	3002907	3831	124888	183376	373	254	168128
2009	629808	576863	3805	331	3261385	4801	128790	186676	324	223	203711
2010	691202	645518	3591	325	3759294	2280	171619	240941	373	266	239174

二、余热发电

（一）冷水江钢铁有限责任公司

2005年，公司利用高炉煤气安装2台装机容量24兆瓦发电机组。以后相继安装5台高炉炉顶煤气机组和3台蒸气余热发电机组，总装机容量6.7万千瓦。2010年，发电3.66亿千瓦时。

（二）锡矿山闪星锑业有限责任公司

2005年3月和2008年2月，公司利用锌厂余热建设2台3000千瓦发电机组，总装机容量6000千瓦。2010年，发电2500万千瓦时。

（三）湖南宜化化工有限责任公司

1988年，公司有2台6000千瓦机组和1台3000千瓦机组，总装机容量1.5万千瓦，利用蒸汽发电。2010年，发电4065万千瓦时。

第二节　水力发电

一、小水电站

1988年，全市有农村小水电站4处，所发电能分别在禾青变电站、东站变电站并入国家电网，总装机容量820千瓦，年发电248万千瓦时。

（一）禾青电站

位于禾青镇，利用原资江氮肥厂工业废水建成装机容量2×160千瓦渠道引水式电站，年发电75.1万千瓦时，最高达82.5万千瓦时，总投资31万元。1979年12月竣工投运，经禾青变电站并入电网。1999年，停止运行。

（二）集中电站

位于冷水江街道集中社区，利用金竹山电厂冷却废水兴建2×125千瓦一级电站，1981年投产。1990年7月建二级电站，安装1×100千瓦和1×260千瓦机组，1991年投产。1992年建三级电站，安装2×55千瓦机组，1993年7月投产。该电站经东站变电站并入电网，因金竹山电厂异地扩建，2005年停止运行。

（三）白杨电站

位于同兴乡白杨村，装机容量1×75千瓦和1×20千瓦，年发电量11～17万千瓦时。1980年4月动工，1983年7月建成投运。1987年4月扩建1台44千瓦机组，经东站变电站东白线并入电网。因水源枯竭，1999年停止运行。

（四）炉冲电站

位于三尖乡裕元村，装机容量1×100千瓦和1×55千瓦，年发电量58万千瓦时，经禾青变电站禾三线并入电网，灌溉农田400多亩，总投资14.5万元。1985年11月动工，1986年9月建成投运。1994年10月，因100千瓦机组烧坏停止运行。1997年，电站卖给裕元硅矿。

二、浪石滩水电站

浪石滩水电站地处资江中游、城区大湾里地

段，属资江流域第七梯级低水径流式电站，是以发电为主，兼有航运、交通和旅游等综合效益的Ⅲ等中型水利枢纽工程。上游距筱溪电站18.2千米，下游至柘溪水电站162千米，顺水左岸修筑Qcse4×1000kn船舶航道升降机1座，正常蓄水位175米（海拔高度），总库容8430万立方米。

该工程是低水流式闸坝工程，主要建筑包括溢流坝、两岸连接坝、电站厂房等。大坝采用砼重力坝，最大坝高28米，坝轴线长608.8米，坝顶高187米（海拔高度），坝顶设5米宽公路，贯通资江两岸。溢流坝采用14孔开敞式溢流堰和宽顶堰，液压弧形闸门挡水。电站厂房靠右岸，为河床式厂房，最大水头8.5米，额定水头5.7米，安装灯泡贯流式机组3台，总装机容量3.6万千瓦，年发电量1.6亿千瓦时。

电站升压站为全户内式，有主变压器2台，容量4.75万千伏安，采用GIS设备，电能经升压后直接并入大电网。

2004年12月，该工程省发改委批准立项，2005年8月25日破土动工。土建由葛洲坝集团第六工程有限公司施工，机电设备由湖南电力安装工程公司施工。工程共开挖土石方65.8万立方米，浇筑混凝土和钢筋混凝土23.4万立方米，耗用水泥6.9万吨、钢材5800吨。2007年3月，第一台机组发电，12月全部竣工投产。施工期28个月，工程总投资4.9亿元。

图13-6 浪石滩水电站 （2010年摄）

浪石滩水电站建成后，在市中心城区打造出“人造湖泊”。2008年，市政府在电站一侧建设滨江公园，成为市民休闲、娱乐场所。

2008—2010年浪石滩水电站发电量一览表

表13-9

年度	发电量（亿千瓦时）	产值（万元）
2008	1.24	5211
2009	1.43	5244
2010	1.19	6436

第三节 电网建设

一、城市电网

1985年，市区无110千伏变电站，公共用电由冷水江电厂6千伏系统出线的冷城线和机要线两条线路供电。1986年8月，湖南省计委、省财政厅批准建设冷水江110千伏变电站。1987年12月，冷水江电厂6千伏出线全部升压为10千伏，并改为由冷水江110千伏变电站出线。是年，改造线路32千米，兴建10千伏线路17千米，新增和更换配电变压器98台，共完成投资117万元。1999年11月，市区第二座110千伏变电站在菊花井建成投运，使冷水江城区配电网络有了第二个电源支撑，同时建成冷菊Ⅰ线、冷菊Ⅱ线两回连线，提高了城区配电网供电可靠性。

1999年，城市电网建设与改造启动，至2002年年底，城网改造第一期共完成新建10千伏架空线路43.5千米，10千伏电缆线路217千米，0.4千伏线路11.6千米。新增和更换10千伏配电变压器87台，容量为22.4兆伏安。兴建公用配电房1座，新增配电变压器2台，容量为1.32兆伏安。

新增箱式变压器2台，容量为1000千伏安。新增环网柜1台、10千伏电缆分支箱4台、杆上开支15台。户表改造1.17万户。

2004年10月，城区（含近郊）中低压线路兴建和改造、配电变压器新增布点和改造、城区“一户一表”改造和特困企业“两电分离”等改造项目开工，2005年年底基本完成，项目总投资1665.36万元。

2005年，兴建锑都220千伏变电站。2008年，兴建沙塘湾110千伏变电站、神龙35千伏变电站和岩口110千伏变电站工程。2009年，兴建中连220千伏变电站、金竹山电厂扩建二期线路工程，改造110千伏金岩线。电网建设总投资3.34亿元。

2010年年底，全市形成以220千伏电网为输电网络，以110千伏、10千伏、0.4～0.22千伏为高、中、低压配网的供电系统，城乡工农业生产和居民用电得到保障。

二、农网改造

1988年，全市有农网6～10千伏线路290千米，220～380伏线路750千米，配电变压器378台，总容量4.06万千伏安。

1998年，启动农网改造一期、二期工程，兴建与改造配电变压器211台，总容量19.69万千伏安；兴建与改造线路1139千米；改造行政村（社区）185个、户表45287户。

2006年，启动农网三期完善工程，兴建与改造配电变压器166台总容量19.795万千伏安、10千伏线路144.2千米、低压线路224.47千米；改造行政村（社区）157个、户表8509户。至2010年年底，农网升级改造工程扫尾。全市农网6～10千伏线路26条、492千米，220～380伏线路1750千米。行政村改造率100%，户表改造率100%。

1988—2010年冷水江市用电构成情况表

表13-10　　　　单位：万千瓦时

年度	总用电量	工业用电		农业用电		照明用电	
		用电量	占比（%）	用电量	占比（%）	用电量	占比（%）
1988	59224	53301.6	90	592.24	1	5330.16	9
1989	52650	47385	90	526.5	1	4738.5	9
1990	55401	49860.9	90	554.01	1	4986.09	9
1991	56603	50942.7	90	566.03	1	5094.27	9
1992	58607	52160.23	89	521.6	1	5860.7	10
1993	61599	54823.11	89	615.99	1	6159.9	10
1994	66245	58958.05	89	662.45	1	6624.5	10
1995	70559	63539.1	90	705.99	1	6353.91	10.1
1996	68058	61252.2	90	680.58	1	6125.22	9
1997	65559	59003.1	90	590.031	0.9	5965.87	9.1
1998	66585	58594.8	88	599.27	0.9	7390.93	11.1
1999	70593	63533.7	90	635.34	0.9	6423.96	9.1
2000	73150	65835	90	585.2	0.8	6729.8	9.2
2001	75000	67500	90	600	0.8	6900	9.2
2002	84125	75712.5	90	673	0.8	7739.5	9.2
2003	96900	87210	90	678.3	0.7	9011.7	9.3
2004	108600	87740	90	760.2	0.7	10099.8	9.3
2005	120000	108000	90	720	0.6	11280	9.4

续表 13-10　　　　　　　　　　　　　　　　　　　　　　　　单位：万千瓦时

年度	总用电量	工业用电		农业用电		照明用电	
		用 电 量	占比（%）	用 电 量	占比（%）	用 电 量	占比（%）
2006	174668	157201.12	90	873.34	0.5	16593.46	9.5
2007	176575	158917.5	90	882.88	0.5	16774.63	9.5
2008	211697	190527.3	90	1058.49	0.5	20111.21	9.5
2009	198186	176385.54	89	990.93	0.5	20809.53	10.5
2010	200670	178596.3	89	1003.35	0.5	21070.35	10.5

第六章　化学工业

第一节　化　肥

一、尿素

1977 年 9 月，资江氮肥厂尿素生产系统建成投产。1988 年，该厂投资 1975 万元进行“填平补齐，挖潜改造”，当年生产尿素 11.64 万吨。1990 年，投资 7000 万元上“018”项目。1994 年，投资 1.3 亿元进行“115”工程技改项目，生产能力大幅提升。2001 年 8 月，企业进行股份制改造，组建湖南金信化工有限责任公司。2007 年 6 月，由湖北宜化股份有限公司并购，组建湖南宜化化工有限责任公司，继续生产尿素。2008 年，投资 9289 万元进行技术改造。2010 年，生产尿素 39.04 万吨。

尿素注册商标为“资江”牌，是湖南省名牌产品和国家免检产品，并获中国方圆标志认证委员会产品质量认证证书。

二、复合肥

复合肥由原湖南金信复合肥有限公司生产。1988 年，生产含量 25%复合肥 1.32 万吨。1998 年，生产含量 45%复合肥 4022 吨。2008 年，公司进行扩能节能和环保改造，生产高浓度（含量 51%、48%、45%、40%）、中浓度（含量 25%）和低浓度（含量 3%）复合肥。2010 年，共生产复合肥 6.1 万吨，年收入 3.02 亿元。

三、氯化铵

氯化铵由冷水江制碱厂生产，始产于 1972 年。1988 年生产氯化铵 2.82 万吨。此后，企业扩建改造，纯碱产量增加，其副产品氯化铵产量随之增加，1992 年 4.06 万吨，1996 年 5.43 万吨，2002 年达 6.42 万吨。2004 年，企业破产。2005 年，主体部分被四川金富源科技开发有限责任公司竞买，组建金富源碱业有限公司，继续生产纯碱和氯化铵。2005—2008 年，先后投资 5000 多万元扩能改造，产量增加。2007 年，氯化铵产量达 10.51 万吨。2010 年，产量增至 13.27 万吨。

第二节　化工原料

一、硫酸

1995 年，锡矿山矿务局锌冶炼厂建成投产。1997 年 4 月，始产浓度为 98%浓硫酸，产量 1.24 万吨。此后，随着企业扩能改造和工艺完善，硫酸产量不断增加，2010 年生产 6.29 万吨。1997—2010 年，共生产硫酸 62.62 万吨。

二、盐酸

1992 年，锡矿山矿务局化工厂建成投产，主产液碱、液氯和盐酸。1992 年，生产盐酸 114 吨。1993 年增加到 3496 吨。2008 年，扩建烧碱生产线，盐酸产量相应增加。2010 年，生产盐酸 2.05 万吨。1992—2010 年，共生产盐酸 10.13 万吨。

三、纯碱

1972 年，冷水江制碱厂开始生产纯碱。1988 年，该厂生产纯碱 3.13 万吨。此后，企业不断挖潜扩改，纯碱产量逐年增加。1997年荣获省优秀产品质量奖。公司生产的“三九”牌纯碱为湖南省名牌产品。2000年，纯碱产量增至5.37万吨。2005年，企业改制组建新公司，对合成联碱系统进行扩能改造，2008年产量增加到12.35万吨。

四、烧碱

1992年，锡矿山矿务局化工厂生产烧碱34吨。1993年，增加到1.03万吨。2003年，企业扩建离子膜烧碱（液碱）生产线和片碱生产线。2010年，生产液碱5.72万吨、片碱4813吨。1992—2010年，共生产液碱35.73万吨。2003—2010年，共生产片碱2.33万吨。

五、精甲醇

1988年，资江氮肥厂生产精甲醇6067吨。此后，企业两次改制，继续生产精甲醇。2010年，湖南宜化生产精甲醇6.17万吨。1988—2010年，共生产精甲醇71.03万吨。

六、水玻璃

水玻璃又名硅酸钠，1982年，冷水江制碱厂劳动服务公司开始生产。1988年，产量为1928吨。1994年，公司改制组建股份制企业“三A实业公司”。2006年，改制组建“三A化工有限责任公司”，水玻璃仍为公司主要产品。2010年，生产水玻璃3.6万吨，销售收入1.4亿元。

第三节　其他化工产品

一、工业氯化铵

2005年9月，冷水江市二化工厂改制重组，成立冷水江市诚信化工有限责任公司，位于禾青镇杨坪村。2006年5月，始产工业氯化铵。2007年，生产工业氯化铵2500吨。2010年，拥有资产400万元，从业人员80余人，生产工业氯化铵4700吨，销售收入800万元。

二、焦亚硫酸钠

焦亚硫酸钠由冷水江市中天化工有限责任公司生产。该公司创建于2003年4月，位于沙塘湾街道沙塘湾社区，拥有2条生产线，年设计生产能力2万吨，产品销往全国各地，广泛应用于化工、食品加工、轻工业、建材、选矿、废水处理等行业。2010年，拥有资产1000万元，从业人员34人，产量1.4万吨，销售收入2000万元。

三、小苏打

小苏打最初由原冷水江制碱厂生产。2003年8月，冷水江市先河化工有限公司成立，位于沙塘湾街道炉埠社区，占地面积4000多平方米，生产食品级小苏打。是年10月投产，年设计生产能力4万吨。2004年，产量3.5万吨。2008年，产量3.86万吨。2009年，投入1000万元扩能改造，年生产能力提高至6万吨，当年产量4.65万吨。2010年，公司拥有资产1500万元，产量5.76万吨，产值5581万元。生产的“三九”牌小苏打畅销中国东南部11个省、直辖市，并远销缅甸、新加坡、越南等海外市场。

四、净水剂

净水剂由冷水江市禾青自来水净水剂厂生产。该厂建于1992年6月，拥有资产1200万元，从业人员80余人，主要生产净化水质的环保产品。采用国内先进生产设备，有无铁硫酸铝生产线1条、水处理剂生产线1条。2005年，产量800吨，销售收入860万元。2010年，产量1200吨，销售收入1800万元。

五、化工助剂

化工助剂品种有VCM聚合引发剂、DC2-002H2复合终止剂、DFN-01防粘剂、液体辛热稳定剂、消泡剂、固化剂等，由冷水江市恒兴化工助剂有限公司生产。该公司成立于2002年9月，位于潘桥乡郭家社区，当年生产化工助剂400吨。2010年，拥有资产2000万元，产量800吨，销售收入2500万元。

六、乙炔气

乙炔气由冷水江市宏发化工有限公司生产。该公司成立于1986年，位于新城路。1986年，始产乙炔气。1994年，产量1.51万瓶。2004年4月，公司改制，从业人员从160人减至30多人。2010年，拥有资产210万元，从业人员16人，年销售收入190万元。

七、农药、畜药

农药、畜药由大乘医药化工有限公司生产。该公司成立于1986年，位于禾青镇球溪村，主要从事精细化工、有机化工和中间体的研制开发和生产营销。当年，始产畜药 100 吨。2003 年，始产农药 500 吨。2008 年，企业改制。2010 年，拥有资产 6000 万元，从业人员 37 人，年销售收入 3000 万元。

第七章　建材工业

第一节　耐火材料

1988 年，冷水江市耐火材料厂生产耐火砖 2.16 万吨。2003 年，该企业破产，组建湖南耀华冷水江耐火材料有限责任公司。

2004 年，全市共生产耐火材料制品 3.52 万吨。随着民营经济的发展，全市相继成立增纬耐火材料总厂（1996 年前称电子耐火材料厂）、东山耐火材料有限公司、腾龙耐火材料制造有限公司、炬力耐火材料有限公司、冷耐华鑫耐火材料有限公司、鑫达耐火材料有限公司、瑞泰硅质耐火材料有限公司（前身为中孚耐火材料有限公司）等耐火材料制造企业。

根据市政府关于城区建材企业退城进郊的部署，增纬耐火材料总厂列入退城进郊企业停产关闭，湖南耀华冷水江耐火材料有限责任公司列入退城进郊企业迁至禾青。2010 年，全市共有耐火材料生产企业 16 家，从业人员 3800 人，拥有资产 3.8 亿元，生产耐火材料 7.45 万吨，销售收入 2.15 亿元。

图 13-7　湖南耀华冷水江耐火材料有限责任公司生产的优质硅砖　（2004 年摄）

耐火材料产品主要有硅砖、高级硅砖、黏土砖、黏土大砖、低气孔率砖、铝铬砖、磷酸砖、不定型耐火材料和硅质耐火泥等各种不同规格的产品。1987 年，市耐火材料厂引进高级硅砖制造技术，生产用于玻璃熔窑的高级硅砖，熔窑使用寿命从原来的 3 至 5 年提高到 8 年以上，全国大部分浮法玻璃熔窑都采用该产品。湖南瑞泰硅质耐火材料有限公司生产的硅砖，销往加拿大、印度、印尼等 20 多个国家和地区，2010 年出口达 2000 余吨。

第二节　水　泥

1988 年，全市有水泥生产企业 7 家，生产水泥 19.6 万吨。此后，第八水泥厂、第九水泥厂相继建成投产。1998 年，全市生产水泥 47 万吨。小型水泥企业因规模小、能耗高、环境污染严重，不符合国家产业政策，相继停产关闭或转产。至 2010 年，全市有锡矿山水泥厂、金鑫水泥有限公司（原市二水泥厂改制后组建）、渣渡镇五水泥厂、晨峰水泥有限责任公司（市第一水泥厂改制后组建）4 家水泥企业，年产水泥 38.3 万吨。是年，华新水泥冷水江有限公司落户冷水江，投资 7.5 亿元兴建水泥熟料生产线。

第三节　混凝土添加剂

混凝土添加剂包括速凝剂、锚固剂、防水剂、减水剂、早强剂等系列产品。1978 年，市速凝剂厂生产速凝剂。1988 年，该厂生产速凝剂 3000 吨。2001 年，在沙塘湾兴建金陆混凝土外加剂有限公司，生产速凝剂系列产品。2002 年，三尖六水泥厂更名为锑都水泥外加剂厂，转产速凝剂。2005 年，市速凝剂厂改制成立红星水泥外加剂有限责任公司，继续生产速凝剂系列产品。2010 年，全市有 4 家企业生产混凝土添加剂，共有资产 2200 万元，从业人员 250 人，生产混凝土添加剂 5 万吨，年销售收入 6000 万元。

红星水泥外加剂有限责任公司生产的速凝剂、锚固剂、防水剂等系列产品，注册商标为“红星牌”“锑都牌”，销往全国各地，“锑都牌”产品出口东南亚。

第四节　机制砖

1970 年 10 月，冷水江市机制砖厂（简称机砖厂）建成投产。1988 年，制砖企业除机砖厂外，另有乡镇、个体红砖厂数十家。为保护土地资源，1999 年 4 月 30 日，市政府下发《关于推广应用新型墙体材料管理规定》，控制以黏土为原料的红砖生产，对生产新型墙体材料企业给予政策优惠。市机砖厂抢抓发展机遇，异地搬迁至禾青镇湍江村，兴建 24 门轮窑，提高机械化程度，扩大生产规模，并开发出新型墙体材料。此后，煤矸石砖、渣土砖、页岩砖等新型墙体材料迅速发展。至 2010 年，全市共有制砖企业 40 家，从业人员 1300 人，年生产各种砖 6 亿余块，销售收入 1.5 亿元。

第五节　石灰石　石灰　石材

1988 年，全市有乡办、村办、个体办石灰厂 29 家，年产石灰 8 万吨。1993 年，市委、市政府确立为“乡镇企业发展年”，促进了石灰石、石灰、石材企业的发展。2010 年，石灰石由金石冶金辅材有限公司、中连耸山石料场、东站采石场、鸿云石材有限责任公司、潘桥长冲采石场等 28 家企业生产，石灰由全盛活性石灰厂、杨桥石灰厂、禾青石灰厂、毛易长铺石灰厂、潘桥建新精石灰厂等 17 家企业生产，石材（包括建筑用石料、粉碎加工砂石及石粉）由龙兴石材有限公司、谢家坪建材厂、四通路桥机电材料贸易有限公司等 6 家企业生产。

2010 年冷水江市石灰石、石灰、石材生产情况表

表 13-11

产品名称	生产企业	从业人员（人）	产量（万吨）	销售收入（万元）
石灰石	金石冶金辅材有限公司等 28 家	520	60	4700
石灰	全盛活性石灰厂等 17 家	300	25	5000
石材	龙兴石材有限公司等 6 家	120	—	2000

第八章　其他工业

第一节　纺织产品

一、服装

1988 年，冷水江市制服厂生产西服、时装，曾被省服装公司定为西服、时装重点生产厂家。2004 年，市制服厂改制，组建湖南金鹰服饰集团有限公司。2006 年，该公司投资 2.3 亿元，在市经济开发区购置土地 206 亩，兴建集设计、生产、展览、仓储、贸易于一体的“中国金鹰服饰城”。一期工程于 2007 年建成投产，二期工程袜子生产线于 2010 年建成试产。该公司主要生产“金鹰·露斯卡”西服、运动服、制服、休闲服等，产品荣获“湖南省名牌产品”称号。全国有 400 多家销售网点，产品销往美国、日本、加拿大等国家。2010 年，公司有从业人员 1138 人，年生产各种服装 132 万套。

此外，全市还有华美服饰有限公司、华玲服装厂、社会福利厂 3 家小型企业及数十家个体工

商户从事服装加工。

图 13-8 湖南金鹰服饰集团有限公司生产车间

（2007 年摄）

二、袜子

1988 年，市针织厂生产袜子 160 万双。1995 年，产量减至 110 万双。1996 年，市针织厂破产关闭。2010 年，金鹰服饰集团二期工程建成投产，形成年产袜子 2000 万双生产能力，当年生产袜子 1200 万双。

第二节 轻工产品

一、木材制品

1988 年，市木器厂生产木制家具，1998 年破产关闭。2006 年，沙塘湾胶木板厂始产胶木板，当年生产胶木板 3.3 万平方米，年销售收入 220 万元。2010 年，华厦家私装饰有限公司、奥康家具厂、中连教学设备厂 3 家企业生产家具、课桌，共有从业人员 75 人，年产课桌 5000 套。锡矿山工业公司常青包装材料厂生产木质包装箱，年产包装箱 5 万个。

二、印刷品

1988 年初，全市有街道、厂矿、学校等办的印刷厂 10 家。20 世纪 90 年代初，民办印刷企业兴起，单位办的印刷厂逐年减少，其印刷业务由民营印刷企业承接。2003 年，冷水江市印刷厂改制拍卖。2010 年，从事印刷业务的专业印刷企业主要有第一彩色印刷厂、强盛彩色印刷厂、湘中彩色印刷厂、精美包装材料有限公司等 5 家企业，共有从业人员 50 人，年销售收入 1000 万元。印刷企业均采用电子排版，第一彩色印刷厂配有较先进的“海德宝”四色印刷机。

三、纸质包装制品

1988 年，纸质包装制品主要由市民政局纸箱厂、毛易纸箱厂两家小型企业生产，产品有纸箱、纸盒、纸袋等。2008 年，兴建益盛包装制品厂，生产纸箱、纸盒。2010 年，民政局纸箱厂、毛易纸箱厂共有从业人员 30 余人，年销售收入 250 万元。益盛包装制品厂有从业人员 108 人，年销售收入 1.51 亿元。

四、烟花爆竹

1990 年，冷水江市黄柏岭花炮厂建成投产。2003 年，省公安厅批准冷水江市苏神山焰火燃放公司正式挂牌，时为娄底市唯一具有焰火燃放资质企业。2010 年，黄柏岭花炮厂产品有吐珠、喷花、组合盆花、特红大地红、全红炮等系列品种，销往冷水江及周边县市。全厂有员工 198 人，年产值 3000 万元，自建厂后无大小安全事故发生，成为娄底市烟花爆竹生产龙头企业，“神星”“黄柏岭”牌烟花爆竹成为地方知名品牌。是年，全市有渣渡九门洞花炮厂、兴华烟花爆竹有限公司、梓龙隆达烟花鞭炮厂、铎山黄柏岭花炮厂、金竹山福光岭花炮厂等 6 家企业生产烟花爆竹，共有从业人员 570 人，年销售收入 5200 万元。

第三节 食品 药品

一、食品

（一）杨梅系列产品

2008 年 5 月，深圳瑞生源生物技术有限公司与渣渡镇上铁村农户共同投资组建股份制企业湖南瑞生源生物科技有限公司，生产杨梅系列产品，产品有杨梅果酒、果汁、果醋、果脯、果仁、果油等。2010 年，该公司有从业人员 50 人，生产杨梅系列产品 200 吨，年销售收入 600 万元。

（二）葛根系列产品

2008 年，娄底响莲实业发展有限公司获得食品生产许可证，开始生产葛根面条。2010 年 5 月，该公司在岩口镇金星村开发种植示范场和加工基地，种植葛根 5000 多亩，并开发生产葛根面条、葛根茶、葛根粉、葛根粉丝等系列产品。公司拥有资产2300万元，从业人员500人，生产葛根系列产品6200吨，年销售收入3000万元。该公司先后被国家有关部委评为中国农产品深加工模范企业、全国农产品加工创业基地，“响莲牌”商标为湖南省著名商标。

（三）黄酒

2007年，湘土情酒业有限公司投资1000万元在三尖茶花溪兴建酒厂。次年，始产湘土情系列精品洞藏黄酒。该酒以著名罗洪糯米为主要原料，以野生红蓼秘制酒曲发酵酿造而成，产品商标为“湘土情”。2010年，公司拥有资产1800万元，从业人员78人，生产湘土情系列酒200吨，年销售收入2100万元，纳税115万元。

（四）其他食品

1988—2010年，境内其他食品有糖果、糕点、面食、调味品、肉食品、腊味食品、大米等。主要由青山食品开发有限公司、大乘山调料食品厂、昌顺调料食品厂、兴达食品厂、永红面条厂、紫云峰腊味加工厂及国家粮食储备库精制大米加工厂等企业生产。

二、药品

冷水江市制药厂始建于1972年，其前身为市药材公司加工厂，1975年3月改为地方国营。1995年，该厂与中国药材公司合资组建中国药材公司冷水江制药厂。2001年，由华禾药业股份有限公司和冷水江市自然商贸有限公司投资组建华禾药业冷水江制药有限责任公司。2007年，协议转让，组建国药药材冷水江制药有限公司。

该厂主要生产中成药，产品有：五味子糖浆、参芪糖浆、银翘解毒片（冲剂）、通宣理肺片（冲剂）、板蓝根片（冲剂）、复方青果颗粒、胃痛定片、小活络片、清火片、消炎片、上感冲剂、清凉防暑冲剂、木瓜酒、风湿酒、十全大补酒、参茸木瓜酒、麝香风湿酒、清凉油、脑乐静、当归膏、玉竹膏、麻杏止咳糖浆等30多个品种，药品商标为“波月牌”牌，是湖南省著名商标。

1990年后，该厂注重新产品开发，除引进仿制药降脂灵、炎可宁等产品外，还与省中医药研究院合作开发肝复乐片（肝乐合剂）。该产品主治肝硬化、肝癌等肝病，系专利产品，其疗效居国内外先进水平，先后荣获“92墨西哥中国实用技术和产品贸易展览会”金奖、国家中医药管理局科技进步一等奖，被列为国家三类新药、新产品、中药保护产品、“八五”科技攻关项目等，并被评为湖南省名牌产品和国家重点新产品。2010年，从业人员157人，生产中成药174.38吨，年销售收入2200万元。

第四节　石墨　碳素制品

一、石墨

1988年，黄土佃煤矿关闭后，兴办石船石墨矿和黄土佃石墨矿。1999年，兴办三鑫石墨矿。2005年，兴办佳鑫石墨矿。2010年，全市共有石墨矿4家，从业人员258人，年产石墨4500吨，销售收入1894万元。

二、碳素制品

市石墨厂是1973年6月由市耐火材料厂石墨车间划出组建而成。该厂主要生产石墨砂、石墨粉。1990年以后，因石墨砂原料短缺，该厂被迫停产。2004年，该厂协议转让，组建冷水江市湘鲁石墨制造有限公司和冷水江市金星石墨制品制造有限公司。

市碳素厂始建于1986年，主要生产石墨粉、石墨砂、电极糊。下辖三尖石墨厂、电池碳素厂、石船石墨矿。

2000年后，全市大力发展民营经济，碳素制品生产发展较快。至2010年，全市有三尖江夏碳素厂（主要生产电池碳棒）、郭家长城金刚石有限公司（主要生产金刚石）、金山碳素厂、木山碳素制品有限公司等15家碳素制品生产企业，产品有石墨粉、电极糊、金刚石、电池碳棒等，共有从业人员536人，生产各类碳素制品3400吨，年销售收入6800万元。

第五节　机械产品

一、电线电缆

冷水江市华茂电线电缆厂始建于1999年，该厂位于潘桥乡，厂区占地面积 1.8 万余平方米，标准厂房 7000 平方米，固定资产 4600 余万元。2002 年，始产电线电缆，产品商标为“鑫杰”牌，主要产品有：聚乙烯绝缘电力电缆、交联电力电缆、控制电缆、架空绝缘电缆、架空绞线等，所有产品均达到或优于国家标准。2010 年，从业人员 28 人，销售收入 2162 万元。

二、紧固件

2006 年 8 月，在市经济开发区组建冷水江天宝紧固件制造有限公司，2008 年 10 月投产。2009 年 11 月，改名冷水江天宝实业有限公司，全年生产紧固件 2.29 万吨。2010 年，公司有从业人员 670 人，生产紧固件 5.68 万吨，销售收入 1.32 亿元。

图 13-9　2006 年，冷水江天宝紧固件项目开工庆典

三、电子陶瓷、金属化陶瓷、陶瓷玻杆

冷水江市佳晨电子陶瓷有限责任公司成立于 2001 年 5 月，位于冷新路 130 号，主要从事电子陶瓷、金属化陶瓷、结构陶瓷、装置陶瓷等产品的研发、生产和营销，产品畅销国内外，广泛应用于纺织、机械、家电、环保、通信、石化、新能源汽车等行业。该厂为国家元器件协会及电子防护元器件协会会员单位。2005 年 1 月，通过 ISO9001—2008 质量体系认证，当年生产元器件 1600 万只。另外，还有星海电子陶玻有限公司、华星陶瓷厂两家企业生产电子陶瓷、金属化陶瓷、陶瓷玻杆。2010 年，3 家企业共有从业人员 150 人，年销售收入 1400 万元。

四、焊接材料

冷水江市金山钎焊材料制造有限公司成立于 2003 年 11 月，注册资金 50 万元，主要生产铝基、银基、铜基等系列新型钎焊材料，产品质量稳定，性能优良，广泛应用于钎焊碳钢、低合金钢、硬质合金等。2010 年，从业人员 30 人，销售收入 500 万元。

五、切削工具

1988 年，市陶瓷工具厂生产复合陶瓷刀片，产品质量居国内领先水平，被评为湖南省优质产品，畅销全国各地。此后，相继开发挤压模、拉伸模、陶瓷发热体等产品。2005 年，企业改制组建明玉陶瓷工具有限责任公司，位于沙塘湾街道，主要生产复合陶瓷车刀、金属陶瓷模具材料等，销售收入 500 万元。2010 年，从业人员 37 人，销售收入 1600 万元。

2004 年，鑫磊稀土超硬材料有限公司始产硬质合金切削工具。2010 年，该公司销售收入 300 万元。

六、铸件

2010 年，铸钢件主要由四方机电有限公司、宏欣机械制造有限公司、汇久机械有限公司 3 家企业生产。铸铁件主要由集中铸件厂、金竹山坪塘铸造件厂、新台村振兴铸造厂和禾青铸造厂 4 家企业生产。

2010 年冷水江市铸件生产情况表

表 13-12

产品名称	生产企业	从业人员（人）	产量（吨）	销售收入（万元）
铸钢件	四方机电有限公司等 3 家	150	2500	1500
铸铁件	集中铸件厂等 4 家	100	3200	1400

第十四篇　锑　业

冷水江是“世界锑都”。锡矿山锑矿发现于1541年，当时把锑误认为锡，故名锡矿山。1897年，锡矿山锑矿得以确认并正式开采，因锑资源之富、品质之优、产量之大著称于世。

中华人民共和国成立后，锡矿山矿产资源收归国有。1950年，成立锡矿山矿务局，统一管理锡矿山锑业开采和冶炼。20世纪80年代中期，锡矿山民采风潮突起，高峰时期有民采点130多处，小型锑冶炼厂80余家，由此带来锑矿资源浪费、安全隐患突出、环境日益恶化等严重问题。为了充分利用锑矿资源，保护矿区安全和生态环境，市委、市政府全面整顿矿山锑业秩序，关停并转涉锑企业。至2010年6月，全市共关闭锑冶炼企业75家，取缔选矿手工小作坊145处，全市民营锑矿企业保留4家，锑品冶炼企业保留9家。2010年，全市锑产量约5.63万吨，约占世界锑产量30%，占中国锑产量40%。闪星锑业公司产量、销量、营收、利润均创历史新高。

第一章　锑矿资源

第一节　锡矿山锑矿田

锡矿山锑矿是赋存于上古界碳酸盐建造中的超大型锑矿田，位于湘中构造盆地北缘，处于桃江—城步新华夏系断裂带与祁阳山字形构造北翼重接及锡矿山——涟源北西向隐伏基底断裂复合部位。

矿田为一断轴复式背斜。复式背斜自北而南发育有茅塘、白云岩、稻草湾、陈家冲、老矿山、童家院、飞水岩、物华、月马山等一系列北40°～45°东向次级褶皱，其中老矿山背斜、童家院背斜、飞水岩背斜、物华背斜4个次级褶皱控制矿田内4大矿床。依其4大矿床的地理位置和矿石类型不同，分为南矿、北矿两套采选生产系统。南矿开采飞水岩矿床。北矿以开采童家院矿床为主，兼采老矿山矿床、物华矿床飞水岩背斜北倾伏部位。

第二节　外部资源开发

历经百年开采，锡矿山锑资源不断减少。为使企业有足够的资源保障，1987年起，锡矿山矿务局成立专门机构，负责外部锑资源收购，并先后派人到国外考察，提交多个收购国外锑矿山可行性研究报告。2007年，闪星锑业公司协助湖南有色股份公司收购国外锑矿山1家。该矿山年产锑精矿含量4000吨左右，所产锑精矿全部供应公司，弥补自产矿石原料不足。公司外部锑原料收购量从1988年的4263吨增加到2010年的1.99万吨。

第二章　锑矿冶炼

第一节　粗锑冶炼技术

1963 年，为适应浮选精矿冶炼需要，锡矿山矿务局成功研究出锑精矿鼓风炉挥发熔炼工艺，并于 1965 年建成中国第一台 0.7 平方米锑冶炼鼓风炉，取代过去从法国引进的赫氏焙烧炉。1996 年起，对鼓风炉开展以提高炉床能力、节能降耗、烟气排放达标为主要内容的技术改造。2004 年，闪星锑业公司新建鼓风炉风口区截面积达 3 平方米，炉日处理量由 45～50 吨/炉日提高到 70～80 吨/炉日，炉龄最高可达 300 天。2007 年，关闭南炼厂，与北炼厂合并，组建锑冶炼厂。鼓风炉风口区截面积由 3 平方米扩大至 4.5 平方米，为世界最大的锑冶炼鼓风炉，炉日处理量大幅提高。采用自主研发的富氧挥发熔炼新工艺，高温烟气的潜热采用预热空气换热器和汽化冷却换热器回收利用，热效率由 26%提高到 35%，焦率由 33%降到 25%，生产的粗锑质量好，回收率提高，炉渣含锑率下降。

第二节　精炼新工艺

1994 年前，锡矿山矿务局只能生产高铅锑，用途受到限制，产量难以提高。1994 年，该企业研发出除铅剂，能将粗锑中的铅剔除到 30ppm 以下，铅锑彻底分离。此项技术发明，使广西的脆硫锑铅矿和其他高铅锑原料中的锑得以利用，提高了锑产量。除铅剂及其工艺技术的应用，是锑工业的一次重大技术进步，促进了全国锑工业的发展。

粗锑中除铅以外，另外两种主要杂质是砷和硒，传统方法是采用纯碱除砷，但纯碱熔点高，熔化时间长，除砷效率很低，特别是不能深度除砷，很难提高产品品质。同时，砷渣无法处理，造成大量堆积，污染环境。硒在锑矿中含量较低，影响三氧化二锑的白度，传统除硒方法是加铝除硒和烧碱高温除硒，深度除硒效果不理想，硒渣不易处理。2003 年，闪星锑业公司发明快速除砷除硒剂，能一次性同时深度除去砷和硒，精炼速度快、时间短，提高设备利用率，降低劳动强度。砷、硒在精炼渣中的富集度高，为砷碱渣的后续处理和综合回收创造条件。

第三节　锑品深加工

20 世纪 80 年代中期开始，锡矿山矿务局（闪星锑业）把开发含锑新产品提升到企业求生存、求发展的战略高度。1984 年，公司研制成功锑酸钠、偏锑酸钠，扭转了国内显像管厂依赖高价进口国外锑酸钠的局面。1985 年起，根据市场需求，公司相继开发三氧化二锑系列产品，按纯度分为高纯和超高纯三氧化二锑；按粒度分为粗颗粒、超细粒、微粒、纳米级三氧化二锑；按用途分为阻燃级、荧光级、电子极、聚酯催化剂三氧化二锑，无尘系列三氧化二锑、三氧化二锑母粒。此外，还研发出用于纺织品阻燃的五氧化二锑胶体和粉末，用于聚酯工业的醋酸锑、三氯化锑、乙二醇锑，用于电线电缆的阻燃母料等。至 2010 年，公司开发出 20 多种锑深加工产品，增加锑产品技术含量，实现锑产品由低端向高端转变。

图 14-1　锡矿山闪星锑业有限责任公司锑白新生产系统　（2005 年摄）

1995—1997 年，公司发明三氧化二锑空气离液顶吹法生产新炉型和新方法，对温度、风量、风压等主要生产工艺参数实现计算机控制，通过调整工艺参数可实现普通三氧化二锑、超细三氧化二锑、粗颗粒三氧化二锑、催化剂三氧化二锑、超细高纯三氧化二锑等多种产品的生产转换。三氧化二锑产品的粒度、白度、主成分等理化性能指标得到改善，生产能力大幅提高。2001 年，利用自主知识产权将原分散的三氧化二锑生产线进行整合和技术升级，被列入国家重点技术改造“双加”“双高一优”项目。2003 年，建成实行集中真空输送、筛分、混合、自动计量包装全封闭式作业的高纯三氧化二锑生产系统，采用计算机神经网络系统对主要工艺技术参数实现连续检测与自动控制，年生产能力达 3 万吨。

第四节　“三废”处理

一、废水处理

闪星锑业公司选矿尾砂大部分作为充填料用于井下充填，剩余部分和选矿废水集中排入规范的尾砂库，沉淀废水循环利用。矿山井下涌水建成循环利用系统，作为选矿生产用水，基本实现废水不外排。2007 年，完成尾砂库加高工程，增加截洪沟。

二、废气处理

闪星锑业公司锑冶炼系统配套建设低浓度二氧化硫处理系统，实现废气达标排放，并设有 2 台余热发电机组，每年发电量约 2800 万千瓦时。2007 年，已有 60 年生产历史、年产 1 万吨精锑的南炼厂关闭，每年减少二氧化碳排放量 8000 吨左右。

三、废渣处理

炼锑砷碱渣处理一直是世界性技术难题。2003 年，闪星锑业公司砷碱渣回收利用技术研究取得重大突破，实现砷碱渣中的锑、砷、碱有效分离。2004 年，在国家发改委的大力支持下，建设 1 条年处理能力为 1200 吨的生产线，使砷碱渣中的锑、砷、碱得到综合回收利用，解决了砷碱渣处理这个世界性环保难题。砷碱渣处理系统被国家发改委和国家环保总局列为“全国环保示范推广工程”。是年，对精炼除铅过程中产生的含铅锑渣实现锑和铅有效分离。2005 年，年处理 500 吨含铅锑渣生产线建成，关闭南北两个锑冶炼厂炉渣坪，结束 100 多年来锑冶炼炉渣露天堆放的历史。锑冶炼过程中产生的固体废渣有焙烧炉渣、鼓风炉渣和亚硫酸钙渣，焙烧炉渣和鼓风炉渣全部用于生产水泥，亚硫酸钙渣用于井下充填。

图 14-2　锡矿山闪星锑业有限责任公司砷碱渣处理系统　（2007 年摄）

第三章　锑品经营及市场

第一节　主要经营指标

1988 年后，锡矿山矿务局（闪星锑业）由于锑矿开采难度增大，职工工资提高，导致生产成本增加。锑品价格受 1997—1998 年亚洲金融危机和 2008—2009 年全球金融风暴影响，剧烈波动，导致利润总额等经营指标起伏变化较大，有的年度出现亏损，但锑品产量、锑品销量、营业总收入基本保持稳中有升的趋势。2010 年，锑品产量、销量、营业总收入、利润总额 4 项经营指标均创历史新高。

1997—2010 年锡矿山闪星锑业有限责任公司（锡矿山矿务局）主要经营指标一览表

表 14-1

年度	锑品产量（吨）	锑品销量（吨）	营业总收入（万元）	利润总额（万元）
1997	19978	19362	33364	−1480
1998	16546	15885	21745	−5950
1999	17678	18380	22959	−2965
2000	24022	23626	37408	51
2001	22157	21917	40214	32
2002	22691	24354	52280	52
2003	22602	18403	55425	509
2004	22266	23752	74604	1228
2005	25317	24210	101708	5657
2006	27499	25538	164875	8064
2007	28206	27333	178986	1406
2008	25871	26050	131675	237
2009	29071	28561	128829	−7616
2010	32496	30473	203000	9513

说明：本表中所列营业总收入和利润总额包含锑品以外的其他产品收入和利润

第二节　锑品出口

锑是国家传统出口产品，60%以上供出口，市场主要在欧洲、北美、东南亚等地。1988 年前，全市锑产品出口单一，主要是精锑和硫化锑两个低端初级产品。1990 年后，锡矿山矿务局不断进行锑深加工产品研发，增加锑产品技术含量，实现锑产品由低端向高端转变。2000 年，成为首批有自营出口权的企业，所产锑品由企业直接出口。境内民营锑冶炼厂无出口权和出口配额，锑品主要销售给氧化锑生产厂家或卖给有出口权的公司。

据国家海关统计，2001 年，全国三氧化二锑系列产品出口量为 3.61 万吨，精锑出口量为 2.2 万吨，首次突破三氧化二锑系列产品出口量高于精锑出口量。2008 年年底，全国三氧化二锑系列产品出口量达 5.24 万吨，而精锑出口量 9453 吨，出口产品结构发生根本性变化。2000—2010 年，闪星锑业公司锑品每年出口在 1.5 万吨左右。

2000—2010 年锡矿山闪星锑业有限责任公司锑产品销售出口情况表

表 14-2　　单位：吨

年度	总销量	出口	年度	总销量	出口
2000	—	14614	2003	21501	16660
2001	20000	11419	2004	21054	15754
2002	24950	14681	2005	24598	13289

续表 14-2 单位：吨

年度	总销量	出口	年度	总销量	出口
2006	25657	15214	2009	28146	14500
2007	28065	15112	2010	30457	17086
2008	25755	13673			

第三节　锑品价格

1985年前，锑产品由国家定价，实行统购统销。1985年，中国锑产量为3.5万吨，产品全部由国家定价销售。此后，国家逐步放开锑品价格，企业拥有少量产品销售权，自销部分由企业自主定价。1990年起，锑产品由企业直接销售并根据市场需求自主定价。

1994年末，国际市场精锑价格每吨6000美元，国内每吨4.8万元。1995年初，随着锑品产量快速增长，精锑价格急剧下降，国内市场由每吨4.8万元下跌到每吨1.8万元。是年，闪星锑业公司发明除铅剂，使锑铅分离快速高效，广西以脆硫铅锑矿为原料的锑冶炼厂快速发展，精锑产量大幅增长，导致锑品价格一跌再跌。2000年，国际精锑降至每吨1000美元，国内精锑最低降至每吨6000元，锑品生产企业亏损严重，不得不停产。

2001年后，世界经济进入恢复发展期，锑产品需求量不断增长，价格逐年回升。2007年，国际市场精锑涨至每吨6700美元，国内涨至每吨5万元左右。2008年9月，精锑价格大幅下跌，年底国际市场降至每吨3000美元，国内降至每吨2万余元。

2009年10月，由于受闪星锑业公司南矿重大坠罐事故和广西河池地区重金属污染事故影响，主要锑产区产量减少，锑品价格又大幅上扬。2010年底，国际精锑价格上升到每吨1.3万美元以上，国内涨至每吨近9万元，是历史上锑价上涨幅度最大的一次。

锑是一种小金属，产量、供求、炒作等因素都会造成锑品价格的大起大落。2001—2010年，世界年锑产量约15万吨，中国年锑产量约13万吨，而冷水江年锑产量约5万吨(2009年为4.84万吨,2010年为5.63万吨)，约占世界锑产量30%，中国锑产量40%。因此，冷水江锑的价格信息逐渐成为国内外锑品价格的晴雨表。

1997—2010年锡矿山闪星锑业有限责任公司主要锑产品销售价格一览表

表 14-3 单位：元/吨

年度	精锑	三氧化二锑	五氧化二锑	硫化锑	年度	精锑	三氧化二锑	五氧化二锑	硫化锑
1997	14405.78	15563.22	19437.88	15809.62	2004	20396.36	18664.99	15390.51	15368.12
1998	14045.03	11175.58	13112.41	10742.49	2005	23752.17	23422.54	16212.73	24271.35
1999	11248.23	9219.29	—	9278.73	2006	32080.08	32456.91	22173.12	33174.35
2000	10147.53	9949.80	17466.78	8631.61	2007	34306.03	33464.53	21159.41	34619.21
2001	8614.69	9518.88	16019.41	10967.30	2008	31406.24	31036.49	20040.83	36690.57
2002	14386.18	12610.25	16934.54	16668.60	2009	36739.29	26019.37	18987.97	34377.97
2003	17238.81	16674.54	19209.52	15798.48	2010	49750.91	43431.75	26229.02	50700.68

第四章　闪星锑业

第一节　企业概况

1950年，成立锡矿山矿务局，统一管理矿区锑矿探采。1983年，锡矿山矿务局隶属中国有色金属工业总公司。1998年，隶属中国稀有稀土集团。2000年，中国稀有稀土集团解散，锡矿山矿务局下放湖南省管理。2001年，锡矿山矿务局整体改制为锡矿山闪星锑业有限责任公司（以下简称闪星锑业）。2004年，省政府整合湖南有色金属工业，组建湖南有色金属控股集团有限责任公司，闪星锑业资产划入湖南有色金属控股集团，成为湖南有色金属控股集团的成员单位。2005年，根据湖南有色H股上市要求，闪星锑业主体作为存续公司，成为湖南有色金属股份公司的全资子公司。是年，辅业剥离，成立湖南有色锡矿山资产经营公司，为湖南有色金属控股集团子公司。2009年12月，湖南有色金属控股集团隶属于中国五矿集团公司，闪星锑业成为中国五矿集团成员单位，是市内独家国有大型锑业公司和全球最大的锑品生产供应商及国家锑品主要研发出口基地。

2010年，公司内设17个部室，在岗员工6000余人，离退休人员4000余人。1988—2010年，公司（局）先后由吴功烈、孙赛龙、吴谷初任党委书记，刘学明、杨玲益、高长春任董事长、总经理（局长）。

第二节　产品种类、质量和产能

闪星锑业公司拥有世界锑行业先进的生产技术，锑系列产品生产全部具有自主知识产权，全国绝大多数锑品生产企业均采用该公司的生产技术。2005年，公司质量检测中心成为全国锑行业第一个国家认可实验室。2009年11月，公司技术中心被国家发改委等部委认定为“国家级企业技术中心”，公司被省科技厅等单位认定为“高新技术企业”。至2010年，拥有国家发明专利25项，获省部级以上科技成果奖62项，参与制定锑行业国家标准26项。

公司主要产品有锑锭、锌锭、三氧化二锑系列产品、乙二醇锑、硫化锑、锑酸钠、金黄锑、精铟以及氯碱、硫酸、盐酸、氯化石蜡等化工系列产品。锑系列产品采用“闪星”牌商标，该商标先后在日本、美国注册。2006年，“闪星”牌三氧化二锑、锑锭获国家“进出口商品免验证书”。2007年，“闪星”牌商标被国家工商行政管理总局认定为“中国驰名商标”，“闪星”牌三氧化二锑获“中国名牌产品”称号。公司拥有完善的质量管理体系，并通过了ISO9001—2000国家质量体系认证。

2010年，公司形成年锑采选能力55万吨、锑品4万吨、锌品4万吨、化工产品15万吨生产能力，拥有矿山2座、锑冶炼厂2个、锌冶炼厂1个、化工厂1个、国家级企业技术中心1个。公司锑品市场占有率占全国30%，占全球25%。产品远销日本、美国和欧洲等50多个国家和地区。

第五章　民营锑业

第一节　民营锑业的兴起

计划经济时期，锡矿山地区锑资源由锡矿山矿务局独家开采，矿区内不允许其他单位和个人开采锑矿和建锑冶炼厂。20世纪80年代中期，受“大矿大开，有水快流”思想影响，锡矿山地区民采矿业得到较快发展。先是手锤肩挑，采矿处于隐蔽状态，后由隐蔽到公开，采矿井（点）数量剧增，大多利用老窿口进入老采区捡矿或抢挖老区矿壁、矿柱。1986年，规模较大的民采点开始设窿，添置采掘机械，见洞就钻，见矿就采，最多时民采点130余处，锑矿开采呈无序状态。

20世纪80年代，民营锑冶炼厂采用原始赫氏炉炼锑，设备简陋，技术粗劣，投资成本低，民间资本容易进入，民营小型锑冶炼厂快速兴起，至80年代中期，锡矿山地区小型锑冶炼厂最多达80余家。

第二节　民营锑业的整治及规模

民营锑矿无序生产，采易弃难，采富丢贫，浪费国家矿产资源，有的甚至抢挖保安矿柱，危及矿区人民生命财产安全。同时，小型锑冶炼厂大多采用赫氏炉（俗称焙烧炉），属于国家明令禁止和淘汰的落后工艺技术，能耗高，废气未经处理随意排放。在冶炼过程中产生的砷碱渣，未经处理随意堆存，破坏生态环境，矿区井水含砷严重超标，造成多起砷中毒事件。1987年5月，市政府对锡矿山老矿区四、五、六窿道区民采点进行全面清理和整顿，封闭民窿105个。1988年3月，原封闭的窿口被打开80处，又新增民采点22处。5月，省政府要求“采取果断措施，无条件封闭进入国有矿区的民采矿点”。10月，市政府组织第二次整治行动，封闭民采矿井（点）106个，其中老矿山区73个、物华区29个、飞水岩区4个。1989年5月，娄底地区、冷水江市、锡矿山矿务局组成联合工作组，对民采矿点进行第三次封闭，共封闭窿口126个，并由锡矿山矿务局组建30余人的护矿队日夜巡逻，民采滥挖风基本平息。

锑的无序开采，使锑资源快速消耗。1991年，国家将锑列入保护性开采矿种。2006年，国家颁布《锑行业准入条件》。2007年6月，益阳市自来水厂在检测资江水时，发现水质含锑量严重超标，引起省政府高度重视，随即下发《关于资江流域涉锑企业环境治理整治方案》，凡没有达到国家《锑行业准入条件》和《资江流域涉锑企业环境整治标准》的企业予以关闭。市政府根据上级要求，成立涉锑企业规范整治有序发展指挥部，采取关闭、整合、提升、经济补偿等措施对全市民营锑冶炼企业开展专项整治，至2010年6月，全市共关闭锑冶炼企业75家，取缔选矿手工小作坊145处，淘汰落后生产能力17.4万吨，全市民营锑冶炼厂仅保留9家，生产能力5.5万吨。通过整治，涉锑企业装备水平不断提高，环保设施更加完善，竞争力明显增强。锡矿山地区废水、废渣排放大量减少，空气质量明显好转，生态环境得到较大改善，部分区域植被逐渐恢复。涉锑企业关闭整顿以及锡矿山地区综合治理工作受到各类媒体的高度关注和肯定，新华社、《人民日报》、中央电视台、英国《金融时报》及1200多家网站都作了专题报道。

2010年，全市民营锑矿企业有金波锑矿、狮子山锑矿、物华锑矿、再兴锑矿4家，共有资产6000多万元，从业人员800余人，年销售收入2亿余元。民营锑冶炼企业有9家，即娄底兴华有色金属公司、振强锑业有限公司、禾青锑品冶炼厂、飞水锑品厂、志荣锑品厂、矿山星火冶炼厂、矿山红江锑品冶炼厂、光荣锑品冶炼厂、国兴锑品冶炼厂。其中5家锑品冶炼企业通过整合改造改制为公司，飞水锑品厂变更为湖南湘峰锑业有限责任公司，志荣锑品厂变更为湖南志荣锑业有限公司，矿山星火冶炼厂变更为森熠锑业有限公司，矿山红江锑品冶炼厂变更为湖南艳山锑业有限公司、光荣锑品冶炼厂变更为叁玖锑业有限公司。这些民营锑冶炼企业淘汰不符合国家产业政策的落后生产工艺和设备，增加烟气脱硫设施，添置砷碱渣贮存、利用和处置设施，基本达到《国家锑行业准入条件》，生产规模都在5000吨/年以上。是年，9家民营锑冶炼企业共有固定资产7亿元，从业人员1200人，年生产能力5.5万吨，共生产锑品2.38万吨，年销售收入13.5亿元。

第十五篇　农业与农村经济

2010年，全市有耕地7040.7公顷，其中水田5312.97公顷，水浇地141.14公顷，旱地1586.32公顷。市域属亚热带季风湿润气候区，四季分明，气候温和，平均气温16.3℃，年平均降雨量1487毫米，水资源充足，较为优越的自然条件有利于发展农业生产。

2010年，全市有农机大户620户，各类农机服务组织210个。全市农业机械化综合作业水平达到24.26%，比1988年提高16.75个百分点；林业部门组织开展植树造林，1988—2010年累计造林1.76万公顷，2010年全市活立木蓄积量46.84万立方米，比1988年增加28.84万立方米，森林覆盖率49.63%，比1988年增加25.63个百分点；水利部门抓好病险水库除险加固、修建防洪堤和农村饮水工程、防汛抗旱等工作，确保农业稳产增产和群众饮水安全；市农办、经管局、移民局、农村能源环保办等部门积极为“三农”服务。

1988—2010年，全市共投入农村扶贫资金5189万元、农业综合开发资金4218万元，加上水利、移民等部门对农业的投入，大面积改造中低产田，改善灌溉条件，增加旱涝保收面积，建立一批水果、生猪、水产品、药材、蔬菜等农业产业基地，增强了农业发展后劲。全市农业保持较快增长速度，除水稻产量每年基本稳定在4万吨左右外，其他各类农产品数量大幅度增加。2010年，杂粮总产量1.11万吨，比1988年增加2266吨，年平均递增1.05%；生猪出栏32.33万头，比1988年增加22.62万头，年平均递增5.6%；水产品产量3923吨，比1998年增加2600吨，年平均递增7.5%。

第一章　农村经济管理

第一节　稳定和完善土地承包制

一、稳定土地承包

1988年，农村承包土地部分村组相对稳定，但绝大部分村组实行一年一小调或三年一小调。这种经常性的调整出现不少新矛盾，因增加人数多，减少人数少，许多新增人口因分不到责任田而产生矛盾。加之户数在不断变化，导致频繁拆分土地，使承包地日益碎片化，不仅导致农民心生不稳定感，更影响农民对土地投入的积极性。1990年8月，市委、市政府下发《关于稳定和完善土地承包责任制的意见》，全市统一以1991—2000年为一个承包周期，停止一年、二年、三年、五年频繁调整方式。是年，全市11个乡镇都按核定人口进行调整或在原有基础上延长承包期限，只有金竹山乡采取“十年内人口预测法”土地调整方式。

二、完善土地延包

1997年，根据国务院关于农村土地承包期再延长30年的相关规定，市委、市政府下发《关于农村土地延包工作中具体问题的处理意见》，确定全市农村土地延包时间从1999年1月1日至2028年12月31日，承包期为30年。延包工作中，控制“调”，突出“延”，确保“稳”。1998年12月至1999年3月，完成宣传发动、调查摸底、进行试点、签订合同、填发证书、检查验收等工作。全市5.06

万农户，4.5 万户参加延包，4.01 万户填写土地清册，3.62 万户签订承包合同书，3.12 万户领取土地承包经营权证书。各乡镇经管站负责审核土地承包清册和重新签订的承包合同，并由乡镇经管站统一保存，分村整理归档，建立土地承包管理信息库。

2003 年，《中华人民共和国农村土地承包法》实施，全市统一组织专项治理农村土地承包中出现的突出问题，严肃查处损害群众承包经营权益的问题。2008 年 8 月，根据省委、省政府《关于进一步稳定和完善土地承包经营制度的意见》，市政府下发《农村土地经营权证换发补发工作实施方案》，土地经营权换证补发工作在全市铺开。先在同兴乡崇北村进行换证工作试点。此后，举办乡镇经管人员和村财会人员培训班。市、乡财政共安排工作经费 28 万元，不向农民收取任何费用。至年底，换证工作顺利完成，全市落实土地承包面积 4333 公顷，签订土地承包合同 5.06 万份，换发补发土地承包经营权证书 5.06 万本，合同到户率、证书到户率均达 100%。

三、土地流转

2005 年，农业部颁发《农村土地承包经营权流转管理办法》，鼓励农民在依法、自愿、有偿的原则下，流转土地承包经营权，以发展规模经营。2009 年，冷水江市总结农村土地自发流转经验，出台《农村土地经营权流转实施细则》，指导和规范农村土地流转工作，初步形成土地流转机制。制定统一的流转合同示范文本，及时办理合同签订和变更等有关手续，建立农村土地承包经营权流转情况登记册，依法确保土地流转双方的权益。至 2010 年，全市实现土地流转面积 2486 公顷，其中水田 533 公顷，旱土 628 公顷，荒地 529 公顷，山林 796 公顷，涉及村民 8984 户。三尖镇郭益中的药材种植场、渣渡镇富康油茶种植开发有限公司、中连乡农村崛起实业股份公司、矿山乡高峰金银花种植专业合作社、岩口镇金泉油茶种植专业合作社，土地流转规模都在 34 公顷以上。

第二节 改革村级财务管理

1988 年后，全市村级财务管理沿袭以往“村账村管”模式，存在管理失控、收款不规范、开支随意性大、会计账务处理混乱、财务公开流于形式等问题，上访事件时有发生。1995 年，为加强村级财务管理和监督，全市推行村级财务公开和审计制度，开辟财务公开专栏，建立民主理财小组。村级财务审计由市、乡两级经管部门负责，村党支部和村（居）委会换届选举前，都必须审查、公示村财务账目。

1999 年 8 月，为贯彻落实省政府《关于彻底清理乡村两级不良债务，认真做好乡镇消赤减债工作的通知》，全市对村级组织的债权债务逐项登记，并经债权债务当事人签字认可。

2001 年 6 月，全市组成 3 个调查组，对村级财务管理情况进行调研。针对村级财务管理中存在的问题和产生原因，采取“村会计选举制改为聘任制”、试行“村账乡代管”等措施。2005 年，“村账乡代管”工作全市推行。2008 年，为进一步规范农村财务管理，各乡镇成立“农村财务管理中心”。至 2009 年年底，全市村账乡代管和财务账目电算化管理达 100%。2010 年，全市 4 个街道逐步实行“居账办代管”，即社区居委会的财务账目由街道办事处经管站代管。

图 15-1　2008 年，冷水江市农村财务会计培训班开学典礼现场

第三节 减轻农民负担

1990 年，冷水江市与娄底地区减轻农民负担办公室组成专题调研组，在禾青、岩口等地调查农民负担状况。调研结果显示，农民的直接负担不突出，当年全市农民上缴农业税 81.05 万元，人

均4.5元，仅占上年农民人均纯收入的0.94%，远远低于5%以内的控制标准。全市农村乡镇统筹和村组提留总额共632.1万元，人均35.2元，占上年农民人均纯收入的7.38%，低于省、地平均水平。但是，农民间接负担重，乱集资、乱收费项目多，乱摊派种类繁杂，全市涉及农村收费项目为247项，其中以教育、公检法、农民建房等乱收费和农电价格问题尤为突出。

1991年11月，国务院颁布《农民承担费用和劳务管理条例》，明确规定农民除缴纳税金、完成国家农产品定购任务及依照法律、法规所承担的村提留、乡统筹费、劳务（农村义务工和劳动积累工）费以外，不承担其他费用。为切实减轻农民负担，市政府成立减轻农民负担领导小组，并下发《关于切实减轻农民负担几个问题的通知》。各乡（镇、街道）成立相应的减轻农民负担监督管理机构，办事机构设在经营管理站。

1992年3月，全市开展涉农乱收费行为专项治理，规范农民建房收费、中小学教育收费、计划生育收费等12个涉农收费项目，取消涉农收费项目15个。通过专项治理，全市共减负3700万元。1998年，全面推行三项制度（定项限额负担预决算制度、农民权利和义务负担卡制度和农民负担审计制度），市政府与12个乡（镇）签订减负责任状，向全市5.06万户农民发放负担卡。农民负担数额严格执行国务院《农民承担费用和劳务管理条例》规定的不得超过上年人均收入5%的限度，落实和完善教育"一费制"、报刊订阅"限额制"、涉农收费"公示制"、减负工作"一票否决制"和"责任追究制"。2000年，减负工作贯彻执行省委、省政府"七项纪律"，明令禁止到农户家担粮食、搬家具、牵牲口等行为，更不许因农户不缴费而抓人、捆人、关人或进行人身侮辱。

2002年，实行农村税费改革，市政府出台《农村税费改革实施方案》，明确取消乡统筹费、农村教育集资和屠宰税，逐步取消劳动积累工和义务工，调整农业税和农业特产税政策。村级兴办集体公益事业不再硬性向农民收费，在群众受益、量力而行、民主决定、使用公开的原则下实行一事一议筹资。向农民筹资筹劳实行上限控制，筹资每人每年不超过15元，筹劳每个劳动力每年不超过10个工日。一事一议所筹集的资金由乡镇农村经营管理站实行村有村用乡代管，专户储存，专账核算，根据工程进度有计划付款。2004年，进一步调整充实市、乡两级减负领导小组成员，层层签订减负责任状，落实减负工作"责任追究制"，严肃查处乱收费行为。

2006年1月1日起，农业税废止，农村税费改革圆满完成阶段性任务。在涉农行政事业性收费逐年减少的同时，国家加大对农民的补贴力度，补贴项目逐年增多，补贴标准不断提高。涉及面最广的有对种粮农民的直接补贴、农资综合补贴、良种补贴、农机购置补贴、退耕还林补贴等。农民负担监督管理工作由单纯减负向惠农资金落实和"一事一议"审核监管转变，每年重点检查支农惠农补贴资金是否按政策落实到位，是否有虚报、冒领、贪污、挤占、截留、挪用等情况。2009年起，中央和省财政安排专项资金对开展"一事一议"的村进行奖补，至2010年，全市115个村纳入财政奖补项目，奖补资金共1643.5万元。

第四节　专业合作组织

1989年，境内最早的专业合作组织是为适应柑橘生产发展需要而成立的柑橘协会。1990年后，随着种养专业户、专业公司的发展，各类专业协会和合作社不断涌现。1996年，三尖乡退休干部郭益中承包13.3公顷荒山，成立雪峰中药材种植合作社。随后，小康联发公司、金汉乳业发展有限公司为代表的以技术服务和产品回收为特点的专业合作组织迅速发展。2004年，岩口镇金星村养殖专业合作社成立。市农经局按照农业部和省农经部门规定，帮助该社建立完善章程和各项规章制度，选举产生理事会、监事会。合作社从生猪良种繁殖、疫病防治、饲料采购、饲养技术、销售均实行一体化全程服务。2006年7月，毛易镇农机合作社成立，102户农民入社，入社股金（含机械设备）168万元，拥有农业机械456台。2007年，铎山镇眉山村葡萄专业合作社成立，并被列入全国农民专业合作社示范点名单。2008 年，锌山镇大坪村杨梅种植专业合作社被确定为全省示范试点，次年被列为全省为民办实事重点扶持项目。2009 年，锑都水产养殖专业合作社被确定为省重点扶持项目，年底顺利通过验收。

2010 年，专业合作社运行机制日益完善，农民群众参与专业合作的热情不断高涨。全市共有种植、养殖、农机等农民专业合作组织 50 个，成员 4649 户，其中按照国务院《农民专业合作社登记管理条例》在工商行政管理部门进行登记的有 36 个。

第五节　管理机构

1988 年，市农业委员会为全市农业系统牵头单位，归口管理市农业局、林业局、畜牧水产总站、水利水电局、气象局、农业机械管理局、经营管理站。2010 年，组建市人民政府农村工作办公室，与市委农村工作部实行“一个机构、两块牌子”。1988—2010 年，先后由段吉凰、王永兴、李祥鸠、黄冬梅、李叙柳、王向东、苏国清任市农委（办）主任。

市农村合作经济管理局（简称市经管局）成立于 1973 年 12 月，属履行行政管理职能的正科级事业单位，与市农民负担监督管理领导小组办公室合署办公。主要职能是农村财务管理、农村经济审计和统计、农民负担监督、土地承包与农民专业合作社管理等。2010 年有工作人员 13 名，退休人员 4 名。全市 16 个乡（镇、街道）设立经营管理站。1988 年以来，市经管局先后获得“湖南省农村经营管理工作先进单位”“省农村财务管理先进单位”“湖南省农民减负十佳单位”等荣誉，至 2010 年，先后由黄冬梅、王国友任局长。

第二章　农业综合开发

第一节　开发项目

1998 年前，全市农业开发以局部改良中低产田土为主，主要集中在禾青镇、三尖镇。1999 年，市政府决定以挂靠涟源国家项目县的形式开展农业综合开发。2006 年 8 月，省农开办正式确定冷水江市为省级农业综合开发县市。全市农业综合开发主要实施两类项目，一是土地治理，以中低产田土改造为主。二是产业化经营，以提高农业集约化程度为主。

一、土地治理

1988 年，全市有耕地 6040 公顷，中低产田土占 82%，其中有很大一部分是矿毒田。采矿破坏、排灌不畅、干旱冷渍、缺磷少钾、耕作不便是造成低产的主要原因。市农业局土肥站先后在三尖镇石槽村、禾青镇黄泥村、潘桥乡建新村等地进行局部低产田改造，粮食产量有所提高。1999 年，在锌山镇新台、青龙、龙光等村实施农业综合开发中低产田改造项目，实行水、田、林、路系统开发，整体连片推进，投资共计 173.5 万元，其中财政拨款 113.5 万元。

图 15-2　冷水江市农业综合开发三尖镇项目区

（2008 年摄）

2000 年，在素有“粮仓”之称的三尖垅里开展中低产田改造，投资 255 万元，其中财政拨款 183 万元，获得省级中低产田改造项目三等奖。至 2002 年，三尖、禾青共 33 个村、耕地 3020 公顷纳入土地治理项目区，治理改造耕地 2000 公顷，年增产粮食 2010 吨，增加产值 695 万元。治理后渠道纵横交错、机耕路四通八达，成为全市农田建设一道亮丽风景。2007 年春夏季节，全市遭受长达 4 个月连续干旱，该地稻田产量不减反增。

1999—2010 年，全市共投资 3192 万元（其中财政资金 2276 万元，自筹资金 916 万元），改造中低产田土 5080 公顷。通过实施土地治理项目，全市新增灌溉面积 260 公顷、除涝面积 220 公顷、节水灌溉面积 2100 公顷、旱作农业面积 1060 公顷、农田林网 67 公顷、机耕面积 1250 公顷，控制水土流失面积 200 公顷，扩大良种种植面积 2200 公顷和优质农产品种植面积 833 公顷，项目区农民共增收 1045 万元。

图 15-3　冷水江市农业综合开发岩口镇项目区灌溉渠道　（2009 年摄）

1999—2010 年冷水江市土地治理项目情况表

表 15-1

项目 \ 年度 / 所在乡镇	1999	2000	2001	2002	2003	2004	2005	2006	2007	2008	2009	2010	合计
	锌山	三尖	禾青	禾青	潘桥	岩口	中连	同兴	金竹山	梓龙	渣渡	锌山	
改造中低产田土（公顷）	467	733	667	667	600	467	467	333	267	167	140	107	5082
水库扩建加固（座）	—	—	—	—	—	1	1	—	—	—	—	—	2
拦河坝（座）	—	13	4	5	3	2	3	2	2	1	1	—	36
排灌站（座）	—	—	4	5	2	4	5	5	2	2	—	1	30
开挖疏浚渠道（千米）	—	37.4	32.4	30	35	25	32	10.5	8.3	5.96	5.68	4.1	226.34
衬砌渠道（千米）	—	29.9	28.4	24	18	18	16.6	12.5	9.8	5.65	5.07	4.06	171.98
埋设管道（千米）	—	—	—	—	—	0.56	0.4	—	—	—	—	—	0.96
渠系建筑物（座）	—	57	61	84	73	36	38	17	9	10	2	2	389
水库扩建加固（座）	—	—	—	—	7	7	10	20	10	7	12	7	80
改良土壤（公顷）	—	333	400	533	467	267	267	133	100	20	20	—	2540
购良种（吨）	—	—	—	—	—	2.5	2.5	2.5	2	1	1	—	11.5
整修机耕路（千米）	—	2.3	5.5	5.8	5.4	5.17	5.5	2.5	3.8	1.8	0.93	1.85	40.55
补贴农业机械（台套）	—	37	47	29	31	45	56	19	20	10	10	10	314
营造水土保持林（公顷）	—	—	67	133	—	20	20	26.7	26.7	13.4	13.4	13.4	333.6

二、产业化经营

1999—2010 年，全市产业化经营主要实施 2 个项目，一是建设肝复乐系列产品中药材基地，二是建设金汉乳业奶牛养殖基地。中药材基地建设 2002 年立项，投入 367 万元，在三尖乡兴建中药材种苗场和高标准示范园 13.3 公顷。在三尖乡、梓龙乡、中连乡、矿山乡、岩口镇等地新增中药材种植面积 500 公顷。该项目年产药材 225 万千克，新增产值 500 万元，固定资产 150 万元，利税 145 万元，转移农村剩余劳动力 2500 人。

金汉乳业奶牛基地建设 2003 年立项，投入 240 万元（其中财政资金 128 万元），新建标准牛舍 200 平方米，引进优质受孕奶牛 150 头。2006 年继续立项扶持，共投资 529 万元（其中财政资金 195 万元），购买带胎奶牛 150 头、机器设备 20 台，新建牛舍 1770 平方米、牧草基地 20 公顷、挤奶厅 240 平方米、沼气池 2 个。因重大冰灾、三鹿三聚氰胺事件影响及其他原因，奶牛基地于 2008 年 10 月停产。

第二节　开发资金

1999—2010 年，冷水江市农业综合开发实行“国家引导、配套投入、民办公助、滚动开发”的投入机制，由中央、省、地、市财政资金和农民自筹资金组成，农民自筹资金按“谁受益谁负担”的原则筹集，纳入村“一事一议”范畴。1999 年，各级财政资金分为无偿与有偿两部分。2006 年 8 月起，土地治理项目中央财政资金取消。2009 年起，财政资金全部为无偿资金。2010 年，市财政改为省直管，娄底市配套资金取消。农业综合开发土地治理项目资金组成比例为：省财政∶本市财政∶农民自筹=5∶1∶1，产业化项目资金组成比例为：中央财政∶省财政∶本市财政=25∶8∶2。

1999—2010 年，全市农业综合开发共投入资金 4328 万元，用于中低产田改造项目 3192 万元，用于农业产业化经营项目 1136 万元。其中，中央财政无偿资金 876 万元，有偿资金 371 万元；省级财政无偿资金 966 万元，有偿资金 198 万元；娄底市财政无偿资金 164 万元，有偿资金 35 万元；市级财政无偿资金 210 万元，有偿资金 41 万元；贷款 235 万元；各乡村群众自筹资金 1232 万元。

资金管理严格按《湖南省农业综合开发财政无偿资金报账操作规程》执行，财政资金实行县级报账制，采用农发财会软件做账，资金由国库集中支付局拨付，实行专账核算、专人管理、专款专用。严格实行“三不付”制度，即工程未完成不付，质量未达标不付，手续未完善不付。

1999—2010 年冷水江市农业综合开发资金投入情况表

表 15-2　　　　单位：万元

年度	合计	中央财政		省级财政		娄底市级财政		市级财政		贷款	自筹	资金投向
		无偿	有偿	无偿	有偿	无偿	有偿	无偿	有偿			
1999	173.5	33	27	16	21	4.5	—	12	—	—	60	铎山土地治理
2000	255	82	10	44	10	6	3	18	10	—	72	三尖土地治理
2001	307	110	20	40	15	3	5	39	—	—	75	禾青土地治理
2002	315	118	20	45	5	16	2	35	5	—	69	大乘土地治理
	367	21	119	11	65	11	10	4	21	70	35	中药材基地
2003	353	149	17	63	8.5	19.2	2.3	10.2	0.8	—	83	潘桥土地治理
	240	15	60	7	29	2	9	2	4	75	37	奶牛基地扩建
	23	10	—	5	—	1	—	2	—	—	5	水毁工程修复
2004	330.5	156	—	60	—	3.5	—	2	—	—	109	岩口土地治理
2005	318	150	—	56	—	4	—	1	—	—	107	中连溪土地治理
2006	270	—	—	150	—	15	—	15	—	—	90	同兴土地治理
	529	32	98	15	44	1	4	1	—	90	244	金汉乳业扩建
2007	270	—	—	150	—	15	—	15	—	—	90	金竹山杨桥土地治理
2008	197	—	—	94	—	38	—	9	—	—	56	梓龙滴水片土地治理
2009	200	—	—	100	—	25	—	25	—	—	50	渣渡和平片土地治理
2010	170	—	—	100	—	—	—	20	—	—	50	铎山眉山片土地治理
	10	—	—	10	—	—	—	—	—	—	—	水毁工程修复

第三节　开发管理

一、管理机构

1999年7月，冷水江市农业综合开发管理机构市农业综合开发领导小组成立。领导小组下设办公室（简称市农开办），从农业局、水利局、财政局各抽调一名专业人员负责日常工作。2002年全市机构改革，市农开办明确为副科级事业单位，核定事业编制5名。2003年7月，市农开办从农业局分离，为正科级事业单位，内设综合管理股、项目管理股、资金管理股，会计由财政局委派。2007年，市农开办归口财政局管理，市农开办主任进财政局党组班子。2010年，有工作人员6人。1999—2010年，先后由邹爱民、刘鸿丹任主任。

二、项目申报和管理

2000年起，农业综合开发项目实行申报审批制。上报项目前，确定开发建设内容，制订自筹资金筹集方案。土地治理项目由乡镇申报，产业化经营项目由企业申报，市农开办委托相关部门编制可行性研究报告。土地治理项目报省农开办审定批复，产业化项目报国家农开办审定批复。批复下达后，聘请专业人员对现场勘测设计，绘制地形与工程设计图，编制施工方案。

2000年起，市农开办采取四项措施加强工程质量管理。一是实行工程招投标制，项目资金超过10万元的单项工程和大宗材料采购，委托政府采购中心实行招投标。二是实行项目监理制，由娄底市水利水电工程监理公司全程监理，上级农开办、市农开办、项目乡镇、项目村四级辅助监理。三是施工监管和项目主要负责人常驻工地指导和监督施工，确保工程质量。四是对施工管理人员和项目乡、村实行目标管理，采取以奖代投形式进行奖励。

2006年起，市农开办三管齐下，确保建设项目发挥持久效益。一是落实管护主体。项目竣工验收后，农开办与乡镇、村办理工程移交手续，签订移交协议，制定管护制度，明确管护人，否则不予移交。相对独立的排灌工程，建立用水村民自治制度。二是落实管护措施。竣工结算时，每项工程扣留10%的质量保证金，工程运行一年后，经验收合格方可拨付。三是落实管护经费。2009年起，农开办每年拿出1万～2万元作为项目管护经费，管护费用不足部分根据“谁受益谁出钱”的原则，由受益村民共同解决。

第三章　种植业

第一节　粮食作物

全市粮食作物主要是水稻、小麦、红薯、马铃薯、玉米，大豆、高粱、小米、荞麦等只有零星种植。1988—2010年，全市粮食播种面积17.88万公顷，年均播种7774.9公顷。累计产粮106.66万吨，年均产粮4.64万吨。1991年，粮食总产首次突破5万吨。1999年后，粮食播种面积与产量总体呈减少趋势。2010年，粮食总产4.75万吨，全市人均129.92千克。

一、水稻

1990年，开始大面积种植杂交水稻，全市种植3893.5公顷，占当年水稻面积的89.3%。2010年，杂交水稻种植面积3910公顷，占水稻总面积5050公顷的77.4%。其他品种主要有优质常规水稻或糯谷稻。

1988—2010年，由于农业生产结构调整，麦稻连作、瓜稻连作、豆稻连作面积增加，早稻和晚稻面积呈下降趋势。1990—2002年，全市年均种植早稻2812公顷，2003—2010年下降至年均1496公顷；1990—2003年，全市年均种植晚稻2500公顷，2004—2010年下降至年均1630公顷；中稻种植面积呈增加趋势，1988年为511.6公顷，2010年增至1820公顷。

1988—2010年，全市水稻种植面积共13.76

万公顷，平均每年5982.4公顷。其中：早稻累计种植5.44万公顷，占39.5%；中稻累计种植2.44万公顷，占17.7%；晚稻累计种植5.88万公顷，占42.8%。累计生产稻谷95.25万吨，平均每年生产稻谷4.14万吨，其中2010年总产3.64万吨，比1988年3.86万吨减少2171吨。稻谷产量占全部粮食产量的89.3%。

（一）良种推广

1988年后，产量低、品质差的水稻品种逐步淘汰，取而代之的是产量高、米质优、抗性强的杂交稻南优2号、南优3号、威优6号、汕优6号。1993年，水稻种植面积6530公顷，其中杂交稻5200公顷，总产4.58万吨，单产7019千克/公顷。1994年，推广水稻良种高产高效综合配套技术，实现双季稻亩产过吨粮。1995年，推广塑料软盘育秧抛栽技术。1996年，引进与双季稻配套的抗倒、高产、早熟两优6号、培两优288、香两优68等水稻新品种。1998年，水稻总产增至4.73万吨，单产7463千克/公顷。

（二）超级稻示范

2000年，从省农科院引进两系超级稻“培矮64S”，在潘桥乡税塘村选择3.33公顷稻田进行两系超级稻高产栽培试验，单产9847.5千克/公顷，比“香两优68”每公顷增产2439千克，比“新香优80”每公顷增产1657.5千克，最高单产达1.13万千克/公顷。2009年，引进“淮稻11号”，在禾青镇杨坪村试种晚稻5.33公顷，平均单产1.2万千克/公顷，比其他晚稻品种每公顷增产3103.5千克。2010年，在潘桥、中连、三尖、禾青、渣渡等乡镇种植超级稻13.33公顷。

图15-4　冷水江市潘桥乡税塘村两系超级稻试验田（2002年摄）

（三）吨粮田建设

1993年，在禾青、潘桥、岩口、三尖4个乡镇开展成建制吨粮田示范区建设。经市农业部门测产验收，两季单产1.53万千克/公顷。1994年又增加中连、渣渡、毛易、梓龙、铎山、同兴、金竹山7个乡镇，实现双季稻连续两年亩产过吨粮，成为全省17个吨粮县市之一，并获得娄底市粮食生产二等奖。

1988—2010年冷水江市水稻生产情况表

表15-3　　单位：公顷、吨

年度	早稻		中稻		晚稻		合计	
	面积	产量	面积	产量	面积	产量	面积	产量
1988	2951.8	17958	511.6	3019	3028.6	17580	6492	38557
1989	2940.7	18116	521.4	2933	3035.5	17890	6497.6	38939
1990	2942.2	19419	536.6	3378	3052	17966	6530.8	40763
1991	2905.2	19520	550.8	3558	3058	19644	6514	42722
1992	2922.1	17500	542.1	2480	2980	16130	6444.2	36110
1993	2870	18200	630	4012	3030	23626	6530	45838
1994	2820	20341	600	4828	3040	22592	6460	47761
1995	2840	20137	570	4490	3000	24696	6410	49323
1996	2810	17637	570	4670	3000	24408	6380	46715

续表 15-3　　单位：公顷、吨

年　度	早　稻		中　稻		晚　稻		合　计	
	面积	产量	面积	产量	面积	产量	面积	产量
1997	2820	20619	600	4664	3000	23129	6420	48412
1998	2760	19373	600	4444	2980	23499	6340	47316
1999	2730	18429	650	4903	2950	22715	6330	46047
2000	2730	18387	660	5007	2980	22818	6370	46212
2001	2730	18380	650	4882	2970	20861	6350	44123
2002	2680	16683	680	5074	2973.3	20861	6333.3	42618
2003	1560	9830	1340	9045	2300	13781	5200	32656
2004	1590	10512	2070	15028	1630	11492	5290	37032
2005	1430	9453	2260	16818	1560	11684	5250	37955
2006	1480	9783	2210	16542	1610	11978	5300	38303
2007	1440	9720	2200	16434	1580	11755	5220	37909
2008	1440	9628	1840	13760	1650	12371	4930	35759
2009	1490	9888	1800	13473	1690	12671	4980	36032
2010	1540	10164	1820	13623	1690	12599	5050	36386

二、旱粮

全市旱粮种类主要有薯类、麦类、豆类、玉米等。由于推广先进栽培技术，调整农业产业结构，引进优良品种，旱粮生产发展较快。1988 年，全市旱粮播种面积 2635.9 公顷，单产 3342 千克/公顷，总产量 8809 吨。2010 年，全市旱粮播种面积 2370 公顷，单产 4673 千克/公顷，总产量 1.1 万吨，单产和总产分别比 1988 年增长 38.9%和 25.6%。旱粮播种面积变幅最大的是小麦和玉米。1988 年，全市播种小麦 1124.6 公顷，2010 年减少至 280 公顷，减少 844.6 公顷。玉米播种面积 1988 年全市只有 17.4 公顷，2010 年增加至 980 公顷，增加 962.6 公顷。

（一）薯类

全市栽培的薯类作物主要有红薯、马铃薯、凉薯等。红薯为主，马铃薯次之。

红薯是境内主要薯类作物，每年种植面积约 900 公顷，1988 年每公顷产 4971 千克，2010 年每公顷产 5316 千克。1996 年，引进湘薯 7 号、南薯双八等产量高、耐肥耐旱、淀粉含量高、抗病性强的新品种，在毛易、潘桥、中连等乡镇试种，采用温床育苗、地膜覆盖、精耕细作、增施肥料等措施，产量稳步增加，单产 5120 千克/公顷。1997 年，扩大到禾青、铎山、毛易等乡镇试种。2000 年，从省农科院引入抗旱性强、薯块大而整齐、淀粉含量高的湘薯 16 号在渣渡镇利民村试种。2001 年扩大到中连、潘桥、同兴等乡镇。2005 年，引进高产优质的新农 4 号、苏薯 8 号，单产增至 6086 千克/公顷。2010 年，红薯种植面积减少至 680 公顷，单产 5316 千克/公顷，总产 3615 吨，单产比 1988 年增长 6.94%。

马铃薯适应山区种植，以旱土种植为主，多作蔬菜食用。1988 年，境内种植的主要品种有豫马铃薯 1 号、克新 1 号、郑薯 4 号、中薯 2 号，种植面积 97 公顷，单产 2456 千克/公顷。1995 年，通过改进种植方法，提高栽培技术，单产达 2720 千克/公顷。此后，全市马铃薯种植面积逐年增加。1998 年，全市种植面积 126 公顷。2009 年，引进鲁引 1 号新品种，在潘桥乡税塘村试种，试验秋马铃薯稻田免耕、稻草全程覆盖栽培技术，经市农业局测产验收，每公顷产鲜薯 5108 千克。

（二）麦类

境内种植的麦类主要是小麦，大麦 1990 年前少量种植，后被淘汰。1988 年，全市种植小麦 1124.6 公顷，单产 1972.6 千克/公顷，总产 2219 吨。1993 年，引进推广耐旱抗倒的湘大 2419、友谊麦、竹叶青和杨麦 1 号、2 号等杂交良种，在三尖、禾青等 8 个乡镇试种。通过实施改点播为条播等新技术，播种面积和产量都有所增加。是年，全市小麦播种面积 1240 公顷，总产 2581 吨，小麦面积和总产比 1988 年分别增加 115.4 公顷和 262 吨。2003 年后，引进推广百农 62、百农 64、百农 160 和百农矮抗 58 等系列高产小麦品种，不断改进栽培技术，采用测土配方施肥技术，加强病虫害防治，虽播种面积不断减少，但单产逐年攀升。2010 年，全市播种小麦 280 公顷，单产 2628.5 千克/公顷，总产 736 吨。

（三）豆类

1988 年后，大豆种植面积总体递增，单产增加。是年，全市大豆种植面积 48.6 公顷，单产 1095 千克/公顷。1994 年，充分利用田塍、土边闲地，种植面积达 93 公顷，单产 1774 千克/公顷。2002 年，引进合丰 25 号、垦丰 12 号等大豆新品种，在矿山乡试种，单产 2035 千克/公顷。2010 年，大豆种植面积 140 公顷，单产 2078.5 千克/公顷。其他豆类如蚕豆等主要分布在渣渡、潘桥、三尖、铎山等乡镇，绿豆、豌豆等零星种植。

（四）玉米

玉米是境内主要旱粮作物之一，种植面积总体呈上升趋势。1988 年，全市玉米播种面积 17.4 公顷，单产 1608 千克/公顷，总产 28 吨。1989 年后，玉米的市场需求量增加，价格上涨，提高了农民种植玉米的积极性，玉米种植面积迅速增长。至 1993 年，玉米播种面积达 80 公顷，总产 203 吨。1997 年，引进登海 1 号、掖单 4 号、农大 60 号等玉米新品种在禾青、潘桥、铎山、三尖等乡镇推广种植，种植面积 170 公顷，首次突破 100 公顷，总产 612 吨。2002 年，引进登海 11 号在中连乡胜利村示范种植，单产 5760 千克/公顷。2008 年，引进金品超大棒、金农 718 在梓龙乡吴家村示范种植，单产 6080 千克/公顷。这些新品种适应性广、丰产性好、抗旱抗倒性强，2009 年在全市推广种植。2010 年，全市种植玉米 980 公顷，单产 5797.9 千克/公顷，总产 5682 吨。面积比 1988 年增加 962.6 公顷，总产量增加 5654 吨。

1988—2010 年冷水江市旱粮生产情况表

表 15-4　　　　单位：公顷、吨

年度	小麦		薯类		豆类		玉米		其他		合计	
	面积	产量	面积	产量	面积	产量	面积	产量	面积	产量	面积	产量
1988	1124.6	2219	1250.4	6214	48.6	53	17.4	28	204.9	295	2645.9	8809
1989	1083.6	1315.4	1261.4	6636	47.3	49.9	21	36	209.4	269.7	2622.7	8307
1990	1104.9	1945	1319	6116	35.6	43	25.1	41.2	306.6	470	2791.2	8615.2
1991	1136.9	2180	1308.9	6330	41.5	52	36.8	56.8	695.6	1266	3219.7	9884.8
1992	1142.8	2140	1256.2	6279	39.8	62	46.4	75.6	985.5	2020	3470.7	10576.6
1993	1240	2581	1120	6350	160	348	80	203	390	774	2990	10256
1994	1130	2357	1420	6040.2	190	337	50	189	680	1614	3470	10537.2
1995	1170	2384	1470	5360	210	273	60	282	770	1552	3680	9851
1996	1210	2821	1190	6093	260	390	70	221	480	1138	3210	10663
1997	1050	2693	1310	5676	300	469	170	612	260	554	3090	10004
1998	1120	2746	1310	6026	310	216	170	626	150	297	3060	9911

续表 15-4　　单位：公顷、吨

年度	小麦		薯类		豆类		玉米		其他		合计	
	面积	产量	面积	产量	面积	产量	面积	产量	面积	产量	面积	产量
1999	1000	2589	1300	5813	310	479	230	681	100	172	2940	9734
2000	1000	2557	1290	5616	314	479	260	646	80	148	2944	9446
2001	1080	2781	1310	5693	340	596	270	677	100	182	3100	9929
2002	1080	2397	1320	5693	360	618	293.3	792	120	206	3173.3	9706
2003	900	2109	1260	5162	290	486	140	420	100	169	2690	8346
2004	1010	2209	920	4655	270	489	140	630	90	145	2430	8128
2005	850	2209	870	5295	370	798	330	2084	80	194	2500	10580
2006	880	2310	960	5754	400	903	630	4009	100	265	2970	13241
2007	580	1523	1130	6493	600	1263	700	4484	110	296	3120	14059
2008	270	697	640	2973	290	631	510	3017	90	299	1800	7617
2009	270	710	690	3525	330	722	770	5229	90	299	2150	10485
2010	280	736	680	3615	340	743	980	5682	90	299	2370	11075

第二节　经济作物

全市经济作物主要有蔬菜、水果、茶叶、药材等。随着农业先进技术的推广普及，土地生产率及劳动生产率逐年提高，种植业结构不断调整，经济作物比重在种植业中逐渐加大。

一、蔬菜

1988年，全市有常年菜地1354公顷，蔬菜总产2.8万吨。20世纪90年代，蔬菜生产逐步推广小拱棚、地膜覆盖栽培技术。1996年，推广水泥骨架塑料大棚栽培技术，中连乡余元村、毛易镇大洲村、冷水江街道集中社区等地建成大棚蔬菜栽培基地。2008年，禾青镇炉竹村、中连乡金瓶村、金竹山镇麻溪村等地新建钢架塑料大棚蔬菜基地，推广无公害蔬菜栽培技术，培育芦笋、黄秋葵、紫背天葵、红薯芽茶、紫甘蓝、青花菜等10余个食疗兼备的名特优蔬菜新品种。2010年，全市蔬菜播种面积1466.67公顷，其中常年菜地面积666.67公顷，蔬菜总产5.1万吨。全市蔬菜生产向规模化、产业化发展，旺季基本能够满足市场需求，淡季仍需从外地调运。

1988—2010年，市菜科所引进推广100余个蔬菜新优品种，培育推广产量高、抗病性强、适合本地土质的冷江辣椒、苦瓜、丝瓜3个优良品种，并被审定命名为娄椒一号、娄苦瓜一号、娄丝瓜一号。“山东四号大白菜”“湘研系列辣椒”和“小老虎性诱剂诱蛾”等10余个蔬菜科研、推广项目获省、地、市科技进步成果奖，并取得较好的经济效益和社会效益。

二、水果

境内水果主要有柑橘、杨梅、西瓜、葡萄、梨、桃、李等。2010年，全市水果种植面积1100公顷，生产各类水果1.36万吨。

（一）柑橘

柑橘品种以温州蜜柑、脐橙为主。柑橘园主要分布在金竹山镇、禾青镇、岩口镇、铎山镇、渣渡镇、潘桥乡、梓龙乡、冷水江街道、沙塘湾街道等地。1988年，全市有橘园面积459公顷，产柑橘431吨。2010年，全市柑橘种植面积590公顷，产量8973吨。

（二）杨梅

杨梅适应性强、产量高，发展较快。“铁山杨梅”具有1000余年历史，尚存600年以上杨梅古林，是娄底市“十大特产”之一。1993年起，渣渡镇、铎山镇大力开发杨梅基地，规模达600公顷以上，年均产量约6000吨，主要品种有荸荠、东魁、水晶等。2007年，锊山镇大坪村建成杨梅产业化生产基地，规模达213公顷，年产杨梅约3000吨，主要品种是乌梅和东魁，已通过无公害农产品认证。2008年，在渣渡镇上铁村成立瑞生源生物科技有限公司，利用杨梅深加工生产“瑞生源”牌干红杨梅酒、干白杨梅酒、杨梅利口酒系列产品，上市后获得本地和外地消费者青睐，2010年生产杨梅酒系列产品200吨。

图15-5　冷水江市渣渡镇上铁村杨梅基地一角

（2009年摄）

（三）西瓜

西瓜是主要夏令水果。1988年，全市只有零星种植，以后逐年增多，产量稳步上升。2002年4月下旬5月上旬，连续半个月的阴雨天气，使瓜类严重死苗。8月上旬又连续下雨十余天，全市西瓜惨遭烂瓜，损失严重，影响农民种瓜积极性，连续几年西瓜种植面积下滑。至2010年，全市西瓜种植面积160公顷，单产24105千克/公顷，总产3857吨。

（四）葡萄

1994年，全市种植葡萄30公顷。1997年，种植133.33公顷，产量50吨。2004年，种植面积增至200公顷，产量达300吨。2007年后，葡萄产业化基地迅速崛起。谢玉康在金竹山镇当正村成立景宜果业有限公司，生产的红提葡萄穗长粒多、色泽艳丽、质地脆嫩、含糖量高。锊山镇眉山村谢康生组建葡萄产业化开发基地，种植葡萄67公顷，年产值500万元。2010年，全市葡萄总产达1000吨。

（五）梨

域内主要梨树品种为金秋梨，果大，外观金黄，晶莹透亮，肉质白嫩酥脆，汁多味甜，有“南方梨王”的美称。1988—1991年，梨树种植面积27公顷左右，年产量35吨上下。2006年，大力推广水果套袋技术，梨产量增至57吨。2010年，全市产梨65吨。

（六）桃

1988—1999年，全市桃树种植面积保持在100公顷左右。1988年产桃400吨，1997年产桃600吨。2000年后，水蜜桃种植面积和产量逐年下降，2001年产量下降至200吨，2010年产量仅27吨。

（七）其他水果

其他水果有红枣、枇杷、草莓、布朗李等，在全市均有零星种植，产量较少。

三、其他经济作物

（一）中药材

境内中药材的发展起步于1992年，主要分布在梓龙乡、三尖镇、岩口镇。1996年，三尖镇退休医生郭益中创办雪峰中药材生产合作社，在荒山上种植中药材80公顷，主要品种有厚朴、杜仲、栀子、黄柏、吴茱萸和具有抗癌功效的浙贝母等，年产量300吨。2010年，全市中药材种植面积290公顷，总产1309吨。

（二）茶叶

境内茶叶加工品种主要是绿茶和红茶。1988年，全市茶叶种植面积136公顷，当年可采摘面积125公顷，单产528千克/公顷，产茶66吨。1998年，全市有茶园面积108公顷，当年可采摘面积97公顷，产茶71.4吨。此后，市场对茶叶质量要求越来越高，传统加工模式生产的茶叶很难达到市场需求标准，影响茶叶生产的经济效益，打击了农民种茶的积极性，全市茶叶种植面积逐年减少。2010年，种植面积80公顷，当年可采摘面积60公顷，单产983千克/公顷，产茶59吨。

（三）油菜

1988年后，政府重视冬季农作物生产，要求农民多种油菜，遏制耕地冬闲。1990年，全市油菜种植面积188公顷，单产718千克/公顷，总产

135吨。此后，由于收购价格偏低，油菜种植面积呈下降趋势。1996年，油菜播种面积仅40公顷，单产750千克/公顷，总产30吨。2006年，全市引进低芥酸、低硫甙双低油菜品种。2010年，全市大力推广双低油菜种植新技术，建立油菜示范基地，种植面积增至1320公顷，单产963千克/公顷，总产达1271吨。

（四）花生

1992年，全市种植花生54公顷，单产1065千克/公顷，总产58吨。1998年，引进中花一号、二号、三号良种，由于新品种产量高，经济效益好，调动了农民种植花生的积极性，种植面积增加。2001年，全市种植花生200公顷，单产2250千克/公顷，总产451吨。2000年后，农村城镇化发展迅速，农村人口不断向城镇转移，花生种植面积下降。2010年，全市种植花生120公顷，单产1830千克/公顷，总产221吨。

第三节　植物保护

一、病虫防治

境内农作物病虫害较多，是农作物减产的主要原因之一。

1988—2010年冷水江市农作物主要病虫害一览表

表15-5

作　物	主　　要　　病　　虫　　害
水　稻	二化螟、三化螟、大螟、纵卷叶螟、稻飞虱、稻叶蝉、赤斑黑沫蝉、稻螟蛉、稻瘟病、纹枯病、稻曲病、褐条病、细菌性条斑病、青矮病、黄矮病、胡麻斑病、稻云形病、叶鞘腐败病、稻叶黑粉病、稻象甲病、黑头矮缩病
大、小麦	蚜虫、赤霉病、锈病、白粉病
红　薯	甘薯象甲、甘薯卷叶蛾、薯瘟、黑斑病
玉　米	玉米螟、蚜虫、地老虎、纹枯病、大斑病、小斑病
柑　橘	蚧壳虫（矢尖蚧、糠片蚧）、红蜘蛛、锈壁虱、花蕾蛆、天牛、潜叶蝇、吸果夜蛾、蚜虫、黑刺粉虱、炭疽病、疮痂病、树脂病
葡　萄	吸果夜蛾、透翅蛾、四星叶甲、蚜虫、霜霉病、炭疽病、白腐病、黑痘病
梨　子	梨蚜、梨木虱、吸果夜蛾、梨锈病、黑星病
茶　叶	茶毛虫、茶尺蠖
棉　花	棉铃虫、地老虎、金刚钻、红蜘蛛、立枯病
蔬　菜	菜青虫、蚜虫、地老虎、斜纹夜蛾、小菜蛾、茶黄螨、烟青虫、猝倒病、软腐病、青枯病、枯萎病、霜霉病

药剂防治是全市农作物病虫害防治的主要手段。1989年，停止使用六六六粉、甲基1605、滴滴涕等农药。20世纪90年代，停止使用毒杀酚、杀虫脒等农药。2000年起，禁止使用毒鼠强，限制使用甲胺磷、甲基对硫磷、久效磷、磷胺等农药，改用对口、高效、低毒、低残留农药。2003年，中连乡胜利村发生稻象甲病害，发病面积100公顷，使用杀虫王和三唑磷药剂进行防治，病害得到控制。此后，稻象甲病害在全市多次发生，均得到有效防治。随着杂交水稻的普及推广，化肥施用量增加，二化螟、纹枯病、稻曲病发生面积、危害程度逐年加大，上升为主要防治对象。2009年，三尖镇发生少量面积的南方水稻黑条矮缩病，2010年波及全市各乡镇，成灾面积200公顷，施用吡蚜酮和噻嗪酮两种药剂后，灾情得到有效控制。

二、化学除草

1991年，全市推行化学除草技术，使用化学除草剂2000千克，水田除草面积367公顷，旱土除草面积200公顷。从此，化学除草面积逐年增加。2000年，稻田化学除草面积达90%。1988—2010年，全市推广使用的稻田除草剂品种主要有禾大壮、秧田清、秧田净、除草王、田草威、除草灵、克无踪等。旱土作物除草剂品种主要有甲黄隆、乙草胺、草甘膦、农达、杂草光、盖草能等。

第四节　管理机构

境内种植业管理机构为市农业局。1990年8月，市农牧渔业局分设为市农业局和市畜牧水产局。农业局内设3股1室和7个业务站所，共有干部职工49人。2005年，乡镇企业管理局和蔬菜管理局划入市农业局，设乡镇企业管理办公室和蔬菜管理办公室，均为副科级机构，正、副主任高配正、副科级干部。2010年12月，市农业局内设办公室、发展计划与财务股、政策法规股、科技教育股、市场信息股、粮油作物股、经济作物股、人事教育股、农产品质量安全监督管理办公室，共有工作人员81人，其中高级农艺师8人。1988—2010年，先后由欧阳本、肖云樵、邹爱民、苏国清、刘晨光任党组书记、局长。2002—2004年，由谭荣利任专职党组书记。

第四章　养殖业

第一节　畜牧业

畜牧业是全市农业经济的重要支柱产业。境内养殖的畜禽主要有猪、牛、羊、狗、兔、鸡、鸭等。1988年，全市农业总产值5868万元，畜牧业产值2632万元，占44.9%。1993年，畜牧业呈现萎缩势头，畜牧业产值占农业总产值的比例由1990年的41.8%降至34.1%。1994年，市委、市政府出台《关于加速发展畜牧水产业的决定》，并确定是年为畜牧水产发展年，畜牧业超常规发展，产值由1993年3379万元增至6302万元，增幅86.5%，占当年农业总产值的39.2%。1996年，畜牧业开始向规模化发展。1997年，《中华人民共和国动物防疫法》颁布实施，动物疫病防控力度加强，疫病得到有效控制，畜牧业呈快速发展势头。2004年后，规模养殖户增加，畜牧业产值迅速提升，至2008年，畜牧业占农业总产值84.8%，为历史高点。2010年，全市农业总产值8.65亿元，畜牧业产值5.78亿元，占农业总产值66.8%。

一、畜禽生产

（一）猪

1988年，生猪基本由农户采取传统煮潲方式饲养，规模养殖很少。至年底，全市生猪存栏9.75万头，年内出栏9.71万头。1991年，大力推广科学养猪和推广配合饲料，并实行“三改”，即改品种（本地猪改为良种杂交猪）、改饲喂方法（喂熟潲改为喂生食）、改栏舍（栏内积肥改为栏外积肥），养猪效益提高，调动了农民养猪积极性。1994年是畜牧水产发展年，市、乡两级出台一系列优惠政策，年底，全市良种母猪存栏4800头，良种公猪43头，基本实现生猪良种杂交化。随着经济不断发展，生猪养殖专业户和饲养量逐年增加，1996年养猪专业户发展到518户，比上年增加362户。1998年，农村劳动力大量外出务工，生猪养殖散户减少，专业户增加，至年底，全市养猪专业户达614户。岩口镇金星村、槐花村和铎山镇石溪村成为3个养猪专业村。岩口镇金星村三组阮林华、四组闵安桂和金竹山乡杨桥村王荣生是全市有名的养猪大户，年出栏生猪均在1000头以上，岩口镇苏松长年出栏生猪达2000头。

1999年，养猪业受生猪市场周期性波动影响，生猪价跌至每千克4.8元，养猪户每出栏1头肥猪要亏损80～100元。是年3—11月，境内连续3次暴发性畜口蹄疫病，养猪业遭重挫，专业户降至501户，生猪存出栏数下降，并连续三年在低谷徘徊。直至2002年，生猪价格缓慢回升，养猪业实现扭亏为盈。2005年，生猪市场行情再度低迷，养猪户灰心丧气，全市 3000 多头母猪被屠宰。2006 年，为稳定发展生猪养殖业，市政府对生猪养殖户实行先支持后规范、农民新建猪舍和扩大栏舍面积免收一切规费等优惠政策，养猪业下滑势头得到扭转，养猪专业户、专业场增加，年底达到 1000 个。其中年出栏 500 头以上规模养殖场 200 个，渣渡镇侯家生态养殖场年出栏商品猪 5000 头。2007 年，根据国家出台的《无公害生猪饲养管理技术规程》，全市对猪场环境、设施、引种、饲料、防疫、添加剂和兽药使用、废物无害化处理等进行全面规范，年底养猪专业户、专业场增至 1700 余个，其中年出栏生猪 5000～10000 头的养猪专业场 5 个。是年，禾青镇大乘生态养殖场和渣渡镇侯家生态养殖场被纳入首批标准化规模生猪养殖建设项目，国家投资 100 万元用于栏舍标准化改造和添置防疫设施。2008 年，国家实施能繁母猪补贴政策，每头补贴 50 元，补贴经费由中央、省、市、县按 6∶2∶1∶1 比例承担，全市补贴能繁母猪 1.19 万头。是年，渣渡镇侯家生态养殖场被确定为娄底市首批市级重点规模养殖场和外贸出口生猪基地。2010 年末，全市生猪存栏 18.15 万头，年内出栏 32.33 万头。

图 15-6　冷水江市宝迪标准化生猪养殖示范场猪舍（2010 年摄）

（二）牛

1988 年，境内以黄牛养殖为主，占 76%，主要分布在矿山、渣渡、潘桥、三尖、中连、锑山等地。其次是水牛，主要分布在岩口、毛易、金竹山、禾青等地。是年，全市黄牛、水牛共存栏 1.33 万头，年内出栏 560 头。2000 年前，养牛主要用于耕作，发展缓慢。随着人民生活水平提高，牛肉需求量增加，肉牛养殖业逐步兴起。2001 年，娄底市政府出台《关于加快草食动物发展的意见》，把草食牲畜发展作为农村产业结构调整突破口，对从事草食牲畜开发的企业和个人，在土地使用、税费缴纳、办证服务等方面实行优惠，允许农民在承包的土地上种草养畜和发展其他养殖业，调动了农民养殖肉牛的积极性。

2004 年，进行“湘中黑牛工程”建设，专项引导和扶持肉牛养殖业。市畜牧部门投入资金 30 万元，建立肉牛冷配服务中心，引进良种肉牛安格斯种公牛 5 头，购进液氮罐等人工授精冷配繁殖设备 8 套，在同兴、中连、锑山等地建立肉牛冷配繁殖站 6 个，培训人工冷配技术员 8 名，为发展优质肉牛养殖业打下良好基础。同时，大力推广种草养畜和青贮氨化饲料喂养方法，全市人工种草 1300 亩，建造氨化池（窖）8 个，提高肉牛养殖效益。毛易镇李红卫、锑山镇谢国栋、三尖镇文赞新、中连乡李传见等一批养殖大户存栏牛均在 50 头以上。2005 年，由市农办牵头、锑山镇政府承办，在锑山镇花桥村征地 10 余亩建立锑山肉牛交易市场。2010 年，全市存栏肉牛 1.74 万头，年内出栏 1.16 万头。

境内奶牛养殖在 21 世纪初有所发展。2001 年，陈厚长在毛易先后投资近 200 万元创办金汉乳业公司，引进花白奶牛 100 余头，建成一条鲜奶加工生产线，日产鲜奶 500 余千克。至 2002 年末，金汉乳业发展奶牛 130 余头，日产鲜奶 1000 余千克。

（三）羊

1988 年，境内主要养殖湘中黑山羊，其毛色全黑，耐粗饲，抗病力强，成熟早。母羊一般 6 个月性成熟，7～8 个月配种，一年二胎，每胎二羔。饲养方式为放牧。因多年来近亲繁殖，品种退化，个体小，生长速度慢，养殖效益低。是年，全市存栏山羊 3300 只，年内出栏 1800 只。1995 年，随着养殖业规模化，羊养殖专业户发展到 73 户。2001 年，畜牧部门大力扶持草食牲畜发展，购进波尔山羊与本地山羊杂交，改良品种。并引进南江黄羊 200 多只，黑山羊 500 多只，马头羊

100多只。2010年，全市山羊存栏量5.12万只，年内出栏3.05万只。禾青镇养羊专业户黄民长饲养山羊150多只。梓龙乡林场村人平饲养山羊1.8只，成为全市第一个养羊专业村。

境内奶山羊养殖有短暂发展。2008年9月，由市残联牵头，境内养殖户从陕西富平引进沙能奶山羊400只。至2009年6月，境内有奶山羊专业户11户，奶山羊1600余只，日产鲜奶1000千克。主要分布在毛易、岩口、金竹山、梓龙、同兴、中连、渣渡等地。毛易清一村李红卫饲养奶山羊400多只，岩口塘湾村阳跃聪饲养奶山羊200多只，为当时奶山羊养殖大户。此后，由于生产设施落后和管理不规范，加上受“三聚氰胺”事件影响，鲜奶出现滞销，养殖户严重亏损，部分奶山羊被处理或遭淘汰。到2010年年底，境内奶山羊不足1000只。

（四）狗

1988年后，境内仅少数农户和居民养狗。农户养狗为看门守家，居民养狗作宠物观赏。2010年，全市养狗1.8万只。

（五）兔

多为本地肉兔，饲养量少。1988年，全市饲养量仅3000只。2002年，禾青镇球溪村段德龙养兔1200只，是全市唯一的养兔专业户。由于经济效益不高，肉兔发展缓慢，随后逐渐引进新品种。2006年，饲养量9800只。2010年，饲养量1.05万只。

（六）鸡

境内养鸡历来是村民散养，普遍饲养本地土鸡，个体小，年产蛋150到200枚，肉质好。成年公鸡体重1.5千克左右，成年母鸡体重1.25千克左右，毛色分为黄、黑、芦花三种，以黑、黄色为多。1988－2010年，全市散养土鸡年均30万羽左右。

1988年，市农业部门有种鸡场、家禽良种繁殖场，岩口、三尖等地亦有乡村养鸡场。20世纪90年代中期，因亏损严重，相继停办，场地改作他用。1990年，市畜牧部门鼓励和扶植养鸡业发展，专业养鸡场重新崛起，专业户逐年增多。至1994年年底，存栏量为45.6万羽，年内出栏35.61万羽。1995—1997年，畜牧部门投资120万元实施禽蛋产销一体化项目建设，养鸡业取得重大突破，养鸡专业大户发展到53户，中连乡李放华的养鸡场年出笼鸡1.5万羽。2010年，全市饲养鸡176万羽，年内出笼170万羽。

（七）鸭

境内养鸭多为家庭少量喂养，品种为康贝尔鸭、绍兴鸭、麻鸭、北京鸭。1996年，畜牧部门组织有关乡镇领导和村民到新化学习考察产业化养鸭，引进良种蛋鸭4.8万羽，肉鸭养殖有所增加。

（八）鹅

1988年后，境内只有少数农民零星喂养本地鹅。本地鹅有灰、白两种，个体中等，耐粗饲，体重5～8千克，年产蛋40枚左右。2002年，三尖镇畜牧水产站组织农户以股份制形式集资300万元，成立小康联发公司，从安徽引进优质肉鹅3000只，引进四川白鹅800只，实现规模养鹅。2010年，全市出笼鹅1.68万羽。

1988—2010年冷水江市畜牧业发展情况表

表15-6

年度	牛（万头）		生猪（万头）			羊（万只）		家禽（万羽）	
	年末存栏	年内出栏	年末存栏	年内出栏	存栏能繁母猪	年末存栏	年内出栏	年末存栏	年内出栏
1988	1.33	0.06	9.75	9.71	0.37	0.33	0.18	33.2	23.91
1989	1.37	0.05	10.6	9.45	0.35	0.29	0.13	35.6	26.45
1990	1.43	0.048	10.46	10.11	0.3	0.24	0.09	37.1	27.5
1991	1.44	0.04	10.54	10.28	0.23	0.32	0.1	39.2	30.35
1992	1.16	0.81	10.66	9.03	0.24	0.34	0.13	42.6	24.59

续表 15-6

年度	牛（万头）		生猪（万头）			羊（万只）		家禽（万羽）	
	年末存栏	年内出栏	年末存栏	年内出栏	存栏能繁母猪	年末存栏	年内出栏	年末存栏	年内出栏
1993	1.58	0.16	10.69	9.49	0.26	0.34	0.14	45.6	29.91
1994	1.54	0.12	11.55	10.91	0.48	0.52	0.24	48.3	37.61
1995	1.47	0.17	12.24	11.71	0.61	1.61	0.53	52.6	53.04
1996	1.8	0.3	15.09	14.21	0.7	2.54	0.99	60.2	85.91
1997	1.81	0.35	13.63	16.16	0.65	3.38	1.45	68.3	150.5
1998	1.96	0.33	13.72	17.93	0.66	3.84	1.73	69.1	146.64
1999	1.88	0.31	11.62	17.65	0.7	3.98	1.9	70.4	147.62
2000	1.9	0.52	11.74	17.77	0.71	4	2.1	71.2	147.83
2001	1.73	0.54	11.41	18.35	0.71	3.96	2.2	72.6	159.28
2002	1.75	0.61	12.11	19.01	0.8	4.47	2.31	73.02	163.11
2003	1.79	0.62	13	20.01	0.9	4.5	2.32	74.2	166.08
2004	1.78	0.81	15.2	24.5	1.01	4.46	2.36	76.2	178.02
2005	1.79	0.92	18.4	27.12	1.12	4.47	2.42	78.4	180.2
2006	1.8	1.29	17.8	31.6	1.2	4.48	2.48	80.02	181.25
2007	1.87	1.43	18.37	33.4	1.39	4.66	2.63	83.46	192.85
2008	1.72	0.98	17.27	29.97	2.09	4.71	2.68	70.07	150.2
2009	1.73	1.06	18.02	31.42	2.15	4.83	2.86	73.12	164.12
2010	1.74	1.16	18.15	32.33	2.15	5.12	3.05	76	175.36

二、特种养殖

（一）豪猪

2007 年，禾青镇段庭庭建立大乘野生豪猪基地，开始从事豪猪养殖。至 2010 年年底，存栏 2400 头，其产品在第四届长沙畜博会上获得好评。

（二）梅花鹿

2004 年，潘桥、金竹山、铎山等乡镇农户从湘潭等地引进梅花鹿进行养殖。2006 年，因供种单位违约不回收产品，无处销售，最后亏本处理。

（三）肉鸽

1988 年后，境内肉鸽主要由爱好者零星养殖。2002 年，锡矿山街道陶塘社区扶新林开始规模养殖。2010 年，全市出笼肉鸽约 5 万羽。

三、品种改良

（一）猪

1988 年，境内生猪品种以宁乡黑白花猪为主，少数养猪大户有良种猪，个别村开始用大约克猪与本地猪杂交，生产杂交改良猪。1992 年，市畜牧水产局组建良种猪繁殖场，鼓励农户淘汰劣种公猪，凡养殖户淘汰一头劣种公猪，政府给予 150～200 元补偿费。是年，全市良种公猪增至 43 头，基本实现生猪良种杂交化。

1996 年，生猪品种由二元杂交猪发展到三元杂交猪，良种杂交率 70%以上。1999 年，中连种猪场为省验收合格的种畜禽场，生产经营长白种母猪、大约克种母猪，全年销售良种母猪 324 头。同年，娄底市畜牧水产局统一引进良种公猪 21 头，无偿调入岩口、中连等地配种。2000—2010 年，全市引进名优母猪 360 头，良种公猪 127 头。经过多年品种改良，生猪良种杂交率在 95%以上，本地劣种土猪被淘汰。

（二）牛

1988 年后，域内公牛品种改良以安格斯种公牛为主要引种对象。2005 年，实施湘中黑牛良种改造工程，经过畜牧站品种改良人员多年努力，本地黄牛品种改良率达70%以上。

（三）羊

1988—2010年，市内主要引进推广沙能奶山羊、波尔山羊、四川黄羊等品种。

（四）兔

20世纪80年代，多为本地肉兔，饲养量少。90年代起本地肉兔逐渐被淘汰，农户主要养殖中国长毛兔和安哥拉长毛兔等优良品种。

（五）家禽

1988年始，鸡的优良品种引进较多，至2010年，有绿壳蛋鸡、来航鸡、白洛克鸡、罗斯鸡、芦花鸡、贵妃鸡、湘黄鸡等。鸭主要引进迪高鸭和康贝尔鸭。

第二节　水产业

一、资源

（一）江河鱼类

1970年，境内江河鱼类品种有7目13科96种，其中经济鱼类41种。1988年，鳗鱼、白甲鱼、胭脂鱼、岩原鲤、泉水鱼等15种鱼类绝迹。1989年后，资江河水污染，加上非法电鱼、毒鱼、炸鱼行为增加，至2010年，中华锯倒刺耙、花斑裸鲤、鲦鱼、棒花鱼等12种鱼类绝迹。

（二）养殖鱼类

1988年后，境内养殖以草鱼、鲢鱼、鳙鱼、鲤鱼为主，鲫鱼、鳊鱼、青鱼、黄颡鱼、罗非鱼、叉尾鮰、革胡子鲶等鱼为辅。2010年，引进新品种金丝鲶鱼。

二、养殖

（一）塘库养鱼

境内水产业以池塘、水库养鱼为主。1988年前，市农业部门在同兴乡利用金竹山火力发电厂冷却水建立流水养鱼场，后更名为水产养殖场，由于饲料及养殖技术等原因，产量不高。1988年，为解决市民“吃鱼难”问题，市政府决定在近郊同兴乡同兴村改建33.33公顷高标准商品鱼基地，当年建成投产。随着养殖技术改进，产量逐年提高。1991年，境内养鱼水面275公顷。此后，养鱼水面逐年减少。1993年，金竹山电厂在同兴村商品鱼基地上游建筑灰坝，养鱼基地水源水质均受到很大影响，旱季几乎断流，池塘鲜鱼产量骤降。是年，鱼塘征用由市政府收取4万～10万元/公顷作为渔业建设费，支持发展鱼塘养鱼。2004年，冷钢扩建，水产养殖场和商品鱼基地相继被征用。2005年，全市所有中小型水库实行个人承包，养鱼面积增至586公顷，产量大幅度提高，并由传统粗犷型养殖向高密度高效益集约化养殖发展。2010年，全市共有养鱼水面555公顷，其中池塘332公顷，水库223公顷，产鱼3356吨。

（二）稻田养鱼

以鲤鱼养殖、鱼苗培育为主。1988—1993年，一直沿袭“平板式”模式养鱼，产量低，效益差，平均每公顷产鱼270千克左右。1994年，市政府大力推广田、凼、沟结合的模式化稻田养鱼，达稻田养鱼示范标准的，每公顷奖励尿素150千克。是年，岩口镇泉坪村开挖鱼凼250个。1996年，全市普遍推行模式化稻田养鱼，增加养殖面积733公顷，产值达616万元。2000年，同兴乡白杨村模式化稻田养鱼示范基地和该乡33公顷商品鱼基地改造列入市农业开发“十大工程”项目，建成高标准鱼凼60个。是年，全市稻田养鱼2347公顷，产鱼816吨。2001年后，农村青壮年劳动力外出打工经商，很多农田荒芜，稻田养鱼面积减少。2010年，全市稻田养鱼1367公顷，产鱼476吨。

（三）网箱养鱼

境内网箱养鱼自20世纪90年代开始。1990—1993年，市科委立项扶持推广网箱养鱼技术，网箱养鱼发展至553口，主要在梓龙乡周头水库、潘桥乡硐上水库、铎山镇湴泥水库等地和资江水域，每口产量400千克左右。1996年，市政府对网箱养鱼每口补助100元，网箱数量增至1000口。后因洪涝灾害造成网箱破损，鲜鱼走失，养殖户积极性受挫，加之政府取消优惠政策，网箱数量锐减，至1998年，境内网箱不足400口。2007年，浪石滩水电站大坝建成蓄水，大坝上游形成较开阔水域，给网箱养鱼提供优越条件，网箱又增至近1000口。2008年11月初，资江上游连降暴雨，资江水位猛涨，冲毁网箱876口，冲走鲜鱼500余吨，直接经济损失800余万元。

（四）鱼苗繁殖

1988—2003年，市鱼苗鱼种场和市水产养殖场人工繁殖四大家鱼和鳊鱼、刁子鱼、黄鲴鱼等品种的鱼苗，负责境内鱼苗繁殖供应，并外销新化和新邵等周边县市。2004年，两场被企业建设征用，境内鱼苗孵化场所消失，沿江一些村民自建鱼苗孵化池，孵化量较少，大量鱼苗需从新化县鱼苗鱼种场购入。

三、捕捞

1988年后，境内没有专业捕捞队伍和专业渔民，只有资江沿岸一些捕捞爱好者业余捕捞。捕捞作业类型有刺网、围网、拖网、张网、钓具、耙刺、笼壶等。20世纪90年代，逐渐发展渔船捕捞，但捕鱼量不大。2010年，全市有渔船200余艘，江河捕鱼50吨左右。

四、渔政管理

境内渔政管理由市畜牧水产局渔政管理站负责。1993—1995年，渔政管理站收缴各种电打鱼机56台，查处电打鱼船6艘，处理各类渔政案件及渔业纠纷70多起。2000年3月，市政府通告严禁电力捕鱼、炸鱼、毒鱼，并划定资江从渣洋桥至浪石滩河段为鱼类保护区，严禁在保护区内电鱼、毒鱼、炸鱼，禁止在鱼类产卵、繁殖期内捕鱼。2005年，渔政管理站添置第一艘渔政执法船，加强水上巡逻和执法力度。是年，渔政部门联合公安、水利、航监等部门集中整治非法捕鱼，查获电捕鱼案件3起，没收电捕鱼设备5套。2010年，省渔政管理部门下拨冷水江专业渔政执法船和冲锋舟各1艘。是年，共收缴各种打鱼机80多台，查处电打鱼船11艘，处理各类渔政案件及渔业纠纷100余起。在加大渔政管理的同时，开展鱼类人工放流活动，市政府不定期向资江投放鱼苗，2006—2010年，先后向资江投放鱼苗鱼种各5万尾。

第三节　动物防疫

一、疫病种类

境内畜禽疫病主要有口蹄疫、猪瘟、猪蓝耳病、猪肺疫、猪丹毒、仔猪副伤寒、弓形体病、猪链球菌病、牛流行热、炭疽病、羊痘、羊口疮、羔羊痢疾、犬瘟热、狂犬病、兔瘟、禽流感、鸡新城疫、鸭瘟、小鹅瘟、禽霍乱、球虫病、线虫病和疥螨病等。

（一）禽流感

2005年10—12月，冷水江街道冷江园艺场和三尖镇九江村养鸡场发生禽流感，1.15万羽鸡全部被处理。2009年，中连乡青云村发生禽流感，处理鸡6500羽。2010年，三尖镇九江村、梓龙乡梓坪村、禾青镇里福村发生禽流感，处理鸡1.28万羽。

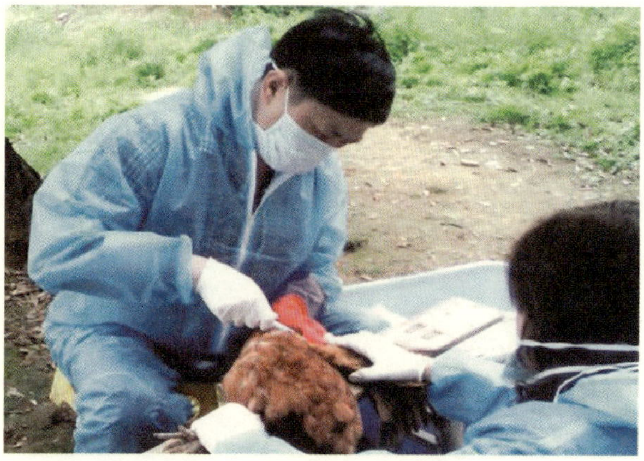

图15-7　2009年，冷水江市畜牧局防疫人员开展H7N9禽流感采样监测

（二）口蹄疫

牲畜口蹄疫是一种急性、热性、接触性传染病。主要表现为口腔、鼻腔、蹄部和乳房发生特征性水泡和溃疡。1999年，全市3次暴发以耕牛为主的口蹄疫，疫点遍布12个乡镇42个村，共扑杀处理病牛556头、生猪98头。2008年2月15日，禾青镇炉竹村发生口蹄疫，处理生猪340头。

（三）猪蓝耳病

2006年，全市16个乡（镇、街道）发生猪蓝耳病，处理生猪1.38万头，养猪业损失重大。

（四）炭疽病

牲畜炭疽病是由炭疽杆菌引起的动物急性、烈性传染病。1992年10月，潘桥乡洪云、庙山、桥头等村发生牛炭疽病，后扩散至中连、同兴等8个乡镇，耕牛发病108头、死亡34头，猪28头、羊42只发病。

二、疫病防治

1988—1997年，全市免疫的病种有猪瘟、鸡新城疫、猪丹毒、猪肺疫、仔猪副伤寒。1998年1月《动物防疫法》实施，动物疫病实施强制免疫，按照“一畜一证（卡）一耳标、一村（场）一档”的规定，发放动物免疫证明（卡）、耳标，建立动物防疫档案。2000年后，对猪、牛、羊O型口蹄疫全面开展免疫注射。2001年9月，市政府出台《动物防疫工作改革意见》，与各乡镇办签订动物防疫目标管理责任状。全市推行畜禽台账制度、免疫证制度、统一免疫收费制度。2004年9月，成立市重大动物疫病防治指挥部。禽流感、口蹄疫等重大疫病疫苗实行免费供应。畜禽免疫基本达到“市不漏乡、乡不漏村、村不漏户、户不漏畜禽、畜禽不漏针”的要求。2005年，禽流感纳入免疫计划。实行基层兽医管理体制改革，各乡（镇、街道）设立动物防疫站，全市公开招考聘用乡镇专职动物防疫员36人，所有村（社区）落实村级兼职防疫员，动物疫病防控关口前移至村，形成动物防疫群防群控工作格局。2007年，全面开展猪蓝耳病免疫普注和牛羊Ⅰ型口蹄疫和O型口蹄疫双价苗免疫普注，并对动物免疫实行抗体检测。2010年，全市免疫家禽123万羽、生猪48万头、牛1.8万头、羊2.1万只，免疫密度达100%，牲畜都佩挂耳标。

三、动物检疫

动物检疫分产地检疫、屠宰检疫，由市兽医卫生监督检验所负责全市动物检疫工作。1988—1992年，在市区、火车东站、金竹山、株木山、铎山、沙塘湾等地设有6个动物检疫站，对进行交易的畜禽及畜禽产品进行检疫。2002年，在与外县市毗邻的三尖镇石槽村、铎山镇花桥村设立两个动物检疫卡，防止外来病源侵入境内。

1996年，实行生猪定点屠宰，兽医卫生监督所派出检疫员驻场检疫，随到随检，有宰必检。同时，各乡镇增加检疫人员，提高检疫到位率。是年，产地检疫生猪3.1万头，屠宰检疫活畜2.88万头，市场补检8200头，检出并无害化处理病畜136头。2001年，进一步规范检疫工作，明确规定产地检疫员必须在畜禽出售前实施临栏检疫，发放“产地检疫证”。运出市域的畜禽，凭“产地检疫证”换取“出县境动物检疫合格证”。未经检疫的畜禽不得入境，不得进入定点屠宰场及流通领域。屠宰场及屠商必须取得“动物防疫合格证”才能进行屠宰和上市销售。2010年，全市产地检疫生猪26.5万头，定点屠宰检疫生猪22万头、牛1.5万头、家禽120万羽。产地检疫率和屠宰检疫率均达到95%以上。

第四节　兽药　饲料

一、生产

1980年，资江氮肥厂消毒剂分厂开始生产菌毒敌等消毒剂产品，质量稳定，畅销全国各地。2005年，资江氮肥厂改制，原消毒剂分厂部分干部职工出资组建华峰股份有限公司，继续生产消毒剂，开发新产品。

1985年，市粮食局在东站粮站建立配合饲料厂。1992年，市畜牧水产总站新建锑都饲料厂。1995年，私营同利饲料厂建成投产。是年，全市生产饲料1万多吨。后因生猪市场行情持续低迷和饲料市场竞争激烈，配合饲料厂、同利饲料厂于1998年倒闭。锑都饲料厂因经营不善于2000年停产。

二、经营

1988—2003年，兽药由市畜牧水产局下属的畜牧兽医联站统一经营。2004年，兽药经营放开，全市兽药店发展到26家。

1988—1991年，境内只有配合饲料厂生产少量饲料，饲料经营户从岳阳等地进货。1992年锑都饲料厂投产，在各乡镇设立代销点。2003年，饲料经营实行行政许可制度，全年办理饲料经营许可证18个，经营范围包括猪用浓缩料、鸡用全价料及玉米、麦麸等。2004年，全省取消饲料经营许可制度。2010年，全市销售鸡饲料3000余吨、猪饲料1万余吨。

三、监督管理

1988—1995年，兽药由畜禽疫病防检站管理。1996年，为加强兽药监管，成立市兽药监察所。2003年，成立饲料管理办公室，兽药管理移交饲料办。2004年11月，饲料办对兽药经营人员进行培训，并重新核发“兽药经营许可证”26 个。

2003—2010 年，饲料管理办公室加强对饲料的监管，重点是加强对饲料添加剂的监督，依法查处 2 起非法添加沙丁胺醇（瘦肉精）案件。

第五节　管理机构

1990 年 8 月，市农牧渔业局分设为农业局和畜牧水产总站。1994 年 2 月，市畜牧水产总站更名市畜牧水产局，下辖畜牧兽医工作站、水产工作站、渔政管理站、畜牧兽医联站、奶牛良种繁殖场、鱼苗鱼种场、水产养殖场、家禽良种繁殖场。2003 年机构改革，定编 15 名，局下辖畜牧工作站、水产工作站、渔政管理站、动物防疫监督检验所。2010 年 7 月，撤销动物防疫监督检验所，成立兽医局、动物卫生监督所、动物疫病预防控制中心。1990—2010 年，市畜牧水产局先后由胡汉卿、朱述文、肖新樵、彭仲元、谢雪文任局（站）长。

第五章　农业机械

第一节　农机种类

1988 年，全市有农业机械 2747 台，总动力 5.15 万千瓦。2006 年，冷水江成为省级农机购置补贴项目市。此后，购买耕整机、拖拉机、收割机等农业机械的农户逐渐增多，全市先后成立毛易、惠农、大丰生态 3 个农机专业合作社。以三尖镇利渡村和禾青镇社学里村为核心的连片农机示范区，水稻实现机耕、机插、机灌、机收全程机械化作业。至 2010 年，全市有农机大户 620 家，各类农机服务组织 210 个。有农业机械 1.11 万台，总动力 19.88 万千瓦。实现机耕 3000 公顷，机灌 6000 公顷，动力植保 900 公顷，机收 1100 公顷，机插 1050 公顷，机械脱粒 4.6 万吨，机械加工农副产品 7.2 万吨。全市农机化综合作业水平达 24.26%，比 1988 年提高 16.75 个百分点。

一、耕作机械

1988 年，境内耕作机械主要是水田耕整机等小型机具，全市有水田耕整机 44 台、机滚船 5 台。2006 年后，政府实施购机补贴，耕作机械种类和数量大幅增加。至 2010 年，全市有水田耕整机 1278 台、机滚船 8 台、机引犁 24 具、大中型轮式拖拉机 10 台、旋耕机 24 台、油菜直播机 3 台。

二、植保机械

1988 年，境内植保机械以手动喷雾器为主，辅以少量动力植保机，全市有动力喷雾（粉）机 16 台。2010 年，全市动力喷雾（粉）机增至 36 台。

三、排灌机械

排灌机械主要是柴油机水泵和电动机水泵两大类。1988 年，全市有 1341 台。2010 年，增至 5919 台。

四、加工机械

农用加工机械主要用于碾米、磨粉、磨浆、榨油、切草、粉碎等。2010 年，全市共有各类农用加工机械 2831 台（其中粮食加工机械 2196 台，其他加工机械 635 台）。

五、运输机械

1988 年，全市农用运输机械主要是小型拖拉机，共有 16 台。2010 年，全市有各类小型拖拉机 193 台、小四轮运输车辆 620 台。

六、收割机械

1988 年，水稻收割与脱粒以人工为主。1990 年，全市推广使用动力脱粒机。2006 年，毛易镇小横村村民肖建华购买 1 台龙舟 4LZ-1.8 型水稻收割机，填补了市内中小型收割机空白，当年收割水稻 14 公顷，创收 3 万余元。2009 年，惠农种植合作社购买 2 台洋马半喂入 4LBZJ-140B 型收割机。至 2010 年，全市共有各类中小型联合收割机 31 台、机动割晒机 26 台、机动脱粒机 896 台。

图 15-8　冷水江市大丰生态农机专业合作社收割作业　（2010 年摄）

七、插秧机械

水稻插秧历来靠人工栽插，劳动强度大。2007 年，毛易镇新民村村民谢竹青购买 1 台日产久保田 SPW-48C 型步行式插秧机，在插秧演示中仅用 20 分钟就将 0.1 公顷水田全部插完，比手工插秧工效提高近 20 倍。2008 年 4 月，江苏省富来威公司生产的插秧机在同兴乡白杨村进行现场作业演示。是年，全市购买插秧机 11 台。2010 年，三尖、禾青农机合作社引进洋马农机（中国）公司高速插秧机 2 台，并邀请该公司高级技术顾问近藤先生现场指导插秧，介绍操作、维修、保养等技术知识。至年底，全市有各类插秧机械 22 台。

图 15-9　冷水江市毛易农机专业合作社高速插秧机田间作业　（2008 年摄）

八、其他机械

2010 年，全市有池塘清淤机 22 台、池塘增氧机 29 台、挤奶机 13 台、农田基本建设机械 46 台。

第二节　农机销售网点与制造

一、农机销售网点

（一）农机公司

1988 年，境内农机销售主要渠道是市农机公司，全年农机销售额 460 万元，实现利润 17.99 万元。1999 年，市农机公司因经营不善关门停业，2009 年 4 月破产，其经营场地和办公楼整体拍卖。

（二）农机物资公司

1989 年，成立农机物资公司。次年，农机销售额 360 万元，实现利润 13.78 万元。1993 年，从农机物资公司分离出农机石油公司，主要从事农机配件和农用石油销售，当年销售额 230 万元，实现利润 9.08 万元。后因国家政策调整和经营管理不善，两家公司于 1999 年相继停业倒闭。

（三）个体农机销售网点

1991 年，个体农机销售开始。此后，个体农机销售网点逐渐增多。至 2010 年，全市共有个体农机销售网点 16 个，农机购置补贴专销点 3 家。

二、农机制造

1988 年，在沙塘湾新建市属企业冷水江市农机厂，生产脱粒机和水泵。1996 年，该厂停产倒闭。

第三节　农机服务

一、农机维修

1988 年，全市考核审定农机维修网点 34 个，从业人员 97 人。1996 年后，按照《湖南省农业机械管理条例》，农机部门对农机维修网点进行资质审查并逐步规范。2010 年，全市共有农机维修技术合格店 11 个，初、中级农机维修技术人员 36 人。

二、农机推广

1988 年起，全市大力推广水田耕整机、动力脱粒机、家用碾米机等新机具和新技术。2000 年后，市农机技术推广站组成服务队深入田间地头，为农民演示联合收割机、插秧机等新型农业机械，促进新型农机具的应用普及。2006 年，国家实行农机具购置补贴，调动农民购买农用机具积极性，至2010年，全市新增各种农用机具3000余台。

三、农机培训

1988年起，市农机学校每年培训农机人员60人以上。2005年，市"阳光工程"培训办确定农机学校为"阳光工程"培训基地，农机驾驶员、新型农机具应用等农机技术培训列入"阳光工程"培训计划。至2010年，市农机学校共培训各类农机人员1980人次。

第四节　农机管理

一、管理机构

1988年，全市农机管理机构为市农机管理站。1989年，市农机管理站更名市农机管理局。下辖农机培训中心、农机技术推广站、农机安全监理所及12个乡镇农机管理站。2010年，全局有工作人员35人。1988—2010年，先后由李福鸿、颜复长、阳世霄、张戊华、余晚芳、颜建长、匡又华任局长。2010年，毛易镇农机站被评为"湖南省十佳农机站"。

二、油料管理

1988年，农用柴油实行计划供应，农机部门负责指标分配，石油、供销部门负责油料供应。是年，上级分配全市农用柴油指标350吨。为节约用油，市农机部门积极推广金属清洗剂、冷启动器、乳化柴油等节油技术。1989—1993年，市农机局在诚意和毛易建立两个加油站，5年共销售农用油料5000吨。1994年，国家取消农用柴油计划指标。2000年，农机部门2个加油站相继被中石化收购，油料供应管理职能消失。

三、农机安全监理

1984年，成立市农机安全监理所，主要负责农用运输车辆登记上牌、年检年审、安全监管。2002年，该所升格为副科级单位。

1990年后，农用运输车辆发展迅速，许多驾驶员不懂驾驶技术和安全操作规程，酿成一些事故。市农机安全监理所加强对违章人员安全教育，加大路检路查力度，提高农机驾驶员的安全意识和操作技能，2004年起连续6年保持农机安全无事故，2005年被评为全省农机安全监理工作先进单位。2008年，农用运输车辆管理职能和部分农机监理人员移交至市公安局交警部门。

四、农机补贴

2004年，《中华人民共和国农业机械化促进法》颁布实施，国家对农机购置实施补贴。2006年，冷水江成为省级农机购置补贴项目市，全市购买耕整机52台、拖拉机35台、收割机5台，财政补贴资金15万元。2007年，全市购置农机176台，财政补贴20万元。2008年，冷水江列入部级农机购置补贴项目市，财政补贴100万元，补贴各类农机377台。2009年，财政补贴70万元，补贴各类农机具685台。2010年，财政补贴140万元，补贴各类农机具3056台。

第六章　林　业

第一节　林权制度改革

1988年起，全市按1982年完成的林业"三定"（稳定林权、划定自留山、确定林业生产责任制）成果进行山林权属管理。2009年，根据省委、省政府《关于深化集体林权制度改革的实施意见》，全市从5月份开始进行深化集体林权制度改革，至2010年年底完成。全市2.14万公顷林地，全部完成勘界确权、林权证发放等工作。调处山林纠纷845起，实现勘界核实率、林权证发放率、山林纠纷调处率三个100%，做到山有其主、主有其权、权有其责、责有其利。

第二节　森林资源

冷水江森林资源以生态公益林为主，树种以马尾松为主。1988年，全市有林地面积21333.3

公顷，活立木蓄积量18万立方米，森林覆盖率34%。主要树种有杉树、松树、楠竹、茶树、梓树、柏树、樟树、柳树、泡桐、椿树等。1990年后，全市采取一系列措施植树造林、封山育林、退耕还林，活立木蓄积量和森林覆盖率逐年增长，至2010年，全市有林地面积22211.62公顷，比1988年略有增加；活立木蓄积量46.84万立方米，比1988年增长1.6倍；森林覆盖率49.63%，比1988年提高15.63个百分点。

1994年，市政府出台《古树名木保护管理暂行办法》，对城区7株古树名木建档保护。2001年，市林业部门对全市古树名木进行第一次普查，全市100年以上的古树有20科29属33种118株，300年以上的名木有12科18属18种32株。2008年，进行第二次普查，全市有30～99年的古树名木332株，100～299年的128株，300～499年的32株，500年以上的2株。同时，对已普查树木进行登记、挂牌、拍照、建档，并采取相应措施予以保护。

两株500年以上的古树，一株黄连木，位于布溪社区辖内电视台居民区，树高25米，围径3.54米，树干已老枯，但树顶仍枝繁叶茂。另一株翅荚香槐，位于矿山乡樟木学校旁，树高22米，围径3.44米，小叶边缘呈波浪形，秋叶鲜黄，6—7月开花，白色，有芳香，果为条形荚果，木材黄色，材质坚重致密有光泽。

1988—2010年冷水江市部分年度森林资源基本情况表

表15-7

年　度	林地面积（公顷）	森林面积（公顷）	活立木蓄积量　（万立方米）	森林覆盖率（%）
1988	21333.3	15333.3	18	34
1991	19071.1	12932.5	20.9	33.1
1996	19071.1	12932.5	30.5	35.6
2001	19317.4	13819.7	46.57	46.1
2010	22211.62	15284.6	46.84	49.63

第三节　植树造林

一、采种育苗

（一）采种

全市林业树种主要从上级林业部门调入或从外地引进。1988年，引进悬铃木、玉兰、夹竹桃和柳树等苗木，在城区和城郊公路边栽植，前期长势良好，后因城市建设损毁严重。1989年，铎山乡“五七”林场、同兴乡胜利林场从省林业厅调回良种杉穗，切干嫁接。1990年，引进良种杨树在全市公路两旁栽植。2000年，引进核桃、柚子、脆冠梨和冬枣苗木与种子，由市苗圃场试种后推广至城郊、三尖等地，存活率不高。2001年，引进雪松、池杉、湿地松、桤木、金银花和杨梅苗木，在毛易林场、各乡办林场、村边地头等荒山荒地造林，长势良好。2010年，全市生产树木种子25千克。

（二）育苗

1988年，全市林木育苗规模较小，毛易镇清一村，梓龙乡滴水村，中连乡青云、全球村和金竹山乡麻溪村有5个小型苗圃场，主要培育乡土树种马尾松、杉木树苗。1990年，全市育苗面积35公顷，产苗木1350万株，母树林面积25.3公顷。2002年后，由于退耕还林、城市建设和新农村建设等项目实施，所需苗木数量大幅增加，苗圃场也不断增加。2010年，全市有毛易林场、轧钢苗圃场、柳溪苗圃场等育苗基地10多处，面积70公顷。

二、退耕还林

2001年，冷水江被省政府列为退耕还林试点县（市）。2002年，市政府成立退耕还林工程指挥部，并出台退耕还林工作实施方案。2003年10月，市政府在金竹山乡杨桥村召开退耕还林粮食直补兑现大会，共兑现粮食补助 120 万千克，管护费 32 万元，种苗款 80 万元。当年，全市退耕还林面积 667 公顷。2004 年，国家补助政策调整，取消粮食补助，改为每公顷补助现金 3150 元。

2002—2010 年，全市退耕还林面积共 5147 公顷，其中退耕地造林 1793 公顷，宜林荒山地造林 2978 公顷，3 万余退耕农户获得粮补（折算为现金）3540.1 万元、管护费 360.2 万元、种苗费 386 万元，退耕农户劳动力转移 9100 人。

图 15-10　冷水江市同兴乡退耕还林项目（2008 年摄）

三、义务植树

1985 年起，市绿化委员会每年下达本年度义务植树任务，规定城镇公民每人每年义务植树 5 株，完成劳动日 3 个；农村村民每人每年义务植树 3 株，完成劳动日 2 个。每年 3 月 12 日植树节，市级领导带领市直机关干部职工下乡村参加义务植树活动。1988 年，全市义务植树 38.03 万株。此后，义务植树人员和植树数量逐年增加。2010 年，全市义务植树 80.73 万株。1988—2010 年，全市参加义务植树 467.81 万人次，共植树 1246.83 万株。

四、封山育林

为扩大林业资源，恢复森林植被，1988 年，市林业部门选择生态脆弱区域667 公顷山地实施封山育林。1991 年，贯彻“以封为主、封造结合”方针，开展封山育林普查与规划，加快消灭宜林荒山速度。1992 年，全市封山育林面积共 5667 公顷。1996 年，原有部分用材林划为生态公益林，实行封禁。此后，封山育林面积逐年增加。至 2010 年，全市封山育林面积达 1.12 万公顷。

第四节　森林保护

一、依法护林

1988 年，全市召开护林动员大会。各个乡、村都订立护林公约，并在交通要道树立永久性护林碑，书写醒目标语。2001 年，市林业局制定《护林员管理考核办法》。对国家重点防护林和特种用途林，由市林业部门和村民签订管护协议书，全市签订《国家重点防护林和特种用途林管护补助协议》856 份，签订《重点公益林管护合同》69 份。同时，全市组建一支由 166 名专（兼）职护林员及各乡（镇、街道）监管员组成的管护队伍。

1995 年，设立市林业公安派出所，由市林业局、公安局双重领导，负责查处各类涉林案件，严厉打击各类破坏森林资源和野生动植物资源的违法犯罪行为。2006 年 10 月 11 日 10 时许，三尖镇护林员邹绍吾在巡山护林途中与盗伐林木犯罪分子刘光中进行殊死搏斗，英勇牺牲，后被追认为革命烈士。案发后犯罪嫌疑人被林业公安派出所迅速缉拿归案。1995—2010 年，全市共查处各类涉林案件 309 起，收缴非法采伐、运输木材 568 立方米，处理违法人员 321 人次，其中刑事拘留 17 人，劳教 2 人，行政处罚 275 人，为国家、集体和个人挽回经济损失 450 万元。

二、森林防火

1989 年 7 月，成立市森林防火指挥部。1992 年，市森林防火指挥部制定《森林防火公约》，与各森林防火责任单位签订《森林防火责任状》，防火期实行 24 小时值班制度。1997 年 1 月 31 日，锡矿山矿务局职工刘某带领亲友 9 人至矿山乡新生村梨子山游玩，违规用火造成山林火灾，烧毁林地 1.6 公顷，造成较大的经济损失和不良社会影响，市林业公安派出所责令其赔偿经济损失 7895.2 元，并限期更新造林。2005 年 3 月 6 日，渣渡镇银溪村乱石岭发生重大森林火灾，市涟溪煤矿退休职工、共产党员谢本辉在扑火中不顾个人安危，不幸壮烈牺牲，被批准为革命烈士。

2006 年，市林业局出台《护林员护林防火奖惩办法》和《生态公益林监管员护林防火管理办法》。2007 年，中连乡远大村组建全市第一个森林防火协会。2009 年，市政府出台《森林火灾责任追究暂行办法》。

2010 年，16 个乡镇办均成立由 30～50 人组成的兼职森林灭火队，共有专职护林员 80 名。各村（社区）组建一支 10～20 人的兼职森林灭火队。全市有森林防火民兵预备役应急分队和由市运输公司 80 名职工组建的森林灭火应急分队。在重点林区、重要目标（如炸药库、鞭炮厂）所在地开辟防火隔离带。市林业局筹资 100 万元更新森林防火设施设备。

1988—2010 年，全市共发生森林火灾 181 起，其中刑事案件 11 起，刑事拘留 11 人，行政处罚 172 人，受灾面积 1355.46 公顷，烧毁林木 6815.42 立方米，烧毁幼林 30.59 万株，造成直接经济损失 250 余万元。

三、病虫害防治

1988 年，市林业局设立森林保护站，负责指导全市森林病虫害防治工作。各乡（镇、街道）、国有林场共配备 22 名兼职测报员，承担本辖区内森林病虫害的测报和防治任务。1990 年，境内突发松毛虫害，危害面积 26.7 公顷。市林业部门组织力量上山喷药，并进行人工捕茧 405.8 千克，虫害得到有效控制。1992 年，全市发生史上最严重的松毛虫害，成灾面积 2000 余公顷。市林业局成立专业救治队，采用药物和人工救治相结合的方法控制灾情。1998 年，全市发生竹蝗虫灾害，危害面积 293.3 公顷，成灾 24.7 公顷，经过积极救治灾情得到控制。

图 15-11　冷水江市林业护林人员开展森林病虫害防治　（2006 年摄）

2006 年，市森林保护站加强植物检疫力度，苗木产地检疫 50 万株，调运苗木复检 30 万株，木材及其制品复检 8000 立方米，核发植物检疫证 180 份。2010 年，全市设立 56 个林业有害生物监测点，16 个乡（镇、街道）配备兼职防检员。对黄脊竹蝗、马尾松毛虫等常见虫害做到长年监测，因地制宜地使用生物、化学和物理等防治方法，保护森林资源和生态环境。

第五节　林木采伐与加工

一、林木采伐

全市林木采伐实行林业采伐许可证制度。1995 年，采伐林木实行伐前设计、伐中监督、伐后验收，并严格按森林采伐限额和上级主管部门下达的年度木材生产计划进行。2004 年，湖南林业电子办证系统开通。2006 年，林木采伐实行伐前公示制度，并要求交纳采伐保证金和更新造林押金，签订限期造林合同书。是年，全市采伐林木 2513.85 立方米，楠竹 1 万根。2009 年，林木采伐实行“阳光工程”，年度林木采伐计划下达到各乡（镇、街道）并在网上公布，接受社会监督。是年，采伐林木 1105.43 立方米，楠竹 800 根，采伐量比 2006 年大幅减少。2010 年，全面开展森林资源保护，除省、市重点项目建设需采伐林木外，其他林木采伐一律禁止。

二、木竹加工

1996 年后，市林业部门按照《中华人民共和国森林法》规定，加强对全市木竹经营加工户管理，维护经营加工户合法权益，保证森林资源的合理利用，促进全市木竹经营加工市场有序、健康发展。同时，取缔非法和不规范经营户 30 余家。至 2010 年，全市有木竹经营加工户 52 家，其中经营户 22 家，加工户 30 家。

第六节　林场与基地

一、林场

（一）国有林场

毛易林场建于 1964 年 3 月，是全市唯一的国有林场，位于毛易镇、冷水江街道、同兴乡、梓龙乡、沙塘湾街道交界处，面积334公顷，分4个工区，2010年有职工89人。主要树种有马尾松、杉木、樟树等。林场于2008年12月经省政府批准为省级森林公园。

（二）乡办林场

乡办林场始于20世纪50年代，兴起于60—70年代。至2010年，全市共有乡办林场13个，大部分归个人承包经营。

2010年冷水江市乡镇林场情况表

表15-8　　单位：公顷

乡　镇	林场名称	建场年度	经营方式		面积	主要树种
			建场时	2010年		
金竹山	吴山岭林场	1974	集体	承包	40	楠竹、梓树、杉树、松树
	金山园艺场	1976	集体	承包	33	橘树
中　连	曾家冲林场	1974	集体	承包	20	橘树、杉树、松树
铎　山	五七林场	1957	集体	承包	20	杉树、马尾松
	铎山茶场	1966	集体	承包	5	茶树、楠竹
禾　青	大乘山林场	1965	集体	承包	200	杉树
三　尖	祖师岭林场	1968	集体	承包	100	杉树
同　兴	胜利林场	1976	集体	承包	20	杉树、樟树
梓　龙	五七林场	1975	集体	集体	53	马尾松
	胜利林场	1975	集体	集体	32	杉树
	红旗一场	1978	集体	集体	10	橘树
	红旗二场	1978	集体	集体	10	橘树
渣　渡	渣渡林场	1975	集体	集体	45	柏树、杉树

（三）村办林场

2010年，全市共有村办林场61个，其中中连乡16个，同兴乡4个，梓龙乡3个，矿山乡3个，三尖镇15个，毛易镇3个，锡矿山街道8个，沙塘湾街道9个，总面积1509公顷。主要树种有杉树、马尾松、橘树、樟树、桉树、柏树、茶树、油茶树等。

二、林业基地

2005年起，根据中共中央《关于加快林业发展的决定》精神，全市大力发展林业产业基地，至2010年，先后建成杉木、油茶、油桐、毛竹、药材、柑橘6个林业基地。

（一）油茶林

2008—2010年，全市新造油茶林667公顷，低产改造油茶林200公顷，主要分布在岩口、渣渡、铎山等6个乡镇。

（二）杉木林

杉木是境内主要林业产品，主要分布在三尖、潘桥、禾青等9个乡镇。2010年共计8987公顷。

图15-12　冷水江市三尖镇杉木林基地一角（2010摄）

（三）桤木林

主要分布在三尖、中连、金竹山等5个乡镇，2010年共计700公顷。

（四）竹林

主要分布在潘桥、梓龙、同兴等9个乡镇，2010年共计3000公顷。

（五）金银花林

主要分布在矿山乡、梓龙乡等高寒山区，2010年进入丰产期，共计1333公顷。

（六）柑橘林

主要分布在同兴、沙塘湾、金竹山、渣渡等7个乡（镇、街道），2010年共计2260公顷。

第七节　林业管理

一、管理机构

境内林业管理机构为市林业局。1988年，市林业局内设2股1站，并成立纪检监察室。1989年，增设护林防火办公室、林业基金征收管理站、林业经济技术开发服务中心。1994年，设立林业科技推广站。1995年，设立林业公安派出所，由林业局、公安局双重领导。2002年，设立法制股、退耕还林办公室。市林业局加挂市绿化委员会牌子，合署办公。2009年，设立林权管理办公室、森林资源评估交易管理办公室。2010年，各乡镇办林业管理站核定全额拨款事业编制34名，市林业局共有工作人员123人，其中高级专业技术人员5人。1988—2010年，先后由杨树华、黄冬梅、肖芸樵、易建新、张共长任局长。

二、林地管理

1988年，林地以集体责任山为主、个体自留山为辅，林木坚持谁种谁有原则，允许依法继承、采伐、买卖，但林地不准出租、转让、典当、买卖和擅自建房。1995年，《湖南省森林、林木、林地使用权流转办法》出台，全市的森林、林木、林地使用权开始合理流转。

1999年，开展森林区划和界定工作，将森林划分为公益林和商品林，实行分类经营。2004年，实行公益林生态效益补偿试点，市林业局制定《森林生态效益补助资金试点实施方案》和《森林生态效益补助资金试点工作实施细则》，全市1.01万公顷林地纳入国家重点生态公益林补偿范围，占境内林地48.8%，每公顷补助52.5元。2010年，全市划定国家重点生态公益林1.83万公顷、省级生态公益林666.7公顷，发放国家生态效益补偿金265.8万元、省级生态效益补偿金4.75万元。

三、林业科技

1994年，成立市林业科技推广站。2002年，更名市林业局科教股，具体负责林业科技工作。是年，引进新品种桤木、桉树、国外松、杨树，造林400公顷，长势良好。2005年起，与中国林科院湖南分院合作，在锡矿山地区开展防污抗污造林树种选择研究，共造林66.7公顷。2009年，完成林木测土配方工程，建立林地测土配方信息系统，为全市植树造林工作提供科学资料查询平台。2002—2010年，引进优良树种造林共1400公顷。

四、林业基金征收

1988年，境内采伐、销售竹木和林木均由市林业局征收“两金一费”（育林基金、林业更改基金和林业建设保护费），统称为林业基金。1988—1990年，共征收林业基金21万元。1991—1995年，共征收65万元。

1994年，“两金一费”改为“一金两费”（育林基金，林业建设保护费和维简费），育林基金和维简费分别按木竹销售额的12%和8%计征。林业建设保护费中的林政管理费按每立方米5元征收，坑木更新费按每吨煤0.5元征收。1996年1月，坑木更新费按每吨煤1元征收。

1996—2000年，累计征收林业基金160万元。随着征收政策调整，林业基金征收额逐年增加。2001—2005年，征收670万元。2006—2010年，征收1610万元。

五、野生动植物保护

每年4月的第一周是全国爱鸟周，市林业部门在全市范围内进行爱鸟护鸟宣传活动，猎鸟行为逐年减少。1995年，市人大开展《中华人民共和国森林法》和《中华人民共和国野生动物保护法》执法大检查，市林业局联合公、检、法、工商等部门进行“猎狐行动”，重点打击非法捕猎、经营国家重点保护野生动物的违法行为。2005年，全市开展以打击破坏林地和野生动物资源等违法犯罪活动为重点的“绿盾行动”。

2009年，成立紫云峰森林植被保护小区、大乘山娃娃鱼自然保护小区和波月洞、青山公园禁猎区，保护区面积3200公顷，保护区物种81科570种。

1988—2010年，全市共查处非法经营野生动物案135起，没收、放生国家二级重点保护动物穿山甲、猫头鹰、猛禽类39只，省重点保护动物30余只，蛇类240千克，蛙类1520千克。

第七章　水　利

第一节　水利工程

一、水库除险保安工程

全市共有31座中小型水库，其中中型水库2座（周头水库、浪石滩电站水库），小Ⅰ型水库3座（红旗水库、湴泥水库、硐上水库），小Ⅱ型水库26座（杨新水库、群丰水库、三角塘水库等）。这些水库大多修建于20世纪50－70年代，建设标准低，经多年运行隐患多。

周头水库位于梓龙乡，1964年10月动工兴建，1966年蓄水运行，枢纽工程包括大坝、溢洪道、输水渠道等，总库容1040万立方米，坝高32米，集雨面积12.63平方千米，是一座以灌溉为主，兼防洪、养殖的中型水利工程。1990年6月15日，周头水库水位最高达29.66米，泄水冲毁溢洪道，市防汛指挥部及时组织抢险，险情得到控制，并于当年进行溢洪道修复加固。1995年8月，湖南省水利厅专家对周头水库进行安全鉴定，认为大坝存在较严重的渗流破坏、结构不稳定、施工缺陷等隐患，确定为三类坝。12月，周头水库除险加固第一阶段工程开工，1999年10月完成。2004年12月，第二阶段工程开工，2006年11月完工。两个阶段除险加固工程总投资1206万元（其中中央投资600万元，地方配套606万元），对坝体进行防渗加固、内外坡整治、涵卧管处理、溢洪道维修。2010年3—11月，完成水库灌区渠系续建配套与节水改造项目，共投资502.1万元。

湴泥水库位于铎山镇，1977年9月动工兴建，1978年3月竣工。2003年8月，娄底市水利局组织专家对湴泥水库进行安全鉴定，确定为三类坝。2008年3月，完成除险加固工程初步设计方案。2009年10月30日，水库除险加固工程全部完成，总投资300余万元。

红旗水库位于渣渡镇，1974年开始兴建，1980年竣工。2005年11月，经娄底市水利局专家鉴定，水库大坝为三类坝。2008年4月，实施除险加固工程，2009年完工，总投资600余万元。

硐上水库位于潘桥乡，建于1964年。2005年11月，经娄底市水利局专家鉴定，水库大坝为三类坝。2009年进行除险加固，至2010年年底完工，总投资300余万元。

1988年以来，全市不断加强水利基础设施建设。至2010年年底，全市有中型水库2座（含电站类水库1座），小型水库29座，总库容1.08亿立方米；500立方米以上山塘3410口，各类渠道4884.9千米，泵站271处、1.92万千瓦；长5千米以上河流16条，河坝2332处，堤防63处、24.24千米；农村供水工程1542处，泉井1469处，供水人口17.49万人。23年内，全市处理病险水库126座次。

二、防洪堤工程

全市规划修建城区防洪堤全长8.27千米，分为三个独立防护圈。一是江北防护Ⅰ圈，东起涟溪河口，西至岩堡岭，全长1.7千米。二是江北防护Ⅱ圈，东起渣洋铁路桥，西至涟溪河口，全长3.24千米。三是布溪防护圈，东起炭湾里煤矿，西至施茶亭，全长3.33千米。

2000年，防洪堤工程启动，先后完成一期、二期工程共计1.85千米（审计局门口至集中电站），投资2488.69万元。2009年11月，三期工程渣洋桥至集中电站段完成招投标，2010年开工建设。

布溪防洪堤建设总投资 3682 万元，其中亚行贷款 144.5 万美元（2006 年资金到位），本级政府配套人民币 2511 万元。2009 年 4 月工程正式开工，至 2010 年，累计开挖基槽土方 5800 立方米，基础抛填石 4000 立方米，堤脚灌浆砌石 2700 立方米，基槽土方填筑 3500 立方米，坡面土方开挖 4.2 万立方米，堤身填筑 7.1 万立方米，基本整理出堤形。

图 15-13　冷水江市江北防洪堤中段　（2010 年摄）

三、水电工程

2005 年 9 月，浪石滩水电站开工建设，2007 年 3 月完工。电站建于冷水江大桥上游 0.82 千米处大湾里，是资水干流第五个梯级电站，下接柘溪水库库尾，上与筱溪水库衔接。水电站建成发电，缓解娄底市供电紧张局面，改善上游航道 18 千米。电站由葛洲坝集团第六工程公司承建，武汉长科工程建设监理公司监理，总装机容量 3.6 万千瓦，年发电量 1.6 亿千瓦时。

四、农村饮水工程

市域矿产资源丰富，随着锑矿、煤炭的长期大量开采，井水、山泉渗入矿洞流失，矿区村民饮水困难，市政府曾多次派消防车送水救急。为解决农村饮水和饮水安全问题，2005 年，市政府投资 368.4 万元，兴建分散供水工程 5 处和集中供水工程 1 处，解决 1642 人的饮水困难。2008 年，投资 194.49 万元，完成农村饮水安全工程 10 处，4693 人用上自来水。2010 年，投资 1204.08 万元兴建周头和铎山集中供水工程，2 万余村民用上自来水。

2005—2010 年，全市累计投资 4327 万元（其中中央投资 2437 万元，省、市投资及群众自筹共 1890 万元），建成农村饮水安全工程 87 处，其中集中供水工程 4 处，分散供水工程 83 处，解决 7.15 万人饮水安全问题。

第二节　防汛抗旱

一、洪涝灾情

1996 年，市域遭遇百年一遇特大洪灾。从 7 月 13 日开始连续降雨，资江水位猛涨，渣洋滩水文站于 17 日下午 5 时达警戒水位 177 米。18 日下午 6 时水位达 183.11 米。19 日 14 时，洪峰水位 184.53 米，超警戒线 7.53 米，比 1949 年最高水位高 1.55 米。19 日 15 时，省防汛指挥部命令柘溪水库开闸，洪水开始缓缓下退。至 20 日 24 时，洪水降到警戒水位。此次特大洪灾来势之猛烈、损失之惨重、危害之广泛前所未有：沿江 7 个乡（镇、街道）15.75 万人受灾，成灾 9.52 万人；水淹房屋 1300 栋、1.8 万间，倒塌 3700 间，4493 人无家可归；水淹粮田 1773 公顷，冲走牲畜 1717 头、家禽 5 万羽、鱼 720 吨；冲毁或损坏小Ⅱ型水库 2 座、河堤 93 处、塘坝 95 座、渠道 8 千米、桥涵 45 座、机电泵站 15 座、水电站 3 座；损坏输电线路 828 杆、通信线路 185 杆；公路塌方 40 处 13.5 万立方米，冲垮城区防洪堤 80 米；32 家企业、28 个商业单位、14 个医药门诊所和医院被水淹停业。市自来水公司泵房被淹，造成城区缺水。水灾造成全市直接经济损失 8.02 亿元。

1998 年 5 月 21—22 日，全市普降大到暴雨，资江、球溪、税塘溪、良溪、柳溪、麻溪等河流河水暴涨，10.48 万人受灾，死亡 5 人；农作物受灾面积 2337 公顷，成灾 973 公顷；倒塌房屋 1534 间。全市直接经济损失 4.15 亿元。

2002 年 8 月 14—20 日，全市持续 7 天普降大到暴雨，资江水位暴涨，最高水位达 180.58 米，超警戒水位 3.58 米。全市 16 个乡（镇、街道）不同程度遭灾，2100 多人被洪水围困；农作物受灾面积 5533 公顷，绝收 730 公顷；水淹房屋 3047 间，倒塌房屋 220 间。水灾造成全市直接经济损失 5200 万元。

2006 年 7 月 7—9 日，境内连降暴雨和大暴雨，三天降雨量达 258.6 毫米。全市有 8 个乡（镇、街道）发生山体滑坡和泥石流，受灾人口 1.1 万人；水淹房屋 2200 间，倒塌房屋 165 间；农作物受灾 3600 公顷，绝收 530 公顷。水灾造成全市直接经济损失 3800 万元。

2009 年 6 月 30 日 8 时至 7 月 5 日 8 时，全市累计降雨达 130.4 毫米，三尖镇、铎山镇、梓龙乡超过 140 毫米。受灾人口 8600 人，损坏房屋 28 栋，农作物受灾面积 856 公顷，冲毁塘坝 88 处，损坏水闸 1 座、灌溉渠道 132 处、机电泵站 13 处。水灾造成全市直接经济损失 835 万元。

2010 年入汛后，全市先后遭受 7 轮强降雨袭击。据分设在 10 个乡镇雨量自动监测站所监测数据，日降雨量超过 50 毫米的 56 站次，超过 100 毫米的 18 站次，150 毫米以上的 3 站次。长时间降雨致使全市 16 个乡（镇、街道）10 多万人受灾。损坏房屋 153 栋、1072 间。农作物受灾面积 8316 公顷，绝收 4018 公顷。损毁河堤护岸 123 处、水闸 10 座、塘坝 607 座、灌溉渠道 1709 处、机电泵站 131 座。水灾造成全市直接经济损失 2.24 亿元。

二、干旱灾情

旱灾是冷水江市农业生产主要灾害之一。1990—2010 年，境内出现不同程度的夏旱 2 次，秋旱 2 次，春夏连旱 1 次，夏秋连旱 3 次，夏秋冬连旱 1 次。其中 100 天以上干旱 1 次，50～100 天干旱 4 次，30～50 天干旱 4 次。

以旱灾损失率作为旱灾等级划分指标，1990—2010 年，全市共发生轻旱以上旱情 9 次，其中 2003 年发生特大干旱 1 次，2004 年、2007 年分别发生重大干旱各 1 次，其余中旱 4 次、轻旱 2 次。其中，2003 年特旱粮食减产 1789 万千克，2004 年重旱粮食减产 1079 万千克。

市域是旱灾频发区，通过对历年不同程度的旱灾频率分析，发生特大旱灾的频率 40 年可能会出现一次，发生重大旱灾的频率 8 年左右会出现一次，中度旱灾出现的频率是 4 年一遇，轻度旱灾 2 年一遇。

三、抗灾救灾

市委、市政府一直重视抗灾救灾工作，实行各级政府行政首长负责制，统一部署指挥，分级分部门负责，职责明确，预案齐全。全市防汛抗旱重点水库工程、重要山体滑坡地段都明确行政责任人、技术责任人和日常监管人员，做到任务清楚，责任明确，各司其职，各尽其责。

（一）抗洪抢险

防汛抗洪是抢险救灾的重点。每年的 4 月 1 日至 9 月 30 日为防汛值班期，市防汛办严格按照防汛值班制度做好防汛值班工作，保证通讯畅通和汛期各种信息的及时传递报送。汛期中，市防汛办组织相关责任人员分组到全市 16 个乡（镇、街道）及水库工程进行地毯式的汛前、汛中安全大检查。全市 62 个山洪灾害易发区所在乡镇制订山洪灾害防御预案，落实避灾疏散路线，并向山洪灾害易发地群众发放山洪灾害防御宣传手册。

1996 年 7 月，境内遭遇特大洪灾，市领导全部赶赴抗洪一线，全市 5000 多名机关干部、2000 多名应急分队民兵，20 万名干部群众投入抗洪抢险之中。出动各类船只和冲锋舟 256 艘次、各种车辆 5500 台次，解救被洪水围困群众 2.1 万人，紧急转移避险 3.7 万人，调运抗洪抢险物资 8000 多吨，抢救转移各类物资 1.5 万吨。

（二）抗旱救灾

抗旱是一项经常性的任务，全市已形成一套行之有效的抗旱方法。一是开辟抗旱水源，科学调度用水，抓住时机实行人工增雨作业。二是涉农部门密切配合。农业部门组织专业技术队伍，帮助开展农作物抗旱补损工作；农机部门组织技术分队，巡回为农户检修农机；水利部门对重点水库派驻专人指导协调，做到科学用水、节约用水；各乡（镇、街道）干部进村入组，化解抗旱矛盾纠纷。1990—2010 年，全市累计投入抗旱资金 1.68 亿元，投入抗旱劳力 165.5 万人次，减少粮食损失 7005.8 万千克，减少农业经济损失 4155.8 万元。

第三节　水利管理

一、管理机构

（一）市水利局

1983 年，成立市水利水电局，内设办公室、政工股、计财股、水利股、水电股、科教股。1987 年，撤销水利股、水电股，设水利水电管理站和水利水电工程勘测队。1992 年，增设移民办公室，1993 年升格为正科级事业单位。1996 年，成立河道管理站、水土保持工作站、水土保持预防监督站、防汛办公室、水政监察大队。2002 年，市水利水电局更名市水利局，内设股室变更为办公室、人事教育股、财务股、水政水资源股、水保河道管理股、水利建设管理股、农村水利水电股。下辖二级全额拨款事业单位 3 个：防汛办公室（副科级）、水政监察大队（副科级）、堤防工程管理处（股级）。下辖自收自支股级事业单位 2 个：水利水电物资站、抗旱服务队。是年，移民办公室从水利局分出成立市移民开发管理局。2008 年，成立市水土保持局（副科级）。2010 年，防汛办公室、水政监察大队列为参照公务员管理单位。1988—2010 年，市水利局先后由李春轩、谢本琪、胡汉卿、陈郁琼、余晚芳任局长。

（二）乡镇水管站

1984 年，全市建立 12 个乡镇水利水电管理站（简称水管站），1989 年招收水管站职工 44 人，由水利水电局管理。1994 年机构改革，水管站移交各乡镇管理。2000 年乡镇机构改革，撤销水管站，在新成立的农业综合开发中心设水管员岗位，承担乡镇农田水利工程维护管理、防汛抗旱、人畜饮水安全、水政监察等工作。

（三）周头水库管理处

1969 年，成立周头水库管理处，1991 年升格为副科级差额拨款事业单位，1993 年升格为正科级单位，归口市水利水电局管理。2002 年 8 月，周头水库被确定为全国 24 家水管体制改革试点单位，2006 年 4 月基本完成体制改革，单位由差额拨款改为全额拨款。2010 年机构改革，周头水库为水利局二级机构。

二、水资源费征收

2003 年起，根据省政府《湖南省取水许可和水资源费征收管理办法》规定，全市开征水资源费。至 2010 年，全市发放取水许可证 13 个，审批取水量 1298 万立方米，征收水资源费 300 万元。

三、水政执法

1997 年，成立市水政监察大队，开始水政执法。至 2010 年，共查处各类水事违法案件 736 起（其中立案查处 414 起，结案 391 起），拆除违章建房 48 间，扣押挖掘机 52 台、翻斗车 68 辆、采砂船 34 艘，销毁违法采砂设备 16 台，清除河道、渠道阻水障碍 252 处。渣渡镇铁山村一村民，2005 年未经批准擅自在防洪堤第八标段违法建房，水政监察大队多次劝阻无效，2008 年被立案查处，当事人拒不执行，2009 年市法院强制执行，所建房屋被拆除。

四、河道划界

2001 年 10 月起，进行河道划界工作，包括境内资江干流 19.7 千米，球溪、麻溪、税塘溪和柳溪毛易镇段 4 条资江一级支流共 64 千米，至 2002 年 1 月结束，共完成 220 个河道界桩点勘测。与国土、规划部门和 8 个乡（镇、街道）、35 个村（居）签订《河道界线认定书》43 份，并绘制河道水系分布图、河道管理范围红线图、界桩点断面图。同时，埋设河道界碑 220 块（其中资江干流 73 块，资江 4 条一级支流 147 块），编纂河道划界资料 5 本。

第八章 农村新能源

第一节 沼气池建设

2010 年 12 月，全市有农户沼气池 3102 口，小型沼气工程 19 处，污水净化沼气工程 18 处，总容积 5.35 万立方米，年产沼气 257.6 万立方米，可处理 2 万头猪的粪便污水，每年可节约 4047.5 吨标准煤，减少二氧化碳排放量 9701 吨，可替代薪柴和秸秆 1035 吨，相当于 1560 公顷林地年生物蓄积量，产生的沼肥可满足 1400 公顷无公害蔬菜水果用肥需要，每年为农村增收节支 535.2 万元。

一、水压式沼气池

1978 年，市沼气办成立，在毛易公社长铺大队进行沼气试点，采用三合土建沼气池 64 口，容积 669 立方米。由于取材粗糙，使用效果不佳。1980 年，建池采用砖混结构，将猪圈、厕所与沼气池联结，提高沼气池综合利用效益。1984 年年底，全市共建沼气池 260 口，容积 2346 立方米。1985 年，沼气池采用水泥预制结构，并通过使用半流体自动进料工艺，提高沼气利用效率。至 1989 年年底，全市建设沼气池 395 口，容积 3683 立方米。1990 年，市政府将沼气资源的利用和开发纳入生态农业建设范畴，全市沼气池建设发展迅速，中连乡金湾村新建沼气池 130 余口，沼气入户率 30%。2004 年，市财政按新建 1 池补助 800 元标准进行补贴，调动农户建沼气池积极性。至 2010 年，全市兴建水压式沼气池 1002 口。

二、上流式浮罩沼气池

1991 年，全市进行上流式浮罩沼气池建设试点，在资江氮肥厂家属区建造池容 400 立方米、浮罩贮气容积 50 立方米沼气池，日产沼气 80～100 立方米，可消化该厂养殖场 700 头猪和 1 万只鸡的粪便，净化周边环境，解决养殖场 40 多名职工生活能源。至 2003 年，全市共推广上流式浮罩沼气池 202 口。2004 年，沼气池建设列入市政府“为民办实事”项目，市财政补助资金 30 万元，全市完成沼气池建设 369 口。此后，沼气池建设进入快速发展时期。毛易镇大洲村以沼气为纽带，形成“养猪—沼气—蔬菜”新型生态农业模式，产生较好的经济效益。2005—2010 年，全市共推广上流式浮罩沼气池 1526 口，因工艺成熟，使用效果稳定，被广大沼气用户所接受。

三、厌氧净化沼气池

1995 年 9 月，为治理城镇污水、改善人居环境，市农村能源办联合市计划物价局、建设局、环保局在城区推广厌氧净化沼气池，并在市国税局等 4 个单位的家属区建设厌氧净化沼气池 4 口，总容积 200 立方米。经市环保局检测，通过厌氧净化处理的城市污水达到国家排放标准。1996—1999 年，先后在市技术监督局家属区、金竹山电厂二生活区等 10 多家单位推广，总容积 1000 多立方米，年处理污水 5 万吨，年产沼气 24 万立方米。后因城市污水由分散处理向集中处理转变，推广工作进展缓慢。2008 年，厌氧净化沼气池建设列入市教育局申报的校园工程项目，在锌山中学等 9 所农村学校兴建厌氧净化沼气池 9 座，总容积 493 立方米，年处理污水 2.5 万吨。至 2010 年，因厌氧净化沼气池建设成本高，补助资金有限，未能在全市得到有效推广。

四、沼气国债项目

2008 年，冷水江被列入农村沼气建设国债项目市，农业部投资 90 万元，市财政配套 22.5 万元，分别在 12 个乡镇、18 个村实施。凡实施项目村需成片建池 30～40 口，并要求农户改厕、改栏、改厨，每池由国债项目补助资金 1500 元。2010 年，首批国债项目 600 口沼气池建设顺利通过上级业务主管部门验收。小型沼气工程项目同年开始实施。锌山镇眉山生态养殖示范场兴建容积 249 立方米沼气池，总投资 7.59 万元（其中国债项目补助资金 3 万元、自筹 4.59 万元），可消化该场 2000 余头猪的粪便污水，供应附近 25 户村民用气。通过沼气处理的猪粪全部用于眉山葡萄基地，形成“养猪—沼气—水果”新型生态农业模式，每年可增加收入 30 万元。至 2010 年，全市兴建小型沼气工程 19 处，总容积 2200 立方米。

图 15-14　冷水江市锌山镇眉山生态养殖示范场大型沼气工程　　（2010 年摄）

第二节　节能器具

一、节能灶推广

1983 年，在烧柴的乡村推广湘Ⅰ型省柴灶 1305 个，在用煤乡村和城镇居民中推广冷江新式节煤灶，热效率比烧散煤提高 1 倍，比老式煤灶提高 20%～30%。1984 年，研制成功节煤灶，热能利用率达 32%，是老式煤灶热能利用率的 2 倍。至 1987 年末，全市共推广节煤灶 5.7 万户。此后，节煤灶逐渐普及，2005 年普及率达 93.5%。

二、太阳能利用

（一）太阳能热水器

1998 年，全市推广太阳能热水器 89 台。由于太阳能热水器具有节能环保、实用性强等优点，逐步被市民所接受。至 2007 年，全市共推广皇明、四季沐歌等太阳能热水器约 3000 台。2008—2010 年，市能源办在农村推广太阳能热水器 303 台。

（二）太阳能路灯

2010 年，冷水江市被列为全省统筹城乡发展、整体推进新农村建设试点县市，太阳能路灯作为亮化工程被列入全市统筹城乡发展总体规划，市政府制订奖补措施，促进太阳能路灯在全市推广运用。市能源办在岩口镇金连村、铎山镇眉山村试点，首批安装太阳能路灯 50 盏。与老式路灯相比，每盏太阳能路灯每天可节电 2 千瓦时，年节电 730 千瓦时，全年节约电费、维护费等 1000 余元，6 年可收回全部投资。由于规划合理，产品质量好，起到较好示范作用，全市其他村纷纷到此参观学习。

图 15-15　冷水江市岩口镇农科村太阳能路灯（2010 年摄）

第三节　服务体系

一、沼气技术培训

1979 年，市沼气办在三尖乡金塘村举办第一期沼气技术培训班，共 101 人参训。从此，每 2 至 3 年举办一期培训班，至 2010 年共举办 10 期，参训人员 315 人。通过培训和实际操作考核，57 人取得农业部颁发的沼气技术工作人员资格证，其中高级技术人员 4 人。在 2009 年娄底市能源系统沼气技术大比武中，冷水江市代表队获得第一名。

二、村级服务网点

2008 年，根据农业部《全国农村沼气服务体系建设方案》，市能源办申报农村沼气服务网点建设项目得到上级批准。2009 年，首批 5 个服务点在三尖镇金塘村、毛易镇大洲村等地挂牌成立。每个服务点由省能源办统一配置价值 4.5 万元的进出料设备、检测仪器和维修工具。投入运作后，当年创收 1.11 万元。2010 年，新增 7 个村级沼气服务点，每个点服务 300～400 个沼气客户，基本解决沼气用户后续服务问题。

三、管理机构

1978 年 9 月，成立冷水江市推广利用沼气领导小组办公室（简称沼气办），其主要职能是在全市推广沼气应用技术。1985 年 4 月，沼气办更名农村能源办，副科级单位，归口市农业委员会管理，增加节能技术研究与推广职能。2002 年，机构改革，更名农村能源环保办公室，参照公务员管理。

第十六篇　商贸　旅游

第一章　商　贸

1988—2010年，冷水江市商贸企业走过了由经营方式改革到产权制度改革的历程，打破原来国有商业和集体商业“一统天下”的局面，个体工商户、私营企业进入市场，个体私营经济快速发展。1988年，全市有个体经营户2384户，从业人员4067人。1993年，个体私营经济进入商贸发展快车道，个体经营户增至1.43万户，从业人员达3.37万人，但国有、集体商业仍占主导地位。此后，随着国有、集体商业实施租赁承包、重组、股份制、产权置换等系列改革，个体私营经济逐渐成为全市商贸流通领域的主力军。

商品流通渠道拓宽，进一步促进个体私营经济快速发展。20世纪80年代，国有商业、集体商业从娄底地区批发站批发商品，经营者再从市内批发销售。90年代，除国家规定的专营物资实行专营外，国有商业、合作商业、集体商业、个体私营商业均可直接从厂家或外地进货销售，商品市场形成大流通格局，品种丰富多样，低、中、高档商品齐全，购销两旺，不断满足人民群众日益增长的物质需求。

为搞活商贸流通，市委、市政府采取措施，组织有关部门招商引资，增加销售网点。23年间，城区单位和居民将临街房舍改成门面、门点。地处金竹西路与新城路之间一条小巷内的市工商局、冷水江街道、蔬菜公司、湘运汽车站、肉食公司、皮件厂、酱菜加工厂等单位将住宅楼的第一层改造成店铺，共有商场、超市、摊档200余家，形成了商铺集中、生意兴旺的市场路。城区先后兴建具有规模的贸易市场3个，农村扩建、改建市场16个，商贸网点遍布城乡。同时，进一步加强行业管理和证照管理，健全市个体劳动者协会和消费者协会等组织，为经营者排忧解难，依法保障消费者的合法权益，全市商贸业健康、有序、快速发展。

第一节　流通体制改革

一、商业体制改革

1994年11月，市商业局转体改为市商业总公司，同时，成立市商业行业管理办公室，“两块牌子、一套人马”。1997年年底，商业总公司下辖独立核算企业14家，共有职工3814人。1988—2004年，先后由龚汉云、张焕伦、张国俊、张新建、段雄交任局长（经理）。

2005年1月，撤销市贸易工作办公室、市商业行业管理办公室、市物资行业管理办公室，组建市商务局。内设办公室（加挂信息中心牌子）、财务股、商贸流通股、政策法规股、对外贸易经济股、市场建设管理办公室、人事股、安全保卫股、信访办公室。下辖市场服务中心、酒类监督管理办公室。至2010年，市商务局先后由饶立荣、段民主、盛建国、欧志红任党组书记、局长，2010年3月，喻本建任专职党组书记。

（一）经营方式改革

1988年，部分国有商业实行个人承包租赁经营，大型商店实行部分柜台租赁经营，承包者缴纳一定的风险抵押金并与公司签订经营合同。1992年，国家出台“四放开”（放开经营、放开物价、放开用工、放开分配）政策，冷水江经营方式改革重点放在“放开用工”和“放开分配”上。1994年起，推行国有民营方式，企业根据不同地段、柜台和承包人情况，制定标底、期限等，由全体职工投标，中标者交足抵押金，与企业签订合同经营；未中标者待业或自谋职业，单位发给生活费。1997—1998 年，蔬菜公司、百货公司、副食公司实行国有民营改革，职工买断商品，自主经营，自负盈亏。五交化公司推行全员风险抵押金制度，员工至领导每人交 2000～6000 元不等的风险抵押金。这些经营方式改革，增强了员工的竞争意识，拉开了分配差距，实现了责、权、利统一，效果比较明显。

（二）产权制度改革

20 世纪 90 年代，商业部门采取重组、转体、以资抵债等多种形式，先后处理一批无发展前途的企业，为产权制度改革作前期准备。1994 年 10 月，锑都大厦改组为股份有限公司，成为全市第一家大型股份制商业企业。2002 年，市蔬菜公司实行“两个置换”改革，拉开全市商业系统产权制度改革序幕。此后，市副食公司、五金公司、百货公司、肉食公司、锑都大厦、饮食公司等 18 家商贸企业陆续改制。2005 年，对尚未处置完的企业剩余资产、店面、设施等统一变卖，拍卖资产 1.32 亿元。至 2008 年年底，商贸企业改制全部完成，人员移交当地社区管理，个人档案移交市劳动就业局，财务档案移交市档案局。

（三）牲畜屠宰改革

20 世纪 90 年代，生猪价格放开以后，市场购销旺盛，全市个体屠宰点不断出现。少数个体屠商掺假使假，销售病死、注水猪肉，严重损害人民群众的身体健康，侵害了消费者的合法权益，造成税费流失。2002 年，根据国务院《牲畜定点屠宰条例》规定，市贸易办租用原同兴乡境内一家私营酒厂改建成牲畜定点屠宰厂，城区统一实行牲畜（主要是生猪和菜牛）定点屠宰，取缔城区个体屠宰，凡进入市场销售的猪肉一律到市定点屠宰场批发销售。否则，按国务院《牲畜定点屠宰条例》规定予以罚款、没收，情节严重的移交司法机关处理。

2005 年，牲畜定点屠宰工作由市商务局管理。针对当时生猪屠宰市场注水肉、白板肉以及个别不良屠商销售病死猪肉的现象，生猪定点执法稽查大队加强对肉品市场的整顿，严厉打击肉品市场的私屠滥宰等违法行为。至 2006 年，共查处违法案件 371 起，取缔私屠滥宰窝点 17 个，无害化处理病死猪肉 3.99 万千克。

2007 年，市商务局在同兴乡同兴村境内兴建一座牲畜定点屠宰厂，2009 年 9 月投入使用，日屠宰生猪超过 100 头。同时，加强生猪检验检疫，杜绝注水肉、病死肉、白板肉上市销售。2010 年，全市定点屠宰生猪 3.26 万头、菜牛 3468 头，牲畜定点屠宰量创历史新高。

二、供销体制改革

1988 年，市供销社内设 7 个股室，共有机关工作人员 36 人。下辖禾青、毛易、岩口、中连 4 个区社、5 个专业公司（农资公司、食杂果品公司、废旧物资回收利用公司、工业品公司、棉麻土产公司），共有经营网点 164 个，职工 1129 人。此后，市供销社内设机构和编制数次变更。至 2006 年年底，供销社系统 11 家企业改制工作全面完成。2007 年，市供销社设立农业产业化服务中心。2010 年，供销社内设 5 个股室，共有机关工作人员 19 人。1988—2010 年，先后由肖渐柏、刘新民、李毅资、阳世霄、苏建设、段国荣、潘跃中任理事会主任，陈善周、王中设任监事会主任。

（一）经营体制改革

1988 年，全面推行经理、主任任期目标管理责任制和企业内部经营责任制，实行“五定两联”（定利润、定销售、定费用、定人员、定资金，任务联工资、利润联奖金）、“差额包干、超额全留”“定额上交、超额分成”和“租赁经营”等多种经营责任制。1992 年，推行百元销售含量工资挂钩经营责任制和“四定两包”（定销售、定费用、定资金、定人员，包利润、包工资奖金）经营责任制。10 月，80%的经营核算单位实行“社有民营”。1995 年，供销社系统“边、小、亏、微”门店实行承包经营，部分经营网点实行租赁经营。1998 年，实行下岗分流、减员增效改革，下岗分流人员共 150 人。2001 年，城区各直属公司和农村基层社进行产权制度改革，农村基层社共处置资产 6 处，买断安置职工 16 人。

（二）社员股金

1996 年 10 月，冷水江市成立供销社扩股增资领导小组。12 月，市供销社在禾青试点开办社员股金服务部，至 1997 年 3 月，全市共设立 5 个社员股金服务部，最高股金余额达 1565 万元，入股社员 5.8 万多户。此后，由于企业经营亏损，股金难以收回。1998 年 8 月，停止吸收社员股金。

为防范和化解金融风险，防止挤兑风波，1999 年供销社开始筹资退股，通过变卖固定资产、处理库存商品、清收欠款、催收个人所欠股金等途径筹集退股资金，股金余额由年初的 1100 多万元降至 256 万元。2000 年 11 月，供销社从政府专项基金中贷款 150 万元用于退股，社员股金全部兑付。此外，供销社系统还有 20 世纪 50 年代和 60 年代及 1983 年增资扩股时吸收的股金共 7.9 万元，2003 年移交各乡镇，由各乡镇代为退还社员。

（三）产权制度改革

2001 年，供销社系统开始对城区直属公司和农村基层社进行产权制度改革，共处置资产 6 处，买断工龄、安置职工 16 人。2003 年，全系统捆绑实行“两个置换”改革，公开拍卖处置资产 118 处，筹集资金 4163 万元，化解银行债务 4820 万元，整体改制企业共 10 个（其中基层社 4 个），安置职工 1514 人（在职职工 1129 人，离退休人员 385 人），支付置换职工身份补偿金 1362 万元，缴纳职工社会养老保险金及退休职工医保金 1600 万元（用冷江大厦资产抵偿），补发退休金 56 万元，补发下岗职工生活费 113 万元，发放抚恤人员抚恤金 32 万元。2005 年年底，所辖企业改制全面完成，企业全部注销。

（四）流通网络建设

市供销社系统在企业改制基本完成后，按照现代企业制度要求，开始建设农村现代流通网络，先后组建冷水江市中心基层供销社（全资）、冷水江市飞彩烟花爆竹经营有限公司（控股）、冷江大厦家电销售有限公司（参股）、冷水江市丰乐农资化肥销售有限公司（参股）、冷水江市人人佳超市有限公司（参股），并吸收冷水江市兴农农资有限公司、湖南瑞生源生物科技有限公司为加盟企业。2004 年 1 月，市供销社以原有日杂公司固定资产为股本，控股 51%，向社会公开招募 4 个自然人股东，组建冷水江市飞彩烟花爆竹有限责任公司，当年实现销售收入 600 万元，2007 年达 2200 万元。2005 年 4 月，市供销社以固定资产为股本，注入流动资金 20 万元，吸收原冷江大厦已置换身份的业务骨干和职工入股，组建冷江大厦家电销售有限责任公司，公司营业面积达 2000 平方米，安置下岗职工 40 多名。10 月，市供销社重组成立冷水江市丰乐农资化肥销售有限公司，该公司以原农资公司办公楼、仓库、门市部等固定资产入股，吸收原农资公司已置换身份的业务骨干入股。2006 年，该公司实现销售收入 1800 万元。

根据新农村建设的需要，市供销社大力发展“新网工程”（全国供销合作总社实施的“新农村现代流通服务网络工程”）网点。至 2010 年年底，建立覆盖城乡的“新网工程”示范店 56 家，专业合作社 4 家（入社农户 760 户），协会 2 个（联系农户 238 户）。并积极参与“网上供销社”建设，建立电子商务实体店 4 家。一个全新的、覆盖城乡的农村现代流通服务网络基本形成。

三、粮食体制改革

1988 年，市粮食局内设 10 个股室。1992 年，撤销工业饲料公司，增设多种经营股；成立粮贸总公司，由局长兼任总经理；计划统计供应股与农村购销股合并。1994 年，撤销多种经营股。1996 年，撤销审计股，财务基建股更名财务审计股。1998 年，撤销粮贸总公司。2002 年，政工股更名人事教育股，计划统计供应股更名调控股，储运股更名行业发展股。2003 年，增设综治办、招商引资办。2004 年，增设政策法规股。2007 年，成立粮食稽查大队。2008 年，撤销招商引资办，政策法规股更名监督检查股。2010 年，市粮食局内设办公室、行业发展股、人事教育股、调控股、监督检查股（纪检监察室）、综治办、财务审计股、粮食稽查大队。1988—2010 年，先后由潘二寿、刘淑媛、饶立荣、李百放、康永军任局长。2002 年起，局长、书记分设，先后由苏连保、李百放、李正莲任党组书记。

（一）粮食流通体制改革

1. 粮食收购体制改革

1988 年，全市粮油实行计划管理，由粮食部门统一收购。1992 年，国家调整定购粮价格，早、中籼稻为每 50 千克 24.5 元，晚籼稻 27.5 元，小麦 30.4 元，玉米 21.2 元，糯稻 32 元。1993 年，粮食定购改为粮食合同收购。1994 年，市场粮价上涨，定购粮早籼稻每 50 千克 45 元，晚籼稻 53 元，中籼稻 50 元。为确保粮食收购任务完成，全市取消粮食合同收购，恢复粮食定购并统一定购价格。1998 年 5 月，粮食收购资金封闭运行。1999 年，市政府下发《冷水江市粮食市场管理办法》，明确规定只有经批准设立的国有粮食企业才能开展粮食收购业务，从外地购入粮食必须办理“粮食调入计划单”“湖南省成品粮运销审验凭证”及相关手续。

2002 年 4 月，粮食价格和市场全部放开，取消定购粮。2004 年起，国家实行最低收购价政策，由国家发改委公布年度粮食品种最低收购价格，当粮食市场价格低于最低收购价格时，国有粮食部门按最低收购价入市收购，以保护粮农利益，提高农民种粮积极性。当年最低收购价早稻每 50 千克 70 元，中、晚稻 72 元。2010 年，粮食最低收购价早籼稻每 50 千克 93 元，中晚稻 97 元，粳稻 105 元。

2. 粮食供应体制改革

1988 年，粮食部门继续执行“计划供应、保障供给”原则，按照上级政府制定的粮食供应政策做好粮食供应。供应对象分农业和非农业人口。农业人口供应统销粮、灾销粮、水淹区粮、菜农粮等。非农业人口供应城镇居民粮、工商行业用粮、军供粮等。城镇人口实行定量粮油供应，以户为单位计算填发购粮证，凭证购买当月粮油，不准提前或跨月购买。

1990 年，全市粮食月供应标准为：0～10 周岁儿童 3～12.5 千克，一般居民和 10 周岁以上儿童 13.5 千克，大、中学生 14.5～16.5 千克，机关职工及脑力劳动者 14.5 千克，轻体力劳动者 16.5～18 千克，重体力劳动者 18.5～22 千克，特重体力劳动者 22.5～27 千克。食用油每人每月 0.25 千克。

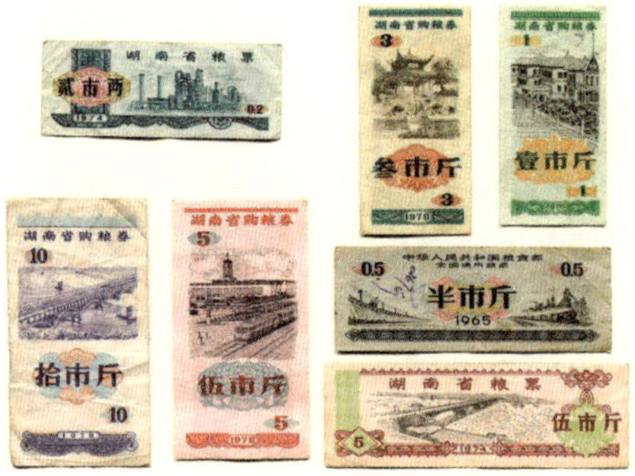

图 16-1　1992 年 11 月退出流通领域的粮票

1992 年 11 月 1 日起，除军粮供应外，全面放开粮油销售，取消粮食计划供应，各种粮票、粮券不再流通，购粮证不再使用，各种粮食结存指标不再供应。1994 年，因出现全国性粮价反弹，重新恢复城镇居民口粮定量和最低限价供应，凭证定点供粮，指标当月有效，过月作废。1998 年，粮食实行“顺价销售”（销售价格最低不能低于收购价格加费用）。2001 年 5 月，全市取消城镇居民粮食供应转移证办理，粮籍管理自行消亡。2002 年 4 月，粮食市场全面放开，粮食供应实现市场化。

（二）粮食企业改革

1988 年，市粮食局下辖冷水江粮站、锡矿山粮站、禾青粮油加工厂、粮油议价公司、粮运车队等 11 家粮食企业，实行计划经济体制。1992 年，省政府相继作出调整粮食统销价格、放开粮价和粮食经营的决定，粮食企业开始体制改革。是年，冷水江市组建“平价粮油购销公司”，实行平价粮油集中统一经营管理。并成立“冷水江市粮油贸易总公司”，开展多种经营。1998 年，全市 11 家国有粮食企业实行“主附分离，人员分流”改革，保留 3 家粮食收储企业，分设 8 个附营企业。2001 年 6 月，召开全市企业改革动员大会，市政府出台《冷水江市置换粮食企业国有产权及其职工身份的实施方案》。至 2004 年 5 月，粮食企业以“两个置换”为主要内容的产权制度改革基本完成，置换职工身份 672 人，重组国有粮食购销企业 3 家，安置职工 105 人。

四、其他商贸体制改革

（一）药材体制改革

1988 年，市药材公司有职工 245 人，内设 13

个科室、1 个配送站和 21 家零售药店。该公司发挥国营药材公司主渠道作用，在药材市场疲软、资金紧张、药源困难的情况下，千方百计组织货源，并在农村筹建代批站（点），确保全市医疗器材和药品供应。

1991 年，组建市医药管理局，与药材公司一套人马两块牌子，行使药品经营和行业管理职能。1994 年，医药市场放开后，市场竞争激烈，公司主抓批发与零售环节，实行内部管理改革。1996 年，公司实行全员劳动合同制，签订劳动合同，明确双方责、权、利。

1999 年，因生产厂家及个体医药行业大量向医疗单位推销药品，药材公司业务不畅，公司批发部、两个批发站、21 个零售网点连年亏损。药材公司针对市场变化，转换经营方式，采取竞标的方式组建 8 个批发部和 3 个批发站。

2001 年实行政企分开，将市医药管理局的行业管理职能、市卫生局的药政职能合并，组建娄底市药品监督管理局冷水江分局，市药材公司归口市经委管理。2002 年 4 月，药材公司成立"祥和堂"大药房，为公司下辖零售经营单位。是年，公司改制，所有职工一次性补偿买断，置换国有企业职工身份。2003 年，公司重组成立"振康医药有限公司"，为股份制民营企业。9 月 30 日，市药材公司更名市振康医药经营有限公司。

（二）石油体制改革

1988 年，湖南省石油总公司冷水江市公司属省、地垂直管理，内设办公室、政工股、仓保股、业务股，下辖集中加油站、冷锡加油站，有职工 71 人。

1994 年，国家全面放开石油价格，停止计划供油，全市集体、个体加油站增至 5 家。1998 年 7 月，省石油公司划归中国石油化工集团管理，市石油公司更名中国石油化工股份有限公司湖南冷水江石油支公司。2001—2004 年，公司深化劳动和分配制度改革，实行减员增效，协议解除劳动合同 31 人，置换身份 17 人，分流 1 人，正式职工由 2001 年 87 人减至 53 人。

2005 年，中国石化实行市、县公司一体化管理体制，撤销冷水江石油支公司，改称冷水江片区，作为娄底市石油公司的派出机构。至 2010 年年底，冷水江片区辖 14 个加油站，共有员工 122 人。1988—2010 年，先后由李济民、廖宜初、李远平、李锦迪、张海涛、申洪斌任公司经理。

（三）外贸体制改革

1988 年，市外贸局与对外经济贸易公司两块牌子，一套人马，主管全市对外贸易。该局（公司）为省、地进出口公司组织货源，为中国有色总公司长沙分公司出口锡矿山矿务局锑系列产品。

1992 年，撤销市外贸局，成立市对外贸易委员会。是年，国家下放出口经营权，生产企业既可以申办自营出口，也可以将产品委托具有出口经营权的企业代理出口。1996 年 12 月，撤销市对外贸易委员会，成立冷水江市对外经济贸易总公司。

2002 年 12 月，成立市外贸行业管理办公室，与对外经济贸易总公司"两块牌子、一套人马"。2005 年，该机构撤销，其外贸进出口管理职能划归市商务局。

（四）盐业体制改革

市盐业公司组建于 1984 年 5 月。1991 年 5 月，加挂冷水江市盐务管理局牌子，与市盐业公司合署办公，行使食盐供应和管理职能。1996 年，更名湖南省盐业集团有限责任公司冷水江支公司。2002 年 5 月，更名湖南省轻工盐业集团有限责任公司冷水江支公司。2005 年 3 月，撤销冷水江支公司建制，成立湖南省轻工盐业集团有限责任公司娄底市冷水江配送站。

1990 年，食盐经营实行行政区域管理，杜绝市外盐业系统的侵销行为，当年查获侵销食盐 150 余吨。1994—1996 年，国务院先后颁布《食盐加碘消除碘缺乏危害管理条例》和《食盐专营办法》，市盐务管理局加强与公安、工商、技监、卫生等职能部门配合，严格执法，防止各类私盐、劣质盐冲击食盐市场。1991—2010 年，共查处盐业违法案件 150 起，没收私盐 1300 吨。

2010 年，公司内设经理室、办公室、盐政股、仓库保管室、书记室，有干部职工 8 人。1988—2010 年，先后由刘久长、康伦富、罗清良、谢新生、张建春、戴如心、李典荣、赵中华、罗振湘任局长（经理）。

（五）物资体制改革

1990 年后，计划分配物资逐年减少。为适应市场经济的发展，1993 年市物资局实行转体，更名冷水江市物资总公司，为正科级全民所有制企业单位，主要经营金属材料、机电设备、轻化建材、五金矿产等工业生产资料。内设行政部、经营部，下辖金属材料、机电设备、轻化建材、物资贸易、湘中自动化设备经营 5 个公司及禾青物资供应站。

1998 年，个体建材、金属、汽车经销商进入市场，物资总公司各分公司经营出现亏损。2003 年 6 月，市物资行业管理办公室成立，与物资总公司“两块牌子、一套人马”。2004 年，撤销市物资总公司，市物资行业办人员并入市商务局。2006 年，重组民爆物品专营中心。2008 年，原物资总公司部分职工筹资组建民用爆破公司。上述 2 家公司由市商务局进行行业管理。

第二节　商贸市场

一、城区市场

1988 年，建新路、体育路等地两边建有简易棚架和设施，经营布匹成衣、五金交电、日杂百货、肉食家禽、水产蔬菜等。为规范市场管理，是年，市政府决定兴建冷江市场。2 月，成立“冷江市场筹建指挥部”，由市工商局具体负责筹建，征地 11.42 亩，8 月破土动工，1990 年 7 月竣工。冷江市场建筑面积 7918 平方米，共有门面 68 个，摊位 1368 个，总投资 260 万元。一楼经营水产、蔬菜、家禽。二楼经营肉食、食杂。三楼经营成衣、布匹。1991 年，经营户增至 2089 户，商品种类扩大到 2368 种，日人流量近 2 万人次，年成交额 8965 万元。1994 年，冷江市场在全省率先开展“文明建设进市场”和“共产党员示范户”活动，共评出 222 户文明经营户。1995 年，该市场被评为“全国文明集市”。冷江市场强劲的销售势头影响了周边的市蔬菜公司、肉食公司、药材公司、轻工局、化工局、湘运汽车站等单位，这些单位纷纷改建门面，先后建成江花商场、锑海商场、星港商场、银河商场等，形成了以冷江市场为主、其他商场为辅的城区最大商贸市场。至 2010 年，冷江市场有各类摊位 1300 余个，从业人员 5000 余人，年交易额达 8 亿元。

1992 年，市委、市政府决定改变以往由工商行政管理部门建市场、管市场的传统做法，出台市场建设“谁投资、谁受益”和鼓励社会各界投资建市场的政策。是年，市粮食局拆除原来的中心粮站与住宅楼建设粮贸市场，至 2000 年，该市场共建商贸用房 5 栋，总建筑面积 2.87 万平方米，有大小门店 153 个，主要经营水果，年批零水果 2 万余吨。1994 年，市农业局投资 580 万元在市一中对面兴建波月市场，总建筑面积 3550 平方米，专营家具、农副产品等。

图 16-2　冷水江市波月市场二楼家具商场（2008 年摄）

2000 年，全市第一家超市——家家乐超市建成开业。随后，城区相继有心连心、美格林、都得利、旺家福、新一佳等大型超市开业，带动了全市零售业的发展。随着房地产业的兴起，全市建材店、装饰材料店发展很快。2008 年，“汇美天下”家居建材城开业，共有商户 200 多家。2009 年，“红双喜”建材城投入使用，共有商户 300 多家。各商场 商品陈列琳琅满目，质量有保证，价格多个档次，满足城乡居民购物需求。

二、厂区市场

全市工矿企业点多面广，20 世纪 80 年代，厂矿附近的居民、农民及家属在厂区或交叉路口摆摊设点。金竹山煤矿、资江氮肥厂、金竹山电厂、冷水江钢铁总厂等企业在厂区附近建有管理较为规范的集贸市场。

1989 年，金竹山煤矿在厂区兴建商贸市场，后金竹山煤矿与冷江煤矿合并，大批职工及家属随同厂部迁往市区，市场逐渐冷落。20 世纪 90 年代，厂矿企业与市工商管理部门联合兴建厂区集贸市场。1996年，资江氮肥厂与市工商局共同投资140万元兴建资氮市场，建筑面积1086平方米。2008年，该市场遭遇冰灾，棚顶坍塌，造成一死三伤的严重事故。此后，厂方与市场服务中心重建市场，规模扩大，在全市厂区市场中首屈一指。

三、乡镇市场

1988年，锡矿山肖家湾市场扩建，新增营业面积1260平方米，增加商业网点230余个。该市场历史悠久，吞吐量大，辐射面广，与新化、涟源等县市20多个乡镇有商贸往来，当时在全市乡镇市场中具有举足轻重的地位。2000年后，锡矿山人口逐渐迁往市区，市场由盛而衰。

20世纪80年代末，大部分乡（镇、街道）在马路边设有集贸市场。每逢赶集，摊点挤占马路，严重阻碍交通。市政府为解决农村“马路市场”问题，采取“谁投资、谁受益”的办法，推进乡镇市场建设。1992年，禾青镇投资415万元兴建禾青商品市场，建筑面积2.83万平方米，有固定门面250户、摊位300个。2004年4月，铎山镇花桥牛市建成，共投资580万元，每天肉牛交易量近百头。牛市建成后，吸引南来北往的客商、过路客等到此品尝牛全席，公路两侧30余家牛席馆生意红火。

第三节　商品购销

20世纪80年代，国有商业和集体商业主导商品购销，商品流通环节多，货源不广，品类单调。90年代，个体私营经济快速发展，商品购销渠道拓宽，流通加快。21世纪初，除烟草、食盐、炸药等少数专营商品外，其余商品全部放开经营，商品购销总量迅速增长，全市社会消费品零售总额由1988年2.27亿元增至2010年41.99亿元。

一、农业生产资料购销

（一）化肥、农药购销

1989年，国务院下达《关于化肥、农药、农膜实行专营的决定》，化肥、农药、农膜3种主要农资商品由供销社专营。市供销社研究制定农资商品供应办法，稳定农资市场，基本满足了农业生产需要。是年，购销农资8747.6吨，销售额590万元。1990年，为支援农业生产，市农资公司和各区社办起庄稼医院，对紧俏的农资产品尿素、钾肥、甲胺磷等积极组织货源，保证供应。

1991年，市供销社配合有关部门开展农资市场整顿，查处无证经营，打击假冒伪劣农资坑农行为，同时开展送肥送药下乡活动，全年农资销售额650万元，比上年增长8.5%，共供应化肥9463吨、农药126.8吨。

1993年，农资市场放开，个体工商户开始经营农业生产资料。市供销社为适应市场变化，积极筹调资金，采取提前组织货源、批零结合、让利等办法开展农资购销业务。是年，完成销售额842万元，比上年增长31.2%。1998年，农资供应市场销售疲软，化肥供过于求，市场竞争激烈，农资经营主体逐步由个体、民营代替。

2004年12月至2005年6月，市供销社系统企业改制组建兴农农资经营有限责任公司和丰乐化肥农药经营有限责任公司。至2010年，两家公司累计销售化肥8.55万吨，销售额累计达2.21亿元。

1988—2010年冷水江市供销社系统主要农业生产资料销售情况表

表16-1

年度	农资销售额（万元）	化学肥料（吨）	其中				化学农药（吨）	农药器械（件）	农膜（百千克）	柴油（吨）
			氮肥（吨）	磷肥（吨）	钾肥（吨）	复合肥（吨）				
1988	606	11156	8752	1431	598	375	142.5	3807	—	276
1989	590	8647	6465	1551	417	215	100.6	2893	—	237
1990	599	8652	5538	2305	555	253	101.5	2568	—	279
1991	650	9463	6076	2331	804	251	126.8	2919	—	285

续表 16-1

年度	农资销售额（万元）	化学肥料（吨）	其中				化学农药（吨）	农药器械（件）	农膜（百千克）	柴油（吨）
			氮肥（吨）	磷肥（吨）	钾肥（吨）	复合肥（吨）				
1992	642	9128	4972	2757	1139	260	112.3	2984	—	146
1993	842	12579	8277	2794	1314	194	117	2474	—	106
1994	809	8834	5614	1380	1506	306	105.4	—	—	125
1995	1446	14037	10377	2470	785	400	98.4	—	—	—
1996	1321	11443	8089	1553	1084	78	94.6	149	230	—
1997	2062	16111	11617	965	2977	84	94.5	1315	234	—
1998	2104	21450	15463	1922	3620	321	93.4	760	1	—
1999	752	5590	3277	742	435	748	44.1	—	—	—
2000	465	2497	911	665	541	299	37.4	—	—	—
2001	390	1023	444	418	290	257	28.5	—	—	—
2002	1434	9024	—	—	—	—	34	—	120	—
2003	1766	9221	100	100	25	25	48	—	80	—
2004	2105	19230	12050	4250	2200	730	307	—	300	—
2005	2240	13890	10070	2420	650	750	88	—	360	—
2006	2525	14550	6110	5050	1690	1700	115	—	330	—
2007	4515	19250	11890	4370	1080	1910	47	—	330	—
2008	4036	12560	—	—	—	—	—	—	—	—
2009	4100	12580	—	—	—	—	—	—	—	—
2010	4720	12690	—	—	—	—	—	—	—	—

（二）农机购销

20 世纪 80 年代初，市内农机主要由国营农机公司经营。农村实行家庭联产承包责任制后，农机逐渐转向农户私人购买。1988 年，全市有农机 2747 台，总动力 5.15 万千瓦。农机公司共完成农机销售额 460 万元，实现利润 18 万元。1991 年起，个体农机销售开始起步，逐步形成国营、集体、个体销售并举的局面。

1999 年，市农机公司因经营不善关门停业，其经营场地和办公楼整体拍卖。此后，个体、民营农机经营户逐渐占领农机市场。由于农村运输业、加工业发展较快，农机购销量不断增长。2005 年，全市农机总动力 10.49 万千瓦，比上年增长 13%，新增农机 417 台。2006 年，毛易镇小横村村民肖建华购买 1 台龙舟 4LZ-1.8 水稻收割机，实现全市水稻收割机“零”的突破。至 2010 年，全市共有个体农机销售网点 16 家，农机总动力增至 19.88 万千瓦，有农机 1.11 万台。

图 16-3　冷水江市金竹西路农机经销店（2010 年摄）

二、工业生产资料购销

20 世纪 80 年代末，市内工业生产资料购销主要由市物资局下辖公司经营，购销商品以金属材料、民用爆破器材、机电、化工、建材为主。1988 年，共计销售钢材 3858 吨、生铁 709 吨、铜材 0.43 吨、水泥 1917 吨、平板玻璃 4874 箱、汽车 87 辆。1992 年，销售钢材 6577 吨、生铁 3340 吨、汽车 100 辆，比 1988 年有所增加。

1994 年，个体经营户开始经营工业生产资料，逐步抢占市场。1999 年，市物资总公司下辖各分公司除湘中自动化仪表公司、轻化公司、民用爆破物资专营中心、机电公司正常运转外，其他公司名存实亡。此后，市场竞争更为激烈，物资部门经营的水泥、钢材、轮胎、平板玻璃等工业生产资料逐年下降。2004 年，市物资总公司进行以“两个置换”为主要内容的产权制度改革，机构撤销，全市工业生产资料除民用爆破物资实行专营外，其他工业生产资料实行市场化经营。

三、生活资料购销

（一）粮油购销

粮油购销一直以粮食部门为主渠道。20 世纪 80 年代粮油市场较为平稳。1991 年，市场粮油供应紧缺，市委、市政府要求粮食部门积极调拨粮油满足市场需要，当年粮食部门调入和收购粮食 4.1 万吨，销售粮食 3.96 万吨、油脂 1473.7 吨。

1992 年，粮食市场放开，个体粮商进入粮油市场，粮食部门粮食和食用植物油销量比上年有所减少。1993 年，粮食议价收购改为市场粮食收购，国家定购转为国家经济合同收购。粮食部门按经济合同收购粮食 276 吨，调入粮食 3.86 万吨，销售粮食 3.6 万吨、油脂 982.5 吨。1994 年，恢复国家粮食定购，定购任务为每年 300 吨。1997—1998 年，根据冷水江产粮不多的实际情况，国家粮食定购任务取消。

2001 年，粮食收购主体多元化，其他经济组织和个体户参与粮食收购。是年起，除国有粮食购销管理站所属的冷水江军粮供应店担负冷水江消防中队、冷水江武警中队、娄底市武警二中队的军粮供应任务外，国有粮食企业退出粮食零售市场，主要是销售加工轮换粮，收购、保管储备粮，开展调入、加工和批发业务。

2002 年，国家取消粮食定购任务，收购价格随行就市，粮食购销全面市场化。为增加粮食库存，粮食部门想方设法从安徽、河南和湖南双峰等地调入粮食 1.05 万吨。

2004 年，国家实行粮食最低收购价政策，当年调入省级储备粮 5000 吨、市场粮 1000 吨。2005 年，收购保护价粮 2781 吨，调入省储粮 3500 吨，销售粮食 1.64 万吨。2009 年，收购保护价粮 2186 吨，轮换省储粮 2185 吨，代新化中央粮库收购储备粮 2500 吨、储存玉米 5000 吨，销售粮食 3282 吨，大部分粮食由私营个体网点销售。

2010 年，全市粮油零售网点发展到 380 户，粮食部门有粮食储藏仓库 11 栋，有效仓容 4.11 万吨。是年，冷水江国家粮食储备库成为省级储备粮代储库点，先后增添电子磅、清粮机、扒谷机、输送带等粮仓设备，粮食储备库仓房进行双循环改造，安装电子测温设备，保存条件大为改善。

（二）蔬菜购销

农村蔬菜供应主要由农户自产自销，每逢赶集，农民挑菜上市交易。20 世纪 80 年代初，全市城区的蔬菜、豆制品由市蔬菜公司主营。市蔬菜公司下设 2 个门市部，1 个中心菜店和 2 个豆制品加工店，全市各乡镇都设有蔬菜收购点。金竹山、锡矿山、禾青等工矿企业集中的地方都设有蔬菜店和豆制品加工店。市政府每逢重大节日下拨蔬菜补贴，蔬菜公司从外地调入精细蔬菜销售。

1989 年，蔬菜价格放开，市蔬菜公司出现经营性亏损，部分门面改营他业。蔬菜销售基本上由个体经营户从外地长途贩运进入冷江市场批零兼营，部分蔬菜由毛易、中连等蔬菜基地供应。

2000 年后，城区人口增加，蔬菜需求量增大，城郊菜农瞄准市场，调整产业结构，扩大蔬菜种植面积，增加品种，发展和种植大棚蔬菜，生产反季节蔬菜。大批入城农民和下岗职工加入蔬菜经营，从外地购入各类蔬菜，蔬菜市场购销两旺。

（三）食盐购销

食盐是国家专营商品。1989 年，实行定量（每人每月 500 克）凭票供应，每千克零售价城镇 0.64 元，农村 0.66 元。1990 年，取消定量供应。1992

年，食盐向个体工商户批发。1993 年 4 月，实行城乡同价销售，1 千克包装零售价为 1 元，0.5 千克包装每袋 0.8 元。1994 年，根据《食盐加碘消除碘缺乏危害管理条例》规定，禁止个体工商户非法购销无碘盐。2003 年“非典”期间，刮起食盐抢购风，市政府采取紧急措施，组织货源稳定市场，很快恢复正常供应。2005 年，全国食盐流通体制改革，湖南省实行特许经营，一级批发直达零售终端网点。是年，全市共设 300 个特许经营网点，500 克小袋包装食盐零售价为 1.3 元。2006 年改为 350 克包装，零售价为 1 元。1989—2010 年，全市共购进食盐 4.3 万吨，销售 4.2 万吨，碘盐覆盖率、合格率、食用率分别达到 99.6%、98%、97%以上。

（四）肉食水产品购销

1988 年，肉食市场主要购销猪、牛、羊、水产和家禽等，全市共销售商品猪 6.2 万头、牛 1.23 万头、羊 6100 头、家禽 16.1 万羽、鲜蛋 608 吨、水产 1359 吨。1989 年，生猪定购定销政策取消，市财政按政策对城市居民实行肉价补贴。1992 年年底，肉价补贴取消。是年，共销售商品猪 5.93 万头，牛 1.24 万头，羊 8500 只，家禽 37.58 万羽、鲜蛋 1472 吨、水产品 2617 吨。此后，因个体经营户参与市场竞争，市肉食水产公司连年亏损，企业改制，全市肉类及各类家禽、水产品全部由个体户、私营业主经营。

图 16-4　冷江市场二楼肉类柜台　　（2010 年摄）

（五）日用工业品购销

20 世纪 80 年代，全市日用工业品主要由百货、五交化、糖酒副食、烟草和供销社等公司统一到上级批发部（站）及厂家组织货源，批发给全市各商业网点销售。

1989 年，计划分配商品基本取消，商品由国营、集体、个体自由购销，采购渠道遍及全国各地。手表、自行车、缝纫机成为消费热点。随着人民生活水平的提高，新型家用电器成为抢手货。1990 年，全市销售彩电 4735 台，洗衣机 2371 台，电冰箱 1364 台，电风扇 1.07 万台。2000 年以后，彩色电视机取代黑白电视机，并追求大荧屏和新款式。空调进入单位办公室、旅社、酒家及私人住宅。

图 16-5　冷水江市步行街通程电器商场（2010 年摄）

1988 年，全市批零棉布及混纺布 318.77 万米。随着服装业的发展，购买成衣者逐年增多，布类销量呈下降趋势。1992 年，批零棉布及混纺布 19.37 万米，销售服装 30.95 万件。此后，全市个体服装店布满大街小巷，服装款式新颖，购销两旺。

20 世纪 80 年代人们新婚新居，以自制家具为主，至 90 年代，城区家庭自制家具逐步减少，部分家庭将旧式家具廉价处理，更换时尚家具。2000 年后，新婚和住房装修，大部分在商店选购新款家具。

1988 年，全市购销食糖 558 吨、酒 1358 吨。1992 年起，食糖取消计划供应，每年购销均在 1000 吨以上。2000 年后，茅台、五粮液等名酒在各大商场、酒店随处可购，白酒销量逐年增加。

四、石油购销

1988 年，石油由中国石油公司冷水江支公司经营，石油供应实行计划内平价和议价同时运行的双轨制，以计划内平价油为主，议价油为辅。计划内石油供应执行指令性指标，农业用油归农机局分配，非农业用油归计委分配，由石油公司负责调拨、批发。是年，全市批发、零售油料2.3万吨，其中汽油1.6万吨、柴油5000吨、煤油1200吨、润滑油800吨。此后，计划内平价油逐年减少，油品供需矛盾加剧，公司积极组织计划外议价油采购，缓解用油紧张状况。

1992年，国家放开石油销售政策，石油供应由石油公司独家经营格局被打破，市煤炭公司、农机局、供销社及私营业主相继设立加油站。1993年，国家取消石油计划供应，石油全面放开经营。1994年，石油市场竞争激烈，冷水江支公司在全国各地购入质优价廉石油，采取以销促进、多批少量、勤进快销等方法参与市场竞争。1996年，加油站设施革新，油罐由高空罐改为地埋式，加油机由半自动改为IC卡电脑税控，管理系统由手工管理改为电脑网络管理。

1997年起，冷水江支公司加强销售网点建设，新建、改建加油站8个，收购改造社会加油站4个。2004年，共销售成品油1.76万吨，零售市场占有率达78%。是年，中石油先后在市内兴建加油站5个。至2010年年底，全市共有加油站25个，其中中石化14个，中石油5个，社会个体6个。2004—2010年，全市共销售成品油22.77万吨，其中中石化16.7万吨，中石油4.39万吨，社会站1.68万吨。

2004—2010年冷水江市石油销售情况表

表16-2　　　　单位：吨

年度	中石化	中石油	社会站	合计
2004	17592	3061	1900	22553
2005	20855	4230	2000	27085
2006	22009	5100	2042	29151
2007	24201	5846	2434	32481
2008	24988	7245	2555	34788
2009	27221	8520	2880	38621
2010	30079	9882	3008	42969
合计	166945	43884	16819	227648

五、药品和药材购销

1988年，市药材公司在城区及禾青、铎山、株木山、诚意等地设立21个零售批发网点。1992年，国家实行药品“四放开”政策，医疗单位直接向厂家进货，以药养医，药品、药材购销出现混乱局面。一些人钻医疗事业免税政策空子，到处开设诊所，借行医之名，行卖药之实。其他商场也任意设置药品柜台，一时间，“百业经药”现象泛滥。1993年，市药材公司销售总额1275.5万元。

1995年后，药商、药贩以低价进货和回扣等手段，让利于医疗单位、医生、药店，使药品售价成倍上涨。加之个体诊所、药店纷纷参与市场竞争，市药材公司的批发、零售额逐年回落，1999年销售额仅502万元，比1993年减少773.5万元。1988—1999年，市药材料公司共销售药品、药材1.75亿元。

图16-6　冷水江市新华佗大药房　（2010年摄）

2003年，市药材公司改制。市区相继涌现“祥和堂”“振康医药”“新华佗”等10余家规模较大的私营药房，“新天地”“旺家福”“新一佳”等超市均设有医药专柜。

六、再生资源购销

再生资源（废旧物资）主要由市供销社下辖的废旧物资回收公司和各基层社收购门市部经营。1988年，市废旧物资回收公司下设涟溪桥、金竹西路、轧钢3个收购点，并委托4个区供销社下设的50多个经营网点代为收购废旧物资。1988—1995年，共收购废旧物资总值993.72万元。1996年1月，市废旧物资回收公司更名市再生资源公司，当年废旧物资收购总值195万元。

1996年后，废旧物资经营逐步放开，个体收购网点参与市场竞争。1999年初，公司实行自由组合承包经营，收购业务滑坡，至2002年，累计收购废旧物资69.95万元。2004年年底，公司改制完成，2005年8月成立鸿元再生资源经营有限责任公司，与冷钢签订生产性废旧金属销售合同。至2006年，累计收购废旧物资800万元。2007年5月，公司因经营亏损停业。

七、卷烟购销

市烟草专卖局和市烟草公司成立于1984年，实行“两块牌子、一套人马”，属政企合一单位。2004年，取消县级烟草公司企业法人资格，成立娄底市烟草公司冷水江营销部。2007年，更名娄底市烟草公司冷水江市分公司。2010年，冷水江市烟草专卖局（分公司）下设办公室、综合室、专卖监督管理股、客户服务分部，共有员工66人。1988—2010年，先后由陈代升、谌跃初、周汉凡、戴谋之、谭元初任局长（经理）。

1988年，全市有卷烟零售商户1367户，其中国有经营户28户，集体经营户65户，个体经营户1274户，销售卷烟1.33万箱，销售额1574万元。1992年，省政府放开全省卷烟零售价格，对批发价指导管理。1995年，卷烟购进以外省烟为主，产地来自云南、上海、广州、杭州等地。当年卷烟销售突破2万箱，销量创历年新高。2000年，卷烟购进以本省烟为主，产地来自长沙、常德、郴州、零陵、邵阳等地。当年全市有卷烟零售网点1700多家，销售卷烟1.08万箱。2002年，卷烟市场实行以销定购，形成有销量就有货源的卖方市场，省内外卷烟厂家纷纷来冷水江培育市场，增加销量。当年销售卷烟1.28万箱，销量比2000年增加20%。2004年，卷烟由娄底市烟草公司统一购进和分配。随着人民生活水平的提高，低档烟（如黄盖芙蓉、盖白沙、软白沙等）销量逐年缩小，中高档烟（如蓝盖芙蓉王等）销量逐年增大，卷烟单箱均价提高。2004年，卷烟销售1.07万箱，销售额1.15亿元。2010年，全市有卷烟零售户1132户，全年销售卷烟1.47万箱，销售额2.34亿元，销售额比1988年增长13.9倍。

1988—2010年，市烟草专卖局依法整顿和规范烟草市场，联合公安、工商等职能部门严肃查处走私烟、假冒烟、无证经营等违法行为，共查处各类涉烟违法违规案件1222起，上缴罚没款103.62万元。

1988—2010年冷水江市卷烟销售情况表

表16-3

年度	销售量（箱）	销售金额（万元）	利润（万元）	税金（万元）	年度	销售量（箱）	销售金额（万元）	利润（万元）	税金（万元）
1988	13342	1574	44.1	12.5	1994	20760	6603	132.7	49.3
1989	12868	1733	61.4	17.5	1995	20978	6202	268.2	109.8
1990	13250	1923	62.8	20.3	1996	18666	8071	348.9	129.1
1991	16230	2744	80.3	30.2	1997	18702	7948	238	97
1992	16300	3300	104.4	33.6	1998	12785	6324	392	152.3
1993	20262	4650	102.5	26.9	1999	14337	7639	260	118

续表 16-3

年 度	销售量（箱）	销售金额（万元）	利 润（万元）	税 金（万元）	年 度	销售量（箱）	销售金额（万元）	利 润（万元）	税 金（万元）
2000	10751	6411	184	99	2006	12035	13063	1725	496
2001	11380	7301	294	214	2007	13019	15033	2540	260
2002	12826	8908	386	385	2008	13578	17508	3263	1815
2003	10499	8491	627	366	2009	14605	19690	3775	2211
2004	10660	11462	1050	424	2010	14678	23392	4834	3393
2005	10205	11268	1451	364					

八、对外贸易

1988—2004 年，全市外贸出口主要是锑品，进口主要是铁矿石，品种单一，数量不大。2000 年起，锡矿山闪星锑业享有自营出口权，所产锑品由公司直接出口。2004 年后，出口产品增加耐火材料、化工产品、服装、钢铁等，2006 年，全市进出口总额 1.55 亿美元。随着冷水江工业经济的快速发展，2008 年进出口总额增至 3.55 亿美元。2010 年，全市进出口总额达 4.18 亿美元，同比增长 20.45%。其中进口 3.04 亿美元，同比增长 9.5%；出口 1.13 亿美元，同比增长 97.4%。1988—2010 年间，全市外贸进出口业务虽然发展较快，但进出口商品大多以高污染、高能耗和资源型产品为主。

2004—2010 年冷水江市进出口总额一览表

表 16-4　　单位：亿美元

年　度	进出口总额	年　度	进出口总额
2004	0.46	2008	3.55
2005	1.26	2009	3.35
2006	1.55	2010	4.18
2007	1.96		

第四节　社会服务业

一、餐饮业

1988—2010 年，餐饮业呈现发展速度快、网点分布广、饮食品种多三大特点。1988 年，全市共有饮食网点 317 个，营业额 509 万元。2010 年，增加到 532 户，营业额达 4.6 亿元。

（一）饭店、酒家

1988 年，全市有接待 20 桌以上的大中型酒店 6 家，至 2010 年末，大中型酒店增加到 97 家，其中接待 50 桌以上的酒店 19 家。

20 世纪 90 年代初，市区比较有名气的饭店是冷江宾馆、东苑宾馆、得月楼，以及个体工商户开办的大鸿运、帝豪大酒店、海龙大酒店、玉皇宫等。帝豪大酒店内设宴会大厅 1 个、雅座 12 间，可摆酒席 30 桌，装修豪华典雅，后因兴建武陵城被拆除。

2000 年后，升级改造冷江宾馆，并相继新建博尼尔、水晶宫、盛源、湘西情、皇庭、鑫源、方兴、乡里人家、福满人间等酒店，其中三星级的冷江宾馆美食宫可承办 60 桌酒宴，二星级的博尼尔国际大酒店有豪华包厢 22 间，配有会议室、西餐厅及酒吧等。

除大中型酒店外，其他小型饭店、小餐馆一般有4～10张餐桌，经营米饭、炒菜、米粉、面条、包子、馒头等，规模虽小，但服务便捷，受到顾客青睐。20世纪90年代末，城内兴起快餐店和煲仔饭店，其特点是价廉、快速、服务上门，受到出租车司机、商贩、上班族和学生欢迎。

（二）冷饮、茶馆

冷饮属季节性项目，一般每年5—10月为旺季。品种有冰棒、雪糕、冰激凌、冰冻饮料等。20世纪80年代末，冷江宾馆生产的冰棒、雪糕受到市民喜爱。此后，肉食水产公司、商业服务公司、饮食服务公司生产和经营冷饮。饮食服务公司冰厂实行前店后厂、批零兼营。到90年代中期，随着个体经营户参与竞争，加上外地冷饮进入本地市场，竞争日益激烈，国有和集体经营的冰厂相继倒闭。2010年，全市从事冷饮生产的企业仅2家，冷饮绝大部分从外地购入。

21世纪初，私营业主经营的“北极星”茶馆开业。此后，城区各主要街道相继开办茶楼、茶馆，至2010年，全市共有茶馆51家，其中仟源茶艺、群芳园茶社、御茗园、天颂茶缘等茶馆，备有云南、广东、福建、台湾等地所产名茶，配以五香瓜子、西瓜子、鲜榨果汁、冷饮等。部分茶馆提供饭菜并附设棋牌、麻将等娱乐设施，亲朋好友相聚茶楼，品名茶嗑瓜子，消遣娱乐。

（三）烧烤摊、夜宵摊

烧烤摊20世纪90年代中期兴起，将羊肉或牛肉等切成细片，穿成串，用火烤熟，加上各种配料，既麻辣又香咸。品种有羊肉串、牛肉串、鸡腿、鸡爪、鸡翅、牛排、猪脚、豆腐、韭菜、香芋等。多数摆在十字路口和繁华路段，顾客以中青年和儿童为主。2010年，城区烧烤摊点发展至70余家。

20世纪90年代中期，待业青年颜严武弃医从商，率先在锑都中路桥北广场摆夜宵摊，经营长沙臭豆腐、龙虾等。此后，各种夜宵摊仿效成风。上山下乡返城知青段太克，在企业改制买断工龄后，与妻子在金竹西路一号岗亭路边摆设夫妻快餐摊，主要经营香干豆腐、嗦螺、煲仔饭等，门庭若市。夜宵摊一般围地设席，临时搭棚，席上多以太阳伞或塑料薄膜遮盖，闪光彩灯点缀，内置彩色靠椅，主要以炒饭、炒粉为主，辅以烧烤。2010年，城区夜宵摊发展至110余家。

二、美容保健业

（一）理发、美容

理发、美容业是服务业中发展较快的行业之一。1988年，全市有国有、集体、个体理发店73家。理发以剃剪为主，发型简单，男子大多为平头、短发，也有剃光头者。女性剪短发或结辫者较多，烫发、染发鲜见。20世纪90年代，国有、集体理发店渐渐退出市场，个体理发店迅速发展。单一的传统理发店多开设在背街小巷，当街的理发店大都以美容美发店命名，服务内容增加烫发、焗油、做发型、化妆、护肤、保健按摩等。

图16-7 冷水江市步行街金丝露美容美发厅

（2010年摄）

进入21世纪，女性追求时尚发型，有的美容美发店购置离子喷雾机、文眉机、电子除斑机、激光仪等设备。服务内容增加头部保健按摩、七彩漂染、去暗疮粉刺、皮肤漂白、种眉、文眼线、各式花样盘发等。男性发型变化不大，但也有少数留长发、烫发、染发者。女性结辫者少，大多是剪短发、盘发髻、碎发、烫发、染发或做披肩直发，花样常常翻新，洗头、敲背等服务内容亦进入理发行业。2010年，全市美容美发店发展到241家。其中城区有大当家、金丝露、自由演绎、邦登国际等30余家美容美发店，规模大项目多，服务质量好。

（二）洗浴、按摩

1988年，市内尚无营业性洗浴按摩场所。20

世纪 90 年代末，私营业主开始经营洗浴按摩业。洗浴从传统的淋浴发展到蒸汽桑拿浴、足浴等。2010 年，全市有足浴、洗浴、按摩店 15 家，从业人员约 800 人。其中，城区规模较大、设施较完善的有美丽传说、征锋按摩中心、杨世推拿、蓝风按摩、富侨足浴、老夫子修脚堂、况氏盲人保健按摩中心等。盲人按摩店由经过专业培训的盲人从事推拿、拔火罐、针灸等服务。大部分足浴、洗浴、按摩场所以理疗、休闲、保健为主，也有少数隐藏色情服务。

（三）健身

1998 年，城区只有一家专业健身场所——汇丰健身房。进入 21 世纪，随着生活水平的提高，市民越来越重视保健和锻炼，全市先后开办阳光、沸点、梦里水乡等健身俱乐部。至 2010 年，全市共有 4 家健身俱乐部。健身项目主要有形体训练、高温瑜伽、拉丁舞、肚皮舞、钢管舞、动感单车、健美操、拳击等。

图 16-8　冷水江市阳光健身俱乐部　（2010 年摄）

三、旅馆业

1988 年，全市共有招待所、旅社 49 家。至 90 年代中期，城区旅馆有市委招待所、冷江大饭店、房晖大厦、锑都宾馆等。2000 年后，相继升级改造或新建的有博尼尔国际大酒店、电信宾馆、老兵宾馆、冷江宾馆、红梅宾馆、新粮贸宾馆等。其中博尼尔国际大酒店占地面积 2148 平方米，共 21 层，拥有客房 208 套。除大中型宾馆外，全市个体私营旅店发展迅速。至 2010 年，全市有大小旅馆 58 家，客房收入 6161.7 万元。

四、修理业

（一）摩托车、汽车修理

1989 年，全市有登记发证的汽修厂（店）97 家，从业人员 932 人（国有 4 家，集体 12 家，个体 81 家）。20 世纪 90 年代，摩托车逐渐进入家庭，成为人们取代自行车的交通工具。2000 年后，随着经济的发展，家用小汽车不断增多，带来汽修行业大发展。至 2010 年，全市汽修厂（店）发展到 180 家，其中一类修理厂 6 家，二类修理厂 23 家，三类修理厂 142 家，摩托车维修点 9 家。汽修厂（点）多数集中在城区入口处和省道 312 线两旁，一般以家庭店、师徒店为多，有的实行股份制经营。经营方式有上门、上路、进厂修理。一般突发性的零星故障随到随修，大修、二保、三保进厂修理。城区规模较大的汽修厂有锡矿山汽车大修厂、湘驰 4S 店、贻亮汽修、宝晶欧式汽车生活馆等。

（二）生活用品修理

主要是修理电冰箱、彩电、洗衣机、电脑、手机、钟表、高压锅、煤气灶、雨伞、服装、鞋等。20 世纪 90 年代，国有商店配备专人为消费者进行家电保修服务。1994 年后，名牌厂家普遍在各地设立维修站点。2010 年末，全市有家用电器修理店铺站点 24 家。

从事修鞋、修钟表者，多数集中在街头巷尾。修鞋的兼配钥匙、修补雨伞等。1990 年，冷江市场安排 26 户摊档在天桥下设点经营，是城区修鞋、配匙的主要场所之一。

五、家政业

（一）家教

20 世纪 90 年代中期，有些家庭在假日雇请老师上门家教，也有的家庭在寒暑假期间雇请大学生上门家教，付费双方商定，一般每小时 20 元。2000 年后，城区有些家庭将子女送至老师家中进行家教，每生每期 1500～1800 元。2010 年，老师上门家教每小时收费 100～200 元，大学生上门家教每小时收费 50～100 元。

（二）保姆

20 世纪 80 年代，雇请保姆的很少。90 年代，部分中青年外出务工，或忙于自己的事业，雇请保姆照顾家中老人、小孩、产妇，保姆大多来自农村或下岗失业人员，多由市内中介机构介绍。2000年后，随着人民生活水平的提高，雇请保姆的增多。保姆工资由双方商定，一般月工资800～1500元。

（三）钟点工

20世纪90年代初，钟点工工资每小时5元左右，从事住房保洁、陪护老人和病人等工作。2000年后，有专长的厨师、教师、健身教练兼职做钟点工，报酬一般为每小时50～100元，其他一般为每小时30元左右。

（四）管道疏通、开锁

1988年后，城区有个体户从事化粪池清淤、下水管道疏通、开锁等业务。居民住宅楼道、墙壁、门上随处可见此类招揽生意小广告，时称“城市牛皮癣”。2000年后，疏通下水管每次收费30元左右，上门开锁每次收费20元左右。2010年，城区从事此类服务者近100人。

（五）装修

20世纪80年代，建筑公司建房时把地面和墙壁拉平，住户在地面刷上地板漆、墙壁刷上石灰粉，进行极简单装饰即可入住。1993年实施住房制度改革，公有房屋产权卖给职工，住房装修逐年增多，专事装修的从业者出现，大多数为农民工。此后，无论集资房或商品房，交付的都是毛坯房，须装修才能入住。装修包括安装（水电、门窗等）、地面（铺地板砖或木板）、墙壁（刷涂料或贴墙纸等）、厨厕（灶具卫浴等）、做家具（衣柜书柜）等等。随着生活水平的提高，家庭、门店、办公室越来越重视装修，以张扬个性或彰显风格，有的装修费超过房价。2000年，从事房屋装修者约1000人，2010年增至近3000人。

（六）搬运

20世纪80年代，农民进城从事搬运服务，如送米、藕煤、家具等，主要搬运工具为板车。90年代，搬运工具除板车外，增加三轮车、小四轮等机动车辆。2000年后，成立搬家公司，提供专业的搬运服务。2010年，城区从事搬运服务的登记板车有240余台，搬家公司15家。

六、婚礼服务业

20世纪80年代，城乡青年结婚仪式由双方亲友操办，婚礼内容包括迎亲、婚宴和闹洞房等，新娘妆式以自主化妆为主。

20世纪90年代起，城区婚礼逐步西化，新郎西装革履，新娘白色婚纱，聘请司仪主持结婚仪式。新娘化妆由照相馆承办，包括盘发、描眉、涂胭脂等，新郎化淡妆。婚车一般是一辆小轿车或面包车，自行剪个红色双喜字贴在车前方引擎盖上。

21世纪初，城区出现婚庆公司，由婚庆公司主持操办婚礼，包括新人化妆、婚纱租用、婚车装饰与租用、婚宴主持以及婚礼背景布置、摄影等，收费1680元至万元不等。婚车装饰除在车前贴双喜字外，前后车牌上还有专门的贴饰，以四字联“百年好合”“美满姻缘”“永结同心”等为主。主婚车装饰更加讲究，车厢引擎盖上装饰大型花盘，车体贴上彩带等。同时，也有少数婚礼兴起复古潮流。有的新郎骑马，新娘穿红色吉服坐4人抬的花轿；也有玩情趣者新郎穿旧装用板车拉新娘。请婚庆公司主持婚礼，成为城乡青年结婚一大时尚。至2010年，全市有婚庆公司10余家。

七、车辆出租业

20世纪90年代，出租机动三轮车（又称慢慢游）最多时全市达600余辆。收费一般视里程而定，城内3～4元。2002年，全市停止“慢慢游”营运，但仍有两轮摩托车出租。

进入21世纪，小汽车出租业快速发展。2001年，青云出租车股份有限公司、锑都小汽车出租分公司和安达小汽车出租公司相继成立。至2010年，全市共有出租小汽车181台，两轮出租摩托车200余台。

八、其他服务业

（一）照相摄像

1988年，全市有照相馆28家，彩色照片开始流行。1990年后，国有和集体照相馆关门停业或租赁承包给私人经营，个体照相业迅速发展。2000年起，照相馆购进数码相机，更新营造背景，开展婚纱照、艺术照、室外照等业务，有的还有摄像业务，将婚庆、寿庆等场面刻制光盘。至2010年，全市有照相摄影馆27家，其中规模较大的有罗门婚纱、亲亲宝贝、银河照相馆等。

（二）装潢广告

20世纪90年代，个体私营企业开始经营装潢广告业务，城区先后成立三维、狮龙、点画轩、金视等装潢广告公司。2000 年起，市内各广告公司大多采用电脑喷绘制作广告，有电脑、打印机、刻字机、彩色喷绘机、写真机、雕刻机、热转印条幅机等设备。城乡主要交通路口、大型建筑物上均可看到电脑喷绘广告。车厢广告、LED 显示屏、发光字等遍布城区大街小巷。2010 年，全市有广告制作公司 16 家。

（三）快递

进入 21 世纪，随着电子商务的快速发展，网上购物的人越来越多，邮政快递不能够满足市场需求，民间快递行业应运而生并迅速发展。2010 年，圆通、汇通、韵达、申通、快通、中通 6 家快递公司在冷水江设有服务点或连锁店。

图 16-9 申通快递冷水江市新城路分店（2010 年摄）

（四）洗车

20 世纪 80 年代，汽车都是驾驶员自己洗车，有条件的单位建有车槽，既用来洗车又用来修车。90 年代，在进城公路两边，个体户采用自来水皮管或高压水枪开展洗车业务。进入 21 世纪，私人小轿车大量增加，在入城路口出现不少规模较大的洗车行，洗车设备有高压喷淋机、无污染洗车液、吸尘器、泡沫机等。至 2010 年，全市有专营洗车服务店（点）25 家。

（五）擦鞋

20 世纪 90 年代中期，城区出现擦鞋服务，从业者多为下岗职工或农村进城人员，街头巷尾路边擦鞋的随处可见。擦一双皮鞋 1～2 元，每人每天收入 30～60 元不等。2000 年后，路边单个擦鞋的减少，城区出现擦鞋店，经营擦鞋洗鞋、增白除臭、皮衣上色等业务。其中翰皇擦鞋店在锑都中路、新城路、金竹西路等主要街道有 5 个连锁店。2010 年，城区擦鞋服务从业人员近 100 人。

（六）干洗

1988 年，全市有从事洗染业门店 1 家。20 世纪 90 年代末期，随着市民穿着质量提高，干洗店逐年增多，主要承接洗涤呢绒、毛料、皮夹克、风衣、西装等较难洗涤或不宜湿洗的服装，并附带熨烫、皮衣上油、洗窗帘地毯等业务。至 2010 年，全市有干洗店 24 家。

（七）鲜花店

1993 年，市饮食服务公司在东苑开办鲜花礼仪门市部，经营礼仪鲜花、花篮、异地鲜花速递等业务。此后，城区相继出现东苑、百花园、龙凤缘、四季花香、秀满天、爱心花屋等鲜花店（屋），主要经营盆栽鲜花、包装鲜花、塑料花等。2010 年，全市有鲜花店（屋）20 家，其中城区 12 家。

（八）桶装水

1997 年，火焰山真泉水有限公司创立，生产并销售火焰山牌桶装饮用水。2000 年 9 月，市自来水公司投资 120 万元在禾青兴建清嵊山泉水厂，次年 3 月试产。随着市民生活水平的提高，饮用桶装水的市民日渐增多。至 2010 年，全市桶装水有火焰山、清嵊山泉、清泉、圣泉等 20 余个品牌，经营桶装水的个体户达 90 余家。

第二章 旅 游

湖南属大陆性亚热带季风湿润气候，冷水江市位于湖南省几何中心，山清水秀，气候宜人，交通条件便利，沪昆铁路（原湘黔铁路）、娄怀高速、沪昆高铁、省道 312 线穿境而过，设有多个站点和出口。境内属喀斯特地貌，地形地貌奇特，自然风光旖旎，山、水、洞、石、泉、瀑要素齐全，旅游资源丰富，是融自然遗产、人文景观、宗教神话、科学研究、工业观摩、地质考察于一体的综合型旅游区。

大乘山风景名胜区位于市东南方向，系雪峰山余脉，形成于距今5亿～7亿年前的寒武纪。南北走向，绵亘数十里，东起禾青，南邻新邵，西至石槽。包括大乘山景区、茶花溪景区、祖师岭景区和新邵境内筱溪景区，面积30余平方千米。

1988年起，全市旅游事业发展较快。1994年12月，省政府正式确定大乘山——波月洞为省级风景名胜区。波月洞景区先后投资近1000万元改造和完善基础设施，达到国家AAA级景区标准，并3次成功举办旅游艺术节。

全市相继开发和开放鸿云洞、仙憩洞、白云洞等景点以及周头湖度假村、三友农庄、银凯假日休闲山庄、瑞生源生态杨梅产业园等乡村旅游景点，旅游资源逐步丰富。

“世界锑都”锡矿山，是一块集科考、教育、观光、休闲于一体的旅游瑰宝，已申报世界文化与自然遗产。

至2010年，全市有AAA级旅游景区1处、省级风景名胜区1处；国内旅行社2家、旅游网点4家；星级乡村旅游区（点）4家；二星级宾馆2家。年接待旅客68.2万人次，比2006年增加23.2万人次。旅游收入4.79亿元，比2006年增加3.56亿元。

第一节　旅游资源

一、自然景观

（一）大乘山景区

大乘山山势逶迤，连绵起伏；林竹成荫，古树参天；瀑布飞泻，山泉流响；负氧离子异常丰富，其“龙鳞石”为世间罕见。大乘佛教文化源远流长，望云寺（圣帝殿）历经千年沧桑，香火不断。景区有乘山大佛、望云寺、观音殿、澄碧湖、吻乳崖、十八湾、哮天犬、百步龙鳞、龙盘乘山等主要景点。

1. 乘山大佛

位于大乘山半山腰，高数十米，隐于青山绿树之间，难被游人发现，当地信众尊称为“乘山大佛”，大乘山因此而闻名遐迩。

2. 望云寺（圣帝殿）

相传南北朝时期（公元500年前后），人们在大乘山捐资修建望云寺。同时，建造龙树墓，以纪念逝去的大乘佛教创始人龙树，弘扬佛法。从此，大乘佛教在当地广为传播，大乘佛教理念深入人心。唐会昌元年至六年（841—846），唐武宗排佛，波及全国，望云寺和龙树墓损毁。不久，当地信众募建恢复望云寺。清末民初，圣帝殿年久失修，当地信徒将其搬迁至望云寺一同修建。20世纪末，当地民众再次重修，将佛祖殿、圣帝殿、药王殿合建一处，望云寺仅存宋代一截山门作为历史见证，石柱上镌刻对联：“山色远云衔树影，鸟音时杂石泉声”，正中门楣刻有“大乘山”三个大字。

3. 观音殿

2005年由当地信众捐资修建，位于大乘山山腰合掌崖。该殿画栋飞檐，庄重肃穆，四周苍翠，香烟袅袅，磬声阵阵。大殿门联“问众生谁是如来，愿大地都成净土”书法俊逸。正面墙上，悬挂著名书画家赵文竹（归隐燕山，法名仁文，自号天涯逍遥客）绘赠的十多幅诗画。观音殿建设前后，在当地留下许多神秘佳话。

4. 百步龙鳞

为大乘山景区奇特景点，处半山腰上，由“龙鳞石”砌成，有百余石级，如长龙盘旋而上，故称“百步龙鳞”。“龙鳞石”为世间罕见。

图16-10　冷水江市大乘山景区“百步龙鳞”景点

（2008年摄）

（二）祖师岭景区

祖师岭景区位于大乘山景区南端，最高主峰海拔 1072.3 米。山岭挺拔险峻，山腰松林茂密，山谷崖峭壑深。相传远古时候，天上飞来一尊石佛，曰石佛祖师。石佛大慈大悲，救苦救难，惠泽人间，乡人遂修庙供奉为神，曰祖师庙。从此，山名便叫祖师岭。清道光年间，翰林出身的钦差李词棠曾登临祖师岭，做《祈山灵歌》，称许这一方世外仙域。祖师岭主要有古刹神庙、观音坐莲、牛郎织女、青龙腾飞、龙咀岩瀑布、祖师殿、南天门、寿星石、一线天、观景台、仙女池等 40 多个景点。

1. 祖师殿

分新、老两殿。老殿始建于公元 5 世纪，依洞而筑，殿址 20 多平方米。清末宣统年间，在距老殿 500 米左右处又筑一新殿。抗日战争时期重修新殿，面积200多平方米。清乾隆四十年（1775），当地一富绅中年无子，上祖师殿祈求，果然得之。后其子中科举仕第，钦点翰林，官至知州。道光年间，其子辞官回归故里，塑佛像，谢佛恩。《新化县志》中记述其事。其后，祖师殿声名远播，慕名而来者络绎不绝。

2. 龙咀岩瀑布

位于祖师岭北面峰峦之间，瀑布高约 40 米，宽约 3 米，瀑下有深潭。

3. 文家寨（鬼门关）

北宋时期，当地起义首领文法贵率义军在此大胜朝廷官兵，并建文家寨以表其功。自此，文家寨也叫鬼门关。抗日战争时期，三尖父老乡亲躲进鬼门关而免遭日本鬼子侵害。文家寨遗存有巨石垒成的残垣破壁，具有重要史料价值。

（三）茶花溪景区

茶花溪景区位于大乘山山脉中部，介于大乘山景区和祖师岭景区之间，沿途茶花遍野，溪流潺潺，故名茶花溪。溪谷幽深，山崖陡峭，灌木丛生，以飞湍的水帘瀑布景观和涓涓溪流景观为主，其中衔云瀑布、翠竹岩瀑布、水帘洞瀑布构成景区三大壮观景象。衔云瀑最大，高 120 余米，从山顶直泻崖下深潭，溅起阵阵水花。有诗人观此瀑赋诗感叹世事："粘禾山上衔云瀑，瀑本无心云自闲，何必奔流山下去，又添波浪在人间。"

图 16-11　冷水江市茶花溪景区衔云瀑布（2006 年摄）

（四）波月洞风景名胜区

波月洞风景名胜区位于市北郊 1 千米处，是一个规模宏大且颇具观赏和科研价值的石灰岩溶洞，分上、中、下三层，已开发游览线路 1800 余米，共 27 个大厅、81 处景点，总面积 4 万多平方米。整个洞穴宽广宏伟，钟乳挺拔，石笋丛生，石幔高挂，石柱巍峨，石帘低垂，石花瑰丽，石瀑飞流。洞内世界溶洞岩溶主要形态类别几乎都有，中外岩溶专家曾誉其为"地下岩溶博物馆""地下自然艺术宫殿"，其 1.98 米高的边石坝、1.1 米长的鹅管、1.5 米深的网状天槽均为国内溶洞所罕见。

20 世纪 80 年代初，中央电视台《西游记》剧组两次在波月洞拍摄《猴王问世》和《三打白骨精》中有关洞景场面。1994 年，波月洞被湖南省人民政府批准为省级风景名胜区。2004 年，被列入湖南人民喜爱的"湖南百景"之一。2009 年 12 月，被评定为国家 AAA 级旅游景区。波月洞主要有迷宫、千丘田、翠屏金塔、水帘洞、鹅管群、海天揽胜、石坝等景点。

1. 千丘田

是波月洞一精品景观，形状犹如一片片梯田，错落有致，泉水注满丘丘梯田，故称之为"千丘田"。

2. 鹅管群

鹅管是钟乳石的一种，内空、透明，酷似鹅毛管子，故名"鹅管"。波月洞内鹅管密布，大小、长短不一，最长达 1.1 米。波月洞以其鹅管之长、分布面积之大而著称于世。1984 年，桂林岩溶研究所以科研名义截走其中最长的一根鹅管保存在研究所内。2004年9月，洞内3根50厘米长的鹅管被游客损坏，造成严重影响，中央电视台《今日说法》栏目组曾以此作专题报道。

3. 迷宫

为整个洞府中心点，高大宽阔，四通八达，是《西游记》电视剧组“猴王宝座”拍摄地。东边有一石椅系“美猴王”之宝座，左边立着一根雕有盘龙的石柱，貌似孙悟空的金箍棒。

4. 翠屏金塔

是波月洞又一精品景观，主要由3根2～4米高的石笋并排组成，在彩灯照射下，形似孔雀开屏。旁边单立的金黄色石笋，呈圆锥状，层层叠叠，仿佛一座宝塔，故取名“翠屏金塔”。翠屏金塔下方是一块高1.2米、面积达8平方米的巨石，从远处看，整个景观酷似一雕花床，被《西游记》剧组相中作为白骨精卧榻。

5. 水帘洞

位于翠屏金塔不远处，由高大的石幔、石柱、石帘构成，洞内上方有水流飞泻而下，瀑泻成潭，水清如镜。洞后有一片片酷似葡萄园的岩溶景观。1982年，电视剧《西游记》中的水帘洞就在此拍摄，洞旁石柱上仍悬挂着当年拍摄时留下的“花果山福地，水帘洞洞天”牌匾。

6. 海天揽胜

位于波月洞中最大的厅——演武厅中。厅的顶部呈弧形，两端与地相接，左上端是一块巨大的石灰岩，上面布满纵横交错、深达1.68米的网络状石槽。石槽下面是一池清水，石槽倒映水中，岩水滴下，冰凉湿滑。

（五）其他景点

1. 鸿云洞

位于市南郊8千米处潘桥乡洪云村，集悬岩、古刹、洞天于一体。相传明万历四十三年（1615），明宗室江川王路过此地，惊叹洞景奇观，故欣然书题“鸿云胜境”四字于洞口，笔力遒劲，鸿云洞因此而得名。《新化县志》记载：“鸿云岩，界税塘、潘溪、三尖之间，一石康良，跨塞两山，上平高岗，下咽狭涧，水潜低出潘溪。岩高如鸿梁然，可无视弓余。”历史上称此洞为湘中八景之一，有诗句赞道：鸿岩磅礴洞深幽，满目琳琅不胜收。

鸿云岩有上、中、下三洞，上、中两洞尚未开发，下洞即鸿云洞。洞口开敞豁达，前临深壑，沿崖砌有木栅石墙，以保游人安全。景区有寺院5栋，大小佛像300余尊，雕刻细致，形象逼真。正殿内供有如来佛祖、观音大士、关圣帝君3尊高大菩萨。殿中央有一巨型天然石柱，上面镌刻着龙凤呈祥、双狮抢宝及诸多飞禽走兽图案，栩栩如生。洞内半明半暗，冬暖夏凉。洞外100多座石碑，人称湘中碑林。

2. 仙憩洞

位于市南郊，属潘桥乡建新村、桥头村管辖，与大乘山风景名胜区相邻，距市区6千米。仙憩洞历史悠久，史称“潇湘古八景之一”，从冷禾公路可直达洞口，洞深约2500米，高150米，是螺旋状多层次结构溶洞，分上下10层，有大小景点50余处，其中开发景点42处，主要有“财神殿”“华山险道”“云海石槽”“天然隧道”等特色景观，可供游玩、娱乐、垂钓、休闲和朝拜。

3. 白云洞

位于潘桥乡洪云岭，离市区7千米，与鸿云洞、仙憩洞毗邻。白云洞与波月洞、鸿云洞等构成典型的湘中岩溶地貌群，是湘中岩溶地洞的又一景观。已开发探测33个景点，有雄伟壮观的石柱石墩群，星罗棋布的石管群，排列有序的石幔群及随处可见的罗汉群（小石柱）。其石幔薄如蝉翼，大如巨扇，轻而叩之发出清脆之声。白云洞岩溶地貌特征对研究湘中地质构造具有重要参考价值。

二、人文景观

（一）“世界锑都”锡矿山

“世界锑都”锡矿山地处市区北部6千米处。锑矿最早发现于1541年，当时误以为锡，故取山名锡矿山，1897年开采。由于锡矿山锑产量高（最高时产量占全球60%以上）、储量大、冶炼技术精湛、质量优异，被誉为“世界锑都”。锡矿山开采百余年来，逐渐形成极具品位的人文景观和历史景观，是一块集科考、教育、观光、休闲、娱乐于一体的旅游资源瑰宝，2005年被评为“湖南百景”之一。市政府为将其打造成国家矿山公园，已申报世界文化与自然遗产。

锡矿山是湖南省最早的工人运动策源地之一，羊牯岭碉楼、中共第一个企业党支部诞生地旧址、红军驻扎遗址、烈士纪念陵园、忆苦窿、千米垂直矿井、锡矿山展览馆等都是颇具价值的旅游景点。

锡矿山展览馆位于锡矿山北矿矿区，面积约2000平方米，是湖南省第一家企业展览馆，在中华人民共和国成立前的“锡矿山工程处”办公楼原址上建成，2007年开馆。主要展示锡矿山锑矿开采历史，展出“锑业开发史”“革命斗争史”“锑产品标本”等图片255张、实物152件、浮雕和蜡像作品10余尊。馆中存有毛泽东、刘少奇、周恩来等老一辈革命家解放初期关于锡矿山开发建设的重要批示手迹。

图16-12　锡矿山展览馆　（2007年摄）

（二）公园

1. 青山公园

青山公园位于市区南部布溪境内，东抵资江河岸，西至冷水江火车西站，横贯青园、布溪、施茶3个社区，占地面积5000亩（其中公益林2500亩），主峰海拔550米。山上树木种类繁多，四季常青，森林覆盖率达80%。2010年，在上山游路两旁新栽香樟、桂花等树210株，安装路灯16盏、休息凳18条。在山顶修建八角亭1个，休息平台2个，安装体育器材12套。山上森林茂盛，建有防火隔离带2.1千米，开辟防火通道6处，设置永久性森林保护宣传牌9块。

2. 滨江公园

滨江公园位于市中心东侧，沿资江而建，2010年11月正式开放。公园占地9.4万平方米，共栽乔木2330株、灌木11.64万株，绿地面积6.2万平方米。工程秉承“完善锑都生态、重塑水岸风采”及“人与自然融合”的设计理念，把园林建筑充分融入周围自然环境，乔木、灌木、花卉及草皮等合理搭配，颇具降尘消音环保功能。

公园分为亲水平台区、老人活动区、儿童活动区、中心广场、休闲区、主入口区等12个区，设有休闲廊亭、文化墙、休闲广场、景观灯、背景音乐、停车场、管理用房等，是集休闲、娱乐、健身等多功能于一体的城中公园。

3. 红日岭公园

红日岭公园始建于1984年，位于市中心西侧，山上怪石嶙峋，绿树成荫，山花烂漫，风景秀丽。1986年，征地7.27万平方米，园内栽植风景林木1.25万株。1987年，在红日岭峰顶建红日阁，高23米，外檐八角4层，内楼3层，为混凝土框架仿古式结构，黄色琉璃瓦，第一层阳台和栏杆为汉白玉，翌年冬月建成。2002年，上山游路安装路灯64盏。2005年，用花岗石重修原游路1100米。2007年，在山上修建2个四角休闲亭。2008年，游路安装不锈钢护栏。次年，新增路灯30盏，拆除公园内违章建筑7户，新增各种体育器材14件。公园内水、电、路通畅，森林覆盖率达85%。

图16-13　红日阁　（2008年摄）

（三）周头湖度假村

周头湖度假村位于市区东17千米的梓龙乡杨

桥村周头水库。2000 年 6 月 9 日正式对外营业。度假村主要包括周头湖宾馆和水上乐园两部分。

水上乐园建筑面积约1800 平方米，为北方四合院形式，仿江南回廊建筑风格，分上、下两层。上层为乘凉休息区，可供游人娱乐、品茶、纳凉，观光。下层回廊分外廊和内廊，中间用 2 米高的玻璃隔开。外廊通游泳池，游泳池面积 408 平方米，水深 1.6 米，四周及池底用钢材围护。内廊设有包厢、卡拉 OK 厅、歌舞厅、小型会议室等。湖内有豪华游艇、鸭子船、皮划艇等各种游乐设施。

图 16-14　周头湖度假村“水上乐园”（2007 年摄）

第二节　旅游开发

一、旅游规划

（一）《大乘山——波月洞风景名胜区总体规划》

1994 年初，大乘山——波月洞申报省级风景名胜区。4 月上旬，市旅游局委托湖南省城市规划设计院对景区实地勘察并进行详细规划设计，历时半年，编写《大乘山——波月洞风景名胜区总体规划》。10 月，正式通过专家评审，并形成总体规划说明书。

该规划分现状概况、景区开发建设、实施建议三大块，规划面积为 26.12 平方千米。景区开发建设分为近期（1994—2000 年）、远期（2001—2015 年）、远景（2015 年以后）三期。规划将大乘山——波月洞风景名胜区性质确定为：以溶洞奇观、飞瀑叠泉、峰峦林海、江河险峡等为主要景观，以奇、秀、幽、险为特色，供游览观光和避暑度假的城市近郊型省级风景名胜区。整个风景名胜区划分为 5 个景区：一级景区为波月洞景区、大乘山景区；二级景区为茶花溪景区、祖师岭景区、筱溪峡景区。确定开放景点 57 处，其中按人文景观和自然景观两项进行定量分析，最终评定一级景点 6 个，二级景点 19 个，三级景点 18 个。

（二）《冷水江市旅游事业“十一五”及 2020 发展规划》

2004 年，市旅游局根据旅游资源发展现状和可持续发展情况，着手编制《冷水江市旅游事业“十一五”及 2020 年发展规划》。该规划历时一年多，于 2005 年 4 月正式通过市政府审批，准许组织实施。

该规划以波月洞为基础，重点开发“世界锑都”锡矿山红色旅游资源，并带动大乘山、资江风光带、周头湖度假村、鸿云洞、白云洞等有关旅游景点进一步开发，推动旅游工艺品相关市场发展。

（三）《大乘山——波月洞旅游控制性详细规划》

2007 年，市政府委托浙江远见旅游规划设计研究院编制完成该规划。规划范围主要包括大乘山入口区和波月洞景区洞口外区域，控制面积计 54.8 公顷（其中大乘山景区入口区控制面积 3.5 公顷，波月洞景区洞外区域控制面积 51.3 公顷）。规划期限分为 3 期、10 年（2007—2016 年），总目标是通过规划使景区各项设施得到全面完善，各项指标达到国家 AAAA 级景区标准。

与以往规划书不同，此规划不仅包含旅游资源评价、景区规划，而且对旅游市场规划、环境保护和土地利用控制等重点阐述，并对旅游交通、电力、给排水、消防、绿化等各项配套设施做具体、细致规划，具有较强的操作性、前瞻性和科学性。经周密普查和科学分析，全市有四级旅游资源 3 处，三级旅游资源 6 处，普通级旅游资源 32 处。总体形象定位为：宗教福地大乘山，地质奇观波月洞。市场定位为：以冷水江为依托的整个娄底区域及邻近新邵县为基础市场，以长株潭、邵阳等地为重点市场。该规划经专家多次评审和法定程序审批后，2008 年 10 月 20 日，娄底市人民政府下发《关于大乘山——波月洞旅游控制性详规批复》，确定将其作为大乘山——波月洞全面实施开发建设依据。

二、景点开发

（一）大乘山——波月洞省级风景名胜区开发

大乘山——波月洞风景名胜区开发是全市旅游业开发重点和核心。1994 年 1 月 19 日，大乘山——波月洞风景名胜区省级考察评估会议在长沙召开。大会由省建委主持，省人大办公厅、省政府办公厅、省旅游局、省文化厅、省林业局、湖南师大、长沙市规划设计院以及娄底地区建委、旅游局、林业局等单位领导出席。与会人员认真听取冷水江市政府关于风景名胜区情况介绍和说明，观摩景区电视风光片和景点照片，一致认为其规模和范围均已达到要求，同意将其推荐为省级风景名胜区。同年 3 月，市政府出具报告，经娄底行署、省建委审查同意后上报省政府。5 月，省规划设计院对大乘山——波月洞风景名胜区进行总体规划，8 月下旬完成规划任务，9 月中旬通过省级评审。12 月 21 日，省政府正式确定大乘山——波月洞为省级风景名胜区。

1. 波月洞风景名胜区开发

波月洞风景名胜区是 1980 年由市政府批准设立的副科级差额拨款事业单位。1984 年，成立波月洞景区管理所，归口市建委管理。1996 年 9 月，改归市旅游局管理。1995 年 10 月，市政府为开拓旅游市场，将波月洞景区整体租赁给长沙菲达集团，经营期为 30 年。因其经营管理不善，不能按时缴纳租赁费用，拖欠职工工资和养老保险金，造成职工多次上访。1998 年 2 月，市政府通过诉讼程序，解除租赁关系，收回波月洞景区经营管理权，恢复其副科级差额拨款事业单位性质。

自开发始，波月洞管理所为加强景区建设，采取“招商引资、社会集资、职工出资”方式，先后投资共 600 万元，增建和改造地面娱乐、游乐、休闲项目 54 处，维修、改造景区园内游路 1.5 千米，修建景区景观小道 2.3 千米，廊亭廊阁 12 处，改造景区大门，新建花坛、花带 6 处，改造升级洞内灯光、游览步道，新安装园内路灯 89 盏、垃圾桶 50 余处，修建星级厕所 3 个和功能齐全、面积达 200 平方米的游客服务中心。景区面貌焕然一新，由过去单一景点建成以溶洞景观为主，集休闲娱乐、度假、晨练为一体的综合性旅游风景区。2009 年，招商引资新建游乐项目 8 处，总投资 410 万元，其中唐风西游文化园项目是重点建设项目之一。2010 年，市旅游局争取政府支持，每年财政差额拨款由 30 万元提高到 60 万元。是年底，波月洞风景名胜区被评为国家 AAA 级旅游景区。

图 16-15　2009 年，波月洞风景名胜区获国家 AAA 级景区证书

2. 大乘山风景区开发

1995 年 5 月，在市七届人大三次会议上，段腊香等代表提出“将大乘山旅游列为重点工程”的建议，得到市政府采纳。市财政重点扶持圣帝殿、祖师殿扩修，游路修筑每千米补助 5000 元。1996 年，大乘山地区（包括大乘山、祖师岭、茶花溪和新邵筱溪峡 4 个景区）修建游道 15 千米，架通高压线路 2 千米，建筑观景亭廊 2 座，开设水晶阁、竹楼等多处服务场所。1997 年，新建蒙古包 4 个并投入使用。投资 13.2 万元修筑水晶阁服务中心至新殿宽 1.2 米的高标准游路，2200 多级阶梯直通山顶。2000 年，先后投资 170 万元用于基础设施和服务设施建设，架设部分低压输电线路，修筑 3 千米高标准游路。2001 年 4 月，在大乘山举行景区修复落成庆典暨开醮庙会。2005 年，由当地信众投资捐建的观音殿，成为大乘山景区又一道靓丽景观。

（二）鸿云洞景区开发

1994年6月20日，潘桥乡洪云村向市政府呈交《鸿云洞旅游区可行性报告》，请求开发鸿云洞旅游区。11月18日，市政府批复同意开发。洪云村利用洞、庵及土地资源与投资商合股经营，共同开发。1995年4月，启动鸿云洞景区一期工程。投资20万元重建佛殿，30万元建住宿楼、游乐场，洞内装饰20万元，道路整修5万元，园林绿化3万元，旅游区开发面积1.4公顷。1996年6月，二期工程开工建设，12月底竣工并正式对外开放。

（三）仙憩洞景区开发

1999年5月，市旅游局同意建立仙憩洞旅游点，由潘桥乡政府组织开发，业务由旅游局管理，严格遵循"严格保护、统一管理、合理开发、永续利用"原则。当地群众集资5万余元进行基础设施建设，架通景区线路，修好通往景点的公路。是年底，景区正式对外开放。

（四）周头湖度假村开发

1998年4月和2000年5月，市政府两次召集有关单位在周头湖召开现场办公会议，专题研究有关周头湖开发问题。会议同意开发周头湖，实施优惠政策，办证手续从简，只收取工本费用。会议确定由大建煤矿出资6万元修缮大建煤矿路段路面，由交通局协同有关部门和单位修建波月洞至梓龙公路，为周头湖旅游创造良好外部环境。

周头湖度假村由陈响莲女士投资，建有水上娱乐城、宾馆、门楼等，是集餐饮、娱乐、休闲为一体的综合性旅游度假村。水上娱乐城有快艇、水上碰碰船、卡拉OK、游泳池、包厢及会议室等。2000年5月底，完成第一期工程。6月4日，成立周头湖旅游开发管理处。6月9日，周头湖度假村正式营业。

（五）乡村旅游资源开发

2010年4月，娄底市政府联合省旅游局在长沙举办"相约娄底、走进乡村"旅游活动，冷水江市旅游局派人参加，并赴上海、四川等地考察学习。6月，成立乡村旅游富民工程领导小组。9月，市旅游局起草《冷水江市乡村旅游富民工程实施方案》，9月25日，市政府常务会议决定正式实施。该方案主要以开发城市依托型、景区带动型、农业观光型、民俗特色型等乡村旅游项目和创建省级重点旅游名乡名镇为目标，以开发特色旅游产品为重点，大力发展全市乡村旅游产业。全市规模较大的乡村旅游点有：周头湖度假村、三友农庄、银凯假日休闲山庄、响莲实业葛根生态种植园、瑞生源生态杨梅产业园等。

1. 银凯假日休闲山庄

位于潘桥乡建新村。山庄采用欧式建筑风格，建有综合楼、办公楼、12栋水上别墅及可容纳100人的会议中心及小型会议室，占地面积6.53公顷，是集垂钓、餐饮、休闲、娱乐、观光为一体的综合型休闲山庄。

2. 三友农庄

位于岩口镇泉平村。2010年元月正式成立，建有面积约13公顷的葡萄、提子栽培示范园，集种苗繁育、技术推广、无公害种养、果园体验采摘、垂钓、餐饮、住宿于一体，是旅游观光的好去处。

3. 响莲实业葛根生态种植园

位于岩口镇金星村。2010年6月创办，面积约20公顷，重点以葛根种植、加工、包装为主，以水产养殖、旅游观光为辅。

4. 瑞生源生态杨梅产业园

位于渣渡镇铁山村。2008年正式成立，主要生产高档杨梅果酒、杨梅果油、杨梅果脯等产品，是集杨梅生产、加工、旅游为一体的综合性产业园。

（六）其他景区开发

为了落实国务院《关于加快发展旅游业的意见》，把全市旅游产业做大做强，2010年，市政府决定将全市旅游资源开发重点确定为"世界锑都"锡矿山、大乘山旅游度假区、资江旅游度假区、谢冰莹故居和铎山乡村旅游示范区五大项目。"世界锑都"锡矿山早已闻名于世，市旅游局决定将其打造成国家矿山公园，并申报世界文化与自然遗产名录。大乘山佛教文化源远流长，山上自然风光旖旎。资江旅游度假区因其独特的自然环境，极具开发价值。市领导和市旅游局工作人员带领专家团队深入各景区实地考察，积极做好五大项目招商引资，并委托资质单位编制大乘山旅游度假区和资江旅游度假区可行性研究报告。

三、经济社会效益

2006年，全市接待旅客45万人次，旅游收入1.23亿元。2010年，接待旅客68.2万人次，旅游收入达4.79亿，旅游人数和旅游收入较前均大幅增长。旅游业发展促使景区交通条件不断改善，水、电、路等基础设施日臻完善。同时，加快人流、物流、资金和信息流，带动第三产业发展。以田园风光"农家乐"为主的乡村旅游方式兴起，促使农民自觉改厨、改厕、改圈，改善村庄面貌，提高农村环境质量，增加农民收入。

2006—2010年冷水江市旅游接待及收入情况表

表16-5

年　度	接待旅客（万人次）	同比增长（%）	旅游收入（亿元）	同比增长（%）
2006	45	20	1.23	25
2007	58.5	30	1.66	32
2008	64.5	10	2.03	22
2009	79	28	3.9	34
2010	68.2	15	4.79	21

四、旅游宣传

（一）举办旅游艺术节

2002年9月15日，波月洞风景名胜区举办中国湖南波月洞"西游之旅"艺术节，为期一个月，并在9月15—17日举行为期3天的艺术表演活动。艺术节由市政府办主办，市旅游局、波月洞风景名胜区管理所承办。艺术节期间，举行演唱会、民族歌舞表演、高空走钢丝、灯展、花展、篝火晚会、风味小吃品尝等丰富多彩的活动，并举办波月洞形象小姐评选比赛。湖南卫视、经视频道、都市频道、《湖南日报》、《三湘都市报》、《潇湘晨报》等25家新闻媒体对此进行专题报道。

2006年9月27日至12月31日，波月洞风景名胜区举办"冷水江波月洞旅游文化节"。由冷水江市委、市政府主办，市旅游局、共青团冷水江市委承办，上海天娱传媒有限公司策划。文化节期间，举行开幕式暨观音禅寺佛乐会、梅山歌王总决赛、波月洞杯摄影大赛、波月洞运动节、美食节、波月洞"欢天喜地"迎新年文艺晚会等活动。湖南卫视、娄底电视台、冷水江电视台等多家媒体对此进行跟踪报道。2007年5月，波月洞成功举办首届"梅山傩文化艺术节"。同年，市旅游局举办大型"写冷江、画冷江、拍冷江、摄冷江"活动，向社会征集各种旅游稿件，全方位、多角度宣传冷水江旅游资源和旅游动态。

（二）新闻媒体推介

2000年10月，波月洞风景名胜区举办景区开发20周年庆典活动。2001年，波月洞在湖南电视台新闻气象栏目作全年广告，并投入12万元开展"五一""十一"黄金周旅游及举办篝火晚会等文艺活动。同年，中央电视台"走进湖南"摄制组对波月洞进行全方位拍摄，在中央电视台第五套节目《早安中国》栏目中播出。2008年10月，娄底电视台综合频道在波月洞举办"我唱我秀"电视歌手大赛，并在景区拍摄系列音乐风光片，介绍景区风光。

2010年上半年，波月洞风景名胜区在长沙公交车上作广告宣传，持续一个季度。同年，市旅游局制作《锦绣锑都》光碟、《波月洞之歌》、《冷水江市旅游景点分布图》，宣传推介冷水江市旅游资源。

（三）其他活动推介

2001年9月27日，在锑都中路举行国际旅游宣传日活动，参加单位有市旅游局、波月洞风景名胜区、大乘山风景区、祖师岭风景区、茶花溪风景区、周头湖度假村、仙憩洞景区、冷江宾馆、红梅宾馆、金龙旅游公司等，发放旅游宣传资料5000余份。市电视台、市报社在现场进行专题报道。该活动被评为娄底五县市中年内最佳宣传活动。

2008 年 4 月，市旅游局邀请湖南省参事室和省文史馆，在波月洞景区举办首届《西游文化名家书法笔会》活动，知名书法家共 10 余人到会题词。6 月，市旅游局组织响莲实业葛根系列产品、金鹰服饰木纤维制品以及根雕艺术品等各类旅游商品参加娄底市举办的娄底首届旅游商品展，葛根系列产品荣获大奖。

2010 年 9 月，市旅游局组织金鹰服饰、瑞生源、响莲实业、波月食品厂、湘土情酒业 5 家企业参加省旅游局在长沙举办的“首届中国湖南旅游商品博览会”，响莲实业葛根系列产品荣获优秀参展商品铜奖，湘土情酒业的湘土情酒礼品包装盒荣获旅游产品设计大赛铜奖。

第三节　旅游管理

一、管理机构

（一）旅游局

1993 年 11 月 18 日，成立冷水江市旅游局，为正科级行政机构，归口市建委管理，定编 5 人，主要负责普查全市旅游资源，编制旅游规划，组织指导旅游资源开发、利用和保护，监督检查各项旅游服务，规范行业管理。1994 年 9 月，成立冷水江市大乘山——波月洞风景名胜区开发管理处，与旅游局合署办公，“两块牌子、一套人马”，内设办公室、计划财务科、旅游管理科、园林绿化科、规划设计建设科、安全保卫科。1996 年 3 月，市旅游局归口市政府办公室管理，属市人民政府直属事业单位，设办公室、开发股、管理股 3 个职能股室，定编 12 人。2010 年年底，市旅游局有干部职工 15 人，其中在岗 10 人，退线 2 人，退休 3 人。1993—2010 年，先后由谢龙华、王修南、欧志红、杨玉初、陆华春、李公秋任局长。

（二）波月洞风景名胜区管理所

1984 年，成立波月洞公园管理所，由市建委管理。1991 年 5 月，更名波月洞公园管理处。1996 年 9 月，归口市旅游局管理。1998 年 3 月，又更名波月洞风景名胜区管理所，其隶属关系、机构级别、人员编制、经费渠道不变，内设办公室、计划财务股、旅游管理股、园林管理股、安全保卫股。1999 年 1 月，增设宣传股。2003 年 8 月，增设政工股和开发股。

1984 年，波月洞管理所主要负责人由市建委任命。1995 年 10 月，景区整体租赁，主要负责人由承包商自主决定。1998 年 2 月，市政府收回景区经营管理权，景区负责人由市委任命。

2001 年，波月洞风景名胜区管理所各股室负责人实行竞争上岗，并采用百分制计分形式考核，奖勤罚懒、奖优罚劣，调动干部职工积极性。

2006 年 4 月 12 日，波月洞景区 70 余名职工因工资、养老保险金等问题集体上访到市旅游局和市政府，在社会上造成一定影响。此后，市旅游局做好职工思想工作，维护职工合法权益，消除、化解多起集体上访。

2010 年，市旅游局参照《党政领导干部考核工作暂行规定》，结合旅游工作实际，对波月洞领导班子成员采用个人述职、民主测评、局领导考评、综合评价等方式进行考核，划分为优秀、称职、基本称职、不称职 4 个等次，将考察结果作为干部选拔、任免和奖罚的依据。是年，市旅游局下发《关于加强波月洞景区合同管理的通知》，清理景区内不规范合同，合同设立、变更及终止须经主管部门同意。同时，依法依规处理损害景区整体利益行为。

（三）市旅游发展总公司

1994 年 2 月，市委组织有关单位领导和技术人员 10 人赴外地考察学习，借鉴零陵地区、永州市、黄石市成功经验，决定创办旅游发展总公司。4 月，冷水江市旅游发展总公司正式成立，公司性质为市属预算外全民所有制企业，归口市旅游局管理，主要经营旅游工艺品、五金、建材、煤炭、矿产品、劳保用品以及旅游工艺品生产、加工和开办旅游服务项目。1995 年，公司更名金龙旅游发展公司，经营旅游、煤炭、锑品，以旅游业为主。1997 年 1 月，该公司因经营不善而停业。

二、行业管理

（一）管理制度

1996 年 9 月，市旅游局下发《关于推荐人才参加导游服务与管理专业班学习的通知》，规定凡从事旅游业人员必须通过正规培训，持证上岗。1998年10月，在波月洞景区举办第一期培训班，邀请省旅游局专家讲授业务知识。

1999年3月，市人民政府下发《关于加强旅游娱乐景点开发建设管理的通知》，规定凡经营旅游娱乐项目必须经旅游局批准，并到工商部门登记注册。

2001年3月，市旅游局成立社会治安综合治理领导小组，每年都与景区管理所、宾馆、旅行社等层层签订《社会治安综合治理目标管理责任书》，对各景区、旅行社、宾馆实行定期安全检查，并严肃查处旅游市场"黑导、黑店、黑车"等非法经营活动，建立导游人员从业档案。

2008年，根据省旅游局《关于全省统一使用诚信旅游服务管理系统的通知》要求，市旅游局要求各旅行社自5月1日起实行电子行程委派单制度。

2009年，《湖南省旅游条例》正式实施，市旅游局制定实施方案，组织各旅游企事业单位进行广泛学习宣传。2010年，市旅游局组织全市旅游行业参加娄底市首届旅游行业服务技能竞赛，冷江宾馆取得优异成绩。

（二）景区保护

1995年4月，市政府召集有关单位负责人在禾青镇召开保护大乘山景区专题会议，会议制定《禁止非法采矿实施方案》，严厉制止和清除一切破坏旅游景点、森林植被的非法采矿行为。1998年12月，波月洞景区管理所申请在波月宾馆附近兴建砖厂，根据《湖南省风景名胜区管理条例》第十八条规定，市旅游局下文制止波月洞景区兴办砖厂。2006年9月，中泰矿业有限公司计划在大乘山下开采铅锌矿和尾砂坝选址，经专家反复论证认为对旅游开发无太大影响，同意其进行有条件开采，并将烂马桥尾砂库作为中泰公司一期尾砂堆放地。2007年10月，第九次市长办公会议专题研究中泰公司尾砂库新建工程，反复论证后同意将龙岩冲作为二期尾砂库选址，要求严格按有关规定建设，确保生态、生产安全。

2010年，为保护波月洞旅游资源，市旅游局委托市规划设计院对波月洞进行洞内和洞表勘测，并划定波月洞保护区，清除影响波月洞景观的地面设施，恢复植被。

第十七篇　财政　税务　金融

第一章　财　政

1988年后，冷水江市财政工作以改革促发展，财政收入逐年增长，总收入年均递增16.91%，1992年突破亿元大关，2010年达19.18亿元，比1988年增长31倍。财政支出逐年递增，总支出年均递增18.97%，2010年达16.13亿元，比1988年增长45.67倍。

冷水江以煤炭、冶金、电力、化工、建材五大支柱产业著称，全市资源型企业占全部工业企业90%以上。随着境内资源日渐枯竭，传统产业受到越来越大的冲击，发展日益艰难，企业经济效益和市级财政收入受到较大影响。同时，随着城市建设和民生投入陡增，全市财政处于持续紧张状态。为了解决“吃饭”与“建设”的矛盾，2000年起，财政工作突出财源项目建设，加大税收征管力度，压缩行政运行成本，优化支出结构，实现“保增长、保民生、保运转、保稳定”目标，财政工作呈平稳运行态势。2008年，财政总收入突破10亿元大关，成为娄底五县市区中第一个财政收入过10亿元的市。2010年，上级补助资金超过10亿元，实现财政由上解贡献型向补贴照顾型转变。1988—2010年，全市累计完成财政总收入96.55亿元，财政总支出75.54亿元，上解支出11.57亿元，收支比例为1∶0.9，年年保持收支平衡，全市国民经济与各项社会事业快速、稳定、协调发展。

第一节　财政监管

一、综合预算管理

1988年始，财政预决算实行市长负责制。每年根据核定的收支指标，编制综合预算计划，经市长办公会议审核，报市人大会议审议通过后公布实施。

1995年起，为促进增收节支，全市征管部门和乡（镇、街道）先后实行财政工作一票否决制，农业、屠宰、车船税和农村教育费附加实行单项考核，行政事业性收费采取判罚、收缴、票款三分离。各乡（镇、街道）、征管部门、执收执罚单位均向市政府递交目标责任状。同时，严格控制公费支出，行政事业单位实行会议费“会前预算定标准、会后结算、超支不补”制度。公费医疗实行定点医疗专项管理。车辆费包干使用，车辆定点维修，统一投保。公费电话话费限额包干，超支自负。

1995年前，预算外资金管理基本沿用“财政代管、专户储存”方式，资金归征收单位支配。此后逐步推行综合财政预算。1998年起，预算外资金全部纳入财政预算综合平衡，实行预算内外资金统筹管理。

2000年，基于年终决算时乡镇财政赤字和不良债务严重，市政府制定《三年消除财政赤字、五年减除到期债务实施方案》，各乡镇党政一把手向市委、市政府递交消赤减债目标管理责任书，严格目标考核奖罚。是年，改革预算管理办法，实行部门预算、零基预算，并按“以收定支、上缴下拨”“定额包干、超支不补、节余留用”原则，年终决算后给予奖罚。此后，按照“统一政策、分级管理、核定收支、政府调控”原则，市直单位实行“核定收支计划、收入全额上缴、支出统筹安排、超收比例分成、短收自负、结余留用”管理制度，政府调控能力与财政可用财力得到增强。

2005年，深化财政体制改革，收入细化到各征管部门，支出细化到具体项目，重点支出项目重点保障。此后，健全编制形式与方法，加强预算综合管理，强化部门预算绩效评价，部门预算管理明显加强。国库集中收付范围扩大，覆盖全市163家财政预算单位，全面实现由会计集中核算向国库集中收付转移，确保财政资金安全规范高效运行，增强财政宏观调控能力。2010年，“省直管县”财政体制正式实施，指标直接下达，资金直接调拨，年终直接结算，资金使用效益提高。是年，因体制改革增收2300万元。

二、国库资金管理

1988—2000年，国库资金管理沿用计划经济时期的分散收付制度，收入由征收部门设立过渡账户收缴，支出通过财政部门和用款单位账户层层拨付。2003年，成立国库专管部门，统一管理国库资金调度，负责审批行政事业单位预算内外资金、银行开户及特设专户的资金收付，负责审核部门决算和市级财政总决算。随着工资统发、政府采购、国库集中支付改革，国库分别将工资拨入工资统发中心、采购资金拨入政府采购中心、公用经费拨入国库集中支付专户，实行专户管理。国库资金监督管理实现全方位事前、事中、事后监督。为规范国库资金监管，2005年6月，撤销所有预算单位实有资金账户，建立国库单一账户体系，全市所有财政性资金银行账户全部由国库股开设和管理，解决国库资金多环节拨付、多户头存放而导致大量库外沉淀和闲置浪费问题。

三、集团控购管理

1988年，集团控购实行指标管理，从严控制，社会集团购买专项控制商品由使用单位申报，财政和纪检部门审查批准后交国有资产办（局）登记入账。是年，控购与管理物品目录几经变更，逐步减少。1998年，对单位购买小汽车征收控购调节基金，比例为国产车3%，进口车5%。2003年实行政府采购后，控购商品进一步减少，至2010年，只限小汽车控购管理。23年间，先后查处违章购买专控商品单位232家次，查处违规车辆218台，其他专控商品121件，收缴违纪金额348万元，征收控购调节基金690万元。

四、监督检查管理

1988年，市财政局配合税务部门在全市开展集体企业所得税汇算清缴，增值税、奖金税普查，个体工商户纳税检查，对市属86个行政事业单位预算外资金进行财政监察，对14个乡镇财政所进行财政审计。1994年，在全市开展税收、财务、物价三大检查，查出违纪金额2292万元，其中应入库2208万元，实际入库2029万元，入库率91.89%。1996年，首次向被查单位出具检查监督结论。1999年，取消“三大检查”，改为经常性监督检查和专项性监督检查。

2003年，专项检查教育系统统发工资情况，查出“吃空饷”人员34人，冒领财政工资34万元。2009年，全面治理小金库，对岩口镇、城管局、环保局、民政局、检察院、毛易镇、教育局、卫生局、一中、林业局、公安局、渣渡镇、交通局、国土局、规划局、法院16家重点单位进行监察检查，共查出小金库501.35万元，收缴国库307.35万元。2010年，为核实乡（镇、街道）上年收入数，深入国税、地税、乡（镇、街道）和相关企业调查了解，最后核定乡镇收入为8746万元，核减923万元，核减率9.5%。是年，共查出违法违规金额977.4万元，核查冷水江街道办事处等16家单位税收混库金额925.8万元（其中地税收入738万元，国税收入187.8万元），财政监察检查罚没款51.6万元。2007—2010年，查出各类违规资金2324.53万元，查补财政收入2001.02万元。

五、财政投资评审管理

为加强对政府性工程项目工程造价管理，2007年6月，成立财政投资评审中心，在全市实行“先评审、后预算”“先评审、后审批”“先评审、后拨付”“先评审、后审计”“先评审、后招标”工作程序。重点实施工程概算评审、招标上限价评审、工程进度款评审和工程造价评审，对隐蔽工程实行“两把尺子、四方计量、当场核签”签证制度。是年5月，金竹东路改造工程成为首个投资评审项目，通过评审，工程预算从535万元减到305万元，节约230万元。是年，完成预算项目评审12个，报审价共计2570.66万元，审定价1810.16万元，审减760.5万元，核减率 29.58%。

2008 年，投资评审范围由城管、城投系统扩大到城建、文教卫等行政事业单位，评审项目陡增。是年，完成评审项目 123 项，报审价 1.44 亿元，审定价 1.08 亿元，审减 3600.3 万元，审减率 24.93%。2009 年，完成评审 128 项，报审金额 3.99 亿元，审定价 2.76 亿元，审减 1.23 亿元，审减率 30.86%，审减金额突破亿元大关。

2010 年，财政投资评审工作进一步拓展，完成评审 254 项，报审金额 7.57 亿元，审定价 6.03 亿元，审减 1.55 亿元，审减率为 17.6%。

六、产权交易管理

2003 年 3 月，成立产权交易中心，归口市财政局管理，负责全市国有资产交易，同时接管资产拍卖行业务，将“冷水江市资产拍卖行”更名“娄底市集利拍卖行”。当年组织拍卖会 12 场，成交总额 826 万元，增值 41 万元。2010 年，该中心组织拍卖会 9 场，成交总额 1749.43 万元，增值 152.55 万元。并对市教育局和自来水公司 3 台旧小车实行挂牌出让，增值 0.87 万元，对市政府收缴的 28 台残疾人营运车辆成功组织招标。同时，审核、鉴证国有资产有偿使用合同 43 份。

2003—2010 年冷水江市产权交易中心资产拍卖情况表

表 17-1　　单位：万元

年度	拍卖场次	成交总额	增值	年度	拍卖场次	成交总额	增值
2003	12	826	41	2007	8	3967	336
2004	18	6617	201.9	2008	5	1468.1	3.03
2005	10	2757.42	91.3	2009	5	1391.6	104.5
2006	11	3111.7	390.6	2010	9	1749.43	152.55

七、票据管理

票据管理实行专人、专账、专库管理，严把票据领用、发放、核销关。

1988 年，建立“限量发放，缴旧领新，票款同步，按月结算”制度，实施收支两条线，杜绝票据购领单位坐收坐支行为和资金体外循环现象。1990 年，取消所有收入账户，设立非税收入汇缴结算专户，将全市非营业性医院门诊和住院及结算票据纳入非税票据系统，从源头控制乱收费行为。2003 年，进一步加强非税收入征管，实行超额分成，真正实现以票管收、以票控收。是年，非税收入可用财力达 1948 万元。2007 年，出台《关于对非税收入管理有关问题的补充规定》，严格按照“财政统一票据，单位执收执罚，代理银行收费”进行管理。2008 年，为规范农村票据管理，开始启用《湖南省农村公益事业筹资专用收款收据》，农村公益事业资金实行“乡管村用”。

为加强票据监管，每年对购领票据单位进行票据年检。2007 年，接受年检单位 200 多家，年检率 95%。2010 年，接受年检单位 176 家，年检率 96%，合格率 95%。

八、财务会计管理

1988 年，行政事业单位按财政预算会计统一管理，国有企业执行财政部颁发的《企业财务通则》和《企业会计准则》。1990 年，实行会计从业资格准入制度。1992 年，实行会计专业技术资格考试制度。1993 年，逐步实行借贷记账法，改变以往收付记账、增减记账法，逐渐与国际会计制度接轨。1995 年起，对会计人员实行会计证考试年检制度，无会计证者，限期参加培训获证后持证上岗。2000 年，试行会计委派制，首批试点单位为市公安局、检察院、法院、计生委等 15 个。2003 年，推行财务集中核算，取消市直预算单位会计核算和银行账户，收入直达财政专户，由财政统一开户，分户管理。是年，设立会计核算中心，全市 180 个市直行政事业单位纳入集中核算管理。2004 年后，开始“电算会计证”“珠算等级证”和“会计证”三证合一工作，并参与建立全省会计人员数据资料库，会计管理工作逐年规范。

1994年，成立冷水江市会计师事务所，独立开展资产评估、社会审计、注册验资等工作，出具由会计师、注册会计师签证的报告，为企业工商登记、银行抵押贷款、破产重组、受托专项检查等提供有偿服务。1995—1998年，根据上级要求，由会计师事务所注册会计师对企业年度决算报表进行审查验证。

九、管理机构

全市财政工作由市财政局具体负责管理。1988年，市财政局内设办公室、人事教育股、预算股等15个股室，下辖15个乡（镇、街道）财政所。1991年，增设国有资产管理办公室。1993年，成立国有资产管理局，增设布溪街道财政所。1996年，内设机构第一次调整。同时，会计师事务所改为自收自支事业单位，人员编制单列，隶属市财政局。1997年，国有资产管理局、收费管理局升格为副科级单位，隶属市财政局。2000年，增设政府采购中心、统发工资中心，两个中心主任高配副科。2003年，内设机构调整为办公室、人事教育股、预算股（增挂控制社会集团购买力办公室牌子）、国库股、行政政法股、教科文股、社会保障股、经济建设股（增挂综合规划股牌子）、农业股、企业股（增挂对外经济贸易股牌子）、产权股、统计评价股（增挂清产核资办公室牌子）、会计管理股、财政监督管理股、农业税征收管理局（副科级）、非税收入管理局（副科级）、政府采购管理办公室（主任为副科、增挂政府采购中心牌子）、产权交易中心（增挂娄底市集利拍卖行冷水江市拍卖处牌子）、会计核算管理办公室（主任高配副科）、税费改革办公室。财政监督管理股更名财政监督管理办公室（副科级）。2004年，统计评价股撤销。2005年7月，成立国库集中支付核算局。12月，财政监督管理办公室更名财政监督检查局，级别未变。2006年，农业税征收管理局更名乡镇财政管理局，同时成立经济开发区分局（副科级）。2007年10月，市农开办（正科级）归口市财政局管理，农开办主任进财政局党组班子。是年，相继成立财源建设管理办公室（主任高配副科）、投资评审中心、税政法规股。至2010年年底，市财政局内设股室16个，直属二级机构14个，归口管理单位1个，派出机构17个。定编215人，其中行政编32人，事业编181人，机关后勤编2人。1988—2010年，市财政局先后由卿中奇、潘二寿、邹同星、肖初金、李振兴、谢武宁任党组书记、局长，周建筑任专职党组书记。期间，市财政局先后获得湖南省文明单位、湖南省先进财政集体等省、部级以上荣誉称号65项。

第二节　财政改革

一、市级财政体制改革

1988—1993年，实行“定额上缴、递增包干”财政体制，上解支出从1988年1831万元递增到1993年2640万元。1994年起，实行分税制，当年增值税、消费税返还4683万元，上解支出2707万元。2002年，中央实行所得税分享改革，中央、省、市、县分享比例分别为50∶15∶10∶25。是年，农村税费改革，取消“三提留”“五统筹”。2003年，所得税分享比例进一步调整，中央、省、市、县分享比例调整为60∶12∶8∶20，当年所得税基数返还补助1969万元。2009年，国家实行成品油税费改革，上级财政核定冷水江市成品油税费改革转移支付资金基数为383万元，因部分资金直达交通部门，结算金额为199万元。2010年，实行省直管县改革，按照“分税分享，统一规范；存量不动，增量调整；利益共享，风险共担；精简高效，注重基层”原则，改变按企业行政隶属关系划分收入的办法，主要税种实行省与市州、县市按比例分别分享。是年，全市因省直管县改革得利2300万元。

二、乡级财政体制改革

1988年，乡级财政仍沿用1986年的“定收定支，收入上交，支出下拨，超收分成，超支不补，结余留用，一年一定”管理体制。1992年，改为“定死基数，超收分成，超支不补，一定三年”包干体制后，调动了乡（镇、街道）发展生产、培植财源积极性，乡镇财政收入由1991年1100万元增加到1993年2300万元，两年翻一番。

1995年，为适应国家分税制财政体制，各乡

（镇、街道）实行“划分事（财）权，定收定支，收支挂钩，递增（减）包干，超收全留，短收自负，收入上缴，支出借款，自求平衡，一定三年”大包干“分灶吃饭，分级负责”财政体制。1997年，建立乡镇国库。2000年，开展乡（镇、街道）财政消赤减债工作，要求“三年消赤，五年还债”，落实中央、省确定的小城镇改革试点精神。同时，进行农村“费改税”试点。

2003年，实行“确定收支基数，收入每年按比例递增，超收分成，短收自负，支出基数不变，超支自负，节余留用，并适当加大市财政对乡镇财政转移支付力度”管理体制，乡（镇、街道）收入全部纳入预算管理，全面推行乡级财务零户统管制度，执行“两无一统”（七所八站无会计人员、无银行账户，预算内、外资金统一归乡财政所管理）。

2005年，国家全面取消农业税，全市进行新一轮乡镇财政体制测算，实行“核定基数，总额包干，超收分成”管理办法。2008年，实行“乡财市管乡用”改革，基本原则是：预算管理权不变，资金所有权不变，使用权不变，审批权不变，债权债务关系不变，独立核算主体不变。基本内容是：核算统一、账户统设、工资统发、采购统办、票据统管，并对财政所机构与人员实行收编，财政所人员“市乡共管，以市为主”，核定为行政编制。

2009年，为促进乡镇基本公共服务均等化，乡镇人员工资基数和公用经费标准重新调整，新一轮乡镇财政体制包干基数3230万元，比上一轮包干基数增长105%。同时，实行精细化管理：乡镇财政预算管理精细化、日常收支核算精细化、专项资金监督管理精细化、“村账乡代理”精细化、惠农补贴“一卡通”发放管理精细化、债权债务管理精细化等。

1988—2010年，乡（镇、街道）财政体制历经代收代支、收支包干、分税包干等改革，财政收入逐年增加，由1988年734万元增加到2010年7156万元，增长9.75倍。

三、国库集中支付改革

2003年4月，成立国库集中支付核算中心，为副科级全额拨款事业单位，保留会计核算管理办公室，“两块牌子、一套人马”。内设综合股、核算股、支付股、稽核股，对财政资金进行集中管理、统一开户、分户核算。同时，撤销全市180余家预算单位248个银行账户，归集闲散资金1289万元。

2005年4月，全面建立国库单一账户体系，使收入直达国库、支出直达劳务及商品供应商或个人。是年，建立国库集中收付网络平台，选择5家有代表性的预算单位进行网上支付试点，至2007年9月，5家单位累计从网上支付9000余万元，试点工作圆满成功，其经验在全省推介。

2008年11月，民政局等128家预算单位从会计集中核算模式转为国库集中支付网上运行模式。至此，除乡（镇、街道）学校外，所有预算单位全部实行国库集中支付，上网运行。

2009年，全面停止会计集中核算模式，实现国库集中支付改革“横向到边，纵向到底”目标，全年完成网上支付8.18亿元，其中直接支付6.59亿元，授权支付1.59亿元。

四、政府采购制度改革

2003年，市政府出台《冷水江市政府采购招标投标暂行办法》，至2007年，累计完成政府采购1.25亿元，节约资金2487万元，年均节资率16.6%。同时，采购领域从最初的货物类扩展到服务类、工程类，并重点加强对工程开标评标、签证、决算、资金支付等环节的全程监督。2010年，组织招标采购153次，其中公开招标26次、询价采购105次、竞争性谈判5次、其他采购17次，采购预算7969.99万元，实际采购支出6233.02万元，节约资金1736.97万元。是年5月，政府采购中心相关人员、编制、档案及服务职能移交市机关事务局管理，实行管采分离。

五、统发工资改革

2000年7月，全市全额拨款行政、事业单位和中小学实行工资统发。首批统发单位134个，统发人数6438人，月工资支出337万元。同时，公积金、养老金代缴代扣进行试点。2001年，统发单位增加到149个，统发人数增加到6691人，月工资支出382万元。2008年，开通网上工资查询举报系统，及时了解和制止“吃空饷”现象。至2010年年底，全市192个单位实行统发，统发人数7998人，统发面96%。

2000—2010年冷水江市统发工资情况表

表17-2

年度	统发单位（个）	统发人员（人）	月发放工资（万元）	全年发放工资（万元）
2000（7—12月）	134	6438	337	2420
2001	149	6691	382	4586
2002	147	6787	519	6226
2003	152	6782	570	6834
2004	154	6801	689	8263
2005	157	7206	743	8916
2006	155	7360	814	9767
2007	188	7503	1203	14439
2008	188	7626	1157	13880
2009	192	7784	1440	17276
2010	192	7998	1659	19905

六、部门预算改革

2005年，按照“先预算外、后预算内，先自有资金、后财政拨款”原则，实行部门预算改革，一个部门一本预算，根据统一支出项目、标准测算部门资金。同时，出台《上级专项资金指标管理办法》，规范预算指标划拨管理。

2006年，首次将22家政府组成单位预算提交市人民代表大会讨论通过，其他单位和部门预算提交市人大常委会讨论通过，并将单位预算内外资金捆绑使用，对纳入预算管理的行政性收费、罚没收入、政府性基金等非税收入直接缴入国库单一账户统筹管理，做到收支两条线，使非税收入纳入综合预算管理。

2008年，围绕构建较为完整的部门预算框架体系，预算编制形式由功能预算向部门预算与功能预算相结合转变，预算编制方法由基数法向零基预算转变，预算管理机制从编制、执行一体化管理向编制、执行、监督相对分离机制转变。

2009年，完善预算经费审批程序，追加经费先经财政部门调查审核，提出处理意见，再报政府领导审批，规范经费追加程序。同时出台预算资金绩效评价制度，将绩效评价与预算管理相结合。

七、非税收入征管改革

1996年，行政事业性收费、罚没收入实行“收管分离、判罚分离、一个窗口收费”管理改革，统一票据，统一账户，在全市金融网点设置10个收费点，方便缴款义务人缴款。1997年起，实行市直单位综合预算管理，对预算外收入全额管理，比例调控，行政性收费征收30%政府调节基金，其他预算外收入征收10%～20%政府调节基金。差额拨款单位和自收自支单位行政性收费30%上缴财政，差额拨款单位预算外收入按10%～20%征收政府调节基金，自收自支单位按5%～15%征收政府调节基金。各单位罚没收入全额上缴财政，财政按30%补助单位。

2002年6月，收费管理局更名非税收入管理局，按照“财政统一票据，单位执收执罚，财政窗口收费，资金统缴财政，综合预算分配”原则，在市政府政务服务中心设置 5 个收费窗口，规范非税收入收缴范围、管理方式、操作程序。

2008 年，加强非税收入源头控管，坚持“限量发放，缴旧领新，票款同步，按月结算”制度，实现以票管收。2010 年，实行财政票据电子化，对预算外资金和罚没收入实行收支两条线管理，全年完成非税收入 1.36 亿元，同比增长 61.93%。

八、国有资产管理改革

1991 年，设立国有资产管理办公室，对全市国有资产行使监督管理权、收益权和资产处置权。1993 年，成立清产核资领导小组，对全市 136 个行政事业单位进行清产核资，改变以前家底不清、账目不明、管理混乱局面。1994 年，根据《国有资产产权登记管理办法》，开展产权登记和年度检查工作，会同工商、会计师事务所严把验资本金质量关。

2003 年，机构改革，撤销市国有资产管理局，分设产权股、统计评价办和产权交易中心。产权股继续行使国有资产管理职能。同时，对全市行政事业单位、企业进行年检登记，年检登记企业 60 户，资产总额 72 亿元，负债 64 亿元，国有资产总额 7.9 亿元，年检率为 83.33%。行政事业单位年检登记 139 户，其中设立登记 11 户，变更登记 1 户，撤销登记 5 户，年检登记资产总额 4.6 亿元，负债 1.24 亿元，国有资产总额 3.36 亿元，年检率 100%。统计评价办负责全市资产报表工作、清产核资工作和绩效评价工作，开展缓解市乡财政困难绩效评价工作。产权交易中心负责全市国有资产公开交易工作。是年，成立企业改革领导小组，下设工业、商贸流通、交通运输、乡镇企业、建设 5 个改制办，负责企业改制工作。至年底，46 家工业企业改制，改制面 89.1%，减少债务 4.76 亿元，盘活存量资产 4.77 亿元，减少银信债务 2.01 亿元。全市共有国有（集体）企业 176 家，保留 8 家，其他 168 家改制基本完成。保留的 8 家企业资产总额 3.31 亿元，负债 1.41 亿元，权益 1.92 亿元。2007 年，撤销产权股和统计评价办，成立资产管理与绩效评价办公室（加挂市清产核资办公室牌子），继续行使国有资产管理职能。

2006—2010 年，全市组织拍卖企业资产 42 场次，成交 35 场次，资产总底价 1.45 亿元，总成交 1.67 亿元，升值 2226.05 万元。全市行政事业单位申报资产处置 45 宗，残值 13.98 万元。土地房屋拍卖 6 宗，收益 1717.76 万元。公务车处理 18 宗，残值 60.45 万元。行政事业单位国有资产有偿使用（出租）申报 6 宗，批准 5 宗，实现有偿使用收益 120.1 万元。公开招投标出让土地 302 宗，收入 1.39 亿元。

九、农村税费综合改革

2002 年，成立农村税费改革领导小组，下设办公室。2004 年，全面推行农村税费改革，取消乡统筹费、行政事业性收费、政府性基金和集资；取消屠宰税、劳动积累工和义务工；调整农业税、农业特产税；改革村提留征收和使用方法。改革后，农民人均减负 123.02 元，减幅 86.3%；亩均减负 315.96 元，减幅 86.2%。

2006 年，全面取消农业税。2007 年，农村税费改革领导小组更名农村综合改革领导小组，并成立化解农村义务教育“普九”债务办公室。2008 年，在职村主要干部误工补助和离退村主要干部生活困难补助实行银行“一卡通”发放；村级组织运转经费实现由农民负担为主向政府补助为主、村级集体收入为辅转变。2008—2010 年，共发放村干部误工补助和困难补助 650.27 万元，拨付村级运转经费 805.6 万元。2009 年，全面化解农村义务教育“普九”债务 2028 万元。是年，开展村级公益事业建设“一事一议”财政奖补试点工作，出台《冷水江市“一事一议”财政奖补工作实施办法》，财政奖补范围主要包括村内道路、小型水利设施、公共环卫设施、植树造林等项目，按村民筹资筹劳总额的 1∶3 给予奖补。是年，参与“一事一议”筹资筹劳村 44 个，筹资农业人口 7.28 万人，筹资劳动力人口 3.35 万人，筹集资金 1067.2 万元，其中农民自筹 109.3 万元，财政奖补 227.3 万元，其他资金 730.6 万元。2010 年，纳入“一事一议”奖补村 34%，受益人口 13 万人，修建村组公路 50 条、8200 米，水渠 4 条、8200 米，山塘水库3座，库容2.6万立方米，其他小型水利工程12个，公共环卫绿化项目2个，财政奖补资金714.5万元，带动其他资金1060.9万元。

2004年，发放良种补贴和粮食直补两项惠农补贴资金179万元。2005年，良种补贴和粮食直补资金实行银行“一卡通”发放。2010年，整合乡财网和农补网，及时准确录入农户信息，做好财政补贴“一卡通”发放管理，加快资金拨付到户速度，全年落实发放项目23个，资金2570万元。2004—2010年，发放惠农补贴资金8409万元。

第三节 财源培植

1988年始，市委、市政府想方设法发展城乡经济，全方位、多层次、高效益培植财源。1993年，采取“向上争、银行贷、外地引、社会筹、财政补”等方式，力争省财政厅扶持资金1364万元，市财政安排配套资金1500万元，从省、地拆借融资565万元，加上税务3年间投放促产周转资金618.5万元，共筹资3893.5万元，新建市食品厂清酒生产线，改造锡矿山金刚石厂生产线和制服厂西服生产线，当年投资，当年投产，当年受益。并投资130万元支持市平板玻璃厂窑炉工艺改煤气加热为油料加热，月产量达6万重量箱，当年扭亏为盈，次年翻番，不仅消化亏损1000多万元，而且盈利2000万元，上缴财政154万元。同时，支持饮食公司、副食公司在繁华闹市区兴建西苑大楼和商业大厦，增强市场竞争力。至1996年，这些财源项目新增产值1.11亿元，新增销售收入1.48亿元，新增税利5016万元。

1998年，市财政大力扶持技改项目，投资1060万元，支持耐火材料厂3条生产线按时上马。投资480万元，支持陶瓷工具厂研制陶瓷辊环。筹措周转金130万元，支持锑都大厦、五交化公司及粮食部门搞活经营。至2010年，市财政拨付各类发展基金和投放各类周转金5000多万元，扶持技改项目10个，创税收8500万元。同时，积极支持农业产业结构调整，拨付农业发展基金60万元，农税周转金35万元，扶植潘桥乡优良杂果园基地、铎山镇良种葡萄基地、沙塘湾街道养蛇专业户、梓龙黑山羊养殖基地，使之成为稳定的税源。

2003年始，全力推进企业改组改制，培植经济增长点。通过税费优惠、财政贴息等经济手段，吸纳域外资金40亿元，让利1.7亿元，核销改制企业财政性债务5458万元，养老保险挂账2.7亿元，89个市属企业实施“两个置换”，资产变现收入4.41亿元。企业通过改革改制，转换经营机制，甩掉历史包袱，促进企业发展。冷水江钢铁总厂通过内部体制改革，由负债8亿元扭转为年销售收入116亿元，一跃发展成全国制造业500强。特困企业市耐火材料厂，整体转让后年均产值5068万元，比改制前增长163.3%。多年处于停产半停产状态的涟溪煤矿改制后，年产煤11万吨，为改制前5年产煤量总和，年上缴税收300万元。冷水江制碱厂破产重组，由金富源碱业公司投资1500余万元进行技术改造，纯碱产量由6万吨增加到12万吨，生产规模扩大70%。五交化公司、锑都大厦通过整体拍卖租赁，引进“心连心”“旺家福”两家大型流通企业，安置职工近800人，年上缴税收100余万元。市一水泥厂整体转让，组建晨峰水泥公司，投资200万元对原机立窑和回转窑进行技术改造，产能达20万吨，较改制前增长189%。停产多年的冷水江市制服厂，通过改制组建金鹰服饰公司，开设专业服饰、西服、出口服装等5条现代化生产线，产品远销欧美等地。

第四节 财政收入

全市财政收入主要来自工商、农业税收和企业上缴利税、非税收入、煤炭统征等，其中工商税收为主，非税收入次之。1988—2010年，财政总收入数据显示，工商税收占63.58%，非税收入占21.62%，企业及专项收入占7.56%，农业税收占5.96%，其他收入占1.28%。

一、工商税收

工商税收一直是财政收入的主要来源，由税务部门负责征收解缴，大体分为17个税种和2个基金。1990年后，相继开征固定资产投资方向调节税、资源税、土地增值税。1994年，税制改革，原有产品税、个人收入调节税、建筑税、奖金税、工矿产品增值税、集体企业所得税和国家预算调节基金停止征收或改变税种名称，新开征增值税、消费税、中央企业所得税，均由国家税务局征收，按75%上划中央国库，25%转入地方财政。2002年，取消屠宰税，所得税实行收入分享改革。是年，工商各税共征收6632万元，占财政收入47%。2005年，首次突破1亿元大关。2007年，达2.43亿元，占财政收入63%。1988—2010年，工商各税共收入28.78亿元。

二、农业税收

农业税收包括农业税、农业特产税、耕地占用税和契税，按稳定税费、增产不增税的政策征收。2004年后，相继取消农业特产税、农业税。2010年，耕地占用税、契税移交市地税局征收。1988—2010年，农业各税共收入2.7亿元。

三、企业及专项收入

进入市场经济后，企业收入及专项收入（包括企业所得税、国有企业上缴利润、国有企业计划亏损补贴、国有企业承包收入退库、排污费、教育费附加）时有增减。企业所得税1991年征收130万元，1992年征收163万元，2001年征收228万元，2002年征收87万元，2007年征收145万元。国有企业1988—1997年共上缴利润650万元。1999年，煤炭企业排污费直接在煤炭税费中统征，其他企业排污费继续由环保部门收取，当年征收191万元，2007年征收102万元。教育费附加1994年分税制后改为增值税、消费税、营业税带征，是年，征收88万元，2007年征收914万元。至2010年，企业及专项收入共计3.42亿元，占财政总收入的7.55%。

四、非税收入

1988年，全市非税收入入库82万元，1996年入库1821万元，比1988年增加1739万元。1997年，市直单位实行综合预算管理，预算内和预算外资金统一管理，统筹安排，并对行政事业性收费、罚没收入实行“收管分离、判罚分离、一个窗口收费”改革。1998年，从城市建设维护税和驾驶员培训费、征地管理费中提取水利建设基金，专项用于城市防洪工程建设，并将行政事业单位国有房屋出租收入全额纳入财政专户管理。是年，非税收入2998万元，占财政收入24%。1999年，煤炭税费开征。2001年，非税收入入库5916万元。2003年，入库6631万元。2010年，入库1.36亿元，占财政收入18.99%。

五、上级补助收入及转移支付

1988—1993年，上级补助收入共计5867万元，上解支出大于上级补助，冷水江为净上解县市。1994年，实行分税制，上级补助收入设置固定补助项目，如税收返还、体制补助、专项补助、能源交通基金总额分成等。是年，上级补助收入5739万元。1997年，粮食财务体制下放，新增“下放基金”，第一次出现“转移支付”。1999年，工资改革，新增“增加工资中央补助”。2001年，增加“过渡期转移支付补助”，上级补助收入8978万元。2002年，所得税改革，新增“农村税费改革补助”，上级补助收入1.38亿元。2007年，上级补助收入改为返还性收入、财力性转移支付收入、专项转移支付收入三类。是年，返还性收入6398万元，财力性转移支付收入1.57亿元，专项转移支付收入2.28亿元，3项共计收入4.49亿元，比本级财政收入的3.84亿元多6592万元。2002—2009年，上级补助收入为27.22亿元，但上缴支出加直接上划中央、省、地税收大于上级补助收入，仍属净上解县市。2010年，省直管县财政体制改革，上级补助收入10.54亿元（含地方政府债券1600万元），冷水江市首次出现上级补助收入大于上解支出，第一次进入上级补助型财政县市行列。1988—2010年，上级补助收入及转移支付43.46亿元，占全市累计总收入45.01%。

1988—2010年冷水江市财政收入情况表

表17-3　　单位：万元

年度	合计	地方收入						中央补助收入	上年结余
		工商各税	农业各税	企业及专项收入	非税收入	其他收入	小计		
1988	6169	4066	44	853	82	0	5045	777	347
1989	7146	4701	92	811	137	187	5928	825	393
1990	7715	4845	119	1015	414	0	6393	923	399
1991	9547	5224	80	886	1414	413	8017	994	536
1992	10322	6157	257	1186	359	243	8202	1163	957
1993	12531	8864	106	1244	787	345	11346	1185	0
1994	14610	5404	152	1104	1106	0	7766	5739	1105
1995	16068	6430	236	1282	1414	290	9652	4877	1539
1996	17272	7212	156	1168	1821	524	10881	5990	401
1997	17454	7686	248	512	2711	434	11591	5596	267
1998	18624	8739	196	522	2998	72	12527	5713	384
1999	20319	8246	254	567	4135	124	13326	6836	157
2000	22677	7877	192	634	5213	262	14178	7396	1103
2001	25987	7963	178	479	5916	69	14605	8978	2404
2002	32173	6632	290	468	6487	107	13984	13799	4390
2003	35304	6989	357	554	6631	610	15141	15335	4828
2004	41719	9534	323	799	8037	455	19148	17520	5051
2005	50130	12494	2049	1309	7596	73	23521	22320	4289
2006	60915	17964	2298	2656	6484	17	29419	26452	5044
2007	94518	24254	3729	3531	6837	0	38351	45433	10734
2008	103341	32195	3839	3754	6494	174	46456	46079	10806
2009	149184	37524	6103	3756	8372	0	55755	85288	8141
2010	191756	46773	5665	5113	13557	255	71363	105385	15008
总计	965481	287773	26963	34203	97896	5760	452595	434603	78283

第五节　财政支出

1994—2001年，市财政可用财力不足，支出保障乏力。市委、市政府确立“量入为出、收支平衡”方针，保工资、保运转、保民生。2002年后，财政收入陆增，综合经济实力增强，财政支出在确保各级基本运转经费按时足额到位的前提下，围绕市委、市政府重大战略决策，着力突出“四个到位”（社会保障投入到位、农村基础设施投入到位、基础教育投入到位、重点建设投入到位）。1988—2010年，全市除净上解11.57亿元外，地方财政支出由1988年3532万元上升到2010年16.13亿元，增长45倍。23年累计支出75.54亿元，其中经济建设及政策价格补贴支出10.84亿元，教科文卫事业支出15.53亿元，社会保障支出15.67亿元，行政管理支出20.40亿元，农业支出4.36亿元，工交商贸企业支出1.74亿元，其他支出7亿元。

一、经济建设支出

经济建设支出包括国土、环保、交通、规划、发展与改革、供销、地质灾害治理、总工会、城建等项目支出。“十一五”期间，投入10.5亿元用于城市扩容提质、采矿沉陷区治理、新农村建设等重点项目。投入7000万元用于工业园区基础设施建设，成功引进科技创业孵化器、鑫达耐火材料异地扩建等16个项目，为全市“一转三化”战略实施注入活力。2010年，城市建设步伐加快，项目建设投入加大，先后投入金竹东路白改黑工程2538万元，滨江公园建设工程2325万元，华新水泥6665万元，群丰路跨线桥工程5000万元，群丰路一期工程3400万元，生态园区道路工程500万元，资江大道跨线桥300万元，S217线改造365万元，X044线改造150万元，第二期城网改造工程241万元，冷江大桥维修24万元。1988—2010年，经济建设支出占市财政总支出的14.34%。

二、教科文支出

教育、科技、文化、体育、广播、计划生育、地震、档案支出统称为教科文支出。1988—1995年，财政分类教科文一起归集。2007年科目改革，教育、科技、文化、体育各自单列。2010年，教科文支出2.77亿元，其中教育支出2.42亿元，科学技术支出2300万元，档案支出110万元，文化支出615万元，体育支出194万元，广播电视支出394万元。1988—2010年，教科文支出占市财政总支出的20.5%。

三、社会保障支出

社会保障支出是社会成员因年老、疾病、伤残、失业、生育、死亡、自然灾害导致生活困难时，为保证其基本生活而发生的各项支出，包括技校教育支出、医疗卫生支出、抚恤和社会福利救济支出、行政事业单位离退休支出和社会保障补助支出5个大类。1995年前，社会保障支出为技校教育经费、卫生事业费、中医事业费、公费医疗、抚恤和社会福利救济、城镇青年就业补助，支出数额不大。1996年后，卫生单列。此后，相继建立基本养老保险、失业保险、基本医疗保险、工伤保险、生育保险、再就业补助、技校教育、新型农村合作医疗、城市居民最低生活保障、抚恤和社会福利救济等涵盖各个方面的社会保障体系，社会保障和就业支出逐年增加，至2010年达3.79亿元，比1988年增长214倍。是年，全市基层卫生医疗机构基本药物零差率销售，并有市人民医院和5个乡镇卫生院改扩建，医疗卫生支出加大，共支出8790万元。1988—2010年，社会保障支出占市财政总支出的20.75%。

四、行政管理支出

行政管理支出包括行政、政法、其他3项支出。1988年，行政管理支出566万元，1997年达3482万元，比1988年增加2916万元，增长515%。2007年后，行政管理支出改称一般公共支出，由人大、政协、政府办、发展与改革、统计信息、财政、税收、审计、人事、纪检监察、人口与计划生育、国土、地震、气象、公共安全及国防、宗教、港澳台侨、共产党、民主党派及工商联、群众团体和其他一般公共事务经费构成。2010年，支出3.31亿元，比1988年增长58倍。1988—2010年，行政管理支出占市财政总支出的27%。

五、农业支出

农业支出分为农业、林业、水利、扶贫、农业综合开发、农林水利气象事业费等支出。2001年，新增扶贫开发专项资金支出。2003年，新增退耕还林、森林生态效益等涉农补贴。2004年，新增农业生产资料良种补贴。2007年，农业支出重新分类，农业综合开发和扶贫资金纳入农业支出，涉及部门有农办、农业、林业、水利、畜牧水产、农机、乡镇企业管理、蔬菜、农村经济合作组织、土地管理（2003年分出）、气象、水文、农业综合开发、扶贫开发等。1988年农业支出269万元，2010年增加到1.23亿元，增长46倍。1988—2010年，农业支出占市财政总支出的5.77%。

六、工交商贸企业支出

工交商贸企业支出包括企业挖潜改造资金支出、商业外贸企业简易建筑费支出。1988—1996

年，企业挖潜改造资金投入加大，支出4968.4万元，年均552万元。1997—2006年，随着国有企业改制，企业挖潜改造支出逐年减少，1999年支出123万元，2006年减少到28万元，10年支出623万元，年均62.3万元。2007年，国有企业改制基本完成，企业支出科目停用。1988—2006年，企业挖潜改造累计支出5591.9万元。

简易建筑费主要用于国有商业、粮食、供销社、外贸、农业企业、工业企业和其他企业的简易建筑等，1988—1998年，支出1085.5万元，年均98.7万元。1999年，简易建筑费科目取消，改为其他支出类科目，2000—2006年，支出94万元，累计支出1179.5万元。

七、上解支出

上解支出包括体制上解和专项上解。体制上解根据上级财政体制（递增包干、定额上解）决定，年份不同金额有所不同。专项上解根据各年税种、征收基金和借款按一定比例上解。1994年，实行分税制，除体制上解、专项上解外，增加上划"两税"（增值税、消费税）。2002年，所得税改革，增加上划所得税项目。1988—2010年，上解支出共计11.57亿元。

八、其他支出

其他支出包括外事、招商、旅游、政策补贴（价格补贴）、专项支出、其他部门事业费、城镇青年就业费、地质勘探、财贸发展基金、工业和农业发展基金及其他不可预算的临时性支出等。20世纪80年代支出平稳，1993年起支出逐年膨胀，2002年高达5723万元，占当年财政总支出24.78%，比1988年159万元增长36倍。2008年末，为应对金融危机，扩大国内需求，促进经济平稳较快增长，按照市委、市政府部署，启动家电下乡财政补贴，至2010年，全市累计销售家电下乡产品13.62万台，实现销售金额3.5亿元，发放财政补贴资金4122万元，补贴兑付率96.33%。1988—2010年，其他支出占市财政总支出的9.26%。

1988—2010年冷水江市财政支出情况表

表17-4　　单位：万元

年度	经济建设支出	农业支出	教科文支出	社会保障支出	行政管理支出	工交商贸支出	其他支出	小计	上解支出	年终滚存结余
1988	1347	269	952	176	566	64	159	3532	2243	394
1989	1584	321	1260	133	700	79	171	4248	2499	399
1990	1417	360	1357	117	761	81	282	4375	2804	536
1991	1531	400	1529	808	911	86	396	5659	2989	900
1992	2006	453	1972	118	1215	100	548	6412	3192	416
1993	2988	547	2396	136	1689	119	771	8646	3313	1106
1994	2114	649	3397	172	2256	210	1331	10129	3158	1323
1995	2788	774	3900	215	3102	67	2186	13032	2535	401
1996	2260	768	3160	1119	3432	79	2226	13044	3959	269
1997	1984	725	3358	992	3482	86	2405	13032	4196	239
1998	1664	706	3597	1163	3895	70	2632	13727	4428	469
1999	1367	886	3699	1630	4711	118	2651	15062	4046	1211
2000	1682	674	3639	919	3972	66	4883	15835	4655	2187

续表 17-4 单位：万元

年度	经济建设支出	农业支出	教科文支出	社会保障支出	行政管理支出	工交商贸支出	其他支出	小计	上解支出	年终滚存结余
2001	1270	744	3917	2258	4599	69	4510	17367	4236	4384
2002	1621	1293	5050	2788	6541	78	5723	23094	4277	4802
2003	1397	1296	5466	3648	8703	135	4588	25233	4720	4951
2004	2136	1519	6682	5269	10619	352	5203	31780	4788	4289
2005	3934	1923	7351	7596	12217	492	5403	38916	5780	5044
2006	5215	2515	8509	7626	15995	895	2540	43295	6396	10734
2007	7736	3559	15786	13933	24408	3189	7322	75933	7289	10806
2008	10124	3618	19507	21498	22733	2681	6270	86431	8279	8141
2009	10097	7285	21180	46497	34421	3269	2550	125299	9377	15008
2010	40098	12272	27667	37918	33099	5023	5221	161298	16559	13899
合计	108360	43555	155331	156729	204027	17407	69970	755379	115717	91908

说明：行政管理支出 2007 年后改称一般公共支出

第二章 税 务

1988—1994 年，冷水江市税务局探索征管分离模式改革，建立协税护税网络，开展促产增收，依法治税，强化征管，实现税收稳步增长，7 年累计征收入库 8.79 亿元，年均增长 10.53%。

图 17-1 2010 年，冷水江市国税局、地税局联合开展税收宣传咨询活动

1994 年，国家实施税制改革，按照统一领导、分级管理原则和分权、分税、分设机构要求，市税务局一分为二，设立市国家税务局和市地方税务局。同时，税种调整归并为 17 种，分成中央税、地方税、中央与地方共享税，农业“四税两收入”仍由市财政局直接征管。税制改革后，税务部门加大税法宣传力度，开展专项检查和重点稽查，大力清缴欠税，打击偷漏抗税违法行为。并推行公开办税制度，设立办税服务厅，实行征收、管理、稽查分离的征管模式，征收管理步入法制化、规范化、科学化轨道，税收大幅递增。至 2010 年年底，市国税局征收入库 65.63 亿元，年均递增 12.89%；市地税局征收入库 24.74 亿元，年均递增 14.41%。1988—2010 年，税务部门共为国家和地方财政聚财 99.16 亿元，为促进国民经济和社会发展发挥了重要作用。

第一节 税制改革

1993 年前，全市税收工作垂直管理，依照《中华人民共和国税收征收管理法》和统一制定的税种、税目、税率征收。除农业税、农业特产税、耕地占用税、契税归市财政局直接征收外，工商各税及有关基金均由市税务局统一征收，按税收权属和比例实施中央、省、市三级解缴分成。

1994年起，实行新税制，以增值税为主体，以消费税和营业税为补充，改进和完善所得税及其他税种，使之与分税相衔接。同时，对部分税种作适当调整，停征工商税类的建筑税、奖金税、集市交易税和国家预算调节基金；集体企业所得税归入财政企业收入项，个体工商所得税和个人收入调节税并为个人所得税，产品税改为增值税，原部分工矿业产品增值税提高税率全面开征；部分批发商业税收转为增值税，烤烟税从原产品税中析出转入农业特产税。并新开征消费税、土地增值税。增值、消费两税属国家税收，上划中央75%，返回地方 25%。中央与地方共享税种，按中央、省、市共享比例分成。税费征收实行统一领导，分级管理，按收入归属划分级别入库。中央两税和中央与地方共享税如营业税、国有企业所得税、个体税收等，由市国税局负责征管。营业税、资源税、房产税、屠宰税、印花税、教育费附加、文化事业建设费等14种税费，由地税局负责征管。国税与地税征收的相同税种，按主征、附征不同税率分别征收。农业“四税”（农业税、农林特产税、耕地占用税、契税）仍归市财政局直接征管。

2002年4月，取消屠宰税。2005年，调整部分资源税的应税矿产品税额标准，提高原油、天然气、锰矿石、钼矿石、铁矿石等矿产品税额标准。2006年1月起，原煤税额标准由每吨0.5元调整为2.5元，石灰石税额标准由每吨2.5元调整为1.5元。

2007年1月，《车船税暂行条例》《城镇土地使用税暂行条例》修改，符合政策规定的企业，减免房产税、土地使用税、企业使用税、企业所得税。

2010年9月，原由财政征收的耕地占用税与契税改为由地税征收。是年，实行“省管县”财税体制改革，市国、地两税不再上缴娄底市，本市财税收入增加。

第二节　税源培植

20世纪90年代初，市内14家企业处于停产半停产状态，拖欠税款2300多万元。市税务局会同财政部门开展税源调查，对欠税户进行分类排队，确系纳税困难者，经申报核实，延期缴纳，不搞“杀鸡取卵”。并根据市场经济条件，由过去的减税让利逐步改变为增加有效投入，按照“放得准、收得回、见效快”原则，积极“放水养鱼”，促产增收，培植税源。至1993年，先后确定税收促产点21个，效益目标管理户10个，效益项目36个。同时，继续加强煤炭税费统征力度，规范煤炭税收征收管理，防止税源流失。

1994年税制改革后，市国税、地税各自按澄清的税源底子，不断加强税源培植与税收征管，扶持发展农业与民营经济，向煤炭、锑矿、钢铁、房地产业和国有资产资源要税收，对征管死角、薄弱环节加大征管力度。市国税局征辖主要税源大户是锡矿山矿务局、冷水江钢铁总厂、金竹山电厂、金竹山煤矿、资江氮肥厂、烟草公司等大中型企业及民营企业和个体工商户。为培植税源，该局采取上门服务、融通资金等方式帮助纳税人解决实际困难，并为28家企业办理政策减免增值税手续，办理“免、抵”审批2598万元，办理退库889万元。2010年，全面落实结构性减税、支持高新技术产业发展等税收优惠政策，减免退税1200万元，为纳税人减支增效，激活税源。

市地税局征辖税源来自有色、房地产、金融保险、交通运输、建筑安装、餐饮服务等行业。为培植税源，该局积极改善税收环境，开展“发展经济人人有责”主题活动，帮助企业招商引资，推介产品，特别是全方位支持搞活个体私营企业，使营业税和所得税成倍增长。1994—1995年，营业税收增长211%，个人所得税和企业所得税分别增长8倍、11倍。至2010年，该局征辖纳税人发展至5679户，初步形成以煤炭、电力、钢铁、有色、化工、建材行业为主，工商、服务、房地产行业为辅的综合发展的税源格局。

第三节　税种设置

1988—1993年，全市开征的税种、附加和基金有：产品税、增值税、营业税、资源税、盐税、屠宰税、房地产税、国有企业所得税、国家能源交通重点建设基金、建筑税、固定资产投资方向调节税、集体企业所得税、私营企业所得税、城乡个体工商户所得税、印花税、特别消费税、国有企业工资调节税、外商投资和外国企业所得税、个人收入调节税、国家预算调节基金、城镇土地使用税、国有企业奖金税、集体企业奖金税、事业单位奖金税、车船使用税、城市维护建设税、房产税、教育费附加28个税种。

1994年税制改革，国税、地税各自按分工职责开征税种，分别征收。

一、国税种类

（一）增值税

增值税是国税征管的主要税种，占国税税收总收入90%以上。征税对象为在域内销售货物或者提供加工、修理修配劳务以及进口货物的单位或个人，所征税款上交中央75%，县市留用25%。1994年，入库1.35亿元。2003年，入库2.11亿元。2010年，入库9.11亿元。1994—2010年，共征收63.74亿元。

（二）消费税

征税对象为在域内生产、委托加工和进口应税消费品的单位或个人。所征税款全部上交中央。1994年，入库4万元。1995年，入库27万元。2007年，入库38万元。1994—2010年，共入库202万元。

（三）营业税

征税对象为从事提供应税劳务、转让无形资产或者销售不动产的单位或个人。1995年，按国务院规定对域内金融保险业征收营业税，当年入库19万元。1998年，入库304万元。2003年，入库11万元。2004年停征。1994—2003年，共入库1485万元。

（四）企业所得税

征税对象为企业应纳税所得额，企业每一纳税年度的收入总额减除不征税收入、免税收入、各项扣除以及允许弥补的以前年度亏损后余额为应纳税所得额。1995年，入库136万元。2004年，入库619万元。2010年，入库1419万元。1995—2010年，共入库7351万元。

（五）个人所得税（个人储蓄存款利息所得税）

征税对象为个人储蓄存款利息所得。1995年，入库197万元。2001年，入库567万元。2010年，入库32万元。1995—2010年，共入库7899万元。

（六）车辆购置税

征税对象为购置应税车辆的单位或个人，包括购买进口、国产、受赠、获奖或以其他方式取得并自用应税车辆的行为。所征税款全部上交中央。2005年，入库83万元。2008年，入库135万元。2010年，入库1619万元。2005—2010年，共入库2122万元。

二、地税种类

（一）营业税

营业税是地税征管的主要税种，约占地税总收入的30%左右。征收对象为交通运输业、建筑业、金融保险业、邮电通信业、文化体育业、娱乐业、服务业、转让无形资产、销售不动产行业等。1994年，入库1570万元。2003年，入库2212万元。2010年，入库1.16亿元。1994—2010年，共入库7.36亿元。

（二）资源税

主要税源为锑矿与煤炭，其次是石灰石、白云石等。1994年，资源税入库165万元。2002年，入库278万元。2010年，入库1582万元。1994—2010年，共入库8343万元。

（三）企业所得税

征税对象是企业应纳税所得额。1994年，入库515万元。2002年1月1日起，企业所得税与个人所得税实行中央与地方按比例共享，中央级50%、省级15%、地市级10%、县市级25%。2003年1月1日起，调整为中央级60%、省级12%、地市级8%、县市级20%，当年入库726万元。2010年，入库2561万元。1994—2010年，共入库1.95亿元。

（四）个人所得税

征税项目共有 11 个，其中工资、薪金所得税以纳税人全月取得的工资、薪金收入额减除 800 元（2006 年 1 月 1 日调整为 1600 元）后余额为应纳税所得额，按九级超额累进税率计算应纳税额。对不具备查账征收的个体工商业按 1%～3%的比例征收个人所得税。1994 年，入库 169 万元。此后，个人所得税逐年增加。2004 年，入库 2086 万元。2010 年，入库 7110 万元。1994—2010 年，共入库 3.74 亿元。

（五）城市维护建设税

凡是缴纳增值税、消费税、营业税的各类企业、单位、个体经营者和其他个人都是城市维护建设税的纳税人。按纳税人所在地实行差别比例税率：城区税率为 7%，郊区、建制镇税率为 5%，乡村税率为 1%。1994 年，入库 917 万元。2004 年，入库 2124 万元。2010 年，入库 7310 万元。1994—2010 年，共入库 4.61 亿元。

（六）印花税

印花税是对经济活动和经济交往中书立、领受的应税经济凭证所征收的一种税，共有 14 个税目，实行比例税率和定额税率。1994 年，入库 94 万元。2004 年，入库 255 万元。2010 年，入库 1531 万元。1994—2010 年，共入库 7467 万元。

（七）车船税

车船税（2007 年前为车船使用税）按车船种类、吨位或座位定额征收。1994 年，入库 20 万元。2001 年，入库 21 万元。2010 年，入库 312 万元。1994—2010 年，共入库 997 万元。

（八）房产税

房产税征收对象为坐落在城市、郊区、建制镇和工矿区的房屋，从价计征或从租计征。1994 年，入库 286 万元。2000 年，入库 1177 万元。2010 年，入库 1603 万元。1994—2010 年，共入库 1.36 亿元。

（九）城镇土地使用税

城镇土地使用税是对坐落在城市、郊区、建制镇和工矿区拥有土地使用权的单位或个人实际占有土地面积而征收的一种税。1994 年，入库 330 万元。2002 年，入库 828 万元。2010 年，入库 5328 万元。1994—2010 年，共入库 1.88 亿元。

（十）土地增值税

纳税人转让国有土地使用权、地上建筑物取得的收入减除规定扣除项目金额以后的余额为土地增值税计税依据。1997 年，入库 3 万元。2004 年，入库 27 万元。2010 年，入库 705 万元。1997—2010 年，共入库 1822 万元。

（十一）固定资产投资方向调节税

1994 年，入库 289 万元。1997 年，入库 449 万元。2001 年，入库 9 万元。1994—2001 年，共入库 2280 万元。2002 年 1 月 1 日停征。

（十二）屠宰税

1994 年，入库 30 万元。2002 年，入库 18 万元。1994 年至 2002 年 3 月，共入库 389 万元。2002 年 4 月 1 日停征。

（十三）耕地占用税

2010 年 9 月起，由地税部门征收，当年入库 265 万元。

（十四）契税

2010 年 9 月起，由地税部门征收，当年入库 12 万元。

地税局除开征以上税种外，还负责代征防洪保安资金、教育费附加、地方教育附加、文化事业建设费、社保费、工会经费、残疾人就业保障金 7 种费（金）。1994—2010 年，共代征 3.61 亿元。

第四节　税收征缴

税务部门坚持“依法征税，应收尽收，不收过头税，防止和制止越权减免税”原则，改进和完善税收征管办法。1994 年 9 月至 2010 年，市国税局累计征收入库 65.63 亿元，市地税局累计征收入库 24.73 亿元。2010 年，国税、地税共征收入库 13.66 亿元，比 1988 年 7129 万元增长 18.16 倍。冷水江市级税收大幅增长，2010 年达 4.96 亿元，比 1988 年 4051 万元增长 11.25 倍。

一、正常征收

正常征收主要采取纳税人自核自缴、定期定额缴纳和银行代扣代缴、税务部门查验征收等方式。20 世纪 90 年代，市内主要税收来自电力、煤炭、化工、冶金、建材五大支柱产业，每年入库总量占全市税收的80%以上，其中锡矿山矿务局、金竹山电厂、资江氮肥厂每月缴纳税收均超过1000万元，都是经正常征收渠道入库。税制分设后，国税、地税各自按分工职责行使收税权限，一般也采取正常征收方式。2005年，国税组织各项税收4.91亿元，完成年度计划的126%，比上年同期增收1.52亿元。2007年后，税务部门对房地产税实行“源泉管控、项目跟踪、信息共存、先税后证”一体化管理，堵塞房地产税征管漏洞，房地产税收陡增，从2006年的400万元增加到2010年的4508万元，4年间增长近10倍。

二、清欠征收

市内税源分散，征收面广，难度较大，加之部分纳税人纳税意识不强，拖欠税款严重，税务部门每年多次开展清欠征收。市国税局坚持“零新欠”目标，控制新欠，清缴陈欠，保证税款及时足额入库，基本实现应收尽收。2003年，对欠税大户冷钢进行清欠征缴，入库税款5976万元，其中清缴陈欠752万元。2005年清缴欠税6565万元，新欠发生率仅0.14%。

市地税局建立纳税企业欠税台账，对欠税企业法人代表、银行账号、企业生产经营状况以及拖欠税款原因详细调查登记，并在办税服务厅公告。同时，联合公安部门，严厉打击暴力抗税行为。2007—2010年，先后对双信矿山物资经营部、铎山镇砖厂、金雅居室内门专卖店等11户个体纳税人依法处理，其中刑拘2人，治安拘留1人，强制收缴欠税9.24万元。

三、稽查征收

稽查征收是税收征缴的一项常规性工作。1988—1993年，市税务局发挥稽查威慑力，推行约谈式稽查，以查促管。1994年，国税、地税联合对集贸市场进行税务检查，清理漏征漏管户93户，补办税务登记证93户，查补税款1.5万元，罚款1万元，调整纳税户70户，月调整增值税额3600元。1999年，稽查纳税户617户，查出偷税691万元，加收滞纳金及罚款212万元。2000年5月，采取“一查二扣三停四冻”强制措施，查出云南个旧市一公司虚开增值税专用发票89份，偷逃税款176万余元。另查获3起虚开增值税发票案，虚开增值税专用发票325份，受票单位13个，涉案抵扣税款450万元。2003年，专项稽查加油站、跨地区经营企业、个体纳税大户、煤炭和锑品企业，查补税款1062万元，罚款31万元。2007年，稽查冷钢，查补税款3703万元，罚款324万元。2010年10月，配合娄底警方成功侦破特大发票制假犯罪网络案，抓获犯罪嫌疑人10人，缴获假发票2787万份，发票金额600多亿元。2006—2010年，市国税局稽查查补收入1.9亿元，评估入库税款2.3亿元，评估准确率从82%提高到98%，税收执法准确率99.7%，5年没有发生一起行政诉讼案件。

1988—2010年，税务部门共稽查企业、经营户8603户次，查补税款3.89亿元，加收滞纳金5680万元，罚款8134万元。

1988—1994年冷水江市税务局税收分级入库情况表

表17-5　　单位：万元

年度	税额	其中				年度	税额	其中			
		中央级	省级	地市级	县市级			中央级	省级	地市级	县市级
1988	7129	1924	1154	0	4051	1992	10668	2676	1862	0	6130
1989	8848	2534	1627	0	4687	1993	14077	2753	2460	0	8864
1990	9167	2606	1742	0	4819	1994	10177	5454	1253	0	3470
1991	9550	2602	1747	0	5201	合计	69616	20549	11845	0	37222

说明：1994年税收入库统计至该年9月

1994—2010 年冷水江市国税局税收分级入库情况表

表 17-6　　单位：万元

年 度	税额	其中				年度	税额	其中			
		中央级	省 级	地市级	县市级			中央级	省 级	地市级	县市级
1994	13543	—	—	—	—	2003	21866	16297	3116	334	2119
1995	17932	13278	2211	0	2443	2004	33904	25236	4950	537	3181
1996	16691	12262	2073	0	2356	2005	49112	36716	7770	410	4216
1997	14171	10279	1550	0	2342	2006	60540	45248	4769	3834	6689
1998	14091	10357	1476	0	2258	2007	82095	61322	7893	3940	8940
1999	13000	9815	1358	0	1827	2008	92490	69067	6405	4039	12979
2000	13194	10126	1171	53	1844	2009	88284	65966	3555	3930	14833
2001	14723	11245	1502	97	1879	2010	94211	70847	5870	0	17491
2002	16460	12177	2066	360	1857	合计	656307	480238	57735	17534	87254

1994—2010 年冷水江市地税局税收分级入库情况表

表 17-7　　单位：万元

年 度	税额	其中				年度	税额	其中			
		中央级	省 级	地市级	县市级			中央级	省 级	地市级	县市级
1994	4404	0	570	10	3824	2003	8696	1578	1367	295	5456
1995	5476	0	769	72	4635	2004	10404	1732	1451	320	6901
1996	6564	0	682	85	5797	2005	11946	1881	1439	345	8281
1997	7163	0	800	82	6281	2006	19307	2653	3501	530	12623
1998	7790	0	758	88	6944	2007	26273	3877	3908	778	17710
1999	7823	0	837	70	6916	2008	30539	4066	3388	835	22250
2000	7495	0	892	23	6580	2009	35179	4579	3954	1050	25596
2001	7626	0	1016	53	6557	2010	42387	5803	4460	0	32124
2002	8278	1242	1449	312	5275	合计	247350	27411	31241	4948	183750

第五节　税收管理

一、税收征管

1988—1993 年，税收征管实行两级管理模式，市级实行代收代缴、征收、管理三分离，乡镇实行征管、检查两分离。不定期开展税收大检查，在火车东站、铎山两个交通要道设立税务检查站，加大税收征管力度。1994 年，税制改革后，国税、地税实行统一领导，分级管理，国有、集体企业自核自缴申报纳税，个体工商户由本人申报、税务部门审定限期缴纳。1998 年，国税和地税分别设立办税服务厅，申报、代理、稽查三位一体，以计算机网络为依托，集中征收，重点稽查，并开设税款预储账户，实行双向委托、银行划缴的银税一体化管理。2004 年，国税、地税联合开展纳税信誉等级评定工作，进一步完善委托代征税收网络。2005 年，国税成功探索出宏观税负分析、税源监控、纳税评估、税务稽查的良性互动方式。地税创新征管模式，实行机构、人员、任务、考核、经费五个单列，重新划分征管范围，进一步理顺税收征管机制。2010 年，锑品行业税收流失严重，税务部门采取“以能定产、以产定销、查账与核定相结合”办法，全面清查锑品行业税收，当年完成锑品行业税收 2144 万元（不含闪星锑业），同比增加 1075 万元。全市税收收入占一般预算收入比重从 2005 年 61.83%增加到 2010 年 73.48%，5 年增加 11.65 个百分点。

二、税收减免

1988 年，市税务局成立税收减免领导小组，税收减免严格集体审批程序。是年，全市 36 家企业享受减免，减免产品税、所得税 894.94 万元。1990 年，按照国务院文件精神，停止 30 种产品、“八小企业”“三类公司”税收减免，原享受减免税的 23 家企业有 9 户恢复征税。农业税减免遵循“轻灾少减，重灾多减，特灾全免”原则逐级申报审批。1994 年后，增值税先征后退，列入免征增值税的有：经营批发粮油的国有粮食企业，批发零售种子、种苗、化肥、农药、农机的商业企业，利用废渣、废矿进行再生产的“三废”企业，从事加工、修理业的残疾人等。1988—2010 年，税务部门对市内民政福利企业、农机公司、种子公司、下岗失业再就业人员等实行减免、抵税、退税等总计 2.58 亿元。2005—2010 年，国税减免起征点以下个体工商户 2128 户次，免征增值税 152 万元，减免企业所得税 21 万元，“三废”利用企业退税 293 万元，民政福利企业退税 2138 万元。2003—2010 年，地税为 2240 户下岗失业再就业人员减征税款 900 万元，平均每户减负 4018 元。

图 17-2　冷水江市税务人员向群众宣讲税收政策（2006 年摄）

三、票据管理

发票是经济活动中收付款的特殊凭证，由税务部门统一管理。发票的印制、保管使用、缴销均有严格的管理制度，实行专人管理、专库（柜）保存，专账记载。1988 年，市税务局内设发票管理专门机构，负责发票的设计、印制、审批、发放、监督使用。发票管理采取“一统、二严、三专、四对口”办法，所有发票实行分类登记，对发票使用单位和个人建立分户台账，对专管员税收票证进行缴销登记。作废票证，各联全份上缴。票证的审核，税务所内部由专管员互审，市局做到普审与重点审核相结合。1995 年，普通发票实行新防伪措施，发票联用专用水印纸印制，不加印底纹，使用专用有色荧光油墨套用发票监制章及发票号码。并对发票印制企业核发“发票准印证”，每年年审一次，对不符合印刷发票条件的印刷厂取消印制资格。1997 年，使用新版防伪普通发票，视同增值税专用发票管理，同时开通增值税专用发票丢失、被盗查询报警系统。是年，国税、地税联手对市内 12 家企事业单位发票使用、保管情况进行专项检查，共收缴替代发票使用的自印凭证 128 本、3121 份，追缴税款 122 万元，罚款 34 万元。1998 年，推行定大填小定额普通发票，印制 10 元至 5000 元不等的 9 种定额发票，供个体工商户、账制不健全或欠税较多的小额纳税人使用。2008—2010 年，全面实行“机具开票，逐笔开具”和“有奖发票，鼓励索票”发票管理模式，对全市范围内自开票纳税人和代开票纳税人的认定和使用进行清理规范，为全面推行“金税工程”奠定基础。

四、管理机构

1988 年，市税务局内设办公室、人事教育股、税政一股、税政二股、税政三股、征收管理股、监察股、计划会计股、税务检察室。是年 4 月，娄底地区税务局在冷水江市税务局进行局、股、所长任期制试点，聘任股、所长 14 人，聘任副职股、所长 28 人。1989 年 4 月，税政一股改为流转税管理股，税政二股改为地方税管理股，税政三股改为所得税管理股。1990 年，成立稽查队，原锡矿山税务所分设锡矿山税务所和飞水岩税务所，冷水江税务所分设冷水江第一税务所和第二税务所，流转税管理股、地方税管理股、所得税管理股合并为税政股。1991 年 8 月，成立税务咨询事务所。1993 年 11 月，与市公安局联合成立税务公安执勤室。至

1993年年底，全局干部职工258人。1988—1993年，市税务局先后由邹全熙、钟春明任党组书记、局长。1994年9月，税务系统机构改革，组建冷水江市国家税务局和冷水江市地方税务局。

（一）冷水江市国家税务局

1994年9月，市国家税务局有干部职工173人（其中离退休23人），内设办公室、人事教育股、征收管理股、计划财务股、税政管理股、稽查局、监审室、税务检察室。下辖冷水江一所、冷水江二所、东站所、禾青所、金竹山所、渣渡所、飞水岩所、锡矿山所。1995年10月，内设股室改为科室，级别升格为副科级，全局干部职工150人。1996年10月，实行撤所建分局改革，8个税务所改设为5个征收分局，即冷水江、城东、金竹山、禾青、锡矿山征收分局。1997年，征管科分设，成立发票管理所（2002年又并入征管科），税政管理科更名综合业务科，撤销税务检察室，成立正信税务师事务所，采取有偿收费服务方式为纳税人代理税务事宜。2001年6月，撤销5个征收分局，成立城区管理科（分局）、郊区管理科（分局）、计征科（分局），原计划财务科部分职能并入计征科，另设财务科，征收管理科更名综合科。2002年6月，下辖的征收、管理机构撤销，一律作为内设科室，不再对外挂牌。2005年9月，进一步规范内部机构设置，设立办税服务厅，撤销原城区管理科、郊区管理科，设税源管理一科、税源管理二科、税源管理三科，综合科更名综合业务科，政工科更名人事教育科，监察审计室更名监察室，信息管理中心更名信息中心，撤销计征科、财务科，合并为计划统计科。2006年，成立车购办。2007年9月，撤销综合业务科，成立征管科和税政法规科，财务工作归口办公室管理。2010年5月，撤销考核办，其职能归口机关党办，税政法规科更名政策法规科，计划统计科更名收入核算科，财务室归入收入核算科。至2010年末，全局干部职工190人。1994—2010年，市国税局先后由钟春明、李意华、彭可生、康立新、陈晚珍任党组书记、局长，王在周任专职党组书记。在此期间，市国家税务局先后获得全国青年文明号、全国模范职工之家、全国信息化建设先进单位、省级依法办事示范窗口、省级文明单位、省级园林式单位等荣誉称号，2008年被评为全国精神文明建设先进单位。

（二）冷水江市地方税务局

1994年9月，市地方税务局有干部职工85人，内设人事教育股、监察审计股、计划会计股、征收管理股、税收政策管理一股、税收政策管理二股、办公室、稽查局。下辖冷水江、飞水岩、矿山、金竹山、东站、禾青、渣渡7个税务所。此后，内设机构数次调整。至2010年，内设办公室、人事教育科、监察审计科、收入规划核算科、财务管理科、税政法规科、征管和科技发展科、稽查局、办税服务中心、信息中心，下辖4个税务分局，全局有干部职工129人。1994—2010年，先后由潘启云、李雁、杨设民、罗正晖任党组书记、局长。在此期间，市地税局先后获得全国“五一劳动奖状”、全国巾帼文明岗、全国模范职工之家、全省地税系统先进单位、全省地税系统五星级办税服务厅等荣誉称号。

第三章 金 融

1988年，冷水江市共有7家金融机构，其中银行6家，保险公司1家，从业人员759人。各项存款余额1.92亿元，贷款余额2.68亿元，保费收入299.18万元，赔付支出189.60万元。此后，市人民银行积极贯彻国家货币政策，加强金融监管，改革金融服务，实施宏观调控，防范和化解金融风险，确保市内各金融机构稳健运行。工商银行、农业银行、中国银行、建设银行4家国有专业银行顺利向商业银行转轨，后又改为股份制企业。农业发展银行从农业银行析出，成为市内唯一一家国有政策性银行。农村信用社与农业银行脱离行政隶属关系，并清理、归并农村合作基金会和城市信用社。保险业实行分业经营，在相互竞争中共同发展。1997年2月，娄底证券公司在冷水江设立交易厅。期货公司、投资公司、典当等民间机构相继成立。至2010年，全市有银行、保险、证券等金融机构（期货、典当、投资公司等民间金融机构除外）20家，从业人员1386人。各项存款余额92.16亿元，比1988年增长47倍。各项贷款余额59.76亿元，比1988年增长21倍。保费收入1.27亿元，比1988年增长41倍，赔付支出2096万元，比1988年增长10倍。证券开户数达2.06万户。

1988—2010年，通过金融体制改革，全市金融机构日臻完善，网点布局趋向合理，职工队伍不断扩大，文化和业务素质逐渐提高。开通电话、手机、网上银行，建立24小时自助银行服务区。设有自动存取款机、账户查询机、电子商务支付平台，结算手段基本实现电子化。存贷及各项业务有较大发展。

第一节　银　行

一、机构

（一）中国人民银行冷水江市支行（简称市人民银行）。

1988年，市人民银行管辖冷水江市和新化县两地专业银行和其他金融业务，地址在新城路原市工商银行院内。1990年8月，搬迁至锑都中路78号新办公楼。1991年8月1日，中国人民银行新化县支行成立，市人民银行将新化县辖内业务移交（新化县支行不设人民币发行库，人民币发行业务除外）。此后，内设机构多次变更。至2010年年底，内设办公室、会计国库、货币信贷与统计、货币金银、保卫等5个股室，员工25人。1988—2010年，先后由陈立章、宋利亚、贺敏任行长。

（二）中国工商银行股份有限公司冷水江支行

原名中国工商银行冷水江市支行（简称市工商银行）。1988年，内设办公室、信贷、计划、储蓄、会计、出纳、人事、稽核、保卫、科技10个股室，下辖锡矿山、飞水岩、轧钢、东站等9个分理处和冷锡、锑都、冷金等13个储蓄所，另设15个储蓄代办所。此后，内设和下辖机构数次变更。2005年1月股改上市，更名中国工商银行股份有限公司冷水江支行。2010年，内设机构调整为办公室、公司业务部、个人金融业务部、营业部，下辖轧钢、冷锡、江南、禾青4个分理处和支行营业部，员工77人（其中代理制合同工14人）。1988—2010年，先后由张艺林、奉月桂、黄积祥、王宝桂、方刚、钟继祖、王志红、李林任行长。

（三）中国农业银行股份有限公司冷水江市支行

原名中国农业银行冷水江市支行（简称市农业银行）。1988年，内设办公室、人事股、信贷股、储蓄股、会计股、信用合作股、保卫股、监察室，下辖支行营业部、锑都分理处、波月分理处、飞水岩营业所、飞水岩储蓄所、矿山营业所、矿山储蓄所、渣渡营业所、铎山营业所、禾青营业所、市场储蓄所、大桥储蓄所、涟溪桥储蓄所、毛易营业所、崇北储蓄所、河西分理处16个营业网点，员工103人。此后，内设机构和下辖网点数次变更。1996年，分离出18人，成立农业发展银行。是年，农村信用合作社与农业银行脱钩。2009年1月股改上市，更名中国农业银行股份有限公司冷水江市支行。2010年，内设机构调整为综合管理部、财会运营部、客户部，下辖支行营业部、禾青分理处、河西分理处、锑都分理处、中心分理处、太阳城分理处，员工89人。1988—2010年，先后由唐友益、龚询民、蒋靠生、刘杰、潘学聪、贺建加、贺钦之、龙建群任行长。

（四）中国银行股份有限公司冷水江支行

原名中国银行冷水江支行（简称市中国银行）。始建于1989年，员工13人（其中临时工4人）。内设人秘、保卫、会计出纳、信贷计划、存汇5个股室，下辖迎宾储蓄所、支行营业厅。此后，内设和下辖机构数次变更。2004年8月股改上市，更名中国银行股份有限公司冷水江支行。2010年，内设综合保卫部、业务发展部，下辖营业部和迎宾、金路、金电、红日岭、锑都等6个营业网点，员工65人。1989—2010年，先后由曾旭升、邹国瑜、伍正人、马奎、蔡卫兵任行长。

（五）中国建设银行股份有限公司冷水江支行

原名中国建设银行冷水江市支行（简称市建设银行）。1988 年，内设办公室、信贷股、计划股、储蓄股、会计股、出纳股、人事股、稽核股等 8 个股室，下辖建新分理处、金电分理处、新城路储蓄所、冷铁储蓄所，员工 34 人。此后，内设和下辖机构数次变更。1996 年，向商业银行转轨。2002 年，开始股份制改造，核销、剥离不良资产，精简机构和人员。次年，原中国建设银行资氮支行撤销，并入冷水江支行。2004 年 9 月股改上市，更名中国建设银行股份有限公司冷水江支行。至 2010 年年底，内设办公室、公司业务部、个人金融部，下辖营业部、建新分理处、新城路储蓄所、顺景分理处、布溪储蓄所、资氮分理处，员工 64 人。1988—2010 年，先后由肖岳定、邹独异、曾治中、章宏飞、阳毅军、孙斌、王中魁任行长。

（六）中国农业发展银行冷水江市支行（简称市农发行）

1996 年 12 月 20 日，成立市农发行，主要办理粮、棉、油收购、储备、加工贷款及企业单位存款。内设办公室、客户服务部、财务会计部，员工 19 人。至 2010 年年底，内设机构未变，员工减至 15 人。1996—2010 年，先后由段述平、曾雄峰、邹剑平、颜平、杨觉群、潘家祥、孙建涛任行长。

（七）中国邮政储蓄银行冷水江市支行（简称市邮政储蓄银行）

2008 年 4 月 18 日，成立市邮政储蓄银行，员工 50 人，内设综合管理部、综合业务部、公司业务部、信贷业务部、会计核算部，下辖广场路、锑都中路、禾青支行 3 个一类网点；新城路、铎山 2 个二类网点；矿山、飞水岩、沙塘湾、岩口、渣渡、东站、布溪支局 7 个代理网点。2010 年，机构和人员未变。先后由罗特华、殷海京任行长。

（八）冷水江市农村信用合作联社

1988 年，市域有农村信用社 16 个、信用分社 55 个、信用站 181 个，员工 337 人，隶属市农业银行管辖。1996 年，农村信用合作联社与农业银行脱钩，成为金融法人实体，内设办公室、监察室、人事股、业务股、保卫股、工会。2000 年 12 月，接管市城市信用社。2001 年，农村信用社由 16 家合并为 11 家。1999 年 6 月，接收全市 9 家农村合作基金会存贷业务。2005 年 12 月，181 个信用站撤销。2007 年 5 月，经省银监局批准，冷水江市农村信用合作联社正式挂牌，成为一级法人单位。2010 年，内设机构调整为办公室、财务会计部、计划信贷部、风险资产管理部、人力资源部、科技部、稽核监察部、安全保卫部，有基层信用社 12 个、直辖分社 10 个、分社 8 个，共有员工 269 人。1998—2010 年，先后由李述文、唐友益、龚洵明、蒋靠生、段吉平、朱韶光、张石珍、李谟放、谢建华任联社主任。

（九）冷水江市农村合作基金会

1993 年，冷水江市在禾青镇试点建立农村合作基金会。至 1994 年 12 月，全市 12 个乡镇均成立合作基金会。同时，市农委成立农村合作基金会联合会，负责全市农村合作基金会管理与资金调度。全市 12 个乡镇基金会和市联合会共吸收股金和代管资金 476 万元，贷款余额 450 万元。此后，乡镇合作基金会在村建立代办站。至 1996 年，村级代办站发展到 122 个，从业人员 191 人，筹集资金 5483 万元，贷款余额 4450 万元。全市 1.7 万农户入股合作基金会，1.1 万农户在合作基金会贷款。禾青镇合作基金会有股东 3075 户，占全镇农户总数的 72.9%。至 1998 年 11 月，全市农村合作基金会入股会员 3.5 万户，占全市农户总数的 70%。市、乡、村三级合作基金会从业人员 340 人，筹集资金 8942.5 万元，贷款 8800 万元，为 2920 户村民、310 个种养专业户、100 多个乡镇企业解决资金困难。同时，入股农民也从中得到实惠，仅 1996 年入股农民就从基金会获取红利 370 万元。

农村合作基金会的建立和发展，在扶持乡镇企业发展、支持各类专业户创业、缓解基层政府财政运转困难等方面起到一定作用。但是，由于体制问题，农村合作基金会运行 5 年后出现诸多弊端。1999 年 4 月，市政府根据上级政府安排，对农村合作基金会进行清理整顿，出台《清理整顿农村合作基金会工作方案》，各乡镇于 4 月 20

日前制定清理整顿实施办法和防范化解风险预案。从4月23日18时起，各基金会除收回贷款外停止一切业务活动。至此，农村合作基金会停业。全市成立基金会清欠巡回法庭，至8月31日，巡回法庭受理案件161件，涉案金额1020万元，其中市联合会起诉69件。同时，为配合基金会清欠工作，对在农村合作基金会担保或欠款人员，市民政局停办有关协议离婚手续，市房产局停办房产转移手续，市财政局对财政拨款单位的担保采取直接扣款措施，人事部门对140名贷款和担保的干部采取停工、停职、停薪等措施。经清理整顿，全市12个乡镇基金会和市联合会总资产共9111万元，放贷7323万元，总负债9002万元，其中会员股金7438万元。至11月清盘兼并时止，收回放贷本息3994万元。市联合会和同兴乡、渣渡镇、三尖乡合作基金会于12月清盘关闭，其余9家合作基金会并入当地农村信用社，共计并入资产3062万元，并入债务3029万元。清理整顿过程中，政府注入资金1980万元，其中用于兼并注资825万元，用于清盘兑付867万元，用于归还各部门欠款288万元。

二、体制改革

1988年，银行、信用社系统营业网点遍布城乡，均在上级金融部门对口指导和市人民银行统一监管下依法从事金融业务。1990年后，为适应市场经济需要，合理调整网点布局，先后撤并一批业务小效益低的营业网点，并不断调整内设机构。在货币管理上，为缓解通胀趋势，市人民银行坚持“控制总量、保证重点、压缩一般、适时调节”原则，控制金融再贷款，压缩货币投放量，调高存款利率，允许专业银行开展有奖储蓄和3年以上定期保值贴补储蓄业务，吸纳闲散资金，减少货币流通。

1994年起，国有专业银行向商业银行转轨，实行商业化经营，打破银行吃国家“大锅饭”体制。1996年，贯彻国务院《关于农村金融体制改革的决定》，农业银行实现“一分一脱”，即按政策性金融与商业性金融分离的规定，从农业银行分离增设农业发展银行，农村信用社与农业银行脱离行政隶属关系，成为扎根农村服务农民、自主经营的合作金融组织。

1998年后，连续3年调低存款利率，开征存款利息税，允许工、农、中、建4家银行承购包销国库券，实施以拉动内需为导向的稳健货币政策，并不断改进贷款审批程序，严格投放质量管理，加强检查防范，化解金融风险。1999年，随着专业银行向商业银行转轨，其金融再贷款由市人民银行统一发放改为各自直接向对口的上级商业银行贷款。

2003年，银监分设，成立冷水江市监管办事处，市人民银行监管股撤销。此后，市建设银行、中国银行、工商银行、农业银行先后按照各自总行部署股改后上市，成为股份制银行。2007年5月，农村信用合作联社挂牌。至此，全市初步形成以人民银行为主导、国有股份制银行为主体、多种金融机构并存的金融体系。

三、货币

（一）投放与回笼

冷水江是资源型工业城市，辖内工矿企业多，现金流量大，货币投放大于货币回笼，是净投放地区。1988—2010年，投放金额从2.2亿元增至32.08亿元，回笼金额从0.79亿元增至23.4亿元，净投放数从1.41亿元增至8.68亿元，年均递增22.4%。

1988年12月，市人民银行办理冷水江市和新化县现金出入库业务，货币投放量占娄底地区90%以上。1990年，根据历年发行基金增长比例和社会货币流通需求量编制发行计划，按不同时段需要组织调运，灵活摆布库存，全年投放2.58亿元，回笼0.89亿元，净投放1.69亿元。1991—1993年，全市经济发展加速，兴起办公司、炒股票、搞开发热潮，社会货币需求量大幅增加，3年累计办理投放12.5亿元，回笼3.11亿元。

1994年，国家工资改革，工资性现金支出大幅增加，全年投放8.32亿元，比上年增长60%。1998起，国家实行拉动内需政策，全市现金投放量有较大增长。2000—2002年，受新版人民币投放和货币回笼周转等因素影响，全市现金投放稳中有降。2000年，投放12.11亿元，比上年下降14%。2003年，矿产品价格猛涨，市内炒煤、炒锑成风，民间资金异常活跃，是年投放16.66亿元，回笼15.17亿元，分别比上年增长14%和22.5%，创阶段性新高。

2008年，受全球金融危机影响，净投放4.95亿元，比上年减少22%。2009—2010年，为应对全球金融风暴，市人民银行认真落实国家扩大内需、促进经济平稳较快增长的各项政策措施，投放量稳步上涨，分别为28.88亿元和32.08亿元，回笼20.93亿元和23.4亿元。

（二）反假币、反洗钱

1990—1993年，市人民银行先后举办反假人民币学习班21期，及时向社会通报假币伪造特征和识别特点，要求各银行、信用社重点把关，规定收缴的假币，一律加盖“假币”戳记，按月上交。4年间，全市收缴假人民币1.16万张。

2000年，第五套人民币和第四套人民币混合流通，制贩假人民币案件频频发生，4—9月，市人民银行牵头组织开展打击制贩假币犯罪联合行动，先后破获假币案2起，涉案金额3.22万元，收缴各种假币1.42万元。2003年，犯罪分子制贩假币向小面额硬币转移，金融部门加强对小面额人民币反假防伪，收缴假1元硬币1042枚。2004年，银行系统实行货币真伪鉴定授权管理，市内国有商业银行为货币真伪鉴定单位。2005年，选择市内超市和农贸市场等5家现金流量大的单位作为反假币流通监测点，聘请反假币信息员，加强反假币宣传与监测。2008年，采取“看影视、学反假”方式开展反假币工作，市公益电影放映队每次下乡加播《第五套人民币防伪指南》。2010年，组织辖内金融机构170人参加人民币与反假币业务上岗资格证考试。

2002年起，在做好反假币工作同时，市人民银行加大反洗钱工作力度，制订大额现金支付备案管理、银行汇票和银行本票大额现金支付管理、银行卡大额现金支付管理等制度。2004年5月，各金融机构完善反洗钱内控制度和岗位责任制。2008—2010年，制定《反洗钱信息举报制度》和《反洗钱工作操作规程》，规范洗钱信息举报方式、举报内容、举报受理和处理程序，完善反洗钱组织机构和内控制度建设，加强大额和可疑支付交易监管。同时，与财税、银监、司法部门建立协调反洗钱机制，形成全社会反洗钱整体合力。

（三）金银收兑和管理

辖内工矿企业较多，金银需求量大。1988年，市内金银配售和收兑由市人民银行统一管理。是年，共配售白银3.48万克，收兑杂银269.59克。1989年，冷水江制碱厂等企业清包交回金2570.1克，交回银140千克。1990年，锑都大厦成为全市第一家领取金银销售许可证单位。是年，全市收兑白银14.32千克，黄金286.5克。1992年10月，冷水江市银桥金行开业，供应优质金银首饰。是年，共配售白银71千克，收兑白银2197克、黄金365.54克。

1993年，市人民银行为百货公司、五交化公司、老天宝等5家个体金银饰品维修翻新点颁发“经营金银业务许可证”。1994年6月，按照国务院办公厅文件精神，取缔自发黄金市场，严禁黄金私下交易和走私贩卖活动，未经人民银行批准，任何部门、单位和个人不得收购黄金，不得从事黄金生产批发、加工和零售业务。是年，收兑黄金1546.01克、白银460.8克。

1998年，国际黄金市场低迷，黄金收兑量大幅增长，全市收兑黄金15.25千克。2002年1月23日，取消经营黄金（包括K金）制品和零售业务许可证管理制度，通过清理后由市人民银行核准颁发“黄金制品核准登记证”。是年，辖内共核发6家。此后，黄金市场放开，审批停止。

四、存款

（一）存款准备金与中央银行存款

1989年，实行存款备付金制度，各专业银行、信用社在人民银行开设存款备付金专户，以保障支付清算。是年末，市人民银行各项存款余额7735万元。1990年，狠抓财政性存款和邮政储蓄转存款，督促各专业银行、城乡信用社按规定比例缴纳存款准备金和存款备付金。年末，中央银行存款余额1.08亿元，比上年增长39%。

1991—1996年，市人民银行多次稽查发现专业银行划缴财政性存款仍存在财政资金信用转移、公款私存、截留等问题，采取通报、处罚等措施，责成各相关单位限期整改。信用社发生存款支付困难，经报批后方可动用存款准备金。1997年，中央银行存款余额2.87亿元，其中存款准备金1.76亿元、邮政储蓄转存款5098万元。

1998年9月，市人民银行检查辖内城乡信用社存款准备金缴存情况，督促信用社按8%的比例缴足存款准备金，对低于8%的社冻结其存款准备金账户，并不得发放贷款。是年末，中央银行存款余额1.61亿元，其中存款准备金8939万元，邮政储蓄转存款6237万元。

1999—2006年，中国人民银行实行稳健的货币政策，6次调整存款准备金率，其中1次调低、5次调高。市人民银行采取加强账户管理、定期检查、目标考核等措施促推中央银行存款增长。至2006年末，中央银行存款余额5.08亿元，其中存款准备金2.82亿元、邮政储蓄转存款2.05亿元。

2007年，社会流动性过剩，中国人民银行上调存款准备金率10次，从9%上调到14.5%。市人民银行执行从紧货币政策，引导辖内金融机构优化信贷结构，控制流动性。2008—2010年，因受美国金融风暴影响，货币政策从紧转为适度宽松。其间，调整存款准备金率14次，其中上调9次，下调5次。

（二）单位公存款和居民储蓄存款

1988年后，城乡经济发展速度加快，居民收入普遍提高，全市银信存款日益增多。金融系统坚持以客户为宗旨，改善服务态度，提高服务质量，增加网点建设，增加储蓄种类，改进储汇办法，开展多方揽储。至2010年，全市金融机构各项存款余额92.16亿元，比1988年增加90.23亿元。

1. 单位公存款

单位公存款一直是金融系统的重要资金来源。市工商银行注重市场规律，稳定存款大户，培育优质中小企业客户，开展业务创新，拓展银企合作空间，使公存款逐年上升，至2010年，公存款余额6.2亿元，比1988年增加5.89亿元。市农业银行严格控制开户单位资金体外循环，适时开展全行性存款活动和阶段性综合营销活动，重点培养、发展、巩固大客户，至2010年，公存款余额2.06亿元，比1988年增加1.98亿元。市信用联社充分发挥员工队伍庞大、网点遍布城乡的优势，加强内部管理，将揽储筹资任务落实到各基层信用社、站和个人，大力吸收农户和乡镇企业存款，至2010年末，公存款余额2.05亿元，比1988年增加1.96亿元。市内其他银行各自采取有效措施揽储聚资，壮大资本实力，单位公存款余额均有大幅增长。至2010年年底，全市公存款余额35.33亿元，比1988年增加34.3亿元，增长33.3倍。

2. 居民储蓄存款

居民储蓄存款是银行资金主要来源之一。1988年后，居民储蓄存款主要有定期存款、活期存款、定活两便存款三大类，定期存款分为整存整取、零存整取、整存零取、存本取息。各家储蓄机构坚持“存款自愿，取款自由，存款有息，为储户保密”原则，增设营业网点，为顾客提供优质服务。1994年前，银行为揽储开办各种形式有奖储蓄，名目繁多，风行一时。1995年，停办有奖储蓄，相继推出银行长城卡、金穗卡、牡丹卡、通存、通兑等业务。2002年后，陆续推出电话银行、网上银行、手机银行、自动柜员机等电子银行业务，实行24小时无限制自主服务。至2010年末，全市居民储蓄存款余额56.82亿元，比1988年增加55.93亿元，增长62.6倍。

图17-3　冷水江市城乡居民在银行办理存取款业务（2006年摄）

1988—2010 年冷水江市金融机构存款余额情况表

表 17-8　　　　单位：万元

年　度	存款余额	其　中		年　度	存款余额	其　中	
		单位公存款	居民储蓄存款			单位公存款	居民储蓄存款
1988	19221	10290	8931	2000	204219	44354	159865
1989	21803	8707	13096	2001	237425	55662	181763
1990	27536	10538	16998	2002	272015	63251	208764
1991	37137	12618	24519	2003	313469	68731	244738
1992	48606	16041	32565	2004	347594	82234	265360
1993	60020	20908	39112	2005	428479	105500	322979
1994	84683	27469	57214	2006	493697	116514	377183
1995	111776	37582	74194	2007	573054	162553	410501
1996	130799	37029	93770	2008	715646	236804	478842
1997	134381	25050	109331	2009	877683	324723	552960
1998	160368	36099	124269	2010	921562	353313	568249
1999	183276	41392	141884				

五、贷款

（一）市人民银行再贷款

1985 年，人民银行专门行使中央银行职能后，不再办理企业和个人存贷款业务，只办理对金融机构的再贷款。再贷款业务包括年度贷款、短期性贷款、再贴现及专项贷款等。1988 年末，市人民银行再贷款余额 6438 万元，其中短期性贷款 5235 万元、专项贷款 1203 万元。1990 年，对金融机构的再贷款实行总额控制和限额管理。在总额和限额内，年度性贷款未用部分可临时调剂为短期贷款，短期贷款中的季节性、日拆性等指标可相互流用。对各专业银行的再贷款申请，逐笔审批，到期收回，周转使用。是年末，再贷款余额 1.87 亿元，其中年度性贷款 7552 万元、短期性贷款 9150 万元、专项贷款 2045 万元。

1991—1992 年，各专业银行为支持农副产品收购、启动工业企业生产和帮助企业清理“三角债”，资金较为紧张，市人民银行增加再贷款指标。1992 年末，再贷款余额增至 1.42 亿元。1993 年 7 月，国务院上收地、县人民银行再贷款权。市人民银行负责对金融机构申请再贷款报告进行调查审核提出具体意见，再报上级行批准。是年，针对专项贷款易放难收情况，首次向受贷企业和受托银行发出强制扣收逾期贷款通知。

1994 年，专项贷款只收不贷，再贷款业务迅速减少，年末再贷款余额 1740 万元，其中各专业银行贷款 1300 万元、专项贷款 440 万元。1999 年，农村合作基金会并入农村信用社，为防范挤兑风险，市人民银行对农村信用社发放再贷款 5000 万元。2002 年，市人民银行对农村信用社发放支农再贷款 3000 万元。是年，农村信用社共发放“三农”贷款 1.02 亿元，贷款农户 3.3 万户，支持农民发展种植、养殖业。

2004 年，市人民银行对农村信用社发放支农再贷款 1.6 亿元，年末再贷款余额 7000 万元，全部为支农再贷款。2005 年，市人民银行为农村信用社扩股增资改革提供资金支持，发行 1.36 亿元专项央行票据。至年末，支农再贷款余额 6000 万元。2007 年，市农村信用社改革取得实质性进展。10 月 15 日，市人民银行对农村信用合作联社改革试点专项中央银行票据兑付申请出具复核意见。年末，农村信用社 1.36 亿元专项央行票据成功兑付。

1988—2010 年冷水江市人民银行再贷款余额情况表

表 17-9　　　　　　　　　　　　　　　　　　　　　　　　　　单位：万元

年度	再贷款余额	年度	再贷款余额	年度	再贷款余额
1988	6438	1996	2295	2004	7000
1989	11688	1997	380	2005	6000
1990	18747	1998	600	2006	0
1991	10780	1999	0	2007	0
1992	14219	2000	0	2008	0
1993	15131	2001	2000	2009	0
1994	1740	2002	3000	2010	0
1995	1810	2003	4000		

（二）专业银行、信用社贷款

贷款是境内各专业银行、信用社主要业务之一。1988—2010 年，境内各银行、信用社贯彻国家不同时期货币信贷政策，积极筹集资金，扩大信贷业务，改进贷款申报和审批程序，加强发放与还贷责任管理，贷款业务保持较快增长速度。2010 年，全市各项贷款余额 59.76 亿元，比 1988 年增加 57.08 亿元。

市工商银行贷款主要支持冷水江钢铁总厂、闪星锑业公司、金竹山电厂、冷水江制碱厂、资江氮肥厂等大中型企业。2005 年 2 月至 2007 年 11 月，为支持金竹山电厂搬迁扩建，累计投放 10 年期银团贷款 4 亿元。个人贷款主要支持民营经济和个体工商业发展。2010 年，重点支持商业步行街和佳泰家花园住房按揭项目，发放按揭贷款 895 户 2.32 亿元。至年末，各项贷款余额 13.67 亿元，其中个人贷款余额 4.54 亿元。

市农业银行贷款对象主要是乡镇企业、供销社和农民。铎山拉铸厂是农业银行扶持的乡镇龙头企业，主要生产各种镀锌管，20 世纪 90 年代产品畅销全国各地。供销社系统是该行贷款大户，2000 年后，基层供销社改制，累计欠贷款 4425 万元、利息 4526 万元，经过 5 年反复协调，供销社偿还贷款 340 万元，余额剥离给长城公司。2007 年 9 月，成立“三农”事业部，连续 3 年发放惠农卡 1.04 万张，授信 872 户 1709 万元，累计发放“三农”贷款 3052 万元，重点支持养猪专业户 600 户、养鱼专业户 50 户、养牛专业户 200 户，发展油茶林 22 户。该行服务“三农”经验在全省农行系统推广。至 2010 年末，各项贷款余款 3.03 亿元，比 1988 年增加 2.69 亿元。

市中国银行围绕“控制总量、调整结构、保证重点、压缩一般、适时调节”信贷政策，扩大信贷资金来源，灵活调度和调剂资金，至 1997 年末，各项贷款余额 4981 万元。2003—2008 年，累计为金电、闪星锑业、湖南宜化、冷钢等大中型企业提供各类授信达 25 亿元，并为 39 家中小企业发放贷款近 2 亿元。至 2010 年末，各项贷款余额 7.18 亿元，其中个人贷款 6264 万元，公司贷款 6.55 亿元。

市建设银行立足服务当地经济，重点支持本市大中型企业和重大工程项目。1990 年后，为大中型企业投放贷款 25.4 亿元，其中金竹山电厂 10 亿元、冷钢 6 亿元、天宝实业 3.5 亿元、闪星锑业 1.5 亿元、湖南宜化 1 亿元、盛达公司 1 亿元。同时，积极为民营企业增加信用授信额度，提供流动资金信贷支持。2006—2010 年，累计投放贷款 147.57 亿元，信贷客户达 50 余家。至 2010 年末，贷款余额 21.84 亿元，比 1988 年增加 21.54 亿元。

市农业发展银行主要办理粮、棉、油收购、储备、加工贷款。1997 年，发放以粮油为主的农副产品专项储备和收购贷款 1.24 亿元。2005 年，发放省级储备粮贷款 450 万元，发放调控粮食收购贷款 357 万元，至年末各项贷款余额 8838 万元。同时，累计发放贷款 7800 万元，重点支持一些经济效益好、辐射面广、竞争力强的农业产业化龙头企业上规模。2010 年，发放各类贷款 2.48 亿元，其中政策性贷款1030万元，商业性贷款2.38亿元。至年底，贷款余额3.76亿元，其中政策性贷款9496万元，商业性贷款 2.81 亿元。

市信用联社积极为农户服务，1988 年发放农户贷款 1094 万元。1998 年，增加农业经济组织贷款项目，发放贷款 9140 万元。至年末，贷款余额 2.73 亿元。2002 年，以农户为单位建立贷款明细账，累计发放"三农"贷款 1.09 亿元，贷款农户 3.3 万户。2001—2005 年，累计发放各类贷款 25 亿元，主要扶持专业户、个体户和中小企业。2008 年，在成功推出锑品质押贷款、运单质押贷款基础上，又推出公务员工资担保贷款等10余个信贷新品种。2010 年 8 月 20 日，举行"信企对接"签约仪式，该社与佳泰家房地产开发有限公司等66家企业签约信贷资金达 3.7 亿元。是年末，贷款余额 9.98 亿元，比 1988 年增加 9.81 亿元。

1988—2010 年冷水江市金融机构贷款余额情况表

表 17-10　　　　单位：万元

年　度	贷款余额	年　度	贷款余额
1988	26763	2000	164859
1989	31563	2001	160922
1990	33509	2002	168315
1991	44107	2003	178875
1992	57781	2004	225916
1993	75219	2005	273865
1994	98289	2006	357802
1995	119980	2007	376949
1996	134496	2008	445372
1997	151028	2009	628079
1998	158801	2010	597598
1999	175264		

六、经营管理

（一）现金管理

1988 年，贯彻国务院颁发的《现金管理条例》和人民银行总行制订的《现金管理条例实施细则》。1990 年初，市人民银行与市劳动局联合召开工资基金管理会议，对全市全民所有制企业、行政事业单位、集体企业核发全国统一制发的《工资基金管理手册》，清理多头开户，实现一个单位一个开户行、一个账号、一本手册。1993，市场货币流通量大幅增加，全市银行系统召开联席会议，统一现金管理措施，各专业银行将上级行下达的现金计划按月报送市人民银行，人民银行根据市场需求情况和发行计划予以平衡，保障各金融机构现金需求。

1995 年 1 月起，企业实行《工资总额使用手册》制度，劳动部门核定企业工资总额，企业凭手册在开户行只能支取工资性现金。1996 年，国有商业银行把现金管理工作作为抑制通胀的大事来抓，开办代发工资业务，使工资性现金支出增幅比上年下降 9.1 个百分点。1997 年，贯彻人民银行总行《关于大额现金支付管理的通知》，一日一次性从储蓄账户提取现金 5 万元以上的，须提供有效身份证件，经储蓄机构负责人核实后予以支付。一次性提取现金 20 万元及以上的，取款人必须至少提前1天预约。一日一次性超过5万元以上现金支付，或一日数次累计超过5万元以上现金支付，经办行内部逐笔登记，按月报送市人民银行备案。

1999年，落实人民银行武汉分行《关于支付结算管理实施办法》，推广以票据为主体的支付工具，减轻现金投放压力。2000年12月20日起，每两天对各金融机构现金收支进行监控，保证全市现金投放总量控制在上级行核定计划内。

2002年，执行《湖南省大额现金管理暂行办法》和《湖南省异常大额现金管理暂行办法》，规定开户单位和居民个人一次性提取现金10万元以上，或一日同一账户累计支现10万元以上的，应提前一天向其开户行申请，并提供提取大额现金报告、申请表及其他证件。对开户单位的大额现金支付、异常大额现金支取、个人银行卡一次性支取50万元或一日数次累计支取50万元以上等情况，开户行按时间顺序逐笔填报大额现金支付明细备案登记，并及时上报上级主管部门和市人民银行。

2005年后，采取经常检查、现场监管和举报稽查等措施，督促各金融机构加强现金管理，维护金融秩序。2007年，为解决零钞特别是硬币存取难、流通不畅问题，建立零钞调节网络，使零钞需求大户与富余大户互通有无，缓解供需矛盾。2008年起，随着大量非现金结算工具推广使用，市人民银行取消现金报表。

（二）支付结算

1. 异地资金结算

1985年起，人民银行和各专业银行各自建立独立的联行核算系统，异地资金结算实行“跨行汇划款项，相互转汇”方式。专业银行跨系统汇划款项，采取“先直后横”或“先横后直”办法。20世纪80年代末至90年代初，因通货膨胀、经济过热等因素影响，专业银行资金紧张，曾出现相互压票、占用汇差、结算渠道不畅等情况，影响正常金融秩序。1990年2月起，市人民银行改革联行资金结算办法，对专业银行省内跨系统汇划款项，一律通过人民银行转汇，解决跨系统压汇、占用他行资金问题。并推广委托收款、汇兑、银行承兑汇票、商业汇票等结算方式，加快异地资金结算。

1993年，专业银行系统内和跨系统50万元以上的汇划款项，均通过人民银行联行转汇。专业银行办理50万元以上银行汇票，须向人民银行移存资金，通过人民银行进行资金结算。1995年，人民银行系统电子联行正式运行，加快异地资金结算速度。1996年，票据业务发展迅速，全年办理异地往来汇划资金92.5亿元。1997年12月1日起，实施人民银行总行颁发的《支付结算办法》，废止原《银行结算办法》。

2000年12月，市人民银行电子联行“天地对接”系统运行。各商业银行、政策性银行、农村信用联社相继建设和开通电子联行“天地对接”系统。银行异地资金汇划实时到账，加快资金结算速度。2001年，同城结算、联行往来、会计记账和联络信息融为一体。是年，通过联行系统办理异地资金结算业务7012 笔、136.05亿元。2003年，市人民银行停办联行业务。2004年4月，停办商业银行跨系统银行承兑汇票代理兑付业务。2005年5月23日，大额支付系统顺利上线运行。

2. 同城资金结算

1986年，市人民银行设立同城票据交换所，办理同城专业银行之间资金结算。1990年8月，根据上级人民银行规定，票据交换实行三项原则（先付后收、收妥抵用；集中交换票据、当日当场清算资金；凭证全部提出、资金全额清算）。1991年，规定转账支票结算须与进账三联单配套，办理银行分别制作受理回单、收入凭证、收账通知，保证收款人收妥抵用。

1993年，开展结算纪律专题稽核，共稽核15家金融机构，审查结算金额36亿多元。全年累计办理同城票据交换业务5.94万笔，清算资金5.48亿元。1995年，市人民银行修订《同城票据交换管理办法》，将票据交换场次由每日1场增加到2场。全年累计办理同城交换业务2.02万笔，清算资金15亿元，交换单位的票据当日抵用率80%左右。1998年，各商业银行开通电子实时汇兑系统，同城票据交换业务逐渐减少，全年同城交换票据2.37万笔，清算资金10.28亿元，比上年减少2.51亿元。

2000年，实行电子联行往来联网管理，各商业银行、政策性银行、城乡信用社和人民银行相互联网，实行同城资金、异地资金实时清算，形成功能完善、操作方便的资金电子清算系统。2005年，市人民银行完成中央银行会计集中核算系统、大额实时支付系统推广应用，资金流转进一步加速。2007年，同城资金清算1.81万笔，比2002年降低18%，清算资金3.07亿元，为2002年的19%。2008年起，全市各商业银行资金实现实时入账，同城票据交换取消。

（三）银行账户管理

1990年3月，市人民银行规定，一个单位只能在一家银行机构开立一个基本账户。1991年，市政府成立清查领导小组，清理多头开户，清查账户2901户，撤销多头账户143户，另有100多个多头账户于次年撤并。1994年，人民银行总行颁发《银行账户管理办法》，规定存款账户分为基本存款账户、一般存款账户、临时存款账户和专用存款账户，存款人可以自主选择银行。

1996年6至7月，严格执行一个企业只能在一家银行的一个营业机构开立一个基本存款账户规定。1999年起，开展基本存款账户开户许可证年检工作，通过年检及时发现和纠正账户违规情况。2004年，加强银行结算账户日常管理，建立基本账户、临时账户、预算单位专用账户数据库，严格开户、销户的核准登记。

2008年10月，与财政部门联手对所有乡镇财政账户进行全面清理，撤销乡镇财政账户98个，为各乡镇财政分别开设收入汇缴专户、工资专户、支出专户，解决乡镇财政账户过多、重复设置、管理分散等问题。2010年，加强账户日常审查工作，遏制企业多头开户和银行无序竞争。是年，办理三类核准账户435个（其中基本账户300户、专用账户91户、临时账户44户）。

七、金融监管

1988年后，市人民银行加强对市内各金融机构的监督管理，维护金融秩序。1992年，市内资金流向沿海地区炒房，市人民银行及时下发文件，加强金融机构资金监控，使炒房风得到遏制。1993年，辖内少数金融单位采取发放现金和物品、提高利率等方式违规揽储，市人民银行先后对14家金融单位进行查处，共计罚款9.84万元，清退银行多收利息50余万元。1999年，对全市74家银行网点、3家保险公司进行年检，抽查53家，对存在证章照牌不相符等问题的单位进行通报批评，对存在金融违规行为的单位进行查处。2001—2003年，先后两次查处市邮政储蓄违规揽储，给予市邮政局警告并罚款15万元。2003年，查处金海期货公司以“保值基金”名义变相吸收公众存款，责成该公司立即停办此项业务并退回资金17万元。2005年，配合上级银行监管部门对市建行、市农发行开展贷款偏离度检查。1988—2010年，全市金融市场保持稳定，未出现金融风险和挤兑事件。

第二节　保　险

一、机构

（一）中国财产保险股份有限公司冷水江支公司

1988年，中国人民保险公司冷水江市支公司内设办公室、城市业务股、农村业务股、人身保险股、运输工具股，下辖矿山、禾青、金竹山、冷水江4个保险站，员工31人。1996年6月，财险与寿险分业经营，分设中国保险集团财产保险公司冷水江支公司。2003年，公司股改上市，更名中国财产保险股份有限公司冷水江支公司。2010年，公司内设机构调整为综合科、运工科、产险科、业务处理中心，下辖3个营销服务部，正式员工25人。1988—2010年，先后由曾垂芳、肖树华、陶贤平、邹联甫、肖平定、肖锡山、何大山任经理。

（二）中国人寿保险股份有限公司冷水江支公司

1996年6月，从中国人民保险公司冷水江支公司析出，成立中国保险集团人寿保险有限公司冷水江支公司。2003年3月，公司股改上市，更名中国人寿保险股份有限公司冷水江支公司，为中国人寿保险股份有限公司的县级分支机构。公司内设综合管理部、客户服务部、团险销售部、中介业务部，下辖6个营销服务部，每个乡镇都有中国人寿保险服务人员，正式员工28人。2010年，机构和人员未变。1996—2010年，先后由邹联甫、肖平定、陈楚文、刘彦江、王建华、易永贵任经理。

（三）中国平安财产保险股份有限公司冷水江支公司

成立于1995年3月7日，经营财产保险、建筑工程保险、安装工程保险、货物运输保险、机动车辆保险、船舶保险、能源保险、一般责任保险、信用保险、短期健康保险、意外伤害保险等业务。2010年，内设财险部、车险部等3部1室，有管理人员3人，营销人员34人。1995—2010年，先后由邹联甫、李琼任经理。

（四）中国平安人寿保险股份有限公司冷水江支公司

成立于2003年5月，内设经理室、营业部、客户服务部，员工20人。2010年，内设机构未变，员工增至31人。

（五）泰康人寿保险股份有限公司冷水江支公司

成立于2004年5月，内设续展部、营销部、团险部，员工63人。2010年，机构未变，员工增至238人。

（六）新华人寿保险股份有限公司冷水江营销服务部

成立于2005年9月，内设经理室、营销部、客户中心、业务部，员工36人。2010年，机构未变，员工增至93人。

（七）中华联合财产保险股份有限公司冷水江支公司

成立于2005年12月，内设经理室、综合科、业务科、客服科，农险科，员工10人。2010年，内设机构与人员未变。

（八）中国太平洋人寿保险股份有限公司冷水江支公司

成立于2006年1月，内设经理室、银保部、保费部、购险部、团险部，员工10人。2010年，机构未变，员工增至248人。

（九）中国太平洋财产保险股份有限公司冷水江支公司

成立于2008年11月，员工4人。2010年，员工增至6人。

（十）阳光财产保险股份有限公司冷水江营销服务部

成立于2007年1月，内设经理室、客户部，员工7人。2010年，内设机构与人员未变。

（十一）天安保险股份有限公司冷水江营销服务部

成立于2007年3月，员工6人。2010年，人员未变。

二、承保

1988年，全市保险业务由中国人民保险公司冷水江支公司独家经营，开设有企业财产险、家庭财产险、运输工具及其责任险、人身意外险等险种，当年保费收入299.18万元。2005年，全市保险机构增至7家，保费收入7700万元，其中财产险保费收入2403万元，寿险保费收入5297万元，分别比上年增长14.9%和2.3%。2010年，全市保险机构增至11家，保费收入1.27亿元，是1988年的42.4倍。

1996年，市财产保险公司从市人民保险公司分离，当年实现保费收入1060万元。此后，相继开办财产保险新险种，保险服务渗透到全市经济和社会生活各个领域。2005年，保费收入增至1801.93万元。2010年，公司承担风险金额341亿元，保费收入1987.2万元，上缴国家税金123万元。

1996年，市人寿保险公司从市人民保险公司分离，经营寿险业务，当年实现保费收入385.8万元。此后，相继开设“学生平安保险”“99鸿福保险”“养老年金保险”“重大疾病保险”等6大类型、24个险种。1998年，保费收入突破1000万元。1999年年底，推出“98”版17个利差返还型寿险条款、“99”版30个寿险条款及28个新的意外险条款，寿险产品逐渐向保障型转变。2001年起，开办以“国寿千禧理财两全保险”为代表的分红保险，当年实现保费收入3623.8万元，比上年增长65%。2010年，公司经营险种共8大类56个，实现保费收入7561.3万元。

三、理赔

理赔是保险企业服务质量和信誉的窗口，是保险业务的重要环节。市内保险机构坚持“主动、迅速、准确、合理”理赔原则，做到不错赔、不惜赔、不假赔、不搞人情理赔。1988年，市人民保险公司赔付189.6万元。1996年7月，全市遭受百年不遇特大洪灾，直接经济损失3.42亿元，保险财产报损2200万元。市财产保险公司全员出动，认真查损理赔，共计理赔540万元，其中企财险450万元，家财险80万元，机动车辆10万元。1997年，全市保险赔付支出707万元。2005年6月8日，资江煤矿发生煤与瓦斯突出事故，死亡22人。市人寿保险公司及时赶到现场勘查，为投保遇难者赔付31万元。2009年10月8日，闪星锑业南矿二直井发生罐笼坠落事故，造成26人死亡，5人重伤，直接经济损失843.99万元。市财产保险、人寿保险公司第一时间赶赴现场勘查，及时赔付保险金229万元。2010年，全市11家保险机构共计赔付2096万元，其中市财产保险公司赔付701.06万元，市人寿保险公司赔付365.7万元。

第三节　证　券

1997年2月，娄底证券公司在冷水江设立交易厅试营业。2001年5月，更名泰阳证券娄底营业部冷水江证券服务部。2005年，完成交易量6亿元。2009年9月，经中国证监会批准，服务部升级为营业部，营业地点从市工人文化宫搬迁至商业步行街B栋4楼，并更名方正证券冷水江锑都中路营业部。公司下设行政部、财务部、信息技术中心、客服部、交易部及营销管理部，拥有固定资产400万元，员工30人。开展的证券经纪业务包括代理买卖深、沪 A、B 股，ETF、LOF指数基金，封闭式基金，开放式基金，融资融券、国家（企业）债券等品种。提供现场自助委托、网上交易委托、电话委托、手机炒股等多种交易方式。2009年10月至2010年12月，完成交易量267.07亿元。至2010年末，证券开户数2.06万户。

图17-4　方正证券冷水江锑都中路营业部交易大厅（2009年摄）

第四节　期货、典当、投资公司

1996年，冷水江市金海投资公司成立，是全市首家专业期货投资管理公司。2006年6月，冷水江市盛唐创业投资有限公司成立。2008年11月，冷水江市恒升典当有限公司成立。至2010年，全市挂牌经营的期货、典当、投资公司30家，从业人员291人，注册资金8.77亿元。

投资公司一般以月息1%、1.2%、1.5%、1.8%、2%等不同档次标准，大肆吸纳民间资金进行融资经营。一些房地产公司、少数民营企业也直接参与融资。受高利率诱惑，城乡居民纷纷将钱存入投资公司。至2010年，全市各类投资公司（包括一些房地产公司、少数民营企业）吸纳民间资金近10亿元，由于资金分流导致国有商业银行储蓄存款骤减。

第十八篇　城乡建设　环境保护

1988—2010年，市规划部门先后对城市总体规划进行修编，并确定老城区改造、城乡一体化、城市东扩的城市规划和建设思路。乡镇建设于1989年后纳入规划，至2010年，全市有禾青镇、铎山镇、渣渡镇、三尖镇、锡矿山街道完成总体规划，19个村完成村庄整治规划。

20世纪90年代初，城区开始旧城改造，主要拓宽重点地段道路，将街道两边矮旧房屋改建成5至6层楼房，并装饰楼房外墙。1992年后，商业大厦、东苑商场、百货大楼等10多栋商业大楼及冷江市场、粮贸市场、波月市场相继建成。2000年，完成旧房改造32万平方米。此后，市政府坚持“政府引导、市场运作”原则，鼓励本地和外地开发商开发房地产业，房地产企业由2002年2家发展到2010年22家，先后开发佳泰家花园、商业步行街、天宇、裕和、滨江豪苑、廉租房等20多个住宅小区。随着城区改造和城市东扩，城区面积由1988年12.7平方千米增加到2010年46.78平方千米，城市居民人均居住面积由1988年的8.9平方米增加到2010年的29.86平方米。城区主要道路由1988年的18条、24.11千米增加到2010年的32条、48.84千米。新建污水处理厂、自来水引水工程、大型垃圾填埋场和滨江公园等城市基础设施。至2010年年底，各乡（镇、街道）驻地普遍新（改）建政府大楼、计生服务站、便民服务中心，同时改（扩）建卫生院、学校等，并全部用上自来水，公共服务设施日臻完善。全市新建通村公路516.2千米，道路全部水泥硬化。有的乡镇还建有居民住宅小区和商业街，商店、酒家临街而起。很多行政村建起村委会办公楼和文化活动中心。农村人均住房面积由1988年12.57平方米增至2010年28.22平方米，住房由砖木结构向砖混结构转变，房屋建筑日益美观。

城市管理力度加大，城管执法日臻规范。城区路面实行机械洗扫和人工清扫相结合，街道路面全天保洁，卫生得到改善。经常开展广告招牌、城区市场、街道门店、渣土运输、煤车运输等专项整治，市区街道井然有序，美观整洁。城市绿化逐见成效，至2010年，城区绿化面积420.72公顷，绿化率21.56%，人均公共绿地面积7.93平方米。

第一章　规　划

第一节　城市规划

一、城市总体规划

20世纪80年代后期，经济社会发展迅速，经商政策更加宽松，城镇人口增多，原来的城市总体规划已不相适应。1991年4月，成立冷水江市城市总体规划修编领导小组，在武汉城建学院的指导下，进行第四次城市总体规划修编，1993年10月经省政府批准实施。此次规划确定城市性质为：以能源原材料工业为主的产业结构合理的湘中经济区重要工业城市。城市规模远期到2010年中心区达到20万人口，城市建设用地21.5平方千米。城市布局为“一中心二组团”（“一中心”即以冷水江、布溪、集中为中心，“二组团”为中心组团和禾青组团）。2001年3月，编制城乡一体化规划，并对城市总体规划进行修编，使城市总体规划与城乡一体化规划配套。由于编制经费不能及时到位，当年只完成10%的编制任务。2003年3月，市政府重新组织编制，在省规划设计院指导下，至2004年基本完成。2006年1月，《冷水江市城乡一体化规划（2006—2020）》通过省政府审批。城市总体规划因人口、用地规模未得到国家发改委和国土资源部确定，暂未评审。2009年3月，国务院批准冷水江为资源枯竭型城市，并要求抓紧制定、完善城市转型规划。6月，市政府委托省规划设计院又对城市总体规划进行修编，至9月15日基本完成，次年10月市人大常委会审议通过，年底报省、娄底市政府评审，2011年8月经省政府批准。此规划期限为2011—2030年，规划总面积为146.78平方千米，城市总体布局为“一中心、三组团”的城市空间结构（“一中心”即将群丰建设成城市中心区，“三组团”即冷水江组团、经济开发区组团、禾青组团）。城市发展方向东扩西延，近期重点东扩，远期向西延伸。

二、分区规划

分区规划是城市新开发区或重要地段的总体规划，是城市总体规划的补充。1988—2010年，主要编制布溪、禾青和经济开发区3处分区规划。

（一）布溪分区规划

1988年3月，市政府将布溪片划为城市规划区，要求市规划办对布溪进行总体规划和详细规划。7月，布溪分区规划完成并由市五届人大常委会审议通过。12月，经省建委批准实施。

（二）禾青分区规划

禾青在冷水江初次建市时就列入城市总体规划。1989年8月撤乡建镇，编制禾青分区规划。1990年12月，《禾青工业区分区规划》经市政府批准实施。1995年，禾青镇被批准为全国小城镇综合改革试点，该镇重启分区规划修编。1996年9月，禾青镇总体规划修编完成并经市政府批准实施。规划至2010年，人口达到7万人，城镇化水平达到85%，城镇建设规模达到716公顷。该规划获得娄底地区优秀规划设计二等奖。

（三）开发区分区规划

市经济开发区原规划在布溪组团建设，但由于布溪建成了以居住为主组团的住宅区，工业用地极为有限。2005年初，市委、市政府决定把布溪经济技术开发区更名冷水江经济开发区，在金竹山组团建设新的经济开发区。11月，市规划勘察设计院编制完成《冷水江市开发区分区规划（2005—2010）》，2007年1月经市政府批准实施。开发区定位为产业转型的试验园、科技创新的孵化器、吸纳沿海产业转移的平台，重点发展高新技术、机械制造、科技化工、轻纺服装、农副产品加工等产业和能源工业。

三、专业规划

1989年8月，市人防办和规划勘察设计院共同编制《人防建设与城市建设相结合规划》，次年4月完成初稿，1991年8月经市政府批准实施。规划目标是：至2000年，新建人防工程使用面积3.51万平方米，形成规模适当、布局合理、平战结合、功能齐全的防护体系。该规划获省人防规划三等奖。

为加快旅游事业发展，1993年，市政府委托省规划设计院编制《大乘山——波月洞风景名胜区总体规划》。1994年，该规划经省政府批准实施，大乘山——波月洞风景名胜区被列为省级风景名胜区。规划包括波月洞风景区、大乘山风景区、茶花溪风景区、筱溪峡风景区等，总面积24.5平方千米。

1998年，市规划设计院和绿化委员会共同编制《冷水江市城区绿化规划》，将桃园、施塘、布溪、市政府小区设为全市重点绿化小区。9月，该规划经市规划委员会审议通过。

2008年，市污水处理厂开工建设。6月22日，市规划局委托省建筑设计院帮助编制城区排水专业规划，年底完成。2010年，完成群丰新区人防、管线专业规划。

四、详细规划

（一）控制性详细规划

1991年，按总体规划要求，先后完成柘溪院子、城北开发区、毛易工业区、耐火材料厂至电站、沙塘湾岔路口等控制性详细规划方案，至2002年，全市控规总面积达14.12平方千米。2004年，编制新一轮城市总体规划，城市东扩。2005年，市规划设计院编制完成群丰新区、柳溪片（经济开发区一期）、集中片控规。后由于重大基础设施变化，2008年5月，规划部门委托广州规划设计院再次编制新区控规，12月底形成《城东生态城控制性详细规划》，2009年6月，经市政府批准实施。该规划范围东至省道312线，西南临资江，北至金竹西路，总面积10平方千米，定位为行政文教区、生态型高档住宅区和核心商务区，居住人口10万人，总建设用地面积849.4公顷。

（二）修建性详细规划

1989年9月，《布溪区详细规划》经市政府批准实施。1991年，资江大桥通车，布溪发展加速。1992—1993年，先后两次对《布溪区详细规划》进行修编。2000年2月，市政府要求3年内完成老城区临街面改造。4月，市规划部门编制老城区临街面改造总体布局方案。2002—2003年，市规划设计院编制矿山采空区移民小区、水利移民小区详细规划。

2004年起，随着房地产业迅速发展，冷水江市居住小区规划建设进入高峰，至2010年年底，由建设单位按控规要求编制佳泰家花园、锑都社区、山水名城、凤凰山庄等20多个居住小区详细规划。期内，先后完成浪石滩水电站、城市污水处理厂、商业步行街、大湾滨江休闲广场等重大建设工程，这些项目都坚持规划先行，进行充分研究论证，编制修建性详细规划。

2010年7月，布溪街道办事处委托北京世纪千府国际工程设计有限公司编制青山公园修建性详细规划。该公园规划总面积2.64平方千米，建设以生态观光、市民休闲、文化体验、娱乐健身、科普教育为一体的城市森林公园，近期（2010—2015年）建设市民休闲文化区、卧龙岗登山览胜区、桃花谷浏览区及道路、广场等，远期（2016—2020年）建设青山寨、康体运动区和科普教育区。

第二节　乡镇、村规划

1989年，岩口、禾青、渣渡撤乡建镇，乡镇规划编制随之开展。12月，《渣渡镇规划（1989—1999）》经市政府批准实施，规划至1999年人口发展规模为1.82万人，规划用地114.4公顷，新增用地51.76公顷，人均用地控制在42.8平方米以内，其中生活居住用地人均不超过37.15平方米，全镇按功能分为工业生产区、生活居住区、商业区、行政管理区和农村居民点。镇道路分为三级，路宽为主干道红线22米，干道红线17米，街坊道路红线13米。

1994年，小城镇建设和村镇建设发展加快，冷水江市成立小城镇办公室，归口市规划办领导，负责全市乡镇的规划和管理。是年，禾青镇建设通过建设部中南片检查，各项指标达到全国明星镇标准。全市完成禾青镇100公顷、铎山镇100公顷、三尖乡石槽中心村50公顷详细规划。1995年，禾青镇被列为全国小城镇综合改革试点单位，编制《禾青镇综合改革试点方案》和《禾青镇1995—2010年发展规划纲要》，并对总体规划进行修编。1996年，编制铎山镇、金竹山乡总体规划。2002年，编制三尖镇总体规划。

市内农村村庄建设规划起步较慢，农村建房缺乏统一规划，村庄通道、卫生设施未能顾及，新建房屋坐落凌乱现象普遍存在。随着城乡一体化和新农村建设的开展，2005年，全市开始编制村庄整治规划。至2010年末，完成三尖、渣渡、铎山3个镇及锡矿山街道的总体规划和19个村的村庄整治规划，并编制《冷水江市村庄布局规划》。

第三节　城乡一体化规划

2001年3月，编制冷水江市城乡一体化规划，至2005年基本完成。规划范围为市行政管辖区域，至2010年，初步消除城乡二元结构，城乡差距明显缩小，城乡大部分指标实现接轨，基本形成城乡一体化发展格局。到2020年，实现城乡一体化（城乡产业发展一体化、城乡空间布局一体化、城乡基础设施建设一体化、城乡社会发展一体化、城乡劳动就业与社会保障一体化、城乡生态环境建设与保护一体化），城镇化水平达80%以上，市域总人口43万人（其中城镇实际居住人口28万人），形成1个中心城区、4个卫星镇的城市空间布局。

第四节　规划管理

一、管理机构

1988年，市城市规划办公室更名城市规划管理办公室，并升格为副科级事业单位。1995年12月，更名市规划局，职能、级别未变，归口市建设局管理。2002年机构改革，市规划局从市建设局分离并升格为正科级单位。2003年10月，成立市规划执法大队，2007年升格为副科级单位。2010年7月，成立冷水江经济技术开发区规划分局。至年末，规划局有在职人员157人（其中高级工程师9人、注册规划师6人），内设12个股室，下辖执法大队、村镇办、规划设计院。

1988—2010年，市规划办（局）先后由曾志、郭嫣、唐志升、程文谊、王修贵、周石平、李治廷、胡启明、李百放任党组书记、主任（局长），2002年7月至2005年8月，夏飞任专职党组书记。

二、建筑审批

1989年9月，市政府出台《冷水江市城乡居民建房用地制度》，规定农村新建住宅占地面积每户最高不得超过150平方米，城镇每户最高不得超过60平方米，人均建筑面积不得超过20平方米。

1990年4月1日，《中华人民共和国城市规划法》颁布实施，在城市规划区内实施“一书两证”（选址意见书，建设用地规划许可证和建设工程规划许可证）规划审批管理制度，农村实行“一书”（选址意见书）管理制度。

1993年1月，成立市规划委员会，由市长任主任，负责全市重大规划项目的审定。1995—2008年，先后出台《冷水江市村镇规划管理暂行办法》《冷水江市城市规划管理规定》和《国有土地使用权出让转让规划管理实施办法》等制度。

2008年1月，《城乡规划法》颁布实施，规定在城镇规划区内实行“一书两证”管理制度，在乡村规划区内由市规划主管部门核发《乡村建设规划许可证》后，办理用地审批手续。

1988—2010年，全市共审批发放规划用地许可证5700余个，总用地面积950万平方米；工程规划许可证3264个，总建筑面积370万平方米；审批乡镇建设规划项目1.2万余个，总用地面积170万平方米，总建筑面积210万平方米。

三、工程管线管理

2000年前，全市管线建设与管理处于各自为政的状态，没有一份完整的地下地上管线图纸，造成管线建设的混乱和浪费。2000年2月至12月，全市完成地下管线普查工作。是年初，市政府成立市管线普查领导小组，并确定城市规划区内建设地下管线必须向规划局报建，凭规划设计院提供的管线综合规划图办理工程规划许可证。

2003年，根据娄底市规划局《关于加强城市市政公用设施建设规划管理的通知》精神，市政工程必须到规划局办理相关手续方可开工。

2010年1月，市规划局设立管线规划股，负责全市各种管网线路的规划和管理，同时编制新区工程管线专项规划。《冷水江市城市总体规划（2011—2030)》也对规划区道路坐标、红线宽度、下水管道以及电力、通信、热力管网等进行规划和设计。

四、违章建筑查处

1988年，全市规划执法工作由市公安局城市管理民警队负责。1990年12月，市公安局城市管理民警队更名市城市建设管理监察大队，归口市建委管理，负责全市建设（包括规划）执法监察。

1998年10月29日，成立冷水江市人民法院规划管理行政审判执行联络室，负责规划管理中需要强制执行的行政案件。2003年，成立冷水江市规划执法大队，负责城市规划区违法建筑查处。

2006年11月，市规划局制定《冷水江市违法建筑处罚操作细则》《规划案审会制度》和《规划行政处罚程序》，进一步规范行政执法行为。

2010年，成立由市规划局牵头的新区联合执法大队，为新区依规有序建设提供保障。全市规划执法分片包干，实行日常动态管理。

1988—2010年，规划部门累计查处违法违章建筑3200余起，总建筑面积45万平方米，拆除违章建筑900余处。

第二章　市政设施

第一节　城区道路

1988年，市内有冷锡路、冷金路、冷新路、教育路、建设路、政法路、波月路、沿江路、军诚路等18条主要道路，全长24.11千米，路幅宽14～19米，以沥青贯入式碎石路面为主。

为拓宽城区面积，打通城区南北交通通道，1989年3月，市政府投资1184.8万元兴建冷江大桥，1991年12月建成通车。

1988—1995年，先后改扩建锑都中路（原冷锡路）、江北路、新城路、金竹东路、金竹西路（原冷金路）、锑都南路等市区主干道。此后，相继改造民政路、市场路、党校路、建新路、波月路、健康路、教育路等20余条支路，新修冷钢路、涟溪路、光明巷、佘家院巷等10余条支路。2001年8月，投资400多万元改造新城路，硬化老干局至菊花井路段。

2006年起，先后改造锑都中路、金竹西路、建新路、广场路等道路，完成老城区及布溪片区43条背街小巷的道路硬化。2010年7月，城区道路铺筑炒砂路面，江北路开工建设，全长2335米，路幅宽26米，10月竣工。

2006—2010年，新建城区道路24.1千米、面积36.2万平方米，改扩建城区道路11.96千米、面积45.28万平方米。至2010年年底，全市共有城区道路45条，计48.84千米，道路面积125万平方米。城区道路结构主次分明，分布合理，宽度适宜，城区路网基本形成。

图18-1　铺设炒砂路面的冷水江市金竹东路

（2010年摄）

2005年冷水江市城区主要路、街、巷起止情况表

表18-1

名　称	起　止　点	名　称	起　止　点
锑都中路	冷江大厦—原9765工厂	荷叶路	青少年宫—群丰路口
锑都北路	原9765工厂—塘冲矿井	教育路	集中加油站—渣洋铁路桥
锑都南路	邮政局—布溪喷泉延伸	江南路	陡山岩煤矿—郭家桥铁路桥
金竹西路	火车东站—一号岗亭	富民路	锑都冰激凌厂—地税局
金竹东路	火车东站—毛易镇立交桥	青园路	江南路东段—江南路西段
红日路	工商局—老干局	文印巷	原冷江报社—盐库
建新路	商业大厦—红梅宾馆	金星巷	金星学校—红日路
新城路	二号岗亭岔路口—菊花井岔路口	冷水巷	中医院—金竹西路岔路口
民政路	民政局—武装部	育才巷	红日学校—红日岭
政法路	老政府大院—法院	莲花巷	环卫处—冷钢轧钢车间
健康路	一号岗亭—消防大队	菜园里巷	冷钢过磅房—中心学校
环城东路	耐火材料厂—原9765工厂	佘家院巷	中心学校—冷钢轧钢车间

续表 18-1

名　称	起　止　点	名　称	起　止　点
环城北路	9765 工厂—诚意坪	光明巷	劳动局右侧—富民路
建设路	冷锡社区—原橡胶厂	兴农巷	江南路口—大旺街口
轧钢路	轧钢路口—环城东路	怡心巷	金太阳幼儿园—体育路口
市场路	汽车站—冷水江街道办事处	旺兴巷	原床单厂门口—环保局后门
波月路	原麻纺厂—波月洞	如意巷	富民路口—原床单厂后门
广场东路	冷江大厦—食杂果品公司	大成街	种子公司—江南木材市场
广场西路	冷新社区—江北路岔路口	大旺街	潘桥信用社—江南木材市场
江北路	广电大厦—冷江技校	民兴街	富民路—青园路
冷新路	审计局—湿化冶炼厂	民利街	江南路—富民路
施塘路	计生局—工商局	民祥街	锑都南路—布溪社区
冷钢路	原三水泥厂—冷钢轧钢车间	民安街	富民路—民祥街
涟溪路	总工会—环城东路岔路口		

第二节　城区桥梁

1988 年，全市有城区公路桥 5 座。1989 年 3 月，新建冷江大桥。该桥位于市中心，跨越资水，桥型设主桥 3 孔 80 米，两岸引桥 6 孔 16 米，等截面悬链线形拱桥，筒支空心桥梁，桥长 445 米，净空宽 20 米，两旁人行道各 2 米，总投资 1484.9 万元，1991 年 12 月建成通车。此后，先后新建、改建教育路、金竹西路、环城北路石拱桥等。至 2010 年年底，共有城区桥梁 10 座，总长 1156 米，桥梁面积 2.28 万平方米。

第三节　人行道改造

1988 年以前，市区主要街道两旁的人行道大多为水泥混凝土路面。1991 年，对锑都中路、新城路、金竹西路、建设路、健康路、政法路等 14 条道路的人行道进行改造，铺上八角形水泥道板，改造面积 15.14 万平方米。

1997 年，投资 613 万元，将锑都中路、金竹西路、新城路、建新路、广场路全部换成彩色水泥道板，翻新人行道面积 7.67 万平方米。后因部分人行道硬化时质量不高，一些路段先后出现沉陷、开裂、松散等现象，数次修补。2001 年，锑都中路人行道再次改造，首次引入无障碍通道设计，方便盲人和行人。

2003 年，为美化、亮化城市，市区主要路段人行道板全部更换为彩色瓷板，至 2007 年年底全部更换完毕，铺设彩色瓷板共计 18.76 万平方米，总投资 1313 万元。2010 年，全市共有人行道面积 267 万平方米。

图 18-2　铺设彩色人行道板的冷水江市红日路

（2006 年摄）

第四节　城区路灯

1988 年，市区设置 136 盏自汞白炽灯。1993 年，城区主要街道拓展，路灯增至 422 盏。20 世纪 90 年代后期，城区路灯电缆逐步由架空线路改为地下铺设。

1997 年，火车东站广场和锑都中路广场安装 2 盏 20 米的高杆灯。1999 年，为美化亮化锑都中路，安装华灯 87 基。同时，建新路安装路灯 42 基，锑都中路一号岗亭安装 1 盏高 25 米的高杆灯。

2002—2003 年，冷江大厦广场和布溪广场各安装 1 盏高 20 米的高杆灯。是年，红日路、体育路、江北路、政法路、广场路、金竹东路等 9 条街道及红日公园安装路灯 627 基。

2006 年，党校路、佘家院巷、教育路、荷叶路安装路灯 104 基。同时，改造冷江大桥与锑都中路路灯 119 基 1163 盏。

2010 年，金竹东路改建和冷江大桥维修，拆除路灯 274 基，大桥维修完工后安装 12 火中华灯 30 基 360 盏。至年底，全市城区和公园有路灯 1512 基、3728 盏，线路总长 57.5 千米，覆盖面积 18.6 平方千米，均采用微机电脑时控开关调控。

第五节　防洪排水

1988 年前，市内污水一般通过明渠外排。1990 年后，城市道路不断拓宽、延伸，沿路的下水道同时得到改造，部分明渠逐渐改为暗渠。

1992 年开始旧城改造，当年新建、改建、扩建下水道 2.8 万米。2000 年后，城市建设快速发展，各类居住小区不断增多，原有的排污、排水设施远远不能适应城市发展的需要，规划、城建、城管、环保等部门对市区下水道的排水、排污系统重新进行规划，设置沉泥井、漏水栅、下水道盖板。

2008 年，为减少污水直排河流对资江水质造成污染，市政府决定在潘桥乡郭家桥村修建污水处理厂。该工程规划用地 5.72 公顷，建设规模为 9 万立方米/日，总投资 1.52 亿元。10 月一期工程正式开工，次年 12 月完成主体工程并通水运行，日均流量达 3 万立方米，出水水质达到国家城镇污水处理厂排放一级 B 类标准，服务面积 28 平方千米，服务人口约 28 万人。

图 18-3　冷水江市城区下水道改造施工现场

（2005 年摄）

第三章　公用事业

第一节　公共交通

市公共交通总公司是全市唯一公益性城市客运企业。1989 年，有公共汽车 58 台、座位 1795 座，营运线路 8 条。1990 年后，城市建设发展，公交线路增加，车辆不断更新。2005—2008 年，先后开通冷江至远大、筲山、滴水、南宫、青云、茂山、大洲等地通村客运线路。2010 年，有营运线路 26 条（其中城区 10 条，郊区 16 条）、站点 180 个，有车辆 160 台、座位 3350 座，总营运里程 362.2 千米。

2010 年冷水江市公共交通营运线路一览表

表 18-2

起　讫　站	起　讫　站	起　讫　站	起　讫　站
同兴汽车站—布溪	冷水江—禾青	冷钢—涟溪桥	冷水江—岩里
冷水江—火车东站	冷水江—资江煤矿	冷水江—诚意	冷水江——茂山

续表 18-2

起　讫　站	起　讫　站	起　讫　站	起　讫　站
施塘—师范	冷水江—石槽	冷水江—老屋	冷水江—制药厂
市内环：汽车公司—施塘—菊花井—沿江路	市外环：汽车公司—公安局—耐火厂	冷水江—电力局家属区（布溪）	冷水江—波月洞
冷水江—渣渡	冷水江—金竹山	冷水江—南宫	冷水江—大洲
冷水江—新化	金竹山矿业—塘冲煤矿	冷水江—滴水	
冷水江—矿山	红宝汽修厂—金竹车站	冷水江—耸山	

第二节　城区供电

一、管理机构

冷水江电力局是娄底电业局下属县级供电企业，是冷水江供电专业机构。1988—2007 年，下设 5 股 1 站 1 公司，主业生产班组 8 个，各乡镇设有农电站。2008 年，设两部 1 室 1 总站 1 公司，主业生产班组 10 个，各乡镇农电站改为供电所。2010 年年底，共有员工 208 人，固定资产 6.18 亿元，房屋建筑面积 2.91 万平方米，其中生产用房 9100 平方米。全市有供电所 5 个，农电员 150 人。

1988—2010 年，冷水江电力局先后由李传端、彭作让、刘黄清、张学梓任书记，唐爱国、王平淮、易松华、肖什云、肖建平、刘黄清、郭建民、梁建利任局长。

二、供电情况

1988 年，城区供电分老城区和集中区两片。1992 年 5 月，布溪经济技术开发区动工建设，城区供电增加布溪片区。20 世纪 90 年代初，由于各种原因，城区停电现象时有发生，影响城区居民生产生活。2000 年后，随着电网建设投入加大，电力设施不断完善，城区配电网供电可靠性得到提高，除供电线路大修外，其余时间城区很少停电。老城区主要是繁华的商业区和厂矿生活区，建筑密度大，负荷增长速度快，采用 10 条 10 千伏线路供电，2010 年供电量 1.27 亿千瓦时。布溪区采用 4 条 10 千伏线路供电，2010 年供电量 0.4 亿千瓦时。集中区采用 4 条 10 千伏线路供电，2010 年供电量 0.29 亿千瓦时。

三、供电管理

（一）计划用电

1988—1994 年，冷水江市三电办对电力、电量、负荷三大指标同时进行控制。娄底地区三电办根据省里分配的用电指标做适当调整，下达给冷水江市的戴帽企业由 6 家增加到 15 家，新增市电石厂、岩口水泥厂、三尖水泥厂等用电大户。冷水江市三电办和电力局对市内所有企业单位用电设备进行清理，摸清各单位用电设备型号、台数，抓好丰水季节和“三班”平衡用电调度。

每当枯水季节旱情发生时，在确保化工、冶金、矿山井下用电的前提下，限载拉闸部分工业用电和大部分照明用电，以确保支农抗旱用电。采取错开星期日轮休，大功率用电设备零点使用等措施，避高峰，填低谷，缓解用电紧张矛盾。在电力紧张期间，要求锡矿山矿务局、资江氮肥厂等有自备电厂的企业自备小型柴油机发电，弥补电力缺口。

1995—1997 年，实施电力经济包干责任制，每年由娄底电业局、娄底地区三电办与冷水江电力局签署电力、电量、负荷指标包干协议书，实行月考核、季结算和节约归己、节约有奖政策，打破用电大锅饭局面。

随着电力建设迅速发展，电力供需矛盾有所缓和。1998 年，撤销各级三电办，计划用电、节约用电、安全用电直接由冷水江电力局用电股、电力调度通信班统一调度管理。2010 年，全市用电指标平均负荷由 1998 年的 92%提高到 96%。

（二）节约与安全用电

为了节约用电，1990 年起，市内各大中型企业撤换一批“大马拉小车”式电动机和变压器。为降低线损、变损，在全市推广节电新技术、新产品，全市城乡居民用电逐步推行“一户一表”，解决大灯泡、长明灯、少交钱、多用电等问题。

1988年始，冷水江电力局制定一整套安全生产、安全用电规章制度，并始终把安全用电放在用电管理首位。一是进行安全用电教育，采用标语、墙报、电视节目、发放安全用电手册等形式，提高市民安全用电意识。二是完善各种安全用电岗位责任制，把安全用电落实到每个工作岗位。三是实施分级安全用电目标管理，把用电安全作为工资、奖金、晋级重要指标严格考核，并实行“一票否决”制度。四是建立安全督查制度，设立安全监督员，经常组织安全稽查，严肃查处各种违反用电安全行为。五是预防为主，对电力设备、设施除定期维护检查外，经常进行巡检，及时发现和处理安全隐患。六是提高专业队伍素质，员工转正定级、晋升进行严格技术考核，并经常进行反违章活动、反事故演习，提高员工安全用电技能和应急安全事故处置能力。至2010年12月底，实现连续安全生产1933天。

第三节　城市供水

城市供水由市自来水公司承担。1988年，该公司有职工88人，高位水池3座，总容量7200立方米。全市总水表用户620户，市中心区用水普及率90%。

随着城市建设的发展，供水规模逐步发展壮大。至2010年年底，市自来水公司有职工374人，日供水能力7.3万立方米，供水用户3.76万户，用水人口14.8万人，城区供水普及率100%。1988—2010年，公司先后获得“全国县镇供水优秀企业”“湖南省文明单位”等荣誉称号。

一、水厂建设

（一）一水厂建设

一水厂（1993年前称集中水厂）位于市东郊冷水江街道集中社区，占地面积6.37万平方米。1987年4月，一水厂二期工程动工，1989年年底建成投产，完成投资270万元，日供水能力由3万立方米增至6万立方米，DN75毫米以上供水主干管道达60余千米，供水系统形成环形管网，布溪片供水问题得到解决。

2000年，针对供水设施老化、清水池开裂危及全市安全优质供水的严峻形势，经省计委批准，建设一水厂三期工程。省建设厅核定该工程预算总投资3575万元，建设工期3年。7月，5000立方米清水池破土动工。11月，一泵房取水头部及自流管工程动工，2001年2月竣工并投入运行。同时，改造水质检测站，添置先进化验仪器和设施，检测能力从23项提高到33项。水表检定站改址扩建，添购了大口径校表机。新建送水泵房和制水车间，单位电耗由485千瓦时/千立方米下降到365千瓦时/千立方米。制水消毒工艺引进国内最先进的二氧化氯消毒系统和国际先进的加矾系统，实现加矾加氯自动化，使水质综合合格率稳定在99%以上。至2003年年底，一水厂三期工程基本完工。

图18-4　改造后的冷水江市自来水公司一水厂（2004年摄）

（二）二水厂建设

二水厂位于禾青镇，也称禾青水厂，占地面积2.2万平方米。1993年4月正式动工，12月18日建成通水，总投资1300万元。二水厂建设资金筹措采用三种方式：一是自来水收费在每立方米0.32元基础上加收0.16元，此项每年可筹措资金140万元；二是由市建委从城市维护费中拨款80万元；三是市自来水公司职工集资100万元。水厂设计规模日供水能力4万立方米，其中一期工程1万立方米，二期工程3万立方米。

（三）铎山水厂建设

铎山水厂位于铎山镇，占地面积1672平方米。该水厂以滟泥水库为水源，其水质符合国家一级地面水标准，总库容量303万立方米。建设规模初期日供水3000立方米，远期6000立方米，主要供应铎山镇生产和生活用水。

该水厂于1997年5月动工，次年底竣工，总投资200万元，资金采取股份制形式筹措，铎山镇投资80万元，市水利局投资60万元，市建设局、市自来水公司各投资30万元。工艺流程为自流方式，从涟泥水库经管道流至净化场的无阀滤池，过滤后加二氧化氯消毒至清水池，再由清水池流到用户。该厂采用股份投资建设模式，拓宽融资渠道，为小城镇自来水供应探索出一条新路子。

二、引水工程建设

由于受上游企业排污和浪石滩水电站影响，集中水厂水泵房取水口原水水质不能达到国家饮用水卫生标准。2005年，省环保局要求，在浪石滩水电站工程蓄水前，完成取水口搬迁工作。2006年10月，该项目经省发改委核准批复。12月，引水工程正式开工，次年9月竣工，新建取水泵房1座，日供水能力初期5万立方米，远期20万立方米，铺设DN900毫米原水输水管道8.7千米、DN800毫米过江管道0.33千米，把原水引至一、二水厂处理，原水水质得到改善，达到二类水质标准，工程总投资5300万元。

三、管网建设

1988年，安装冷水江街道涟溪桥社区300户居民用水管道，是为全市第一个用上自来水的社区。是年，市自来水公司垫资为冷江师范安装供水管道，为玻璃厂安装专用管线。

1989年，安装河西过江管道，向床单厂、资江煤矿供水。1991年，在冷江大桥两侧铺设两根DN600毫米球墨铸铁管，使市区供水形成环形管网。

2002年，购置听漏仪、寻管仪等仪器，随时检测管网运行状态。2008年，公司组织对城区管网进行普查，绘制出完整、系统、规范的城区管网图。2009年10月，完成东站至毛易镇政府DN300毫米管道安装。一水厂、二水厂正式联网供水。

2010年，委托湖南省建筑设计院编制《冷水江市给水专项规划（2010—2030）》。11月，一水厂制水车间和二泵房整合，成立中心调度室，建立调度系统。是年，城市供水网络涵盖冷水江片、布溪片、禾青片、东站片，其中DN100毫米以上管道长30多千米，管径最大1200毫米。在管材选择上，实现了从灰口铸铁管向球墨铸铁管和PE管过渡，管网整体布局由树枝状逐步变为环状，提高了供水的安全性和可靠性。

四、水质管理

市自来水公司水质实行水厂班组日常检测、水厂化验室检测、公司水质监测站检测三级水质管理，从严把好水质关。1983年公司成立之初，公司化验室仅能对源水、出厂水、管网水及净水原材料等进行检测，检测项目23项。

2001年，专门成立市水质监测站，检测仪器室实现恒温恒湿控制，增添原子吸收分光光度计、万分之一电子天平、紫外可见分光光度计、生物显微镜、高精度浊度仪等各种分析仪，水质检测能力进一步加强。是年10月，首次得到计量认证合格证，计量认证检测项目61项，执行国家生活饮用水卫生新标准。

2002年，从传统的液氯消毒改进为二氧化氯消毒，减少消毒副产物对水质的影响，提高了水质。

2006年12月，通过计量认证复评审，计量认证检验项目84项。此后，添置离子色谱仪、原子荧光分光光度计、射流萃取装置等水质监测先进设备。2010年6月，再次通过计量认证评审，计量认证检测项目121项。

1988—2010 年冷水江市自来水公司主要经济指标一览表

表 18-3

年　度	供水量（万立方米）	售水量（万立方米）	销售收入（万元）	年　度	供水量（万立方米）	售水量（万立方米）	销售收入（万元）
1988	812.6	752.4	132.6	2000	1112.7	834.5	812.5
1989	902.7	843.4	167.9	2001	1121.8	845.7	1003.9
1990	1019.7	944.8	189.9	2002	1173.2	840.7	1046.5
1991	1142.1	1057.5	244.6	2003	1183.3	870.5	1199.3
1992	1243	1162	320.3	2004	1117.6	868	1220.1
1993	1161	1080.1	358.9	2005	1185.9	949.7	1291.8
1994	1266.5	1160.8	413.5	2006	1270.7	1050.3	1463.7
1995	1333.3	1202.6	553.7	2007	1464.9	1176.1	2076.8
1996	1260.9	1131.8	664	2008	1751.9	1341.18	2409.1
1997	1066.3	942.9	553.1	2009	1828	1397.86	2481.7
1998	1064.3	940.3	693.1	2010	1848.3	1300.7	2418
1999	1109.9	832.5	749.5				

说明：销售收入为公司主营业务收入

第四节　城区供气

1991 年，市煤炭工业总公司液化气分公司在同兴乡崇北社区修建液化石油气储配站 1 座，城区居民开始使用瓶装液化石油气。该储配站占地面积 5568 平方米，有 2 个 100 立方米储罐和 1 个 12 立方米残液罐，年供气能力 5000 吨。

建站初期，液化石油气普及率很低，仅煤炭工业总公司在金竹西路设有 1 个销售网点，没有送气上门服务。20 世纪 90 年代末，个体户开始销售瓶装液化石油气，较早的有新城路燎原、金竹西路鹏飞、教育路兰陵、锑都中路湘中等个体网点。市煤炭工业总公司液化气分公司改制后更名平安燃气充装站。

液化气销售原来没有专门的管理机构，由城建、劳动、消防、计量、工商、物价等部门分别实行行业管理。1996 年 3 月，成立市燃气管理办公室，为副科级自收自支事业单位，归口市建设局管理，负责编制燃气发展规划，企业、网点审批和燃气安全管理工作。

2004 年 1 月 1 日《湖南省燃气管理条例》颁布实施，规定燃气销售网点只能由燃气企业设立，个体户不能销售燃气。此后，市燃气办对城区 20 多家销售网点进行整合，依法取缔不具备申办条件的网点，全市城区由平安燃气充装站设立 5 个标准配送中心。通过市场规范管理，使用不合格钢瓶、掺杂使假等违法行为明显减少。2007 年，取消燃气行业所有收费项目，市燃气办经费由自收自支改为财政全额拨款。

第四章　园林绿化

第一节　街道绿化

1987 年 3 月，市五届人大一次会议决定，香樟树为市树，月季花为市花。1989 年，城区主要街道两旁法国梧桐等树木全部更换为香樟树。

1992 年，开展旧城改造，城市道路不断拓宽和延伸，原有绿化带大多损毁，街道绿化停滞。

1998年11月，市政府要求加强城市绿化管理，规定旧城改造绿化用地不低于总面积的35%，城市新区绿化用地不低于总面积的30%。各单位、居民申报建设项目，必须进行绿化工程设计方可办理规划许可证，未完成绿化工程的不能验收。

2001年起，红日路、政法路、金竹东路、教育路、环城北路两旁全部栽植香樟树，金竹西路、广场路、建新路分别栽植广玉兰、桂花、杜英等行道树。

2006年，完成锑都北路、江北路、冷新路绿化改造4500平方米，并修建教育路、荷叶路绿化带2250平方米。2007年，布溪街道绿化道路200平方米，690株行道树由园林处接管。2009年，布溪体育西路新建绿化带600平方米，栽行道树50株。至2010年年底，城区及道路两旁全部绿化，共栽行道树4846株，花带面积4.69万平方米，绿化覆盖面积8.3万平方米，覆盖率22.69%，绿地率21.56%，人均公共绿地面积7.93平方米。

第二节　庭院绿化

1984年，市绿化委员会出台城市园林绿化创优达标标准，各单位充分利用庭院空坪隙地植树种花，开池建亭。至1989年，全市15家省、地属厂矿共植各种乔木、灌木42万株，建花坛1207个、假山74座、喷泉35个、水池49个、小游园12处，栽绿篱2.3万米，植草皮2342平方米，种花卉3.7万盆（株）。资江氮肥厂被省政府命名为“花园式”单位，锡矿山矿务局北矿被中国有色金属工业总公司授予“优美矿山”称号。同年，为迎接中华人民共和国成立40周年和建市20周年大庆，举办市花、盆景展览。

1993年，举办第二届市花展览。1994年，全市开展庭院绿化争创最佳机关活动。至1996年，全市有市级园林式单位26家，地级园林式单位19家，省级园林式单位15家，国家级园林式单位1家。1996年，冷水江师范被评为“全国部门绿化400佳”单位。

2003年，市政府大院、冷江宾馆、自来水公司、国税局、冷江师范、烟草局等93家单位，共植各种树木8万株、草皮1245平方米，建花坛409个、假山7座、喷泉8个、水池30个。

2010年，全市不少住宅小区建有休闲亭、花坛、假山、小游园、喷泉、水池、健身设施等，并栽植各类花草、树木，为居民提供优美、舒适的生活环境。

附：园林绿化典型单位选介

市国税局机关院落建于1994年，占地17.53公顷，经不断规划、改建和绿化，已建成整洁有序、环境优雅、四季飘香的宜居院落。右边一道小坡通往居住区，松柏四季苍翠挺拔，丹桂玉兰次第开放，高大的樟树与丛丛小竹相映成趣。信步庭院，有山野采风之美感，曲径通幽之微妙。清风亭矗立其中，南通北透，雕梁画栋，彩绘精美。沿左侧顺坡而下，一道绿色走廊似高墙延伸至“职工之家”，将居住区与办公区隔离。石墙藤蔓披挂，爬山虎郁郁葱葱，层层叠叠，常年青翠，攀延不歇。办公楼与机关食堂之间有一片绿色园地，覆以草皮，植以银杏、香樟树和曼陀罗花，花盛叶茂，石径迂回，堪为胜景。办公楼前苍松矗立，玉树临风。“职工之家”置有羽毛球馆、篮球场、门球场。小而成园，园景错落，微而可观，实乃雅致，可谓“如息红尘于市井，若去雕饰以天然”。

第三节　公园绿化

红日岭公园位于市中心西侧。1984年建园，次年修建上山游路1100米。1986年征地7.27万平方米，栽植风景林木1.25万株。2005年，上山游路改铺花岗石。岭上怪石嶙峋，绿树成荫，山花烂漫，风景秀丽。园内常常游人如织，爬山、跳舞、晨练、散步者络绎不绝。

滨江公园位于市中心东侧，沿资江而建，于2010年11月正式开放。公园总投资1.2亿元，总占地面积16.25万平方米，其中绿化面积10万平方米，绿化面积占总面积62%。工程采用“完善锑都生态，重塑水岸风采”“人与自然融合”的设计理念，把园林建筑充分融入周围自然环境，并将乔木、灌木、花卉及草皮等合理搭配，达到降尘消音的环保效果。公园分亲水平台区、老人活动区、儿童活动区、中心广场、休闲区等12个区，是一个集休闲、娱乐、健身等多功能于一体的城中公园。公园的建成，使城市增加10万平方米绿地，城区环境得到改善，提升市民生活幸福指数，被评为“人民群众最满意的十件实事”之首。

青山森林公园位于市区西南方，东至资江河岸，西至冷水江火车西站，南与潘桥乡交界，总面积320公顷。园中森林资源丰富，森林覆盖率90%以上，空气质量为城区最佳。山上树木种类繁多，四季常青，奇花异草，美不胜举，被誉为冷水江的“后花园”。

波月洞地质公园始建于1980年，距市区中心3千米。为加强景区建设，公园管理所采取“招商引资、社会集资、职工出资”等多种方式筹资，至2010年，先后投资600余万元，兴建花坛、花带6处，面积近3万平方米，种植各种树木1万余株，增建和改造地面娱乐、游乐、休闲项目54处，修建景区游路2.3千米，安装园内路灯89盏。公园绿树成荫，空气清新，由过去单一溶洞景点扩建成一个以溶洞景观为主，集休闲、娱乐、度假、晨练为一体的综合性旅游风景区。

第五章　环境卫生

第一节　道路清扫

1988年，城区清扫保洁面积17.7万平方米，采用专业清扫队与民办清扫队相结合的管理方法。有一支56人的专业清扫队伍，分8个清扫班，分段负责，早晨5点半普扫，下午4点保洁，要求达到“五无一通”（无垃圾、泥沙、堆屑、污物、果皮树叶和沟眼畅通）。民办清扫队由54名无业居民组成，由冷水江街道办事处管理，主要负责背街小巷清扫。1992年，市区清扫保洁面积20万平方米，仍采用公办与民办相结合的方式，实行每天“两普扫、两保洁”管理制度。

1996年，城区街道清扫保洁面积43.4万平方米，清扫人员145人，分17个班组，实行“定段、定时、定人”和“一普扫、两保洁”管理制度。其中锑都中路、新城路、金竹西路保洁到晚上10点。

2000年，引入市场机制，城区街道以招投标方式向内部职工公开招标，实行承包管理。2005年，城区清扫面积扩展到70万平方米，清扫人员增至231人，背街小巷纳入环卫管理。

2010年，城区清扫面积79.4万平方米，清扫人员386人，并首次使用机械洗扫车，城区街道保洁每天不少于17小时，实行“一遍普扫、全天保洁”作业方式。同时，定期对街道进行人工冲洗，日常洒水3次，控制扬尘污染。

图18-5　机械洗扫车清扫路面　（2010年摄）

第二节　垃圾收集与处理

1988年，城区垃圾收运有手扶拖拉机1台，小四轮1台，主要收运城区各垃圾点、站的生活垃圾，小街小巷人力拖车收运，日清运垃圾80余吨。是年，建立诚意垃圾堆放场。该场占地面积0.44公顷，城区垃圾清运至该场，进行杀虫灭菌。

1991年，生活垃圾以斗装运输为主，由3台多功能吊车装运，全年清运垃圾2.91万吨。是年，毛易垃圾场投入使用，该场占地面积1.6公顷。1997年，同兴乡黑泥岭垃圾场投入使用，多功能吊车增至4台，居民垃圾推行上门收集试点。是年，成立环卫服务公司，主要负责垃圾收集、代运、化粪池清理等环卫工作，实行有偿服务。

2000年，市政府出台《冷水江市生活垃圾袋装上门收集实施办法》，居民生活垃圾上门收集工作全市铺开，并相继取消城区露天垃圾斗。是年，建立大湾大型垃圾中转站，改装厢式垃圾转运车3台，城区生活垃圾实行集中转运，各企事业单位垃圾仍由多功能吊车收运。

2003年，大湾垃圾中转站拆除，城区生活垃圾改为压缩式收集车和小四轮直接收运至垃圾场，全年清运垃圾约8万吨。

2006年，首座地坑压缩垃圾站——绿洲垃圾站投入使用。是年，中连曾家冲垃圾场立项兴建。该场总库容量498万立方米，使用年限35年。至2010年年底，市环卫处有各类环卫机械车辆32台，地坑压缩式垃圾站14座，垃圾斗139个，果皮箱973个。城区垃圾日均清运量260吨，城区垃圾日产日清。

第三节 市容管理

一、管理机构

1996年2月，成立市容管理办公室，定编5人，内设综合股、业务股、督查室。1999年5月，市容管理办公室更名市城市管理委员会办公室。

2005年1月，组建市城市管理行政执法局（简称市城管局），依法行使城市管理职能，定编23人。直属二级机构有：城市管理综合执法大队，城区广告、渣土、破道占道管理办公室。下属二级单位有：园林管理处、环境卫生管理处、路灯管理所、市政工程管理处、燃气管理办公室、公共交通总公司、城市客运管理办公室。2010年，市城管局内设办公室、人事教育股、纪检监察室、法制宣传股、计划财务股、督查室、综合业务股、安全股、城管进社区办公室。是年，城市客运管理办公室、公共交通总公司划归市交通运输局管理，其他二级机构未变。局机关有干部职工24人，局系统有干部职工1938人。

2005—2010年，市城管局先后由李叙唐、刘钢华、喻本桂任党组书记、局长。

二、广告、招牌管理

1986年起，城管监察大队将户外广告、招牌纳入城市管理，禁止在城区乱贴标语、广告。1999年，对锑都中路、金竹西路、新城路3条主要街道建筑物墙面广告招牌进行规范化管理。2005年，成立广告灯饰管理办公室，对全市所有广告负责管理、审批，并要求户外招牌增加亮化设施。2010年，城区开展城市“牛皮癣”清理活动，聘请专门清洁公司负责清理，城区乱张乱贴小广告现象已杜绝。

三、摊位、马路市场管理

1990年，城管监察大队对街道摊贩实行办证、收费管理。20世纪90年代初期，城区先后建成冷江市场、波月家具综合市场、粮贸水果批发市场、江南市场等，要求商户进入市场经营，杜绝马路市场。

1994年起，取缔城区主要街道乱设的摊点摊贩。2006年，整治城区算命先生摆摊占道行为，城区算命摊点集中规范至建新路。

2010年，城区背街小巷夜宵摊点全部取缔，规定在资江防洪堤地段集中摆设。同年，相继取缔大湾里及环城北路沿线木材马路市场，并对人民医院、政法路、家家乐、金电、东站、集中、菊花井等地的“马路市场”进行整顿。

图18-6 冷水江市城管大队工作人员拆除违章棚点（2009年摄）

四、交通工具停放管理

1990年，城区建自行车停放点21个，自行车实行进点停放。1997年，整治人力板车乱停乱放现象，城区设置板车停放点11处。2002年2月，城区禁止三轮摩托车（“慢慢游”）营运。

2006年，锑都中路、新城路等路段禁止二轮摩托车、货车通行。2010年，新建摩托车、助力车停放点32处，城区摩托车、助力车乱停乱放现象有所好转。

五、门店规范管理

1998年，规范整治锑都中路、金竹西路、新城路3条主要街道临街面门店。2006年，对批发街、建新街进行规范整治，规定商品只能进店经营，并对城区所有门店实行门前“四包”管理。2010年，对城区所有门店实行门前管理“十不准”，门店管理工作日臻规范。

六、煤车运输和城区建筑施工管理

冷水江有“江南煤海”之称，繁忙的煤炭运输造成城市煤炭粉尘污染。2007年5月，市政府出台《关于治理煤车污染环境的通告》，规定过境煤车必须加盖篷布，并只能从环城公路通行。

随着城市建设发展，基建项目增多，基建施工通宵作业、随意占道堆放物料、拖运渣土车掉渣土等影响市容环境的行为不断增多。2010年3月，市城管执法大队对此进行重点整治，规定渣土物料必须实行定时、定路线、定地点运输，并消纳处理。所有基建施工晚间停止作业，城区基建工地一律实行围栏作业。

图 18-7 冷水江市城管局渣土中队队员检查渣土准运手续 （2010年摄）

七、禁止城区燃放烟花爆竹

燃放烟花爆竹的传统习俗给现代都市生活造成负面影响，既污染城市空气、影响市民工作和休息，也带来火灾隐患。1996年1月，市政府发出《关于城区禁止燃放烟花爆竹的通告》，城区禁止燃放烟花爆竹。2000年2月，市政府发布《关于禁止在城区燃放烟花爆竹的补充通告》，仅允许每年春节或重大节日在城区燃放烟花爆竹。2010年3月，市公安局、市城管局联合发文明确城区禁炮范围：东至火车站，南至布溪盛园小区，西至亿达电化厂，北至原9765工厂。1996—2010年，累计查处非法燃放烟花爆竹行为876起。

第六章 旧城改造与乡镇村建设

第一节 旧城改造

1988年，冷水江市城区面积12.7平方千米，楼高7层的锑都大厦是地标性建筑。由于多种原因，城市建设基础设施滞后，道路狭窄，交通拥挤，一些临街建筑破旧不堪、杂乱无章，影响市容和各项事业的发展。

为改善市容市貌，市政府确定1992年、1993年分别为“城市建设年”和“城市建设综合管理年”。1992年起，主要对城区重点道路进行拓宽改造，将锑都中路、金竹西路柏油路拓宽改造成钢筋混凝土三板道，对道路两边的矮旧房屋进行改造和装饰。改造后的锑都中路街道比以前宽阔，人车分流，绿树掩映，两旁店铺林立，成为市区主要街道，被评为全省“最美一条街”。此后，商业大厦、东苑商场、百货大楼、金秋大厦、物资大楼、供销大厦、冷江大厦等10多栋商业服务综合大楼及冷江市场、粮贸市场、波月市场相继建成。1996年竣工的高17层邮电大楼成为当时冷水江第一高楼。

1996—1998年，先后对菊花井、教师进修学校、军诚路地段进行全面改造。1999 年改造建新街，改造后商铺林立，成为城区主要商业街之一。

2000 年 2 月，市政府决定加快老城区临街面改造，要求 3 年内完成任务。重点改造江北路、金竹西路、新城路两旁建筑质量和外观环境较差的临街建筑，并改造柘溪院子、红日岭下面居住环境较差的住宅区。为加快旧城改造步伐，市政府出台优惠政策：凡在规定期限内完成改造的可减免部分费用，并给予奖励；未按期限改造的，由政府统一收购并组织开发。8 月底，市人民医院、轻纺工业局、药材公司、日杂公司、规划局家属区、老交警队等 13 家单位开工建设，完成旧房改造面积 8.93 万平方米。此后，化工局、民政局福利厂、皮件厂、文化局、煤机厂、电动工具厂、印刷厂、副食公司等 11 家单位旧房改造在年底相继动工，完成旧房改造面积 11 万平方米。

2003 年，广场路、一号岗亭至 9765 工厂地段旧房改造项目开工。2004 年，房地产业迅速发展，冷水江住宅小区建设进入高峰，佳泰家花园、锑都社区、滨江豪苑、商业步行街、山水名城、金泰花园、博长花园、江南名都、金色家园、凤凰山庄、丽江花园、廉租房等 20 多个住宅小区相继先后动工兴建。

图 18-8　冷水江商业步行街　（2009 年摄）

2002—2008 年，城建投融资 1.62 亿元，完成城区 43 条背街小巷、金竹西路、金竹东路、环城北路、布溪体育西路等道路的改造建设。通过大范围旧城改造，市民居住条件得到改善，城区面貌焕然一新。至 2010 年，城区面积由 1988 年 12.7 平方千米扩大到 46.78 平方千米，铺装人行道板 267 万平方米，全市背街小巷改造全部完成，3728 盏路灯与五颜六色的霓虹灯、广告牌相映生辉，街道整洁亮丽，各项基础设施配套齐全，居民生活环境更加舒适。

第二节　乡镇、村建设

一、小城镇建设

小城镇建设从 20 世纪 80 年代开始，起步较早的有禾青镇、铎山镇、金竹山镇。至 2010 年，建制镇发展至 7 个，占乡镇总数 58%。一批区位优势强、资源条件好、经济活跃的行政村建成中心村，成为小城镇的重要补充。各乡镇以新建政府办公楼为契机，带动中心区域住宅和商用楼的开发。楼层一般高 5 至 6 层，外墙贴墙砖，下层设商铺，水、电、路、通信、有线电视等基础设施齐全。中小学、卫生院、计生站和驻乡镇企事业单位普遍建起办公楼和家属住宅楼。

（一）禾青镇

地处市南部，交通便利。全镇面积 26.4 平方千米，人口 3.2 万。1989 年建镇后，按照“夯基础，强管理，重环保”的发展思路，坚持建设与管理并重，扩容与提质并举。

1992 年，建成全市乡镇市场中规模最大的禾青商品市场。1993 年 4 月，日供水 1 万吨的禾青自来水厂建成供水。至 2010 年，该镇建成街道 4 条及 1000 平方米街心广场，硬化 3 板道 4000 平方米，安装高杆路灯 100 盏，改造绿化带 3200 平方米，铺装下水管道 1.3 万米。同时，投资 6000 万元，占地面积 7.65 万平方米，集购物、风味小吃、沿河风光带为一体的禾青商业步行街基本建成。另有容纳客车 60 台以上的客运站 1 个、110 千伏和 35 千伏变电站 2 座、邮政电信大楼 1 座、移动通信接收站 4 座。垃圾填埋场和垃圾转运站相继建成，并设有专职的城管和环卫队伍。

（二）铎山镇

地处冷水江东大门，与涟源接壤，省道 312

线穿境而过，区位优势明显。全镇面积 26.34 平方千米，建成区面积 7.8 平方千米。

该镇依托省道 312 线，公路两旁兴建房屋，自然形成街道，特别是经过规划后，街道两旁高楼林立，错落有致。至 2010 年，域内建成日供水 3000 立方米的铎山自来水厂、占地 0.4 公顷的龙潭客运站和占地 0.53 公顷的龙潭农贸市场。供电所、煤检站、铎山教育大厦、中心小学、铎山中学、铎山卫生院门诊大楼、文化娱乐中心等建设项目相继完成。水、电、路、广播电视、通信等基础设施完善。街道两旁有购物超市 2 家、大小门面 500 余个、饮食店 30 余家。花桥牛市远近闻名，特色餐饮“牛全席”妇孺皆知，“花桥牛肉”成为湖南省著名品牌。

二、村庄建设

境内村落建设，杂乱无序，大多分布在地势平坦之处。1988 年后，部分村民迁往公路两侧建房。修房建屋一般根据个人经济能力和喜好而定，以 2 层至 3 层为主，打基础时大都请风水先生确定朝向，以求家庭兴旺，子孙发达。20 世纪 90 年代，条件较好的房屋外墙使用白灰及水砂石装饰。

2000 年后，随着经济发展和村民生活水平提高，大多数农民翻修新房，房屋层数一般 2～5 层，室内铺瓷板砖，刷钢化涂料，窗户装白色或茶色玻璃、钢筋防盗窗、塑料雨阳罩。新房外墙贴上各色瓷片，有的在水泥平顶檐口饰以彩色琉璃瓦，客厅、卧室、厨房、卫生间布局设计和建筑风格接近城市水准，村里的土坯房、木板房逐渐消失。

2006 年，市委、市政府提出城乡一体化发展战略，将中心村建设作为小城镇建设的重要组成和补充。2010 年，全市首批 30 余个试点村按照现代田园建筑风格，采取“一村一景点”“一路一风格”模式，对村庄房屋实行风貌改造，房屋外墙、屋顶及门窗等统一装饰或着色，建成一道道具有地方特色的民房景观。

（一）农科村

位于岩口镇南部，距省道 312 线 1 千米。全村有 4 个村民小组，138 户、588 人。2000 年起，村民住房进行整体改造，统一规划，统一风格。2003 年，投资 18 万元改造村办公楼，建有健身房、娱乐中心、图书室、游艺室、文化广场等。同时，改造村民厕所，改厕率 85%。另兴建沼气池 26 个，村内住户全部安装自来水。2003—2004 年，投资 30 万元对村内组道及村民住宅四周小道进行硬化，修建环村水泥公路 2 千米，安装路灯 20 余盏。投资 6 万余元在村级公路两旁种上风景林，植上绿化带。村级主干道铺设成炒砂路面，安装高标准太阳能路灯 30 余盏。2007 年起，实行村民房屋集中兴建和风貌改造，新修房屋均采用 3 层小洋房别墅造型，墙面贴米黄色瓷砖，屋顶盖青色瓦片，室内铺彩色地板砖，装豪华型吊灯、壁灯，厨房、卫生间配套齐全。该村成为全市新农村建设的典范。

（二）眉山村

位于铎山镇东北部，面积 2.03 平方千米，由 3 个自然院落组成，共 236 户、789 人。村级经济形成葡萄种植、生态养猪、纯净水三大支柱产业，村民人均纯收入由 2000 年前不足 600 元增至 2010 年的 1.29 万元。先后获得“全省社会主义新农村建设示范村”“省级卫生村”“娄底最美乡村”等荣誉称号。

该村以“做大支柱产业、打造生态村庄、培育新型农民、树立文明乡风”为目标，加强基础设施建设，开展“五化”（硬化、亮化、绿化、美化、净化）活动，改善人居环境。至 2010 年，村主干道和环村公路全部硬化，户间路硬化 95%以上，安装太阳能路灯 40 盏，植花草带 2.7 千米，栽树 5000 余株。80 余栋别墅式村民住宅楼立于公路两侧，风格各异，美观大方，装修豪华。全村旱厕改造基本完成，配置垃圾桶 120 个、生活垃圾清运车 1 台，修建公共垃圾收集池 5 个、农田废弃物收集池 1 个、废弃物堆沤池 1 个，修建无动力生活污水处理设施 16 套。同时，改造村小学教学楼，并建成社区办事服务中心。

为丰富村民业余文化生活，至 2010 年，全村新修 2 个村民休闲广场和 1 个老年人活动场所，建有篮球场，成立村级篮球队、羽毛球队和管乐队，办起村级图书阅览室。

第三节　城市建设管理机构

一、市住建局

1988年，市建设委员会内设办公室、人事教育股、计划财务股、建工股、城乡建设股、安全保卫股、纪检组、法规股、基建组、监察室。下辖城乡建设局、绿化委员会、环境保护局、房地产管理处、质量监督站、建筑施工管理站、规划办、园林管理处、环境卫生管理处、市政工程管理处、冷江大桥管理所、城建档案馆、城建开发公司、劳动服务公司、公共汽车公司、自来水公司、第一建筑公司、第二建筑公司、电动工具厂、建筑设计院、建筑科研所、规划勘察设计院、波月公园管理处23个二级机构。

1989年，房地产管理处升格为房地产管理局。1990年12月，市公安局城市管理民警队更名市城市建设管理监察大队，归口市建设委员会管理。1992年，市建筑安装总公司成立。同年，市旅游局成立，波月洞公园管理处划归旅游局管理。1994年10月，市建设委员会和城乡建设局撤销，成立冷水江市建设局，内设办公室、人事教育股、计划财务股、建工股、城乡建设股、安全保卫股、纪检组，定编24人。1995年年底，规划办更名冷水江市规划局，规划勘察设计院划归规划局管理。1996年初，旅游局与建设局分离。1997年，市岗位培训发证管理办公室、燃气管理办公室、招标投标管理办公室成立，归口建设局管理。至1997年年底，局下辖26个企、事业单位，有干部职工3231人（其中局机关26人）。

2002年机构改革，市规划局、房地产管理局、环境保护局与建设局分离。同年，绿化委员会与林业局合并。此后，第一建筑公司、第二建筑公司、城建开发公司、建安总公司、工业机械总公司（原电动工具厂）5个单位改制。

2003年4月，成立小城镇规划建设办公室，隶属市建设局管理，核定事业编制6人，所需人员从规划局管理的村镇规划建设管理办公室连人带编一并划入。2005年，市城市管理行政执法局成立，路灯管理所、城市管理大队、市政工程管理处、园林管理处、环境卫生管理处、燃气管理办公室、城市客运管理办公室、公共汽车总公司划归市城管局管理。是年，建筑执法大队成立，隶属市建设局管理。

2009年，市村镇规划管理办公室与市小城镇建设管理办公室机构调整，原市小城镇规划建设办公室更名市村镇规划管理办公室，隶属市规划局管理；设立市小城镇建设管理办公室，隶属市建设局管理。

2010年，设立市住房和城乡建设局（简称市住建局），将原市建设局职责和原市房地产局承担的行政管理职责划入市住房和城乡建设局。内设办公室、政策法规股、城乡建设股、质量安全股、建工股、计划财务股、人事教育股，局机关行政编制19人。下辖建筑工程质量监督站、建筑施工管理站、劳保费用代收站、城建档案馆、岗位培训发证管理办公室、招标投标管理办公室、工程交易管理中心、给排水管理办公室、小城镇建设管理办公室、劳动服务公司、自来水公司、建筑设计院、建筑执法大队、建筑科研所等14个二级机构。1988—2010年，先后由张志新、李石球、戴新民、胡汉卿、戴智洪、肖新樵任主任（局长）。

二、市城建投

2002年8月，市城市建设投资开发有限责任公司成立（简称市城建投），属企业性质的自收自支正科级全民事业单位，由市建设局局长兼任城建投总经理。2007年7月，改为财政拨款单位，核定事业编制9人。

公司职能界定为冷水江市到国家开发银行政策性贷款承贷主体、城市国有资产管理主体、城市基础设施投资建设主体、城市规划区成片土地开发主体、城市新建和配套道路路灯及绿地广告经营主体。是年，成立市农业发展有限公司，与城建投“两块牌子、一套人马”。

2010年，成立市城市建设投资管理办公室，与城建投“两块牌子、一套人马”，为正科级参照公务员管理事业单位，核定事业编制8人。是年，市委常委、副市长陈郁琼兼任城建投董事长，朱晓北任城建投总经理。

第七章　建筑业

第一节　建筑队伍

1988年，全市有建筑公司（队）30家，职工7721人。其中国有施工队4家，职工2164人，占全市建筑职工总数的28.03%；集体施工队26家，职工5557名，占71.97%。

20世纪90年代末期，城乡建设加快，施工场地增多，建筑队伍相应扩大，技术力量不断增强。省建四公司三处是常驻市内的国家一级企业，一些具有一定实力的乡镇建筑队也发展成施工企业。1996年，市建筑施工企业发展到38家，其中国家一级企业1家，二级企业2家，三级企业12家，共有从业人员1.14万人。

2001年，建筑企业通过改制重组、撤并，全市保留23家施工企业。同时，改选市建筑行业协会，22家施工企业、检测机构和监理企业为协会成员单位。2002年10月，按照新的资质标准，对全市建筑施工队伍进行资质审查，审批确定有资质的建筑企业19家。各建筑队在市场经济条件下优胜劣汰，竞争激烈。至2010年，全市有建筑企业19家，从业人员4490人，建筑专业技术人员1078人，其中高级工程师38人，工程师233人，助理工程师528人。

市内各乡镇也有不少建筑工匠。其中大多数从事农村普通房屋、猪牛栏、厕所、杂房等修建业务，也有一些能力较强的工匠，参照正规建筑队技术，能够砌筑农村新式房屋。

第二节　建筑材料

20世纪80年代，钢材、水泥、玻璃等物资逐步取代红砖、灰瓦等传统建材。90年代，彩色地板砖、胶木板、888胶、玻璃钢等新型材料逐步推广使用。

为节约土地资源，减少煤矸石、粉煤灰对环境的污染，1982年，金竹山煤矿建成全市第一家煤矸石综合利用厂，年产780万块煤矸石烧结普通砖。1989年，大建煤矿建成煤矸石砖厂。1993年，金竹山电厂利用粉煤灰生产蒸压粉煤灰砖。1996年，资江煤矿成立建材厂生产煤矸石多孔砖，当时在娄底地区尚属首家。

1995年12月，成立市墙体材料改革办公室，定编3人。2005年7月8日，市政府下发《关于全市逐步限时禁止使用实心黏土砖的通知》。12月，国家发改委把冷水江市列入国家第二批禁止使用黏土实心砖的城市之一。2010年，全市有各类新型墙体材料企业30余家。1988—2010年，累计生产各类新型墙体材料折合标准砖52亿块，节约土地约572公顷，节约能源折合标准煤约32.2万吨。

第三节　建筑勘察设计

1988年，市建筑设计室更名建筑设计院，拥有建筑工程设计丙级、工程勘察乙级两个资质证书，主要从事工业、民用建筑设计和勘察工作。1999年起，该院采取电脑制图设计。2010年，该院有职工45人，其中有二级注册建筑师4人，二级注册结构师2人。1988—2010年，为本市和外地完成设计项目1653个，完成勘察项目1000余个。

20世纪90年代中期，全市临街群体建筑一层多为经营性门面，2层以上多为住宅楼。房屋体积向高层拓展，主街道两旁建筑大多在10层以下。1993年，该院选派人员到高校进修，学习外地先进经验，吸收现代建筑设计精华，房屋设计在保留传统风格的基础上，不断向现代型建筑风格转变。建筑设计开始突破“火柴盒式”格局，城镇房屋设计趋向多样式，套间设计从2室1厅逐步建成3室1厅或3室2厅，另辟厨房、卫生间。阳台加宽加大，充分保证通风和采光，居住更为舒适。该院设计的娄底宾馆、郴州行署办公楼、市人民医院新建门诊楼，受到业主单位好评，分别获娄底市优秀设计成果二等奖。

1996年，高17层的邮电综合大楼竣工投入使用，建筑面积8500多平方米，外墙为玻璃幕墙，内部装有上下电梯，为当时全市第一高楼。此后，广电大厦、新世纪大楼、新天地大厦、武陵城等高层建筑如雨后春笋般崛起，建筑新颖别致，给人以美感。有的采用欧式建筑风格，可与国内大中城市现代建筑相媲美。乡村房屋设计大多仿照城镇房屋设计，建筑风格逐步与城区接近。一些庵堂、庙宇的修建保留古代建筑风格。

图18-9　冷水江市20世纪80年代地标性建筑——锑都大厦　（2013年摄）

第四节　建筑施工

20世纪80年代，房屋普遍采用砖混结构，地基多为条形基础，抗震性能较差。80年代末，锑都大厦的落成，成为冷水江市地标性建筑。此后，钢筋混凝土框架结构、框架剪力墙结构房屋逐渐增多，为大空间房屋提供结构保障。基础形式采用桩基、筏板、条基等多种形式，砖混结构房屋普通按抗震要求增设构造柱和圈梁，增强房屋抗震性。全面使用预拌混凝土，粉煤灰、煤矸石、建筑废渣等固体废弃物为原材料生产的新型墙体材料得到广泛应用，黏土实心砖逐步被淘汰。

20世纪90年代初，住宅室内基本无装修，地面一般涂刷地板漆，内墙刷涂料。90年代末，开始室内装修，地面采用釉面地板砖，但釉面地板砖只有表层釉面，容易磨损，其后陆续采用耐磨地板砖、大理石、花岗岩、木地板。窗户由木窗转变为铝合金窗和塑钢窗，外窗玻璃逐渐由单层玻璃变为中空玻璃，隔音隔热。墙面采用仿瓷涂料、喷塑、墙纸、木墙裙等，顶棚加设吊顶。室外普遍安装钢制防盗门，窗户装防盗网，外墙由水沙石、干粘石改贴瓷板。

2000年后，一些住户开始聘请专业装修队伍进行设计和施工，其装修风格更加美观、实用。城镇一些建筑和农村部分建筑，在建房时，屋面边沿和窗台顶端饰以彩色琉璃瓦，更显古朴典雅。

第五节　建筑管理

一、招标投标

20世纪90年代初，一些建筑业经营者为承揽工程，采用不正当手段向工程主管人或单位法人代表行贿。为制止市场不正当竞争，规范建筑市场，1997年11月，市工程招标投标管理办公室成立。同年12月，市政府成立工程招标投标领导小组，对招、投标双方严格实行资质审查，把好标底关、评标关、合同关，建筑行业不正之风有所遏制。

为规范招投标行为，2001年7月，成立市建设工程交易中心，由市建设局管理，设有招标投标开标区、评标区、工程建筑信息服务区、监督区，是全市建设工程交易活动的固定场所。2002年起，市政府规定50万元以上的工程项目，一律实行招投标，并在市建设工程交易中心进行，由纪检、监察、建设、发改委、检察、审计等单位参与监督，重点工程邀请市人大代表和政协委员全程监督。全市建筑工程招投标程序、办理时限、评标竞标、监督管理等工作逐渐步入规范化、法制化轨道。2006—2010年，应招标项目92项，其中采用公开招标64项，公开招标率近70%。

二、质量监督

市建筑工程质量监督站（简称市质监站）于1985年成立，有工作人员2人。1988年后，建筑工程质量监督主要对图纸设计、原材料、基础开挖、主体施工、竣工验收等环节进行监督，工程质量由质监站出具合格证。2002年，根据《中华人民共和国建筑法》《建设工程质量管理条例》要求，工程质量由各责任主体验收合格后实行备案制度。2010年，工作人员增至22人，其中高级工程师4人。质监范围由原来单一的房屋建筑工程扩展到市政、园林等领域。

图18-10　冷水江市质监站工作人员检查建筑工程质量（2009年摄）

20世纪90年代初，房屋由私人设计比较多，房屋结构安全难以保证，市建设行政主管部门牵头开展专项整治。1995—1997年，一些建筑工地使用力学性能不合格的地条钢，被责令返工。2008年，建筑市场出现直径严重偏小的“瘦身”钢筋，通过专项检查和日常检查相结合，杜绝不合格钢筋流入受监工程。2009年，工程质量监督实行信息化管理，监督情况及时录入电子信息平台。至2010年，全市受监建设项目1000余个，建设工程受监率90%，城区受监率100%，合格率100%，未出现重大质量事故。市人武部综合楼、佳泰家等工程项目，均被评为湖南省优质工程。

三、建筑安全管理

1991年，市内建筑工程安全由建筑施工管理站组织实施。1993年10月，成立市建筑工程安全监督站（简称市安监站），与市质监站“两块牌子、一套人马”，合署办公，具体负责全市的建设工程安全生产管理。

1996—1997年，举办两期项目经理与施工员培训班。2000年起，每年5月定为建筑施工“安全生产月”。2002年8月，对全市建筑施工现场机械设备、塔吊、用电、脚手架、安全防护用品进行专项检查，严禁使用“省力机”“一柱两篮”等已淘汰的垂直运输机械和假冒伪劣安全防护用品，对安全意识差、设施不齐全的施工单位，当即提出整改措施。2003年后，建筑脚手架一律采用钢脚手架。

2005年，建筑工程安监手续在市政务中心窗口办理。至2010年，市内施工企业未发生过较大安全事故，建设施工现场安全生产、文明施工合格率100%。2005—2010年，市安监站连续6年被评为全省安全监督工作先进单位。

第八章　房地产管理

第一节　住房制度改革

一、公有住房出售

1993年，住房制度改革，市政府成立住房制度改革领导小组，下设办公室（简称房改办），并出台《住房制度改革实施方案》，实行以“分步提租，适当补贴，推行公积金，优惠出售公房，控制住房标准，提倡集资建房，建立住房基金，强化房地产市场管理”为主要内容的住房制度改革。单位职工购买公有住房，以户为单位享受一次优惠，以公房售价基数为准，按各个时期参加工作分类计算，每年工龄优惠分别为2%、1.5%、1%、0.5%，夫妻双方以工龄长的一方为准。职工购买公有住房由所在单位实行一次性补贴，补贴标准：（售价基数－工龄优惠）×20%。职工一次性付清价款的，按实际价款再优惠20%。职工购买公有住房，只需缴纳印花税和3.5元权证工本费，免征契税、房产交易税，征地管理费等减半收取，由产权单位向房地产局缴纳。职工按优惠价购买公有住房，建筑面积控制标准为：一般职工65平方米，科级干部75平方米，县处级干部85平方米，地厅级干部110平方米，超标面积按市场价计算。是年，全市120多家企事业单位实施房改，至年底，共出售公房 1.4 万余套。

1995 年 7 月，市政府出台《深化城镇住房制度改革实施方案》，对优惠出售公房进行细化。至 1997 年年底，全市优惠出售公有住房 1.93 万套，建筑面积 143.8 万平方米，收取售房资金 1.8 亿元。

1993—2010 年，市房改办先后由杨最新、石耀军、严武、段卓苏任主任。

二、职工集资建房

1995 年，市政府出台《职工集资建房办法》，对职工集资建房给予鼓励和优惠，适度放宽对住房建筑面积的限制。职工个人集资建房，计划部门优先安排。个人集资部分，免征能源交通重点建设资金、预算调节基金和水电增容费。投资方向调节税等有关税费免征或减征，按税务部门和城镇个人建造住宅的有关规定办理。

1996 年，全市 30 多个单位集资建房 40 栋、1000 套，总建筑面积 7 万平方米，集资额 2000 万元。至 1997 年年底，全市128 个单位、7000 多职工参与各种形式的集资建房 7000 多套，建筑面积 59.4 万平方米，城镇居民人均住房面积由房改前人均 6.5 平方米提高至 12 平方米。

2002 年后，职工集资建房工作停止，职工住房实行商品化。

三、住房公积金制度

1993 年 3 月，成立市住房资金管理中心（副科级），与市体改委、市房改办“三块牌子、一套人马”。2003 年，市住房资金管理中心与市体改委、房改办剥离，由娄底市公积金管理中心收编，成立冷水江市管理部（正科级）。住房公积金管理工作坚持“取之于民，用之于民，造福于民”的宗旨，形成广覆盖、高使用、低风险运作的良好局面。在不影响支、贷资金和确保公积金安全的前提下，灵活运用国家政策，采取购买国债、转存定期、发放贷款等理财方式盘活资金。2009 年实现增值收益 600 余万元，2010 年实现增值收益 800 余万元，多次被评为娄底市住房公积金管理工作先进单位。1993—2010 年，先后由杨最新、石耀军、苏铁初、陈求索、谭周明任主任。

（一）公积金归集

1994 年 10 月，住房公积金归集工作正式启动，各缴存单位根据实际情况按工资总额的 5%～12%比例为职工代扣代缴住房公积金。至年底，全市 156 个单位 2 万余名城镇职工共交纳住房公积金 254 万元。

1997 年 7 月，市政府制定《住房公积金补贴管理暂行办法》，明确住房公积金补贴对象、补贴率、补贴资金来源、补贴申报和拨付程序，规定市财政拨款单位的住房公积金单位补贴部分纳入财政预算，对及时足额缴纳住房公积金的单位和个人予以财政补贴。2002 年 10 月，全市归集住房公积金 8964 万元，归集余额 7920 万元，居全省各县市首位。

2003 年，住房公积金上收至娄底市住房公积金管理中心。至 2010 年 12 月，全市有 380 家行政、企事业单位 3.3 万余名干部职工享受住房公积金制度的各项权益，缴存总额 5.96 亿元，归集余额 4.4 亿元。

（二）公积金贷款

缴存公积金的职工在购买、建造、大修自住建房缺少资金时，可向住房公积金管理中心申请住房公积金贷款。住房公积金管理中心按照“低存低贷”原则，发放个人住房贷款。贷款采取房地产抵押、有价证券质押和第三方连带责任担保等保证方式，贷款额度 10 万元，期限最长 10 年。至 2010 年，贷款额度提高至 20 万元，期限延长至 20 年。累计为 6192 户城镇住房公积金缴存职工发放住房公积金贷款 4.67 亿元，贷款余额 2.93 亿元，支持商业步行街、山水名城、水岸豪庭、闪星锑业旧房改造等20多个住宅项目建设和职工购买住房，促进了全市房地产业的发展。

（三）公积金提取

职工在购建自住住房时，持购房合同和购房收据，经调查审核后可提取本人住房公积金账户内的存款余额。职工退休后可提取本人住房公积金。至 2010 年 12 月，累计提取住房公积金 1.56 亿元（其中购建房提取和购建房还贷提取共 1.13 亿元）。

第二节　直管公房管理

市房地产经营公司是市房地产管理局的二级

机构，所辖直管公房主要分布在锑都中路、建设路、新城路、金竹西路、广场路以及涟溪桥等路段。直管公房都是20世纪70年代的统建房，共16栋，面积约4万平方米。1994至1997年住房制度改革，大部分直管公房售给个人，仅剩49套未售。此后，直管公房拆旧建新提值，通过多方合作将原甲栋改建成新天地，农林水大楼改建成金锦大厦，一化公房改建成金泰花园，原直管公房旧门面由改建方等面积偿还。1998年，市房地产管理局独资改建房晖大楼和房宇大厦，所有门面公开竞租。2010年，全市有直管公房42套、2100平方米，门面115间、1.4万平方米，经营房产收入从2005年150万元上升到2010年380万元。

为扭转公房管理混乱状况，1996年4月，市政府发布《关于清理整顿直管公房的通告》，市直管公房领导小组逐户进行调查清理，对擅自转租、转卖、转让、违纪购房、多处占房、长期空房等违纪行为依规作出相应处理，共清退房屋51套，清理转租户22户，追缴非法所得6680元，罚款900元。为避免处理不公、边清边错的情况发生，市房地产管理局制发《关于严肃清理整顿直管公房纪律的规定》和《关于清理整顿直管公房中办理有关手续的规定》等文件，印制"直管公房清理整顿分户处理表"，做到户户落实，层层把关，公开处理，措施到位。清理整顿直管公房工作历时半年，基本达到预期目的，社会反响较好。

1988年，公有住房租金为0.55元/平方米，公房出租门面为10元/平方米。1995年1月1日起，公有住房租金平均水平提高到占双职工家庭平均工资的6%，以后逐年递增1.8个百分点，至2000年，达到15%。2010年，公有住房租金为3元/平方米，公房出租门面为80元/平方米。

1989年10月，设立市房屋修缮所。1995年3月，房屋修缮所更名房屋修缮工程公司，负责直管公房的维修管理。1989—2010年，共投资73万元，维修公房3.1万平方米。

第三节　房地产市场管理

1989—2000年，房地产开发市场一直处于单位自主建房和公租房两种模式。2001年，为开发布溪特区，成立市特区房地产开发有限公司。随后，相继成立鹏诚房地产开发有限公司、湖南锦绣鑫程房地产开发有限公司等一批房地产开发企业。2006年后，房地产开发市场迅速发展，民营开发企业成为建筑行业主力军，相继完成新天地、金泰花园、佳泰家、滨江豪苑等一批房地产开发项目。2010年，全市有房地产开发企业22家，其中具有三级资质企业9家，四级资质企业2家，完成房地产投资6.09亿元，完成销售面积31.25万平方米。

1989年10月，市房地产管理局内设物业股，主要对全市新建小区的物业管理用房进行审查核定，对物业公司的资质申报进行审核。2003年，成立市曙光物业管理有限公司，主要负责市电力局内部的物业管理。2006年，成立佳泰家、房兴物业公司，有些住宅小区成立业主委员会自主管理。市物业管理部门每年对住宅小区进行一次考核评比，开展物业管理宣传工作，培训物业管理从业人员，物业管理逐步走向专业化、标准化，小区业主感受到物业服务带来的方便与舒适。至2010年，全市成立物业公司13家，其中具有三级资质的物业公司11家。

2000年6月，冷水江鹰翔房地产评估有限公司成立。该公司是从事房地产价格评估的三级中介服务机构。随后，相继成立湖南恒升房地产经纪有限公司、娄底市时代先锋房地产经纪有限公司。2009年，市房地产开发协会主办、时代先锋公司承办市房地产网站和房地产报。市房地产管理局加强对房地产中介企业的登记备案管理，规范房地产中介企业信用信息管理工作。

第四节　房屋产权、产籍管理

1995年12月，成立市房地产产权监理处，1997年1月升格为副科级单位，主要负责全市房屋产权发证、房屋测量绘图、房屋产籍管理和房屋纠纷调处等工作。1999年，换证1.4万本，换证单位120多家，发证3163本。2000年，内设发证股、房地产测绘股。自主开发《房地产MIS管理信息系统》，对复核收费、产权发证、交易评估、抵押咨询等工作，起到事半功倍的效果。是年，房地产档案馆正式成立，资料整理规范，硬件设施齐全，被湖南省档案局评为“省一级档案馆”。

2006—2010年，完善房产信息系统，管理软件升级，所有资料全部输入电脑，做到以图管房，实现产权、产籍业务一体化，提高了办证质量和效率。至2010年，共发证7.59万本，发证面积1181.8万平方米。

第五节　房地产交易管理

1993年，成立市房地产交易所。1994年，成立市房屋估价管理所，与交易所合署办公。1995年11月，房地产交易所升格为副科级单位。1997—1998年，为严厉打击房地产隐形交易市场，对全市集资建房和房地产开发进行调查，清查不具备资格开发房屋120栋，办理有关手续1800户，追缴税费130多万元。1999年，为财政、税务代征各类税费78.91万元，调处房地产纠纷14起。2001年，支持配合企业改制，办理交易业务257宗，代征契税11.78万元。2004年，实行初始交易和再次交易一次性告知单，交易资料从两套减为一套。2005—2010年，房地产交易迅速增长，新建商品房交易662宗，面积147.05万平方米；存量房交易3383宗，面积66.83万平方米；办理抵押面积139.17万平方米，抵押金额2.01亿元。2007年起，实行先税后证，房地产税收一年一个台阶，2007年780万元，2008年1820万元，2009年3490万元，2010年4508万元。

第六节　乡镇房产管理

1994年12月，成立禾青、岩口房地产管理所。2002年1月，成立矿山房地产管理所。房管所主要负责辖区内及周边地区房地产管理业务，协助当地政府宣传贯彻房地产管理的各项政策，做好房产清查、登记、验证，核发房屋产权证书。由于村民产权意识淡薄，加上国家对农村房屋限制流转，工作进展缓慢，至1998年，全市仅发证4300多本。

2003年，市政府要求房地产管理局完成采矿沉陷区内受损房屋的安全鉴定工作，该局对13个乡（镇、街道）59个村（社区）、5个企业住宅区的住宅受损情况进行危房鉴定和产权发证，共发放产权证1.27万户、危房鉴定书1万余份。至2010年，各乡（镇、街道）核发房产证2.99万本，房产发证面积541.46万平方米。

第七节　住房保障

为完善城市住房保障制度，切实解决城镇低收入家庭住房困难，根据《国务院关于解决城市低收入家庭住房困难的若干意见》和《湖南省人民政府关于加强保障性安居工程建设的意见》，2008年，冷水江市成立解决城市低收入家庭住房困难工作领导小组，日常工作由市廉租住房管理办公室负责。2010年7月，成立市住房保障工作局，定编5人，为股级全额拨款事业单位，局长高配副科，负责保障性住房的建设和管理工作。住房保障工作的主要内容是：新建廉租房、公共租赁住房、各类棚户区改造、廉租住房租赁补贴发放、租金核减等。在廉租房建设中，实施阳光操作，落实项目法人责任制、招投标制和工程监理制，确保工程质量。至年底，全市新建廉租房300套，安排城区低保无房户入住260套。完成廉租房维修改造1832套，发放租赁补贴5990户502.2万元。对符合廉租房条件的111户住户核减租金94.6万元。

图18-11　冷水江市廉租房——和谐家园

（2010年摄）

廉租住房分配严格实行《廉租住房实物配租

实施细则》和《2010年廉租住房实物配租工作方案》等制度。廉租住房申报，实行本人申请、社区初审，乡（镇、街道）复审、住房保障局终审程序，并三榜公示。最后，符合廉租住房实物配租的家庭通过抽签的方式确定房号，做到公开、公平、公正。

全市工矿企业较多，职工大多居住在20世纪70至80年代建造的房屋中，条件简陋，外墙风化，屋面漏水，排污不畅。2000年后，房地产局把维修改造困难企业职工住房作为惠民工程来抓，至2010年，共下拨1240万元为企业职工维修住房，使低收入家庭的住房条件得以改善。同时，进行城市棚户区改造，兴建住房165套。

第八节　白蚁防治

1995年，成立市白蚁防治所，该所是省白蚁防治专业委员会成员单位。2010年，有职工6人，其中专业技术人员3人。

20世纪90年代，白蚁防治沿用传统方式与药物，采用氯丹和灭蚁灵等剧毒且对环境危害极大的药物进行预防和灭治。2007年后，淘汰传统药物，采用对环境污染轻微的氢成菊酯与杀蚁灵等药物进行预防和灭治。至2010年，累计对近200万平方米的新建房屋进行白蚁预防施工，对5万平方米的蚁害房屋和园林进行白蚁灭治。冷水江市先后7次被评为“湖南省白蚁防治先进县市”。

第九节　管理机构

1988年，市房地产管理处主管全市房地产业。1989年11月，市房地产管理处升格为市房地产管理局（简称市房产局），属正科级自收自支事业单位，归口市建委管理。1994年起连续4年被评为“全国房地产管理达标先进单位”。

2002年8月机构改革，房地产管理局为政府主管全市房地产工作的正科级事业局，局机关实行公务员管理。2010年，房地产管理局内设办公室、计财股、人事教育股、房政管理股、物业管理股、市办事服务中心房地产管理局窗口，二级机构有房地产产权监理处、房地产交易所、房屋维修中心、房地产经营公司、住房保障局、房地产法规监察队、房地产开发和商品房预售管理办公室、房地产档案馆、白蚁防治所、房屋安全鉴定管理办公室、房屋装饰装修管理办公室、房地产租售管理所、禾青镇房地产管理所、岩口镇房地产管理所、矿山乡房地产管理所、驻长办等16家单位，下辖4家企业单位。全局有干部职工216人。

1988—2010年，市房产局先后由曹友喜、曹志仁、苏忠平、李卫平任党组书记、局长。

第九章　环境保护

第一节　环境质量

一、水环境质量

（一）地表水质量

全市工业及生活用水主要来源于资江。1991年12月，资江干流冷水江段设球溪、自来水厂、郭家桥3个监测断面。2007年，球溪和自来水厂两断面合并，设球溪、郭家桥2个监测断面，均为省控断面，每月上旬监测1次。是年，自来水取水口上移至禾青镇球溪断面，湖南省环境保护厅将全市供水一级保护区调整为球溪取水口上游1000米至取水口下游200米，供水二级保护区调整为球溪取水口上游1000米至新邵县筱溪电站。

球溪断面为饮用水源水质监控断面，执行II类水质标准，监测项目为25项。1988—2010年，影响资江干流水质的主要污染因子为溶解氧、氨氮、砷、锑、石油类、挥发酚、氰化物等。通过对球溪断面水质进行监测，出现超标的因子有溶解氧、氨氮、石油类、挥发酚4项，超标的年份主要在2002年前，表明资江进入市境内的水质受到比较严重的污染，其中1989年、1990年石油类和挥发酚超标率100%。2007年起，该断面水质稳定达到Ⅱ类水质标准。

郭家桥断面是出境断面，上游分布有湖南宜化化工有限责任公司、大唐华银金竹山火力发电分公司、冷水江金富源碱业有限公司、冷水江钢铁有限责任公司、锡矿山闪星锑业有限责任公司等大中型企业，执行Ⅲ类水质标准，监测项目为20项。1988—2010年，影响水质的主要污染因子与球溪断面相似，但各项指标的年均值和超标率比球溪断面要高，直到2008年才得到有效治理。2009—2010年，郭家桥断面水质明显好转，达Ⅲ类水质标准。

（二）地下水质量

1988—2010年，市环境保护监测站对电大井、菊花井、潘桥井、禾青井进行调查监测，各项指标均符合《地下水环境质量标准》（GB14848—93）中Ⅲ类标准，4口水井所代表的区域地下水质状况良好。

二、大气环境质量

（一）空气质量

城区设环境空气质量监测点2个，分别位于老市政府办公楼和布溪环保局家属楼。监测项目为二氧化硫、二氧化氮、可吸入颗粒物（1988—2002年为总悬浮颗粒物，2003年起为可吸入颗粒物PM_{10}）。二氧化硫、二氧化氮每个监测日自动采样18小时，可吸入颗粒物每个监测日自动采样12小时，每月平均监测12天，全年监测144天。

受冷水江钢铁总厂、9765工厂、市耐火材料厂等企业影响，城区空气质量较差。1993—1997年特别严重，总悬浮颗粒物和二氧化硫年均值都超过二级标准，最高超标倍数分别达2.1倍和1.6倍。1998—2010年，城区环境空气中可吸入颗粒物、二氧化硫等主要污染因子浓度呈下降趋势，空气质量优良率持续上升，城市环境空气质量得到改善。

（二）酸雨

2007年，根据湖南省、娄底市环保部门统一安排，冷水江市采集降水样品63个，实测样品降水量991.2毫米，其中酸雨量占降水量的74.9%。降水年均pH值为5.22，单次降水样品pH值范围为3.96～6.39，pH最小值出现在1月，最大值出现在5月。市境降水环境质量定为Ⅰ级轻度酸雨区。

1988—2010年冷水江市城区大气环境质量监测情况表

表18-4　　单位：毫克/立方米

年度	总悬浮颗粒物或可吸入颗粒物		二氧化硫		氮氧化物		年度	总悬浮颗粒物或可吸入颗粒物		二氧化硫		氮氧化物	
	年均值	超标倍数	年均值	超标倍数	年均值	超标倍数		年均值	超标倍数	年均值	超标倍数	年均值	超标倍数
1988	—	—	0.12	1	0.023	达标	2000	0.36	0.8	0.039	达标	0.043	达标
1989	0.325	0.6	0.08	0.3	0.013	达标	2001	0.347	0.7	0.053	达标	0.037	达标
1990	0.353	0.8	0.085	0.3	0.016	达标	2002	0.349	0.7	0.086	0.4	0.031	达标
1991	0.343	0.7	0.079	0.3	0.025	达标	2003	0.3	2	0.068	0.1	0.029	达标
1992	0.61	2.1	0.094	0.6	0.026	达标	2004	0.22	1.2	0.039	达标	0.026	达标
1993	0.34	0.7	0.075	0.3	0.021	达标	2005	0.225	1.2	0.035	达标	0.036	达标
1994	0.574	1.9	0.146	1.4	0.023	达标	2006	0.213	1.1	0.091	0.5	0.032	达标
1995	0.545	1.7	0.112	0.8	0.055	达标	2007	0.182	0.8	0.074	0.2	0.032	达标
1996	0.304	0.5	0.16	1.6	0.032	达标	2008	0.169	0.7	0.054	达标	0.038	达标
1997	0.393	1	0.092	0.5	0.031	达标	2009	0.176	0.8	0.047	达标	0.035	达标
1998	0.367	0.8	0.051	达标	0.036	达标	2010	0.124	0.2	0.062	0.03	0.032	达标
1999	0.38	0.9	0.057	达标	0.036	达标							

三、声环境质量

城区环境噪声监测布点163个，布点网格尺寸为125米×125米，城市交通干线噪声布点8个。城区噪声主要来自交通噪声、建筑噪声、商业噪声和生活噪声。1988—1993年，城区噪声污染非常严重，区域噪声年平均值在62.16～76.17分贝之间。1994—2010年，城区噪声污染得到有效控制，噪声年平均值均低于60分贝，但年均值超过50分贝的年份较多。

1988—2010年冷水江市城区环境噪声年均值情况表

表18-5　　单位：分贝

年　度	城区噪声年均值	年　度	城区噪声年均值	年　度	城区噪声年均值
1988	74.5	1996	56.28	2004	56.5
1989	71.3	1997	57.8	2005	59.4
1990	76.17	1998	57.58	2006	57.7
1991	72.8	1999	58.31	2007	57.2
1992	64.6	2000	59.29	2008	55.7
1993	62.16	2001	53.07	2009	55.9
1994	58.26	2002	54.4	2010	55.01
1995	55.91	2003	53.4		

第二节　环境治理

一、水环境治理

1988年，市铅锌矿、造纸厂、三化工厂、铁合金厂新建4个废水处理工程，当年全市新增废水处理能力51.45万吨，废水达标排放率69.8%。

1991年，市政府颁布《关于水源保护区的布告》，对市自来水厂上游企业废水排放进行严格监控，查处水源保护区内排污企业11家，关停10家。1999年，加强对市自来水厂上游企业废水排放管理，资江氮肥厂甲醇废水和氨氮废水治理项目投入使用，冷水江制碱厂新建合成循环水系统，年循环水用量700万吨，故而资江水质趋于好转。

2006年，市自来水厂取水口上移至资江禾青镇球溪村地段。2009年，市政府在新取水源上游依法划定生活饮用水水源保护区，并查处网箱养鱼等污染水质的违法行为。是年，日处理污水能力3万吨的市城市生活污水处理厂一期工程竣工并试运行。

2010年，闪星锑业、冷钢、金电、湖南宜化、金富源碱业等废水排放量大的企业采取废水综合回收循环利用措施，基本实现废水零排放。

二、大气环境治理

1989年，市政府制定《关于建立冷水江市第一个烟尘控制区的规定》和《冷水江市烟尘控制区管理办法》，首次确定锑都中路、金竹西路以西（含政法路、冷新路、建新路）2.5平方千米为烟尘控制区。是年，冷水江制碱厂改建煤气炉吹风除尘，年净化烟气3000万立方米，年回收烟尘1200吨。此后，市三水泥厂、四水泥厂、五水泥厂、六水泥厂、9765工厂等水泥企业建设立窑除尘装置，改造除尘设备，回收粉尘以减少排放。1992年，城市新增烟尘控制区0.5平方千米。

1995年，金竹山电厂投资300万元对输灰设备、筛分系统、除尘器进行改造，投资2200万元新建240米高的4号烟囱，并改造除尘器。9765工厂先后完成收尘、噪声治理工程。2004年起，冷水江钢铁总厂完成105平方米烧结机除尘系统、2号和3号高炉除尘系统、4号高炉槽下及出铁场除尘转炉烟气除尘系统、1万立方米高压机噪声治理等重大环保治理项目，淘汰盘式烧结，拆除1

号高炉等落后生产工艺和设备，污染物削减量近50%。闪星锑业公司完成北炼厂低浓度二氧化硫治理、锌厂制酸系统尾气治理和北炼厂烟气治理等重大环保项目。资江氮肥厂投入360万元改造脱硫除尘系统。金竹山电厂一期扩建项目建成除尘脱硫脱氮工程。是年，全市159家重点工业企业有127家通过污染物达标排放复查验收，达标率为79.87%，新增烟控区面积6.4平方千米。

2006年，城市环境综合整治定量考核由上年的68.44分提高到73.68分。新增布溪、集中两个烟控区，烟控区面积达9.9平方千米。同时，实施城区工业企业退城进郊战略，至2010年，城区粉尘排放量大的波月水泥有限公司、湖南耀华冷水江耐火材料有限公司、娄底亿达电化有限公司、冷水江硅质耐火材料有限公司等工业企业整体搬迁至城郊发展，改善了城区空气质量。

三、声环境治理

1989年，市政府下发《冷水江市噪声管理办法》，明确规定工业企业和城区噪声排放标准。1991年，将市区划分为文教区、工业集中区、交通干线区、二类混合区等，分区制定不同的噪声管理标准。是年，城市噪声综合整治取得成效，区域环境噪声、交通干线噪声平均值分别为58.7分贝、72.8分贝，比1990年分别降低1.67分贝、3.37分贝。

1993年，规定过境载货车辆绕行环城路，减少城区噪声污染。2003年9月，环保、工商、城管、公安、文化等13个部门联合对城区环境污染开展为期一年的综合整治，治理交通、商业、建筑、生活噪声污染，查处违法单位13家。

2005年，开展城市环境“百日攻坚行动”，责令噪声超标扰民严重的单位和娱乐场所进行整改，31家冷作、汽修单位搬迁，城区环境噪声年均值控制在60分贝以下。

四、固体废物治理

1989年，全市新增固体废物处理综合利用能力4.08万吨，废渣处理综合利用率78.84%。

1991—1995年，通过资江氮肥厂乐氰乳油尾气处理和粉煤灰综合治理、大建煤矿和资江煤矿煤矸石综合利用、锡矿山矿务局南矿充填尾砂外排治理、金竹山电厂炉渣浮选脱炭等工程建设，减少了废渣排放。

2002年，闪星锑业在加强老砷碱渣库维护的同时，增建砷碱渣库5座，控制砷碱渣污染。2003年，市政府出台《冷水江市砷碱渣管理办法》，规范砷碱渣管理。2004年，市环保局兴建5座“三防”砷碱渣库，总库容40万吨。闪星锑业公司投入1000多万元，建设年处理能力1200吨砷碱渣处理线。2007年，该企业锑冶炼废渣全部用于水泥生产，并关闭2个大型炉渣场。

2009年，市环保局成立固体废物核辐射管理办公室，对全市工业固体废物从产生、储存、综合利用、申报转移等方面进行规范管理。

第三节　环境管理

一、管理机构

1985年1月，撤销市城乡建设环境保护局，成立市环境保护局（简称市环保局），为市建设委员会组成单位。

2006年，市环保局为市政府工作部门。2010年，在职干部职工95人，退休人员17人，工程师以上技术职称人员11人。内设办公室、财务股、开发监督股、环境污染股、固体废物核辐射管理办公室、政策法规股、环境信访股、人事宣传教育股。下辖环境监理站、环境保护监测站、环境保护监察队、环境保护科研所。

1988—2010年，市环保局先后由伍鉴冰、曾凤莲、姜孝芳、谢龙华、李荣华、黄隆华任党组记、局长，夏飞、苏国友任专职党组书记。

二、环保宣传

市环保局每年开展多种形式的环保宣传教育活动。1988年，组织6000余名中学生参加环保知识竞赛，获娄底地区一等奖1个、湖南省二等奖1个。1990年，全市企业、机关1388人参加《中华人民共和国环保法》《中华人民共和国行政诉讼法》知识考试。2001年，全市组织首届环境保护知识抢答赛。

2006年，创办环保杂志《冷江环境信息》，并投资20万元在全市主要交通干道旁树立永久性环保公益宣传牌16块。2008年起，每年在冷水江电视台开播环保公益广告，并制作环保专题片。同时，积极开展创建绿色学校、绿色社区、绿色乡村活动。至2010年末，全市创建省级绿色学校3所、省级绿色社区2个、省级生态乡镇2个、省级生态村6个。

三、建设项目管理

1985年，首次建立建设项目环保受理审批程序。1989年，新建的8家企业全部实行环保审批。1990年，清理1986年以后市属以上建设项目“三同时”（建设项目中防治污染的措施必须与主体工程同时设计、同时施工、同时投产使用）制度执行情况，当年25个新上项目全部通过环评审批，验收投产7个。1991—1994年，审批新、改、扩建项目60个，其中禾青化学工业防腐保温工程公司、俩塘湘中制革厂、毛易制革厂3个项目被否决，市染料化工厂违反“三同时”制度被强制停产。

1995年，市环保局审批建设项目11个，责令未办理环保手续的34家锑品厂停产或关闭、7家处于居民区和饮用水源保护区的锑品厂迁址。

2001年，市政府发布《关于加强建设项目环境管理的通知》，建立环保前置审批机制。2003年，《中华人民共和国环境影响评价法》正式实行，建设项目环境管理得到进一步加强。市环保局审批博环渣业开发公司20万吨钢渣氧化加工生产线等建设项目14个，验收竣工项目2个，否决1家洗煤厂和2个耐火材料项目。冷水江钢铁总厂钢渣项目因污水处理措施不完善，责令停止试产并处罚款。

2004年，建设项目环评审批实行二审制，全年10个项目通过审批，竣工验收9个。2005年，审批建设项目22个，否决金竹山钒冶炼、梓龙薄页纸生产等7个污染项目。2006年，建设项目环评审批进入市政府政务服务中心。

2006—2010年，市本级审批建设项目220个，报上级部门审批建设项目70个，否决冷水江市祥联冶金化工公司五氧化二钒等43个不符合国家产业政策和环保要求的建设项目。

四、排污收费管理

1981年起，对超过国家规定标准排放污染物的排污单位征收排污费，至1987年年底，驻市大中型企业和市属企业开征率100%，乡镇企业应征25家，实征17家，开征率64%。1988年，对全市煤炭企业、城市三产业、建筑业及石灰砖瓦厂等小型企业开征超标排污费。2004年，实行新的排污收费制度。

1988—2010年，征收排污费7596万元。所征排污费由市财政统筹安排，坚持“专项收据、收支两条线、先入库（上缴市财政）后使用、一支笔审批、财政监督”的收支原则，绝大部分用于企业污染治理项目建设。

1988—2010年冷水江市环保局排污费收缴情况表

表18-6 单位：万元

年　度	收缴金额	年　度	收缴金额	年　度	收缴金额
1988	88.25	1996	102.46	2004	284.68
1989	236.3	1997	76.85	2005	130.18
1990	83.95	1998	96.91	2006	853.38
1991	105.8	1999	79.06	2007	918.93
1992	119.52	2000	123.44	2008	906.82
1993	171.93	2001	330.53	2009	933.42
1994	223.54	2002	237.17	2010	948.39
1995	237.85	2003	219.88		

五、环境执法

（一）打击环境违法行为

1990 年，市有机化工厂试生产，染料废水对附近企业和农田造成影响，市环保局责令其停产整顿。1992—1995 年，查处市染料化工厂有毒废水直排资江，取缔违规新建的东方制革厂、湘中制革厂等 5 家企业，责令 34 家锑冶炼厂停产。

1996 年，贯彻落实《湖南省人民政府关于取缔、关停一批严重污染环境小型企业的紧急通知》，关停严重污染环境的小型企业 47 家。

2002 年，市政府组织开展查处环境违法行为专项行动，清查排污单位 68 家，其中 6 家补办环保手续，21 家主动申报治理计划，振强锑品厂、兴华锑品厂等企业被处罚。2004 年，清理检查排污单位，下发整改通知书 99 份，取缔非法钒厂 2 家，捣毁土法小炼铁企业 1 家，关闭小锑品冶炼厂 6 家。

2007 年，市政府开展集中整治环境污染工作，取缔、关闭非法企业 31 家，限期整改文化娱乐场所 24 家，查处违法排污企业 11 家，关停水污染企业 10 家。

2009 年，市政府加大环境执法监察力度，责令企业整改环境违法行为 104 次，立案 10 件，罚款 10 万元，并每月对全市排污单位排污情况和 84 台（套）污染防治设施检查 1 次。2010 年，查处大建矿业公司、金富源碱业公司等 70 家企业的环境违法行为，罚款 33.1 万元。

（二）处置突发环境安全事件

市域环境污染历史包袱沉重，环境安全事件时有发生。1996 年 8 月 20 日，矿办联盟居委会 300 多人饮用受砷污染的地下水导致集体中毒，水体中砷主要来源于锑品冶炼，含量超过国家标准 19.6 倍。市环保局立即关停全市小型锑品冶炼厂，并逐个进行整顿。同时关闭污染水井，解决居民安全饮水问题，对中毒人员及时救治。

2005 年 11 月 24 日，金信化工公司停产检修期间，尿素造粒塔集水池墙体发生倒塌，含尿素的冲洗水直排资江，造成全市停水 12 小时。省环保局对该公司予以全省通报批评，并处以罚款。2006 年 7 月 13 日，中连乡诚意村发生货车运输甲醛溶液泄漏污染农田事件，环保、消防等部门及时采取收集、稀释等措施，降低污染危害。

2007 年 6 月 27 日，资水锑超标，省政府启动公共安全应急预案，市内所有涉锑企业全部停产整顿。鉴于涉锑企业环境污染严重，环境安全隐患突出，2010 年市政府对全市锑品行业进行大规模整顿，关闭小型锑冶炼厂 75 家，手工选矿作坊 145 处，拆除熔烧炉、平炉等落后生产设施 140 台（套），仅保留 9 家符合国家产业政策的锑品生产企业。

第十九篇　交通　邮政　通信

冷水江地处湘中腹地，自古以来对外物资交流以资江水运为主。中华人民共和国成立后，随着公路和湘黔铁路建设，水路运输逐渐减少，特别是柘溪、筱溪等水电站在资水拦河筑坝，至2001年，资江水运基本停止，公路、铁路成为物资交流和人们往来的主要通道。

1988年，境内有各级公路123条，总长293.32千米，乡（镇、街道）全部通公路。由于资金短缺，所修公路等级低、路况差，严重制约社会和经济发展。20世纪90年代，市委、市政府提出"要致富，先修路"口号，群策群力兴修公路，采取干线公路提质保畅、县乡公路兴修改建、通村公路民办公助等方式，广泛筹集公路建设资金，至2001年年底，全市共投资2.45亿元，兴修公路21条、总长109千米，浇筑沥青路面248千米，等外公路改四级公路154.55千米、二级公路35.2千米。此后，全市掀起"大办交通、办大交通"高潮。2004—2006年，国家投入2.78亿元，村民投入劳力5.1万个，自筹资金4230万元，单位和个人捐资1.43亿元，市财政"以奖代投"补助资金1685.57万元，修筑通村水泥公路578.63千米，率先在娄底市实现村村通水泥公路。2008年10月，娄怀高速冷水江段开工建设。2010年，全市拥有公路里程829.03千米，比1988年增加535.7千米。构建以娄怀高速为核心、干线公路为依托、县乡公路为骨干、乡村公路为基础的四通八达公路网络，基本打造"市内半小时快速通勤圈"，为全市经济发展奠定基础。

交通建设带动运输业发展，全市客货车辆不断增多，运力和运量矛盾日渐显现。为此，交通部门大力整顿运输市场，做到"管而不死，活而不乱"，逐步形成多层次、多渠道、多形式公路运输新格局。2010年年底，全市有营运客货车辆4218台，其中客车565台，货车3616台，特种物资、危险物品运输车辆37台。私营个体客、货车辆分别占客、货车辆总数85%和95%。

邮政、通信事业随着体制改革、科技进步和人民生活水平提高而蓬勃发展。1988年后，冷水江邮电行业经历邮电分营、移动分离、寻呼剥离、电信重组等几个改革阶段。邮政部门在函件、包裹、通信等主营业务逐年减少的情况下，广辟门路，根据客户需要增设业务种类，扩大业务范围；电信部门充分运用自身优势，采用先进技术，先后建成程控数字交换网、光缆传输网、宽带互联网、DDN数据网等现代化网络。1999年，实现全市所有行政村通电话，市内电话普及率 20.2%，农村电话普及率4.49%。宽带上网用户由2007年1.69万户增至2010年2.8万户；中国移动、中国联通业务迅速发展，移动用户从1999年5000户、运营收入1000万元，发展到2010年8.5万户、运营收入1.3亿元。联通用户从2000年2570户、运营收入154.2万元，发展到2010年4.96万户、运营收入3000万元。电话、手机、互联网成为人们日常工作和生活中普遍运用的通信联络工具。

第一章　交　通

第一节　公　路

1988年，境内有省道2条、总长39.2千米，县道7条、总长77.32千米，乡、村道90条、155.1千米，专用公路1条、21.7千米。平均每万人有公路7.92千米，每百平方千米有公路66.81千米。公路大部分是砂石路面，只有省道铺设柏油，水泥混凝土公路几乎为零。

20世纪90年代，市委、市政府提出“要致富，先修路”口号，群策群力兴修公路。2000年后，市委、市政府鼓励和支持公路建设，广泛筹集公路建设资金，制定“以奖代投”政策，公路建设进入跨越式发展时期。2010年，全市公路通车里程829.03千米（不包括村以下组道、娄怀高速冷水江段10.97千米及匝道4.6千米），其中省道2条，总长39.23千米；县道9条，总长94.25千米；乡道36条，总长192.88千米；村道133条，总长479.89千米；专用公路1条，总长22.78千米。平均每万人有公路22.7千米，比1988年增加14.78千米，每百平方千米有公路188.8千米，比1988年增加121.99千米。公路全部为水泥混凝土路面。

1988—2010年冷水江市公路基本情况表

表19-1　　　　单位：千米

年度	总里程	公路类别					路线等级		路面等级		
		省道	县道	乡道	村道	专用道	四级	等外	高级	次高级	中、低级
1988	293.32	39.2	77.32	70.9	84.2	21.7	81.6	211.72	—	—	293.32
1989	293.32	39.2	77.32	70.9	84.2	21.7	81.6	211.72	—	—	293.32
1990	311.22	39.2	77.32	70.9	102.1	21.7	81.6	229.62	—	—	311.22
1991	311.22	39.2	77.32	70.9	102.1	21.7	81.6	229.62	—	—	311.22
1992	356.42	39.2	77.32	72.5	145.7	21.7	98.1	258.32	—	8.5	347.92
1993	356.42	39.2	77.32	72.5	145.7	21.7	98.1	258.32	—	8.5	347.92
1994	356.42	39.2	77.32	72.5	145.7	21.7	98.1	258.32	—	8.5	347.92
1995	350.42	39.2	77.32	66.5	145.7	21.7	104.1	246.32	13.2	19.5	317.72
1996	350.42	39.2	77.32	66.5	145.7	21.7	104.1	246.32	13.2	19.5	317.72
1997	350.42	39.2	77.32	66.5	145.7	21.7	108.1	242.32	13.2	27.7	309.52
1998	350.42	39.2	77.32	66.5	145.7	21.7	108.1	242.32	24.2	27.7	298.52
1999	345.22	39.2	77.32	61.3	145.7	21.7	113.6	231.62	24.2	27.7	293.32
2000	345.22	39.2	77.32	61.3	145.7	21.7	113.6	231.62	27.2	27.7	290.32
2001	401.88	39.23	94.25	101	145.7	21.7	154.55	247.33	35.2	18.11	348.57
2002	590.58	39.23	94.25	211.4	224	21.7	154.55	436.03	35.2	18.11	537.27
2003	634.58	39.23	94.25	211.4	268	21.7	154.55	480.03	35.2	18.11	581.27
2004	655.58	39.23	94.25	211.4	289	21.7	154.55	501.03	60.13	9.97	585.48
2005	693.58	39.23	94.25	211.4	327	21.7	154.55	539.03	60.13	9.97	623.48

续表 19-1　　　　单位：千米

年度	总里程	公路类别					路线等级		路面等级		
		省道	县道	乡道	村道	专用道	四级	等外	高级	次高级	中、低级
2006	710.36	39.23	94.25	185.12	369	22.76	356.29	354.07	299.45	—	410.91
2007	723.36	39.23	94.25	185.12	382	22.76	392.92	330.44	344.66	—	378.7
2008	746.86	39.23	94.25	189.6	401	22.78	577	169.86	520.5	—	226.36
2009	765.14	39.23	94.25	192.88	416	22.78	605.86	159.28	548.55	—	216.59
2010	829.03	39.23	94.25	192.88	479.89	22.78	606.86	222.17	580.77	—	248.26

说明：村以下组道、厂矿公路、城市公路未纳入公路总里程数

一、公路线路

（一）国道

娄怀高速2008年动工修建，全长96.71千米，市内长10.97千米，匝道长4.6千米，设金竹山互通和湍江互通。由新邵县坪上镇入境，途经金竹山镇恒星、麻溪、杨源、资江村，禾青镇杨坪、双星村，潘桥乡建新、桥头村，从潘桥乡石山村进入新化县石冲口镇。按双向四车道标准设计，路基宽26米，设计时速100千米/小时，总投资6亿元。

（二）省道

市内有过境省道2条。

1. S217线（梅芝公路）

1947年，按简易公路修建，起点邵阳市，终点新化县，原省编码为S1821。市辖段起点石槽，途经石船、木山，至新屋寒婆坳，长6.8千米，路基宽8～11米，路面宽7米，属四级公路，有公路石拱桥3座。1996年，将砂石路面改建成沥青路面。2001年，全国公路普查，将邵新公路改为梅芝公路，起点安化梅城，终点邵阳芝山。2003年，改建成沥青混凝土路面。2010年起，改建二级公路，日均交通流量2674辆。

2. S312线（湘怀公路）

原为涟溆公路（省编码S1808），起点涟源市，终点溆浦县。2001年全国公路普查，涟溆公路改为湘怀公路，起点湘乡，终点怀化，途经铎山、岩口、金竹山、沙塘湾、毛易、市区、中连诚意至新化峡山口。市辖段长32.4千米，混凝土路面。2010年，日均交通流量6386辆。

2007年3月，新修S312线绕城公路——军诚路（军区水泥厂至诚意），全长1.65千米，宽9米，混凝土路面。在S312线135K+776米处新建T形人行桥，长34.5米，宽2.5米，高10米。工程总投资1201万元。2010年1月20日建成通车。

（三）县道

2010年，全市有县道9条，总长94.25千米（其中混凝土路面86.25千米，沥青路面8千米），比1988年增加2条，通车里程比1988年增加16.93千米。市公路局管辖4条、34.77千米，农村公路局管辖5条、59.48千米。

1. X040线（毛矿公路）

自毛易岔路口起，经大建、梓龙乡、渣渡镇到锡矿山北区，与冷晏（冷水江—新化晏家）线、冷安（冷水江—安化）线连接，全长35千米。1958年修建，为砂石路面。1983年，改成沥青路面。2003年，改成水泥混凝土路面，路基宽6.5米，路面宽5.5米。2010年，日均交通流量2928辆。

图19-1　冷水江市X040线（毛矿公路）梓龙乡路段（2008年摄）

2. X039 线（铎利公路）

1978 年修建，自铎山镇岔路口起，至渣渡镇利民煤矿，全长 9.96 千米。1988 年为乡道，1995 年改建成县道。路基宽 7.5 米，路面宽 5.5 米，混凝土路面。2010 年，日均交通流量 2239 辆。

3. X041 线（万晏公路）

修建于 1947 年 10 月，自锡矿山北区万民桥至坝塘山，始修 1.5 千米毛路。1975 年初，修至新化县晏家公社，全长 11.04 千米。2007 年，改造成混凝土路面，路基宽 7 米，路面宽 5.5 米。2010 年，日均交通流量 1858 辆。

4. X042 线（金当公路）

原名坪金线，起点新邵县坪上镇，终点金竹山岔路口。修建于 1958 年 9 月，砂石路面。2001 年，全国公路普查时更名金当公路，起点改为金竹山当正村十组，终点不变。2009 年，修建成混凝土路面，路基宽 6.5～8 米，路面宽 6 米，长 2.6 千米。2010 年，日均交通流量 3872 辆。

5. X043 线（坪石公路）

自金竹山镇 S312 线坪塘乙伍塘岔路口起，至新邵石井，全长 4.79 千米，路基宽 7 米，路面宽 4.5 米。原为乡道，2001 年全国公路普查时升为县道。2010 年，日均交通流量 1545 辆。

6. X044 线（太石公路）

起点为沙塘湾太平，经杨坪、社学里、粘禾、三尖、洪水坪至石槽铺，连接 S217 线通邵阳，全长 18.2 千米。1958 年 7 月按简易标准修建。1983 年起，分段铺成沥青路面。2007 年，铺成混凝土路面，沙塘湾至禾青社学里路面宽 9 米，社学里至三尖石槽路面宽 6 米。2010 年，日均交通流量 6989 辆。

7. X045 线（郭禾公路）

起点郭家桥，衔接冷石公路，经潘桥乡、禾青镇与太石公路连接，长 6.9 千米。1989 年，冷江大桥修建后交通流量骤增。1994 年，扩建后路基宽 12 米、路面宽 9 米。1996—1997 年，铺成沥青路面。2008 年，修建成混凝土路面。2010 年，日均交通流量 5600 辆。

8. X046 线（冷石公路）

起点冷水江老汽车站，至新化县石冲口接 S217 线，全长 13.3 千米，市内长 3 千米。1995 年，改造成二级公路。1997 年，铺成沥青路面。2008 年，铺成混凝土路面，路基宽 12 米，路面宽 9 米。2010 年，日均交通流量 2100 辆。

9. X067 线（樟白公路）

1976 年修建时为村道，自矿山乡樟木村起，至白果岭电视发射塔。2000 年，升级为乡道。2001 年，全国公路普查时升级为县道。路基宽 5～5.5 米，路面宽 4.5 米，长 2.7 千米。2010 年，日均交通流量 257 辆。

（四）乡道

1988 年，全市有乡道 27 条、70.9 千米，其中四级公路 42.4 千米，等外砂石公路 28.5 千米。2010 年，有乡道 36 条、192.88 千米，其中等外公路 24.16 千米，混凝土路面 168.72 千米。农村公路局管养乡道 2 条、14.32 千米，其余由各乡镇管养。

（五）村道

1988 年，全市有村道 32 条、84.2 千米，多为路基宽 4.5 米以下等外公路。2004 年，市委、市政府把农村公路建设作为为民办实事“八件实事”之一。2005 年，全市采取“以奖代投”方式鼓励村民修路。2006 年，乡村公路建设加快，市财政以奖代投补助资金 1685.57 万元，完成通村水泥公路 215.9 千米。至 2010 年年底，全市通村水泥公路里程 479.89 千米，实现村村通水泥公路目标。

（六）厂矿公路

市内厂矿企业大都修通连接主干线厂、矿区公路。1949 年 5 月，锡矿山矿务局应生产和生活需要，修建冷锡公路，起点冷水江市区，终点锡矿山北区。1959 年延长至新化县温塘镇。该公路终点为矿山乡戴家湾，全长 22.78 千米，又名冷戴公路。至 2010 年，全市厂、矿区公路 14 条，总长 32.8 千米。闪星锑业湿化炼厂 1 条、2 千米，冷钢 1 条、2 千米，金竹山煤矿 3 条、5.6 千米，金富源碱业 1 条、1.2 千米，金竹山电厂 3 条、5.9 千米，利民煤矿 2 条、11 千米，湖南宜化 1 条、1.6 千米，资江矿业 1 条、1 千米，毛易林场 1 条、2.5 千米。

附：古茶亭

图 19-2　继述亭修建于清同治七年（1868），坐落于沙塘湾街道新民村，造型独特，雕刻精美，保存较好（2009 年摄）

古人在人烟稀少的大路旁建亭，供人休息、雇人供应茶水，称茶亭，多为民间捐募或富裕人家捐资修建，一般五里或十里设一亭，给长途跋涉或肩挑背负行人提供方便。20 世纪 70 年代初，境内有古茶亭 38 座。后因人为损毁、年久失修、修建公路等原因，大多数茶亭被毁，有的只留下亭名，有的则成了地名，如施茶亭、里福亭等。至 2010 年，保存较好的茶亭有 3 座，分别是继述亭、福善亭和铜钟岭亭。

2010 年冷水江市境内古茶亭情况表

表 19-2

名　称	地　址	修　建　情　况
笠亭	中连乡诚意村	段全美于清嘉庆二十五年（1820）复修，2007 年 3 月因修建军诚公路拆除
继述亭	沙塘湾街道新民村	余宗叙兄弟于清同治七年（1868）主修，保存较好
积善亭	岩口镇塘冲村	民国 16 年（1927）瓦泥湾王姓合修，屋顶破损，遗址尚存
清风雅亭	金竹山镇木山坳	始建于清道光七年（1827），1985 年 10 月改建，遗址尚存
慈荫亭	金竹山镇杨源村	张学贞于 1946 年为母 70 寿辰建，墙体及前半部较完整，亭后横梁瓦盖损毁严重
汔可亭	金竹山镇坪塘村	始建不详，遗址尚存
福善亭	铎山镇龙潭村	谢锡吾民国 17 年（1928）独资修建，保存较好
蛇皮岭亭	梓龙乡周头村	清咸丰六年（1856）修建，年久失修，已毁
望梅亭	潘桥乡桥头村	潘士干、郭化鹏清光绪二十二年（1896）主修，1995 年郭禾公路扩改建时拆除
铜钟岭亭	潘桥乡铜钟村	刘仕旺清咸丰五年（1855）主修，1973 年复修，保存较好
没闩亭	潘桥乡长冲村	始建不详，2008 年修建通村公路拆除
亭子界亭	潘桥乡长冲村	始建不详，遗址尚存
甘泉亭	三尖镇木山村	罗尚敬于清嘉庆九年（1804）主修，遗址尚存
汔可亭	三尖镇上青村	文卓午清同治十三年（1874）主修，破损失修，遗址尚存
半山亭	三尖镇上青村	始建不详
上青峰亭	三尖镇新屋村	邹荣京捐钱 8000 文修建，遗址尚存
樊家岭亭	矿山乡樊家岭	谢锡吾于民国 17 年（1928）独资购屋设亭，部分遗址尚存

二、公路桥梁

1988 年，市内有公路桥 37 座。随着公路建设的发展和货运车辆吨位增加，公路桥梁不断兴建和改造，至 2010 年，全市改建公路桥梁 8 座（其中省道 6 座、县道 2 座），兴建公路桥梁 34 座（其中多孔跨径 30 米以上中型桥梁 12 座），共有公路桥梁 71 座。

附：古人行桥

境内溪河较多，人行大道常被溪河阻隔，古人架桥或设渡，以方便行人。明代宣德年间（1426—1435）建造的柳溪桥，是一座石墩木面屋廊桥。古人行桥有木梁木面桥、木排桥、木面屋廊桥、石板桥、石拱桥等多种桥形。有的造型新颖，雕梁画栋，有的题有碑记和桥诗。修建于明万历年间（1573—1619）的麻溪桥，由当地张姓捐资修建，为石墩木梁木面屋廊桥，6 墩、23 扇，曾写有“鞭石成墩鳌顶同，一虹横亘往来通……”桥诗。此桥后改建成石拱桥，长 65.4 米，宽 5.8 米，6 孔。位于岩口镇的复星桥，题有“通衢达若云逵，过客纷如星聚”桥诗，此桥又名聚星桥。至 2010 年，全市保存较好的古人行桥有 10 座，分别是柳溪桥、涟溪桥、麻溪桥、龙潭桥、三江桥、梅溪桥、复星桥、白杨桥、修命溪桥、工农联盟桥。

三、公路养护

（一）干、支线养护

1988 年，全市干、支线养护由市公路段负责。1993 年，冷水江渡口撤销，职工全部安置到市公路段，由于人多路少，养路职工两年一轮换。1997 年，学习浙江金华经验，实行政企分开，成立干支线公路管养公司。2001 年，公路局成立养护大队。2004 年，实行管养分离，公路局设养路股，行使行业管理职能，下设养护公司，负责公路日常养护管理。2010 年，公路局养护里程为 74 千米，养护工班 5 个，养路工人 87 人。全年处治油路病害 4860 平方米、水毁路面 247 平方米，清除垃圾 4150 立方米，修补啃边油路 20 处，铲除路肩反坡 1.5 万立方米，疏通涵洞 35 处，兴建涵洞 3 处，清除路基塌方 1500 立方米，省道 312 线水泥混凝土路面维修换板 1.36 万平方米，并清洗公里碑、百里桩、涵洞帽石、标志标牌等公路附属设施。是年，评定里程 60.88 千米，干线良等路 23.11 千米，好路率 88.5%；支线良等路 27.77 千米，好路率 79.9%。

（二）县、乡公路养护

1988 年，县乡公路管理站实行工班长承包制，工班人员分段包干，责任到人，奖罚兑现，年平均好路率县道达 82.1%，乡道达 79.6%。2007 年，有养护工班 6 个，工班房 5 栋，常年管养县道 59.48 千米，常养率 100%；乡道 14.318 千米，常养率 77.4%。2008 年，养护机制改革，由过去指定工班长养护承包制改为公开竞标，实行管养分离，使养护工作市场化、专业化、机械化。是年，县、乡公路绿化 296.61 千米。县道年平均好路率 74.74%。2010 年，县、乡公路常年管养里程 73.8 千米。

（三）专用公路和村道养护

境内有 1 条专用公路 22.78 千米，由修建单位原锡矿山矿务局自行组建公路养护队专门管养。市内未纳入农村公路局常养的部分乡道和所有村道，采取镇管村养方式进行季节性养护，交通部门进行不定期检查。2010 年，全市有 681.25 千米水泥公路未纳入常养范围，由于疏于监管，部分路段已下沉，有些村道已损坏。

（四）养护工具

20 世纪 80 年代，境内公路大多是砂石路面，公路养护用锄头、耙子、十字镐、铲子挖丘补坑，铺洒砂石，粉碎石块用铁榔头，碾压路面用人工打夯和人拉石滚，运送材料多用扁担畚箕和板车。90 年代，交通事业快速发展，养路工具逐渐机械化。至 2010 年，公路局和农村公路管理局拥有养护综合车、压路机、平板振动夯、混凝土切割机等养路机械 30 余台。养护机械化程度提高，既保证了公路养护质量，又提高了工效，减轻养路工人劳动强度。

1988—2010 年冷水江市公路局公路管养路况表

表 19-3

年度	年末评定里程（千米）		年末良等路里程（千米）		年末好路率（%）	
	省道	县道	省道	县道	省道	县道
1988	32.9	35.7	29	23	88.1	64.4
1990	32.9	35.7	29	23	88.1	64.4
1993	32.9	35.7	29.9	24.7	90.9	69.2
1996	32.9	35.7	29	24	88.1	67.2
1998	24.9	35.7	22.5	24.7	90.4	69.2
2000	24.9	35.7	22.5	24.7	90.4	69.2
2001	33.43	34.65	30.43	31.72	91	91.5
2002	33.43	34.65	30.43	31.65	91	91.3
2003	32.95	32.17	27.95	25.17	84.8	78.2
2004	33.40	34.65	31.91	28.65	95.5	82.7
2005	33.43	34.65	32.43	25.65	97	74
2006	19.34	29.83	19.34	20.83	100	69.8
2007	31.45	24.77	31.45	17.77	100	71.7
2008	32.95	24.79	32.95	17.19	100	69.4
2009	32.95	34.77	27.95	25.82	84.8	74.3
2010	26.11	34.77	23.11	27.77	88.5	79.9

四、站场建设

（一）金竹汽车站

1964 年，在市中心征地兴建湘运冷水江汽车站。1989 年，拆除老站房原址重建，占地面积 6713.5 平方米，建筑面积 2383.2 平方米。1998 年 7 月，由于个体客运车辆剧增，乱停乱摆阻碍交通，市交通部门将市皮件厂空坪改造为临时社会客运站，有运营车辆 120 余台。2005 年 8 月，在金竹西路湘运 42 车队原址兴建金竹汽车站。2009 年 9 月底竣工。该站属二级车站，总投资 3500 万元，占地面积 3.71 万平方米，站房面积 4235 平方米，停车待班区面积 1.81 万平方米，绿化面积 1000 平方米，能容纳 400 台客运车辆正常营运。候车室面积 1134 平方米，日均发送旅客 1.5 万人次。车站设空调候车室和普通候车室，空调候车室配备 4 台 5P 空调、120 座航空椅。配备 GPS 安全管理系统、安全监控系统、广播系统、电子信息网络系统。2010 年 1 月 22 日，金竹汽车站正式开业，日发班车 548 次，有 248 辆客车在该站始发，经营班线 26 条。原冷水江汽车站和皮件厂临时客运站停止使用。

图 19-3　2009 年竣工的冷水江金竹汽车站

（二）同兴汽车站

同兴汽车站位于S312线波月洞岔路口斜对面。2009年7月开工兴建，占地2.4万平方米，站房面积4962.3平方米，辅助房面积（车辆安检、车辆清洗、车辆维修）1061平方米。站前广场面积2540.8平方米，停车待班区面积1.21万平方米，绿化面积800平方米，发车车位14个，能容纳400余台客运车辆正常营运。

（三）农村客运站

2006年8月，渣渡客运站建成投入使用。此后，矿山、禾青、三尖等地相继建设客运站。至2010年，渣渡、矿山、禾青、三尖4个农村客运站全部投入营运。

五、公路运输

（一）客运

1988年，全市有营运客车124台，营运线路21条，不能满足市民出行需求。2010年，全市营运客车增至565台，营运线路70条，其中湘运冷水江客运分公司45台，市公共交通总公司160台，个体（联户）360台。年客运量4068万人次，年旅客周转量8.14亿人千米，分别比1988年增长321%和214%。

1. 国有、集体客运

1988年，跨县际远程客运班线由湘运冷水江汽车站经营。1996年5月，冷水江汽车站接纳冷水江至新化45辆社会车辆进站营运。为满足旅客乘车需求，车站对客源较多的线路增开班次，日发客班由原来98次增至175次，年旅客发送量251.47万人次，年旅客周转量8298.51万人千米。2004年，湘运汽车站站场及内部设施进行改造，日发班车由原来175次增至361次。2010年，汽车站整体搬迁至金竹汽车站，年客运发送量216.8万人次，年旅客周转量7523万人千米。

2. 公交客运

1988年，市域内公交客运由市公交公司独家经营，有公共汽车58台、座位1795座，营运线路8条，东至铎山，西至三尖石槽，北至矿山，域内各乡镇都通公交，但班次不多。此后，客运线路和班次不断增加。2005—2008年，先后增开客运线路8条。至2010年，全市有营运线路26条（其中城区10条，郊区16条）、站点180个，有车辆160台、座位3350座，总营运里程362.2千米。

3. 个体（联户）客运

20世纪90年代初，个体（联户）客运开始进入客运市场。2003年，有私营客车300台。2010年，私营客运车辆增至360台，年客运量2592万人次，年旅客周转量3.89亿人千米，营运线路18条，营运里程1770千米，站点120个。

4. 出租车客运

2001年8月，青云出租车股份有限公司成立。同年，市公共交通总公司锑都小汽车出租分公司和安达小汽车出租公司相继成立。2002年2月，市人大常委会作出城区禁止“慢慢游”（三轮摩托车）营运的决定，拓宽小汽车出租公司发展空间。2010年，全市出租小汽车181台，其中青云出租车股份有限公司22台，锑都小汽车出租分公司80台，安达小汽车出租公司79台。

（二）货运

1988年，全市乡镇企业有货车266台，总吨位1330吨。有个体货车538台，总吨位2152吨。1989年，湘运46车队与42车队合并，有货车102台，总吨位478吨，主要担负煤炭、供销和粮食等部门物资运输。是年，全市营运货车1460台，总吨位7268吨，年运量438万吨，货物周转量1.1亿吨千米。

1990年，个体货运车辆发展迅速，全市私营货车987台，总吨位4935吨。1991年，湘运42车队和46车队共完成货运量6.98万吨，企业严重亏损，1994年9月车队破产，车辆转卖给个人，职工安排到湘运大修厂或自谋职业。

2010年，仅闪星锑业公司等少数大中型企业保留自备车队，其他厂矿企业运输车辆全部实行民营。是年，全市营运货车3616台，总吨位2.17万吨，年完成货运量3644.9万吨，货物周转量10.93亿吨千米，其中个体（联户）货运车辆3570台，总吨位2.12万吨，占全社会货运总量90%以上。

六、公路收费站

（一）大桥收费站

1992年5月，省政府下发湘政办函〔1992〕

104 号文件，批准在冷江大桥、金竹山大桥设收费站。两个收费站各设砖混框架式收费亭一个，建筑面积 5 平方米左右。2003 年 9 月，省政府下文撤销收费站，收费站亭拆除。

（二）长铺收费站

1994 年 8 月，省政府批准在 S312 线毛易镇长铺社区地段设长铺收费站，并修建钢筋混凝土龙门式顶棚 1 座，设钢架护栏铝合金玻璃驾驶舱式收费亭 2 个，安装电动栏杆和电脑监控等设施。2009 年 4 月，省政府下文取消二级公路以下收费站，长铺收费站撤销，站亭拆除。至此，境内无公路收费站。

第二节　铁　路

一、国家铁路

1970 年，国家重修“三线”铁路，株洲至贵阳段取名湘黔铁路。1998—1999 年，株洲至六盘水段加修复线。2000 年 12 月，株六复线全线通车，市内湘黔铁路为复线双轨电气化 I 级铁路。2003 年 3 月，撤销铁路分局，由铁路局直接管理站段。2005 年 5 月，撤销新化车务段，冷水江由娄底车务段管辖。2007 年 7 月，铁道部调整运输布局，将沪杭、浙赣、湘黔、贵昆四线合并为沪昆（上海至昆明）铁路，总长 2864 千米。市内沪昆线东起金竹山镇当正村，西至潘桥乡郭家村，共 16.5 千米（复线）。2010 年，境内国家铁路单线里程 33 千米。

二、专用铁路线

1972 年，湘黔铁路通车。此后，金竹山煤矿、冷水江制碱厂、冷水江铁厂、金竹山电厂、资江氮肥厂、资江煤矿、锡矿山矿务局等单位相继修建厂矿专用铁路线。至 2010 年，市内有专用铁路线 10 条，总长 23.85 千米，年货物发送量 521 万吨。

2010 年冷水江市企业专用铁路线情况表

表 19-4

企业名称	出岔地点	启用年份	长度（千米）
金竹山矿业有限公司	金竹山站 26#岔	1961 年	2.7
耀华冷水江耐火材料有限公司	冷水江东站 48#岔	1972 年	0.48
湖南宜化化工有限责任公司	冷水江西站 9#岔	1972 年	7.6
冷水江钢铁有限责任公司	冷水江东站 48#岔	1972 年	8.2
资江矿业集团有限公司	冷水江西站 9#岔	1973 年	0.56
冷水江金富源碱业有限公司	冷水江东站 48#岔	1975 年	2.3
冷水江市煤炭矿业公司	冷水江东站 48#岔	1981 年	0.48
冷水江宏业煤炭公司	冷水江东站 48#岔	1986 年	0.2
锡矿山闪星锑业有限责任公司	冷水江东站 48#岔	2003 年	0.33
金竹山火力发电分公司	金竹山站 44#岔	2005 年	1

三、铁路车站

（一）金竹山站

位于金竹山镇当正村，为货运四等中间站。1958 年建成，为折返站。1971 年，改为中间站。2010 年，车站有正线 12 条，到发线 16 条，货物线 2 条，专用线、专用铁路各 1 条，道岔 38 付，股道最长 967 米，最短 216 米。其中金竹山火力发电分公司在 44#岔接轨，距车站 1 千米，到达主要品类为煤和柴油，年到达量150万吨，发送主要品类为粉煤灰。金竹山矿业有限公司在26#岔接轨，距车站2.7千米，主要发送品类为煤，年发送量27万吨，到达品类主要为钢轨、杂木棍等。车站日均办理接发列车180列，办理调车作业95勾，年发送货物80万吨。

（二）冷水江东站

位于冷水江街道东站社区，为客货两运一等中间站。车站办理接发列车作业、调车作业和客货运输业务。1994年，车站扩能改造，接发列车股道增至9股道，新建二站台和长500米、宽10米雨棚，一站台增加长400米、宽20米雨棚。1998年，建成新候车室，可同时容纳700人候车。

2001年，兴建东货场，占地面积2700平方米，有货物线2条（17、18道）、站台2座、仓库2座、雨棚2座、26吨龙门吊1台。原西货场占地面积1836平方米，有货物线1条（15道）、站台1座、仓库1座。车站有正线2条、到发线7条、牵出线1条（东牵出线）、专用线5条、机车整备线2条、接触网工区轨道车整备线1条、车站专训机车1台。2007年7月，行包房停止办理行包业务。

2010年，该站日均接发客车80列、货车110列，调车作业110勾。营业客车10对，其中上行11列，下行9列。

（三）冷水江西站

位于潘桥乡郭家村，为货运四等中间站。车站于1970年建成，有正线2条、到发线4条、货物线1条、专用铁路1条、专用线1条。初建站时线路东、西两头各建有水鹤1座，供上、下行蒸汽机车上水。1982年，建成铁路行车公寓1座，新化行车公寓迁移至此。除部分客车外，所有过往客货列车司机和运转车长在此换班。1986年，内燃机车替代蒸汽机车，车站两头水鹤退出历史舞台。1994年起，湘黔线逐段实现电气化，列车运行速度提高，在此换班列车越来越少，2010年换班列车仅5对，全年货物发送量96.5万吨，到达量25.3万吨。

四、铁路运输

（一）客运运输

20世纪80年代，途经冷水江东站客运列车几乎趟趟超员，尤其在春运期间，定员108人的车厢有时载客近300人，旅客难以立足。1985年起，铁道部采取增加客运列车、提高车速、减少停靠站、提高短途票价等措施解决铁路乘车难问题。

冷水江东站经过扩能改造后，2010年，停靠特快列车2趟、快速列车16趟、管内慢车2趟，旅客发送量年均24万～25万人次，日发送旅客约700人。金竹山站和冷水江西站均停靠管内慢车2趟，不对外营业。

2004—2010年冷水江东站旅客发送量表

表19-5　　　　单位：万人次

年　度	人　数	年　度	人　数
2004	22.64	2008	24.99
2005	24.78	2009	22.99
2006	24.98	2010	25.77
2007	24.36		

（二）货运运输

各站发送货物主要有煤炭、钢材、锑品、建材、化肥、化工材料等，到达货物有煤、焦炭、金属矿石等。吞吐量最大的冷水江东站2009年货运量突破1000万吨，其次为冷水江西站、金竹山站。

1988—2010年冷水江火车站货物到发量一览表

表19-6　　单位：万吨

年　度	冷水江东站		冷水江西站		金竹山站	
	发送量	到达量	发送量	到达量	发送量	到达量
1988	175.7	182.8	30.1	10.06	30.1	0.6
1989	175	171	37.5	10.02	30.3	0.5
1990	161.7	213.9	32.2	10.01	37.4	0.7
1991	111	168	40.1	10.05	40.5	0.6
1992	126.9	171.2	44.1	11.7	42.6	0.8
1993	127.1	199.3	44.1	13.1	44.7	0.5
1994	112.4	184.3	47.5	14.4	43.9	0.4
1995	111.1	208.3	44.2	13.5	45.1	0.5
1996	117.1	200.6	40.1	14.1	46.3	0.4
1997	112.7	174.3	43.1	15.4	47.5	0.3
1998	100.2	157.8	42.2	14.8	48.4	0.5
1999	89.9	154.3	44.7	13.9	44.2	0.6
2000	94.2	134.2	51.5	13.1	45.1	0.6
2001	124.3	189.7	53.9	16.0	50.8	0.5
2002	137	252.8	51.1	16.5	51.4	0.3
2003	178	287.9	51.5	16.8	56.2	0.4
2004	193.6	345.6	56.8	17.6	65.3	0.3
2005	209.8	417.7	59.2	18.5	52.3	0.2
2006	275.5	531.1	62.8	41.8	62.1	0.4
2007	301	492.9	68.6	38.8	64.2	73
2008	348.2	520.4	65.3	23.2	83.5	86
2009	420.5	650	85.8	24	65.9	53.9
2010	391.4	596.3	96.5	25.3	77.9	170.1
合计	4194.3	6604.46	1192.9	402.64	1175.7	392.1

第三节　水　路

资水从新邵县筱溪入境，至郭家桥出境，在冷水江境内长19.66千米。河床多系明石和礁石，江水易涨易退，具有山溪河流明显特征。资水航道以险恶著称，境内航段尤以柘溪、黄泥、雷打矶、渣洋、浪石五滩为最，行船多出事故。常年从4月涨水，8月平稳下降，年水位变化近30米。河面宽150～300米，枯水期水面宽20～30米，平常可通航15～20吨船舶，枯水期只能半载航行。冷水江自古以来以资江水运为主。随着公路和铁路的建设，水路运输逐渐减少。2007年，浪石滩水电站建成，水路运输基本停止。

一、港口

冷水江港上游可达新邵县城，全程63千米。下游与新化毗邻，顺流而下152千米至柘溪水电站。冷水江港是湘中地区重要港口之一，分布溪、冷江、集中、沙塘湾、杨坪、球溪6个作业区，有大小码头29个。至2010年，境内码头因客源枯竭和河道沿岸修建公路、桥梁、防洪堤、电站、公园等，大部分码头废弃。

二、渡口

（一）汽车渡口

冷水江汽车渡口位于冷水江港口处。1952 年，由锡矿山矿务局投资建设和管理。1960 年，移交冷水江公路养护段，有渡工 16 人。1989 年 4 月，因修建冷江大桥渡口废弃。

沙塘湾汽车渡口位于沙塘湾，建于 1958 年 5 月，有渡工 15 人。1962 年，移交中南冶炼厂使用。1974 年，冷水江铁厂接管渡口。1978 年，金竹山大桥建成，渡口废弃。

（二）行人渡口

境内资江沿河两岸历史上记载的渡口有 22 处，渡船 40 余艘。1978 年，金竹山大桥建成，沙塘湾行人渡口废止。1991 年 12 月，冷江大桥建成，冷水江行人渡口废止。2006—2009 年，省交通厅拨款将渡船由木质人力驱动改为钢质柴油机驱动。2010 年，全市有行人渡口 10 处、渡船 11 艘。

2010 年冷水江市渡口、渡船情况表

表 19-7

渡口名称	地　　址	船质	驱动方式	渡船（艘）	渡工（人）
新田渡	金竹山镇新田村	钢质	柴油机	1	1
球溪渡	金竹山镇新田村	钢质	柴油机	1	1
杨坪渡	禾青镇杨坪村	钢质	柴油机	1	1
资江渡	金竹山镇资江村	钢质	柴油机	2	2
麻溪渡	金竹山镇资江村	钢质	柴油机	1	1
炉竹渡	禾青镇炉竹村	钢质	柴油机	1	1
湍江渡	禾青镇湍江村	钢质	柴油机	1	1
九井渡	潘桥乡九井村	钢质	柴油机	1	1
周头水库渡	梓龙乡	木质	人力缆绳	1	1
硐上水库渡	潘桥乡	木质	人力	1	1

三、水路运输

（一）客运

1988 年，市内有客船 2 艘，航行于冷水江至新化化溪，日往返 5 次，年水路客运量 23 万人次，周转量 75.23 万人千米。此后，水路客运量不断减少。至 2000 年，水路客运量 1.87 万人次，周转量 9.9 万人千米。2001 年，境内水路客运基本消失。

1990—2000 年冷水江市水路客运情况表

表 19-8

年　度	客运量（万人次）	周转量（万人千米）	年　度	客运量（万人次）	周转量（万人千米）
1990	5.1	40.1	1996	3.21	10.1
1991	5.3	42.1	1997	3.7	21.4
1992	4.95	39.5	1998	3.1	15.1
1993	4.15	33.6	1999	3.05	15.3
1994	3.98	31.8	2000	1.87	9.9
1995	4.09	34.6			

（二）货运

1988年，市内有货运船舶195艘，其中集体、个体船只131艘，水运企业船只64艘，合计总吨位2348吨，年运量16.5万吨。此后，随着公路建设加快，公路运输异军突起，水路运输逐渐减少。至1990年，货运量仅0.9万吨，周转量342.5万吨千米。2002年，货运量0.84万吨，周转量325万吨千米。2003年后，除少量短途运沙船外，长途货运基本停运。

1990—2002年冷水江市水路货运情况表

表19-9

年　度	货运量（万吨）	周转量（万吨千米）	年　度	货运量（万吨）	周转量（万吨千米）
1990	0.9	342.5	1997	0.9	300.5
1991	0.8	330.2	1998	0.9	299
1992	0.8	320.5	1999	1.01	285
1993	0.86	360.9	2000	1.03	342
1994	0.81	303.6	2001	0.9	324
1995	0.61	241.5	2002	0.84	325
1996	0.46	193			

附：毛板船

梅山地域，重峦叠嶂，坡高路陡，陆地运输全凭肩挑手提。资江是对外物资水运交流的主要通道。明洪武十五年（1382），境内沙塘湾设有煤炭运输码头，优质块煤凭借资水得以外销。清嘉庆四年（1799），新化洋溪船民杨海龙对“三叉子”木船进行改造，首创毛板船，开启在资江以毛板船运煤远销历史。一到资江涨水季节，成百上千的冷水江先民驾着毛板船，载着木材、楠竹、煤炭、锑品、瓷器、茶叶等特产运往洞庭湖乃至武汉三镇。

毛板船用6分厚的枞树板一块一块地拼制而成，再用竹麻丝扎紧填补木缝，然后用桐油石灰浆塞进木缝，防水渗进船舱。毛板船全长6.6丈，底正宽1.03丈，船面宽1.2丈，船头、船尾慢慢收缩上翘，为尖船头船尾。毛板船分为4个型号：即“三个六”“四个二”“四个八”“五个二”。“三个六”和“四个二”称小码子，“四个八”和“五个二”称大码子。“三个六”可载装煤炭30～50吨，“四个二”可载装煤炭40～45吨，“四个八”可装载煤炭70～75吨，“五个二”可装载煤炭80～85吨。“三个六”吃水深度为3.6尺，“五个二”吃水深度为5.2尺。因此，毛板船只能在资江涨水时才能航行，但水越大危险也越大，毛板船常遭遇风浪船毁人亡，有人侥幸逃生，历尽艰辛，乞讨返乡。20世纪中期，随着公路、铁路运输事业的发展，毛板船逐渐消失。

第四节　交通管理

一、管理机构

（一）市交通运输局

1988年，市交通局机关定编15人，内设办公室、人事教育、运输生产、公路工程、安全、保卫、计财等7个股室。1989年6月，民间运输管理股改为交通运输管理所（简称运管所）。1993年12月，市交通局更名市交通委员会。1994年9月，市交通委员会又改名市交通局。2010年7月，县乡公路管理站更名市农村公路管理局。市运管所更名市道路运输管理局，11月，交通局、城市客运、国防委员会交通战备职能三方整合，组建市交通运输局，局机关有在职工作人员16人。1988—2010年，先后由杨宗琦、李洪和、邹伟平任党委（组）书记、局长。其中，2002 年 6 月至 2005 年 1 月，由陆华春任专职党组书记。

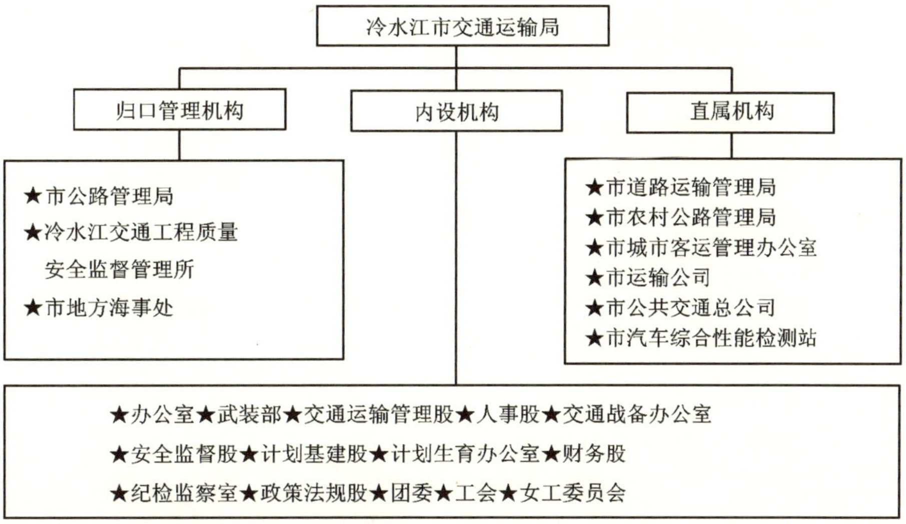

图 19-4　2010 年冷水江市交通运输局机构图

（二）市公路管理局

1988 年，称市公路段，内设办公室、政工股、生产股、财务股、机料股、公路公安派出所、养路费征收办，有工作人员 127 人。1993 年 12 月，市公路段与市交通委员会县乡公路管理站合并，成立市公路管理局，财经由娄底市公路局管理，人事隶属市委管辖。1995 年 5 月，撤销公路派出所，成立路政大队和路政法制股，“两块牌子、一套人马”。2001 年 1 月，人、财、物均隶属娄底市公路局垂直管理。2004 年 6 月，成立养路股，撤销养护大队，在原有道班基础上组建养护公司。2010 年年底，局机关内设办公室、人事股、财务股、工程安全股、养路股、路政大队（加挂路政法制股牌子）、工会，下辖工程机械大队、养护公司两个二级机构，全局有工作人员 151 人。1988—2010 年，先后由康德业、李汉荣、潘家成、周新辉、刘文斌任党总支书记，陈代勇、李洪和、苏忠平、潘家成、周新辉、刘文斌任段（局）长。

（三）市地方海事处

市地方海事处前身为冷水江市航务管理所，成立于 2003 年 4 月，加挂“冷水江港航监督所”和“冷水江市船舶检验所”牌子，“三块牌子、一套人马”，编制 4 人。2006 年 9 月，市航务管理所更名市地方海事处，为副科级公务员参管单位，编制 3 人，负责水上运输、港口码头、安全监督、船舶检验、航道养护、规费征稽等工作。2009 年 5 月，国家实行燃油税改革，地方海事处负责征收的航道养护费、水路运输管理费、水运客货附加费取消。2010 年，该处执行的收费种类有岸线使用费、船舶检验费、船舶港务费、船舶安全检查费、船舶登记费 5 项。

图 19-5　2009 年，冷水江市地方海事处巡逻艇在资江巡查

（四）冷水江交通工程质量安全监督所

1988 年 12 月，成立市交通规费征稽办公室，定编 3 人，隶属市交通局管理。1993 年 12 月，公路养路费征收办公室与交通规费征稽办合并，组建市交通规费征稽所，定编 15 人。1995 年 12 月，

新办公楼（投资265.3万元）建成投入使用。2001年，国家将车辆购置附加费改为车辆购置税并由国税部门征收。2009年，设立冷水江交通工程质量安全监督管理所（副科级），负责市内交通工程质量、安全、造价的监督和管理，定编8人，内设办公室、施工安全监督股、质量监督股。是年，国家开征燃油税，停征交通规费，市交通规费征稽所撤销，人员并入交通工程质量安全监督管理所（其中6人转入国税部门）。

二、工程管理

（一）干支线公路工程管理

干支线公路大、中修工程项目和桥梁新改建工程项目任务由娄底市公路局下达，市公路局组织施工，竣工后由娄底市公路局组织验收和经费结算。50万元以上工程实行公开招标，50万元以下工程由市公路局工程队承建，娄底市公路局负责监督、竣工验收、工程核算和计量支付。市公路局工程队实行项目经理负责制，施工过程严格监管，确保工程进度和质量。至2010年末，所有施工项目从未出现过重大安全事故，项目合格率、优良率均达95%以上。

（二）农村公路工程管理

市农村公路管理局负责市、乡、村道和桥梁的申报、修筑、管理。2003年8月，成立市通村公路建设领导小组。2004年5月20日，市政府出台《冷水江市通村公路建设管理办法》，政府“以奖代投”鼓励村民修路，水泥路面宽3.5～5米的奖3万元/千米，水泥路面宽5米（含5米）以上的奖4万元/千米。50万元以上（包括50万元）工程实行公开招投标，50万元以下农村公路建设项目由市县乡公路管理站自行选择信誉好、质量高的施工队承建。市财政投资评审中心参与验收。建立市、乡、村三级监督网络，实行质量分级监督制、质量事故责任终身追究制。在施工验收中，对路面宽度、浇灌、切缝、浇水、覆盖等严格把关，未达标者扣减经费，责令整改。2005—2010年，全市所建农村公路优良率达90%以上。

三、路政管理

全市路政管理由市公路局和市农村公路管理局负责，主要职责是维护公路路产路权，巩固公路建养成果，确保公路畅通。

（一）清除路障

1988年起，市政府每年组织交通、公路、公安、国土联合开展1至2次清理公路路障行动，至1990年，清扫路障9次，铲除路障1947处、违章建筑118处。1991年6月4日至11日，针对公路两侧乱停乱放、乱搭乱建等现象，开展为期8天的清扫路障活动，先后出动142人次，清扫路障947处，搬走红砖、煤炭等杂物4254吨，拆除违章建筑8处，清理出被侵占路面1.93万平方米，恢复公路边坡地1.21万平方米。

图19-6　2008年，冷水江市路政执法人员在清除路障

2000年12月，市政府发布通告，严禁在国道两侧20米、省道两侧15米之内违法建筑，严禁在公路两侧100米之内建设市场和控制范围内摆摊设点。2009年9月17日至23日，出动铲车3台、翻斗车6台、人员21人，清除公路两旁452处违章杂物1862吨，制止违章建筑65起，处理损坏路面2处，腾出公路面积3200平方米。2008—2010年，市农村公路管理局路政股查处违章建筑86起，清除路障112处，疏导交通120多次，责令清挖、恢复水沟26处，全长282米。

（二）路政治超

20世纪90年代，公路车辆超载十分严重，造成路面、桥梁受损。2004年4月，交通部、公安部、发改委等7部委联合发出《关于在全国开展车辆超限超载治理工作实施方案》。2005年8月，省治超办批准建立冷水江市毛易超限超载检测站，定编28人，实行24小时轮班制。2004—2010年，每年检查运输车辆1.5万台次，年收取超限超载补偿费300余万元。通过治理，超限超载车辆大幅下降。

四、运政管理

运政管理由市道路运输管理局负责，依规对水陆客货运输、搬运装卸、运输服务业实行行业管理。

（一）客货运输管理

交通部门依规对公路客货运输实行行业管理，凡从事道路运输的企业或个人，必须按规定到运管部门办理经营许可证和营运证。1988年，全市客运市场形成湘运冷水江公司、公共汽车公司、社会私营客车"三足鼎立"格局。针对客运单位及车主争跑营运线路、乱拉乘客现象，运管部门对客运车辆实行"三定两挂"（定线路、定站点、定班次，挂票价里程表和线路标志牌）。1989年5月，整治无证经营的农用拖拉机和小三轮、四轮车载客等扰乱运输市场行为。1993年4月9日，为筹集道路客运建设基金，冷江—娄底、冷江—新化、冷江—涟源3条客运线路实行公开招标，并签订运输合同，经营户有偿使用，使用期为一年。2004年4月，客运线路停止实行招标和有偿使用。2005年，设立运政运务处罚中心，实行"一站式"服务和"三统一分离"（统一处罚标准、统一制作文书、统一建档归档，罚缴分离）制度。2010年，年审客货车辆4218台，纠正和查处违章行为1480人次，罚款118万元。

（二）汽车维修管理

1987年8月，成立市汽车维修管理站。1988年3月，更名汽车维修管理办公室。12月，市政府下发《冷水江市汽车维修行业管理暂行规定》。1989年，全市有汽车维修企业97家，从业人员932人（其中国营4家244人，集体12家320人，个体81家368人）。按维修资质分类，一级5家，二级20家，三级7家，小修店22家，专项修理43家。

1990年，对全市汽车维修技工进行考核、定级、发证，250人获得汽车维修技工证。2000年8月，市交通局集资200万元，在环城北路征地12亩修建B级汽车综合性能检测站，后升格为A级检测站，全市营运车辆参检率达98%以上。2002年，取缔8家非法经营且不具备汽修条件的汽修厂。2010年，全市汽修厂、店、点发展到180家，从业人员1080人，其中一类修理厂6家，二类修理厂23家，三类修理厂142家，摩托车维修点9家。核发汽车维修检验员证58本、技工证456本。

（三）驾校与培训管理

1993年12月，国务院办公厅发文规定，交通部门为汽车驾驶培训学校和驾驶员培训工作行业主管部门，公安部门负责对驾驶员考核发证。2000年，冷水江第一所驾校——湘中驾校创办，有教练车15台，教职员工15人，训练场地2000平方米，2002年8月停办。随着人民生活水平提高，家庭购置小汽车成为时尚，驾校发展迅速。2002年3月，经纬驾校创办。2008年1月，安达驾校创办。2010年5月，锑都驾校创办。至2010年末，全市有驾校3家，累计培训驾驶员1.32万名。

2000—2010年冷水江市驾驶员培训情况表

表19-10　　单位：人

年度	湘中驾校培训人数	经纬驾校培训人数	安达驾校培训人数	锑都驾校培训人数	年度	湘中驾校培训人数	经纬驾校培训人数	安达驾校培训人数	锑都驾校培训人数
2000	308	—	—	—	2006	—	1100	—	—
2001	672	—	—	—	2007	—	1100	—	—
2002	230	855	—	—	2008	—	1130	588	—
2003	—	980	—	—	2009	—	1000	698	—
2004	—	1003	—	—	2010	—	1200	785	600
2005	—	950	—	—	合计	1210	9318	2071	600

五、交通规费征收

1988年后，交通规费征收项目有公路养路费、运输管理费、客运附加费、货运附加费、交通建设基金、车辆购置附加费、新车交通建设费、车辆通行费、养河费等。其中交通建设基金1997年取消，新车交通建设费2000年1月取消，车辆购置附加费从2001年起改为车辆购置税并移交国税部门征管，其他交通规费征收项目因国家开征燃油税，2009年1月1日起取消。

交通规费由车主或车辆使用单位向征收单位主动按物价、财政、交通部门联合核定的标准缴纳，1999年后改为按月征收。1996年起，采用微机管理，实行电脑开票和存档。对不自觉缴纳交通规费的车主或车辆，征收部门上路稽查，采取依法暂扣车辆等措施，确保交通规费征收到位。1988—2008年，全市征收交通规费3.57亿元（包括2001—2004年交通规费征稽所为国税部门代征的车购税211.9万元）。

1988—2008年冷水江市交通规费征收情况表

表19-11　　单位：万元

年　度	养路费	客运附加费	货运附加费	车购附加费	交通建设基金	六轮车养路费	新车建设费	公路建设资金	运管费	拖摩费	养河费
1988	480.4	—	—	—	—	—	—	—	91.8	—	2.6
1989	550.4	—	—	—	1.9	—	—	—	110.5	—	2.8
1990	543.7	—	—	—	137.1	—	—	—	121.7	—	3.2
1991	553.8	—	—	—	141.2	—	—	—	146.4	—	4.9
1992	531.8	—	—	—	137.7	—	—	—	179.1	—	6.5
1993	549	—	136.5	—	299.2	—	—	—	198.6	—	7.2
1994	666.7	207.2	—	—	368.9	—	—	—	212.3	—	5.9
1995	766.2	256	187.1	—	—	62.7	—	—	223.7	—	8.3
1996	788.4	283.8	179.6	9.1	409.4	67.7	3.5	—	234.6	—	6.4
1997	729.6	310.67	96.0	5.5	390.4	62.1	3.4	—	228.9	—	6.2
1998	689.9	305.9	73.4	5.1	360.3	—	19.9	—	238	—	5.9
1999	564.9	302.8	98.4	23.1	290.6	—	8.1	—	253	—	6.2
2000	547	328.7	91.6	50.9	282.3	—	—	—	224.1	—	6.8
2001	577.8	341.6	99.2	18.6	303	—	—	—	251	—	7.3
2002	596.7	335.4	131	72.3	327.3	—	—	101.1	242	—	6.6
2003	598.4	300.4	139.3	41.5	349.1	156.8	—	116.3	268	45	14.1
2004	669.4	302.5	187	79.5	454.5	146.7	—	152.4	232	85	9.3
2005	1231	210.2	243.7	—	582.8	—	—	196.1	265	110	12.5
2006	1438.9	195.5	261.5	—	645.4	—	—	215.7	282	130	18.7
2007	1520.2	225.1	294.2	—	729.7	—	—	242.0	327	165	29.8
2008	1575.4	159.9	286.2	—	782.4	—	—	256.4	335	180	17.3
合计	16169.6	4065.7	2504.7	305.6	6993.2	496	34.9	1280	2917.1	715	188.5

六、安全管理

交通系统坚持安全第一、预防为主方针，明确各单位"一把手"为安全工作第一责任人，实行安全生产"一票否决"制度。交通局每年与系统各单位签订安全目标管理责任状，责任单位交纳风险保证金，年终考核，奖罚兑现。每月督查安全生产1～2次，实行"三不放过"（对发生事故原因分析不清的不放过，对事故责任人和职工未受到教育的不放过，对没有切实可行安全防范措施的不放过）原则。2003年1月17日，在禾青球溪码头查获一艘非法载客11人木质小筏子，当即责令停运并依法予以取缔。每年利用横幅、宣传栏、宣传车、演讲比赛等各种形式宣传安全知识。严把车船运输及其从业人员准入关，对车船运输从业人员加强技能培训与安全教育，对运输车辆实行综合性能检测，全市运营车辆参检率达98%以上。2009年，将8个民间渡口9艘木制渡船更新为钢制渡船。2010年春运期间，出动客运车辆324台，完成客运量62万人次，查处和纠正违章车辆258台次，开展专项整顿行动4次，确保春运安全。

图 19-7 2010年，冷水江市交通运输局开展交通运输安全知识宣传活动

第二章 邮 政

第一节 管理机构

1988年，市邮电局下辖7个支局、7个邮电所，邮电网点基本覆盖全市。1998年，邮电部门实行体制改革，分为邮政、电信两家，邮政业务从原邮电局中析出。9月，冷水江市邮政局正式挂牌成立。2001年12月，布溪邮政大楼竣工。2002年，保留原有的7个支局，新增新城路邮政储蓄所、布溪邮政储蓄所。2003年，铎山邮电所升格为铎山支局，新增广场路邮政储蓄所、锑都中路邮政储蓄所，撤销金竹山火车站邮电所、金竹山邮电所。是年，邮政局机关内设综合办公室、市场管理部、安全保卫部、工会。下设行业管理部、运行维护部、生活服务部、农村市场部、储汇部、集邮部、函包广告部、发投部、中间业务部、物流部、邮件处理中心、计算机中心。2006年，析出速递业务，成立娄底邮政速递物流公司冷水江营业部。2008年，析出中国邮政储蓄银行湖南省娄底市冷水江支行。两个析出单位均独立运营和核算。2010年，全局在编职工143人。1988—2010年，先后由王秋云、梁沙金、易保成、陈继业、胡正球、张黎明、罗志雄、王循楷、陈新林、李根加、袁海明、严向东任党总支书记、局长。

第二节 邮政业务

一、函件收寄

1988年，收寄国内函件145.1万件，国际函件424件，邮政函件收入占邮政收入60%。1996年后，商函业务发展较快，商函量平均每天出口达1000件。进入21世纪，通信技术发展迅速，信函业务量开始萎缩，邮政部门根据客户需要增设邮送广告、邮递账单、邮政贺卡等业务，扩大业务范围。2010年，收寄国内函件83.82万件，国际函件215件，函件收入123.6万元。

二、包件收寄

1988年，市邮电局共收寄包件1.8万件。此后，随着外出人员增多及人民生活水平提高，人们物资交流频繁，市内包件收寄业务量不断增长。1998年，出口包件2.6万件，进口包件3.2万件。2000年后，民营物流公司进入冷水江，邮政包件收寄量逐渐减少。2010年，出口包件1.83万件，进口包件2.73万件。

三、报刊发行

1988年，报刊征订主要以公费订阅为主。1990年后，各类报纸杂志相继复刊、创刊，邮政报刊征订业务随之增加。2010年，报纸杂志发行流转额达360万份。

四、集邮业务

1988 年，全市共有集邮会员 128 户。1998 年，集邮会员增至 385 户，集邮业务收入占全局总收入 45%。1999 年，因集邮品发行量过大，邮品价格大跌，集邮人员逐渐减少。2008 年，国家邮政局开始对集邮品市场进行整顿，收回大量邮品进行销毁，集邮市场开始升温，全年邮品收入 50 余万元。2009 年，拓展集邮业务，开发个性化邮票、形象年册、定向邮品等业务。2010 年，有集邮会员 762 户，邮品收入 98.5 万元。

五、邮政储蓄

1986 年，开办邮政储蓄业务，年末邮政储蓄余额 30 余万元，此后，业务不断增长。2005 年末，邮政储蓄余额达 5 亿元。2006 年起，民间高息融资给邮政储蓄带来冲击，邮政储蓄余额不断下滑。2010 年，国家出台相关政策，严厉打击非法集资，邮政储蓄余额迅速回升，年底余额达 4.6 亿元，比上年净增 5000 多万元。

六、汇兑

1988 年，邮政汇款通知单总量为 8.6 万张。1996 年，汇票量快速增长，高峰期每天处理汇款单 500 多张，当年汇兑量 13.5 万张，汇兑量较上年翻番。20 世纪 90 年代末，全国银行系统开展通存通兑业务，电子汇款人数增多，普通汇款单逐年减少。至 2010 年，普通汇款单进口总量仅 2320 张。

七、分销业务

为响应国务院关于邮政为“三农”（农业、农村、农民）服务精神，2005 年，市邮政局开办邮政分销业务，在农村市场以农资产品销售为主，在城区市场以中高端酒水、礼品、农产品销售为主。至 2010 年，在全市 13 个乡镇建立 35 个“三农”服务站、8 个流动服务站、5 个“万村千乡”工程农家店。业务开办时处于亏损，2008 年开始有所盈利，2010 年完成纯收入 13 万元。

第三节　邮　路

1988年，市内有自行车邮路13条，单程381.9千米；步行投递线路 11 条，单程 330 千米。1999年，缩减步行投递线路，增加自行车邮路。2008年，全市村村通水泥公路，农村步行邮路使用自行车投递，城区邮路使用摩托车投递。2010 年，有自办邮路 1 条 120 千米，城市投递段 11 条，农村投递段 36 条 520 千米。

第三章　通　信

第一节　管理机构

一、电信公司

1998 年 8 月，国家邮电体制改革，冷水江电信与邮政分营，成立中国电信集团湖南省电信公司冷水江电信局，1999 年 7 月更名中国电信集团湖南省电信公司冷水江电信分公司。2002 年 11 月 14 日，中国电信在美国纽约挂牌上市，11 月 15 日在香港上市，中国电信集团湖南省电信公司冷水江电信分公司更名中国电信股份有限责任公司冷水江分公司（简称电信公司），由中国电信股份有限公司娄底分公司垂直管理，内设综合管理部、市场部、维护工程部、财务部、工会，有正式员工 103 人。2006 年后，公司先后建成程控数字交换网、光缆传输网、宽带互联网、DDN 数据网等现代化网络，主要经营语音、网络出租和数据通信业务。1999—2010 年，先后由郭新华、欧卫波、刘新冠、杨成才、刘效禹任公司经理。

二、移动公司

1999 年 7 月，移动通信业务从电信公司分营，成立娄底移动公司冷水江营业部。2008 年 10 月，更名娄底移动公司冷水江分公司（简称移动公司）。主要经营移动电话语音、数据业务等。1999—2010 年，公司先后由杨辉、苏林、阳胜伍任经理，获得全国模范职工小家、湖南省维护消费者合法权益先进单位、省级文明单位等荣誉称号。

三、联通公司

1998年7月，无线寻呼业务从邮电局剥离，成立国信寻呼公司冷水江营业部，编制4人。2000年7月，在此基础上组建娄底联通冷水江分公司（简称联通公司）。2000—2010年，公司先后由李玎、肖建成、谢华、谢湘华任经理，获得湖南联通优秀县级分公司、湖南联通优秀党支部荣誉称号。

第二节　电　话

一、发展进程

1988年，市邮电局有步进制自动电话交换机800门，农村支局有磁石交换机（又称摇把子）近400门，市内有电话用户690户，农村支局有电话用户255户。1989年8月，沙塘湾支局安装开通384门全电子时分自动交换机，将金竹山、沙塘湾、禾青3个支局摇把子总机拆除，112户电话用户全部并入沙塘湾支局，成为娄底地区第一个开通自动电话支局。1990年，岩口镇集资24万元开通128门自动电话交换机。1991年，投资35万元完成东站支局自动电话改造，市局开通500门全电子交换机，解决当时市内电话装机难问题。

1992年9月，全市4000门数字程控电话设备和8个信道移动通信开通，打开全市与外界通信联络大门。1993年，完成渣渡、飞水岩支局电话改造和白果岭微波基站建设，开通娄底—冷水江—新化和湘西南数字微波干线。1994年，完成梓龙、矿山支局电话改造。投资57万元完成冷水江—飞水岩，冷水江—东站—沙塘湾—碱厂—资氮—岩口光缆建设。固定电话号码由4位升级为6位。

1995年，市内电话交换机扩容5000门，农村支局扩容5500门，年末电话用户达1.2万户，光缆通信达67皮长千米，所有支局全部改造成程控电话。1996年，高17层的邮电综合大楼竣工投入使用，建筑面积8500多平方米，时为全市第一高楼。

1999年，全市所有行政村通电话，农村电话普及率4.49%，市内电话普及率20.2%，入户率达58.9%。冷水江成为全省第三个创建电话市县达标单位。2000年末，全市固定电话5.77万户。2005年末，固定电话7.85万户，比2000年净增2.08万户。2006年起，由于受移动和联通公司手机业务及中国电信“小灵通”业务快速发展影响，固定电话用户逐年下降。2010年末，固定电话下降至5.38万户。

二、公用电话

1988年，全市只有冷江宾馆、邮电局门口、建新街等4个公用电话亭。此后，相继增加轧钢、二号岗亭、一号岗亭、财政局等地和部分临街门面公用电话。1998年起，发展城乡门面及IC卡公用电话，市区主要街道每隔50～100米设1座IC卡公用电话亭。至2001年末，全市IC卡公用电话341台。2008年，有校园卡式公用电话400多台，有公话超市和门面公用电话600多台。

三、电话初装费

20世纪90年代初，程控电话设备均为进口且价格昂贵，程控电话初装费单位每台4000元，居民每台3000元。随着程控电话用户群体不断扩大，程控电话价格逐步降低。1997年，市内电话初装费降至每台2000元，农村每台1500元。1999年11月，取消农话、市话初装费差别，电话初装费降至300元。2002年10月，初装费取消，仅收取100元装机材料费。

第三节　移动通信

一、电信公司业务

2008年6月，工业和信息产业部宣布中国电信行业重组，中国联通将C网转让给中国电信经营。中国电信冷水江分公司获得移动业务牌照后开展基站建设，当年建设基站22个，2010年增至78个，达到市境内无缝覆盖。电信移动用户由2008年从联通转来时2000多户增至2010年2.24万户。

2003年，开展“小灵通”放号业务。由于“小灵通”辐射小，通话费与固定电话相同，携带方便，深受市民青睐，用户达4500多户。2004年，新增冷水江—飞水岩—矿山多处基站。2005年，新增冷水江—东站—沙塘湾、碱厂—金竹山、沙塘湾—禾青等数十个基站。至2008年，“小灵通”用户达2

万多户。同年，工业和信息产业部宣布小灵通2011年年底退网，小灵通业务从2009年起逐年下降，由2009年1.51万户下降至2010年年底9631户。

二、移动公司业务

1993年初，市邮电局启动移动通信网络建设，12月26日，正式开通全市第一个模拟移动通信基站，信道8个，手机号段为9007001～9007999。1995年3月，开通数字移动电话。1999年，移动发射基站增至13个。

1999年7月，移动通信业务从电信公司分营，成立娄底移动公司冷水江营业部，移动通信仅有语音通话和来电显示业务。2000年12月，全面实现数字移动电话换代。2001年，增加点对点短信业务。2002年，传输网络开始建设。

至2010年，移动公司建成移动基站172个，直放站87个，传输管线606.7千米，网络覆盖率100%。组建密集、便捷、适应长远发展的PTN（分组传送网）和SDH（同步数字网）传输网络。拥有全球通、神州行、动感地带3大业务品牌。业务种类有亲情号码、IP电话直通车、随E行、全球呼、移动梦网卡、本地通、乡镇通等20多种，能满足客户不同需求。移动客户通过手机可以看新闻、掌上炒股、移动上网、收发邮件、拍发照片、交费购物。拥有134、135、136、137、138、139、147、150、151、152、157、158、159、182、183、188共16个网号，开通与世界100多个国家和地区、200多个运营商国际漫游业务。

随着业务快速发展，移动用户从1999年分营时5000户、年收入1000万元，发展到2010年8.5万户、运营收入1.3亿元。移动网点从1999年1个移动营业台席、12个代办网点，发展到2010年1个自办营业厅、73个社会业务代理店、153个村级服务站。

三、联通公司业务

2000年，联通公司有2家营业网点，员工5人，移动基站12个，分为GSM和CDMA两个移动通信网络。2009年1月，联通与网通合并，组建中国联合网络通信有限公司，主要经营固定通信、移动通信、国内和国际通信设施、卫星国际专线、各类电信增值业务和与通信信息相关的系统集成等业务。同年，中国联通获得WCDMA制式3G牌照，并推出全新业务品牌“沃”。至2010年，公司有员工50人，移动基站108个，下设锌岩、禾青、矿渣、毛易4个办事处。拥有130、131、132、155、156、186共6个号段。营业网点由2000年2家发展到2010年70家。用户从2000年2570户、收入154.2万元发展到2010年4.96万户、收入3000万元，分别增长22.59%和19.5%。

2000—2010年冷水江联通公司主要经营数据情况表

表19-12

年　度	用户数（万户）	收入（万元）	年　度	用户数（万户）	收入（万元）
2000	0.26	154.2	2006	1.06	720
2001	0.38	230.4	2007	2.46	792
2002	0.49	293.4	2008	2.59	864
2003	0.65	388.2	2009	3.66	936
2004	0.79	476.4	2010	4.96	3000
2005	0.86	537			

第四节　互联网

1999年，市内开始使用互联网通信。因为是窄带通信，网速最高只能达56KB，用户通过163、169拨号上网，当年有用户231户。资江氮肥厂和闪星锑业公司销售部门成为全市首先使用互联网的单位。2000年，全市互联网用户发展至3345

户，网吧 83 家。2001 年起，上宽带通信，由于光缆未大面积推广，用户只能在距电信交换机 1.5～3 千米的电话线上通过 ADSL 上网，当年有用户 200 户。2002 年，投资 100 万元进行宽带网建设，年底宽带网端口为 2644 口，宽带放号 1011 户。

2003 年起，加快光纤网建设速度，光缆铺设到楼栋，发展以太网（LAN）用户。至 2007 年，新增光缆 3325 芯千米，宽带用户达 1.7 万户。2008 年，完成市政府交办的 46 个行政村通宽带目标任务。

2010 年，ADSL 改 LAN，改造宽带用户 3000 多户，行政村通宽带率达 100%，宽带网用户增至 2.8 万户，比 2007 年净增 1.1 万户。

第五节 其他电信业务

一、电报

1988 年，市邮电局电报业务量达 17.52 万份。20 世纪 90 年代，随着电信业发展，特别是程控电话开通，传真机迅速普及，电报业务骤减。至 2000 年，全市仅受理电报 427 份。此后，电信公司停办该项业务。

二、传真

20 世纪 80 年代，市内传真设备很少，仅冷水江邮电局报房和市委机要室各有 1 台。市委机要室传真机租用邮电局线路用于收发文稿。1990 年后，程控电话迅速发展，传真机逐渐普及，2010 年，电信营业网点取消传真业务。

三、电子监控

2008 年，市政府为创建平安城市，由电信公司在全市重要路段安装全球眼视频监控，一期工程安装全球眼监视器 106 个。2009 年，第二期工程安装 20 个。2010 年，第三期工程安装 30 个。

2008—2010 年，电信公司为市统征办在 21 个煤炭税费验票站安装验票联网和视频网络监控系统。2008 年，市煤炭局与电信公司合作，将全市 66 家煤矿井下瓦斯报警系统和地面重要部位视频监控联网，同时将井下采集的相关数据和地面人员活动信息及时传送到煤炭局集中监控机房，有效防止煤矿安全事故发生。

第二十篇 教育 科技

第一章 教 育

1988—2010 年，冷水江市贯彻实施《中共中央关于教育体制改革的决定》《中华人民共和国义务教育法》和《中国教育改革发展纲要》等政策法规，逐步推进教育改革，不断增加教育投入，获得全省基础教育先进市、九年义务教育工作先进市、首批 17 个实现“两基”目标先进市等荣誉称号。

1988—1995 年，重点巩固初等教育，普及九年义务教育。市教育局颁发《关于普及九年制义务教育实施方案》《关于防止中小学生流失的若干规定》等文件，加快九年义务教育实施步伐。完善市、乡（镇、街道）、村三级办学体制，8 年教育经费累计投入 1.83 亿元，危房改造面积 4355.51 平方米，图书、仪器、教学设备投入 747.57 万元。教育行政部门因地制宜调整学校布局，发动各学校购买幻灯，配备电视机和录像机，建好图书室和实验室，开辟文体活动场所，完善学校配套设施。强化学校内部管理，开展教学比武活动。倡导教育教学改革，积极培训师资，提高教师素质。开展教育督导，控制学生流失，组织力量扫除青壮年文盲。

1996 年后，重点巩固“两基”（基本普及九年义务教育，基本扫除青壮年文盲）成果，发展高中教育，强化素质教育，推进职业教育，深化教育体制改革。教育局组织部分优秀教师到边远的矿山、渣渡、梓龙、三尖等乡镇支教。在城区培植素质教育典范，红日实验小学等 5 所学校被确定为“娄底市素质教育示范学校”。各职业学校采取“校企合作”“订单培养”等模式办学，形成具有特色的现代职业教育体系，办学条件明显改善，办学规模不断扩大。

2008—2010 年，全市公开招考农村小学教师 91 名、农村特岗教师 137 名，缓解农村学校教师紧缺、年龄结构和学科结构失衡等问题，同时实行校长选聘制、教师聘任制、绩效工资制、岗位责任制，调动广大教育工作者的积极性。至 2010 年年底，全市共有各级各类学校 94 所（普高 4 所，九年一贯制学校 14 所，初中 11 所，小学 59 所，中等职业学校 3 所，特教学校、教师进修学校、广播电视大学各 1 所），在校学生 5.05 万人，在职教职员工 4247 人。

1988—2010 年，全市教育工作在取得长足发展的同时，也存在着片面追求升学率，过分看重学生分数的问题；少数学生家长认为读书无用，随意辍学现象时有发生；学校建设摊子铺得过宽过大，负债重；学校分布不合理，调整学校布局阻力较大；部分教师厌教改行，男教师数量逐年减少。

第一节 教育改革

一、管理体制改革

1989 年，召开全市农村教育工作会议，进一步深化农村教育综合改革，实现“三教”（基础教育、职业技术教育、成人教育）统筹，协调发展。同时，打破长期以来政府包揽、教育部门单向管理的模式，完善市、乡、村三级管理的办学管理机制。1992 年，市委提出“科教兴市”发展战略，加大教育投入，教育工作实行“四优先”（优先保证教育经费，优先安排学校用地，优先满足教育人才需要，优先落实教师待遇）。1994 年，市教委更名市教育局，实行局长负责制，各学校实行校长负责制。乡（镇、街道）设学区委员会。1998年，全市各学校实行教师聘任制、绩效工资制改革，建立灵活的用人机制和分配激励机制。

1999年，停止师范院校学生统一分配。2000年，实行“支教制度”，凡城区学校45岁以下中青年教师都必须到农村学校工作1年以上。是年，教育局出台《十条禁令》，对教师提出具体的行为规范。2002年，教育局出台《学校工作综合目标管理考核方案》，采取查阅资料、走访座谈、考核测评、问卷调查、听课等方式对学校工作进行考核评分，对优秀学校给予表彰奖励，对考核成绩低于65分的学校给予通报批评，连续两年低于65分的学校免除校长职务。由于停止师范生统一分配，导致很多学校特别是山区学校师资力量匮乏。为充实师资力量，2008年全市统招一批优秀教师。2010年，又公开招聘137名特岗教师。同时，启动农村小学教育和幼师定向培养计划。

二、办学体制改革

1988年，全市基础教育办学体制分为两大块：一块是市属学校，另一块是厂矿企业学校。1990年，冷水江市第一中学2名学生分别获得高考全省文、理科第一名，吸引许多厂矿企业学生纷纷进入市属高中就读。此后，企业改制，学校作为辅业从主体分离，厂矿学校办学规模逐渐萎缩。2005年，市内国有厂矿企业所办中小学全部移交地方管理。是年，市教育局对学校布局进行相应调整，锡矿山矿务局一中中学部并入矿山中学，小学部与锡矿山中心小学合并。锡矿山矿务局二中更名冷水江市第二中学，高中部并入市七中。锡矿山矿务局三中更名为冷水江市第五中学。涟邵二中与市六中合并。资氮学校与禾青中心学校合并。冷钢子弟学校更名博雅学校，金竹山电厂子弟学校停办高中并更名为城东学校。

市委、市政府依照国家有关法规，鼓励社会力量办学，全市逐步形成政府办学为主、社会力量办学为辅的办学体制。1998年，开办小天鹅中心幼儿园、小天使艺术幼儿园2所民办幼儿园。是年，英才学校开办，该校是全市第一所全封闭寄宿制民办学校。2007年，欧健实验学校开办，使民办教育延续至高中。是年，全市共有幼儿教育、基础教育、职业教育等各类民办学校32所。随着民办教育事业发展，市教育局加强对民办学校管理和整顿，取缔不合格民办教育机构。至2010年，全市有民办幼儿园37所，在园幼儿6748人。民办普通中学2所，在校学生268人。民办职业学校1所，在校学生542人。

三、经费投入体制改革

市教育经费投入以国家教育事业费为主，辅以城市建设维护费、城市教育费附加、农村教育费附加、乡镇财政投入资金、勤工俭学收入和社会资助等。1993年5月前，城市教育费附加按企业缴纳产品税、增值税、营业税额的2%征收，后按3%征收。2003年，取消农村教育费附加，学校办公经费由财政拨付及其他渠道筹措。2007年，义务教育阶段中小学学生实行“两免一补”政策（免收学杂费、教科书费，对寄宿生给予一定的生活补贴），市财政按学生人数直接给各学校拨付义务教育保障经费。

1988年始，各级政府对教育事业投入逐年加大，国拨教育事业经费从1988年682.4万元增加到2010年2.89亿元，为1988年的42.4倍。城市教育费附加从1988年68.4万元增加到2010年3860.8万元，为1988年的56.4倍。校园面积从1988年83.13万平方米增至2010年151.01万平方米，为1988年的1.82倍。校舍面积从1988年31.11万平方米增至2010年69.07万平方米，为1988年的2.22倍。1997年，全市基本消灭校舍危房。2010年，全市各学校都有合格的图书室，拥有各类图书资料共230万册，学生人均30册。大部分学校建有实验室、仪器室、电脑室、多媒体教室等。

1988—2010 年冷水江市教育经费投入情况表

表 20-1　　单位：万元

年度	国拨教育事业费	城市建设维护费	城市教育费附加	农村教育费附加	乡镇财力	勤工俭学	社会集资	合 计
1988	682.4	30	68.4	82.01	6.8	11.24	21.71	902.56
1989	798.4	26	123.5	97.3	4	12.3	72.8	1134.3
1990	888.4	34	120.6	102.4	20.7	11.3	36.8	1214.2
1991	1136	30	131.5	108.3	55.1	32.6	156.4	1649.9
1992	1572.7	55	192	131.3	75.2	38.5	184.8	2249.5
1993	1944.5	40	317.9	175.6	95.5	133.9	318.6	3026
1994	2715.4	39	382	203.35	186.4	139.9	276.51	3942.56
1995	2773.8	42	426	251	241	162.1	327.3	4223.2
1996	2787.1	43	325	322.8	212.5	216.4	416.9	4323.7
1997	2915.3	10	395	311.8	140	230.1	111.5	4113.7
1998	4968.8	17	315	323.1	178.6	224.8	47.3	6074.6
1999	5127.6	0	287	317.2	86.4	189.2	76.5	6083.9
2000	5338	0	225	314.6	43.6	141.9	136.2	6199.3
2001	5103.7	0	151.1	338.3	39.2	175.5	167.7	5975.5
2002	5454.2	0	162.6	334	22.14	194.4	181	6348.34
2003	628.5	0	110	0	17.7	144.5	128.4	6685.6
2004	7100.1	0	270	0	38.7	59.4	30.6	7498.8
2005	8042	0	330	0	80	33	115.6	8600.6
2006	9814.5	0	1081.2	0	75.5	8.1	31.9	11011.2
2007	16084.5	0	1677.1	0	58	51.7	0.7	17872
2008	19033.4	0	2221.1	0	67	63.7	149.3	21534.5
2009	23856.3	0	2627	0	86.4	58	5	26632.7
2010	28913.2	0	3860.8	0	90.2	84.6	49.6	32998.4
总 计	163335.3	366	15799.8	3413.06	1920.64	2417.14	3043.12	190295.16

四、素质教育

20 世纪 80 年代末至 90 年代初，由于受片面追求升学率的影响，应试教育模式未得到根本转变，一些学校仍偏重知识传授，忽视德育、体育和劳动教育，学校教育教学一切围绕“升学”转，文山题海，加班加点，节假日频频补课，教师、学生压力很大。1996 年，国家教委推行汨罗市素质教育经验。次年，娄底市教育局出台关于全面实施素质教育的意见，市教育行政部门成立素质教育领导小组，在全市推荐汨罗经验，推行素质教育。1998 年，市教育局制定素质教育实施方案，采取“统一规划、分步实施、重点突破、整体推进”方法，全面实施素质教育。

根据素质教育实施方案，全市教育工作从观念转变、运行机制、师资建设、环境优化、教研教改 5 个方面提出明确要求和保证措施，抓好课程规范和课堂改革，注重教学计划落实。1999 年，冷水江成为首批通过省教委验收的“素质教育合格县市”。2001 年 1 月，市教育局出台《冷水江市教育教学质量评价方案》，将各学校入学率、参考率、合格率、优秀率、教研课题、论文、竞赛成绩等进行合理量化，编拟系数，据此综合考核和评价各学校教育教学质量。同时，把说课竞赛、优质课评比、学科教师基本功比赛作为切入点，逐步把素质教育引向课堂，引导学生德智体和个性特长全面发展。通过广大中小学教师的教学实践，逐步形成具有冷水江特色的素质教育课堂教学新模式，即“教学指导思想面向全体全面发展，教学目标坚持教书育人，教学内容注重能力培养，教学过程引导学生独立思考”。推行素质教育后，学生动手、动口、动脑能力得到加强。红日实验小学、冷办中心小学、渣渡木瓜小学、毛易中心小学、禾青中心小学获娄底市“素质教育示范学校”称号。此后，素质教育在全市学校持续广泛开展。

第二节 基础教育

一、学前教育

20 世纪 80 年代末，城区有市机关幼儿园，锡矿山矿务局、冷水江铁焦总厂、资江氮肥厂、金竹山电厂等大中型企业设有幼儿园，部分小学设有学前班，幼儿入园率不高。

进入 20 世纪 90 年代，城区人口增多，幼儿园有所增加。1995 年《中华人民共和国教育法》颁布实施，明确幼儿教育为国民教育序列第一阶段，幼儿教育得到重视。1998 年，小天鹅中心幼儿园、小天使艺术幼儿园开办，拉开民办幼儿园发展序幕。此后，市内、郊区、农村相继开办幼儿园，各乡镇小学也陆续办起学前班，幼儿入园率提高。公办幼儿园和学前班师资为国家教师，民办幼儿园师资由园主向社会择优招聘。幼儿园和学前班开办课程及课时大体相同。教学内容以习惯卫生、文体活动、思想品德、语言、常识、计算、写字、音乐、美术为主，根据幼儿年龄大小分大、中、小班，提出不同要求，灵活安排课时，寓教育于娱乐之中。通过竞赛、插红旗、贴红花等形式培养儿童集体观念和荣誉感；通过唱儿歌、讲故事扩大儿童知识面，并锻炼其语言表达能力；通过各种文体活动，培养儿童对音乐、舞蹈、美术的兴趣，提高儿童身体素质以及动脑、动手和表达能力。不少幼儿园把社会效益和经济效益相结合，想方设法扩大生源。市机关幼儿园在 80 年代末就配备滑梯、跷跷板等设施，建起较好的教学楼，卫生设施、生活用具不断更新，同时改善教学方法，提高教学质量，在市内享有较好声誉，2007 年被评为娄底市示范性幼儿园。创办于 2002 年的蓝天双语艺术幼儿园，2009 年添置电视、空调、钢琴、塑胶地毯、监控系统等现代化设备，每天专车接送幼儿。2010 年，全市有幼儿园 40 所，入园幼儿 8444 人，其中，民办幼儿园 37 所，入园幼儿 6748 人，成为幼儿教育主力军。为加强管理，市教育行政管理部门对新办幼儿园实行严格的审核、备案制度，要求所有幼师须经过专业培训，持证上岗，以保证教育质量。

图 20-1 冷水江市机关幼儿园幼儿活动场地

（2008 年摄）

二、小学教育

1988 年，全市有小学 157 所，在校学生 4.04 万人，专任教师 1790 人。市内部分小学校舍得到改善，危房校舍明显减少。20 世纪 90 年代，改善小学办学条件，砖混结构教学楼不断涌现，收录机、投影仪等电化教学设备进入课堂，不少学校图书室、实验室、运动场等设施配套齐全。学校内部管理有所加强，各乡镇普遍办起中心小学。有的乡村小学只负担 1～4 年级或 1～5 年级的教学任务，小学五六年级学生集中到中心小学就读，有的乡镇六年级学生全部到中心完小就读。教学内容仍以传统科目为主，小学 1～3 年级开设语文、数学、思想品德、音乐、美术、体育、劳动等课程。4～6 年级增开自然、农业常识等课程。1998 年，自然课改为科学课。2000 年，三年级及以上开设信息技术课。2001 年，三年级及以上开设英语课。随着时代进步和课程增加，对小学教师的素质要求越来越高，规定小学教师必须具备中等师范毕业以上学历水平，非师范毕业生必须通过进修、培训取得相应证书方能上岗，从而促使老师自觉提高自身文化素质。

21世纪初，网吧、电游室兴起，给学校教育带来不利影响。在城区和部分较富裕乡镇，一些小学高年级学生利用零花钱出入网吧、电游室等娱乐场所，无心上学读书。另外，城市下岗职工增多，农村部分家庭经济困难，造成小学生流失现象。为此，市教育局积极宣传国家有关政策法规，制定控流保学措施，制止乱收费，强化素质教育，减轻学生负担。2003年，小学升学考试取消，尽量消除少年儿童厌学心理。多措并举，使全市失学率得到控制，教学质量不断提高。

1995年，针对农村小学生源不足和城区小学出现大额班等现象，市教育局出台《冷水江市中小学布局调整实施意见》，部分乡镇有计划、分阶段逐步撤并小学。是年，全市有小学149所，比上年减少9所。为进一步优化教育资源配置，提高办学效率，小学布局又多次调整。至2010年年底，全市有小学59所，比1988年减少98所，在校学生2.84万人，专任教师1826人。

三、中学教育

1988年，全市有普通中学40所，在校学生1.99万人，专任教师1341人。

20世纪90年代初，部分中学办学条件得到改善，招生名额有所增加，国家对大、中专毕业生实行统一分配，“升学找工作，读书跳农门”为多数青年学子向往。各中学组织寒暑假补课，提前完成高中学习课程，安排更多时间进行全面复习。部分学校根据学生成绩优劣编排普通班、重点班。学校活动都围绕“升学”转，各校想方设法收集复习资料，频繁补课，搞题海战术，组织月考，训练学生应考能力。繁重的学习任务导致学生负担过重，身体素质受到影响。为此，市教育行政部门反复强调提高学生素质，减轻学生负担，促进学生德、智、体全面发展，但家长和社会都以升学率和高考上榜率评价教师和学校优劣，应试教育仍很盛行，素质教育难以实施。

1995年，根据国家教委颁布的《关于大力办好普通高中学校的若干意见》和湖南省普通高中工作会议精神，全市整合普通中学教育资源，普通高中教育集中到一中、六中、七中、矿务局二中、涟邵二中5所学校。调整初期，高中在校学生略有减少，后逐年增多。1996年后，学习汨罗经验，把素质教育列入教育改革重要内容。加强德育教育，中学教育课增加思想道德教育内容。中学物理、化学、生物课借助仪器、实物，强化实验操作，重视学生动手能力培养。体育卫生课普及卫生保健知识，并通过开展各项体育活动，增强学生体质。同时，正确处理学生个性发展和全面发展辩证关系，培养学生兴趣爱好，鼓励学生个性发展。经过几年努力，中学素质教育取得一定成效。

1988—1990年，高考招生实行文理分科考试，文科考语文、数学、英语、政治、历史、地理。理科考语文、数学、英语、生物、物理、化学。1991—1992年，高考科目改为“四组四门”，第一组为语文、政治、历史、外语，第二组为语文、数学、物理、外语，第三组为数学、化学、生物、外语，第四组为语文、数学、地理、外语，考生只能报考其中一组科目。1993—2000年，改为文理分科考试。2001年后，实行文理科“3＋X”考试，文科考语文、数学、英语加文科综合（包括历史、政治、地理）。理科考语文、数学、英语加理科综合（包括物理、化学、生物）。艺术类考生既要考艺术又要参加文化考试，文化成绩比普通类考生稍低。各中学非常重视高考工作，设立教研室具体负责本校教研教改事宜，各学科成立教研组并由学科带头人担任教研组组长，加强对教与学各个环节（计划、备课、上课、辅导、作业批改、考试考核）的检查和指导，促进教学质量提高，为大专院校输送优秀人才。1990年，彭炜、曾新潮双双摘取湖南省文、理科状元。1997年，刘晓辉夺得湖南省文科第一名。2002—2010年，刘煜原、石立超等34人被北京大学、清华大学录取。

2005年，全市召开创建省级示范性普通高中工作会议，按照“整合资源、统一规划、合理布局、分期建设”方针调整中学布局。至2010年，全市共有普通中学29所，在校学生2.01万人，专任教师1954人。

第三节 特殊教育

20世纪90年代，市内小学教育面拓宽，由巩固提高普通小学教育扩展到聋哑残疾儿童基础知识教育。1990年9月，市教育局在冷办中心小学开办特教班，招收6名聋哑学生。聋哑学生虽然口不能言、耳不能听，但模仿能力强，教师通过手语和学生沟通，引导学生模仿教师口型和手势练习发音。通过插红旗、搞竞赛等活动，培养学生学习兴趣和上进心。1991年9月，特教班搬迁至市建新街原工农饭店。1992年9月，成立冷水江市聋哑学校，隶属冷水江街道学区管理。1995年9月，市民捐资400万元，新建冷水江市特殊教育学校，隶属市教育局管理。校址位于冷水江街道集中社区，校舍占地面积15亩，建筑面积5200平方米，环境优美安静，教学设施齐全。是年，在校学生57人，教职工20人，其中特师毕业专业教师8人。1996年1月，冷水江市被评为全国特殊教育先进县市。

特教学校坚持以培养“自强自理、自食其力”劳动者为目标，根据国家统一教学大纲，开设语文、数学、自然、思想品德、体育、美术、律动语言训练等基础课，并增开劳动技能课，提高学生动手能力。同学之间能用手势或简单口语交流，能在教师指导下参加丰富多彩的课外活动，个人生活普遍能自理。1996年，该校开始招收智障学生。2004年，首次开办盲生班。此后，冷水江特殊教育事业进入较快发展时期，学生人数逐年增多，同时有计划地在部分乡镇普通小学附设特殊教育班或吸收能够跟班学习的残疾儿童随班就读。全市适龄残疾儿童入学率达95%以上。2005年在校学生达108人。学校开展素质教育，成立美术、书法、体育、劳动、计算机等兴趣小组，建立多媒体教室、实验室、图书室、美术室，培训学生兴趣爱好和动手能力。2006年，该校学生杨四美在中央电视台“形象中国•非常自我造型形象代言人”总决赛中获得亚军。刘晶参加省残疾人学生田径运动会获得1万米长跑银牌。2007年，该校学生表演的舞蹈《草原小巴特》获省特教文艺会演一等奖。

2010年，该校有教职工23人，教学班7个，学生57人。累计为社会培养100余名合格初中毕业生，其中部分考入长沙特教中专、长沙职业技术学院等院校。

第四节 职业技术教育

一、工业技术教育

20世纪80年代，锡矿山矿务局、资江氮肥厂、金竹山电厂、冷水江钢铁总厂、省冶金机械厂等大中型企业办有技工培训班，为本单位培养技术工人。90年代，随着企业改制和职业技术教育事业发展，各厂矿企业技工培训班相继停办。

1989年4月，冷水江市第一职业学校更名为湖南省冷水江工业职业中等专业学校。1993年，冷水江市第三中学并入该校成为其分校。1995年9月，该校又更名湖南省冷水江工业中等专业学校，为全日制公办普通中专学校，开设机电技术应用、数控技术应用、会计电算化、服装设计与工艺、文秘、计算机网络技术、模具制造技术、矿井通风与安全、市场实用技术、汽车运用与维修等专业，其中数控技术应用为省级精品专业，模具制造技术为国家骨干专业。2010年，该校占地面积12公顷，建筑面积8.2万平方米，实习场地约2万平方米。有教职工234人，在校学生2000余人，年短期培训学员1000余人。

始建于20世纪70年代末的冷水江市技工学校，1987年确定为中级技工学校，2004年升格为高级技工学校。该校坚持“严谨治校、以人为本、突出技能、不断创新”办学宗旨，以培养中、高级工和技能型人才为目标，实施全日制教育与短期培训相结合办学模式，建立国家职业技能鉴定所，具有中高级工、技师、高级技师鉴定和考评资格。设有模具制造与设计、工程机械运用与维护、数控加工技术、电工与电子技术、计算机应用、广告设计、电子商务、电算会计等10多个专业。其中，模具制造与设计、数控加工技术、电气技术应用、计算机网络技术为省级精品专业。学校拥有实验实习场地1.9万余平方米，数控加工中心有数控车、数控铣、数控线切割、电火花成形机等机械加工设备50多台，焊工设备30多台，计算机600多台，钳工实习工位180余个，电工电子实习工位240个。1997年，该校被评为国家级重点技工学校。2010年，有教职工183人，在校学生2885人，年短期培训人员5000余人次。学校与三一重工、富士康集团、市经济开发区等单位建立校企合作战略伙伴关系，2001年起学校连续10年被评为“湖南省技工院校招生就业先进单位”。

二、农业技术教育

1988年后，市内农技教育分两种形式，一是利用乡镇农校（农科教中心），不定期举办各种形式短训班，提高农民科学种植水平。二是科技部门组织有关人员下农村，有针对性地指导农业生产。

1983年，创办铎山农校。该校位于铎山镇王家村，占地面积1.35万平方米。学校坚持“服务当地，为农村经济发展培养人才”办学宗旨和“注重实践、学以致用、一专多能”培养目标，先后开办种植和养殖培训班200余期。2008年后，每年举办10期短期培训班，1～2期劳动力转移培训班。至2010年，学校累计培训1.5万余人次。学校有教室3间、示范养猪场1个，图书室、阅览室、实验室、档案室、电脑室等设施设备齐全。

20世纪90年代初，全市各乡镇都有农科教中心，利用农闲时节组织农民集中学习种养技术。农科教中心普遍建有校舍，配备图书、教学仪器等，聘用本乡镇种养大户担任兼职教师。有的乡镇除农科教中心外还办有种植养殖培训基地。三尖镇在南阳村洪家冲兴建集养鱼、养鸡为一体的大型养殖培训基地，带动当地养殖业发展。

三、医疗技术教育

1979年6月，冷水江市卫生学校创办，位于广场路和建新街交汇处，有教职工8人。1984年，校址搬迁至卫生局新办公楼，开办医学基础班8个，招收学生381人。1987年9月，更名冷水江市中等中医职业技术学校。1992年，校址迁至冷新路15号，面向娄底市招生，培养初、中级卫生技术人员，招生对象为应届初中毕业生，学制3年，不包分配。1988—1997年，开办中医医士班和中西医结合医士班15个、中药班6个、护理班1个、函授辅导班1个，累计毕业学生2365人。

1998年，省卫生厅规定县级中等卫生（中医）职业技术学校停止招生，冷水江市中等中医职业技术学校更名冷水江市卫生职业培训中心，主要担负全市基层医务人员医学继续教育培训。机构性质、级别、经费来源、隶属关系不变，部分教职员工分流到市直医疗单位。2000—2010年，该培训中心举办各类培训班30余期，培训学员3000余人次。

四、中等师范教育

1984年5月，经省教育厅批准，新化师范学校搬迁至冷水江，并更名冷水江师范学校。1987年9月，在新址举行开学典礼。1996年前，中师学生（自费生除外）由国家统一分配，绝大部分从事教育教学工作。1997年，普通中专招生全面并轨，毕业生国家不再分配工作。2001年12月，经娄底市教育局批准，中师停止招生，该校加挂娄底市实验中学牌子，开设计算机、文秘、英语等专业。同时，设立初中部、高中部，招收初、高中学生。2002年2月，更名为湖南娄底外国语学校。增设函授部，与湖南师大、宁夏大学等高等院校联合办学，招收参加全国大中专统考录取的高中毕业生、参加全省中师招生统考录取的民办教师、民办教师中的中师函授毕业生，学制3年，经考试合格者，发给函授本科文凭。在完成国家招生计划外，学校还开办了小学教师轮训班、幼师班，学制2年。

1990年，根据国家教委颁发的新教学方案，该校按必修课、选修课、课外活动和教育实践安排课程，增开计算机、英语、说话、写字、电教等专业课程。2010年，学校有专职教师150人（其中外籍教师2人），累计培养各类师资2万余人，培训在职教师2000余人。

第五节　成人教育

一、扫盲

20世纪80年代末，市委、市政府贯彻国务院《扫除文盲工作条例》，成立扫盲工作领导小组，制订年度扫盲计划。1990 年，以“国际扫盲年”为契机，利用寒暑假组织中小学教师进村入户，突击扫盲。是年，渣渡镇、梓龙乡获娄底地区扫盲工作先进单位称号。1992 年后，根据国家教委《扫除青壮年文盲单位考核验收办法》，市政府组织开展扫盲达标活动，建立扫盲承包责任制，农村以乡镇农校为阵地，集中办班扫盲，把扫盲教育与传授农村适用技术相结合。1994 年，全市扫除青壮年文盲工作通过上级评估验收，冷水江成为全省首批“两基”合格县市，并被评为全省扫盲工作先进单位。1998 年，冷水江再次被评为全省扫盲工作先进单位。1999 年，全市基本完成扫除青壮年文盲历史任务。

二、自学考试

冷水江市高等教育自学考试始于 1981 年，当年考点设红日小学，每年开考 1 至 2 次。由于国家对高教自考生与普通高校毕业生同等看待，承认其学历，自考人数逐年增多，报考对象有干部、军人、教师、医务人员、职工、农民等各类从业人员。高教自考牵动全市各部门、各行业，被誉为“没有围墙的大学”，与普通高校、成人高校形成“三足鼎立”。2010 年，自考报考人数 1278 人，获得本科文凭 68 人，专科文凭 255 人。1981—2010 年，全市自学考试共开考 45 次，参考人数 22.48 万人，累计毕业 3.37 万人，其中本科 1.12 万人、专科 2.25 万人。

三、广播电视大学教育

1988 年，冷水江市广播电视大学成立。该校是湖南省独立设置的县市电大之一。学校占地面积 5453 平方米，总建筑面积 1.25 万平方米。校内有多媒体教室、实验室、计算机房、阅览室、双向视频报告厅等教学设施设备以及灯光篮球场、室内羽毛球馆等体育活动场所。学生公寓和师生食堂整洁宽敞。学校固定资产总值 3000 万元。

1988 年，首期开办工民建、中文两个专业，共计招收 88 人。1993 年 7 月，与南京理工大学合作办学，学生增至 600 人。2003 年 8 月，学校列入中央电大开放教育工作试点，在籍学生突破 1000 人。2008 年 4 月和 2009 年 6 月，学校通过湖南省教育厅和教育部评估验收，并分别被评为“全省示范性电大”和“全国示范性基层电大”。2010年11月，学校加挂“冷水江市社区大学”牌子，承担全市社区教育工作。是年，全校有专任教师 38 人，兼职教师 56 人，具有高、中级职称教师 30 人，开设 9 个专业。

四、函授教育

20 世纪 80 年代，社会普遍存在单位工作人员学历不适应岗位要求问题。特别是教师队伍学历偏低问题尤为突出，小学教师大多没有中师学历，初、高中教师大多没有专科、本科学历。提高学历成为教师队伍的迫切需求，函授教育应运而生。各高校特别是各级师范院校，在冷水江市开设函授班，中专、专科、本科层次完备，文科、理科、工科门类齐全。市教育局设立专门机构并安排专职人员负责函授教育有关事宜。为提高本部门职工专业水平与学历层次，一些单位与相关教学机构合办函授部（站）。1987 年，市财政局成立中华会计函授学校冷水江函授站，开展在岗会计人员继续教育培训和成人中等会计职业教育，培养初级会计人才。1994 年，为培养中、高级会计人才，该站与南华大学（原中南工学院）联合办学，设立南华大学冷水江函授站，开展成人高等会计专科学历和本科学历教育，共培养专、本科会计专业人才 1120 人。1996 年，与湖南大学联合办学，设立湖南大学冷水江站，开展会计学本科成人高等教育，共培养专、本科会计专业人才 230 人。1994 年，市委党校开办中央党校、省委党校函授本科班。2002 年 2 月，娄底外国语学校（原冷江师范）增设函授部，与湖南师范大学、宁夏大学等高等院校联合办学。全市函授教育在籍学员多年保持在 2000 人以上。此后，随着干部职工学历水平不断提高，参加函授教育人数逐渐减少，市财政局函授站转向对会计专业人员进行继续教育培训，2007 年市委党校函授招生停止。

第六节　教　师

一、教师队伍

1988 年，全市有各类专任教师 3098 人，教师队伍包括公办、民办、代课教师。随着师范类大中专毕业生分配人数增多，民办教师逐年分批转正，公办教师逐年增多，民办、代课教师逐年减少。1997 年，代课教师基本清退。1999 年，符合条件的民办教师全部办理转正手续。2001 年后，市教育局推行教师轮岗制和骨干教师赴山区支教制度。2002 年，全市进行教师资格认定，教师必须获得教师资格证才能任教。2008—2010 年，全市公开招考农村小学教师 91 名、农村特岗教师 137 名、高中教师 6 名，申报小学（幼儿）教师定向委培计划 109 名，引进硕士研究生 6 名，教师紧缺、年龄结构和学科结构失衡等问题得到缓解。至 2010 年年底，全市共有教职工 5503 人，其中专任教师 4650 人，比 1988 年增加 1552 人。

二、教师继续教育

1978 年，冷水江市教师进修学校创办。1978—1995 年，该校主要开展学历培训，开办有幼师班、中师班等学历提升班，共有 1100 余名幼儿园、中小学教师获得中专或大专文凭。1996—2000 年，教学技能培训成为教学重点，培训课程有普通话、信息技术、心理学教育等，培训学员近万人次。同时，开办新教师入门培训和行政干部培训，培训学员近 2000 人次。

2001—2005 年，全国教育系统实行新课程改革，分学科培训学员 1000 余人次，为新课改顺利推进扫清观念障碍并提供教学指导。2006 年后，以深化教育改革为导向，以建设中小学专业化教师队伍为目标，围绕“中小学校长建设年”“教师队伍建设年”等主题活动开展师资培训。同时，完善并实施《冷水江市中小学继续教育实施方案》和《冷水江市中小学教师继续教育学分登记实施细则》，每年对全市中小学教师继续教育进行学分审核登记，并建立教育教学资源库。2010 年，全市教师在该校开展教学基本功培训，参培人员达 2083 人，培训规模大，覆盖面广，提升中小学教师专业素养。

三、教师待遇

1988 年，教师按专业技术职务工资标准套改工资。1989 年，教师工资普调 1 至 2 级。1993 年，市政府结合宣传贯彻《中华人民共和国教师法》，逐步改善教师待遇，工资套改时教师与行政干部一视同仁，并实行中小学职务（技术）等级工资制。此后，建立教师正常增资机制，定期调整工资标准和增加津补贴。2007 年 7 月，教师按职称任职年限和工龄长短，月工资每人增加 170～600 元。2009 年，教师发放绩效工资，年人平达 1.38 万元。并按小学、初中每生每月 3 元的标准发放班主任津贴，最低每月 100 元。农村教师发放津补贴，一类每月 180 元，二类每月 80 元，三类每月 40 元。教师享受医疗保险、失业保险、养老保险，缴纳住房公积金，费用根据政策规定由个人和财政按月缴纳。2010 年，全市教师人均月工资 2000 元左右。

图 20-2　2010 年教师节，冷水江市人民政府在体育馆召开全市优秀教师表彰大会

1985 年 9 月 10 日国家设立教师节后，全社会尊师重教风气日趋浓厚。随着《中华人民共和国教师法》和《中华人民共和国教育法》颁布实施，教师社会地位不断提高。至 2010 年，各级各届党代会、人民代表大会都有教师代表，每届政协教育系统均有政协委员，发挥教师参政议政的作用。每年教师节，市政府都要表彰奖励一批优秀教师和先进教育工作者，并组织慰问教师活动。

四、教师素质

（一）文化素质

1988 年后，为提高教师队伍整体素质，市教育行政部门加强师资培训，以市教师进修学校为主阵地，配合市内师范学校招生，挑选基础较好的民办教师脱产进修，同时，精选部分中小学教师赴各级教育学院深造，使教师文化素质逐年提高。1993 年，《中华人民共和国教师法》规定幼儿教师、小学教师应具备中专（含高中）毕业及其以上学历，初中教师应具备大学专科毕业及其以上学历，高中教师应具备大学本科及其以上学历。市教育行政部门进一步加大师资培训力度，选送教师进修深造，并鼓励在职教师参加高等教育自学考试，教师学历逐年提高。大部分小学、初中教师具有本科学历，部分高中教师具有研究生学历。至2010年，全市99%以上中小学教师达到相应学历要求，中学专任教师合格率为100%。

（二）思想素质

1988年始，市内教师大多数能遵纪守法，爱岗敬业，为人师表。但也有部分教师不安心教学，有的弃教经商或离职到沿海经济地区任教，有的教学工作敷衍应付，极少数教师存在体罚或变相体罚学生现象，直接影响教师形象。为加强教师职业道德教育，1992年市教育局贯彻落实国家教委《中小学教师职业道德规范》，在全市教育系统开展师风师德教育整顿活动。1997年，组织全国优秀教师和劳动模范到各学校作优秀事迹巡回报告。2006年，开展以“八荣八耻”为主要内容的社会主义荣辱观教育。2009年，为全市教师队伍建设年，各学校开展“强化学校管理，提升教育形象”活动。通过开展各种活动，教师思想素质明显提高，至2010年，全市先后涌现出以曾庆祥、伍爱珍、潘传照、童旺兴、钟友爱、陈楚生为代表的全国优秀教师17人，省级优秀教师48人。原市教育局教研室主任杨玉声，潜心教学，刻苦钻研，在各类教育刊物上发表论文160余篇，1993年获得湖南省首届徐特立教育奖，1995年被评为全国教育先进工作者并享受国务院特殊津贴。

图20-3　教育专家给冷水江市中小学校长作专题辅导讲座　（2009年摄）

五、职称评聘

1986年10月，全市中小学教师首次进行职称评聘工作。1990年，对已聘高、中、初级职称进行复查。1992年后，教师职称每年评聘一次。2008年，市教育局出台《冷水江市中小学教师高中级职称评审量化试行办法》，职称评定采用统一量化标准，并公开评聘指标、评分方法、评分结果，实施阳光操作。1986—2010年，童仕贤、伍蔚起、罗青锐、方庄丽、潘新华、谢细华、王勤、刘建求、张淑云、王强、王志华、陈清兰、杨笃剑13人被评为特级教师。阳国健、李传景、曹太勇、宋国清、王新芝、曾汉华等489人被评为高级教师。

第七节　教学　教研

一、教学

1990年8月，冷水江市被省教委确定为全省唯一的九年义务教育新课程新教材试点县市。试验开始后，由市教研室具体组织，各学校积极参与，取得较好试验效果，得到人民教育出版社和国家教委好评，为全省乃至全国推广实施九年义务教育新课程计划和使用新教材提供宝贵经验。

20世纪80年代末，受片面追求升学率的负面影响，各学校普遍存在课堂教学“填鸭式”满堂灌现象，学生负担沉重。为纠正这一不良倾向，1991年11月娄底地区教委下发《娄底地区普通中小学教学常规》，对课程计划、课堂教学等教学常规提出具体要求。要求废止注入式、“填鸭式”教学，倡导启发式教学。大多数学校按照《常规》规范课堂教学，教学方法有所改进，教学风气有所好转。

1993年，全市中小学实施国家教委制订的九年义务教育课程计划，把义务教育阶段的课程划分为学科课程和活动课程两部分，明确提出学科教育与活动课教学并重，既重视科学文化知识传授，又注重培养学生良好思想道德、兴趣爱好，发展个性特长，促进学生全面发展。

1995年，市教育局转发国家教委《关于调整全日制中小学课程（教学）计划的通知》，从当年秋季起，按照有利于教学秩序稳定、减轻学生负担原则，全日制中小学实行新工时制，小学、初中按每周5天工作日安排课程。

20世纪90年代末期，为加快推进素质教育步伐，市内各中小学教材统一使用省编新教材。电化教学进一步加强，教学仪器、实验室不断完善。中学物理、化学、生物和小学自然课教学，强化实验操作，注重能力培养。为提高学生身体和心理素质，按照《国家体育锻炼标准》和《中小学体育合格标准》，各学校加大基础设施投入力度，坚持“两课”（每周两节体育课）、“两操”（每天上午课间操和下午眼保健操），并加强学生饮食、饮水卫生管理工作。教育行政部门鼓励引导广大教师深入钻研教学业务，积极撰写教学论文，不断改革教学方法，并把教学论文质量作为职称评定条件之一。

2002年后，为提高学生综合素质，发挥个性特长，培养创新精神，提高动手能力，全市开始基础教育课程新一轮改革，要求各学校打造高效课堂，向课堂45分钟要实效、要质量，禁止节假日补课，切实减轻学生负担。

二、教研

1992年，冷水江市教育科学研究室更名冷水江市教育科学研究所（简称教科所），每门学科都成立专门研究室，配备专业教研员，负责该学科教学研究和师资培训工作。各中小学分别设立学科组、年级组，教学研究由听课评课向专题研究、课题研究深层次拓展。1993年，市教师进修学校开展“小学生听说训练的研究与推广”课题研究，获省三等奖。1994年，市教科所主办的《冷水江教研》创刊，开设“教研成绩”“课题材料”“优秀论文”“教学设计”“教改论坛”等栏目，为教学教研提供学习交流平台。1995年，市一中“高中化学演示实验研究”课题，获省二等奖。2002年，岩口学区“农村小学‘三算’结合教学与学生素质发展研究”课题，获省三等奖。2007年，红日小学“小学青年教师‘校本培训’研究”课题，获省二等奖。1988—2010年，全市教研课题共获得省二等奖6项、三等奖6项，娄底市一等奖4项、二等奖10项。

第八节 教育管理

一、管理机构

1988年，市教育委员会内设工会、办公室、纪检组、人事组、教育组、成人教育组。1994年9月，撤销市教育委员会，成立市教育局，乡（镇、街道）设学区委员会。2007年，乡（镇、街道）学区委员会撤销，其职能并入相应成立的各乡（镇、街道）中心学校。2010年，市教育局内设工会、办公室、督导室、纪检组、人事股、普教股、职成股、审计股、职称办、社管办、关工委、综治办、保健所、考试中心、学生资助中心，下辖仪器电教站、教科所、教工之家、教育建筑公司。1988—2010年，市教委（教育局）先后由汤燮理、段振卿、李谟高、肖时明、罗坚、王建农、李鸣曙任党委（党组）书记，汤燮理、段振卿、李谟高、肖时明、王建农任主任（局长）。

二、教育督导

1990年3月，冷水江市教育委员会教育督导室成立，定编2人。1992年，根据国家教委颁发的《普通中小学校督导评估工作指导纲要》，制定《冷水江市中小学督导评估工作方案》并予以实施。1995年，由督导室牵头对全市各学校开展评估定级工作，锡矿山中心小学定为中心小学一等学校，向东学校、禾青中学等8所学校定为初级中学二等学校，梓龙中学等8所学校定为初级中学三等学校。1996年，对驻市的省、地厂矿子弟学校进行等级评估，资江氮肥厂子弟学校等3所学校达到一级学校标准，金竹山电厂等11所子弟学校达到二级学校标准。

1997年，市教育委员会督导室撤销，设立市人民政府教育督导室，编制、职能未变。2001—2007年，对各学校开展目标管理考核。2007年5月，在省政府教育督导室组织的督导评估考核中，冷水江市被评为优秀，并获得奖金30万元。2008年，省教育厅下发《关于湖南省义务教育合格学校建设的实施意见》，教育督导室负责督促落实。至2010年年底，全市建立义务教育合格学校12所。同时实行督学责任区制度，按地域划分为中心片、禾青片、铎山片、毛易片、矿山片五个责任区，每个责任区设1名专职督学和2～3名特聘督学，并组成督学小组，对责任区内中小学及幼儿园开展经常性随访督导工作。

三、设施管理

（一）学校建设管理

1990年，市教育局成立教育审计股，配合办公室、计财股，对学校建设从规划、设计、报建、施工等方面进行全程管理，保证学校建设工程质量。1995年，建立健全学校建设工程检查和责任追究制度，对违规招标、施工监督不力行为以及因工程质量问题发生安全事故的，追究有关领导和责任人责任，触犯刑律的移交司法部门处理。1996年，按照《中华人民共和国建筑法》，加强对学校建设工程招标监督管理，并明确规定：学校较大基本建设项目，报市招标领导小组，由市招标领导小组面向社会公开招标；乡镇一级学校较小项目，由各乡镇、教育局监审部门和学校组成联合招标小组进行招（议）标。1997年，建立工程造价审计制度，学校工程竣工后，按规定办理决算手续，凭决算报教育局内审或市审计机关审计，通过审计后才能最终决算工程款并支付。

2000年，市教育局成立学校布局调整和校园建设领导小组，对学校建设定址、图纸、招标、施工等进行全程监督管理。2008年，全市开始合格学校建设，市教育局抓住这一契机，分批次要求各学校扩容提质，在硬件和软件两个方面加大投入。至2010年年底，全市完成40所合格学校建设。

（二）仪器设备管理

1984年10月，成立冷水江市仪器电教站。1992年，市编委定为全额拨款副科级事业单位，定编13人，主要负责全市中小学实验教学和信息技术教育的“建、配、管、用、培、研”等工作。

1991年，组建教育电视台，由仪器电教站管理。1992年，教育电视台与仪器电教站分离，并正式成立冷水江市教育电视台。是年，冷水江市被确定为湖南省首批普及实验教学试点县市，市教育局制订实施方案，加大教学仪器资金投入，对学校实验员进行全员培训，并将实验教学内容纳入教学常规管理。至年底，全市拥有教学仪器设备价值总计1000多万元，有实验室85间，仪器室191间。各村小学仪器设备达三类标准，中心小学、初中学校达二类标准，高中学校达一类标准。演示实验开出率达100%，分组实验开出率达98%。普及实验教学试点工作经省验收合格。此后，各学校配备专职或兼职实验员，规范教学仪器破损报废制度、化学药品管理制度、仪器设备计划统一采购制度，建有实验室仪器总账、教学仪器分类账，总务处建有固定财产账、教学仪器经费往来账，做到账、卡、物相符。

2010年，市教育局争取省教育厅项目经费772万元，兴建标准实验室37间、电脑室21间，添置“班班通”设备92套、电脑907台。全市各学校功能室齐全，仪器设备管理规范，为提高教学质量提供物质保障。

四、经费管理

20世纪90年代初，为加强学校收费管理，市教育局会同市物价局、财政局制定学校收费标准并向社会公示。但在实际收费过程中，少数学校向学生收取补课费、资料费、考试费，部分学校超标准收取搭餐费，收费项目多，收取费用高。针对乱收费行为，1992年起，市教育局加强对学校收费工作检查，对乱收费单位和个人进行严肃处理，乱收费行为有所收敛。1995年，学校财务实行收支两条线管理，杜绝“账外账”和“小金库”，严禁滥发补助、津贴、实物。2001年，教师工资由财政专户直接打入个人工资卡，退休教师工资由社保局统一发放，义务教育保障经费由市财政设专账管理，封闭运行，由专户直接支付到学校。

第二章　科　技

1988 年，冷水江市科技事业得到长足发展。1991 年，中共冷水江市委、市人民政府作出“科技兴市”决定。1996 年，全市科技大会召开，市委、市政府提出“科教兴市”战略，并出台《重奖有突出贡献科技人员的若干规定》。此后，市委、市政府进一步加强科技工作领导，不断深化科技体制改革，健全科技服务体系，发展壮大科技队伍，多渠道多层次增加科技投入，全市科技氛围日益浓厚，科研机构、科研队伍、科技服务、科普宣传呈现良好发展态势。市科技部门以科技星火计划、火炬计划、支撑计划、“863”计划等科技项目申报与实施为重点，加速科技成果推广和科技示范工程建设。1998—2010 年，全市实施科技项目 422 项，转化科技成果 42 项，取得授权专利 530 项，获得娄底市级以上科技进步奖的科研成果 52 项，培养各类科技人才 5000 余人。同时，高新技术快速发展，产值从 2003 年 1.7 亿元增至 2010 年 141.7 亿元。

图 20-4　2009 年，冷水江市获“全国科技进步先进县（市）”称号

第一节　机构　队伍

一、科技机构与组织

（一）市科学技术局

1988 年，冷水江市科技管理机构为市科学技术委员会（简称市科委），1994 年 10 月更名冷水江市科学技术局（简称市科技局），为政府组成局，内设办公室、科技计划与高新技术股、财务股、科技成果与技术市场股、农村与社会发展股（加挂法制股牌子）、专利管理办。2010 年机构改革，内设股室调整为办公室（加挂人事股牌子）、科研条件与财务股、综合计划股（加挂高新技术产业办牌子）、农村与社会发展股（加挂法制股牌子）、科技成果与技术市场股，定编 10 人。归口管理市地震局、市知识产权局、市科学技术情报研究所、市生物医药化工研究所。1988—2010 年，市科委（市科技局）先后由吕恒如、姜少文、余晚芳、吴建清、朱正初任主任、局长。

1. 市地震局

1978 年 8 月，成立市地震办，为全额拨款副科级事业单位，有工作人员 2 人，归口市科委管理。2002 年，确定为参照公务员管理事业单位，定编 2 人。2007 年，更名市地震局。2010 年机构改革，定编 3 人，机构级别和性质未变，归口市科技局管理。

2. 市知识产权局

1992 年，成立市专利管理办公室，归口市科委管理。后为科技局内设股室。2002 年，升格为知识产权局，副科级。2010 年机构改革，知识产权局分设，定编 3 人，属科技局二级机构。

3. 市科学技术情报研究所

1978 年 12 月成立，隶属市科委管理。2010 年机构改革，定编 9 人，属市科技局二级机构。

4. 市生物医药化工研究所

1986 年 1 月，成立市化工研究所，为股级单位，定编 8 人，隶属市科委管理。2010 年机构改革，更名市生物医药化工研究所，定编 8 人，归口市科技局管理。

（二）市气象局

1971 年，始建冷水江市气象站，有干部职工 5 人。1981 年 3 月，成立冷水江市气象局，属上级气象部门垂直管理单位。2010 年，市气象局下设办公室、气象台、测报股、人工影响天气办、法规股、防雷所、气象科技服务中心7个股室，在职干部职工14人（其中工程师5人），退休职工10人。1988—2010年，先后由康纪宣、龙坚强、易样辉任局长。

（三）市科学技术协会

冷水江市科学技术协会（简称市科协）于1978年成立，与市科委合署办公。1984年10月，与市科委分设，定编7人，下设办公室、科普部、学会部和科技咨询服务部。1986年2月，科技咨询服务部更名市科技咨询服务总部，隶属市科协管理。2010年，市科协内设办公室、科普部，定编3人，属公务员参照管理单位。下辖市科技咨询服务总部，属自收自支事业编制。1988—2010年，先后由庾国植、杨颂孚、颜克定、康利新、刘玉成任党组书记、主席。

1988年，全市有企业科协10个，乡（镇、街道）科协16个，自然科学专门学会28个。1989年，有企业科协11个，专业学会、协会、研究会共29个。1998年，企业科协增至13个。至2010年，全市有基层科协组织24个，市直专业技术学会（协会）10个，企业科协5个，民间专业技术学会（协会）9个。

二、科技队伍

1988年，全市有科研开发机构8个，专业技术人员5584人，其中工程技术人员2039名、农业技术人员61名、医疗技术人员959名、财会技术人员635名、统计技术人员201名、图书档案技术人员23名、其他技术人员1666名。1994年，市政府出台《放宽放活科技人员若干问题的规定》，鼓励科技人员合理流动，并在市人事局设立人才交流中心。1996年，全市科技大会召开，实施“科教兴市”战略，各乡（镇、街道）配备科技副乡镇长（副主任），全市专业技术人员增至6938人。2000年，市委、市政府出台《关于人才工程的实施意见》，当年培养村级农业技术员286人。2002年机构改革，乡镇科技站撤销，农村科技人员减少。此后，随着民营企业发展，民营企业科技人员增加，2003年达325人。2007年，从广东省化工研究院引进高级工程师1名，次年为金山钎焊材料制造公司解决技术难题6项。2009年，从市卫生、农业、畜牧等部门选配12名科技特派员到基层工作。同年，全市引进硕士研究生17人。2010年，引进硕士研究生14人，全市有各类专业技术人员8978人，比1988年增加3394人，其中高级职称686人、中级职称3037人、初级职称3141人。

第二节　科学普及

一、科普宣传

1991年，市科协以专题展板形式举办《科协工作成就展览》，组织全市副科以上领导干部参加“科技是第一生产力”培训班，全年举办5期。1992年11月，全市开展“科技宣传周”活动，科技部门通过报纸、广播、电视开辟“科技专题”和“科技专栏”，普及科技知识。

2004年6月29日，市直各自然科学学会（协会）、企业科协及团市委等人民团体参加全国第一个科普日活动，活动主题为“科学普及——你我共参与”。2005年起，科普日活动定于每年9月中下旬举行。科普日活动主题随着时代不断改变，有节约能源、预防疾病、科学生活、保护生态环境等。

1988—2010年，全市科技部门先后出动科技宣传车36台次，发放科普资料100万余份，制作宣传展板850块，张贴宣传标语6000余条，组织播放科技电影100余场，举办科普知识竞赛5次，组织中小学生科普知识征文活动7次（其中19人获国家级奖励），编发科普短信10万余条，编印《低碳生活》《安全常识手册》《农业种植新技术》《科学技术普及读物》《家禽养殖手册》等科普读物10余种，向社会普及科技知识，展示科技新成果，推广种植、养殖先进技术。

二、技术传播

（一）科技下乡

1988—1999年，市科技部门开展农业产前、产中和产后“一条龙”服务，完成品种改良项目134项，创建乡镇科技示范户2182户。此后，在全市开展“五送”（送政策、送培训、送岗位、送项目、送服务）下乡活动。至2010年，全市组织科技下乡活动684次，为科技示范户提供致富信息3542

条，为乡镇企业搭桥指导 245 次，向农民群众赠送科技资料 12 万份，组织科技示范户开展科技扶贫 63 次，无偿为潘桥乡、三尖镇、铎山镇等地农户提供良种苗木 80 万株。

图 20-5　冷水江市科技下乡培训班现场

（2005 年摄）

（二）科技培训

1988—2010 年，全市举办商品养猪、稻田养鱼、网箱养鱼、圈养奶牛和山羊等养殖业培训班 532 期，培训 2.34 万人次；葡萄、杨梅、药材、绿色蔬菜等种植业培训班 684 期，培训 5.25 万人次；杨梅酿酒、奶品生产、黄酒酿造、食品加工等农产品深加工培训班 256 期，培训 4589 人次；企业协会开展生产技能及下岗职工再就业培训 1458 期，培训 4.37 万人次；农函大培训 267 期，培训 1.35 万人次。通过科技培训，大多数村民掌握 1～2 门实用技术，职工增长科技知识，提高岗位技能。

（三）科技咨询

1988 年，市科技咨询服务总部开展科技咨询服务，服务形式从原来的技术服务发展到技术承包。是年，签订科技咨询合同 76 项，完成合同金额 60 万元。1997 年，市科协从各企业科协选拔各类高、中级科技人员 18 名，为乡镇及私营企业提供咨询和技术服务。2002 年后，由于工作经费和技术力量减少，科技咨询业务削弱。1988—2010 年，免费提供各类科技咨询服务 2.36 万人次。

三、科技示范

（一）科技示范户

1991 年，全市有省级科技示范户 4 户。1996 年，省级科技示范户增至 9 户，除养殖业外，增加种植业。2001 年，养殖大户彭庭章等 12 户获娄底市首批“科技示范户”称号。2004 年，岩口镇金星村养殖大户邓晚姣等 2 人获省级示范户称号，三尖镇金塘村种植大户陈远明等 11 人获娄底市级示范户称号。2009 年，药材种植大户郭益中等 6 人被授予娄底市“十佳科普典型”荣誉称号，李红卫等 2 人获“全国农村科普带头人”称号。通过科技示范户辐射带动作用，全市种养大户发展迅速，至 2010 年，全市有科技示范户、专业户 124 户，其中省级示范户 39 户，娄底市级示范户 33 户。

1991—2010 年冷水江市省、娄底市级科技示范户一览表

表 20-2

乡（镇、街道）	村（社区）、林场	姓 名	示范项目	示范户类别	授予年度
铎山镇	石溪	李细娥	养猪	省级	1996
	石柱	李传华	养鱼、种葡萄	娄底市级	1998
梓龙乡	红旗二场	陈庆生	养殖业	省级	1996
	林场	李建华	养山羊	省级	1996
	吴家	李习文	养殖业	娄底市级	1998
	梓坪	李传良	种、养殖业	娄底市级	1998
渣渡镇	渣渡	彭庭章	养鸡	省级	1991
	铁山	黄民武	果林	省级	1991
	双丰	梁巨齐	养鸡	省级	1991
	侯家	袁田珍	种橘	省级	1992
	木丰	李立星	养鸡	省级	1999
	利民矿	唐红军	养猪	娄底市级	1998
	银溪	谢楚明	种植业	娄底市级	1998
	和平	李小凡	种植业	娄底市级	1999

续表 20-2

乡（镇、街道）	村（社区）、林场	姓　名	示范项目	示范户类别	授予年度
锡矿山街道	新生	杨中华	种植业	娄底市级	1998
	龙虎山	谭芝桂	养猪	娄底市级	1998
	龙虎山	彭云尧	养猪	娄底市级	1998
毛易镇	王坪湾	王平清	养牛蛙	省级	1991
	清一	李红卫	养奶山羊等	省级	1998
	大洲	潘东祥	种、养殖业	娄底市级	1997
	长铺	余和平	种、养殖业	娄底市级	1997
	长铺	王华云	种植业	娄底市级	1998
	清一	李旭峰	经济作物	娄底市级	1998
	柳溪	段太喜	养猪	娄底市级	1999
中连乡	民主	李海燕	养猪	娄底市级	1998
	坝塘	段二平	多种经营	娄底市级	1998
	民主	杨谷贤	养猪	娄底市级	1998
	金瓶	李谟利	养山鸡	娄底市级	1998
	金湾	杨祖荣	养猪、养鱼	娄底市级	1998
	诚意	段汉雄	种草莓	娄底市级	1999
冷水江街道	涟溪桥	吕庆祥	种菜	省级	1996
	冷钢	李楚光	种植业	娄底市级	1998
	集中	李水英	种、养业	娄底市级	1997
三尖镇	粘禾	李校中	种橘、养猪、养鸡	省级	1992
	三尖	文卫东	养猪	省级	1996
	三尖	文赞新	养猪	省级	1998
	金塘	陈远民	种柰李	娄底市级	2004
	三尖	郭益中	种植药材	省级	1998
	三尖	刘望安	种植药材	省级	1998
同兴乡	谭家	谭练初	养猪、杂果	省级	1996
	白杨	李铁华	食用菌	省级	1996
	同兴	李德文	养猪	省级	1998
	同兴	李欠雄	药材	娄底市级	2003
锡矿山街道	双木	段柳香	养猪	省级	1996
	双木	周电秀	养猪	省级	1999
潘桥乡	长冲	刘友星	养母猪	省级	1998
	桥头	潘文田	养山羊	省级	1998
	桥头	潘传满	养鸭	娄底市级	2003
	建新	潘喜桃	种橘、养鸡	娄底市级	2003
	义方	潘特民	种植业	娄底市级	2003
禾青镇	杨坪	肖中娥	养母猪	省级	1992
	里福	黄小长	养猪、山羊	省级	1998
	里福	段继先	养猪	省级	1998
	禾青	易太丰	大棚蔬菜	娄底市级	2003
	禾兴	潘国安	养猪	娄底市级	2003

续表 20-2

乡（镇、街道）	村（社区）、林场	姓 名	示范项目	示范户类别	授予年度
金竹山镇	恒星	邹国钦	养猪	娄底市级	1997
	资江	段福祥	种植	娄底市级	2003
岩口镇	槐花	梁格凡	养猪、养蛇	省级	1996
	金星	闵安林	养猪	省级	1999
	金星	邓晚姣	养猪	省级	2004
	塘冲	阳益华	养猪	省级	2004
	光华	李传国	种水果	娄底市级	2004
	金连	苏东红	种植	娄底市级	2004

（二）科技示范基地

1990—2001 年，全市建立省、地、市级科技示范基地各 1 个，科技示范村 15 个。“农业科技园区”“药材种苗开发与生产基地”两个农业基地引进和推广新品种 40 余个。此后，锊山镇眉山村葡萄基地、锊山镇杨梅基地、响莲实业葛根种植生态农业示范园、矿山乡高峰金银花种植示范基地、三尖镇药材种植基地相继建成，均取得较好的经济效益。至 2010 年，全市有科技示范基地 11 个，其中富强综合养殖场被评为“湖南省科普惠农兴村计划农村科普示范基地”，并获扶助资金 10 万元。

第三节　科技成果

一、科技项目

1988—2010 年，冷水江市各类科技项目立项 422 项，其中国家星火计划 3 项，国家火炬计划 3 项，国家新产品计划 2 项，国家中小企业创新基金项目 1 项，国家攻关计划节能减排重点项目 1 项；省星火计划 24 项，省火炬计划 10 项，省重点科研项目 15 项，省一般科研项目 17 项；娄底市科技项目 58 项；市本级科技项目 287 项。

二、成果鉴定

1988—2010 年，全市 53 项科研成果得到验收鉴定，其中 4 项达国际先进水平，1 项填补国内空白，48 项达国内领先水平。2009 年，湖南宜化公司“型煤黏结制备技术开发与研究”成果经娄底市科技局鉴定，达国内领先水平。此前，湖南宜化公司一直采用山西块煤作为造气原料，成本过高。该成果实施后，利用本地无烟粉煤加工成型煤作为制气原料，实现原料本地化，降低企业生产成本。是年，公司节约成本 6640 万元。

1988—2010 年冷水江市科研成果鉴定情况表

表 20-3

科　研　项　目	完 成 单 位	鉴定年度	鉴定单位	成果水平
多效唑在晚稻秧田推广应用	农业局	1988	娄底市科技局	国内领先
AD-1型平版印刷胶	资江化工厂	1988	娄底市科技局	国内领先
AG_2陶瓷刀具系列产品	陶瓷工具厂、电化总厂	1989	娄底市科技局	国内领先
二苯胺	江北化工厂	1990	娄底市科技局	国内领先
低温烧结高铝质研磨体	电子耐火材料厂	1991	娄底市科技局	国内领先
纯中药制剂“肝复乐”	制药厂	1991	娄底市科技局	国内领先
复合氮化硅陶瓷刀片	陶瓷工具厂	1992	娄底市科技局	国内领先

续表 20-3

科　研　项　目	完 成 单 位	鉴定年度	鉴定单位	成果水平
日光灯通用启动开关	恒达实用电器厂	1992	娄底市科技局	国内领先
1851-乐杀磷	资江氮肥厂	1993	娄底市科技局	国内领先
GS-TGG-Ⅱ型红外涂料	正大贸易开发公司	1993	娄底市科技局	国内领先
FiO 型节能耐火材料生产技术及产品开发	电子耐火材料厂	1994	娄底市科技局	国内领先
水泥窑立筒预热器综合节能新技术	一水泥厂	1994	娄底市科技局	国内领先
铁山杨梅栽培技术改造与推广	渣渡镇	1995	娄底市科技局	国内领先
杨梅及杨梅系列产品开发	渣渡镇	1996	娄底市科技局	国内领先
利用贵州块煤制合成氨原料气	资江氮肥厂	1996	娄底市科技局	国内领先
FiO 型节能耐火材料生产技术及系列产品开发	耐火材料厂	1997	娄底市科技局	国内领先
峒室改造和仪器更新	地震局	1997	娄底市科技局	国内领先
新型灭火保炉装置	金竹山电厂	1997	娄底市科技局	国内领先
双鼠笼转子防断条研究技术	金竹山电厂	1998	娄底市科技局	国内领先
锅炉卡火防护装置技术研究	金竹山电厂	1998	娄底市科技局	国内领先
复合陶瓷轧辊环	陶瓷工具厂	1998	娄底市科技局	国内领先
娄底辣椒1号品种选育和推广	农业局	1998	娄底市科技局	国内领先
江南广场程序控制喷泉设计与施工	规划局	1998	娄底市科技局	国内领先
模式化稻田养鱼	畜牧局	1999	娄底市科技局	国内领先
甲鱼繁殖技术	畜牧局	1999	娄底市科技局	国内领先
杀螨利果防治柑橘红蜘蛛	农业局	1999	娄底市科技局	国内领先
农田化学除草技术	农业局	1999	娄底市科技局	国内领先
羊肠线盘内固定治疗小儿前臂骨折	中医医院	2000	娄底市科技局	国内领先
下肢高位离断再植	中医医院	2000	娄底市科技局	国内领先
岩口生态场节水灌溉及其综合开发	水利局	2000	娄底市科技局	国内领先
高血压抽样调查分析	防疫站	2000	娄底市科技局	国内领先
小儿包茎手术治疗	妇幼保健院	2000	娄底市科技局	国内领先
CT 锥颅穿刺血肿吸出前引流术法治疗高血压脑出血	人民医院	2001	娄底市科技局	国内领先
小学五自教育研究	红日学校	2001	娄底市科技局	国内领先
民用环保型高效节能传热系统研究	惠尔家公司	2001	娄底市科技局	国内领先
节能灌溉	水利局	2001	娄底市科技局	国内领先
农村高血压病防治研究分析	卫生防疫站	2002	娄底市科技局	国内领先
异丙酚静注用于人工流产	妇幼保健院	2002	娄底市科技局	国内领先
臭氧活性炭联用净水器	金大乘集团	2002	娄底市科技局	国内领先
鼻窦炎三联治疗	人民医院	2002	娄底市科技局	国内领先
输精管绝育两大后遗症及锥管内镇痛分娩术	人民医院	2002	娄底市科技局	国内领先
数学自启式教学实验研究	第七中学	2003	娄底市科技局	国内领先

续表 20-3

科　研　项　目	完 成 单 位	鉴定年度	鉴定单位	成果水平
鼻泪道支架植入术治疗鼻泪道阻塞	人民医院	2004	娄底市科技局	国内领先
锑白新工艺新炉型研究	闪星锑业公司	2004	湖南省科技厅	国际先进
快速除砷除硒新工艺的研究	闪星锑业公司	2004	湖南省科技厅	国际先进
锑白后处理新工艺	闪星锑业公司	2004	湖南省科技厅	国际先进
倾斜（急倾斜）薄矿体上向连续采矿法实验研究	闪星锑业公司	2004	湖南省科技厅	国际先进
人工膝、髋关节的技术研究与推广	中医医院	2006	娄底市科技局	国内领先
粉煤成型连续气化工艺开发	湖南宜化公司	2009	娄底市科技局	国内领先
合成氨池放气中氨低温分离回收技术开发	湖南宜化公司	2010	娄底市科技局	国内领先
碳丙脱碳工艺节能研究	湖南宜化公司	2010	娄底市科技局	国内领先
造气炉渣综合利用技术开发	湖南宜化公司	2010	娄底市科技局	国内领先
型煤黏结制备技术开发与研究	湖南宜化公司	2010	娄底市科技局	国内领先

三、成果奖励

1996 年、2007 年，分别召开冷水江市科技大会，对取得较好经济效益和社会效益的 38 项科研成果给予奖励，闪星锑业公司“锡矿山锑矿地质找矿研究”等 6 项成果获市科技进步一等奖，市人民医院“CT 锥颅穿刺血肿吸出前引流术法治疗高血压脑出血”等 15 项成果获市科技进步二等奖，市陶瓷工具厂“陶瓷加工新工艺”等 17 项成果获市科技进步三等奖。

1988—2010 年，全市获得国家新技术新产品博览会金奖 1 项，国家星火计划科技精品金奖 1 项，国家实用技术成果展览会金奖 1 项。省科技进步奖 11 项（其中二等奖 8 项、三等奖 3 项），省地震局地震科研进步四等奖 3 项。娄底市科技进步奖 36 项（其中一等奖 4 项、二等奖 7 项、三等奖 25 项）。

1988—2010 年冷水江市科研成果获娄底市级以上奖励情况表

表 20-4

科　研　项　目	完 成 单 位	年度	获　奖　等　级
氮化硅陶瓷刀片	陶瓷工具厂	1990	东南亚地区中国实用技术成果展览会金奖
二氰二胺	电化总厂	1990	娄底地区科技进步一等奖
二苯胺	江北化工厂	1991	省科技进步二等奖
强氯精种子消毒技术	农业局粮油站	1991	娄底地区科技进步二等奖
类猪瘟病的调查研究	畜牧水产总站	1991	娄底地区科技进步一等奖
纯中药制剂“肝复乐”	制药厂	1992	省科技进步二等奖
FiO 型节能耐火材料产品	电子耐火材料厂	1992	国家新技术新产品博览会金奖
斜坡式橡胶坝	电力局新桥电站	1992	娄底地区科技进步三等奖
球磨机轴瓦自动保护器	恒达实用电器厂	1993	娄底市科技进步一等奖
折伞式晾晒架系列	教师进修学校	1993	娄底市科技进步二等奖

续表 20-4

科　研　项　目	完 成 单 位	年度	获　奖　等　级
FG 弹簧轧辊	机电厂	1994	中国星火计划科技精品金奖
娄底地区近期中强地震危险性研究	地震局	1995	省地震局地震科技进步四等奖
禾青深井水微动态观测与地震研究	地震局	1995	省地震局地震科技进步四等奖
湖南资江浪石滩地裂陷带浅析	地震局	1995	省地震局地震科技进步四等奖
杨梅及杨梅系列产品开发	渣渡镇	1996	娄底市科技进步三等奖
FiO 型节能耐火材料生产技术及系列产品开发	耐火材料厂	1997	省科技进步二等奖
峒室改造和仪器更新	地震局	1997	娄底市科技进步三等奖
新型灭火保炉装置	金竹山电厂	1997	省科技进步二等奖
双鼠笼转子防断条研究技术	金竹山电厂	1998	省科技进步三等奖
锅炉卡火防护装置技术研究	金竹山电厂	1998	省科技进步三等奖
复合陶瓷轧辊环	陶瓷工具厂	1998	省科技进步三等奖
娄底辣椒1号、娄底丝瓜1号品种的选育与推广	农业局	1998	娄底市科技进步三等奖
江南广场程序控制喷泉设计与施工	规划局	1998	娄底市科技进步三等奖
羊肠线盘内固定治疗小儿前臂骨折	中医医院	1999	娄底市科技进步三等奖
下肢高位离断再植	中医医院	1999	娄底市科技进步三等奖
茶色素临床应用研究	人民医院	1999	娄底市科技进步三等奖
白内障现代囊外摘除人工晶体植入术	人民医院	1999	娄底市科技进步三等奖
羊肠线盘内固定治疗小儿前臂骨折	中医医院	2000	省科技进步二等奖
下肢高位离断再植	中医医院	2000	省科技进步二等奖
岩口生态场节水灌溉	水利局	2000	娄底市科技进步三等奖
陶瓷水龙头	陶瓷龙头厂	2000	娄底市科技进步三等奖
球形净水器	金大乘集团公司	2000	娄底市科技进步三等奖
CT 锥颅穿刺血肿吸出前引流术法治疗高血压脑出血	人民医院	2001	娄底市科技进步三等奖
小学“五自”教育研究	红日学校	2001	娄底市科技进步三等奖
民用环保型高效节能传热系统研究	惠尔家公司	2001	娄底市科技进步三等奖
节能灌溉	水利局	2001	娄底市科技进步三等奖
农村高血压病防治研究分析	卫生防疫站	2002	娄底市科技进步三等奖
异丙酚静注用于人工流产	妇幼保健院	2002	娄底市科技进步三等奖
臭氧活性炭联用净水器	金大乘集团	2002	娄底市科技进步三等奖
铸铁机交变高应力区长裂纹面粘接—裂纹邻区预压力修复技术	金信化工公司	2003	娄底市科技进步二等奖
锑白新工艺研究	闪星锑业公司	2004	省科技进步二等奖

续表 20-4

科　研　项　目	完 成 单 位	年度	获　奖　等　级
快速除砷除硒新工艺的研究	闪星锑业公司	2004	省科技进步二等奖
锑白生产新工艺研究和应用	闪星锑业公司	2004	娄底市科技进步二等奖
倾斜薄矿体上向连续采矿法实验研究	闪星锑业公司	2004	娄底市科技进步三等奖
鼻泪道支架植入治疗鼻泪道阻塞	人民医院	2005	娄底市科技进步二等奖
数学自启式教学实验研究	七中	2005	娄底市科技进步三等奖
大型往复压缩机关键零部件快速失效的原理	金信化工公司	2006	娄底市科技进步二等奖
农村小学培养学生体育个性特长研究	毛易学区	2007	娄底市科技进步三等奖
人工髋膝关节置换术结合中药内服、外用治疗髋膝关节病变的应用研究	中医医院	2007	娄底市科技进步二等奖
催化剂级超高纯三氧化二锑生产方法及装置	闪星锑业公司	2010	娄底市科技进步一等奖
高效、低毒复配杀虫剂	大乘医药化工公司	2010	娄底市科技进步三等奖
农村中小学提高德育实效性的研究	岩口镇中心小学	2010	娄底市科技进步三等奖

第四节　科技推广与科技研发

一、农业技术

1988年，市农业局粮油站组织实施多效唑推广应用，解决晚稻秧苗徒长、拔节、败苗等问题，收到控长、增叶、增产良好效果。市菜科所研发茶黄螨发生与防治技术，解决茶黄螨发生期回归预测和防治问题。1989年，资江氮肥厂进行“新农业技术开发”项目研究，生产出高效低毒新农药1851—乐杀磷。

1990年，市蔬菜办、市菜科所选育高产湘椒1号、3号、4号、5号辣椒，具有植株高大、耐热耐旱、味辣果多等特点。1991年，市农业局粮油站引进强氯精种子消毒技术在农村推广，推广面积2167公顷，解决杂交水稻病害难题，新增粮食产量162.44万千克。1992年，市农业局引进耐旱、高产南薯88新品种，取代之前种植的广东白皮、湘薯6号、7号。1997年，菜科所经过多代系统选育“冷江1号”辣椒、苦瓜、丝瓜等新品种，通过娄底地区农作物品种审定委员会品种审定，在外省和本地试种800公顷，具有早熟、高产、抗病等特点。

图 20-6　冷水江市菜科所选育的湘椒5号辣椒（1990年摄）

2010年，湖南瑞生源生物科技有限公司进行“应用生物技术开发推广杨梅鲜果系列产品”项目研究，以杨梅为原材料，加工出杨梅果酒、杨梅果醋、杨梅果汁、杨梅果油、杨梅果脯、杨梅果仁等杨梅系列产品，年产值628万元。

二、工业技术

1988年，市粘胶剂厂与中科院广州分院共同开发出具有防水防油、耐高低温等优点的多功能密胶，投入市场后，产品供不应求，填补省内空白。同年，市特种合金制件厂进行多功能BC特种合金应用开发，其产品适应于800℃以上热加工领域，具有良好稳定性和耐磨性。

1990年，市电化总厂开发石灰氮，产品质量达到国内同行业先进水平，年产量1778吨，创产值275.59万元。市制药厂研制的纯中药片剂“肝复乐”，用于治疗肝癌、肝硬化、肝炎等疾病，属国内首创，达国际先进水平。资江氮肥厂利用现代光纤技术直接测煤气发生炉炉层温度，使单炉年新增经济效益5万～10万元。市硅酸盐研究所研发的AM8系列精细陶瓷零件，耐磨性好，抗腐蚀，机械强度高，年产520万件调解片和密封圈磁头。

1995年，市一水泥厂进行“水泥窑立筒配热器综合节能技术”研究，通过改变气流与物料运动轨迹，使物料在立筒内均匀分散，让物料与热废气流进行充分热交换，从而提高物料碳酸钙分解率，达到增产节能目的，每年创经济效益460万元。市二化工厂开发“低钾钠氯化铵”项目，利用低钾钠氯化铵生产钨钼材料，使钨钼产品达到高品级，创外汇10万美元。

1997年，金竹山电厂开展新型灭火保护装置研发，实现锅炉膛安全监探及燃烧中不放炮、不灭火，提高经济效益。1998年，市科技局组织各乡镇开发高纯氧化锌、镀锌管、氧化铟、电池碳棒浸蜡等20多种新产品。1999年，冷水江铸造股份有限公司开发出铸铁管柔性接口系列产品，广泛应用于电子、冶金、军工等领域。2002年，市化工所、市陶瓷工具厂研发出耐磨性好、硬度高、使用寿命长的陶瓷轴承和ST系列新型复合陶瓷刀具。

2004年，闪星锑业公司进行锑白新工艺研究，提高三氧化二锑纯度，同时提高生产效率，新增利润1700万元，创外汇3700余万美元。同年，进行快速除砷除硒新工艺研究，开发出新型锑冶炼除砷、除硒工艺，提高锑锭品质，该项技术达到世界先进水平。2008年，冷水江钢铁总厂开发“950中宽带”高新技术项目。湖南宜化通过提升节能减排综合改造技术，年节约标煤8.68万吨。2009年，闪星锑业公司开展锑冶炼用鼓风炉富氧熔炼新工艺研究及应用推广，每年节约焦炭6万吨、烟煤1万吨、锑矿石6万吨、水80万吨，回收锑金属2720吨，每年减少温室气体二氧化碳排放22万吨，二氧化硫排放7.3万吨。

第五节　科技管理

一、科技计划编制

（一）长期计划

1988年，制定《冷水江市经济社会科技综合发展规划（1988—2000）》，明确到2000年，科技进步所创产值占新增产值比重由1987年的32%上升到65%左右。重工业技术水平基本达到发达国家80年代初水平，部分产品技术保持和达到世界先进水平。

2000年，制定《冷水江市科技发展“十五”计划和2015年远景规划》，明确到2015年，科技进步对经济增长贡献率达70%，工业科技水平指数达10.5，农业科技水平指数达9，取得省级先进水平科技成果不少于100项，国内先进水平科技成果不少于60项，专利申请不少于500件。

2010年，制定《冷水江市科技发展规划（2010—2030）》，明确科技发展总体目标：到2030年，基本建成功能明确、结构合理、良性互动、运行高效，以企业为主体、政府引导、市场化运作、产学研相结合，适应市场经济体制和科技自身发展规律、具有冷水江特色的自主创新体系，保持湖南中部地区领先水平，进入全国科技强县行列。

（二）五年计划

1985—1990年“七五”计划期间，计划安排重点科技项目41项，重点研究开发锑、铅锌、白云石、硅、特种陶瓷、精细化工、电石玻璃窑用耐火材料等系列产品。

1991—1995年“八五”计划期间，计划安排重点科技项目62项，主要是煤矸石、粉煤灰等废渣废气综合利用和环境保护研究工作。

1996—2000年“九五”计划期间，计划安排科技项目77项，重点是水泥窑炉节能新技术、水稻新品种、“菜篮子”工程技术、特优水果开发、水面生态养殖技术推广应用等。

2001—2005年“十五”计划期间，主要提高科技进步对工业贡献率，2005年达55%，争取省级先进水平科技成果不少于30项，国内先进水平科技成果不少于15项，专利申请不少于200件，开发科技新产品不少于30个，完成农业新品种推广30个。

2006—2010年“十一五”规划期间，科技进步对经济增长贡献率达60%，全市工业企业科技水平指数达到2，申报各类科技项目190项，高新技术产品增加值40亿元，高新技术产值150亿元，申报专利300件，授权88件。

二、科技经费管理

1988年，科技经费投入17.4万元，占全市财政总支出0.28%。1990—1995年，科技经费投入由24.9万元增至64万元，增长157%。

1995—2000年，市财政收入减少，2000年仅投入28万元。此后，全市财力逐步好转，科技经费投入逐年增加。2005年，科技经费投入100万元，比2000年的28万元增长257%。2010年，全市科技经费投入2300万元，占全市财政总支出1.43%。科技经费主要用于农业项目推广、工业项目开发以及科技进步成果奖励。

1996年，市财政科普预算经费1万元。2004年增至6万元。2010年达15万元。

三、知识产权管理

2002年，市科技、工商、文化等部门联合开展打击侵犯知识产权和制售假冒伪劣商品行为，查处专利侵权案件18起，处理侵权纠纷8起。2003年5月，成立市专利试点工作领导小组，负责全市专利试点工作统筹协调。7月，闪星锑业公司成功研制“砷物料处理方法”，获国家专利。

2004年，冷水江市被列入全省首批专利工作试点市。闪星锑业公司研制的“立方晶型三氧化二锑生产方法及其装置”获国家专利。2006年，冷水江市通过省级专利工作试点市验收。2007年，闪星锑业公司成为湖南省知识产权优势企业培育工程企业。

2008年11月，冷水江市被列入湖南省第三批知识产权工作示范创建县市，湖南宜化被列为娄底市知识产权重点培育企业。2009年3月，冷水江市成立知识产权工作示范创建工作领导小组和知识产权协调领导小组。是年，大乘医药化工公司被列为娄底市知识产权重点培育企业。2010年10月，冷水江市通过全省创建知识产权工作示范县市验收。

图20-7　2010年，冷水江市创建省知识产权示范县市考核验收汇报会会场

四、专利管理

1988—2010年，全市累计申请专利599项，其中发明专利94项，实用新型专利430项，外观设计专利75项。累计专利授权530项，其中发明专利29项，实用新型专利430项，外观设计专利71项。

岩口镇塘冲村苏国干，从事发明创造50年，申请专利118项，成为远近闻名的“发明大王”，获全国专利十年成就展金奖。

1988—2010年冷水江市专利授权情况表

表20-5　　　单位：项

年度	发明	实用新型	外观设计	合计	年度	发明	实用新型	外观设计	合计
1988	0	10	0	10	1991	1	17	1	19
1989	0	21	0	21	1992	0	20	1	21
1990	2	20	0	22	1993	0	12	1	13

续表 20-5 单位：项

年度	发明	实用新型	外观设计	合计	年度	发明	实用新型	外观设计	合计
1994	0	15	3	18	2003	0	12	1	13
1995	0	12	4	16	2004	2	12	18	32
1996	1	16	1	18	2005	1	15	4	20
1997	1	11	1	13	2006	1	28	3	32
1998	0	14	1	15	2007	4	30	0	34
1999	2	27	0	29	2008	2	28	3	33
2000	4	20	5	29	2009	3	18	3	24
2001	0	17	0	17	2010	3	38	21	62
2002	2	17	0	19	总计	29	430	71	530

五、地震预测预防管理

1988 年，冷水江市设有地震微观测报站 21 个，宏观测报点 18 个，有观测员 200 余名，观测仪器近 70 台（套），观测参数有土地电、形变电阻率、地磁、地倾斜、地应力等 21 种。此后，微观测报台站精简至 7 个骨干点、4 个一般点，观测员减至 40 人，宏观测报点全部撤销。2009 年 4 月，市科技局在原有台站场地内改建地震观测台，安装 SSQ-2I 数字水平摆倾斜仪，11 月投入使用，有工作人员 2 人。至 2010 年，全市有地震观测台站 2 个，即冷水江地震台和禾青水位观测站。

2002 年起，市科技局加强抗震设防管理，民用住宅建筑工程要求达到 6 级以上地震抗震设防能力。2004 年，市政府制定《冷水江市地震灾害应急预案》。2009 年，广泛开展抗震知识宣传教育，发放宣传资料 1 万余份，悬挂宣传横幅 50 余条，制作宣传专栏 80 余个。至 2010 年 12 月，全市有 70 个建筑工程项目完成抗震设防建设，抗震设防工作纳入市政府办事服务中心窗口。

1988 年始，市地震局（办）连续 13 年被评为省地震工作先进单位，2010 年被评为全省防震减灾工作先进单位。

六、气象服务

（一）预报服务

市气象局预报服务内容主要是：为政府当好气象参谋，提供长期气象趋势和短期灾害性、转折性、关键性天气预报；为各乡镇和市民提供公共气象服务、灾害性天气等信息。1994 年 12 月，全市气象信息网络系统开通。1999 年 6 月，地面卫星接收小站建成并投入运行，并建成县级气象信息综合分析处理系统。2003 年 6 月，全市开通手机短信气象信息服务。2005 年 9 月，建立全省气象预报业务服务综合平台。2008 年，冷水江气象观测站建成 DZZ2 型自动气象站。2010 年，全市灾害易发乡镇建立 DAB 气象灾害预警信息系统 8 套，并建成乡镇区域自动气象站 12 个。由于气象设施和网络不断完善，提高了天气预报的及时性和准确性。

2008 年 1 月 13 日至 2 月 5 日，全市出现自 1957 年以来强度最大、持续时间最长的冰雪灾害，市气象台 24 小时监视天气变化，不间断开展预测预报和专业气象服务。2010 年 5 月，全市出现暴雨 5 次、大暴雨 2 次，市气象局通过“96121”主叫、短信、电视等方式及时向社会传递最新气象信息，全市未垮一堤一库，未出现人员伤亡，将财产损失减少到最低程度。

（二）人工影响天气

1986 年 7 月，首次利用三七高炮开展人工增雨抗旱。1998 年 4 月，成立人工影响天气办公室，核定编制 2 人，作业经费由市财政解决。2003 年 7 月，市财政出资添置人工增雨车载火箭作业系统 1 套。2007 年 8 月，建成人工影响天气作业指挥系统。2010 年 7 月 28 日至 8 月 16 日，全市降水量仅 8.1 毫米，而蒸发量高达 233.8 毫米，达到干旱及中度高温热害标准，其间进行 8 次人工增雨作业，缓解旱情。

（三）防雷减灾

冷水江市防雷减灾工作起步于1992年。1993年1月，成立冷水江市防雷检测中心。2000年1月，成立冷水江市防雷减灾办公室。2006年11月，防雷检测中心更名湖南省娄底市防雷中心冷水江市防雷所。2006年起，对全市新建工程项目防雷设计图纸开展审核工作。2010年年底，市防雷所有防雷检测、设计施工、审查资质人员共8人。

图20-8　2009年，冷水江市气象局上街开展防雷宣传活动

七、科研学术活动

（一）交流和研讨

1988年，冷水江市科协拥有自然科学专门学会28个，开展学术交流、举办学术讲座13次。1990年，开展学术研讨会39次，组织青少年开展科技星火计划，完成科技作品250件，其中有3件获奖。1991年，锡矿山矿务局科协就全国锑业现状、锑矿资源、企业改造与产品开发、集团经营和外贸出口政策等问题进行深入调研，并举行全国性研讨会。1998年，市档案学会举办“社会主义初级阶段如何搞好档案工作”学术交流活动。

1988—2010年，市科协每年举办学会年会，开展学术研讨、学术交流和学术调研活动，举办学术研讨活动1623次，举办科技讲座1653次，其中邀请外国专家16人、国内专家243人来冷水江进行科技讲座及学术交流活动136次。

（二）论文和书刊

1988年，市科技局创办学术刊物《冷水江市科技工作》，并组织科协会员撰写学术论文256篇。数理化生学会在省级以上刊物发表论文34篇，该会会员杨玉声在16省数学编写组主持编写的《初中数学辅导》《高中数学高档试题分析》等书出版。1990年，全市有23篇学术论文在省级以上刊物发表。1991年，39篇学术论文在国家级会议交流并在国家级刊物上发表，179篇论文在省级刊物上发表。1994年，全市厂矿科协180篇论文在省级以上学术会议交流或发表，其中锡矿山矿务局6篇论文在中国有色金属学会首届青年学术年会上获奖。

1988—2010年，全市创办各种学术刊物15种，在省级以上刊物发表学术论文4537篇，出版学术专著28部。

第二十一篇　文化　体育

1988—2010年，冷水江市文化、体育事业坚持“百花齐放，百家争鸣”和“发展体育运动，增强人民体质”方针，贴近生活，服务群众，面向市场，稳定、快速、健康发展。

文艺创作成果丰硕。市文艺创作队伍逐步扩大，文学、美术、书法、音乐、舞蹈、摄影创作日益繁荣，艺术人才培养全面铺开。群众文化生活日趋活跃，组织开展各种大型文艺活动，参加市以上各种文艺会演获多项奖励，乡（镇、街道）文化机构得到完善，农村文化活动开展有声有色。

图书发行业兴旺。个体工商户进入图书市场，形成以市新华书店为主、个体书商为辅的图书发行网络。2010年，新华书店教材教辅发行码洋突破1000万元，比2000年增长2倍。市图书馆馆藏、读者和外借图书数量每年均有所增加，2010年馆藏图书15万册。

新闻事业日新月异。广播农村有线网建设率先实现省级达标，电视异军突起超常规发展，荧屏节目丰富多彩，电视、广播转播覆盖面广，新闻创优、事业创先、经营创收位居全省广电系统县市同行前列。《冷水江报》于1986年创办，2000年突破传统办报模式，全新改版，时代气息、地方特色浓郁。2007年，市委宣传部承办《今日冷水江》报，该报成为全市传播新闻信息、宣传形势政策的重要载体，至2010年年底出刊218期。

档案事业上新台阶。档案管理逐步规范，馆藏档案资料日趋丰富，2006年市档案馆晋升为湖南省一级档案馆，平均每年接待社会各界查档人员378人次，利用档案资料488卷（册），提供档案证明421份。

文化市场日益繁荣。通过依法整治，文化市场经营秩序明显好转。市内各文化单位面向市场，发展和拓宽文化产业，个体文化经营户异军突起。至2010年，全市有文化产业企业236家，从业人员4470人，年收入1.5亿元，利润5540万元，税金1460万元。

体育事业蓬勃发展。体育、健身设施进一步完善。农村体育、职工体育、老年体育、学校体育事业齐头并进。体育竞技活动取得良好成绩，1988—2010年，全市参加全国、湖南省、娄底市体育比赛共获得金牌63枚、银牌28枚、铜牌38枚。

第一章　群众文化

第一节　文化馆（站）

一、市文化馆

冷水江市文化馆始建于1971年5月，1988年在编14人。设文学、戏剧、曲艺、音乐、舞蹈、美术、摄影、文物8个专业。1992年，人员增至17名。1994年，增设民族民间文化遗产保护、非物质文化遗产保护两个专业。2010年，在编10人，有副研究馆员1人，馆员5人，助理馆员1人。增设艺术档案专业。有馆舍2000平方米。

二、乡（镇、街道）文化站

1975年，全市始建乡（镇、街道）文化事业管理站12个，各站配备半脱产辅导员1人。1988年，全市共有文化事业管理站15个。1995年5月，招聘全脱产文化专干12人。2006—2010年，按照“六到位”（时间、功能、资金、标准、质量、督查）高标准建设要求，投资400余万元，建成禾青、潘桥、三尖、毛易、梓龙、渣渡、矿山、中连、同兴、铎山、金竹山11个乡镇综合文化站，并配备60万元文化设施设备。同时，为5家街道社区文化活动中心配送价值25万元设备。

第二节 文化设施

一、市区文化设施

1988年，市区文化设施主要有人民影剧院、文化馆、冷江影院、图书馆、新华书店、综合档案馆等。2000年后启动旧城改造，文化设施逐步以商业运营模式改造建设。2003年，市人民影剧院和图书馆被拆除，建成新文化中心；市文化馆拆除后在武陵城国际商业大楼中建成2000平方米馆舍。2001年，冷江影院列入改建项目。2010年，娄底市发改委下达冷水江市综合档案馆建设项目批复，计划在城东生态城征地10亩，投资2000余万元建设新馆。

市工人文化宫始建于1983年9月，1987年1月面向社会开放。总投资100万余元，总建筑面积3154平方米，座位1196个。造型独特，功能齐全，规模宏大，是当时娄底地区工会系统规模最大、功能最全的工人文化宫之一。全市性重要活动、文艺演出、大型会议均聚于此。2001年工人文化宫经营亏损，市总工会将其租赁给泰阳证券作为证券交易大厅。2010年，证券公司退租搬走，市工人文化宫租给私营业主，业主将其改造装修成酒楼。

二、厂矿企业文化设施

1988年，功能、设施齐全的主要有锡矿山矿务局工人文化宫、冷水江钢铁总厂工人文化宫、金竹山电厂工人文化宫、资江氮肥厂工人俱乐部、冷水江制碱厂工人俱乐部、军区水泥厂工人俱乐部、市耐火材料厂工人俱乐部等，这些工人文化宫（俱乐部）成为企业和职工文化生活的主要阵地。金竹山电厂工人文化宫使用面积3500平方米，设有舞厅、健身房、排练厅、展览馆、图书室等，平均每天接待职工达1200人次。冷水江钢铁总厂工人文化宫建筑面积1600平方米，设有阅览室、游艺室、乒乓球室、舞厅、职工教室，另有游泳池、灯光球场等，免费向职工及家属开放，每年参加活动人数达10万人次。2010年，军区水泥厂和耐火材料厂退城进郊，旧厂址进行房地产开发，两厂工人俱乐部关闭。冷水江制碱厂改制后工人俱乐部被废弃。全市演出场馆由1988年24个（人民影剧院1个、厂矿企业15个、乡镇8个）减少至2010年5个。

第三节 文化娱乐场所

一、书刊、音像出租店

20世纪80年代末，市内出租的书刊主要是名人名著和连环画（俗称“小人书”），以武侠、言情小说为主。至90年代，随着放像机、VCD机普及，音像出租户增多，1998年全市达30家。进入21世纪，电脑逐渐进入家庭，时兴网上看书、看影像，书刊、音像出租业务逐年减少。至2010年，全市仅有华中希望等3家读书社，音像出租业务停止。

二、打字、复印店

20世纪80年代，部分机关单位购置机械打字机，有专职打字员。90年代，社会上电脑打印、复印店逐年增加。2000年后，机关、企事业单位配有电脑、打印机、复印机等现代办公设备。2010年，全市有打字复印店69家，兼营彩印、扫描、传真、名片制作等业务。

三、歌舞厅

20世纪80年代末期，歌舞厅在冷水江兴起。1998年，全市有舞厅53家。各舞厅为争揽生意，采取女客免票方式增加人气，吸引舞友。此后，卡拉OK兴起。21世纪初，KTV歌舞厅迅速发展。2006年，广场舞兴起，舞厅逐渐减少。至2010年，全市有舞厅3家，KTV歌舞厅近40家。城区规模较大的KTV歌舞厅有音皇天籁、金碧辉煌、丹麦童话等，这些歌舞厅内部装饰豪华，设大小不一的包房，音响、灯光、空调配置齐全，有啤酒、茶水、瓜果等供消费。

四、录像厅

录像厅兴起于20世纪90年代初。1996年，核准发证的录像厅有 8 家。此后，随着电视与电脑的普及，看录像者减少，经营者改营他业，最后一家录像厅于 2004 年停业。

五、网吧、电子游戏厅

电子游戏厅始于 20 世纪 80 年代中期。1996 年，城区出现网吧经营户。此后，网吧和电子游戏厅快速发展。至 2002 年，全市有网吧 109 家、电子游戏厅 60 余家。随着电脑的普及，网吧和电子游戏厅数量呈减少趋势。2010 年，网吧减至 87 家，电子游戏厅减至 40 家。城区规模较大的网吧有长城网络城、顶尖高手网络会所、新干线网吧、长虹网络城等。

图 21-1　冷水江市建新路飞跃网吧城（2010 年摄）

六、台球馆

台球兴起于 20 世纪 80 年代中期，又称桌球。90 年代中期，全市城乡台球桌随处可见，最多时全市达 400 张，成为市民文娱活动热点。2000 年后，台球热逐年降温。至 2010 年，全市有地下乐园、大白沙、迪雅、城市达人等 9 家台球馆（俱乐部）。

七、麻将馆

20 世纪 90 年代初，城乡开始流行打麻将，亲友、同事在家中玩，以娱乐为主。2000 年后，街头巷尾出现麻将馆，经营者提供场地收取桌费，有的供应饭菜，还有的根据打麻将次数发放大米等物资。至 2010 年，街头巷尾麻将馆随处可见，普遍存在赌博行为，公安部门每年进行清理取缔，但屡禁不止。

第四节　文艺队伍

1984 年 12 月，冷水江市文学艺术界联合会成立，下辖市作家协会、书法美术家协会、音乐家协会、摄影家协会、舞蹈家协会、戏剧影视曲艺家协会等文艺团体 11 个，涵盖各个艺术门类。

市花鼓剧团成立于 1971 年 10 月，改编、创作、演出大型花鼓戏、花鼓小戏、大型舞蹈、民俗舞蹈、山歌舞剧、话剧小品等文艺节目，演出遍及城区、厂矿、农村。2005 年更名市文艺工作团（简称市文工团）。同年，编排大型花鼓戏《党员谢本辉》在全市巡回公演。冷水江市业余演艺团体分布在冷水江、沙塘湾、锡矿山、禾青、山尖、毛易、岩口、金竹山、同兴、矿山等乡（镇、街道）和部分厂矿企业，主要从事民间婚丧、庆典演出。至 2010 年年底，全市有演出团体 21 个，其中专业演出团体 1 个（市文工团），演职人员 39 人。业余演出团体 20 个，演职人员 390 余人。

1988—2005 年冷水江市文工团主要编创演出大型剧目情况表

表 21-1

时　间	剧目名称	艺术形式	获奖情况或演出场次
1988 年	《鸳鸯索》	大型花鼓戏	湖南电视台拍摄播放 70 余场
1989 年	《儿孙梦》	大型花鼓戏	全省巡演 40 余场
1990 年	《蓝湖遗案》	大型花鼓戏	全省巡演 50 余场
1991 年	《石榴湾风情》	大型花鼓戏	全省巡演 30 余场
1992 年	《孔繁森》	大型花鼓戏	全省巡演 30 余场
1992 年	《桃花的婚事》	大型花鼓戏	全省巡演 40 余场

续表 21-1

时 间	剧目名称	艺术形式	获奖情况或演出场次
1994 年	《狱卒平冤》	大型花鼓戏	全省巡演 50 余场
2003 年	《擦皮鞋》	花鼓小戏	2003 年湖南专业剧团小戏会演“三湘群星奖”金奖
2003 年	《夏日炎炎》	花鼓小戏	2003 年湖南专业剧团小戏会演“三湘群星奖”银奖
2005 年	《党员谢本辉》	大型花鼓戏	中宣部定为全国农村党员干部现代远程教育教材
2005 年	《资水船歌》	大型群舞	娄底市 2005 年春节联欢晚会特等奖

第五节 节庆文化

1988 年 7 月，举办全市青年歌手赛，145 人参加，评选出一等奖 1 人，二等奖 2 人，三等奖 14 人。1989 年国庆节，举办全市国庆文艺会演，组织 31 台节目，1500 多人登台演出，观众 9 万多人次。1990 年 1 月，在市体育馆举办迎春灯谜晚会，5000 多人参加猜谜活动。是年，举办全市大型群众歌咏比赛，19 支合唱队 2500 多人登台演唱，市四大家领导参加，市委书记张昌平任市委机关队指挥。

1993 年，为纪念毛泽东诞辰 100 周年，市文化局组织农村文艺调演，16 个乡（镇、街道）参加，演出 23 个节目。1996 年，先后举办“地税之光”、“党在我心中”、《冷水江报》创办 10 周年、铎山乡撤乡建镇 4 次文艺晚会和纪念红军长征胜利 60 周年群众合唱比赛。

1999 年 10 月 11 日，举办“走向新世纪”文艺晚会，邀请著名歌手孙悦演唱《祝你平安》等 4 首歌曲。10 月 12 日，举办庆祝冷水江建市 30 周年群众合唱比赛，市直系统 11 个代表队参赛，教育局、交通局代表队获一等奖。2002 年元宵节，组织大型文体表演，以龙狮队、腰鼓队和彩车队为主，来自全市 16 个方阵参加表演。2003 年 3 月 6 日，举办庆祝“三八”妇女节“美丽传说杯”健身操比赛。

2005 年 5 月，在市体育馆举办“放歌锑都·激情冷江”广场文化活动，50 个单位 1000 多人参加，演出歌舞、小品、戏曲等节目 58 个，历时 2 天，观众达 2 万余人次。2007 年 4 月 29 日，举办“咱们工人有力量”大型歌咏会。

2009 年 10 月，分别举办冷水江建市 40 周年文艺晚会和“红歌”合唱比赛，同时举办冷水江建市 40 周年大型庆祝游行活动，晚上举行焰火晚会。2010 年 8 月，举办“军民一家亲”文艺晚会，11 月举办首届全国科学发展与资源枯竭型城市转型论坛文艺晚会。

第六节 民间文艺

一、舞狮子

舞狮子，又称“狮子舞”或“傩头狮子舞”，是以祭祖求嗣为目的、在春节期间演出的傩面舞剧目，仅限每年农历正月初一至十五演出。舞狮人带一具造型像狮子头面具，有多人组合的打击乐与唢呐伴奏，气氛颇为热烈，演出大多在各村落公共场所进行。观众喜闻乐见的舞狮子剧目有很多，如驱邪、祈福、求财、求子、保平安和娱乐等。舞狮子表演时，从头至尾没有一句唱腔或道白，只有舞狮演员的“呵呵”声，代表狮子的吼叫，欢快的乐器声和观众的欢呼声此起彼伏。通过比翅、捉生、洗脸、翻被、打滚、配种、撒娇、怀孕、滚球、扫舍、产子、叼钱、辞祖等一系列表演，营造热烈、喜庆的欢乐气氛。该活动域内 20 世纪 90 年代已不多见。

二、舞春牛

舞春牛是春节期间人们企求五谷丰登、丰衣足食愿望而举行的大型群体性祭祀活动。舞春牛含有驱邪保平安和显示家族实力的意思，其组织形式都是由聚族而居的各村落姓氏族老牵头，男女老少参与，角色由族老分派，人数一般为 80 人左右，有锣鼓队、族旗队、彩灯秧歌队、傩面具队，加上纸扎人扛的水牛队（一般是一条大牛两条小牛）等。此项活动富有娱乐性，喜闻乐见，老少皆宜。该活动尤以铎山、岩口、金竹山、沙塘湾等地盛行，20 世纪中期已不多见。

三、耍龙灯

耍龙灯是一项群众性体育活动。耍龙灯前几个月，组织者安排男女青年或儿童进行武术训练，如打拳、使棍、舞刀、耍凳等。一般在正月初集体出行，举族旗，舞长龙，打锣鼓，给外村人拜新年，到正月十五结束。耍龙队每到一个地方，找一块比较宽敞的平地，围一个大圈，观众围站四周，表演者在中间表演舞长龙。最后，由小孩表演武术，青壮年展示拿手功夫，功夫上乘者表演绝活。该活动在冷水江民间兴盛不衰，一些重大活动、开工庆典、丧葬仪式等，都有舞龙队参与。1989 年，冷水江市举办建市 20 周年庆典活动，全市有 25 条彩龙参与市庆游行。1998 年 6 月，株六复线三标段开工典礼在毛易大坝山举行，王坪湾村 3 条彩龙应邀参加。

第七节　艺术培训

1995 年，市艺术学校创办，学制三年，以学习戏剧、音乐、舞蹈为主，每年招收 1 个班，至 2010 年毕业 300 余人，其中 60 人在专业剧团、厂矿俱乐部以及学校、部队从事艺术工作。1999 年，金山舞蹈艺术中心创办，至 2010 年，为湖南艺术职业学院、北京舞蹈学院、广州芭蕾舞团、中央民族大学等输送专业艺术人才 186 名。1998 年，沙石书法院创办，至 2010 年，招收学生 1000 余人，参加全国少年书法大赛，获金奖 2 个，银奖 1 个。雅特琴行于 2009 年创办，每年招收学生 100 余人，至 2010 年，30 多人考取大专院校。至 2010 年年底，全市有大小艺术培训机构共 50 家。

第八节　文化产业

1988 年始，全市文化产业逐步形成音像市场、图书报刊市场、文化娱乐市场、动漫网络市场、演出市场、艺术培训市场、工艺美术市场、文化旅游市场并存的文化市场体系和多层次、多渠道文化格局。市文化局整合文化资源，组建市场竞争力强、经济效益好的文化企业走文化产业集团化经营之路。娱乐表演业在继承传统娱乐项目基础上，有选择地吸纳和引进国外文明健康的现代娱乐项目，丰富娱乐产品和服务。2001 年，组织哈萨克斯坦国家艺术团来冷水江开展大型演出活动。影视音像业以市场为导向，加大影视生产要素整合力度，鼓励社会各界投资影视制作及各类电影发行放映。文化旅游业坚持走文化与旅游相结合之路，深入挖掘文化旅游资源内涵和特色，形成旅游精品线路，使文化旅游业成为全市新的经济增长点。艺术培训业建立以市场需求为导向的教育和培训体系，培养专业化、高素质、一专多能适应社会需要的复合型艺术人才。1988—2010 年，共接待省内外演出团体 360 个，演出 800 余场。至 2010 年年底，全市有文化产业企业 236 家，年收入 1.5 亿元，利润 5540 万元，税金 1460 万元，从业人员 4470 人。

第九节　文化管理

一、管理机构

市文化局成立于 1984 年 8 月。1996 年，成立市新闻出版局、版权局，与文化局“三块牌子、一套人马”。1990 年，成立市文物管理所。至 2010 年年底，文化局内设 6 个股室，下辖市文化馆、花鼓戏剧团、文化稽查大队、演出管理办公室、文物管理所、人民影剧院、电影发行放映公司、图书馆、文化事业服务站、乡镇文化站，共有干部职工 226 人，其中在职 158 人，退休 68 人。1988—2010 年，先后由方寄星、刘辉吉、张国俊、匡建军任党组书记、局长。

二、文化经营网点管理

1988 年，市文化局集中整顿营业性舞厅、录像厅、电子游艺厅，对 9 家舞厅制定等级和票价，对 96 名乐器演奏员与歌手进行考核发证。1990 年，收缴销毁非法出版物共 10.74 万张（盒、本、册），查封非法经营文化网点 23 家，查处大要案件5起、34人。

1992年，文化经营网点发展至219家，文化部门出台《桌球电子游戏机管理制度》等6项制度，并与经营户签订《经营保证书》，规范文化市场。1994年，成立“扫黄打非”领导小组，开展经常性专项检查，立案查处文化市场案件13起。1998年，开展“文化市场法制年”活动，抓好宣传、培训、管理、“扫黄打非”四个环节，全年开展集中行动4次，日常检查86次，收缴非法出版光盘、录像带、录音带2922盒，取缔无证经营电游、桌球室9家，录像厅7家。

2003年，全市电游赌博反弹，文化部门通过明察暗访，查封非法经营场所21家，收缴赌博机电路板78块。5月起“非典”流行，全市106家网吧暂停关闭。2005年，全市多个部门开展联合行动，对网吧实行24小时监视，取缔黑网吧8家，限期搬迁5家，停业整顿10家，对150家次违规接纳未成年人和超时营业网吧予以重罚。2010年，成立冷水江市网吧行业协会，80多家网吧业主向市文化局递交《依法经营责任状》。同时，严把网吧审批关，确保全市网吧数量只减不增。

三、新闻出版市场管理

（一）音像管理

1989年前，市广电局音像管理发行站负责管理全市音像制品批发、零售、出租和放映，协助发行《湖南广播电视报》《娄底广播电视报》。1989年后，文化系统内部录像放映管理权移交市文化局，市广电局负责社会录像厅音像制品管理并供应片带。随着有线电视发展，电视节目越来越多，录像放映场点、销售音像磁带商家逐年减少，到2000年全部自行关闭，音像管理重点为有线电视网络录像节目放映。市广电局每年与公安、工商、文化等部门协同“扫黄打非”，收缴非法音像制品。2002年8月，调整市广电局有关职能，社会音像制品批发、零售、出租和放映权移交市文化局，市广电局音像管理发行站撤销。

（二）整治新闻出版市场

1989年，文化部门与公安、工商部门联合集中查处全市新闻出版市场，收缴淫秽书刊27本，封存非法书刊3779册，内部资料166本。没收非法报纸500份、裸体画册57张、淫秽扑克13副。同时，查处不正规文学社团、经济信息报纸若干。1994年，停业整顿印刷厂2家。1999年，收缴非法出版物430本、宣传画片31张。

2001年，集中整治新闻出版市场，查缴非法出版物351本、淫秽色情出版物208本、封建迷信出版物380本、街头小报428份、盗版教辅读物1.93万本、非法音像制品1.23万盘、淫秽色情盒带18盘。取缔街头流动商贩3家、书摊5家，行政处罚18家。2005年，成立市印刷协会，加强对印刷行业管理。2008年，全市新开设农家书屋30家，促进农村文化服务体系建设。2010年，开展迎世博、迎亚运清查网络盗版、清查印刷企业等专项行动，净化新闻出版市场。

第二章　梅山蚩尤文化

第一节　梅山傩戏

冷水江古属“梅山蛮峒”，境内岩口镇是最后一代梅王苏甘（又名苏得常，1040－1120）居住地，亦是古梅山政治、经济、文化中心。古梅山以此地为中心，东至株洲醴陵，南至邵阳绥宁，西到怀化辰溪，北抵益阳桃江，跨8市25个县级行政区，约5万平方千米。梅山傩戏两宋期间遭官方禁毁，明清时期一直“设苗防”“禁苗俗”，并多次从外省移民入梅易俗，土著则外迁或于晚清融入汉籍，傩戏也多为汉傩同化或取代。冷水江因是峒主故里，又是苏、张姓氏等土著主体的世居地，所处地域四周多险峻高山，资江滩险湍急，地形特殊封闭，傩戏由汉化的土著巫傩师以口传心授方式秘密传承，并多在晚上演出，从而得以原生态保存。

一、傩戏剧目

梅山傩戏主要有《搬锯匠》《扎六娘》《搬开山》《搬五台山》《搬土地》等剧目。这些剧目没有规范的演出脚本，只有故事梗概，主要依靠演员临场发挥。主要角色由傩艺师扮演，根据剧情需要临时邀请观众参与演出。演出时佩戴不同傩面，这是傩戏中最鲜明的演出标志和重要的造型手段。梅山傩戏表演傩面有开山小鬼、修路郎君、判官、土地公、土地婆、歪嘴和尚、六娘等9种（类）。唱腔为山歌、本地花鼓、民间小调。伴奏主要用锣、鼓、牛角号等。道具除傩艺师自带师棍、师刀、牛角号外，农家各种生产工具和生活器具都可临时作为傩戏表演道具。傩戏一般在民居堂屋和祠堂前表演。傩坛由傩艺师扎制，俗称行坛或花坛。供奉的神祇有东山圣公、南山小妹（亦称南山圣母）、祖师、家主、梅山神等。“梅山神张五郎”俗称“翻坛倒峒张五郎”，为倒立木雕神像，供于傩坛的下坛，是梅山地区供奉的独一无二的地方神祇。

（一）《搬锯匠》

《搬锯匠》为大型巫事《大宫和会》（俗称“接娘娘”）中的傩戏《搬架桥》中的一个片段。《搬架桥》主要情节为：巫事主家需架一座杨祖桥以便迎接各路神圣、祖师和猖兵，特请张良、鲁班来主持其事。张、鲁二人来到主家接受任务，爬上五方高山去寻访上好木材，最后在主家后花园寻到一株沉香木，请各路坛神帮助砍伐下来，锯成木料，架成阴阳2座杨祖桥。节目时间一般为2小时，其间主要是临场拉观众参与发挥剧情。《搬锯匠》为其中访木、伐木、锯板三段压缩而成。原版表演需要40～50分钟，角色7人：座坛师、司锣、主东、张良、鲁班和两个由观众充当的“木马”。

（二）《扎六娘》

《扎六娘》又称《搬扫路娘子》，也是《大宫和会》中的傩戏。主要情节为：巫事主家请桃源峒六娘来扫出一条大路，以迎接各路神圣、祖师、猖兵。风流六娘沿途招蜂引蝶，路逢读书相公、歪嘴和尚、渡船老翁纠缠，好不容易来到主家，又被主家纠缠，最后在纠缠不清中扫开了大路。其间，临场拉观众参与发挥剧情，鼓励观众对六娘动手动脚。节目时间2小时左右，角色6～8人：座坛师、司锣、主家、六娘、相公、兄弟、歪嘴和尚和渡船老翁（人手不够时由3～5人反串）。

（三）《搬开山》

《搬开山》是巫师传度法事《抛牌过度》大典中的傩戏，“开山”意指“开山祖师”。主要情节为：传度师以傩戏的形式代表开山祖师向新坛弟子自述来历，讲述生活的艰难和持家的基本要求，传授衣钵法器，其间多插科打诨，百般刁难，临场中拉男女“脚马”参与戏谑。节目时间一般2小时。演出时有2个版本：金竹山杨源张坛在地面表演；三尖、同兴、中连傩戏一般在场地中架一张方桌，方桌上再倒扣一张火架桌，“开山”需倒立翻上去，在4个桌子脚上表演各种倒立动作，之后才下到桌子中间表演。内容为开荒种地、拉屎撒尿、洗脸洗澡、纺纱制鞋等情节。

（四）《搬五台山》

《搬五台山》是“传度”“和会”等巫事均需演出的显武傩戏，“五台”意为“五张台子”（冷水江方言中方桌的称谓），并非实指山西五台山。节目主旨为“开辟五方”，再现开山祖师披荆斩棘、开天辟地的神武与艰辛。主要情节为：开山祖师拳打五方，倒立翻上三桌叠的高山，在山上开荒种地、拉屎撒尿、洗脸洗澡、纺纱制鞋，最后将鞋子传授新人去再辟新的五方。其间以即兴问答形式邀请观众参与。节目时间2小时左右，角色4～10人：座坛师、司锣、开山（表演时“开山”人数可以是多个，另需助手4人扶桌以保安全）。

（五）《搬土地》

《搬土地》有《天光土地》和《兴隆土地》两个剧目，都是“和会”巫事中需演的傩戏。《天光土地》剧情简单：土地老子上主家来为之祈福、纳财。时间一般1小时左右，角色5人：座坛师、司锣、土地爷、招财、进宝。《兴隆土地》主要情节为：土地公婆为夫妻生活不和谐而吵架，受托为主家祈福时还纠缠不清，招财、进宝两个儿子又不听话，通过一番打闹，最终为主家招了财进了宝。其间拉观众参与插科打诨。节目时间2小时左右，角色7人：座坛师、司锣、主家、土地公、土地婆、招财、进宝。

二、傩戏传承

2006年，冷水江市被中国民间文艺家协会确定为“中国蚩尤文化保护基地”。是年，市政府在岩口镇农科村举办“蚩尤文化傩艺展演”，来自全国各地的专家、学者、媒体记者100余人以及观众3000余人观看《舞春牛》《搬锯匠》《扎六娘》等梅山傩戏节目。

2007年5月，中国傩戏学研究会、市政府在波月洞联合举办“中国·冷水江首届梅山傩文化艺术节”，来自全市各乡（镇、街道）16支傩戏代表队参加了为期5天的傩戏大赛，共演出54个节目。傩戏队有一半演出《扎六娘》，其中出现3个代表性版本：同兴俩塘胡氏坛以情景表演为主，金竹山杨源张坛以歌舞为主，三尖南阳魏氏坛则介于二者之间。同时，举办“梅山百傩大型图片展”和梅山傩戏艺术研讨会。9月，中国艺术研究院特邀梅山傩戏《开坛傩礼》《搬锯匠》进北京，作为“2007年北京中日文化交流年”开幕式上唯一的中方节目与日方宫廷剧《真伎乐》同台演出。同年，中国傩戏研究会在冷水江设立第一个“中国傩文化研究基地”。2010年4月，金竹山杨源张氏傩戏队受美国威斯康星大学邀请，飞赴该校进行为期4天的访问演出。

据不完全统计，2010年，冷水江有杨源张坛、岩口苏家坛、南宫段氏坛、王坪湾王家坛、金瓶廖君坛、梓坪李家坛、锡矿山杨家坛等梅山傩（师）坛坛口40余个，傩艺从业人员200余人，主要分布在金竹山、岩口、中连、三尖、毛易、梓龙等9个乡镇，其中从艺人数最多的坛口是金竹山镇杨源张坛，从艺人员共4代60余人；中连乡南宫段氏坛，从艺人员30余人。

第二节　文化研究

2003年，成立冷水江市梅山蚩尤文化研究领导小组，下设梅山蚩尤文化研究中心。研究中心成立后，组织有志之士挖掘梅山文化，对存有原生态信息的物质和非物质构件要素开展调查、搜集与挖掘，为梅山蚩尤文化深入系统研究打下基础。通过对蚩尤多方探究，初步确立蚩尤在梅山文化中的主体地位和灵魂作用。出版《梅山蚩尤文化研究》专集4部，共计120万字。2006年10月，中国民间文艺家协会确定冷水江市为“中国蚩尤文化保护基地”并授牌。2007年5月，中国傩戏研究会确定冷水江为“傩文化研究基地”并授牌。

第三章　文艺创作

1996年机构改革，市文联单独设置，属正科级事业单位。2002年，所定事业编制按行政性质对待，实行公务员参照管理。2007年7月，增设专职副主席1名，编制增至3人。市文联下辖11个文艺团体，涵盖各个艺术门类。1985年1月20日、1987年11月28日、1997年1月14日、2001年5月29日、2006年12月18日，先后召开第一至第五次代表大会，分别由谢龙飞、李锡川、谢春长、李新吾、刘先和任市文联主席。

第一节　文　学

2003年1月，冷水江市作家协会成立，作协会员80余名。市内文学爱好者积极投身文学创作，反映现实生活，讴歌改革盛世。至2010年，共出版长篇小说8部，小说、散文集168部，在全国各级报刊发表文学作品6800多件。有3人加入中国作协，23人加入湖南省作协，35人加入娄底市作协，88人加入冷水江市作协。

童丛先后出版专著7部。李跃凡出版长篇小说3部、中短篇小说集2部、短篇小说集2部、戏剧小品集1部。杨舒翼2006年4首诗作被《诗刊》采用。海晏（陈远位）出版长篇小说《朱元璋》和《三场共醉》，第三部长篇小说《休闲时代》付梓。李新吾出版小说集2部、散文集2部、传记文学3部，主编梅山文化研究资料200余万字。谢龙飞出版散文集《浪击人生》、长篇小说《花桥》和文学理论集《写作精谈》。刘国忠不断有杂文面世，其作品被《杂文选刊》转载或收入各种杂文精品集，出版小说集《一头黄毛》、散文集《野山无传说》。邹辛兰在《湖南文学》《羊城晚报》《海南日报》《青年作家》《美文》等报纸杂志发表散文、小说多篇，其作品被《散文选刊》选载，出版散文集《那方山水》，并有10多件散文作品获全国及省市散文大赛奖。苏松华先后在《青年作家》《四川文学》《湖南文学》等30多家省级以上报刊发表中短篇小说、散文、报告文学150余万字，作品多次被《作家文摘》《小小说选刊》等转载，9次获省以上小说创作奖，出版中短篇小说集《沉潭》、小说散文集《如歌岁月》、散文集《保持平常心态》，长篇小说《宝庆裙钗劫》2010年完成初稿。刘卫平自2005年开始文学创作，在《百花园》《广西文学》《短篇小说》等全国各级报刊发表小小说和短篇小说300余篇，每年有10件以上作品被《小小说选刊》《微型小说选刊》《青年博览》等国内颇有影响的文学选刊选载。易建东诗作《1997年的一次乡间晨跑》被《人民文学》2003年3月号采用，发表的诗作和散文被收入《湖南六诗人集》和《二十一世纪诗人》文集。赵文玲出版《幸福的方式》和《一叶清荷》2本散文集。赵燕飞出版散文集《夜的丝语》和《燕子飞时》，2005年中篇小说《无巢鸟》由《湖南作家》连载，2006年又出版中短篇小说集《伤心只有一种》。刘朝霞每年在《百花园》《文艺生活》等文学期刊发表小小说20余篇，2009年出版散文集《坐看云起》。2002年，赵文玲创办“风荷茗居”文学网站，至2010年有注册会员6000余人，会员和网友遍及全国。

第二节　诗　词

境内有诗词爱好者300余人。1986年，成立波月诗社。诗社组织诗人围绕港澳回归、西部大开发、申奥成功、奥运扬威、载人航天成功、市庆40周年等重大事件和重大活动创作诗词，专题吟唱，并精选优秀作品在《波月诗词》“时代风采”专栏刊发。同时，组织诗人深入各行各业采风，开展诗词进校园活动，参加各级各类诗词竞赛，创作一大批优秀作品，在《中华诗词》《湖南诗词》等全国近100种报刊上发表，其中100余首诗词获奖。至2010年，25位诗人出版个人专集34集。

1997年，成立锑都诗社。诗社组织诗人开展诗词创作，先后有23人在全国各类诗词竞赛中获奖，17人出版个人诗词专著25集。2008年上半年，组织诗人参观市内及周边县市知名自然和人文景观，编辑出版《锑都采风》诗词专集。诗社编创《锑都诗词》集，不定期出刊，至2010年出刊7集。

第三节　杂　文

冷水江市有200余位杂文爱好者，每年在各级报刊发表杂文作品300余件。1996年，成立冷水江市杂文学会。学会成立后即创办会刊《锑都杂文》报，四开四版，每月一期。组织杂文作者开展杂文创作，推出精品名作。2004年，精选56名会员杂文佳作282篇，编辑出版冷水江建市35周年杂文选《济世微言》，共30万字。2006年杂文学会成立10周年，精选43名会员杂文精品445篇，编辑出版65万字杂文集《十年一剑》。至2010年，市杂文学会会员在全国各级报刊发表杂文作品近5000件，其中178件作品获奖，有18人出版专著26部。

第四节　书　法

冷水江书法家协会成立于2001年12月（始与美术家协会合称书法美术家协会，2008年分设）。2006年，在长沙举办十人书法联展。2008年，市书协与慈利县书协联合举办“迎奥运，促和谐”书法作品联展，共展出作品72幅。2009年，市书协顾问肖时明分别在中国美术馆、广州、长沙举办个人书法展。2月13日，其榜书作品“观远”“慎独”分别被日本前首相福田康夫和日本参议院院长江田五月收藏。同年5月，市书协与市文联、市残联联合举办助残书法作品义卖活动，征集书法作品 63 幅，义卖所得善款 12.68 万元全部用于助残事业。8 月，市书协邀请全国著名书法家洪厚甜来市内讲学和点评作品。年底，肖时明、苏桂长、李建人、肖斐斐、刘命清、吴一清、陈卫东在娄底博物馆举办 7 人书法作品展，并出版作品集。至 2010 年，市内有书法爱好者 300 余人，其中中国书协会员 8 人，书法名家 20 余人。2002—2010 年，有 32 人次先后参加全国各类书法大展。

图 21-2　2009 年 2 月，冷水江市书协顾问肖时明书法作品“观远”被日本前首相福田康夫（右）收藏

第五节　美　术

2001 年 12 月，成立冷水江市书法美术家协会。2008 年 9 月 13 日，市美术家协会分设。是年，举办全市美术作品展，23 位美术爱好者 87 幅作品参展。此后，市美协组织画家赴新化、双峰及市内采风写生，积累创作素材，并先后邀请省美协主席朱训德、著名画家周华平、娄底美协主席龙建国到冷水江传经送宝。2010 年 1 月，市美协与瑞生源生物科技有限公司联合举办“瑞生源杯”美术作品展，与市总工会、市书协在冷江宾馆联合举办以弘扬劳模精神、展现劳模风采为主题的职工美术书法作品展。至 2010 年，共有 28 幅美术作品获各级各类大奖，其中申朝晖创作的《三寸金莲——中国女足》获湖南省“五个一”工程奖，刘楚华与申朝晖合作的油画《浴血湘江》获湖南省美术作品展金奖。另有 40 人 208 幅作品入选各级各类美展，其中 10 余幅作品参加国展，一幅应邀参加国外画展，一幅被德国人收藏。

图 21-3　2010 年，冷水江市美术家协会刘楚华、申朝晖创作的油画《浴血湘江》获湖南省美术作品展金奖

第六节　摄　影

2005 年 12 月，市摄影家协会成立。同年 9 月，组织“美丽传说杯”摄影展，200 多幅作品参展。此后，相继举办“梅山文化——傩艺摄影展”“职工摄影展览”等，涌现出大批优秀摄影作品。乔西林《近朱者赤》入选湖南省第十五届摄影艺术展，李定中《腾飞》荣获 2007 年度全国摄影艺术展艺术类银奖及“全国大唐杯摄影展”一等奖，张初中《工地欢歌》荣获“2007 年和谐湖南”摄影艺术展优秀奖，《沸腾苗岭》荣获“全国大唐杯摄影展”三等奖和“大唐华银杯”二等奖。陈国平拍摄的电视新闻《罹难者的背后》荣获娄底电视新闻三等奖。2008 年 8 月，余致力新闻摄影作品《食品安全检测，确保奥运安全》被《人民日报》采用。2009 年，龚高《威风腰鼓》在全国城市摄影比赛中获优秀奖。至 2010 年，共有 320 幅作品参加各级各类摄影展，其中 76 幅作品荣获大奖。

第七节　戏　剧

市戏剧影视曲艺家协会 1998 年创作的大型花鼓戏《鸳鸯索》和 2004 年创作的花鼓戏《擦皮鞋》分别获湖南省“群星奖”一等奖、三湘群英奖和“五个一”工程奖。2006 年创作的电视短剧《收购生命》、大型花鼓戏《党员谢本辉》被中央党校列为党员先进性远程教育题材。2010年创作的小品《回家》、表演唱《葛根谣》荣获全国新农村创作节目文艺调演银奖。

图 21-4　2010 年，冷水江市戏剧影视曲艺家协会赵志能、肖仕才、王梵创作的小品《回家》荣获全国新农村创作节目文艺调演银奖

第八节　音　乐

1996年9月，冷水江师范学校教师向加林的钢琴独奏《春江花月夜》获湖南省中师艺术节艺术专业节目组金奖。2004年，冷水江市音乐家协会成立（简称"市音协"），首批吸收会员80余人，其中中国音协会员1人、省音协会员8人、娄底市音协会员23人。市音协成立后，积极组织全市音乐工作者和爱好者开展文艺表演、音乐创作和培训等活动，黄甲春、李再清、魏娟娟、段志东等音乐创作作品迭出，有40多件作品公开发表、播放或获奖。刘自策、潘列庭、向加林、李永恒、欧阳丹、吴红华等声乐表演和音乐培训成绩斐然。2009年9月，在庆祝中华人民共和国成立60周年暨建市40周年活动期间，全市组织"冷水江市形象歌曲"征集活动，段志东作词作曲《锦绣锑都》一举夺魁，多次列入全市合唱比赛必唱曲目。

第九节　舞　蹈

2005年，王琦琳编导的少儿舞蹈《小蚂蚁》代表湖南省进京参加全国第三届阳光健康艺术新人大赛，荣获金奖。2006年，少儿舞蹈《泡泡糖》获湖南省第二届艺术节暨三湘蒲公英舞蹈比赛银奖。2008年7月，冷水江市舞蹈家协会成立，有会员131人。2009年1月，市舞蹈家协会重新创作的少儿舞蹈《小蚂蚁》，被湖南教育电视台选送参加中央电视台全国优秀特长生春节电视联欢晚会。9月，少儿舞蹈《傩面娃》参加省文化厅主办的湖南省艺术节暨第七届三湘蒲公英舞蹈比赛，荣获金奖。2010年1月，少儿舞蹈《虎娃闹春》参加湖南教育电视台"寅虎跃春"少儿元旦晚会，并参加中央电视台少儿春节联欢晚会。

2000—2010年，市内舞蹈工作者和爱好者创作演出舞蹈节目200余个，并多次参加省、市文艺赛事和文艺会演，屡屡获奖或夺冠。

图 21-5　2009 年 1 月，市舞蹈家协会重新创作少儿舞蹈《小蚂蚁》，参加中央电视台全国优秀特长生春节电视联欢晚会

第四章　图书　电影

第一节　图　书

一、图书发行

1989年起，市内个体图书经营户开始进入市场，初步形成以新华书店为主渠道、以集体和个体书店为补充的图书发行网络，市新华书店年销售额80万元以上。1997年，随着民营书店不断增多，新华书店图书销售额逐年下降，2002年销售额不足60万元。2003年后，市新华书店加强经营管理，改善服务方式，调整图书品种结构，销售逐年好转。2004年起，增加经营电子数码产品。2005年，全省图书实施连锁经营。2007年，图书品种增至1万余种，日销码洋3000元以上。2010年，教材教辅发行码洋突破1000万元，比2000年增长2倍。

20世纪80年代，农村图书发行由供销社经营，全市10多个乡镇供销社都设有图书专柜，年销售图书约占农村总销量80%，占新华书店总销量10%。1993年，供销社改为“社有民营”，由于经营图书利微，加上经销图书不包退货，且盗版盗印廉价图书由个体书贩流入市场，对图书市场冲击很大，供销社均不愿经营图书。1994年，市新华书店下设矿山、利民、禾青3个乡镇门市部。2001年，供销社改制，原有业务往来关系全部割断。新华书店组成送书下乡服务队，在农村巡回举办图书展销。2002年，市新华书店所有乡镇门市部全部撤销。

1998—2004年，市新华书店经营连续潜亏。2005年，省新华书店实行重组改制，准备上市。市新华书店按实做账，出现较大亏损。2006年年底，实现扭亏。此后，经营逐年好转。2009年1月，市新华书店更名湖南省新华书店有限责任公司冷水江市分公司，2010年10月28日随中南传媒成功上市。1988—2010年，先后由王修强、段位军、郭外容、李坚强、罗涛、晏梅任经理。

二、藏书与阅览

2010年，市图书馆藏书15万册，各单位图书馆（室）藏书200万册，农村图书室藏书28万余册。

1990年，市图书馆拥有常年读者5800人，2006年后增加到1.22万人。1990年接待读者10万余人次，外借8万余册次。2006年后增加到15万余人次，外借1万余册次。2007年起，市图书馆采用计算机分类、编目。

1988—2010年，市图书馆积极为“两个文明”建设服务，每年为单位和读者提供咨询服务300多人次，服务成果获省文化厅一等奖1个、二等奖2个、三等奖8个。

第二节　电　影

1988年，市内有专业电影院1家（冷江影院），锡矿山矿务局、资江氮肥厂、金竹山电厂、冷水江制碱厂、冷水江铁厂等厂矿俱乐部均放映电影。影片35毫米拷贝由娄底市电影公司发行，16毫米拷贝由冷水江市电影公司发行。2002年，全市有农村放映队18个，教育系统放映队12个，个体电影放映队5个，市电影公司放映队1个。

2004年，电影业受电视与互联网冲击，看电影人数锐减，电影部门想方设法开拓市场。2006年，开设学生电影专场。2008年，根据省文化厅、财政厅《关于做好2008年全省农村公益电影放映工作的通知》精神，开展送优秀电影下乡活动，免费为农民放映电影。2009年，冷江影院整体装修。2010年，市电影公司组织5支电影放映队在农村免费放映电影1816场。

1988—2010年冷水江市电影公司放映发行情况表

表21-2

年　度	冷江影院放映（场）	观众人数（万人）	农村放映（场）	观众人数（万人）	发行拷贝（个）
1988	1095	21.9	1151	10.95	220
1989	2010	22.83	1182	10.98	300
1990	1086	20.83	1065	10.36	295
1991	1090	21.65	1080	10.42	315
1992	1060	20.62	1030	10.31	306
1993	1070	20.73	1060	10.36	309
1994	1020	10.8	1010	9.85	260
1995	989	9.51	992	8.5	220
1996	853	5	850	6.3	180
1997	801	4	780	5.68	120
1998	750	3.8	701	4.29	105
1999	701	3.06	605	3.26	85
2000	620	2.85	501	2.68	70
2001	542	2.61	402	2.05	50
2002	296	2.31	788	2.69	80
2003	350	2.81	768	2.55	70
2004	436	2.27	180	11.26	120
2005	438	3.27	1821	11.39	150
2006	358	2.57	1160	11.28	180
2007	268	2.05	1816	18.16	205
2008	230	1.95	1816	18.36	208
2009	218	1.87	1816	18.06	220
2010	208	1.77	1816	18.06	230
合计	16489	191.06	24390	217.8	4298

第五章　文物古迹

第一节　文物发掘与保护

2007年起，配合全国第三次文物普查，全市出动600多人次，历时4年，查遍全市每一个乡镇和院落，新发现有价值文物点40处，其中古墓葬6处，分别为渣渡镇银溪村谢母杨氏墓、潘桥乡苗田村谢母潘安人墓、禾青镇湍江村蓝氏墓群和陈王英墓、禾青镇禾青村黄太君墓、岩口镇官溪村梅山王墓。至2010年，冷水江有省级文物保护单位4处（锡矿山羊牯岭碉楼、铎山镇龙潭村谢冰莹故居、锡矿山矿冶遗址、三尖镇新屋村六房院），县级文物保护单位3处（毛易镇柳溪风雨桥、红日岭东方剑齿象臼齿化石遗址、禾青蓝氏墓群）。文物管理所收藏文物3349件，其中国家级珍贵文物33件。文管所收藏所有文物都做好影像采集与登记造册，并安装自动报警装置与公安联网，确保收藏品安全。

第二节　历史遗迹

一、红日岭东方剑齿象臼齿化石遗址

位于中连乡诚意村七组境内红日岭上，已出土的东方剑齿象臼齿化石为国家级珍贵文物。据湖南省文物考古研究所专家检测推断，该遗址距今已有70万～20万年历史，对于研究冷水江地质构成及旧石器时代人文历史具有重要学术价值。

二、羊牯岭碉楼

位于锡矿山飞水岩羊牯岭上。1932年，由矿商段楚贤修建，系砖木结构，高14米，长10.5米，宽6.8米，墙体厚0.8米，内分5层，层层枪眼密布，射击孔195个，瞭望口6个，是湖南省规模最大且保存较好的碉楼。2003年，碉楼被列为省级文物保护单位，划定碉楼南面90米，东、西、北三面各60米为保护范围。2008年，市文物管理所投资10万元对碉楼进行维修。

三、忆苦窿

“忆苦窿”是锡矿山百年采矿留下的巨大采矿窿，位于锡矿山飞水岩，由锡矿山闪星锑业有限公司管理，东西宽 110 余米，南北长 200 余米，平均高 50 余米，最高处 70 米，总面积 2.48 万平方米，由数十根保安矿柱支撑。20 世纪 60—70 年代作为“三教基地”，有专人表演打炮、放炮、运输、排水等旧时人工采矿的艰苦场景，“忆苦窿”由此而得名。2001 年，洞口和表演区重新装修，并培养一批表演人员。

图 21-6　锡矿山老采矿场遗址——忆苦窿

（2006 年摄）

四、谢冰莹故居

位于铎山镇龙潭村。故居有旧栋和新栋。旧栋花灼堂于 1736 年建造，建筑基本毁坏，只有框架尚存，谢冰莹及 3 兄 1 姐均在旧栋出生。新栋守园 1861 年始建，是谢冰莹逃婚前住所。1943 年，谢冰莹将“湖南妇女战地服务团”团旗、日记等藏于守园楼上。守园整体保存完好，呈长方形小四合院结构，廊柱石座和大门石墩雕刻精美，左侧横屋与正房有门道相通，墙垛飞檐翘角，檐下壁画栩栩如生。前后幢及中间天井均保持原貌，后栋神龛上雕花窗格外表涂层有些剥落。横屋因无人居住打理，屋内墙体部分损毁，亟待修复与保护。

五、革命烈士陵园

原为烈士纪念碑，位于锡矿山陶塘长龙界钟鼓山，海拔 668 米。1949 年，解放军四十七军一六〇师营教导员吴振宗、连长吕庭轩等 9 人在解放锡矿山战斗中牺牲，遗体掩埋于胜利山。1974 年，因修建锡矿山北炼厂将墓地移至钟鼓山，并修建革命烈士纪念碑。纪念碑为砖混结构，高 14 米，碑正面楷书“革命烈士永垂不朽”，底座正面为大理石碑文。1983 年，烈士纪念碑被确定为市爱国主义教育基地。1994 年，被认定为市级文物保护单位。2010 年，市文物管理所筹资 60 万元对纪念碑和周边环境进行全面修缮，并更名“革命烈士陵园”。

六、红军驻地旧址

位于锡矿山陶塘老街。1935 年 11 月 29 日，中国工农红军十六师主力 1500 余人经新化进驻锡矿山，驻扎于锡矿山街道陶塘社区老街。

七、三尖六房院

位于三尖镇新屋村，始建于 1880—1885 年，为清代富商邹兴序六子邹隆平所建。该建筑为砖木结构，占地 2700 多平方米，两进两厢式布局，由前厅、正厅、后厅和两厢房组成，外观典雅，气势宏大，雕梁画栋，工艺精美，具有古代典型的湘中民居风格。

第六章　广播电视

第一节　广　播

一、有线广播

（一）城区有线广播

1988 年，冷水江市城区有线广播专线 20.6 千米。各主要街道和机关、企事业单位先后安装有线木盒动圈式广播喇叭和调频铁盒式广播喇叭，共 1524 只，音响率达 98%。1996 年，市广播电视局投资 10 余万元改造市广播电台录制设备和城区有线广播网，新装广播音柱 36 只，形成广播全城通。城乡每天节目播出分三个时段：早上 6:30—8:00，中午 11:50—14:00，晚上 18:00—22:00。1997 年，市广播电台开办互动直播节目，晚上播音从 18:00 延续至 24:00，全天播音 6 小时。除转播中央人民广播电台和湖南人民广播电台新闻、专题和文艺节目外，自办节目占很大比重。

（二）农村有线广播

1988年后，冷水江市农村有线广播网分两级：一是由市广播电台通往农村各乡镇广播站的广播专线，由市广电局事业股技术人员维护；二是由各乡镇广播站建专线至各行政村，各村广播室有专线延伸至各村民小组、院落，由乡镇机线员维护。农村广播网做到“根根杆子正，条条线路通，只只喇叭响，句句听得清”。每个乡镇广播站有编播值机员1人、机线员1～2人，除按要求转播市广播电台节目外，还围绕乡镇党委、政府中心工作自办节目。

1987年，市广电局按部颁标准建设全市乡镇广播网，分批次改造乡镇广播站机房，更新设备。以乡镇出资为主，市财政补助为辅。市广电局负责设备采购和提供技术指导。至1992年末，全市广播专线达1631杆程千米，广播喇叭2.61万只，村通播率100%，喇叭入户率61.5%，音响率91.7%，覆盖率86.1%。12个乡镇广播站机房设备、网络、信号质量等经娄底地区广电局验收全部达部颁标准。1993年5月7日，经省广电厅验收，授予冷水江市“全省农村广播网建设先进市”称号，奖励价值6万元猎豹牌工具车1台。

二、调频广播

1989年，市广播电台新添100瓦调频（无线）发射机1台，频率104.3兆赫。1990年6月，市电视转播台增添1千瓦调频发射机，每天早、中、晚三个时段转播湖南人民广播电台调频广播节目（频率97.2兆赫）。1993年，完成100瓦立体声调频发射机改造和改频工作，广播音质提升，覆盖范围扩大。1997年更换300瓦调频发射机，调频广播覆盖全市城乡。

1992年，市有线电视台成立，既转电视节目又转广播节目，最初为用户安装的用户盒有两个插孔，一个FM插孔，接收调频广播；一个TV插孔，接收电视信号。2002年1月，市广电局与省电广传媒合资组建冷水江电广宽带信息网络有限公司，仍承担转播中央人民广播电台《中国之声》及湖南人民广播电台、经济广播电台、文艺广播电台、交通广播电台节目。

三、广播节目

20世纪80年代，市广播电台除按上级要求转播中央、省、娄底广播电台节目外，自办节目有新闻、专题、文艺、服务4类。新闻节目有《全市新闻联播》《锑都快讯》《一周要闻》。专题节目有《农民之友》《法制之声》《工商管理》《环境卫生》《青春风采》等。1989年，相继开办《十年改革成就巡礼》《国防教育》《加快城郊型农业发展步伐》《劳模谱》《先锋颂》等系列专题报道。1996年，增辟《走村串户话小康》节目，农村许多脱贫致富典型素材被发掘出来，其中《沃土情深》被评为全省广播类好新闻一等奖、全国广播对农节目三等奖。文艺节目《冷江文苑》以播发本土文学爱好者作品为主，被省广电厅列为“全省广播乡土文学最早的创名牌节目”。1998年，开通娱乐性直播互动热线节目《欢乐星期天》，每周日下午直播3小时，探讨育婴、养生、家教等生活方面话题，邀请知名人士为嘉宾，两部专用热线电话与听众互动。服务节目有《天气预告》《广告》等。是年，市广电局被省广电厅评为全省广播宣传先进单位。市广播电台被评为向省人民广播电台供稿先进单位。全市广播事业处于兴旺时期。

市广播电台组织培训业余通讯员队伍，持采访证的通讯员有200多人。1988年，市广播电台收稿1.35万篇，播稿6695篇，其中一半以上为市内和外省市通讯员稿件。通讯员投稿剪信封上端一角免贴邮票。采用稿件按月从邮局寄发薄酬。每年年底进行通讯工作总结评比，并召开表彰会。

第二节　电　视

一、冷水江市电视转播台

1983年，中共中央37号文件作出“四级办广播电视”的指示。为保证城区和近郊居民多看一套电视节目，市广电局于1987年10月恢复红日岭电视差转台（1978年8月，市广播事业管理局与锡矿山矿务局共建，1980年停机），以10瓦发射机转播中央电视台第二套节目，1989年改用50瓦发射机转播中央电视台二套和湖南教育电视台节目。1992年3月，红日岭电视差转台搬迁至毛易林场山顶金竹山电厂微波站，年底增加 300 瓦电视发射机，覆盖全市及周边县市。1995 年 9 月，电视差转台迁至矿山乡樟木村白果岭（海拔 1071 米）市电视转播台。

驻市各大中型企业为方便职工收看电视节目，陆续建立小型电视差转台。至 1987 年，全市有企业电视差转台 8 座，发射机 9 部，总功率 110 多瓦。随着企业有线电视网络建立，1991 年后这些差转台陆续停播。1992 年，三尖、岩口等乡镇建立小型电视差转台。1994 年，市广电局与禾青镇联合建立禾青小型电视差转台。乡镇有线电视网建立后，这些差转台随之停播。

1990 年，市电视转播台增加 1 千瓦（31 频道）转播娄底电视台节目。1995 年，增加 300 瓦（8 频道）转播冷水江电视台节目。2003 年起，改频扩功技术升级，逐步淘汰电子管，向全固态化过渡。2006 年，冷水江市电视转播台基地大修，新增机房面积 100 多平方米，各个系统均更新改造。2007 年，新增 43 频道 3 千瓦转播中央电视台国防军事频道节目，新增 37 频道 10 千瓦转播湖南经视节目。

2010 年，市电视转播台共转播中央、省、娄底市、冷水江市广播电视节目 80 多套（其中模拟电视节目 6 套、调频广播节目 5 套、地面数字电视节目 19 套、无线移动数字电视节目 54 套），总发射功率 26 千瓦，形成融光纤、微波、无线电视传播为一体的立体转播网。信号覆盖娄底 5 个县市区及周边安化、新邵、邵东、隆回等县并输送到怀化、湘西地区，总覆盖面积 6000 多平方千米，覆盖人口 500 多万，成为全省重点骨干高山电视转播台。

二、冷水江有线电视台

全市有线电视创办于 1984 年，当时叫闭路电视。因电视同频干扰，差转台转播的电视屏幕雪花点多，收视效果不好。为收看清晰电视节目，各单位安装共用天线连通各家各户。最早安装闭路电视的是市人武部。至 1987 年年底，城区行政事业单位和部分省地厂矿 40 多家先后安装闭路电视，全市共有闭路电视用户 8000 多户。除接收转播中央和省台电视节目外，还购置录放机，定期播放录像节目。

1989 年，市广电局开始兴建城区闭路电视共用天线系统，购置前端设备，机房设政法路 6 号局办公楼顶六楼，安装闭路电视用户 940 户，开通中央一、二、四套及湖南电视台等 6 套节目。1990 年发展用户 645 户。

1991 年 6 月，筹建冷水江有线电视台。1992 年 4 月，省广电厅批准成立湖南有线电视台冷水江市分台（简称冷水江有线电视台）。4 月 30 日晚上举行开播典礼，5 月 1 日开播。投资 50 万元，架设主干线 3 千米、支干线 10 千米，发展新用户 1100 户、联网 600 户，开通中央电视台 1、2、4 套及湖南电视台、湖南有线台、中央教育台、云贵台、娄底电视台、冷水江电视台等 10 套电视节目。

1996 年 11 月，开通冷水江火车东站片、同兴片近郊有线电视信号。1997 年，在娄底地区率先开通中央电视台 3、5、6、8 共 4 套卫星加密电视频道，至此共开通 16 套电视节目。到 1998 年年底，形成以城区为中心，覆盖中连、同兴乡大部分村（社区）及毛易乡长铺村的有线电视网，干线总长度增至 63 千米，用户增至近 2 万户，开通电视节目 23 套，城区有线电视入户率达 70%。

1999 年 6 月，市广电局对有线电视网络进行升级改造，以中心城区网络为试点，主、支干线全部换成光缆，300 兆网升级为 500 兆网，新增电杆 250 根，架设新干线 15 千米，拉通钢绞线 20 千米，9 月 3 日开通电视节目 45 套。2000 年，拉通同兴、中连及由布溪街道经潘桥乡通往禾青镇的光缆干线，潘桥乡、禾青镇有线电视与城区有线电视联网。干网改造基本完成后，启动小区改造工程，有线电视用户管理系统由纸质化手工操作向自动化电脑控制阶段过渡。至 2010 年年底，全市有线电视传输网络干线总长 2060 千米，其中光纤线路 260 千米、电缆线路 1800 千米；全市有线电视用户 10.25 万户，其中城区 5.5 万户、乡镇 4.75 万户。

2002 年 1 月，市有线电视台出资 1379.58 万元，以 51%的股份与湖南电广传媒股份有限公司合资，组建冷水江电广宽带信息网络有限公司（简称市有线网络公司），由市广电局控股。先后收购或整合禾青、毛易、金竹山、三尖等乡镇及冷水江制碱厂、金竹山电厂、金信化工有限责任公司（原资江氮肥厂）、冷水江煤矿塘冲工区等企业网，用户不断增加。投入1000多万元，提质扩容，优化网络，将500兆网再度升级为750兆网，建立光平台85座，主支干线实现全光缆化，网络功能日趋完善。有线网络公司成立后，收入增长较快。2001年创收430万元，2003年增至550万元，2008年首次突破1000万元，2010年创收达1530万元。

2004年，市有线网络公司与中国联合通信集团娄底分公司合作发展有线电视宽带用户。2007年，冷水江电广宽带信息网络有限公司更名湖南有线冷水江网络有限公司。

2008年8月，开始有线电视数字化平移工程试点，10月全面铺开。按照两级平台三级管理模式，对原模拟电视前端进行数字化改造，为用户免费配送数字电视机顶盒。2009年1月，经娄底市物价局和广电局检查验收，冷水江市在娄底市率先完成城区数字电视平移。是年，推出数字付费频道营销业务，当年发展用户近3000户，创收50万元。至2010年12月，完成禾青、毛易、金竹山、三尖等乡镇大部分农村用户数字电视平移，全市有线数字电视用户5万多户，城乡用户可收看64套标清电视节目和70多套付费高清电视节目。湖南有线冷水江网络有限公司，以净资产5050万元纳入湖南有线电视网络（集团）股份有限公司整体上市，在省公司资产总额中所占比例为0.87%，相当于新化、涟源、双峰三县市有线电视网络公司在省有线电视网络（集团）公司中所占比例之和。市国资局接管市电广宽带信息网络公司在湖南电广传媒股份有限公司中的产权。

三、冷水江电视台

1991年2月，市委宣传部、市广电局利用市广播电台场地和播音人员等，借用冷水江钢铁总厂、金竹山电厂电视台摄制设备，开办《冷水江新闻》电视节目试播，通过红日岭电视差转台和局闭路电视网络播发，每周六首播，周日重播。每期播出电视新闻节目20分钟，重点报道全市时政要闻。当年播出电视新闻38期，发稿200余条。1992年，投入30多万元购置摄像机、编辑机和字幕机独立制播电视节目，播出电视新闻64期。摄制电视专题片2部，录制文艺晚会3台。

1993年3月27日，湖南省广播电视厅转发广播电影电视部地方司、科技司1992年11月16日建字181号《关于同意冷水江市建立电视台的批复》，呼号为"冷水江电视台"，使用DS-37，发射功率1千瓦。9月1日，经市委常委会议研究决定，隶属于市教委的教育电视台（1990年10月，经省无线电管理委员会批准成立）合并到冷水江电视台，隶属市委宣传部，在市人武部新办公大楼办公。1999年10月1日，国庆50周年、市庆30周年，市委、市政府在冷水江师范学校礼堂举行市庆大会，冷水江电视台以微波传送方式首次进行现场直播。

冷水江电视台建立后，电视节目不断改进。1997年，推出《我说下岗》专栏，内涵丰富，形式活泼，获全省电视理论宣传节目三等奖。1999年6月，《冷水江新闻》改版，分为《时政要闻》《社会万象》《今日焦点》3个版块，内容丰富，格调清新。是年8月，创办《冷江综艺》栏目，推出电视文艺节目《有情有约》，分为《玫瑰版》《热恋版》《伉俪版》《夕阳版》，具有地方特色。2001年，开办《冷水江发展大家谈》节目，每周播出一期。首期邀请锡矿山矿务局、冷水江钢铁总厂、资江氮肥厂、金竹山电厂和大建煤矿5家企业主要负责人为嘉宾，谈话主题为企业发展方向和冷水江经济发展走势，为市委、市政府决策提供参考。2009年3月，冷水江电视台推行频道制改革，设立《新闻综合》《影视生活》《娱乐生活》3个频道，实行制片人制。《冷水江新闻》设《时事直通车》《民生日记》《网眼看天下》3个版块，新闻节目整体质量明显提高。

1994年，冷水江电视台确定专人负责外宣工作，在湖南电视台、中央电视台发稿共22条，并加入全国城市电视台协作组织和全省16家城市电视台联播网。此后，在中央、省、娄底电视台发稿逐年增加。1996年10月13日，全国第四届县市级广播电视研究会暨广播电视管理与发展战略研讨会在冷水江市召开，广电部、省广电厅领导和全国县市区广电局代表对冷水江市电视宣传工作给予充分肯定和高度评价。2007 年 9 月，冷水江电视台组织采编播音人员历时 3 个月，行程跨湖南、广西 9 个县市，摄制大型电视系列专题片《山长水远话资江》，获娄底市电视优秀节目一等奖，湖南省电视创优节目制作一等奖和播音二等奖。2009 年，市电视台成立外宣办。2010 年，在中央电视台发稿 6 条，省级媒体发稿 25 条，娄底市级媒体发稿 280 条。

第三节　广播电视管理

一、管理机构

1994 年 5 月，经省广电厅协调，冷水江电视台归属市广电局，迁入市广电局办公楼办公。9 月 1 日，市广播电台、冷水江电视台、市有线电视台合并为冷水江市广播电视台。9 月 15 日，市广播电视台与市广播电视局机关下属二级机构合并为市广播电视中心，局台合一，“一套班子、两块牌子”，内设总编室、新闻部、广播节目部、经济信息部、设备技术部、播出技术部、网络工程部、用户管理部、图文信息部。1999 年 8 月，内设机构改为编委会、新闻中心、网络中心、广告中心。至 2010 年年底，市广播电视局（广播电视中心）有干部、职工 215 人，其中在编 155 人，聘用 60 人。

1988—2010 年，市广播电视局先后由袁如梅、李文莲、颜桂兰、辜载生、李正华、方寄星、李锡明、袁信忠任党组书记，袁如梅、李文莲、颜桂兰、辜载生、李正华、陈代宋、李锡明、袁信忠任局长。

二、台站管理

20 世纪 90 年代初，省广电厅批准冷水江市建立 15 个大中型企业广播电视站、12 个乡镇广播电视站和 6 个村级有线电视网络。1998 年，企业台站经重新登记报批，统一呼号，保留 8 个。各乡镇站 1995 年前属广电局直管，1995 年划归各乡镇政府管理，后并入文化和社会事业管理站。

三、卫视管理

1990 年，市内始建卫星地面接收站，通过有线网传送电视信号至用户。随后，有些居民个人使用卫星地面接收设施“卫星锅”，直接收看境外电视节目。于是，市广电局开展境外卫星电视转播秩序专项整治，依法查处违规销售卫星电视器材商店 8 家，没收地面卫星天线 26 套、卫星接收机 6 台、高频头 8 个。

1999 年年底，国家广电总局启动农村广播电视“村村通”工程，市广电局规划实施。至 2010 年年底，全市投入 30 多万元，国家广电总局、省广电厅提供有线电视电缆和光缆器材，安装“卫星锅”1500 多座，解决偏远山区 1 万多名群众看电视难问题。2007 年中共十七大召开前夕，为 1.08 万农户完成卫星电视接收调试工作，确保农村群众适时安全收看卫视节目。

四、办公场所建设

随着广播、电视事业飞速发展，原市广播电视办公楼已不适应工作需要。1996 年春节，市政府批准发行广电彩票，筹集资金 200 多万元用于兴建广电大厦。同年 9 月 18 日，市广电局出售旧办公楼，筹资 1418 万元，由承建方湖南省第四工程有限公司垫资 400 万元，从银行贷款部分资金，在沿江路与金竹西路交会处兴建广电大厦，楼高 21 层，建筑面积 1.63 万平方米，次年 8 月主体工程封顶，2001 年装修 1 至 4 楼，总投资 2600 多万元。2002 年 2 月，局机关、冷水江电视台、市有线电视网络公司迁入广电大厦办公。市广播电台因设备年久老化不能搬迁而停播，工作人员分别到市广电局、冷水江电视台、市有线电视网络公司工作。市广电局无巨额资金启动广电大厦，将工作重点转向发展有线电视网络建设。2005 年 8 月，市政府批准将广电大厦以 1581.8 万元转让给杭州市栖霞山庄大酒店股份有限公司，改建装修成四星级博尼尔大酒店。2006 年，市广电局投入 900 余万元在布溪青山公园附近兴建高 7 层、建筑面积 6600 平方米广电综合办公楼，2007 年年底竣工投入使用，并修建职工住房 2 栋、全额集资住房 3 栋。

第七章　档案　史志

第一节　档　案

冷水江市档案局成立于1980年10月，是主管全市档案工作并履行行政管理职能的正科级事业单位，归口市委办管理。2005年，成立市现行文件服务中心。2006年，市档案馆升格为副科级单位，并晋升为省一级档案馆。2010年，市档案局内设办公室、业务指导股、法制教育股、市志编研股，下辖档案馆，在职工作人员31人，退休干部7人。同年10月，娄底市发改委下达冷水江市综合档案馆新馆建设项目立项批复。1980—2010年，市档案局先后由黄松藻、杨国良、李正福、侯星、夏绵光任党组书记、局长。2006—2010年连续5年被评为全省档案宣传工作先进单位。

一、档案接收与征集

1988年，市档案馆接收9个单位档案共689卷。同时，接收全市开展“双打双反”运动各种资料和实物进馆，共有菩萨、螺、角、令牌、宫吊、经书、族谱等21个门类、297件。1989年，收集中国社会科学院原院长、著名经济学家于光远题词手迹3幅。1989—1996年，接收各类档案10094卷、资料1467册。1997年，接收姚绮云参加全国第七届、八届人大会议所形成的各种资料近70卷册和与朱镕基等中央领导人合影28张。

1998年，接收历届市主要党政领导照片和有关单位1983—1993年文书档案1246卷。1999—2001年，先后征集历任市委领导、全国劳模等照片200余张。2002年后，先后收集著名作家谢冰莹作品、手稿和照片，并举办展览。2003年，开始接收改制企业档案。2005年，接收市文物管理所拍摄的全市重大事件录像带35盒89集。2007年，征集谢氏、黄氏、胡氏、吕氏族谱15本和梅山蚩尤文化部分资料。2009年，征集建市40周年活动全套资料、首届锑都小姐大赛各种资料和照片以及老干部回忆录、工作笔记、党史研究等珍贵资料。2010年，为市级主要领导干部建立公务活动档案，征集首届全国科学发展与资源枯竭城市转型高峰论坛、新行政中心办公大楼奠基典礼、元宵节焰火晚会、省委副书记梅克保考察冷钢等重大活动资料，另征集余氏、王氏族谱各1本，卿中奇政务档案45盒和照片档案15盒，国家特级教师杨玉声个人档案45盒。

1988年，市档案馆有79个全宗档案，案卷39245卷，主要以文书档案为主，档案种类单一。通过23年不间断档案接收与征集，至2010年末，市档案馆共有档案186个全宗，档案资料7.33万卷。其中馆藏特色档案65卷、文书档案5.25万卷、专门档案1.49万卷、科技档案230卷、名人档案46卷、重大活动档案12卷、实物档案1164件、馆藏资料4273册、声像档案36盒、照片2235张。馆藏档案资料较丰富，档案门类较齐全。

二、档案保管与利用

（一）档案保管

市档案馆共有库房12间，库房面积776平方米。1988—1991年，先后添置档案柜21个、资料柜6个、消毒柜1个、空调1台，库房全面消毒，馆藏资料重新登记清理、分类上架，追回久借不还的档案12卷。1994年，库房屋顶进行防漏水处理，对档案去尘去霉，放置防虫药品，并购买1台电脑对档案进行微机管理。1996年7月，7个乡镇、68个村档案室严重受损，全市开展水毁档案抢救和保护。1999年，完成市委全宗5号目录1969—1982年所有档案复制任务。2005年，市财政投入12万元，市档案馆添置11列密集架70立方米，每间库房配备空调、全自动去湿机，添置复印机、防磁柜、高配置电脑、消毒柜各1台，一楼库房安装温湿度自控仪，更换老化配电线路并增加配电保护设施。2006年，市财政拨款10万元用于市档案馆达标升级，添置150立方米密集架、6台电脑和数码摄像机、数码照相机、扫描仪、传真机、档案管理软件等。11月，市档案馆晋升为省一级档案馆。

（二）档案利用

1988 年，市档案馆开放档案近 200 卷，接待档案查阅 615 起、630 人次，调阅利用案卷 4301 卷（册），提供资料 50 余万字，解决各种疑难问题 546 个。5 月，市物价局核定档案利用收费标准，档案无偿利用服务转变为有偿利用服务。1995 年，吴红莲主编的《冷水江风景名胜汇编》获娄底地区优秀编研成果二等奖。1996 年，编写《冷水江档案馆指南》和《冷水江市法规性文件汇编》。1998 年，利用馆藏资料编纂《冷水江市工业企业概况汇编》。2005 年 12 月，冷水江市现行文件服务中心成立，为市民查阅文件提供方便、快捷服务。2006 年，编写《冷水江市历届重要会议汇编》。同年，为国家档案局《伟大的长征》摄制组提供红军长征经过锡矿山时有关资料和照片，并协助做好现场拍摄有关工作。2007 年，编写《冷水江市大事记（1979—2005 年）》，并报送省志办。1988—2010 年，每年都精选典型案例编写《档案利用效果 30 例》。

随着经济社会发展和馆藏档案不断丰富，来馆查阅利用档案人员逐年增多，档案利用由面向机关单位为主发展到面向社会各界开放利用。1988—2010 年，市档案馆平均每年接待社会各界查档人员 378 人次，利用档案资料 488 卷（册），提供档案证明 421 份。

三、档案信息化建设

2003 年，市档案馆和部分单位档案室安装金通档案管理系统，开始使用档案管理软件辅助档案管理。是年，市档案馆开始进行馆藏档案数字化处理工作，建立案卷级目录数据库、文件级目录数据库。2004 年，召开全市档案信息化建设工作座谈会。2006 年，《全市档案信息化建设意见》出台，市档案馆添置数据服务器 1 台、扫描仪 1 台、照相机 1 台、电脑 8 台，安装金通档案管理软件网络版，开通冷水江市档案信息网，方便群众上网查询了解档案相关信息。至 2010 年，市档案馆共录入档案目录 16 万条，扫描档案文件原文 5000 余页，完成部分重要档案资料全文扫描，为数字化档案馆建设奠定基础。

四、档案业务管理

（一）机关档案管理

1987 年，省档案局下发《关于开展档案馆、档案室上等级活动的通知》，在全市范围内开展档案室上等级活动。1992 年，档案工作纳入市直机关单位和乡镇目标管理范围。1997 年，市工商局采用缩微胶片管理档案。2000 年，全市 48 家机关单位档案室开展定级达标工作。2001 年，市建委和档案局转发《关于进一步加强建设工程档案管理的通知》。2002 年 7 月，对市工商局档案室等 7 家省一级档案室进行全面复查认证，全部合格。2003 年起，文书立卷制度改革，档案整理按归档新标准执行。至 2010 年末，全市 115 家机关档案室，有 11 家达省特级标准，10 家达省一级标准，20 家达省二级标准，21 家达省三级标准。

（二）农村档案管理

1996—1998 年，全市农村档案工作实行目标管理。2002 年 5 月，在禾青镇开展村级建档试点。2003 年，锡矿山街道建立全市第一家乡镇档案馆。至 2010 年 12 月，全市有乡（镇、街道）机关档案室 16 家，建档率 100%，其中达省二级 1 家，省三级 8 家。全市 210 个行政村、社区规范建档 155 个，占 73%。

图 21-7　冷水江市中连乡档案室密集架库房

（2008 年摄）

（三）企事业单位档案管理

1991 年，资江氮肥厂档案工作通过上级验收，成为娄底地区首家国家一级档案管理单位。1997 年，市经委和档案局联合下发《全市工业企业档案工作实行目标管理的通知》，要求年产值过 1000

万的乡镇企业建档建制，地属以上企事业单位档案工作全部上等达标。2002 年，市档案局会同市经委、财办联合发文，明确市档案馆负责接收国有改制企业档案，当年接收市电动工具厂等 10 家单位档案入馆。至 2010 年 12 月，共接收全市 72 家改制企业档案 6.6 万余卷册。是年，全市企事业单位档案室，有国家一级 2 家，国家二级 2 家，省先进级 7 家。

五、档案法制工作

1988 年 6 月，市档案局和司法局联合举办《中华人民共和国档案法》（以下简称《档案法》）知识竞赛，全市各机关、企事业单位文秘和档案人员共 300 余人参加。1997 年，《档案法》列入全市“三五”普法宣传教育规划。市广播电台开设《档案法规专题讲座》，每天一讲，时间一周。9 月 5 日晚，市委副书记汤燮理在市电视台发表纪念《档案法》颁布 10 周年电视讲话。2002 年，全省举办《档案法》颁布 15 周年知识竞赛，全市 20 余人获表彰奖励。1988—2010 年，全市开展多种形式档案法制宣传，举办档案学习班、座谈会、报告会 48 场次，张贴横幅标语 700 多条，出宣传橱窗 31 期，发表广播电视讲话 12 次，印发各种宣传资料 6 万余份，开展《档案法》知识竞赛 5 场。

1988 年，首次开展档案执法检查。1996 年，档案局增设法制教育股。9 月，市人大、普法办、档案局联合开展《档案法》执法大检查。1997 年，对全市机关、企事业单位和其他社会组织实行档案年检年审登记制度。2004 年，渣渡镇一村干部私自涂改土地承包档案，受到党内警告处分。1988—2010 年，市档案局依法调查处理档案违规行为和违法案件 12 起。

第二节　史　志

一、党史工作

1983 年，成立市委党史征集委员会办公室（简称市委党史办），开始对冷水江市新民主主义革命时期史料进行调查、整理，并为冷水江市申报革命老区收集史料。1992 年，对境内重要党史人物余盖（新民学会成员，毛泽东一师同学）、姜云清（老红军、副军级干部）、朱江（老红军、师级干部）等生平史实进行征集编纂，出版《冷水江市党史人物传》。同时，收集整理 1959 年国务院副总理罗瑞卿到锡矿山视察工作史料。2001 年，编辑出版《中共冷水江党史大事记》《冷水江人民革命斗争史》。2003 年年底，市委决定编写《中国共产党冷水江历史》，党史办具体负责编纂工作。2004 年起，协助省委和娄底市委编辑《湖南党委工作纪事》《中共娄底党委工作纪事》，完成抗日战争损失统计、革命遗址普查等工作。2008 年 10 月，近 50 万字的《中国共产党冷水江历史（1921—2006）》由中国文史出版社出版。

1983—2010 年，市委党史办先后由邱杏芝、颜复长、谭孝绥、潘久长、魏承祖任主任。其间，党史办多次被评为省、娄底市党史工作先进单位。

二、地方志编纂

市委、市政府于 1986 年 6 月成立由市长任主任的市志编纂委员会，下设办公室（简称市志办），编纂冷水江建市以来第一部《冷水江市志》。全市成立 29 个市志承编小组，共计 139 人参与市志编纂，收集 169 万字文字资料和一批图片资料，采录 245 万字口述资料，撰修 6 年，数易其稿，1992 年 6 月形成评审稿，1994 年正式出版发行。《冷水江市志》共 23 篇、103 章节、112 万字，主要记述冷水江从建市至 1987 年间政治、经济、文化、社会等方面的发展变化和成就。

1998 年，毛易乡退休干部王振庭历时 5 年编纂完成冷水江市第一部村志——《王坪湾二十世纪村志》。志书详细记述王坪湾村 1900—2000 年历史变迁，16 开 588 页、68 万字，分 11 篇 47 章。2007 年，张普光主编的《沙塘湾地方人文史略》出版。该志记述 1931—2006 年沙塘湾政区、环境、经济、交通、文化、卫生、民俗、宗教等方面的发展变化。

2010 年，市委、市政府根据国务院办公厅《关于进一步加强地方志编纂工作的通知》和省委、省政府办公厅《关于续修省、市、县三级志书的通知》精神，决定续修《冷水江市志（1988—2010 年）》，成立市志编纂委员会，市长任主任，下设市志编纂办公室，从市档案局安排人员负责修志日常工作。10月23日，召开全市第二轮修志动员大会。11月，举办174个单位参加的市志编纂业务培训班。此后，各单位安排人员负责收集并撰写本单位续志资料。1986—2010年，先后由胡正山、蔡怡光、魏承祖、曾润之任市志办主任。

第八章　体　育

第一节　体育设施

1994年3月，市体育馆破土动工，社会各界踊跃捐资赠物，募得资金84万元、水泥130吨、玻璃600平方米、玻璃钢座凳2400条、升降式篮球架1副。1995年5月4日，市体育馆竣工并投入使用。该馆建筑面积1500平方米，高14米，吊灯54个，座位1815个，可容纳观众约2000人，总投资360万元。内场面积640平方米，有标准篮球场1个，面积420平方米。是年，市体育广场改建成6股标准跑道250米田径场。1996年，体育广场修建标准篮球场2个。是年，全市发生特大洪灾，体育馆地面被水淹，场地设施严重受损。2000年6月，馆内设施修复。2009年，体育广场又修建篮球场和排球场各1个，市体育馆侧面兴建举重训练房，面积140平方米。

1988年始，各中小学校、厂矿企业和机关单位相继修缮和兴建各式各类体育场地。境内大部分篮球场在20世纪90年代将木质球架改为钢管球架。1994年，冷水江师范学校修建400米标准跑道田径场，可接纳省级田径比赛。此后，冷水江工业学校、冷水江技工学校、市一中、市六中等学校兴建运动场，金竹山电厂修建田径场、灯光球场、乒乓球馆、老年活动中心、游泳池等体育运动场所。市电力局、交警队、总工会等单位自筹资金修建羽毛球场。随着人民生活水平提高，健身热潮高涨，境内健身体育器材陆续添置。2003年，21件价值6万余元的全民健身器材落户波月洞公园。2004年，岩口镇农科村添置健身器材2套，修建灯光篮球场1个。2010年，湍江、耸山、九江、石湾等19个村购置58万元体育健身器材。

至2010年年底，全市有篮球场150余个、标准羽毛球场17个、排球场30个、田径场90个、足球场13个、健身俱乐部4家、桌球室9家、体育舞蹈培训学校6所、溜冰场4个、游泳池2个、武术馆4家、乒乓球培训基地1家。

第二节　群众体育

一、农民体育

1988年后，市内农村除开展舞龙、舞狮等传统体育活动外，城市流行的迪斯科、打腰鼓、广场舞等体育活动也逐渐在农村兴起。为促进农村体育事业发展，各乡（镇、街道）相继成立体育工作领导小组和农民体育协会，配备1～2名体育专干，指导乡村开展体育活动。市体育局每年为农村培养体育指导员，开展经常性体育下乡活动。1993年8月，冷水江市首届农民运动会在市体育馆举行，比赛项目有篮球、排球、武术、象棋等。

冷水江市龙舟比赛历史悠久。1990年，全市组织龙舟赛，参赛单位12个，龙舟14艘，人数1000余人，观众3万多人。1996年，冷水江市龙舟队参加全省端午节龙舟竞赛，获得一等奖。1997年端午节，举办迎香港回归龙舟邀请赛，共30支队伍参加。

图21-8　1996年，冷水江市龙舟队参加全省端午节龙舟竞赛获一等奖

武术是梅山文化重要组成部分，习武练功是域内传统体育活动。全市城乡有一大批武术爱好者，常年自发组织习练，健体强身。拳种有梅山拳、太极拳、长拳、南拳等。1993 年，娄底地区举办首届农民运动会，冷水江市代表队获武术团体总分第一名，女子组获长器械、短器械、国家规定拳、地方拳 4 个第一名。1996 年，全市有武术馆、校 7 家，在训人数 2000 余人，学员遍及全国各地。是年，冷水江市被国家体育总局授予“全国武术之乡”荣誉称号。

禾青镇长期坚持开展龙舟大赛和篮球赛等群众体育活动，1999 年被评为全省第三批“亿万农民健身活动”先进乡镇。岩口镇农科村修建村级健身活动场所，成立秧歌、广场舞等各类健身队，经常开展秧歌、篮球等比赛活动，2005 年被评为全国群众体育先进单位。

2006 年，娄底市在中连乡举行建设社会主义新农村“体育三下乡”（体育场地下乡、体育健身指导下乡、体育科普知识下乡）活动启动仪式，为农民送去体育政策法规和健身科普知识。

二、职工体育

冷水江工矿企业多，职工体育活动开展广泛。20 世纪 90 年代，各大中型企业每年开展职工篮球赛等文体活动。每年节庆，市体委和市总工会组织职工开展篮球、乒乓球、棋类、登山等多项竞赛，全市职工积极参与。1991 年 8 月，中国男篮甲级四强赛在市体育馆举行，北京、广东、南京、济南军区 4 支代表队应邀参加，各单位篮球爱好者踊跃现场加油助威。

1995 年，市体委与市妇联举行妇女环城长跑比赛，近 1000 名妇女参加长跑。1999 年，举行奔向新世纪万人长跑活动。2000 年，在娄底市首届妇女健身风采展示大赛中，冷水江市荣获女子门球赛第一名、木兰剑第一名、木兰扇第三名、太极拳第六名。

棋类活动经常开展。城区居民在街头巷尾设置象棋、围棋摊点，吸引广大棋类爱好者参与、围观。市体委和棋类协会，多次组织全市棋类比赛，并组织棋手到涟源、娄底、长沙等地参加比赛，切磋技艺。

随着人民生活水平提高和业余时间增多，职工参加广场健身者越来越多。每天早晨和晚上，有上千人集中在滨江公园开展广场舞、健身操、交谊舞、太极拳、抽陀螺、羽毛球等体育活动。步行街、佳泰佳广场、金水湾河堤等许多地方及街头巷尾，每晚都有广场舞。市内健身俱乐部设有肚皮舞、瑜伽、健身操、跑步等项目，吸引大批健身爱好者参加。2000 年 11 月，国家体育总局授予冷水江街道“全国城市体育先进社区”荣誉称号。

图 21-9　冷水江市民在滨江公园晨练太极拳

（2010 年摄）

2003 年元旦，在市体育馆举办全市腰鼓比赛，13 支业余腰鼓队参加，冷水江街道代表队获一等奖。2004 年，市健美操代表队参加全省第二届大众体育运动会健美操比赛，获金牌、银牌各 1 枚。是年，42 岁摩托车爱好者段定华从冷水江出发，单骑独闯大东北，历时 20 天，行程超 1.3 万千米，完成“摩托车独骑万里行”壮举，轰动全国。

2007 年，市总工会修建 200 平方米职工活动中心，购置成套健身器材、2 张乒乓球桌，大部分职工下班后到活动中心开展体育活动。是年，冷水江市体育总会成立，是娄底市第一家县级体育总会。该会每年组织、指导开展一系列全民健身活动。2010 年 8 月 8 日，市体育馆举行全民健身展示会，座无虚席，气氛热烈。

三、老年体育

随着人口老龄化加快，老年体育成为冷水江体育事业发展热点。1986 年，市老年体育协会成立。此后，各单位相继成立老年体协分会。老年体育开设项目有门球、钓鱼、太极拳、桥牌、象棋等。每年重阳节，市人事局组织机关、事业单位离退休老干部钓鱼。城区有30多个以老年妇女为主的舞蹈队，不论寒暑，在滨江公园、体育广场等处开展活动。

市机关老年体协每年“五一”“十一”举办门球、棋牌等比赛。1990年、1994年，市老年体协队参加全国门球比赛分别获第三名和第二名。1993年始，市老年健身队参加全省比赛，5次夺冠。2006年，冷水江市太极拳协会成立，吸收会员2600余名。2010年8月，唐明霞在香港参加“上碟杯”第五届国际武术比赛，获个人自然太极拳、太极剑和集体自然太极拳比赛3个一等奖。

第三节　学校体育

一、规范体育教学

1988年始，全市各学校认真贯彻落实《学校体育工作条例》，积极推行国家体育锻炼标准和合格标准，建立和完善学校体育工作规章制度，各校严格按照国家教育部颁布的《体育教学大纲》开设体育课程。落实“两课”（体育课、课外体育活动）“三操”（早操、课间操、眼保健操），体育教学列入课时计划，保证学生每天至少1小时体育活动时间。全市大部分学校有篮球、排球、羽毛球、足球兴趣小组，课余时间开展经常性训练和比赛活动。同时，开展拔河、广播体操、健美操等比赛活动。全市各中小学根据体育教学大纲和学生体质健康标准制订教学计划，开设体育课程，严格要求各学校落实学生体质健康达标，2005年全市达标率99.23%，2006年全市达标率99.04%。

各中小学校注重体育特长生培养。高中学校建立篮球、排球、足球、田径、乒乓球、羽毛球、健美操、武术、定向越野等运动队，初中、小学大都建立篮球、排球、足球运动队，有计划、有针对性地培养和发挥学生体育特长。至2010年，初高中和完全小学都配备专职体育教师，全市有专职体育教师119人。1988—2010年，全市平均每年培养体育特长生60余人，高考体育特长加分200余人。

二、学生运动会

1990年，市体委与教委联合举办中学生排球运动会、中小学生田径运动会。1995年5月，湖南省第三届中师学生田径运动会在冷水江师范学校举行，全省33所师范学校1000多名运动员参赛，冷水江师范学校代表队获得团体总分第一名、女子团体总分第一名、男子团体总分第二名、健美操团体总分第三名的好成绩。1998年2月，开办冷水江奥林匹克体育运动学校。1999年，娄底地区重点中学篮球赛在市体育馆举行，市一中参加比赛，获女子组第三名、男子组第五名。2008年，市六中排球队在常德参加省级排球比赛，获男子组第七名。2010年，市体育舞蹈学校参加全省第十届体育舞蹈锦标赛，获团体一等奖及8个单项奖。1988—2010年，全市共举办了19届中小学生运动会。

第四节　竞技体育

1988年始，市体委、中小学、业余体校组织学生、职工、农民进行体育项目训练，选拔优秀人才参加全国、省、市各种体育比赛。1995年，市业余体校筹资修建两间举重训练房，添置杠铃等训练器材，邀请新化县体委曾培养过世界举重冠军的高级教练罗松喜指导授业。1999年，市业余体校有教练8人、举重运动员16人。2003年，市业余体校举重队与新化业余体校举重队联合集训。2004年6月，市业余体校羽毛球训练队成立，邀请安化羽毛球资深教练文巨刚指导授业。至2010年，市业余体校向省级及以上运动队输送举重运动员8名，羽毛球运动员6名，武术、摔跤、皮划艇运动员各1名。

1988—2010年，全市举办各类运动会45次，参加全国、全省体育竞技比赛获金牌63枚、银牌28枚、铜牌38枚。

1988—2010年冷水江市参加全国、全省、娄底市体育比赛获奖情况表

表 21-3

运动会名称	举办时间	举办地点	获奖情况
省第七届运动会	1990.9	长沙	2个第六名
地区田径运动会	1991.4	娄底	金牌2枚，银牌1枚
省举重锦标赛	1991.5	零陵	金牌2枚
全国青少年举重赛	1991.8	长春	金牌7枚，铜牌1枚
省围棋团体段位赛	1992.7	怀化	银牌1枚
省青少年运动会	1992.9	冷水滩	金牌1枚，铜牌1枚，2个第四名
全国业余围棋比赛	1992.9	怀化	团体第八名
省青少年举重赛	1993.11	涟源	铜牌1枚，1个第五名
全国青少年举重赛	1994	古丈	金牌5枚，银牌3枚，铜牌3枚
省青少年举重赛	1994.1	古丈	金牌5枚，银牌3枚，铜牌3枚
省第八届运动会	1996.8	常德	金牌1枚，银牌2枚，铜牌5枚
省青少年举重赛	1997.11	常德	金牌2枚，铜牌2枚
省青少年举重赛	1998.11	冷水滩	银牌1枚，铜牌1枚
省第三届青少年运动会	1999.9	长沙	金牌2枚，银牌1枚，铜牌1枚
省青少年举重赛	1999.11	湘潭	银牌2枚，铜牌1枚
省第五届残疾人运动会	1999	湘潭	金牌1枚，铜牌2枚
省青少年举重赛	2000.8	郴州	金牌2枚，银牌1枚，铜牌1枚
省青少年举重赛	2001.7	吉首	金牌3枚，银牌1枚
全国女子拳击邀请赛	2003.8	沈阳	金牌1枚
省青少年举重赛	2003.9	邵阳	金牌3枚，银牌2枚，铜牌2枚
省青少年举重赛	2004.9	郴州	金牌3枚，银牌3枚，铜牌4枚
省青少年运动会	2005.1	怀化	金牌14枚，银牌1枚，铜牌5枚
省青少年排球赛	2005	常德	男女排均获第八名
省第十届运动会	2006.9	茶陵	金牌5枚，银牌4枚，1个第五名
省青少年羽毛球赛	2007.7	安化	1个第五名
省青少年羽毛球赛	2008.7	常德	1个第七名，1个第八名
省青少年排球赛	2008.8	常德	男排第七名
省第三届大众运动会	2008.1	怀化	金牌3枚，银牌1枚，铜牌3枚
省第十一届运动会	2010.9	湘潭	金牌1枚，1个第七名，2个第八名
省举协杯举重比赛	2010.12	长沙	银牌1枚，铜牌2枚

第五节 体育管理

一、管理机构

1991年，市体委有工作人员15人。2002年6月，市体委更名市体育局，内设办公室、群众体育股、体育市场管理股，定编8人，实有12人，下辖市业余体育运动学校、市体育馆。2007年12月26日，市体育总会成立。1988—2010年，市体委（体育局）先后由余明庭、余瑞芳、刘启干、胡新民、段正清任主任（局长）。

1988年后，相继成立市篮球协会、武术协会、农民体协、残疾人体育联合会、台球协会、信鸽协会、围棋协会、球迷协会。1997年，沙塘湾龙舟协会成立。1999年，市羽毛球协会成立。市青少年体育舞蹈运动会更名市体育舞蹈协会。2007年，市太极拳协会成立。至2010年，全市体育协会共有15个。

二、体育市场管理

1997年3月28日，市体委增设体育市场管理股。1998年，市政府成立清理整顿体育市场领导小组，清理全市体育市场，组织体育经营业主学习《湖南省体育经营活动管理条例》，规范管理市内体育经营活动，为业主提供技术指导和人员培训等服务。至2010年，全市共有体育经营场所35家。

三、体育彩票管理

1996年，冷水江首次发行体育彩票。2004年5月，体育彩票“七星彩”和“超级大乐透”推出。至2010年，全市有体育彩票销售点44个。

1996—2010年，体育彩票销售额共1500余万元，所获体彩公益金全部用于发展全市体育事业。投资体育场地建设，包括体育场馆维修、全民体育健身场地建设；用于竞技体育，包括器材购置、训练环境改善、竞赛活动组织；助力群众体育活动开展，包括组织市级群众体育活动和参加上级群众体育活动；资助农民体育健身工程，包括健身器材、经费投入等。

第二十二篇　卫　生

1988年，全市共有医疗卫生机构100个，卫技人员1210人。固定资产6975万元，医疗设备1625台，价值1300万元。房屋总面积5.49万平方米，其中医疗业务用房3.47万平方米，病床1197张。此后，市委、市政府积极推进医疗卫生改革，把发展医疗卫生事业纳入国民经济与社会发展总体规划，在全市实行以公有制卫生机构为主体、社会和个体卫生机构为补充的医卫体制，医疗卫生事业得以长足发展。至2010年，全市医疗卫生机构增加到319个，其中市属医疗机构8个、乡（镇、街道）卫生院14个、村（社区）卫生室202个、厂矿职工医院（卫生所）7个、民营医疗机构4个、个体医疗机构84个。全市卫技人员增加到2736人，其中市属医疗机构718人、乡镇卫生院438人、乡村医生182人、厂矿医院694人、民营医疗机构142人，平均每千人有卫技人员8人。固定资产增加到2.82亿元，医疗设备总价值5503.2万元。房屋总面积16.19万平方米，其中医疗业务用房8.42万平方米。共有病床2313张，平均每千人有病床6.42张。

各医疗卫生机构围绕人民健康，致力提高医疗技术水平，诊疗范围不断扩大。内科从20世纪80年代诊治常见病发展到90年代能开展心血管病介入治疗和茶色素临床应用。外科从施行一般的腹部开刀发展到颅脑手术和高位级肝胆管切开取石。骨伤科医技水平在全省县市级医疗机构中名列前茅，成为湖南省重点专科。肛肠科独具特色，成为湖南省特色专科。

防疫保健工作坚持“预防为主”方针，从20世纪80年代中期开始推行计划免疫责任制，预防接种全程合格率达到国家标准线，各类法定传染病总发病率控制在国家规定指标内，全市已无白喉病例和脊髓灰质炎病例，荣获“全国消灭脊髓灰质炎先进县市”称号。同时，对孕产妇和儿童全面实行系统管理，提高妇幼保健和计划生育服务水平，有3家市属医院和7家乡镇卫生院被世界卫生组织、联合国儿童基金会和卫生部授予“爱婴医院”称号。

为达到世界卫生组织提出的“2000年人人享有初级卫生保健”的要求，市委、市政府将此列为全市小康建设的重要项目，加快推进农村合作医疗改革。至2010年，全市农村合作医疗覆盖率达100%，参合农民15.19万人，占全市农业总人口的91.6%，共筹集合作医疗基金5219.75万元。同时，以创建省级卫生城市为契机，加大城乡环境卫生整治力度，脏、乱、差局面明显改观。为确保医药卫生工作安全有效运行，健全各项管理制度和建立医药卫生执法组织，强化食品药品卫生监督执法，及时查处无证行医、兜售假劣药品行为。至2010年，医药卫生管理逐步实现法制化、规范化。

第一章　医疗体制改革

第一节　公费医疗改革

1982年，成立市公费医疗领导小组办公室。1987年，实行公费医疗制度改革，各单位公费医疗费用实行“指标包干，一年一定，超支不补，结余留用”。1988年，乡镇干部、职工门诊费按每人每年55元包干，经费宽松单位医药费报销80%～90%，经费紧缺单位医药费报销20%。市局机关干部门诊费每人每年下拨30元，由单位统一掌握，住院费由公费医疗办按规定审核后报销。1996年，公费医疗改革，住院、门诊费都拨给单位掌握，调剂使用，超支部分由单位从福利费、预算外经费中报销。1999年，住院费实行国家、单位、个人分担。年底，公费医疗办撤销，公费医疗制度改为医疗保险。2001年，《冷水江市城镇职工基本医疗保险管理暂行办法和实施细则》出台，公费医疗制度废止，实行由个人、社会和财政共同承担的城镇职工基本医疗保险制度。

第二节　农村合作医疗改革

一、改革模式

2007年，冷水江市新型农村合作医疗管理委员会成立，下设办公室（简称市合管办），开始农村合作医疗改革。新型农村合作医疗由市乡两级政府组织领导，市合管办负责合作医疗基金的筹集、使用和管理。合作医疗制度坚持以大病统筹、普通门诊统筹和慢性病门诊统筹相结合方式，不断扩大农民受益面，提高参合农民受益水平，调动农民参加合作医疗积极性。

合作医疗基金来源主要是中央财政拨款，省级、市级和县（市）级配套资金，少量为农民个人缴费。2007年，中央财政为每个参合农民拨付20元，省级配套12元，市级配套4元，县（市）级配套4元，农民个人缴费10元，合计人均每年50元。2008年，中央财政拨付40元，省级配套18元，市级配套6元，县（市）级配套6元，农民个人缴费10元，合计人均每年80元。2009年，中央财政拨付40元，省级配套24元，市级配套8元，县（市）级配套8元，农民个人缴费20元，合计人均每年100元。2010年，中央财政拨付60元，省级配套34.8元，市级配套7.2元，县（市）级配套18元，农民个人缴费20元，合计人均每年140元。

二、资金管理

全市农村合作医疗基金按照“公开、公平、公正”和“专款专用、专款专储、专项调度、封闭运行”原则，由市财政局在国有商业银行设立合作医疗基金社保专户储存。各乡（镇、街道）财政所收取的农民个人缴费直接上解至市合作医疗基金社保专户，各级财政配套资金统一拨入合作医疗基金社保专户，实行集中统一管理。基金社保专户只能办理转账结算，并实行收支两条线管理，任何单位和个人均不得挤占、挪用。

三、受益情况

2007年，全市13.08万人参加农村合作医疗，参合率78.9%，共筹资654.2万元。省、市、县、乡四级定点医疗机构住院补偿起付线分别为1000元、700元、400元、100元。省、市、县、乡四级定点医疗机构住院补偿比例分别为30%、35%、45%、55%。是年，住院补助4592人次，占参合人数3.5%，补助资金420.9万元，每人次平均补助916.6元，实际住院补助率为29%。

2008年，全市13.44万人参加农村合作医疗，参合率81%，共筹资1075万元。是年，门诊统筹报销35.63万元，住院补助8401人次，占参合人数6.3%，补助资金1142万元，每人次平均补助1359.4元，实际住院补助率为41%。

2009年，全市13.65万人参加农村合作医疗，参合率为82.3%，共筹资1364.7万元。是年，门诊统筹报销50.61万元，住院补助9724人次，占参合人数7.1%，补助资金1239万元，每人次平均补助1274.2元，实际住院补助率为45%。2008—2009年，省、市、县、乡四级定点医疗机构住院补偿起付线分别为700元、500元、300元、100元，省、市、县、乡四级定点医疗机构住院补偿比例分别为45%、50%、60%、70%。

2010年，全市15.19万人参加农村合作医疗，参合率91.6%，共筹资2125.9万元。省、市、县、乡四级定点医疗机构住院补偿起付线分别为700元、500元、300元、200元，省、市、县、乡四级定点医疗机构住院补偿比例分别为45%、50%、60%、80%。全年门诊统筹报销168.2万元，住院补助1.04万人次，占参合人数6.8%，补助资金1418.2万元，人次平均补助1362.5元，实际住院补助率为49%。

四、监督机制

2007年，成立冷水江市新型农村合作医疗监督委员会，由常务副市长兼任主任，纪检、监察、审计等部门主要负责人及参合农民代表为成员，负责对全市新型农村合作医疗实施情况进行监督，定期公布合作医疗基金使用情况。同时，各乡（镇、街道）也相应成立监督委员会，对本乡（镇、街道）新型农村合作医疗工作进行监督。

2008年，完善《冷水江市新型农村合作医疗定点机构管理暂行办法》及相关管理制度，实行网上实时监控、定期检查考核、重点稽查相结合的监管方式，保证各项制度落到实处；实行协议医疗服务，分别与所有定点医疗机构签订《服务协议书》及《目标管理责任书》，明确考评细则、费用控制标准和处理办法，提高定点医疗机构服务水平，有效控制医药费用不合理增长。2009年，市、乡镇级定点医疗机构次均费用由2008年的3279元、1249元分别下降至3023元、1060元。全年共上报意外伤害725人次，通过加强对意外伤害病人第三方责任认定稽核稽查，不予报付75人次，减少新农合基金损失20余万元。

2010年，重点查处制假造假、挂床住院、欺诈骗取医保基金、违规用药、开大处方、重复检查、乱收费等行为。一经查实，对责任人予以全市通报批评，责令限期整改，追回违规骗取的新农合补偿资金。并视情节轻重，对责任人实行加倍罚款、行政处分、暂停或吊销其执业资格证书等处罚，涉嫌犯罪的移送司法机关处理；对责任单位取消其定点医疗机构资格。

第二章　医疗机构

第一节　市属医疗机构

一、市人民医院

市人民医院是冷水江市医疗、保健、预防、教学和医学科研中心，位于锑都中路33号。1988年，该院有房屋面积1.1万平方米、固定资产1600万元（含医疗设备300万元），内设办公室、医务、财务、总务4个职能科室和门诊部、内科、普外、儿科、妇产、传染、五官、药剂、放射、检验等11个临床医技科室，病床242张，职工291人，其中卫技人员235人。

1990年，该院升格为正科级单位。1995年，被省卫生厅认定为“湖南省职工定点医疗单位”。1996年，经省卫生厅评定为二级甲等医院，并被卫生部、联合国儿童基金会和世界卫生组织授予“爱婴医院”称号。2003年，经全国医院管理学会评定为“全国百姓放心医院”。2005年，晋升为“全国百姓放心示范医院”，并被中国保护消费者协会评为“重质守信消费者可信医院”。2009年，该院异地扩建项目经国家发改委立项，新址位于毛易镇群丰村罗家山，占地120亩，拟投资2.5亿元。2010年，该院有房屋面积1.6万平方米，固定资产7200万元（其中医疗设备1300万元）。职能科室增设工会、后勤设备科、人事科、医保科、护理部、健康教育科。临床医技科室增设消化内科、神经内科、内分泌科、肿瘤科、骨二科、泌尿外科、颅脑外科、血液透析中心、体外震波碎石中心、内镜室、120急救中心、CT室、核磁共振室、高压氧室。有病床527张，职工590人，其中卫技人员469人(高级职称51人、中级职称175人)。全年门诊17万人次，收治住院患者1.7万人次，业务收入1亿余元。

二、市中医医院

市中医医院是冷水江市中医、中西医结合医疗和医学科研中心，位于广场路与建新路交会处。1988年，该院有房屋面积900余平方米，固定资产1200万元（其中医疗设备200万元)，病床151张，职工103人，其中卫技人员88人（中级职称12人)。内设办公室、医务、后勤3个职能科室和内科、骨伤科、放射科、检验科、药房5个临床医技科室。

1994年，该院升格为正科级单位。1998年12月，经省卫生厅评定为二级甲等医院。1999年，经娄底市卫生局批准，设立“娄底市中医骨伤治疗中心”和“娄底市中医肾病治疗中心”。2001年，成为湖南省中医药会员单位。2005—2007年，连续三年被评为湖南省“首批示范中医医院”。2007年，经全国医院管理学会评定为“全国百姓满意示范医院”。2010年，全院共占地6216.2平方米，有房屋面积2.1万平方米，固定资产4500余万元(其中医疗设备900万元)。职能科室设工会、医保科、护理部、后勤设备科、人事科。临床科室设内一科、内二科、外一科、外二科、骨伤一科、骨伤二科、骨伤三科、妇产科、肛肠科、急诊科。有病床300张，职工307人，其中卫技人员249人（高级职称25人、中级职称109人)。全年门诊11.6万人次，收治住院患者1.2万人次，业务收入3190.8万元。

三、市疾病预防控制中心

市疾病预防控制中心前身为市卫生防疫站，位于政法路10号，占地面积7333平方米，业务用房面积1100平方米，固定资产300万元。内设职能科室2个、业务科室6个，职工47人（其中卫技人员31人)。1988年，为副科级单位。1995年，升格为正科级单位。1997年，被评为湖南省首家“全国县级一等卫生防疫站”。2003年，该站在金竹西路桃园小区旁征地3.43亩，新建疾病预防控制实验大楼，总投资300万元。2004年9月，市卫生防疫站分设市卫生监督所和市疾病预防控制中心（简称市疾控中心)。该中心是冷水江市疾病预防控制、卫生监测、健康教育、科研和培训相结合的专业机构。2005年6月，市疾控中心搬迁至新址。2010年，该中心占地面积2286平方米，有固定资产800万元，内设办公室、财务2个职能科室和疾病控制、免疫规划、职业卫生危害因素控制、结核病防治、检验、质控、美沙酮门诊、预防医学门诊8个临床科室，在编职工58人，其中卫技人员42人（中级以上职称22人)。

四、市妇幼保健院

市妇幼保健院前身为市妇幼保健站，是冷水江市妇女儿童保健中心。1988年，站址位于锑都中路甲栋，占地500平方米，有固定资产30万元（其中医疗保健设备6万元)。内设妇女保健、儿童保健、妇产、药房、注射、检验6个科室，有职工27人。未开展住院业务，无病床。

1991年4月，该院迁至江北路菊花井。1995年1月，更名市妇幼保健所。1996年12月，更名市妇幼保健院，同时升格为正科级单位。1997年被世界卫生组织、联合国儿童基金会和国家卫生部授予“爱婴医院”称号。2007年1月，该院新门诊医技综合楼投入使用。2010年，荣获“全国十佳妇幼保健院”称号。该院占地4536平方米，有固定资产1203.9万元。内设门诊部、儿科、药剂科、检验科、影像科、妇科、住院部、产科住院部、小太阳早教保健中心、产后康复中心、理疗科10个临床医技科室。有病床85张，职工86人，其中卫技人员72人。全年门诊5.22万人次，住院治疗2134人次，业务收入713.39万元。

第二节 乡镇医疗机构

一、乡（镇、街道）卫生院

1988年，全市有冷水江街道、锡矿山街道、禾青乡、渣渡乡、金竹山乡、岩口乡、铎山乡、毛易乡、矿山乡、三尖乡、中连乡、同兴乡、梓龙乡、潘桥乡等14个卫生院。共有房屋面积9600余平方米，病床200张，固定资产1600余万元（其中医疗设备600万元），职工298人，其中卫技人员216人。2007年，冷水江街道卫生院、锡矿山街道卫生院分别转型为冷水江社区卫生服务中心、锡矿山社区卫生服务中心。2008年，增设沙塘湾社区卫生服务中心，地址位于金竹山乡卫生院院区。至2010年，全市有中心卫生院4个（禾青镇中心卫生院、渣渡镇中心卫生院、矿山乡中心卫生院、铎山镇中心卫生院），一般乡镇卫生院8个（三尖镇、岩口镇、毛易镇、中连乡、梓龙乡、潘桥乡、金竹山镇、同兴乡卫生院），社区卫生服务中心3个，共有房屋面积2.27万平方米，病床300张，固定资产6000万元（其中医疗设备1100万元）。职工512人，其中卫技人员438人（高级职称5人、中级职称163人）。全年门诊16万余人次，住院治疗3000余人次，业务收入2100万元。

2010年冷水江市乡镇卫生院（社区卫生服务中心）基本情况表

表22-1

单位名称	占地面积（公顷）	建筑面积（平方米）	职工人数（人）	卫技人员（人）	出院病人（人次）	门急诊病人（人次）
冷水江社区卫生服务中心	0.8	4200	72	66	41	28020
锡矿山社区卫生服务中心	0.3	1100	22	16	0	3903
金竹山镇卫生院（沙塘湾社区卫生服务中心）	0.2	1300	37	30	164	11945
三尖镇卫生院	0.2	1420	25	22	80	6750
禾青镇中心卫生院	0.5	1940	41	35	157	14573
渣渡镇中心卫生院	0.7	2800	102	88	1647	15997
岩口镇卫生院	0.5	1200	24	20	68	5219
铎山镇中心卫生院	0.4	1480	32	19	230	15162
毛易镇卫生院	0.3	1470	40	35	115	13211
矿山乡中心卫生院	0.2	800	14	13	24	3154
中连乡卫生院	0.4	1200	26	24	142	13194
同兴乡卫生院	0.2	1300	37	37	22	14400
梓龙乡卫生院	0.3	1400	17	13	60	6270
潘桥乡卫生院	0.4	1100	23	20	96	10082
合　计	5.4	22710	512	438	2846	161880

二、村级卫生室

1988年，全市共有村卫生室69个，乡村医生69人。20世纪90年代，乡村医生发展迅速，至2004年，全市共有村（社区）卫生室232个，乡村医生232人，一村多室现象比较普遍。2006—2009年，按照“一村一室一人”原则对全市村（社区）卫生室进行清理整顿，农村医疗秩序逐步好转。至2010年，全市有村（社区）卫生室182个，乡村医生182人，其中助理以上执业医师26人。

第三节　厂矿医疗机构

一、娄底市第三人民医院

娄底市第三人民医院前身为锡矿山矿务局职

工医院，位于锡矿山街道陶塘街，下设院本部及南区卫生所、城区卫生所、中连疗养院。1988年，共有房屋面积1.58万平方米，固定资产2000余万元（其中医疗设备50万元），职工235人，其中卫技人员161人，病床230张。内设办公室、政工科、医务科、财务科等8个职能科室及内一科、内二科、外科、妇产科、职业病科、传染科、门诊部7个临床科室和检验科、放射科、药剂科、卫生防疫站4个医技科室。

1989年，院本部改造扩建，增设口腔科、皮肤科。1995年，该院经省卫生厅评定为二级甲等医院。1996年，城区卫生所扩建，更名冷水江分院。1998年，院本部整体搬迁至锑都中路89号。2001年5月，新建门诊、急诊综合大楼，更名锡矿山中心医院。2007年，又更名娄底市锡矿山中心医院。2008年，新建住院大楼。次年，再次更名娄底市第三人民医院。2010年，该院共占地5万平方米，有固定资产6721万元，职工451人，其中卫技人员403人（高级职称30人、中级职称109人）。设有19个职能科室，21个临床科室及9个医技科室。全年门诊9万人次，收治住院病人1.02万人次，业务收入7933.63万元。

二、娄底宜化医院

娄底宜化医院前身为资江氮肥厂职工医院，位于禾青镇宝兴社区。1988年，占地21亩，有房屋面积4430平方米(其中业务用房3928平方米)，固定资产145万元（其中医疗设备50万元），职工102人，其中卫技人员76人（中级职称6人）。内设办公室、医务、后勤3个职能科室和内科、外科、妇产科、中医科、B超室、心电图室、放射科、化验室、手术室、理疗室、药房11个临床医技科室。有病床100张。

2010年，资江氮肥厂改制后医院重组，更名娄底宜化医院，有房屋面积5013平方米（其中业务用房4665平方米），固定资产300余万元（其中医疗设备100万元），职工60人，其中卫技人员51人（中级职称18人）。内设办公室、财务科、后勤科、医保科4个职能科室，内科、外科、儿科、妇产科、传染科、眼科、耳鼻喉科、口腔科、中医科、手术室10个临床科室和B超室、心电图室、放射科、检验科、高压氧科、理疗科、中西药房、供应室8个医技科室，有病床110张。全年门诊1.55万人次，收治住院患者913人次，业务收入368.53万元。

三、冷水江钢铁集团公司湘安医院

冷水江钢铁集团公司湘安医院前身为湖南省冷水江铁焦总厂职工医院，成立于1958年。1988年，有职工106人，其中卫技人员94人（高级职称5人、中级职称25人），病床86张，职能、临床科室15个。2002年，更名冷水江钢铁集团公司湘安医院。2010年，有职工121人，其中卫技人员107人（高级职称4人、中级职称43人）。内设办公室、护理部、医务科、总务科4个职能科室和内科、外科、儿科、妇产科、中医科、五官科、口腔科、药剂科、预防保健科、烧伤科、医技科16个临床医技科室，有病床145张。全年门诊2万余人次，收治住院病人1544人次，业务收入1025万元。

四、金竹山矿业有限公司总医院

金竹山矿业有限公司总医院前身为金竹山煤矿职工医院，下设土朱医务所和托山医务所。1988年，共有职工123人，其中卫技人员106人，病床100张，职能、临床科室9个。1995年，经省卫生厅评定为一级甲等医院。2002年，医院改制承包，职工人数相应减少。2004年，随金竹山煤矿合并，更名金竹山实业有限公司总医院。2008年，又更名金竹山矿业有限公司总医院。2010年，有职工65人，其中卫技人员60人，病床94张。门诊8000余人次，住院治疗700余人次，业务收入584万元。

五、资江煤矿职工医院

资江煤矿职工医院隶属资江矿业有限公司，位于布溪。1988年，占地面积400平方米，设有内科、中医科、妇产科3个临床科室，有病床8张，职工11人。2010年扩建，占地面积1100平方米。设内科、外科、儿科、妇产科、中医科、医学影像科、检验室、心电图室、中医理疗室9个临床医技科室。有病床20张，职工21人。全年门诊1.99万人次，收治住院患者397人次。

六、大建煤矿职工医院

大建煤矿职工医院成立于1987年5月，位于毛易镇篔溪村，设有内科、外科、妇产科、医学影像科、预防保健科5个临床医技科室。有病床20张，职工23人，其中卫技人员20人（中级职称2人）。2010年，设有内科、外科、妇产科、儿科、医学影像科、预防保健科、检验室7个临床医技科室，共有职工40人，其中卫技人员31人（高级职称1人、中级职称3人），病床50张。全年门诊1.1万人次，收治住院患者650人，业务收入150余万元。

七、金电卫生所

金电卫生所前身为金竹山电厂职工医院。1988年，有职工62人（其中卫技人员56人），病床60张，内设职能、临床、医技科室共16个。1996年12月，经省卫生厅评定为一级甲等医院。2006年6月，更名金电卫生所。2010年，共有职工23人（其中卫技人员21人），病床10张，内设6个职能科室、6个临床科室和5个医技科室。全年门诊6502人次，住院治疗351人次，业务收入134万余元。

八、利民煤矿职工医院

利民煤矿职工医院成立于1986年10月，隶属利民煤矿，位于渣渡镇。设有内科、外科、中医科、检验科、妇产科5个临床医技科室，有病床40张，职工110人，其中卫技人员45人。1997年，搬迁至渣渡镇木丰社区。2005年10月，利民煤矿破产，医院由市政府接管。2007年10月，与渣渡镇卫生院合并。2010年，业务收入300余万元。

九、碱厂职工医院

碱厂职工医院成立于1986年3月，隶属冷水江制碱厂，占地面积785平方米，有职工23人，病床30张，设有内科、外科、中医、妇产、预防、检验、放射、心电图8个临床医技科室。2005年，该厂破产，碱厂职工医院改制租赁，转换为民营医院。

第四节　民营医院

一、鸿江医院

鸿江医院创办于2003年10月，是全市首家民营医院，院址在布溪街道。设有内科、外科、中医科、妇产科、口腔科、检验科、影像科等临床医技科室。有病床60张，职工70人，其中卫技人员40人。2010年，共收治住院患者2000余人次，业务收入500余万元。

二、市康复医院

市康复医院创建于1982年7月，是市民政局下辖的非营利性医疗机构，开展推拿按摩和针灸等康复医疗服务。2007年，转为民营医院。2010年，有职工49人，其中卫技人员45人（中、高级职称11人）。设有内科、外科（含泌尿外科）、妇产科、微创科、皮肤科、口腔科、疼痛治疗科7个临床科室和放射科、影像科、检验科3个医技科室。有病床42张。全年门诊8967人次，收治住院患者1352人次，业务收入48.97万元。

三、市现代医院

市现代医院创建于1989年8月，原为冷水江市红十字会医院，有业务用房200平方米，职工12人。2010年，搬迁至同兴汽车站旁，更名冷水江市现代医院，并转为民营医院。设有内科、外科、妇产科、皮肤科、中医科、耳鼻喉科、体检科、医学影像科、医学检验科、中西医药房10个临床医技科室。有业务用房1000余平方米，病床30张，职工41人，其中卫技人员35人（高级职称2人、中级职称10人）。全年收治住院患者386人次，业务收入65.28万元。

四、市博大医院

市博大医院由碱厂职工医院改制转为民营医院。2010年，有职工35人，其中卫技人员22人。设内科、外科、儿科、中医科、妇产科、理疗科6个临床科室和检验科、放射科、B超室3个医技科室，有病床40张。全年门诊980人次，住院治疗310人次，业务收入70余万元。

第三章　疾病防治

第一节　病　情

1988—2010 年，冷水江市共发生传染病 26 种 1.78 万例，年平均发病率为 486.75/10 万；死亡 64 例，年平均死亡率为 1.74/10 万。其中，乙类传染病 20 种、1.48 万例，年平均发病率为 410.08/10 万；丙类传染病 6 种、3052 例，年平均发病率为 84.78/10 万；无甲类传染病例报告。全市传染病发病率前 5 位为：肺结核（135.05/10 万）、病毒性肝炎（111.28/10 万）、痢疾（99.40/10 万）、手足口病（34.95/10 万）、流行性腮腺炎（21.39/10 万）。传染病死亡数前 5 位为：狂犬病（22 例）、钩体病（14 例）、病毒性肝炎（6 例）、肺结核（5 例）、乙脑（4 例）。

1984 年，居民常年死因统计被纳入常规工作项目。1987 年，全市死因前 6 位依次为：循环系统疾病占 19.65%，损伤和中毒占 16.10%，呼吸系统疾病占 15.29%，恶性肿瘤占 14.27%，消化系统疾病占 11.89%，传染病占 10.21%。2007—2010 年，心脑血管疾病居死因首位，恶性肿瘤居第二位，呼吸系统疾病、意外伤害死亡等居第三位，而传染病则退居十位之后。

第二节　计划免疫

1988 年，为加强传染病防治，全市卫生防疫机构和医疗卫生单位建立健全疫病报告网，制定《计划免疫管理实施方案》，全面推行儿童计划免疫责任制，对 7 岁以下儿童定期体检，预防接种。至 1990 年，全市基本消灭疟疾，计划免疫达到第二个 85%。1993 年，0～7 岁儿童建立预防接种证制度，接种率达 85%以上，第三个 85%计划免疫目标通过卫生部门评审验收。

2004 年，乙肝疫苗纳入基础免疫免费接种范畴。2005 年 6 月，正式实施计划免疫儿童第一类疫苗（共 5 种）免费接种。2006 年 5 月，全市共报告疑似麻疹病例 178 例，确定为麻疹疫情暴发，卫生部门立即开展麻疹疫苗应急免疫，共接种麻疹疫苗 4 万余人次。

2008 年 5 月，启动儿童预防接种信息管理系统，完善市乡两级预防接种信息网络体系。2009 年，对 8 月龄至 14 岁儿童开展麻疹疫苗强化免疫，共接种儿童 6.15 万人次，接种率达 97.82%，完成省卫生厅下达的接种率达 95%以上目标任务。同时，全市开展甲流疫苗接种。2009 年 10 月至 2010 年 6 月，全面铺开乙肝疫苗补种工作，共摸底 3.33 万人，补种 1.7 万人。2010 年，全市已无白喉病例和脊髓灰质炎病例，麻疹、百日咳等传染病发病率均降至国家规定指标之内。

第三节　传染病防治

一、结核病防治

1986 年，市政府制定《结核病防治工作实施办法》，加强结核病防治工作，至 1990 年，结核病涂阳患病率和死亡率比 1986 年分别下降 25%和 46%。1989—1991 年，结核病防治工作经省卫生厅验收连续 3 年达标。

1993 年，世界银行贷款的结核病防治项目启动，2000 年 9 月该项目通过世界卫生组织评审。2005 年 7 月，冷水江市结核病“全球基金”项目启动，2010 年 12 月该项目顺利通过省结核病项目办终审。这些项目的实施，使全市结核病患者都能及时得到免费药物治疗。是年，全市有结核病患者 504 人，治愈率达 95.8%。

二、“非典”防治

2003 年 2 月 9 日，国家疾病控制中心公布“非典”（传染性非典型肺炎）流行疫情后，市疾控中心及时拟订应急预案，实行 24 小时值班制和疫情日报制，并成立 7 个应急机动小组。2 月 21 日，召开全市医疗单位负责人、防疫专干、临床科室负责人紧急会议，部署“非典”防治工作。4月，成立“非典”防治工作领导小组及“非典”防治办公室，并从各医院抽调人员组成发热病人医学处置专家小组，设立发热病人临时医学观察点，建立“非典”疫情报告网络（市、乡两级设疫情报告员155名，村级设疫情报告员196名）。同时，广泛开展“非典”防治知识宣传，累计举办大型街头宣传6次、“非典”防治宣传橱窗5期、专题宣传板报68块，印发宣传单25.6万份、宣传册1000份。至10月底，全市共报告发热病例497例，密切接触者追踪135例，医学留观病例33例，均无异常临床症状出现，全市未发生“非典”病例。

三、禽流感防治

2004年1月，部分省市暴发人感染高致病性禽流感（简称“禽流感”）疫情，湖南是全国最先发生禽流感的省份之一，冷水江周边县市亦出现禽流感疫情。2005年4月，冷水江等地相继发生鸡、鸭病死现象，市卫生局立即成立禽流感防治工作领导小组、疫情应急处理专家组和应急机动队，建立信息通报联防联控机制。5月8日，举办全市基层医务人员禽流感认知与发现能力培训班，共培训430人次。各乡（镇、街道）卫生院均设立发热门诊，综合性医院建立预检分诊制度，疾控中心制定禽流感监测方案，加强对不明原因肺炎的监测与排查。是年，全市累计医学观察高暴露人群518人次，均无异常临床症状。至2010年，全市无人感染高致病性禽流感病例发生。

四、霍乱防治

20世纪80年代，为有效防止霍乱（又称二号病）传入，市政府成立“二号病”防治领导小组，督查各医院肠道门诊，做到“四专”（专人、专室、专柜、专用器械）、“三有”（有登记名册、有规章制度、有专科训练）、“两分开”（分科挂号、分开诊治），逢泻必检，并组建机动防疫队，进行专业培训和模拟演习，及时应对处理疫情。

1998年8月13日，市园林处建筑工地一工人出现腹泻症状，经查患者系新化县化溪人。此时，化溪正暴发霍乱疫情，卫生部门立即封锁园林处工地，并对患者排泄物进行检验，检出霍乱弧菌。市政府立即会同新化县组成联防战线，对疫区封锁消毒，病人就地隔离，防止霍乱疫情蔓延。在此次防治霍乱中，会同新化县卫生部门共处理可疑疫点110个，消毒房间300多间，外环境消毒6万平方米，水井消毒600多口，内部疫源检索5440人次，外部疫源检索483个样品，重点人群预防接种8.5万人次，成功抵御霍乱入侵。

五、手足口病防治

2008年，冷水江市首次出现手足口病，共报告病症223例，发病率66.08/10万，无重症及死亡病例。2009年，全市累计报告手足口病284例，发病率83.98/10万，重症病例3例，死亡1例。2010年，手足口病形势严峻，市政府要求做好疫情监测，杜绝迟报、漏报、瞒报，规定个体诊所和村卫生室不得留治手足口病患者，发现病例必须及时转诊。同时，市疾控中心组织开展手足口病防控知识培训，培训医疗卫生单位专业人员及乡村医生231人次、小学及托幼机构校医80余人次。是年，全市报告手足口病772例，发病率227.78/10万，重症病例3例，死亡1例。

六、炭疽病防治

炭疽病的传染源是病畜，以病牛为主，人因屠宰、食肉或饲养病畜感染。发病有明显的季节性，7—9月为发病高峰期。

1985年4月，铎山乡花桥村发现炭疽病例，发病原因系宰杀从贵州购买的肉牛引起。疫情发生后，市卫生防疫部门对该村疫点封锁1个月，并采取病人隔离治疗和环境消毒，切断传播途径，疫情得到控制。

1992年4月起，潘桥乡洪云村、庙山村、桥头村相继发生牲畜死亡（牛18头、猪2头、狗1条、鸡18只）。8月10日至9月下旬，洪云村二、四、五组及近邻的建新村四组先后发现炭疽病例，其中，皮肤病7例，死亡1例；胃肠型4列，死亡2例。患者男性9例、女性2例，年龄在15～71岁之间，病死率27.27%。疫情发生后，市政府立即发布《关于迅速扑灭炭疽疫情的封锁令》，患者确诊后隔离治疗，排泄物用强氯精消毒，疫源地用消佳净消毒，进入疫区工作人员及病区人群普种炭疽灭毒活菌苗，疫情得到有效控制。

七、性病和艾滋病防治

20 世纪 80 年代后期，淋病、尖锐湿疣、生殖器疱疹及梅毒等传染性疾病发病率上升。至 90 年代初期，艾滋病开始传入。1991 年 5 月，市卫生防疫站开设性病专科门诊，以司机、经商者及在押“劳动教养”和“劳动改造”人员等高危人群为重点，采取查病史、涂片和培养检验等方式对 1157 人进行性病普查，查出性病患者 123 名，患病率为 10.63%，其中淋病居首，尖锐湿疣次之。

1992 年，冷水江市发现第一例艾滋病感染患者（为劳务输出归国人员）。此后，艾滋病感染率呈上升趋势。2004 年，市疾控中心成立性病艾滋病防治科，建成艾滋病初筛实验室，向社会免费提供艾滋病咨询和初筛检测，并相继启动娱乐场所 100%推广使用安全套、VCT 自愿咨询检测等防艾工作项目。2006 年 9 月，市疾控中心开设“美沙酮药物维持治疗门诊”，防艾效果显著。

1992—2010 年，全市报告艾滋病感染病例共 22 例（其中死亡 3 例），年龄最小者 18 岁，最大者 65 岁，以男性为主。

图 22-1 “世界艾滋病日”冷水江宣传活动现场

（2007 年 12 月摄）

第四节 慢性病与寄生虫病防治

一、慢性病防治

冷水江市慢性病流行面广，患病人数较多，发病率呈上升趋势。1993 年 9 月，市老龄委对城区 356 名中老年人进行抽样调查，结果表明，在 356 人中高胆固醇 44 人（12.36%）、高甘油三酯 87 人（24.44%）、高血糖 68 人（19.10%）、高血压 51 人（14.33%）。

图 22-2 1998 年，冷水江市卫生防疫站开展慢性病调查

1998 年 5 月，市卫生防疫站对社区高血压人群进行调查，共调查 10891 人（其中男性 7110 人、女性 3781 人），发现高血压患者 1361 人（男性 889 人、女性 472 人），患病率为 12.5%，高于全国平均患病率。发病年限 5 年以内 901 例，5～10 年 323 例，10 年以上 138 例。且大多数患者出现症状时才服药，血压降至正常或症状减弱时则自行停药，普遍存在知晓率低、服药率低现象。

为加强慢性病防治，市卫生防疫站、疾病预防控制中心均设慢性病防治科，实施健康教育，开设高血压专科门诊，开通热线电话提供咨询指导，提高自我保健意识，预防并发症发生。

二、寄生虫病防治

冷水江是湖南寄生虫病流行较严重的县市之一。1988 年 5 月至 1989 年 10 月，抽样调查发现寄生虫 10 种。其中，蠕虫 4 种，感染率分别为蛔虫（77.79%）、钩虫（37.60%）、鞭虫（21.75%）、蛲虫（20.42%）；原虫 6 种，感染率依次为结肠内阿米巴（2.47%）、微小内蜓阿米巴（0.7%）、溶组织内阿米巴（0.65%）、人酵母菌（0.19%）、蓝氏贾第鞭毛虫（0.13%）、哈门氏内阿米巴（0.06%）。2002 年 8 月 12 日至 9 月 10 日，再次对上述调查点进行人体肠道寄生虫感染调查，发现寄生虫 4 种，总感染率为 38.7%，感染率分别为蛔虫 33.07%、钩虫 0.53%、鞭虫 0.46%、蛲虫 1.16%。

2009 年 11 月至 12 月，随机抽取三尖、渣渡、岩口、潘桥、毛易 5 个乡镇 3 岁以上年龄组人群共 1966 人进行肠道寄生虫感染情况调查，发现寄生虫3种，总感染率为10.58%，其中蛔虫感染率10.27%，鞭虫感染率0.2%，钩虫感染率0.1%。

为了解全市钉螺滋生和血吸虫病情况，1998年5月，共调查9个乡（镇、街道）的17个村（社区）共9.22万人，均未发现钉螺。至2010年年底，全市仅发现血吸虫病患者1例，为外地迁入。

第五节　地方病防治

冷水江地方病主要为地氟病，多为家庭燃煤引起空气和食物氟污染所致。2003年，通过对禾青中小、岩口中小799名8～12岁年龄段学生氟斑牙情况调查，同时采集30个学生尿氟样本分析，结果显示，学生氟斑牙患病率达41.43%，尿氟超标53.55%。

为防止和减少地氟病，2005年7月，市第一批降氟改灶项目启动，至10月底共完成4个乡（镇）的12个村4000户降氟改灶工作。2010年，抽样调查潘桥乡、三尖镇8～12岁学生氟斑牙患病率，分别为37.4%、39.5%。是年6月，第二批降氟改灶项目启动，确定三尖、潘桥的19个村共6000户改灶任务，受益人口4.8万人。

第四章　卫生监督

第一节　公共场所卫生

20世纪80年代，公共场所卫生工作拓展到城区卫生整顿、饮水消毒、集中式供水卫生管理、江河与大气监测等。1992年，市政府下发《预防性卫生监督暂行办法》。1993年，美容按摩从业人员实行资格考试和培训，在全省卫生检查中获得好评，经验在全省推广。

1996年，锡矿山街道联盟社区因水污染发生砷中毒事件，市疾控中心组织专业人员对231名居民进行体检，检验尿砷样229个、发砷样58个、水砷样23个、尿常规110人、肝功能97人，查明系洪灾冲洗矿渣砷流入水井所致，立即对患者进行免费驱砷治疗。至9月3日，患者全部康复，耗资11万元。2008年9月，锡矿山宝大兴地区居民陆续出现砷中毒现象，市疾控中心组织专业人员对砷超标水井周围居住的3106名居民和其他饮用过污染井水的300名居民进行体检和尿砷检测，发现疑似中毒病例160人，对其中尿砷超标的62名居民实行免费住院治疗，全部恢复健康。是年，市政府发文规定，凡新建、扩建、改建的公共场所必须按有关标准进行预防性卫生审查。

2010年，市卫生局会同市公安局治安大队对全市电子游戏厅、网吧、宾馆、茶楼、美容美发店等公共场所进行监督监测和集中整治，核发公共场所卫生许可证206个，对1058名公共场所从业人员进行健康检查并发放健康证，公共场所卫生状况明显好转。

第二节　学校卫生

1988年，全市有8所中小学建立医务室，配有校医9名和保健老师1名。对全市城乡中小学生进行体检，接种乙肝疫苗4000余人，37所中小学校建立学生卫生档案，并开展近视眼、沙眼、龋齿、贫血、肠道寄生虫病防治工作。1993年，市卫生防疫站首次承担全市高考体检，检查考生2501人。翌年，又承担中考体检1555人。

1998年，市卫生部门开展学校食品卫生监督检查，重点检查学校食堂、副食部及周边商店、饭店。9月，根据省教委、省卫生厅文件精神，对414名来自“二号病”疫区的学生进行体检，预防服药7320人。

2001年，首次开展幼儿园新生入园体检，7所幼儿园610名新生全部接受体检。2003年，市卫生防疫站配有学校卫生专职人员1名。2007年，开展学校食品卫生与生活饮用水检查，食品卫生合格率90%，生活饮用水合格率100%。

2010年，全市有学校医务室4个，专职医生

4人，兼职校医和保健教师4人。

第三节 职业卫生

20世纪90年代，冷水江工业企业逐渐增多，接触有毒有害物质工人不断增加，市卫生防疫站配备3名专业人员，负责全市职工职业卫生工作。2002年，《中华人民共和国职业病防治法》颁布实施，劳动卫生与职业病防治工作进入法制化轨道。

2004年，全省开展农民工健康维权行动，冷水江成立由常务副市长兼任组长的领导小组，制定工作方案，开展维权行动。是年，调查走访企业212家，组织1066名粉尘作业者进行健康检查，查出职业病8人。2010年，全市职业病病种主要包括尘肺病（硅肺、煤工尘肺）、职业中毒（铅、苯中毒）。

第五章 妇幼保健

第一节 妇女保健

一、孕产期保健

1989年，冷水江实施妇幼项目建设县和“2000年人人享有初级卫生保健”工程，对孕产妇实行系统管理，市卫生局成立计划生育技术指导组，各乡（镇、街道）均开展婚前健康检查和保健指导。是年，全市有孕产妇5938人，其中实行新法接生5911人。

2005年，冷水江市被国家列为“降消”（降低孕产妇死亡率、消除新生儿破伤风）项目县（市）。至2009年，共计救助贫困孕产妇2292人，救助金额达44.5万元。2008年，市妇幼保健院创建孕产妇急救中心。次年，孕妇免费增补叶酸项目启动，农村孕产妇孕前3个月和孕早期3个月可免费服用叶酸。2010年，启动HIV免费检测工作，至年底共免费检测孕产妇1409名。孕产妇死亡率由20世纪90年代初112.15/10万下降到17.75/10万，孕产妇住院分娩率由28.9%上升到99.91%。

二、妇科病查治

1988年，经省卫生部门考核验收，冷水江市妇女子宫脱垂和尿瘘病查治工作达到国家规定标准。1989年后，市妇幼保健所每年对城区机关、厂矿和部分乡镇应查对象进行妇科病普查防治。是年，60岁以下已婚妇女妇科病普查2871人，检查率10.95%，其中患慢性宫颈炎1283人，占受检人数的44.69%。2000年，城区50家单位5950名妇女参加妇科病检查，发现宫颈炎患者1317人，占受检人数的22.13%，妇科病患病率下降。

2008年，全面启动农村妇女免费妇科病普查普治项目，三年为一周期。至2010年9月，市妇幼保健院完成第一轮农村妇女妇科病免费普查工作，共普查2.66万人，查出妇科病患者1.53万人，患病率为57.39%。其中慢性宫颈炎9505人，患病率为35.76%；阴道炎3153人，患病率为11.86%；子宫肌瘤3987人，患病率为15%；卵巢囊肿57人，患病率为0.21%；宫颈癌3例。对查出的病人均给予相应治疗，3例宫颈癌患者在省级医院实施手术。

第二节 儿童保健

一、儿童系统管理

1987年，冷水江有3.24万名0～6岁儿童纳入系统管理。1990年，全市1.41万名儿童接受体格检查，体重达均值水平的占35.71%，身高达均值水平的占32.61%。是年，卫生部门对30名死亡婴幼儿进行死因调查，死于肺炎者占16.23%，死于腹泻者占8.97%。

1994年，全面实施母乳喂养，在市妇幼保健所分娩的婴儿早吸吮率达100%，纯母乳喂养率达90%，全市儿童系统管理工作各项指标达到全国妇幼卫生项目建设县标准。1996年，经省卫生厅评审，市妇幼保健院、市人民医院、市中医医院及7个乡镇卫生院被评为“爱婴医院”。

1998年，全市出生4～6个月婴儿纯母乳喂养率达90.52%。2003年，全市共有活产婴儿4453

人，其中新法接生率为 99.42%，与 1987 年比增长 1.04 个百分点。婴幼儿死亡 37 人，占活产婴儿数的 8.31‰，与 1987 年比减少 16.42 个千分点。全市 2.91 万名 0～6 岁儿童纳入系统管理，管理率达 79.08%，与 1987 年比增加 46.67%。

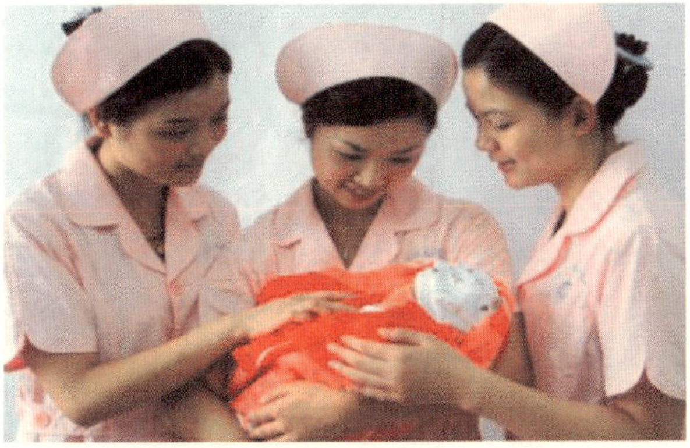

图 22-3　冷水江市人民医院妇产科医生护理新生婴儿　（2005 年摄）

2010 年，全市所有医疗机构产、儿科医务人员均参加新生儿窒息复苏培训，新生儿窒息死亡率大幅下降。是年，活产婴儿 5634 人，其中新法接生率为 100%。婴幼儿死亡 36 人，占活产婴儿的 6.39‰，与 2003 年比减少 1.92 个千分点。全市 4.19 万名 0～6 岁儿童纳入系统管理，管理率 82.03%，与 2003 年比增加 2.95 个百分点。

二、托幼机构卫生督导

1988 年，全市城区有幼儿园 17 所，入托儿童 1120 人，其中独生子女 904 人。农村幼儿班 146 个，入托儿童 3882 人，其中独生子女 386 人。

1995 年，市卫生行政部门出台《冷水江市托儿所、幼儿园卫生保健管理办法实施细则》，明确规定托幼机构每个班限收儿童 40 名，并必须配备 2 名保教员和 1 名保健员，所有工作人员必须持健康证上岗。1996 年，市妇联、市计生委、市教育局及市妇幼保健院联合组织城区 16 所幼儿园 1423 名儿童开展健康检查和健美儿童评选活动，评选出健美儿童 23 名。

2002 年，在市妇幼保健院指导下，各托幼机构均建立健全卫生保健管理制度，强化保健措施。同年，全市开展示范性幼儿园创建活动，市机关幼儿园、蓝天双语艺术幼儿园获评示范性幼儿园。2010 年，全市 7679 名入托儿童接受健康体检，查出各类患儿 1052 人，治疗 1009 人，评选出健美儿童 188 人。是年，市卫生局与市教育局联合组织考核小组，对托幼机构各项卫生保健制度执行情况进行检查整顿，全市托幼机构卫生保健工作进入规范化管理。

第三节　婚前保健

1988 年，市政府下发《关于开展婚前健康检查的通知》。次年，市妇幼保健所开始婚前医学检查。1997 年，市政府又下发《关于进一步做好婚前健康检查工作的通知》，规定婚前男女双方须经卫生部门体检，符合健康标准，民政部门方可准予登记结婚。2000 年，全市婚前医学检查率达 97.5%，其中疾病检出率为 13.6%。2001 年，取消农村强制婚检，婚检率下降到 51.79%。2004 年，取消强制婚前医学检查，转为自愿婚检，参检人数急剧下降，当年婚检率下降到 0.39%。2004—2010 年，全市接受婚前检查 129 人，婚检率 0.67%，疾病检出率 0.3%。2010 年，市政府下发《关于在全市免费开展婚前医学检查的通告》，婚检人数迅速增加，是年 10—12 月，全市婚检人数 708 人，婚检率达 82.62%。

第六章　医疗设备与技术

第一节　医疗设备

1988 年，全市有医疗仪器设备 218 种 1625 台，包括 50 毫安 X 光机、心电图机、日本产 B 超机等。1996 年，增加到 467 种 3290 台，市属医院添置有纤维胃镜、纤维喉镜、高性能麻醉机、500 毫安 X 光机、美国产全身螺旋 CT 机、美国产贝特500型人工肾机等大型医用设备。乡（镇、街道）中心卫生院添置有200毫安X光机、B超机、血球分析仪、尿液分析仪、万分之一分析天平、洗胃器等。至2010年，各单位医疗设备不断更新换代，添置更新医疗设备。放射影像类设备有深部X光机、C臂X光机、德国产数字X线摄影（DR）系统、CT机。检验检测类设备有全自动生化分析仪、电解质分析仪、凝血三项分析仪、二氧化碳测定仪、空气防爆采样仪、防爆粉尘采样仪、十万分之一分析天平。诊断治疗类设备有心电图机、自动呼吸机、心脏起搏器、心脏除颤仪、心电监护仪、胎心监护仪、电子洗胃机、电子胃镜、百特血透机、二维彩色B超机、四维彩色B超机、眼科手术显微镜、双缸麻醉机、10人高压氧舱等。

第二节　技术队伍

全市医疗卫生技术队伍分为公职和非公职两部分。公职卫生人员含市卫生主管部门所辖医疗卫生单位员工和厂矿单位从事卫生工作人员，非公职卫生人员包括民营医院员工、乡村医生和个体诊所医生。1988年，全市共有公职和非公职卫生人员1210人，平均每万人中有卫生人员40人。此后，医药卫生事业快速发展，人员不断增加，至2010年，全市公职和非公职卫生人员增至3136人，平均每万人中有卫生人员80人。其中从事卫技业务2736人，从事管理、其他技术和后勤工作400人。在公职卫生人员中有卫技人员1337人（不含卫生局），其中具有高级技术职称146人（主任医师18人，副主任医师128人），占10.9%；中级技术职称542人，占40.5%；初级技术职称649人，占48.6%。

第三节　西　医

1988年，冷水江共有西医专业机构23个，西医卫技人员1005人，西医病床1046张，西医诊疗设备1421台。20世纪90年代，全市贯彻落实中共中央、国务院《关于卫生改革与发展的决定》，西医专科进一步发展。至2010年，全市共有西医专业机构30个，西医卫技人员2736人，西医病床2010张，西医诊疗设备3679台件，分别比1988年增加172%、92.16%、258.9%。

一、内科

20世纪90年代，随着现代诊疗设备不断增加，各医院内科诊疗新项目随之增加，治疗总有效率不断上升。特别是市人民医院，内科是该院的强势科室，分科较细，专科特色突出，率先在娄底县级医院中开展心血管介入治疗。1999年，该院茶色素的临床应用获得湖南省科研成果奖和娄底市科研进步奖。2000年，该院发明鼻窦三联治疗法，显著提高慢性鼻窦炎治疗效果。

二、外科

1988年，冷水江市人民医院开展显微外科临床应用研究，能进行吻合血管游离神经移植、断指与断肢再植等各种显微外科手术。锡矿山矿务局职工医院开展高位级肝胆管切开取石、胆道整形、胆肠内引流3项新手术。1989年，该院成功抢救颅脑外伤深度昏迷116天的病人。2000年后，各医院外科诊疗新项目不断增加。市人民医院普外科，历史悠久，在湘中地区拥有良好声誉，能实行肝叶切除术、全结肠切除术、腹腔镜下胆囊切除术、腹腔镜下胆总管切开取石术、充填式无张力免修补术、门静脉高压断流术、心脏修补术、心包切开引流术、人工关节置换术等，且手术救治成功率高，救治成功年龄最大者92岁。市中医院开展应用人工髋、膝关节置换治疗骨关节病变研究，研究成果用于手术，成功率超过95%。2007年，市人民医院进行控制性降压在围术期应用研究，实施该技术可以明显减少出血量，缩短手术时间。

三、妇产科

1988—2010年，各医院开展妇科诊疗新项目10余项，其中市妇幼保健院开展的无痛分娩法、子宫外孕修补术有效率达100%。市人民医院开展阴式子宫切除术等微创手术数百例，技术熟练，居周边县市领先水平。各乡镇卫生院、厂矿医院都具有超声诊断、围产保健、产前检查、高危妊娠监测等综合诊治能力。

四、儿科

1988—2010 年，市人民医院、妇幼保健院、宜化医院、湘安医院、大建煤矿医院、市博大医院开设儿科临床专科，其他医院和各乡镇卫生院都具有从事儿科疾病诊治、儿童保健的综合能力。其中，市人民医院儿科是该院重点临床科室，分新生儿科、门诊儿科、急诊儿科及住院儿科，具有较完善的医疗设备和雄厚的技术力量，在儿童疑难复杂病症诊治、新生儿急救、重症监护等方面均达到较高水平。

第四节　中　医

1988 年，冷水江有中医专业机构 1 个，中医药专业人员 117 人，中医病床 151 张。20 世纪 90 年代初，市中医医院进行中药加工炮制，满足临床用药需要。1999 年，经省卫生厅评审，冷水江市被评为全省农村中医建设先进市。至 2010 年，全市共有中医专科医院 1 个，综合医院中医科室 9 个，中医病床 320 张，个体中医诊所 22 个。新开发中医项目 10 余个，其中市中医医院骨伤科为湖南省重点中医专科，肛肠科为湖南省特色中医专科。

2003 年，市中医医院内科主任医师苏姣华采用泻白散加减治疗支气管炎 33 例，肺炎 45 例，疗效确切。2008 年后，全市开展中医药技术推广，艾条悬灸治颈椎病、针灸治疗带状疱疹、杜氏手法推拿治疗坐骨神经痛，基层医院都能应运自如。市中医医院采用本院制剂“镇痛散”外敷腰椎间盘突出患者疼痛部位，效果显著。采用本院制剂“外洗一号”对胫腓骨开放性骨折中后期患者骨折部位进行熏洗，能有效促进骨折部位炎症渗出的吸收。冷水江社区卫生服务中心副主任医师罗国和潜心钻研中医理论，成功研制出中医药临床治疗泌尿结石，其中《通腑溶石汤治疗泌尿系统结石 220 例》被湖南中医杂志采用，并被评为年度优秀论文，他本人被评为“湖南省农村名中医”“全国农村优秀中医”。

第五节　中西医结合

1988 年后，冷水江中西医专业人员坚持中西互学，取长补短，逐步融合，提高临床诊疗效果，中西医结合得到较大发展。至 2010 年，全市约 70% 的西医能开中医处方，50%的中医掌握了一定的西医技能，特别是中西医结合在治疗骨伤、不孕不育等方面取得较大突破。

1988 年，市中医医院研发出外敷一号、祛风镇痛液等中西医结合药品，有效率达 90%以上。2000 年，该院进行现代烧伤暴露与手术治疗研究，改进不同烧伤部位与烧伤程度治疗方法。市妇幼保健院开展特异性主动免疫与中医结合治疗乙肝病研究，通过临床对比实验证明，治疗慢性乙型肝炎有明显疗效。

2004 年，市中医医院内科副主任医师刘爱华运用中西医结合治疗冠心病 56 例，有效率达 94.6%。外科采用中西医结合治愈急性胰腺炎 58 例，疗效显著。2007 年，该院以骨科主任秦友洪为主的科研攻关小组，采用人工髋关节置换术结合中药内服外敷方法治疗髋关节病变成功，荣获娄底市科技进步三等奖。

2008 年，市中医医院主任医师喻姿容采用中西医结合方法治疗不孕不育症，不育症治愈率达 42.8%，胎漏、胎动不安治愈率达 94.6%。2010 年，该院研制出骨伤跌打止痛胶囊、舒筋接骨胶囊、心脑灵胶囊，疗效显著。喻姿容采用中西医临床结合治疗宫腔粘连性闭经 40 例，治愈率 57.5%，有效率 87.5%；运用中西药结合滋肾补肾汤治疗绝经综合征 46 例，治愈率 54.35%，有效率 78.26%。

第七章　爱国卫生运动

第一节　健康教育

1987年10月，市健康教育所成立，负责全市全民健康教育工作，包括单位与社区健康教育、医院健康教育、学校健康教育、行业健康教育、控烟健康教育。是年，全市各中小学开设健康教育课，各医院设置健康教育专栏、健康教育资料架和宣传橱窗。1988年，组织医务人员深入社区开展专题健康教育和义诊咨询活动，深入各企事业单位开展职业卫生、劳动保护、女工保健等知识培训。在市内报纸、电台、电视台开设卫生知识宣传专栏和讲座。是年，全市健康教育工作达省颁标准。

1989年5月，省卫生厅在冷水江召开全省健康教育研讨会暨医院健康教育工作会，总结推广市人民医院健康教育工作经验。1991年4月21日，市健康教育所举办"为您健康服务"大型主题活动，16家医疗单位180人参加，开设健康咨询服务点17处，看病咨询8500人次。2004年，市健康教育所随卫生防疫站撤销而撤销，2010年恢复。是年，全市利用墙报开辟"卫生与健康"专栏167个，出刊1000余期。在城区繁华地段建立永久性宣传栏5个。并利用3月24日"世界防治结核病日"、4月7日"世界卫生日"、5月31日"世界无烟日"、6月25日"世界环境日"开展主题宣传活动，增强市民自我保健意识和自我防病能力。

第二节　卫生创建

1988年，各机关、企事业单位成立爱国卫生领导小组，乡（镇、街道）建立爱卫会，村组建立公共卫生小组，积极开展卫生竞赛活动。是年，在全省爱国卫生工作检查评比中，冷水江市获得第二组第三名。1989年9月，国务院作出《关于加强爱国卫生工作的决定》，市委、市政府以此为契机，开展以除害灭病为主要内容的爱国卫生运动，从人力、物力、财力上加大投入，完善基础设施建设。同时，市爱卫会把每年4月定为"爱国卫生月"，重大节日突击开展清扫活动。

1994年，冷水江市被娄底地区评为"卫生城市"。年底，锑都中路被省精神文明建设指导委员会评为"全省最美一条街"。1995年，冷水江市成功创建"省级卫生城市"。是年4月，全省爱国卫生迎国检动员大会在冷水江召开，该市经验在全省推介。1993—1997年，冷水江市连续5年在全省16个县级市城市卫生检查评比活动中获得第一名。此后，爱卫工作严重滑坡，至2001年，冷水江"湖南省卫生城市"称号被取消。

2010年，市委、市政府决定用3年时间再创省级卫生城市，并制定《创建省级卫生城市工作方案》，组织开展"万人大签名""万人问卷大调查""万人大清扫""万人义务大劝导""万册资料进家庭"等活动。同时，污水处理厂、曾家冲垃圾无害化处理填埋场、滨江公园等重大基础设施工程相继竣工，完成金竹西路、江北路改造及冷江大桥维修加固。特别是对城区环卫、市容、园林实行精细化管理，主次干道实行19小时清扫保洁，背街小巷实行12小时保洁。城区公共场所禁止吸烟。是年，渣渡镇中心卫生院、冷水江社区卫生服务中心成功创建省级"文明卫生单位"，铎山镇、潘桥乡被评为娄底市"十佳乡镇"。

第三节　除"四害"

1990年5月，市爱卫会成立除"四害"（苍蝇、蚊子、老鼠、蟑螂）工作领导小组和除"四害"技术指导小组，并确定每年春秋两季统一开展除"四害"活动。1993年后，每年投放灭鼠毒饵3～6吨，灭蟑螂烟熏片1.5万～3万份，确保"四害"密度控制在国家规定标准范围之内。1993年、1995年冷水江市分别被评为"全省灭鼠工作先进市"和"湖南省灭蟑先进市”。

2006 年起，除“四害”消杀工作由专业公司负责，引入市场机制，政府购买服务。2010 年，全市办公楼、住宅区、宾馆、副食加工场、屠宰场、农贸市场、垃圾场站等场所均安装常年灭鼠毒饵盒。是年，市中医医院被评为“娄底市病媒生物防治工作先进单位”。

第四节　农村改水改厕

20 世纪 80 年代末，市政府加大农村改水改厕工作力度，在农村广泛开展以“三管”（管水、管粪、管饮食）、“五改”（改水、改灶、改畜圈、改厕所、改环境）为重点的爱国卫生运动。

2002—2003 年，冷水江争取到欧盟红十字会和红新月组织援助的 300 座粪尿分集式卫生厕所建设项目，项目建设分布在铎山镇眉山村、岩口镇大冲村、潘桥乡郭家村和老屋村，均按时保质完成建设项目。

2009 年，冷水江市在省爱卫办争取到中央补助农村无害化卫生厕所 900 座建设项目，国家补助资金 36 万元，梓龙乡杨桥村建 420 座，禾青镇杨坪村建 480 座。2010 年年底，各村均完成建设项目。城镇居民 100%用上自来水，农民饮用清洁卫生水人口达 96.6%。

第八章　卫生管理

第一节　管理机构

一、市卫生局

1988 年，市卫生局内设办公室、人事教育、财务、业务、保卫、药政 6 个股室，兼管市爱国卫生运动委员会办公室和市红十字会办公室，共有干部职工 28 人。1997 年，市直机关机构改革，内设机构调整为办公室、人事教育、计划财务、医政医教、卫生监督与预防保健、中医、纪检监察 7 个股室，有 21 人过渡为国家公务员。1999 年 8 月，增设武装部。2008 年，增设妇社股、疾病控制与法制监督股，取消卫生监督与预防保健股。2010 年，全局有干部职工 29 人，下辖市新型农村合作医疗管理办公室、市卫生监督所、市卫生职业培训中心 3 个二级机构。1988—2010 年，市卫生局先后由邹建芳、余明庭、杨同俊、辜载生、谢龙华、李传艾、何润华任党委（组）书记，李传扣、余明庭、杨同俊、辜载生、谢龙华、何润华任局长。

（一）市新型农村合作医疗管理办公室

2007 年，冷水江市新型农村合作医疗管理委员会（简称合管委）成立，负责组织协调、管理和指导全市农村合作医疗改革工作。合管委下设办公室（简称合管办），隶属市卫生局，为副科级参照公务员管理单位，定编 8 人，内设办公室、信息科、财务室、审核稽查科。各乡（镇、街道）设立新型农村合作医疗管理站（简称合管站），负责辖区内农村合作医疗业务工作。

（二）市卫生监督所

2004 年 9 月，撤销市卫生防疫站，分设市卫生监督所和市疾控中心。市卫生监督所为副科级事业单位，定编 18 人，内设办公室、综合稽查科、医疗执业科、公共卫生科。2010 年，有干部职工 30 人，其中卫技人员 17 人（中级职称 10 人）。

（三）市卫生职业培训中心

前身为冷水江市卫生学校。该校成立于 1979 年 6 月，1987 年 9 月更名冷水江市中等中医职业技术学校，1998 年，根据省卫生厅湘卫科教函〔1997〕5 号文件规定，该校停止招生，并更名冷水江市卫生职业培训中心，为副科级事业单位，定编 8 人，所需经费列入财政预算，全额拨款，主要担负全市基层医务人员继续教育培训工作。至 2010 年，机构、编制、职能未变。

二、市爱国卫生运动委员会

市爱国卫生运动委员会（简称“市爱卫会”）成立于 1978 年 4 月，市长兼任主任。城区各机关、企事业单位成立爱卫领导小组，乡（镇、街道）建立爱卫会，村组建立公共卫生小组。市爱卫会下设办公室，为爱卫会日常办事机构，副科级，挂靠市卫生局，定编4人。2003年机构改革，改为市卫生局内设股室，主任高配副科级。2010年，根据创建省级卫生城市要求，恢复副科级，列为财政一级预算单位，主任高配正科级，副主任高配副科级，定编4人，归口市政府办管理。

三、市红十字会

1989年9月，冷水江市红十字会成立，分管副市长兼任会长，常务副会长主持日常工作，下设办公室于市卫生局，负责处理红十字会日常事务，所需经费列入财政预算，全额拨款。至2010年，全市有红十字会会员805人。

第二节　行业管理

一、医疗机构管理

市属医疗机构统一归口市卫生局管理。1990年，市人民医院升格为正科级单位，其余为副科级。1994年，市中医医院升格为正科级单位。1995年，市疾病预防控制中心和妇幼保健院升格为正科级单位。

20世纪90年代起，乡（镇、街道）卫生院部分卫技人员停薪留职，自设医疗点或"下海"打工，有些乡镇卫生院出现缺医少药现象。2005年，禾青、渣渡、矿山、铎山卫生院因服务人口增多，辐射范围扩大，先后升格为中心卫生院。2007年，利民煤矿破产改制，利民煤矿医院移交市政府后与渣渡镇卫生院合并，成立渣渡镇中心卫生院，隶属市卫生局管理。冷江医院、锡矿山街道卫生院转型为社区卫生服务中心。2008年，在金竹山镇卫生院基础上增设沙塘湾社区卫生服务中心。

二、药品使用管理

1988年，全市各医疗卫生机构均建立《药品进货检查验收制度》《药品储存养护管理制度》《药品调配使用管理制度》。1990年，进一步完善药品使用管理，定期检查药品质量及毒、麻、精神、放射性药品使用管理情况。组织卫技人员培训学习，掌握药品不良反应处理方法，确保用药安全。对麻醉药品和第一类精神药品建立专人专柜、专账专册、专用处方、凭卡发放、注射制剂空瓶回收等制度，做到账物相符，账账相符。

2006年后，市直医疗机构加强对药品采购与使用管理力度，设立有奖举报治理医药购销领域不正之风。2010年2月，全市14家乡镇卫生院、社区卫生服务中心全面实施国家基本药物制度，实行药品网上集中采购与零差率销售。

三、输血管理

20世纪90年代初，市人民医院建立血库，组建一支由社会成员组成的临时献血员队伍，有偿供血。1995年11月，冷水江市中心血库成立。1998年，市中心血库建立艾滋病病毒抗体检测实验室、贮血室、成分血制备室。2001年，娄底市调整采供血机构，撤销冷水江市中心血库，更名为冷水江市储血库，主要负责本市医疗机构临床用血、输血的储备、保管和发放工作。2010年，全市医疗卫生机构输血总用量91万毫升。其中，市人民医院年输血总用量1932个单位（袋）38.6万毫升，市中医医院年输血总用量910个单位（袋）18.2万毫升，乡镇卫生院及其他医疗卫生机构年输血总用量1710个单位（袋）34万毫升。

四、无偿献血

根据《中华人民共和国献血法》和《娄底市献血管理条例》，1998年起，冷水江市推行无偿献血。2008年初，市政府召开政府常务会议，专题研究无偿献血工作，并下达无偿献血计划，至年底，全市共有1883人参加无偿献血，献血量59.2万毫升。

2009年，冷水江市成立无偿献血志愿者服务队，共有202名爱心使者志愿加入。志愿者服务队下设应急献血支队、稀有血型支队、机采血小板支队。是年，全市共有2393人参加无偿献血，献血量81.58万毫升。其中，闪星锑业公司职工李洪华从1997年起坚持无偿献血至2010年，14年累积献血达5.36万毫升，2次荣获湖南省无偿献血奉献金奖，2次荣获全国无偿献血金奖。

2010年，市政府成立无偿献血工作领导小组，分管副市长任组长，下设办公室，市卫生局局长兼任办公室主任，并将无偿献血工作纳入单位年度目标管理范围，实行绩效考核。同时，结合 6 月 14 日“世界献血日”开展系列宣传教育活动，使无偿献血工作家喻户晓。是年，全市共有 2568 人参加无偿献血，献血量 91.03 万毫升。2007—2010 年，冷水江市连续 4 年被评为湖南省和娄底市无偿献血先进市。

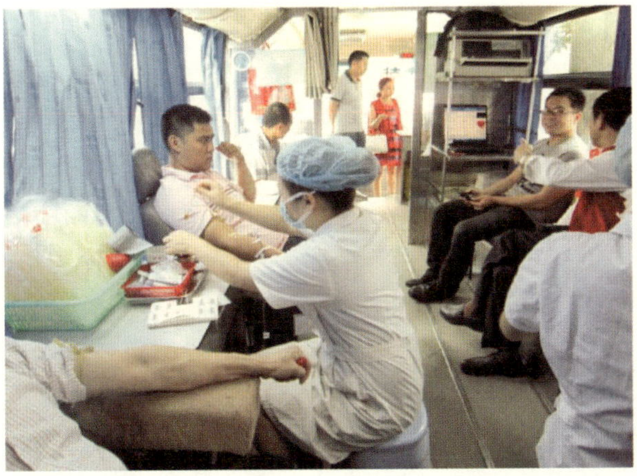

图 22-4　2009 年，冷水江市民踊跃参加无偿献血活动

五、医疗急救管理

1988 年，全市各医疗单位均设有急诊室，市人民医院专门设立急诊科。1994 年，市人民医院成立 120 医疗急救中心，配置救护车 3 辆、手提式心电图机 3 台、心脏起搏器 3 台、呼吸机 3 台、小型供氧机 6 台。同年，市中医医院、锡矿山矿务局职工医院相继成立 120 医疗急救中心，医疗急救实施首诊医生负责制和 24 小时急诊医生值班制，救护车 24 小时接诊病人。2006 年 4 月 1 日，120 急救指挥中心成立，办公地点设市储血库，对全市急救电话实施统一指挥调度。同时，对“三无”（无名、无地址、无钱）危重急诊病人实行先抢救后收费。2008 年，市人民医院设立冷水江市孕产妇急救中心。2010 年，该医院兴建冷水江市医疗急救中心楼。

第三节　人事与财务管理

一、人事管理

1988 年始，市直医疗保健机构副科级以上单位正职领导和人民医院副职及班子成员由市委、市政府任命，副科级单位副职由市卫生局任命。1989 年，初级卫技人员着重开展基础知识、基础理论、基本技能训练，新招职工实行岗前培训，经培训考试合格后准予上岗。

1988—1997 年，市中等中医职业技术学校共开办中医医士班和中西医结合医士班 15 个、中药班 6 个、护理班 1 个、函授辅导班 1 个，累计毕（结）业 2365 人。学员毕业后，少数安排在市属医疗机构，大多数安排在乡镇卫生院。

在职医务人员主要是参加“函大”“电大”学习和选送到上级医院进修。1988—2010 年，全市各医疗机构选送到上级医院进修培养 576 人次，卫技人员报考医学院参加在职教育 163 人次。

二、财务管理

1988 年，全市各医疗卫生单位引入市场化运行机制，实行以质量管理为基础、经济核算为杠杆的“院科两级核算”分级管理体系。2001 年后，市直医院相继建立网络信息化管理中心，实现收费、财产物资、财务账目等信息化管理，堵塞财务管理漏洞。2005 年，市人民医院对所有临床、医技科室实行“全成本核算”，按岗位和业绩拉开工资分配差距，当年医院收入翻番，职工个人收入稳步增长。2010 年，全市医疗机构有财务人员 47 人，其中人民医院 8 人、中医医院 5 人、疾控中心 3 人、妇幼保健院 3 人、乡（镇、街道）卫生院 28 人。

第二十三篇　社会生活

第一章　婚姻　家庭

第一节　婚　姻

1988—2010年，市内男女婚姻普遍遵守恋爱自由、婚姻自主和一夫一妻制。青年结缘一般通过两种方式。一是媒介婚。冷水江农村及城镇大多数青年男女，沿袭旧俗，经媒人介绍相识相知到恋爱成婚，这类婚姻形式依然是市内男女婚配的主要形式。极少数青年男女经婚介所介绍或在有关报刊、杂志上征婚。20世纪80年代，成立全市性的婚介组织——红娘委员会。市总工会多次牵头组织召开大龄青年联欢座谈会，为全市大龄青年结缘牵线搭桥，并为结对的青年举行集体婚礼。二是意愿婚。青年男女打破媒人说亲旧俗，通过打工经商、生产劳动、共事工作、同窗学习、网络交友等途径相互认识了解，确立恋爱关系后，按照自己的意愿，主动到政府民政部门领取结婚证，建立婚姻家庭。

1988—1994年，全市结婚17812对，离婚1252对，年均离婚率0.55‰。2003年离婚率1.13‰，2006年离婚率1.79‰，2010年离婚率2.47‰。离婚以中年夫妇为多。

1988—2010年冷水江市婚姻登记情况表

表23-1

年 度	结婚（对）	离婚（对）	年 度	结婚（对）	离婚（对）
1988—1994	17812	1252	2003	2219	399
1995	1923	122	2004	2349	400
1996	2887	172	2005	2074	634
1997	3173	233	2006	2413	642
1998	2651	262	2007	2566	628
1999	2651	264	2008	3232	761
2000	2537	176	2009	3533	813
2001	2457	280	2010	3702	916
2002	2035	297			

第二节　家　庭

一、家庭规模

1988—2010年，全市贯彻落实《湖南省计划生育条例》，大力推行计划生育，提倡一对夫妇生育一个孩子。期内，结婚的城镇职工家庭绝大多数生育1个孩子，大多数农村户口居民家庭生育2个孩子。全市独生子女家庭逐年增多，家庭规模随之缩小。据2000年第五次人口普查，全市总人口35.23万人，总户数10.46万户，平均每户3.4人。2010年第六次人口普查，全市总人口36.51

万人，总户数 14.56 万户，平均每户 2.5 人，比 2000 年平均每户家庭人口下降 0.9 人。

二、家庭关系

20 世纪 80 年代，全市继续贯彻《中华人民共和国婚姻法》，提倡男女平等、同工同酬和夫妻互敬互爱，妇女地位日益提高，民主和睦家庭遍及城乡，基本废除父子如君臣、婆媳似主仆的旧的家庭关系。

1990 年起，全市各级妇联广泛开展创建“五好文明家庭”活动。1990—1992 年，市文明办与市妇联在全市开展评选“三户”（遵纪守法户、“五好”家庭户、“双文明”户）活动，评出遵纪守法户 4.01 万户、“五好”家庭户 1.76 万户、“双文明”户 1800 余户。2003—2008 年，开展星级文明户创建评比活动，全市城乡 2 万余户家庭参与评比。通过一系列活动的开展，全市大多数家庭呈现出夫妻和睦、遵纪守法、尊老爱幼的良好氛围。例如市国税局曹玉兰，20 年如一日悉心照顾因车祸瘫痪在床的丈夫，先后被评为“五好文明家庭”和娄底市首届道德模范。市教育局李谟高，精心照顾脑部受重伤的妻子 15 年，任劳任怨，不离不弃。他们用自己的实际行动诠释夫妻间患难与共、相濡以沫、相伴到老的中华民族传统美德。

第二章　民族　宗教

第一节　民　族

冷水江市居民中汉族占绝大多数。世居本地的少数民族人口很少，主要通过工作分配、企业招工、婚嫁等途径，从外地迁入冷水江，大部分散居在全市各地，渣渡镇木瓜村是全市少数民族集中居住点。1922 年，回族进步人士王翰生（籍贯江苏南京）在其二儿子王绪贵（中共党员，后改名王天佑）影响下，携妻子儿女一行 7 人从长沙来锡矿山开展工人运动。1927 年，锡矿山中共组织遭到破坏，王翰生全家移居渣渡镇木瓜村，至 2010 年已历经 6 代。2010 年，据全市第 6 次人口普查统计，定居冷水江的少数民族有苗族、土家族、侗族等 20 个、1092 人，占全市总人口的 0.3%（详情见第二篇第二章第二节）。

市委、市政府贯彻落实国家民族政策，尊重少数民族的信仰和生活习俗，合理配备和使用少数民族干部。1988 年，全市有少数民族干部 17 人，其中担任副科级以上领导职务的 8 人。2010 年，全市担任副科级以上领导职务的少数民族干部 11 人，其中副处级干部 1 人。每届市人大、市政协都有少数民族代表和委员。1990—2010 年，89 人办理民族成分更改。2008—2010 年，少数民族考生加分 28 人次。

2009 年，由市人大牵头，成立市民族团结进步行动组委会，开展民族法规政策宣传，督促民族政策法规贯彻落实，帮助少数民族人员发展生产，加强全市各族人民大团结。是年，冷水江钢铁有限责任公司与渣渡镇木瓜村结对帮扶，投入资金 12.6 万元建设安全饮水工程。次年，该厂投入水泥 80 吨，资金 4 万元。2010 年，木瓜村被省民委确定为“湖南省民族团结进步示范点”，冷水江钢铁有限责任公司获得“全国民族团结进步模范集体”称号，该公司董事长陈代富受到国家主席胡锦涛等中央领导的接见。

第二节　宗　教

一、佛教

域内各佛教活动场所开展的佛事活动由佛教教职人员主持。每逢农历二月十九观世音菩萨圣诞日、农历四月初八释迦牟尼佛圣诞日、农历六月十九观世音菩萨成道日、农历九月十九观世音菩萨出家日、农历十一月十七阿弥陀佛圣诞日、农历十二月初八释迦牟尼佛成道日等纪念日到来时，寺院信徒云集，香火旺盛。

2001 年，市佛教协会成立，选举产生理事 11

名、常务理事5名，释宽明法师当选为会长，并通过《冷水江市佛教协会章程》。2008年，释宽明法师连任佛教协会会长，并当选娄底市佛教协会副会长及冷水江市第六届政协委员。

2009年4月，国家宗教事务局出台《关于开展创建"和谐寺观教堂"活动的意见》，市佛教协会制定创建"和谐寺院"活动实施方案，回龙寺、弥陀寺、西禅寺为创建活动试点寺院。次年，这3所寺院均创建达标。

图23-1　广福寺　（2010年摄）

2010年，成立冷水江市念佛总团和冷水江市佛教协会居士学修委员会。市佛教协会对各寺庵派遣僧尼进驻住持，按照佛教教仪、教规开展宗教活动，服务佛教信众。佛教协会主要依靠会费、宗教活动场所管理费和捐赠维持运转。是年，境内有佛教活动场所23处。弥陀寺、回龙寺、望云寺、西禅寺为市内重点佛教寺院。

1988—2010年，冷水江市有18个寺院得以复修或维修。回龙寺自筹资金200多万元，修建大雄宝殿和涟溪桥至回龙寺4千米水泥公路。觉华庵全面修建。西禅寺完成大雄宝殿、钟鼓楼和进寺水泥公路建设。观音寺、望云寺、弥陀寺、青龙寺、普度庵、龙泉庵、古亭观音寺等得到复修或扩建。

二、道教

2007年，道教活动场所有同兴乡大义观、毛易镇紫云观。是年，冷水江市道教协会成立，段礼华当选市道教协会会长，并通过《冷水江市道教协会章程》和《冷水江市道教协会关于散居正一派道士管理试行办法》。

2010年，在创建"和谐寺观教堂"活动中，市道教协会被湖南省委统战部、湖南省宗教局评为先进集体，会长段礼华被推选为第八届市政协委员。

三、基督教

1996年，涟源基督教会人员赴渣渡镇铁山村传教。2000年后，基督教信众逐渐增多。

2010年，全市有基督教临时聚会点9处（分别位于冷江市场内、渣渡镇渣渡村、渣渡镇铁山村、渣渡镇银溪村、铎山镇石湾村、毛易镇柳溪村、岩口镇槐花村、金竹山电厂旁、矿山工人文化宫地段），信众在这些聚会点开展礼拜、赞美、祷告等宗教活动。

第三节　民族宗教事务管理

1988年，民族宗教事务工作由市委统战部综合业务组管理。1994年，市宗教事务办公室成立（加挂市民族事务委员会牌子），专门管理民族宗教事务工作。2002年，更名为冷水江市民族宗教事务办公室。2007年，更名为冷水江市民族宗教事务局。

2005年后，市宗教事务管理部门落实宗教信仰自由政策，指导宗教团体、宗教活动场所建立健全管理制度，建立大型宗教活动与跨行政区域开展宗教活动申请备案制度、宗教教职人员登记备案制度、外来宗教教职人员常驻和挂单登记制度，依法治理乱建宗教活动场所，打击非法宗教活动和利用宗教行骗敛财行为，责令停建非法宗教活动场所9处，拆除非法宗教建筑3处。

第三章　礼仪　习俗

第一节　婚　嫁

一、相亲

相亲是嫁娶的前奏曲。20 世纪 80 年代，一般先由男方家长托亲友或媒人提亲，双方家长或亲属须到对方家明察暗访。乡村常由媒人引领相亲，媒人先与男女双方商定时间，然后带领男方及家长去女方家，女方由长辈引领，用茶盘端茶招待男方。男方家长与媒人用茶后，找个僻静地方商议是否满意。如愿意确立关系，男方将事先准备的酒茶钱托媒人交给女方，或在接茶时直接交给女方。女方接到酒茶钱后，若对男方满意，即留吃中饭；若不同意，便托媒人退还酒茶钱。女方家长为对女儿婚姻大事负责，会对男方及其家庭进行全面了解。在媒人通知男方具体时间后，女方及其长辈在媒人带领下到男方家察访，俗称“看挡”。男方家事先准备宴席，若女方肯留下吃饭，即算相中。饭后，男方须向女方赠送礼物和礼金；若女方不肯吃饭，表明婚事告吹。

城市比较开放，媒人一般仅提供相亲时间、地点和联络方法（如电话号码），男女双方自行约会，初步认识。如双方同意，则预约下次见面的时间和地点，一般采取晚上看电影或节假日逛公园等形式进行，其开销由男方主动埋单。

不少男女青年打破媒人说亲旧俗，自由恋爱，自选配偶。确立恋爱关系后，按照自己的意愿，到政府部门领取结婚证，建立婚姻家庭。

二、订婚

订婚俗称“定亲”。20 世纪 80 年代，男女双方确定关系后，便择日订婚。订婚之日由男方备酒席招待女方家人及亲友，男方赠送聘礼给女方。聘礼以衣物、缝纫机、手表、单车为主，女方则回赠男方服装、鞋帽、手表之类。90 年代，越来越多的男女青年简化订婚形式，但婚前送彩礼、聘金的习俗还是盛行。进入 21 世纪，订婚聘金动辄上万元，男方家长普遍给未过门的媳妇送戒指、项链、时装等。定亲后，若男方悔婚，一般不得向女方索回所送财物；若女方悔婚，须退还男方所送聘礼、聘金。

三、结婚

结婚俗称“过门”。20 世纪 80 年代，婚期前一天或当天早晨，媒人和带客领着一班人担着彩礼，去女方家迎接新娘。接亲一般由男方家族中有威望、能说会道、有配偶、有儿女的亲房长辈和年轻女性担任（女性以新郎的姐妹为主）。在迎亲路途中，若迎面遇到另一队婚嫁队伍，双方新娘互换佩戴在身上的剪刀，以示吉祥。新娘接到新郎家后，由新郎携新娘先进屋，新娘的父亲在屋外或车内稍等一会，再由新郎家人组织人员敲锣打鼓或燃放鞭炮，专程隆重迎接亲家进屋。彩礼以现金、衣料、大米、猪肉为主，外加鸡、鱼及点心。嫁妆多为桌椅、箱柜等家具和被褥蚊帐等床上用品，富裕者再加缝纫机、单车、收音机等。迎娶嫁妆多为肩抬。女嫁男娶，双方均要摆办酒席，通常是女方在早上摆酒席，叫“出堂酒”，男方在中午设宴，叫“喜酒”。在农村，一般把厨师请上门，借左邻右舍桌椅、餐具，在家里操办。城镇居民通常到饭店、餐厅、宾馆，有的借用单位食堂举行，酒席前举行简单的结婚仪式。

20 世纪 90 年代，彩礼多为现金，有的上万元甚至更多，嫁妆增加沙发、电视机、洗衣机、音响等。城镇流行拍婚纱照，价格数千元不等。

2000 年后，新娘及宾客多用轿车接送，一般是 8 台或 9 台。嫁妆大多为大屏幕彩电、冰箱、席梦思床等高档生活用品，车头车尾均贴大红喜字。新郎在众人簇拥下手持鲜花，带金童玉女（即童男童女）等亲属登新娘家迎娶新娘。婚礼全程流行拍照或录像，刻录成 DVD，留作永久留念。婚礼一般由婚庆公司主持，显得气派体面。为简化程序，增添喜庆气氛，大部分居住不远的新娘、新郎两家，打破过去分开作嫁、娶酒席的习俗，双方联合设宴庆贺。新婚之夜“闹洞房”捉弄新郎官的传统习俗逐渐淡化。新婚三日后，新婚夫妇回新娘家，叫“回门”。

第二节　生　育

进入21世纪，大部分产妇都在医院生产。产妇分娩后，在家休息一个月，称“坐月子”。坐月子期间产妇不能外出，也忌讳留宿外人。婴儿出生三天后，娘家及其他亲戚朋友来“打三朝”贺喜，外婆家为婴儿置办摇篮床、备办穿戴物品和玩具等，给产妇送来鸡、肉、蛋等营养品，产妇家回赠红盐蛋或红熟鸡蛋给贺喜者。婴儿3个月或100天之际，做鲤鱼汤开荤，寓意小孩长大后能懂事明礼。

第三节　生　日

婴孩周岁之庆称“抓周”，亲戚朋友带红包或童装、童车、儿童玩具等到主人家祝贺。是日，常有父母置毛笔、书本、算盘、玩具、现金于桌上，任婴孩抓取，若首先抓到书本或笔为最好兆头，预示小孩长大后会成为读书之人。

20世纪80年代，一般从60岁起，凡满“10”即70岁、80岁、90岁生日都要做寿酒。男重虚岁，女重实岁，俗称“男上女满”。其中60花甲寿诞时，在乡村，寿者出嫁的女儿除置办丰厚的寿礼外，还要给客人散发由家中带来的糍粑或糯米寿粑，寿粑上要粘放柏叶，或点上红色梅花点；长女还要置办寿衣、寿鞋、寿被等贺礼，示意延年益寿。城镇寿宴给客人散发法饼或方便面。

20世纪90年代，生日大摆酒宴的逐渐增多，乡村晚上时兴放电影，城镇流行在电视台为寿者点歌。2000年后，凡60岁以上满“10”的寿诞，悬挂灯笼、彩色气球，扎彩门，超大横幅的寿联、对联把庭院装饰得五彩缤纷，晚上放礼花、焰火。平时生日，一般邀来好友亲朋举行家宴，打开生日蛋糕，点上蜡烛，齐唱“生日快乐”歌，然后由过生日者吹熄蜡烛许愿，分享生日蛋糕。

第四节　丧　葬

乡村一般从50岁起预制棺材，吉称“寿器”“长生”“千年屋”。老人临终前，家人聚守，聆听遗言，为求得亡故时辰吉利，常用人参汤以延缓气绝时间。气绝后即燃放鞭炮，称“起身炮”。接着烧冥纸、雨伞、鞋袜、扇子、旧衣物等，垫铺稻草一起烧，叫“烧起身包袱”。再鸣锣去井内取水，一步响一锣，一锣一拜，叫“买水锣”（有的地方叫“请水锣”），然后为逝者抹擦、理发、穿衣、戴帽、着鞋，叫“妆尸”。

民间土葬入殓大部分依照明朝旧制，逝者头戴角巾，身着和尚领长衫，脚穿布鞋布袜，手执桃木棍，抓一饭团。妆殓尸体的衣服须成单，入殓用棕席垫尸，覆盖寿被，寿被颜色为男红女绿。亡者口内放铜钱或零碎金银、玉器。孝子以纯棉旧衣服置于棺内四周。入殓后，凡在家里逝世的通常以丧家堂屋为灵堂，一般男性灵柩摆在堂屋左边，女性灵柩摆在堂屋右边。在医院病逝或在外亡故从城镇回老家安葬的，只能在屋外设灵堂。市殡仪馆建立前，城区居民办丧事，在室外临时扎设灵堂，灵柩摆放在灵堂中间。

丧事由丧家请族内或其他至亲长者主持，主持者称“总管”，由总管安排料理丧事。老人去世，丧家向族人、亲戚、亡者生前好友报讯，告知封殓、出殡日期，亲友闻讯后，届时前来吊唁。有工作单位的病逝者一般由单位组成治丧委员会主持追悼会。

治丧期间，孝子身披麻衣或白布衣，戴三灵冠，手执哭丧棒，谓之“戴孝”。孝眷须着孝衣，孝衣以白布缝制。晚辈亲友每人由丧家发一条长1.33米（小孩为1米）、宽约0.33米的白布，从头顶拖于背后，俗称“背拖头”。曾孙辈以下亲属及未婚婿媳，拖头为红布。在城镇或机关单位，一般臂戴黑袖章或胸佩白花。亲戚朋友到灵堂吊唁，孝子须跪拜致谢。丧家置酒饭款待吊唁者，菜肴不能缺豆腐。陪夜未离去者要留吃“半夜饭”。

出殡又称“出山”，一般在上午。封棺盖时，凡村人或院落亲朋戚友中生庚时辰和亡者相冲者须回避。灵柩出殡，由鼓乐开道，鸣炮送葬，孝子戴孝在棺材前退走。凡遇邻居或亲朋好友路祭或放鞭炮礼送者，孝子要行大礼，向其散发毛巾或香烟致谢。组织12～16人的青壮年抬班相互轮换抬柩上山，亲朋尾后，送至墓穴，途中忌讳棺材落地。凡遇民居、转弯、上坡须放鞭炮。过河或过桥孝子要呼唤逝者“过河”或“过桥了”。入葬后，孝子要由原路捧遗像折返。三天后，孝子上坟山看坟，须敬以“三鲜”（鸡、鱼、肉）及酒等食物。从亡者安葬之日起，丧家要给亡者祭饭，一般是49天或100天。次年农历正月初一，孝子与亲友备香烛冥纸到新坟司祭，也有的在家里设置灵台司祭。正月或立春前后，孝子与亲友到坟山上挂“蛇青”，且连挂三年，也有的只挂当年的“蛇青”，风俗各有差异。

第五节　节　日

一、元旦

1月1日为元旦，俗称阳历年，机关企事业单位放假一天。节前，单位多组织歌舞、棋牌、书画、球赛等文体活动，亲朋好友之间互寄贺年卡（片）。是日，机关、团体、企事业单位张灯结彩，以示庆祝。20世纪90年代中期，风行赠送新年挂历。

二、腊八节

农历十二月初八为腊八节，从这天起，人们开始备办过年物资，杀猪做腊肉，腌制豆豉、坛子菜，煮腊八粥等。

三、扫尘

每年腊月二十四到除夕，是冷水江民间传统的“扫尘日”，俗称“扫堂霉”，家家户户扫尘土清垃圾，拆洗被褥，洗涮家具，干干净净迎新春。

四、春节

春节为一年中最隆重的传统节日。进入农历十二月，乡村开始打糍粑、杀年猪。农历十二月二十四过小年，家家购买年货，添置新衣。店铺老板要宴请雇员，并结清工资打发雇员回家。

农历十二月最后一天晚上为除夕，讲究一家团圆，在外工作及务工经商者，即使千里迢迢也要赶回和家人团聚。吃团圆饭各地不同，一般在晚上要吃完团圆饭才开门，以免外人把“年”踏坏。桌上摆满佳肴盛馔，其中必有鱼，寓年年有余之意。晚上围炉守岁，收看中央电视台春节联欢晚会，或打牌娱乐。大年初一凌晨，一般家家要放鞭炮，将做好的鸡鱼肉摆到屋外祭拜天地，到堂屋祭拜祖宗。是日，成家的儿子带领全家给父母拜年，给岳父母拜年一般在正月初二，有“初一崽，初二郎”之说。2000年后，少数殷实家庭举家上宾馆、饭店吃团圆饭，对外地亲朋常用电话或发短信拜年，送去新年祝福。是年起，调整相邻双休日，春节放假由原来3天改为7天。

五、元宵节

农历正月十五为元宵节。元宵节吃元宵，寓全家团圆之意。晚上每家每户灯火通明，深夜不熄。20世纪90年代中期，烟花爆竹品种越来越多，较富的城乡居民竞相燃放花炮，夜空被烟花燃爆得绚丽多彩，也有放“孔明灯”的。不少单位举办元宵灯会，开展猜谜语等活动。

六、妇女节

3月8日为国际妇女节，机关、团体、企事业单位妇女放假半天，发送慰问品。各级妇联常在妇女节前组织开展各种庆祝评比活动。各单位组织妇女外出旅游、参观、卡拉OK等活动。

七、植树节

3月12日为全民植树节，市内每年都要组织干部、工人、农民、师生开展义务植树活动。

八、三月三

农历三月初三，俗称“踏青节”，冷水江有荠菜煮鸡蛋吃的习惯，谓之“三月三，荠菜煮鸡蛋”。

九、清明节

清明节前后三天均可扫墓立碑。扫墓时，去除坟堆上杂草，有的还要培上新土，然后将红、绿、蓝、白各色凿有缗钱式样的纸挂于树枝插在坟堆上，称挂青。祭品有鱼、肉、酒、果品等，祭祀完要焚化纸钱，点上香烛，燃放鞭炮。从2008年起，新增清明节为法定假日，放假1天。

十、劳动节

5月1日为国际劳动节。节前，全市评选劳动模范并召开表彰大会，各单位工会组织形式多样的文体活动。1999年前法定放假1天。2000年起，法定休假增至3天，并将邻近的双休日调配，合并休假7天，称为“五一”旅游黄金周。2008年，“五一”长假被取消，国家法定假日减为1天，连同周末上移下错，形成3天小长假。

十一、青年节

5月4日为中国青年节。各级共青团组织开展庆祝活动，评选、表彰优秀团员，举行新团员入团仪式。

十二、护士节

5月12日为国际护士节。各医院宣传护理工作，开展慰问活动，表彰优秀护理工作者。

十三、儿童节

6月1日为国际儿童节。市内各学校组织少年儿童开展文艺活动，表彰优秀少先队员，举行少先队入队仪式。

十四、端午节

农历五月初五为端午节。居民多在大门、房门悬挂艾叶、菖蒲，小孩额头涂抹雄黄朱砂，传说可以驱除瘴疫。也有的采集百草熬煎当茶喝，以祛百病。用糯米做粽子送父母和亲友。在城区、沙塘湾、禾青镇等地流行赛龙舟。进入21世纪，以蜜枣、猪肉、花生、香菇为馅做粽子者十分普遍，家中则置办丰盛家宴过节，餐桌上苋菜、皮蛋、盐蛋、粽子、蒜泥等必不可少。从2008年起，端午节列入国家法定假日，放假1天。

十五、中国共产党诞生日

7月1日为中国共产党诞生日，各级党组织召开座谈会、纪念会，表彰优秀共产党员，举行新党员入党仪式。

十六、建军节

8月1日为中国人民解放军建军节。市委、市政府和社会各界开展多种形式的拥军优属活动。各单位召开复退军人座谈会并进行慰问。

十七、中元节

农历七月十五日为中元节。初十晚（有些地方初七晚），迎接祖先亡灵归来，每日供奉酒饭。十四日晚，焚烧冥纸送祖先亡灵回阴曹地府。也有一部分在十五日晚上送祖先亡灵。市域北部一带，有的在初十至十五日请师公做烧包道场，亲友自制纸钱或衣冠箱，写上受领人和寄送人名字，敬奉之后将其火焚，称“寄包”。

十八、中秋节

农历八月十五为中秋节。市内流行亲朋好友、晚辈对长辈赠送月饼的习俗。2000年以后，月饼包装越来越精致，价格甚高。从2008年始，中秋节列入国家法定假日，放假1天。

十九、教师节

1985年9月10日被国家定为首个教师节。每年教师节来临，各级党委、政府慰问教师或召开教师表彰会、座谈会。

二十、国庆节

10月1日为中华人民共和国成立纪念日，各级党委、政府均举行庆祝活动。1999年起，放假3天，并通过调整相邻双休日，连续放假7天，称为“十一”旅游黄金周，市民多外出旅游。

二十一、重阳节

农历九月初九为重阳节，从1989年起，又被确立为老年节。城乡居民一般有蒸糯米酒的习惯。各单位对离退休人员进行慰问，并组织开展门球、扑克、象棋、钓鱼、座谈会等文体活动。

二十二、记者节

1999年11月8日被定为首个记者节。各新闻单位召开庆祝会，评选、表彰优秀记者和通信员。

第六节　特色饮食

一、笋粑

先把春笋去蔸洗净蒸熟，加上盐巴、姜丁、蒜叶、山胡椒、红辣粉和米粉，一起舂捣成笋泥，做成巴掌大的粑粑，蒸熟后烘干或晒干，色泽金黄，香味清郁，咸辣爽口且不失笋味，饥饿时可用来充饥，切成薄片炒腊肉是色香味俱佳的下酒菜。

二、憨粑

以荞麦粉为主要原料，掺入约四分之一的麦芽粉和各种豆粉，过箩筛后搅拌成泥，再用桐叶包扎成猪腰子形状，放入锅里用文火蒸一天一夜以上，然后晾干外皮。剥开后颜色紫褐，既软又糯，如吃蜜饯，香甜味美。即使夏天，只要不松包，摆三五天不会变味。

三、“千页书”

“千页书”即牛的百叶肚，冷水江东部铎山一带多养菜牛，宰牛取出百叶肚后，放到冷水里略洗一下，切碎放锅里以急火翻炒，放入佐料便可趁热食用，既嫩又鲜，别具风味。

四、鸭子粑

首先将鸭肉丁（越细越好）放人沸汤中烫熟，然后掺入五香粉，用筷子或小棒边煮边旋搅，搅煮成不干不湿的熟糊后，加入葱花、姜丁、胡椒粉等调味品，出锅即成。

相传有一殷实人家娶了一房远近闻名的“懒婆娘”，一年重阳节，家里来了很多客人，婆婆要她杀鸭做菜。鸭子绒毛细又多，很难褪干净。这时，其他的菜早已做好，客人已经入席，但鸭子这道主菜迟迟不能上桌。“懒婆娘”急中生智，操起菜刀将鸭肉剁碎，投入开水锅中，找来一碗米粉倒入锅里，用筷子在锅内一阵搅拌，熟后加上少许葱花、姜丁、五香粉，盛碗上桌，味道鲜美，满屋飘香。从那以后，每当过重阳节时，冷水江人就有吃鸭子粑的传统习俗。

五、猪血粑

用生猪血、水豆腐、砣粉（红薯淀粉）、肉末搅拌成泥，加入辣椒粉、食盐，捏成猪腰子状，用个四方筛，里面垫些干净稻草，猪血粑就放在稻草上面，然后把筛挂到柴火灶上方，让柴火烟把它熏干。熏干后的猪血粑，黑皮红心，细软柔韧，切成薄片后蒸熟做冷盘或加人葱姜佐料小炒，吃时既像香干又像腊肉，别有一番风味。

六、燕麦粑

燕麦炒熟或蒸熟，然后晒干磨成粉，食用时加点糖，用凉开水润湿捏成团，或用开水冲成糊，俗称“燕麦粑”。过去冷水江人认为这种吃法能清凉解暑健脾胃，故多在夏季食用。

七、糍粑

糍粑是糯米蒸熟后舂成泥压制的食品，过年时用来送礼待客。

相传最初做糍粑是为了敬奉天神，免除灾害。若是久雨成涝，人们便认为是天破洞而漏水，家家户户都要舂制菜碗大的巨型糍粑去敬奉女娲娘娘，请她出山补天。糍粑必先敬女娲娘娘之后再吃，否则天也补不好。

八、坛子菜

蔬菜焯水后晒去大部分水分，之后渍上点盐巴（盐的分量因人而异），腌到密封的坛子里，半月以后取出就成了坛子菜。吃坛子菜是冷水江人饮食的一大嗜好，白辣椒和酸豆角是最受人欢迎的两道坛子菜，酸辣可口，增进食欲，老少皆宜。

第四章　方言　民歌

第一节　方　言

冷水江方言是湖南最难懂的方言之一，是古音保留得较为全面的古楚方言，与普通话发音相差甚远。冷水江方言与新化县方言大致同种同音，而靠近涟源市、新邵县的渣渡、铎山、金竹山、三尖等地的方言大部分相同，小部分不同。本节选录部分冷水江典型方言，有些方言发音注的是相近的音。

冷水江市方言（自然、时间）表

表 23-2

方言发音	普通话或释义	方言发音	普通话或释义	方言发音	普通话或释义
恩条	太阳	氹更	水坑	嗯　件	白　天
面光	月亮	讲许	井水	蛮　嘎	中　午
落虽	下雪	庆年	去年	鸦　里	晚　上
劳固	山峰	错嗯	昨天	奶一嗯	哪一天
俺更	窟窿	厚嗯	后天	遥恩框	污水沟

冷水江市方言（称谓、人称）表

表 23-3

方言发音	普通话或释义	方言发音	普通话或释义	方言发音	普通话或释义
俄　俚	我　们	告花子	乞　丐	嗯　妈	妈　妈
嗯　俚	你　们	担脚耿	挑　夫	各　果	哥　哥
几　俚	他　们	窑耿子	挖煤工	假　假	姐　姐
嗯闹嘎	老人家	公　拱	爷　爷	老　里	弟　弟
吉几再	男　孩	帘　脸	奶　奶	妹　美	妹　妹
妹几再	女　孩	喂　巩	外　公	嘎　牙	公　爹
后桑嘎	年轻人	婆　颇	外　婆	嘎　阳	公　婆
胎思咯	大　家	低　低	爸　爸	蛮　阳	小婶娘

冷水江市方言（人体、动作）表

表 23-4

方言发音	普通话或释义	方言发音	普通话或释义	方言发音	普通话或释义
壮坝子	胖　子	评弄嘎	鼻　涕	困　告	睡　觉
干坝子	瘦　子	哈　派	下　坡	秋俺闭	打瞌睡
脑　壳	脑　袋	圆　功	完　成	库　倒	蹲　下
北子光	光　头	朽	手	嗨　七	玩　去
巴肚卜	孕　妇	现　世	出　丑	情倒里	找到了
啊罢故	下　巴	七闹股	膝　盖	做么咯	干什么
活络咯	没关系	搭　白	回　应	打刨球	游　泳
莫广起	别提起	改　朽	上厕所	暴脑壳	冲动的人
打油火	敲　诈	绞　脚	泻　肚	搞恩抵	做不得
广怕挖	讲故事	绞	跑	送背许	行　贿
亚倒哩	没想到	耐　朽	烫　手	得背许	受　贿
唱　雅	作　揖	加　尖	推波助澜	吊散方	开玩笑
告蒜再	种　蒜	弹　跳	调　皮	打摆子	发　抖
作　啵	亲　嘴	卯　匠	好吃的人	赶　场	赶　集

冷水江市方言（器物、食品）表

表 23-5

方言发音	普通话或释义	方言发音	普通话或释义	方言发音	普通话或释义
结子案	窗　户	除　更	锤　子	滚　许	开　水
灶　屋	厨　房	扶路故	瓶　子	艳　许	热　水
披　萨	偏　屋	饿	锅	闹　药	毒　药
毛　司	厕　所	秀　痞	棉　被	拉　英	腊　肉
店　再	凳　子	凉　许	冷　水	圆　子	肉丸子

冷水江市方言（动物、植物）表

表 23-6

方言发音	普通话或释义	方言发音	普通话或释义	方言发音	普通话或释义
老　虫	老　虎	老术固	老　鼠	鸠　再	竹　子
雅　拘	野　猪	硕板玉	蝌　蚪	俄　力	梨　子
屌　崽	鸟	吴猴子	螳　螂	臭　探	柑　子
叶　嘎	翅　膀	鸡　烂	母　鸡	抛	野草莓
银	牛	线　鸡	阉公鸡	辜	稻　谷
王　固	黄　牛	国	蛋	闵	大　米
许　固	水　牛	盘　海	螃　蟹	骂　再	麦　子
绞	狗	麻嗯崽	蚂　蚁	条　再	豆　子
咋　拘	种公猪	油茶务	蟑　螂	洋　玉	土　豆
拘　卜	母　猪	宁俺务	泥　鳅	条光子	豆　角
哈　毛	青　蛙	岩保老术	蝙　蝠	修　命	小　米

冷水江市方言（其他）表

表 23-7

方言发音	普通话或释义	方言发音	普通话或释义
胎	大	甲资务老	乱 来
细	小	紧倒广底	喋喋不休
乖　三	果　然	样貌许光	油光发亮
吵　烦	多　谢	嗯果抓霞包	你这个傻瓜
造　业	可　怜	猫到嗯闹七里	没到你那儿去了
捞　枪	很　轻	嗯呷里鸦饭喃	你吃了晚饭吗
妹　黑	漆　黑	嗯要我哟里搞	你要我怎么办
乖　台	漂　亮	莫和几俚七嗨	别跟他们去玩
猫　底	没　有	霞倒象抓拘嗯样	傻得像头猪一样
绷　汪	很　硬	扮到茅司里七里	掉到厕所里去了
哟里搞	怎么办	翁个东细好呷喃	那个东西好吃吗
滴滴几	一点点	嗯半鸦深嘎吼么咯	你半夜三更叫什么
南哇嗯	谢谢你	嗯到奶闹七做么咯	你到哪里去干什么
嗯到来气	你去哪里	清甜咯俄力蛮好呷	甘甜的梨子很好吃
派奈死里	很　脏	恩条咯高了还在摊尸	太阳这么高了还在睡懒觉
歪灾死里	狡　猾	天光巴早起么咯高腔	大清早为何高声大叫
呸瓷打灶	倒　霉	果胎咯恩条晒出油来里	这么大的太阳晒出油来了
齿都莫齿	理都不理	翁闹有冇有落脚咯歇伙铺	那儿有没有住宿的旅店

第二节 民 歌

民歌包括山歌和民谣。冷水江古属梅山蛮地，山歌源远流长，与新化山歌同宗，也是南方楚文化中梅山文化的一个重要内容。本节摘录冷水江部分地方民歌。

山歌一般没有曲谱，任凭个人即兴发挥，临时编词，想怎么唱就怎么唱。它有一种独特的腔调，声调一般比较高，且越高亢越好，尾音比较长，唱出来引人入胜，颇有感染力，能很好表达人们的喜怒哀乐和古老的梅山风情。

一、资水滩歌

天下山河不平凡，千里资江几多滩。
水过滩头声声急，船到江心步步难。
谁知船公苦与乐，资水滩歌唱不完。

二、开铳就闻野味香

背起铁铳唤起狗，尊敬梅神三把香。
下河莫打落水麂，上山莫打喂奶獐。
十回赶山九有货，开铳就闻野味香。

三、郎在高山打鸟玩

郎在高山打鸟嗨，妹在河边洗韭菜。
哥哥叽，你要韭菜拿几把，你要攀花夜里来。
莫穿白衣白裤莫脱鞋，扛只小小锄头作招牌。
如遇哪个放牛伢子碰着你，
你只讲到千丘田里放水来。
你到十字街上买双草鞋倒穿起，
上排脚印对下走，下排脚印对上来。
我俚两个行路莫把笑话讲，当众坐莫拢来。
有心做个无心样，神仙下凡也难猜。

四、山歌难唱口难开

山歌难唱口难开，杨梅好呷树难栽。
栽在高山怕风摆，栽在河边怕水推。
栽在姐姐后花园，让我爱姐半夜摘杨梅。

五、情 歌

唱支山歌给妹听，看妹知情不知情。
月圆要待十五夜，唱歌还要妹接音。
你看天上那朵云，又像下雨又像晴。
你看路上那个妹，又想唱歌又怕人。
两厢菜园一堵墙，苦瓜丝瓜种两样。
郎吃苦瓜苦思妹，妹吃丝瓜思想郎。

六、五更劝夫

一更里，劝我夫，
我夫莫听野花嘘。
别人的妻子好比野花香十里，
自家的妻子好比真花只在房里香。
香十里，房里香，
野花一时香喷喷，真花长久喷喷香。
劝我丈夫分真野，莫被野花迷心宫。
抛弃野花为上策，唯有真花得久长。

二更里，劝我夫，
我夫莫听野花嘘。
自家的妻子好比墙上瓦，
别人的妻子好比瓦上霜。
墙上瓦，瓦上霜，
太阳一照融了霜，
露水夫妻不久长。

三更里，劝我夫，
我夫莫听野花嘘。
自家的妻子打一餐，同凳坐，骂一餐，洗浆衣。
同凳坐，洗浆衣，
热饭热菜送郎手，
你伤寒脑痛和你紧相依，
别人的妻子骗郎的。

四更里，劝我夫，
我夫莫听野花嘘。
自家的妻子好比家鸡打得团团转，
别人的妻子好比野鸡打得满山飞。
团团转，满山飞，
自家的妻子长相顾，

别人的妻子骗郎的。

五更里，劝我夫，
我夫莫听野花嘘。
你腰包有钱野花欢迎你，
腰袋无钱把你当野猪。
欢迎你，当野猪，
除非哄你、骗你、暗害你，
应该猛醒早罢休。

我好言相劝真心话，
你闭口不开假丈夫。
如若不听我劝解，
明早给我写休书，
一刀两断永离别，
再不回头劝丈夫。

除非秤砣丢在深潭里，
长成岩礁打烂船，
我才回心转意和你再团圆。

除非秤杆插在沙洲上，
无根无叶长上天，
我才回心转意和你再团圆。

除非麻雀子长到三斤半，
老鼠子长大能耕淤泥田，
我俩回心转意再团圆。

除非千年矮树长大能锯三寸宽的板，
桂木树叶子长大包得四两半斤盐，
我们两个回心转意再团圆。

七、问君身至何方好

浙江千里到长安，天下终南第一山，
陕西原是秦境地，天心地胆是河南，
山东景致雷州府，山西有座西名山，
福建美景台湾府，四川僧侣峨眉山，
江西著名滕王阁，湖广武术武当山，
云南好处平坦地，贵州风俗亦相关，
广东隔界苗蛮地，广西闻名镇南关，
南京有个灵古寺，北京建有闹台关，
苏杭二州出绸缎，漂洋过海走石山，
紫竹林中南海岸，山海关外跑西番，
五湖四海都走遍，三山六水俱游观，
问君身至何方好，腰袋无钱到处难。

八、十月古人

正月古人是新年，唐僧取经去西天；
高庄得了猪八戒，流沙河里得沙僧。

二月古人龙抬头，三姐打扮上彩楼；
王孙公子千万有，绣球抛打平贵头。

三月古人三月三，昭君娘娘和北番；
背井离乡和番去，手执琵琶马上弹。

四月古人四月八，唐朝少儿李元霸；
无敌将军来比武，手执铜锤八百八。

五月古人是端阳，三国名将关云长；
过五关啦斩六将，擂鼓三通斩蔡阳。

六月古人热茫茫，宋朝元帅杨六郎；
统兵先锋是焦赞，杀人放火名孟良。

七月古人七月七，牛郎织女喜天机；
银河阻隔难相会，喜渡鹊桥喜相依。

八月古人中秋中，唐王天子李世民；
白袍将军来救主，天意征服盖世雄。

九月古人是重阳，姜女行孝送衣裳；
窦娥替婆当斩罪，哀哀送米养亲娘。

十月古人是立冬，魏宗丞相斩老龙；
龙头挂在午门外，龙血流落满地红。

九、大月光

大月光，细月光，

担担水，洗学堂，
学堂洗得亮亮光。
学堂后面一口塘，捉条草鱼尺半长。
娘一边，爹一边，公公奶奶冒一边，
背起蓑衣喊皇天……

十、黄牛再

黄牛再，水牛再，牵到蓝田兑麦再，
麦再黄，兑凤凰，凤凰飞，兑只鸡，
鸡不啼，兑架犁，犁不转，兑把扇。
扇冒风，兑匹棕，棕冒毛，兑个桃。
桃不甜，兑包盐，盐不咸，兑臭柑，
臭柑苦，兑只鼓，鼓不响，兑……

十一、麻雀子

麻雀子，尾巴长，
打锣鼓，嫁姑娘。
去时梅花飘，回来梅果香。
双眼泪汪汪，挂念亲生娘。

麻雀子，尾巴长，
娶了婆娘不要娘。
年幼亲从父母，长大亲爱婆娘。
有呷冇呷不顾爹和娘。

麻雀子，跳呀跳，跳到姐姐屋门角，
姐姐姐姐你莫笑，如今弟弟当了叫，
冇得钱，米也要，冇得米，谷也要……

十二、点波罗

点子点波罗，长沙吹海歌。
衡阳湘江水，益阳资水河。
金钵银钵，湖南四个。
将军踩马，小人出岳。

人　物

一、前志补遗

苏　甘

（1040—1120）

苏甘，男，名苏得常，号毓灵，为梅山十峒最后一位总峒主，居土主山土主院（岩口镇岩口村），率其子甲一郎相瑛、甲二郎相金、甲三郎相琳及左甲、右甲等梅山首领扼守资水中游和秦汉古道新（化）蓝（田）段。苏甘为首的梅山峒民聚则为伍，散则为民，骁勇善战，割据梅山地区（包括新化、安化、冷水江、涟源全部及新邵、隆回、武冈、溆浦、宁乡、双峰部分地区），面积1万余平方千米。

北宋熙宁五年（1072），宋神宗任命章惇率兵三路从湖北向湖南挺进，收复峡州（湖北宜昌）、鼎州（湖南石门），进入南江（湖南溆浦、益阳）。苏甘指挥梅山峒民在宁乡大沩山击退章惇三路大军。因章惇久攻不克，宋神宗调整策略，改兵伐为招安，派沩山密印禅寺高僧绍铣等人说服苏甘。苏甘最后接受与朝廷使者谈判，放弃抵抗。苏甘归顺后，宋神宗保留其军队、领地和领主地位。他和长子甲一郎相瑛先后担任新化建县后第一、第二任县令，父子执掌县印54年。

苏甘于北宋宣和二年（1120）病逝，享年80岁，葬于岩口镇官溪村。古梅山文化遗存枫神山、战鼓山、花山、三云岛、映星桥、五座疑冢、大冲村48间马栏遗址、老寨岭出土的古兵器及“禁止差役乘坐轿马”的禁碑都与苏甘的峒主身份有关。

苏　鹏

（1880—1953）

苏鹏，男，名先翥，字凤初，自号柳溪遁叟，毛易镇人。

清光绪二十八年（1902），偕蔡锷等人远涉重洋，自费留学日本弘文学院，并参加反清革命活动。光绪三十年（1904）春夏间，与杨笃生、何海樵、胡晴崖等5人由东京到横滨，租房秘密试制炸药成功。七月，与杨笃生、何海樵、张继、周来苏等5人秘密回到天津采购爆炸物品，然后直赴北平，在草头胡同租屋住下，探听慈禧消息，并在西直门与颐和园之间道路上埋设地雷。后因无慈禧返宫消息，遂放弃暗杀计划。

清光绪三十二年（1906）一月，再次赴日本东京，迎护陈天华和周叔川（苏鹏的舅父）灵柩回上海。同时，将留口旧友姚洪业（因不满清政府镇压学生而投江自尽）灵柩一起迎护回湘，在同盟会领导和组织下，5月23日在长沙为陈、姚两位烈士举行盛大公葬仪式。

民国初年（1912），国民党在湖南成立支部，筹办议会选举，苏鹏任第二选区监督。民国2年（1913），任湖南省铜元局局长，秘密资助蔡锷的护国军。民国11年（1921），当选湖南省议员、副议长，支持程潜、唐生智等湖南军人参加孙中山北伐大业。

民国16年（1927），退出政界从事教育，在新化创办青峰农业职业学校，任校长10余年。1949年，与程潜、唐生智等人参与湖南和平解放运动。

晚年编著诗文集《海沤剩沈》，并任《新化县志》

主编。1953年1月，病逝于新化县，享年73岁。

钟希竹
（1880—1966）

钟希竹，男，金竹山镇资江村人。

清光绪二十八年（1902），进入大同镇高等小学堂，接受新式教育。光绪三十一年（1905），留学日本大阪高等工业学校，学习采矿冶金专业。光绪三十四年（1908），进入湖南优级师范学习，改名钟伟。宣统二年（1910）毕业，先后经过清朝学部组织的游学毕业生考试和廷试，分别以最优等和二等成绩获授工学进士和翰林院庶吉士。

辛亥革命前后，任湖南南路实业学堂教务长。民国3年（1914），调任昆明第七区矿务监督署技正。矿务监督署被裁撤后，先后在云南省财政厅、建设厅供职。其间，编著《云南个旧锡山报告书》和《云南矿产一览表》。民国11年至14年（1922—1925），任云南省镇康县知事，“在位两年余，边庭无事，专力勤政，善理民情，下无冤枉，廉洁正直，口碑载道”。民国20年至25年（1931—1936），任云南个旧锡务公司协理，主持日常事务，公司业绩斐然。民国26年（1937），国民党中央政府与云南地方政府斗争加剧，个旧锡务公司成为双方利益争夺焦点，他辞归故里。

他回乡后所带药材任街邻取用，每年正月初一必带子侄给麻溪70岁以上老人拜年，摆渡的孤寡老人亦不例外。其女婿张学琅在他的教育和影响下参加各种进步活动，两次留学莫斯科，成为中共湖南省委早期重要领导人之一。1949年后，钟希竹开始在长沙高校任教。1958年退休后，定居抚顺。1966年去世，享年86岁。

二、人物传略

朱　江
（1916—1988）

朱江，男，渣渡镇双丰村人。自幼父母双亡，生活贫困。民国24年（1935）11月，在锡矿山参加红军，并在长征途中火线入党。

民国31年（1942），参加团长余秋里带领的部队在吕梁地区阻击日军，击毁2辆坦克，打退敌人多次进攻，圆满完成阻击任务，受到晋职一级、通报全团的嘉奖，当时报载《巧计打坦克》文章，报道其英勇事迹。日本投降后，先后在晋察冀、陕甘宁等地参加全国解放战争，经历大小战斗上百次，头、肩、腹、肺、手、脚多处受伤。

1949年全国解放后，率先遣支队进入柴达木盆地，先后在西北第一高级步兵学校、军委后勤学院任职。1953年转业到公安战线，先后在天津公安系统、北京高级公安学校、河北省公安总队等单位工作。1962年调任云南省公安部队参谋长、副总队长，后任云南省军区独立师副师长、代师长。

1978年离休，享受副军级待遇。先后获国防部授予的三级解放勋章、三级“八一”勋章、三级独立勋章。1988年，病逝于昆明，享年72岁。

苏　镜
（1912—1989）

苏镜，女，毛易镇人。

民国25年（1936），考入北平师范大学国文专业，同年10月，加入中国共产党。民国26年（1937），受组织派遣回湖南做抗日统战工作，与抵达长沙的湘籍文化界知名人士翦伯赞、张天翼、田汉等人发起组织“湖南文化界抗敌后援会”“学生抗敌工作团”，并创办抗日救亡刊物。

民国27年（1938）2月，受中共湖南省委派遣，她和张竹如（湖南省立第一师范学校校长张干之女）到新化县重建党组织。7月，他们在锡矿山开展为期一周的抗日救亡宣传活动，巡回演出《打鬼子去》《放下你的鞭子》《军民一家亲》等戏剧。同时，组织成立隶属中共新化特别支部领导的6个党支部。11月，中共湖南省委决定建立中共新化县工作委员会，苏镜任书记。

民国28年（1939）7月，她到重庆任南方局妇委常委兼《新华日报》副刊《妇女之路》主编。1941年，调延安中央妇委，主编《中国妇女》。后到马列学院、中央党校学习，参加延安整风运动，并当选为延安市参议员。抗战胜利后，先后任内蒙古军政学院党委组织部部长，后又调东北开展土地改革、妇女运动和党的组织工作。

1949年中华人民共和国成立后，历任中共中央监察委员会专员、中央统战部机关党总支书记、中联部办公厅主任等职。1958年，任湖南师范学院党委书记。1961年，任纺织工业部机关党委书记。1978年，任纺织工业部办公厅主任。

1982年离休，享受副部级待遇。1989年9月，病逝于北京，享年77岁。

谢冰莹

（1906—2000）

谢冰莹，女，原名谢鸣冈，又名谢彬，笔名冰莹，字凤宝。清光绪三十二年（1906）9月5日，出生于铎山镇龙潭村。

民国10年（1921），考入湖南省立女子师范学校学习，并开始写作。民国15年（1926）秋，以第一名的成绩考入中央军事政治学校第六期。翌年，随国民革命军北伐，发表《从军日记》。1930年，考取北平女子师范大学，参与“左联”文艺运动，成为北方“左联”创始人之一。

1931年、1935年两度去日本留学，曾因反对伪满洲国溥仪访日被日本警察逮捕，后经柳亚子等人营救出狱回国。1937年全面抗战爆发后，组织成立“湖南妇女战地服务团”，在野战医院为伤员服务，被国民政府授予少将军衔。

1940—1943年，在西安《黄河》文艺月刊工作，其间出版《新从军日记》《在火线上》《抗战文集选》等多部作品。1946年，自费出版《一个女兵的自传》（中卷），并在北平《黄河》月刊任主编。1948年，任台湾师范学校教授。1950年起，先后在马来西亚、菲律宾、韩国、美国等地讲学、访问，后定居美国旧金山。

她出版小说、散文、报告文学、文艺评论等60多部著作，近2000万字，以《从军日记》和《女兵自传》蜚声中外文坛，其中《女兵自传》出版19次，被译成英、日、俄、德、法、朝语等各种版本。

2000年1月5日，病逝于美国旧金山，享年93岁。

姜云清

（1916—2000）

姜云清，男，中连乡余元村人。

民国20年（1931）6月，在桑植县参加中国工农红军。1932年9月加入中国共产党，历任红二方面军直属队警卫员、译电员、冀东挺进支队34大队副政治委员、侦察科长、县武委会主任兼大队长、华北军区骑兵独立二十七团参谋长、兵站部主任、华北军区工程处处长、六十六军后勤部副部长等职。

1937年，随八路军一二〇师，从陕北东渡黄河，开赴晋察冀前线建立抗日根据地，组织动员群众参加八路军，开展游击战。为全歼日军板垣师团，奉命率部在山西雨县和广陵地区阻击日军援军，坚守阵地5小时，胜利完成阻击任务。

1944年，随萧克将军部队至涞水地区，部队被2000余名日军包围，他带领一个排在民兵配合下阻击敌人，掩护萧克司令员与总部机关安全转移。1945年，奉命率骑兵支队迎苏联红军入关。解放战争时期，率部参加攻打康保县、多伦县和赤城县等战斗。1947年，国民党傅作义部1个师向赤城进攻，他受命率1个营的地方武装夜袭敌营，击毙敌团长和参谋长，俘敌200余人，立大功一次。

1949年全国解放后，指挥华北地区部队医院建设，几年内建起8所部队团级医院。1957年，被国防部授予三级“八一”勋章、三级独立勋章和三级解放勋章。1982年离休。1988年，被中央军委授予二级红星荣誉勋章。2000年，病逝于天津，享年84岁。

苏平凡

（1940—2005）

苏平凡，男，毛易镇人。

1979年10月起，先后任安徽省马鞍山市教育局教研室主任、副局长。1983年5月，任马鞍山市副市长。1985年8月起，先后任安徽省广播电视厅厅长、安徽省委宣传部副部长等职。1988年11月，任中共马鞍山市委书记。1998年1月，任安徽省人大常委会副主任、党组副书记。中共十四大、十五大代表。2005年1月，率团出访期间因突发脑出血，在澳大利亚达尔文市逝世，享年65岁。

苏仲湘

（1924—2009）

苏仲湘，男，毛易镇人，湖南大学数学系毕业。民国27年（1938），就读新化县上梅中学。上学期间，参加“中华民族解放先锋队”，发表《谈谈嚷嚷派》一文，揭露汪精卫破坏抗战的可耻行径，组织同学广泛传唱《延安颂》《抗大校歌》等革命歌曲。同时，到当地夜校当教员，教儿童识字、唱歌，宣传抗日救国思想。民国37年（1948），在上海参加中共地下党工作。

1949年上海解放后，转行新闻战线，在新华社南京分社任编辑。1950年，在新华社总社国际资料室工作，先后任记者、编辑、主任等职。曾任野草诗社副社长兼主编、新华诗社副社长兼常务副主编、纽约四海诗社名誉社长，是中华诗词学会发起人之一。著有《栽花插柳堂杂草》《论语纂释》《数，科学的语言》（译著）等。

2009年，因病逝世，享年85岁。

三、人物名录

（一）1988—2010年冷水江市烈士名录（以牺牲时间先后为序）

姓　名	性别	出生年月	籍　贯	参加工作时间	工作单位	政治面貌	牺牲时间	牺牲原因
王刚强	男	1958.1	金竹山镇	1976.11	公安局	中共党员	1995.1.2	保护国家财产光荣牺牲
刘志明	男	1968.9	铎山镇青龙村	1986.1	铎山镇青龙村	中共党员	1996.1.30	制止罪犯实施爆炸光荣牺牲
谢本辉	男	1949	渣渡镇银溪村	1970	涟溪煤矿	中共党员	2005.3.6	森林救火光荣牺牲
邹绍吾	男	1945	三尖镇	—	三尖镇林业站	—	2006.10.11	看护山林与盗伐分子搏斗光荣牺牲

（二）1988—2010年冷水江市全国、省（部）级劳动模范名录（以授奖时间先后为序）

全国劳动模范一览表

姓　名	性别	工　作　单　位	荣　誉　称　号	授奖时间
杨玉声	男	市教育局	全国劳动模范	1995年
戴永俊	男	锡矿山闪星锑业有限责任公司	全国劳动模范	2005年
陈代富	男	冷水江钢铁有限责任公司	全国劳动模范	2010年

部级劳动模范一览表

姓　名	性别	工　作　单　位	荣　誉　称　号	授奖时间
李伯堂	男	市一中	全国教育系统劳动模范	1988 年
胡正山	男	市委党校	全国教育系统劳动模范	1989 年
欧阳一才	男	金竹山电厂	能源部劳动模范	1989 年
陈福钦	男	资江氮肥厂	化学工业部劳动模范	1989 年
刘光华	男	冷水江制碱厂	化学工业部劳动模范	1989 年
唐广徽	男	涟邵矿务局冷江煤矿	能源部劳动模范	1989 年
周仲铁	男	大建煤矿	能源部劳动模范	1989 年
刘资宇	男	锡矿山矿务局	中国有色金属总公司劳动模范	1989 年
李叙富	男	锡矿山矿务局	中国有色金属总公司劳动模范	1992 年
张光武	男	锡矿山矿务局	中国有色金属总公司劳动模范	1993 年
张建文	男	锡矿山矿务局	中国有色金属总公司劳动模范	1993 年
黄文锦	男	金竹山电厂	电力工业部劳动模范	1994 年
肖良民	男	冷水江钢铁总厂	全国冶金系统劳动模范	1994 年
李红卫	女	市公交总公司	全国交通系统劳动模范	1994 年
陈楚生	男	市教育局	全国教育系统劳动模范	1995 年
曾建明	男	锡矿山矿务局	中国有色金属总公司劳动模范	1998 年
姜平华	男	市肉食水产公司	全国商业系统劳动模范	2000 年
李日锦	男	大乘资氮集团公司	化学工业部劳动模范	2000 年
易源星	男	冷水江钢铁总厂	全国钢铁工业劳动模范	2005 年
郭江桃	女	锡矿山闪星锑业有限责任公司	中国有色金属总公司劳动模范	2005 年

省级劳动模范一览表

姓　名	性别	工　作　单　位	荣　誉　称　号	授奖时间
周仲铁	男	大建煤矿	湖南省劳动模范	1989 年
唐广徽	男	涟邵矿务局冷江煤矿	湖南省劳动模范	1989 年
刘树培	男	金竹山电厂	湖南省劳动模范	1989 年
曹必华	男	锡矿山矿务局	湖南省劳动模范	1989 年
沈德武	男	冷水江铁焦总厂	湖南省劳动模范	1989 年

续表

姓　名	性别	工　作　单　位	荣 誉 称 号	授奖时间
高鸿基	男	资江氮肥厂	湖南省劳动模范	1989 年
李叙富	男	锡矿山矿务局	湖南省劳动模范	1990 年
刘永周	男	资江煤矿	湖南省劳动模范	1992 年
黄　健	男	锡矿山矿务局	湖南省劳动模范	1995 年
邹自敏	男	金竹山电厂	湖南省劳动模范	1995 年
喻本楠	男	冷水江金信公司	湖南省劳动模范	1995 年
陈善军	男	建设银行冷水江支行	湖南省劳动模范	1995 年
黄睦娥	女	市人民法院	湖南省劳动模范	1995 年
杨福云	男	冷水江钢铁总厂	湖南省劳动模范	1995 年
段一华	男	锡矿山矿务局	湖南省劳动模范	2000 年
张雨军	男	金竹山电厂	湖南省劳动模范	2000 年
肖初金	男	市人民政府	湖南省劳动模范	2000 年
谢庆祥	男	铎山镇眉山村	湖南省劳动模范	2000 年
张根深	男	锡矿山闪星锑业有限责任公司	湖南省劳动模范	2005 年
张俊文	男	金竹山电厂	湖南省劳动模范	2005 年
苏岐山	男	岩口镇农科村	湖南省劳动模范	2005 年
卢红英	女	市自来水公司	湖南省劳动模范	2006 年
陈思甜	男	金竹山电厂	湖南省劳动模范	2007 年
刘建求	男	市六中	湖南省劳动模范	2010 年
陈响莲	女	娄底响莲实业有限公司	湖南省劳动模范	2010 年
苏　泉	男	岩口镇金连村	湖南省劳动模范	2010 年
欧阳晖	男	冷水江钢铁有限责任公司	湖南省劳动模范	2010 年

（三）1988—2010 年冷水江市获部级荣誉者名录（以授奖时间先后为序）

姓　名	性别	工 作 单 位	荣 誉 称 号	授 予 单 位	授 予 时 间
童旺兴	男	市二中	全国优秀教师	教育部	1989 年
曾庆祥	男	冷水江工业学校	全国优秀教育工作者	教育部	1989 年
伍爱珍	女	市一中	全国优秀教师	教育部	1989 年
潘传照	男	市六中	全国优秀教师	教育部	1989 年

续表

姓　名	性别	工 作 单 位	荣 誉 称 号	授 予 单 位	授 予 时 间
钟友爱	男	市进修学校	全国优秀教师	教育部	1989 年
张息波	男	沙塘湾学区	全国优秀教师	教育部	1989 年
张国贤	男	娄底外国语学校	全国优秀教师	教育部	1989 年
刘树培	男	金竹山电厂	全国五一劳动奖章	中华全国总工会	1990 年
居培炎	女	市二中	全国优秀教师	教育部	1991 年
魏　明	女	市七中	全国优秀教师	教育部	1991 年
李叙富	男	锡矿山矿务局	全国五一劳动奖章	中华全国总工会	1992 年
彭炳其	男	市公安局	全国千名优秀人民警察	公安部	1993 年
孙书智	男	市司法局	全国优秀司法局局长	司法部	1993 年
段振卿	男	市教委	全国优秀教育工作者	教育部	1993 年
张君异	男	市一中	全国优秀教师	教育部	1993 年
苏业洪	男	市七中	全国优秀教师	教育部	1995 年
黄睦娥	女	市法院	全国法院模范法官	最高人民法院	1995 年
谢辅新	男	矿山中学	全国优秀教师	教育部	1995 年
孙书智	男	市司法局	全国司法系统优秀政治工作者	司法部	1995 年
张兆南	男	市国土局	全国土地详查先进个人	国家土地管理局	1996 年
钟楚南	男	市工商局	全国优秀工商行政管理人员	国家工商行政管理总局	1996 年
谢介民	男	市气象局	全国气象部门双文明建设先进个人	气象局	1996 年
吴银尧	男	市公安局	二级英模	公安部	1997 年
申桂林	男	市公安局	全国优秀人民警察	公安部	1998 年
李文彬	男	市工商局	全国消费者协会好会长	全国消费者协会	1998 年
王胜昔	男	市乡镇企业局	全国民族团结进步模范	国家民族事务委员会	1998 年
黄剑雄	男	市公安局	全国禁毒工作先进个人	公安部	2000 年
贺耀国	男	市工商局	全国优秀工商行政管理人员	国家工商行政管理总局	2000 年
李　明	男	市公安局	全国优秀人民警察	公安部	2001 年
李谟高	男	市教育局	全国优秀教育工作者	教育部	2001 年
康　弘	男	冷办学区	全国“两基”工作先进个人	教育部	2001 年
李旭娇	女	市人民法院	全国人民满意好法官 全国法院模范法官	最高人民法院	2002 年 2003 年
罗志明	男	市工商局	全国个协私协系统先进工作者	全国个体劳动者 私营企业协会	2002 年

续表

姓　名	性别	工 作 单 位	荣 誉 称 号	授 予 单 位	授 予 时 间
苏祥康	男	市司法局	全国模范人民调解员	司法部、人事部	2002 年
郭曙清	男	市一中	全国优秀教师	教育部	2004 年
阳姣莲	女	市工商局	全国优秀工商行政管理人员	国家工商行政管理总局	2004 年
刘让文	男	市工商局	全国十佳受理投诉工作者	全国消费者协会	2004 年
龙　智	男	市工商局	全国红盾护农行动先进个人	国家工商行政管理总局	2005 年
毕喜华	男	矿山乡	全国先进残联理事长	国家残联	2005 年
杨笃国	男	矿山乡	全国计划生育先进个人	国家计生委	2005 年
杨国雄	男	矿山乡	全国计划生育先进个人	国家计生委	2005 年
段太虎	男	禾青镇	全国计生协会先进个人	国家计生委	2005 年
谢晚初	男	市六中	全国优秀教师	教育部	2006 年
卢红英	女	市自来水公司	全国“五一劳动奖章”	中华全国总工会	2006 年
袁青峰	女	市司法局	全国维护妇女儿童合法权益贡献奖	全国妇联、司法部	2006 年
罗素君	女	梓龙乡	全国“双学双比”女能手	全国妇联	2006 年
卢红英	女	市自来水公司	全国“三八红旗手”	全国妇联	2007 年
邹宇翔	男	市公安局	全国优秀人民警察	公安部	2007 年
阳腊珍	女	中连乡	全国“双学双比”女能手	全国妇联	2007 年
李新萍	女	市公安局	全国县级公安机关公用经费保障标准落实工作先进个人	公安部	2008 年
刘新红	女	金竹山镇	全国“三八红旗手”	全国妇联	2008 年
李典华	男	市一中	全国模范教师	教育部	2009 年

附　录

一、文献选录

中共冷水江市委　冷水江市人民政府 关于加快发展个体私营经济的具体规定

（1994 年 6 月 15 日）

以公有制为主体、多种经济成分共同发展，是整个社会主义初级阶段必须长期坚持的方针。个体私营经济在促进生产、搞活流通、方便人民生活、扩大劳动就业、增加财政税收等方面具有重要的作用，在社会主义市场经济中具有重要的地位。改革开放以来，我市个体私营经济有了很大发展，已成为促进全市经济发展的一个新的增长点。但是，我市个体私营经济在经济总量中占有的比重还很小，发展的速度还不快，潜力还很大。我们一定要进一步解放思想，统一认识，转变观念，在努力促进公有制经济发展的同时，积极鼓励、大力支持、放手发展城乡个体私营经济，并依法加强管理。

根据省委、省人民政府《关于加快发展个体私营经济的决定》的指示精神，结合我市实际，经市委、市人民政府研究，特作如下具体规定：

一、进一步放开个体工商户和私营企业的经营范围、经营形式和经营规模

1. 个体工商户和私营企业的经营范围，除国家明文规定不准经营的行业和商品外，其他全部放开，有关行业主管部门不得采取行政手段对个体工商户和私营企业进行“挤、压、卡”。

2. 鼓励个体工商户和私营企业发展多种形式的经济联合。个体工商户和私营企业可以承包、租赁、兼并、购买小型国有企业和集体企业，也可以向国有、集体企业参股。

3. 个体工商户和私营企业可以与外商合办“三资”企业，可以通过与有外贸进出口权的企业联营、委托代理等办法开展外贸业务。

4. 个体工商户和私营企业人员出国出境考察学习、洽谈外贸业务，应给予积极支持，简化手续。出国出境人员政审、人事证明等工作由市个协承担。

5. 鼓励私营企业扩大生产经营规模，雇工人数不限。

二、简化个体工商户和私营企业的申办手续

6. 除在职的国家干部和职工外，凡申请从事个体私营经营者，只要凭居民身份证和就业状况证明，即可到经营所在地的工商行政管理机关申请办理登记手续。符合产业发展方向的生产型企业，可以“先放开、后规范”，尽可能简化申办手续。

7. 放宽私营企业注册资金的审核，除有限责任公司开办需按有关规定提交有效资信证明外，其他企业注册不受资金数额限制。

8. 生产经营许可证，除国务院和省政府批准实行的外，任何部门不得自行规定行业许可证。已自行规定的，要坚决取消。

三、妥善安排个体工商户和私营企业的生产经营用地

9. 对于个体工商户和私营企业的生产用地，按照全民所有制、城市集体所有制企业和乡镇区街企业同样的政策办理。

10. 机关企事业单位的闲余用地，经向土地管理部门办理有关手续后，可租借给个体工商户和私营企业作为生产经营用地。

11. 城镇的市场建设要多开辟出一些门店和摊位，满足个体经营者的需要。

12. 要把整顿市容和保护引导个体私营经济发展结合起来，对流动的摊贩要科学规划、妥善安置，不要随意驱赶。

13. 经依法批准使用的生产经营场地，不得随意收回、拆除或侵占，因建设确需拆迁的，由拆迁部门按有关规定给予补偿，并负责另行安排生产经营场地。

四、积极为个体私营经济提供信贷支持

14. 个体工商户和私营企业可选择一家金融机构，开立存款结算账户，金融部门要及时办理结算业务，并按照现金管理规定，提供付现服务。

15. 对个体工商户和私营企业所需信贷资金，银行可采取抵押贷款、担保贷款、信用贷款等方式，给予资金支持。

16. 城市和农村信用社要把支持个体私营经济发展作为主要任务之一，切实搞好资金融通等方面的服务。

五、完善税收政策和收费管理办法

17. 对于个体工商户和私营企业，要秉着“公平、简化、便民、灵活”的原则，依法办事，依率计征，严禁乱征滥罚。要有针对性地改进征管办法，防止税收流失。国家现行的对新办企业、新产品的减免税优惠政策，个体工商户和私营企业应同国有和集体企业一样，按规定享受。

18. 要把整顿滥收费作为减轻个体工商户和私营企业负担的主要措施来抓，由市“三产办”组织财政、工商、物价、审计、工商联等部门，对现行各类收费进行重新登记审批，符合国家规定的，发给注明实施对象、范围及标准的收费许可证，由有关部门持收费许可证收费。对自行制定的收费政策或变相收费的，要追究主要领导人责任。同时，要建立严格的收费使用审计监督制度。

19. 进入集贸市场收费的只能是税务、市场管理部门，其他必需的收费概由市场管理部门代收。

六、大力发展城乡股份合作企业

20. 目前城乡正在兴起的股份合作企业，代表了个体私营经济的发展趋势。对这种企业，各有关部门要加以扶持，促其发展。

21. 鼓励在股份合作的基础上向集团化方向发展。对资金雄厚、技术力量强、生产经营规模大的私营企业，经批准可试办股份制企业，或组建科、工、贸一体化的企业集团。

七、从产业政策上引导个体私营经济健康发展

22. 要继续发展商业、运输业、服务业、旅游业等第三产业。银行和城乡信用社可以向效益好、有偿还能力的个体工商户和私营企业发放小额固定资产和简易设备维修贷款。

23. 有关部门要积极帮助个体私营经济解决用电、交通等方面的矛盾。同时，鼓励个人或合股集资兴办基础设施，依靠群众自己的力量改善生产经营条件。

八、加强人才培训和人才引进

24. 企事业单位的各类科学技术人员经所在单位同意可以停薪留职应聘到个体工商户和私营企业工作。在职科技人员在不影响本职工作和本单位利益的情况下，可以到个体工商户和私营企业兼职，个体工商户和私营企业可以采取技术入股的办法吸引更多的人才。

25. 鼓励大中专毕业生到个体工商户和私营企业工作，或独立、合伙创办企业，其户口和人事关系可以挂靠在市人事局所属的人才交流服务中心，也可挂靠市乡镇企业委、工商联、个协，或自找挂靠单位。

26. 市技工学校、工职中专、农职中专要适应多种经济成分发展的要求，为个体工商户和私营业主定向培训专业管理人才。培训要按照财政、物价和教育部门规定的项目和标准收费，不得任意加码。

27. 个体工商户和私营企业科技人员职称评定，城市由个协、工商联负责，农村由乡经委负责，向人事（职改）部门申报、评审。

九、切实保障个体工商户和私营企业的合法权益

28. 对个体工商户和私营企业，不得随意变更其所有制性质，其合法收入和财产受法律保护。

29. 个体工商户和私营企业的营业执照，除工商行政管理部门有权依法按规定程序收缴、吊销外，其他任何单位和个人无权收缴、吊销。否则，属违法行为，须负经济赔偿和法律责任。

30. 个体工商户和私营企业主及其从业人员在参军、招工、升学、评先评模、参与国家政治生活等方面享有与国有、集体企业职工同样待遇。

31. 对滥用职权，任意向个体工商户和私营企业“索、拿、卡、要”的行为，市有关部门要严肃查处，触犯刑律的，要依法追究刑事责任。对个体工商户和私营企业在生产经营中的经济纠纷要及时加以调处，对盗窃、敲诈、哄抢个体工商户和私营企业财产的违法行为，要坚决打击。

十、加强经常性的思想教育和管理

32. 各乡（镇）、街道办事处要把对个体工商户和私营企业主的思想教育作为精神文明建设的一个重要方面来抓。市工商联要切实负起做好其代表人士政治思想工作的责任，个协等组织要经常组织个体劳动者和私营企业主学习党和国家的方针、政策，切实搞好法制、职业道德教育，帮助他们增强法制观念，树立正确的经营思想和经营作风。

33. 新闻舆论部门对个体、私营企业要加强正面报道，为个体私营经济的发展创造良好的舆论环境。对他们中涌现出来的先进人物和先进典型，要大力宣传。

34. 个体工商户和私营企业中的党团员人数达到党章、团章规定条件的，应建立党、团基层组织。具备一定规模和条件的私营工商企业，应依法建立工会组织。有关教育、管理的具体问题，分别由市委组织部、团市委、市总工会制定出相应的具体办法。

35. 根据对个体私营经济“一要放开、二要管理”的原则，要继续查处和打击偷税漏税及生产、销售“假冒伪劣”产品的不法行为，加强对欺行霸市、贿赂拉拢、掺杂使假等各种非正当行为的监督和查处。

36. 坚决纠正“以罚代管”现象，充分运用经济、行政和法律手段，规范个体工商户和私营企业的经营行为，使其健康发展。

十一、切实加强对个体私营经济工作的领导

37. 市委、市政府成立个体私营经济领导小组，领导小组下设办公室。从市有关部门抽调力量，专门抓这个方面的工作。各乡（镇、街道）要用更多精力抓个体私营经济。有关部门要紧密配合，协调一致，真心实意地为个体私营经济的发展提供配套服务，共同做好扶持工作。

38. 本规定从公布之日起执行。市政府及有关部门过去所发文件与本规定相矛盾的，一律以本规定为准。

中共冷水江市委　冷水江市人民政府
关于进一步放开放活市属工业企业的意见

（1998 年 3 月 20 日）

为了进一步放开放活我市工业企业，根据党的十五大精神，按照地委、行署的要求，借鉴外地成功经验，结合我市实际情况，提出如下实施意见。

一、指导思想

以党的十五大精神为指针，以“三个有利于”为标准，以产权制度改革为核心，以资本营运为手段，进一步解放思想，放开手脚，放活形式，放宽政策，通过股份制和股份合作制改造、联合兼并、租赁、托管、风险抵押承包、资产授权经营、引资嫁接、规范破产、拍卖、下岗分流、减员增效等多种形式，加快混合型经济的发展，把企业改革同改组、改造、加强管理结合起来，促进我市经济持续、快速、健康发展。

二、目标和任务

我市工业企业改革的总目标是：争取用 2～3 年时间，基本完成全市工业企业的改制任务，实现市属工业企业基本脱困、搞活。要在以下三个方面有新的突破：①在产权制度和企业管理制度创新上有新的突破；②在所有制结构调整上有新的突破；③在下岗分流和减员增效上有新的突破。

三、改革的主要形式

我市工业企业改革的核心是产权制度改革。在改革的全过程中，要始终把产权是否明晰，机制是否灵活，企业是否发展作为衡量企业改革成败的标准。从我市的实际出发，可以采取以下 7 种形式：

（一）组建企业集团。生产经营状况较好的企业，通过生产基地的建设和市场占有率的提高，接受优势企业的兼并联合，拓宽筹资渠道，变单一的投资主体为多元投资主体，放眼全国和全世界去寻找合作伙伴，组建我们自己的航空母舰——企业集团公司，从而提高规模生产能力和市场竞争力。实行强强联合，不允许搞拉郎配。

（二）股份制或股份合作制改造。1996 年已经进行股份制或股份合作制改造的企业，要按市场经济的要求进行规范，一定要按新的机制运作，不能“穿新鞋走老路”。目前有条件进行股份制或股份合作制改造的企业，要充分调动企业干部职工的积极性，大力提倡企业职工自愿购股，要拉开配额档次，拉开收入分配距离，实行控股制的股份制。大力吸引非国有企业和社会能人及境外客商购股、控股，鼓励资产向少数能人集中。实行股份制或股份合作制改造的企业，要求将职工的工龄一次性买断。不能一次性买断的，可以分期分批买断，也可以将一次性买断企业职工工龄的资金转为参股的股本金。

（三）拍卖、出售。对于能够拍卖的大部分市属小型企业，由工业企业资产经营中心通过产权交易，向社会公开拍卖，让利于企业、让利于职工、让利于经济能人，能卖的尽可能卖掉，整体拍卖困难的，可以分块拍卖，将企业资产变现，用来买断职工工龄和清偿债务。

（四）引资嫁接、公私合营。对部分有条件的市属企业，广泛地做好以企业为主体，以项目为龙头的招商引资工作，走公有私营、老板制管理的路子，用低廉的国有资产来吸纳社会资产，让部分市属企业变为混合型所有的经济实体，以加快企业的发展。

（五）联合兼并。相关或有联系的企业经过资产评估作价，把优良资产组合，使各方资产得到充分的利用。兼并可以是全部或部分兼并，优势企业可以通过购买、控股、参股等多种形式进行兼并，劣势企业可以以资产折股向优势企业参股，经过批准，还可以采取资产无偿划转的形式实现兼并。

（六）租赁和风险抵押承包并举。对有产品优势，但包袱过重的市属企业，采取“脱胎换骨”的办法租赁和承包出去，让企业上产品、上质量，摆脱困境。整体租赁和承包困难的，可以分块租赁和承包，达到搞活的目的。租赁承包人与企业或主管部门签订租赁承包合同，交纳风险抵押金，实行公有民营。

（七）规范破产。对严重资不抵债且扭亏无望、长期停产的市属企业，大胆地实施规范破产。对原已实施破产的6家企业将资产拍卖，真正做到关门走人，以此来搞活这些企业的优势资产。

各企业在选择改制形式时，要坚持因企制宜、因厂施策的原则，什么形式能把企业搞活，就采用什么形式，不搞一刀切。

四、改革的步骤

（一）宣传发动。结合学习贯彻十五大精神，广泛深入宣传市委、市政府推行企业产权制度改革的决心和思路。大造声势，营造深化企业改革的氛围，发动职工积极投身改革，掀起我市工业企业改革的第二次热潮。

（二）制定方案。各企业要根据自身实际制定出职工接受、便于操作的改制方案，及时上报市工业企业改革办。

（三）组织实施。方案确定后，要精心组织实施，及时解决实施过程中遇到的困难和问题，确保改革稳步推进。

（四）整章建制，规范完善。

五、政策和措施

在政策和措施上有新的突破是我市工业企业改革取得成效的关键。中央、省、地和市委、市政府已经出台的各项有关工业企业改革的政策，要求全市上下坚决执行。外地已经实行的改革政策和措施并被实践证明是正确的，我市参照执行。总的一条，在国家法律政策允许或没有明确禁止的情况下，只要有利于放开放活我市中小型企业，在政策上不设禁区，能给的给足。

（一）关于国有资产授权经营。在建立由政府主要领导负责的国有资产管理委员会的同时，成立冷水江市工业企业资产经营中心。以财政为依托，具体负责市属工业企业国有资产的营运工作。融资产流动、经营者市场（优秀经营管理者人才库或扭亏工作班子）、托管经营队伍为一体。对市属工业企业的国有资产，由国有资产管理委员会授权给冷水江市工业企业资产经营中心经营。对将组建集团公司的优势企业，把国有资产授权给企业领导集团和法人代表经营，由企业法人代表（可以是企业领导集团）向政府主管部门交纳一定数额的风险抵押金后，政府主要是核定当年产值、销售收入、利税几项指标（确定当年目标）和国有资产保值增值的基数。明确授权经营的企业超基数实现的税后利润按40%奖给交纳风险抵押金的企业经营者。企业国有资产当年实现的增值部分，政府安排50%奖励给交纳风险抵押金的企业经营者，国有资产增值部分的奖励不以现金形式支付，而只增加企业经营者在企业的股权。如政府核定给企业的几项主要经济指标没完成，没实现国有资产保值增值，所交纳的风险抵押金由政府收归财政作为工业发展基金，并由政府收回所授经营权另行安排。

（二）关于企业债务的化解。目前我市市属企业债务包袱沉重，在享受不到全国试点城市优惠政策的情况下，我们更要大胆开拓，敢闯敢试来化解企业债务。一是“脱胎换骨”，实施“母子”分离。就是对产品有市场，但债务包袱沉重的企业，由“母”企业承担债务，另组“子”企业租赁经营，从资产有偿使用收益中逐步偿还债务。二是债权转股权，将债权人的债权转为对企业的投资入股，参与企业的经营和收益分配。三是对一些地理位置优越的企业，通过依法出卖一定富余土地来增资偿债。四是依法破产。对严重资不抵债，又找不到新生途径的企业要坚决破掉，关门走人。五是收回欠款，就是通过各种渠道帮助企业收回货款、欠款，减少债务。六是用好用活国家有关降低负债率的政策。财政的周转金转企业资本金，企业实现的所得税返还，国家股所得红利留给企业扩增股本，用银行坏账准备金冲销部分债务。七是固化债务。经过有关部门批准，将改制企业原有债务固化封存，待国家有关政策出台后再依法规处理。八是停息挂账。对一些尚有生机的企业，鉴于其改制后流动资金不足，所欠债务经批准后，可停息挂账，待转机增盈后逐步偿还。

（三）关于买断企业职工的工龄。对已破产的6家企业和能拍卖出去的企业，把企业全部资产拍卖，用所得资金来按实清偿企业所欠职工的工资、福利和买断企业职工的工龄，让职工走向社会。具体标准按省政府〔1997〕21号文件执行。如拍卖企业所得较少，就按实得资金除去必须依法清偿的债务后的总数来支付。买断工龄的职工，从走向社会之日起，按规定在劳动服务公司享受领取一定生活费的待遇。买断工龄的企业职工，所交养老保险金，由劳动保险站统一按实给职工开设个人账户。企业职工被买断工龄走向社会兴办企业或自谋职业，政府和有关部门优先提供经营场地，办理营业执照只收工本费，依法减免有关税费。

（四）关于部门的协调配合。中小企业的改制牵动各方利益，有关部门应服从大局，积极配合。各部门要以工业企业改革为己任，政策上能突破的要突破，能变通的要变通。特别是计划、劳动、工商、税务、房地产等部门，要简化办事程序，减少审批环节，有关收费能免的则免，能减少的尽量减少，只收取工本费，减免其他一切费用，为企业顺利改制创造条件。

（五）关于社会保障。要逐步建立和完善个人账户与社会统筹相结合的社会保障体系。主要是完善养老保险、失业保险和医疗保险。养老保险要统一规定缴费比例，统一个人账户，统一计发待遇。失业保险和医疗保险要在各种类型的企业职工中普遍实行，并与实施再就业工程结合起来。此外，还要加快企业职工住房制度改革，实施企业职工住房商品化、社会化。公房出售收入计入企业总资产予以安排。

（六）关于下岗人员的出路。要大力实施再就业工程，妥善安置企业因改制而出现的富余人员和失业职工，采取切实可行的措施，促进企业职工择业观念的转变。全市上下都要动员起来，大力开发就业岗位，安置下岗职工。对企业职工退二进三和退二进一的，继续按照市委、市政府〔1996〕54号文件的优惠政策予以鼓励。劳动部门要加强劳动力市场建设，充分发挥转业培训、就业指导、职业介绍、信息咨询等方面的服务作用。

六、加强领导，打好市属工业企业改革攻坚战

为加强对企业改制工作的领导，市委、市政府成立市工业企业改革领导小组，市委书记易佑德任组长，市长黄熙雍任第一副组长，汤夒理、奉友良、余明庭、曾海凡、潘二寿、谢原法、肖文波、邹光华任副组长，领导小组成员由佘振亚、刘松青、吴长松、李传昭、张亦军、罗集中、刘建宽、易振、刘新平、严武、杨最新、曹长清、杨建湘、肖初金、易汉清、颜续章、李玉祥、刘长发、段焕云、曾秋生、黄世平、宋利亚、王宝桂、李意华、李雁、曹志仁、陈代忠、刘建军、姜锡华、张国强、邹珍保、肖什云、杨玉初、李正华、陈代宋、王小勇等组成。下设办公室，办公室主任由罗集中兼任。从经委、体改办、劳动局、国土局、工商局、国资局、房地产局、审计局、工商银行、人事局等单位各抽调一名懂业务、责任心强的副职组成工业企业改革领导小组办公室的专门工作班子。经委和各工业主管局（总公司）要深入企业进行调查研究，帮助企业制订改革方案和措施，解决一些具体困难和问题。市委、市政府工业企业改革领导小组每个季度听取一次改革情况汇报并研究讨论一次工业企业改革问题。由市委督查室和政府督查室牵头组成督查小组，定期进行工作检查。对那些思想解放、工作作风扎实、改革工作进展顺利的部门和企业要大力表彰；对那些工作不实、作风漂浮、对改革认识不足的部门和企业领导要给予严肃批评；那些为了小集团和部门利益对企业改革堵关设卡的单位和个人，要及时查明责任，进行严肃处理。

进一步放开放活市属工业企业，是当前我市贯彻落实党的十五大精神的具体举措，是抓紧建立社会主义市场经济框架的重要步骤，事关全市经济发展大局，全市各级一定要下定决心，精心组织，分类指导，加快操作，一抓到底。市属各企业和各部门，决不允许不改革，对那些只说不干，并阻碍改革的，要坚决"摘帽子、挪位子"。

中共冷水江市委
关于加快国有中小企业改革和发展的实施意见

（2000 年 2 月 21 日）

为了深入贯彻党的十五届四中全会精神，努力搞活国有中小企业，提高地方经济综合实力，实现我市二次创业的宏伟目标，市委六届三次全会根据冷水江实际，就如何推进我市国有中小企业的改革和发展提出如下实施意见。

一、国有中小企业改革发展的指导思想和主要目标

1. 指导思想是：以党的十五届四中全会和省委七届八次全会、娄底市委一届二次全会精神为指针，以"三个有利于"为标准，按照"精心组织，因企制宜，变革产权，实施民营，配套改革，整体搞活"的工作思路，全面放开企业产权，大胆探索公有制的多种实现形式，培植龙头企业，发展新兴产业，树立"品牌"意识，拉长产业链条。从整体上增强国有中小企业的活力，形成新的发展优势。

2. 主要目标是：通过 2～3 年时间，使大多数亏损企业摆脱困境，全部中型企业和多数小型企业基本完成产权制度改革，建立新的经营机制。再经过 2～3 年努力，全市绝大多数国有中小企业彻底放开搞活，并力争实现以下目标：①所有企业基本完成产权制度改革，做到产权明晰，初步建立现代企业制度；②建立和完善法人治理结构，从根本上转换企业经营机制；③积极探索国有资产管理新形式，确保国有资产保值、增值；④企业的科技开发能力及经济效益明显提高，市场竞争能力和抵御风险能力明显增强。

二、因企制宜，全面推进我市中小企业产权制度改革

3. 资产量化重组。按照"谁投资谁所有、谁积累谁所有"的原则，对拟改制企业的产权进行界定，以 1984 年实行"拨改贷"的时间为界，将 1983 年年底企业的净资产和 1984 年 1 月 1 日以后国家专项拨款形成的资产全部界定为国有资产，将 1984 年 1月 1 日以后企业税后留利积累形成的净资产和亏损企业由税收减免返还、财政贴息等形成的净资产界定为企业集体资产，财政的所有投入实行债转股。企业原有亏损由国家、企业各承担一半，其中国家负责的亏损，不得超过国家投入，国家负责的亏损部分由国家投入冲抵。在此基础上，可将企业的集体资产一次性量化到职工个人，职工享有受益权，并实行个人配股，将企业改制为股份制、股份合作制企业。

4. 多元改造重组。根据我市国有经济布局战略调整的需要，对优势企业主要通过股份制、股份合作制、兼并收购、债转股、控股配股、规范上市等形式，进行扩张性的多元化重组，引导国有资本逐步向这些优势企业和优势产业集中。要采取股份合作、租赁、承包、出售转让、依法破产等形式，彻底放开搞活中小企业。①鼓励职工控股或买断企业产权。一般中小企业内部购买企业的股份比例应超过总股本的 50%，不设上限，形成内部职工控股；对竞争性领域和一般行业的国有企业，鼓励职工一次性买断企业全部产权。②鼓励社会资本参与重组。在国有企业与社会资本合资、合作时，国有固定资本按评估确认后的净值入股，可以适当减让分红权比例；鼓励国有控股企业或其他所有制企业兼并我市国有企业，在实施兼并时，允许新企业5年内所产生的利润在弥补被兼并企业的亏损后，再缴纳企业所得税；同时，鼓励民营或外资企业一次性买断国有企业产权，在全部承担企业债务的情况下，民营或外资企业购买国企产权的享受企业职工购买的同等优惠待遇。③允许局部剥离盘活。参与授权经营的国有企业资产负债率较高但局部优势尚存的，可实行分立经营，经主要债权银行同意，也可实施分离破产；对地处黄金码头土地升值潜力大的工业企业，鼓励企业处置闲置土地或搬迁改造，退二进三，国有土地转让收入留给企业用于结构调整和职工安置。在土地处理过程中，有关职能部门要一个窗口服务，费用能优惠的尽可能优惠，能减免的尽可能减免。④依法实施破产。对那些技术含量低、产品没市场、资不抵债、扭亏无望的国有企业，以及浪费资源、技术落后、污染严重的小煤矿、小水泥、小锑矿、小化工等企业要坚决破产关闭。

5. 股权结构重组。对拟进行股份制改造的企业，在股本设置时，要适当向经营层倾斜，鼓励企业经营层多持股、持大股，避免平均持股；鼓励企业法人代表多渠道筹措资金买断企业法人股，认购资金不足部分，在有资产或股权担保的前提下，允许3～5年内分期付清。对已实行股份制改造的企业，主要通过增资扩股来优化股权结构，企业经营层的持股分红、年薪收入可优先转为股本金；在以个人股本作抵押的前提下，可将企业的银行短期贷款优先划转到企业经营层个人的名下，实行贷款转股本，引导贷款扩股向企业经营层集中，真正形成企业经营层相对控股、职工持股的合理股权结构，为企业内部法人治理结构的建立健全奠定产权基础。

6. 建立产权交易中心。由市国资部门牵头，从市经委、财办、民政、工商、财政、国土、乡企等单位抽调工作人员，组成日常办事班子，负责收集、论证、审查、整理全市范围内的产权交易项目；负责产权上市项目的宣传联络和洽谈签约工作；办理或代办产权交易过程中的有关手续；协调与产权交易工作有关的各部门之间的关系；负责产权交易政策的宣传和咨询。在产权交易过程中，要坚持公开、公正、公平的原则，要确保国有资产保值增值。在产权转让中，要切实简化手续，实行“一条龙”办证服务，税费能减免的尽量减免，降低改制成本。

三、妥善安置国有中小企业职工

7. 国有中小企业的全民劳动合同制职工（招工时为固定工），在企业改制后，按同级和上级政府的有关政策规定给予一次性补偿，一律解除全民合同工身份，解除职工对企业的依赖关系。职工解除身份后，可根据改制企业发展的需要，实行双向选择，与企业签订用工合同。

8. 上述职工的一次性安置所需费用，以改制企业出让资产收益清偿，也可以将企业资产作为股份划拨到个人作为补偿。不足部分，通过多渠道筹措，予以适当补贴。

9. 全民劳动合同制职工（招工时为固定工）的身份解除后，按其工作年限给予一次性补偿。其标准为：以3000元为基数，参加工作年限在10年以内的每年补偿500元，10年以上部分每年700元，但每人补偿最高不超过18000元。

10. 对招工时为全民合同制职工的，根据原劳动部《关于印发违反和解除劳动合同的经济补偿办法的通知》规定，解除劳动合同后，用人单位按劳动者在本单位工作的年限，工作时间每满一年发给相当于一个月工资的经济补偿。

11. 对因严重资不抵债而依法破产的企业，破产后其资产变现后的资金，应首先用于筹措企业职工工龄买断和补交职工个人养老保险金。

12. 企业改制后，按有关政策规定，被解除劳动关系的职工所在单位交足了社会保险金，本人继续缴纳养老保险金的，达到法定退休年龄时，给予办理退休手续，由社会保险机构负责发放养老金。

13. 中小企业的下岗职工，在办理有关脱岗手续后，全部由再就业服务中心委托管理。

四、用活国家支持改革和扶持发展的各项政策，多渠道增资减债

14. 要充分利用国家增加银行核销呆、坏账准备金的政策，加大减轻企业负债的力度。尽最大可能剥离不良资产，使企业轻装上阵，走出困境。符合破产条件的，应果断依法破产。对一部分产品有市场虽总体资产状况不佳但局部优势尚可的企业可实施分离破产；争取加大封闭贷款的力度，确保封闭性贷款的安全。

15. 鼓励有望进入国家债转股笼子的大中企业兼并中小企业。对被企业长期占用的财政周转金、技术改造资金和工业发展资金以及企业法人相互间长期债务，可以参照国家商业银行的做法和条件，实行全部或部分债转股。在债转股的企业，政府及有关部门的债权应转为股权。

16. 加大减负增效的力度，规范下岗程序，加快分离企业办社会的职能，全方位减轻企业经济负担。

17. 市财政要积极筹措资金，建立中小企业改革和发展基金，对一些改制效果好的企业采取贴息、奖励等方式进行扶持；允许企业将国家划拨给企业的土地使用权按有关法规转让或将企业部分资产变现，用于增资或调整结构；经济效益好、偿债能力强的中小企业经批准可面向社会发行债券，也可靠优靠大，借“壳”上市，扩大融资。

五、切实转换企业经营机制，加快建立现代企业制度

18. 深化国有资产管理体制改革，推进政企分开。按照国家所有、分级管理、授权经营、分工监督的原则，建立政府国有资产管理局监管、资产经营中心营运、国有企业经营的新的国有资产管理体制，把工作重点从指导企业生产经营活动转移到为企业发展提供良好环境上来。

19. 建立规范的法人治理结构。按照《中华人民共和国公司法》明确股东会、董事会、监事会和经理层的职责，形成各负其责、协调运转、有效制衡的公司法人治理机制。股东按出资额行使表决权，按出资额享有资产受益、重大决策和选择经营者等权利，股东会对企业拥有最终控制权。①董事会要维护出资人权利，对股东会负责，董事会对公司的发展目标和重大经营活动作出决策，聘任经营者，并对经营者业绩进行考核和评价。要规范董事会的工作程序，包括决策程序、议事程序、检查工作程序，董事会不干预经理层的日常经营。②强化监事会的功能，明确监事会的职责和权限，制定监事会的具体工作规则和议事日程。监事会要依法行使监督权，保障股东权益和公司利益不受侵犯。③经理班子行使企业生产经营指挥的权力，总经理由董事会聘任，对董事会负责。

20. 进一步深化企业劳动、人事、分配制度的改革。建立区别于党政干部的企业人事管理制度，取消企业管理人员的干部身份。所有企业都要全面实行经营管理人员聘任制、全员劳动合同制，按需设岗，优化组合，竞争上岗。在坚持工资总额增长低于经济效益增长，职工工资平均水平增长低于劳动生产率增长的前提下，由企业按有关规定自主决定工资分配制度和办法，使员工报酬与其工作好坏、贡献大小紧密挂钩。鼓励探索多种分配形式，实行按劳分配与按资本、技术及其他生产要素分配有机结合。通过三项制度改革，使企业真正形成经营者能上能下、员工能进能出、收入能增能减的机制。

六、以压促调，从战略上调整国有经济布局和改组中小企业

21. 根据上级政策要求和我市实际，需要保留国有企业的领域主要限于自然垄断性行业（如采矿业）、政策性垄断行业（如粮食收购与批发、盐业、烟草等）、提供重要公共产品与服务的企业（如电力、自来水等）、特种行业（如医药、化工危险品等）。对一般性的竞争行业，国有经济适当收缩，放手发展多种所有制经济。

22. 要制定以压促调、靠优靠大的相关政策，形成新的优势企业和特色企业。我市在巩固和发展冶金、煤炭、化工、建材、电力、机械等传统支柱产业的同时，加大对医药、陶瓷等新兴产业的扶持力度，切实加强对大中型企业的服务工作，提供各种相关的优惠政策，努力改善经营环境。我市中小企业要充分利用中央“抓大放小”的契机，积极主动参与大公司、大集团的技术、产品分工，进行协作配套服务；

大力鼓励中央、省属企业和私营外资企业兼并联合我市中小企业，鼓励中小企业依托大企业走小而精、小而专、小而特的科技型、外向型发展路子。要通过兼并联合，借“壳”上市，扶优靠大，使我市中小企业获得新的出路。

七、加大科技创新力度，努力提高技术创新能力

23. 加大推进技术进步和产业升级。市委、市政府要抓好技术改造和技术创新的规范引导，加大扶持力度。企业要建立健全技术创新机制，依托大中型企业、科研院校和技术市场，搞好引进、嫁接和消化，使我市中小企业在技术装备、工艺水平、产品质量等方面上一个新台阶。同时，要加大知识产权的保护和监督力度，建立有效的高新技术管理机制，严禁单位引进开发的知识产权被个人占有或垄断。

24. 高新技术产业的发展目标是：到2003年，形成工程陶瓷、新特药品、精细化工、新材料主导产业群，新形成环保技术、电子信息技术产业。全市工业高新技术产业（含改造升级的传统产业）年产值达8亿元；到2010年，全市工业高新技术年产值达50亿元。

25. 多渠道增加对企业技术进步的投入，切实用好国家关于鼓励企业技术进步的优惠政策。设立高新技术引导资金，市财政从2000年起安排100万元，以后逐年递增20%。资金主要用于新项目的开发、申报立项和有功单位、有功人员的奖励。企业发展基金要重点支持优势企业发展和优势产品开发。科技三项费用要有较大比例用于支持企业技术创新和技术改造，所投资金为国家投入资本金。企业要加大自筹技改资金的力度，每年提取的技术开发费要达到销售收入的3%以上。有些技改项目可与原企业分离，进行项目融资。

26. 注重企业人才开发，加强企业科技人才队伍建设。加大企业人才引进、培训和奖励力度，努力培养一批技术创新带头人和具有较高技术能力的技术工人。鼓励大中专毕业生到中小企业工作。对有突出贡献的企业经营者给予重奖。对有突出贡献的中小企业科技人员应在3～5年内可获得所创利润15%～25%的奖励，省级以上获奖的创造发明技术作为无形资产评估后可转为企业的个人股份。

八、加快社会保障体系建设，切实做好再就业工作

27. 中小企业在改制所变现的部分国有股权及国有企业房地产出售、租赁，所得资金主要用于社会保障基金和工龄买断。企业不管实行哪种改革形式，其资产处置费必须按照政策规定优先补足企业拖欠的职工养老、失业等社会保障金，交足离退休人员的养老保险费。严肃查处挤占、截留、挪用、贪污社会保障基金行为，确保基金的安全和增值，确保养老金的按时足额支付。实行“三条保障线”的合流，逐步将现行的下岗人员基本生活费、失业救济金并入城镇居民最低生活保障制度，建立统一的社会保障体系。逐步推进社会保障的社会化管理，实行退休人员与原企业相分离，养老金由社会服务机构发放，人员由社区管理。个体、私营企业的职工可享受社会保障待遇，并要按规定缴纳养老保险金。

28. 认真做好下岗职工的再就业工作，规划和管理好劳动力市场。进一步完善政策措施，引导职工转变就业观念，提高再创业能力。政府投资兴办的第三产业要优先安排下岗职工，并组织有关职能部门全面清退临时工，规范劳动力市场，鼓励下岗职工进入市场觅业。凡并轨以后招收的大中专毕业生、技校生，政府将根据有关政策，原则上不再进行指令性分配。建立市场导向的再就业机制，任何单位招聘临时用工，都必须进入市场，最大限度地保证下岗职工的再就业。

九、加强和改善企业管理，进一步做好扭亏增盈工作

29. 强化企业管理，提高科学管理水平。中小企业管理的重点是加强成本、财务和质量管理。中小企业要全面推行模拟市场运作，实行成本否决，特别是加强对企业物资购销各个环节的监管，大力推行比价采购和比价销售，堵塞各种漏洞。要规范企业财务会计制度，如实编制资产负债表、损益表和现金流量表，准确反映企业经营状况。建立和完善质量检验制度，抓好各个环节的质量管理。同时，建立健全企业各层次、各环节的管理制度和工作责任制，做到“人人有责任，事事有人办，办事有原则，事后有检查”，从严治厂，依法治厂，向管理要效益。

30. 加强对企业管理的引导、服务和监督。在国有中小企业中积极推行财务主管委派制，财政局委托市资产经营中心向授权经营的企业（集团）派驻财务主管。财务主管的工资福利由委派方负责。财务主管既要对企业负责，又要对委派方负责，严格按照《中华人民共和国会计法》行使职能。要根据行业可比性的特点，建立和完善各行业的管理评价体系，培育管理示范企业，推介企业管理典型，改进管理督查方式，促进中小企业不断提高管理水平。对违反财经纪律的企业领导人员和财务人员要严肃查处，对串通做假的中介组织要吊销营业执照，对违法经营给国家造成损失的要追究法律责任。

十、落实各项治理措施，努力改善中小企业改革发展的环境

31. 落实各项经济环境治理措施，严肃查处“四乱”行为，优化中小企业发展环境。切实执行收支两条线的管理制度。制止对企业的交叉、重复检查和重复审计及其他干扰企业正常经营的活动。规范社会中介机构的服务行为，依法从严查处执法犯法、侵犯企业合法权益的行为。

32. 加强企业周边环境的综合治理，严厉打击强买强卖、强装强卸、阻工闹事的人和事，为企业改革和发展创造良好的治安环境。

十一、改革企业领导人员管理体制，实现管人与管资产相结合

33. 改革企业领导人员管理体制。按照党管干部原则、改进管理方法和《中华人民共和国公司法》的要求，国有企业领导人员管理体制与国有资产管理体制改革相配套，不再按行政隶属关系管理，而应依据产权关系进行管理，实现管资产与管人相结合。市委原则上只管本级国有资产经营中心、国有控股投资公司的领导人员，授权经营机构所属的独资、控股、参股企业的领导人，由授权经营机构考察确定，按《中华人民共和国公司法》和《中国共产党章程》有关规定产生。

34. 实行经营者聘任制。确保企业总经理由董事长提名，董事会聘任，副总经理由总经理提名，董事会聘任；企业中层管理人员的聘用和解聘，除财务负责人由董事会决定外，其他人员由总经理决定。企业内部机构依法自主设定，各级各部门不得干涉。

35. 取消企业及企业领导人员的行政级别，根据国家新的企业分类标准，按企业资产规模、销售收入和经济效益分类定级，企业类型级别由综合经济管理部门界定，实行动态管理。企业经营管理者与党政机关干部管理分开。在操作上可采取“新人新办法，老人老办法”进行过渡，现任企业领导人员的行政级别保留在本人档案。今后新聘任、选拔的企业领导人员一律不再套用行政级别，在任职期间享有履行岗位职务的相应待遇，一旦离开其岗位即随之取消。

36. 实行双向进入、交叉任职制度。国有独资和控股公司党委负责人可以通过法定程序进入董事会、监事会或经理班子，党委书记和董事长可由一人担任，董事长、总经理原则上分设，董事会、监事会和经理层及工会中的党员负责人，可按《中国共产党章程》和有关规定进入党委会。

37. 建立企业经营决策失误追究制度。国有独资及国有控股企业经营不善，连续两年亏损的，董事长、总经理不得续任，不能实现任期目标的必须离职。

38. 建立新的企业经营者选拔使用机制。把党管干部原则同董事会依法选择经营管理者及总经理依法行使用人权结合起来，把组织考核推荐和引入市场机制、公开选拔结合起来，加快企业经营管理者人才市场和企业高级经理人才评价推荐中心建设，促进人才合理流动，优化人才资源配置，逐步实现企业经营管理者职业化和市场化。开展多种形式的培训，全面提高企业经营者的素质。设立国有中小企业经营者管理办公室，隶属市经委，负责经理（厂长）等经营者的管理。逐步推行经理（厂长）任职资格制度，获得任职资格证的才可担任企业经营者。

十二、改革企业分配制度，建立有效的激励机制

39. 完善年薪制，建立一套让业绩突出的经营管理者获得合法高收入的分配机制。（1）年薪制试行基本年薪、风险年薪相结合的办法，主要根据经营者完成的经营业绩及企业的规模、行业等情况综合确定。（2）年薪制实施对象是企业法定代表人——公司董事长、厂长（经理）。（3）推行抵押金制度，落实风险经营责任。可采用三种办法交纳：一是经营者个人直接用现金交纳；二是从年薪收入中划定一块风险收入用作风险抵押金；三是由企业经营集团筹集交纳，收益则按比例享有。（4）简化考核指标。对经营者的考核评价指标，应以资产增值额、利润增长额和税收三大指标为主，其余指标尽量简化。

40. 鼓励持股经营。让经营者持有一部分股权，使资产所有权与经营权部分合一，经营者具有委托人和代理人的双重身份，避免经营者的短期行为。全市可先在中小企业中试行，再逐步推广到大中型企业。持股经营的股权来源可以采取以下四种方式：一是已改制的企业转让一部分股份给经营者，经营者可用现金购买也可以是期股；二是企业增资扩股时向经营者倾斜；三是经营者回购原企业职工退出的股本；四是上市公司经营者可以从二级市场回购一部分股权，离任时可用现金置换。

41. 实行企业领导人员任期目标制和岗位契约管理。按照分层分类管理的原则，逐步对企业领导人员实行任期责任制和岗位契约管理。授权企业的董事会成员由市经委明确其任期目标；其他企业董事会成员或厂长（经理），由出资单位明确其任期目标；公司制企业的总经理和副总经理分别由企业董事会和总经理明确其任期目标。企业领导人员的任期目标与其他责、权、利同时明确，并履行契约手续。

十三、坚持党的领导，发挥国有企业党组织的政治核心作用

42. 企业党组织要保证党和国家的方针政策在本企业的贯彻执行。国有企业党组织必须始终坚持为企业改革和发展服务的基本原则和“三个有利于”的根本标准，建立健全党和国家的方针政策在企业贯彻执行的基本制度，把保证和促进企业改革、转换经营机制、加强科学管理、加快科技进步、提高经济效益、实现国有资产保值增值、推进两个文明建设作为国有企业党组织工作的出发点和落脚点，作为检验党建工作成效和党组织战斗力的主要标准。在企业决策实施过程中，党组织要加强有效的督促检查，确保决策的具体落实。

43. 企业党组织要支持股东会、董事会和经理（厂长）依法行使职权，领导和支持工会、共青团等群团组织及职代会依法依章开展工作，形成企业内部的整体合力。要建立健全企业党组织参与重大问题决策的程序和规则，厂长（经理）、董事会在重大问题决策前，应事先听取并尊重党委的意见，重大决策的执行情况，应向党委通报。当党组织发现重大决策脱离实际、不符合党和国家的方针政策和法律法规时，应及时提出意见督促其纠正。企业党组织班子成员要加强学习，熟悉企业的生产经营业务，熟悉市场及市场运行规律，不断提高参与决策和科学管理的能力。企业董事会、监事会、经理层中的党员既要严格按照《中华人民共和国公司法》直接参与重大决策，又要切实履行共产党员的职责、权利和义务，努力实现党的意图和主张。工、青、妇等群众组织要领导和指导职工群众按照市场经济要求、现代企业制度和各自的章程，紧紧围绕企业改革和发展独立自主开展工作，全心全意依靠职工群众，充分发挥群众组织在推进改革、促进发展、维护稳定中的积极作用。国有独资和国有控股公司要建立由职工代表大会选举代表进入董事会、监事会的制度，建立企业领导与职工代表机构平等协商和签订集体合同制度，确保职工代表大会的合法地位，积极发挥工会和职代会在民主决策、民主管理、民主监督中的作用。

44. 加强对企业思想政治工作和精神文明建设的领导，提高职工队伍素质。要进一步完善企业党务工作机制。国有企业党的机构设置要根据企业实际需要设立工作部门，充分发挥其教育、保护、惩处、监督的职能作用。要紧密结合企业实际，坚持“两手抓，两手都要硬”的方针，积极倡导和弘扬改革开放和现代化建设的时代精神，培养具有较高文化品位和鲜明个性的企业文化与企业精神。要加强企业经营管理者队伍思想作风建设，增强工作责任感，弘扬奉献精神。同时，要加强职工队伍建设，进行岗位技能、职业道德和现代科学知识培训，不断提高职工素质，培育适应市场经济发展的企业职工队伍。

45. 允许和鼓励党政机关、事业单位的干部兴办、领办企业，尤其是工业企业。组织、人事、经济等部门应通力协作，建立好企业经营管理者人才储备库。

46. 各级党委、政府要站在国有企业改革的前列，进一步解放思想，遵循客观经济规律，尊重群众首创精神。

47. 各级各部门要积极支持和配合国有企业改革，在涉及本部门职能职责的问题上，必须以大局为重，无条件地服从、服务于市委、市政府的决策，决不允许任何部门和个人以任何借口设置阻力或在执行政策的过程中打折扣。各乡、镇、办对中小企业改革发展的服务力度，纳入年终考核范畴。

48. 加强领导。成立中小企业改革和发展领导小组，市长任组长，分管领导任副组长，有关职能部门领导为成员。领导小组下设办公室，办公室设市经委。

49. 集体企业可参照本《意见》执行。

50. 凡市委、市政府出台的有关规定与本意见一致的，继续有效，如有抵触，以本意见为准。

中共冷水江市委　冷水江市人民政府
关于鼓励投资的若干规定

（2007 年 9 月 18 日）

第一章　总　则

第一条　为全面落实科学发展观，深入实施“工业强市，民营富市”发展战略，促进经济社会可持续发展，结合我市实际，制定本规定。

第二条　坚持依法行政、优质服务，全面提高机关效能，扩大招商引资，推进项目建设。

第三条　大力发展循环经济，加强产业研究，优化产业结构，促进产业升级，推进经济转型。禁止引进和重启高污染高能耗企业与项目。

第四条　坚持内资外资并重，待遇同等。凡在我市行政区域内兴办的符合国家产业政策和我市投资鼓励范围的投资项目，均按本规定执行。

第二章　投资界定

第五条　投资项目实行类别管理。

第一类：固定资产投资 3000 万元（人民币，以下同）以上的生产加工型工业项目（采掘业项目除外）。

第二类：固定资产投资 500 万元以上的现代农业项目。

第三类：固定资产投资 500 万元以上的旅游休闲项目和固定资产投资 1000 万元以上的金融、商贸、仓储、物流、信息等第三产业项目。

第四类：固定资产投资 1000 万元以上的能源（煤炭采掘业除外）、交通、城市公用设施（非商业性房地产开发）等城乡基础设施项目。

第五类：投资我市行政区域内的省、娄底市及市属的改制企业，帮助企业改制成功或发展壮大企业原有生产规模的项目。

第六条　投资对国民经济及社会发展有重大影响的项目，按有关规定申报，经市人民政府批准，列为重点建设项目。

第七条　投资主体既可为各类经济组织、企业法人，也可为自然人。

第八条　投资形态可以是货币资金，也包括通过评估的实物资产和无形资产（专利权、专有技术、商标权等知识产权）。

第三章　投资奖励

第九条　满足下列基本条件的投资项目给予奖励：

（一）遵守国家法律法规，诚信经营，依法纳税；

（二）职工社会养老保险按时缴纳；

（三）职工工资按时足额发放。

第十条　新初投资财政奖励政策。

（一）凡投资我市市属的经相关主管部门确认的停产、倒闭企业，帮助企业改制成功的投资项目，从其正式投产之日起，企业上缴的企业所得税和个人所得税的市本级财政分享部分，前 2 年由市财政列支，100%奖励企业用于扩大再生产，第 3～5 年按 50%奖励企业扩大再生产。其他改制成功的市属企业，其上缴的企业所得税和个人所得税的市本级财政分享部分，扣除上年基数，从正式投产之日起，2 年内由市财政 100%奖励给企业用于生产发展，第 3～5 年奖励 50%。

改制成功的企业高级管理人员、高级技术人员个人所得税的市本级财政分享部分，2 年内市财政 100%奖给纳税人，第 3～5 年奖励 50%。

（二）投资本市第一、二、四类项目，从投产之日起，企业上缴的企业所得税和个人所得税的市财政分享部分，第 1～5 年每年按 40%，第 6～10 年每年按 20%，由市财政列支奖励企业扩大生产。其中投资额在 1000 万美元或 1 亿元人民币以上的投资项目，第 1～5 年每年按 50%，第 6～10 年每年按 30%奖励。

（三）投资开发本市旅游资源、兴办专业批发市场、仓储、物流企业等第三类项目，其经营期间所得税的市财政分享部分，自开业之日起，第 1 年 100%奖励给企业，第 2～3 年奖励 50%。

（四）投资第五类项目，注册登记和财税关系在本市的，其奖励按市属的相应类别项目奖励标准执行。

本规定的财政奖励政策均在投资项目享受国家税收优惠政策之后执行，确立的奖励标准，一律先扣除税收征收成本。

第十一条　新初投资供地政策。

（一）投资本规定的五类项目，可视情采取划拨、出让、租赁等方式取得土地使用权。

（二）由政府主导投资从事公益事业和基础设施项目，且不以赢利为目的的，可按照行政划拨方式取得土地使用权；划拨用地中途改变用地性质的，由政府无偿收回或按标准补缴土地出让金。其他性质的用地，以出让或租赁方式取得土地使用权，足额缴纳土地出让金或租金。

（三）投资第一类项目，投资密度在每亩 60 万元（含 60 万元）以上、固定资产投资在 1 亿元（含 1 亿元）以上以出让方式供地的，按土地出让金扣除征地成本和补偿农民费用后余额的 100%予以奖励；投资密度在每亩 60 万元（含 60 万元）以上、固定资产投资在 1 亿元以下以出让方式供地的，按土地出让金扣除征地成本和补偿农民费用后余额的 80%予以奖励。

（四）投资第二类项目和第四类项目中的交通、城市公用设施项目，以出让方式供地的，按土地出让金扣除征地成本和补偿农民费用后余额的 100%予以奖励。

（五）投资第三类项目和第四类项目中的能源项目，以出让方式供地的，按土地出让金扣除征地成本和补偿农民费用后余额的 50%予以奖励。

（六）投资第五类项目，注册登记和财税关系在市本级的，其奖励标准按市本级相应类别项目标准执行。

（七）以行政划拨方式供地的，由用地单位支付上缴省、娄底市的有关规费和农民补偿费用。

第十二条　新初投资规费政策

（一）投资本规定的一、二、三类项目，其办理用地手续的规费按附件一确定的标准执行。

（二）投资符合本规定第五条要求的一、二、三类项目，经省物价、财政部门批准的收费，在登记阶段，仅收发证手续费和证照工本费；在建设阶段，按附件二确定的标准收取。

（三）投资重点项目，按法定收费标准下限的50%收取矿产资源补偿费、规划许可收费（工程定点、放线费等）、征地拆迁收费、施工许可证收费（产权登记费）；按法定收费标准下限的30%收取城市基础设施配套费、防洪保安基金、森林植被恢复费、文物勘测费、人防地下室易地统建费；按建安总投资的1.8%收取劳保基金；按1‰收取工程质量监督费；其余未列费用一律免收。

（四）本规定第五条所列投资项目中，固定资产投资在1000万美元或1亿元人民币以上的以及无偿援助项目和非营利社会公益性项目，免收创办过程中的一切行政事业性收费。

（五）投资本规定的五类项目在生产经营过程中的收费，按附件三确定的标准执行。各种服务性收费，按法定收费标准的下限收费，其中与行政事业单位审批有关的服务性收费，不得超过法定标准的30%。

（六）投资第四类项目的规费按第一类项目的标准执行；投资第五类项目，注册登记和财税关系在市本级的，按市本级相应类别项目的标准执行。

（七）本规定附件一、二、三已载明的收费项目，严格按规定执行。暂未列出，但国家和省仍在执行的法定收费项目以及今后国家和省新颁布的收费项目，须报市物价部门审核发证并经市办事服务中心审查（备案）后，按规定标准的最下限标准执行。此外，任何单位不得以任何理由追缴任何费用。

第十三条　鼓励技术创新，推行品牌激励。

（一）对获得国家技术创新项目、国家中小企业创新基金项目、国家级新产品项目奖励的企业，市财政一次性奖励10万元。获得此类省级奖励的，市财政一次性奖励5万元。

（二）对新获中国驰名商标、中国名牌产品、国家质量奖和中国建筑工程鲁班奖的企业，获奖当年由市财政奖励10万元；获得省级著名商标、名牌产品、质量管理奖的，奖励5万元；获娄底市名牌产品的奖励1万元。

（三）同一企业相同类别的以上奖项，以最高级别的一个奖项为准，不重复累计奖励。同一企业同一品牌不同产品符合本条奖励要求的，只奖励一个产品的相应奖项，不重复计算奖励。

第十四条　鼓励企业成长，支持做大做强。

（一）对当年上缴地方税收（指本级财政所得部分）比上年增长达20%以上（含20%）且总额在100万元（含100万元）以上的民营企业，按当年上缴地方税收的5%予以奖励。

（二）企业新增投资扩大生产规模，新增投资金额达到本规定第五条所列要求的，按照相应项目类别的新初投资奖励标准执行奖励。

（三）按本规定第十条或本条的第（一）（二）款都可获得奖励的项目与企业，以最高一项奖励为准，不重复累计奖励。

第十五条　投资服务奖励政策。

（一）市属企业改制服务奖励：

招商改制成功的，以产权交易专用账户到位资金的0.1%予以奖励。

（二）乡（镇、街道办事处）服务奖励：

当年新注册的民营企业（采掘业项目除外）所产生的本年度地方税收减去税收征收成本和奖励企业

部分后，剩余的市本级财政部分，市、乡（镇、街道办事处）二级对半分成；乡（镇、街道办事处）可提50%作为奖励经费。

（三）对为新初投资（企业改制招商除外）做出贡献的单位和个人予以奖励：

本奖项以项目为单位奖励，对引进境外资金折合人民币100万元（市外境内资金折合境外资金的80%计奖，市内资金折合境外资金的50%计奖）以上的按下列标准奖励：

1．引进资金投资第一、二、四类项目和重点项目的，按实际投入固定资产总额的0.5%奖励。

2．引进资金投资第三类项目的，按实际投入固定资产总额的0.3%奖励。

3．引进资金投资第五类项目，注册登记和财税关系在市本级的，按本市相应类别项目的标准奖励。

4．本奖项受奖人必须在企业建成投产或项目竣工之后方可获得奖励。

5．申报奖励先由市招商引资局汇总审核，提出奖励方案报市人民政府批准，在市级新闻媒体公示15天，方可确认。

6．市有关部门、单位面向市内外公开招投标引进资金及争取上级财政资金投资我市有关项目，不按本奖励标准执行。

第十六条　对本市经济社会发展有重大影响的重点项目、世界500强企业或中国100强企业、中外驰名品牌落户我市生产经营的，可一事一议，实行个案奖励。

第十七条　建立投资奖励机制，由市财政每年预算200万元，用于奖励为招商引资与发展民营经济做出贡献的组织与个人。

第十八条　城区污染企业或因城市规划需要而退城进郊的企业与项目，由市人民政府另行制定处置办法。

第十九条　进入经济技术开发区的项目，按经济技术开发区的鼓励办法执行。

第四章　附　则

第二十条　市人民政府依据国家税费政策的变化情况，适时对本规定作相应调整。

第二十一条　本规定自公布之日起实行，以前的有关鼓励办法与本规定不一致的，以本规定为准。

第二十二条　本规定授权市人民政府办事服务中心负责解释。

中共冷水江市委
关于对接融入长株潭“两型”社会建设
加快推进“一转三化”战略的决定

（2009年12月28日）

实施“一转三化”战略（即深化转型工程，全力推进产业规模化、城市生态化、城乡一体化），是市委、市政府对接省委“一化三基”战略、长株潭“两型”（即资源节约型和环境友好型）社会和“3+5”城市群建设的总体部署，立足资源型城市的客观实际、谋求科学跨越发展所作出的一项重大抉择。为确保战略顺利实施，特作本决定。

一、对接融入长株潭“两型”社会建设，加快推进“一转三化”战略的重要性和紧迫性

（一）对接融入长株潭“两型”社会建设是冷水江跨越发展的重大历史性机遇。长株潭城市群“两型”

社会建设综合配套改革试验和“3+5”城市群建设是国家和省重大发展战略部署。冷水江是全省乃至中南地区重要的能源原材料基地，是全国44个资源枯竭城市之一，是“3+5”城市群中长株潭地区以外率先进入全省经济10强的县市，主动对接和全面融入长株潭城市群“两型”社会建设，积极参与其资金、技术、人才、信息、市场等要素配置和产业分工，必将赢得新的巨大的发展契机，对于我们加快产业结构调整、转变经济发展方式、破解要素制约难题、探索资源型城市转型出路具有重要的指导意义。

（二）实施“一转三化”战略是“两型”社会建设在冷水江的具体实践，是冷水江发展的“两型”化。“一转三化”战略是市委、市政府在学习实践科学发展观的过程中提出并确立的。“转型”是现实途径，“三化”是目标方向。通过“一转三化”战略的全面实施，努力实现产业结构由资源主导向多轮驱动转型，市域经济由单纯的规模扩张向质量、数量和效益并重转型，发展模式由“拼资源、拼能耗、拼环境”向“重创新、重节能、重环保”转型，走出一条具有冷水江特色的“两型”发展道路。

（三）对接融入长株潭“两型”社会建设，加快推进“一转三化”战略是冷水江人民的幸福工程。实施“一转三化”战略，将更加注重提升经济增长的质量，更加注重解决环境污染等热点问题，更加注重城市建设和城乡基础设施建设，促进城市向宜居化、园林化、生态化发展，有效提升人民群众的生活水平、健康指数和幸福指数。

二、对接融入长株潭“两型”社会建设，加快推进“一转三化”战略的指导思想、基本原则和奋斗目标

（一）指导思想

坚持以科学发展观统领全局，坚持以对接融入长株潭、推进“一转三化”为主战略，坚持以建设开放文明、殷实和谐、生态宜居的新锑都为目标，坚持政府推动、市场引导、加快融入、主动接轨、发挥优势、促进双赢的总体思路，推动我市与长株潭地区实现全方位无缝对接，全面推进经济社会跨越式发展，着力打造全国资源型城市可持续发展的试验区、湖南省推进新型工业化的示范区、山水生态城市建设的样板区、消除城乡二元结构的先行区，实现锑都全面崛起。

（二）基本原则

坚持科学发展、开放发展；坚持全面对接、全面融入；坚持先行先试、敢闯敢试；坚持基础优先、民生优先；坚持生态共建、文明共创；坚持政府主导、市场引导。

（三）奋斗目标

总体目标（2010—2020年）：市内生产总值年均增长14%左右，地方财政一般预算收入年均增长18%左右，万元增加值能耗每年下降5%，主要污染物排放量总量每年减少5%。到2020年，全市产业结构明显优化，发展方式有效转变，经济社会顺利转型，生态环境显著改善，城乡居民幸福指数大幅提升，着力打造“一城两中心三基地”（山水园林生态工业新城，地区商贸物流中心和区域性金融中心，重要能源原材料基地、现代冶金化工建材生产和技术研发基地、特色农产品生产加工基地），把冷水江建设成湖南中西部重要的区域性中心城市。

近期目标（2010—2012年）：按“两型”要求编制新的规划和实施细则，全面启动相关综合配套措施，初步建立支撑“一转三化”战略发展的政策法规、体制机制和基础设施框架体系，城东新行政中心和新区主干路网基本完成，交通基础设施和城市面貌有效改善，建成省级文明卫生城市，初步形成开明开放、宜居宜业、东向对接融入长株潭、西向辐射带动周边县市协调发展的区域经济一体化格局。

中期目标（2013—2015年）：纵深推进“两型”社会建设和“一转三化”的相关综合配套措施，在资源节约、环境友好、产业优化、科技创新和土地管理等方面取得显著成效，科技进步对经济发展的贡献率大幅提升，完成生态城建设和重点环保问题治理，加快生态恢复和城市园林绿化建设，创建省级园林城市。城市经济更加繁荣，交通瓶颈有效打破，区域性经济、文化、信息、物流、金融中心的地位进一步凸显。

远期目标（2016—2020年）：按照绿色、生态、健康、休闲的特点，完成经济、社会、文化、生态转型和“两型”社会建设的总体目标任务，符合“两型”社会要求的产业结构、发展方式、体制机制得到巩固和发展，人民群众生活水平、幸福指数、健康指数大幅提升，生态环境全面改善，创建国家级园林城市和文明卫生城市，把冷水江建设成特色鲜明、布局合理、功能完善、环境优美的山水园林生态工业新城。

三、对接融入长株潭“两型”社会建设，加快推进“一转三化”战略的工作重点

（一）以新型工业化为龙头，引导工业产业向规模化、集聚化、集约化发展，着力打造现代冶金化工建材生产和技术研发基地。深入研究国家产业发展政策，瞄准长株潭的主导产业和发展战略，着眼于产业互补、协作、对接，构筑符合“两型”要求的新型工业体系。优化工业产业布局，引导工业企业向“一区多园”（即经济开发区、禾青煤化与建材工业园、有色冶金工业园、钢铁制造工业园）集中，打造百亿产业、百亿园区。优化工业产业结构，壮大钢铁、有色、煤电、煤化、建材五大产业集群，加快信息技术对传统工业的改造提升，大力开展对锑、煤、铁及其工业产品的深加工技术研发，延伸、补齐、拉长产业链条，发展下游产业和先进制造业，促进传统产业高新化、高新技术产业化。积极培育木纤维制品、生物医药、新材料等新兴接续替代产业，做大民营经济，促进工业产业结构由资源主导向多元结构转型。

（二）以现代服务业为重点，大力发展和提升三产业，着力打造地区商贸物流中心和区域性金融信息中心。完善商业网点规划，积极加快商业网点结构调整和布局优化，合理规划商业网点数量、规模、档次和业态。加快物流基础设施和物流公共信息平台建设，发展特色物流、商贸物流及第三方物流，重点发展锑冶炼及深加工产品、钢铁加工产品、电子五金、建材、服装、特色农产品等专业交易市场，打造湘中商贸集散和现代物流中心。积极发展科技、信息、咨询服务，加快发展现代金融、保险、证券行业，创新金融产品和服务方式，构建完善的金融市场体系，创建国家级金融安全区。引导湘中地区人流、物流、资金流、信息流向冷水江集中。依托丰富的历史人文和山水生态资源，完善旅游基础设施，建设一批行、游、购、娱、住的高档品牌名店，重点加快波月洞——大乘山AAAA景区和市区五星级酒店建设，做优“世界锑都”、矿山文化、傩文化等独具特色的地域文化品牌，融入湖湘大旅游圈，繁荣休闲、旅游、文化、消费市场。

（三）大力推进社会主义新农村建设，积极发展现代农业，着力打造湘中特色农产品生产加工基地。坚持用工业化、城镇化的理念抓“三农”，在发展工业中做强农业、在建设城镇中繁荣农村、在减少农民中富裕农民，促进农业持续增效，农民持续增收，农村持续发展。按照“生态化、标准化、品牌化”要求，大力发展生态农业、特色农业、高效农业。创新农业发展思路，积极发展休闲农业、观光农业等新型农业。扎实推进农村土地综合整治，创新农村土地流转机制，深化集体林权制度改革，完善农村服务体系，促进农业规模集约经营。重点抓好中药材、特色水果、油茶林、水产养殖、无公害蔬菜基地建设和无公害养殖小区建设。大力扶持农产品深加工，壮大龙头企业，培育知名品牌，实现农业规模化、集约化、特色化发展。

（四）全面加强环境保护，以宜居化、园林化、生态化为目标，着力打造绿色环保生态城市。

优化生态布局，构筑城市绿色防护圈。立足城市依山傍水的特点，以建设生态城市为目标，按照生态功能的要求，2015年初步形成以“一廊二圈”为主体的城市生态新布局，实现经济、社会、环境协调发展。“一廊”即资江生态走廊，改善资江主干和柳溪、球溪、涟溪等支流水质，加快建设资江两岸风光带，搞好沿江大道和两岸山头的绿化、美化、休闲化；“二圈”即城市核心防护圈和城郊生态防护圈，以红日岭、波月洞、美女山、罗家山、布溪青山、滨江公园等城区山坡、绿地为依托，加快城市公园建设，构建城市生态绿心（核心圈），加快锡矿山地区和其他矿山地区生态治理和植被恢复，连接紫云峰、龙盘山、大乘山、祖师岭，开展封山育林、荒山造林，提高全市森林覆盖率；同时，积极开展“绿色社区、绿色学校、绿色企业、绿色村庄、绿色公路”的创建活动，提高城市绿化率和绿化覆盖率，不断增加人均绿地面积。

发展生态循环经济，着力打造绿色GDP。坚持经济发展和生态环境建设并举，努力实现经济效益和环境效益的统一。严格环境准入，突出重点区域重点污染源治理。所有建设项目按照“有所为有所不为”的原则，严格落实环保标准，坚决杜绝引进高污染、高能耗项目，加强大气污染防治，加强火电、锑冶炼、钢铁、水泥等行业企业脱硫、除尘治理，加强饮用水安全保障，强化工业废水排放监管，加强对资江、柳溪、球溪、涟溪等水体保护，对城区污染企业实施搬迁改造、退城进郊，决不因经济发展而付出环境代价。强化节能减排，加快低碳城市建设。严格落实重点用能单位目标责任，强制淘汰明显高于同行业能耗标准的企业、产品和落后产能，加快发展清洁能源，综合利用共伴生资源、尾矿、工业废水、废气和冶炼废渣，大力发展循环经济。加强电力、冶炼、钢铁、水泥、建筑、交通等重点行业、重点企业的节能工作，提高能源高效节约利用水平，创建一批环保示范企业，积极倡导低碳理念，推行低碳方式和生活方式。

推进全民环保行动，倡导绿色消费理念。积极培育和引导节约和环保的社会价值观念，使“健康生活、文明生产、绿色消费”理念日益深入人心。把生态城市建设与“园林城市”“绿化城市”“文明卫生城市”等创建活动有机结合，广泛开展多层次、多形式的宣传教育活动，充分调动全市人民共建共护生态环境的积极性和创造性。

（五）全力推进城市建设和城市管理，繁荣城市经济，着力打造开放文明精品城市。对接长株潭“3+5”城市群建设，把城市建设摆在更加突出的位置，做到高起点规划，大手笔投入，高标准建设，精细化管理。

加大城市投入，完善城市功能。加强市政基础设施建设，加大城市重点基础设施的投入，着力抓好城市道路、大型停车场、管网下地、环卫绿化和水、电、气、通信等市政基础设施建设，促进城市功能不断完善。推进城市公共配套服务设施建设，抓好城市公共交通、学校、医院、农贸市场、休闲广场、文体设施等配套服务设施建设，不断提升城市综合承载能力，为市民提供一个设施齐全、功能完善、环境优美的良好生活空间。加快棚户区改造步伐，整体提升城市形象。加强城市管理，提升城市品位，提高城市管理的现代化水平，全面规范城市秩序，积极打造城市文化，着力提升市民素质和环境质量水平，大力实施“净化、亮化、绿化、美化”工程，塑造环境优美、文明开放、和谐包容的城市形象。2012年，建成“省级文明卫生城市”，到2015年建成“省级园林城市”，到2020年，建成“国家级园林城市、文明卫生城市”。

加强城市经营，壮大城市产业。不断创新城市经营理念，加强政府对城市土地一级市场的控制和管理，实现土地利用的集约化和土地效益的最大化。加强与政策性银行的沟通，拓宽筹融资渠道，盘活城市资源，有效带动城市的连片开发和整体发展，拉大城市框架。支持城市产业扩张，坚持政府主导，市场运作，做大做优城市经济，重点发展现代服务和现代物流，扶植推动科技信息服务、建筑房地产、商贸旅游、酒店会展、文化影视、金融保险等形成品牌产业，加快构筑现代城市产业体系。

加快城市东扩，拓展城市空间。加强城市规划，完善和优化城镇总体布局，形成以S312线沿线和资江沿岸两侧城镇分布密集区为核心带，以周边区域为辐射区的城市空间格局，实行“东扩南跨西延”（东部建设新的行政中心和经济开发区，南部沿资江风光带向禾青组团跨越，西部向中连诚意延伸）。重点抓好“三个10平方千米”建设。举全市之力，用非常之策，加快城东生态城建设步伐，2012年完成行政中心搬迁和新区主干路网、公用基础设施建设，2015年初步建成生态新城。同步推进现有建成区改造和经济开发区发展步伐。2015年中心城区面积达25平方千米，2020年中心城区面积达35平方千米，城市人口达35万人。2030年中心城区面积达50平方千米，城市人口达50万人，将冷水江建设成为湘中重要的区域性中心城市。

（六）以开放、便捷、通畅为目标，加快大交通网络建设，着力打造交通运输畅安城市。重点依托娄怀高速、沪昆高铁，近期加快火车东站扩能改造步伐，争取立项实施资江二桥、冷邵铁路、娄新高速湍江互通与沪昆高铁坪上站连接线，构筑主体交通网络。疏浚资水（冷水江段），开辟冷水江—益阳航道，融入全省水路干航网络。加快建设与高速公路、高速铁路、重要工业园区、旅游区的连接线，创造条件打通北向交通瓶颈，构筑东至长株潭、南至邵阳、西至怀化、北至益阳的“一个半小时交通经济圈”。以市内“四横四纵”交通网络为重点（“四横”即省道312线、县道040线、毛渣公路、冷戴公路，“四纵”即布禾公路、省道312线冷水江绕城公路、省道312线军诚路、铎矿公路），以乡村公路为基础，全面提升路网等级，完善市内“半小时快速通勤圈”。

（七）坚持以城带乡、城乡互动，大力推进城乡一体化，着力打造全省消除城乡二元结构的先行区。坚持“工业反哺农业、城市支持农村”和“多予少取放活”的方针，树立城乡发展新理念，积极构建城乡发展规划、产业布局、基础设施、公共服务、劳动就业和社会管理一体化新格局。以新型工业化带动农业现代化，推动城乡资源要素合理流动，促进城乡经济互补融合、协调发展、共同繁荣；加快农村基础设施建设，建立城乡一体、互通共享的水、电、路、信网络体系；合理开发、利用、保护农村自然资源，改善城乡生态环境、培育生态文明，建立和完善城乡环境保护和生态建设一体化体系，逐步缩小城乡生存环境的差距；实现城乡同工同酬，建立以社会保险、社会救助、社会福利为基础，以基本养老、基本医疗、基本生活保障制度为重点，以慈善事业、商业保险为补充的城乡一体社会保障机制；统筹发展城乡社会事业，进一步扩大城乡教育、医疗、卫生、文化、信息资源共享工程覆盖面，改善农民生活条件。到2015年，城镇化率达到80%，到2020年，城镇化率达到90%。

四、对接融入长株潭“两型”社会建设，加快推进“一转三化”战略的保障措施

（一）抓思想对接，促文化融合。对接长株潭，融入“3+5”，思想观念必须首先融合。必须牢固树立发展为先、改革为要、实干为重的指导思想，牢固树立抢抓机遇、敢担责任、勇于创新的思想观念，始终保持奋发进取、永不停滞、敢于争先的精神状态，以思想观念的大转变促进发展的新跨越。定期组织干部赴长株潭考察学习、挂职锻炼，广泛邀请长株潭有关部门、科研院校、知名企业到我市考察指导，加强交流。加强部门间、企业间、校企间的交流合作，促进商会、协会等民间交往。

（二）抓规划对接，促体系配套。把对接长株潭、推进“一转三化”战略作为制定“十二五”规划的主导思想，加快调整完善市域城镇体系规划和城市建设总体规划；积极编制以工业、现代服务、生态农业、金融信息、商贸物流为主要内容的产业发展规划和以交通、水利、供电、电信为主要内容的基础设施建设等各项专业规划，力求在规划理念、产业发展、基础设施、市场流通、生态环境、科教文化、和谐社会等方面与长株潭地区相配套，实现无缝对接。

（三）抓项目对接，促产业壮大。项目建设是对接长株潭、推进“一转三化”战略的重要抓手。着力加大在建项目的组织实施和推进力度，全力抓好签约项目开工建设。对牵动性强的重大项目，实行市委、市政府重点指导，分工负责，一抓到底，确保项目顺利实施。切实抓好项目储备工作，根据长株潭产业结构特点和发展趋势，有针对性地研发、储备、对接、引进一批重大项目。

（四）抓资源对接，促招商引资。充分发挥我市资源能源优势，完善我市作为重要能源原材料基地的功能定位，积极编制一批招商项目，面向长株潭地区全方位开展招商活动，实现资源与资本对接。吸引长株潭地区产业梯度转移和资金、技术、人才的流入，以招商引资落实项目和资金，加速我市和长株潭经济圈的融入。加强与长株潭大企业集团的攀亲联姻以及工商联、贸促会和各类商务组织的联系，建立良好的合作关系。

（五）抓平台对接，促园区发展。按照“两型”社会建设的要求和标准，搞好经济开发区发展规划调整和产业定位，创建省级高新技术开发区。进一步完善开发区管理体制，建立开发区建设发展引导资金，开发区财政收入中每年安排30%以上的比例用于园区基础设施建设，并确保投入的资金逐年增加。市财政每年筹集 1000 万元专项用于开发区基础设施建设。着力完善园区功能，优化园区环境，搞活管理机制，把经济开发区建成我市对外开放的重要窗口、市域经济的增长极、推进“一转三化”战略的重要行进基地。

（六）抓体制对接，促环境优化。坚持为我所用，用足用活政策，坚持先行先试，利用省直管县财政管理体制改革和扩权强县等机遇，大胆探索财税、金融、土地等各项改革，尽力在体制上、政策上、环境上与长株潭打造统一平台，为推进 “一转三化”战略创造更加宽松的体制和政策环境。大力推进政府机构改革，加快政府职能转变，加强政府效能建设和信用建设，不断提高政府依法行政能力和服务水平。积极稳妥推进乡镇机构改革，探索建立农村工作新机制。加强政府办事服务中心建设，推进行政审批制度改革，推行“一站式”服务，进一步改善要素供给，降低商务成本；加强社会治安综合治理，严厉打击各种侵企行为和干扰经济社会秩序行为，为经济发展创造良好的政务环境和法制环境。

（七）抓人才对接，促技术合作。人才、技术是经济发展的重要元素，必须把实施人才战略和推进科技创新作为对接长株潭、推进“一转三化”战略的一项重要的基础性工程来抓。着重加强党政干部、企业家、专业技术人才 3 支队伍建设，迅速建立起与推进“一转三化”相适应的选人、进人、育人、用人、留人机制，进一步扩大用人单位自主权，对急需的专业技术人才和一些领域的特殊科技人才，可放宽编制，优先录聘。有计划地组织党政干部、企业经营管理者和后备人才到长株潭地区考察学习或挂职锻炼。充分利用长株潭地区高等教育资源优势，每年选拔一批具有中级专业技术职称的经营管理人才和科技带头人到长株潭地区有关科研院校深造、进修。

（八）抓金融对接，促资本流通。拓宽投融资渠道，整合投融资平台，培育多层次的金融市场。积极支持企业上市融资。创新抵押担保方式，探索农村集体建设用地使用权、林权抵押融资。放宽民营资本投资领域，鼓励社会资本参与生态环保和社会公共事业建设。完善金融市场体系。健全中小企业融资担保体系，建立以企业资金为主，财政资金为补充，社会资金、外资共同参与的金融担保机构和商业担保机构。培育发展村镇银行、小额贷款公司、农村资金互助社等新型农村金融机构。促进保险业和期货业健康发展。

五、加强对接融入长株潭“两型”社会建设，加快推进“一转三化”战略的组织领导

（一）成立机构，加强领导。市委、市政府成立对接长株潭、推进“一转三化”领导小组（“两型”社会建设领导协调小组），由市委书记任组长，市长任第一副组长，市人大常委会主任、市政协主席任顾问，市委、市政府相关负责人为副组长，各有关乡镇办和市直有关部门主要负责人为成员。领导小组下设办公室（设市发展和改革局），抽调专人集中办公，具体负责联络、协调等日常工作。设立驻长株潭办事机构，加强与省直部门经常联系与沟通。

（二）明确任务，落实责任。市政府要制订出台对接长株潭、推进“一转三化”战略的实施细则，每年确定对接长株潭、推进“一转三化”战略的年度工作目标任务，根据各单位的工作职能和职责范围，进行分解落实，并建立目标责任机制，对每项重点工作明确责任领导、责任单位和协作单位，做到人人有事干、事事有人抓，确保各项工作落到实处。

（三）强化督查，严格奖惩。市委、市政府对“一转三化”战略的阶段性和年度工作目标任务，实行每季一调度、半年一检查、每年一考评。对成绩优异的，给予表彰奖励，做出突出贡献的，予以提拔重用；对工作不作为、任务完成不佳、成效不明显的，不评先、不评优、不重用；对影响和阻碍“一转三化”战略实施的人和事，坚决严肃查处，绝不姑息迁就。

全市上下要高度统一思想，充分认识对接融入长株潭“两型”社会建设，加快推进“一转三化”战略的重要意义，把智慧和力量凝聚到市委的决策和部署上来，树立“大开放、大对接、大融入、大发展”的理念，不断开创我市改革发展的新局面，努力建设开放、文明、殷实、和谐的新锑都。

二、艺文选录

（一）文

三云岛记

□陈治安[1]

新邑环山而治者也。过花桥[2]北去县七十里，三岛并峙，大可数亩，异石参差，苍古耸秀，望之，如有云婆娑其上。予初入县，过而骇之，问居民，无以名也，曰地则岩口耳。

予总字之曰三云岛。分其北一岛曰起云[3]，有民苏氏居焉，不得胜处。得其胜处而亭焉，榭焉，精舍焉，人世之蓬莱也。其中一岛曰屯云[4]，众石位置各中，肯款环聚之中并有平土，即平土而亭焉，榭焉，朱栏碧槛焉，篱落而松竹焉，蓬莱之最胜也。其南一岛曰回云[5]，众石耸峭，外更回环，倚山临溪，设有茅舍，奈荒陋何。易荒陋而栏焉，槛焉，石桥焉，垂杨焉，蓬莱之亚旅也。

天下所称名胜，峨眉，武彝（夷）、石梁、雁宕（荡），余未到，不敢妄定。若目所经见，飞来、燕子、虎丘、赤壁，饶点缀耳，境不能过三云岛也。三岛芜蔽于蛮天[6]，既不入名贤山水之乐，及宋熙宁开通之日，欧、苏、曾、王、秦、黄诸君子俱在，足迹曾不入其地，而兹地缙绅先生，又因去县稍远，概与群山置之不辨，可胜惜哉！度予力不能为之开大点缀，窃敢自许为先识，以俟后之同志者。

注释：①陈治安（生卒年不详），字尔道，会稽人，明天启四年至六年（1624—1626）任新化知县，赴任时经花桥进入冷水江，发现了三云岛，后多次来岩口考察，写下《三云岛记》。明天启五年（1625）农历七月十七日至七月二十二日入波月洞祈雨，以抗旱魔，写下《芙蓉洞记》。②花桥：铎山镇花桥村。③起云岛：铎山镇石柱寨。④屯云岛：岩口镇钟鼓岭。⑤回云岛：岩口镇杨梅岭。⑥蛮天：梅山蛮盘踞的地方。

《三云岛记》浅释

□苏业江

古代来过冷水江的名人有章惇、郭祥正、陈治安等，他们或以诗颂之，或以文记之，犹以陈治安《三云岛记》对冷水江山水情有独钟，现将《三云岛记》浅释于下。

新化县四周被群山包围着，县衙在中间。经过花桥往北走，离县城七十里，三座山峰像三个岛屿并列对峙，远望有数亩大，怪异的石头参差不齐，苍翠古老的大树高高耸立，格外的毓秀，远远望去，云蒸雾罩，混混沌沌盖在上面。我初任新化县令经过这里，被这三座山的景物惊呆了，问当地的老百姓，说不出山的名字来，只说这个地方是岩口罢了。

我把这三座山统称为三云岛。分说之，北边的那个岛称为起云岛，有苏姓聚居在那里，院落不是建在风景最优美的地方。如果在风景最优美的山上和水上建亭，再建一些像样的房子，那么，起云岛就是人世间的蓬莱仙岛了。中间的那个岛称为屯云岛，各石山的位置对称均匀，恰到好处地缓缓环聚着中间一片平阳地。如果在平阳地隆起的地方和蓄满水的洼地建一些亭榭，用红色和绿色的栏杆把它们连接起来，在那里插上篱笆，植上苍松和翠竹，那么，屯云岛就是蓬莱仙岛最优美的去处了。南边的那个岛称为回云岛，那里石崖壁立高耸，外形包抄回环，依山傍水建了一些茅屋，无奈这里荒凉简陋极了。如果把这些荒陋的地方改造一下，修一座石桥，建些栏杆之类的遮拦物，溪边植上杨柳，也就成了蓬莱仙岛第二个优美而可供歇脚的地方了。

全国被称为名胜的有峨眉山、武夷山、石梁山、雁荡山，这些地方我没到过，不敢妄加评说。如果把三云岛同我亲自去过亲眼见过的飞来、燕子、虎丘、赤壁等名胜相比，那些地方更多的是人力加工点缀罢了，优美的环境也没能超出三云岛。三云岛在梅山蛮天被荒凉芜蔽多少年不为人知晓，没能吸引达官贵人、文人骚客来这里享受山水之乐，并记在他们的诗文中，乃至北宋熙宁五年（1072）才把这里开通。欧阳修、苏轼、曾巩、王安石、秦观、黄庭坚等诸君子虽然都在世，他们游历了许多地方却没能涉足梅山蛮天这么优美的三云岛，而本地的士绅和当官的先生们因为这里离县城稍微远了点，一概把这里的山视为旁通的山，不加比较，不被重视，太可惜了啊！考虑我没有力量对这里进行大的开发，只好自以为是第一个认识到三云岛价值的人，写下这篇游记，期盼以后志同道合的有识之士开发这里。

（作者系冷水江市梅山蚩尤文化研究会理事）

小桥流水人家

□谢冰莹

一条清澈见底的小溪，终年潺潺地环绕着村庄。溪的两边，种着几棵垂柳，那长长的柔软的柳枝，随风飘动着。婀娜的舞姿，是那么美，那么自然。有两三枝特别长的，垂在水面上，画着粼粼的波纹。当水鸟站在它的腰上歌唱时，流水也唱和着，发出悦耳的声音。

天旱的时候，这条小溪就会干涸。村民平时靠它来灌溉田园，清洗衣物，点缀风景。有时，它只有细细的流泉，从石头缝里穿过。我和一群六七岁的小朋友，最喜欢扒开石头，寻找小鱼、小虾、小螃蟹。我们并不是捉来吃，而是养在玻璃瓶里玩儿。

一条小小的木桥，横跨在溪上。我喜欢过桥，更高兴把采来的野花丢在桥下，让流水把它们送到远方。

我的家离小桥很近，走路五六分钟就到了。沿着溪岸向东行，还有一座长石桥，那是通到茶山去的。我曾经随着采花女上山摘过茶叶，我喜欢欣赏茶树下面紫色的野花和黄色野菌。至今一看到茶树，脑海里立刻会浮现出当时的情景来。

我爱我的老家，那是我出生的地方。我家只有几间矮小的平房，我出生的那间卧室，光线很暗，地面潮湿，但我非常爱它。父亲的书房就在前面，我可以天天去玩。那是一座空气流通、阳光充足、有东南两面大窗的漂亮房子。清晨，可以看见太阳从后山上的树丛里钻出来。夏天，凉爽的清风从南窗里吹进来，太舒服了！更美的是，我由东窗可以望到那条小溪和小桥，还有那几株依依多情的杨柳。

故乡大多数居民姓谢。村庄有大有小，大的有五六十户人家，小的只有三四家。大家过着“日出而作，日入而息”“守望相助”的太平生活。那段日子，深深地印在我的脑海中。那些美好的印象，我一辈子也不会忘记。

（作者系著名作家）

惊喜故乡行

□段跃中

我应邀回湖南参加世界华商领袖峰会和第七届中部博览会，随后，又应冷水江市外事侨务办的盛情相邀，回到故乡冷水江市进行考察。在冷水江的时间只有十几个小时，但正是在这短短的十几个小时里，我看到了一个焕然一新的冷水江，一个让人刮目相看的冷水江，一个翻天覆地的冷水江。

我从长沙乘车前往冷水江，进入冷水江时已是深夜了，这是我时隔十年再次回到故乡。老实说，以前每次回去，总是担心路难行、空气质量不好、环境污染严重。没想到，刚刚进入市郊，道路规整了，灯火辉煌了，心中顿时有了一阵惊喜和遐想。缕缕清新的空气迎面而来，在流彩的霓虹灯下，我享受着故乡这惬意的夜晚，不知不觉汽车便将我送到了博尼尔大酒店。

清晨醒来，隔着酒店十四楼的玻璃窗往外看，我更加惊讶了：一个偌大的公园呈现在眼前。公园里，有人在翩翩起舞，有人在放声高歌，还有人悠然自得打陀螺。我记得，这里曾是一个浅水湾，沙滩上堆着很多垃圾，而且很不安全，很少有人涉足。在它下游不远处，是一个码头，38年前，我曾经数次随生产队的男劳力将老家的沙子运到这里，然后一担一担地挑到建筑工地上。现在怎么就连成了一片，变成公园了呢？而与公园紧紧相依的是浪石滩水电站，她就像一个美丽的蝴蝶结，小巧而又精致。我由此想到，经营城市就好比作画，要善于留白，善于点睛。眼前的公园无疑是冷水江城市建设中颇具匠心的留白，很有韵味的点睛之笔！

在接下来的参观考察中，惊喜更是接踵而来。金鹰服饰、三A化工、百加一集团、天宝紧固件，一个个管理先进、环境优美的企业显示出了勃勃生机。而管理者理念之先进，就连我这个久居异国他乡的游子也不得不伸出大拇指。陪同考察的市领导告诉我，这些年，冷水江在市委书记刘小龙、市长何志光的带领下，着力调整产业结构、转变发展方式、治理环境污染，终于焕发了新的活力。新行政中心的建设，更使冷水江的城市品位得到了大步提升。

36年前我离开故乡时，冷水江只有资氮、金竹山电厂、锡矿山矿务局、金竹山煤矿等几家国有大中型企业，那是以牺牲环境来换取经济效益的。冷水江最高的建筑是五一饭店。从我老家禾青炉竹去冷水江，要坐一个多小时的机帆船。而要从冷水江城过河，无论是人还是车，都只能靠轮渡。如今，不但老企业焕发了新春，一批环保型民营企业也茁壮成长起来；不但城里一栋栋“电梯房”拔地而起，老家也建起了一栋栋小楼；不但有了冷江大桥，浪石滩水电站也成了一道耀眼的风景。旅居日本20多年，我能深切感知发达国家的优势在哪里，那不是简单的经济数据叠加，也不是简单的产品性能优良，而是一种深入骨髓的民本意识的树立，有了这种意识，政府决策时就会慎重得多。从这点上说，冷水江在“走向世界”的征途上迈出了坚实的一步。

一种职业敏感，再加上一份浓浓的乡情，促使我将看到的一切以微博的方式告诉了世界。许多没有到过冷水江的朋友，通过我的实况报道，感受到了冷水江的发展变化，看到了一个资源型城市转型路上的美丽倩影。同时也让我情不自禁地想起了毛泽东的《到韶山》，因此不揣浅陋，留下我的《到冷水江》：别梦依稀咒逝川，故园三十六年前。只身写就北上路，赤手闯出东瀛天。改革开放多壮志，敢教冷江换新颜。喜听资水唱欢歌，锑都儿女下夕烟。

衷心祝福生我养我的故乡更加繁荣，我也愿意为冷水江的更大发展贡献微薄的力量。

（作者系日本侨报出版社总编）

冷水江四绝

□李新吾

冷水江是一块风光宝地，她山青，水秀，石美，洞奇，堪称“四绝”。

冷水江最著名的是世界锑都锡矿山，最美的，则要数大乘山，大乘山得名于“大乘佛法”。冷水江属古梅山峒，据传北宋神宗经过梅山，置县新安两化之后，为教化梅山蛮民，钦点“菩萨乘”高僧广福禅师率徒众来此建寺传道。在东来佛法五乘中，菩萨乘属大乘，广福禅师便将寺后青山命名为“大乘山”，以彰其功。此山南北走向，方圆十数里。沿邵冷公路驱车北上，跨石槽，傍敖江，于十里竹屏中一路两山排闼，柳暗花明处，展开了一幅小桥流水人家的横轴——这就是广福寺遗址。

入得山门，抬头仰望，满目全是色彩的世界。山体陡拔，逶迤展开，叠嶂层峦，直插白云，植被依等高线附峦环绕，层次分明。山脚是阔叶杂木，乔梓香楠密密匝匝，酿出一圈翠绿；山腰是十里竹林，风拂林梢滔滔滚滚，满坡碧青；山头是成片松杉，披针箭叶疏疏朗朗，涂抹层层蓝黛。在这三大条底色之间，山杜鹃大红大紫，山蔷薇五彩缤纷，山涧水银亮如练，山间石紫褐灰青，各种色调任意点染洒泼，泼出了一山无尽的生机。

沿箭竹掩映的山道缓步登山，七步金阶是当年宋将排阵点兵之处，身临其境你会缅怀先人开蛮化野的功绩；寨王庙供奉的是清末本山五位打富济贫的绿林好汉，观其遗容亦可略窥评价历史功过的民心；玉壶阁是两挂相连相叠的瀑布，到此你不得不叹服大自然造型之精巧；飞来石据传是孽龙口含的仙丹，它兀立于山巅，在向你无声地诉说一个美丽的民间故事……接下来是龙阉凼，仙女池，百步龙鳞，乘山宝殿。你走累了，可在南岳圣帝的行宫乘山宝殿里打个中伙；不累，你便再接再厉，跨渡仙桥，攀听松台，经茶花溪，越一线天，登上此行的最后一站祖师岭。

祖师岭是大乘山的最高峰，海拔 1072 米。到了这里，你才真正理解为什么古人说山是“仁者之象”。你极目八方六合，只见天穹近在咫尺，乾坤如棋局，万象入胸来，奇志凌云去。你的心，充溢着从未有过的宽厚和忠恕的情感，人世间的一切睚眦烦恼，均早随风飞散。

但你也不必担心会就此不食人间烟火，因为大乘山还有好水使你留恋。大乘山的水，岂是一个“好”字了得？山间趵突的 108 眼泉，泉泉清冷甘洌；汇成的 72 条溪，溪溪宛转活脱；挂出的 24 道瀑布，条条妖娇明丽、气象万千。三叠瀑似一匹凌空抖拂的素帛，一波三折；衔云瀑却直接银河闸坝，直泻千丈；香炉瀑从葳蕤芳草中跌下，漱玉飞珠；翠竹岩瀑布却如莲蓬当阳迸射，长织彩虹。你一路观赏比对，24 瀑，哪一瀑没特色？摘一片红叶聊寄相思，红叶便把你挑逗勾引，引你寻到烟波浩渺的资江。

资江是湖南省第二大水系，冷水江人的母亲河。千百年来，两岸青山孕育出敖江、球溪、麻溪、柳溪、涟溪及数不清的小河，汩汩地注入资江，形成了麻溪、球溪、沙塘湾和冷水江等天然良港。每到春汛来潮，满河波光帆影、纤歌阵阵。而汛期一过，资江便又恢复了她少女般的娴静。1988 年夏，来自大西洋海岸伊比利亚半岛的几位西班牙朋友，驾一条机船从冷水江码头溯江而上游资江，一路啧啧连声，大拇指翘个不停；几次要下水，都被翻译劝阻，只好坐到船头，哇里哇啦地大唱西班牙情歌。后来船过渣洋滩，见河心有三五顽童戏水，一时玉溅珠飞，他再也忍不住，终于甩掉衣服跳下水，翻爬滚打闹了个痛快淋漓不亦乐乎。

说到美石，冷水江确实得天独厚。冷水江属喀斯特地貌，境内三分之二的地域覆盖着最厚处达一千五百米的石灰岩，经过亿万年风雕雨塑和地下水的溶蚀，形成了许许多多千奇百怪的景致。城郊的岩坝凼和红日岭，处处石壁陡峭，气势恢宏，石柱参天，挺拔俊秀。城区东北，笔架山、仙人桥、三云岛、骆驼峰，一衣带水彼此相连玲珑剔透，其间轻岚缭绕如梦似幻，琼瑶簇拥仙凡相交，一旦身临其境，令你流连忘返。南部的三尖乡境内，有一座巨大的石莲台，莲台上一引颈高歌的大公鸡，守护着一座大理石山。这种大理石，是名贵的紫花玉，整体裸露地表，阳光照映，紫气氤氲，不仅是南大门一景，更是冷水江人一笔巨大的财富。

喀斯特地貌最主要的特征是溶洞。冷水江的地下溶洞，不仅量多，且更为奇绝。其中颇为著名的有岩坝凼的通江洞，潘桥乡的鸿云崖，三尖乡的敖江洞，金竹山乡的杨源洞和渣渡镇的九门洞。通江洞开口于资江石壁腰部，俯瞰河湾吞云吐月；鸿云崖如展翅金鹏，爪攫半座尼庵，四季晨钟暮鼓，梵唱声声；敖江洞口含溪水，背负竹山，清幽深邃；杨源洞却依伴资江河床而生，洞外涛声如鼓，洞内水滴如磬；九门洞一洞九重门，且有干厅水洞之分。干厅一进三重，重重门内石笋如林，水洞有足可行舟的阴河，长达两千多米，上有石挂丫杈的穹顶，中为形如关隘的门户，下是深难测底寒可彻骨的水流，碧水积成一汪小潭，轰然跌出洞门，挂出一幅银幕似的矮瀑，浇灌门外五六百亩良田。

但最为奇绝的，还得数波月洞。波月洞位于城区北郊三公里外的郑家岭下，是一个分上中下三层、成蜘蛛网状结构的岩溶洞群，目前已整理开放两层27个洞厅，长达3000米。此洞熔岩发育完美，堆积类型齐全，其中天棚网状凹槽之深、空心鹅管之长、边石坝体之高，是中外地质专家公认的三大“世界之最”，极富科研和观赏价值。27个洞厅以中间的迷宫为界，前半数洞厅开阔雄伟，景致粗犷壮观；后半部洞厅密集连环，景致妩媚秀丽。你一路游赏，只见步步琼花，处处瑶草，悬柱如林，立画如屏，百兽嬉戏其间，百鸟啁啾其上，使人心荡神摇，目不暇接。更奇特的是，好像牛顿先生的万有引力定律在此失去了效用，你看那石钟乳上，斜干傍枝横生倒长，石藤红蔓缠绕纠结；海石花挤挤密密，仿若微型森林；珊瑚树丫丫杈杈，俨然群鹿聚首；闹海玉龙，口喷“啾啾”银线；成精老蚌，壳吐粒粒珍珠。

到得洞厅深处，则一片洁白晶莹的水晶世界。丈宽的石幔随意悬挂，拂云的玉竹到处丛生，顶上有端含水珠的鹅管如银汉璀璨，脚下是层层的梯田像阡陌纵横。你屏声敛息，叮咚水滴如天仙鸣丝竹，屈指弹去，悠扬馨唱似乐奏编钟。面对如此佳境，你就算见多识广不至于目瞪口呆，但也不得不叹服：怪不得湖南省政协主席刘正叫她“江南神洞！”，怪不得中外地质专家誉其为“世界岩溶博物馆”！更怪不得中央电视台《西游记》剧组来了一次又一次！

省里派专家实地反复考察，将大乘山、波月洞拟定为省级风景名胜区，焉知一日，她不会与黄山、桂林、张家界同享盛誉？ （作者系冷水江市文联原主席）

佛教圣地大乘山

□段正明

找一幅中国地图，围着湖南省画一个圈，在差不多圆心的位置，有一座大乘山，古树参天，林竹葱茏，山泉流响，瀑布飞泻，负氧离子异常丰富，其“龙鳞”石为世界独有。特别是大乘佛教，更令人心驰神往，历经千年沧桑，一直香火不断，大乘山也因此而得名。

以佛教命名之山当然诱人。亲临其境，只见那山气势磅礴，山体宏伟却娇媚。它属雪峰山余脉，形成于距今五亿至七亿年前的前寒武纪，南北走向，绵亘数十里，宛若一条卧龙，尾坠邵阳，爪踞新邵，头枕冷水江市禾青镇，痛饮资江之甘露。

初夏，漫山遍野芽苞鹅黄，新叶嫩绿，杜鹃花红似火，山泉水白如玉，而其间依稀点缀的奇峰怪石，则泛出斑斑青灰深黛。流泉叮咚，如鸣丝竹，松涛林啸，似奏和弦，呢喃燕语，啁啾蝉鸣。

沿着芳草葳蕤的山间石径逦逦前行，一路两山排闼，路转峰回。路侧翠竹丛中，赫然兀立一座银墙青瓦的“寨主公庙”。接下来便是“水晶琼阁”“龟兔竞走”和“卧龙戏水”，一景接一景，让人饱尝眼福。再往上就到了澄碧湖。澄碧湖面积虽然不很大，但湖水澄澈，碧波荡漾，湖水倒映山景，清晰可见。每当波光映照，月色微明，便构成一幅别开生面的画图，真是“湖底有明月，湖上明月浮。水流月不流，月去水还流”。

绕过澄碧湖，我们踏上了龙鳞路。龙鳞路系龙鳞石修筑而成，一级一龙鳞，高达上百级，号称“百步龙鳞”，这里还孕育着一个动人的传说。

很久以前，山上有一巨蟒，目睹善男信女虔诚拜佛，积德向善，深受其感，也想变蟒为龙，呼风唤雨，造福百姓。于是，它常年苦苦操行修炼，历经七七四百九十年，终于得道成龙。一日，它的肉身化为龙石后，即托梦给大乘信徒，嘱咐将其龙石筑路，普度众生，使其早日脱俗，羽化成仙。人们便在山上险要处依梦修建了这条路，惊险壮观，宛如龙蟠大乘。据说这龙鳞还挺有灵气，在伸手不见五指的夜晚，它时不时发出灵光，照亮人们的心灯。

过了“百步龙鳞”，曲径通幽，蜿蜒向上，即可看到古色古香的“观音殿”。观音殿画栋飞檐，庄重肃穆，四周青山环抱，殿内珠光宝气，就像镶嵌在大乘山中的一张明信片。正面墙上，悬挂着我国著名书画家赵文竹绘赠的系列诗画，令人赏心悦目。赵文竹法名仁文，虽未出家，亦不在家，不营世业，唯以书画诗文化世。他以禅者的慈悲之心，把佛陀教诲融汇于作品之中，切事切理，应时应机，形成了独具魅力的禅艺禅风，读后令人心境开朗，忘却尘寰，一切焦虑、忧愁、晦气和邪念都随风飘逝。正如他在一幅诗画中所言：“白天坐，晚间卧，每餐能食两碗多。世态炎凉经历过，得失是非已看破。对的是他，错的是我，争什么？”

一路游来，两旁竹影婆娑，云缠雾绕，蝉鸣于绿叶繁枝之间，蝶飞于茵草芳菲之上，苍松昂首挺拔，灌林疏枝斜形，江南大自然在生态环境中赋予的妙趣，大乘山样样不少。特别是流泉飞瀑随处可见，最长的飞瀑达 72.12 米。绕过“盘古老寨”，可直达山巅的“望云寺”。

望云寺始建于 1500 年前的北魏永平年间。当时，魏帝元恪大兴佛教，信众在大乘山兴建望云寺，以弘扬大乘佛教。同时兴建龙树墓，以纪念已逝去的大乘佛教创始人龙树。公元 845 年即唐会昌五年，因唐帝武宗孝炎笃奉道教，“恶僧尼，下令毁佛”，望云寺与龙树墓均遭破坏。加之历经千年风雨涤荡，现望云寺仅存半截山门和一段石阶，寺内殿宇系后人几经募建而成。

（作者系《冷水江报》原总编）

梅山谣

□邹辛蓝

那个夏天，我独自行走在通往故乡的大山里。

太阳在乌桕叶桐子叶上反着白光，放射出一股莫名的燠热。阳雀子在远处的林子里有一声没一声地叫，蝉在近旁的灌木中嘶嘶哑哑地吼，人便滋生出一股无奈和疲乏，昏昏欲眠。爬了一半的石板坡，我随便找个树荫歇脚，打起盹来。故乡远了。

渐渐地，空气像水波纹一样一波一波地震荡起来。仄耳细听，有一股细若游丝的声音——是山歌，有人在唱山歌！顿时来了精神。故乡又近了。

山头的小径上，远远下来一个四十多岁的汉子，左肩扛一棵刚刚伐下的梓树，右肩扛一根助力的木杈，腰里系着刀鞘。硕大的树冠在地上拖，枝枝叶叶发出沙啦沙啦的响声。山中无人，汉子的眼中也无人，陶醉在自己的情绪里，自顾自地仰脸吼着——

不唱山歌冷清清，唱起山歌起精神。哪只山歌不搭姐哟，山歌无假戏无真，秦始皇兴起到如今……

山歌调儿野性粗犷，火辣辣的情感无遮无拦，尾部突然拉起的高腔震得山也起了回声。

刹那间，我看见阳光串起七彩的光环，蔫乎乎的草叶树叶抖起了精神，蝴蝶翩然起舞，蝉儿噤了声，阳雀子却叫得更欢了。灌木丛里，一只小斑鸠跳来跳去，藤葛下，两颗橙红的凉饭果笑裂了口，沉甸甸的竹海一路笑过来，泛起层层绿波……

汉子肩上的树很湿很重，黑黝黝颧骨突出的脸上汗水涔涔，身上的衬衣绒得似乎一点就破，脚上一双自编的笋壳草鞋。人说人逢喜事才唱歌，汉子的山歌，却更多的是为解除劳作的辛苦寂寞，苦中作乐。随着现代科技的发达，文化娱乐的多元，流传了千年的梅山山歌没有走出山野，但它仍以山里人喜爱的形式顽强存在着，并且口耳相传，流传至今。作为城里人，我仍然很难接受现代时髦的通俗、摇滚中的空虚无聊、歇斯底里和无病呻吟，喜欢清纯得有如惠风流水的山歌。

我曾听过一位在岭上割牛草的大嫂唱过一首忧伤的情歌——

哥哥叽，秤杆插在沙滩上，无根无叶长上天，我们两个再团圆；梽木叶子长大包得四两半斤盐，我们两个再团圆；老鼠子长大犁得淤泥田，我们两个再团圆……

歌中的比兴，委婉的劝谕，以及歌声中透出的凄婉、深沉和无奈，令人心灵久久震颤。

我没有见过爷爷。父亲说，爷爷年轻时是给别人放排、放毛板船的背纤手，也是唱得一口好山歌的快活人。放排、放毛板去益阳、汉口，要经历九九八十一滩、九死一生的苦难，可他们那帮弟兄依旧那么快活，用木棍敲着船帮，大声吼起自编的山歌——

划哟，咚咚哟！划毛板哟，哟嗬！打烂船，活络（没关系），只要留了老板只饭锅……

山歌，在山里成了一种生命的释放形式，心灵里、生活中的快乐、忧伤都包含在山歌里，喜亦歌，悲亦歌。用山歌表达对往昔的诉说，对美好事物的追求，歌其所爱所恨，唱其心中情愫和对苦难的自宽自解，正是梅山山歌的魅力所在。

汉子还在树枝拖地的沙啦沙啦声伴奏下边走边唱。什么时候，山道上走来了看牛老汉，两头脖戴铜铃的黄牛哐当哐当地在前面走，老汉晃着手中的竹梢仄耳细听，便清清喉咙悠悠地接上了腔。岭下又上来一个背木匠家什的小伙，诡秘地一笑，手拢在嘴边也和汉子对上了歌。一时间，一人唱，众人和，他们现时编词，集作词作曲演唱于一身，一专多能。——这山里到底有多少山歌多少歌手？

看牛老汉用山歌为我释疑——

歌手三千又七百，歌有八万七千零……看牛伢子捡一本，骑在牛背唱三春；打鱼老子捡一本，挂在网上给鱼听；樵夫药手捡一本，花花木木知鸟音；田中老汉捡一本，四季唱歌催阳春……

（作者系《冷水江报》原记者）

食在冷水江

□范精华

冷水江的物产量不大但种类多，其他县市出产的它几乎也出产，例如大米、红薯、花生、黄豆、芝麻之类。其他地方不出产的或鲜有出产的它也出产，例如黄牛肉，例如线瓜，例如山胡椒油。主打产品大米，据说本地产的只够全市的人吃三天，所以大部分靠调进，更远的好吃的东西，也就靠引进以飨“土著”。譬如四川麻辣猪脚，记忆中是二十多年前走进这座小城的，这正中了小城人极嗜辣椒的下怀，一时引发轰动，麻辣猪脚店前排起长龙，食客们大快朵颐，辣得眼泪鼻涕一齐流下也不肯放下筷子。不想小城的人吃得快也学得快，至今挑着麻辣猪脚担子的小贩一到人家煮饭的时候就走街串巷叫卖，并且还要附上本地出产的麻辣豆腐干。各饭馆酒店也争相开发麻辣猪脚，满足小城人的嗜好，正宗的四川麻辣店生意倒清淡了不少。

“舌尖上的小城”对吃向来充满了激情与创造。山胡椒本来是一种极常见的植物，也是一味中药，不想小城的人从中提炼出山胡椒油，一种味道有点异香的油，名副其实的“一滴香”。因其香味浓烈，做鱼汤加一滴可去腥，烧羊肉加一滴则可去膻，吃火锅、汤类及面食常可见其芳踪。小城可是我国山胡椒油的主要产地，出产的东西就是这么小而精致。

又如葛根，也是山野中的平常植物，小城的人却先后开发出葛根茶、葛根粉，甚至葛根胶囊等系列保健品，葛根远远近近也算是风光无限了。谁曾想到小城的人竟将葛根苗搭载“神舟八号”飞上了太空，一飞冲天呢？并且是唯一搭载的农产品，他们要让葛根太空育种，使其更好吃，更养人，让更多的人来吃，真正做到了“异想天开”，这恐怕也是小城的吃食能走到的最远的地方了。

也得说下凉薯，这可是江南常见的一种蔬菜，所谓辽东之豕，无甚稀罕，但以我的经历论之却似有不同。小时候在家乡湘阴也经常吃凉薯，在其他很多地方也吃过凉薯的，味道有所差异都还不错，但要与冷水江的凉薯比起来，实在是相差太远。冷水江本地产的凉薯，很多是长在石头缝隙中的，历经挣扎磨难好不容易长成，其味果然浓纯，也是苦尽甘来吧。形状就有些像抽象派大师的作品，凹凸不平，小巧，怪异，无法说出是个什么样的形状，可它既甜又脆，水分也多，嚼起来嘎吱嘎吱地响，爽口得很。

要说特产，这线瓜在冷水江恐怕要坐头把交椅。虽说属于不起眼的蔬菜，《湖南日报》可是作过详尽介绍的，其编辑为体味此蔬，曾专程来冷水江一游，吃后方知果不虚矣。依笔者考，偌大个国家就只有南宁和湘中出产线瓜。南宁一带种植的线瓜是改良品种，又长又大翠绿如翡翠，好看好闻也好吃。但与冷水江的线瓜相比，犹如骡子比马，毛色不同，感觉殊异，也就知正宗线瓜品味之优异。即使在南宁，也并非像冷水江的线瓜这样受人器重。曾有人将南宁线瓜运来冷水江，结果大不敌小，粗不敌精，还是没有竞争过小城本地线瓜。说到湘中出产线瓜，其中心产地还是在冷水江，新化、涟源也有出产，但总不及冷水江这么劲爆。在出产线瓜的时节，小城的人两天不吃线瓜，口味就嫌寡淡，一个星期不吃线瓜，就像烟鬼戒了一个星期的烟。若是老公怪罪起来，家庭主妇就好像做错了什么事情，赶快进行弥补，下一餐的菜谱中就必定有此尤物。这线瓜其实也不过是丝瓜的亚种，比丝瓜也小得多，长不过六七寸，凸起的棱刨起来真费劲，还得用专门的线瓜刨子来刨。然而在味道上，却真真是“青出于蓝而胜于蓝”，有点甜味，有点脆，还有点香。至于颜色，即使炒熟了，线瓜片看起来还是银白色的，其边缘仍是翠绿。线瓜的表皮其实是灰绿的，刨去不能吃的灰绿表皮，露出的是可以吃的翠绿内皮。这下好了，色、香、味都有了，加上稍显挺括的形状，不激发你的食欲才怪！我每次去长沙妹妹家做客，总是先打电话给她，她也总是不忘说一句：哥，给我带点线瓜咯。有时不在产线瓜的季节，我便回她说：你以为什么时候都有线瓜吃啊，这时地里不出产呢！可她仍要坚持：下次来记得给我带点哦，嗯，还有线瓜刨子，别忘了带一个。

说到荤食，锌山花桥的牛肉，向来远近驰名。东去娄底长沙湘潭株洲之旅客，西来冷水江新化之商贾，锌山是必经之路，所以，锌山也算是依占了通衢大道的便利。若在锌山勾留，路边牛肉摊，红灿灿的一片，有点触目，有点惊心，更有点诱人。此处牛肉全为黄牛肉，并不注水，为上好货色，然则价格不菲。看上去和其他地方的牛肉无异，可一旦下锅做成菜，入口后方知不同，常有后悔买少了之意。是故此地牛肉，本地人吃得多，外地人吃得更多。

有了好的牛肉必会出现相关产业，锌山镇路边酒店饭馆林立，全是经营牛肉及牛身上杂碎一类。食客一声吆喝，店老板应声而出，呼朋唤友，依次入座，把酒换盏，笑语频传，好不热闹。而久负盛名的却为“全牛席”，这可是牛身上的各种“部件”的集大成者，牛肉、牛肚、牛肝、牛舌、牛筋、牛蹄、牛篁喉，应有尽有。有的人可不吃这些，专冲着牛鞭、牛皮、牛尾巴、牛鼻子而来，店家胸有成竹，等你喝完一杯茶，抽完一支烟，你点的菜肴于热气腾腾之际已摆在桌上。还有口味怪异甚至刁钻者，居然要吃牛睾丸甚至牛户（雌牛生殖器），店家会意一笑，也能不慌不忙，帮你摆弄周全。而由牛肉、牛血、牛肚做成的汤名为“三合汤”，这汤早“流”向三湘四水甚至上海北京，不少人开饭店因它还发了财，并非铎山所独有。

铎山与小城的位置关系何如？“邑外谓之郊，郊外谓之野，野外谓之林，林外谓之冂（jiong），象远界也。”铎山离小城中心虽仅二十余公里，却正处冷水江的边界上，再往东便是涟源了。别小看了这个位置关系，它可是其牛肉市场及“牛全席”走向全面繁荣的因素之一，也即“天时、地利、人和”中的“地利”。通常，远方的贵宾来冷水江，东家招待的最后一餐，往往放在铎山。用意显而易见，一则“牛全席”为小镇独有，外地很难吃到，用稀缺之食招待贵宾当然最好；二则花费要低得多，和城中酒店的消费相比，这“远界”的开销只有几分之几；三则尤为重要，也即送君送到冷水江的边界，犹如灞桥折柳，“劝君更尽一杯酒，西出阳关无故人。”其东家情意之盛，常让客人感佩至深。

（作者系冷钢办公室原副主任）

（二）诗

盛世锑都赋

□李泽博　李泽远

湘中冷水江，气势震三湘。革命老区，永放光芒。世界锑都，异彩纷呈；江南煤海，九域名扬。资水涵清溅玉，源头活水流长。华居瑞霭，玉宇金汤，地灵人杰，天籁铿锵。历梅山蚩尤之衰盛，腾和谐盛世之崇光。奏德音于华夏，冠美誉而流芳！

昔日“老鼠巷”，今天美冷江。建市四十又三年，改了旧貌换新妆。流金放彩，百业荣昌。经济转型，发展加强，鲜桃艳李，四季飘香。超市比肩，密布商场，市井繁荣，旖旎风光。民风古朴，孝悌淳良，崇文尚武，重义图强。人文荟萃，文化兴邦，良才济济，名播四方。旅游独特，秀色可飧！波月洞里，神奇诡异，千姿百态，满目琳琅！红日岭上，石径通幽，茂林修竹，鸟语花香。登高望远，万里云烟奔眼底；乐聚人贤，千秋雅韵涌心房。我赞美，我歌唱，美哉，年轻工业城，壮哉，秀丽冷水江！

余乃游市井之黎庶，享亮景而徜徉。叹昔日之僻壤，惊巨变于沧桑。沐世纪之和风，赏明媚之春光。祥云浩渺，传嘉惠中兴于伟业，大桥横架，系康衢交通之湖湘。浪石滩水电站，宛如优美蝴蝶结，拦腰锁住资江。巍峨大坝，清粼江水，放声歌唱。浪石滩前，难觅旧影，换了模样。偌大滨江美公园，蜿蜒依衢又傍水，恰似旋转一画廊。鲜花聚碧草，奇石造山冈。春鸟鸣妙曲，晚风送清凉。陀螺与风筝，悠然得意欢。处处有景，细细品赏。民生工程，惠民和祥！更喜新城格局，远景规划辉煌。山水园林一体，休闲娱乐循章，涉资水而弄碧，钓洲滩以若狂。秀木排云，舞婀娜之杨柳，高楼拔地，呈异彩于朝阳。绽鲜葩于丰岁，览风物之阜昌。展千姿于河岳，龙翔凤翥，通三湘之商贸，修轨路长。江山俊秀，万众齐吭，吟唐诗宋词之歌赋，唱尧天舜日之新腔。集万类之闲美，醉好景以举觞。居沃壤而隆盛，享乐业之安康。铭曰：冷江福地，党政引航，中华伟业，国富民强。万民放胆，赞颂华章。党恩浩荡，山高水长！

（作者李泽博系冷水江市锑都诗社副秘书长，李泽远系锑都诗社会员）

观冷水江市新城区

□杨桂芳

君不见改革高潮动九州，冷江奋起逞风流。经济腾飞振鹏翼，全省十强劲更遒。红日岭下精神抖，万马扬蹄一声吼。打造冷江生态城，自信锦上添花手。丘峦密布冷江东，路似羊肠村落通。地近城区“三废”远，青山遥抱碧连空。反复勘察人心一，经济转型齐用力。移民拆迁环扣环，路网修成岂等闲。大桥卧波通天外，资江如带绕西南。栉比大厦拔地起，市府高楼彩云里。红旗招展拂仁风，党政四家连一体。四周花木正扶疏，漫步其间爽气舒。电梯直上天之半，冷江胜景凭窗望。山清水秀新农村，人勤家富心情畅。世界锑都誉闪星，光明使者华银旺。江南煤海涌乌金，冷钢高炉翻热浪。滨江公园歌舞酣，老城南北皆新样。喜看学府挺雄姿，人才辈出凯歌荡。枝头黄鸟殷殷告，生态区兼经济区。千群同植梧桐树，四海凤凰来此处！

（作者系中华诗词学会会员、波月诗社副社长）

冷水江巨变

□袁开生

今昔冷江貌不同，各行各业展新容。
纵横大道车如织，耸立高楼密似星。
水秀山清施善政，年丰人寿唱繁荣。
富民强市春潮涌，美好锑都入画屏。

（作者系冷水江市老促会秘书长）

岩口镇新农村掠影

□李措光

葱茏馥郁四时春，　入眼繁花分外红。
夹道林荫遮暑热，　满园果实诱馋童。
成排别墅呈新貌，　几处青山涌卧龙。
老少相逢开口笑，　村民脸上识“三农”。

（作者系冷水江市人民政府原副市长）

缅怀中共锡矿山特别支部创始人萧石月烈士

□李传昭

革命何曾惜此身，锑都播火扭乾坤。
拨开浓雾迎红日，唤醒劳工做主人。
有勇有谋财阀恨，无私无畏庶民钦。
丹心碧血酬华夏，史册芳名万古存。

（作者系冷水江市委政研室原主任）

游周头湖度假村

□张玉辉

轻车笑语上周头，秀丽风光满目收。
千里湖山开画卷，一船诗酒泛清流。
渠通阡陌滋禾麦，鱼跃沧波集鹭鸥。
美景万千观不尽，他年携眷再来游。

（作者系冷水江市六中退休教师）

晓园佳景

□杨振光

鸡鸣即起上沙冈，挖个红苕两尺长。
种植枣梨增硕果，栽培稻菽积余粮。
青山霭霭甜茶茂，绿水悠悠粉藕香。
一把捞捎归篾篓，背回家里再熬糖。

（作者系冷水江市锑都诗社副主编）

再游祖师岭

□罗树生

雪霁催游兴，登山觅旧踪。
云深难辨径，寺寂不闻钟。
冰冻千竿竹，寒凝十里淞。
只缘天色晚，憾未上危峰。

（作者系冷水江市波月诗社副社长）

（三）词

鹧鸪天·访铎山镇眉山村

□李谟高

现代农村旗一杆，精神物质两俱蕃。恒温调控猪盈舍，科学栽培果满山。房靓丽，路平宽，花红草绿小亭闲。广场主客翩翩舞，惹得嫦娥出广寒。

（作者系冷水江市教育局原局长）

水调歌头·赞滨江公园

□卿中奇

背倚资江岸，面向美人山。千里烟波东去，眺远且凭栏。亭榭廊台秀丽，树草名花繁茂，旧貌换新颜。畴昔沙石地，今日惠民园。人为本，和谐曲，共婵娟。精雕细刻，匠艺精湛好休闲。聚集城乡老少，晨练歌喉太极，日暮舞翩跹。德政千秋颂，把酒乐尧天。

（作者系冷水江市人大常委会原副主任）

雪梅香·诗友欢聚红日岭

□曾解俭

暮春景，红英落尽绿生诗。寓东风情结，温馨翠碧当时。初识尊颜喜相会，故交神貌乐成痴。忘年友，兴趣相投，皆乃吾师。填词，赋新曲，白雪阳春，秀色心怡。酒过三巡，满樽醉韵盈油。雅态轻歌好愉悦，步挪身转舞丰姿。生花笔，写意春秋，来日传奇。

（作者系冷水江市锑都诗社会员）

（四）联

为红日阁撰联

□段绍平

拔秀锑都，根系梅山毗岳麓；
牵情波月，岭轮红日冠湘中。

（作者系冷水江市路灯管理所原所长）

题紫云庵联

□李谟高

普度有慈航，浪涤凡尘，落席便离孽海；
潜修凭福地，风熏佛法，洗心即到灵山。

（作者系中华诗词学会会员、冷水江市波月诗社社长）

题滨江公园联

□李正强

都市造园林，开一方净土；
高楼环碧水，留几许禅心。

（作者系湖南省诗词协会会员）

紫云峰森林公园联

□吴可人

丛林卷绿，幽谷湍泉。赏春花，消暑日，鸟鸣秋色，鱼憩寒潭。宜雨宜晴，四时风景招游客；
远目愉心，登山畅足。吊今古，叹兴亡，礼拜神灵，酒浇块垒。且歌且咏，一片机心付落霞。

（作者系中华诗词学会会员、波月诗社副社长）

筻溪完小门联

□李典铮

柳筻风淳，重教尊师传美德；
山溪水碧，培龙育凤步蟾宫。

（作者系湖南省诗词协会会员）

为岩口中心学校“求实楼”撰联

□李传才

求实求真，释疑解惑遵师道；
有恒有志，刺股悬梁效古贤。

（作者系中华诗词学会会员）

题鸿云寺联

□罗树生

梵呗呈祥，鸿岩初识禅宗影；
霓旌焕彩，云洞今窥水底天。

（作者系中华诗词学会会员、波月诗社副社长）

为毛易优景生态园撰联

□李传昭

求真务实，潜心创业目标准；
斩棘披荆，着意栽花销路宽。

（作者系中华诗词学会会员、波月诗社副社长）

人民公园书法碑廊联

□肖斐斐

迤逦诗墙，蔓草清风翔鹤凤；
精心碑刻，行云流水舞龙蛇。

（作者系中国书法家协会会员、湖南省诗词协会会员）

题红日阁联

□杨桂芳

丹阁巍巍，乘兴每登楼，十里新城浮眼底；
和风煦煦，凭栏何快意，一轮红日暖心头。

（作者系中华诗词学会会员、波月诗社副社长）

索　　引

1. 本志仅就目与子目、表格编制索引，序言、凡例、概述、附录、注释等未编入，目录中已具备检索功能的篇、章、节不再重复。

2. 索引按主题词首字汉语拼音音序（同音字按音调）排列，即以条目第一字的音序为准，第一字相同则按第二字的音序排列，依此类推。

3. 表格索引主题词前面省略时间和区域。

4. 主题词后面的阿拉伯数字表示内容所在页码。

一、目与子目索引

A

B

C

D

E

F

G

H

J

K

L

M

N

P

Q

R

S

T

W

X

Y

Z

二、表格索引

K

L

M

N

Q

R

S

T

W

X

Y

Z

组织、企业和特定称谓注释

一、组织称谓

简　称	全　称	简　称	全　称
中　共	中国共产党	市共青团	冷水江市中国共产主义青年团
省　委	中共湖南省委员会	市妇联	冷水江市妇女联合会
省政府	湖南省人民政府	市侨联	冷水江市归国华侨侨眷联合会
市　委	中共冷水江市委员会	市残联	冷水江市残疾人联合会
市政府	冷水江市人民政府	市文联	冷水江市文学艺术界联合会
市人大	冷水江市人民代表大会	市工商联	冷水江市工商业联合会
市政协	中国人民政治协商会议冷水江市委员会	村委会	村民委员会
市人武部	冷水江市人民武装部	居委会	居民委员会

二、企业称谓

简　称	全　称	简　称	全　称
闪星锑业（或闪星锑业公司）	锡矿山闪星锑业有限责任公司	湖南宜化	湖南宜化化工有限责任公司
金竹山电厂（或金电）	大唐华银电力股份有限公司金竹山火力发电分公司	天宝公司	冷水江天宝实业有限公司
冷　钢	冷水江钢铁有限责任公司	耀华冷耐	耀华冷水江耐火材料有限责任公司
资　氮	资江氮肥厂	市制药厂	国药药材冷水江制药有限公司

三、特定称谓

名　称	注　　释
一转三化	深化转型工程，推进产业规模化、城市生态化、城乡一体化
一化三基	加速推进新型工业化，加强基础设施、基础产业、基础工作
两新组织	新经济组织，新社会组织
两个置换	企业置换产权，职工置换身份
退二进三	退出第二产业，进入第三产业
两基	基本普及义务教育，基本扫除青壮年文盲
两非	非医学需要鉴定胎儿性别，非医学需要人工终止妊娠
双学双比	学文化，学技术，比成绩，比贡献
两个率先	率先实现后发赶超，率先建设经济强市
三会一课	支部大会、党员大会、党小组会，党课
三强	强行阻工，强行装卸，强揽工程
三乱	乱收费，乱罚款，乱摊派
三总师	总经济师，总会计师，总工程师
四放开	经营、价格、分配、用工放开
白改黑	水泥路面改造成炒砂沥青路面
蓝印户口	20 世纪 90 年代初，缴纳城市增容费获得的城镇户口（户口本上加盖蓝印）

稿件和图片提供人员名单

（以姓氏笔画为序）

丁国良	马长青	王　娟	王长青	王在光	王志勇	王泽斌	王建红
王振庭	王益波	王朝晖	王景林	文定远	尹小华	尹乔松	邓卫东
石北园	付辉杰	朱子德	朱玉文	朱燕琼	乔西林	邬海华	刘　峥
刘子建	刘元忠	刘云华	刘长发	刘文彬	刘光梅	刘先和	刘兆中
刘国忠	刘建军	刘春华	刘朝霞	刘智勇	孙湘江	阳　璐	阳世福
苏　葳	苏　雁	苏小文	苏业江	苏华杰	苏建桥	苏敖山	苏祥育
苏嗣萍	李　夏	李　峰	李　琼	李　智	李　斌	李小丽	李小菊
李卫兵	李传松	李伍章	李江华	李进腾	李春平	李勇强	李晓武
李爱国	李跃凡	李跃华	李雄杰	李谟范	李谟清	李新平	李蝴蝶
杨　杰	杨　彬	杨同华	杨宏斌	杨笃新	杨俊兵	杨能文	肖　波
肖　洪	肖军秀	肖君言	肖建波	肖素娟	肖继长	吴　明	吴丽伟
吴建新	吴逢永	吴超华	佘玉峰	邹同西	邹松主	邹定阳	邹峰华
冷定富	张　亮	张　烨	张立中	张利民	张攸前	张国仪	张美锡
张桂长	陈　霞	陈卫平	陈历荣	陈凤初	陈明权	陈敬仲	陈赛芬
陈慧中	奉志明	欧亚屏	欧阳剑	欧阳亮	欧阳军家	欧阳璐珠	罗　诚
罗云中	罗树声	罗健秋	周　祥	周　镭	周贵华	周继红	周裕国
屈星武	屈植林	赵玉兰	胡　澜	胡连喜	胡梦成	钟桂华	钟楚南
段　雄	段文柳	段正明	段志雄	段宏伟	段忠求	段继光	段续红
段新陆	姜宏霖	姜桂兰	姜海平	贺龙军	贺行君	袁开生	袁寿来
袁松竹	袁璋宏	聂杰斌	卿　波	高维忠	唐　赟	唐友建	唐廉诚
资宏华	黄敏华	曹平江	龚洵芳	康　鹏	康一平	康艳青	梁　萍
梁吉元	梁志红	彭　曦	彭玉满	童建文	曾　琦	曾文平	曾吉东
曾裕厚	曾颖娜	游泽屏	谢卫武	谢令彬	谢伦庆	谢松青	谢映尧
谢洪源	谢益兰	谢湘华	谢瀑飞	蔡忆华	廖晨曦	颜德光	潘久平
潘久灿	潘丰华	潘传桃	潘秋平	潘铁华	潘鸿凌	潘德贤	

编 后 记

盛世修志，功在当代，利在千秋。冷水江市第一轮市志自1986年开始筹备编纂，至1994年出版发行，历时8年。2010年，按照中共湖南省委办公厅、省人民政府办公厅《关于续修省、市、县三级志书的通知》精神，市委办、市政府办制定《冷水江市志续修工作方案》，成立以市长何志光为主任的市志编纂委员会，第二轮修志工作正式启动。

第二轮市志的断限为1988—2010年，正是冷水江改革开放和各项事业发展变化较大的重要历史时期。准确、客观地记录全市“三个文明”建设的成就，是第二轮市志编纂人员义不容辞的责任。2010年，市志办初拟《冷水江市志（1988—2010）》篇目，并举办全市174个单位派员参加的修志业务培训班，特邀娄底市地方志办、涟源市地方志办的领导和专家授课，参训人员280余人。2011年，全市各单位成立续志工作编纂小组或安排专门编纂人员，续志工作全面铺开。2012年年底，全市80%的单位上报初稿，总计约200万字。此后，市志编辑部编纂人员对各单位的志稿进行认真整理，对相关事实和数据进行反复审核。2014年年底，全市174家单位基本完成定稿。2015年起，各大篇统稿工作有条不紊地进行，每大篇内容由编辑部人员交叉审稿，对记述重复、数据矛盾、错字别字、语句不通顺、排版不规范、结构不合理等问题进行处理和纠正。同时，根据正文内容配图100余幅，既增强了文字表达效果，又使版面生动活泼。至2019年年底，形成约105万字的《冷水江市志（1988—2010）》评议稿。

2020年5月21日，《冷水江市志（1988—2010）》稿评议会在冷水江召开，来自省、娄底市及相关兄弟县市区的领导和专家以及曾担任冷水江市委书记的老领导共计60余人参加会议。与会领导和专家对《冷水江市志（1988—2010）》评议稿既给予肯定和好评，也提出了许多宝贵的修改意见。6月，市委党史研究室（市地方志编纂室）组建市志修改专班，归纳梳理评稿意见，制定修改方案，列出修改清单。修改内容涉及篇目调整、资料挖掘、内容补充、数据核对、抵牾消除等诸多方面。编辑部根据修改意见，逐条落实到位，对篇目进行调整和修改。同年底，形成《冷水江市志（1988—2010）》复审稿，并先后报娄底市地方志编纂室、省地方志编纂院、方志出版社审查定稿，于2021年12月正式出版。在此，谨向关心、支持、参与本志编修工作的各级领导、专家、编纂人员及社会各界人士表示衷心的感谢！

十年寒暑，呕心沥血，终成一志，我们深感修志难、修佳志更难。本志记述的重点是冷水江市改革开放和社会主义现代化建设的史实，涉及面广，新事物多，时间跨度大，修志工程浩繁，修志者又大多是新手，业务水平有限，这些都直接影响了本志的编纂进度和质量。虽经各方共同努力、精雕细琢，但疏漏、差错仍在所难免，恳请读者不吝赐教，以便今后再次修志时纠谬补遗。

冷水江市地方志编纂委员会办公室

2021年12月